中华法系与中华法律文化研究

主编　何勤华

| 第2卷 |

中华法律文化的成长与中华法系的诞生

魏晋南北朝及隋唐的法律进步

何佳馨　于熠　江小夏　等◎著

法律出版社
LAW PRESS · CHINA
北京

图书在版编目（CIP）数据

中华法律文化的成长与中华法系的诞生：魏晋南北朝及隋唐的法律进步／何佳馨，于熠，江小夏著.北京：法律出版社，2025. --（中华法系与中华法律文化研究／何勤华总主编）. -- ISBN 978 - 7 - 5244 - 0136 - 0

Ⅰ. D929.35

中国国家版本馆 CIP 数据核字第 2025L2G824 号

中华法律文化的成长与中华法系的诞生：魏晋南北朝及隋唐的法律进步
ZHONGHUA FALÜ WENHUA DE CHENGZHANG YU ZHONGHUA FAXI DE DANSHENG: WEIJIN NANBEICHAO JI SUITANG DE FALÜ JINBU

何佳馨
于　熠　等著
江小夏

策划编辑 解　锟　冯雨春
责任编辑 张　岩
装帧设计 李　瞻

出版发行 法律出版社
编辑统筹 重大项目办公室
责任校对 郭艳萍
责任印制 吕亚莉
经　　销 新华书店

开本 710 毫米×1000 毫米　1/16
印张 43.75　　**字数** 963 千
版本 2025 年 5 月第 1 版
印次 2025 年 5 月第 1 次印刷
印刷 河北虎彩印刷有限公司

地址：北京市丰台区莲花池西里 7 号（100073）
网址：www.lawpress.com.cn
投稿邮箱：info@lawpress.com.cn
举报盗版邮箱：jbwq@lawpress.com.cn

销售电话：010 - 83938349
客服电话：010 - 83938350
咨询电话：010 - 63939796

书号：ISBN 978 - 7 - 5244 - 0136 - 0
定价：198.00 元

凡购买本社图书，如有印装错误，我社负责退换。电话：010 - 83938349

主编简介

何勤华

1955年生，上海市人。北京大学法学博士。留学日本东京大学。华东政法大学教授，全国外国法制史研究会会长。已出版《西方法学史》、《法律篇》（合译）、《中国法学史》（三卷本）、《读律佩觿》（点校）、《20世纪日本法学》、《律学考》、《西方民法史》等120多部作品，在核心刊物发表论文200余篇。1992年起享受国务院专家特殊津贴，1999年被评为“中国十大杰出中青年法学家”，2003年被评为“全国优秀留学回国人才”，2009年当选“国家级教学名师”。

其他作者简介

庄晨曦 女，华东政法大学外法史2023届硕士研究生，现就职于上海市闵行区人民法院。

曹　翟 女，华东政法大学法律史专业2023届硕士研究生。

张陶然 女，法学博士，纽约大学法学院亚美法研究所访问学者。现为上海政法学院讲师。

王　瑜 女，华东政法大学法律史专业2024届硕士研究生。

张　顺 女，法学博士，法国巴黎第二大学访问学者，现就职于华东政法大学涉外法治学院。

吴　怡 女，法学硕士，现就职于上海电机学院国际教育学院。

廖晓颖 女，华东政法大学法律学院2022级博士研究生，河内国家大学所属法律大学访问学者，巴黎第二大学比较法研究所访问学者。

林珍珍 女，华东政法大学法学硕士，现就职于浙江省苍南县人民检察院。

聂子衿 女，四川大学法学博士研究生在读，研究方向为近代法律史。

总　序

本套书《中华法系与中华法律文化研究》是2020年国家社科基金重大项目(委托)研究的最终成果,是我们80余位课题组成员,经过3年连续奋战,对上下5000年中国法律文明进程进行系统梳理以后,所达到的认识和感悟的总结。

一、中华法系之内涵

中华法系,近年来已经成为一个非常热的研究主题和领域,不仅发表了数量众多的论文,也出版了一批有分量的专著,还有标明"中华法系"的连续出版物。但关于中华法系的内涵,研究的成果还不多,且对其观点分歧,尚无完全一致的认识。所以,本重大项目以"中华法系与中华法律文化研究"为标题,就是希望对中华法系(包括中华法律文化,此点下面详述)的内涵作一个界定。

(一)中华

"中华"一词,按照学术界的考证,是"中国"与"华夏"二名之合称,原来指的是中原地区。创造中国历史上第一个统一王朝的先民,称自己为"夏"。由于他们居住在洛邑地区,并认为这里是整个天下之中心,故认为自己的国家是"中国"。① 这一研究成果已经得到中国考古出土之文物的印证。② 商取代夏以后,对夏的称呼,没有改变。周则自称是夏的后代,沿用了夏的称号,称为"区夏"或"有夏"。这样,至周建国,"夏"字从原为专指夏朝的名词,发展为指保持夏文化的地方。

在周王朝的统治地位巩固后,"中国"之名逐渐演变为专指周王的统治区域。至春秋时期,列国有时也自称"中国",意指"诸夏"国家。随着"诸夏"之称在春秋时期的频繁使用,衍义出"华"字,并与"夏"字合用或混用,如"华夏""诸夏""诸华"等。

---

① 参见王树民:《中华名号溯源》,载《中国历史地理论丛》1985年第1期。

② 考古学界1963年在陕西省宝鸡市出土的一件西周时代青铜器"何尊"铭文中,发现如下记载:"唯武王既克大邑商,则廷告于天,曰:'余其宅兹中国,自兹乂民。……'"学术界认为,这里的"宅兹中国",是中国考古出土文献中所发现的最早记载"中国"的说法。参见中国社会科学院考古研究所编:《殷周金文集成》(修订增补本)(第5册),中华书局2007年版,第3702页。关于"何尊"铭文的相关详细解读,参见朱凤瀚:《〈召诰〉〈洛诰〉、何尊与成周》,载《历史研究》2006年第1期。

在列国相争的时候，定于一尊的思想已经产生，①需要有一个统一的名称，“华”和“夏”等字已不再适用，而“中国”一词便广泛地使用起来了。历史学界最新的研究成果表明，“中华”一词始见于记载两晋南北朝史实的史籍中，主要内涵是指原晋朝统治下的中原地域、原晋朝的朝臣和中原士人以及南迁或未南迁的原晋室的朝臣和中原士人。“中华”一词始于胡汉的区分，却终于胡汉的融合，即多民族融合的中华民族。②

（二）法系

法系（Law System，Legal System），是指由若干个国家的法律所组成的，具有共同历史渊源、共同制度内容、共同风貌特征以及共同话语体系的法律体系。从法系的这一定义，我们可以得知法系的内涵，即要成为一个法系，有几项要素是必备的。第一，不能只是一个国家，而是要有若干个国家的法律，才能构成一个法系。第二，这若干个国家的法律，必须具有共同历史渊源，如英美法系的历史渊源，就是英国普通法（Common Law）和衡平法（Equity）等。第三，其法律制度必须拥有共同的内容，如大陆法系的各个国家中代议制度、选举制度、权力分立与权力制衡制度，民事权利平等、所有权神圣、契约自由和过失责任，罪刑法定、法不溯及既往、罪刑相适应、刑法的人道主义，无罪推定、律师辩护、公开审判等。第四，必须具有共同的风貌特征，如英美法系的风貌特征就是以判例为主要形式，以及审理案件以遵循先例为主，等等。第五，具有共同的话语体系，如大陆法系中，法典条文、法律解释、名词概念等非常相近，甚至几乎等同，从而在法律的运作中，具有相当的共同性。③

（三）中华法系

中华法系，是世界上众多法系之一，曾与美索不达米亚（Mesopotamia）法系④、古埃及法系、印度法系、希腊法系、罗马法系、斯拉夫法系、凯尔特法系、海事法系、基督教会法系、伊斯兰法系、英美法系和大陆法系等，共同组建成人类法律文明之法系之林。在这中间，除伊斯兰法系、英美法系和大陆法系外，其他法系都已经消亡。而在这些已经消亡的法系中，中华法系无疑是范围最大（涉及数亿人口）、延续时间最长（1300余年）的一个法系，在人类法律文明史上留下了巨大的足印。必须强调的是，

---

① 参见《孟子·梁惠王上》。

② 参见石硕：《胡入中华：“中华”一词的产生及开放性特点——东晋南北朝至隋唐胡汉融合与“中华”词义嬗变》，载《清华大学学报（哲学社会科学版）》2022年第4期。

③ 参见何勤华、钱泳宏等：《中华法系》，载何勤华主编：《法律文明史》（第7卷），商务印书馆2019年版，第12－13页。

④ 也称“苏美尔（Sumer）法系”。

中华法系,是一个国际的,或是区域的概念,而不仅是一个国家的概念。虽然,中华法系的起源、兴盛以及成熟,都是以母法国中国法律的起源、兴盛以及成熟为基础的,但对法系内涵的分析和阐述,不能仅局限于中国,而必须包括朝鲜、日本和越南等各个成员国。这是法系内涵分析和确定上的一个首要条件。

从法系的上述内涵,我们可以得知,中华法系在表现法系的特征方面非常典型,各成员国在法律思想、法律原则、法律制度等各个方面都比较一致。在涉及范围方面也十分稳定,在其存续的1300余年中,地理范围一直在东亚,包括了中国、日本、朝鲜和越南等。中华法系是对以《唐律疏议》为代表的中国法律和仿照这种法律而制定的上述各国法律的总称。① 如饶艾认为,"相较于大陆法系和英美法系,中华法系可以考虑这样定义:中华法系是以中国古代伦理法为基础,以唐律为代表的东亚、东南亚一系列封建国家法律的统称。因此,同英美法系和大陆法系的定义符合法系概念的理论一样,该中华法系的定义也符合法系概念的理论。"②何勤华和孔晶也认为:"所谓中华法系,是指在中国古代特定的社会历史条件下孕育成长的,以礼法结合为根本特征,以成文刑法典为核心内容,以《唐律疏议》为典型代表的中国封建时期的法律制度以及仿效其法而制定的东亚诸国法律制度的统称。"③

与世界上其他法系相比,中华法系的特点非常鲜明。截至目前,学术界的观点大体趋于一致,即认为中华法系的特点表现为:突出成文法典、礼法结合、家族伦理、民刑不分,诸法合体等。相关研究学者有张晋藩、④陈朝璧、侯文富、张立波、贾国发、刘海年、杨一凡、乔伟、徐忠明、艾永明、彭凤莲、王立民、刘广安、杨峥嵘、朱勇、张中秋、马小红、徐祥民、陈晨、刘远征、张宏杰、何勤华、孔晶等。而有些学者,则进一步就中华法系某一个方面的特征,予以分析。如曾慧和李昕认为,中华法系的显著特点就是其封闭性,并对其封闭性的成因进行了分析;⑤范忠信认为,中华法系的特点存在于其内在精神之中,这就是亲情伦理,它是区别于欧美法系的市民伦理、印度法系和伊斯

① 参见杨静:《中华法系研究综述》,载朱勇主编:《中华法系》(第3卷),法律出版社2012年版,第282页。

② 饶艾:《中华法系新论——兼与西方两大法系比较》,载《西南交通大学学报》2000年第1期。

③ 何勤华、孔晶:《新中华法系的诞生?——从三大法系到东亚共同体法》,载《法学论坛》2005年第4期。也有一些学者从地理范围等来定义中华法系,参见王立民:《也论中华法系》,载《华东政法学院学报》2001年第5期。

④ 在研究中华法系的特点时,张晋藩用力最勤,费时最长,发表文章最多,从1980年至2022年,前后持续达40余年。其基本观点为,中华法系的特点包括如下众多元素:法自君出、受儒家伦理道德法观念影响、家族主义、民刑不分和诸法合体、律外有法;"出礼入刑",立法与司法权集中于中央、行政与司法合一,各民族法律的融合,法律形式的多样性,法律义务与亲情义务相统一;法的治国作用与法和吏的结合,教与罚综合运用,制定法与判例法互补,农本主义的法律体系和皇权至上的法制模式;民本思想、综合治理的经验以及治人与治吏并重;等等。

⑤ 参见曾慧:《中华法系封闭性的现实危害》,载《政治与法律》1987年第1期;李昕:《中华法系的封闭性及其成因》,载《法律科学(西北政法学院学报)》1994年第6期。

兰法系的宗教伦理的一种特定的伦理；①而郝铁川的观点更加新颖，他认为中华法系的特点就是三句话：法典的法家化、法官的儒家化和民众意识的鬼神化。②

二、中华法律文化之内涵

中华法律文化，是中国传统文化的重要组成部分，也是中华法系生成的土壤和形成之基础。虽然学术界对中华法律文化有各种解释，但有些基本的元素是一样的。"中华"的含义已如上述，这里，我们对文化、法律文化和中华法律文化再略作分析。

（一）文化的含义

学术界对于什么是文化，有着诸多定义和解释，而从中国最权威的辞书《辞海》来看，它给文化下了一个比较综合的定义："文化，广义指人类社会的生存方式以及建立在此基础上的价值体系，是人类在社会历史发展过程中所创造的物质财富和精神财富的总和。"③从此定义出发，《辞海》将文化分为三个层面：物质文化、制度文化和精神文化。而"制度文化，指人类在交往过程中形成的价值观念、伦理道德、风俗习惯、法律法规等各种规范"④。

这里，《辞海》将法律视为制度文化的一个组成部分。但具体对法律文化的内涵，就没有再作进一步的解释。⑤

（二）法律文化的内涵

中国出版的辞书，虽然没有对法律文化作出定义，但在学者的论著中，对法律文化则有许多论述，只是理解不一。笔者综合孙国华、武树臣、朱景文、张文显、公丕祥、梁治平、刘作翔、张中秋，以及游绍尹、俞荣根、钱大群、曾宪义、汪汉卿、段秋关、何勤华、马小红、夏锦文、范忠信、蒋传光、马作武、徐忠明、张仁善、赵晓耕、何柏生、孙光妍、郭建、李玉生、龙大轩、程宗璋、钱鸿猷、张文波、张时贵、柳正权、顾俊杰、肖守库、夏利民、柴荣、耿志强、李欣、夏扬、林蔚文、何瑛、张瑞、梁利、任其昆、于语和、付子堂、罗洪洋、栗克元、张艳玲、朱敏、姚艳、睦鸿明等学者对法律文化的论述，对法律文化作出了如下定义：法律文化是文化的重要组成部分，是人类在长期的生产和生活活动中所创造的与法律的产生、运作、传授相关的思想、理念、制度、设施和艺术的总和。

---

① 参见范忠信：《中华法系的亲伦精神——以西方法系的市民精神为参照系来认识》，载《南京大学法律评论》1999 年第 1 期。

② 参见郝铁川：《中华法系研究》，复旦大学出版社 1997 年版，第 25、57、87 页。

③ 辞海编辑委员会：《辞海》（第 6 卷），上海辞书出版社 2020 年版，第 4577 页。

④ 辞海编辑委员会：《辞海》（第 6 卷），上海辞书出版社 2020 年版，第 4577 页。

⑤ 对于文化的详细论述，参见何勤华：《"文明"考》，载《政法论坛》2019 年第 1 期。

（三）中华法律文化之解读

中华法律文化，是在中国这块土地上形成的法律文化。其内涵，也因观察、论述角度的不同，分为三个层次：一是指从古至今整个中华民族（包括已经融入之少数民族）的法律文化，不仅包括古代的，也包括当下的，囊括了上下5000年中华民族发展进程中的所有与法律思想、法律制度、法律设施和法律艺术相关的内容和要素。二是将中华法律文化等同于中华（中国）传统（古代）法律文化，不包括近代以后，尤其是不包括新中国的法律文化。三是将中华法律文化局限于中国古代法律文化中精华的部分，如"民惟邦本"、尊老爱幼、缘法而治、德主刑辅、宽严相济、刑无等级、法应时而变、法必须布之以众、累犯加重、自首减免等。我们平时所说的"弘扬中华法律文化"，就是这种已经去除了封建专制糟粕意义上的中华法律文化。

本书所要分析、研究和阐释的，是第一种意义上的中华法律文化。

三、中华法律文化研究的空间

以上我们对文化、法律文化和中华法律文化的基本含义进行了梳理，对近20年法律文化研究的成果也进行了归纳、分析与总结。在本节中，我们拟在归纳、分析与总结的基础上，进一步对中华法律文化研究的空间作出说明。

从2000年至今的20余年，在法律文化研究领域，我们虽然发表了相当多的论文，笔者在梳理这些成果时，仅就一些主要杂志上的论文，数量就达1500余篇，专著也有200余部。但到目前为止，我们对中华法律文化这一主题的研究，还是有很大提升的空间。

（一）中华法律文化的内涵探索空间

我们对法律文化的内涵，尤其是中华法律文化的内涵的探索，尚有进一步深入探讨的空间。就中国的情况而言，我们对法律文化的探讨，真正起步是在20世纪80年代以后，但有一定水准的成果，大概是在20世纪90年代下半叶以后才开始出现。这方面，成果比较多、影响比较大的是武树臣、马小红、张中秋、范忠信等。武树臣教授在他的作品中，将法律文化定义为四个方面：法律思想、法律规范、法律设施和法律艺术；马小红教授则将"礼与法"定义为法律文化的核心；张中秋教授将法律文化的价值取向定格在无讼与正义上。

之后，其他学者基本上是在他们的学说上进一步演化和深入，但至今争议仍然没有平息。而对中华法律文化，更是少见，笔者查阅了改革开放以来的所有以法律文化为关键词的文献，只看到有一本书，即王满春主编，王宏纲等撰写的《中华法律文化探源》（人民法院出版社2007年版），是以"中华法律文化"为标题的。学者在研究中华法律文化时,一般都以"中国古代法律文化",或者"中国传统法律文化"来代替。

那么,值得探讨的问题是,"法律文化""中华法律文化""中国古代法律文化"或者"中国传统法律文化",其各自的内涵是什么,其相互的区别又在哪里?以上,我们只是提出了自己的观点,或者说是一家之言。而将其丰富厚重的内容予以展开分析、论述,就是本课题所需要解决的。

(二)法律史研究与法律文化研究的不可替代性

以法律史研究来代替法律文化研究,或者以中国法律史、中国法律思想史研究来囊括中华法律文化研究。在这样一种认识之下,许多专著、教材包括论文等,题目虽然是法律文化研究,但里面的文章内容或章节内容,都仅仅是对法制史或者法律思想史的研究。

如由中国政法大学法律史学研究院编的《比较法律文化论集》(中国政法大学出版社 2007 年版),共收录论文 30 篇,但涉及法律文化的只有 9 篇,不到总数的 1/3。

又如,由曾宪义教授主编(后来由马小红教授等主编)的连续出版物《法律文化研究》,里面开设了许多栏目,但都是法制史和部门法的内容,如在第一辑中,共设置了 10 个栏目,依次为"明德法律文化论坛"(但收录的两篇文章是讲治学方法的);"古代法制史专题研究";"近代宪制专题研究";"近代司法专题研究";"英美法律文化专题研究";"亚非法律文化专题研究";"立法技术专题研究";"资料研究";"学子园地"和"学术动态",共收录 46 篇文章,只有三篇在文章标题中出现了"法律文化"一词。这说明在编辑者心目中,法律文化是一个比较宽泛的、模糊的概念,不仅包括了法律史,还包括了部门法的内容。

(三)中华法律文化的架构

即使是以中国传统法律文化之名义研究中华法律文化的成果也不是很多,且比较零碎、分散,大部分集中在刑法文化、司法文化(诉讼和审判)、民事调解等方面,也有一些是论述监察和清官文化的。

由笔者主持的国家社科基金项目"中国传统法律文化研究丛书"(后出版 4 卷本),主要讲述中国古代社会的情、理、法,中国古代的清官文化,中国古代的刑侦、行刑文化等;由曾宪义总主编的《中国传统法律文化研究》(共 10 卷),涉及领域比较广泛,内容也很丰富。但一方面,该书依托的教育部哲社重大课题攻关项目,批准立项和组织撰稿,也都在 2005 年前后。而自那时以来,我国学术界又推出了许多在中国传统法律文化领域的研究成果,需要归纳、总结和传承;另一方面,在这 10 卷书的内容中,涉及中华法律文化的起源、内涵、本质、特征等基本内容的不多,该书第一卷总论部分集中在"礼与法"上。集中研究中华法律文化的作品,最经典的是武树臣等著的《中国传统法律文化》,但该书由北京大学出版社于1994年出版,至今也已近30年了。近30年来我国法学界不断推出的中华法律文化研究成果,也需要学界重新梳理、整合。

(四)刑法文化和司法(审判)文化的研究成果比较突出

在中华法律文化研究中,刑法文化和司法(审判)文化的研究成果还是占有相当的比例,这一现象不仅仅在对中国古代法律文化的研究领域,即使在当代,也同样如此。如2005年开始推出的由最高人民法院编辑的连续出版物《法律文化》,其副标题就是《司法的文化述说》。因此,这套丛书,实际上说就是"法院文化",或者"审判文化"。在中国传统法律文化的研究中,民法文化等内容很少,或者说根本就没有。即使有一些中国古代民法(不是民法文化)的研究成果,大部分也都集中在宋以后,尤其是清末民初,对唐之前的中国古代民法的研究,尚没有充分展开。

(五)缺少中华法系演变的通史研究作品

按照中华法系的诞生、发展、成熟、演变和消亡这一线索,来探索、研究中国近5000年的中华法律文化的作品,还不是很多。应该说,中华法系和中华法律文化的关系,是部分和整体的关系,是代表和全体的关系。换言之,中华法系是中华法律文化的一个组成部分,也是中华法律文化的代表。中华法律文化的精华,都浓缩在中华法系之中。可以说,中华法系承载了5000年中华法律文化的发展和变迁,承载了中华法律文化的内涵和宗旨,中华法律文化所达到的成就和一些相附的缺陷,也都在中华法系上面表现了出来。

中华法律文化作为中华文化的一个重要组成部分,是中国5000年文明尤其是法律文明的重要表征,而中华法系则是中华法律文化的集中体现,其法哲学、法律思想、法律规范、法律制度、法律设施、法律艺术、法律观念,都是中华民族、中华文化、中华文明在法的领域内的集中表现。而揭示中华法系和中华法律文化之间这一内在联系,我们尚有很大的研究空间。

(六)中华法律文化与新中国法律文化之关系的研究作品不多

将中华法律文化研究与新中国法律文化建设相结合的作品不多,尤其是深入分析其内在发展联系、逻辑和规律性的作品还没有出现。中华法律文化自公元前3000年前后黄帝时代开始萌芽,夏商周三代得以发展,至秦汉日益完善。经过魏晋南北朝时期的过渡和内涵提升,至隋唐中华法系诞生之时,终于达到发展的顶点。从这一角度说,中华法系是在中华法律文化发展到鼎盛阶段,由于中华法律文化向周边国家扩散,从而形成一个以中华法律文化为核心,由日本、朝鲜和越南等周边国家在模仿中国法律的基础上形成的成员国法律文化为烘托的一个庞大的法律体系。该法系经过1300余年的发展，至清末民国时期，归于消亡。然而，中华法系虽然消亡了，但中华法律文化仍然在延续，随着社会的变化而不断地蜕变、转型和再生。

至中华人民共和国建立，虽然在前期由于政治、经济、文化和意识形态等方面的种种原因，中华法律文化被作为旧的、落后的、封建的历史糟粕受到了批判。但改革开放以后，中华法律文化包括其代表中华法系重新受到了学界的关注和重视。党和国家反复强调，要大力开展对中华法系和中华法律文化的研究，以汲取中国古人治国理政的经验和智慧。

那么，现在的问题是，中华法律文化包括其代表中华法系与新中国法律文化，或者说新时代中国特色社会主义法律文化的内在发展联系、逻辑和规律性是什么？这是需要我们面对和解决的重大课题。

因此，中华法律文化，无论是它的内涵、起源、发展，还是与中华法系的关系，以及和新时代中国特色社会主义法律文化的内在联系，都是一个值得投入时间和精力，去探索和挖掘的法律宝藏，也是新时代我国法学研究中一个值得展开的研究领域。本书希望在前人开拓研究的基础上，能够进一步在这方面有所突破，弥补以往研究中的不足，将中华法律文化的研究向前推进一步。

四、本书的内容设计和安排

本书以“中华法系与中华法律文化研究”为主题，核心问题是四个：一是说清楚中华法系的来龙去脉，它的内涵外延，以及其特征和价值等；二是探索中华法律文化的起源以及其变迁，它在中华文化的形成和发展进程中所起的作用以及其所处的地位，在它5000余年的发展变化中对中国社会发展的影响；三是研讨中华法系和中华法律文化的关系，两者的异同与各自的成长轨迹，以及其交汇与交融的历史；四是探寻中华法系与中华法律文化的传承价值、传承路径以及在建设当代中国特色社会主义法律文化中的现实价值。根据这样一种主题设定，本书的框架体系分为以下五个部分。

（一）中华法系诞生之前中华法律文化的萌芽与成长

中华法律文化是如何起源，起源之后在其早期阶段又是如何发展的？自黄帝以后至夏商周三代以及秦汉时期的法律文化状态如何？

本部分将着重研究这一问题，具体包括以下五点需要研讨的内容：

第一，黄帝以后至夏王朝时期，部落酋邦时代法律规范的萌芽，调整人们之间少量私产和商贸活动，以及犯罪与刑罚的风俗习惯日益增多，构成了中国古代最早的法律规范。

第二，商王朝时期，一方面，作为部落酋邦时代法律规范的风俗习惯进一步变得丰富、繁杂,只是当时文字刚刚诞生,这些风俗习惯还未来得及编成法律,或者即使有个别编成了法律,也没有能够流传下来。另一方面,史书记载,“刑名从商”,说明到了商王朝,关于犯罪与刑罚的风俗习惯已经被汇编起来,刑法规范体系已经初具规模,并且形成了“五刑”的体系。但在民事习惯方面,则还没有成文,或者若干成文的记载没有能够保存下来,需要发掘。

第三,周王朝时期,根据史书记载,“周公制礼”“吕侯制刑”,“礼”与“刑”成为当时两大部门法。“刑”,作为定罪量刑的法律形式,以后名称虽然不断变化,但刑法规范的性质基本不变;而“礼”,作为最早的民事法律规范的名称,在其后的发展中,虽然名称不变,但内涵却在不断地变化,并且其调整功能延伸进入了国家最高权力机关的组织和运作之中。此时,“礼”就具有了如现代宪法、行政法、民法和婚姻家庭法的调节功能。而刑、法、律的功能也有所丰富和变化。比如,到春秋战国时期,商鞅变法之前,“法者兴功惧暴”“律者定分止争”,所以,这一时期的法是刑法,而律则是规定权利义务,以遏止争执的民法。但到了商鞅改法为律以后,律就成了中国古代刑法的代名词。而此时的“令”,却有了规范民事交往关系的功能。

第四,到了秦代,违反“礼”“令”等民事法律的行为,就施以“刑”和“律”。秦王朝奠定了中华帝国2000年刑、民法律两分法的基本格局。而其详细的变化轨迹,就是本部分需要探索研究的内容。

第五,汉承秦制,在“礼”“律”(民法和刑法)二元体制方面,没有大的变化,但在细节上,还是有许多发展,尤其是汉文帝废除肉刑这一重大历史事件,在提升中华法律文明方面,是进步还是退步,学术界还是有争议的。本部分希望在这些方面,提供充分的史料,进行详尽的论证。

(二)中华法系诞生及中华法律文化的发展

本部分拟解决的主要问题为:

1. 魏晋南北朝法律内容、法律形式、法律体系、法律设施和法律艺术的发展、进步,对中华法系诞生的基础意义;

2. 中华法系的诞生过程及其内涵、特点;

3. 隋唐法律文化在中华法系中的地位;

4. 隋唐法律文化的主要内容和基本特征;

5. 唐代法律文化对日本、越南和朝鲜等周边国家的影响;

6. 两宋对唐代法律文化的继承和发展;

7. 辽西夏金的法律文化对中原政权宋的影响。

具体包括:

第一,魏晋南北朝法律文化的发展、进步,对中华法系诞生的基础意义;该时期

“律”和“礼”内涵的发展演变；该时期法律形式和法律体系（魏律、晋律、南朝法律和北齐律、北周律等）的发展演变；法律关系调整的习惯法和判例的发展；律学的发展等。

第二，隋的经济、政治发展；隋立法的完善（以《开皇律》为中心）；隋对魏晋南北朝“律”和“礼”的内涵的发展和提升；隋代涉及法律关系调整的习惯法和判例的发展；科举制度的建立对法律文化发展的影响。

第三，唐代法律文化的进步与发展；立法的成就；法律教育的兴起（隋已经发端，唐有了实质性进步）；法学（律学）研究的兴盛；《唐律疏议》的巨大成就；以“礼”入“律”之解读；唐代法律文化的主要内容及其基本特征；唐代法律文化的元素和成果；唐代法律文化对宋元明清的影响。

第四，在唐代法律文化对周边国家影响之基础上，中华法系的诞生；中华法系的内涵与特点；中华法系与中华法律文化的逻辑联系；日本、越南和朝鲜对唐代法律文化的学习和发展；中华法系与中华法律文化在世界法律文明史上的影响和地位。

第五，宋代社会经济、文化等的发展与进步；宋代立法对唐代法律文化的继承和发展；宋代法律解释学对唐代律学的继承和发展；宋代判例法对法律文化的推进；宋代法医学中的法律文化元素；宋代士大夫阶层对法律关系的论述，以及在法律关系处理方面的贡献。

第六，辽西夏金三个政权所发展起来的法律文化，既融入了中原宋的法律文化的因子，反过来在与宋政权交往过程中，对宋的法律文化产生了影响。而对此进行梳理、分析、解读，将对中国古代法律文化的发展和融合的研究，具有重要意义。

（三）中华法系衰落期法律文化的变迁研究

本部分，主要研究的内容就是元明清中华法系和中华法律文化的发展和变迁。

中华法系与中华法律文化进入元明清时期，开始走向衰落。这不仅表现为元明清在唐宋的基础上没有更多的创新，基本上延续了唐以来的刑、民事立法框架和司法模式。而且表现为13世纪末以后，当英国已经颁布了保障贵族和市民等级的文件《大宪章》(1215年)，以及召开第一届国会(1265年)，当葡萄牙、西班牙、荷兰等国家开始环游世界，有了地理大发现，法国、德国等国家爆发宗教革命，意大利等国家出现文艺复兴，继而资本主义生产方式开始兴起，在整个西方国家开始了政治、法律变革的情况下，中国的法律文化仍然沿袭着以往的发展方向和发展节奏蹒跚而行。虽然，此时在中华法系的框架体系内，刑、民法律文化还是有所发展，尤其是在技术层面以及判例汇编、民间契约文书等方面有很大的发展，中华法律文化中的各项元素也在日益丰富。

本部分将着重研究上述这些问题，具体包括：

第一,元朝的法律文化。虽然元的统治时间短,其原有的刑、民事立法和司法基础比较弱,但民间的法律交往活动还是在慢慢发展。这些法律尤其是民事交往活动,就是需要我们探索和研究的。

第二,明王朝时期,一方面,其法律文化除了吸收前朝元王朝的遗产之外,更多地继承了唐宋的法律文化遗产。另一方面,明王朝在加强对臣民的统治过程中,也积累了一些本朝的法律制度和法律文化。而这些,就是我们在本子课题中要着力研究的。

第三,清王朝时期,一方面,在法律的形式和体系以及内容等方面,传承了明代的成果。另一方面,清又是一个北方民族的统治王朝,因此带有许多少数民族法律生活的特点。这些特点,都是需要我们深入发掘的。

第四,在元明清三个王朝中,除了明代以外,元和清原来都是少数民族。因此,其许多档案历史文献,包括民事法律方面的文献资料,除了汉语之外,还有蒙古文和满文,解读、理解和消化这些蒙古文和满文的文献资料,也是本部分的重要任务。

(四)清末民国中华法系的消亡与中华法律文化的转型

拟解决的主要问题和重点研究内容,一是1840年以后,西方的法学观念和法律制度不断地传入中国。以1776年《美国独立宣言》、1787年《美国联邦宪法》、1789年《法国人权宣言》、1804年《法国民法典》、1810年《法国刑法典》、1900年《德国民法典》为核心的西方法律文化的冲击,中华法系传统的律学理念、法律制度和法律程序,中华法律文化就逐步为西方的法学理念、法律原则和法律制度所渗入,有些则被取代。二是此时中华法系各成员国(日本、朝鲜和越南等)的法律,也逐步脱离中华法系,开始向西方大陆法系和英美法系靠拢。这样,到19世纪末20世纪初,中华法系解体,其法律文化也开始了向近代法律文化的转型进程。

具体而言,第一,从鸦片战争到“戊戌变法”中华法律文化的变化。第二,魏源、王韬、郑观应等一批最早睁眼看世界的中国先进知识分子,在他们所写的文章或者著作中,对西方的法学理念、法律制度和法的价值观的介绍和传播。第三,“洋务运动”以后,对西方先进的政治法律作品和思想的引进,中国近代第一个现代型的教育机构同文馆的创立和第一部法学作品《万国公法》的翻译、印刷、发行。第四,“戊戌变法”,对西方法学理念和法律制度的引进。第五,沈家本的修律变法,翻译引进了许多西方法学大家的著作以及德、法、日等国的法典和法律。第六,20世纪30年代国民党政府编纂《六法全书》,意味着中国法律文化近代化的基本完成,中华法律文化向近现代法律文化的转型基本成功。

(五)中华传统法律文化与新中国法律文化的勾连

本部分所要面对和解决的是中华传统法律文化对新中国法律文化之影响。

换言之,就是我们如何对待中华法系与中华传统法律文化的历史遗产,是在反思的基础上,吸收其精华,予以发扬光大,还是简单否定,完全重起炉灶,从头开始。在当下贯彻、实施《民法典》,弘扬中华法系民法文化的进程中,本部分论述的意义更加重大。

基于这样一种认识,本部分的重点研究内容,大概可以分为如下几个层次。

一是在对中华5000年法律文化,中华法系作出总体性评价的基础上,阐述它与新时代中国特色社会主义法律文化建设的勾连关系。

二是在对新中国法律文化各项元素进行梳理的基础上,分别阐述新中国成立后法律文化发展各个阶段上对中华法系、中华传统法律文化的态度,以明确中华法系与中华法律文化对新中国法律文化的影响和传承价值。这些阶段可以分为6个:(1)新中国法律文化的初创(1949—1952年);(2)社会主义改造时期法律文化的发展(1953—1956年);(3)社会主义建设时期法律文化的发展与挫折(1957—1976年);(4)改革开放与中华法律文化的复兴(1977—1999年);(5)21世纪初期中华法律文化的发展(2000—2012年);(6)新时代中国特色社会主义法律文化的新发展(2013—2020年)。

三是对改革开放40余年之后的中国法律文化的多元性和整合性进行研究。改革开放之前,我们虽然也制定过几稿民法草案,几十稿刑法草案,但主要是吸收了苏联的立法成果;而1978年改革开放之后,我们逐步解放思想,实事求是,在法律文化建设方面,吸收了人类法律文明所创造的几乎所有的成果。其中,就包括历史上中华法系与中华法律文化的精华。2020年5月28日颁布的《民法典》,虽然只是新中国第一部民法典,它的诞生比《刑法》《刑事诉讼法》等其他领域的大法都要晚出,但它却是新中国立法事业,以及新中国法律文化建设的重中之重,凝聚了数代民法学家的毕生追求。而要使《民法典》得到顺畅实施,必须了解、把握、吃透包括中华法系与中华法律文化在内的人类法律文明所创造的所有成果。

在从事本部分的研究时,还必须注意新中国成立之前我们党领导的革命根据地法律文化建设方面的知识积累。这也会是本部分论述的一个方面。

“中华法系与中华法律文化问题研究”作为国家社科基金重大项目立项至今,已经过去了整整三个年头了。由于内容比较厚重、视野比较宏大、线索比较复杂,因此我们80余位撰稿人不敢懈怠,一直努力着,将项目慢慢地往前推进。在艰苦辛劳的撰稿生活中,我们年纪大的虽然增加了不少皱纹和白发,但看着年青一代(硕士、博士和青年老师)迅速成长,就感到非常欣慰。做项目、做课题,其宗旨无非三条:一是完成科研任务,在学术上有所创新,有所积累;二是服务社会,为解决社会热点和难点问题提供决策建议;三是培养人才,使我们的学术后继有人,薪火相传。按照这三个宗旨,本项目立项的目标已经实现,真的让人感到非常开心。

本重大项目的立项、撰稿和结项，获得了国家社科基金办公室领导、以张文显教授为主任的中国法学会学术委员会领导、上海市社科基金办公室领导，以及华东政法大学科研处和人事处领导的全力支持，得到了学术界同人和朋友，包括刊发作为本重大项目阶段性成果的20余篇论文的各个杂志和报纸，如《中国社会科学》《学术月刊》《学术界》《世界社会科学》《法学》《华东政法大学学报》《法学论坛》《政治与法律》《中国法律评论》《治理研究》《内蒙古社会科学》《法治研究》《人民检察》《法治日报》《检察日报》《人民法院报》等的编辑老师的帮助，在此一并表示我们诚挚的谢意。

当然，由于本项目涉及时限有上下5000年，范围包括法律思想、法律制度、法律设施与法律艺术，十分广大，头绪多，内容杂，几乎囊括社会生活中与法律现象相关的所有领域。加上80余位撰稿人的学术素养和文字功底也有差异，统稿定稿时首席专家和各子课题负责人虽已尽心尽力，但因为字数多、基数大，总会存在这样或那样的问题和缺陷。此点，都由我们首席专家和各子课题负责人负责，也欢迎学界同人批评指正，以利本书重印或再版时改正。

经过3年劳作，望着400余万字的项目成果，既十分忐忑，又非常开心。我们的研究成果虽然十分幼稚和浅显，但对我们80余位撰稿人而言，却是一次对中华法系和中华法律文化的全面、系统、完整的学习。生活再一次告诉了我们：

只要你付出了，

总会有所收获。

何勤华

于华东政法大学

涉外法治研究院

法律文明史研究院

2023年6月30日

本卷总目

目 录

绪　言

本书是国家社科基金重大项目“中华法系与中华法律文化问题研究”的第二个子课题“中华法系与中华法律文化”的最终成果。作为一本专著，本书主要论述中华法律文化发展至隋唐时期，（在魏晋南北朝法律文化发展的基础上）达到历史上最为鼎盛阶段，由于法律理念和法律制度向周边国家和地区传播，因而诞生了中华法系，中华法系的内涵和特点、中华法系诞生以后在宋代的发展，以及中华法律文化吸纳了华夏大地辽西夏金等政权的法律文化并予以融会贯通等基本情况，并对此作出分析和解读。

而在作出上述梳理、分析和解读工作之前，本绪言先就本书的核心内容中华法系的研究史（学术史）做一些简单的介绍和评述。

一、19 世纪末至 20 世纪 20 年代关于中华法系的研究

中华法系的提出，在中国最早是留日学生攻法子。1903 年 1 月 28 日出版的《政法学报》（1903 年第 2 期），刊登了攻法子所著《世界五大法系比较论》一文（这里，法系，也作“法族”，即印度法族、支那法族、回回法族、英国法族和罗马法族。支那法族，就是中华法系）。在该文中，攻法子依据日本东京大学法学部教授穗积陈重（1855—1926）的研究成果，在对世界五大法系（法族）的形成、历史沿革、主要内容、基本特征，以及其影响等做了比较详细的论述的同时，对中华法系也做了初步的阐述与介绍。①

之后，1904 年，梁启超（1873—1929），在《中国法理学发达史论》一文中，进一步对中华法系的概念以及其在世界法律史上的地位做了论述。② 接着，我国的各种法学刊物，开始陆续刊登关于中华法系的研究文章。如卢复的《中国法系论》（载《法政学报》第 1 卷第 1 期，1918 年），孟之英的《五大法系比较观》（载《政法月刊》第 3 卷第 1 期，1923 年），高维濬的《建设一个中国法系》（载《法学季刊》第 2 卷第 8 期，1926

---

① 关于攻法子的生平事迹，华东政法大学陈灵海教授和上海交通大学法学院赖骏楠副教授对此有最新的详尽考证，详细参见陈灵海：《攻法子与“法系”概念输入中国——近代法学史上的一个里程碑事件》，载《第三届近代法律史论坛论文集》，华东政法大学 2017 年印；赖骏楠：《建构中华法系——学说、民族主义与话语实践（1900—1949）》，载《北大法律评论》编辑委员会编：《北大法律评论》第 9 卷，北京大学出版社 2008 年版，第 416 – 455 页。

② 参见梁启超：《饮冰室合集》（第 5 册），中华书局 1936 年版，第 42 页。

年），薛祀光的《中国法系的特征及其将来》（载《社会科学论丛月刊》第1卷第4期，1929年），[①]等等。这些成果，表明清末民初对中华法系问题的探讨，主要集中在对中华法系概念的认识，中华法系具有哪些特点，以及中华法系如何摆脱消亡的命运而走向新生等方面。

二、20世纪30年代《六法全书》颁布以后对中华法系的研究

1928—1935年，南京国民政府组织专家学者，倾全部法学界的力量，迅速完成了民法、刑法等《六法全书》的编纂工作，形成了近代中国的法律体系。在这一法典化成功之经验的鼓舞下，学界对中华传统法律文化，尤其是中华法系的热情日益高涨，关于中华法系研究的论著也进一步增多，发表了如马存坤的《建树新中华法系》（载《法律评论》第7卷第39期，1930年），焦易堂的《新中国法系与世界大同》（载《法学季刊》第1卷第1期，1930年），王汝琪的《中华法系之复兴》（载《复兴月刊》第1卷第10期，1933年），[②]居正的《中国法系之重新建立》（载《中华法学杂志》第3卷第1期，1944年），曹德成的《中国法系研究发微——研究的对象与任务》（载《中华法学杂志》第7卷第4期，1948年），等等。

在这些研究成果中，丁元普的《中华法系成立之经过及其将来》（载《现代法学》第1卷第4—5期，1931年），程树德的《论中国法系》（载《法律评论》第11卷第19期，1934年），蒋澧泉的《中华法系立法之演进》（载《中华法学杂志》第6卷第7号，1935年），陈顾远的《中国法制史》（商务印书馆1934年，该书里面提到了中华法系）。之后陈顾远又发表了中华法系之相关社会背景的系列文章，强调研究中华法系必须研究儒家思想、家族制度，以及天道观念。而杨鸿烈的力作《中国法律在东亚诸国之影响》（商务印书馆1937年版）则对中华法系的形成、其成员国的法律，以及这些成员国法律与中国法律的关系作了深入研究和阐述。[③]

三、1978年改革开放以后对中华法系研究的继续

1949年中华人民共和国成立以后，由于种种原因，中华法系基本上未受到关注。直至1978年年底我国实行改革开放的基本国策以后，对中华法系的研究才又进一步受到学术界的重视。1980年，厦门大学法律系教授陈朝璧，在《法学研究》第1期上发表了《中华法系特点初探》一文，率先对中华法系的内涵与特点等进行了阐述；之后，又有一批成果陆续面世，如刘海年、杨一凡的《中华法系的形成及其特点》（载《人民

---

① 关于薛祀光的成果的最新汇编，参见薛祀光著、陈颐编：《薛祀光集》，商务印书馆2021年版。

② 参见何勤华、李秀清主编：《民国法学论文精萃》（第1卷），法律出版社2003年版，附录、第793页以下。

③ 参见何勤华主编：《法律文明史》（第7卷），商务印书馆2019年版，第4页。

司法》1983 年第 1 期)，乔伟的《中华法系的基本特点》(载《文史哲》1986 年第 2 期)等。进入 20 世纪 90 年代以后，关于中华法系研究的成果更加丰富，一批法史学者如马小红、张中秋、李曙光、徐忠明、范忠信、陈国光、徐晓光、侯文富、张立波、贾国发、曾慧、彭凤莲、孙小、南玉泉、杨振洪、李罡、李昕等都发表了自己的见解。①

在这些研究者中间，张晋藩用力最足。从 1980 年开始，他先后发表了《中华法系特点探源》《再论中华法系的若干问题》《重塑中华法系的几点思考——三论中华法系》等系列论文，对中华法系的概念、内涵、特点和社会历史基础等进行了全方位的研究。其强调："就总体而言，中华法系并没有消亡，而是处于艰难的蜕变、转型、更新与重塑之中"，"中华法系不能被理解为只是历史现象，或者是失去生命力的僵化的概念。相反，重塑现实性与历史性相结合，世界性与民族性相统一的中华法系，是一个值得认真思考的完善社会主义法制建设的重要课题"。② 此时，也开始有专著出版。其中，最有影响的是郝铁川于 1997 年出版的《中华法系研究》(复旦大学出版社)一书，该书概述了近代以来学术界关于中华法系的研究成果，论述了法典的法家化、法官的儒家化、民众法律意识的鬼神化，以及从《樊山判牍》看古代身份和契约的关系、近代中国对大陆法系的选择、传统思维方式对当代中国立法技术的影响、文化传统与当代中国立法特色的形成等问题。该书的论述虽然不一定能够得到大家的普遍赞同，但也是一家之言，值得重视。

四、2000 年以后关于中华法系研究的新进展

2000 年以后，我国对中华法系的研究又有了新的进展。

(一)关于中华法系之基础研究的发展

2001 年，郭成伟率先主编出版了《中华法系精神》(中国政法大学出版社)一书，从立法、行政和司法三个角度对中华法系的精神进行了分析，内容涉及君权神授、家族本位，礼法结合、德主刑辅、重刑轻民，以农立国、集权中央，调争息讼、取义舍利，情理兼容，以政率法、特务专权，春生秋杀等 38 个方面。虽然，这里作者说的是中华法系的"精神"，实际上分析的应该是"特点"，但也成一家之言。2002 年，刘广安出版了《中华法系的再认识》(法律出版社)，对作者心目中的"中华法系"的概念、

---

① 参见何勤华主编：《法律文明史》(第 7 卷)，商务印书馆 2019 年版，第 5 页。

② 陈景良、张中秋主编：《求索集——张晋藩先生与中国法制史学四十年》，南京大学出版社 1996 年版，第 236 页；张中秋、李鸣：《未已集——张晋藩先生教研五十周年纪念》，南京大学出版社 2000 年版，第 169－170 页。

特点和意义进行了阐述。与此同时，张晋藩进一步写了关于中华法系研究的系列文章，[①]对中华法系（尤其是它的特点）进行了进一步的梳理，并提出了“重塑中华法系”的口号。[②] 同时，2007 年，张晋藩主编了《中华法系的回顾与前瞻》（中国政法大学出版社）一书，对中华法系的研究进行了回顾和梳理。

（二）中华法系诞生和中华法律文化发展的逻辑联系

中华法系在隋唐时期诞生，但中华法系的历史和文化渊源，早在中华法律文化诞生之初就已经发生，它在中华法律文化发展至鼎盛阶段，由于周边国家学习、移植中华法律文化并予以本土化，因而组成了一个法律大家庭（法律家族、法律体系、法系）。因此，要深入解剖中华法系，必须了解、理解、弄清中华法系的历史和文化渊源，如法家思想、儒家传统、先秦之前的中华思想等。

而在这方面，21 世纪以后，涌现了如下作品：武树臣的《齐鲁法文化与中华法系的精神原点》（载《法学论坛》2011 年第 6 期），《中华法系的原生形态、发展轨迹和基本特征》（载《法学杂志》2012 年第 1 期）和《儒家法律传统与中华法系》（载《政法论丛》2012 年第 3 期），杨蜜的《论中国传统文化的特质对中华法系的影响》（载《哈尔滨学院学报》2012 年第 3 期），李力的《从另一角度审视中华法系：法家法律文化的传承及其评判》（载《法学杂志》2012 年第 6 期），武树臣的《“仁”的起源、本质特征及其对中华法系的影响》[载《山东大学学报（哲学社会科学版）》2014 年第 3 期]，马作武的《“引礼入法”为中华法系奠定基石》（载 2017 年 3 月 22 日《山西政协报》C 版），张婷婷的《法家对中华法系构建的影响》（载《商界论坛》2015 年），薛梦洁的《两汉与魏晋律学对中华法系的形成之影响》（载《品牌》2015 年第 2 期），张敬的《探寻中华法系之思想起源——西周法律思想及其影响》（载《法律经济》2015 年第 19 期），胡兴东的《判例法传统与中华法系》（载《法学杂志》2012 年第 5 期），杨将的《浅谈刑起于兵——试析中华法系之起源》（载《法制与社会》2017 年第 7 期）。

（三）中华法系的内涵与特质的拓展研究

应该说，在 20 世纪近 100 年的中华法系研究学术史中，对中华法系研究讨论最多的是中华法系的内涵和特点。而这一趋势，在 21 世纪之后，仍然延续了下来，但已经

---

① 参见张晋藩：《人本主义——中华法系特点之一》，载《河北法学》2005 年第 9 期；张晋藩：《中华法系研究新论》，载《南京大学学报（哲学、人文科学、社会科学版）》2007 年第 1 期；张晋藩：《我对中华法系认识的发展轨迹》，载朱勇主编：《中华法系》第 1 卷，法律出版社 2010 年版；张晋藩：《解读中华法系的本土性》，载《政法论坛》2010 年第 5 期；张晋藩：《中华法系凝结少数民族的法律智慧》，载《民族研究》2011 年第 6 期，等等。

② 张晋藩：《法文化的复兴与中华法系的再思考》，载张晋藩：《镜鉴心语：法史研究中的古与今》，厦门大学出版社 2012 年版，第 300 页。

在向前发展了。这方面的成果有王立民的《也论中华法系》(载《华东政法学院学报》2001 年第 5 期),艾永明的《中华法系并非“以刑为主”》(载《中国法学》2004 年第 1 期),俞荣根、龙大轩的《中华法系学述论》(载《法治论丛》2005 年第 4 期),安剑泉的《从〈唐律疏议〉看中华法系的宗法性》(载《商丘师范学院学报》2015 年第 2 期),俞荣根的《和:中华法系之魂——在第五届世界儒学大会上的主题发言》(载《第五届世界儒学大会学术论文集》),李东明的《论中华法系中的温情与人性关怀》(载《法制博览》2012 年第 5 期),杜路的《中华法系“重刑轻民”成因研究》[载《西北农林科技大学学报(社会科学版)》2013 年第 5 期],马小红的《中华法系的开明性》(载 2018 年 7 月 3 日《检察日报》第 3 版),《中华法系中“礼”“律”关系之辨正——质疑中国法律史研究中的某些“定论”》(载《法学研究》2014 年第 1 期)等。而张希波、陈鸿彝、邵方、曾代伟、屈超立、李青、杨峥嵘、徐祥民、陈晨、刘远征、张宏杰、史广全、刘高勇、王旭伟、徐晓庄等学者,也对中华法系与中国古代各部门法和法学,以及汉民族法与各少数民族法的关系等拓展研究方面,发表了自己的研究成果。

在上述成果中,学者从各个角度,对中华法系的内涵、特点以及外延等进行了进一步的探索和讨论。内容涉及中华法系中的家族属性和宗法制度,中华法系中的“以和为贵”的传统理念,中华法系中的温情与人性关怀,中华法系中的“重刑轻民”的传统特征,中华法系的开放性和开明性,中华法系之礼、律关系等。其中不乏对中国法律史学界之通说、定论的商榷和挑战。

尤其是马小红的《中华法系中“礼”“律”关系之辨正——质疑中国法律史研究中的某些“定论”》一文,就明确指出“长期以来,学界在研究中将律作为中华法系的主干,而将礼束之高阁。有关礼的论述笼统而缺乏细致与具体,对礼在中华法系中的地位和作用认识严重不足。正是这种几乎将礼摒弃在法研究领域之外的做法,使我们对中华法系产生了一系列误解。比如将‘重刑轻民’‘以刑为主’归纳为中华法系的特点等。在中华法系的制度构成中,律只是各种法律中的‘一端’,其地位与作用都远远不能与礼相提并论。但律在中华法系中确实又有其特殊性,这就是在礼的指导下,‘律义’经历了一个由法而儒的演变过程。但这个过程恰恰证明了,在中华法系中占据主导与主流地位的是礼,而不是律”①。

这里,作者的观点是否准确,可以讨论。因为说礼是中华法系的价值观,或者主导思想,这都可以。但说礼是中华法系的主要制度,就有待商榷了,因为中国古代法律影响周边国家,靠的就是以《唐律疏议》之“律”“令”为主要表现形式的成文法典,它构成了日本、朝鲜和越南的全部法制基础,也是其主要的表现形式,这既是历史的

① 马小红:《中华法系中“礼”“律”关系之辨正——质疑中国法律史研究中的某些“定论”》,载《法学研究》2014 年第 1 期。

事实,也是中日两国法律史学者长期研究成果的共识。[①] 因此,作者的观点仅作为一家之言,还可以继续讨论。

除马小红的新颖观点之外,在上述成果中,分量最重的是杨一凡的《中华法系研究中的一个重大误区——"诸法合体、民刑不分"说质疑》(载《中国社会科学》2002 年第 6 期)。该文对"诸法合体、民刑不分"说提出了质疑,认为该说无论是从各种形式的法律的内容来看,还是从体例结构看,都不能成立。

(四)中华法系与其他法系以及中华法系成员国之法律的比较

在这方面,主要成果有饶艾的《中华法系新论——兼与西方两大法系比较》[载《西南交通大学学报(社会科学版)》2000 年第 1 期],王喆、罗涛的《中华、伊斯兰法系法典编纂比较分析——以明〈大诰〉与〈布哈里圣训实录〉为例》(载《黑龙江省政法管理干部学院学报》2012 年第 4 期),李青的《琉球国与中华法系》(载《国家行政学院学报》2012 年第 5 期),黄震的《中华法系与世界主要法律体系——从法系到法律样式的学术史考察》(载《法学杂志》2012 年第 9 期),张丽萍的《中华法系和西方两大法系的结构属性》[载《赤峰学院学报(汉文哲学社会科学版)》2015 年第 12 期],王凤的《中华法系与古罗马法的几点相似之处小析》(载《科技经济市场》2016 年第 3 期)等。

在这些作品中,作者不仅对中华法系之内部成员间的法律的异同、传播和影响进行了研究,也对中华法系与中世纪中东地区的伊斯兰法系、近代西方的英美法系和大陆法系之间的联系和区别等作了分析探讨,而且对中华法系与古代罗马的物法、债法、程序法和社会管理法的异同问题作了梳理和考证,从而大大拓宽了中华法系的研究视野和拓展了研究内容。

(五)中华法系之遗产的传承和发扬光大

在 21 世纪中华法系的研究成果中,还有许多是挖掘中华法系中的良性遗产、分析中华法系与现代中国特色社会主义法治国家建设的关系、探索新中华法系的创建等方面的研究。如何勤华、孔晶的《新中华法系的诞生?——从三大法系到东亚共同体法》(载《法学论坛》2005 年第 4 期),刘广安的《中华法系生命力的重新认识》(载《政法论坛》2011 年第 2 期),钱宁峰的《德法互摄:中华法系的特质和现代意义》(载《唯实》2015 年第 12 期),李功国的《复兴中华法系是时代的需要》(载《发展》2012 年第 1 期),武树臣的《论中华法系的多元性格与时代意义》(载《学术前沿》2013 年第 2 期),陈朝璧的《试论社会主义的新中华法系的形成和发展》(载《厦门大学法律评论》,第十八辑,厦门大学出版社 2010 年版),张晋藩的《中华法系的价值与中华法系

① 参见何勤华主编:《法律文明史》(第 7 卷),商务印书馆 2019 年版,第 469 – 615 页。

的重塑》(载《北京日报》2016 年 10 月 31 日,第 20 版),霍丹丹的《中华法系的历史沿革与复兴——以立法思想为例》(载《牡丹江大学学报》2014 年第 1 期),王立民的《复兴中华法系的再思考》(载《法制与社会发展》2018 年第 3 期),张生的《从"有典有则"到民法典:中华法系的传承与发展》(载《决策探索(上)》2020 年第 10 期),等等。

在上述作品中,学者主要围绕着中华法系的精神、价值和制度等要不要传承,如果要传承,需要在观念上、理论上、学术上做出哪些梳理和辨析等问题进行研究。如果要复兴中华法系,那么,复兴中华法系的现代意义、复兴的中华法系的性质、复兴的中华法系之母国(中国)所需具备的基本条件、复兴的中华法系之成员国形成的途径、复兴中华法系的努力方向等也都需要做出详细的讨论和评估。如果要构造一个"新中华法系",那么其主体、成员应该有哪些,其可能性多大等,都是需要面对的问题。对此,本书不作最后评判,只是将问题汇总提出,期待学界的进一步探索和研究。

(六)《中华法系》(连续出版物)和《中华法系》专著的推出

在 21 世纪以后对中华法系的学术研究中,最为重要,且意义最大的是朱勇主编的多卷本《中华法系》和由何勤华、钱泳宏等著的《中华法系》的面世。

自 2010 年起,法律出版社推出了由朱勇主编的多卷本《中华法系》(论文集),作为连续出版物,该书对中华法系进行专题性、连续性的研究。除研究中华法系各个时期的各项具体法律制度、原则等之外,该书还涉及中华法系发展、演变及特点等总论性质的论述。如在第 1 卷中,收录了张晋藩、高明士、刘广安、王涛和李青等 5 位学者专门研究中华法系的论文。在第 2 卷中,以"学术研究""学术聚焦""法治人物""学术新人""学术动态"为栏目,刊登了陈惠馨、李显冬、李鸣、单纯、胡兴东、林乾、叶鹏煌等人的论文,从各个角度探讨了中国各个时期各个部门法律的传统元素。而在第 3 卷中,就中华法系总论专题,收录了杨静的《中华法系研究综述》和阮智刚的《杨鸿烈笔下的中华法系图景》两篇文章。以下各卷,也都是围绕中华法系形成、发展、变迁中的各种相关的理念、制度和史料等问题而展开的研究。

2019 年,由何勤华、钱泳宏等著的《中华法系》一书出版。该书是何勤华主编的《法律文明史》多卷本中的第 7 卷,由商务印书馆推出。全书有 80 多万字,分为导论,主要论述中华法系的诞生、内涵、特点和解体等;第一章中华法系之法哲学、法律学术、律学家和律学教育;第二章中华法系之母国法;第三章中华法系之成员国法;第四章中华法系的解体;余论中华法系的历史遗产,以及附录中华法系研究文献。该书除了对中华法系所涉各个问题进行了比较系统全面的梳理、讨论和研究,还重点对中华法系之成员国日本、朝鲜和越南的法律理念和法律制度的变迁进行了研究。

实际上,在中华法系研究领域,我们所推出的大量成果,基本上都是对中国古代法的研究,而对中国周边国家法律即中华法系之成员国的法律的研究成果很少,从而导致在讨论这些国家的古代法律发展时，所依据和引用的资料，仍然是杨鸿烈的《中国法律在东亚诸国之影响》（商务印书馆1937年版）一书中的论述。而《中华法系》一书，邀请了精通日本语、朝鲜语和越南语的魏敏、张春海和伍光红三位青年才俊担当日本、朝鲜和越南这三个国家古代法律发展的撰稿任务，从而为学术界进一步开展这一领域的研究提供了最新的研究体系和文献资料。①

五、本卷的构思与框架体系

本书作为国家社科基金重大项目“中华法系与中华法律文化问题研究”第二个子课题的最终成果，所涉内容是自魏晋南北朝至宋代的法律文化，包括法律思想（法律理念）、法律制度、法律设施和法律艺术的发展变化。由于中华法律文化发展至该阶段，诞生了中华法系。因此，本书将花费一定篇幅对中华法系的概念、内涵、诞生和发展，尤其是中华法系与中华法律文化之间的关系作出阐述。

按照这样的写作任务，本书的构思以及其框架体系大体为：

绪言，主要梳理、评述中华法系研究的学术史，指明本书写作的目的和任务，以及其构思与框架体系（类似于文献综述）。

序章，主要论述魏晋南北朝法律文化的进步。涉及魏晋南北朝法律思想的变化；魏晋南北朝法律制度的变革，如立法的变迁，法律制度内容的变化；魏晋南北朝法律设施（司法机关和行刑机关等）的演进；魏晋南北朝法律艺术的发展，以及律学教育、律学研究等的进步。

第一章，隋唐法律思想的进步。涉及隋朝初年的法治指导思想；隋朝中后期法律思想的演变（原因和表现）；唐初的法律思想；唐代中后期的法律思想；五代十国的法律思想。

第二章，隋唐法律制度的成长。主要阐述中华法系初创蓝本的隋代法制，中华法系杰出代表的唐代法制，包括法律体系与立法活动、唐代法制的主要代表：《唐律疏议》《唐令》《唐六典》等；唐代的司法制度和监察制度；唐代法制的主要特点。

第三章，隋唐法律设施的健全。涉及隋代的法律设施，包括中央和地方的法律机构；隋代刑罚执行设施：徒刑，流刑，其他刑罚（隋代是确立中国古代五刑体系的王朝）；唐代中央和地方的法律设施；唐代的刑罚执行设施。

---

①　这一时期出版的以中华法系为研究专题的另一本著作是李玉福主编的《中华法系的形与魂》（中国人民公安大学出版社2010年版），该书对中华法系研究领域中的通说提出了不同的看法，可以参考。同时，2022年由上海人民出版社推出的《中华法系之精神》一书，将学术界对中华法系之精神的发掘大大向前推进了一步。该书由何勤华、张顺、廖晓颖、聂子衿、金逸菲合著，将中华法系的精神总结、归纳和凝练为9个方面：本固邦宁的民本思想、隆礼重法的治国策略、底蕴浓厚的法律文化、注重亲情的法律伦理、罚当其罪的平等观念、以和为贵的法律价值、引领时代的法医检验、鸿篇巨制的判例研究、历久弥新的调解制度，并对其在当代中国建设现代化法治国家中的价值和传承进行了较为系统、深入的梳理和阐述。

第四章,隋唐法律艺术的完善。涉及法律发展的艺术属性;隋、唐的律法制定艺术,包括修辞艺术、注释艺术和分类艺术;律法效力划分艺术;立法活动准备艺术;立法保存与参考艺术;诉讼运作艺术;判词艺术的兴盛;隋唐的契约订立艺术。

第五章,中华法律文化的鼎盛与中华法系的诞生。主要阐述隋唐法律思想(儒、法、道、佛的法律思想)和法律制度向周边国家越南、朝鲜和日本的传播;周边国家对中国隋唐法律设施(主要是司法机关)的学习与发展;隋唐法律教育与律学研究对周边国家的影响;中华法系的诞生;中华法系诞生后中华法律文化在世界上之地位。

第六章,宋辽夏金法律文化的融合与发展,涉及两宋的法律思想;少数民族政权(回鹘、吐蕃、南诏、契丹、金、西夏、辽的法律思想);中华法系持续发展的两宋法制;从游牧到农牧:中华法系丰富完善的辽夏金法制等;宋代中央和地方的法律设施;宋代刑罚执行设施;宋代法律汇编艺术的发展;法医检验艺术的成熟;宋代的契约订立艺术。

尾章,中华法系诞生期法律文化的遗产。涉及儒法道释法思想的合流;法律形式的完备;制定法、习惯法和判例法的共生以及其历史背景和内在逻辑;法律原则与法律制度的成熟及其对中华法律文化的影响;律学教育(明法科)的鼎盛以及其对中华法律文化的推动作用;律学研究(明法道)的繁荣。

序章　魏晋南北朝的法律文化

东汉后期，土地兼并日益严重，大量农民流离失所成为盗贼，进而引发黄巾起义，动摇中央政府的统治；地主豪强势力坐大，形成地方割据势力；宦官与外戚势力争斗不休，撕裂中央机关。这一切导致了汉帝国的统治无能和最终崩溃，由此开启了长达350余年的分裂动荡时期。

在这一时期，内有兄弟阋墙，同室操戈，外有异族入侵。思想上外来的佛教思想和基于道家思想产生的玄学思想与儒家思想分庭抗礼，旧有的制度蒙受破坏，原来的思想与信仰遭到冲击。但正如中世纪孕育出当代西欧政治制度中的代议制，魏晋南北朝时期是中华法律文化乃至中华文明辉煌时代的序章。此时，少数民族不仅在血统上融入了中华民族，更是在文化上与汉族文明大融合；佛教思想和玄学思想并未取代儒家思想在中华文明中尤其是在法律领域的指导地位，虽然受到冲击，但中国法律依旧在法律儒家化之路上不断前进。

正是在魏晋南北朝奠定的物质、文化和思想基础上，隋唐创造了前无古人的璀璨的中华法律文化。魏晋南北朝时期的一系列法律探索，为中华法律文化的辉煌和中华法系的诞生缓缓拉开了序幕。

第一节　文献综述

一、研究意义与目的

在中华法系和中华法律文化的发展中，魏晋南北朝是承上启下的关键时期。这一时期，礼法结合进入深化阶段，法律维护礼制，礼制逐渐渗入法律，以法律条文的形式表现出来，为以后唐律的“一准乎礼”奠定了基础。继承了汉律的宝贵遗产，经历了少数民族文化的冲击，接受了玄道佛思想的熏陶后，魏晋南北朝各政权在不断摸索中逐渐形成未来中华法系法律制度的雏形，法律设施的原型；中华正统法律思想在这一时期得到了丰富和完善；以律学世家为代表的律学家通过研习法律不断提高自己的法学素养，进而使当时的立法水平不断进步，法律制度形式由繁到简，法律注释活动蓬勃发展。

总而言之,魏晋南北朝时期形成了中华法系的法律思想、法律制度、法律设施和法律艺术的基本格局。

那么,汉代法律思想、法律制度、法律设施和法律艺术,如何在魏晋南北朝时期发展演变出自己独特的基本格局,演变和发展的具体过程是怎样的,哪些因素在演变过程中发挥了主要作用,这是本章研究的主题。

二、国内外研究现状

魏晋南北朝是近期史学界研究的热点之一,也是法律史界研究的重要主题。自民国时期开始,以陈寅恪①、瞿同祖②为代表的学者就展开了对魏晋南北朝时期法律史的一系列研究,取得了不少成果。改革开放以来,魏晋南北朝时期法律史研究领域更是繁荣发展,硕果累累。此外,国外尤其是日本关于魏晋南北朝时期法律的研究也对本领域作出了不可忽视的贡献。

(一)国内研究现状

有关魏晋南北朝时期法律文化的论著格外丰富,时间跨度也很大。

1. 专著

沈家本③的《历代刑法考》④是中国第一部通史性质的刑法史著作,其中对魏晋南北朝时期的刑法制度进行了详细考证。

程树德⑤所著,1927 年出版的《九朝律考》,是法律史领域另一部重要的著作,它以汉至隋 12 个朝代中,作者认为法律发达的 9 个朝代为主题,对其进行了深入和充分的辑录和考证。在《九朝律考》中,程树德以律系表的方式勾画九朝法律沿袭情况,并提出了中原律学,衰于南而盛于北的观点。

陈寅恪对魏晋南北朝法律文化研究颇深,是魏晋南北朝史研究的开拓者。他的研究成果主要体现在《陈寅恪魏晋南北朝史讲演录》(贵州人民出版社 2007 年版)、《隋唐制度渊源略论稿》(上海古籍出版社 1982 年版)、《唐代政治史述论稿》(上海古籍出版社 1982 年版)之中。他在法律史上重要的贡献是最早提出了“法律儒家化”的概念,认为中国法律的儒家化由晋而始,到隋唐时期宣告完成。

瞿同祖将陈寅恪提出的“法律儒家化”的命题进行了详尽的发挥,他的研究成果

---

① 陈寅恪(1890—1969),字鹤寿,江西省修水县人,中国现代历史学家、古典文学研究家、语言学家、诗人。

② 瞿同祖(1910—2008),历史学家,湖南长沙人。

③ 沈家本(1840—1913),字子惇,别号寄簃,清末官吏、法学家。

④ 《历代刑法考》是沈家本晚年的作品,1912 年收入《沈寄簃先生遗书甲乙编》的甲编。

⑤ 程树德(1877—1944),著名法律史学家,字郁庭,福建闽侯(今福州)人。

集中于《中国法律之儒家化》①一书中。但瞿同祖与陈寅恪的观点有所不同，他认为法律的儒家化自汉代就已然开端，完成于北魏、北齐，而隋唐集其大成。他还认为，“中国法律之儒家化经魏、晋南北朝已大体完成，不待隋唐始然”②。瞿同祖的观点被学界大体接受，但目前多数学者在法律儒家化开端时间上有异议，认为开端时间应早在秦代。

近年来，研究魏晋南北朝法律文化的著作数量巨大，种类繁多，从不同的角度对魏晋南北朝法律进行了深入的探索。

通史类，其中包含魏晋南北朝法律文化研究的著作有张晋藩著《中华法制文明史》（法律出版社 2013 版）、《中华法制文明的演进》（中国政法大学出版社 1999 年版）和《中国法律史》（法律出版社 1995 年版），其主编的《中国司法制度史》（人民法院出版社 2004 年版）、《中国法制通史》（10 卷本，法律出版社 1999 年版）；黄惠贤所著，载白钢主编的《中国政治制度通史》（全 10 卷）中的《中国政治制度通史·第四卷魏晋南北朝》（社会科学文献出版社 2011 年版）；何勤华著《中国法学史》（3 卷本，法律出版社 2006 年版）；乔伟、王召棠主编的，载李光灿、张国华总主编《中国法律思想通史》（全 12 卷）中的《中国法律思想通史》（第 4 卷）（山西人民出版社 2001 年版）；韦庆远、柏桦著《中国官制史》（东方出版中心 1993 年版）；曾宪义总主编的《中国传统法律文化研究》（全 10 卷，中国人民大学出版社 2011 年版）；赵贵龙的《中国历代监察制度》（法律出版社 2010 年版）。而武树臣的《法家法律文化通论》（商务印书馆 2017 年版），从法律文化的角度阐述法家思想的影响，其中就包括对魏晋南北朝时期社会的影响。在该书中武树臣还提出了对“法律儒家化”命题的新观点，他认为中国古代法律的演化既是儒家化，也是法家化，是由儒家的理论和法家的实践共同培育而成。

断代史类，即专攻魏晋南北朝时期或其中某一朝代的著作，有薛菁的《魏晋南北朝刑法体制研究》（福建人民出版社 2006 年版），李俊芳的《晋朝法制研究》（人民出版社 2012 年版），邓奕琦的《北朝法制研究》（中华书局 2005 年版），张小稳的《魏晋南北朝地方官等级管理制度研究》（九州出版社 2010 年版），王仲荦的《魏晋南北朝史》（上海人民出版社 2016 年版）和《北周六典》（中华书局 1979 年版），楼劲的《魏晋南北朝隋唐立法与法律体系》（中国社会科学出版社 2014 年版）等。

此外，考证类著作还有杨一凡总主编的《中国法制史考证》（全 15 册，中国社会科学出版社 2003 年版）和《中国法制史考证续编》（全 13 册，社会科学文献出版社 2009 年版），何勤华编的《律学考》（商务印书馆 2004 年版）。对某一具体制度进行研究的

---

① 原载《国立北京大学五十周年纪念论文集》，学院第四种，北京大学出版部 1948 年版。

② 瞿同祖：《中国法律之儒家化》，载《瞿同祖法学论著集》，中国政法大学出版社 1998 年版，第 368 页。

著作有俞鹿年的《北魏职官制度考》(社会科学文献出版社 2008 年版),戴卫红的《北周考课制度研究》(中国社会科学出版社 2004 版)。还有著作对魏晋南北朝时期的石刻和墓志铭进行研究,例如李明晓的《两汉魏晋南北朝石刻法律文献整理与研究》(人民出版社 2016 版)和赵超的《汉魏南北朝墓志汇编》(天津古籍出版社 1992 年版)。中国政法大学法律古籍整理研究所的《中国古代法律文献概论》(上海古籍出版社 2019 年版)一书更是将包括魏晋南北朝法律文献在内的中国历史上的金文、出土简牍、石刻、判牍文献、司法档案文献、立法文献、契约文献、律学文献和古代文学中的法律资料进行了收集和整理。陆心国在 1986 年还出版过一本《晋书刑法志注释》(群众出版社 1986 版),对晋书刑法志中难以理解的文句词做出注释。

2. 论文

在中国知网中搜索与魏晋南北朝法律文化相关的内容,可以得到 227 篇论文。总体来说,有关魏晋南北朝法律文化的研究大多着眼于法律制度,227 篇中的 85 篇以法律制度为主题。这 85 篇中有 17 篇专门研究北魏法律制度,10 篇研究晋,8 篇研究曹魏,5 篇研究南朝。但如果将魏晋作为一个整体来看待,研究魏晋法律制度的论文有 31 篇。因此可以看出,目前研究的热点在于曹魏、晋和北魏的法律制度。

论述魏晋南北朝法律思想的论文共有 50 篇。这一时期法律思想领域发生的最重大的事件是礼法结合更加紧密,法律儒家化进一步加强,待到魏晋南北朝时期结束时法律儒家化基本完成,法律内容与儒家思想高度一致。体现在论文中,这一领域的论文多数是在论述法律思想儒家化的表现及其演变过程。虽然儒家思想在魏晋南北朝时期法律思想领域稳居正统与主流,但与此同时,正如何勤华在《魏晋时期多元化法学世界观论析》①一文中提出的那样,魏晋南北朝时期发展壮大的玄学思想和佛教思想对这一时期的法律思想产生了重大影响,强烈冲击法律思想中的儒家学说,但最终并未能撼动儒家思想的正统地位。

关于这一时期的玄学法律思想和佛教法律观,曹毅搏的《论魏晋玄学法律观的思想渊源、内涵及价值取向》、②邹霖的《佛教对魏晋南北朝法制的影响》③等文章作了详细论述。魏晋南北朝时期还涌现出一批例如刘颂、葛洪、陈群、苏绰、杜预这样优秀的律学家,法律思想领域的论文中有不少对他们的法律思想及其产生的影响做出了详细的论述。

论述法律制度的论文是这一研究领域的主流,由上述数据可知热点在于曹魏、晋和北魏。曹魏研究主要集中在包括魏律、魏令、魏科和魏章句的曹魏法制的考证;对

① 参见何勤华:《魏晋时期多元化法学世界观论析》,载《西南政法大学学报》2000 年第 1 期。

② 参见曹毅搏:《论魏晋玄学法律观的思想渊源、内涵及价值取向》,载《深圳大学学报(人文社会科学版)》2015 年第 5 期。

③ 参见邹霖:《佛教对魏晋南北朝法制的影响》,西南政法大学 2014 年硕士学位论文。

晋朝的研究主要集中在晋律尤其是对《晋书·刑法志》的研究;北魏法制研究则主要集中在北魏孝文帝的法制改革。另一个重要的论述内容是法律儒家化的具体制度表现,尤其是"官当""八议"制度,"准五服以制罪"和存留养亲制度,还有后世"十恶"制度的原型"重罪十条",这是产生于魏晋南北朝时期的最重要的制度,对于它们的形成、产生和作用许多论文都作了详细的论述。具体律典方面。南北朝时期的北魏《天兴律》、《太和律》和《北齐律》也有论文进行深入研究。此外,身份法、婚姻法、妇女法律地位和亲属法亦是近年来研究的主题。

魏晋南北朝时期是法律设施发生巨大变化,逐渐演变形成中华法系基本法律设施格局的时期。这一时期法律设施的主要变化为太尉演变为大理,尚书郎作用逐渐增加,中央三省制的逐渐形成,廷尉少卿的三个下属官职监、正、平成为专门管理监狱工作的部门,监狱制度逐渐完善。法律设施相关论文较少,主要围绕着以上主题展开。

魏晋南北朝时期的法律艺术是较为冷门的领域,这一部分相关论文较少,只有19篇。这些论文的研究集中于律学领域。魏晋南北朝时期,产生律博士一职负责对司法官员的法律教育,为国家提供司法人才。律学研究另一主力是专习律学的贵族家族,通过研习律学谋求司法官职,维持家族地位。对律学家族进行研究的论文有郭东旭的《渤海封氏——中国律学世家的绝响》,①纪长胜的《北朝渤海律学传习研究》,②以及邓长春的《南朝会稽孔氏律学传习研究——兼论南朝律学的新发展》。③ 此外,谢焱平的《曹魏刑名政论文写作研究》一文,④对曹魏时期的律学论文进行了非常深入的研究。

(二)国外研究现状

西方世界对魏晋南北朝时期法律文化的研究较少,大多是汉学家在以中国史或者以中国法律儒家化为主题的论述中顺带提到魏晋南北朝时期的法律文化。

例如,早期来华新教传教士郭士立⑤所著《开放的中国——中华帝国概述:地形、

① 参见郭东旭:《渤海封氏——中国律学世家的绝响》,载《河北学刊》2009年第5期。

② 参见纪长胜:《北朝渤海律学传习研究》,西南政法大学2014年硕士学位论文。

③ 参见邓长春:《南朝会稽孔氏律学传习研究——兼论南朝律学的新发展》,西南政法大学2008年硕士学位论文。

④ 参见谢焱平:《曹魏刑名政论文写作研究》,长春理工大学2019年硕士学位论文。

⑤ 郭士立(Karl Friedrich August Gützlaff,1803—1851),中文名也译作郭实腊、郭实猎、郭甲利、郭施拉、居茨拉夫,笔名"爱汉者",德国基督教路德会牧师、汉学家,生于波美拉尼亚。

历史、风俗、礼仪、艺术等》[①]；英国汉学家庄延龄（爱德华·哈珀·帕克）[②]所著《中国的历史、外交及商业》（*China, Her History, Diplomacy, and Commerce, from the Earliest Times to the Present Day*）；[③]美国汉学家卫三畏（Samuel Wells Williams）[④]所著《中国总论》（*Middle Kingdom: A Survey of the Geography, Government, Education, Social Life, Arts, Religion, & c., of the Chinese Empire and Its Inhabitants*）；[⑤]还有美国汉学家德克·卜德（Derk Bodde）和法学家克拉伦斯·莫里斯（Clarence Morris）合著的《中华帝国的法律》（*Law in imperial China*），[⑥]该书作者深受瞿同祖的影响，认为虽然法家思想中可能有一些内容为中国法律所保留，但纵观整个帝国时代，真正体现法律特点的是法律的儒家化。

日本对魏晋南北朝时期法律文化研究相对较多。其中具有代表性的有漥添庆文的著作《魏晋南北朝官僚制度研究》（赵立新、涂宗呈等译，复旦大学出版社 2017 年版），此书对魏晋南北朝时期，尤其是北魏时期的官制进行了详细的研究。还有宫崎市定的《九品官人法研究》，[⑦]通过搜集分散于史籍本传中实例的方式，该书描摹了九品官人法这一贯穿魏晋南北朝的选官制度的发展脉络。

第二节　法 律 思 想

从汉武帝“独尊儒术，罢黜百家”开始，儒学就成为统治者运用的正统学说，僵化的儒家思想在黄巾农民起义后失去了其官方统治思想的地位。统治阶级需要新的思想武器，彼时，各种思想应运而生，律学、玄学的出现对传统儒学产生了一定影响，中国法律进一步儒家化，律学、玄学成为正统儒学的重要组成部分。

---

① 1828 年于伦敦由史密斯与埃尔德出版公司（Smith, Elder and Company Publishers）出版第 1 版，目前尚无中文译本。

② 爱德华·哈珀·帕克（Edward Harper Parker, 1849—1926）英国汉学家。汉名庄延龄。1869—1894 年来华，初在英国驻北京公使馆任翻译，后在天津、汉口、广州等地领事馆供职，担任过上海、福州等地的领事，其间还在朝鲜任领事等职（1885—1887）。

③ 1901 年于伦敦出版，目前尚无中文译本。

④ 卫三畏（Samuel Wells Williams, 1812—1884），是最早来华的美国新教传教士之一，也是美国早期汉学研究的先驱者，是美国第一位汉学教授。从 1833 年 10 月 26 日抵达广州，直到 1876 年返美，在华 43 年。

⑤ 19 世纪出版，现国内有大象出版社 2013 年出版的英文版和上海古籍出版社 2005 年出版的中文版（陈俱译，陈绛校）。

⑥ 本书英文原版由 University of Pennsylvania Press 于 1973 年出版，现由朱勇翻译，江苏人民出版社 2008 年出版的中文版。

⑦ 王丹译，大象出版社 2020 年版。

一、三国统治者：礼刑并重，厉行法治

东汉末年，皇权衰落，诸侯混战，不仅经济破败、民不成风，而且法制松弛，社会秩序极其混乱。在三国残酷的军事斗争中，魏国、蜀国、吴国为了消灭敌对势力，巩固统治，纷纷实行法治，注重刑罚。

曹操通过实行严刑峻法，采取措施打击和镇压地方势力；诸葛亮则在蜀汉建立汉政权，推行法治，陈寿称他“科教严明，赏罚必信，无恶不惩，无善不显，至于吏不容奸，人怀自厉，道不拾遗，强不侵弱，风化肃然”①。孙吴则奉行法家的重刑主义思想。本章着重探讨曹操“礼刑并重，厉行法治”的法律思想。

在兵荒马乱的局面下，曹操为了拨乱反正，恢复和维护严重受损的封建统治秩序，不仅用军事手段镇压“违抗王命”的人，还十分重视法治的威慑和压制作用。他在任命高柔为理曹掾的令文中说：“夫治定之化，以礼为首；拨乱之正，以刑为先。是以舜流四凶族，皋陶作士；汉祖除秦苛法，萧何定律。”②他认为，太平盛世应以教化为主，礼义为首，而平定乱世的方法应以刑罚为先。

汉初，董仲舒为应对封建统一的需要，提出了“德主刑辅”的法律思想，强调以礼为主，以刑为辅。而曹操则根据当时政治斗争的需要，提出了“以礼为主”“以刑为先”的主张，礼法并重，这无疑是对正统儒家法律思想的发展。

曹操还关注立法，强调在军中也要守法，颁布“军谯令”“败军中典狱令”“鼓吹令”“军令”“船战令”“步战令”等，对军令、军纪、军规和军法作出详细规定，注重以法治军。

曹操在军阀混乱，全国政权极不稳定的情况下，提出“以刑为先”的治国思想，适应当时的时代需要，对于恢复统一秩序、巩固政权起到重要作用。

曹操还注重赏罚分明。他曾下令说：“未闻无能之人，不斗之士，并受禄赏，而可以立功兴国者也。故明君不官无功之臣，不赏不战之士。”③他曾经表示吾等起兵平定战乱，迄今为止19年，屡战屡胜，不是自己的功劳，而是各位士大夫的功劳，天下初定，要与士大夫共享战功，加封进爵。于是大封功臣二十余人，皆为列侯，食邑三万户；其余有功之人，各以功劳大小受封赏。甚至连死者之遗孤，亦按其先人的功劳大小享受相应的租谷收入。而他之所以决心实行重赏，也正是为了鼓励那些追随他的“诸将与士大夫”，让他们死心塌地为其卖力，事实上也确实达到了这样的效果。

曹操重赏士大夫的同时，也坚持有罪必罚，重用刑罚。曹操坚持严刑峻法，有罪必罚，功赏已封，若无刑罚，则难以维系。如曹洪（曹操的堂弟）的宾客犯法，许昌令满

---

① 《三国志·蜀书·诸葛亮传》。

② 《曹操集·以高柔为理曹掾令》。

③ 《曹操集·论吏士行能令》。

宠要予以制裁，曹洪为之说情也不为所动，满宠依法将犯法的宾客处死，深得曹操的赞许。建安八年(203年)春下令曰："司马法'将军死绥'，故赵括之母，乞不坐括。是古之将者，军破于外，而家受罪于内也。自命将征行，但赏功而不罚罪，非国典也。其令诸将出征，败军者抵罪，失利者免官爵。"①这说明曹操对赏与罚这两方面都十分重视，一方面赏有功者不吝千金，另一方面罚有罪时也不讲情面，赏罚并重。

蜀相诸葛亮与曹操面临同样的历史任务，三国时期，曹操与诸葛亮是两位最有作为并富有进取精神的政治家，他们都想由自己来完成国家统一的伟大事业。因此他们虽然站在敌对的立场，但所实行的政策却大体相同。诸葛亮在刘璋暗弱，威令不行之后，赏罚必信，执法严明，把西蜀治理得井然有序。

孙权称帝之后，用刑严峻，果于杀戮，奉行法家的重刑主义思想。他说："夫法令之设，欲以遏恶防奸，儆戒未然也，焉得不有刑罚以威小人乎？此为先令后诛，不欲使有犯者耳。"可见，这与法家提出的"刑重而民不敢犯"的主张是同出一辙的。

三国鼎立，诸侯纷争，曹操与诸葛亮都想统一中国，具有强烈的进取精神，所以他们在强调礼义教化的同时，特别重视可以显示力量的包括"甲兵"与"刀锯"在内的刑的作用。②

二、独立学科——律学

律学是中国古代特有的，是秦汉时期随着成文法典的出现，统治阶级为了贯彻实施法典而对其进行注释诠解而形成的一门系统学问。律学的外延是关于律、令、格、式、例等的注释，关于判例的汇集和分析研究，关于法医检验的知识与技术等，其中律令注释学是律学的主体。律学的内涵则涉及对律令性质和功能的看法，对历朝法制发展得失的梳理和总结，立法体例的推敲，刑法原则的阐述，律令专门术语和概念的界定，法典内容的注释和解读，律令实施中的问题研讨以及律学研究方法的运用等。③

律学虽然诞生于秦汉时期，但作为学术形态和学科的律学，直到魏晋南北朝时期才得到官方记录并日益成熟。④ 经过两汉时期的发展，魏晋时期的律学已进步到相当高的水平。这一时期，律学已从一般的政治学说中分离出来，完全成为一门独立的科学，出现了专门的法学著作。

魏晋以来的律学取得长足发展，魏晋时期著名的律学家有杜预、张斐、刘颂。

---

① 《三国志·魏书·武帝纪》。

② 参见乔伟：《论魏晋南北朝法律思想的沿革及其特点》，载《山东大学学报(哲学社会科学版)》1996年第4期。

③ 参见何勤华：《中华法系之法律学术考——以古代中国的律学与日本的明法道为中心》，载《中外法学》2018年第1期。

④ 参见何勤华：《中华法系之法律学术考——以古代中国的律学与日本的明法道为中心》，载《中外法学》2018年第1期。

北朝律学世家有清河崔氏和渤海封氏。清河崔氏在北朝担任司法官，参与立法及司法活动，著名的有崔玄伯、崔浩父子。《魏书·崔玄伯传》载，北魏太祖时，"命有司制官爵，撰朝仪，协音乐，定律令，申科禁，玄伯总而裁之，以为永式"。太宗时，"诏玄伯与长孙嵩等坐朝堂，决刑狱"。《魏书·刑罚志》载，世祖时，"诏司徒崔浩定律"。渤海封氏有律学成就的有封琳和封隆之、封子绘父子及封轨、封述父子。①

南朝的律学世家主要有会稽孔氏、济阳蔡氏、河东裴氏。会稽孔氏中有名的有孔琳之、孔渊之、孔琇之、孔奂。济阳蔡氏中有蔡廓、蔡兴宗、蔡撙、蔡法度，其中蔡法度系梁律令的实际修订人，并撰有《晋宋齐梁律》20 卷，这是南北朝唯一一部比较律学的专著。河东裴氏中有裴之横、裴之礼、裴政，裴政是裴之礼之子，《隋书·裴政传》载："裴政，字德表，河东闻喜人也。祖邃，梁侍中、左卫将军、豫州大都督。父之礼，廷尉卿。政幼明敏，博闻强记，达于时政，为当时所称。年十五，辟邵陵王府法曹参军事。"开皇元年（581 年），隋文帝"诏（裴政）与苏威等修定律令。政采魏、晋刑典，下至齐、梁，沿革轻重，取其折衷。同撰著者十余人，凡疑滞不通，皆取决于政。"可见，裴政是隋开皇律令修订的决定性人物。②

本章将着重阐述魏晋律学大家杜预、张斐和刘颂的法律思想。

（一）杜预：文约而例直，听省而禁简

杜预，字元凯，京兆杜陵人。生于魏文帝黄初三年（222 年），卒于晋武帝太康五年（284 年）。西晋初年，晋武帝司马炎命之与车骑将贾充共同起草制定律令，即《泰始律》。律成之后，又为之注解，共编纂了 21 卷《刑法律本》，世称《律本》。

杜预在奏章中说："法者，盖绳墨之断例，非穷理尽性之书也。故文约而例直，听省而禁简。例直易见，禁简难犯。易见则人知所避，难犯则几于刑厝。刑之本在于简直，故必审名分。审名分者，必忍小理。古之刑书，铭之钟鼎，铸之金石，所以远塞异端，使无淫巧也。今所注皆网罗法意，格之以名分。使用之者执名例以审趣舍，伸绳墨之直，去析薪之理也。"③

东汉时期，法律十分混乱。除律、令外，还有傍章和科、比；而且一章之中就有数十条类似事务的规定，而处罚轻重有别。其内容也很庞杂，"盗律有贼伤之例，贼律有盗章之文，兴律有上狱之法，厩律有逮捕之事，若此之比，错糅无常"。④ 这种情况对维

---

① 参见吕志兴：《南朝律学的发展及其特点——兼论"中原律学，衰于南而盛于北"说不能成立》，载《政法论坛》2012 年第 1 期。

② 参见吕志兴：《南朝律学的发展及其特点——兼论"中原律学，衰于南而盛于北"说不能成立》，载《政法论坛》2012 年第 1 期。

③ 《晋书·杜预传》。

④ 《晋书·刑法志》。

护封建统治十分不利,到魏明帝时,乃下诏“改定刑制”,制定出魏律十八篇。

杜预参与制定的晋律则简要得多。他将七百七十三万字的秦汉律及解说,精简为十二万六千三百字。

首先,他认为法律不是“穷理尽性”的经书,法律是判决案件的准绳和条例,并非穷尽事理和人性的书籍,所以经义不能直接代替法律,经书不能直接成为法典。这就有力地批判了汉代以来“以经决狱”的做法。这样从理论上区分了法律与经义的界限,也区分了律学与经学的界限,这为律学成为一门独立的学科,开辟了一条道路。

其次,他在划清了法律与儒家经义的界限之后,提出立法必须精简明确。法律的文字要简约通俗,案例直截了当,法律允许为和不允许为的都要精简。案例直接容易理解,那人们就知道怎样避免犯罪,禁止事项精简则人们不易触犯法律。这种“文约”“禁简”的法律观,是对过去“简书愈繁,官方愈伪,法令滋章,巧饰弥多”的批判。

最后,杜预认为法律最重要的在于区分罪名,提纲挈领,而不是细枝末节。古代刑书铭刻在钟鼎上、铸在金石上就是为了防止与刑法相冲突的规定,避免执法人徇私舞弊,滥作解释。参与制律者搜罗了许多有关立法原理的解释,把这些解释概括起来而形成的刑名和法例,就是名分之大者,它使执法的人有所取舍,即有了定罪量刑的标准。

(二)张斐的法律思想

张斐,魏末晋初人,因注解晋《泰始律》闻名于世。据《隋书·经籍志》载:“《汉晋律注》一卷,晋僮长张斐撰。《杂律解》二十一卷,张斐撰。”《新唐书·艺文志》载:“张斐《律解》二十卷。”①张斐的这些著作都已失传,现仅在《晋书·刑法志》中存有张斐《律注表》一篇,是他注解晋《泰始律》后向晋武帝说明其要点所上的表。这篇《律注表》是我们研究张斐法律思想和中国封建法律史的宝贵资料。

1. 以礼率律

汉《九章律》和秦律都是以《法经》及法家学说为理论基础,晋律则不然。它在吸取东汉儒家学者学说的基础上,明确地将儒家思想作为立法的指导原则。所以说西晋所制定之刑律“尤为儒家化”。②

以礼率律,“礼乐抚于中”,是张斐注律的基本精神。《晋律》共20篇,始于“刑名”,终于“诸侯”。与秦律、汉律、曹魏律相比较,晋律体例完整、严密而有系统。张斐解释这个体例时说:“律始于刑名,所以定罪制也;终于诸侯,所以毕其政也。”③他认

---

① 《隋书·经籍志》。

② 陈寅恪:《陈寅恪集·隋唐制度渊源略论稿·唐代政治史述论稿》,生活·读书·新知三联书店2001年版,第111页。

③ 《晋书·刑法志》。

为这个结构的特点，表现了"王政布于上，诸侯奉于下，礼乐抚于中，故有三才之义焉。其相须而成，若一体焉"①。这就是说，整个晋律，20 篇是相互联系的统一整体，其基本精神就是"礼乐抚于中"，即以儒家礼乐思想贯穿于整部晋律之中。

晋律始于《刑名》篇，是仿照魏律而来的。此前的法律都是将具有总则提纲挈领性质的《刑名》篇置于整个律令的最后一章，如先秦李悝的《法经》中，第一篇即为《盗律》，而具有刑法总则作用的《具律》则置于律令末尾，秦汉律亦是如此。直至魏律，开始将《刑名》置于首篇，晋律也继承了这一改革成果。张斐说："刑名所以经略罪法之轻重，正加减之等差，明发众篇之多义，补其事条之不足，较举上下纲领。"②这就明确指出了《刑名》的性质和作用，作为整部法典的纲领，置于律令首篇也更为得当。

2. 理直刑正

在司法方面，张斐提出"理直刑正"的原则，即适用法律要做到说理得当，符合天理人情，体现儒家的纲常名教，选择何种刑罚要做到量刑准确，宽严相济，轻重得当，有罪必罚，罪刑相一致，既要符合情理，又要处罚得当。

他说"夫奉圣典者，若操刀执绳。刀妄加则伤物，绳妄弹则侵直"。这就是说，适用法律的司法官员犹如操作刀斧、挥动绳子的人，如果用刀乱砍就会伤害生灵，如果用绳子乱缠就抻不长直线，这就是说执法者胡乱适用法律就会招致祸害，无法伸张正义。因此，他认为要根据罪行大小决定对罪犯的惩罚方式，具体来说就是"枭首者恶之长，斩刑者罪之大，弃市者死之下，髡作者刑之威，赎罚者误之戒，王者立此五刑，所以宝君于而远小人，故为敕慎之经，皆拟周易有变通之体焉"③。

而且，张斐认为司法工作人员应调查犯罪人的心理状况，收集充分的犯罪证据，彻查案件，以公正地定罪量刑。他继承和发展了董仲舒的"原心论罪"理论，即定罪量刑需要考察其动机、审查其具体情节、考证案件涉及的各种人证物证，然后才可以下定论。

张斐还认为在审理案件时，要将法律条文、刑法原理与犯罪动机三者结合起来，才能正确审理案件。他说："夫刑者，司理之官；理者，求情之机；情者，心神之使。心感则情动于中，而形于言，畅于四肢，发于事业。是故奸人心愧而面赤，内怖而色夺。"④

（三）刘颂的法律思想

刘颂，字稚嫩，广陵人。生年不详，约生于魏明帝青龙年间（233—237），卒于晋惠

① 《晋书·刑法志》。
② 《晋书·刑法志》。
③ 《晋书·刑法志》。
④ 《晋书·刑法志》。

帝永康元年(300年)。他在晋王朝任官近40年,几乎与这个王朝的兴衰相始终,在长期主持中央的司法、吏治工作中,对司马氏政权忠心耿耿,以直言敢谏、执法严明著称,史书对他多有褒扬,说他上疏"论律令事,为时论所美""在官严整,甚有政绩",等等。[①] 刘颂有着丰富的法律实践经验,他的法律思想散见于他的法律奏疏中。

1. 纲举网疏

西晋政权是依靠门阀士族而建立起来的,如同刘颂在上晋武帝的奏疏中说的"泰始初年(265年),陛下刚刚登基,所仰仗的都是历代功臣之后,不是士族的子孙,就是士族的曾孙",因此,西晋统治者为了取得豪强贵族的支持,对其违法犯罪行为采取宽容政策,常常是惩治小吏而不敢惩处贵族官僚。刘颂接下去批评说:"自近世以来,为监司者,类大纲不振而微过必举。微过不足以害政,举之则微而益乱;大纲不振,则豪强横肆;豪强横肆,则百姓失职矣。此错所急而倒所务之由也。"[②]"夫大奸犯政而乱兆庶之罪者,类出富强,而豪富者其力足其惮,其货足欲,是以官长顾势而顿笔。"[③]刘颂认为这种只打苍蝇不打黄蜂的做法,只会怂恿更为恶劣的犯罪,危害极大。他说:"害法在犯尤,而谨搜微过,何异放兕豹于公路,而禁鼠盗于隅隙。"[④]

对此,刘颂希望西晋统治者能够改变这种本末倒置的做法,提出要"纲举网疏",这和杜预的立法"文约而简直"的观点有异曲同工之处。他说"纲举则所罗者广,网疏则小必漏,所罗者广则为政不苛,此为政之要也"[⑤],即要求严惩"大奸犯政""豪强横肆"的恶劣行为,这样,法律才能真正打击豪强不法之徒,保护一般平民百姓。

刘颂主张"纲举网疏"的主要目的,是希望晋代最高统治者能够抓大放小,先惩治紧要恶劣的犯罪,对于轻微犯罪不必过分严苛,以调整统治阶级内部关系,其中也包含了立法宽疏,司法中抓大案要案,反对"谨密网以罗微罪"等内容。

2. 重法主张

与曹操、诸葛亮"拨乱反正、以刑为先"的法律思想一致,刘颂主张严刑峻法,挽救朝廷衰败事态,于是推崇重法,以改变汉魏以来政刑"渐颓"及"法宽"的弊病,实行"法正威断,日迁就肃"。

在其重法的一系列措施中,复肉刑尤为突出。刘颂担任廷尉时就曾力主恢复肉刑,他认为,废肉刑造成了"死刑重,故非命者众;生刑轻,故罪不禁奸"[⑥]的恶果,生刑与死刑之间悬殊太大,未能做到罪刑相适应。

---

① 《晋书·刘颂传》。
② 《晋书·刘颂传》。
③ 《晋书·刘颂传》。
④ 《晋书·刘颂传》。
⑤ 《晋书·刘颂传》。
⑥ 《晋书·刑法志》。

他认为恢复肉刑有两大好处:一是可以"以刑止刑""止奸绝本"。因为处肉刑不仅能使人们"畏剥割之痛"而不敢犯罪,而且能去除罪犯的肢体,使罪犯不能再犯罪,丧失了重新犯罪的条件,从而除去犯罪的根源,使"刑不复生刑,徒步复生徒"。二是可以保存劳动力,犯人处以肉刑之后便归家,身体恢复后仍可从事劳作,不影响正常繁育和劳动。

汉魏以来,主张恢复肉刑的人数不胜数,包括班固、仲长统、陈群等,其中刘颂主张恢复肉刑的观点最为激烈和坚持,废除肉刑后只剩下生刑和死刑,相差悬殊,故而应恢复肉刑,以惩戒、威吓犯罪。

3. 罪刑法定

刘颂强调司法审判官员需要依照法律条文确定罪名和标准,颇有现代刑法"罪刑法定"理念的影子。他曾上奏说:"又律法断罪,皆当以法律令正文,若无正文,依附名例断之,其正文、名例所不及,皆勿论。法吏以上,所执不同,得为异议。如律之文,守法之官,唯当奉用律令。至于法律之内,所见不同,乃得为异议也。今限法曹郎令史,意有不同为驳,唯得论释法律,以正所断,不得援求诸外,论随时之宜,以明法官守局之分。"①也就是说,官吏首先应当以法律的正文为依据,如法律正文无规定,则应依据名例篇决定,如正文、名例均无任何规定,则不再论罪。司法官员只能信奉适用律令。官吏之间有争论的,法律条文解释有争论的,均为异议。

此外,他认为法律判决以后,必须及时贯彻执行。"法轨既定则行之,行之信如四时,执之坚如金石。群吏岂得在成制之内,复称随时之宜,傍引看人设教,以乱政典哉!何则?始制之初,固已看人而随时矣。今若设法未尽当,则宜改之。"②

三、玄学思想

所谓玄学,是由于魏晋时期研究《老子》《庄子》《周易》这三本号称"三玄"书的学说而得名。玄学家用老庄道家学说来解释儒家经典《周易》,就其主要倾向来说,是继承先秦道家尤其是秦汉以来的黄老道家的思想,基本上是对道家学说的新发展。③ 玄学思潮围绕着名教与自然的关系问题,分为几个派别,主要有名教本于自然、越名教而任自然和名教即自然三种派别。所谓名教,是指儒家所提倡的以纲常伦理作为最高准则来正名定分的封建礼教。所谓自然,也就是道,是指支配自然界、人生和社会的基本规律。④

曹魏时期的何晏(190—249)、王弼(226—249)是玄学的创造者,主张名教本于自

① 《晋书·刑法志》。
② 《晋书·刑法志》。
③ 参见杨鹤皋:《中国法律思想通史》(下),湘潭大学出版社 2011 年版,第526 页。
④ 参见汪汉卿主编:《中国法律思想史》,中国科学技术大学出版社 1993 年版,第202 页。

然。他们认为自然是名教之本，名教是自然的必然表现，提倡名教和崇尚自然是一致的。自然为本，名教为末；自然为母，名教为子；名教出于自然，本于自然。[①] 嵇康(223—262)、阮籍(210—263)主张"越名教而任自然"。向秀(约227—277)、郭象(252—312)主张名教即自然，"故造物者无主，而物各自造。物各自造而无所待焉，此天地之正也"[②]。

(一)王弼"名教本于自然"的法哲学观

王弼，字辅嗣，魏国山阴(今河南省修武县)人，生于魏文帝黄初七年(226年)，卒于魏齐王正始十年(249年)，[③]官至尚书郎。虽一生短促，但著作颇富，他的《老子注》《周易注》《周易略例》留存至今，并有广泛影响。

魏齐王正始年间(240—249)，曹氏家族与军事实力强大的司马氏集团之间的斗争愈演愈烈，何晏、王弼等人大力推行老子的无为而治，力图维护曹魏政权统治者和官员的等级秩序，即所谓"名教之治"。王弼将道家思想和儒家思想结合起来，一方面认为名教源于自然，应当遵循礼教；另一方面认为门阀士族的纵情享乐也是顺乎自然、合乎人性的，天理人欲乃人之常情。王弼用道家理论来武装儒家名教思想，为其披上无为而治、顺其自然的外衣。[④]

王弼认为天地万物皆以有为生，有则开启生命；以无为本，无为天地万物包括社会伦理之本源。王弼根据"名教本于自然"的法哲学观，提出了君主无为、愚民政策和反对严刑峻法的治国思想。

1. 君主无为

"君主无为"思想，原出于先秦道家"君道无为，臣道有为"的思想。王弼认为统治者要崇尚自然，顺应自然，以自然为法；不要故作聪明，运用智巧，那么万物便可各得其所，致天下于大治。

君主无为这一思想最初源于道家统治者"治国之道在于无为，臣子行事之道在于积极作为"的理念，王弼认为统治者应该尊重自然、顺应自然，遵循自然规律，以自然为生存之道，不应自作聪明，万物皆可以自得其所，天下则自然得到治理。他认为天地有自己的位置，圣人成就事业，人谋鬼谋，百姓与能者，能者与之，资者取之；能大则大，资贵则贵。万物皆有其根源，万事皆有其归宿，这样就可以不害怕被欺骗。不必劳烦用尽一身聪明，考察百姓之情势，凭着观察就可以看清世间万物，万物也就在竞争中明白该避免哪些事务，如若因不相信去考察世间万物，那么万物也就竞相以不相

---

① 参见《老子注》。

② 《庄子注》。

③ 参见杨鹤皋：《中国法律思想通史》(下)，湘潭大学出版社2011年版，第528页。

④ 参见汪汉卿主编：《中国法律思想史》，中国科学技术大学出版社1993年版，第203页。

信回应此种考察。天下之心不必全部相同，如若他们对待万物的看法不敢不一致，那人民也就不肯投入自己的感情。

这就是为什么在王弼看来，治理国家的最好方式是君主无为，人类最初就是在一个朴实纯真的时代，那个时候没有行政长官和法律律令，直到政权国家产生，统治者才慢慢制定了各种律令和规定管理人民。因此，现在的统治者需要做的是知人善用，任用良善官吏，君主践行无为而治，臣子则积极作为。①

2. 愚民政策

愚民政策是中国古代道教的基本思想，创始人老子认为人民太聪明太有智慧，容易奸诈，难以管理。他一方面主张无为而治，另一方面又极力主张以少制多、以寡治众，以君御民，执一统众。因为众人是不能管理众人的，只有少数人才能治理多数人。因此，管理人民的最好办法就是从根源上解决问题，防止问题的发生，也就是使人民无知又无欲。该政策不是打击人民的行为，而是使其无心作为，没有作为的条件；不是抑制人民的欲望，而是使人民根本没有欲望。未雨绸缪，在问题产生之前就开始筹谋。这样百姓也不必知道发生了什么，使人民无知无欲，安分守己，心平气和地服从于地主阶级的统治。

3. 否定严刑峻法

曹魏时期，虽然实行了名法之治，但也带来了法律严苛、刑罚严厉的弊端。王弼批评当时严酷的法律，他说"若乃多其法网，烦其刑罚，塞其径路，攻其幽宅，则万物失其自然，百姓丧其手足，鸟乱于上，鱼乱于下"②。

王弼认为，刑罚过于严苛，违背了自然的本性，百姓不知该如何行事，甚至会冒险犯罪，导致天下大乱。故而，他说："清静无为谓之居，谦后不盈谓之生。离其清静，行其躁欲，弃其谦后，任期威权，则物扰而民僻。威不能复制民，民不能堪其威，则上下大溃矣。"③

王弼甚至不主张任何刑罚，他在注解《老子》中"国之利器不可以示人"这句话时说："利器，利国之器也。唯因物之性，不假刑以理物。器不可睹，而物各得其所，则国之利器也。示人者，任刑也。刑以利国，则失矣。鱼脱于渊，则必见失矣。利国器而立刑以示人，亦必失也。"④这句话有两层意思：一是国家不能只依靠刑罚来统治和管理百姓；二是法律不可以向人民公开，只能由统治者随意操纵。魏晋时代政治腐败，刑罚纵横，人民动辄得咎。在这种特殊的历史条件下，王弼反对严刑峻法的主张是有

---

① 参见汪汉卿主编：《中国法律思想史》，中国科学技术大学出版社 1993 年版，第 203 页。

② 《周易·泰卦》注。

③ 《老子》七十二章注。

④ 《老子》三十六章注。

进步意义的。[①]

(二)嵇康"越名教而任自然"的法哲学观

嵇康,字叔夜,谯郡铚县(今安徽宿县)人。嵇康"有奇才,远迈不群。身长七尺八寸,美词气,有风仪,而土木形骸,不自藻饰,人以为龙章凤姿,天质自然。恬静寡欲,含垢匿瑕,宽简有大量。学不师受,博览无不该通,长好《老》《庄》。与魏宗室婚,拜中散大夫。常修养性服食之事,弹琴咏诗,自足于怀"[②]。

1. 越名教而任自然

嵇康主张"越名教而任自然",他说:"夫气静神虚者,心不存于矜尚;体亮心达者,情不系于所欲。矜尚不存乎心,故能越名教而任自然;情不系于所欲,故能审贵贱而通物情。"[③]嵇康强调名教和人的自然本性是对立的,人们应该超越名教的束缚,避免追名逐利,摆脱物质享受等欲望,从而达到精神上的解放。他提倡回归自然,不让外界事务成为心灵的负担。嵇康并没有确切地说明如何"越名教而任自然",他提出的"越名教而任自然"的观点,主要是针对司马氏集团的虚伪名教。司马氏为了篡夺曹魏政权,公开大谈儒家名教,并以"不孝"罪诛杀曹氏皇帝,以违反儒家名教、"无君之心"而滥杀文人学士,以清除异己,造成"名士少有全者"的恐怖局面。[④] 为此,嵇康提出越名教而任自然,整治社会不良风气。

2. "以六经为芜秽"说

嵇康批评门阀士族以大学六经作为升官手段的做法。"由其涂则通,乖其路则滞,游心极视,不睹其外,终年驰骋,思不出位。聚族献议,唯学为贵,执书擿句,俛仰咨嗟,使服膺其言,以为荣华。故吾子谓六经为太阳,不学为长夜耳!"[⑤]嵇康猛烈抨击六经,"今若以明堂为丙舍,以诵讽为鬼语,以六经为芜秽,以仁义为臭腐,睹文籍则目瞧,修揖让则变伛,袭章服则转筋,谭礼典则齿龋,于是兼而弃之,与万物为更始。则吾子虽好学不倦,犹将阙焉。则向之不学,未必为长夜,六经未必为太阳也"[⑥]。

嵇康还批评学习六经是出于人的自然本性的要求的说法,并指出六教中的名教绝不是自然。他说:"六经以抑引为主,人性以从欲为欢。抑引则违其愿,从欲则得自然。然则自然之得,不由抑引之六经;全经之本,不须犯情之礼律。故仁义务于理伪,非养真之要术;廉让生于争夺,非自然之所出也。"[⑦]

---

① 参见杨鹤皋:《中国法律思想通史》(下),湘潭大学出版社2011年版,第532页。

② 《晋书·嵇康传》。

③ 《嵇康集校注·释私论》。

④ 参见汪汉卿主编:《中国法律思想史》,中国科学技术大学出版社1993年版,第204页。

⑤ 《嵇康集校注·难自然好学论》。

⑥ 《嵇康集校注·难自然好学论》。

⑦ 《嵇康集校注·难自然好学论》。

（三）郭象"名教即自然"的法哲学思想

郭象，字子玄，河南洛阳人，生于魏齐王嘉平四年（252 年），卒于晋怀帝永嘉六年（312 年），经历了整个西晋王朝的统治时期。

魏晋玄学有一个演进的过程，从曹魏初年玄学的创造者王弼、何晏，到魏晋交替时期的嵇康、阮籍，再到西晋时期的向秀、郭象，将玄学发展推向了巅峰。西晋政权统一时期，郭象提出的朝堂与山林相同，名教与自然合一的论述，符合门阀士族和地主阶级的利益需要，使门阀士族的地位也进一步巩固。

郭象在名教与自然的关系上，比其他玄学家走得更远。过去的玄学家认为名教与自然之间存在矛盾，不能统一，侧重于名教会限制人性和人的生活自由，而一味放纵则又违反名教，二者不能兼得。但郭象将名教与自然结合在一起，将名义上的儒家思想和老庄思想相辅相成，一方面赋予封建统治玄虚的外衣，另一方面用儒家的世界观丰富道家的神秘主义。郭象的这种主张符合了门阀士族的需要，既能借此保持清高，获得精神上清高的名声；又能继续保持奢侈享乐的物质生活，获得物质上的满足，二者兼得。①

郭象认为，名教不仅源于自然，本于自然，而且和自然是一致的，名教即自然。"天地万物，凡所有者，不可一日而相无也。一物不具，则生者无由得生。一理不至，则天年无缘得终。"②名教与自然是一体的两个方面，这样郭象就调和了名教与自然的矛盾，遵循名教即顺其自然，清高与参与政治活动并行不悖。具体来说，郭象的"名教即自然"包括以下三点：

其一，君主的统治即为顺应自然。郭象认为，封建君主制是自然之选择，众人聚集，没有君主主持大局，势必造成大乱，故而君主的统治即为自然的选择。

其二，维护封建等级秩序即为遵从自然秩序。"故知君臣上下，手足外内，乃天理自然，岂真人之所为哉！夫臣妾但各当其分耳，未为不足以相治也，相治者，若手足耳目，四肢百体，各有所司而更相御用也。夫时之所贤者为君，才不应世者为臣，若天之自高，地之自卑，首自在上，足自居下，岂有递哉！虽无错于当，而必自当也。"③郭象认为君君臣臣，封建名教，三纲五常是自然而然的天理。

其三，圣人与神仙之间没有区别。神仙就是圣人，圣人在庙堂之上，如同神仙在山林之中。圣人虽然居住在黄金之殿，佩戴玉玺，物质上繁华高贵，但精神上历遍山川，关心民情，精神上如同神仙一般清高。显然，这是为门阀士族既可享受高官厚禄，

---

① 参见杨鹤皋：《中国法律思想通史》（下），湘潭大学出版社 2011 年版，第 541 页。

② 《庄子·大宗师》注。

③ 《庄子·齐物论》注。

又可获得清高的美名作辩护。①

结　语

魏晋南北朝将近400年的分裂割据，促成了法律思想的多元化，各种思潮激流涌动。

三国时期政权分裂，为恢复和维护严重受损的封建统治秩序，强调严刑峻法，奉行重刑罚的法家思想，对恢复统一秩序、巩固政权起到了重要作用。魏晋南北朝时期，律学得到长足发展，达到相当高的水平。这一时期，律学已从一般的政治学说中分离出来，成为一门独立的科学，律学家主张以礼入律，以张斐、杜预和刘颂为代表的律学家制定和解释的律令，不仅为当时的法律制度和司法实践提供了科学的审判规范，而且推动了中国古代律学这一学科的发展。

玄学家围绕名教与自然的关系，用抽象的道家理论解释社会困局，为正统法律思想提供新的理论支撑。

律学和玄学的发展，加速了法律儒家化的进程，为儒家思想注入了新鲜血液，也为隋唐时期杰出法典的诞生奠定了坚实的理论基础。

第三节　魏晋南北朝法律制度的变革

复杂的政局，动荡的社会，以及生产力的发展，迫使魏晋南北朝时期的统治者不断变革法律，以适应社会新的要求。法律制度，正如同魏晋南北朝时期的社会和国家一样，也在摸索中不断前行。

一、变革之始：汉律基础上不断发展的曹魏法律制度

在黄巾起义和董卓之乱结束后，汉室衰微，天下大乱。乱局之中，曹操挟天子以令诸侯，逐渐掌握了国家的最高权力。公元220年，曹操之子曹丕（魏文帝）篡汉，定都洛阳，改国号为“魏”，史称“曹魏”。

（一）甲子科

在被封为魏公，掌握实权后，面对天下大乱，社会秩序崩溃的情形，曹操认为现行的刑罚太轻，难以惩治违法行为，因而他希望恢复肉刑，加重刑罚。于是曹操让当时

---

① 参见杨鹤皋：《中国法律思想通史》（下），湘潭大学出版社2011年版，第542页。

的御史中丞陈群[①]申述他父亲陈纪支持恢复肉刑的观点，相国钟繇[②]也支持这一观点，但奉常王脩[③]反对恢复肉刑，认为此时尚不可行。[④] 加之曹操此时也难以以一介藩王的身份来改变汉朝的祖制，于是采纳了王脩的意见，恢复肉刑一事搁置不提。

《晋书·刑法志》记载，在此事之后，曹操"于是乃定甲子科"，颁下州郡，与汉律并行。楼劲在《魏晋南北朝隋唐立法与法律体系》中认为，甲子科由干支诏书[⑤]编纂而成，是事项性诏令集。"是时太祖始制新科，下州郡，夔上言曰：'所下新科，皆以明罚饬法……'"[⑥]"及长为将，严整奉法令，常置科于左右，案以从事"[⑦]，制定魏律时"删约旧科，傍采汉律，定为魏法"[⑧]，其中的"科"，指的都是甲子科。[⑨]

据《晋书·刑法志》记载，甲子科的主要内容为"犯釱左右趾者易以木械，是时乏铁，故易以木焉。又嫌汉律太重，故令依律论者听得科半，使从半减也"[⑩]。也就是用木刑具代替铁刑具惩罚犯了钳左右脚趾罪的人；所有依律论处的人刑罚减半。釱即脚镣之意。据《说文解字·金部》记载，"釱，铁钳也"。晋张斐的《晋律序》又对釱刑进行描述："状如跟衣，著左足下，重六斤，以代膑，至魏武改以代刖也。"[⑪]

甲子科是曹魏统治下对汉律进行修订的第一次尝试，由此魏晋南北朝时期的法律开始在汉律基础上，根据社会生活的实际变化而不断演变发展。

（二）魏律

魏文帝黄初七年（226年），魏明帝曹叡即位。面对"法令滋章，犯者弥多，刑罚愈众，而奸不可止"[⑫]的社会现实，魏明帝于太和三年（229年）下诏，命司空陈群、散骑常侍刘邵[⑬]、给事黄门侍郎韩逊、议郎庾嶷[⑭]、中郎黄休、荀诜[⑮]等通过删约旧科，傍采汉

---

① 陈群（？—237），字长文，颍川郡许昌县（今河南许昌东）人，三国时期著名律学家、政治家，曹魏重臣。

② 钟繇（151—230），字元常，豫州颍川郡长社县（今河南省长葛市）人，三国时期政治家、书法家。

③ 王脩，生卒年不详，字叔治，北海郡营陵人，三国时期政治家。

④ （晋）陈寿：《三国志·魏书·王脩传》，裴松之注，中华书局1982年版，第345－350页。

⑤ 干支诏书是指以诏书下达之日的干支来为其命名以方便编录的诏书。

⑥ （晋）陈寿：《三国志·魏书·何夔传》，裴松之注，中华书局1982年版，第380页。

⑦ （晋）陈寿：《三国志·魏书·曹仁传》，裴松之注，中华书局1982年版，第276页。

⑧ （唐）房玄龄等：《晋书·刑法志》，中华书局1974年版，第923页。

⑨ 参见楼劲：《魏晋南北朝隋唐立法与法律体系》，中国社会科学出版社2014年版。

⑩ 房玄龄等：《晋书·刑法志》，中华书局1974年版，第922页。

⑪ 陆心国：《晋书刑法志注释》，群众出版社1986年版，第33页。

⑫ （晋）陈寿：《三国志·魏书·武帝纪》（一），裴松之注，中华书局1982年版，第107页。

⑬ 刘劭，生卒年不详，字孔才，广平邯郸（今河北省邯郸市）人。三国时期曹魏思想家和政治家。

⑭ 庾嶷，生卒年不详，颍川郡鄢陵县人，字邵然，三国时期政治家。

⑮ 荀诜，生卒年不详，字曼倩，颍川颍阴（今河南省许昌市）人，东汉末年著名政治家、战略家荀彧之子。

律的方式改定刑制，制定魏法，最终制定出《新律》18 篇，[①]于景初初年（237 年）颁布施行。[②] 因此，《魏律》又称《新律》。

相较之前的汉律，《魏律》主要有以下几点改进：

首先，《新律》的篇目从《九章律》的 9 篇增加至 18 篇。这是由于当时的立法者认为，汉旧律之所以难以适用，是因为原有的篇目太少，法律条文过于简略，导致其难以包括社会生活中出现的种种具体犯罪行为，进而有效地规制人们的行为，维持社会秩序的稳定。为此，法律的适用者就会试图通过对条文进行法律解释来解决问题，但这些解释往往并不符合立法者的原意。

法律解释为法律适用者创造了暗箱操作的空间，这使法律实际实施情况与法律规定的目的越发相去甚远。于是，《魏律》的立法者根据当时的社会情况，增加了法律的篇目。立法者的出发点固然是好的，但这种方法是否可行却值得商榷。随着时代的发展和社会的不断变化，必然会出现之前法律所不能包含的内容。社会生活是无穷无尽的，但法律条文却是有限的。以有穷适配无穷，必然徒劳无功，只能使律条繁杂，反而难以发挥法律条文应有的作用。抽象化的法律总则，确立法律解释的原则，加之合理及时的修法才是解决这一矛盾的合理方式。但考虑到时代的限制，三国时期的立法者难以认识到这一点也可以理解。

其次，将具有总则性质的《具律》改名《刑名律》，并将其从《九章律》9 篇中的第六篇移至律首。《刑名律》为当时大儒刘劭所创，他在《新律・序》中解释了作此改动的原因："旧律因秦《法经》，就增三篇，而《具律》不移，因在第六，罪条例既不在始，又不在终，非篇章之义，故集罪例以为《刑名》，冠于律首。"这是对刑律结构的优化，具有总则性质的《刑名律》显然放在篇首更为合理，能够起到统领整部刑律的作用。在内容方面，刘邵也在《具律》的基础上进行了增删，提高了《刑名律》的抽象性和概括性。[③]

再次，在内容上，《魏律》在汉律的基础上大量调整篇目条文，对重复与相互抵触的条文进行整理，并统一刑种。《魏律》依传统制新五刑，分别为死、髡、完、作、赎。[④]这是从汉朝五刑向隋唐时期成熟封建五刑转变的第一步。《魏律》对刑种的新规定，将肉刑排除在法定刑之外，也结束了曹魏时期关于肉刑存废的争议。

最后，也是最重要的一点，《魏律》在中国法律史上第一次将"八议"正式以法律的形式加以规定。"八议"起源于周礼中的"八辟"，具体包括议亲、议故、议贤、议能、

---

① 参见（唐）房玄龄等：《晋书・刑法志》，中华书局 1974 年版，第 923 页。

② 参见乔伟主编：《中国法制通史》（第 3 卷・魏晋南北朝），载张晋藩总主编：《中国法制通史》，法律出版社 1999 年版，第 22 页。

③ 参见韩树峰：《魏晋法律体例的变化与学术风气之关系》，载《中国人民大学学报》2007 年第 4 期。

④ 参见（唐）房玄龄等：《晋书・刑法志》，中华书局 1974 年版，第 925 页。

议功、议贵、议勤、议宾。[①] 这八种人犯罪时，司法机关不能直接审判，而应交由皇帝裁决，结果往往能够得到宽大处理。“八议”制度本身是一种身份法和特权法，在法家思想占主流的秦朝，根据“不别亲疏，不殊贵贱，一断于法”[②]的精神，以及基于打压贵族势力、收拢权力集中于统治者一身的政治需要，曾废除了“八辟”制度。但在汉朝，随着强调等级尊卑的儒家思想的崛起，出现了在“八议”制度发展中有承上启下作用的先请制度。[③] 到了曹魏时期，由于东汉末年地主贵族势力的壮大，以及曹魏政权本身就是依靠众多地主贵族的支持而获取权力的，故拉拢、优待大地主的需求进一步加强。于是曹魏政权通过最常见的修法方式——托古改制，复引“八议”入律。

以《魏律》为代表的曹魏法制，开启了魏晋南北朝时期法律变革的先声。韩国磐认为，《晋律》的体例主要继承自《魏律》，而非《九章律》，“……其余三篇均已离合调整而为新篇，而这些调整改定不少在魏律中已明白看到，晋律沿用之……故晋律是远承汉而近沿魏而来”[④]。由此可见，曹魏时期的立法活动对后世立法产生了深远影响。

二、归于益时：以《泰始律》为中心的西晋法律制度

曹魏是一个出身于士族，建立于士族势力支持上的政权，注定了其政权不稳定性的孽报。当前几代强力皇帝逝去之后，缺乏政治能力的继任者难以掌控诸多势力强大，又各怀鬼胎的世家。这些世家中最强大的司马氏，在精明强干又野心勃勃的司马懿[⑤]、司马师[⑥]、司马昭[⑦]父子三人的领导下，不断在各个领域攫取权力，逐渐取代了曹氏在政权中的主导性地位。

（一）修律背景

曹魏末年，此时的司马昭虽为晋王，但已实际上掌控了政权。他深感律令科条繁杂，而《魏律》虽然在体例上对汉律进行了改革，实际内容依旧十分复杂，条文数目、惩罚轻重并没有很大的改变，“……科网本密，又叔孙、郭、马、杜诸儒章句，但取郑氏，又

---

① 亲，指皇亲国戚；故，即皇帝的故旧；贤，指德行修养高的人；能，指才能卓越的人；功，指功勋卓著的人；贵，指高官贵族；勤，指勤谨辛劳的人；宾，指前朝国君的后裔被尊为国宾的人。

② （汉）司马迁：《史记》卷一三〇《太史公自序》，中华书局 1982 年版，第 3292 页。

③ 参见孙韬：《略论魏晋南北朝“八议”制度》，西南政法大学 2011 年硕士学位论文，第 7 页。

④ 韩国磐：《中国古代法制史研究》，人民出版社 1993 年版，第 255、256 页。

⑤ 司马懿（179—251），字仲达，河内温县（今河南省温县）人，三国时期曹魏政治家、军事谋略家、权臣，西晋王朝的奠基人之一。

⑥ 司马师（208—255），字子元，河内温县（今河南省温县）人，三国时期曹魏权臣，西晋王朝的奠基人之一。

⑦ 司马昭（211—265），字子上，河内温县（今河南省温县）人，三国时期曹魏权臣，西晋王朝的奠基人之一。

为偏党,未可承用”[①]。

不过,也有当代学者提出了不同的意见。如韩树峰认为,魏《新律》在法律制度发展史上作出了革命性的贡献。他指出,曹魏时期,分类学大为发展。人们的认识在从具象走向抽象,从特殊走向一般的路上前进了一大步。主持修律的刘邵、钟会[②]均在分类学上颇有造诣。魏《新律》的“删革刑书”集中在法律篇目分类方面,对法条进行了科学合理的分类,提高了法律的逻辑性和高度概括性,使其“分别部居,不相杂厕”,解决了汉律长期以来“杂而不清”的问题。司马氏对《魏律》的否定,是出于其篡魏建晋的政治需求。[③]

无论出于何种目的,魏元帝咸熙元年(264 年)秋七月,司马昭命贾充[④]、羊祜[⑤]、杜预[⑥]等人参考汉律、魏律重新制定法律。新律的制定经历数年,直至晋代魏而立,晋武帝司马炎当政的泰始三年(267 年)才告完成,并于次年颁布实施。由于新律在泰始年间(265—274)颁行,因此新制定的法律又被称为《泰始律》。

(二)《泰始律》的主要内容

《泰始律》在汉《九章律》的基础上增加了 11 篇,共 20 篇、620 条、27,657 言(字)。汉朝后期律令条文因其内容繁多,且杂乱无章而为人诟病。自东汉末年来,清简就是每次修律的重要目标,《泰始律》的修订也不例外。对比汉魏之际合 26,272 条,77,320余言的“诸断罪所当由用者”,以及东汉陈宠[⑦]提出的汉律比吕刑的 3000 条多出 2000 条,即约 4989 条的说法[⑧],《泰始律》无疑成功地在立法领域进行了由繁杂到简约的变革,是中国传统法制由繁入简的里程碑。

在《魏律》的基础上,《泰始律》对篇章体例进行了进一步的改善。《魏律》中具有总则性质的《刑名律》被分为《刑名》《法例》两篇。《刑名》篇规定犯罪的类别、轻重程度及罪行加减的方法;《法例》篇规定律条的文例。[⑨] 正如张斐[⑩]指出的那样,“律始于

---

① (唐)房玄龄等:《晋书·刑法志》,中华书局 1974 年版,第 927 页。

② 钟会(225—264),字士季,颍川长社(今河南省长葛市)人,三国时期魏国军事家、书法家,太傅钟繇幼子、青州刺史钟毓之弟。

③ 参见韩树峰:《汉晋法律由“繁杂”到“清约”的变革之路》,载《中国人民大学学报》2014 年第 5 期。

④ 贾充(217—282),字公闾,平阳襄陵(今山西襄汾)人,三国曹魏至西晋时期大臣,曹魏豫州刺史贾逵之子,西晋王朝的开国元勋。

⑤ 羊祜(221—278),字叔子,泰山郡南城县人,西晋时期杰出的战略家、政治家、文学家,曹魏上党太守羊衜的儿子,才女琰的外甥。

⑥ 杜预(222—285),字元凯,京兆郡杜陵县(今陕西西安)人,魏晋时期军事家、经学家、律学家,曹魏散骑常侍杜恕之子。

⑦ 陈宠(？—106),字昭公,沛国洨县(今安徽省固镇县)人,东汉律学家、藏书家。

⑧ 参见刘笃才:《论魏晋时期的立法改革》,载《辽宁大学学报(哲学社会科学版)》2001 年第 6 期。

⑨ 参见王成林:《魏晋时期社会转型中的法律改革研究》,安徽大学 2017 年硕士学位论文,第 31 页。

⑩ 张斐,生卒年不详,魏晋时期律学家。

《刑名》者，所以定罪制也”“《刑名》所以经略罪法之轻重，正加减之等差，明发众篇之多义，补其章条之不足，较举上下纲领”，而《法例》则“律之名例，非正文而分明也”。可见，张斐认识中的《刑名》《法例》两律有当今《刑法总则》的地位，对律文全文起着原则性的统领作用，是律的核心、本质，“自始及终，往而不穷，变动无常，周流四极，上下无方，不离法律中也”①。

此外，《泰始律》还在中国历史上第一次对律令做出了清晰的划分。汉朝时期对律和令的定义是，“前主所是著为律，后主所是疏为令”②。这一句运用了互文的修辞手法，意为前代君主所肯定颁布的是法令，后代君主所肯定颁布的也是法令。可见，此时律令之间并没有清晰的界限。而到了《泰始律》，则明确指出“律以正罪名，令以存事制”③，律是长期适用的稳定法条，而令则是根据具体社会情况暂时设置的法令，经过一段时间，或吸收归入律中，或废除不用。④ 违令有罪则入律，也就是违反了令，构成犯罪的按律的规定来定罪处罚。晋朝还另有一种法律形式，主要包括行政法规和律的补充变通规定。

在内容上，《泰始律》进一步引礼入律，加深了中国法律儒家化的程度。其中最重要的一点就是在历史上第一次规定“峻礼教之防，准五服以制罪”⑤，也就是通过法律的明文规定来加强礼教。此处用以加强的点是儒家思想中的亲属等级关系，亲属等级具体以服丧时的服制来确定，也就是五服。五服根据亲属关系的亲疏远近，分为斩衰（cuī）、齐衰、大功、小功、缌麻（sī má）五等。准五服以制罪实质上是确定了具有法律意义的亲属地位。当某人触犯法律牵连亲属，或亲属之间发生法律纠纷时，五服制度就成了定罪量刑的依据。

晋律中另值得注意的特色是《张杜律》的颁布。由于《泰始律》简约的特点，需要依赖律注解释方能施行。于是张斐、杜预分别为《泰始律》作注解，经晋武帝批准诏颁天下，注与律文具有同等法律效力，因此《泰始律》又名《张杜律》。

（三）《泰始律》的历史意义

《泰始律》是魏晋南北朝时期唯一一部通行全国的律典，其确立起的法律体例和法律内容都对后世产生了深远的影响。它为西晋王朝确立起优良的法制，推动了“泰康繁荣”的出现。⑥

---

① （唐）房玄龄等：《晋书·刑法志》，中华书局1974年版，第928页。
② （汉）班固：《汉书·杜周传》，中华书局1962年版，第2659页。
③ 程树德：《九朝律考》，中华书局2006年版，第22页。
④ 参见陆心国：《晋书刑法志注释》，群众出版社1986年版，第71页。
⑤ （唐）房玄龄等：《晋书·刑法志》，中华书局1974年版，第927页。
⑥ 参见李交发：《西晋初年的法制其及影响》，载《求索》1989年第6期。

《泰始律》律文篇章结构所体现出的立法水平更加高超，抽象程度和体系性大为提高，其内容被大刀阔斧地删繁就简的同时，对礼律结合做了更深入的尝试，它代表着中国法制在不断成熟的路上更进了一步。《泰始律》被《晋书・刑法志》盛赞为“蠲其苛秽，存其清约，事从中典，归于益时”①。

《泰始律》不仅由两晋政权沿用150余年，更是南朝宋齐梁陈四代法律制度的蓝本与模板。程树德认为：“晋自泰始四年，颁定新律，刘宋因之，萧齐代兴，王植撰定律章，事未施行，盖断自梁武改律，承用已经三代，凡二百三十七年，六朝诸律中，行世无如是之久者，是亦有故焉。”②但事实上，南朝陈律、梁律的体例和内容也大多承袭《泰始律》，因此《泰始律》的主体内容实际一直沿用到陈亡（589），其影响长达321年，③可以说是中国历史上发挥作用时间最长的律文之一。

三、墨守成规：南朝法律制度的裹足不前

由士族夺权而登上帝位的司马氏对贵族集团的危险性有着更清楚的认识，为牵制贵族集团，晋武帝司马炎大量分封宗室子弟为王，并授予他们军事权力，带兵驻守地方，以此保持司马氏对全国的控制。但此法弊端也非常明显，拥有军事权力的藩王与朝内贵族集团相互勾结，为自己最大化地谋取利益，强大的地方藩王对皇帝的中央统治威胁日益加深。加之晋武帝在皇位继承问题上的巨大失败等原因，中国史上激烈的皇族争夺中央政权的内乱——“八王之乱”爆发。

“八王之乱”前后共历时16年，长时间的内战造成了严重破坏，晋朝政权失去了对全国各地的控制，社会秩序荡然无存，饥荒瘟疫使百姓深受其苦。北方少数民族乘虚而入，发动“永嘉之乱”，西晋灭亡。而后，晋朝残余势力在司马睿的带领下衣冠南渡，于建康重建晋朝，史称东晋。

东晋政权不稳，大部分时间都在无节制地内斗，自然无心整治律令，发展法律。因此，东晋时期固守传统，法律制度大多原样沿袭西晋。

随着出身于寒族的刘裕④的崛起，刘宋代晋。刘宋法律制度全盘沿袭了晋朝法律制度，“宋齐均沿用晋律”⑤，“其篇目及刑名之制，略同晋氏”⑥。造成这种现象的原因可能是当时初生的政权受士族集团左右，贸然变法，触动士族利益就有可能使政权灭

---

① （唐）房玄龄等：《晋书・刑法志》，中华书局1974年版，第927页。

② 程树德：《九朝律考》，中华书局1983年版，第235页。

③ 参见薛菁：《魏晋南北朝刑法体制研究》，福建人民出版社2006年版，第82页。

④ 刘裕（363—422），字德舆，小名寄奴。彭城郡彭城县绥舆里（今江苏省徐州市）人，生于晋陵郡丹徒县京口里。中国东晋至南北朝时期杰出的政治家、改革家、军事家，南朝刘宋开国君主。

⑤ 程树德：《九朝律考》，中华书局1983年版，第312页。

⑥ （唐）李林甫等：《唐六典》卷六，中华书局2016年版，第382页。

亡。后续,刘宋政权曾修订律令,“大明四年,改定律令”[①]。但刘宋律现已佚失,其内容难以考证。

贵族集团内斗是南朝的主旋律,并不会因刘宋的建立而消失。在刘宋后期激烈的政治斗争中,萧道成[②]逐渐掌控了局面,并于升明三年(479年)称帝,建立南齐。南齐继承了刘宋全盘沿袭晋朝法律的传统。但到了齐武帝萧赜[③]的时代,晋律已实行200余年,法律内容与社会生活之间出现了脱节,加之《张杜律》是由张斐、杜预分别作注,内容不统一,存在“同注一章,而生杀永殊”的问题。[④] 此外,齐武帝本人也对法制颇为重视,“留心法令,数讯囚徒,诏狱官详正旧注”[⑤]。在这样的背景下,齐武帝令尚书删定郎王植等人选定张、杜二注,删改刑律。[⑥]

永明七年(489年),王植撰定律章,上奏曰:“取张注七百三十一条,杜注七百九十一条。或二家两释,于义乃备者,又取一百七条。其注相同者,取一百三条。集为一书。凡一千五百三十二条,为二十卷。请付外详校,擿其违谬。”[⑦]经过校订,修律工作于永明九年(491年)正式结束。修订后的齐律包括“《律文》二十卷,《录叙》一卷,凡二十一卷”[⑧]。

南梁的建立者萧衍[⑨]出身于南齐皇室的旁系,由于东昏侯萧宝卷(曾经的齐帝)的昏庸残暴,萧衍得以举兵攻入建康,并在一年后(502)称帝,以梁代齐。梁武帝萧衍初期雄心勃勃,且颇有能力,“勤于政务,孜孜无怠”[⑩]。他锐意改革,全国上下风气为之一振,此时南梁的经济文化达到了南朝时期的顶峰,使北方政权为之羡妒。

梁武帝锐意改革的方面必然包括法律。南齐时期,虽然统治者注意到了张、杜二人之注不同带来的法律适用上的弊端,并针对这一点进行修律,但“事未施行,其文殆灭”[⑪]。为了解决这一问题,天监元年(502年),梁武帝命蔡法度[⑫]为尚书删定郎,在

---

① (南朝梁)沈约:《宋书》卷八一,中华书局1974年版,第863页。

② 萧道成(427—482),即齐高帝,字绍伯,小字斗将,祖籍东海兰陵(今属山东),后定居晋陵武进,为南兰陵人,南朝齐的开国皇帝。

③ 萧赜(440—493),字宣远,小名龙儿,南兰陵(今江苏省常州市)人。南朝齐第二位皇帝,齐高帝萧道成长子,母为昭皇后刘智容。

④ 参见吕志兴:《南朝法制的创新及其影响——兼论“南北朝诸律,北优于南”说不能成立》,载《法学研究》2011年第4期。

⑤ (南朝梁)萧子显:《南齐书》卷四十八《孔稚珪传》,中华书局1972年版,第835页。

⑥ 参见陈浩:《南朝的社会与法律》,中国政法大学2009年硕士学位论文。

⑦ (南朝梁)萧子显:《南齐书》卷四十八《孔稚珪传》,中华书局1972年版,第836页。

⑧ (南朝梁)萧子显:《南齐书》卷四十八《孔稚珪传》,中华书局1972年版,第836页。

⑨ 梁武帝萧衍(464—549),字叔达,小字练儿,南兰陵郡东城里(今江苏省丹阳市埤城镇东城村)人。南朝梁开国皇帝,西汉相国萧何的二十五世孙,南齐丹阳尹萧顺之之子。

⑩ (唐)姚思廉:《梁书》卷三《武帝下》,中华书局1973年版,第97页。

⑪ (唐)魏徵:《隋书》卷二五《刑法志》,中华书局1973年版,第697页。

⑫ 蔡法度,南北朝梁济阳(今河南兰考县)人,生卒年不详。家传律学。

王植所集注的南齐永明律文的基础上制定梁律。“以尚书令王亮、侍中王莹、尚书仆射沈约、吏部尚书范云、长兼侍中柳恽、给事黄门侍郎傅昭、通直散骑常侍孔蔼、御史中丞乐蔼、太常丞许懋等,参议断定。”①修律工作于天监二年(503 年)结束,共有“《梁律》二十卷,《令》三十卷、《科》四十卷”②。《梁律》在《晋律》基础上对体例进行了一定改变,但并不多。在内容上,《梁律》首创了测罚制度(指用罚站和挨饿逼取口供)。此外,梁朝法律制度中还明确规定了鞭刑和杖刑,推动了封建制五刑的发展成熟。

梁武帝在统治后期逐渐变得愚蠢短视,这一点尤为体现在侯景③之事上。随后的侯景之乱不但让梁武帝凄惨身亡,更将国家引向混乱。混乱之中,南梁将领陈霸先④依靠地方豪强崛起,建立陈朝。陈霸先(陈武帝)认为梁律“纲目滋繁”“宪章遗紊”,称帝后第八天即下令“搜举良才,删改科令,群僚博议,务存乎简”,这确定了南陈修律的指导思想和立法宗旨。随后,陈武帝“求得梁时明法吏,令与尚书删定郎范泉参定律令。又敕尚书仆射沈钦、吏部尚书徐陵、兼尚书左丞宗元饶、兼尚书左丞贺朗参知其事,制《律》三十卷,《令》四十卷。采酌前代,条流冗杂,纲目虽多,博而非要”⑤。由于当时强大的士族势力,对法律深入的改革是不可能的,南陈律实际上只在梁律基础上进行了简单修改。

南朝时期社会风气陈腐堕落。掌控国家的士族门阀外斗外行,内斗内行。严格的封建等级制度封死了社会的上升渠道,整个社会颓丧而缺乏活力。清谈之风盛行,知识分子沉迷于空谈,缺乏实干的智慧与勇气。这种社会风气深刻地影响了法律的发展。在玄学和佛学的双重影响之下,论人生死的律学被社会主流鄙弃,导致法律技术 200 余年的停滞。南朝的法律自始至终都未曾超越《晋律》,无论是体例还是内容,都因循守旧,裹足不前。相比于北方政权法律制度的不断创新,南朝法律制度中的缺陷就更为明显,正如程树德所评价的那样:“南北朝诸律,北优于南。”⑥

四、锐意进取:民族与文化冲突交融下的北朝法律制度

“永嘉之乱”后,南下的游牧民族入主长江以北。晋朝皇室带领部分汉人避乱江南(衣冠南渡),其后发展出东晋和南朝。但更多人并没有移居江南的客观条件,不得不接受少数民族的统治。而少数民族虽然在政治上占据统治地位,却不得不面对社

---

① (唐)魏徵:《隋书》卷二五《刑法志》,中华书局 1973 年版,第 698 页。

② (唐)姚思廉:《梁书》卷二《武帝中》,中华书局 1973 年版,第 39 页。

③ 侯景(503—552),本姓侯骨,字万景,东魏、梁朝将领、汉国皇帝,怀朔镇人,一说为鲜卑化羯胡。

④ 陈霸先(503—559),字兴国,小字法生,吴兴(今浙江省长兴县)长城下若里人,南北朝时期陈朝开国皇帝。

⑤ (唐)魏徵:《隋书》卷二五《刑法志》,中华书局 1973 年版,第 702 页。

⑥ 程树德:《九朝律考》,中华书局 1984 年版,第 391 页。

会主体是汉人的客观情况。北朝的少数民族统治者必须在原有风俗法律和汉族法律文化之间做出取舍调和。此外，游牧民族为中原带来了一种全新的文化，随着时间的流逝，北方汉族不断少数民族化，少数民族也在不断汉化，从而产生了全新的社会面貌，又反作用于法律制度。

（一）北魏法律制度

北魏政权由拓跋鲜卑人建立。在进入中原之前，他们长期处于原始部落状态，规范社会的是由鲜卑族文化产生的习惯法。直至咸康四年（338 年），拓跋什翼犍[①]建立早期游牧行国代国，并模仿汉文化构建更先进的国家体制，命汉族士人燕凤、许谦制律，于是拓跋鲜卑首部成文法公告于世。[②]

经前秦灭代，拓跋鲜卑人被迫接受了前秦封建制的统治方式。前秦强制改变拓跋部迁徙的旧俗，使之从传统的游牧经济转变为定居的农耕生活。[③] 鲜卑社会在外力作用下向封建农耕社会转变。

随着前秦的瓦解，道武帝拓跋珪[④]建立北魏，在问鼎中原的过程中，为了适应新的政治形势，于天兴元年（398 年）“诏……三公郎中王德定律令，申科禁；……吏部尚书崔玄伯总而裁之”[⑤]。

至 439 年，太武帝拓跋焘[⑥]统一北方。他认为此时北魏的刑律过重，于是命“司徒崔浩改定律令”，即《神䴥律》。该律减轻了刑罚，“除五岁四岁刑，增一年刑”，还史上首次将绞刑作为一种正式的刑罚列入成文刑法。自此之后，绞刑被沿用千余年。此外，该律还体现了儒家矜老恤幼的思想，规定“妇女当刑而孕，产后百日乃决。年十四以下，降刑之半；八十及九岁，非杀人不坐，拷讯不逾四十九”[⑦]。考虑到该律出自汉族士人崔浩之手，《神䴥律》中体现儒家思想并不奇怪。沈家本认为，“神䴥之律，定于崔浩，颇参古法。后魏律令，此其一变也”[⑧]。

北魏孝文帝[⑨]即位后，民族矛盾激化，地方分离主义倾向加剧，起义连绵不断。据

---

① 拓跋什翼犍（320—376），字郁律旃，云中盛乐（今内蒙古自治区和林格尔县）人，鲜卑族，十六国时期代国君主，北魏皇帝先祖。

② 参见邓奕琦：《北朝法制研究》，中华书局 2005 年版，第 31 页。

③ 参见魏崴：《北魏法律的封建化进程》，载《文史杂志》2001 年第 3 期。

④ 拓跋珪（371—409），又名拓跋开，字涉珪，云中盛乐（今内蒙古和林格尔）人，鲜卑族，北魏开国皇帝。

⑤ （北齐）魏收：《魏书・太祖纪》，中华书局 1974 年版，第 33 页。

⑥ 拓跋焘（408—452），字佛狸伐，代郡平城（今山西省大同市）人，鲜卑族，北魏第三位皇帝。

⑦ （北齐）魏收：《魏书・刑罚志》，中华书局 1974 年版，第 2874 页。

⑧ 沈家本：《历代刑法考》下册，商务印书馆 2011 年版，第 118 页。

⑨ 北魏孝文帝，即拓跋宏（467—499），汉名元宏，北魏第七位皇帝，中国古代杰出的政治家、改革家、文学家。

统计，仅从孝文帝即位的延兴元年至太和四年（471—480 年）的十年之中，北魏王朝有史可考的各地暴动、反叛事件就达二十几起之多，北魏政局处于严重动荡之中，[①]现有政治结构难以适应统治需求。若想维系北魏王朝的统治，一场改革势在必行。

在这样的背景下，孝文帝展开了中国历史上少数民族政权最著名的汉化改革。作为国家制度重要的组成部分，北魏法律在这次改革中经历了重大变化，这些变化由三次修律和一系列的诏令组成。孝文帝认为，北魏法治的问题在于法律不备和奸吏横行，进而导致同案不同判，扰乱社会秩序。于是他更替官员，并于太和三年（479年）“诏中书令高闾集中秘官等修改旧文，随例增减。又敕群官，参议厥衷，经御刊定”。这次修律历经 2 年，至太和五年（481 年）才告完成。[②] 太和十五年（491 年）、十九年（495 年），孝文帝再次下令修律，其中 495 年这次修律孝文帝甚至亲自参加。

孝文帝积极学习汉文化，推崇儒家思想与礼教治国，其法制改革自然有着浓重的礼法结合色彩。他倡导“营国之本，礼教为先”[③]，模仿周礼，甚至首创婚律，“犯者以违制论”[④]。孝文帝尤其重视孝道在法律中的体现，太和十一年（487 年）春，他下诏：“三千之罪，莫大于不孝，而律不逊父母，罪止髡刑。于礼未衷。可更详改。”[⑤]要求加重对不孝罪的法定刑。太和十二年（488 年），孝文帝还创制了著名的留存养亲制度：“犯死罪，若父母、祖父母年老，更无承认子孙，又无期亲者，仰案后列奏以待报，著之令格。”[⑥]留存养亲制度是法律儒家化和立法的典型代表。

经历孝文帝改革，中国法律儒家化的程度大为加深。北魏多次修律遗留下来的完备法律，不仅在当时起到了缓和社会矛盾，稳定社会秩序，推动社会生产力的作用，更为后世《北齐律》《北周律》，甚至隋唐法律奠定了基础。

（二）北齐法律制度

北魏后期，政治集团斗争剧烈，最终分裂为东魏、西魏。其后不久，东西魏各自演变为北齐、北周。北齐接手了东魏优越的地理经济条件，在此基础上产生了著名的《北齐律》，成为后世隋唐立法的典范。

北齐与东魏法律一脉相承，想要了解北齐法律制度，首先应当了解制定于东魏、北齐初期沿用多年的《麟趾格》。东西魏分立后，东魏迁都邺城，社会秩序混乱。于是在兴和三年（541 年）制定《麟趾格》。“齐文襄王自晋阳来朝，先是诏文襄王与群臣于

① 参见刘登峰：《从民族学的角度看北魏孝文帝改革的作用》，载《内蒙古师范大学学报（教育科学版）》1998 年第 3 期。

② 参见（北齐）魏收：《魏书·刑罚志》，中华书局 1974 年版，第 2877 页。

③ （北齐）魏收：《魏书·任城王云传附澄传》，中华书局 1974 年版，第 469 页。

④ （北齐）魏收：《魏书·高祖孝文帝纪》，中华书局 1974 年版，第 137 页。

⑤ （北齐）魏收：《魏书·刑罚志》，中华书局 1974 年版，第 2878 页。

⑥ （北齐）魏收：《魏书·刑罚志》，中华书局 1974 年版，第 2878 页。

麟趾阁,议定新制,甲寅班于天下。"①可见,麟趾二字来源于制定之地,而格则是因为"后魏以格代科,于麟趾殿删定,名为麟趾阁"②。以格代科是中国古代法律形式从律令科比向律令格式转变的重要一步。邓奕琦认为,《麟趾格》名为"格",是为自别于律之正统,优先于律适用。③《麟趾格》现已佚失。

以《麟趾格》为前身,北齐制定出大名鼎鼎的《北齐律》。《隋书·刑法志》记载:"司徒功曹张老上书,称大齐受命以来,律令未改,非所以创制垂法,革人视听。于是始命群官造齐律。"④《北史·李铉传》记载:"天保初,诏铉与殿中尚书邢邵、中书令魏收等参议礼律。"⑤可以看出,北齐建立之始,虽依旧沿用《麟趾格》,但已开始着手准备制定自己的法律。虽然过程并不顺利,"积年不成",直至十几年后的河清三年(564年)《北齐律》才最终完成,但该律却是北齐统治者律学智慧的结晶,代表了那个时代立法技术的最高水平。

《北齐律》在中国法律史上确立了12篇目的体系结构,沿用800余年,直至明洪武二十二年(1389年)被以"六部"划分刑律篇目的篇名例律取代;还将晋律中由《刑名律》分来的《刑名》《法例》二篇合并为《名例》篇。自此之后,《名例律》成为中国封建法典的总则,直至清末封建制度瓦解,《名例律》才最终离开中国法律史的舞台;⑥该律还提出了重罪十条,成为后世"十恶"的前身;此外,《北齐律》在中国法律史上开了律令格式并行之先河。

《北齐律》科条简要,结构优良,体现了当时最先进的立法技术,因而广为传播,甚至由北周演变而来的隋朝都弃《北周律》而选择《北齐律》作为隋律的模板。正如程树德所说:"南北朝诸律,北优于南,而北朝尤以齐律为最。"⑦

(三)北周法律制度

相较于立法上光辉灿烂的北齐,北周的法律制度就稍显逊色。北周统治者有浓重的复古情节,崇尚周礼,包括法律在内的国家制度处处仿效周制,而罔顾世事变迁的客观事实,这样削足适履的行为导致北周法律"烦而不要",篇目科条倍于齐律,实际运用中却仍左支右绌。

正如同想要了解北齐法律制度要从东魏开始那样,想要了解北周法律制度就要

---

① (北齐)魏收:《魏书·孝静帝纪》,中华书局1974年版,第305页。

② (唐)李林甫等:《唐六典》卷六《刑部》,中华书局1992年版,第185页。

③ 参见邓奕琦:《北朝法制研究》,中华书局2005年版,第115页。

④ (唐)魏徵:《隋书·刑法志》,中华书局1973年版,第704页。

⑤ (唐)李延寿:《北史·李铉传》,中华书局1974年版,第2727页。

⑥ 参见曹淑芳:《〈北齐律〉研究》,山西大学2009年硕士学位论文。

⑦ 程树德:《九朝律考》,商务印书馆1963年版,第393页。

先从西魏开始。早在西魏灭亡之前，宇文泰[①]就控制了政权。大统元年(535 年)，他命有司斟酌古今通变，可以为益时者，为二十四条之制，上奏于魏帝。大统七年(541 年)，又新制十二条。到了大统十年(544 年)，魏帝命尚书苏绰将总共三十六条加以增删，颁行天下，[②]这就是西魏《大统式》。

《大统式》直至北周武帝[③]时期依旧发挥着作用，但早在西魏还没有灭亡之前，新律的制定就已经开始。《大统式》颁布之后，赵肃被任命为廷尉卿，负责撰定法律，但积年未成，赵肃反而因此心疾而死。拓跋迪中途接手，至保定三年(563 年)新律完成，命名为《大律》。[④] 程树德认为《大律》无论是在内容上还是在名称上，都是模仿大诰而成，是北周复古运动的产物。[⑤]《大律》全面继承北魏律，并在此基础上根据《周礼》增设《祀享》、《朝会》和《诸侯》3 篇，共 25 篇，1537 条。[⑥]《大律》被《隋书・刑法志》评价为"大略滋章，条流苛密"，在中国法律发展的历史上并没有深刻的影响。

北周灭齐之后，新占领的齐地社会秩序混乱。建德六年(577 年)，武帝针对这种情况颁布《刑书要制》，这是在《大律》的基础上，对齐地某些犯罪加重处罚的特别规定，主要内容有"持仗群盗一匹以上，不持仗群盗五匹以上，监临主掌自盗二十匹以上，盗及诈请官物三十匹以上，正长隐五户及十丁以上及地三顷以上，皆死。自余依《大律》"[⑦]。这违反了《周礼》中刑新国用轻典的原则，并且可以根据史书推测《刑书要制》没有达到目的。宣帝时期认为《刑书要制》刑罚过于严厉，为了笼络人心而主张行轻典，于是《刑书要制》被废除。

北周法律强行仿效周礼这一 1000 多年以前制度的行为无疑是邯郸学步，刻舟求剑。这样刻板地、形而上地看待国家与法律，认为社会是静止不变，千年之前的制度依旧可以适用的观点无疑是极为错误的。法律是社会的产物，而非反之。法律的根源不是在天上，而是在人间，脱离社会现实的规定最多只能算是经过政府授权的国家公文。

此外，北朝法律史提供了一个有趣的悖论。北齐法律先进，却并没能阻止北齐的衰亡。北周法律落后，却自关陇偏僻荒凉之地强盛发达起来，并最终吞并了原本更为富强的北齐。北齐虽然灭亡，但具有先进性的法律却没有随之泯灭，而是流传下来，成为后世法律典范。这与罗马帝国和周边民族的历史不无相似之处。在这两个例子

---

① 宇文泰(507—556)，字黑獭，代郡武川县(今内蒙古自治区武川县)人，鲜卑族，南北朝时期杰出的军事家、改革家、政治家，西魏的实际掌权者，北周政权的奠基者。

② 参见(唐)魏徵：《隋书・刑法志》，中华书局 1973 年版，第 707 - 709 页。

③ 周武帝宇文邕(543—578)，小字祢罗突，鲜卑族，周文帝宇文泰第四子。

④ 参见(唐)魏徵：《隋书・刑法志》，中华书局 1973 年版，第 707 页。

⑤ 参见程树德：《九朝律考》，商务印书馆 1963 年版，第 411 页。

⑥ 参见邓奕琦：《北朝法制研究》，中华书局 2005 年版，第 126 页。

⑦ (唐)魏徵：《隋书・刑法志》，中华书局 1973 年版，第 709 页。

中,法律都促进了社会发展和国家强盛,但促进的并不是产生它的那个国家。这一墙里开花墙外香的现象值得研究。

北朝法律史,是不同民族和不同利益集团斗争的历史。纵观北朝每次立法修律,几乎都是因内部激烈的民族矛盾和政治矛盾而不得不进行变法。相较于政治环境历经几朝稳定不变的南朝,北朝更有动力发展完善法律。由北朝和南朝的法律史可以看到,政治斗争是法律发展的动力。另外,不同民族和文化的交融也为法律的进步和创新提供了新来源。

历经魏晋南北朝时期的变革,中国法律不断发展进步,法典结构初步形成,法律内容基本确定,法律儒家化程度进一步加深。可以说,这一时期的法律变革为隋唐法律文化的发达以及中华法系的最终形成奠定了基础。

第四节　法 律 设 施

魏晋南北朝是一个长期分裂、割据、动乱的时代,在这个时期,统治者为巩固皇权、稳定统治,中央的司法机关基本沿袭汉制,皇帝掌握国家最高司法大权,廷尉职掌中央的司法审判权,都官尚书、三公尚书兼掌司法事务。地方仍沿汉代旧制,司法与行政不分、行政机关兼掌司法审判职能,司法权由州、郡、县三级的行政机关掌管行使。地方上最重要的变化之一是废除督邮,不再由督邮行使监察权。监察机关主要包括御史台、司隶校尉、尚书左丞。

一、中央司法机关

魏晋南北朝时期,皇帝依然掌握国家司法审判大权,中央司法绝大多数仍以廷尉为主要力量,审理全国司法案件,北齐时将廷尉正式改称为大理寺。曹魏时期在廷尉中设律博士,教授官吏法律知识;都官尚书、三公尚书兼领司法事务。

(一)皇帝

魏晋南北朝时期,实际上国家最终的司法审判权交由皇帝处置,这表现在两方面:

一是作为主要中央司法机关的廷尉需要请示皇帝并按皇帝旨意审理案件。如曹丕因鲍勋指鹿为马交由廷尉处置,廷尉建议五年徒刑,三官反驳说依律只应罚金二金,曹丕大怒认为鲍勋没有活命的余地,官员却袒护鲍勋。钟繇、华歆、陈群、辛毗、高柔、卫臻等人一起上表,说鲍勋的父亲鲍信有功于曹操,请求赦免鲍勋,皇帝不答应。

高柔坚决不从，皇帝便调离高柔，派遣使者诛杀鲍勋后，才让高柔回去。① 可见，皇帝的旨意仍然是廷尉审理案件的重要依据，廷尉反驳的力量微乎其微。

二是皇帝会亲自裁断或旁听重要案件的审理。魏明帝常常亲自旁听重要案件的裁判，南朝宋武帝常在华林园、延贤堂等处审理疑难案件，仅永初二年（421 年）就多达五次，其后的宋文帝、宋孝文帝等也常听讼、决狱。宋孝武帝前往建康秣陵县、南豫州及江宁、溧阳、永世、丹阳等县审讯囚犯，北周武帝也常常在正武殿审理案件。此外，皇帝还常派亲近大臣前往各地审录囚徒。如梁武帝天监五年（506 年）明确规定：钦差大臣前往各地牢狱录囚，遇有疑情或延滞要随时奏报。②

（二）廷尉

廷尉，为最高中央司法审判机关的主官，职掌听讼与决狱。《太平御览》第 231 卷记韦昭在辨释名时说："廷尉县尉皆古官，凡掌贼及司察之官皆曰尉，尉，罚也，君以罪罚奸非。"古代中央审判机关称廷尉，其长官也称廷尉，东汉正名为廷尉卿，为九卿之一。③

1. 廷尉设置概况

魏文帝曹丕曾设大理掌讼狱，后恢复为廷尉。西晋初，廷尉与吏部尚书等职共职掌刑狱之事，后将廷尉正式设置为中央司法机关。《晋书·职官志》载："廷尉，主刑法狱讼，属官有正、监、评，并有律博士员。"④廷尉职掌诏狱、大狱以及地方州郡不得决的疑难案件，诏狱为皇帝下诏由廷尉审理的某些案件，地方州郡不能决的案件最终也交由廷尉审理。

东晋基本沿用西晋旧制，仍设廷尉掌管中央司法审判事务。如桓温认为廷尉在九卿中属于"职不可缺"的职位，《太平御览》第 203 卷《总叙官》引《桓温集略表》："古以九卿综事，不专尚书，故重九卿也。今事归内台，则九卿为虚设之位。""唯太常、廷尉职不可缺"，其他"职无所掌者比皆并；若车驾郊庙籍田之属……临时权兼，事讫则罢"。这表明在晋的诸卿设置中，廷尉自始至终都存在，职官设置比较稳定。⑤

刘宋和南齐时主要的中央司法审判机构仍然是廷尉。南梁时将廷尉改为廷尉卿，为秋卿三卿之一，此外南梁时于都城建康增设"建康狱"，作为直属皇帝的"诏

---

① （宋）司马光编著、胡三省音注：《资治通鉴·魏纪二》，中华书局 1956 年版，第 2227 页。

② 参见刘长江：《魏晋南北朝法政体制述论》，载《重庆师范大学学报（哲学社会科学版）》2006 年第 1 期。

③ 参见乔伟：《中国法制通史》（第 3 卷·魏晋南北朝），法律出版社 1999 年版，第 573 页。

④ （唐）房玄龄：《晋书·职官志》，中华书局 1974 年版，第 1302 页。以下所引《晋书》均为中华书局 1974 年版。

⑤ 参见李俊芳：《晋朝法制研究》，人民出版社 2012 年版，第 254 页。

狱”,并置三官与廷尉三官平级对应,以分散廷尉审判权,加强皇帝对司法审判的控制。① 北魏入主中原后,开始仿照魏晋官制,设置廷尉职掌听讼和决狱,此外还增置廷尉少卿一职。②

北齐时将廷尉改为大理寺,意为最高审判官署,后一直沿用至清末。北周曾仿《周官》之制,将中央司法机关改名为秋官大司寇,但机关和官员设置庞杂混乱,故隋朝建立后不再沿用。

2. 廷尉内部构成

魏晋南北朝时期沿用汉制,设正、监、平三官,称为“廷尉三官”。

北魏时期,廷尉由第二品上改为第三品,廷尉少卿为第四品。下设廷尉正、监、平三官。北齐大理寺职掌刑狱,长官大理寺卿位列第三品,副长官为大理寺少卿,正、监、平各一人,为第六品,律博士四人,为第九品。明法掾二十四人,槛车督二人,掾十人,狱丞、掾各二人,司直、明法各十人。③

此外,曹魏时期创设的律博士,为两晋南北朝沿用,至隋文帝时废除。④ 魏明帝时,卫凯上奏说九章之律乃自古沿传下来用来判定罪名裁断刑罚的法律,方圆百里的官员理应通晓法律,国家所重视的法律却被人轻贱,百姓任命的官员却受到鄙夷,王政之弊端皆在于此。于是请求皇帝设置律博士,教授法律。如此,曹魏于廷尉内设置律博士,以典掌科律传授。员一人,品第六。根据《唐六典》记载:魏初为大理,后复为廷尉。置律博士。⑤《晋书》记载:“廷尉,主刑法狱讼,属官有正、监、平,并有律博士员。”⑥可知,曹魏、两晋时期都于廷尉内设置律博士。

根据《宋书》记载:“(南朝刘)宋承晋制,廷尉律博士,一人。”⑦《南齐书》记载:“廷尉。府置丞一人,正一人,监一人,平一人,律博士一人。”⑧又根据《隋书》可知梁初,廷尉下仍置律博士。⑨ 天监四年(505 年)二月,武帝新设胄子律博士,位视员外郎。⑩ 与原有的廷尉律博士一起,隶属于廷尉。至陈,仍有胄子律博士一职。⑪

---

① 参见乔伟:《中国法制通史》(第 3 卷 · 魏晋南北朝),法律出版社 1999 年版,第 448 – 449 页。

② 参见张晋藩主编:《中国司法制度史》,人民法院出版社 2004 年版,第 53 页。

③ 参见(唐)魏徵:《隋书 · 百官志中》,中华书局 1973 年版,第 1578 页。以下所引《隋书》均为中华书局 1973 年版。

④ 参见冯婧:《魏晋南北朝律博士考》,载《中国古代法律文献研究》2014 年第 00 期。

⑤ 参见(唐)李林甫:《唐六典 · 大理寺》,中华书局 1992 年版,第 501 页。

⑥ (唐)房玄龄:《晋书 · 职官志》,中华书局 1974 年版,第 737 页。

⑦ (梁)沈约:《宋书 · 百官志上》,中华书局 1972 年版,第 1231 页。以下所引《宋书》均为中华书局 1972 年版。

⑧ (梁)萧子显:《南齐书 · 百官志》,中华书局 1972 年版,第 317 页。以下所引《南齐书》均为中华书局 1972 年版。

⑨ 参见(唐)魏徵:《隋书 · 百官志上》,中华书局 1973 年版,第 735 页。

⑩ 参见(唐)魏徵:《隋书 · 百官志上》,中华书局 1973 年版,第 725 页。

⑪ 参见(唐)魏徵:《隋书 · 百官志上》,中华书局 1973 年版,第 745 页。

北魏后《职令》,律博士正九品上阶。[①] 北齐大理寺,律博士四员,明法十人,明法椽二十四人。[②] 隋朝的律博士是设置在司法部门大理寺之下,一共有八人左右。然而到开皇五年(585 年)律博士就被罢黜了,即大理律博士、尚书刑部曹明法、州县律生,并可停废。[③]

律博士属廷尉,设置律博士的目的是"转相传授",其传授对象为官吏,包括中央狱吏和郡县吏,而非普通民众。[④] 律博士的设置最初旨在提高司法官吏的法律素质,以传道授业为本职。但后续律博士还可以撰写判决书、探讨适用律令,并参与司法审判的讨论。[⑤] 东晋成帝咸和五年(330 年),散骑侍郎的妻子于氏上表说于氏没有儿子,收养的儿子不赡养自己,故状告之,成帝"敕下太常、廷尉、礼、律博士,按旧典决处上"[⑥]。可见,律博士可以参与案件裁判、适用律令。

(三)三公尚书和都官尚书

东汉后三省制渐成,尚书台脱离少府成为中央最高行政机构。此时虽无刑部,但尚书台之下均设有负责司法行政和兼理刑狱的机构。

西汉成帝时设置三公尚书,负责审理、裁决案件。东汉光武帝将其改名为三公曹,负责考核各个州郡的政绩,又设置了二千石曹尚书,负责与水、火、盗贼有关的罪行,也称为"贼",其地位高于其他部门。曹魏不置三公、二千石曹尚书。[⑦] 西晋恢复三公尚书的设置,负责职掌刑法案件,东晋也不置三公尚书,列曹郎中有三公、比部和都官曹郎。[⑧]

南朝宋武帝刘裕设都官尚书,审理军事案件,都官尚书下设都官、水部、库部和论功四个分部,还设三公、比部两个官署,都负责法令制度,隶属于吏部尚书。

北魏孝文帝改制以后,仍设都官尚书、三公、二千石和比部曹郎。太武帝时期,窦瑾被任命为殿中、都官尚书,同时兼职散骑常侍,大概吴地平定后,刘瑾留下镇守长安,回到京城后,又被任命为殿中、都官,掌管执法。[⑨] 北齐三公曹下属的典中尚书,职

---

① 参见《魏书》卷一一三《官氏志·志第十九·官氏九》。

② 参见《隋书》卷二七《志第二十二·百官中》。

③ 参见(唐)魏徵:《隋书·刑法志》,中华书局 1973 年版,第 712 页。

④ 参见李俊芳:《晋朝法制研究》,人民出版社 2012 年版,第 267 – 268 页。

⑤ 参见冯婧:《魏晋南北朝律博士考》,载《中国古代法律文献研究》2014 年第 00 期。

⑥ 《通典》卷六九《嘉礼一四》,第 1912 页。转引自冯婧:《魏晋南北朝律博士考》,载《中国古代法律文献研究》2014 年第 00 期。

⑦ 参见(南朝宋)范晔著、许嘉璐主编:《后汉书》卷三四《志第二十四·百官一》,上海汉语大词典出版社 2004 年版,第 409 页。以下所引《后汉书》,均为此版本。

⑧ 参见《晋书》卷二四《志第十四·职官志》。

⑨ 参见(北齐)魏收:《魏书·窦瑾传》,中华书局 1997 年版,第 196 页。以下所引《魏书》均为中华书局 1997 年版。

掌部分律令，以及各部门有关囚犯，裁断罪行等事务，都官尚书为比部曹的主官，负责诏令、律令核对等事务。

二、地方司法机构

地方司法权与行政权二者合二为一，魏晋南北朝的地方司法机关沿袭汉制，分为州、郡、县三级，州设置刺史、州牧，郡设郡守，县设令、长。刺史、州牧、郡守、令、长既是地方行政长官，掌管地方行政事务，同时也兼任地方司法审判长官，审理地方上发生的各种诉讼案件，定分止争。[①] 此外，魏晋南北朝时期长年战乱，州郡县长官往往集行政、军事、司法权于一身，具有地方司法组织军事化的倾向。

（一）州、郡、县三级司法机关

曹魏时期的地方审判工作由州、郡、县的行政机关负责，地方三级司法机关对一般民事和刑事案件均具有管辖权，官员犯罪的案件除外，生杀大权，全由刺史、州牧、郡守裁决，甚至具有判决死刑的权力。在曹魏政权稳定之后，牧守的权力受到一定限制，据《三国志·魏书·司马芝传》载："诸应死罪者，皆当先表须报。"[②]判决死刑之前，应当先行上表请示，说明当时对于判决死刑逐渐慎重。

到两晋时，州刺史的主要职责从多权合一，转变为纯粹的监督。曹魏时期，刺史尚负责地方所有行政、军事、司法事务，但到西晋时期，随着中央集权的加强，国家政权也趋于稳定，军事职能不再为主要职责，刺史仅负责督察郡国，不再兼具军事职能，没有主管军事事务的权力。州牧和刺史之间应当相互督察，不得假公济私，发现地方长官有志于秉公行事而不被提拔重用的，因贪赃枉法涉及贿赂的，都应当及时汇报，一旦发现故意庇佑纵容未能及时追究的，应当接受渎职之责，各位州牧刺史应该谨言慎行，州刺史最重要的职责已经转变为监督官员。

刘宋的地方行政机构仍为州、郡、县三级，南齐时期，地方官的任期由6年一任改为3年一任，《南史·吕文显传》："晋宋旧制，宰人之官，以六年为限。进世以六年过久，又以三周为期，谓之小满。而迁换去来，又不依三周之制。"缩短地方官员的任职年限，有利于加强中央集权，遏制地方势力增长。[③]

北魏沿袭南朝的官制，州下设郡，郡下设县。北魏初期，一些有权势的地主在地方上结成氏族，往往在一个地区形成强大而残酷的势力，严重影响了中央集权。太和十年（486年），孝文帝采纳李冲建议，设立党、里、邻的三长制，五家为一邻，置邻长一

---

① 参见张晋藩主编：《中国司法制度史》，人民法院出版社2004年版，第51页。

② （西晋）陈寿：《三国志·魏书·司马芝传》，中华书局2011年版，第1062页。以下所引《三国志》均为中华书局2011年版。

③ 参见乔伟：《中国法制通史》（第3卷·魏晋南北朝），法律出版社1999年版，第394页。

人，五邻为一里，置里长一人，五里为一党，置党长一人，细化县级以下的地方组织，加强地方基层管理，淡化氏族势力的影响。此外，北魏将州、郡、县划分为上、中、下三等，北齐以人口多寡为标准，在北魏分类的基础上多加了六个等级，划分为九等，按等级设置员额不等的属官。

（二）废除督邮

汉以来，地方州郡辖区众多，郡守派遣督邮到各个县督察政绩，复核县令县长审判的案件。督邮作为郡的一名下属官员，最初负责寄送邮册，后才发展成为专门从事监督的县级官员。督邮游历郡所属各个县，察看当地民风，观察当地社会秩序，同时监督县级长官、乡绅，以此监督县级治理情况。刘宋以前，县的判决要经郡派出的督邮按验，方可执行。

县令和督邮同为郡之属吏，县令的社会地位甚至高于督邮，却不得不接受督邮的监督，督邮和地方长官之间冲突不断，矛盾重重。如“张掖督邮傅耀考核属县，而丘池令尹兴杀之，投诸空井，耀见梦于光曰：臣张掖郡小吏，案校诸县，尹兴赃状狼藉，见，久之乃灭。惧臣言之，杀臣投于南亭空井中。臣衣服形状如是。而丘池令光寤而犹遣使覆之如梦贤愚殊贯，因疗疾于天梯山，光怒，作表志诗杀兴。著作郎段业以光未能扬清激浊，使《九叹》《七讽》悦之”①。县令因忌惮督邮上奏自己贪赃枉法之事，而杀害督邮。

又如：“阮长之，字茂景，陈留尉氏人也……初为诸府参军，除员外散骑侍郎。母老，求补襄垣令，督邮无礼，鞭之，去职。”②县令和督邮之间的矛盾不断激化，督邮位轻权重，承担郡所安排的监督职责。县令不愿督邮再来干涉自己工作，二者无法调和，直到刘宋孝武帝大明元年（457 年），谢庄任都官尚书，要求废去督邮一职：“旧长官竟囚毕，郡遣督邮按验，仍就施刑。督邮贱吏，非能异于官长，有案验之名而无研究之实。愚谓此制宜革。自今入重之囚，县考正毕，以事言郡，并宋囚身，委二千石亲临核辩，必收声吞衅，然后就戮。若二千石不能决，乃度廷尉；神州统外，移之刺史。刺史有疑，亦归台狱。必令死者不怨，生者无恨。庶鬻棺之谚，辍叹于终古；两造之察，流咏于方今。臣学暗申、韩，才寡治术，轻陈庸管，惧乖国宪。”当时的县令认为督邮这一地位低下的官吏，只有调查监督之名，并无督察之实，督邮这一职位的设置严重影响县令的权力，最终在南梁时期不再设督邮一职。

---

①　（唐）房玄龄：《晋书·吕光记》，中华书局 1974 年版，第 3059 页。

②　（梁）沈约：《宋书·良吏·阮长之传》，中华书局 2002 年版，第 1510 页。

三、监察机关

中国古代监察系统主要由两部分构成：一是御史监察系统，二是谏官言谏系统。前者对下纠察百官言行违失，后者对上纠正皇帝决策失误。[①] 本部分主要探讨的是御史监察系统，即由上而下的监察。魏晋南北朝在整个中国古代的监察制度史上居于承前启后的地位：它承袭了秦汉监察的君主专制主义，延续了古代监察制度不断制度化、规范化的历史进程，为后世隋唐时期的监察机关的完备奠定了基础。

（一）曹魏的监察机关

曹魏的监察机关包括御史台、司隶校尉、州牧、刺史、校事。曹魏时期的御史台承袭汉制，但不再隶属于少府，而是专门的监察机构，分御史中丞、治书御史、侍御史三级，专门职掌对官员的监察，专业化程度和分工都更加完善。同样沿袭汉朝设置的司隶校尉负责监察京师所在地官员的违法行为。由于战乱，州牧、刺史的监察权力有所削弱。为稳定基业，削弱门阀士族权力，曹魏选举出身寒微的有才之士，新设校事一职，以稳定民心，校事官职一直延续至司马氏政权。

1. 御史台

汉代的御史台受制于九卿之一的少府，曹魏时期御史台从少府独立出来，成为直接对皇帝负责的独立性监察机构，曹魏御史台机构分为三级：(1)御史中丞，御史台最高长官，曹魏初年曾将其改名为御史宫正，魏明帝又恢复为御史中丞。(2)治书御史，此职于汉时掌法律、定是非谳事，是御史台内的审案官，这一职责在魏时依然沿用。但是又与汉代有所不同，一是地位比汉代更高，分统侍御史；二是又设治书执法，掌奏劾。[②]《晋书·职官志》载："及魏，又置治书执法，掌奏劾，而治书侍御史掌律令。二官俱备。"(3)侍御史，共八人，分部门主管事务，如课第曹掌管考课事务。此外，御史台还设侍御史二人置于殿内，监察违法者，侍御史在担任某种特定的监察工作时，往往称为某某侍御史或御史，如督军粮侍御史、都水台侍御史，此于殿内的侍御史称为殿中侍御史。[③]

曹魏时期，御史台专门职掌监察的职官明显增多，专业化程度不断提高，分工越来越细，如增设殿中侍御史、督军粮侍御史、三台五都侍御史等，这些新型的御史台官员行使行政、军事和司法等领域的监察权。但曹魏御史台的权力并没有加强，而是削弱了。魏明帝时期杜恕曾说："骑都尉王才、幸乐人孟思的所为不法，振动京都，而其罪状发于小吏，公卿大臣初无一言。自陛下践祚以来，司隶校尉、御史中丞宁有举纲

---

① 参见邱永明：《中国监察制度史》，华东师范大学出版社1992年版，第2页。

② 参见邱永明：《中国监察制度史》，华东师范大学出版社1992年版，第146页。

③ 参见陈琳国：《魏晋南朝监察制度的变迁》，载《北京师范大学学报》1988年第1期。

维以督奸宄，使朝廷肃然者邪？”①小官所犯违法乱纪之事已经震惊京城，朝中公卿大臣并未就此弹劾，自陛下即位以来，司隶校尉、御史中丞行使督察奸佞之徒、纲正法纪之责，难道他们就是这样督察朝廷官员的吗？可见，当时的御史台并未获得其他官员的认可，且多造成不满。

2. 司隶校尉

西汉时设司隶校尉负责捕奸察盗，后发展成为京师所在地司州诸郡负责行政事务和监察事务的长官。司隶校尉是察举京师百官的监察官，又兼任京畿诸郡的地方长官，前者是主职，后者是兼官。曹魏沿袭汉朝制度，任命司隶校尉一人，“掌察举百官以下及京师近郡犯法者。”②曹魏司隶校尉位高权大，并有众多属官，如都官从事、功曹从事、诸曹从事、部郡从事等。

3. 州牧、刺史

地方上，曹魏仿东汉旧制，十三州设州牧、刺史，“巡行所部郡国，录囚徒，考殿最，每岁遣记吏诣京都奏事”③。但是，由于战争频繁，地方军务繁忙，刺史大多不能专心于监察，造成地方监察的废弛。

4. 校事

曹魏置校事以监督官员，维护政权。“昔武皇帝大业草创，众官未备，而军旅勤苦，民心不安，乃有小罪，不可不察，故置校事，取其一切耳，然检御有方，不至纵恣也。此霸世之权宜，非帝王之正典。其后渐蒙见任，复为疾病。转相因仍，莫正其本。遂令上察宫庙，下摄众司。官无局业，职无分限，随意任情，唯心所适。法造于笔端，不依科诏；狱成于门下，不顾覆讯。”④可见校事设置的原因是大业未定，民心不安，以惩治小罪，但同时也表明校事只是称霸的权宜之计，以削弱御史台的权力。

“以刻暴为公严，以循理为怯弱。外则托天威以为声势，内则聚群奸以为腹心。大臣耻与分势，含忍而不言，小人畏其锋芒，郁结而无告。”“今外有公卿将校总统诸署，内有侍中尚书综理万机，司隶校尉督察京辇，御史中丞董摄宫殿，皆高选贤才以充其职，申明科诏以督其违。若此诸贤犹不足任，校事小吏，益不可信。若此诸贤各思尽忠，校事区区，亦复无益。若更高选国士以为校事，则是中丞、司隶重增一官耳。”⑤

为了有效控制僚佐和兵民，“欲广耳目”，曹操设有校事一职，“时置校事卢洪、赵达等，使察群下”⑥。《三国志·魏书·高柔传》载：“校事刘慈等，自黄初数年之间，举

① 《三国志·魏志·杜畿传子恕附传》。
② 《后汉书》卷一一七《百官》（四）。
③ 《三国会要》卷十《职官》（下）。
④ 《三国志·魏志·程昱传孙晓附传》。
⑤ 《三国志·魏志·程昱传孙晓附传》。
⑥ 《三国志·魏书》卷二四《高柔传》。

吏民奸罪以万数。”又载,魏明帝时,“宜阳典农刘龟窃于禁内射兔,其功曹张京诣校事言之。帝匿京名,收龟付狱”。明帝知道后,大怒曰:“刘龟当死,乃敢猎吾禁地。”命令将刘龟押送廷尉考掠。曹魏政权稳定后,校事继续沿用,且受到皇帝的重用,其监察职权迅速扩大,“上察宫庙,下摄众司,官无局业,职无分限,随意任情,唯心所适。法造于笔端,不依科诏;狱成于门下,不顾复讯”①。

监察机构旨在监察官员,但三国时期门阀士族兴盛,于是曹操重任出身寒微、地位低下且有能力的人行使监察职责,但校事制度危及其他官员的地位,门阀士族纷纷上书要求废除校事。直到司马氏掌握政权,才废除校事一职。

(二)两晋的监察机关

两晋仍设御史台,因御史中丞和司隶校尉职权存在重叠,东晋时不再设司隶校尉一职。两晋时的尚书中丞专门负责监察尚书台内监察事务,御史中丞、司隶校尉、尚书左丞三者在初设时分工有所侧重,但在实施过程中,三者的职权界限逐渐模糊,不再拘泥于初设的职权分工,而是不断融合。

1. 御史台

两晋的御史台承袭汉魏,以中丞为台主,御史台又称“宪台”,与尚书台、谒者台合称“三台”。②

《晋书·职官志》记载:“治书侍御史,案汉宣帝幸宣室斋居而决事,令侍御史二人治书侍则,后因别置,谓之治书侍御史,盖其始也。及魏,又置治书执法,掌奏劾,而治书侍御史掌律令,二官俱置。及晋,唯置治书侍御史,员四人。泰始四年(268年),又置黄沙治书侍御史一人,秩与中丞同,掌诏狱及廷尉不当者皆治之。后并河南,遂省黄沙治书侍御史。及太康中,又省治书侍御史二员。”晋代不再设曹魏所设之治书执法,其职权相当于治书侍御史,治书侍御史的职权大大提升。晋代御史的特色之一在于提升治书侍御史的地位,这之后慢慢演变为隋代的制度。③

“侍御史……员九人,品同治书,而有十三曹:吏曹、课第曹、直事曹、印曹、中都督曹、外都督曹、媒曹、符节曹、水曹、中垒曹、营军曹、法曹、算曹。及江左初,省课第曹,置库曹,掌厩牧牛马市租,后分曹,置外左库,内左库云。”④晋侍御史所掌增至十三曹,说明其职责越来越分明。

---

① 参见《三国志·魏书》卷一四《孙晓传》。

② 参见《太平御览》卷二二六。

③ 参见高一涵:《中国御史制度的变革》,转引自王晓天:《中国监察制度简史》,湖南人民出版社1989年版,第64页。

④ 《晋书·职官志》。

2. 司隶校尉

西晋袭汉制，仍在御史台外设司隶校尉，司隶校尉与御史中丞“分督百僚，自皇太子以下无所不纠，初不得纠尚书，后亦纠之。”①西晋的司隶校尉属官众多，包括“功曹、都官从事、诸曹从事、部郡从事、主簿、录事、门下书佐、省事、记事书佐、诸曹书佐守从事、武猛从事等员，凡吏一百人，卒三十二人”②。司隶校尉与御史中丞的督察分工为“中丞专纠行马内，司隶专纠行马外”，③行马内外，指宫廷与重要官僚府邸内外，但实际行使监察权时不受此限制。④ 曾担任过司隶校尉的傅玄指出：“自有中丞司隶以来，更互奏内外众官，惟所纠得无内外之限也。”⑤

至东晋时，不再设司隶校尉一职，“及渡江，乃罢司隶校尉官”⑥。

御史中丞职权逐渐加强。因司隶校尉和御史中丞职权重叠，于是不再设司隶校尉一职，其监察职能并入御史台，行政权归入扬州刺史，南北朝各代承袭此制，均不再设司隶校尉一职。

3. 尚书左丞

两晋尚书左丞与曹魏的一样，主台内禁令，兼弹劾之事。西晋初尚书左丞的监察范围限于尚书台内，“尚书左丞弹八座以下，居万机之会，乃皇朝之司直，天台之管辖”⑦。又说：“左丞总司天台，维正八座。”⑧

尚书左丞隶属于尚书台，主管台内监察事务。西晋初其监察范围限于尚书台内，包括尚书令、仆射、尚书及其属下的众官，“左丞总司天台，维正八座”⑨。但随着尚书取代丞相，尚书左丞便承接了丞相司直的监察职能，监察职权呈不断扩张趋势。

御史中丞、司隶校尉、尚书左丞三者的监察职权初设时分工有所侧重，但在实施过程中，三者的职权界限逐渐模糊，呈现融合的趋势。御史中丞、司隶校尉不再有行马内外之区分，尚书左丞也不限于监督尚书台内，三者职权不断重叠，因此，东晋时不再设司隶校尉一职，实现了监察权的统一。

（三）南朝的监察机关

除御史台和尚书左丞外，南朝特设典签这一地方官，监督掌有地方大权的刺史，

---

① 《通典》卷二四《职官志》。
② 《晋书》卷二四《职官志》。
③ 《晋书》卷二四《职官志》。
④ 参见王晓天：《中国监察制度简史》，湖南人民出版社1989年版，第65页。
⑤ 《晋书·傅玄传》。
⑥ （唐）房玄龄等：《晋书·职官志》，中华书局2000年版，第477页。
⑦ 《通典·职官典》。
⑧ 《晋书·傅玄传》。
⑨ 《北堂书钞》卷六〇注引傅咸：《答辛旷诗序》。

控制地方势力，加强中央集权。

1. 御史台

御史台为中央主要的监察机关，除梁朝的将最高长官初设为御史大夫外，其余政权的最高长官均为御史中丞。

刘宋时，“御史中丞一人，掌奏劾不法”①，“中丞与尚书令分道，虽丞郎下朝相值，亦得断之，余内外众官，皆受停驻”②。御史中丞设治书侍御史二人，负责举报弹劾六品以上的官员，分掌侍御史所掌诸曹，如若尚书的两个中丞一样。西晋时设侍御史九人，掌十三曹，东晋扩至十四曹，刘宋时又复为十曹，“宋太祖元嘉中，省外左库，而内左库直云左库。世祖大明中，复置。废帝景和元年又省。顺帝初，省营军并水曹省算曹并法曹，吏曹不置御史，凡十御史焉”③。因此，侍御史10人，分管十曹，即吏曹、库曹、直事曹、印曹、中都督曹，外都督曹、媒曹、符节曹、水曹、法曹。④

南齐御史台又称为“南台”或“南司”，长官为御史中丞，其位极崇，“今中丞则职无不察，专道而行，驺辐禁呵，加以声色，武将相逢，辄致侵犯，若又卤簿，至相殴击”⑤。

南梁御史台初设御史大夫，后又改称御史中丞。“掌督司百僚。皇太子已下，其载宫门行马内违法者，皆纠弹之。虽在行马外，而监司不纠，亦得奏之。专道而行，逢尚书丞郎，亦得停驻。其尚书令、仆、御史中丞，各给威仪十人。”⑥

南陈，“陈承梁，皆循其制官”⑦。

宋、齐、梁、陈四朝的御史台皆沿魏晋设置，仅有细微的变化。南朝时期不再设司隶校尉，几乎所有奏劾不法、督司百官的监察大权都集中于御史台，其监察权力颇大。其威仪也十分显赫，宋、齐、梁、陈皆专道而行，其所受重视程度可见一斑。百官中有犯罪而被发现者，往往坐中丞以失察之罪，予以免官。⑧ 如“谢灵运杀人，御史中丞王准之坐不纠，免官”⑨。因而，此时期免官者众多，“宋世载祀六十，历职斯任者五十有三，校其年月，不过盈岁”⑩。

2. 尚书左丞

尚书左丞掌纠举弹劾，其监察职权不断扩张，监察范围包括中央和地方的各级官

---

① 《宋书》卷四〇《百官志》（下）。
② 《南齐书》卷一六《百官志》。
③ 《宋书·百官志》。
④ 参见邱永明：《中国监察制度史》，华东师范大学出版社1992年版，第179页。
⑤ 《南齐书》卷一六《百官志》。
⑥ 《隋书》卷二六《百官志》（上）。
⑦ 《隋书·百官志上》。
⑧ 参见王晓天：《中国监察制度简史》，湖南人民出版社1989年版，第68页。
⑨ 《南史·蔡廓传》。
⑩ 《南齐书·刘休传》。

吏。如宋文帝元嘉四年(427 年),尚书左丞羊玄保便曾上奏弹劾御史中丞傅隆等中央官员;[1]宋孝武帝时,尚书左丞羊希曾弹劾益州刺史刘瑀等地方官吏。[2] 尚书左丞与御史中丞在南朝同为具有重要监察职能的监察官员,监察职权有重叠交叉之处,因而南朝出现了身兼二者职务的官员,如梁武帝时,刘潜就升职为尚书左丞,同时兼任御史中丞。[3]

3. 典签

典签是南朝宋、齐、梁三代特置的地方监察官,宋、齐、梁三朝皇帝为了监督掌有地方行政、军事、监察大权的刺史,尤其是宗室诸王出任的刺史,防止地方宗室有不轨之心,加强中央集权,控制地方势力,特设典签一职监察刺史。

典签由皇帝直接派遣,无特别人员规定,如宋孝武帝时,监督雍州刺史刘休茂的典签有杨庆、戴双二人,齐武帝时,监督荆州刺史萧子响的典签有吴脩之、王贤宗、魏景渊三人。[4]

南朝典签名为各州刺史的属僚,实为天子耳目,刺史的一言一行都有可能被报告给皇帝,典签对地方刺史的权力限制极大,可以说刺史行事之美恶,皆在于典签之口,州级管理皆由典签所控制。故而,多有刺史痛恨典签,欲杀之而后快,如宋孝武帝时雍州刺史刘休茂意图反叛,先杀死典签杨庆和戴双;平西将军崔慧景反叛,江夏王萧宝玄起兵响应时,也先将典签吕承绪杀死。[5]

典签始于刘宋、盛于南齐、衰亡于南梁。萧梁建国后,对宗室诸王采取优容政策,典签的监察职权也逐渐削弱。

(四)北朝的监察机关

北魏、北齐、北周都设御史台,北周改御史台为司宪,作为中央的主要监察机关。此外,尚书左丞和御史台共同构成北朝监察机关的主骨架。

1. 御史台

御史台在北魏、东魏和西魏也称为南台、宪台,北周称为司宪,是北朝主要的中央监察机关。

北魏为鲜卑人进入中原以后建立的封建王朝,北魏改御史中丞为御史中尉,中尉下设有治书侍御史,“掌纠禁内,朝会失时,服章违错,飨宴会见,悉所监之”[6]。侍御

---

① 《宋书・王昙首传》。

② 《宋书・羊希传》。

③ 参见李小树:《秦汉魏晋南北朝监察史纲》,社会科学文献出版社 2000 年版,第 125 页。

④ 参见李小树:《秦汉魏晋南北朝监察史纲》,社会科学文献出版社 2000 年版,第 126 页。

⑤ 参见《宋书・海陵王休茂传》;《南齐书・江夏王宝玄传》。转引自李小树:《秦汉魏晋南北朝监察史纲》,社会科学文献出版社 2000 年版,第 128 页。

⑥ (唐)杜佑:《通典》卷二四《职官六》,中华书局 1988 年版。以下所引《通典》均为中华书局 1988 年版。

史8人、殿中侍御史14人,“后魏为御史中尉督司百僚,其出入千步清道,与皇太子分路,王公百辟咸使逊避,其余百僚下马驰车止路旁,其违缓者以棒棒之。其后洛阳令得与分道”①。

北齐御史台设置多循北魏,御史台仍称“南台”,但改御史中尉为御史中丞。北齐中丞属官有:治书御史2人,侍御史8人,殿中侍御史12人,检校御史12人,还设录事4人,领符节署1人,符玺郎中4人。②

北周御史台改名为司宪,列入秋官府内,御史中丞改丞司宪中大夫,有2人,“掌司寇之法,辨国之五禁亦其任也”。③ 司宪中大夫属官有:司宪上士2人,铜治书侍御史;司宪中士,同侍御史;司宪旅下士8人,掌检校御史之职,和监察御史相当。④

2. 尚书左丞

北朝除设御史台为中央最高监察机关外,北魏、北齐、东西魏政权还设尚书左丞,掌监察。其监察对象上至王公重臣,下至州郡大吏。

尚书省内,除尚书左丞掌监察外,还设置了其他职位兼掌监察。如尚书令兼掌监察:“后魏北齐掌弹纠,见事与御史中丞更相廉察。”⑤尚书左仆射掌监察:“又有录尚书一人,位在令上,掌与令同,但不纠察。令则弹纠见事,与御史中丞更相廉察。仆射职为执法,置二则为左、右仆射,皆与令同。左纠弹而右不纠弹。”⑥

结　语

魏晋南北朝时期,中央司法机关的设置基本沿袭东汉,皇帝仍掌握着国家最高司法审判权;绝大多数政权设置廷尉作为中央最高司法机关,北齐时将廷尉正式改称为大理寺,曹魏时期在廷尉中设律博士,教授官吏法律知识;都官尚书、三公尚书兼领司法事务。地方司法权属地方行政长官,司法与行政合一。地方司法机关仍如汉朝,分为州、郡、县三级,州置刺史或州牧,郡置郡守,县置令、长。刺史、郡守、令、长既是州、郡、县的最高行政长官,同时也兼任最高司法长官。

监察组织完全独立,监察机关初步统一,是魏晋南北朝监察机关发展的重要建树。魏晋以来,御史台脱离少府管辖,成为由皇帝直接掌握下的独立的中央最高检察机构。司隶校尉至东晋废除,行政权归于扬州刺史,监察权归于御史台,监察机关初步达到统一,这为唐朝最终裁司隶,集监察权于御史台拉开了序幕。

---

① 《通典·职官志》。

② 参见邱永明:《中国监察制度史》,华东师范大学出版社1992年版,第193页。

③ 《通典》卷二四《职官》(六)。

④ 参见邱永明:《中国监察制度史》,华东师范大学出版社1992年版,第193页。

⑤ 《通典》卷二二《职官》(四)。

⑥ 《隋书》卷二七《百官志》(中)。

魏晋南北朝在整个中国古代的监察制度史上居于承前启后的地位：它承袭了秦汉监察的君主专制主义，延续了古代监察制度不断制度化、规范化的历史进程，为后世隋唐时期的监察机关的完备奠定了基础。

第五节　法 律 艺 术

作为一门实践的科学，法律具有艺术性。正如近代著名法理学家吴经熊[①]所指出的那样，现实生活并不是非黑即白的，在正义和非正义之间，存有广大的灰色地带。为了巧妙处理现实中纷繁复杂的案件，使其达到对称的、有序的、和谐的结果，就需要发挥法律实践者的聪明才智，如艺术家创造艺术品那样实现正义。[②] 法律艺术，就是在一部部法律、一桩桩案件中定义正义、实践正义。法律艺术通常被认为涵盖立法、司法等实践活动的能力、技术和方法，包括立法艺术、司法艺术、法律文献起草与管理艺术等方面。

根据法律文化发展的具体情况，本节将从礼法合一的发展、立法艺术的进步和司法艺术的演进三个角度探究魏晋南北朝时期法律艺术的成长。

一、礼法合一日益完善

在世界上独树一帜的中华法系有别于其他法系的根本特征是礼法合一。礼法合一自汉初开始，先是在司法审判领域引用以《春秋》为代表的儒家经典作为定罪量刑的依据（引经决狱），再发展到儒生依据儒家经典诠释法律条文（引经注律）。[③] 到了魏晋南北朝时期，动荡的时局、频繁更迭的政权、佛教思想的传播并没有阻碍礼法结合的继续发展。与此相反，皇帝、士族将儒家学说当作维护、扩大利益的武器，积极将儒家学说法律化。战乱中的普通百姓也愿意追求儒学带来的稳定和秩序，对引礼入律欣然接受。因此这一时期，礼法合一进入最终阶段，也就是依据儒家经典立法（依经立法），中华法系"一准乎礼""出礼入法"的基本特征越发彰显。

具体来说，儒家思想集中体现在以下新形成的制度中。

（一）八议

八议始源于西周。《周礼·秋官·小司寇》有载"八议之辟"："一曰议亲之辟，二

---

① 吴经熊（1899—1986），一名经雄，字德生，浙江鄞县人，现代中国在世界范围内享有盛誉的法学家。

② 参见吴经熊：《法律的艺术》，载吴经熊：《吴经熊法学文选》，孙伟、李冬松译，中国政法大学出版社 2012 年版，第 46 页。

③ 参见马作武：《引礼入法奠定中华法系基石》，载光明网，https://news.gmw.cn/2017-02/18/content_23758065.htm。

曰议故之辟，三曰议贤之辟，四曰议能之辟，五曰议功之辟，六曰议贵之辟，七曰议勤之辟，八曰议宾之辟。”[①]辟者，法也。八议之辟，即“八议制度”的律令。其具体含义为，八种有特殊身份的人犯罪后，官吏不得直接处罚，而需上报皇帝，由皇帝裁决的制度。荡平天下的秦始皇严厉打击六国贵族，力行中央集权制度，集全国之权于皇帝一身，代表贵族特殊权利的八议制度被废除。东汉后期，随着中央统治能力的衰弱与大地主贵族的崛起，实践中开始再次适用八议制度。而在依靠大贵族支持而建立的曹魏政权统一全国后，八议制度随曹魏《新律》正式成为明文规定的法律制度。

八议制度背后的基础是儒家的“礼不上大夫”思想。[②] 儒学的兴盛推动了八议的法律化，而逐渐壮大的贵族阶级为了扩大自己的权利，也积极推动儒学的发展，二者相辅相成，最终形成了八议入律这一结果。

（二）官当

官当制度是魏晋南北朝时期引礼入律的另一重要成果，它同样起源于“礼不上大夫”的思想。儒家思想的核心是“亲亲”“尊尊”。所谓“尊尊”，即社会中有层级，层级间有差等。社会上不同阶层有不同的待遇，尊卑之间的“礼”是有差别的。儒家思想为尊卑定了标准，在标准之下区分尊卑的不同社会地位和待遇。在儒家思想的语境中，“差等”是合理的，士大夫应当高贵于常人并拥有某些特权，这是礼的要求。[③]

但同时应当注意到，日益壮大的豪门士族是推动官当制度产生的根本原因。儒家学说包罗万象，然而却独独只有维护贵族权利的等级制度的内容是这一时期法律化的核心。魏晋南北朝时期法律的编纂者几乎只来自士族，甚至是士族中的某几个家族，这足以证明这些立法上的变化主要由贵族集体推动，代表贵族集团的利益。

官当制度具体是指我国古代官吏以官职或者爵位折抵徒刑或者流刑这两种刑罚的制度，[④]其最早可以溯源至战国时期秦国的爵当制度。商鞅变法后，秦国以军功论爵级，同时规定“爵自二级以上，有刑罪则贬。爵自一级以下，有刑罪则已”，即享有二级以上爵位的罪犯，可以通过降级来抵销刑罚，享有一级爵位的罪犯，可以通过取消爵位来抵销刑罚。[⑤] 可以看到，爵当制度与官当制度有本质的相似性，都是以有特权的政治身份折抵刑罚。正如周鑫薇指出的那样，爵当制度是一种置换公式型易刑规则。[⑥] 秦汉法律实践中屡屡出现以爵抵刑的现象。

---

① （唐）孔颖达：《礼记正义》卷一《曲礼上》，上海古籍出版社1997年版，第1249页。

② 参见薛静：《略论魏晋至北魏“八议”的应用——以“议亲”为中心》，山西大学2015年硕士学位论文，第11页。

③ 参见黄洁玲：《官当制度初探》，西南政法大学2014年硕士学位论文，第5页。

④ 参见周鑫薇：《官当制度定性论》，载《湖南工程学院学报（社会科学版）》2020年第4期。

⑤ 参见张伯元：《“爵戍”考》，载《华东政法学院学报》2004年第1期。

⑥ 参见周鑫薇：《官当制度定性论》，载《湖南工程学院学报（社会科学版）》2020年第4期。

不过,官当制度的正式产生还是要等到魏晋南北朝时期。《晋律》中规定了杂抵罪,即以夺爵、除名、免官来抵罪的总称,“免官比三岁刑”“除名比三岁刑”。① 这是官当制度的雏形。继晋之后的梁,在官身犯,只处罚金。② 其后,北魏的《法例律》规定:“五等列爵,及在官品,令从第五,以阶当刑三岁,免官者,三载之后听仕,降先阶一等。”③官当一词正式出现是在《陈律》中:“五岁四岁刑,若有官,准当二年,余并居作。其三岁刑,若有官,准当二年,余一年赎;若公坐、过误,罚金。其二岁刑,有官者赎论。一岁刑,无官亦赎论。”④由此可见,南朝陈时已发展出系统完善的官当制度。

起源于秦汉,发展于魏晋南北朝的官当制度最终定型完善于隋唐。魏晋南北朝时期各朝对官当制度的立法探索和立法实践,对官当制度在隋唐这一中华法系诞生时刻的成熟起到了不可或缺的奠基作用。

(三)重罪十条:“十恶”的前身

“十恶”这一概念最初其实来源于魏晋南北朝时期大行其道的佛教,其原本包括“身造者三”:杀、盗、淫;“口造者四”:妄语、绮语、恶口、两舌;“意造者三”:悭贪、嗔恚、邪见。⑤ 魏晋南北朝的立法者化用了这一语词,在其中填充的却是贯彻了儒家三纲五常学说精神的十项罪行。虽然在北齐之前的法律实践中,已经出现对谋反、不孝、不敬等行为的处罚,但《北齐律》第一次系统规范地整理了十项罪行,并将其法律化:“(北齐)河清三年,尚书令赵郡王叡等奏上齐律十二篇……又列重罪十条。一曰反逆,二曰大逆,三曰叛,四曰降,五曰恶逆,六曰不道,七曰不敬,八曰不孝,九曰不义,十曰内乱,其犯此十者,不在八议论赎之限。”⑥

这十条重罪实际上可以分为三类:(1)侵犯君主及封建政权,严重违背“君为臣纲”的不忠的犯罪,包括反逆、大逆、降、叛、不敬、不义;(2)严重违反封建礼教、儒家伦理的不孝的犯罪,包括恶逆、不孝、内乱;(3)反人类的不仁的犯罪,即不道。由此可以看出,重罪十条是典型的法律儒家化成果,其体现的是儒家学说的核心思想,即忠孝仁义,是法律规范化了的儒家思想。

从另一个角度来看,重罪十条可以被视作“八议”“官当”等身份特权法的进一步完善和补充。重罪十条最大的特色在于其“不在八议论赎之限”,可见受其影响最大的并非普通百姓,而是享有身份特权的贵族官员。由上文可以看出,占重罪十条比例

---

① (宋)李昉:《太平御览》卷六五二,中华书局1960年版,第980页。

② 参见曾宪义、马小红主编:《中国传统法律文化研究——礼与法:中国传统法律文化总述》,中国人民大学出版社2012年版,第141页。

③ (北齐)魏收:《魏书·刑罚志》,中华书局2000年版,第320页。

④ (唐)魏徵:《隋书·刑法志》,中华书局2019年版,第233页。

⑤ 参见邹霖:《佛教对魏晋南北朝法制的影响》,西南政法大学2014年硕士学位论文。

⑥ (唐)魏徵:《隋书·刑法志》,中华书局2019年版,第234页。

最大的是侵犯皇帝及其政权的不忠类犯罪,显然,重罪十条是例外中的例外,是皇帝与贵族官员斗争的工具。其目的在于限制贵族官员的特权,将特权中皇权最核心的领域留出,维护皇帝的统治和特权。

(四)服制定罪

"准五服以制罪"是指以服制作为判断是否构成犯罪及衡量罪刑轻重的标准,"准五服以治罪"的原则实质上是"同罪异罚"的原则在家族范围内的体现,即同样的犯罪仅因为服制不同而适用不同轻重的刑罚。[①] 五服制度,是指服丧时根据亲属关系的远近所穿的五种不同丧服制度。五服根据亲属关系的亲疏远近,分为斩衰(cuī)、齐衰、大功、小功、缌麻等。《晋律》中首次将五服制度作为家族内部刑罚有无及轻重的标准,确立起服制定罪的法律原则,"峻礼教之防,准五服以制罪"[②],准五服以制罪实质上是确定了具有法律意义的尤其是刑法意义的亲属地位。

这一法律原则在法律中也有具体表现:"减枭斩族诛从坐之条,除谋反适养母出女嫁皆不复还坐父母弃市,省禁固相告之条,去捕亡、亡没为官奴婢之制。轻过误老少女人当罚金杖罚者,皆令半之。重奸伯叔母之令,弃市。淫寡女,三岁刑。崇嫁娶之要,一以下娉为正,不理私约。"[③]

(五)存留养亲

存留养亲制度是指判处死刑、流刑、徒刑的罪犯,其父母或者祖父母没有成年子孙依靠时,有关官府按照相关条件奏请,获得皇帝的裁可后,让其能够在年老的父母或者祖父母身边尽孝,官府暂时对该罪犯延迟执行刑罚,待年老的父母或者祖父母死后,再次执行原来的刑罚,或者根据情况的不同,再次审查原来判决的刑罚后执行新的刑罚的制度。[④]

早在东晋咸和二年(327 年)即有存留养亲的法律实践:"恢自陷刑纲,罪当大辟,但以其父年老,只有一子,以为恻然,可悯之。"[⑤]句中孔恢罪当大辟,但因其父年老且只有孔恢一子,于是法外开恩,皇帝下诏免了他的死罪。

存留养亲作为法律制度正式确立,则要等到北魏时期。在孝文帝轰轰烈烈的汉化改革中,存留养亲在太和十二年(488 年)以一道诏书的形式被法律化:"犯死罪,若

---

① 参见宋洁:《魏晋南北朝法律的儒家化》,湖南师范大学 2006 年硕士学位论文。

② (唐)房玄龄等:《晋书·刑法志》,中华书局 2011 年版,第 350 页。

③ (唐)房玄龄等:《晋书·刑法志》,中华书局 2011 年版,第 351 页。

④ [韩]任大熙:《中国法制史上"存留养亲"规定的变迁及其意义》,何赞国译,载张中秋:《理性与智慧:中国法律传统再探讨》,中国政法大学出版社 2008 年版,第 164 页。

⑤ (宋)李昉:《太平御览》卷六四六,中华书局 1960 年版,第 844 页。

父母、祖父母年老，更无成人子孙，又无期亲者，仰案后列奏以待报，著之令格。"①太和十八年(494年)，孝文帝再次颁诏："诸北城人，年满七十以上及废疾之徒，校其元犯，以准新律，事当从坐者，听一身还乡，又令一子扶养，终命之后，乃遣归边。自余之处，如此之犯，年八十以上，皆听还。"②宣武帝正始元年(504年)，《北魏律》撰成，存留养亲最终以成文法的形式确定下来，被规定在《法例律》篇中："诸犯死罪，若祖父母、父母年七十以上，无成人子孙，旁无期亲者，具状上请。流者鞭笞，留养其亲，终则从流。不在原赦之例。"③

在北魏孝文帝积极学习儒家思想，并主张"以孝治天下"的大背景下，存留养亲制度的诞生可谓是顺应大势。一方面，存留养亲制度是我国封建社会法律伦理化的必然结果；另一方面，在烽火连天，社会动荡不安的魏晋南北朝时期，无子老人生活显然非常凄惨，建立存留养亲制度，不仅能够弘扬孝道，展示统治者的仁慈道义，赢取人心，更能稳定社会秩序，保证国力。这样的制度不仅体现了立法者的聪明才智，其本身更是中国法律艺术之树上一朵璀璨之花。

二、日益成熟的立法艺术

魏晋南北朝时期另一不可忽视的成就是这一时期的立法艺术，具体表现为法律体例的完善，法律注释艺术的发达与封建制五刑的发展。这一系列立法艺术体现了魏晋南北朝时期生产力与经济的发展，以及随之而来的法律指导思想的进步。

(一)法律的体例化

受玄学尤其是玄学中名理学的影响，魏晋南北朝时期的法律体例日益理性化。具体表现为，在曹魏《新律》中，立法者在汉《九章律》中的《具律》基础上创造出《刑名律》，并将其在法典中的位置由律中调整为律首。晋《泰始律》在此基础上又创造出规定篇章律条文例的《法例律》，置于《刑名律》后，这两篇具有总则性质的律文被一起安排在《泰始律》首。

这一法律体例的变化，体现了立法者逻辑思维和认知水平的提升。不同于《九章律》，魏晋南北朝的立法者并不将《具律》视为简单的"具其加减"④的律文，而是敏锐地意识到了其中蕴含的涵摄全律的潜力，因此经过改造后的《刑名律》是对全律具体罪行的抽象与提炼，具有刑法总则的性质，"周流四极，上下无方"⑤。韩树峰认

① (北齐)魏收：《魏书·刑法志》，中华书局2000年版，第376页。
② (北齐)魏收：《魏书·高祖纪》，中华书局2000年版，第788页。
③ (北齐)魏收：《魏书·刑法志》，中华书局2000年版，第377页。
④ (唐)房玄龄等：《晋书·刑法志》，中华书局2011年版，第350页。
⑤ (唐)房玄龄等：《晋书·刑法志》，中华书局2011年版，第353页。

为，魏晋南北朝法律体例的变化，其根本原因是这一时期玄学尤其是名理学的流行与发展。曹魏《新律》、晋《泰始律》均体现了浓重的玄学思想，其立法者也大都推崇玄学。① 玄学思想中对“理”这一抽象原理的追求，名理学考核名实、辨名析理的方法论，折射在法律体例上，就诞生了中国最早的刑法总则。

此外，在魏晋南北朝时期发生的从律令科比向律令格式的演变中，法律的形式也日益成熟完备起来。此前，律并无严格的体例和明确的范畴，直至曹魏《新律》，律才被明确为纯粹的刑法典，其体例也固定下来，并在此后被沿用数千年。② 自汉以来混乱的律令关系也明晰起来，“律以正罪名，令以存制事”③“凡不宜入律者，悉以为令”④。这一法律体例变化，无疑为隋唐法律体例的最终完备奠定了基础。

（二）法律的简约化

汉律以繁杂著称，至东汉末年，这种繁杂达到了顶峰：“凡断罪所当由用者，合二万六千二百七十二条，七百七十三万二千二百余言，言数益繁，览者益难。”⑤魏明帝的修律首先对汉律进行了简省，“改汉旧律不行于魏者皆除之”⑥。《魏律》还对秦汉旧律篇目之间相互重复、抵触的法律条文进行了删节和调整。韩树峰认为，中国古代法律由“杂”变“清”主要是在魏《新律》的修订中完成的，晋人所做的工作不过是进一步修改、补充。《泰始律》的主要贡献是通过删减法律形式、法律条文以及压缩条文字数三管齐下，精简律的字数。最终修订成的《晋律》共620条，27,657字，平均每条44.6字；律、令合计2926条，126,300字，平均每条43.2字。⑦ 较之前的汉律，《晋律》在字数上缩减到了原来的1/7左右，条文数则缩减到原来的1/10，无愧于其“蠲其苛秽，存其清约”的盛名。

魏晋南北朝时期法律的清约，是这一时期法律思想日益理性化的制度体现。《晋律》的修订者之一杜预在为《晋律》作注时说：“法者，盖绳墨之断例，非穷理尽性之书也。故文约而例直，听省而禁简。例直易见，禁简难犯。易见则人知所避，难犯则几于刑厝。”⑧中华法律自此抛弃了繁杂的、具体的逐条列举犯罪行为的立法方式，而转向清简的、抽象的概括式立法。

---

① 参见韩树峰：《汉魏法律与社会——以简牍、文书为中心的考察》，社会科学文献出版社2011年版，第77－91页。

② 参见薛菁：《魏晋南北朝时期刑法体制研究》，福建人民出版社2006年版，第118页。

③ （宋）李昉：《太平御览》卷六三八，中华书局1960年版，第1624页。

④ （唐）房玄龄等：《晋书·刑法志》，中华书局2011年版，第354页。

⑤ （唐）房玄龄等：《晋书·刑法志》，中华书局2011年版，第350页。

⑥ （唐）房玄龄等：《晋书·刑法志》，中华书局2011年版，第349页。

⑦ 参见韩树峰：《汉晋法律由“繁杂”到“清约”的变革之路》，载《中国人民大学学报》2014年第5期。

⑧ （唐）房玄龄等：《晋书·刑法志》，中华书局2011年版，第351页。

(三)法律的注释艺术

律学的蓬勃发展,造就了魏晋南北朝时期法律注释艺术的发达,而这一法律艺术的集中体现和最高成就就是张斐、杜预为《泰始律》所作的注释。该注“兼采汉世律家诸说之长,期于折衷至当”①,后经晋武帝批准,颁行天下,与《泰始律》具有同等的法律效力,经张杜二人注解后的《泰始律》,也被称为“张杜律”。《泰始律》与张斐、杜预所作注释均已亡佚,但在《晋书·刑法志》还留有张斐所作的《注律表》,从中可窥“张杜律”之风采。在《注律表》中,张斐对20多个重要的法律名词作出了解释,例如认识到自己在实施违法行为但依旧实施叫作“故”;没有这种认识但是造成了违法后果叫作“失”,三人为“群”,获取不属于自己的东西为“盗”等。这些注释体现了注释者高超的律学水平,是中国法律史上重要的法律艺术成就。

(四)五刑的封建化

起源于夏朝的奴隶制五刑,即墨、劓、剕、宫、大辟,在魏晋南北朝时期经历了由肉刑向劳役刑的重大转变。② 这一转变以缇萦救父为契机,起源于西汉文帝、景帝时期的废除肉刑改革,“……当黥者,髡钳为城旦舂;当劓者,笞三百;当斩左止者,笞五百;当斩右止,及杀人先自告,及吏坐受赇枉法,守县官财物而即盗之,已论命复有笞罪者,皆弃市”③。可见,此时“黥”、“劓”和“斩左右止(通趾)”三种肉刑被废除,“黥”被改为劳役刑。这无疑是中国法律史上的巨大进步,但这次改革仅仅是五刑封建化和废除肉刑的开端,另一重要的肉刑——宫刑还未被废除,此后肉刑存废在历史上引发了多达11次的大型争论(东汉2次,曹魏6次,西晋1次,东晋2次)。④

在一次次争论中,五刑封建化不断向前推进。目前,学界对魏晋时期五刑具体为何尚存争议,但是普遍同意此时的五刑以完刑、作刑等劳役刑为主,而不存在毁人身体的肉刑。南梁创造性地将鞭杖刑作为五刑之一,⑤与此同时,流刑的地位不断上升,在北魏被正式列入正刑。魏晋南北朝时期大行其道的佛教对五刑的形成也产生了重要作用,受身体发肤受之父母的儒家思想影响,髡刑被列为一种正刑,但这与要求信徒髡发缁衣的佛教思想产生了冲突,最终导致髡刑在北周被废除。⑥ 经历了魏晋南北朝时期一系列的法律实践和探索,封建制五刑基本成型。

---

① 程树德:《九朝律考》,商务印书馆2010年版,第311页。

② 参见薛菁:《魏晋南北朝时期刑法体制研究》,福建人民出版社2006年版,第204页。

③ (汉)班固:《汉书·刑法志》,中华书局2015年版,第277页。

④ 参见谭燕:《思想史视野下的汉晋之际肉刑存废之争议》,重庆师范大学2010年硕士学位论文,第21页。

⑤ 参见(唐)房玄龄等:《晋书·刑法志》,中华书局2011年版,第350页。

⑥ 参见邹霖:《佛教对魏晋南北朝法制的影响》,西南政法大学2014年硕士学位论文,第20-21页。

五刑由肉刑向劳役刑的转向,与其说是受法律思想进步的影响,不如说是这一时期生产力进步所带来的结果。在生产力更不发达的早期古代中国,劳动力转化为财富的效率低下,一个人身上令其珍视的只有他的身体和生命,因此肉刑被广泛应用。但随着生产力的发展,劳动所能带来的价值越来越大,当剥夺劳动力所能带来的痛苦足够大时,五刑由肉刑向劳役刑转变就开始了。魏晋南北朝时期五刑的演变,为隋唐时期封建制五刑的最终确立做了准备。

三、蓬勃发展的律学教育与研究艺术

律学是指根据儒学原则对以律为主的成文法进行讲习、注释的学说。它不仅从文字上、逻辑上对律文进行阐释,也阐述某些法理,如关于礼与法的关系,释法与尊经的界限,条文与法意的联系,律例之间的关系,还有定罪与量刑,刑法的宽与严,肉刑的存与废,刑名的变迁以及诉讼和狱理等。[①] 律学实质上就是中国古代的法学,它发轫于商鞅变法,兴起于汉、繁荣于魏晋、成熟于唐、衰微于宋元、复兴于明,至清而终结。[②]

魏晋南北朝时期是中国传统律学的重要发展阶段,先后出现了陈群、刘劭、钟繇、傅干、丁义、曹义、王朗等一批著名的律学家。这一时期,教育与研究艺术得到空前的发展,并且具有鲜明的特点。

(一)律学教育和研究机构的设立

律学教育和研究机构的设立最早始于魏明帝。尚书卫觊上书明帝,认为"九章之律,自古所传,断定刑罪,其意微妙,百里长吏,皆宜知律。刑法者,国家之所贵重,而私议之所轻贱。狱吏者,百姓之所县命,而选用之所卑下。王政之弊,未必不由此也。请置律博士,转相教授"。在上书中,卫觊明确地指出了对官员进行律学教育,从而提高官员的法学理论素养和执法水平,加强官员法制观念对巩固政权的重要作用。魏明帝接受了卫觊的提议,创办了律学教育,设置律(学)博士,转相传授各官吏法律诉讼之学。这是中国律学设置的开端,打破了经学一统的局面。

整个魏晋南北朝时期,设置律博士的惯例都得到了沿袭。《晋书·职官志》记载:"廷尉,主刑法狱讼。属官有正、监、评、并有律博士员。"《宋书·百官志》记载:"廷尉,律博士一人。"《魏书·官氏志》记载:"律博士,第六品中。"

律博士的设置对律学教育与研究艺术的发展有重要意义。首先,这一官职的设置改变了中国的法律教育原先研究纯粹私人传授、子弟相承的局面,第一次将法律的

---

① 参见张文显主编:《法理学》(第5版),高等教育出版社2018年版。

② 参见怀效峰:《中国传统律学述要》,载何勤华编:《律学考》,商务印书馆2004年版,第1页。

教育与研究权归于官方，不仅提高了律学的地位，鼓励了律学教育与研究，更使律学研习的内容有了全国统一权威的定义和指导，避免出现不同学派、不同观点，以致于在案件的审判中出现同样案件处理结果却相去甚远的情况。其次，律博士的设置向世人昭示律学是一门专门的学问和职业，促进了汉朝末期律学与经学分离的趋势，有利于律学研究摆脱西汉以来形成的对经学的依附地位。沈家本认为律学的兴衰与律博士之置废紧密相关，律学在魏晋南北朝时期兴起，而"自元代不设此官，而律学遂微"①。

(二)以家族为主要载体开展的律学传习

虽然魏晋南北朝时期出现了官方的律学教育和研究机构，但家族依旧是律学教育和研究的主要载体。秦朝时，法律的解释权专属官吏，凡欲学法者"以吏为师"，严禁私家解释法律。但西汉时，董仲舒提出以经注律、引经决狱的主张，由此私家注律活动开始兴盛起来，产生了一批累世注释法律的律学世家和世代相传的律学世家。②

在北朝，博通经史、尤精法律的封氏家族，是最负盛名的律学世家。我国台湾地区法史学家徐道邻讲："北齐渤海的封家——封隆之、封绘、封述，是中国法律史上最后的一个大法学世家。自此以后，遂成绝响。"③渤海封氏世居蓨地(今河北景县)，在今景县境内尚有"封氏墓群"。北魏时期的律学成果主要经由当时研律之人的立法与司法成就等表现出来。其族人封琳，位至中书侍郎，参与了魏孝文帝主持的《太和律》的制定活动，并表现突出，"议定律令，有识者称之"④。封氏家族为《麟趾格》的制定作出了突出贡献，程树德认为："渤海封氏世长律学，封隆之参定《麟趾格》，封绘议定律令，而齐律实出于封述之手。"⑤封述是渤海封氏律学家族的主要代表，他是《北齐律》制定的主要负责人，正是在他的主持下，上承汉魏、下启隋唐的杰出的《北齐律》得以诞生。除进行立法活动外，渤海封氏更是常常招收"仕门子弟讲习法令"，而且"把律学当成一种世业，颇有两汉之风"⑥。在封氏家族之外，同在渤海的高氏家族也是著名的律学世家。这两大家族使渤海成为北朝的律学研习中心，在他们的努力下，北齐出现了"齐人多晓法律"的盛况。⑦

而在南朝，最著名的律学世家是会稽孔氏。除此之外，南朝还有琅琊王氏、清河崔氏、济阳蔡氏、河东裴氏、东莞臧氏、会稽虞氏等家族以及其他十数著名律学家族。

---

① (清)沈家本：《设律博士议》，载何勤华编：《律学考》，商务印书馆2004年版，第86页。
② 参见郭东旭、申慧青：《渤海封氏——中国律学世家的绝响》，载《河北学刊》2009年第5期。
③ 《中国法律史论集》，台北，志文出版社1976年版，第180页。
④ (唐)李延寿：《北史·封孝琰传》，中华书局1974年版，第897页。
⑤ 程树德：《九朝律考》卷六《北齐律考序》，中华书局2003年版，第391页。
⑥ 张金鉴：《中国法制史概要》，台北，正中书局1972年版，第45页。
⑦ 参见(唐)魏徵：《隋书·刑法志》，中华书局2019年版，第706页。

会稽孔氏主要的代表人物有刘宋时期的孔琳之，宋齐之际的孔渊之、孔琇之，南齐时的孔稚珪，梁代的孔休源以及陈代的孔奂。会稽孔氏家族成员在南朝时多为法官，其中最著名的家族成员孔稚珪曾参与永明定律的制定。①

四、不断理性化的司法艺术

受儒家"仁爱""爱人"思想和法律思想逐渐进步的影响，魏晋南北朝时期司法出现了理性化的发展趋势，具体表现为审讯方法的科学化和刑讯制度的规范化，产生了以审讯方法的进步为代表的司法艺术成果。

魏晋南北朝时期的优秀律学家张斐，在西周"五听"制度②和西汉"原心定罪"③的基础上发展出一套更为先进的审讯方法。在《注律表》中，他写道："夫刑者，司理之官；理者，求情之机，情者，心神之使。心感则情动于中，而形于言，畅于四支，发于事业。是故奸人心愧而面赤，内怖而色夺。论罪者务本其心，审其情，精其事，近取诸身，远取诸物，然后乃可以正刑。仰手似乞，俯手似夺，捧手似谢，拟手似诉，拱臂似自首，攘臂似格斗，矜庄似威，怡悦似福，喜怒忧欢，貌在声色。奸真猛弱，候在视息。出口有言当为告，下手有禁当为贼，喜子杀怒子当为戏，怒子杀喜子当为贼。诸如此类，自非至精不能极其理也。"④

贯彻这一方法的指导思想是儒家思想。张斐在文首强调，把握好"理"是审讯的关键。"理"贯彻于天地万物之中，刑法是"理"的表现，也是"理"得以体现的途径之一。领悟了"理"，才能明白"情"，也就是犯罪者的心理。不同心理状态会通过人的外在行为体现出来，例如内心愧疚，脸就会发红；内心恐惧，面上就会失色等。通过外在表现，推导出人的心理状态，进而定罪量刑，这就是张斐提出的新的审讯方法。相较于五听，它更为详细，可操作性更强；而相较于原心定罪，它有着更稳定的外在客观标准，任意性更小。这一方法运用心理学原理审判案件，不可不谓中国法律艺术史上一大成就。杨鸿烈评价张斐为"大法学家兼心理学家"，认为他发明了审判心理学。⑤

张斐同时对运用审讯方法的审判人员提出了一定要求："夫理者，精玄之妙，不可以一方行也；律者，幽理之奥，不可以一体守也。或计过以配罪，或化略以循常，或随

① 参见邓长春：《南朝会稽孔氏律学传习研究——兼论南朝律学的新发展》，西南政法大学2008年硕士学位论文。

② 五听，即起源于西周的五种在审讯中求得案件真情的审讯方法。《周礼·秋官·小司寇》载："以五声听狱讼，求民情，一曰辞听；二曰色听；三曰气听；四曰耳听；五曰目听。"

③ "原心定罪"，又称"论心定罪"，它是指执法者在司法审判及定罪量刑时，不但要考察犯罪行为所造成的社会危害，还要以犯罪动机、主观恶性作为定罪科刑的主要尺度。《春秋繁露》载："《春秋》之所听狱也，必本其事而原其志。志邪者，不待成；首恶者，罪特重；本直者，论其轻。"

④ （唐）房玄龄等：《晋书·刑法志》，中华书局2011年版，第351页。

⑤ 参见杨鸿烈：《中国法律发达史》，中国政法大学出版社2009年版，第154页。

事以尽情，或趣舍以从时，或引轻而就下。公私废避之宜，除削重轻之变，皆所以临时观衅，使用法执诠者幽于未制之中，采其根牙之微，致之于机格之上，称轻重于豪铢，考辈类于参伍，然后乃可以理直刑正。夫奉圣典者若操刀执绳，刀妄加则伤物，绳妄弹则侵直。"[①]法理的精深玄妙，仅用一种方法不可能实现；律令的深邃奥妙，仅用一种体例难以掌握，可见张斐主张灵活谨慎地适用法律，根据案件的具体情形，社会的大背景，先前的判例慎重地审判，才能使判决既符合儒家礼教的要求，又罪刑相当，"理直刑正"。

与张斐同时代的刘颂则提出了截然不同的原则，针对当时司法活动混乱的情况，他向晋惠帝上书道："又律法断罪，皆当以法律令正文，若无正文，依附名例断之，其正文名例所不及，皆勿论。法吏以上，所执不同，得为异议。如律之文，守法之官，惟当奉用律令。至于法律之内，所见不同，乃得为异议也。今限法曹郎令史，意有不同为驳，唯得论释法律，以正所断，不得援求诸外，论随时之宜，以明法官守局之分。"[②]

这里，刘颂反复强调司法人员在审判中要依法办事。"断罪"，即审判一定要以法律正文为依据；法律正文没有规定的，可以根据具有刑法总则性质的《刑名》《法例》两篇律文的精神来判案，但是如果连《刑名》《法例》中的抽象原则也无法涵盖的话，则不作为犯罪处理。司法人员可以对法律提出异议，但是不能违反法律的明文规定审判；只能解释法律来更好地断案，而不能声称是因事宜之需，以法律外的因素作为司法的依据。

许多学者认为，刘颂这一论述在中国法律史上第一次提出了"罪刑法定"原则。[③]虽然这一原则后来显然并未在实践中贯彻，但在近代西方正式提出"罪刑法定"原则前，刘颂就能形成并提出如此先进的思想，无疑是中国司法艺术史上一项伟大的成就。

---

① （唐）房玄龄等：《晋书·刑法志》，中华书局2011年版，第348页。

② （唐）房玄龄等：《晋书·刑法志》，中华书局2011年版，第357页。

③ 参见张晋藩：《中华民族的法律传统与史鉴价值》，载中国共产党新闻网，http://theory.people.com.cn/n/2014/1212/c217905-26196151.html；陈锐：《中国传统法律方法论》，中国社会科学出版社2020年版，第38页；薛菁：《魏晋南北朝刑法体制研究》，福建人民出版社2006年版，第37－38页。

第一章　隋唐法律思想

我国古代法律思想自殷周萌芽，经历了春秋战国的百家争鸣，汉武时期的独尊儒术、引礼入法，到唐代一准乎礼，其发展进程遵循一条完整的礼法逐步结合的时间线索。按杨鸿烈在《中国法律思想史》中的判断，秦亡汉兴到清末2000余年中华法律思想的哲学根基皆为“儒家独霸”①。

第一节　隋代法律思想

在这2000余年的朝代更迭中，隋代国祚虽短，却是紧挨着唐的最末一个朝代。唐代政治制度及法律制度直接继承于隋。王夫之在《读通鉴论·隋文帝》中认为，“隋无德而有政，故不能守天下而固可一天下。以立法而施及唐、宋，盖隋亡而法不亡也”②。隋代骤兴骤亡，它的法律制度由唐继承。隋在经济上、政治上的一些举措，例如开凿大运河、首创科举等制度，也令后世实受其益。

隋代处于一个旧制度终结、新制度创立的过渡时期。其创立的新制度、开设的新局面为后世所沿袭。在法律思想上，隋代上承秦汉魏晋，下启唐宋，中华法系发展自此有了一个暂时的收束和小结。

一、隋初法律思想

隋代法律拣选、继承了魏晋南北朝以来有利于稳定阶级统治的制度，对过于严苛、激起民怨的制度则予以剔除。中华法系发展到了隋代，经制度上的进一步雕琢，日臻完善。隋代立法代表作《开皇律》更是成为《唐律》参照的直接蓝本。

隋初的立法思想主要继承北魏—北齐系统以及南朝系统。“隋唐刑律近承北齐，远祖后魏，其中江左因子虽多，只限于南朝前期，实则南朝后期之律学与其前期无大异同。故谓‘自晋氏而后律分南北二支，而南朝至陈并于隋，其祀遽斩’者固非，以元魏刑律中已吸收南朝前期因子在内也。但谓隋唐刑律颇采南朝后期之发展，如礼仪

---

① 杨鸿烈：《中国法律思想史》，商务印书馆2017年版，第120页。

② （清）王夫之：《读通鉴论》（第2版），舒士彦点校，中华书局2013年版，第525页。

之比，则亦不符事实之言也。其第二事即北魏之初入中原，其议律之臣乃山东士族，颇传汉代之律学，与江左之专守晋律不同，及正始定律，即兼采江左，而其中河西之因子即魏晋文化在凉州之遗留及发展者，特为显著……”①“北魏、北齐之律辗转传授经隋至唐，是南支之律并不与陈亡而俱斩也。又裴政本以江陵梁俘入仕北朝，史言其定《隋律》时下采及梁代，然则南朝后期之变迁发展当亦可浸入其中，恐止为极少之限度，不足轻重耳。”②隋唐帝国法律制度的形成，不能脱离对于隋唐时代之前的制度追溯。

隋代国祚不长，仅存续 38 年。隋王朝在立法和执法理念上，从建国之初到朝代中后期存在一个较为明显的转变。这一转变，与皇帝本人法律理念的变化直接相关。

（一）隋初立法思想

隋文帝于开皇元年（581 年）命高颎等编纂隋代第一部成文法典《开皇律》。《开皇律》在开皇三年（583 年）经苏威、牛弘等人重修，最终形成隋律 12 篇。这部法典的条文高度体现了儒家的法律思想观念。

任何朝代建国之初，以皇帝为首的统治集团在立法上大都倾向于废除酷刑、体恤百姓，让百姓休养生息，隋代也不例外。

1. 德主刑辅，轻减刑罚

隋代在立法上注重废除前代酷刑，轻减刑罚。隋代《开皇律》的刑种有五，由轻到重分别为笞刑、杖刑、徒刑、流刑、死刑。《开皇律》废除了前代鞭刑、枭首及车裂等酷刑，对流刑等常刑也有所减轻。隋文帝颁布诏书详细说明减轻刑罚的原因：

“夫绞以致毙，斩则殊刑，除恶之体，于斯已极。枭首轘身，义无所取，不益惩肃之理，徒表安忍之怀。鞭之为用，残剥肤体，彻骨侵肌，酷均脔切。虽云远古之式，事乖仁者之刑，枭轘及鞭，并令去也。……流役六年，改为五载，刑徒五岁，变从三祀。其余以轻代重，化死为生，条目甚多，备于简策。宜班诸海内，为时轨范，杂格严科，并宜除削。”③

在诏书里，隋文帝认为，死刑采用绞刑或者斩刑已经是极限，不必再设置酷刑；鞭刑伤害肢体、过于残酷，也应当予以废除；对于以往应当判处流六年的，改为流五年；判处徒五年的，改为徒三年；其他刑罚条目也尽量以轻代重。

三年后，隋文帝认为法网过于烦苛，再次命令苏威、牛弘等删减刑律、轻减刑罚，

---

① 陈寅恪：《隋唐制度渊源略论稿 唐代政治史论述稿》，生活·读书·新知三联书店 2001 年版，第 112 页。

② 陈寅恪：《隋唐制度渊源略论稿 唐代政治史论述稿》，生活·读书·新知三联书店 2001 年版，第 114 页。

③ （唐）魏徵等：《隋书》卷二五，中华书局 1973 年版，第 711 页。

以减少当时的民众触犯刑律的可能。

“三年,因览刑部奏,断狱数犹至万条。以为律尚严密,故人多陷罪。又敕苏威、牛弘等,更定新律。除死罪八十一条,流罪一百五十四条,徒杖等千余条,定留唯五百条。……自是刑网简要,疏而不失。”①

2. 礼法结合,礼融于法

两汉时期,礼法结合的法律思想已经体现在诸多法律制度上,例如:上请制度、恤刑制度、亲亲得相首匿制度,以及春秋决狱的判案方式等。到了魏晋南北朝时期,礼制观念被大量移植到正式的法律规定中,八议制度、官当制度、五服制度,乃至为了维护统治秩序的重罪十条,无不体现了“礼”的观念。隋朝的法律条文汲取前代规定,也包含了大量礼法结合的制度。

儒家思想极其注重忠君和孝亲。为了维护统治秩序,隋律规定了十恶不赦的重罪,对于谋反谋大逆者以及违背孝悌伦常、不孝不睦者予以严惩。

“唯大逆谋反叛者,父子兄弟皆斩,家口没官。又置十恶之条,多采后齐之制,而颇有损益。一曰谋反,二曰谋大逆,三曰谋叛,四曰恶逆,五曰不道,六曰大不敬,七曰不孝,八曰不睦,九曰不义,十曰内乱。”②

隋律保留了八议制度,规定犯罪者凡属八议范围之内,或者官阶为七品以上者,犯罪处罚应当减一等;官阶为九品及以上的,可以采用赎罪的办法抵罪;犯了流罪应当判处徒刑的,可以官当。这是古代社会因身份不同,同罪异罚的直接体现。

“其在八议之科,及官品第七已上犯罪,皆例减一等。其品第九已上犯者,听赎。应赎者,皆以铜代绢。……犯私罪以官当徒者,五品已上,一官当徒二年;九品已上,一官当徒一年;当流者,三流同比徒三年。若犯公罪者,徒各加一年,当流者各加一等。”③

3. 天人交感,遵循天道

天人交感观念贯穿我国封建社会立法、司法的始终。时人深信天气状况能影响人事,而人的行为也能够影响上天,相互感应、相互影响。如果人的行为符合天意,就会政通人和;如果人的行为违背天意,就会引发灾异和不详。这一思想认为包含法律在内的各类制度,应当遵循天道。由于君王的施政态度和政绩得失也能影响天气变化,因此国君需要遵照天意,以德治国。孔子就曾经说过:“大旱,毋乃失诸刑与德乎?”④董仲舒则认为:“刑罚不中,则生邪气。”⑤

---

① (唐)魏徵等:《隋书》卷二五,中华书局 1973 年版,第 712 页。

② (唐)魏徵等:《隋书》卷二五,中华书局 1973 年版,第 711 页。

③ (唐)魏徵等:《隋书》卷二五,中华书局 1973 年版,第 711 页。

④ 马承源主编:《上海博物馆藏战国楚竹书(二)》,上海古籍出版社 2002 年版,第 51 页。

⑤ (汉)班固:《汉书》卷五六,中华书局 1962 年版,第 2500 页。

隋代立法继承了天人交感的理念。隋律将死刑定于秋冬执行，因为刑罚这种剥夺罪犯生命健康的做法符合秋冬的肃杀之气，不遵照这一时间规定，即违背了这一观念。据《隋书·刑法志》记载：

“帝尝发怒，六月棒杀人。大理少卿赵绰固争曰：‘季夏之月，天地成长庶类。不可以此时诛杀。’帝报曰：‘六月虽曰生长，此时必有雷霆。天道既于炎阳之时震其威怒，我则天而行，有何不可！’遂杀之。”①

可见，隋文帝六月棒杀人，违背了“赏以春夏，刑以秋冬”②的观念，属于严重违背天道的行为，因此《隋书·刑法志》特意予以记载。隋文帝也因此为后世所诟病。

“文帝暴君，其言不足以为训。所以胡寅批评他说：‘……宪天者以庆赏法春夏，以刑威法秋冬，雨露犹人君之惠泽，雷霆犹人君之号令，生成万物之时固有雷霆，而雷霆未尝杀物。隋文取则雷霆而乘怒杀人，其违天多矣。’”③

国之大事，在祀与戎。在我国封建社会时期，礼制是法律的重要组成部分，而礼制的主要内容之一就是规定祭祀的详细流程。据《隋书·礼仪志》记载，隋文帝制定新的祭祀制度，太常卿牛弘征集学者，参考东齐的《仪注》，撰写仪礼百卷。隋文帝又命国子祭酒辛彦之负责议定祭祀的礼仪。祭天的地点在圜丘，其方位、大小、座次、祭祀时间、主持祭祀的人物、服饰的花纹颜色等，皆一一与上帝、日月、星辰、川岳等相对应，取其法天象地之意。

隋朝继承了梁、陈两朝设置雩坛的惯例，每当出现旱情时，会举行雩祀祈求雨水。如果出现各类灾害，朝廷会采取整理冤狱、改善朝政、帮助困苦、查处官吏失职、掩埋曝尸、减免徭役、举荐任用贤良等系列措施，甚至还要鼓励男女婚配，以减轻古人所认为的能够影响到天气的种种不和谐氛围，以期获取上天的保佑。

“京师孟夏后旱，则祈雨，理冤狱失职，存鳏寡孤独，振困乏，掩骼埋胔，省徭役，进贤良，举直言，退佞谄，黜贪残，命有司会男女，恤怨旷。……初请后二旬不雨者，即徙市禁屠。皇帝御素服，避正殿，减膳撤乐，或露坐听政。百官断伞扇。令人家造土龙。雨澍，则命有司报。州郡尉祈雨，则理冤狱，存鳏寡孤独，掩骼埋胔，洁斋祈于社。”④

除秋冬行刑以及各项祭祀礼仪严格遵守时人认为的天道之外，在朝廷设官分职一事上，也是遵照法天象地的规则，划分出不同的层级，按身份设定对应的权利义务。

“圣人法乾坤以作则，因卑高以垂教，设官分职，锡珪胙土。由近以制远，自中以统外。内则公卿大夫士，外则公侯伯子男。咸所以协和万邦，平章百姓，允厘庶绩，式

① （唐）魏徵等：《隋书》卷二五，中华书局1973年版，第715页。
② （战国）左丘明著，郭丹、程小青、李彬源译注：《左传》中册，中华书局2012年版，第1390页。
③ 杨鸿烈：《中国法律思想史》，商务印书馆2017年版，第135页。
④ （唐）魏徵等：《隋书》卷七，中华书局1973年版，第128页。

叙彝伦。”①

按照当时的观念，官职的设置应当符合天地的规则，将尊贵的人拔擢至高位，以垂范教化卑微者。隋代官职设立也遵循这一观念，在官制设置上基本依照前代之法。

“高祖既受命，改周之六官，其所制名，多依前代之法。置三师、三公及尚书、门下、内史、秘书、内侍等省，御史、都水等台，太常、光禄、卫尉、宗正、太仆、大理、鸿胪、司农、太府、国子、将作等寺，左右卫、左右武卫、左右武候、左右领、左右监门、左右领军等府，分司统职焉。”②

（二）隋初执法思想

在执法上，隋初强调轻刑慎罚，以教化为主，刑罚为辅。朝廷在考绩官员时注重查看当地刑狱是否减少、百姓生活是否和睦，并以此作为考核标准，使官员注重德化，出现了以德代刑的倾向。

1. 德主刑辅，教化为先

自汉律儒家化以来，朝廷官员在执法上日益讲究德化，认为以道德感化远胜于以刑罚处罚。孔子主张以德治为主，表示：“道之以政，齐之以刑，民免而无耻；道之以德，齐之以礼，有耻且格。”③认为采用政令、刑罚的手段来统治约束人民，会使人民顺从但不知道犯错羞愧；而采用道德礼仪，人民会根据道德来约束自己，有廉耻之心，犯错了会有所悔改。颁布刑律的主要用意在于事先的预防，而非事后的惩罚。隋文帝就曾于诏书中表示，国家颁布法令主要是为了警戒，使人不产生犯意，并不是为了诛杀，而是希望能够备而不用。

“先施法令，欲人无犯之心，国有常刑，诛而不怒之义。措而不用，庶或非远，万方百辟，知吾此怀。”④

在这一执法思想的指导下，隋代官员在惩处犯罪分子时重视教化，以德代刑。《隋书》记载了冀州刺史赵煚的事迹，从中可以看出时人注重德化甚于刑罚。有贼人偷了赵煚家中的蒿草，被官吏抓获。赵煚反省自身认为身为刺史，未能宣传良好风气以教化当地人，才会出现这个盗窃者。因此最终并没处罚盗贼，还送其一车蒿草。

隋初要求司法官员们在审讯嫌疑犯过程中减少严刑拷打，避免滥用刑罚。封建王朝在刑讯过程中，经常采用残酷的法外之刑。隋朝法律汲取教训，特意禁止严酷的讯囚方式，并且规定枷杖的大小需要依照规定的标准，行杖过程中也不得换人。

“自前代相承，有司讯考，皆以法外。或有用大棒束杖，车辐鞋底，压踝杖桄之属，

---

① （唐）魏徵等：《隋书》卷二六，中华书局 1973 年版，第 719 页。

② （唐）魏徵等：《隋书》卷二八，中华书局 1973 年版，第 773 页。

③ 杨伯峻：《论语译注》，中华书局 1980 年版，第 12 页。

④ （唐）魏徵等：《隋书》卷二五，中华书局 1973 年版，第 712 页。

楚毒备至，多所诬伏。虽文致于法，而每有枉滥，莫能自理。至是尽除苛惨之法，讯囚不得过二百，枷杖大小，咸为之程品，行杖者不得易人。”①

2. 整顿吏治，防止冤滥

隋文帝时期对地方官员采取多项考核措施，整顿吏治，严惩贪污。许多中央级别的官员被派往地方进行考察，倘若发现有贪污或不称职的官吏即上奏请求处理。“隋文帝针对当时官吏中各种腐败现象，进行了全面的整顿和彻底改革。……打击贪污盗窃；打击行贿收贿；打击奢侈腐化；打击卖官鬻爵；打击聚敛豪夺；打击骄横不法……隋文帝正是吸取了南北朝统治者对官吏百般放纵，恶不惩罚，优不褒奖的历史教训，在进行坚决打击和严行法治的同时，大力表彰良优，以倡廉洁之风。”②

隋初统治者整顿吏治、减少冤狱，体现在执法上，是通过制度设计，使百姓在蒙受冤屈时有获得正义的途径，官员有义务为民众伸张正义。为防止冤案错案，隋朝设置了多层次的司法补救途径：县级无法昭雪的案件，可依次经过郡、州，直到省。倘若省仍不受理或无法解决，可以诣阙申诉，直接越级上书中央司法机关，乃至登闻鼓鸣冤上访。

“有枉屈县不理者，令以次经郡及州，至省仍不理，乃诣阙申诉。有所未惬，听挝登闻鼓，有司录状奏之。”③

3. 淳化风气，息讼止争

我国自古提倡和谐共处，认为争讼是当地风气不佳的体现。《幼学琼林》是明末程登吉写的幼儿启蒙读物，又名《幼学须知》。该书在讼狱篇写道：“世人惟不平则鸣，圣人以无讼为贵。……桎梏之设，乃拘罪人之具；缧绁之中，岂无贤者之冤。两争不放，谓之鹬蚌相持；无辜牵连，谓之池鱼受害。”④可见传统中国社会对讼狱的回避和不喜之情。

对于官吏而言，教化所辖地区的人民，使其和睦生活减少讼争，是考察其贤能与否的重要评判标准。官员如果能够息讼，是有能力、有德行的表现。隋代评判官员也如此。倘若一池一城吏治清明、狱无系囚，则为人所称扬。倘若诉讼众多，往往被认为是民相争斗，风气不善。《隋书·循吏传》记载了诸多官员的表现，贤能或不肖考核的重点之一就是能否息讼。例如：“后迁牟州刺史，下车，先至狱中，因露坐牢侧，亲自验问。十余日间，决断咸尽，方还大厅。受领新讼，皆不立文案，遣当直佐僚一人，侧

① （唐）魏徵等：《隋书》卷二五，中华书局1973年版，第712页。

② 乔延寿、赵云旗：《论隋文帝时期的吏治与廉政》，载《山西大学学报（哲学社会科学版）》1991年第4期，第50－51页。

③ （唐）魏徵等：《隋书》卷二五，中华书局1973年版，第712页。

④ 中华诵·经典诵读行动读本编委会编，刘志伟、孙留根注释：《幼学琼林诵读本》，中华书局2013年版，第286页。

坐讯问。事若不尽，应须禁者，公义即宿厅事，终不还阁。人或谏之曰：‘此事有程，使君何自苦也！’答曰：‘刺史无德可以导人，尚令百姓系于囹圄，岂有禁人在狱而心自安乎？’罪人闻之，咸自款服。后有欲诤讼者，其乡闾父老遽相晓曰：‘此盖小事，何忍勤劳使君。’讼者多两让而止。”①

又如：“人有诤讼者，辄丁宁晓以义理，不加绳劾，各自引咎而去。所得俸禄，赈施穷乏。百姓感其德化，更相笃励，曰：‘有君如此，何得为非！’在职七年，风教大洽，狱中无系囚，争讼绝息，囹圄尽皆生草，庭可张罗。及去官，吏人无少长，号泣于路，将送数百里不绝。”②

再如：“狱讼者庭遣，不为文书，约束佐史，从容而已。狱无系囚。”③

对于这种君子端方、能够引导一方风气的官吏，史书历来不吝溢美之词，也体现出隋代息讼止争的法律思想。

二、隋代中后期法律思想

隋朝结束了延续已久的战乱，开创了诸多被后世沿用的制度，史家赞誉隋初二十年为开皇之治，是中国历史上难得的治世，隋文帝也因此被普遍认为是明君。在政治上，隋文帝废除九品中正制，以分科考试的方式选拔官员；在职官设置上，采取五省六曹制，为唐朝所效仿；在经济上，提倡节俭，发展生产，编户大增，仓廪丰实；在法治上，隋文帝时期编纂的《开皇律》汲取前代立法经验，删繁就简，为唐律提供了借鉴蓝本，后世对此评价极高。《开皇律》将严酷的奴隶制五刑更定为简明宽平、轻重有序的封建制五刑；废除前代车裂、枭首等酷刑，使隋初法治有“轻刑”的美誉。但是到了隋代中后期，法律思想发生了极大变化。

（一）隋代中后期法律思想的演变

在隋文帝初年，立法宽容，死刑仅设绞刑和斩刑两种。

“盖认为绞以致毙，斩则殊形，除恶之体于斯已极；枭首轘身，义无所取，不益惩肃之理，徒表安忍之怀耳。”④

《读通鉴论》赞叹当时负责制定法律的裴政，表示：

“政之泽远矣，千馀年闲，无非暴君酷吏，而不能逞其淫虐，法定故也……政为隋定律，制死刑以二：曰绞、曰斩，改鞭为杖，改杖为笞，非谋反大逆无族刑，垂至于今，所

① （唐）魏徵等：《隋书》卷七三，中华书局1973年版，第1682页。
② （唐）魏徵等：《隋书》卷七三，中华书局1973年版，第1685页。
③ （唐）魏徵等：《隋书》卷七三，中华书局1973年版，第1683页。
④ 陈顾远：《中国法制史概要》，商务印书馆2011年版，第175页。

承用者，皆政之制也。”①

史书中记载和夸赞隋初刑罚轻减、仁政爱民的事例较多。但是在封建社会，随着中央政权的巩固和稳定，皇帝个人意志的重要性逐渐上升，直接影响法律的实施。隋文帝晚年日渐刚愎自用，其法律观念也发生了变化，体现到司法上就是法律条文无法得到严格实施，呈现对酷刑镇压的偏好。

“然文帝性猜疑，素不悦学，其后尤以明察自矜，不复依准科律；对小民取一钱弃市之法，对大臣或杖杀处死于朝堂，无杖则以马鞭笞杀之，其次则或于西市棒杀之。”②

1. 从依律审判到律外裁断

在颁布法律之初，隋文帝还能够因循法律，要求大小官吏在判案之时必须根据法律条文，“自是诸曹决事，皆令具写律文断之”③。但是到了统治后期，隋文帝坚持个人专断。“仁寿中，用法益峻，帝既喜怒不恒，不复依准科律。”④自中央到地方，法律对官员权力的约束也越来越小。

隋文帝自矜于自己的明察秋毫，要求近臣仔细观察朝廷内外，只要官员有小过失就加以重罪，甚至发展到朝堂之上当庭杖责官员。尚书左仆射高颎、治书侍御史柳彧等进谏，认为朝堂非杀人之所、殿庭非决罚之地，但隋文帝并不采纳。直到高颎等人自称不能裨益朝政，以致隋文帝刑罚过严，以辞官相逼，隋文帝才撤除了朝堂之上的庭杖。

皇权至高无上，法律的尊严就不复存在。统治者的想法变化或情绪变动，甚至个人好恶都极大程度影响到判决的结果，任性裁断的案件越来越多。但是倘若能够巧言开解，令皇帝平复心情，原本的死罪却能够获得减免。例如：

“大理寺丞杨远、刘子通等，性爱深文，每随牙奏狱，能承顺帝旨。帝大悦，并遣于殿庭三品行中供奉，每有诏狱，专使主之。”⑤

“时有人告大都督邴绍非毁朝廷为愦愦者，上怒，将斩之。平进谏曰：‘川泽纳污，所以成其深；山岳藏疾，所以就其大。臣不胜至愿，愿陛下弘山海之量，茂宽裕之德。鄙谚曰：不痴不聋，未堪作大家翁。此言虽小，可以喻大。邴绍之言，不应闻奏，陛下又复诛之，臣恐百代之后，有亏圣德。’上于是赦绍。”⑥

隋文帝时期，朝臣尚能进谏，虽然隋文帝也不一定听从，但到了隋炀帝时期，皇帝已直接表明不喜朝臣进谏。

---

① （清）王夫之：《读通鉴论》，舒士彦点校，中华书局2013年版，第523页。

② 陈顾远：《中国法制史概要》，商务印书馆2011年版，第175页。

③ （唐）魏徵等：《隋书》卷二五，中华书局1973年版，第713页。

④ （唐）魏徵等：《隋书》卷二五，中华书局1973年版，第715页。

⑤ （唐）魏徵等：《隋书》卷二五，中华书局1973年版，第716页。

⑥ （唐）魏徵等：《隋书》卷四六，中华书局1973年版，第1255页。

“炀帝常从容谓秘书郎虞世南曰:‘我性不欲人谏。若位望通显而来谏我,以求当世之名者,弥所不耐。至于卑贱之士,虽少宽假,然卒不置之于地。汝其知之!’”①

隋炀帝这段话由《隋书·五行志》记载,收录“言不从”而引发的灾异部分。高颎因谏奢靡被杀、苏威因谏捕盗被除名,甚至隋炀帝本人也因为拒绝纳谏还驾长安遭遇兵变被杀。

2. 从德主刑辅到以德代刑

隋文帝认为颁布法律的作用重点在于垂范,设置官员的作用重点在于教化。这就导致办案官员倾向于采用符合儒家伦理道德的标准断案,而非完全依律行事。以德代刑不但不受到处罚,办案官员还会得到皇帝的嘉奖或者时人的称颂。

例如,齐州行参军王伽负责押送被判处流刑的李参等70余名囚犯去京师。当时被判处流刑的人需要戴着沉重的枷锁。王伽哀愍其辛苦,跟诸囚犯说:“你们犯了国法,受到惩处,这是应该的。但戴着枷锁行进至京师也太过辛劳。我现在想将枷锁给你们除去,到京师再集合,你们能够按时到吗?”诸囚犯皆表示不会违期。于是王伽去除这些囚犯的枷锁,约定了在京师集合的期限,并且表示“倘若你们没能按时到达,我就只好代替你们受死”。到了约定期限,这些囚犯全部按时抵京,没有一人离叛。②

隋文帝大悦,专为此事颁布诏书。从诏书中可以看出隋文帝对刑与德关系的看法。

“凡在有生,含灵禀性,咸知好恶,并识是非。若临以至诚,明加劝导,则俗必从化,人皆迁善。往以海内乱离,德教废绝,官人无慈爱之心,兆庶怀奸诈之意,所以狱讼不息,浇薄难治。朕受命上天,安养万姓,思遵圣法,以德化人,朝夕孜孜,意在于此。而伽深识朕意,诚心宣导。参等感悟,自赴宪司。明是率土之人非为难教,良是官人不加晓示,致令陷罪,无由自新。若使官尽王伽之俦,人皆李参之辈,刑厝不用,其何远哉!”③

隋文帝认为,人都有天生的秉性,能够辨别好恶是非。倘若以至诚之心加以教化劝导,则能够德化一地之风俗。《隋书·循吏传》所提及的大部分官员,或多或少都有减少刑讼、倡导德化的功绩。

3. 从轻简刑罚到刑罚严苛

隋文帝最为后人所诟病的一件事是,曾下令“盗一钱以上皆弃市”④。后世每提及文帝末期刑罚严苛,必举此例。隋文帝因为盗贼繁多而整治京城治安,乃令盗一钱

---

① (唐)魏徵等:《隋书》卷二二,中华书局1973年版,第634-635页。

② 参见(唐)魏徵等:《隋书》卷七三,中华书局1973年版,第1686页。

③ (唐)魏徵等:《隋书》卷七三,中华书局1973年版,第1686页。

④ (唐)魏徵等:《隋书》卷二五,中华书局1973年版,第714页。

以上皆弃市，或三人共盗一瓜，事发即死。于是“行旅皆晏起早宿，天下懔懔焉”①。轻罪重罚并不能真正起到阻却犯罪、改善社会风气的作用。但皇帝的心思变动也快，往往一个偶然的契机，相关法律规定就发生变化。

“有数人劫执事而谓之曰：‘吾岂求财者邪！但为枉人来耳。而为我奏至尊：自古以来，体国立法，未有盗一钱而死者也。而不为我以闻，吾更来，而属无类矣！’”②

隋文帝得知此事以后，受到触动，停止了盗取一钱弃市之法。

隋文帝认为，朝廷官员不具备敬畏严谨的心态，反而互相包容宽纵，多有过失，倘若不予以处罚，不足以整肃官场氛围。如果完全依照法律处置，处罚很轻，但按照情理来说却应当重处。因此，诸司属官，若有愆犯，多采取律外杖刑的处罚。这样一来，朝廷上下形成了以遵守法律、按照法律标准惩治罪犯为懦弱，以法外行刑、严酷惩治罪犯为能干的风气。

“诏又以所在官人，不相敬惮，多自宽纵，事难克举。诸有殿失，虽备科条，或据律乃轻，论情则重，不即决罪，无以惩肃。其诸司属官，若有愆犯，听于律外斟酌决杖。于是上下相驱，迭行棰楚，以残暴为干能，以守法为懦弱。”③

隋文帝信奉佛教。开皇二十年(600 年)④“诏沙门道士坏佛像天尊，百姓坏岳渎神像，皆以恶逆论”⑤对毁坏神像者施以重罚。

仁寿年间(601—604)⑥，刑罚更加严苛。隋文帝“喜怒不恒，不复依准科律”⑦。而当时的酷吏，例如大理寺丞杨远、刘子通等察言观色，“候帝所不快，则案以重抵，无殊罪而死者，不可胜原”⑧。

到了隋炀帝时期，刑罚的轻重更是根据皇帝心意的变化而变化。隋炀帝初年以隋文帝禁网深刻，敕修律令，称《大业律》。

“其五刑之内，降从轻典者，二百余条。其枷杖决罚讯囚之制，并轻于旧。是时百姓久厌严刻，喜于刑宽。”⑨

轻减刑罚的规定并未得到落实。由于隋炀帝外征高丽，内兴土木、穷奢极欲，国库开始空虚，而穷人的生活难以为继，许多流民聚为盗贼。隋炀帝并不反省，反而更

---

① (唐)魏徵等：《隋书》卷二五，中华书局 1973 年版，第 714 页。
② (唐)魏徵等：《隋书》卷二五，中华书局 1973 年版，第 714 页。
③ (唐)魏徵等：《隋书》卷二五，中华书局 1973 年版，第 714 页。
④ 开皇二十年是公元 600 年，时年隋文帝(541—604)59 岁。开皇年间为公元 581 年正月至公元 600 年 12 月。
⑤ (唐)魏徵等：《隋书》卷二五，中华书局 1973 年版，第 715 页。
⑥ 仁寿年间，即公元 601 年正月至 604 年 12 月，历时 3 年余。仁寿四年隋炀帝即位。
⑦ (唐)魏徵等：《隋书》卷二五，中华书局 1973 年版，第 715 页。
⑧ (唐)魏徵等：《隋书》卷二五，中华书局 1973 年版，第 716 页。
⑨ (唐)魏徵等：《隋书》卷二五，中华书局 1973 年版，第 717 页。

加严苛，“敕天下盗窃已上，罪无轻重，不待闻，皆斩”①。由此重新回到严刑峻法的老路。

隋炀帝以盗贼不息，益肆淫刑。大业九年（613 年），“为盗者籍没其家。自是群贼大起……及杨玄感反，帝诛之，罪及九族。其尤重者，行轘裂枭首之刑。或磔而射之。命公卿已下，脔啖其肉。百姓怨嗟，天下大溃”②。

4. 从招收律博士到贬低律官地位

由于统治者以诏代法任意更改法律，法律欠缺稳定性，难以形成同案同判的司法预期，也缺乏稳定的法律职业群体。隋初延续北齐的制度，在大理寺设置律博士一职，负责教授法律知识，增长司法官员们的业务水平。但由于一桩始平县的律生利用文字构陷慕容天远的偶然事件，隋文帝认为律官枉法妄作，特意颁布《停废律官诏》，停止设置大理寺律博士、尚书刑部曹明法、州县律生等职务。

“五年，侍官慕容天远纠都督田元冒请义仓，事实，而始平县律生辅恩舞文陷天远，遂更反坐。帝闻之，乃下诏曰：‘人命之重，悬在律文，刊定科条，俾令易晓。分官命职，恒选循吏，小大之狱，理无疑舛。而因袭往代，别置律官，报判之人，推其为首。杀生之柄，常委小人，刑罚所以未清，威福所以妄作，为政之失，莫大于斯。其大理律博士、尚书刑部曹明法、州县律生，并可停废。’”③

（二）隋代皇帝对司法官员法律思想的影响

由于皇权缺乏约束，皇帝个人的爱憎喜好对法治产生了重大影响。隋文帝后期，盗一钱以上者竟然弃市，闻见不告者连坐至死。隋炀帝时期同样初宽后严，甚至敕令天下窃盗以上的刑事犯罪，不需要奏闻就可以判处斩刑。这样一来，尽管隋初二十年享有开皇之治的美誉，但是到隋代中后期，隋炀帝暴君的名声已经坐实。

皇帝对法律的态度，直接影响到司法官员的执法风格。出于政治原因，皇帝倾向于信任不结党的孤臣。究其原委，一是此类官吏几乎没有朋党，不会形成势力集团；二是此类官吏优缺点十分明显，仕途全靠皇帝支持，皇帝一般不会怀疑其忠心。在隋代，通常只有政治争斗，才是大臣触怒皇帝、身陷囹圄的真正原因。个别带有政治性质的案件本身，成为不同派系政治势力竞争的角斗场。因此，隋朝官吏采取孤高廉洁、不通人情的态度，甚至表现得较为残暴，更能获得皇帝的信赖。倘若官吏以暴戾的方式对待属下，通常不会获罪；审理案件的公正与否，也并非衡量其功绩的最主要考量因素；轻罪重判反而更能凸显其为皇家办事的才干。

在隋代，由于皇帝一时喜好而信赖、擢拔的酷吏在《隋书》酷吏列传中有较为详细

① （唐）魏徵等：《隋书》卷二五，中华书局 1973 年版，第 717 页。

② （唐）魏徵等：《隋书》卷二五，中华书局 1973 年版，第 717 页。

③ （唐）魏徵等：《隋书》卷二五，中华书局 1973 年版，第 712－713 页。

的记载。这些酷吏人生起伏较大,得圣心则平步青云,失圣心往往难以善终。

例如厍狄士文,《隋书》评价其人"性孤直,虽邻里至亲莫与通狎"①。隋文帝时期,厍狄士文为贝州刺史。通过一些与众不同的手段展示自己,引起皇帝的注意,是官场上的终南捷径。厍狄士文就很能够把握住这样的机会,为自己塑造廉洁的名声。

"尝入朝,遇上置酒高会,赐公卿入左藏,任取多少。人皆极重,士文独口衔绢一匹,两手各持一匹。上问其故,士文曰:'臣口手俱满,余无所须。'上异之,别加赏物,劳而遣之。"②

厍狄士文生性严苛孤傲,对至亲也严格要求。他的儿子曾因偷吃了官厨中的饼,被厍狄士文套上枷锁关在狱中多日,打了一百杖,并被要求步行回到京城。在厍狄士文家劳作的仆役皆战战兢兢不敢犯错,亲戚朋友更是几乎都与他断绝了往来。在公务上,厍狄士文就更加严苛。

担任贝州刺史期间,厍狄士文尽最大的努力追查任何细微的违法情况,"长吏尺布升粟之赃,无所宽贷"③。1000 多人经他追查并上奏举报,被发配岭南。这些人的亲友沿途啼哭,送其远行,成为当时重大社会舆论事件。待到了岭南,这 1000 余人由于不适应瘴疠之地的气候,大部分都去世了,死者的亲属又哭骂厍狄士文。厍狄士文得知以后,令人捕捉,用楇这种武器捶打死者亲属。由此,厍狄士文不通人情、法度森严的名声更加传开。当时民间形容他以及另外几位酷吏有如罗刹或者蝮蛇之毒:"刺史罗刹政,司马蝮蛇瞋,长史含笑判,清河生吃人。"④隋文帝知晓后罢免了他的官职,但没过多久,又重新起用他为雍州长吏。

田式也是当时官员中性格暴戾、无视法律制度却最终并没有受到应有惩处的典型之一。据《隋书》记载:"其所爱奴,尝诣式白事,有虫上其衣衿,挥袖拂去之。式以为慢己,立棒杀之。或僚吏奸赃,部内劫盗者,无问轻重,悉禁地牢中,寝处粪秽,令其苦毒,自非身死,终不得出。每赦书到州,式未暇读,先召狱卒,杀重囚,然后宣示百姓。其刻暴如此。"⑤

隋文帝认为田式过于刻暴,除其名为百姓。在此期间,田式想要自杀,被家人所救;继而卧病在床,田式的儿子前去劝说,被田式抽刀试图砍杀。隋文帝得知后,认为田式"为罪己之深"⑥,竟然复其官爵。最终田式官至广州总管。

而另一位酷吏燕荣,担任幽州总管,为人严酷贪暴。他曾经见到路上的荆条丛,

① (唐)魏徵等:《隋书》卷七四,中华书局 1973 年版,第 1692 页。
② (唐)魏徵等:《隋书》卷七四,中华书局 1973 年版,第 1692 页。
③ (唐)魏徵等:《隋书》卷七四,中华书局 1973 年版,第 1692 页。
④ (唐)魏徵等:《隋书》卷七四,中华书局 1973 年版,第 1693 页。
⑤ (唐)魏徵等:《隋书》卷七四,中华书局 1973 年版,第 1694 页。
⑥ (唐)魏徵等:《隋书》卷七四,中华书局 1973 年版,第 1694 页。

认为适合作为笞刑的刑具，于是命人取来试验。被笞打的人辩白说自己并没有犯罪。燕荣表示，倘若以后犯错，今天已经受过笞刑，就可以免除以后的惩罚。后来该人偶尔犯了小过失，提出当初燕荣说过可以免除处罚，燕荣却说："无过尚尔，况有过邪！"[①]后燕荣极其苛待手下元弘嗣，元弘嗣的妻子到京城喊冤。隋文帝命人详查。燕荣被赐死，元弘嗣代为担任幽州总管。但元弘嗣却更为残暴，审理案件时对犯人刑讯逼供。隋炀帝朝，元弘嗣为攻打高丽督造战舰，逼迫丁役日夜无息劳作，自己却因督造之功被提拔为黄门侍郎，后进位金紫光禄大夫。最终，元弘嗣因人告发暗通杨玄感，在缺乏实据的情况下，被流放并死于途中。

以上可知，封建帝王最忌讳的并不是臣子暴虐、不守法度或是轻罪重判，而是不忠于自己。法律的权威性和稳定性遭到严重破坏，当时的司法官员们难以做到依法判案，很多官员宁可轻罪重判以显示自己对皇帝的忠心和才干，也不能完全依律判决，以免显得轻易放过罪犯。

隋文帝朝，皇太子的废立是政治上、法律上发生转向的重要时间节点。作为隋初四贵之一的高颎因反对废太子受到政治上的迫害。隋初，高颎是制定律法的负责人之一。他在法律上的主要功绩是制定《开皇律》。参照《北齐律》所制定的《开皇律》在高颎的主持下删除了枭首、车裂等酷刑。到了隋炀帝时期，出于对朝政的担忧，高颎与宇文弢、贺若弼私下议论隋炀帝奢靡，被人告发。隋炀帝将高颎、宇文弢、贺若弼处死，苏威遭连坐再次免官。可以说，到了隋炀帝时期，对前朝重臣的清算已经完全脱离法律，相应的罪名只是政治斗争的结果。

但即便是在这样的风气下，隋代仍然有赵绰、源师等敢于直谏并严格依法断案的诤臣。《隋书·源师传》记载了源师恪守法律，不惮于冒犯隋炀帝的一件事。

"炀帝即位，拜大理少卿。帝在显仁宫，敕宫外卫士不得辄离所守。有一主帅，私令卫士出外，帝付大理绳之。师据律奏徒，帝令斩之，师奏曰：'此人罪诚难恕，若陛下初便杀之，自可不关文墨。既付有司，义归恒典，脱宿卫近侍者更有此犯，将何以加之？'帝乃止。"[②]

三、隋代官僚集团的法律思想

朝堂之上的名公巨卿，或因出身背景，或因个人性格，或因官场际遇的不同，对法律的看法也不同。这些人主导或影响重大案件的审判走向，与皇帝的法律思想形成合力，共同推动一朝法治建设。若论一朝的主流法律思想，股肱重臣的法律思想必不可少。

---

① (唐)魏徵等：《隋书》卷七四，中华书局1973年版，第1695页。
② (唐)魏徵等：《隋书》卷六六，中华书局1973年版，第1553页。

隋代这些股肱重臣，也曾锐意革新，在履行职务过程中零星发表了一些对法律的看法、见解。但这些见解并没形成系统的法律思想体系，也随着个人政治上的失势难以为继。此外，由于他们多出身于地主官宦之家，其法律思想多为维护阶级统治秩序、遵从儒家道德教化的主张。

（一）苏威的法律思想

苏威（542—623），隋文帝时期太常卿、太子少保，兼任纳言、吏部尚书，兼任大理卿、京兆尹、御史大夫，后又担任刑部尚书，深得隋文帝信赖，与高颎、杨雄、虞庆则并称隋初四贵。隋炀帝时期，与宇文述、裴矩、裴蕴、虞世基并称五贵。

苏威的法律思想很大程度上受其父苏绰的影响。苏绰曾经总结过六条统治经验，上奏后被作为诏书颁行，称六条诏书，其内容为：先治心、敦教化、尽地利、擢贤良、恤狱讼、均赋役。此六条诏书受到王夫之的赞赏：

"苏绰之制治法，非道也，近乎道矣。宇文泰命绰作大诰，为文章之式，非载道之文也，近乎文矣。……绰以六条饬官常，首之以清心，次之以敦化，非其果能也，自治道亡，无有以此为天下告者，而绰独举以为治之要领。自是而后，下有王仲淹，上有唐太宗，皆沿之以起，揭尧、舜、周、孔之日月而与天下言之，绰实开之先矣…故自隋而之唐，月露风云未能衰止，而言不繇衷、无实不祥者，盖亦鲜矣，则绰实开之先矣。"①

按照王夫之的说法，苏绰的六条诏书极大推动了法律儒家化的进程，使地方官着力于淳化地方风俗，调停息讼，使民不起纷争；苏绰的为政经验被后世沿用，皆以尧、舜、周、孔的道理教育百姓。这种极具中华法系独特韵味的地方管理模式、狱讼处理方式，王夫之认为由苏绰开风气之先。苏威为官从政，处理狱讼，主要依照此六条诏书。因为苏威的从政风格颇有其父之风，还曾受到隋文帝的夸赞。

1. 奏减赋役，务从轻典

据《隋书·苏威传》记载，苏威的父亲曾在西魏担任度支尚书，因国家资财缺乏，制定了较为沉重的税法，感叹道："今所为者，正如张弓，非平世法也。后之君子，谁能弛乎？"②苏威听到父亲的感叹，就此把轻徭薄赋、减轻百姓负担作为自己为官的职责。由于苏威深得隋文帝信任，他奏请减轻税负，提倡节俭的请求都被批准。隋炀帝朝，苏威仍然劝诫隋炀帝节俭，但这次并没收到预期效果。

"寻属五月五日，百僚上馈，多以珍玩。威献《尚书》一部，微以讽帝，帝弥不平。"③

苏威主张轻减刑罚，多次对隋文帝一些率性而为的举动予以最大限度的劝诫。

"上尝怒一人，将杀之，威入阁进谏，不纳。上怒甚，将自出斩之，威当上前不去。

① （清）王夫之：《读通鉴论》，舒士彦点校，中华书局2013年版，第484页。

② （唐）魏徵等：《隋书》卷四一，中华书局1973年版，第1185页。

③ （唐）魏徵等：《隋书》卷四一，中华书局1973年版，第1189页。

上避之而出,威又遮止。上拂衣而入。良久,乃召威谢曰:‘公能若是,吾无忧矣。’”①

2. 宽简刑罚,注重法律形式体例

开皇元年(581 年),隋文帝令高颎等人更定新律。“程树德《九朝律考·隋律考上》除认可《隋书·刑法志》记载的七人外,还考证出杨瓒、李德林、赵芬、元谐、刘焯、裴政、苏威、赵轨、李百药等九人参加了开皇元年的修律工作。”②

开皇三年(583 年),隋文帝览阅刑部奏折时认为法网过于严密,百姓容易在不经意间就触犯刑法,因此又命高颎、苏威、牛弘等人修订《开皇律》并颁行全国。这次修订《开皇律》,就主要以苏威的意见为主。

“隋承战争之后,宪章舛驳,上令朝臣厘改旧法,为一代通典。律令格式,多威所定,世以为能。”③

开皇三年修订的《开皇律》较大程度上反映了苏威本人的法律思想。此次编修律令,主要特点有三:“1. 减省刑名,大量消减律典条文;2. 废除酷法,降从轻典;3. 规范完善律典编纂体例。修订后的《开皇律》比原来减少死罪 81 条,流罪 154 条,徒杖等罪千余条,只保留 500 条律文,共 12 卷。”④

由此可以看出,苏威的法律思想主要为宽简刑罚,注重法律体例的规范完善。但是,在唐朝魏徵等编纂的《隋书·苏威传》中,对苏威主持修律的评价为:“所修格令章程,并行于当世,然颇伤苛碎,论者以为非简允之法。”⑤

《资治通鉴》对苏威热衷于编制各类规章制度,注重各类非常烦琐但实际难以施行的公文程序的做法,也予以批评。

“威好立条章,每岁责民间五品不逊,或答云,‘管内无五品之家。’其不相应领,类多如此。又为余粮簿,欲使有无相赡;民部侍郎郎茂以为烦迂不急,皆奏罢之。”⑥

3. 设立乡正,审理民间辞讼

开皇九年(589 年),苏威建议隋文帝以乡间每五百户为基准设立乡正,专门处理民间辞讼。

“威又奏置五百家乡正,即令理民间辞讼。”⑦

苏威的政敌李德林反对这一设置,认为:“本废乡官判事,为其里闾亲戚,剖断不平,今令乡正专治五百家,恐为害更甚。”⑧开皇十年(590 年),虞庆则在民间探访后陈

① (唐)魏徵等:《隋书》卷四一,中华书局 1973 年版,第 1185 - 1186 页。
② 张先昌:《苏威与〈开皇律〉》,载《首都师范大学学报(社会科学版)》2009 年第 2 期。
③ (唐)魏徵等:《隋书》卷四一,中华书局 1973 年版,第 1186 页。
④ 张先昌:《苏威与〈开皇律〉》,载《首都师范大学学报(社会科学版)》2009 年第 2 期。
⑤ (唐)魏徵等:《隋书》卷四一,中华书局 1973 年版,第 1190 页。
⑥ (宋)司马光:《资治通鉴》卷一七八,中华书局 1965 年版,第 5537 页。
⑦ (唐)魏徵等:《隋书》卷四二,中华书局 1973 年版,第 1200 页。
⑧ (唐)魏徵等:《隋书》卷四二,中华书局 1973 年版,第 1200 页。

奏表示，每五百家设置乡正的措施不利于民间诉讼的处理，这些负责民间诉讼的机构往往结成朋党，根据亲疏关系判案并且收受贿赂。

苏威设置乡正的建议，是基于对民间辞讼繁多的情况的了解，出于务实的态度。李德林反对乡正的设置，认为乡正与争讼双方多属于乡间亲戚，不利于案件的公正判决。而虞庆则的反对理由也是乡正处理辞讼容易受到个人亲疏爱憎的影响，且容易受财货贿赂。然而苏威的本意，却仍可以回归到其父苏绰儒法结合，主张先敦教化、再恤狱讼的精神上。

4. 以孝治世，儒法并用

苏威继承了其父苏绰外儒内法的思想，在立法上倡导儒法并用。他向隋文帝表示："臣先人每戒臣云：唯读《孝经》一卷，足可立身治国，何用多为。"①隋文帝对此非常赞赏。

提倡孝道是历代封建帝王维护统治的手段之一。隋文帝曾在与李德林的辩难中亲口表示："朕方以孝治天下，恐斯道废阙，故立五教以弘之。"②此处所称的五教，据司马光在《资治通鉴》中记载，是由苏威代表中央政府所作的教材，要求百姓读诵。但此举引起了民间的怨愤。

"苏威复作《五教》，使民无长幼悉诵之，士民嗟怨。民间复讹言隋欲徙之入关，远近惊骇。于是婺州汪文进、越州高智慧、苏州沈玄憎皆举兵反……执县令，或抽其肠，或脔其肉食之，曰：'更能使侬诵《五教》邪！'"③

《北史·苏威传》同样记载了此事，表示平陈之后，无论长幼悉使诵五教。所谓五教，通常是指五种封建伦理道德，即父义、母慈、兄友、弟恭、子孝。《尚书·舜典》记载，"敬敷五教，在宽"。苏威对五教进行修改，添加了许多烦鄙之辞，导致百姓嗟怨。

苏威所作五教今已佚失，但根据隋文帝"以孝治天下……故立五教以弘之"④的说法，五教应该也是封建儒家伦理道德的内容。这一孝治天下的理念极大影响了隋朝司法。

（二）牛弘的法律思想

牛弘（545—610），字里仁，隋代大儒，隋文帝时先后担任礼部尚书、吏部尚书，封奇章郡公。牛弘对隋代儒家文化的发展以及儒法进一步结合作出重大贡献。

---

① （唐）魏徵等：《隋书》卷七五，中华书局1973年版，第1710页。
② （唐）魏徵等：《隋书》卷四二，中华书局1973年版，第1208页。
③ （宋）司马光：《资治通鉴》卷一七七，中华书局1965年版，第5529页。
④ （唐）魏徵等：《隋书》卷四二，中华书局1973年版，第1208页。

牛弘曾上书隋文帝,表示长期战乱以及“书之五厄”①等因素,书籍亡佚不可计数,令人叹惋,因此请开民间献书之路。

“臣史籍是司,寝兴怀惧。昔陆贾奏汉祖云‘天下不可马上治之’,故知经邦立政,在于典谟矣。为国之本,莫此攸先。今秘藏见书,亦足披览,但一时载籍,须令大备。不可王府所无,私家乃有。然士民殷杂,求访难知,纵有知者,多怀吝惜,必须勒之以天威,引之以微利。”②

隋文帝采纳其建议,颁布诏令曰“献书一卷,赉缣一匹”③。自此大批珍贵古籍得以保存。

牛弘性格宽厚,荣宠不惊,事上尽礼,待下以仁,讷于言而敏于行。《隋书》称赞其为大雅君子。作为儒家知识分子参与国家制度建设的典型人物,牛弘在法律上最大的功绩是制定礼乐以及编修《开皇律》。

1. 制礼作乐、礼化世人

作为礼部尚书,牛弘奉敕修撰《五礼》,参考南北朝的礼制,成书一百三十篇,④刊行于世,今已佚失。牛弘推崇古籍经典,其所编撰的《五礼》在纲目上应该依旧分为吉礼、凶礼、军礼、宾礼、嘉礼五类,只是具体的仪式、程序可能有所调整、更改。

重视礼制,采用礼制淳化风气、教化万民、减少讼争,是历代统治者首选的治国之道。在审理案件时,依据儒家伦理道德进行分析判断,出礼则入刑,是当时司法实践的重要指导思想。作为大儒的牛弘为隋朝制礼,其目的是礼法结合、治理国家。牛弘认为,礼制应该经国庇人、弘风施化;礼制应当沿袭古礼。

“开皇初,高祖思定典礼。太常卿牛弘奏曰:‘圣教陵替,国章残缺,汉、晋为法,随俗因时,未足经国庇人,弘风施化。且制礼作乐,事归元首,江南王俭,偏隅一臣,私撰仪注,多违古法。就庐非东阶之位,凶门岂设重之礼?两萧累代,举国遵行。后魏及齐,风牛本隔,殊不寻究,遥相师祖,故山东之人,浸以成俗。西魏以降,师旅弗遑,宾嘉之礼,尽未详定。今休明启运,宪章伊始,请据前经,革兹俗弊。’诏曰:‘可’。”⑤

此外,牛弘还奉命改定雅乐,厘定音律。制礼作乐,在当时有稳定社会制度、促进

① 牛弘提出“书厄”一词,指引起书籍大量亡佚残缺的劫难性事件。据牛弘总结:“吞灭诸侯,任用威力,事不师古,始下焚书之令……先王坟籍,扫地皆尽……此则书之一厄也。……及王莽之末,长安兵起,宫室图书,并从焚烬。此则书之二厄也。……及孝献移都,吏民扰乱,图书缣帛,皆取为帷囊。所收而西,裁七十余乘。属西京大乱,一时燔荡。此则书之三厄也……属刘、石凭陵,京华覆灭,朝章国典,从而失坠。此则书之四厄也……及周师入郢,绎悉焚之于外城,所收十才一二。此则书之五厄也。”参见魏徵等:《隋书》卷四九,中华书局 1973 年版,第 1299 页。

② (唐)魏徵等:《隋书》卷四九,中华书局 1973 年版,第 1300 页。

③ (唐)魏徵等:《隋书》卷四九,中华书局 1973 年版,第 1300 页。

④ 根据《旧唐书·礼仪志》记载,隋氏平陈,寰区一统,文帝命太常卿牛弘集南北仪注,定《五礼》一百三十篇。

⑤ (唐)魏徵等:《隋书》卷八,中华书局 1973 年版,第 156 页。

和谐的政治作用。此外,牛弘对当时车辇、服制等内容,也根据儒家相关经典作出了详细规定。

在牛弘等儒家知识分子看来,礼制起到了定分止争的作用,并且在法律起作用之前,就防患于未然,使民教化,不起争端。

2. 尊崇儒学,引礼入律

开皇三年(583 年),隋文帝命牛弘、苏威等人重修《开皇律》,废除前代枭首、车裂等酷刑,将刑罚定为笞、杖、徒、流、死五刑,正式确定十恶重罪,完善了八议和官当制度。《开皇律》共 12 篇,500 条。篇名为:名例、卫禁、职制、户婚、厩库、擅兴、贼盗、斗讼、诈伪、杂、捕亡、断狱。

作为深受皇帝信赖的大儒,牛弘的法律思想为《开皇律》礼法结合的立法模式奠定了基础。《开皇律》保持了魏晋南北朝根据身份立法、十恶重罪、恤刑等种种体现儒家法律主张的制度,牛弘功不可没。此外,据杨鸿烈考证,《大业律》为牛弘主撰。[①]

(三)赵绰的法律思想

赵绰,生卒年不详,隋文帝时期官任大理正,以刚直不阿闻名。尽管隋文帝后期法度废弛,赵绰仍然严格依律办事,敢于以死维护法。《隋书·赵绰传》记载了赵绰勇为犯颜诤臣、坚守法律底线的事迹。

1. 主张刑法应当宽宥、稳定

隋文帝后期倾向于用重刑整肃社会治安。《开皇律》律文虽然废除了前代酷刑,在实际审判中,许多官员仍然施以法外之刑。赵绰直接进谏,表示刑法应当宽宥,不能随时变动而失去公信力。

"上以盗贼不禁,将重其法。绰进谏曰:'陛下行尧、舜之道,多存宽宥。况律者天下之大信,其可失乎!'上忻然纳之。"[②]

2. 顶住外界压力,坚持依律办案

封建王朝皇帝的个人意志能够左右案件的审判,皇帝所亲近喜好的人犯法往往会得到宽宥,法律的规定难以得到完全的执行。赵绰固守法律规定,坚持独立办案。

"故陈将萧摩诃,其子世略在江南作乱,摩诃当从坐。上曰:'世略年未二十,亦何能为!以其名将之子,为人所逼耳。'因赦摩诃。绰固谏不可,上不能夺,欲绰去而赦之,固命绰退食。绰曰:'臣奏狱未决,不敢退朝。'"[③]

---

① "据《玉海·诏令》说:'大业二年十月,更制《大业律》,牛弘等造。'《刘炫传》也说:'炀帝即位,牛弘引炫修律',可知这部《大业律》是牛弘所主撰。"参见杨鸿烈:《中国法律发达史》,中国政法大学出版社 2009 年版,第 217 页。

② (唐)魏徵等:《隋书》卷六二,中华书局 1973 年版,第 1485 页。

③ (唐)魏徵等:《隋书》卷六二,中华书局 1973 年版,第 1485 页。

萧摩诃的儿子在江南犯法,萧摩诃依律应当连坐。隋文帝想要赦免萧摩诃,认为萧摩诃的儿子萧世略年纪还不到二十岁,不可能犯下重罪,只因萧世略是名将的儿子,被人逼迫而已。赵绰不同意,也拒绝听从隋文帝的命令退朝。但此案最终结果还是隋文帝让大理寺特赦了萧摩诃。

3. 坚持职业操守,不计私人恩怨

赵绰作为法官,坚持职业操守,严格依法办案,不因私人恩怨而影响其判断。《资治通鉴》记载了来旷诬告赵绰"滥免徒囚"一案。来旷官至大理寺掌固,向隋文帝告发赵绰"滥免囚徒"。

"旷又告少卿赵绰滥免徒囚,帝使信臣推验,初无阿曲,帝怒,命斩之。绰固争,以为旷不合死,帝拂衣入阁。绰矫言,'臣更不理旷,自有他事,未及奏闻'。帝命引入阁,绰再拜请曰:'臣有死罪三,臣为大理少卿,不能知御掌固,使旷触挂天刑,一也;囚不合死,而臣不能死争,二也;臣本无他事,而妄言求入,三也。'帝解颜。旷因免死,徙广州。"①

隋文帝查明来旷系属诬告以后,下令将其斩首。反倒是赵绰这一被诬告的苦主为其求情,以为罪不至死。

4. 敢于直谏,拒绝法外行刑

隋文帝主张对官员用重刑,否则难以整顿官场风气,甚至直接颁布诏书曰:"诸司论属官罪,有律轻情重者,听于律外斟酌决杖。"②在隋文帝的影响下,朝中风气变化,"于是上下相驱,迭行捶楚,以残暴为干能,以守法为懦弱"③。

在这样的环境中,赵绰坚持依法办事,拒绝法外行刑。《隋书》所记载关于赵绰的几个事迹都需要豁出性命与皇帝抗争,殊为可贵。例如:

"刑部侍郎辛亶尝衣绯裈,俗云利官;上以为厌蛊,将斩之。绰曰:'法不当死,臣不敢奉诏。'上怒甚,曰:'卿惜辛亶而不自惜也!'命引绰斩之。绰曰:'陛下宁杀臣,不可杀辛亶。'至朝堂,解衣当斩,上使人谓绰曰:'竟何如?'对曰:'执法一心,不敢惜死!'上拂衣而入,良久,乃释之。明日谢绰,劳勉之,赐物三百段。"④

再如:

"时上禁行恶钱,有二人在市,以恶钱易好者,武候执以闻,上令悉斩之,绰进谏曰:'此人所坐当杖,杀之非法。'上曰:'不关卿事。'绰曰:'陛下不以臣愚暗,置在法司,欲妄杀人,岂得不关臣事!'上曰:'撼大木,不动者当退。'对曰:'臣望感天心,何论动木。'上复曰:'啜羹者热则置之,天子之威,欲相挫邪!'绰拜而益前,诃之,不肯退,

---

① (宋)司马光:《资治通鉴》卷一七八,中华书局1965年版,第5554页。
② (宋)司马光:《资治通鉴》卷一七八,中华书局1965年版,第5553页。
③ (宋)司马光:《资治通鉴》卷一七八,中华书局1965年版,第5553页。
④ (宋)司马光:《资治通鉴》卷一七八,中华书局1965年版,第5555页。

上遂入。治书侍御史柳彧复上奏切谏,上乃止。”①

赵绰在巨大压力下仍然坚持依法办案,拒绝律外行刑,在当时成为朝堂上的一股清流。在履职时,赵绰不断冒犯隋文帝,多次命悬一线,是隋代不可多得的净臣。②

第二节　唐代法律思想

唐代(618—907)是我国历史上最为熠熠生辉的朝代。其政治、经济、文化、外交等方面均曾经发展到我国封建王朝的顶点。

公元618年,李渊建立唐朝,年号武德。公元626年玄武门之变后,李世民称帝,李渊退称太上皇。公元628年,李世民基本平息隋末全国性的武装叛乱,恢复国家秩序。唐朝政权得到强化和巩固,均田制、租庸调制、科举制在这一时期确立和发展。李世民的统治被称为贞观之治,是我国历史上著名的治世,为后人称颂。公元690年,武则天称帝,改国号为周。作为我国漫长封建王朝史上唯一一位女皇帝,武则天延续了贞观之治的辉煌,为之后的盛唐气象打下基础。

公元712年,唐玄宗登基。玄宗统治初期,唐朝国力达到极盛,物质文明和精神文明极大丰富。在商业上,唐都长安商贾云集,胡人的商队往来不断;在文化上,豪迈浪漫、光彩熠熠的盛唐诗流传千古;在对外关系上,突厥分裂,南诏臣服,西域设置安西都护府;在国家影响力上,盛唐的文化辐射、传布至朝鲜、日本、越南等东亚国家。这是我国历史上最为辉煌的时期,被誉为开元盛世。

唐代国力由盛而衰的转折点是公元755年的安史之乱。安史之乱持续了8年,于公元763年结束,但是中央和地方相互猜忌、敌对的状态却延续了下来。中晚唐时期宦官专权,藩镇割据,再也无法恢复到盛唐的状态。在中央,宦官权力膨胀,不但能够参与朝政决策、任命地方官员,甚至还能出任禁军统领。唐代宗时期由宦官长期统领的军队称神策军。在地方,节度使掌握了军队,与中央呈对峙之势。唐武宗时期的会昌中兴以及唐宣宗时期的大中之治,是晚唐少有的朝政相对稳定、百姓生活暂时平稳的时期。但最终黄巢起义引发了大规模的唐末农民起义。在原宣武节度使朱温迫使唐哀帝禅位以后,唐朝灭亡。

唐代的法律思想奠定于唐初,成熟于高宗时期。唐初吏治清明、法制初创,呈现勃勃生机。在立法上,唐初法律条文延续了隋代礼法并重的特征,行文简约、刑罚轻减。在执法上,唐太宗及其朝臣严格依法行政、依法治吏,为唐高宗时期《永徽律》及

---

① (宋)司马光:《资治通鉴》卷一七八,中华书局1965年版,第5555页。

② 关于赵绰的事迹,另见杨孟冬:《直谏诤臣——赵绰》,载《先锋队》2017年第3期;庞朝骥:《赵绰舍命守法度》,载《法制资讯》2011年第3期;禾茂:《赵绰执法不惜死》,载《学习月刊》2015年第13期。

律疏的产生奠定了良好的基础。

高宗时期是唐代法律思想发展日臻成熟、完备时期。《永徽律》及其律疏（并称《唐律疏议》）在立法思想和风格、内容上一准乎礼，体现儒家价值取向，儒法结合在这一时期基本完成。《唐律疏议》是我国现存最早最完整的法典，是中华法系之代表作，其影响辐射周边诸国。

安史之乱以后，宦官专权、朝廷党争、藩镇割据是中晚唐时期始终无法解决的痼疾。唐末，军队哗变和农民起义逐渐成为常态。中央政权无力控制地方，也无力维持社会秩序。中央政府的法令、法律难以在地方司法实践中推行，唐代的法律思想、法律文化也无法在盛唐基础上延续生机和光彩。当百姓将获得稳定生活秩序的希望寄托于义军以及其他地主武装上，唐代的统治也就走到了尽头。

一、唐代立法思想

唐代立法以《唐律疏议》为主要代表，是包含令、格、式、典等多种形式的法律群。唐高祖李渊起军反隋，初到京师约法十二条。该约法十二条内容简约，可以判处死刑的罪名只有杀人、窃盗、背军、叛逆四种。武德年间（618—626），以隋《开皇律》为基础的《武德律》得以颁定。唐太宗即位后，命长孙无忌、房玄龄等修订《武德律》，至贞观十一年（637 年）颁布《贞观律》。与隋律相比，《贞观律》删繁就简、变重为轻，“减大辟者九十二条，减流入徒者七十一条”①。

高宗时期的唐代立法达到一个高潮。永徽年间（650—655）颁布的《永徽律》以及《永徽律疏》合称为《唐律疏议》，是我国现存最早最完整成文法典，也是我国封建王朝礼法结合的典范。到了开元年间（713—741），玄宗下诏修订《永徽律疏》，删去不合时宜部分，称《开元律疏》。

唐律最具代表性的作品是《唐律疏议》。这是一部以刑事立法为主，兼涉婚姻家庭、军事、行政、经济等领域的法典。儒家“礼”的思想完全渗透《唐律疏议》，礼法至此完全结合。

（一）唐代立法指导思想综述

唐初，汲取隋王朝覆灭的教训，在刑事司法上取消肉刑，减轻刑罚；在税赋上减免租税，免除徭役，让百姓休养生息；在外交上通过和亲或贡赋政策以保疆域安宁。

但一个朝代的立法难以超越时代。法律思想的发展受限于当时社会的物质生产生活，并与当时社会的政治、文化、伦理道德观念息息相关。在涉及维护统治者利益、根据身份的尊卑贵贱分配权利义务等唐代立法重大问题上，传统儒家伦理道德观念

---

① 许嘉璐主编：《二十四史全译：旧唐书》（第 3 册），汉语大词典出版社 2004 年版，第 1677 页。

对法律的价值取向起到了决定性作用。

1. 以儒家伦理道德为指引

《唐律疏议》最能体现儒家思想对法律文本的影响和渗透。

自汉武帝以来，引礼入法、礼法结合的理念逐渐深入，立法条文上出现了“准五服以治罪”“刑不上大夫、礼不下庶人”等依照身份的亲疏、贵贱来定罪量刑的规定。由汉至三国再至魏晋，礼和律的结合日益紧密。到了唐代，《唐律疏议》作为礼法结合的典范，其中很大部分典章制度的制定是礼治要求的细化，而几乎所有的法律条文都以儒家伦理道德观念作为价值判断的标准。

儒家伦理道德观念对唐代家庭内部纠纷的解决起着决定性作用。在家族内部，主要根据血缘的亲疏远近和年龄的大小、身份地位的高低来分配法律上的权利义务、判断纷争的对错。儒家伦理道德观念也决定了对职官犯罪惩处的轻重。在唐律中，有官爵者，享有官当、除、免等免除、减轻刑罚的途径。

除身份高者享有很多特权之外，倘若当事人之间存在一定的伦理或亲属关系，诸如父母子女关系、主人奴婢关系、上级与下属关系等，这些关系赋予当事人不同的权利和义务。总体而言，上级、尊亲属等享有更多的权益，而下级、卑亲属等需要承担更多的法律义务和责任。例如，一般情况下谋杀人未造成后果的，徒三年。但是部曲、奴婢谋杀主人的，不论是处于犯罪预谋阶段还是已经实施，不论是未造成后果还是导致主人伤亡，在处罚时不区分主犯及从犯，皆斩。部曲、奴婢谋杀前主人的，倘若还未造成后果，流两千里；倘若造成旧主受伤，绞刑；倘若造成旧主死亡的，斩刑。殴打、诬告不同身份的人，也有不同的法律后果。发生在家庭内部的刑事犯罪，倘若属于尊亲属侵害卑亲属的，减轻尊亲属的罪责。据《唐律疏议》规定，尊长谋杀卑幼者，各依故杀罪减二等。已伤者，减一等。已杀者，依故杀法。

唐律在定罪量刑时，根据儒家伦理道德，对于年长、疾、妇女儿童等皆有一定的宽限和照顾。例如，据《唐律疏议·名例律》规定，年龄在70岁以上、15岁以下，或者是在废疾的情况下，犯流罪以下的罪行，允许收赎；80岁以上，10岁以下，及笃疾，犯反、逆、杀人应死者，上请，盗及伤人者，亦收赎，余皆勿论；90岁以上，7岁以下，虽有死罪，不加刑；诸犯罪时虽未老、疾，而事发时老、疾者，依老、疾论，犯罪时幼小，事发时长大，依幼小论。

受儒家价值取向的影响，唐律看重人心，看重个人行事的出发点。倘若行事的发心违背儒家道德，尤其是涉及统治秩序的领域，哪怕没造成实际影响，都会加以惩罚。

中国封建社会立法首先考虑德化世人。如何宣扬道德规范淳化风气，是制定刑罚需要考虑的首要目标，唐律亦不例外。其立法的主旨与精神就在于礼法结合、出礼入刑。

2. 以中央政策为导向

封建王朝的立法通常是为了执行中央的政策。唐代立法中部门和职官的设置、官员的考绩、社会秩序的维护、户籍和婚姻家庭制度的建立等,皆以中央政策为导向,抑或直接是政策的实施细则。

《唐律疏议》维护三纲五常,维护封建等级特权,是中央政策实施的载体。在关于政治权力结构的设置、皇权和相权相互制约、中央与地方关系的处理上,《唐六典》细化、梳理了具体的制度,以维持国家机器的运转。

唐代立法作为政策实施的载体,随政策变化而变化。唐初至安史之乱以后,王朝由盛转衰,法律不可避免地随之修补、调整。

3. 条文宽简,轻刑慎罚

唐太宗认为,国家法令,唯须简约,不能就一种罪行重复制定多项条款,导致在适用法律时轻重难以确定;在文字上,则应当删繁就简,便于理解与适用。

唐代立法讲究轻刑慎罚,多次赦免罪犯,对于死刑的实施更是要求三复奏,乃至五复奏。究其原委,一是统治者汲取了前朝隋文帝后期以及隋炀帝实施酷刑的教训;二是遵循儒家学说所提倡的仁政,减轻刑罚,慎刑恤刑;三是部分司法官员注意到当事人引人怜悯的遭遇;四是遵循天人感应说,敬畏天理,避免因冤狱引起的人心怨恨引发灾异或不祥。

4. 以身份等级为权利义务分配根据

唐律属于身份法,按照个人身份的高低贵贱分配不同的权利义务。不同身份地位的人犯下相同罪行,其刑事惩罚完全不同。

唐代社会是一个身份差异大、等级分明的社会。唐初与南北朝相去不远,社会风气并没有较大改变。在社会阶级划分上,贵族世家高高在上,百姓被分为良人和贱民。在崤山以东,依然以清河崔、博陵崔、范阳卢、赵郡李、荥阳郑作为门第高贵的门阀氏族,享有特权。公元632年,唐太宗命令编写氏族志。最初提交的版本按照两晋到南北朝延续至隋的门阀观念,将旧贵族排列于皇室之前。

“唐太宗曾命高士廉编撰全国的氏族系图,及成取而视之,其排列仍列崔卢李郑的顺序,李氏为唐国姓,而社会上地位反在崔卢之下,可见当时虽官宦亦难改变原来的社会地位。”①

唐太宗震怒,要求根据唐朝官员品秩重新编排氏族顺序。公元638年提交的新版本,将皇室、外戚排列在前,旧贵族降到了第三位。新版本将在朝廷任职作为主要参考标准,并且着重提升了对唐朝建立有功的支持者的身份地位,使这些勋贵作为新贵族逐渐得到社会认可。

---

① 杨鸿烈:《中国法律发达史》,中国政法大学出版社2009年版,第303页。

身份不同导致法律地位不同，对应的权利义务也不同。在唐代，户籍、赋税、土地、府兵等制度根据身份地位的不同，规定了不同的权利义务。这些规定又反过来强化了身份差异。唐代官员与贵族违法，享有减请赎和官当等减轻刑罚的特权。唐初《贞观律》规定："玄龄等遂与法司定律五百条，分为十二卷……又有议、请、减、赎、当、免之法。八：一曰议亲，二曰议故，三曰议贤，四曰议能，五曰议功，六曰议贵，七曰议宾，八曰议勤。"①

官爵在五品以上者，或者皇太子妃大功以上亲属，属于八议范围之内，这些人倘若犯了死罪，应当将详细情况上奏以待裁决；倘若犯了应当判处流刑以下的罪行，减一等处罚。对于七品以上官员、属于"上请"范围内官员的祖父母父母兄弟等亲属，倘若犯了应当判处流刑以下的罪行，同样减一等处罚。唐代关于赎刑的规定与隋朝大致相同。唐律规定，笞、杖、徒、流、死五刑皆可以铜赎罪，但如果属于十恶重罪，或者妇人犯奸、男夫犯盗徒以上，过失杀伤尊亲等违背儒家伦理道德的案件，不能赎。

唐代的身份制度将人分为贱民和良民。贱民里面再细分为部曲、奴婢等。对贱民来说，法律极其严苛。良人和贱民之间不能通婚，贱民不能从事特定职业，在街道上遇到贵人应当回避。此外，奴婢被视为主人的财产，可以买卖。属于贱民的部曲、奴婢法律地位十分低下，没有完整的法律行为能力。倘若部曲或者奴婢状告主人谋反谋叛以外的罪行，皆绞；状告主人的周亲或外祖父母的，判处流刑。②

5. 树立皇家权威，维护阶级统治

封建统治者通过法律树立权威，营造政治高压氛围，维护统治。在唐律中，十种危及统治阶级生命或财产安全、试图颠覆统治秩序、违背社会伦理道德的罪行，被认为是罪大恶极、不可赦免，称为"十恶"。这十种罪分别是：谋反、谋大逆、谋叛、恶逆、不道、大不敬、不孝、不睦、不义、内乱。从十恶重罪的规定可以看出，皇权至高无上，不可侵犯。

针对皇家的违法行为必将受到最为严厉的惩罚。为维护皇家安全与尊严，唐律特别要求为皇室服务的工作人员必须尽注意义务，在制作御药、御膳、御幸舟船等御用物品时出现的任何差错都属于大不敬。

在涉及统治秩序的问题上，不恰当的言论也可以入罪。"诸口陈欲反之言，心无真实之计，而无状可寻者，流两千里。"③此外，指斥乘舆属于违反人臣之礼，也是大不敬的表现之一。

---

① 许嘉璐主编：《二十四史全译：旧唐书》（第3册），汉语大词典出版社2004年版，第1676页。

② 关于唐代良贱制度，参见郑定、闵冬芳：《"良贱之别"与社会演进——略论唐宋明清时期的贱民及其法律地位的演变》，载《金陵法律评论》2003年第2期；徐燕斌：《试论唐代法律中的贱民》，载《河南教育学院学报（哲学社会科学版）》2009年第2期。

③ （唐）杜佑：《通典》，中华书局2016年版，第4235页。

对于谋反和谋大逆的罪犯，其父母子女兄弟妻妾等全部实行连坐制度。伯叔父、兄弟之子等皆受牵连。

6. 维护官员贵族的身份特权

唐律属于身份法。判定身份的参照系有三：一是良贱不同的社会身份等级体系；二是统治阶层内部官僚等级体系；三是家族内部亲缘体系。就官僚等级体系来说，官员贵族们在法律上享有身份特权，官职越高，特权越大。

所谓刑不上大夫，根据开元年间兵部尚书张说的解释："臣闻刑不上大夫，以其近于君也。"①凡是门第高的贵族、与皇室有亲属关系的贵族、官职品阶高的官员、家族的尊亲属，在犯罪时，除十恶以外的罪行皆可以适用"八议"制度。"他们享有的特权包括免于刑讯，在一起案件中对其定任何罪都需要三个证人，有权通过交还爵位或缴纳钱财来免刑。此外，三品及以上官员自动减刑，并且在会判死刑的任何罪案中得到特殊办理程序的待遇。"②根据八议的规定，属于皇族的亲戚，故旧，或者是有大德行、大才艺、大功勋、大勤劳的人，有官职较高的人，或是属于承先代之后而为国宾者，犯了应该判处流刑以下的罪行，减一等；犯了死罪，则先奏请议，议定后再奏裁。

官当是唐朝官员享有的另一个特权。据《唐律疏议·名例二》载："诸犯私罪，以官当徒者，五品以上，一官当徒二年；九品以上，一官当徒一年。若犯公罪者，加一年当。以官当流者，三流同比徒四年。其有二官，先以高者当，次以勋官当。行、守者，各以本品当，仍各解见任。"③

7. 提倡儒家思想，全力维护孝道

封建统治者将忠和孝作为对臣子最基础、最重要的道德要求。孝顺父母的人往往也容易成为忠臣。《臣轨》中表述为："古语云：欲求忠臣，出于孝子之门。……非夫纯孝者，则不能立大忠。"④

一方面将君主比拟为父母，而比父母更为尊贵；另一方面将国比拟为家，而比小家更为重要，因此"古之忠臣，先其君而后其亲，先其国而后其家……君者，亲之本也，亲非君不存；国者，家之基也，家非国而不立"⑤。这样一来，孝道对于统治秩序的维护具有特殊的作用。在统治阶级看来，不孝父母的人往往也不服朝廷管控，因此非常强调孝顺这一品行，对于不孝父母者采取异常严厉的惩罚措施。

统治阶级对孝道的追求和维护，体现在立法上就是严惩不孝以及对老人的倾向

---

① (唐)杜佑：《通典》，中华书局 2016 年版，第 4308 页。

② [加]卜正民主编，[美]陆威仪：《哈佛中国史：世界性的帝国(唐朝)》，张晓东、冯世明译，中信出版社 2016 年版，第 53 页。

③ (唐)长孙无忌等：《唐律疏议》，中华书局 1985 年版，第 41 页。

④ 王双怀、梁克敏、董海鹏译注：《帝范·臣轨·庭训格言》，中华书局 2021 年版，第 88 页。

⑤ 王双怀、梁克敏、董海鹏译注：《帝范·臣轨·庭训格言》，中华书局 2021 年版，第 89 页。

性照顾。不孝作为十恶重罪之一,包含的具体内容相当广泛,包含但不限于:诅詈父母祖父母;祖父母、父母在而别籍异财,若供养有缺;居父母丧,身自嫁娶,若作乐,释服从吉等。尊老是中华民族的习俗。唐代对于58岁以上的老人免其赋役。对年高者赐予衣物、粟、帛等;90岁以上赐予手杖;开元年间甚至规定80岁以上安排侍者一人,90岁以上安排侍者两人。

《唐律疏议》从日常生活的各方面详细规定了对子女行为的约束,以使孝道从法律上得到体现。

首先,除谋反、逆、叛之类的罪行之外,不鼓励卑亲属状告尊亲属。哪怕所告之事确实存在,仍然会因控告尊亲属而获罪。“诸告周亲尊长、外祖父母、夫、夫之祖父母,虽得实,徒二年。其告事重者,减所告罪一等。”①

其次,唐律礼法结合,判定当事人罪与非罪的首要标准并非公平正义,而是儒家伦理道德。

再次,子孙违反教令,徒二年。子孙的个人意志被压制,最明显的表现就是缺乏婚姻自由。如果卑幼在外,其尊长为其订婚,但卑幼没有遵循尊长安排,而是自行娶妻,杖一百。《唐律疏议》认为,凡是同居之内,必有尊长。尊长即在,子孙无所自专。在子孙可以遵从尊长的要求,却未遵守时,祖父母或父母状告子孙,子孙徒两年。唐律并不追究祖父母父母的要求是否合理,或者是否违背子孙的个人意愿。相应地,由于尊长作出的指令卑幼必须遵守,因此倘若是家人共同参加犯罪,通常只归罪于尊长。

此外,严格限制卑幼拥有个人财产。法律限制分家析产。若卑幼不经尊长同意,私辄用当家财物者,十匹笞十,最高杖一百。唐律利用赋税制度调节人的行为,鼓励同籍共居。《旧唐书·食货志上》记载,玄宗天宝年间,针对父母健在但是子孙别籍异居的现象,特别规定各地倘若一家中有十丁以上的人口,减免两丁的赋役;有五丁以上,则减免一丁的赋役,促进同籍共居,以敦风教。倘若父母去世,免其一定期限内的劳役赋税。

最后,居父母丧及期亲丧而嫁娶,属于触犯刑法的行为。这种情况下出嫁或娶妻的,需要徒四年;嫁娶为妾的,减三等,并且都需要强制离异。如果属于不知情而嫁娶的,不处罚。居父母丧与人主婚或为媒也是违法行为,将要杖一百。

相比较而言,倘若谋杀本属府主、刺史、县令,流两千里。其行为造成上述人等受伤的,绞。其行为造成上述人等死亡的,斩。而谋杀期以上尊亲属、外祖父母、夫之祖父母、父母者,不论是处于犯罪预谋阶段尚未实施,还是造成尊亲属伤亡,皆斩。可见,谋杀尊亲属的惩罚,比谋杀本属官员的刑罚更重。

---

① (唐)杜佑:《通典》,中华书局2016年版,第4236页。

儒家关于孝亲的观念，与佛教等宗教出世观念产生矛盾。对于出家人是否需要拜君王和父母，自南北朝时期已经开始争论。唐代中央政府在此问题上支持儒家思想，认为僧道也应当跪拜父母。唐高宗年间颁发了僧道不得受父母拜的诏书，又命令就出家人是否应当拜天子以及父母等问题进行讨论，并最终颁布要求僧道拜父母的诏书，认为僧道不能够因为绝尘出世而忘记恃怙之敬，仍然应当跪拜父母。①

8. 家国同构、君臣一体

唐代社会将父子关系类比君臣关系，将亲属领域的道德要求引入朝堂，将忠于人君的要求道德化、法律化，成为道德义务和法律义务。例如，北门学士元万顷、刘祎之等撰，以武则天名义颁布的，供朝臣修身自审的《臣轨》明确表示：

"夫人臣之于君也，犹四肢之载元首，耳目之为心使也。（四肢谓手足也。元亦首也。《左氏传》曰：狄人归先轸之元。耳听目视皆由于心，故为心之使也。）相须而后成体，（君为元首，臣为股肱，上下相须，乃成其体也。）相得而后成用。（君俟臣理，臣俟君食，上下相得，乃成其用也。）故臣之事君，犹子之事父。（资敬同也。）父子虽至亲，犹未若君臣之同体也。（古有无子之父，无父之家，未有无臣之君，无君之国，故云未若也。）"②

这样一来，在调整君臣关系时，排除法律的适用，采用类似解决家庭内部纠纷的道德伦理规则就有了合理性。《臣轨》强调，父子虽是至亲，也不如君臣一体的关系。从君臣一体理论出发，推论出心安则体安，君泰则臣泰，臣子的工作目标和人生价值就是为君分忧。③

（二）刑事立法思想

作为儒法结合的典范，《唐律疏议》的律文和议疏完美体现了儒家思想价值观念，在立法技巧上也臻于成熟。刑事立法领域的唐令、唐格、唐式、唐典等，也皆体现了儒法结合的立法理念以及高超的立法水平。

1. 维护阶级统治

法是阶级统治的工具。维护阶级统治、惩治危及统治阶级地位和生命财产安全的犯罪行为构成了唐律大部分条文内容。

《唐律疏议》将君王地位抬高，描述为："人君者，与天地合德，与日月齐明，上祇宝

---

① 王双怀、梁克敏、董海鹏译注：《帝范·臣轨·庭训格言》，中华书局2021年版，第78页。

② 王双怀、梁克敏、董海鹏译注：《帝范·臣轨·庭训格言》，中华书局2021年版，第78页。

③ 关于家国同构，参见陈祎舒：《伦理与法律：作为方法的"家国同构"及其统合功能》，载《法律方法》2021年第3期；聂飞：《家国同构视角下的传统国家治理及影响》，载《党政研究》2021年第6期；俞可平：《孝忠一体与家国同构——从丁忧看传统中国的政治形态》，载《天津社会科学》2021年第5期；王德红：《从古代亲属身份看"家国同构"》，海南大学2021年硕士学位论文等。

命,下临率土。"[①]但凡有谋反者,哪怕只处于犯罪预备阶段,并未真正实施,也视同已经实施予以处罚。危害统治秩序的犯罪,哪怕在实践上完全无法实施,造反的理由不足以惑乱人心,实际条件也不足以真正起事的,仍然处以斩刑。其目的就是禁戒来者:绝对不能有任何挑战皇权的想法。《唐律疏议》列举了实际不能为害、仍当处斩的情况:"若自述休徵,言身有善应;或假托灵异,妄称兵马;或虚论反状,忘说反由,如此传惑众人,而无真状可验者。"[②]口陈欲反之言,尽管心中并没有真正这样打算,并且现实中也没有任何相关行为的,流二千里。

2. 用语简明、减少歧义

唐律追求用语简明易懂,使执法官员不产生歧义,使百姓容易理解并且遵守。《唐律疏议》文字精简,章节分配较为合理,将类似刑法总论的部分放置于前,具体的刑名分列于后。每条律文下方有议疏对其作出详细说明解释。历经几代的删减修缮,《唐律疏议》的内容日臻完善。

为减少判案的不确定性,神龙元年(705 年)正月,朝臣赵冬曦上书建议法律条文应当简明易懂,停止执法时根据犯罪情节进行加减比附的做法,而采用直接简明的方式讲清罪名与刑罚,以缩小执法官员自由裁量的空间,以免因个人爱憎而错判弄法。赵冬曦在上书中写道:

"夫立法者,贵乎下人尽知,则天下不敢犯耳,何必饰其文义、简其科条哉?夫条科省则下人难知,文义深则法吏得便。下人难知,则暗陷机阱矣,安得无犯法之人哉!法吏得便,则比附而用之矣,安得无弄法之臣哉!臣请律令格式,复更刊定,其科条言罪,直书其事,无假饰文;其以准、加减、比附、原情及举轻以明重,不应为而为之类,皆勿用之。使愚夫愚妇闻之必悟,则相率而远之矣,亦安肯知而故犯哉!苟有犯者,虽贵必坐,则宇宙之内,肃然咸服矣。"[③]

3. 严格刑讯程序,禁止越诉

唐律对刑讯有着严格的流程规定。讯囚杖、常刑杖、笞杖都固定有规格制式,行刑的位置不能出错。笞刑应当打在腿上,杖刑应当打在背部、臀部和腿部。拷讯囚犯总数不能超过三次,采用讯囚杖击打不能超过两百次。

"诸拷囚不得过三度,数总不得过二百。杖罪以下,不得过所犯之数。拷满不承,取保放之。若拷过三度,及杖外以他法拷掠者,杖一百。数过者,反坐所剩。以故致死者,徒二年。即有疮痛,不待差而拷者,亦杖一百。"[④]

但是到了武后时期,酷吏来俊臣、周兴等用酷刑刑讯囚犯,并将之视为能耐,采取

① (唐)长孙无忌等:《唐律疏议》,中华书局 1985 年版,第 395 页。
② (唐)长孙无忌等:《唐律疏议》,中华书局 1985 年版,第 396 页。
③ (唐)杜佑:《通典》,中华书局 2016 年版,第 4307 页。
④ (唐)杜佑:《通典》,中华书局 2016 年版,第 4335 页。

了许多骇人听闻的严酷方式。

唐代严禁越级诉讼,越级上诉者以及不应当受理案件却予以受理的官员均有罪。“越诉及受者,各笞四十。”①对于冤案曲案,可以通过登闻鼓制度进行鸣冤。由于百姓畏惧官吏,武则天时期特意下令,命令登闻鼓旁边不需要设置武士把守。此外,邀车驾也属于直诉之一种。在天子行幸之际,在路旁迎驾申诉其冤屈。但倘若邀车驾或挝登闻鼓,诉而不实者,杖八十。

(三)行政立法思想

唐代行政立法延续了前朝在税赋、田地、兵制等方面的基本制度,其立法形式为唐律、唐令、唐格、唐式等。

唐令是行政组织方面的典章制度。唐令涉及范围极广,有官品令、职员令、祠令、户令、选举令、考课令、宫卫令、军防令、衣服令、仪制令、卤簿令、公式令、田令、赋役令、仓库令等。《唐六典》《通典》《唐会要》保存了很多唐令的内容。日本学者仁井田陞整理了《唐令拾遗》,通过对中日相关典籍仔细筛选,梳理还原出唐令 715 条,具备极高的准确性和参考价值。

唐格来源于诏敕,是诏敕的整理和汇总。根据整理时间的不同,唐格以年号命名,称《贞观格》《永徽格》《神龙格》《开元格》等。

唐式,是律令执行的细则以及百官的办事规程。唐式以尚书省二十四司的名称作为式的篇名,各篇规定该篇名下的具体制度实施细则,有《贞观式》《永徽式》《开元式》《垂拱式》《神龙式》等。此外,玄宗开元年间(713—741)颁布了《唐六典》。《唐六典》详细规定了国家机构的设置、职责、官员的考核、待遇等内容,是我国历史上第一部系统的行政法典。

唐律、唐令、唐格、唐式等行政法领域的立法规定,构建起唐朝最基本的户籍、赋税、土地、军事制度。这些行政制度的制定和实施都带有政策性目的,立法时的考量并不完全出于对公平公正的追求,更多因时因地策略性地调整。

在制度设计上,唐朝行政领域的法律多从宏观层面入手布局,一些巩固中央政权的政治惯例在唐初得到严格遵行。例如,在制度设计上尽量避免形成地方势力,地方官不能在户籍所在地任职,需要经常调动,以免在当地形成较强的人事联系;同时任命多位宰相,使其互相牵制;人事更替频繁,以免形成私人派系;剥夺外戚实权,命其自觉收敛,以免引起皇帝猜疑等。安史之乱以后,这些制度安排都难以为继。在中央,宦官专权,党争不断;在地方,藩镇割据,节度使拥兵自重。唐朝中后期,均田制和户籍制度已经崩溃,府兵制无法继续实施,河北和山东等地实际已经脱离中央政府的

① 钱大群:《唐律疏义新注》,南京师范大学出版社 2007 年版,第 778 页。

管控,成为半独立地区,河南则成为中央政府与半独立地区的缓冲地带。

1. 唐代户籍立法思想

我国户籍制度最早可追溯至西周。战国时期,秦建立了严格的户籍制度,以保证兵源和税赋。汉作《九章律》,户律为其中一篇,此后历代沿用。到了唐朝,户籍制度成为其赋税制度和府兵制度得以建立的根本。

(1)以户籍制度巩固身份等级的不平等

在唐朝,户籍制度最大的特点是以“编户”和“非编户”两种不同类型,将百姓分为良民和贱民。属于编户范围内的,为良民;属于非编户范围内的,为贱民。贱民只能依附于主家生活。属于官府的贱民包含乐户、工户、杂户等。依附于门阀贵族的贱民则包含部曲、奴婢等。户婚律规定,部曲、客女、奴婢等不得自立门户,需要依附于主人的户籍,也不承担赋税义务。

门阀世家经过魏晋发展到唐朝,已经形成相对稳定的家族势力。这些贵族非常重视家族发展以及族谱的修订,豪族间相互通婚成为当时的习俗。通过户籍制度将人分良贱,是门阀贵族再次巩固血统、巩固已经取得的政治、经济以及法律特权的有效手段。社会人群构成由此被划分为贵族、良民、贱民。不同阶层相对稳定,良贱不能通婚,阶层之间几乎没有流动性。①

贱民仅有极少数机会能够被放为良民,需要家长手书,长子以下连署,并经本属申牒。在户籍中属于贱民的人,其法律地位极低,不具备完整的法律权利能力和行为能力。在唐代,奴婢律比畜产。尽管唐代大中九年(855 年)开始已经有诏令承认雇佣奴婢,允许贫民以约定的方式与主家结成雇佣关系并约定雇佣年限,但是这类约定通常属于典身制。“关于典与雇的区别,从敦煌文书来看,典契和雇契都是由出典人或受雇人立契签押,是一种买房市场,但典契关系与当时的雇契关系不同。……典身与雇佣不同点在于前者的报酬通常为一次性偿付,而后者为分期支付。”②

(2)优待军户及出家人

唐律将府兵单独列入军户户籍,免除大部分赋税和徭役。

当时的府兵通常来自家境良好的家庭。府兵个人或其家庭需要承担相应军事训练的用度,同时自行准备最基本的武器和装备,如果缺乏经济物质基础,则难以维持府兵的开销。这一制度节省了国家的军费开支,但也埋下军队势力分散于地方的隐患。此外,府兵在当地需要承担起治安管理的角色,其身份地位与普通百姓不同。一

① 关于唐代户籍制度,参见赵贞:《唐代户籍研究的新进展——以孙宁〈唐代户籍编造史稿〉为中心》,载《史学理论与史学史学刊》2019 年第 2 期;王淋苏:《法律视域下的唐代户籍制度研究》,郑州大学 2016 年硕士学位论文;阎艳:《论唐代“户”的法律主体地位》,西南政法大学 2015 年硕士学位论文等。

② 戴建国:《唐宋变革时期的法律与社会》,上海古籍出版社 2010 年版,第 297 页。

些军户可以世袭成为专门的武将阶层，社会地位相对来说较高。①

在唐代，道士、女道士、僧、尼，有自己的户籍簿。这种户籍簿三年一造，同时需要制作三本，一本送祠部，一本送鸿胪寺，一本留在当地州县。祠部发给出家人度牒，为证明其身份的文书，凭此可以免除徭役。在授田方面，唐朝对出家人十分优待，僧人道士每人30亩田地，女尼女冠每人20亩田地。而寺院道观往往占有大量土地，成为商贸和房贷的主力。僧人还俗后，可参加科举考试。例如著名诗人贾岛，在韩愈鼓励下还俗应举。

（3）照顾疾、老、中、小及妇女

开元二十五年（737年）户令规定，男20岁以下、老男、废疾、（寡）妻妾为不课户，不征收赋税。

依照唐律，对老人、残疾、废疾、笃疾等有特殊的照顾待遇。其中，针对废疾免除赋税和徭役，笃疾、高龄老人配给侍丁。开元二十五年户令规定："老男、废疾、妻妾、部曲、客女、奴婢，皆为不课户。无夫者为寡妻妾。馀准旧令。诸年八十及笃疾，给侍丁一人，九十二人，百岁三人，皆先尽子孙，次取近亲，皆先亲色。"②

《唐大诏令集》记录，唐太宗时期，对80岁以上老人赐米二石、锦帛五段，百岁以上赐米四石、锦帛十段。

唐代（寡）妻妾属于不课口，不用缴纳税赋。但正是因为其不需要缴纳税赋的缘故，如果户籍登记上脱漏，没有登载女子，其罪责小于脱漏登载男性。因为男丁通常属于课役的主力，脱漏男性等同于偷逃赋税。

（4）户籍与保甲制度结合

唐初以户籍制度结合保甲制度维护地方治安，层层设防。村坊邻里之间相互督查，纠举违法。时人根据士农工商划定身份，根据身份来确定权利义务。士的地位最高，农、工次之，商人地位最低。唐初实施贱商主义的政策，为商人设置职业壁垒，不得参军也不得做官。唐中后期，随着经济的发展，商贸的发达，商人的实际社会地位有所提高。

"凡天下人户，量其资产，定为九等。每三年，县司注定，州司覆之。百户为里，五里为乡。四家为邻，五家为保。在邑居者为坊，在田野者为村。村坊邻里，递相督察。士农工商，四人各业。食禄之家，不得与下人争利。工商杂类，不得预于士伍。"③

---

① 关于唐代府兵制，参见李家男：《唐代折冲府府兵研究》，黑龙江大学2020年硕士学位论文；董海洋：《唐代兵募制度研究》，山东师范大学2015年硕士学位论文；熊伟：《府兵制政治过程论》，浙江大学2008年博士学位论文等。

② （唐）杜佑：《通典》，中华书局2016年版，第156页。

③ 许嘉璐主编：《二十四史全译：旧唐书》（第3册），汉语大词典出版社2004年版，第1634页。

(5)户籍管理与收取赋税相结合

《唐律疏议》户婚律对于脱户、增减年状等违法行为严格查处,层层追责。脱户会导致应征税款无法收缴,而增减年龄则会导致无权人员享受免税优惠。因此,在制作户籍簿时,户主故意隐瞒不报者或虚报,或者里正没有觉察到所辖领域内出现脱户、漏口、增减年岁及虚报疾病的,再或是州县未察觉上述违法行为的,都需要负刑事责任。

根据赋役令,文武职事官三品以上,或者郡王的期亲,或与郡王共同居住的大功以上的亲属,五品官以上,或者国公的共同居住的期以上的亲属,都免征课税。倘若有较为疏远的亲属冒充可以免税的近亲属,与郡王或者国公共同居住以求免税,属于妄冒合户,处徒刑二年。①

(6)检括逃户,最大限度防止税赋漏缴

地方行政人手不足,管控能力有限,户籍制度的及时更新与维护也需要乡野村民的配合,因此,即便是在唐王朝统治的鼎盛时期,户籍登记都时常有错误或遗漏。而村民离开原籍,成为大地主的佃农,由原本的"课户"变为"不课户",对税收有较大影响。对于朝廷来说,最大限度征收到可能征收的税赋,是户籍制度存在的意义。在这种情况下,检括逃户,补正户籍,防止税赋的漏缴,就成为当时财政官员的重要工作内容。

根据唐代对户籍和赋税的规定,如果自愿成为部曲、客女、奴婢等,属于不课户。因为失去了租庸调制实施的基础:田地。这些人得以免于缴纳租庸调。随着统治阶级的盘剥日益沉重,大量农民逃离户籍地,自愿依附豪强地主,成为部曲、奴婢或佃农。这类人在当时被称为"浮客"。尽管在身份地位上有所贬损,但由于能够免于缴纳租庸调,对这些贫穷农户来讲仍然有很大的诱惑。

在逃亡农民日益增多的情况下,"括户"就成为历代朝廷官员非常关注的政务之一。括户是指清查户口,将隐瞒不报的新生人口以及逃亡、隐匿人口清点出来,遣送原籍或就地入籍。根据唐律,脱户者,家长徒三年。唐高祖武德四年(621年)、太宗贞观十六年(642年)都曾检括逃户。武则天统治后期,凤阁舍人韦嗣立上疏劝谏,在描述当时社会形势时表示:"今天下户口,逃亡过半,租调既减,国用不足。"②

唐玄宗开元初,赋税沉重、土地兼并,农村人口流散,而许多不应当免除徭役的人却享受了免除徭役的待遇。这样一来,在户籍簿上登记的需要纳税和服役的人口大量减少。开元九年(721年),时任监察御史的宇文融受玄宗之命制定检括之法,根据

---

① 参见杨际平:《论唐代手实、户籍、计帐三者的关系》,载《中国经济史研究》2014年第3期;[日]堀敏一:《唐代的计帐与户籍管见》,载《社会科学战线》1987年第1期。

② 许嘉璐主编、安平秋副主编、黄永年分史主编:《二十四史全译:旧唐书》(第4册),汉语大词典出版社2004年版,第2338页。

户籍记载检括逃户。宇文融的措施在短期内即收到良好效果，查获伪滥及逃逸者甚多。由此宇文融扩大了行动规模，奏请设置劝农判官十人，与摄御史一起，到地方上清理户籍并厘定土地归属。这是唐朝规模最大的一次括户，宇文融为此拟定了详细的方案，对新归附的客户免除其六年的赋税，只收取少量入官。

这一括户行动不但搜查出客户80万余人，还为国家重新厘定了相当数量的田地。因此，尽管地方上在搜查逃亡、隐匿人口时夸大数目，甚至将实户作为查得的客户上报，但由于取得了较大成果，并且宇文融正得唐玄宗信任，其他官员都缄口不语。只有户部侍郎杨玚坚持认为搜求客户的举动是在已有的户籍簿之外再根据客户人口增加赋税，此举得不偿失，给百姓造成沉重负担。不久，杨玚被调离首都。宇文融则继续推进括户行动，巡回地方各处，召集百姓宣说皇帝的诏命。最终"来于岁终，巡按所及，归首百万"①。朝廷也制定了相应的赈灾济贫、催耕互助等政策。

安史之乱以后，华北地区农民大量逃亡原户籍地，国家对地方失去了以往的控制力，也无力再进行大规模的括户行动。②

2. 唐代土地立法思想

唐初的官方土地制度为均田制。均田制始于北魏，是为防止土地兼并，周期性地将国有土地按一定标准，作为口分田或者永业田分配给贵族、官员、商人、农民等的制度。受田者过世后需要将口分田归还国家。唐初民生凋敝，因战乱而荒芜的土地非常多。为了恢复生产、保证兵员，唐高祖李渊于武德七年（624年）颁布了《均田法》，主要内容是国家将土地按人口、年龄、身体状况、身份职业等不同标准，分别授予对应人员不同亩数的永业田、口分田等。永业田归授田人私有，可以继承；口分田为国家所有，不能买卖或继承，授田人死亡后由官府收回，另行分配。此外，官吏和有爵位的贵族可依照其品级获得永业田、职分田以及其他赐田。职分田所有权国有，其地租收入作为官俸的补充。

"武德七年，始定律令。以度田之制：五尺为步，步二百四十为亩，亩百为顷。丁男、中男给一顷，笃疾、废疾给四十亩，寡妻妾三十亩。若为户者加二十亩。所授之田，十分之二为世业，八为口分。世业之田，身死则承户者便授之；口分，则收入官，更以给人。"③

---

①　许嘉璐主编、安平秋副主编、黄永年分史主编：《二十四史全译：旧唐书》（第4册），汉语大词典出版社2004年版，第2665页。

②　参见商兆奎、邵侃：《唐代乡村治理模式的演变——以"逃户"问题为中心的考察》，载《大连理工大学学报（社会科学版）》2011年第4期；段红丽：《浅论唐代的逃户问题及其政府对策》，云南师范大学2010年硕士学位论文；黎仁凯：《关于唐代的逃户》，载《文史哲》1982年第4期。

③　许嘉璐主编：《二十四史全译：旧唐书》（第3册），汉语大词典出版社2004年版，第1634页。

(1)防止土地兼并,减少人口流动

“安土重迁,黎民之性,骨肉相附,人情所愿也。”[①]唐律严控土地买卖或私下调换,一方面减少农民迁徙,降低失地农民外出务工的概率;另一方面防止土地兼并,避免土地过于集中。此外,传统孝文化提倡父母在,不远游,尽量在父母膝前尽孝。

唐初沿用均田制,在维持百姓最低生活水准的同时,将百姓束缚在土地上,世代生息繁衍。土地制度与地方治安维护、税赋的收取以及兵员的募集相结合,以保证社会秩序的稳定,减少流民,发展经济,增加人口。特殊情况下也有例外,例如,倘若某地耕地紧缺,农民愿意迁居到千里之外的,可以免除三年赋税。[②]

(2)尊重农时,促进耕作

地方官员有促耕的职责。倘若辖区内超过一定比例的农田荒废,地方官员将被判处笞刑。田地荒废越多,每增一分刑罚加重一等,最高判处徒刑一年。里正则需要授田以及劝课农桑,出现工作失误也将负刑事责任。

徭役或其他大型公共项目的兴修,需要招募农民的,通常都会避开农忙时节,让农民安心耕作。

(3)根据身份等级分配田地

唐代均田制在实施过程中,根据人的身份对土地进行分配。官员、佛寺或道教宫观获取了大量土地,府兵及其家庭也能获得大量土地。

唐代官员的永业田按照品级授予。根据《唐六典》记载,凡官人受永业田,亲王一百顷,职事官正一品六十顷,郡王及职事官从一品五十顷,国公若职事官正二品四十顷。品级越高,授田越多。此外,《唐会要》也记载,内外官各给职分田根据官阶分配,京官一品十二顷,二品十顷,三品九顷。在州府为官者获得的职分田也是根据官品,品阶越高,获分越多。

(4)承认特殊情况下的土地私有

南北朝隋朝时期建立的一些大庄园,朝廷继续承认其土地的私人所有权。这些土地和为部队马匹准备的草场一起,属于不可分配的田地。

真正亲自进行耕种的农民,实际能够分配到的良田并不多。

3. 唐代税赋立法思想

唐朝的赋税制度,在唐初主要为租庸调制度以及各府、郡的朝贡制度。安史之乱以后,为凑集军费,增加税收,榷酤、鬻爵、盐铁专卖等手段均有采用。

---

① 许嘉璐主编:《二十四史全译:汉书》(第1册),汉语大词典出版社2004年版,第118页。

② 关于唐代流动人口,参见李敏:《唐代流动人口管理探析》,烟台大学2013年硕士学位论文;苏亚:《试论唐律中的脱户漏口罪》,中国政法大学2008年硕士学位论文;石涛、郜明钰:《理性选择视阈下唐代逃户与国家治理》,载《中国农史》2019年第1期;蔡庆林:《唐代逃户的时空特征》,陕西师范大学2012年硕士学位论文等。

唐代实施乡村自治。根据大唐令，百户为里，五里为乡。每里设置里正一人，根据本里的户口劝课农桑，检查各种违法现象，并且催缴赋税。在城邑居住的，为坊。坊有坊正，督查奸非。村上则设有村正，职能与坊正相同。根据《唐律疏议》卷十二的记载："里正之任，掌案比户口，收手实，造籍书。"①手实是一户人家的户主所记的账本，通常记录了家人的年龄，税收缴纳情况，受田的地段、性质、亩数等。此外，家人的一些特殊情况，例如属于残疾、寡、中女，或者是属于折冲、别将、翊卫等都记录在册，以作课税之参考。里正根据全村申报的手实，整理汇总。《新唐书》卷五十一食货志记载："凡里有手实，岁终具民之年与地之阔狭，为乡帐。乡成于县，县成于州，州成于户部。又有计帐，具来岁课役，以报度支。"②

按照唐律，臣民在面对国家临时征招时，为了逃避差役而诈称疾病，或者故意自伤自残的，徒一年半。雇人伤害自己以达到逃避征招目的致人伤残的，徒一年半，倘若致人死亡，比照斗杀罪减一等处罚。

(1)轻徭薄赋

唐朝建立初期，一度采用轻徭薄赋的政策，减免租税，以减轻百姓负担。但安史之乱以后，军费开销日益增多，朝廷对地方控制能力减弱，户籍制度崩塌，税收收入锐减，新的税种与征税方式开始实施。

(2)因地制宜，灵活征税

在均田制基础上，唐朝建立起租庸调制度。受田者需要根据规定标准缴纳租税并且服徭役。所谓租庸调制度，每丁每年纳栗二石为租，输绢二丈为调，每年服徭役二十日可以每日三尺绢折抵，为庸；也可以简要归纳为，以谷物形式缴纳的租税为租，以布匹形式缴纳的赋税为调，以劳役代替布匹为庸。根据唐朝杜佑所纂《通典》卷六食货部分记载，根据唐令，各郡所提交的朝贡皆是其本地出产，其数量皆有规定。倘若以后要增加数目，则通过修改唐令以调整配给。例如，华阴郡需要朝贡鹞子十联、乌鹘五联、茯苓三十八斤、细辛四斤、伏神三十八斤；扶风郡需要进贡龙须席十领；安西都护府需进贡人参五斤；甘肃武威郡进贡野马皮五张、白小麦十石。

根据成年男丁授予田地分派税赋和徭役的征税方式，在安史之乱以后随着户籍制度的崩塌，已经无法实施。

唐德宗时期，国家进行财政改革，实施"两税法"。两税法一年征税两次，以个人实际拥有的土地和财产为征税基础，根据各地生产能力的不同，按照不同税额征税。唐朝中晚期，两税法取代租庸调制度，与盐铁专卖制度一起重新为唐朝政府提供了稳定收入来源。此外，藩镇的进贡也成为朝廷收入的补充。

---

① 钱大群：《唐律疏义新注》，南京师范大学出版社2007年版，第393页。

② （宋）欧阳修、宋祁等：《新唐书》卷五一，中华书局1975年版，第1343页。

唐宪宗时期,两税法开始以铜钱形式计算数额,但当时整个国家铜币很稀缺,只能将需要缴纳的铜钱数额换算成粮食和布匹。宪宗时期的税率仍然采用德宗时期拟定的税率。在德宗时期,由于通货膨胀,同样数量的铜钱购买的粮食和布匹较宪宗时期要少,此时以粮食布匹缴纳税赋对农民来说是划算的。但是到了宪宗时代,同样数量的铜钱购买的粮食布匹增多,相应地,农民需要缴纳的粮食布匹数额就增多。因此尽管经济有所恢复和发展,两税法仍然为农民带来沉重负担。

随着商业贸易的发展,南方的木材、盐、茶、药材、丝绸等经大运河水运至北方,沿途产生了许多经贸发达的城市。在一些码头或转运中心,藩镇的官员设置关卡收取关税。①

(3)根据身份与等级,区分设定税赋

唐代官员免除劳役。据《通典》卷六食货志记载:"诸任官应免课役者,皆待蠲符至,然后注免。符虽未至,验告身灼然实者,亦免。其杂任被解应附者,皆据本司解时日月据征。"②

唐律对妇女、儿童、老、残、疾病者适当照顾,免除对妇女、儿童、老人的税收征收以及徭役。对残疾、笃疾的赋税也予以减少,乃至免除。

(4)以租庸调制为主,其他多种税收手段并行

唐初税收制度以租庸调制为主。自开元中期到天宝年间,由于开拓边境,多次用兵,军费日增。米粟、衣物等军需增大。安史之乱以后,国家丧失了对黄河流域以及东北大部分土地和人口的有效管控。由于隋朝大运河的开发以及漕运的发展,经济中心南下到了长江中下游流域。晚唐时期,城市贸易继续增长。粮食以及布帛等,经大运河北上支援朝廷赋税。

唐肃宗时期,政府开始设置盐铁专使,实施盐铁专卖制度以增加财政收入。随着朝廷收入越来越依靠南方盐铁专营,盐铁使的权力也越来越大。作为盐铁专营管理部门,盐铁使开始对当地行政事务产生影响力,能够参与长江流域民间土地纠纷的解决。公元810年,盐铁使开始负责长江流域的税收征收,随即引起中央政府的警惕,将盐铁使的职责与民事管理分离。盐铁使的设置,使得中央官员参与商业经营,使财政官员职业化。一批具有商业经营管理经验的官员利用专业知识,在户部获得倚重与提拔,成为文官体系内少有的技术官僚。

唐代宗时期加强了对贩酒的控制。酒类专卖在食货志中被称为"榷酤",最早见于汉孝武帝天汉三年(公元前98年)。唐广德二年(764年),敕定天下各州统计目前

---

① 关于唐代税收,参见沈世培:《唐代"两税"之辨》,载《中国经济史研究》1995年第1期;沈世培:《试论唐代两税法以钱定税的由来》,载《中国农史》2000年第3期;沈世培:《论唐代建中定税的因循性》,载《中国农史》2001年第2期。

② (唐)杜佑:《通典》,中华书局2016年版,第110页。

已有的酒坊,按月纳税。到了建中三年(782 年),已经发展到"禁人酤酒,官司置店自酤,收利以助军费"①。

4. 唐代科举立法思想

在隋唐以前,"举士与举官,合而为一,士获选,即入官,此荐举之特色也。虽有时亦用考试法救其流弊,顾与科举之专赖考试制度以推行者则有所异。……隋文帝'罢州郡之辟,废乡里之举,内外一命,悉归吏部';自是举官与举士之途分,而举士则由科举"②。荐举不同于保举。保举制度是因为其人有才略或功绩,由高官向朝廷推荐,可直接做官,不再需要另外考试。也就是说,在隋唐以前,保举与荐举为同一种制度,举士就是举官。到了隋唐以后,举士与举官分离。举士需要再经过考试才能为官。

隋炀帝早期采用荐举制度,下诏表示:倘若有名节且品行显著,并且有学业或某一可以取用的技能,所在州县应当举荐这样的人为朝廷服务。对于那些孝悌的、德行敦厚的、文章学业突出者,五品官以上可以荐举。唐朝延续了隋朝通过考试选拔人才的方式,荐举与科举并行,并且列出了特定的科目③,以技能取人。但唐代科举仍然非常注重文章辞藻。"隋唐两代,科举重视诗赋,而考试之法尚未尽善也"④。

唐代科举考试由礼部主持。通过科举考试之后,文选需要经过吏部的考试才能为官,武选则需要通过兵部的测试。对于经过科举考试选拔出的人才,朝廷对其充分尊重。据《册府元龟》记载,左拾遗刘承庆曾经上疏表示,天下诸州朝贡的物品,在元日都陈列御前,只有贡生或者举人在朝堂拜列,反而位于物品之外。这样的安排让人觉得朝廷更注重金帛财物,轻视贤良人才,请求在元日引见时,将人才的位置安排到各地上贡的物品之前。朝廷允诺之。⑤

(1)利用科举选才对抗门阀势力

经魏晋延续到唐初的门阀贵族势力占有大量田地和财富,掌控社会舆论,是官僚体系之外不可忽视的力量。唐太宗时期,科举制度已经成为对抗门阀贵族势力的手段之一。武则天时期,为与忠于李姓的朝廷势力抗衡,大量启用通过科举考试的寒门子弟,科举考试由此成为最为主要的入仕通道,为时人所重。

---

① 参见秦鸿亮:《唐代商税的几个问题》,陕西师范大学 2012 年硕士学位论文;李尔静:《唐代后期税茶与榷茶问题考论》,华中师范大学 2017 年硕士学位论文;郭旸、李华罡:《茶税研征——唐代税榷制下的茶政经济思想分析》,载《上海财经大学学报》2006 年第 4 期等;(唐)杜佑:《通典》,中华书局 2016 年版,第 250 页。

② 陈顾远:《中国法制史概要》,商务印书馆 2011 年版,第 138 页。

③ "凡列为定科者,如贤良方正直言极谏,博通坟典达于教化,军谋宏远堪称将率,详明政术可以理人之类。但各科虽以行为技能取人,而其试也除武途外,亦须辞藻宏丽;天宝以后更须加试诗赋,实失荐举本意。"参见陈顾远:《中国法制史概要》,商务印书馆 2011 年版,第 139 页。

④ 陈顾远:《中国法制史概要》,商务印书馆 2011 年版,第 144 页。

⑤ (宋)王钦若等编纂、周勋初等校订:《册府元龟》捌,贡举部(一)·条制,凤凰出版社 2006 年版,第 7389 页。

科举制度设立之初，只是普通人获取仕途的方式。但是随着时间的推移，科举制度逐渐得到门阀世家的认可，成为保持自身门第的手段。对于当时的贵族子弟来说，放弃门荫资格，通过科举考试，更能体现个人能力，更易在仕途上得到重用。此外，根据《唐国史补》记载，缙绅虽位极人臣，不由进士者，终不为美。门阀贵族一直有重视家族后辈学术传承的传统。通过族学聘请名师使家族子弟均能受到良好的教育。因此，贵族世家子弟在准备科考上仍然具备一定优势。

(2)选贤任能，经国济民

科举考试制度设计的初衷，就是选贤任能，经国济民。寻访有真才实干的贤哲并纳入体制中来。从考试内容上讲，根据《唐六典·尚书礼部》记载："凡举试之制，每岁仲冬，率与计偕。其科有六：一曰秀才，试方略策五条。此科取人稍峻，贞观已后遂绝，二曰明经，三曰进士，四曰明法，五曰书，六曰算。"①

常科主要有秀才、明经、进士、明法、明书和算术六科。秀才科主要考策问，由于考题太难，应考者日少，于唐高宗时候废止。明经科需要通晓经学，主要指《诗》《书》《礼》《易》《左传》《公羊传》《谷梁传》。明法科需要通晓法律法令。明书科则需要精通训诂之学。明算科需要详明术理。进士科主要考帖经、杂文、时务策论三场，同时也看重应试者的文笔才赋。到了唐代中晚期，进士科已经成为考试主要内容。

尽管科举考试的目的是在荫功和血缘之外，为那些具备治国理政能力的普通百姓开辟一条入仕的道路。但其考试内容还是过于倾向辞藻文章的写作。以文词类为例，有文艺优长科、文以经国科、文词秀逸科、文穰宏丽科、讽谏主文科、博学宏词科等，但这些考试主要考文笔辞赋。文学成就、官职等级与个人身份门第结合，形成了文士群体。这些文士群体与那些擅长财政的技术型官僚，或是掌握军权的宦官势力彼此轻视。②

(四)军事立法思想

《唐律疏议》中涉及军事违法犯罪的规定集中于擅兴律。《军防令》以及《唐六典》也规定了与军事相关的内容。③

唐初的军事制度为府兵制。全国设600多个折冲府，④每个折冲府统领800—

---

① (唐)李林甫等撰、陈仲夫点校：《唐六典》，中华书局1992年版，第109页。

② 参见梁爽：《儒经背景下的唐代试策研究》，郑州大学2018年硕士学位论文；高驰：《从唐代党争看早期科举制存在的弊端》，载《绵阳师范学院学报》2022年第12期。

③ 关于唐代折冲府的研究资料，主要有清代劳经原的《唐折冲府考》，罗振玉的《唐折冲府考补》，近代谷霁光的《唐折冲府考校补》，以及现代学者张沛的《唐折冲府汇考》。

④ "然所立府数，当代说法已不一致，如《唐六典》云为五百九十四，李繁《邺侯家传》云为六百三十，杜牧《原十六卫》云为五百七十四，陆贽《论关中事宜状》云为八百……"参见张沛：《唐折冲府汇考》，三秦出版社2003年版，第1页。

1200 名兵卒。“这些军府分布在乡村但拱卫着都城，其中三分之二设置在距离长安或洛阳 274 公里范围之内。……府兵之外，唐朝军队的核心力量是位于都城的中央军。这些军队包括几乎只从本地精英家庭中选拔的王室卫队和由李渊最初部下的后裔组成的北军。出征的军队是由府兵、中央军、以突厥人为主的胡人盟友中挑选出的士兵组成。”[①]府兵主要分布在关中地区，拱卫京城。通常情况下，各地府兵轮流戍卫京师或者戍边。倘若需要临时调动，由中央出令，危机解除以后府兵回其原本的折冲府，将领则回归朝廷复命。此外，府兵需要按期参加大集校阅。这是一种皇帝亲自视察的军事演练，例如《唐会要·讲武》记载，唐武德年间，“杀气方严，宜顺天时，申耀威武，可依别敕，大集诸军，朕将躬自循抚，亲自校阅”[②]。凡有违期不到的，杖一百，主帅犯者，罪加二等。

1. 寓兵于农、兵农合一

府兵制是寓兵于农、兵农合一的制度。府兵的户籍在州县，平时需要进行农业生产，农闲时进行军事训练，战时拿起武器参加作战。府兵制确立于西魏，隋朝时进行了改革和完善。为加强中央集权，隋朝在中央设立十二卫，专门统领府兵。原来的兵府改成鹰扬府，接受中央十二卫的领导。隋末农民起义后，府兵制的发展被打断。到了唐高祖武德二年(619 年)，府兵制恢复。高宗时期，十二卫增加为十六卫，负责统领府兵。

2. 私家培训军队，减轻国家负担

唐初，府兵主要来源于能够承担军事训练花费的富裕家庭。作为享有一定特权的军户阶层，需要自备作战装备，承担训练开销，也需要为当地治安尽一定的维护职责。与此同时，国家减免其租税。军户之外的私人禁止拥有兵器和军用物资，例如盔甲、弓弩、矛、具装等。即使偶尔拾得他人遗失的军用物品，倘若在规定期限内不送官，与私自拥有这些违禁品一样属于犯罪。

折冲府大部分部署于关中地区，中央调拨部队时，地方必须予以配合。擅自发兵或急需兵不即发，都属于触犯刑律的罪行。例如，《唐律疏议》规定擅自调发兵十人以上，徒一年。军需物资的调用、供应，也应当先上报中央，等待批复。紧急情况下兵员需立即调拨，例如遇到贼寇的突袭等，也应同时上报。

3. 兵源多样，兵将分离

随着边境军事压力增大，富裕家庭子弟逐渐逃避兵役，穷苦农民子弟开始填补兵员空额，府兵制开始衰落。一些自愿延长兵役期限的士兵以及新加入卫戍部队的失地农民，成为驻守边关的职业军人，也即募兵。朝廷需要支付这部分募兵的军饷，并

---

① [加]卜正民主编，[美]陆威仪：《哈佛中国史：世界性的帝国(唐朝)》，张晓东、冯世明译，中信出版社 2016 年版，第 45 页。

② (宋)王溥：《唐会要》(上册)，上海古籍出版社 2006 年版，第 584 页。

永久免其赋税和其他徭役。最初募兵只根据实际情况的需要，灵活征募。由国家出钱出力维持一批职业军队的情况，在武则天时期曾经出现过。唐朝中后期，募兵大部分由地方节度使掌握。各节度使也开始注重培养自己的私兵。这些军队名义上属于唐军，但已经不听中央政府的指挥，只服从当地节度使的指令。除募兵以外，地方军镇也多雇佣胡人作为雇佣兵参加战斗。

募兵依靠军饷生活，脱离农耕，成为职业军人。这些职业军人日益成为地方节度使的私兵，在朝廷减少军费裁军之际，节度使自行维持募兵的规模，最终形成唐朝中后期的藩镇割据。

安史之乱以前，有作战任务时，朝廷临时指派将领统兵作战。战争结束以后，府兵返回原籍，将领返回朝堂，兵将分离，彼此之间很难形成私人联系。随着均田制的瓦解，府兵制难以为继，原十六卫开始衰落。

安史之乱以后，中央所能够掌握和调动地方藩镇的军队越来越少。为了削弱藩镇节度使的军事势力，唐宪宗授予各州刺史对所在州一些次要军队的指挥权。宦官也逐渐开始掌握军队，唐德宗时期，宦官开始统领禁军，直至唐末。由宦官指挥的军队称神策军，采用募兵的方式，募集的兵员大多数属于世代为兵的军户。

（五）经济立法思想

唐代涉及经济领域的立法散见于《唐律疏议》以及《唐六典》之中。这些经济类立法包含对职务犯罪的惩处、对市场和货币的管理、对社会救助义务的设置等。

1. 商业立法思想

唐代经济活动繁多，形成了较为复杂的经济关系。唐代经济立法对各项经济活动予以法律规制，法网繁密。

（1）以刑罚惩处经济领域的犯罪

唐律采用刑罚惩处经济领域的违法行为。在处罚时，通常比照官员职务犯罪减一等处罚。例如，官府作坊所制作的物品不如法，笞四十；不能使用，需要重新制作的，计算其废品所耗物料和人工，根据《唐六典·户部郎中》记载，一日人工折抵绢三尺，按照比坐赃罪减一等论处，但倘若属于制造御用之物的，加二等处罚。如果役使劳工进行采集、取材之类但采集的物品不能使用，倘若是完全不能使用的，计算全部的人工；部分不能使用的，计算亏损的人工，总计数折半按照坐赃减一等处罚。倘若在建造或拆除涉及毁坏崩撤，过失致人死亡的，徒一年半。

（2）对职业过失严加惩处

唐律对于一些专业人员的职务纠纷，例如医生以治病的借口诈取财物的，以盗窃罪论处。对于给人配药出现医药事故的，倘若配制的药方不如古今医方而致人死亡的，医生徒二年半。《唐律疏议》规定："诸医为人合药及提疏、针刺，误不如本方，杀人者,徒二年半。其故不如本方,杀伤人者,以故杀伤论。虽不伤人,杖六十。”①

(3)注重对商业信誉的维护

唐律规定担保人的连带责任。对于担保人来讲,如果其担保的事物虚假不实,比照被担保人之罪减二等处罚。倘若编造名字,或冒用他人姓名为人担保的,笞五十。为他人寄存财物,擅自取用消耗的,按照坐赃罪论处。《唐律疏议》规定:“诸受寄财务,而辄费用者,坐赃论减一等。诈言死失者,以诈欺取财物论减一等。”②

对于那些欠债违约不还的,根据其欠债金额,价值一匹以上,违期二十日的,笞二十。每增加拖欠日期满二十日的,加重笞打数目,最高笞六十;每增加欠债价值满三十匹乃至一百匹的,加等处罚。

(4)注重市场管理和城市规划

唐律对市集管理以及城市规划有着严格的规定。唐初,官方专门设定贸易市场,同时允许小贩沿街行商。在市场规划布局上,珠宝店和金银加工业聚集于一处,布业与裁缝店聚集于另一处,甚至有专门的妓院等休闲场所。但随着商业的发展,私人商店逐渐超出官方设计的范围,按照商业规律自行扩张。

唐都城长安实行宵禁制度。到了公元9世纪初期,宵禁制度开始松弛,夜市开始出现。城市中出现沿街修建的越界建筑。城内街巷人多的地方,不能无故驱驰车马,以免踩伤行人,违犯者要笞五十。向城中或官私宅邸投放弹丸或投掷瓦石的,笞四十。对于那些营造房屋违背《营缮令》规定的规格仪制的,杖一百。侵占巷道,杖七十。随意排放污物的,杖六十。“诸侵巷街、阡陌者,杖七十。若种植垦食者,笞五十。各令复故。虽种植,无所妨废者,不坐。其穿垣出秽污者,杖六十。出水者,勿论。主司不禁,与同罪。”③

由于商业飞速发展,部分农民开始转变为行商或承担部分商人角色,将自己生产出的农产品运送到市场贩卖。水运的发达促使船长和水手的专业化,船舶运营与货物仓储业开始发达,对市场管理人员的商业技能的要求也越来越高。④

2. 社会救助立法思想

唐代的社会救助制度有所发展。除乡村邻里间的互助义务之外,国家设置常平

---

① 钱大群:《唐律疏义新注》,南京师范大学出版社2007年版,第842页。

② 钱大群:《唐律疏义新注》,南京师范大学出版社2007年版,第845页。

③ 钱大群:《唐律疏义新注》,南京师范大学出版社2007年版,第855页。

④ 关于唐代商业立法思想,参见孙英伟:《刍议唐代商业立法》,载《商场现代化》2008年第12期;唐廷猷:《唐代药业用房建设与道德组织建设》,载《中国现代中药》2019年第7期;崔晓莉:《从唐代文献看唐代商人的商业道德观》,载《兰州教育学院学报》2017年第3期;梁克敏:《唐代城市管理研究》,陕西师范大学2018年博士学位论文;王彬、张沛:《从〈唐律〉看唐代对长安西市交易及市场的管理》,载《咸阳师范学院学报》2014年第1期;张琛:《唐代市场管理研究》,扬州大学2012年硕士学位论文。

仓、悲田院等，以救助鳏寡孤独艰难困苦者。①

（1）为私人设置救助义务

一定程度上，唐代法律对百姓社会救助的道德义务进行了规定。例如，唐开元二十五年（737年）《户令》规定，鳏寡孤独贫穷老疾不能自存者，由近亲收养。若无近亲，由乡里安恤。该条后由《宋刑统》继承。

此外，唐律也规定有类似场所主人或雇主的看护义务。根据《唐律疏议》规定："诸丁匠在役及防人在防，若官户、奴婢疾病，主司不为请给医药救疗者，笞四十；以故致死者，徒一年。"②

对于那些随军征战，或者跟随官员车架出行者，倘若在外乡死亡，依令应当送其遗体返乡。"诸从征及从行、公使于所在身死，依令应送还本乡，违而不送者，杖一百。若伤病而医食有阙者，杖六十；因而致死者，徒一年。"③

（2）平抑物价、因灾蠲免

常平仓是平抑物价的重要手段之一。当市场上物价太贵，就将以往仓储的物质以低价卖出；当市场上物价暴跌，出现谷贱伤农的情况，就按照中上等价格进行国家收购。

在出现天灾时，朝廷通常会减免租税。唐初实行租庸调制度。据《旧唐书·卷二十八·食货上》记载，唐高祖武德年间规定，凡是水、旱、虫、霜等自然灾害，造成了十分之四以上的损害时，免租；造成了十分之六以上的损害时，免调；损失达到十分之七以上，课役俱免。整个唐代，多有因灾蠲免之举。此外，灾后百姓贫乏之际，官方出面赈贷一些农业必需品，例如种子、耕牛等，也会帮助百姓修葺房屋，以恤养安民。

社会济贫主要以发放物资为主。玄宗开元二十二年（734年），设置官办养病院，也被称为悲田院，收留病人、孤儿和乞丐。

（六）婚姻家庭立法思想

唐代婚姻家庭领域的立法主要集中于《唐律疏议》的户婚律。唐律承袭了前代的儒家纲常伦理观念，要求成婚必须有"父母之命、媒妁之言"，并经过传统的六礼作为成婚流程。解除婚姻的法定限制仍然是"三不去"。在判断婚姻关系成立与否的问题上，唐律严格按照儒家伦理的要求，以维护封建的尊卑秩序为主要考量，极少顾及当

---

① 关于唐代社会救助制度，参见丁建定：《唐代的社会救助制度及其管理》，载《社会保障评论》2017年第2期；陈井安、郭丹、瓫晓璐：《中国古代社会救助考察》，载《中华文化论坛》2016年第1期；王颜：《论唐宋时期社会救助机制的变化及特点》，陕西师范大学2007年硕士学位论文；黄美：《论唐代社会救助问题》，安徽大学2013年硕士学位论文；梁骄阳：《唐代社会保障体系的现代启示》，载《沈阳工业大学学报（社会科学版）》2014年第6期，等等。

② 钱大群：《唐律疏义新注》，南京师范大学出版社2007年版，第844页。

③ 钱大群：《唐律疏义新注》，南京师范大学出版社2007年版，第858页。

事人的情感需求。父母对子女的婚姻拥有决定权,婚姻双方,尤其是女方当事人几乎不享有婚姻自主权。

唐律是礼法结合的典范。在婚姻家庭领域,唐律所否定的,就是与儒家伦理不合的;唐律所维护和提倡的,就是符合儒家伦理要求的。具体来说,唐代婚姻家庭方面的法律体现了如下思想。

1. 同姓不婚的思想

同姓不婚是起源于西周时期的婚配原则。自古同姓不婚,恶不殖也,认为如果婚配双方血缘太近,影响宗族的繁衍以及后代的素质。《唐律疏议》明确规定:“同宗共姓,皆不得为婚,违者,各徒二年。”①倘若男女双方的姓氏属于同音异字,也在禁止之列。

此外,倘若婚姻双方属于同姓又构成缌麻以上亲属关系的,按照杂律犯奸处理。婚姻双方存在尊卑关系的,也禁止通婚。

2. 妻妾有别的思想

唐代实行一夫一妻多妾制,维持妻妾在身份尊卑上的区别,禁止有妻更娶。《唐律疏议》曰:“妻者,齐也。秦晋为匹。妾通买卖,等数相悬。婢乃贱流,本非俦类。若以妻为妾,以婢为妻,违别议约,便亏夫妇之正道,黩人伦之彝则,颠倒冠履,紊乱礼经。”②夫妻在社会地位上互相匹配,如同秦晋两家实力相当。而妾的地位低于妻,不能将妾的地位抬高过妻的地位。

儒家所认可的婚姻制度为一夫一妻多妾制。《礼记·昏义》曰:婚姻者,合二姓之好,上以事宗庙,下以继后世。儒家婚姻强调的是两个家族的结合,并不关注男女双方的情感状态。家长在为子女择偶时,考虑的更多的是家族的发展、门第的相配、财富的积累等。因此,真正能够结成夫妻的,往往是在双方家族共同安排下的结合。这样一来,对妻的地位的维护,实际是对两家关系的维护,涉及家业的传承和祭祀的承接,关系到家族利益等重大事项。

“诸有妻更娶者,徒一年。女家减一等,为其知情。合杖一百。若欺妄而娶,謂有妻言无,以其狡诈之故,合徒一年半。女家既不知情,依法不坐。仍各离之。称各者,谓女氏知有妻、無妻,皆合离异,故云各离之。”③

倘若把妻降为妾,或者尊卑不分,将婢女作为正妻,徒两年,并且各自恢复原本的身份地位。妾担任正妻,或者婢女为妾者,徒一年半,各自也需恢复原本的身份地位。即便是婢女有了主人的孩子,被放为良人,也仅可为妾,不可为妻。

“诸以妻为妾,以婢为妻者,徒二年。以妾及客女为妻,以婢为妾者,徒一年半。

---

① (唐)长孙无忌等:《唐律疏议》(第3册),中华书局1985年版,第297页。

② 钱大群:《唐律疏义新注》,南京师范大学出版社2007年版,第436页。

③ (唐)长孙无忌等:《唐律疏议》(第3册),中华书局1985年版,第292页。

各还正之。”①

3. 良贱不婚的思想

儒家伦理纲常极其看重门第与等级，讲究色类相从，良人和贱民之间不能婚配。具体来说，贱民包含杂户、官户、工户、乐户、部曲、客女、官奴婢等。其中，工、乐、杂户与太常音声人为官贱民。杂户的来源一部分为前代遗留，另一部分为犯罪没官配给诸司差遣或者俘虏配没的人户，其身份高于官奴婢，但低于平民。《唐律疏议》解释杂户为："杂户者，前代犯罪没官，散配诸司驱使，亦附州县户贯，赋役不同白丁。"在户籍上，杂户虽然附属于州县，但仍然属于贱民。官户指的是因犯罪被没入官府的罪犯、罪犯家属及其后代，也称番户。工户、乐户则是指隶属于官府的工匠、乐人等。太常音声人是指在太常寺的乐户。部曲和客女，是依附于豪门贵族的部属，为私家所有，男称部曲，客女为部曲之女。这些贱民的职业世袭或者由主人指派。根据良贱不婚的原则，他们不能与同类之外的良人为婚。

"诸杂户不得与良人为婚，违者，杖一百。官户娶良人女者，亦如之。良人娶官户女者，加二等。……即奴婢私嫁女与良人为妻妾者，准盗论；知情娶者，与同罪。各还正之。"②

奴娶良人的，徒一年半，倘若娶的是身份比奴婢高的客女，也需要徒一年。如果其主人知情而不阻止的，杖九十。这种不符合身份尊卑的婚姻所生的子女，按照户令："不知情者，从良；知情者，从贱。"③

杂户也不得与良人为婚，违者杖一百。

4. 遵循孝道的思想

孝道是儒家伦理道德强调的重点。根据儒家孝道的要求，父母去世应为父母守孝，热孝期间理当保持伤心肃穆，不能参与娱乐活动、不能从事公职谋求仕途发展、不能婚配嫁娶。居父母丧而嫁娶者，徒三年。

"父母之丧，终身忧戚。三年从吉，自为达礼。……若居父母及夫之丧，谓在二十七月内，若男身娶妻而妻女出嫁者，各徒三年。"④

在祖父母、父母因犯死罪而被囚禁时嫁娶，徒一年。《唐律疏议》的规定依据儒家价值观对人行为要求的标准，直接指出，在祖父母、父母身陷囹圄之时，子孙还进行嫁娶，为名教所不容。但是倘若依祖父母、父母的命令而嫁娶的，勿论。

子女需要孝顺父母，父母也需承担起教育子女的责任，在发现子女有不符合儒家道德观念的行为之时，必须予以训诫并采取相应的行动。

---

① 钱大群：《唐律疏义新注》，南京师范大学出版社 2007 年版，第 436 页。

② （唐）长孙无忌等：《唐律疏议》（第 3 册），中华书局 1985 年版，第 304 页。

③ （唐）长孙无忌等：《唐律疏议》（第 3 册），中华书局 1985 年版，第 303 页。

④ （唐）长孙无忌等：《唐律疏议》（第 3 册），中华书局 1985 年版，第 293 页。

5. 男尊女卑、男女异罚的思想

在男女双方违背儒家伦理纲常观念时,《唐律疏议》规定的处罚不同。通常情况下,对男方的处罚轻,对女方的处罚重。另有一些仅针对女方的处罚。

根据《唐律疏议》的规定,女方家不可轻易悔弃婚约。针对男方家提出的结婚请求,女方家许以“报婚书”表示同意的,如果女方家明知道男方存在年老、年幼、残疾、疾病、属于被收养的养子、属于庶子等不利条件,先答应后悔婚者,杖八十,并且仍当按照约定举行婚礼。相应地,倘若男方悔婚,不处以刑罚,唯一须承担的不利后果是,男方如果已经支付聘礼的,不得追回。

“皆谓宿相谙委,两情具惬,私有契约,或报婚书,如此之流,不得辄悔,悔者杖六十,婚仍如约。若男家自悔者,无罪,聘财不追。”①

女方悔婚并另许他人,杖一百。倘若后一婚配已经完成,徒一年半,后娶者倘若知情,减一等处罚。为了彻底禁绝悔婚现象,《唐律疏议》还规定,即使女方已经另外婚配他人,也应当将其判给前夫,如果此时前夫已经不愿意再迎娶,女方家需要归还前夫的聘礼。

也有对男方处罚更重的情况。当男方家妄冒,成婚时以其他人顶替事先约定的结婚主体,相对于女方家妄冒,惩罚更加一等。双方议婚时,必然已经考虑过嫡庶、尊卑、长幼等因素,在妄冒的情况下有可能违背这些必须遵守的儒家伦理纲常。因此,哪怕双方已经成婚,也应当判其离异。

禁止女方在丈夫去世后,服丧期未满前再次结婚。“疏议曰:夫为妇天,丧无再醮。若居父母及夫之丧,谓在二十七月内,若男身娶妻而妻女出嫁者,各徒三年。”②

6. 有限度的妇女保护思想

唐代对外交往频繁,各民族思想文化通过商业贸易等形式交互影响,国策相对开明,妇女地位普遍提高。这一时期,和离制度被列入《唐律疏议》,成为国家正式认可的离婚方式之一。

唐以前的法律往往都只规定了由男方单方面提出的离婚,即“七出”,“诸妻无七出及义绝之状而出之者,徒一年半。虽犯七出,有三不去而出之者,杖一百。追还合”③。《唐律疏议》首次将和离列入法律条文,规定“若夫妻不相安谐而和离者,不坐”④。和离可以由夫妻任何一方提出,在“彼此情不相得”⑤的情况下两愿离婚。但实际上两愿离婚的要求相当苛刻。

---

① (唐)长孙无忌等:《唐律疏议》(第3册),中华书局1985年版,第290页。
② (唐)长孙无忌等:《唐律疏议》(第3册),中华书局1985年版,第293-294页。
③ (唐)长孙无忌等:《唐律疏议》(第3册),中华书局1985年版,第301页。
④ (唐)长孙无忌等:《唐律疏议》(第3册),中华书局1985年版,第302页。
⑤ (唐)长孙无忌等:《唐律疏议》(第3册),中华书局1985年版,第302页。

“疏议曰：妇人从夫，无自专之道，虽见兄弟，送迎尚不逾阈。若有心乖唱和，意在分离，背夫擅行，有怀他志，妻妾合徒二年。因擅去而即改嫁者，徒三年。”①

也就是说，倘若女方按照个人意愿，单方面离去，擅自改嫁，属于触犯刑法的犯罪行为。如果女方父母知道自己的女儿擅自离开丈夫，需要教育她相关的儒家伦理道德，并且将女儿送返其丈夫家。如若不送返，任其违法改嫁，女方父母需要徒三年。

在唐代，正妻受到法律的严格保护，其法律地位在一定程度上与丈夫相当。“妻者，齐也，秦晋为匹。”②由于在缔结婚姻时已经要求夫妻双方门第相当，家庭匹配，因此也赋予正妻“传家事，承祭祀，既具六礼，取则二仪”③的相关权利义务。倘若丈夫有妻再娶，或是以妻为妾，将受到刑事处罚。

“诸有妻更娶者，徒一年，女家减一等，若欺妄而娶者，徒一年半，女家不坐，各离之。……诸以妻为妾，以婢为妻者，徒二年；以妾及客女为妻，以婢为妾者，徒一年半，各还正之。”④

正妻需要主持中馈，且具有生下嫡子继承家业的重任。倘若贱民被释放为良人，并且生育有儿子，也仅得作为妾室，不能成为正妻。

“婢虽经放为良，岂堪承嫡之重。律既止听为妾，即是不许为妻。不可处以婢为妻之科，须从以妾为妻之坐。”⑤

此外，倘若有妇女在为其丈夫守丧期满之后，不愿意再嫁，只有她的祖父母、父母可以强令其再嫁。其他亲属强迫其嫁人的，处以徒刑一年。倘若属于该妇女期以上亲属强令其再嫁的，杖九十。强令再嫁的婚姻需判处其离异，被强嫁之女回到之前家中，娶的人不受罚。

唐代的继承法对在室女有所关照。倘若父母去世时尚未出嫁，可以从父母遗产中获得一份嫁妆，价值为未婚兄弟所继承份额的一半。根据唐《丧葬令》规定，凡是属于户绝的情况，没有男性继承人，逝者生前所有的部曲、客女、奴婢、店宅、资财由近亲属转易货卖，办理丧事等之后，剩余财产由在室女继承。归宗女的权利与在室女相同。在唐代，出嫁女一般不具有对娘家财产的继承权利，其所能拥有的财产权，仅限于自己的嫁妆。唐末武宗时期，开始允许出嫁女在娘家户绝的情况下继承娘家财产。

7. 促进人丁兴旺、家族和睦的思想

唐代有关婚姻家庭的法律，有一个重要的价值取向即促进家族人丁兴旺、人口和

① 钱大群：《唐律疏义新注》，南京师范大学出版社 2007 年版，第 455 页。
② （唐）长孙无忌等：《唐律疏议》（第 3 册），中华书局 1985 年版，第 292 页。
③ （唐）长孙无忌等：《唐律疏议》，中华书局 1985 年版，第 293 页。
④ （唐）长孙无忌等：《唐律疏议》（第 3 册），中华书局 1985 年版，第 292 页。
⑤ 钱大群：《唐律疏义新注》，南京师范大学出版社 2007 年版，第 437 页。

睦。在孝悌思想的指引下，四世乃至五世同堂被视为莫大的福报。因此在法律上，也实行有限的家族财产共有制。祖父母、父母在世时，哪怕子孙已经结婚成家也不得分家析产，倘若子孙别籍异财，徒三年。

在家庭没有生育儿子的情况下，唐代法律允许当事人领养同宗辈分相当者为养子。《唐律疏议》规定，无子者，听养同宗于昭穆相当者。①

二、唐代司法思想

唐代是我国封建王朝中司法效果较好的朝代之一，它强调保持法律的稳定性，宽减刑罚，少杀慎刑。唐代司法文化中体现出一种封建社会少有的对生命的尊重，对社会道德的维护，对弱势群体的体恤。法律的权威也在一定程度上得到皇帝和朝臣的尊重。

唐代经济的发展、文化的开放与包容、行政机构设置的完善、立法的详尽、律学的发展等都在一定程度上为法律的实施提供了前提条件。而其中最为重要的，是唐代君王个人的司法理念，它直接塑造了唐代司法实践的风格。②

（一）唐代司法的指导理念

唐律实施过程中，一些法律习俗，例如天人合一、秋冬行刑等观念得到遵守。唐律负担起维护当时社会的伦理道德的职责，对一些与传统儒家道德不符，违背社会风俗习惯的行为予以惩罚。

1. 天人合一，阴阳调和

局限于当时人们认识世界、改造世界的水平，唐律采纳了天人合一的时空观和宇

---

① 关于唐代婚姻法律观念，参见董淑婷：《唐代和离制度法律实践研究》，青岛大学2022年硕士学位论文；李林泽：《从〈唐律疏议·户婚律〉探析唐初婚姻观念》，载《兰台世界》2021年第10期；李妮娜：《唐代婚姻关系订立的法律审视》，载《长江师范学院学报》2021年第1期；韩梓昂：《唐代婚姻法律制度初探》，载《文化学刊》2021年第3期；张帅、张娜：《唐代婚姻法律制度探析》，载《黑河学院学报》2021年第4期。

② 关于唐代司法理念，参见厉广雷：《儒家法律教化思想与唐代司法》，载《盐城师范学院学报（人文社会科学版）》2021年第1期；郑显文：《唐代司法自由裁量权的法律规制及其实践价值》，载《法治现代化研究》2020年第1期；王燕芳：《唐代司法集体决断制度探析》，载《中北大学学报（社会科学版）》2021年第3期；李玉：《唐代德法结合及其历史借鉴》，陕西师范大学2019年硕士学位论文；郑显文：《审判中心主义视域下的唐代司法》，载《华东政法大学学报》2018年第4期；马晨光：《唐代司法研究——以唐代司法管理及教化为观察点》，南京理工大学2011年博士学位论文；杨茗：《试论唐代刑事诉讼审判制度》，西南政法大学2011年硕士学位论文；叶书瑞：《家族主义对唐代法律及司法制度的影响》，载《兰台世界》2014年第15期；杜文玉：《唐代司法慎刑原则启示》，载《人民论坛》2015年第12期；田野：《从孝亲相关拟判看唐代司法过程中的观念冲突》，载《济南大学学报（社会科学版）》2015年第3期；张洪、冯永泰：《唐代基层行政与司法制度探索》，载《兰台世界》2015年第18期；袁啸云：《中国唐代司法文化中的人文精神及其对当代刑事司法的影响》，山东大学2016年硕士学位论文；张雨：《大理寺与唐代司法政务运行机制转型》，载《中国史研究》2016年第4期；高菲：《唐代法官责任制度研究》，郑州大学2018年硕士学位论文。

宙观，认为冤狱形成的怨气能够影响自然气候的稳定。如果减少刑狱，使人少受囹圄之苦，有利于气候和环境的改善。

“（开元）二十五年，刑部断狱，天下死罪唯有五十八人。大理少卿徐峤上言：‘大理狱院，由来相传杀气太盛，鸟雀不栖，至是有鹊巢其树。’于是百僚上表贺，以为几至刑措。”①

唐人很重视大型祭祀仪式。祭祀天地、宗庙、神州等，都属于大祀。倘若盗窃此类祭祀用品的，流二千五百里。

除天人合一的思想之外，法律还承担维持“阴阳”平衡的功能。倘若一些犯罪行为导致了“阴阳”的失衡，法律有责任予以恢复。体现在定罪量刑上，是要求“等量报应”。例如，诬告反坐，诬告别人何种罪名，就判处该名诬告者何种罪名。但这种维持平衡的要求，只是对这种失衡大体上的补偿。倘若朝廷相信因为阴阳的失衡引起了气候灾害，纠正措施并不在于对过往具体个案予以公正的复查，而是会实施一段时期的轻刑政策，或是皇帝大赦天下。在新皇登基时实施大赦天下，被认为能够营造出喜庆和谐的氛围，有利于阴阳调和。据记载，“在唐朝不到300年的历史上有174次帝国范围的大赦”②。

2. 维护社会风俗，遵守儒家道德

唐律维护社会风俗习惯，对一些公共仪式或活动，例如阅兵、祭祀等，要求相关人员必须按照规定参与，逃避国家的征招会受到惩罚。皇帝驾崩或者皇后去世等，在儒家观念中类比五岳四渎崩竭。因此，国忌日、废务日演奏作乐的，杖一百；而私忌作乐的，杖八十。

在丧葬习俗上，唐朝有专门的丧葬令，对庶人和官员丧葬的墓地大小、坟高等均有规定。尊重逝者是儒家伦理道德的要求。“诸穿地得死人不更埋，及于冢墓熏狐狸而烧棺椁者，徒二年。烧尸者，徒三年。”③

倘若盗耕他人墓田，杖一百。因此盗耕伤及坟墓的，徒一年。诸发冢者，判处加役流。盗他人墓地内树木的，杖一百。

根据儒家伦理道德，身之发肤受自父母，不可以轻易毁坏。哪怕是对逝者尸体进行残害，例如焚烧、肢解，比照斗杀罪减一等处罚。如果仅拔掉或剪去逝者尸体的头发，再减一等处罚。

唐律对采用巫蛊之术害人的，予以重罚。按照《唐律疏议》的解释：“蛊有多种，罕能究悉，事关左道，不可备知。或集合诸蛊，置于一器之内，久而相食，诸虫皆尽，若蛇

---

① （唐）杜佑：《通典》，中华书局2016年版，第4424页。

② ［加］卜正民主编，［美］陆威仪：《哈佛中国史：世界性的帝国（唐朝）》，张晓东、冯世明译，中信出版社2016年版，第52页。

③ （唐）杜佑：《通典》，中华书局2016年版，第4238页。

在，即为蛇虫之类。……可以毒害于人，故注云‘谓造合成蛊，堪以害人者’。若自造，或传畜猫鬼之类，及教令人，并合绞罪。”①

造厌魅及造符书咒欲以杀人等行为，都属于具有犯意，但实际无法造成犯罪后果的封建迷信行为。至于假托灵异、妄称兵马、虚说反由，迷惑众人但没有事实依据表明造成实际损害的，仍然属于刑事犯罪。造妖书妖言，编造预言或妄说灾祥的，绞。如果私下持有妖书，即便不使用，也会被徒二年。

对于道教、佛教等宗教信仰，唐律予以一定维护。盗毁天尊与佛像的，徒三年；盗毁真人、菩萨像的，罪减一等。

3. 优待少数民族，注重文化交流

唐代对少数民族予以优待。武德年间（618—626 年）对岭南的夷獠之户，税米减半。

唐太宗时期，由于对东突厥的战事取得胜利，少数民族开始内附，羁縻府州得以设立，少数民族地区的赋税也予以适量减轻。随着疆域的扩张，都护府开始建立。

《全唐文》记载，玄宗开元年间（713—741 年），颁布了赐关内河东河西入朝蕃酋等敕，对蕃酋赐予衣物；倘若部落中有疾苦，量给药物；并且要求不要让田垄荒废而致人流离失所。

唐朝中央政府尊重少数民族习惯，重视沟通交流，采取和亲、册封、会盟等多种方式灵活处理民族关系。唐代各民族杂居、商业交往频繁，唐代璀璨的文明对各民族产生了强大的感召力与凝聚力，增强了民族融合与文化交流。

4. 以德治民，推崇互助

儒家伦理道德要求家庭成员间讲究孝悌和睦，家属之间争斗的，依照双方身份，对卑亲属加重处罚，对尊亲属减轻处罚。家庭成员犯谋反谋大逆等之外的其他罪行，允许其他家庭成员为其隐瞒。一定程度上，唐律鼓励正当防卫，鼓励人们保卫自己的家园。夜晚无故潜入别人家中，“主人登时格杀者，勿论”②。

根据《周礼》，邻里之间属于同一邑落，比邻而居，房屋相连，理应守望相助。《唐律疏议》在捕亡律中规定，邻居遭遇强盗，被抢劫或有生命危险，周围其他邻里有救助义务。倘若光是告官而不施加救助者，杖一百。倘若因为自身力弱，度其情势无法施救的，应当立即报官。如果不报官的，视为不救助。而接到报案的官府应当立即救助，倘若不救助，相关责任人员徒一年。

5. 强调仁政，注重德化

唐律注重德化，儒家道德标准优先于其他标准。

---

① （唐）长孙无忌等：《唐律疏议》，中华书局 1985 年版，第 410 页。

② （唐）杜佑：《通典》，中华书局 2016 年版，第 4243 页。

在判案时倘若完全按照法律的规定实施刑罚，对司法官员来说反而失去了积累仁德名声的途径。处理纷争时追求道德示范性效果，在价值上被认为高于公平正义的实现。经官员调解、处理的纷争倘若能够和平息讼，说明该官员自身修德有成，能够以良好的品行感染他人。

相当多的典籍记载了皇帝或地方官员以良好的道德淳化一方风俗，使当地人民自觉遵守法律的事例。例如："徐有功，名弘敏……为政仁，不忍杖罚，民服其恩，更相约曰：'犯徐参军杖者，必斥之。'"①

注重德化的价值取向必然导致慎狱恤刑的司法风格。倘若能够通过调解、说服等方式使当事人复归于和谐，有助于官员获取良好的官声以及当地百姓的拥戴，也有益于树立个人名望。而某地争讼案件和死刑犯数量的减少，更是证明此地官员治理有方。

6. 敦述儒风，息讼止争

唐律并不鼓励民间诉讼行为。

董仲舒在《春秋繁露》中认为："故自称其恶，谓之情；称人之恶，谓之贼。求诸已，谓之厚；求诸人，谓之薄；自责以备，谓之明；责人以备，谓之惑。"②倘若强求要辨明、追究他人罪过，不是儒家君子所为。儒家提倡修德，以道德感动他人，消泯怨怼。儒家伦理道德不赞同过于辨析是非对错，认为发心、态度更为重要。主动告发他人罪过违背了儒家"以仁安人，以义正我……仁之法在爱人，不在爱我；义之法在正为，不在正人"③的道德要求。作为礼法结合的经典代表，唐律秉持儒家价值理念，提倡和谐，减少诉讼。

（二）唐代统治集团的司法理念

法律的实施离不开统治阶级对法律的理解和执行。统治者个人的法律观念、法律素养直接影响一国的司法。不同的君主，由于本人性格、经历不同，法律思想不同；同一君主，在不同时期、不同执政环境，法律思想也可能发生重大变化。

塑造君王贤明宽宏的形象在每一朝代必不可少。例如，唐高祖武德二年（619年）下诏，要求每年的正月、九月，以及每月的十斋日不得行刑，也不得屠杀动物。唐高宗、武后多次实行断屠制，唐肃宗又重申此令。

但实际上，除了这些史书中塑造的仁慈宽厚的形象之外，历代皇帝都将法律视为统治工具，为政治目的服务。统治者熟练运用法律收买人心、打击政敌、实施国家政策，唐代君主也不例外。在塑造唐代司法风格、引领司法实践中，唐代皇帝起到了决

---

① （宋）欧阳修、宋祁等：《新唐书》，中华书局1975年版，第4188页。

② （汉）董仲舒著，张世亮、钟肇鹏、周桂钿译注：《春秋繁露》，中华书局2012年版，第321页。

③ （汉）董仲舒著，张世亮、钟肇鹏、周桂钿译注：《春秋繁露》，中华书局2012年版，第314页。

定性的作用。

1. 唐太宗的司法理念

唐太宗李世民(599—649)是一位非常有能力的君主,他29岁即位,成为唐朝第二位皇帝。唐太宗知人善任、重视纳谏、完善国家各项制度。其统治时期被称为贞观之治,是我国封建社会政治清明、经济文化繁荣的盛世之一。

唐太宗非常重视法治,他有许多对法治的见解、看法,记载于《旧唐书》《新唐书》《贞观政要》《册府元龟》等书籍。这些见解思路清晰、切合实际、不偏不倚。唐太宗曾对侍臣说:

"天下愚人,好犯宪章,凡赦宥之恩,唯及不轨之辈。古语曰:'小人之幸,君子之不幸。''一岁再赦,好人喑哑。'凡养稂莠者伤禾稼,惠奸宄者贼良人。又蜀先主尝谓诸葛亮曰:'吾周旋陈元方、郑康成之间,每见启告理乱之道备矣,曾不语赦。'故诸葛亮治蜀十年不赦,而蜀大化。梁武帝每年数赦,卒至倾败。夫谋小仁者,大仁之贼。故我有天下以来,绝不放赦。今四海安宁,礼义兴行,非常之恩,弥不可数,将恐愚人常冀侥幸,惟欲犯法,不能改过。"①

可见,唐太宗非常善于从历史经验中总结学习,重视法治,主张刑事法度宽严适中,不应当为了追求"仁"的名声而任意进行赦免,更不能因为赦免了小人,损伤了君子。

唐太宗推心待士,以魏徵为代表的唐初朝臣则善于进谏。君主贤良有为,众臣忠心直谏,主明臣直,君臣甚为相得,形成封建王朝少有的有法可依、执法严格的清明气象。据《贞观政要》记载,贞观十一年(637年),魏徵上奏章表示:

"臣愿当今之动静,必思隋氏以为殷鉴,则存亡治乱,可得而知。若能思其所以危,则安矣;思其所以乱,则治矣;思其所亡,则存矣。"②

"太宗深嘉而纳用。"③

按照魏徵建议,应当节欲省游,息靡丽之作,不浪费民力物力;应当近忠厚远奸佞,善于听取意见,避免偏听偏信;应当减少扰乱百姓生产生活的事务,明德慎罚,恤刑慎刑。唐太宗深以为然,采纳了这些建议。

(1)轻减刑罚、恤刑慎杀的思想

据《旧唐书》记载,由于旧有的律令惩罚太重,戴胄、魏徵议请将原本应当判处绞刑的50条法律,免除死罪,改为断右趾。但是对这一减轻处罚的规定,唐太宗仍然觉得刑罚过重,多次要求群臣商议减轻刑罚。

"太宗寻又愍其受刑之苦,谓侍臣曰:'前代不行肉刑久矣,今忽断人右趾,意甚不

---

① 许嘉璐主编:《二十四史全译:旧唐书》(第1册),汉语大词典出版社2004年版,第30页。
② 骈宇骞译注:《贞观政要》,中华书局2011年版,第544页。
③ 骈宇骞译注:《贞观政要》,中华书局2011年版,第546页。

忍。’……上曰：‘本以为宽，故行之。然每闻恻怆，不能忘怀。’又谓萧瑀、陈叔达等曰：‘朕以死者不可再生，思有矜愍，故简死罪五十条，从断右趾。朕复念其受痛，极所不忍。’……上曰：‘朕意以为如此，故欲行之。又有上书言此非便，公可更思之。’”①

唐太宗多次提出删减刑罚的要求，最终裴弘献②与房玄龄商议，将断右趾的刑罚，改为加役流三千里，居作两年。

唐初，连坐的范围缩小，被连坐之人判处的刑罚也有所减轻。

“贞观十四年，戴州刺史贾崇以所部有犯十恶者，被御史劾奏。太宗谓侍臣曰：‘昔陶唐大圣，柳下惠大贤，其子丹朱甚不肖，其弟盗跖为臣恶。夫以圣贤之训，父子兄弟之亲，尚不能使陶染变革，去恶从善。今遣刺史，化被下人，成归善道，岂可得也？若令缘此皆被贬降，或恐递相掩蔽，罪人斯失。诸州有犯十恶者，刺史不须从坐，但令明加纠访科罪，庶可肃清奸恶。’”③

刺史掌管一州德化，当为一州事务负责。戴州刺史的部曲犯了十恶重罪，戴州刺史因此被御史弹劾。唐太宗却宽宏地认为，就连圣人的身边都会有不肖之人，以父子兄弟之亲，都不能完全教化子弟去恶从善，一州的刺史不应当因其下属犯罪而遭到连坐被贬，只应当要求其严加提防、纠察。

在唐以前，即便是已经分家析产的兄弟之间，倘若其中一人犯法，其他兄弟仍要受到牵连。唐太宗在亲自录囚时，发现了一个案件：同州有一个叫房强的人，他的弟弟房任在岷州带兵，因为谋反被逮捕。房强作为房任的哥哥，按照律法应当连坐被处死。

“太宗尝录囚徒，悯其将死，为之动容。顾谓侍臣曰：‘刑典仍用，盖风化未洽之咎。愚人何罪，而肆重刑乎？更彰朕之不德也。用刑之道，当审事理之轻重，然后加之以刑罚。何有不察其本而一概加诛，非所以恤刑重人命也。然则反逆有二：一为兴师动众，一为恶言犯法。轻重有差，而连坐皆死，岂朕情之所安哉？’更令百僚详议。”④

经与房玄龄等大臣商议，最终减轻了对房强的刑事处罚。此外，凡是恶言犯法应当处死的，由于情节比聚众谋反要轻，受其连坐的兄弟免除死刑，改判流刑。

在死刑案件上，唐初统治者采取了极为审慎的态度。隋朝开皇十五年（595 年）的制度规定，凡死刑案件，应当反复奏报三次才最终确定是否处刑。死刑三复奏是封建王朝避免错杀、滥杀的最后一道防线。唐太宗时期，三复奏制度变更为五复奏。

“贞观五年，张蕴古为大理丞。相州人李好德素有风疾，言涉妖妄，诏令鞠其狱。

① 许嘉璐主编：《二十四史全译：旧唐书》（第 3 册），汉语大词典出版社 2004 年版，第 1675 页。
② 裴弘献，当时的蜀王法曹参军，非常有司法实践经验，后来参与修撰《唐律疏议》。
③ 骈宇骞译注：《贞观政要》，中华书局 2011 年版，第 547 页。
④ 许嘉璐主编：《二十四史全译：旧唐书》（第 3 册），汉语大词典出版社 2004 年版，第 1676 页。

蕴古言：'好德癫病有征，法不当坐。'太宗许将宽宥。蕴古密报其旨，仍引与博戏。治书侍御史权万纪劾奏之。太宗大怒，令斩于东市。既而悔之，谓房玄龄曰：'公等食人之禄，须忧人之忧，事无巨细，咸当留意。今不问则不言，见事都不谏诤，何所辅弼？如蕴古身为法官，与囚博戏，漏泄朕言，此亦罪状甚重。若据常律，未至极刑。朕当时盛怒，即令处置。公等竟无一言，所司又不覆奏，遂即决之，岂是道理。'因诏曰：'凡有死刑，虽令即决，皆须五覆奏。'五覆奏，自蕴古始也。又曰：'守文定罪，或恐有冤。自今以后，门下省覆，有据法令合死而情可矜者，宜录奏闻。'"①

死刑三复奏制度变为五复奏，始于张蕴古案。张蕴古为李好德一案，请求唐太宗宽宥，告诉唐太宗李好德患有癫病，并非妖妄，不应当因此受刑。唐太宗也认同这一解释。但治书侍御史权万纪随即弹劾，表示张蕴古是相州人，而李好德的哥哥李厚德在相州担任刺史，张蕴古偏护李好德，有其私人原因。唐太宗大怒，又想起张蕴古曾私下与囚犯弈棋，盛怒之下直接命令将张蕴古斩于东市。未几，唐太宗觉察到尽管张蕴古触犯刑法，但罪不至死，但周围的大臣都不敢进谏劝说。唐太宗认为，以往的死刑三复奏制度往往在很短时间之内就复奏完毕，还来不及思考，整个流程就已经结束。为避免此类现象再度发生，唐太宗强调了死刑复奏制度以及相关配套规定：

"自今已后，宜二日中五覆奏，下诸州三覆奏。又古者行刑，君为彻乐减膳。朕今庭无常设之乐，莫知何彻，然对食即不啖酒肉。自今已后，令与尚食相知，刑人日勿进酒肉。内教坊及太常，并宜停教。且曹司断狱，多据律文，虽情在可矜，而不敢违法，守文定罪，或恐有冤。自今门下覆理，有据法合死而情可宥者，宜录状奏。"②

(2)法令简约、审慎稳定的思想

在法律条文的推详、制定上，唐太宗要求简要易懂，删繁就简。立法者在整理令、格、式等不同形式的法律条文过程中，只留下最为必要的。唐太宗认为，倘若法律规定不明晰，同一种罪前后规定了多种惩罚方式，规定之间互有歧义，就会扰乱法律的实施。

"贞观十年，太宗谓侍臣曰：'国家法令，惟须简约，不可一罪作数种条。格式既多，官人不能尽记，更生奸诈，若欲出罪即引轻条，若欲入罪即引重条。数变法者，实不益道理，宜令审细，毋使互文。'"③

"又删武德、贞观已来敕格三千余件，定留七百条，以为格十八卷，留本司施行。斟酌今古，除烦去弊，甚为宽简，便于人者。"④

唐太宗重视法律的稳定性，慎重立法，但凡已经颁布的法律必须执行，不可以朝

---

① 骈宇骞译注：《贞观政要》，中华书局2011年版，第527－528页。
② 许嘉璐主编：《二十四史全译：旧唐书》（第3册），汉语大词典出版社2004年版，第1679页。
③ 骈宇骞译注：《贞观政要》，中华书局2011年版，第552页。
④ 许嘉璐主编：《二十四史全译：旧唐书》（第3册），汉语大词典出版社2004年版，第1677页。

令夕改。

“贞观十一年，太宗谓侍臣曰：‘诏令格式，若不常定，则人心多惑，奸诈益生。《周易》称‘涣汗其大号’，言发号施令，若汗出于体，一出而不复也。《书》曰：‘慎乃出令，令出惟行，弗为反。’且汉祖日不暇给，萧何起于小吏，制法之后，犹称画一。今宜详思此义，不可轻出诏令，必须审定，以为永式。’”①

在刑具以及行刑过程规范上，唐初立法也进行了详尽的规定，力求避免因法律文义不清，导致枉法与冤屈。

(3)严格治吏、赏罚分明的思想

唐初严格治吏，严格惩处官吏犯罪，并非一味宽减。当时有秦王府②的旧臣高甑生，诬告李靖谋反，案发后被流放到边远地区。有朝臣上言表示高甑生是秦王府的功臣，应当予以一定的照顾。唐太宗坚持法治，不予以宽宥。

“时有上言者曰：‘甑生旧秦府功臣，请宽其过。’太宗曰：‘虽是藩邸旧劳，诚不可忘，然理国守法，事须画一，今若赦之，便开侥幸之路。且国家建义太原，元从及征战有功者甚众，若甑生获免，谁不觊覦？有功之人，皆须违法。我必不赦者，正为此也。’”③

唐太宗认为，宽宥过多则包庇了小人，损害了君子；愚人常怀侥幸，倘若轻易予以宽宥赦免，这些人就更容易犯法；施政者获得了仁的名声，却失去了大义。

唐初，对那些断案轻重失当，犯下出入人罪的官员，在追究其刑事责任时按照其错判的刑罚减等量刑。

“断狱而失于出入者，以其罪罪之。失入者，各减三等；失出者，各减五等。”④

在奖赏大臣等事项上，唐太宗不以私人关系的亲疏来决定赏赐的多寡，而是依照功绩。

“太宗曰：‘国家大事，惟赏与罚。赏当其劳，无功者自退；罚当其罪，为恶者咸惧。则知赏罚不可轻行也。今计勋行赏，玄龄等有筹谋帷幄、画定社稷之功，所以汉之萧何，虽无汗马，指踪推毂，故得功居第一。叔父于国至亲，诚无爱惜，但以不可缘私滥与勋臣同赏矣。’由是诸功臣自相谓曰：‘陛下以至公，赏不私其亲，吾属何可妄诉。’”⑤

正是由于唐太宗本人具备虚心包容、一视同仁的胸怀和态度，唐初司法才体现出赏罚分明的特征。

---

① 骈宇骞译注：《贞观政要》，中华书局2011年版，第552－553页。

② 李世民即位前封为秦王，他的旧邸称为秦王府。

③ 骈宇骞译注：《贞观政要》，中华书局2011年版，第537页。

④ 许嘉璐主编：《二十四史全译：旧唐书》（第3册），汉语大词典出版社2004年版，第1678页。

⑤ 骈宇骞译注：《贞观政要》，中华书局2011年版，第207页。

(4)创造宽松舆论环境的思想

唐太宗回顾隋亡的历史，感叹隋炀帝朝并非缺乏忠臣，而是隋炀帝不听劝诫，以至臣下只能曲意逢迎，最终导致国家灭亡。为鼓励大臣直谏，唐太宗多次表达希望得到忠良辅弼的愿望，同时也反省内敛，给诸臣创造宽松的舆论环境。对臣子们的直谏，唐太宗一向宽容听取并鼓励，乃至奖励。《贞观政要》记录了太宗有关纳谏的话语：

“前事不远，公等每看事有不利于人，必须极言规谏。”①

“公等各宜务尽忠谠，匡救朕恶，终不以直言忤意，辄相责怒。”②

“自古帝王多任情喜怒，喜则滥赏无功，怒则滥杀无罪，是以天下丧乱，莫不由此。朕今夙夜未尝不以此为心，恒欲公等尽情极谏。”③

唐太宗意识到，封建帝王权力极大，非常容易凭个人一时的好恶滥赏滥罚、破坏法治。为避免闭目塞听，唐太宗叮嘱群臣一定要尽情极谏。

(5)严格依法，禁止法外滥刑的思想

唐初法治清明，体现在皇帝带头遵守法律。

“太宗有一骏马，特爱之，恒于宫中养饲，无病而暴死。太宗怒养马宫人，将杀之。皇后谏曰：‘昔齐景公以马死杀人，晏子请数其罪云：‘尔养马而死，尔罪一也。使公以马杀人，百姓闻之，必怨吾君，尔罪二也。诸侯闻之，必轻吾国，尔罪三也。’公乃释罪。陛下尝读书见此事，岂忘之邪？’太宗意乃解。”④

据《贞观政要》记载，在唐太宗多次试图摆脱法律束缚之际，周围有及时劝诫的皇后及臣子，唐太宗本人也能够虚怀纳谏，这是唐初立法能够得到实施的根本保障。类似的例子在《贞观政要》中记录非常多，从中央到地方呈现严格依法、避免法外滥刑的风貌。恤刑慎杀、严格治吏等司法理念，与礼法结合、轻减刑罚的立法思想一脉相承、相互对应。

我国多数封建王朝在各自的司法实践中，对立法思想多有违背、偏离，颁布的法律难以落实，成为具文。但唐初的司法实践却是一个典型例外。唐初是我国封建时代少有的能够依照法律规定严格执法的时期。这主要得益于唐太宗带头尊法守法的司法工作理念。

(6)扶弱矜幼，帮助弱势群体的思想

唐初司法实践上帮扶弱势群体的倾向很明显。对一些身份地位相对卑微的弱势群体失职犯法，依照法律罪不至死，但又容易受到迁怒而导致刑罚升级的案件，唐初

① 骈宇骞译注：《贞观政要》，中华书局2011年版，第97页。

② 骈宇骞译注：《贞观政要》，中华书局2011年版，第98页。

③ 骈宇骞译注：《贞观政要》，中华书局2011年版，第101页。

④ 骈宇骞译注：《贞观政要》，中华书局2011年版，第120页。

君臣协力，避免了因一时之忿而滥刑重刑，形成了包容、扶弱的司法氛围。例如：

“贞观元年，吏部尚书长孙无忌尝被召，不解佩刀入东上阁门，出阁门后，监门校尉始觉。尚书右仆射封德彝议，以监门校尉不觉，罪当死，无忌误带刀入，徒二年，罚铜二十斤。太宗从之。大理少卿戴胄驳曰：‘校尉不觉无忌带刀入内同为误耳。夫臣子之于尊极，不得称误，准律云：供御汤药、饮食、舟船，误不如法者，皆死。陛下若录其功，非宪司所决；若当据法，罚铜未为得理。’太宗曰：‘法者非朕一人之法，乃天下之法，何得以无忌国之亲戚，便欲挠法耶？’更令定议。德彝执议如初，太宗将从其议，胄又驳奏日：‘校尉缘无忌以致罪，于法当轻，若论其过误，则为情一也，而生死顿殊，敢以固请。’太宗乃免校尉之死。”①

戴胄认为，监门校尉受到长孙无忌错误的牵连，应当判处比长孙无忌轻的刑罚。经戴胄多次力争，唐太宗赦免了监门校尉的死罪。在整个贞观年间，类似的案件非常多。

在刑罚的执行中，唐初刑法在制度设计上对犯人的特殊困难予以一定程度的帮扶。据《新唐书·刑法志》记载：“令凡流移人在道疾病，妇人免乳，祖父母父母丧，男女奴婢死，皆给假，授程粮。非反逆、缘坐，六岁纵之；特流者三岁纵之。有官者得复仕。”②

唐太宗赞赏忠义之士，渴求贤臣。他阅读前朝史书，思及北周、隋朝的忠臣名将为国牺牲，感慨万千，于是命令有司，凡是审理涉及前代忠臣子孙的案件，判处流刑以上的，需要登记上报。在唐初司法实践中，对这些前代的忠臣之后相关的案件大多作了宽大处理。“其周、隋二代名臣及忠节子孙，有贞观已来犯罪配流者，宜令所司具录奏闻。”③

(7)约束百官，避免权贵干涉司法的思想

唐初相当数量的诤臣，不论官阶大小，在面对权贵或者外戚干涉、扰乱司法秩序时毫不畏惧，敢于依法办事，敢于犯颜直谏，对官吏、外戚破坏法治的现象能够予以及时纠正。

唐太宗对诸皇子乃至皇亲国戚，均严加约束。唐太宗曾经命令魏徵辑录自古以来帝王子弟的成败事迹，编成《自古诸侯王善恶录》一书，赐给诸皇子，以为警示。

长孙皇后以身作则，约束外戚，一定程度上保证了法律的严格落实。长孙皇后曾多次劝阻唐太宗授予其兄长孙无忌实权，并且在临终前仍不忘嘱托唐太宗不要赐予其家族过多的荣宠。在对待唐朝的各项制度上，长孙皇后严格依照规章，从不逾矩，也不利用身份地位作干涉。

---

① 许嘉璐主编：《二十四史全译：旧唐书》（第3册），汉语大词典出版社2004年版，第2031－2032页。

② （宋）欧阳修、宋祁等：《新唐书》卷五六，中华书局1975年版，第1411页。

③ 骈宇骞译注：《贞观政要》，中华书局2011年版，第338页。

“长孙皇后遇疾,渐危笃。皇太子启后曰:‘医药备尽,今尊体不瘳,请奏赦囚徒并度人入道,冀蒙福祐。’后曰:‘死生有命,非人力所加。若修福可延,吾素非为恶者;若行善无效,何福可求?赦者国之大事,佛道者,上每示存异方之教耳,常恐为理体之弊。岂以吾一妇人而乱天下法?不能依汝言。’”①

世传《帝范》为唐太宗所著。本书记载了太宗作为封建帝王,认为对皇帝来说最为重要的12件事分别为:君体、建亲、求贤、审官、纳谏、去谗、诫盈、崇俭、赏罚、务农、阅武、崇文。其中,其法治思想主要表现在赏罚部分。唐太宗认为,君王应当仁爱下施,则人不凋弊;要显示对犯罪的惩罚,以使那些潜在的犯罪分子惧怕;要奖赏有利于国家的人;以德化世人;对于那些取悦皇帝本人但对国家无益的,不加禄焉;对于那些违逆人君的个人喜好但是对国家有利的,不施刑也。②

2. 武曌的司法理念

武曌(624—705),即武则天,山西文水县人,唐高宗皇后,武周开国皇帝,也是我国历史上唯一一位女皇帝。武则天明察善断,多权谋,知人善任,重视人才选拔。在司法上,武则天执政期间因猜忌李唐旧臣而任用酷吏,残害唐朝宗室,制造了很多惨案。

武则天具有深厚政治素养。上元元年(674年),北门学士提出“建言十二事”,以武则天的名义向朝廷上书并获得首肯。“建言十二事”是武则天治理国家的12条建议,后由高宗颁布诏书推行。“建言十二事”的内容包含劝课农桑、德化天下、减轻及免除部分徭役、崇尚简朴禁止浮巧、节约民力、广开言路、增加八品以上的京官俸禄等。在礼制方面,“建言十二事”提高涉及母亲丧葬事项的礼仪规格,要求当母亲去世时,子女也应当为母亲服丧三年;在吏治方面,要求王公以下的官员皆学习《老子》,并在明经科考试中增加对《孝经》和《论语》的测试,以统一思想;对在职位上滞留时间较久又确有才能者予以拔擢,疏通官吏晋升渠道。

(1)任用酷吏,打击异己

唐朝历任皇帝对法律的态度略有不同,但在提倡儒家仁政的背景下,大多数皇帝都尽量维持宽厚、仁慈的个人形象。例如,唐高宗主张法律适中,不能过于严苛,也不能过于宽容。“帝喜曰:‘为国之要在用法,刻则人残,宽则失有罪,惟是折中,以称朕意。’”③

---

① 骈宇骞译注:《贞观政要》,中华书局2011年版,第554页。

② 关于唐太宗的法律思想,参见黄建涛:《汉武帝、唐太宗法律思想及其现代法治价值》,载《法制博览》2018年第36期;张婷婷:《唐太宗的法律思想》,载《黑龙江史志》2014年第7期;史源:《唐太宗求谏纳谏十法》,载《政策瞭望》2007年第5期;薛思孝:《唐太宗以私乱法》,载《政府法制》2004年第5期;许敏:《从立法、司法与守法看唐太宗的法治思想》,载《云南师范大学学报(哲学社会科学版)》2000年第1期;陈玉:《唐太宗法律思想初探》,载《内蒙古电大学刊》1996年第5期。

③ (宋)欧阳修、宋祁等:《新唐书》卷一一三,中华书局1975年版,第4183页。

但武则天时期却以任用酷吏、行法严苛著称。由于武则天担心支持李唐王朝的大臣不服从自己,一改往日法律宽和、德化为主的风格,任用酷吏,采用酷刑。"请君入瓮"这一典故就是来自当时的酷吏来俊臣与周兴的事迹。据《新唐书》记载,武后僭位以后,"畏唐大臣谋己。于是置总监牧院诸狱,捕将相,俾相钩逮,朝野震恐,莫敢正言,独有功数犯颜争枉直,后厉语折抑,有功争益劳"①。

周兴、来俊臣、丘神绩、侯思止等,是这一时期酷吏的代表。他们通过制造冤案,为武则天清除异己。当时仍有个别朝臣秉公执法并敢于直谏。徐有功、狄仁杰是其中的翘楚。徐有功、杜景俭等依据《唐律》依法裁断,而凤阁舍人韦嗣立直谏武则天当以儒家教化为主,淳化风俗,自然减少犯罪。

"臣闻尧、舜之日,画其衣冠;文、景之时,几致刑措。历兹千载,以为美谈。……扬、豫之后,刑狱渐兴,用法之伍,务于穷竟,连坐相牵,数年不绝。遂使巨奸大猾伺隙乘间,内苞豺狼之心,外示鹰鹯之迹,阴图潜结,共相影会,构似是之言,成不赦之罪。皆深为巧诋,恣行楚毒,人不胜痛,便乞自诬,公卿士庶,连颈受戮。……赖陛下特回圣察,昭然详究。周兴、丘勣之类,弘义、俊臣之徒,皆相次伏诛,事暴遐迩,而朝野庆泰,若再睹阳和。"②

封建帝王法律思想的转变,与政治环境的转变紧密相关。武则天统治后期,政权稳固,一些相对温和的司法措施得以采纳,以缓和社会矛盾。根据《旧唐书·姚崇传》记载,武则天感慨表示,自周兴、来俊臣死后,没听过有关反逆的案件发生了。那难道以前处死的人都是被冤枉的吗?姚崇指出,垂拱元年(685年)以后,那些被告身死家破的,几乎都是被诬告而死,以往办理的案件大多属于罗织出来的冤案。

"告者特以为功,天下号为罗织,甚于汉之党锢。陛下令近臣就狱问者,近臣亦不自保,何敢辄有动摇?被问者若翻,又惧遭其毒手,将军张虔勖、李安静等皆是也。赖上天降灵,圣情发寤,诛锄凶竖,朝廷乂安。今日已后,臣以微躯及一门百口保见在内外官更无反逆者。乞陛下得告状,但收掌,不须推问。若后有征验,反逆有实,臣请受知而不告之罪。"③

姚崇更是以自身和家人的性命担保,内外官吏没有造反、反叛的。这一举动消除了武则天对朝臣的疑虑,结束了以往任用酷吏打击异己的司法模式。

(2)倾听民情、审理冤狱

武则天增设补阙、拾遗等谏官,拓宽下情上达之渠道。垂拱二年(686年),武则天在朝堂东南西北四面设置了四个铜匦。其中,招谏院专门收取言朝政得失方面的

① (宋)欧阳修、宋祁等:《新唐书》卷一一三,中华书局1975年版,第4188页。
② 许嘉璐主编:《二十四史全译:旧唐书》(第4册),汉语大词典出版社2004年版,第2339页。
③ 许嘉璐主编:《二十四史全译:旧唐书》(第4册),汉语大词典出版社2004年版,第2483页。

投书，申冤匦接受冤抑者自陈冤屈，以“申天下之冤滞，达万人之情状”①。知匦使负责分拣，理匦使负责审阅。“文书中关系重大的直接交与武则天本人，普通事务则转发到宰相或者其他的有关部门处理，再上奏武则天决断。”②

此外，设置铜匦、允许投书的政策，一定程度上鼓励了时人告密的风气。

(3)权力制衡、提拔庶族

唐太宗时期，朝廷重臣空前团结，君臣互相信任。到了唐高宗时期，为防止相权在权限上的扩张，同时也防备相权长期集中于一人手中，开始增加宰相人数以稀释相权。而武则天时期更是同时任用多人为宰相，并且缩短宰相任期。在其统治的 21 年间，有文献可考的宰相人数有 70 多名。

此外，武则天大力任用庶族寒士以制衡关中旧贵族。再次编修《姓氏录》，使魏晋以来门阀士族的声望再次受到削弱。而其开创殿试与武举、扩大科举考试录取规模，使科举出身的官员在朝廷中占据的人数比例不断提升。③

三、唐代官吏的法律思想

唐朝政策和法律的实施，依赖于州、府地方官员以及长期工作于司法一线的小吏。地方官员宏观把控，而吏能够判断具体情况，落实操作。“这些人虽然官阶很低，但大部分日常行政事务由他们来处理，而且他们具有丰富的地方知识，熟悉典章和惯例，因此他们是不可或缺的。这么说绝非夸张，因为法律和习俗的变化在唐代是相当大的。在很多地区，地方官甚至不能理解他所管理的民众所说的方言，所以他完全依靠他的吏。……吏经常成为一个独特的社会小群体。他们要依靠地方官来获取声望

① 许嘉璐主编：《二十四史全译：旧唐书》(第 2 册)，汉语大词典出版社 2004 年版，第 1448 页。

② 江隐龙：《女皇的匣子：铜匦里的盛唐直诉制度》，载《法治日报》2021 年 12 月 29 日。

③ 关于武曌的司法理念，参见郄楠楠：《武则天时期选官研究》，东北师范大学 2019 年硕士学位论文；毕文斋：《论武则天的用人思想及其进步意义》，载《汉字文化》2020 年第 7 期；朱伯洋：《武则天时期女性家庭地位变迁的法律考察》，苏州大学 2020 年硕士学位论文；贾发义、李旭杰：《武则天“建言十二事”实施及性质考论》，载《徐州工程学院学报》2020 年第 4 期；谢元鲁：《武则天北门学士之北门再考释》，载《西南民族大学学报(人文社会科学版)》2020 年第 9 期；王军：《〈臣轨〉一书中武则天的吏治思想及其历史镜鉴》，载《开封文化艺术职业学院学报》2020 年第 9 期；赵叶花：《论狄仁杰的谏诤风采》，载《江西电力职业技术学院学报》2020 年第 9 期；陈姿桦：《儒家视域下的武则天礼制改革——以母亲服制为例》，载《天府新论》2021 年第 6 期；凌福星：《武则天时期宰相群体对北疆战事影响研究》，西南民族大学 2022 年硕士学位论文；王治涛、公道：《毛泽东论武则天研究》，载《河南科技大学学报(社会科学版)》2022 年第 5 期；张迪炜：《武则天时期的酷吏政治研究》，厦门大学 2014 年硕士学位论文；苏阳：《武则天时期的直诉制度研究》，烟台大学 2016 年硕士学位论文；黎时：《武则天——唐代尊法反儒的女政治家》，载《中山大学学报(哲学社会科学版)》1974 年第 4 期；谢建明、黄华强：《武则天——尊法反儒的女政治家》，载《郑州大学学报(哲学社会科学版)》1974 年第 3 期；贺润坤：《论武则天的法律思想》，载《陕西广播电视大学学报(综合版)》2003 年第 3 期。

和权力，因此不参与任何寻求地方自治的图谋。”[①]此外，地方上有实力、有威望的地主家族，往往能够对本地民间纠纷的解决和社会秩序的维护产生较大影响。

（一）唐代官吏法律思想综述

在唐代担任司法官员，除了必须精通唐律，具备法律专业素养，还需要根据当时朝堂之上的政局，随时调整自己的司法思想以符合皇帝的个人偏好，明哲保身。

1. 公而忘私的思想

对唐代司法官员来说，工作应当表现出公而忘私、重义轻利的态度。个人，尤其是朝廷官员对公平正义的需求被更宏大的家国叙事压制。倘若出于“私忿”要求国法予以私人公道，容易被认为不符合儒家伦理道德的要求。

倘若一位司法官员外表上显得冷酷不近人情，往往能够得到君王赏识。例如，唐临不但因为其对高宗的询问应答如流而受到表彰，其外表“形如死灰，心若铁石”[②]也受到赞赏。至于不看重私利、忽略个人享受的特征更是受到推崇。《新唐书》特意记载：“临俭薄寡欲，不好治第宅。性旁通，专务掩人过。见妻子，必正衣冠。”[③]也就是说，唐临不但淡泊名利，还宽以待人，看到别人的过失予以遮掩，并不揭发。这在当时属于君子的行径。

2. 主张轻刑、慎杀的思想

西方刑法学上所谓罪刑相适应原则，在唐朝立法以及法律实施中都有所考量。在设置封建五刑以及对应罪名时，重刑对应重罪，轻刑对应轻罪，不同刑种之间尽量拉开差距。例如，庆州乐蟠县令叱䲷盗用官仓，太宗令斩之。中书舍人杨文瓘表示，根据法律罪不至死。唐太宗认为粮仓具有特殊重要性，如果不加重处罚，敢于犯法的恐将更多。魏徵劝诫道，倘若这次增加了处罚，以后遇到罪刑更重的，又该如何加重处罚呢？

受儒家仁政和德化思想的影响，完全依照法律不偏不倚判决案件，并不是朝臣们追求的最高目标。在唐初，朝臣在执法时劝说君王轻刑、慎杀，被认为是具备贤能的品行。到了唐朝中晚期，轻罪重刑反而成为臣子能干的标志。但是部分坚守儒家观念的大臣们，依然竭尽所能，提倡德化与仁政。

武则天时期刑罚严苛。武则天长寿二年（693 年）颁布敕令表示，应当判处死刑的罪犯，倘若因大赦天下受到赦免，如果他在赦免前犯有其他尚未被发现的罪行，需要在大赦以后百日内，去有司自首，坦白他此前所犯下的罪行。倘若不自首，就要依法审判。

---

① ［加］卜正民主编，［美］陆威仪：《哈佛中国史：世界性的帝国（唐朝）》，张晓东、冯世明译，中信出版社 2016 年版，第 73 页。

② （宋）欧阳修、宋祁等：《新唐书》卷一一三，中华书局 1975 年版，第 4184 页。

③ （宋）欧阳修、宋祁等：《新唐书》卷一一三，中华书局 1975 年版，第 4184 页。

此项规定主要针对那些犯有公罪需要被判处流刑以上，或者犯有私罪需要被判处徒刑以上的罪犯。而徐有功认为，大赦死刑犯、宽免这些被告发的罪犯，根本原因在于认同这些人的改过之心，给予其自新之路。根据以往的法律，状告罪犯被赦免以前的罪行，则依律审判。如果没有人状告罪犯以前的罪行，那以前的罪行也不会被发掘。现在要求罪犯必须自首大赦之前所犯下的罪行，如果不自首则依法审断，不符合宽仁的要求。

"有功奏曰：'陛下宽殊死罪，已发者原之，是通改过之心、自新之路。故律，告赦前事，以其罪坐之。若无告言，所犯终不自发；如告言赦前事，则与律乖。今赦前之罪，不自言者，还以法论，即恩虽布天下，而一罪不能贷，臣窃为陛下不取。'"①

倘若官员们能够成功劝说君王减轻刑罚，更会被传为美谈。例如，韩纯孝曾在反贼徐敬业处任职，与徐敬业一同谋反。尽管韩纯孝已经身死，根据缘坐的规定，他的家人应当依律被判处籍没。徐有功表示根据法律谋反当斩，斩首的前提是犯人还存活，倘若犯人已经死亡，则无法实施斩刑。而缘坐的处罚，是根据犯人被判处斩刑，没有被判处斩刑，哪里来的缘坐呢？

"有功议：'按贼盗律：谋反者斩。处斩在为身存，身亡即无斩法。缘坐元因处斩，无斩岂合相缘？缘者是缘罪人，因者为因他犯。犯非己犯，例是因缘。所缘之人先亡，所因之罪合减。合减止於徒坐，徒坐频会鸿恩。今日卻断没官，未知据何条例。若情状难舍，敕遣戮尸，除非此途，理绝言象。伏惟逆人独孤敬同柳明肃之辈，身先殒没，不许推寻。未敢比附敕文，但欲见其成例。勘当尚犹不许，家口宁容没官？'申覆，依有功所议，断放。此后援例皆免没官者，三数百家。"②

由于徐有功主张慎刑慎杀，当时的百姓传颂认为在司法审判中要是遇到徐有功，就能够保住性命。徐有功曾经称："大理，人命所系，不可阿旨诡辞，以求苟免。"③由于徐有功经常直谏武则天，使被判刑获罪的人数有所减少，杜佑在《通典》中对其评价甚高，认为其超过汉文帝时的张释之、汉宣帝时的于定国等。④

"有功前后执正大狱，凡有六七百家，以此频被推弹，亦经数四，对答并是理直，咸得无罪。……论曰：详观徐大理之断狱也，自古无有斯人，岂张、于、陈、郭之足伦，固可略举其事。且四子之所奉，多是令主，（西汉，张释之，文帝时为廷尉；于定国，宣帝

① （宋）欧阳修、宋祁等：《新唐书》卷一一三，中华书局1975年版，第4190页。

② （唐）杜佑：《通典》，中华书局2016年版，第4366页。

③ （宋）欧阳修、宋祁等：《新唐书》卷一一三，中华书局1975年版，第4191页。

④ 关于徐有功的法律思想，参见张玉霞：《与酷吏斗法 冒死护法的"法官"徐有功》，载《公民与法（综合版）》2019年第11期；吴鹏：《"持平守正"的唐代名臣徐有功》，载《人民法院报》2020年12月18日，第6版；沈淦：《徐有功护法》，载《领导科学论坛（理论）》2014年第5期；李青峰：《獬豸之精徐有功》，载《文史天地》2006年第12期；蒲人：《徐有功公私分明》，载《政府法治》2004年第7期；孟令俊：《敢于犯颜诤谏的徐有功》，载《中州统战》1997年第8期；王桂五：《从徐有功不行杖罚说起》，载《人民检察》1994年第5期。

时为廷尉;东汉陈宠、郭躬,章帝时为廷尉:皆遇仁明之主。)诚吐至公,用能竭节。若遇君求治,其道易行。武太后革命,欲令从己,作威而作周政,寄情而害唐臣。徐有功乃於斯时,而能定以枉直,执法守正,活人命者万计;将死复舍,忤龙鳞者再三。以此而言,度越前辈。"①

3. 强调天人感应的思想

封建王朝在审判和行刑过程中历来遵循天人感应的思想。韦嗣立劝说武则天远离酷吏,任用贤臣,也采用了天人感应的理念,认为:"昔杀一孝妇,尚或降灾。而滥者盖多,宁无怨气！怨气上达则水旱所兴,欲望岁登,不可得也。"②

由于受到认知的局限,天人感应思想是我国大部分封建王朝的共识。③ 偶尔有持唯物主义观念的古人在史书中被记载,例如,柳宗元就秉持无神论的思想,反对法天用刑。在《天说》中,柳宗元认为,"天地都是物质的、自然的,不是人格化的神,更不会有意志,人类社会与天不存在祸福对应的关系,国家的兴亡得失与天并不相干。在《答刘禹锡天论书》中,他详细论述了天人'不相预'的思想,'生植与灾荒,皆天也;法制与悖乱,皆人也,二之而已。其事各行不相预,而凶丰理乱出焉,究之矣',也即受制于自然的年成收歉与社会治乱并不对应,法律制度的施行与天道无关,故赏功罚罪,也不必刻板地因循天道"④。

4. 主张利益权衡的思想

唐代官员执法多从维护政权稳固的角度出发。封建王朝的臣子们在审理案件、定分止争时,首先考虑的必然是争议双方的身份以及是否符合儒家伦理道德,是否忧扰君主或者父母的身心。坚守法律规定的原因并非出于对法律的尊重或者是追求法律上的公平正义,而是出于维护朝廷利益的考虑。

例如,根据《贞观政要》的记载,简点使右仆射封德彝等人,建议年满 18 以上的男子也应征参军。封德彝表示,年满 18 周岁的年轻男子里面有身材高大者,可以参军。魏徵认为不行。唐初法律规定 16 岁至 21 岁的中男不服兵役,只有 22 岁以上的成丁才服兵役。但魏徵并没从遵守规则的角度论证其观点,而是表示:

"征正色曰:'臣闻竭泽取鱼,非不得鱼,明年无鱼;焚林而畋,非不获兽,明年无兽。若次男已上,尽点入军,租赋杂徭,将何取给？且比年国家卫士,不堪攻战。岂为其少？但为礼遇失所,遂使人无斗心。若多点取人,还充杂使,其数虽众,终是无

---

① (唐)杜佑:《通典》,中华书局 2016 年版,第 4370 页。

② 许嘉璐主编:《二十四史全译:旧唐书》(第 4 册),汉语大词典出版社 2004 年版,第 2340 页。

③ 关于天人感应思想,参见雷达:《唐宋天人思想转型研究》,华东师范大学 2021 年博士学位论文;付兴林:《论白居易对"天人感应说"的突破——以〈策林〉为中心》,载《社会科学家》2006 年第 1 期;夏显泽:《从当代西方环境伦理学看韩愈的天人感应论》,载《曲靖师范学院学报》2005 年第 2 期;张建会:《唐代天人感应政治思想研究》,西北大学 2014 年硕士学位论文等。

④ 韩伟:《刑不逾时:柳宗元的唯物主义法律观》,载《人民法院报》2018 年 2 月 2 日,第 5 版。

用。若精简壮健，遇之以礼，人百其勇，何必在多？陛下每云，我之为君，以诚信待物，欲使官人百姓，并无矫伪之心。自登极已来，大事三数件，皆是不信，复何以取信于人？’”①

玄宗后期，皇帝亲近佞臣，权柄逐渐转移至长期把持朝政的权臣手中。朝臣结党、外戚横行，中央逐渐丧失对地方的控制能力，边境祸乱纷起。人治社会中，法律的实施受到皇帝和朝臣极大的影响。倘若统治者的行为超出法律的界限，法治就受到严重破坏，立法和司法严酷而失序，即使偶有进步的理念也无法得到执行。而宦官专权、节度使叛乱、异族入侵、农民起义等种种不稳定因素，使法律秩序再难恢复。

（二）代表性官吏的法律思想

唐代著名历史人物多如繁星，有凌烟阁二十四功臣；有李白、杜甫、白居易等留下璀璨诗篇的诗人；有欧阳询、虞世南、褚遂良、颜真卿、柳公权等名垂青史的著名书法家，几乎每个专业领域，都有行业翘楚创造出不朽功勋。这些历史人物或多或少就唐代法律发表过见解或看法，在史书上留下了零星的记载。但这些法律思想并不成体系，也无法超越时代。整体来说，其法律思想都属于儒家思想框架下根据儒家伦理道德和价值体系产生的对法律的看法。

1. 姚崇的法律思想

姚崇（650—721），本名元崇，陕西硖石人，经则天、睿宗、玄宗三朝，两度拜相，兼兵部尚书。

姚崇为官正直，曾劝说武则天停止任用酷吏，滥用刑罚。开元元年（713 年），唐玄宗拟任姚崇为相，姚崇提出了十件要事，要求玄宗答应后他才接受宰相职位。这十件要事被后世史家称为“十事要说”。“十事要说”中，与姚崇的法律思想有关的主要是：改变此前实施严刑峻法的司法理念，采取仁恕的政策；改变以前佞臣犯法却因君主宠信而轻易放过的情况，法行自近；不得收取公卿大臣的礼物；能够接受臣子直谏；不幸边功，不鼓励开疆拓土耗费民力。

姚崇曾作《五戒》，属于儒家修身养德的范畴，其内容有：执衡持平、乐导至化、虚心如镜、廉慎持身、贞廉守节。类似君子修身正己的文章历代都非常多。在儒家学说的基础上产生的对法律笼统的认识，是生活在封建社会中的个体难以跳出的思维局限。

整体来说，姚崇的法律思想并没超出一位接受儒家教育的封建臣子通常所能具

---

① 骈宇骞译注：《贞观政要》，中华书局 2011 年版，第 138 页。

备的眼界和观念。①

2. 宋璟的法律思想

宋璟(663—737),字广平,今河北省邢台市南和县人,17 岁考中进士,后官至吏部尚书、刑部尚书,唐开元十七年(729 年)拜尚书右丞相。

宋璟的法律观念也建立在儒家思想的基础上。他曾劝凤阁舍人张说不要为幸臣张易之作伪证构陷御史大夫魏元忠,其理由是典型的儒家道德观:“名义至重,神道难欺,必不可党邪陷正,以求苟免。若缘犯颜流贬,芬芳多矣。或至不测,吾必叩阁救子,将与子同死。努力,万代瞻仰,在此举也。”②

儒家重名节,即便因为触犯天颜被流贬,也能拥有良好的名声。这段话的内容并未提及法律官员的职业道德与对公平正义的职业追求,而是向张说保证,倘若有任何不测,宋璟将采取一切办法搭救,成就万代瞻仰的名声,就在此举了。

宋璟疾恶如仇,不因君王的爱憎变法。他曾请求武则天惩办张昌宗、张易之兄弟,并不因其受皇帝宠幸而回避。在其所作《论修德刑疏》中,宋璟认为,修德就是君子道长,小人道消;修刑是指不以深苛为狱,判案衡平,以及不兴甲兵,不以轻进邀功。③

3. 韩愈的法律思想

韩愈(768—824),字退之,号昌黎,邓州南阳人。唐德宗贞元八年(792 年)进士,任节度推官、监察御史,著名文学家。

作为儒家士大夫,韩愈坚决遵循社会的等级制度,严守良贱的区分。根据《新唐书》记载,韩愈担任袁州刺史时,袁州地区有典身为奴隶的 700 多人过了典期无钱赎身。韩愈调查发现这些人均是良人,因为农田作物亏损或因为欠债而典身。唐律规定倘若有以良人为奴婢用以质债的,各减自相卖罪三等。韩愈认为,良人与贱人本来不同,依据唐律,本来不允许典贴良人作奴婢驱使。倘若任由这些良人成为奴婢,不

---

① 关于姚崇的个人事迹,参见佟志:《姚崇对“开元盛世”的贡献》,载《西安教育学院学报》2000 年第 1 期;宁欣:《姚崇“十事疏”一探》,载《三门峡职业技术学院学报》2016 年第 2 期;赵壮道:《盛唐名相姚崇的治国思想》,载《邯郸职业技术学院学报》2016 年第 3 期;沈天鹰:《试论姚崇为政思想的现实意义》,载《三门峡职业技术学院学报》2016 年第 4 期;赵映林:《从姚崇的三次入相看“开元盛世”的奠基——兼析其个人品质的启示》,载《文史杂志》2019 年第 2 期;王灿:《论姚崇“救时”的精神特质和文化根由》,载《临沂大学学报》2019 年第 5 期;丁俊:《从“文、吏之争”到“政事分途”——再论唐玄宗开元年间的用人择相问题》,载《乾陵文化研究》2019 年第 13 辑。

② 许嘉璐主编:《二十四史全译:旧唐书》(第 4 册),汉语大词典出版社 2004 年版,第 2491 页。

③ 关于宋璟的事迹,参见白薏:《谈宋璟的“持诚示信”》,载《社会科学》1985 年第 6 期;李军:《宋璟的用人之道及其借鉴意义》,载《领导科学》2006 年第 23 期;胡月、陈懿人:《“开元初年恶钱问题小论”——以宋璟为相时期的“恶钱”整治行动为中心》,载《黑龙江史志》2015 年第 13 期;雷宏谦、赵建坤:《宋璟廉政思想探析》,载《兰台世界》2015 年第 33 期;蔡相龙:《贤相宋璟》,载《人才资源开发》2019 年第 9 期;赵建坤、靳会敏:《宋璟民生思想探究》,载《邢台学院学报》2016 年第 3 期;石光:《试评宋璟》,载《固原师专学报(综合版)》1982 年第 21 期。

但违背了法律，也将不利社会阶级的稳定。因此，韩愈要求主家允许这些良人以劳作抵偿剩余债务，不允许将良人典身为奴。

韩愈的法律思想无法超脱儒家学说的框架。根据其为宪宗元和六年（811 年）富平县梁悦为父报仇一案所写的《复仇状》，韩愈认为，子为父报仇符合《春秋》《礼记》《周官》等儒家经典，不应挫伤其为父报仇的心愿。但为了减少倚法专杀的情况发生，也不宜将其列入法律许可的行列。因此，最好一事一议，凡发生了此类事件，申报尚书省，尚书省奏闻皇帝，由皇帝斟酌处理。[①]

① 关于韩愈的法律思想，参见宋宇轩：《初期宋学与韩愈思想》，载《洛阳理工学院学报（社会科学版）》2023 年第 1 期；段知壮：《韩愈法律思想中的罪责指向探析》，载《盛京法律评论》2017 年第 2 期；张弘韬：《韩愈的民本思想——〈论变盐法事宜状〉解读》，载《周口师范学院学报》2008 年第 1 期；张辉：《中唐文人法律思想探析——以韩愈、柳宗元和白居易法律思想为代表》，载《黑龙江教育学院学报》2014 年第 12 期；王祥东：《韩愈、柳宗元、白居易法律思想之探究》，载《胜利油田师范专科学校学报》2000 年第 2 期。

第二章　隋唐法律制度

在隋唐法律思想的指导下，隋唐时期的法律制度也得以迅速建立起来。与隋唐时期的法律思想相比，法律制度的建设更加繁复、艰巨和耗时。在继承了魏晋南北朝法律制度精华的基础上，隋唐时期的法律制度的发达与完善达到了中国历史上最为鼎盛的时代。

第一节　隋朝法律制度

隋王朝虽然由于统治者（尤其是杨广）的荒淫无度、好大喜功、压榨民众等，只维系了二世，30余年就被推翻，成为在强大的王朝中除秦王朝之外，第二个短命的朝代。但其法律制度的建设，却是可圈可点，有许多可以梳理、借鉴和吸收的地方。

一、隋律研究脉络

在隋朝法律研究当中，不同时期围绕着不同的问题展开。在早期的隋律研究当中比较重要的一个问题为隋律的历史渊源，如程树德先生所著《隋律考》、倪正茂先生所著《隋律源流若干问题考辨》等。在强调《开皇律》重要性的同时，学界亦对隋朝时期的另一部重要法典《大业律》进行研究，如张维所著论文《〈大业律〉研究》。进入21世纪后，随着中国法律史研究整体趋势的变化，对于隋朝法制的研究也更倾向于关注刑法之外的其他领域，如岳纯之等关于隋朝契约问题的相关研究，赵云旗等对隋朝均田令的研究，另亦有关于林业法制和边疆法制的研究，杜文忠所著《王者无外：中国王朝治边法律史》即关注了隋唐时期的边疆治理问题。此外，司法制度也是近年来隋朝法制研究的重点，张先昌、高珣等学者在此方面颇有成果。

苦于隋朝法制留存资料寥寥，很多制度的考证陷入僵局，更多时候则不得不采用"倒推"方法，以资料丰富、更易还原的唐朝法制倒推出隋朝的律令大貌。然而此种倒推方法必定存在缺陷，"汉承秦制"尚有新的辨别，"唐承隋制"则绝不应当作为既定的前提。也正是因此，对旧问题或者所谓"成说"的反思更应被重视，如楼劲等学者对隋朝法律形式"律""令""格""式"的有力驳论。

今天的隋律研究成果绝对离不开一些前辈所作出的辑佚工作，从程树德先生的

《九朝律考》,至杨鸿烈先生的《中国法律发达史》,再至倪正茂先生的《隋律研究》,近年则是杨一凡先生和张晋藩先生主持的丛书编纂工作,为当今的研究提供了坚实的资料基础,使隋律的研究更为便利。苦于资料存量不丰,大多著述都选择将隋唐合称,单独研究隋朝法制的著述如倪正茂所著《隋律研究》《隋代法制考》和高珣所著《隋朝法制与统一秩序研究》,亦十分稀少。海外学者对隋朝法制的研究也为我们提供了相当重要的资料,如布目潮沨先生曾专门撰有《隋开皇律与佛教》一文,具体探讨了隋朝与佛教、《开皇律》与佛教等问题;滋贺秀三所著《中国法制史论集·法典と刑罚》亦对隋朝的律令进行了探讨。此外,对于隋朝法制的研究则散见于各通史研究当中,苦于其庞大的数量,此处不再列及。

二、隋朝的立法活动与法律形式

(一)立法背景

公元581年2月,北周相国杨坚接受北周静帝的"禅让"称帝,国号"隋",建元"开皇",隋朝始建。在进行了一场和平方式的朝代更迭之后,势必要进行更为深刻的社会变革以期革除北周旧制,为一个全新的王朝提供新的营养基。隋朝在建立初期,南方有陈朝的威胁,北方有少数民族政权不断袭边侵扰,内部百废待兴,中央集权尚需巩固,因此以法制改革为首的诸多社会改革势在必行。隋文帝在位期间,进行了两次重要的修律活动,诞生了隋朝的重要法典《开皇律》。隋继承了北周的强大,内部安定后,随即在589年灭南方的陈国,结束了270余年的大混战,统一了中国,百姓得以休养生息。大业三年(607年)四月,隋炀帝杨广诏令修订的18篇500条的新律完成,即《大业律》。

整个杨隋时期,法律修订的主流倾向是"法令清简""宽刑",这主要得益于几位主要的立法人物的贡献。隋文帝本身具有省恤刑罚的法律思想倾向。《隋书·刑法志》记载了杨坚的诏文:"帝王作法,沿革不同,取适于时,故有损益。夫绞以致毙,斩则殊刑,除恶之体,于斯已极。枭首轘身,义无所取,不益惩肃之理,徒表安忍之怀。鞭之为用,残剥肤体,彻骨侵肌,酷均脔切。虽云远古之式。事乖仁者之刑,枭轘及鞭,并令去也。贵砺带之书,不当徒罚,广轩冕之荫,旁及诸亲。流役六年,改为五载,刑徒五岁,变从三祀。其余以轻代重,化死为生,条目甚多,备于简策,宜班诸海内,为时轨范,杂格严科,并宜除削。先施法令,欲人无犯之心,国有常刑,诛而不怒之义。措而不用,庶或非远,万方百辟,知吾此怀。"①诏文的中心思想是隋文帝认为枭首、轘身以及鞭刑等,"义无所去""酷均脔切",过于残忍,不符合儒家思想主流,因此应当废除。

① (唐)魏徵等:《隋书》卷二五,中华书局1973年版,第711页。

历史上对于隋文帝多有不尚儒学、专尚刑名之评价，其在开皇九年（589 年）后确实多次实行酷法、法外用刑，学界对此也有考辨，然而这不影响杨隋时期的整体思想倾向。杨坚在即位之初就命令牛弘修《五礼》并颁布，提倡儒家道德理论，弘扬孝道，任用明儒，“文帝从开皇初至仁寿末，在位前后二十四年始终实行尊儒重道、振兴儒学的政策，面对儒学的衰落现实，进行积极的拯救”①。这种拯救并非简单的理论推崇，隋文帝坚持贯彻儒家的“仁”，在政治层面的体现即为“仁政”成为理政治国的基本思想，“把‘以轻代重，化死为生’，‘随时’立法，与时俱进作为法治精神写进法典”②。

开皇三年（583 年），在决定修律之后，隋文帝选任刑部尚书苏威和礼部尚书牛弘为主修官。苏威，字无畏，在隋文帝时期曾任刑部尚书、丞相，参与了开皇元年（580 年）的修法，是开皇三年《开皇律》的重要修订人员之一。《隋书·苏威传》记载：“初，威父在西魏，以国用不足，为征税之法，颇称为重。既而叹曰：‘今所为者，正如张弓，非平世法也。后之君子，谁能弛乎？’威闻其言，每以为己任。至是，奏减赋役，务从轻典，上悉从之。”苏威之父厘定严法，而苏威以“弛”法为己任，力求宽平，轻徭薄赋，减轻刑罚。苏威出身于京兆武功世家，却提出削减功臣贵族的土地，分给无田地的农户，缓和土地集中的矛盾。虽然该提议最后被隋文帝出于维护贵族功臣利益的目的而否决，但可以体现出苏威的宽平思想。北周因袭而来的沉疴弊坏以及隋文帝谋求政治局面的稳定，促成了隋文帝初期的“仁德”政风，而苏威自身宽平轻省的思想也与隋文帝“以轻代重”的法律思想相一致。苏威还曾对隋文帝言，“唯读孝经一卷，足以立身治国”，促成了隋朝“孝治”局面的出现，在其主修的《开皇律》厘定的十恶当中更是体现出对于封建伦理纲常的重视。由此可见苏威孝治观对于立法的影响。③

牛弘亦是《开皇律》的主要修订人员之一。此外，开皇三年，杨坚命时任礼部尚书的牛弘修撰《五礼》百卷，开皇九年，牛弘又奉诏改定雅乐，作乐府歌词，后又拜吏部尚书。大业期间，隋炀帝执政，牛弘继续职掌吏部，同时又参与了新帝的礼乐革新。《隋书·礼仪志》记载：“及大业元年，炀帝始诏吏部尚书牛弘、工部尚书宇文恺、兼内史侍郎虞世基、给事郎许善心、仪曹郎袁朗等，宪章古制，创造衣冠，自天子逮于胥皂，服章皆有等差。若先所有者，则因循取用，弘等议定乘舆服，合八等焉。”④大业二年（606 年）隋炀帝杨广诏令牛弘等人在《开皇律》的基础上删定律法，减轻了诸多苛刻的刑罚。大业三年（607 年）四月，共 18 篇 500 条的新律完成并颁布施行，即《大业律》。隋朝 38 年的统治当中有三次重要的修律活动，而牛弘切身参与了两次，且在其中作

---

① 曹治怀：《隋文帝不悦儒学专尚刑名辨析》，载《安庆师范学院学报（社会科学版）》1996 年第 2 期。

② 张先昌：《〈开皇律〉的修订及其在中国法制史上的地位》，载《法学研究》2002 年第 4 期。

③ 参见张先昌：《苏威与〈开皇律〉》，载《首都师范大学学报（哲学与社会科学版）》2009 年第 2 期。

④ （唐）魏徵等：《隋书》卷十二，中华书局 1973 年版，第 262 页。

用不凡，对隋朝法律有着不可忽视的影响。①

（二）重要法典

1.《开皇律》

《隋书·刑法志》记载："高祖既受周禅，开皇元年，乃诏尚书左仆射、勃海公高颎，上柱国、沛公郑译，上柱国、清河郡公杨素，大理前少卿、平源县公常明，刑部侍郎、保城县公韩浚，比部侍郎李谔，兼考功侍郎柳雄亮等，更定新律，奏上之。"②关于开皇元年（581年）参与修律的人员，程树德先生在《九朝律考》中考得修律之人还有杨瓒等人，但倪正茂先生在《隋律研究》中反驳了此种考证，并列出了13人，③而杨鹤皋所著《魏晋隋唐法律思想研究》以及韩昇所著《隋文帝传》考诸史籍，并未将牛弘列入修律人员，又列入《隋书·刑法志》前文所引常明及韩浚2人，共计14人。此次修律"采魏晋刑典，下至齐梁，沿革轻重，取其折衷"，为开皇三年（583年）律典的修订奠定了坚厚的基础。

"三年，因览刑部奏，断狱数犹至万条。以为律尚严密，故人多陷罪。又敕苏威、牛弘等，更定新律。"④开皇三年，因现有法律冗杂，罪数繁多，杨坚命苏威、牛弘在前修法律的基础上更定《开皇律》。关于《开皇律》的主修人，历来众说不一。《隋书·裴政传》中记载，"诏与苏威等修定律令，政采魏晋刑典，下至齐梁，沿革轻重，取其折衷，同撰著者十有余人，凡疑滞不通，皆取决于政"。⑤裴政在修律活动中的重要作用无需多言，《资治通鉴》以此采裴政为《开皇律》主修人，而王夫之在《读通鉴论》中更是肯定了裴政之影响。然而此种论说忽略了开皇元年修法与开皇三年修订律典的差异，如今学界通说之《开皇律》，为开皇三年所修订之律典。无论是法典内容上的删繁就简，还是法典之间的因袭继承，抑或论对后世之影响，开皇三年所修订之律典更具典型性。考诸史籍，裴政所修之法，应为开皇元年的修律活动而并非《开皇律》。《北史·苏威传》记载："帝令朝臣厘改旧法，为一代通典，律令格式，多威所定，世以为能。"⑥考量到律典在中华法系传承中的地位意义以及苏威在修律工作当中实际的作用和功绩，苏威更适合被确定为《开皇律》的主修人。⑦

"除死罪八十一条，流罪一百五十四条，徒杖等千余条，定留唯五百条。凡十二

① 参见蔺熙民：《牛弘与杨隋文化制度建设》，载《大众文艺》2011年第9期。

② （唐）魏徵等：《隋书》卷二五，中华书局1973年版，第710页。

③ 参见倪正茂：《隋律研究》，法律出版社1987年版，第15－23页，共列举出了参与开皇元年修律的裴政、高颖、苏威、郑译、牛弘、李德林、杨素、柳雄亮、王谊、王谐、赵芬、于翼、李谔等13人。

④ （唐）魏徵等：《隋书》卷二五，中华书局1973年版，第712页。

⑤ （唐）魏徵等：《隋书》卷六六，中华书局1973年版，第1549页。

⑥ （唐）李延寿：《北史》卷六三，中华书局1974年版，第2245页。

⑦ 参见张先昌：《苏威与〈开皇律〉》，载《首都师范大学学报（哲学与社会科学版）》2009年第2期。

卷。一曰名例,二曰卫禁,三曰职制,四曰户婚,五曰厩库,六曰擅兴,七曰贼盗,八曰斗讼,九曰诈伪,十曰杂律,十一曰捕亡,十二曰断狱。自是刑网简要,疏而不失。"①据《隋书·刑法志》记载,开皇三年删定而成的《开皇律》共计500条,分为12卷,名例在前总括全篇,捕亡、断狱两卷程序法列于最后,相比开皇元年定律减少了诸多冗杂罪名,精简了律文体系,却无缺漏。《开皇律》以其精妙的立法技术、法律体例,在中华法系的发展进程中留下了璀璨的一笔,学者多有"唐承隋制"之说,《开皇律》也被认为是《贞观律》之范本。

然而,《开皇律》在具体的施行过程中却多有"法外之刑",至于开皇中期则犹如被毁弃。究其原因,主要是君权不依科律、多法外用刑以及越法从重治吏治民。隋文帝时期的一则诏令曰:"分职设官,共理时务,班位高下,各有等差。若所在官人不相敬惮,多自宽纵,事难克举。诸有殿失,虽备科条,或据律乃轻,论情则重,不即决罪,无以惩肃。其诸司论属官,若有愆犯,听于律外斟酌决杖。"②这是典型的律外决杖之诏令。又有"士文至州,发擿奸隐,长吏尺布升粟之赃,无所宽贷。得千余人而奏之,上悉配防岭南,亲戚相送,哭泣之声遍于州境。至岭南,遇瘴疠死者十八九,于是父母妻子唯哭士文"③。官吏犯赃值一尺布、一升粟就要被配防遍布毒瘴恶疠的岭南,没有得到宽恕的机会。这虽然是酷吏之为,却也不过是嗅察上情以"乘时射利"④,不难看出当时从重治吏之风气。

《开皇律》被毁弃之原因,旧史认为是隋文帝自身性格原因导致的,因其至察多疑,以致律典的施行偏离了预定轨道,而后几近毁弃。此说有一定的合理性,然而,考察开皇中期的时代背景,或可得出新论:"《开皇律》君定而君毁,当与隋文帝对中国传统法家关于刑法治国之思想的偏颇体认有密切之关系。"⑤隋文帝有诏曰:"朕祗承天命,清荡万方。百王衰敝之后,兆庶浇浮之日,圣人遗训,扫地俱尽,制礼作乐,今也其时。朕情存古乐,深思雅道。郑卫淫声,鱼龙杂戏,乐府之内,尽以除之。今欲更调律吕,改张琴瑟。"⑥可以看出,在安外之后,隋文帝是打算借助礼乐来强化政刑之用,以达到治内之目的。又有:"朕祗承天命,抚临生人,当洗涤之时,属干戈之代,克定祸乱,先运武功,删正彝典,日不暇给。今四海乂安,五戎勿用,理宜弘风训俗,导德齐礼,缀往圣之旧章,兴先王之茂则。"⑦此处也强调了"删正彝典""导德齐礼"。而隋文帝的遗诏或许更能证明:"但四海百姓,衣食不丰,教化政刑,犹未尽善,兴言念此,唯

---

① (唐)魏徵等:《隋书》卷二五,中华书局1973年版,第712页。
② (唐)魏徵等:《隋书》卷二,中华书局1973年版,第41页。
③ 参见(唐)魏徵等:《隋书》卷七四,中华书局1973年版,第1692、1693页。
④ (唐)魏徵等:《隋书》卷七三,中华书局1973年版,第1673页。
⑤ 王光照:《隋〈开皇律〉及其立与毁》,载《学术月刊》1995年第5期。
⑥ (唐)魏徵等:《隋书》卷二,中华书局1973年版,第48页。
⑦ (唐)魏徵等:《隋书》卷二,中华书局1973年版,第48页。

以留恨。”①据此可知,杨坚认为自己律外用刑种种之举措皆为教化政刑,只是并未尽善,显而易见,这或许是对于“刑罚为政教之用”的误读。尽管《开皇律》之毁弃令人唏嘘,但其已经通过朝代的因袭、别国他族的移植借鉴延续了自身的价值。

2.《大业律》

《隋书·刑法志》记载:“三年,新律成。凡五百条,为十八篇。诏施行之,谓之《大业律》。一曰名例,二曰卫宫,三曰违制,四曰请求,五曰户,六曰婚,七曰擅兴,八曰告劾,九曰贼,十曰盗,十一曰斗,十二曰捕亡,十三曰仓库,十四曰厩牧,十五曰关市,十六曰杂,十七曰诈伪,十八曰断狱。其五刑之内,降从轻典者,二百余条。其枷杖决罚讯囚之制,并轻于旧。是时百姓久厌严刻,喜于刑宽。”②以此可知《大业律》之修订大要与篇章梗概。

那么在《开皇律》“刑网简要,疏而不失”的背景下,隋炀帝为何要在大业二年(606年)即下令修订新律呢?且大业三年(607年)就已经完成,时间上似有仓促之疑。对此,学界一直以来主要有三种观点:一为正史所言之“补弊救偏”。“牛弘等造新律成,凡十八篇,谓之《大业律》;甲申,始颁行之。民久厌严刻,喜于宽政。”③《隋书·刑法志》也有言:“炀帝即位,以高祖禁网深刻,又敕修律令,除十恶之条。”二为政治之考量,以“宽刑”“除十恶之条”之举措,安抚民心,稳固政权;此说多为当代法史研究所采。④ 三为隋炀帝好大喜功性格之缘故,“据《刘炫传》,大业律出于牛弘之手,然《隋志》谓弘即开皇中修律之一人,则二律同出一手。且是律之颁行,在大业三年,仓促而成。盖炀帝好大喜功,特欲袭制礼作乐之名,本无补弊救偏之意。弘窥见其旨,故篇目虽增于旧,而刑典则降从轻”⑤。据程树德先生所言,主修官相同,修订时间短,条目变化少,这些似可为“无补弊救偏”之意的佐证。

隋文帝执政初期,政治清明,法令清简,社会繁荣,有“开皇之治”之美称,然而“逮于暮年,持法尤峻,喜怒不常,过于杀戮”⑥。隋文帝后来更是作出了“盗边粮一升以上皆死”“盗一钱以上弃市”等刑罚规定,可见其刑之严苛残酷。凡此种种,可以表明隋炀帝即位之后“补偏救弊”是存在确实的历史背景的。“补偏救弊”在《大业律》制定的诸多缘由当中可能仅仅是一个方面,也存在其他影响因素。⑦“帝王作法,沿革不同,取适于时,故有损益”,⑧隋文帝的遗诏也为《大业律》的修订提供了依据:“律令格

---

① (唐)魏徵等:《隋书》卷二,中华书局1973年版,第53页。

② (唐)魏徵等:《隋书》卷二五,中华书局1973年版,第716页。

③ (宋)司马光:《资治通鉴》卷一八〇,中华书局1956年版,第5628页。

④ 参见曾宪义主编:《中国法制史》,中国人民大学出版社2000年版,第154页。

⑤ 程树德:《九朝律考》,商务印书馆2010年版,第564页。

⑥ (唐)魏徵等:《隋书》卷二,中华书局1973年版,第54页。

⑦ 参见张维:《〈大业律〉研究》,湘潭大学2011年硕士学位论文,第17页。

⑧ (唐)魏徵等:《隋书》卷二五,中华书局1973年版,第711页。

式,或有不便于事者,宜依前敕修改,务当政要。呜呼,敬之哉! 无坠朕命!”[①]

与《开皇律》相比,《大业律》在历史当中久被忽略,当代学界对于《大业律》的研究无论是成果数量还是深入程度都远远不及《开皇律》。究其原因,一是《大业律》内容亡佚,所辑存条目寥寥,二是在隋炀帝的主政下隋朝迅速灭亡,使《大业律》也随之一起隐没。在分析隋朝法律的意义影响时,也难以将《开皇律》和《大业律》区分开来,在讨论中常以《开皇律》作为典型代表。

(三)法律形式

法律形式作为特定历史时期法律的主要表现形式,对于法制史的研究有着提纲挈领的作用。只可惜隋朝律典已经佚失,后世学者只能够从史料记载当中还原隋朝的法律体系。《隋书·苏威传》中记载:“律、令、格、式,多威所定。”[②]《隋书·经籍志》中有言:“隋则律令格式并行。”[③]受此影响,对于隋朝法律形式,学界多认为是律、令、格、式。[④] 程树德虽未明确指出隋朝的法律形式为何,但在《九朝律考》当中也辑出了史料当中有关于律、令、格、式的内容。然而关于隋朝的法律形式,学界仍旧存在不同的意见。

隋朝“律”有《开皇律》《大业律》,这在史料当中是有明确篇目记载、律文留存的,毋须质疑。“令”也有《开皇令》《大业令》散见于史料之中。《隋书·经籍志》载:“《隋开皇令》三十卷,目一卷。”[⑤]《九朝律考》辑出了《唐六典注》当中对于《开皇令》篇目的详细记载:“隋《开皇令》,高颎等撰,三十卷,一、官品上,二、官品下,三、诸省台职员,四、诸寺职员,五、诸卫职员,六、东宫职员,七、行台诸监职员,八、诸州郡县镇戍职员,九、命妇品员,十、祠,十一、户,十二、学,十三、选举,十四、封爵俸廪,十五、考课,十六、宫卫军防,十七、衣服,十八、卤簿上,十九、卤簿下,二十、仪制,二十一、公式上,二十二、公式下,二十三、田,二十四、赋役,二十五、仓库厩收,二十六、关市,二十七、假宁,二十八、狱官,二十九、丧葬,三十、杂。”[⑥]《隋书·刘子翊传》中引了一条令文:“为人后者,为其父母,并解官申其心丧。父卒母嫁,为父后者,虽不服,亦申心丧。其继母嫁,不解官。”[⑦]程树德按语此为丧葬令逸文。而有关《大业令》的记载就更为

---

① (唐)魏徵等:《隋书》卷二,中华书局1973年版,第53页。

② (唐)魏徵等:《隋书》卷四一,中华书局1973年版,第1186页。

③ (唐)魏徵等:《隋书》卷三三,中华书局1973年版,第974页。

④ 倪正茂的《隋律研究》、王立民主编的《中国法制史》、张晋藩总主编的《中国法制通史》等均持此观点。

⑤ (唐)魏徵等:《隋书》卷三三,中华书局1973年版,第973页。

⑥ 程树德:《九朝律考》,商务印书馆2010年版,第585页。

⑦ (唐)魏徵等:《隋书》卷七一,中华书局1973年版,第1651页。

简略，《隋书·经籍志》载："大业令三十卷。"[①]《隋书·薛道衡传》亦有涉及"令"的内容："会议新令，久不能决。道衡谓朝士曰，向使高颎不死，令决当久行。"[②]《隋书·郭衍传》云："初新令行，衍封爵从例除。"[③]纵览关于"令"的记载，不难发现，其基本篇目和所涉部分内容都是可以明确的，也因此，"令"可以明确为隋朝法律形式的一种。

有关"格"之记载，主要散见于开皇年间的史料。《北史·苏威传》中载："威行己清俭，以廉慎见称。然每至公议，恶人异己，虽或小事，必固争之。时人以为无大臣之体。所修格令章程，并行于当世，颇伤苛碎，论者以为非简久之法。"[④]《隋书·李德休传》记载："格令班后，苏威每欲改易事条。德林以为格式已颁，义须画一，纵令小有踳驳，非过蠹政害民者，不可数有改张。"[⑤]此两处均有提到"格令"，且可以得知其似乎是作为法律的一种形式来颁布、施行。又有《隋书·刘炫传》当中提到"立格"："高祖之世，以刀笔吏类多小人，年久长奸，又以风俗陵迟，妇人无节，于是立格，州县佐史三年而代之，九品妻无得再醮。"[⑥]以此可知文帝时期所立之"格"的内容为官吏之妻再嫁事宜。而程树德考《隋书·李谔传》："上览而善之，五品以上妻妾不得改醮，始于此也。"[⑦]认为当时虽然已经有了"定格"，但是尚未施行，所以将限制改为了五品以上的官吏之妻不能再嫁。而大业年间并未有任何颁布新格之记载，倪正茂认为，应是大业年间全盘沿用了开皇格的缘故。[⑧]

关于隋朝"式"之存在的证明，主要体现在史书对于大业年间"式"的记载，目前还没有发现关于开皇年间颁布"式"的记载。"大业二年五月乙卯，诏曰：自古以来，贤人君子，有能树声立德，佐世匡时，博利殊功，有益于人者，并宜营立祠宇，以时致祭，坟垄之处，不得侵践，有司量为条式，称朕意焉。"[⑨]"四年冬十月乙卯，颁新式于天下。"[⑩]此处的"条式"为有司制定，且已经颁布于百姓，似为隋朝编纂、颁行过"式"的有力证明。

将"格""式"相关记载和关于"律""令"的记载相比较，不难发现，"格"和"式"既无明确的篇目设置的记载，也在不同君主统治时期出现记载缺位的现象。对此，学界

---

① （唐）魏徵等：《隋书》卷三三，中华书局1973年版，第973页。
② （唐）魏徵等：《隋书》卷五七，中华书局1973年版，第1413页。
③ （唐）魏徵等：《隋书》卷六一，中华书局1973年版，第1470页。
④ （唐）李延寿：《北史》卷六三，中华书局1974年版，第2248页。
⑤ （唐）魏徵等：《隋书》卷四二，中华书局1973年版，第1200页。
⑥ （唐）魏徵等：《隋书》卷七五，中华书局1973年版，第1721页。
⑦ 参见程树德：《九朝律考》，商务印书馆2010年版，第587页。
⑧ 参见倪正茂：《隋律研究》，法律出版社1987年版，第11页。
⑨ （唐）魏徵等：《隋书》卷三，中华书局1973年版，第66页。
⑩ （唐）魏徵等：《隋书》卷三，中华书局1973年版，第66页。

也存在怀疑，如滋贺秀三对隋朝是否存在“格”和“式”这两种法律形式持怀疑态度。[①]楼劲的观点更为明确：“隋代‘格’、‘式’等指称，仍循北魏以来的习惯而可泛指《律》《令》等各种法律规章，特别是那些随时随事推出的敕例或条制，其称‘格’称‘式’或其他名称亦无定准，并非特定法律形式的专有名词。”[②]他认为，隋代出现的各种“格”“式”语例，包括隋炀帝大业四年(608年)十月颁行而称为“新式”的法律规定在内，其实都是随时随事形成的单行敕例或条制。故当时虽有可以分称为“格”“式”或合称为“格式”的法律规定，却未统一编纂与《律》《令》并行的《格》《式》，也就并未形成《律》《令》《格》《式》并行的法律体系。这一点连同隋代的法律指称习惯，构成了《隋书·经籍志》“史部刑法类”后叙中称“隋《律》、《令》、格式并行”，却未著录有隋代《格》《式》的原因所在。[③] 隋朝的法律形式在几成定论的“律令格式”之说下，又出现新的有力驳论，此问题可待更多学者辨析。

三、隋律的体例和内容

(一)体例

隋朝整体的法律体系，在两部重要的法典《开皇律》《大业律》之外，还散布着各种令、敕、诏。然而考虑到资料完整性、影响力等因素，学界通常所指的隋律即《开皇律》，隋律的体例亦是如此，因此，本书亦以《开皇律》为模板介绍隋律的体例。当然，这并不意味着《大业律》缺乏研究价值，而是《开皇律》和唐律十二篇的篇章名目、结构顺序完全相同，对研究隋律在中华法系文明进程当中的重要作用有着更为显著的意义。

《开皇律》共有12篇，编纂体例是总则在前，分则在后。其中，《名例律》为总则，其后的《卫禁律》《职制律》《户婚律》《厩库律》《擅兴律》《贼盗律》《斗讼律》《诈伪律》《杂律》为分则中的实体法，而《捕亡律》和《断狱律》则为程序法。

在具体篇目上，《开皇律》既沿袭有《北齐律》之篇目，又继承有北周《大律》之篇目[④]。唐律12篇，其篇章名目和顺序同隋律完全相同，《唐律疏议》对于《开皇律》的篇章名目均有沿革说明。就各篇章的顺序结构而言，《开皇律》根据各篇章所保护的法益在社会中的不同地位，对其排列作出恰当的修正。《名例律》：北齐将“刑名”“法

---

① 参见滋贺秀三：《中国法制史论集·法典と刑罚》一书《概说篇》第1章《法典编纂の历史》第4节《隋·唐前半——律令古典期》就对于开皇格和式是否存在持怀疑。转引自楼劲：《隋无〈格〉、〈式〉考——关于隋代立法和法律体系的若干问题》，载《历史研究》2013年第3期。

② 楼劲：《隋无〈格〉、〈式〉考——关于隋代立法和法律体系的若干问题》，载《历史研究》2013年第3期。

③ 参见楼劲：《隋无〈格〉、〈式〉考——关于隋代立法和法律体系的若干问题》，载《历史研究》2013年第3期。

④ 参见倪正茂：《隋律研究》，法律出版社1987年版，第101－108页。

例”合为“名例”，而隋律因袭之。《名例律》规定了刑罚的种类以及刑法适用过程中的一般性原则，起到的作用相当于现代刑法的总则，所以列在《开皇律》之首。《卫禁律》：晋首创《宫卫律》，北齐加入“关禁”内容更名为《禁卫律》，隋改为《卫禁律》。《职制律》：晋首创《违制律》，至隋朝重新定名为《职制律》。《卫禁律》和《职制律》所规范的是侵害皇权的犯罪行为，因其所保护法益的重要性而顺序在前，仅次于总则。同时，《开皇律》注意律名的读音韵律及其内部逻辑，比如《户婚律》：汉九章律之《户律》，北齐增添婚事内容更名为《婚户律》，至隋朝以户在婚前改名为《户婚律》。当然，《开皇律》也在各篇所规范的犯罪类型上有所删减，做出了适应新的统一政权的调整。如《厩库律》：晋以“牧事”并入汉九章律之《厩律》，定名为《厩牧律》，后名称几经沿革，隋朝将“库事”并入其中，更名为《厩库律》。又如《杂律》：后周将承袭于《法经》的《杂法》更名为《杂犯律》，至于隋则又删去“犯”，恢复《杂律》。

有学者认为，之于北齐律，《开皇律》有继承但更多的是创新和发展。“它依照总则为先，分则居后；重者为先，轻者居后；实体为先，程序居后的结构顺序，进行合理组构，从而使法典各部分各篇章之间协调一致，成为统一的有机整体，充分表明隋代立法技术的成熟。”①这种立法技术的成熟亦体现在唐律对于《开皇律》篇章结构的肯定和因袭之上，《唐律疏议》对于篇名沿革的介绍中更是多次出现“唐因于隋，相承不改”“迄今不改”等字样。可以说，《开皇律》作为适应新的统一政治的法典，对于唐、宋乃至明、清的法典体例都有着不可忽视的影响。

（二）内容

1. 刑罚制度

隋朝的刑罚制度总体上呈现省刑恤罚的特点。《隋书·刑法志》对本朝律法刑罚的总体评价是“以轻代重，化死为生”，这通过《开皇律》和《大业律》的制定修改及内容大略可见一斑。隋初《开皇律》的制定，削去了前代残酷的“枭首轘身”刑罚，也废除了作为法定刑的“鞭刑”，确立了杖刑和笞刑，流刑、徒刑也均有减轻。《开皇律》规定流刑分为三等，废除鞭笞刑，增加劳役刑，并无任何附加刑。相比《北齐律》和《北周律》1—5 年五等、每等差 1 年、各加鞭笞的徒刑规定，隋初《开皇律》确实是减轻了刑罚。除此之外，由《周礼·秋官·司刑》中记载的“宫刑至隋乃赦”可知《开皇律》实际上废除了宫刑。《隋书·刑法志》中还记载“因除孥戮相坐之法”，对此，倪正茂先生根据从尉迥等案发生的时间在开皇六年（586 年）推论：“开皇元年（公元 581 年），撰订《开皇律》时，内容有‘孥戮相坐之法’，而在开皇三年（公元 583 年）修订《开皇律》，

① 张先昌：《苏威与〈开皇律〉》，载《首都师范大学学报（哲学与社会科学版）》2009 年第 2 期。

大量删削烦苛法条时,仍保留了‘孥戮相坐之法’。”[①]至于《大业律》,《隋书·刑法志》对其记载为:“其五刑之内,降从轻典者,二百余条。其枷杖决罚讯囚之制,并轻于旧。”[②]由此可见,无论隋炀帝修订《大业律》的目的为何,《大业律》的刑罚倾向比《开皇律》更加轻省,整体律法也更加宽松。

《开皇律》确立了笞、杖、徒、流、死封建五刑制。《隋书·刑法志》记载:“其刑名有五:一曰死刑二,有绞,有斩。二曰流刑三,有一千里、一千五百里、二千里。应配者,一千里居作二年,一千五百里居作二年半,二千里居作三年。应住居作者,三流俱役三年。近流加杖一百,一等加三十。三曰徒刑五,有一年、一年半、二年、二年半、三年。四曰杖刑五,自五十至于百。五曰笞刑五,自十至于五十。”[③]《开皇律》的死刑只保留斩、绞两种形式,将北齐的枭首、北周的磬和裂等残酷的刑罚统统废除。流刑,即把犯人流放到边远的地方,这种刑罚最早可以追溯到原始社会末期,在梁代正式采用了“流刑”这种定名。[④]《开皇律》规定被判处流一千里的犯人需要强制服劳役两年,流一千五百里需要强制服劳役两年半,流二千里需要强制服劳役三年。此外还需要在流放之前杖刑一百,流刑每加一等,杖刑对应加三十。徒刑的惩罚在于剥夺犯人的人身自由,强迫犯人进行劳作,隋朝的徒刑按照刑罚时间分为五等,没有其他的附加刑,同时还可以金相赎。杖刑在《隋书·刑法志》中记载为“杖刑五,自五十至于百”,此处记载存在争议,本书采倪正茂先生的观点,认为此处应为“自六十至于百”。[⑤]杖刑在北齐、北周已经开始使用,至隋文帝时期,杖刑取代了更为残酷的鞭刑。笞刑作为正式刑罚可以追溯到汉文帝废除肉刑,汉景帝制定棰令,《开皇律》则将笞刑列入五刑,为其后历代沿用。

除了上述五刑,倪正茂先生还从古籍中辑出了连坐、族诛、赎刑、籍没、配为官奴等惩罚犯罪的方法。[⑥]连坐指一人犯罪株连他人,其由来久远。隋朝的连坐刑罚从史书记载的司法实践当中可以归纳成家属连坐、邻伍连坐、职务连坐三种类型。族诛指一人犯罪而诛灭其亲族,具体可以分为夷三族、五族、七族、九族、十族。正如前文所述开皇六年(586年)曾经短暂地废除过“孥戮相坐之法”,但是隋朝后期,随着社会矛

---

① 倪正茂:《隋代法制考》,载杨一凡主编:《中国法制史考证续编》,社会科学文献出版社2009年版,第204页。

② (唐)魏徵等:《隋书》卷二五,中华书局1973年版,第717页。

③ (唐)魏徵等:《隋书》卷二五,中华书局1973年版,第710页。

④ 参见倪正茂:《隋代法制考》,载杨一凡主编:《中国法制史考证续编》,社会科学文献出版社2009年版,第208页。

⑤ 倪正茂先生认为“自五十至一百”共有六等,无法划分为五等;《唐律》亦为“杖刑五,自六十至一百”,而《唐律》是“大略以开皇为准”的。

⑥ 参见倪正茂:《隋代法制考》,载杨一凡主编:《中国法制史考证续编》,社会科学文献出版社2009年版,第215页。

盾的激化,族刑再次被恢复使用。《隋书·炀帝纪》记载隋炀帝猜忌臣子,有和他意见不相同的朝臣"必构其罪而族灭之"。赎刑指犯人可以通过缴纳财物抵消刑罚,唐律并未将赎刑列为单独的刑种,而是在五刑之后附上每一刑等的赎刑差别,隋朝亦是。《隋书·刑法志》记载《开皇律》对赎刑的规定:死刑赎铜120斤;流刑一千里赎铜80斤,一千五百里赎铜90斤,二千里赎铜100斤;徒刑一年赎铜20斤,一年半赎铜30斤,二年赎铜40斤,二年半赎铜50斤,三年赎铜60斤;杖刑六十赎铜6斤,七十赎铜7斤,八十赎铜8斤,九十赎铜9斤,一百赎铜10斤;笞刑十赎铜1斤,二十赎铜2斤,三十赎铜3斤,四十赎铜4斤,五十赎铜5斤。[①] 此处的"铜"实际上指铁,在当时的生产条件下,铁是相当贵重的,而且用途广泛,因此可以纳铁赎罪。籍没是指没收犯人的家口和财产,上溯秦时,连坐收孥法的"收"即没收成为官奴婢,至隋朝时籍没已经成为一种正式的惩罚方法并常见于史书传记。[②] 配为官奴,根据倪正茂先生的考证,与因为连坐而被罚为官奴不同,此种刑罚方法为对有特殊才艺者的处刑方法。[③]

在明确刑罚制度的基础上,为了更准确恰当地适用刑法,隋朝还存在一些判刑原则。一是刑事责任年龄原则。杨鸿烈先生在《中国法律发达史》中将《隋书·食货志》记载的有关"黄""小""中""丁"[④]的年龄条件视为民法意义上对于人的行为能力的规定,而倪正茂先生认为此处的纳赋和服役年龄并不属于刑事责任年龄的范围,考诸《隋书》,可以确定隋代的刑事责任年龄在十五岁以上。[⑤] 二是减轻处罚的原则。《隋书·刘昉传》记载:"上仪同薛摩儿,是士彦交旧,上柱国府户曹参军事裴石达,是士彦府僚,反状逆心,巨细皆委。薛摩儿闻语,仍相依和,俱不申陈,宜从大辟。问即承引,颇是恕心,可除名免死。"由此可见,在刑事讯问当中,积极的认罪态度可以作为减轻刑罚的依据。三是公罪与私罪相区分的原则。这点主要体现在《开皇律》对于"官当"的规定:"犯私罪以官当徒者,五品以上,一官当徒二年;九品以上,一官当徒一年;当流者,三流同比徒三年。若犯公罪者,徒各加一年,当流者各加一等,其累徒过九年者,流二千里。"[⑥]这一规定划分了隋代官品的尊卑,也对公罪和私罪加以区分。官吏犯罪区分公罪、私罪并非隋代首创,然而《开皇律》以官品高低区分公私罪的当徒

---

① (唐)魏徵等:《隋书》卷二五,中华书局1973年版,第711页。

② 参见《隋书·刘昉传》载"昉妻妾及资财田产,悉没官";《隋书·鱼俱罗传》载"家口籍没";《隋书·李子雄传》载"及玄感败,伏诛,籍没其家"等。

③ 参见倪正茂:《隋代法制考》,载杨一凡主编:《中国法制史考证续编》,社会科学文献出版社2009年版,第221页。

④ 参见《隋书·食货志》载"高祖……颁新令……男女三岁以下为黄,十岁以下为小,十七以下为中,十八以上为丁。""开皇三年正月,帝入新宫。初令军人以二十一为丁。""炀帝即位,男子以二十二成丁。"中华书局1973年版,第680、681、686页。

⑤ 参见倪正茂:《隋代法制考》,社会科学文献出版社2009年版,第223页;《隋书·刘昉传》记载:"(梁)士彦、(刘)昉儿年十五以上为远配。"

⑥ (唐)魏徵等:《隋书》卷二五,中华书局1973年版,第711页。

年限,意义在于对“公罪”“私罪”的构成作出了界定,同时也明确了处理原则是私罪重于公罪,这有利于整顿吏治,加强封建国家的统治效能。① 四是律无正条时的适用原则。在法律没有明确规定某一犯罪行为的情况下,隋代的司法实践倾向于实行轻重相举原则。《新唐书·赵冬曦传》记载了赵冬曦上书的内容,其中就有对隋律的评价:“古律条目千余,隋时,奸臣侮法,著律曰:律无正条者,出罪举重以明轻,入罪举轻以明重,一辞而废条目数百,自是轻重沿爱憎,被罚者不知其然,使贾谊见之恸哭必矣。”②这一评价虽然主观色彩浓厚,但也可见隋律对于律无正条情形下轻重相举原则的适用。《隋书·刘子翊传》中侍御史刘子翊在对李公孝案件的评论当中提道:“彼言‘以’轻‘如’重,自以不同。此谓如重之辞,即同重法,若使轻重不等,何得为‘如’?律云‘准枉法’者,但准其罪,‘以枉法论’者,即同真法。律以弊刑,礼以设教,准者准拟之名,以者即真之称。‘如’‘以’二字,义用不殊,礼律两文,所防是一。”③此记载表明隋时律法对于律无正条的情形存在“准枉法”和“以枉法论”两种处理方式。轻重相举的适用原则被《唐律》沿袭,成为成文法规定列在第50条。

2. 十恶制度

《隋书·刑法志》记载《开皇律》“又置十恶之条,多采后齐之制,而颇有损益。一曰谋反,二曰谋大逆,三曰谋叛,四曰恶逆,五曰不道,六曰大不敬,七曰不孝,八曰不睦,九曰不义,十曰内乱。犯十恶及故杀人狱成者,虽会赦,犹除名”。④ 此处的“十恶之条”为隋律重点打击的十种犯罪类型,为唐律所因袭,一直沿用至清朝。虽然有关隋律当中十恶的资料记载较为稀少,难以直接了解当时对于十恶的界定,但通过《唐律疏议》当中对十恶的定义可窥一斑。谋反,“谓谋危社稷”,是一种谋划、实施推翻国家政权的犯罪行为。谋大逆,“谓谋毁宗庙、山陵及宫阙”,是一种谋划、毁坏皇帝宗庙、陵寝和宫殿的犯罪行为。谋叛,“谓谋背国从伪”,是一种谋划或实行背叛国家、投靠敌方的犯罪行为。恶逆,“谓殴及谋杀祖父母、父母,杀伯叔父母、姑、兄姊、外祖父母、夫、夫之祖父母、父母”,指对尊亲属实施殴打、谋杀等犯罪行为。不道,“谓杀一家非死罪三人,支解人,造畜蛊毒、厌魅”,指杀死一家非死罪的三人、把人肢解、造畜蛊毒物伤杀人、以邪术诅咒人等行为恶劣、后果严重的犯罪。大不敬,“谓盗大祀神御之物、乘舆服御物;盗及伪造御宝;合和御药,误不如本方及封题误;若造御膳,误犯食禁;御幸舟船,误不牢固;指斥乘舆,情理切害及对捍制使,而无人臣之礼”,⑤指危害皇帝的人身安全和君主尊严,具体包括盗窃御用物品、因失误而致皇帝的人身安全受到

① 参见张晋藩总主编:《中国法制通史》(第4卷),法律出版社1999年版,第60页。
② (宋)欧阳修、宋祁:《新唐书》卷二百,中华书局1975年版,第5702页。
③ (唐)魏徵等:《隋书》卷七一,中华书局1973年版,第1653页。
④ (唐)魏徵等:《隋书》卷二五,中华书局1973年版,第711页。
⑤ 刘俊文:《唐律疏议笺解》,中华书局1996年版,第59页。

威胁、不尊重皇帝和钦差大臣等三类犯罪行为。不孝,“谓告言、诅詈祖父母父母,及祖父母父母在,别籍、异财,若供养有阙;居父母丧,身自嫁娶,若作乐,释服从吉;闻祖父母父母丧,匿不举哀,诈称祖父母父母死”。[①] 该类犯罪的主要特征是对父母、祖父母不善,包括控告、咒骂祖父母父母;祖父母父母在,另立门户、分割财产、供养有缺;为父母服丧期间,谈婚论嫁、寻欢作乐、不穿孝服;知祖父母、父母丧,隐瞒不办丧事;以及谎称祖父母父母死亡。不睦,“谓谋杀缌麻以上亲,殴告夫及夫大功以上尊长、小功尊属”,[②]指亲族之间互相侵害的犯罪。缌麻、小功、大功是根据服制确定的亲属范围。不义,“谓杀本属府主、刺史、县令、见受业师。吏、卒杀本部五品以上官长;及闻夫丧,匿不举哀,若作乐,释服从吉及改嫁”,[③]是一种侵犯长官和夫权的犯罪行为。内乱,“谓奸小功以上亲、父祖妾及与和者”,是一种亲族之间犯奸的犯罪行为。

十恶的实质来源于北齐的“重罪十条”。《隋书·刑法志》中提到北齐“列重罪十条:一曰反逆,二曰大逆,三曰叛,四曰降,五曰恶逆,六曰不道,七曰不敬,八曰不孝,九曰不义,十曰内乱”。[④] 北周则“重恶逆、不道、大不敬、不孝、不义、内乱之罪”。[⑤] 通过比较可见《开皇律》十恶的主要内容均来自《北齐律》的“重罪十条”,差别主要在于,十恶的谋反、谋大逆、谋叛相比于“重罪十条”增加了“谋”字,也可以认为这是十恶对于这三类犯罪的打击范围扩大到了图谋犯罪的阶段。此外,十恶将“重罪十条”当中的“降”除去,将“不睦”单列为十恶之一。考察不睦罪的具体内涵,可以发现,不睦罪规制的主要为亲族之间的互相侵害,为隋代首创,体现了隋代的“孝治”观念。沈家本认为:“此(代指重罪十条)即今律之十恶也,创于北齐。第此文但曰重罪,似尚未标十恶之名。”“开皇之律,颇采北齐,故亦立十恶之名。”[⑥]此外,程树德、倪正茂等学者亦认为隋代十恶最直接的内容来源就是北齐律的“重罪十条”。然而,若是考察十恶内容的流变,那么最早可以追溯到秦汉的不道罪和不孝罪。[⑦] 大庭修在《汉律中“不道”的概念》一文中推测十恶当中的“谋反”“谋大逆”“谋叛”“不道”“大不敬”这五项罪名与汉代“不道”罪之间存在联系,可能是随着法律观念的发达由“不道”罪分化而成的。若江贤三的《秦汉律中的“不孝”罪》一文认为秦律的“不孝罪”具有双重性质,其中就包含作为“非公室告”的某些犯罪,和隋唐时期十恶当中的“恶逆”“不孝”“不睦”“不义”“内乱”有联系。戴炎辉的《唐律十恶之溯源》一文也对汉代至隋唐“不道罪”的分化进行了梳理分析。

---

① 刘俊文:《唐律疏议笺解》,中华书局1996年版,第61页。
② 刘俊文:《唐律疏议笺解》,中华书局1996年版,第63页。
③ 刘俊文:《唐律疏议笺解》,中华书局1996年版,第64页。
④ (唐)魏徵等:《隋书》卷二五,中华书局1973年版,第706页。
⑤ (唐)魏徵等:《隋书》卷二五,中华书局1973年版,第708页。
⑥ 沈家本:《历代刑法考》,中华书局1985年版,第1785页。
⑦ 参见周东平:《隋〈开皇律〉十恶渊源新探》,载《法学研究》2005年第4期。

十恶的形式来源亦是值得探讨的问题。北齐的“重罪十条”在进入隋朝之际既不再沿用旧称,也不仿照“五刑”“七出”之流称为“十罪”,而是改称为“十恶”。《唐律疏议》对此解释为“开皇创制,始备此科,酌于旧章,数存于十”,“其数甚恶者,事类有十,故称‘十恶’”,[①]这个解释也是浮于表面,并不能清楚地揭示十恶名称变化的原因。对此,不少学者认为十恶一词在中国古代原本并不是专门法律术语,它与“十善”一样,都是佛教术语。隋文帝时期弘扬释教思想,优遇佛家,在佛教兴盛的背景下,隋朝律法的内在思想在一定程度上受到了佛教观念的影响。在此基础上,周东平总结出了由“重罪十条”更名为“十恶”的三点深层原因:第一,佛教宣扬身、口、意所行之十种行为,即为十恶,并乖理而起,故名恶。将当时人们所熟悉的佛教术语引入法律领域,就意味着犯此十恶者违犯国家根本秩序和违背纲常伦理,即使是在佛教观念当中也是苦报之业因,必然要堕入地狱、饿鬼、畜生三恶道。因此该类“恶”必遭重惩,不得宽恕,是刑法重点防范的犯罪行为。这种引入把流行的宗教信仰和统治意志相联结,更符合《开皇律》的立法旨意。第二,“十恶”系由贪、嗔、痴三不善根中任一者之加行而起,此处的加行即指预备行为。《开皇律》据此将“重罪十条”中的反逆、大逆、叛改为十恶当中的谋反、谋大逆、谋叛,对这三类犯罪的打击范围由“重罪十条”当中的开始实行阶段扩大至预备犯罪甚至图谋犯罪阶段。这一变化更有利于统治阶级打击各类威胁政权、皇权的严重国事犯罪。第三,引入宗教信仰的部分观念,使律法具有教化民众的作用。十恶之说借用佛教的善恶学说,可以告诫人们要行善止恶,暗含有引导、预防的功能,恰如礼之禁于未然,而非“重罪十条”单纯地强调律法对犯罪行为的事后打击。[②]

3. 特权制度

恰如曾炳钧先生所言:“自西周以来,迄于清末的漫长时期内,人在法律上的地位,是按身份决定的。”[③]隋王朝对于贵族官僚的利益维护主要体现在两方面,政治经济身份等级的维护以及法律上的特权,主要表现为“官当”“八议”。再辅以“减”“赎”等量刑原则,贵族官僚只要不涉及被严惩的“十恶”犯罪,在刑罚方面均可得到大幅的减免。

《隋书·刑法志》记载:“其在八议(议亲、议故、议贤、议能、议功、议贵、议勤、议宾)之科,及官品第七已上犯罪,皆例减一等。其品第九已上犯者,听赎。应赎者,皆以铜代绢。赎铜一斤为一负,负十为殿。笞十者铜一斤,加至杖百则十斤。徒一年,赎铜二十斤,每等则加铜十斤,三年则六十斤矣。流一千里,赎铜八十斤,每等则加铜

① 刘俊文:《唐律疏议笺解》,中华书局1996年版,第56页。
② 参见周东平:《隋〈开皇律〉十恶渊源新探》,载《法学研究》2005年第4期。
③ 曾炳钧:《中国封建刑律中的八议》,载《法学研究》1981年第2期。

十斤，二千里则百斤矣。二死皆赎铜百二十斤。”[①]考虑到隋朝时期的生产力状况，所赎之铁也并非普通等级可以支付的，而《隋书·刑法志》也明确记载了“赎”的适用条件是官品为九品以上，这就几乎涵盖了整个统治阶级。此条规定也是对于贵族官僚的法律特权之规定。《开皇律》对于“官当”亦有规定，除却以官当徒，也规定了以官当流。“犯私罪以官当徒者，五品以上，一官当徒二年；九品以上，一官当徒一年；当流者，三流同比徒三年。若犯公罪者，徒各加一年，当流者各加一等。其累徒过九年者，流二千里。”[②]

“八议”是指对于八类特殊身份的权贵犯罪所给予的特殊优厚待遇，溯其源流，可至西周。[③]《周礼·秋官·小司寇》中即涉及对于“八辟丽邦法”的记载，具体包括“议亲之辟”“议故之辟”“议贤之辟”“议能之辟”“议功之辟”“议贵之辟”“议勤之辟”“议宾之辟”。此“八辟”即为对于这几种情况的权贵犯罪，即使刑法存在定制，也应当为其专设审议、临时制法。汉代时将其改为“八议”之法，曹魏时入律，之后历代都为律法所载。至于隋朝，《开皇律》首次开创了“例减”之制，相比于之前历朝对于“八议”处置规定的模糊，“例减”则是在制度上使“八议”之制更为完备，对流以下罪适用，并为之后唐、宋等朝代相沿袭。《隋书·刑法志》引隋文帝的颁律诏书：“贵砺带之书，不当徒罚，广轩冕之荫，旁及诸亲。”[④]由此可见隋朝统治者对于贵族和高级官僚阶级利益的维护。“隋《开皇律》将‘八议’、‘官当’等列为定制，目的在于加强君主集权体制，维护官僚贵族等级制及其利益。”[⑤]

“议亲”是对于皇亲国戚这类特殊身份者减免刑罚的规定，《唐律疏议》对于“亲”的范围做出了详释：“谓皇帝袒免以上亲及太皇太后、皇太后缌麻以上亲、皇后小功以上亲。”[⑥]“议故”是对皇室故旧身份者减免刑罚的规定。《隋书·鱼俱罗传》当中记载鱼赞性格凶暴，喜欢虐待下属，让左右侍从烤肉，若有不中意之处就用竹签刺瞎他们的眼睛，若是有温酒温度不合适的，立刻切断他们的舌头，这种情形下“帝以赞籓邸之旧，不忍加诛”。“议贤”是对有贤德的人减免刑罚的规定。《隋书·孝女王舜传》当中即记载了王舜姊妹因为复仇之孝而被视为贤德，并因此免除罪刑的事例。“议能”是对于有出众才干的人减免刑罚的规定。《隋书·耿询传》当中耿询因与蜀王杨秀相连“当诛”，后何稠奏请“耿询之巧，思若有神，臣诚为朝廷惜之”，耿询因此被赦免。“议功”是对有较大功绩的人减免刑罚的规定。《隋书·郑译传》当中就记载郑译因

---

① （唐）魏徵等：《隋书》卷二五，中华书局1973年版，第711页。
② （唐）魏徵等：《隋书》卷二五，中华书局1973年版，第711页。
③ 参见曾炳钧：《中国封建刑律中的八议》，载《法学研究》1981年第2期。
④ （唐）魏徵等：《隋书》卷二五，中华书局1973年版，第711页。
⑤ 张先昌：《〈开皇律〉的修订及其在中国法制史上的地位》，载《法学研究》2002年第4期。
⑥ 刘俊文：《唐律疏议笺解》，中华书局1996年版，第104页。

帮助杨坚夺袭帝位立了大功，被杨坚"恕以十死"，后也"以其有定策功，不忍放废"。"议贵"是对高官以及有爵位的贵族减免刑罚的规定。关于"贵"的界定，《唐律疏议》释曰："谓职事官三品以上，散官二品以上及爵一品者。"①"议勤"指对于那些对封建国家有着特殊勋劳服务的人减免刑罚的规定。《隋书·虞庆则传》记载虞庆则因为出使突厥有着特殊的"大勤劳"，隋文帝没有问责他受赠好马千匹的罪刑。"议宾"指对于前朝皇亲国戚这类特殊身份者减免刑罚的规定。"宾"身份的界定，可见于隋文帝所下诏书"以周帝为介国公，邑五千户，为隋室宾"。

4. 司法制度

隋朝结束了汉末以来天下割据、诸国并起的局面，是中国历史上第二次统一，相应地，在法制方面隋朝不可避免地吸收了两晋南北朝时期的部分特点。隋朝的司法制度在吸收继承前朝经验的同时也根据统一政治的需要进行了改革和完善，更具实践性。与秦汉以来的司法制度相比，隋朝的中央司法一分为二，使其互相制衡，加强了封建皇权。在地方机构上，地方司法的职权得到了更明确的界定，监察机构的设置也更为稳定、健全。②

隋朝的司法机构可以划分为中央和地方两级，中央的司法机构为大理寺和刑部。大理寺的设置可溯源到北齐时期，北齐将秦汉设置的"廷尉"改制为大理寺，并为后来历朝所沿袭。《隋书·百官志下》记载了隋炀帝时期大理寺的改制："大理寺丞改为勾检官，增正员为六人，分判狱事。置司直十六人，降为从六品，后加至二十人。又置评事四十八人。掌颇同司直，正九品。"③相比于北齐和文帝时期的大理寺构建，隋炀帝时期的大理寺机构有所扩大。隋朝设三省六部，六部即吏部、礼部、兵部、都官、度支、工部六个部门，《唐六典》注云："隋初置都官侍郎二人，犹掌非违得失事。开皇三年，改都官尚书曹曰刑部，其都官郎曹遂改掌簿录配没官私奴婢，并良贱诉竞，俘囚之事。"④由此可见刑部为司法行政部门。《隋书·卢思道传》中记载卢思道的上奏："省有驾部，寺留大仆，省有刑部，寺除大理，斯则重畜产而贱刑名，诚为未可。"⑤这处奏文的背景是开皇初年在设三省六部时，朝臣议论曾欲废除大理寺。由此可知，隋朝时大理寺和刑部均为重要的中央司法机构，主掌"刑名"之事。

隋朝地方的司法机构主要是根据行政区划而划分的州、郡、县三级。中国古代地方司法的重要特点之一即为司法和行政的职能混杂，因此隋朝的地方司法机构，在开皇初年沿袭北朝设置州、郡、县三级，但该制度在国家的统治当中展现出一定的缺陷，

① 刘俊文：《唐律疏议笺解》，中华书局 1996 年版，第 105 页。
② 参见张晋藩总主编：《中国法制通史》（第 4 卷），法律出版社 1999 年版，第 64 页。
③ （唐）魏徵等：《隋书》卷二八，中华书局 1973 年版，第 798 页。
④ （唐）李林甫等：《唐六典》尚书刑部卷六，中华书局 1992 年版，第 192 页。
⑤ （唐）魏徵等：《隋书》卷五七，中华书局 1973 年版，第 1403 页。

因此隋文帝于开皇三年(583 年)将州、郡、县三级行政制改为州、县二级行政制。而隋炀帝在大业三年(607 年)又将州改为郡,最终确定了郡、县二级行政制。在此基础上的司法职能与行政职能的复合,加强了封建皇权对于地方的掌控力度。在县一级之下,隋朝曾短暂地设置过乡。根据《隋书·李德林传》的记载,苏威曾"奏置五百家乡正,即令理民间辞讼",①该建议得到文帝的采纳,然而开皇十年(590 年),虞世则巡视之后奏报"五百家乡正,专理辞讼,不便于民。党与反憎,公行货贿",②显然乡一级的实施效果不甚理想,而后开皇十五年(595 年),隋文帝下诏罢除乡官。

隋朝的监察制度是在中央地方两级的基础上专设谏官系统,实行台谏分立。中央监察机构为御史台,御史台的由来可以溯源到秦汉时期的御史大夫府,至东汉时设御史台为专门的监察机构,御史中丞为其最高长官,承担了典正法度、举劾非法的监察工作。御史台由此沿袭至隋朝,御史大夫为其最高长官。地方监察机构为司隶台和谒者台。司隶台设立于隋炀帝大业二年(606 年),其前身是文帝年间的持节使。司隶台负责巡查京畿内外,根据《隋书·百官志下》的记载,主要有六条职责:"一察品官以上理政能不。二察官人贪残害政。三察豪强奸滑,侵害下人,及田宅踰制,官司不能禁止者。四察水旱虫灾,不以实言,枉征赋役,及无灾妄蠲免者。五察部内贼盗,不能穷逐,隐而不申者。六察德行孝悌,茂才异行,隐不贡者。"③谒者台亦为隋炀帝所设,《隋书·百官志下》描述其职责"掌受诏劳问,出使慰抚,持节察授,及受冤枉而申奏之。驾出,对御史引驾"。④ 隋朝的谒者台掌握着对于地方的监察权,使派遣使者进行巡察成了定制,亦是唐朝巡察使的前身。⑤ 隋朝的言谏机构沿袭南北朝的设置,隶属于门下省。谏官是隋朝监察机制当中的重要环节,其职责主要是讽议政事,纠正得失,向皇帝纳言谏诤。至于隋炀帝时期,由于统治者独断专行的统治风格,谏官的实际地位日益下降。

隋朝的诉讼和审判在大体上承袭前朝制度,同时也不可避免地掺杂了统治者个人的倾向色彩。《隋书·食货志》记载了隋初的新令:"制人五家为保,保有长。保五为闾,闾四为族,皆有正。畿外置里正,比闾正,党长比族正,以相检察焉。"⑥这一令文是关于隋朝的编户组织的,同保、同闾、同族之间负有相互监督纠举的责任,这一制度可以溯源至战国的连坐告奸制度,有利于打击犯罪。在案件的审判方面,《隋书·刑法志》记载在开皇初年隋文帝对于案件审理规定:"断决大狱,皆先牒明法,定其罪名,

① (唐)魏徵等:《隋书》卷四二,中华书局 1973 年版,第 1200 页。
② (唐)魏徵等:《隋书》卷四二,中华书局 1973 年版,第 1208 页。
③ (唐)魏徵等:《隋书》卷二八,中华书局 1973 年版,第 797 页。
④ (唐)魏徵等:《隋书》卷二八,中华书局 1973 年版,第 796 页。
⑤ 参见张晋藩总主编:《中国法制通史》(第 4 卷),法律出版社 1999 年版,第 73 页。
⑥ (唐)魏徵等:《隋书》卷二四,中华书局 1973 年版,第 680 页。

然后依断。"[①]在审理重大案件时，应当先向中央司法机构书面申请司法指导意见，核定罪名，再根据律法进行审判。在隋朝后期的司法实践当中，刑讯成为较显著的司法特点。历朝都以刑讯逼供作为主要的取证手段，至于隋朝，受统治者政治风格等诸多原因的影响，隋朝后期伴随政治乱象的是司法上更为残酷的刑讯拷问。《隋书·刑法志》记载了《开皇律》当中的刑讯规定，"讯囚不得过二百，枷杖大小，咸为之程品，行杖者不得易人"，[②]然而在开皇后期的司法实践当中"怒问事挥楚不甚，即命斩之"等情况时有发生，对刑讯的律令规制最终还是流于条文。对于冤情，隋朝仿照南北朝设置了登闻鼓，可以申诉。然而，隋朝的诉讼按照级次进行，申诉也无法越级进行，意味着申诉必须先经由县，县级不理，再向州郡申诉到达尚书省刑部，若仍然不被受理，才可以向宫廷申诉。隋朝对于死刑的核定沿袭了北朝的制度，将地方对死刑的判处权收归中央，既是对死刑判处的慎重，也加强了封建皇权。[③]

四、隋律的意义及影响

（一）纵向影响

隋朝《开皇律》集六朝法制之大成，又基于统一政权的统治需要进行了修改调整，在篇章体例、条目设置等方面为《唐律》提供了借鉴，成为《唐律》的蓝本，而明清之律又多沿用《唐律》，因此隋《开皇律》可以称为"中国法制史的里程碑"[④]。然而由于隋朝短暂的寿命以及佚失的律令文献资料，对于隋律的研究相比资料丰富的唐宋而言，堪称寥寥，其中对于隋律单独的意义之研究，亦苦于资料之缺失而无处下手，因此隋律意义和影响往往是通过因袭其条的唐律来彰显。

明末清初思想家王夫之对隋文帝的政治制度的评价是相当高的，认为隋朝统治者虽然"无德"，但有着完备的政治制度，不能够守住天下，但可以"一天下"，也因此隋朝的法律可以为唐宋所沿袭，朝代灭亡但法度仍存。[⑤] 陈寅恪先生所著《隋唐制度渊源略论稿》言："至宣武正始定律，河西与江左二因子俱关重要，于是元魏之律遂汇集中原、河西、江左三大文化因子于一炉而冶之，取精用宏，宜其经由北齐，至于隋唐，成为二千年来东亚刑律之准则也。"[⑥]近代学者杨鸿烈在其1933年所著《中国法律发达史》中亦对隋朝法制在中国法律发展史上的重要地位进行肯定："隋是晋以后统一南北的重要朝代，所以那部《开皇律》上集六朝刑典的大成，下开唐人律学的先河，承

---

① （唐）魏徵等：《隋书》卷二五，中华书局1973年版，第712页。

② （唐）魏徵等：《隋书》卷二五，中华书局1973年版，第712页。

③ 参见张晋藩总主编：《中国法制通史》（第4卷），法律出版社1999年版，第79页。

④ 倪正茂：《隋律研究》，法律出版社1987年版，第132页。

⑤ 参见（明）王夫之：《读通鉴论》，中华书局1975年版，第625－629页。

⑥ 陈寅恪：《隋唐制度渊源略论稿》，生活·读书·新知三联书店1954年版，第107页。

先启后，厥功甚巨。再说自五胡乱华，鲜卑族的后魏接着占有北中国，带来不少游牧民族的残酷刑法，再加上中国历朝固有相传的许多制度，到了隋代均经过一番拣择淘汰，才成就《开皇律》中比较进步的五种刑名。"①

（二）横向影响

由于隋朝存续时间在中华法系的整体脉络当中过于短暂，也因隋唐法律并称的研究习惯，很难将隋朝对于同历史时期下周边政权、民族的影响单独剥离开来进行研究。所幸此途虽艰，也有学者先辈投身其中，倪正茂先生所著《隋代法制考》对隋朝周边各族的法制进行了考证，为我们今天研究隋朝法制的横向影响提供了资料。②

《隋书》当中的地理志记载了"东夷""南蛮""西域""北狄"各族的概况，其中包含法制方面的简略内容。倪正茂先生将各族与隋朝中央政府的关系划分为三类：一是朝贡关系，其他各独立政权向隋朝的中央政府具表称臣、按时献供；二是紧密的隶属关系，"稍属于中国，皆列为郡县"③；三是庇护关系，这些独立的民族、政权向隋朝中央政府寻求庇护，以求安宁，免受他族的侵犯。第三种关系既不如隶属关系一样关联紧密，亦不像朝贡关系一样放弃自己政权、民族的部分尊严、主权，往往是隋朝中央政府"置校尉、都护以抚纳之""以相统摄"④。然而这三种关系虽然有所差别，但是在法制上存在共同点："第一，隋朝的法制，如《开皇律》《开皇令》《大业律》《大业令》等，并未直接在有关的周边各族生效，即使是列为隋朝郡县、有政权隶属关系的族，也是如此。第二，各族均以本族的习惯法调整族内社会关系，因而呈现出多姿多彩的民族或部族特色。第三，隋文帝、隋炀帝作为'君临寰宇'的中心地区的国家君主，对周边各族社会关系调整中的问题，有时在形式上表现出至高无上的发言权。"⑤

虽然隋朝周边各族法律适用的重心仍为本族内部的习惯法，隋朝的成文法令并未得到直接的适用，但是隋朝的法律文化以及君主的法令已经对各族的法制状况产生影响。如隋文帝在听说倭王天不亮即听理政事、日出之后便停止理政的习俗之后，认为"太无义理"，"于是训令改之"，而之后，倭王议事理政的制度也因为隋文帝的训令而更改。⑥

除去对周边各族的法制影响，隋朝的法律，对于同时代东亚各国的律法也有着深

---

① 杨鸿烈：《中国法律发达史》，中国政法大学出版社2009年版，第215页。

② 参见倪正茂：《隋代法制考》，载杨一凡主编：《中国法制史考证续编》，社会科学文献出版社2009年版，第298－300页。

③ （唐）魏徵等：《隋书》卷八二，中华书局1973年版，第1831页。

④ （唐）魏徵等：《隋书》卷八三，中华书局1973年版，第1841页。

⑤ 倪正茂：《隋代法制考》，载杨一凡主编：《中国法制史考证续编》，社会科学文献出版社2009年版，第300页。

⑥ 参见（唐）魏徵等：《隋书》卷八一，中华书局1973年版，第1826页。

远的意义。日本的法律，“如文武天皇大宝元年（公元700年）所撰《大宝律令》，有律六卷，共分十二篇，其名目与排列次序均与《开皇律》《唐律》相同”①。“中国隋朝在东洋日本史上有着举足轻重的作用，别的暂且不表，使中日两国真正走上平等睦邻外交之路者正是隋炀帝和日本的推古天皇，这一点众所周知。”②《历朝宪章类志·刑律志》记载黎氏王朝初年（1401年）所颁行的《国朝刑律》（《洪德法典》），更直接被点明参照隋唐律法而制定，它使断案治政有了统一的条目，被历代遵守施行。③

第二节　唐代法律制度

唐代的经济、政治和法律制度，既脱胎于隋代的实践与经验，也根据唐代社会的发展变化而有所创新。因此，唐代的法律制度，不管是法律体系、立法形式、法律原则、条文规定以及制度设计，也在大量仿制隋代的基础上，有所创新和发展。

一、唐代的法律体系与立法活动

于农民起义之血泊中建立起政权的唐代统治者鉴于隋代“宪章遐弃，贿赂公行，穷人无告，聚为盗贼”④漠视法制之殇，深刻体会到了法制建设对于巩固政权的重要性，在总结隋亡经验的基础上，以“法令严肃，谁敢为非”⑤为前提，以“削繁去蠹，变重为轻”为原则，制定了一系列量刑有准、执法有据、加强统一的封建法律体系，为巩固、恢复、发展生产，维持社会秩序，稳固封建政权发挥了作用。其法律体系与隋代大体相同，主要有律、令、格、式四类。

（一）法律体系

《新唐书·刑法志》载，“唐之刑书有四，曰：律、令、格、式。令者，尊卑贵贱之等数，国家之制度也；格者，百官有司之所常行之事也；式者，其所常守之法也。凡邦国之政，必从事于此三者。其有所违及人之为恶而入于罪戾者，一断以律”⑥。而《唐律

① 倪正茂：《隋律研究》，法律出版社1987年版，第132页。

② ［日］宫崎市定：《宫崎市定说隋炀帝——传说的暴君与湮没的史实》，杨晓钟、孟简、魏海燕译，陕西人民出版社2008年版，“序言”。

③ 参见倪正茂：《隋代法制考》，载杨一凡主编：《中国法制史考证续编》，社会科学文献出版社2009年版，第20页。

④ （唐）魏徵等：《隋书·卷二十五·志第二十》（第3册），中华书局2011年版，第717页。

⑤ （唐）吴兢：《贞观政要》，骈宇骞译注，中华书局2016年版，第23页。

⑥ （宋）欧阳修、宋祁：《新唐书·卷五十六·志第四十六》（第5册），中华书局1975年版，第1407页。

疏议》规定，“诸断罪，皆须具引律令格式正文”①，《唐六典》亦有：“凡律以正刑定罪，令以设范立制，格以禁违止邪，式以轨物程事。”②的记载。可见，唐朝法律的主要形式即为：律、令、格、式，四者各司其职，分工明确又相互联系。以当代法律体系为分类标准，令、式相当于行政法规，侧重于以积极引导之方式规范国家制度、行政活动、行为准则；律、格相当于刑事惩罚，侧重于以消极惩罚之方式制裁违反令、式等法律规范的行为。多种法律形式并存，稳定性与灵活性并重的法律体系使唐朝法律兼具多样性与周密性。

1. 律

律、令、格、式之中，以律最为主要，这一法律形式不仅具有极强的普适性，涉及范围亦十分广泛。《晋书·刑法志》中所载的“律以正罪名，令以存事制”，勾勒出了我国最早关于律、令明确界限的框架，即律主要是规定犯罪与刑罚的刑事规范条文，而令则是规定行政制度流程的法律规范。细览唐律12篇、502条的具体内容，亦不难发现，各律条所定之内容，均为刑法原则与犯罪科刑。这一基本法律形式不仅具有极强的稳定性，而且几乎包含所有部门法的内容，民、刑、诉讼、经济等各部门法都被合编在一起。违犯其他部门法及令、格、式的规定，均以律所规定的刑罚处理。《唐律疏议·名例》前言中即注有，“譬权衡之知轻重，若规矩之得方圆”，可见律的重要作用之一是为人们提供行为准则与行为规范，而《唐律疏议·名例律》“八议者”条“疏议”又注有：“定刑之律”，可知定罪制乃律之主要功用。③

2. 令

令之法律形式源于战国时期，商鞅变法时就颁行过大量的令，到秦汉时，令已发展成为定制，此后沿用不废。唐令的内容相当广泛，不仅包括皇帝针对特定事项临时颁布的命令，还包括国家大政方针、行政组织制度等。其主体内容是与国家管理相关的行政性指令，主要作用是维护国家体制和教化诱导人民。较律而言，令所涵盖的范围则相对次要些。④ 如官品、选举、狱官、考课、田令、户令、赋役、关市、服制、假宁等，故云：“令以设范立制。”⑤如汉代杜周就曾说过：“前主所是著为律，后主所是疏为令。”⑥唐朝颁布过大量的令，其中最为重要的有《武德令》《贞观令》《开元令》等，《唐律疏议》中出现的令有21种，而《唐六典》卷六中所举之令有27种。⑦ 但由于年代久远，并无完整保存下来的唐令。

---

① （唐）长孙无忌等：《唐律疏议》，中国政法大学出版社2013年版，第28页。

② （唐）李林甫等：《唐六典》，陈仲夫点校，中华书局2014年版，第94页。

③ 参见蔡墩铭：《唐律与近世刑事立法之比较研究》，汉苑出版社1976年版，第16－20页。

④ 参见何勤华：《中国法学史》（第1卷），法律出版社2006年版，第403页。

⑤ （唐）李林甫等：《唐六典》（上），陈仲夫点校，中华书局2014年版，第94页。

⑥ （唐）班固：《汉书·卷六十·杜周传第三十》，（唐）颜师古注，中华书局2013年版，第2659页。

⑦ 参见王立民：《唐律新探》，北京大学出版社2016年版，第31页。

3. 格

格之法律形式源于北魏时期，据《魏书·出帝纪》载，太昌元年(532年)，"可令执事之官四品以上，集于都省，取诸条格，议定一途，其不可施用者，当局停记。新定之格，勿与旧制相连，务在约通，无致冗滞"①。《唐六典》卷六注载，"后魏以格代科，于麟趾殿删定，名为《麟趾格》"②。可知，北魏末年形成的格是由魏晋时期的科发展而来的，到东魏孝静帝时期，兴和三年(541年)颁布《麟趾格》时，格已经被升为独立的法典。这一时期的格主要是用于"禁违止邪"的刑事法规，到唐朝时，格已被重新赋予"百官有司之所常行事"的功用。③ 据《隋书·刑法志》记载："后平秦王高归彦谋反，须有约罪，律无正条，于是遂有别条权格，与律并行。"④

唐朝的格主要是皇帝颁布的各类单行敕令与指示的汇编，具有至高无上的权威，内容具体，使用灵活，因而司法实践中以格定罪的现象十分普遍。由于格之颁布多为临时之需，故其所规定之内容往往十分庞杂、涵盖范围也较为广泛，执行过程中亦难免会出现相互抵牾的状况。为了避免适用过程中出现差错，唐代统治者令省部定期将之汇编为相对固定的永格。在适用范围上，又将之分为散颁格与留司格两种，即《旧唐书·刑法志》中所载，"(长孙无忌等)共撰定律令格式，旧制不便者，皆随删改。遂分格为两部：曹司常务为留司格，天下所共者为散颁格"⑤。唐代的格大多已佚失，现从一些古籍和敦煌文书中可见一二。敦煌文书中曾发现一中宗神龙年间颁布的《散颁刑部格》的残卷，该残卷目前被撕为两份，分别藏于英国伦敦博物院图书馆(编号S.4673)、法国巴黎图书馆(编号P.3078)。留有格文16条。有的格文是补充唐律的规定，有的格文是加减之唐律规定。⑥

贞观以后，格多为皇帝颁布的各种诏敕之汇集。而"敕"则是皇帝临时颁布的，交由国家执行的各种单行法规。格所涵盖之内容极其庞杂，既包括"律"所管辖的范围，也包括"令"所管辖的范围，零散且不系统。统治者多以格作为律令之补充，在编入格以前的诏敕都属于临时性法规，只有经过挑选、整理入"格"以后，才能成为具有稳定性的"永格"，故唐朝往往"敕格"连用。唐朝先后颁布过的格主要有《武德格》《贞观格》《永徽格》《垂拱格》《开元格》《开元后格》等。而其篇目又以国家机构之类别命名，如吏部、司封、司勋、考功、户部、度支、金部、仓部、礼部等。其中，涉及吏部的就是官吏管理法；涉及户部的，就是户籍法、身份法；涉及礼部的，就是礼制，以此类推。⑦

① (北齐)魏收：《魏书》(第2册)，中华书局1997年版，第487页。
② (唐)李林甫等：《唐六典》(上)，陈仲夫点校，中华书局2014年版，第185页。
③ 参见张晋藩主编：《中国法制通史·第四卷·隋唐》，法律出版社2013年版，第155页。
④ (唐)魏徵等：《隋书·卷二十五·志第二十》(第3册)，中华书局2011年版，第706-707页。
⑤ (后晋)刘昫等：《旧唐书·刑法志》(第6册)，中华书局2013年版，第2140-2141页。
⑥ 参见郑显文：《出土文献与唐代法律史研究》，中国社会科学出版社2012年版，第39页。
⑦ 参见郑显文：《出土文献与唐代法律史研究》，中国社会科学出版社2012年版，第39页。

4. 式

式之法律形式源于秦汉时期,《睡虎地秦墓竹简》中的《封诊式》即是对当时一些诉讼程序和公文程式的具体规定,西晋太康元年(280 年),《户调式》的颁布使其成了独立的综合性法规。西魏大统十年(545 年),《大统式》的颁布使其以独立的法规形式,成了当时主要的法律形式,即《唐六典·刑部》所载,“魏大统十年,命尚书苏绰总三十六条,更损益为五卷,谓之《大统式》”①。唐朝编定的式称为“永式”,是带有行政法规性质的普遍适用的法律规范,主要包括各级国家机关或国家组织的活动细规,和各上下级行政机关之间公文程式的细则。与令相比,式的内容并非重大典章制度,而侧重于各类规范的实施细则。② 唐代中央和地方各级官员在处理日常行政事务时,多以式文作为法律依据。唐代先后颁布了武德式、贞观式、永徽式、垂拱式、神龙式、开元格式律令事类等,其数量多于律、令、格,但法律效力却并不如前三者。

学者考证后推测,唐式三十三篇的篇名分别为:《吏部式》《司封式》《司勋式》《考功式》《户部式》《度支式》《金部式》《仓部式》《礼部式》《祠部式》《膳部式》《主客式》《兵部式》《职方式》《驾部式》《库部式》《刑部式》《都官式》《比部式》《司门式》《工部式》《屯田式》《虞部式》《水部式》《秘书式》《太常式》《司农式》《光禄式》《太仆式》《太府式》《少府式》《监门式》《宿卫式》《计帐式》。武则天垂拱元年(685 年)编订的《勾帐式》,有可能到开元年间删除或并入《记帐式》之中。③ 现存的式只有开元《水部式》残卷一百四十行,藏于法国国家图书馆。敦煌文书伯 2507 号开元二十五年(737 年)的《水部式》残卷,仅为《水部式》的部分内容,现存有唐式条文 31 条,内容仅涉及唐代关中、河西个别地区的水渠管理,以及黄河、渭水、洛水等桥梁管理的规定。若扩展到全国,《水部式》的条文或许会更多,估计至少有 70 条以上。唐式共计有 33 篇,以此推算,唐代开元二十五年《式》的条文至少应有 2000 条以上。④

律、令、格、式四者之中,以律为主。“凡邦国之政,必从事于此三者。其有所违及人之为恶而入于罪戾者,一断以律。”⑤除律、令、格、式以外,唐代还存在诸如“比”“例”“编敕”等并未被视为“正制”的法律形式。前四者由于为唐高祖、唐太宗等定,又具有极强的实用性与普适性,后世才将之作为祖制因袭。以“例”为例,高宗时期就出现了以例定罪的形式,仪凤初年,详刑少卿赵仁本撰《法例》三卷,引以断狱,时议亦折衷。后高宗览之,以为烦文不便。因谓侍臣曰:“律令格式,天下通规,非朕庸虚所

---

① (唐)李林甫等:《唐六典》(上),陈仲夫点校,中华书局 2014 年版,第 185 页。

② 参见刘俊文:《敦煌吐鲁番唐代法制文书考释》,上海古籍出版社 1989 年版,第 307 – 108 页。

③ 参见郑显文:《出土文献与唐代法律史研究》,中国社会科学出版社 2012 年版,第 67 页。

④ 参见霍存福:《唐式辑佚》,载杨一凡主编:《中国法制史考证续编》第 8 册,社会科学文献出版社 2009 年版,第 108 页。

⑤ (宋)欧阳修、宋祁撰:《新唐书·刑法志》,中华书局 2013 年版,第 1407 页。

能创制。”[①]自此以后，所定之法例遂废不用。律、令、格、式这四种法律形式共同构筑了唐代法律体系的框架，四者之并行使纷繁复杂的封建法律关系得到了良好调整。不仅达到了稳定社会秩序、维护封建统治的目的，亦使以唐律为代表的中华法系发展到了定型化与完备化的阶段。

（二）立法活动

唐朝统治者吸取了隋亡的教训，对于法制的建立与完善十分重视。唐承前制，在发展完善的基础上先后颁布了《武德律》《贞观律》《永徽律》《永徽律疏》《开元律》等重要律书。重要的大型立法活动主要集中在高祖、太宗、高宗、玄宗、宣宗五朝时期。[②]

1. 武德时期

立国之初，唐高祖李渊为使法律制度与政治环境、经济发展和社会背景相适应，下令废止《大业律》，同时命大臣裴寂等以隋《开皇律》为蓝本制定新律。武德元年（618年），十一月颁行刘文静等奉敕撰的《武德新格》五十三条。武德四年（621年），又命尚书左仆射裴寂、右仆射萧瑀、大理寺卿崔善为等十五人撰定律令，于武德七年（624年）完成《武德律》12篇，500条。由于时间仓促，作为唐律之首的《武德律》除个别条文外几乎与《开皇律》别无二致，即《旧唐书·刑法志》所载的“惟正五十三条格，入于新律，余无所改”[③]。《唐六典》卷六《尚书刑部》，“其篇目一准开皇之律，刑名之制，又亦略同，唯三流皆加一千里，居作三年、二年半、二年皆为一年，以此为异；又除苛细五十三条”[④]。

除此之外，还制定了《武德令》三十卷与《武德式》十四卷，尽管大规模的律典还来不及创设，但随着律、令、式、文的颁布，刚刚建立的唐朝秩序也逐渐得到巩固，高祖又尤其强调法律的重要作用，称其“所以禁暴惩奸，弘风阐化，安民立政，莫此为先”[⑤]，“动静必思隋氏，以为殷鉴”[⑥]，对于立法思想更是反复研讨，定尊法式、以礼为本，建立了一套比较完善的法律体系，使唐代的法制建设有了一个良好开端。

2. 贞观时期

唐太宗李世民即位后，励精图治，深感德礼为治国之本，刑法为治国之用，不仅提出了“遂以宽仁治天下，而于刑法尤慎”的观点，更于贞观元年（627年）命长孙无忌、房玄龄等大臣开始全面修改唐律，此次改律不仅耗时长久，且增益减损良多。贞观十一年（637年），《贞观律》正式颁行，《旧唐书·刑法志》载道：“自是比古死刑，殆除其

---

① （后晋）刘昫等：《旧唐书·刑法志》（第6册），中华书局2013年版，第2142页。
② 参见蒲坚：《中国法制史》，中央广播电视大学出版社2003年版，193页。
③ （后晋）刘昫等：《旧唐书·刑法志》（第6册），中华书局2013年版，第2134页。
④ （唐）李林甫等：《唐六典》（上），陈仲夫点校，中华书局2014年版，第183页。
⑤ （后晋）刘昫等：《旧唐书·刑法志》（第6册），中华书局2013年版，第2134页。
⑥ （唐）吴兢：《贞观政要》，骈宇骞译注，中华书局2016年版，第23页。

半"①,"比隋代旧律,减大辟者九十二条,减流入徒者七十一条"②,"凡削烦去蠹,变重为轻者,不可胜纪"③。此后,唐律以此为定本,不仅条文内容少有更改,其体例模式更是世代传袭。同时颁布的还有同为房玄龄等奉敕撰的《贞观令》二十七卷、《贞观格》十八卷、《贞观式》三十三卷。

3. 永徽时期

唐高宗李治即位后,于永徽元年(650 年)命大臣长孙无忌等编制《永徽律》,并于永徽二年(651 年)正式颁行,此律 12 篇,502 条,仅对田产交易和十恶条目作出了些许更改,余则同《贞观律》近乎一致。永徽三年(652 年),由于唐律过于精简,在适用过程中出现了任意比附的状况。为解决这一现实问题,同时彰显《永徽律》的立法精神与法律原则,高宗又令长孙无忌领衔制定了《永徽律疏》,并于永徽四年(653 年)正式颁行。这一律疏不仅对各律文作出了统一的官方解释,同时还对条文、篇目的来历与沿革进行了梳理,同时针对容易混淆的罪名作出了区分,阐明了律文之间的联系与区别。此外,还制定了《永徽令》三十卷、《永徽留本司格》十八卷、《永徽散颁天下格》七卷、《永徽式》十四卷,皆颁行。

《永徽律疏》承继了汉晋以来注释律文的方式与经验,在秦之《法律答问》、汉之引经入律、魏晋之张斐《律表》的基础上,将疏议分附于律文后,并赋之与律文同等的法律效力。疏议旁征博引,既有儒学经典,又有司法案例,还包括典、令、格、式等其他法律形式的相关内容,对法律完善作出了极大的贡献,为后世所继承。沈家本将之称为:"名疏者,发明律及注意;云议者,申律之深意及律所不周不达。盖自有'疏议',而律文之简质古奥者,始可得而读焉。"④日本学者仁井田陞更是在其著作《中国法制史》中指出:"七世纪的唐律比十六世纪神圣罗马帝国的卡罗林纳法典有过之而无不及,同时也可以同十七世纪德意志刑法典相媲美。"⑤以《永徽律》为代表的唐律颁布于永徽二年(651 年),《永徽律疏》颁布于永徽四年(653 年),不仅比 1532 年神圣罗马帝国颁布的堪称欧洲大陆划时代刑法典的《卡罗林纳法典》(*Constutio Criminalis Carolina*)早诞生了 881 年,从立法技术、概念原理、理论深度、内容广度等诸多层面上看,亦使之瞠乎其后。可以说,太宗、高宗二代统治集团,将法律上升到了"国之权衡,时之准绳"的高度,给予法律前所未有的充分重视。

4. 开元时期

开元年间,唐玄宗多次下令修律,首次为开元三年(715 年)正月,卢怀慎等奉敕

---

① (后晋)刘昫等:《旧唐书·刑法志》(第 6 册),中华书局 2013 年版,第 2136 页。
② (后晋)刘昫等:《旧唐书·刑法志》(第 6 册),中华书局 2013 年版,第 2136 页。
③ (后晋)刘昫等:《旧唐书·刑法志》(第 6 册),中华书局 2013 年版,第 2138 页。
④ 参见沈家本:《重刻唐律疏议序》卷六《寄籍文存》。
⑤ 参见[日]仁井田陞:《中国法制史》,牟发松译,上海古籍出版社 2018 年版,第 28 页。

删定《开元格》十卷，并于同年颁行。开元七年（719 年）三月，宋璟等奉敕删定《开元律》十二卷、《开元令》三十卷、《开元后格》十卷、《开元式》二十卷，皆颁行。开元十九年（731 年），颁行裴尧庭等奉敕删辑的《格后长行刺》六卷。而最为重要的《开元律》的修订，自开元二十二年（734 年）始，于开元二十五年（737 年）颁行，主导者为李林甫与侍中牛仙客、御史中丞王敬从，与明法之官前左武卫胄曹参军崔晃、卫州司户参军直中书陈承信、酸枣尉直刑部俞元杞等人。[①] 同时还颁布了《开元律疏》三十卷、《开元令》三十卷、《开元新格》十卷、《开元式》二十卷、《格式律令事类》四十卷。

十二卷《开元律》与三十卷《开元律疏》的颁布，并未对《永徽律》及其律疏作出任何实质性的更改。而仅针对其中的过时条款进行了删除，并对个别的文字进行了替换，如改"玺"为"宝"、改"期"为"周"等。[②] 同时对令、格、式也作了修订，为了便于司法官员翻检引用，把一些常用的律、令、格、式条文分类编纂成《格式律令事类》四十卷。"共加删缉旧格、式、律、令及敕，总七千二十六条。其一千三百二十四条于事非要，并删之。二千一百八十条随事损益，三千五百九十四条仍旧不改。"[③]除上述立法活动外，这一时期随时会有新的法律内容被编入式典中。[④]

此外，李林甫主持编定了一部行政法典性质的政书《唐六典》三十卷。对唐初以来从中央到地方的行政管理体制以及各机关的组织与职权，作出了详细规定，并以加注的形式对其历史沿革进行了说明与阐释。开元十年（722 年）玄宗诏令依照《周礼》六官编撰"六典"，开元二十七年（739 年）完成，共三十卷。题名御撰，李林甫等奉敕注。这部法典按卷分篇，以当时现行的各部门机关作为划分标准，对中央及各地方政府的管理都作出了十分详尽具体的规定。如包括官员品级、各部门组织、部门职权、部门编制员额、考课方式等内容。其所包括的卷六之刑部，卷十三之御史台，卷十八之大理寺，卷三十之三府、督护、州、县各卷，对于唐代司法制度的研究具有极其重要的意义。同时，其注又专门论述了各机构及制度的沿革和演变情况。

《唐六典》是第一部具有行政法典性质的官修政书，是盛唐时期的行政法规大全。它的颁布使封建刑律与行政法典成为既相互独立又相互联系的两大法典体系，在中国行政立法史上具有重大意义。它不仅是中国古代保存至今的最早一部完整的具有国家行政法典性质的法律文献，也是唐代封建法制趋于完备的标志之一，对唐以后历代会典的编纂产生了极其深远的影响。[⑤]

---

① 参见郑显文：《出土文献与唐代法律史研究》，中国社会科学出版社 2012 年版，第 48 页。

② 参见王立民：《中国法制史》，上海人民出版社 2007 年版，第 140 页。

③ （宋）王溥撰：《唐会要》（上），中华书局 1995 年版，第 703－704 页。

④ 参见郑显文：《出土文献与唐代法律史研究》，中国社会科学出版社 2012 年版，第 49 页。

⑤ 参见蒲坚：《中国法制史》，中央广播电视大学出版社 2003 年版，第 199 页。

5. 大中时期

唐宣宗时,大中五年(851 年)四月,刘瑑等奉敕编纂的《大中刑法总要格后敕》六十卷正式颁行。大中七年(853 年)五月,左卫率府曹参军张戣以律文性质为划分标准,将之划为 121 门,编成一部《大中刑律统类》,由刑部正式颁行。这种律、令、格、式合编,将同性质的令、格、式附于各律后的编纂方式,一改秦汉以来的传统律文体系,并对五代和宋的律典形式产生直接影响。

贞观定"律"、永徽定"疏"、开元定"典",从武德元年(618 年)制定《武德新格》到大中七年(853 年)张戣等人编纂《大中刑律统类》,唐代近三个世纪以来的种种法制变革不仅对调整封建法律关系、稳定社会秩序具有重要意义,更使以唐律为代表的中华法系发展到了定型化与完备化的阶段。①

二、刑事法律制度

与前朝相比,唐代的刑事法律规范已发展到了较为完备的程度。《唐律疏议》中的律文共计 12 篇,502 条。第一篇《名例律》57 条,第二篇《卫禁律》33 条,第三篇《职制律》57 条,第四篇《户婚律》46 条,第五篇《厩库律》28 条,第六篇《擅兴律》24 条,第七篇《贼盗律》54 条,第八篇《斗讼律》60 条,第九篇《诈伪律》26 条,第十篇《杂律》62 条,第十一篇《捕亡律》18 条,第十二篇《断狱律》34 条。②

其中,位于篇首的《名例律》起到了统领全文的总纲作用,作用相当于当代的刑法总则,主要是关于刑罚制度与刑法基本原则的规定,如五刑、十恶、八议、自首、共犯、故意与过失等,其余各律则各有所属。如,第二篇《卫禁律》是关于保障皇帝人身安全、国家主权与边境安全的规范;第三篇《职制律》是关于国家机关官员的设置、选任、职守等带有行政法性质的规范;第四篇《户婚律》是关于户籍、土地、赋役、婚姻、家庭等带有民法性质的规范;第五篇《厩库律》是关于官有资财管理、牲畜管理、库藏管理等的规范;第六篇《擅兴律》是关于军队调动、将帅职守、土木兴建、征发徭役等带有军法性质的规范;第七篇《贼盗律》是关于推翻封建政权、侵害公私财产以及其他严重犯罪的带有刑事性质的规范;第八篇《斗讼律》是关于惩治斗殴等维护社会秩序的带有诉讼性质的规范;第九篇《诈伪律》是关于打击诈骗、欺诈等犯罪行为的规范;第十篇《杂律》则内容广泛,凡不属于其他各篇目的都归于《杂律》,如私铸钱、负债违约不偿、赌博、城市治安、手工业生产和市场管理以及和奸、强奸等犯罪,其中多为带有经济性质的规范;第十一篇《捕亡律》是关于追捕逃犯和兵士、丁役、官奴婢逃亡的带有程序法性质的规范;第十二篇《断狱律》是关于审讯、判决、执行和监狱管理的带有程

---

① 参见蒲坚:《中国法制史》,中央广播电视大学出版社 2003 年版,第 195 页。

② 参见郑显文:《出土文献与唐代法律史研究》,中国社会科学出版社 2012 年版,第 44 页。

序法性质的规范。①

《唐律疏议》十二篇及各律文之排序，亦有其内在逻辑性。名例总则，置于最前，捕亡、断狱，类程序法规定，置于最后。中间九篇则按社会关系之重要性依次排列。如《卫禁律》紧接《名例律》之后，理由在于"但敬上防非，于事尤重，故次名例之下，居诸篇之首"②。十二篇的划分虽然不能说是针对犯罪客体的科学划分，但对犯罪一般客体的分类十分清晰，体现了其立法技术的先进性。

（一）适用原则

唐律在吸收历代立法经验的基础上，对于法律适用之原则作出了进一步完善，其主要内容集中体现于《名例律》中。唐律中规定的刑罚适用原则大致可分为三类：第一，等级特权原则；第二，宗法原则；第三，其他刑罚原则。③

1. 等级特权原则

中国封建社会的等级特权制度源于西周时期，经过历代传承，在唐代完成了法律上的定型化。唐律作为封建法典的巅峰之作，其公开的不同等级间的特权制度亦成为其重要特征之一。等级特权原则是封建统治者管理社会成员的重要手段之一，也是三纲之义的重要体现。对于封建官僚、贵族的特殊保障，体现在唐律中对犯罪之封建官僚、贵族规定有减免特权，以及审判时对封建官僚、贵族适用特别审理程序。如议、请、减、赎、官当等。

（1）八议制度

八议制度最早可追溯至西周时期的八辟丽邦法，主要针对八类达官贵人给予其特殊的处罚方式。据《周礼·秋官·小司寇》载，"以八辟丽邦法，附刑罚：一曰议亲之辟，二曰议故之辟，三曰议贤之辟，四曰议能之辟，五曰议功之辟，六曰议贵之辟，七曰议勤之辟，八曰议宾之辟"④。设立八议制度的目的，如《唐六典》卷六所述："乃立八议，以广亲亲，以明贤贤，以笃宾旧，以劝功勋。"⑤也就是说，立法者如此设置的目的在于稳固统治阶级的内部利益，保障其特殊利益不受侵犯，从而实现统治阶级内部的团结一致。如此方能巩固政治基础，保障政权稳固。魏朝时，八议制度作为一项重要的法律原则正式入律，隋《开皇律》又因时制宜对其作出了适当的修改，至唐而进一步完善，此后历代相沿，至《大清律例》依旧沿用不废。⑥

---

① 参见蒲坚：《中国法制史》，中央广播电视大学出版社2003年版，第198页。

② 刘俊文：《唐律疏议笺解》（上），中华书局1996年版，第535页。

③ 参见张晋藩：《中国法制史》（第4版），中国政法大学出版社2011年版，第159页。

④ 《周礼·秋官·小司寇》，吕友仁、李正辉注译，中州古籍出版社2010年版，第313页。

⑤ （唐）李林甫等：《唐六典》（上），陈仲夫点校，中华书局2014年版，第186页。

⑥ 参见王聪：《浅论〈唐律疏议〉中的"十恶"》，载《天津市政法管理干部学院学报》2009年第5期。

《名例律》对八议的适用对象、主要内容、执行程序等均作出了明确而严格的规定。其所适用的八类达官贵人如下:一是"议亲",即皇帝之亲属,包括袒免以上亲,太皇太后、皇太后缌麻以上亲,皇后小功以上亲;二是"议故",即皇帝之故旧,多为曾长期随侍皇帝左右的近臣等;三是"议贤",即封建道德水平极高之人;四是"议能",即有大才干,能治理内政、整顿军旅、出谋献策的师范人伦者;五是"议功",即功勋卓著,能为朝廷尽忠效力、建功立业者;六是"议贵",即封建大贵族官僚,指三品以上高级官员及爵一品者;七是"议勤",即文武官员中恪尽职守,勤于公务者;八是"议宾",即前朝皇室后代被尊为国宾的人。八议的主要内容有如下四个方面:

其一,议权,即《名例律》中所载:"诸八议者,犯死罪,皆条所坐及应议之状,先奏请议,议定奏裁;流罪以下,减一等。其犯十恶者,不用此律。"①也就是说,八议者所犯之罪均需奏明圣上,然后由皇帝召集公卿于尚书省总办公处集议讨论,并将集议结果奏报皇帝,再由皇上从轻裁决,不可由一般司法官吏裁决。

其二,请权,即"诸皇太子妃大功以上亲,应议者期以上亲及孙,若官爵五品以上,犯死罪者,上请;流罪以下,减一等"②。可见,请权的适用对象并非八议者本人,而是八议者之亲属以及官爵五品以上犯死罪者。这类人犯罪,可以通过上请程序减轻处罚,该程序不需由大臣集议,而由司法机关条陈其所犯及应请之理由,直接送皇帝裁决。一般可免予死刑。但是对上请者的限制比享受八议者严格。犯十恶、反逆缘坐、杀人、监守内奸、盗,略人、受财枉法者,不适用八议。若为死罪,则依律确定应斩或绞,奏明皇帝听候发落;流刑以下,则减一等处理。八议者犯流罪以下,先减一等,然后再依官当或以赎论。犯十恶者不得请议,流罪以下得减刑。请的限制条款比议多,是议权的扩大。

其三,减权,即七品以上官以及五品以上官爵的家属,如祖父母、父母、兄弟、姊妹、妻、子孙等,犯流以下罪可以减一等处罚,死罪则不能减免。

其四,赎权,即享有议、请、减特权者,以及九品以上官吏、七品以上官吏的近亲,可以铜赎罪。③ 对"减""赎"的限制更严,凡犯加役流、反逆缘坐流、子孙过失(杀)流、不孝流和会赦犹流者,都无法享受"减""赎"。④

(2)官当制度

官当制度渊源于秦汉时期,是指官僚贵族犯罪后,依法可用官品或爵位折抵刑罚。《汉书·惠帝纪》载:"上造以上,及内外公孙耳孙,有罪当刑,及当为城旦、舂者,

---

① (唐)长孙无忌等:《唐律疏议》,中国政法大学出版社 2013 年版,第 15 页。

② 刘俊文:《唐律疏议笺解》(上),中华书局 1996 年版,第 119 页。

③ 参见中国政法大学法律古籍整理研究所编著:《中国历代刑法志注释》,吉林人民出版社 1994 年版,第 178 页。

④ 参见郑定、马建兴:《略论唐律中的服制原则与亲属相犯》,载《法学家》2003 年第 5 期。

皆耐为鬼薪、白粲。”[①]《晋律》予以继承,设有“杂抵罪”的条目,规定“免官者比三岁刑”,即有官职者犯罪可通过除名或免官处分折抵三年徒刑。南北朝时期,这一制度被正式定名,《魏书·刑法志》载:“官品令从第五,以阶当刑两岁;免官者,三载之后听仕,降先阶一等。”[②]也就是说,贵族官吏不仅能够以官抵刑,而且三年后还可以通过降原官阶一等重返仕途。隋以后,官当制度的运用更加广泛。

到唐代时,《名例律》规定:“诸犯私罪者,以官当徒者,五品以上,一官当徒两年;九品以上,一官当徒一年。若犯公罪者,各加一年当。以官当流者,三流同比徒四年。”[③]“诸以官当徒者,罪轻不尽其官,留官收赎;官少不尽其罪,余罪收赎。”[④]也就是说,当犯官罪行很重,而官品较低,官阶不足抵罪之时,应该直接革除该犯官之官职,同时对未抵尽之罪名收赎。

同时,唐律还规定公罪比私罪抵当得多,官品高的比官品低的抵当得多。例如,“五品以上官,私罪当徒二年,公罪当徒三年;九品以上官,私罪当徒一年,公罪当徒二年”[⑤]。以官当流,三等流刑均折徒刑四年。官当的顺序是:有官、爵者,先以高者当,次以勋官当。如抵不尽,可用历任官当。官当之后产生的罚俸、降级等处分均带有浓厚的行政处罚色彩。如此一来,既能对犯罪的官员给予适当的惩罚而非完全为其开脱,又能对特权阶级予以一定的保护与优待,因为折抵后的行政处分仍旧比普通百姓承受的徒流之刑要轻得多。[⑥]

(3)免官制度

免官制度源于秦汉时期,云梦秦简中的《法律答问》《秦律杂抄》《除吏律》等律文中都有对失职官员处以免官的规定。汉时,免官复叙之权力掌握于帝王之手,尽管实践中多有采用,但随意性较强,并未形成定制,因而常转化为党派攻讦的利器。北魏时,免官三载而降阶复叙被定为常法,规定虽然简略,但其极强的实践性使之成为北魏政权官吏处罚体系中的重要组成部分,在惩治贪官污吏、维护官僚机构的正常运转上起到了十分重要的作用。为唐所继承。[⑦]

唐律规定,“免官者,三载之后,降先品二等叙。免所居官及官当者,期年之后,降先品一等叙……其免官者,若有二官,各听依所降品叙”[⑧]。虽然唐律中增加了免所居

---

① (唐)班固:《汉书·卷二·惠帝纪》,(唐)颜师古注,中华书局2013年版,第85页。

② (北齐)魏收:《魏书·卷一百一十一·刑法志》(第8册),中华书局1997年版,第2879页。

③ (唐)长孙无忌等:《唐律疏议》,中国政法大学出版社2013年版,第25页。

④ (唐)长孙无忌等:《唐律疏议》,中国政法大学出版社2013年版,第37页。

⑤ (唐)长孙无忌等:《唐律疏议》,中国政法大学出版社2013年版,第37页。

⑥ 参见艾永明:《官当新论——回归法律史解释的考察》,载《比较法研究》2012年第6期。

⑦ 参见沈玮玮、赵晓耕:《论古代中国免官复叙法的实践与经验》,载《浙江社会科学》2011年第10期。

⑧ (唐)长孙无忌等:《唐律疏议》,中国政法大学出版社2013年版,第93页。

官条，但免官复叙之法仍从北魏，并无显著变化。有品级的官员犯徒罪，通过免去官职折抵刑罚。免官者比徒二年，免所居官者（现职），比徒一年。而唐律规定的免官者三载后听叙，也并非不可变通。同样，降阶复叙的规定也未得到很好的执行。也就是说，官员被免职后，依旧可以通过复叙等制度再次回归官场。只要没有丧失为官资格，即使被除名，依然有复出的可能。唐律通过议、请、减、赎、官当、免官的规定，以达到维护统治阶级法律特权、巩固封建统治基础的目的。

2. 宗法原则

宗法原则是以血缘、亲属、婚姻关系为纽带，以亲亲尊尊为内容所形成的一种社会观念。早在西周时期，以家族主义为内容的宗法原则就已成为维护统治阶级利益的重要制度。秦汉时，得到了进一步发展，魏晋南北朝时期快速成长，又集大成于礼法合一的唐代。唐代统治者追求将以家族主义和宗法原则为内核的“礼”贯彻于封建法律之中，其在唐律中的体现主要有五服制度、亲属相犯制度和同居相为隐制度。

（1）五服制度

中国古代关于服制的最早记载出自《尚书·禹贡》，“五百里甸服；百里赋纳总；二百里纳铚；三百里纳秸服；四百里粟；五百里米……”①，但当时所指的服制是以区域范围为划分标准，用于反映以王城为中心的区域范围。尔后在不断发展的过程中演变出了表明亲疏关系的服制含义。② 汉朝以及西晋时期的“准五服以治罪”中的“五服”，主要是指丧葬时，根据与亡者亲属关系的远近程度，而应穿着不同材质的丧服。血缘越亲，所着之丧服则越粗糙；血缘越远，所着之丧服则越精细。“五服”制度以丧服为标准，从而表明亲属间血缘亲疏远近之关系，成为中国古代很长时期内用于判断亲属案件中民、刑事责任的重要依据（见表2－1）。③

表2－1　五服表

五服	丧服材质	丧期	主要对象
斩衰	粗麻布，不缉边，断处外露	三年	子、女（未嫁）为父、妻为夫、臣为君、父为长子
齐衰	粗麻布，但缉边	三年	子为母
		一年	夫为妻，子为出母、嫁母
		一年	祖父母、伯叔父母、在室的姑、姊妹、兄弟、侄
		五月	曾祖父母
		三月	高祖父母

① （唐）孔颖达等：《尚书·夏书·禹贡》，中华书局1998年版，第221－222页。

② 参见赵春青：《〈禹贡〉五服的考古学观察》，载《中原文物》2006年第5期。

③ 参见李梅：《论五服制的伦理基础和社会功能》，载《理论学刊》2005年第12期。

续表

五服	丧服材质	丧期	主要对象
大功	熟麻布	九月	出嫁之姑母、姊妹、女儿、堂兄弟、庶子、庶孙
小功	熟麻布	五月	曾祖父母、外祖父母、堂姊妹、弟媳
缌麻	细麻布	三月	高祖父母、曾伯叔祖父母、族伯叔父母、族兄弟姊妹（未嫁）、表兄弟、岳父母

唐代继承了自晋以来的"准五服以治罪"之精神，但其中有关服制的规定与《礼仪丧服》中的内容并不完全一致。主要差异有二：一是改"齐衰"亲为"期亲"，也就是扩大了"期亲"的范围；二是删除"斩衰"，将之改为直接称呼亲属名称，言及斩衰时，则代之以祖父母、父、母、夫等具体称谓。唐律律文中直接采用服制来表明亲属关系的条文有 80 多条，其五服由近及远分别为期亲、大功、小功、缌麻、袒免。其中，期亲，是由礼仪中的齐衰演变而来；袒免，是指五服之外的亲属。① 如上变化不仅顺应了社会发展的客观需要，稳固了封建家长在封建小家庭中的法律地位，更使服制与法律之结合更为紧密。尽管各代服制在细节上略有变动，但其所传达的礼教精神并未改变，封建宗法制度的基础也越发牢固。②

（2）亲属相犯制度

针对亲属相犯同罪异罚的法律规定早在秦代时已存在，汉律中又对此类规定作出了进一步发展，规定对于亲疏远近不同的亲属间发生的骂、殴、伤、奸等行为，各有不同的处罚。③ 至唐代时，对亲属相犯行为的打击力度进一步加大。唐律规定："诸詈祖父母父母者，绞；殴者，斩。"④若妻子谋杀丈夫，则与谋杀期亲尊长同罪，均处斩刑；殴打祖父母、父母，处斩刑；詈骂祖父母、父母，处绞刑。⑤ 唐律中针对亲属相犯异罚的规定深刻影响了此后历代的法律规定，并成为定制。⑥

第一，亲属间的人身侵犯行为。主要是指以谋杀、殴伤、强奸等方式侵害亲属生命健康权的行为。唐律以殴伤及谋杀祖父母、父母为"恶逆"，规定皆斩。由于侵害了亲属的生命健康权，同时更是对封建伦理的严重侵害，因此唐律对这一行为的处罚极重，仅次于十恶中侵害皇权的谋反、谋叛、谋大逆。凡殴伤或谋杀尊亲属，无论其情节、结果如何，一律处以斩刑。但若是尊亲属谋杀卑亲属，则可依常人故杀罪减二等；已伤者，减一等；已杀者，依故杀法。可见封建法律对于尊亲地位的保障。针对亲属

① 参见丁凌华：《中国丧服制度史》，上海人民出版社 2000 年版，第 216－217 页。
② 参见吴飞：《五服图与古代中国的亲属制度》，载《中国社会科学》2014 年第 12 期。
③ 参见范忠信：《"亲亲尊尊"与亲属相犯：中外刑法的暗合》，载《法学研究》1997 年第 3 期。
④ （唐）长孙无忌等：《唐律疏议》，中国政法大学出版社 2013 年版，第 182 页。
⑤ 参见瞿同祖：《瞿同祖法学论著集》，中国政法大学出版社 1998 年版，第 59 页。
⑥ 参见王立民：《唐律新探》，北京大学出版社 2016 年版，第 89 页。

相奸行为,则处罚重于常人。缌麻以上亲属,最低加重常人三等,徒三年刑;最重可处绞斩。同时,封建法律还赋予丈夫惩戒妻妾的权利,若夫杀害、殴伤、詈骂妻妾,可减免处罚;而妻杀害、殴伤、詈骂丈夫,则加重处罚,妻谋杀夫,处以斩刑。可见男女地位之不平等。①

第二,亲属间的财产侵犯。主要是指以盗窃、抢劫、侵占等方式侵犯亲属的财产权。对于这种行为,唐律规定亲属相盗处罚轻于常人。盗大功及以上亲,可减二等处罚;盗期亲财物,可减三等处罚;盗缌麻、小功财物,可减一等处罚。而对于尊长盗窃卑幼财物,唐律认为并不存在这种情形,因为封建社会多为家族共财制,家族财产的处置权为尊长所有,因此不存在尊长盗窃卑幼的可能。若卑幼私自处置家族财产,虽不属盗窃,但也要科杖一百。整体上看,唐律对于亲属间的财产侵犯行为,主要持以减免的态度,原因在于亲属间极易存在财产混同的情况,且具有同居共财的特性,减免刑罚不仅有利于维护家族内部的伦理关系,而且有利于维持社会和谐。②

第三,亲属间其他侵犯权利的行为。除人身及财产侵犯以外,唐律还针对亲属间的其他侵犯行为作出了特别规定。如居丧嫁娶作乐、供养有阙、告言詈骂等,由于这些行为严重破坏了封建伦常关系,因此属于危害封建统治基础的重罪,在性质上类似于谋杀祖父母、父母的恶逆罪。卑幼对尊长的詈骂行为在唐律中属于触犯不孝罪,所以一般都从严处罚,服制越近,处罚越重;服制越远,处罚越轻。在有亲属关系的人之间发生的"恶逆""不孝""不睦"等行为,都会被视为危害国家统治、破坏家族伦理的严重犯罪,为封建法律所不容。③

(3)同居相为隐制度

春秋时期,亲亲相隐的思想主张由以孔子为代表的儒家学派首次提出,此时,该思想主张还仅仅是一项道德准则,并不具备任何法律约束力。且曾遭到过法家等其他学派的反对。④ 直至汉宣帝本始四年(公元前70年),汉宣帝以诏令的形式将这一思想主张正式上升为一项封建法律原则,并为后世沿袭。"父子之亲,夫妇之道,天性也。虽有祸患,犹蒙死而存之。诚爱结于心,仁厚之至也,岂能违之哉! 自今子首匿父母,妻匿夫,孙匿大父母,皆勿坐。其父母匿子,夫匿妻,大父母匿孙,罪殊死,皆上请廷尉以闻。"⑤值得注意的是,汉时的亲亲相隐制度仅限于卑为尊隐,即"子匿父母,妻匿夫,孙匿大父母",符合此种情形的不以犯罪论处;而针对尊为卑隐的情形,如父母匿子、夫匿妻、大父母匿孙,则正常定罪量刑,除非该罪可能被判处死刑,才有可能

---

① 参见范忠信:《"亲亲尊尊"与亲属相犯:中外刑法的暗合》,载《法学研究》1997年第3期。

② 参见瞿同祖:《瞿同祖法学论著集》,中国政法大学出版社1998年版,第386页。

③ 参见郑定、马建兴:《略论唐律中的服制原则与亲属相犯》,载《法学家》2003年第5期。

④ 参见黄英:《中国古代亲亲相隐溯源及发展历程述论》,载《兰台世界》2013年第16期。

⑤ (汉)班固:《汉书·卷八·宣帝纪》,(唐)颜师古注,中华书局2013年版,第251页。

被减免,且需经廷尉上报皇帝后,由皇帝定夺。这一时期的亲属容隐范围较小,不仅限于卑为尊隐,且亲属范围仅限于子孙、父母、祖父母、夫妻之间的容隐。①

到唐代时,这一制度已经发展成为一套相当完善的规范体系,唐律中规定了"同居相为隐"的总原则。《名例律》卷六载,"诸同居,若大功以上亲及外祖父母、外孙,若孙之妇、夫之兄弟及兄弟妻,有罪相为隐;部曲、奴婢为主隐,皆勿论,即漏露其事及擿语消息亦不坐。其小功以下相隐,减凡人三等"②。可见,容隐的亲属范围得到了极大的扩充,不仅是同居的亲属可以相隐,即便不同居的大功以上亲属也可以相互容隐,小功以下的亲属相互容隐则可减轻处罚。③ 为了增强这一原则的适用性和可操作性,唐律又详细规定了九种具体适用情形及除外适用的情形。其中,谋叛等侵害皇权的重罪必须告发,属于亲属容隐的除外适用情形。此后,直至清末变法前,历代关于亲属容隐的规定基本上与唐律无异。④

3. 其他刑罚原则

为了更加科学有效地发挥封建刑法的镇压职能,唐代立法者在总结以往司法经验的基础上,进一步发展完善了封建刑罚的适用原则,并使之系统化、固定化。罪刑法定是现代刑法的基本原则之一,以之作为参照标准考察唐律,不难发现,唐律中的诸多律文均贯彻了"断狱之法,须凭正文"的原则,如《断狱律》规定,"诸断罪皆须具引律、令、格、式正文,违者笞三十"⑤。多数情况下,唐律要求断罪时必须以法律规定为准绳。但是作为维护封建统治的等级特权法,唐律不仅赋予皇帝"临时处分权",还明确允许"律无正条"时的比附行为与类推行为。

(1)比附制度

早在西周时期,比附制度就已开始萌芽,《尚书·吕刑》载,"五刑之属三千,上下比罪,无僭乱辞,勿用不行;惟察惟法,其审克之"⑥。到汉朝时,比附制度已经发展成为弥补成文法漏洞的重要制度之一。发展至西汉中后期时,由于比附制度的过度使用,大量的"决事比""辞讼比"等比附滥用现象给社会造成了诸多不良影响。因此,魏晋时期建议限制比附运用的呼吁声此起彼伏。此后,有关比附制度的法律规定仅剩"比引律条",大大遏制了肆意比附的状况。可见,比附制度从推崇到滥用,再到规范运用,最后终于以比较成熟的形式出现在《唐律疏议》中。而唐律中比附制度又可

① 参见瞿同祖:《瞿同祖法学论著集》,中国政法大学出版社1998年版,第389页。

② 刘俊文:《唐律疏议笺解》(上),中华书局1996年版,第466-467页。

③ 参见陈鹏玮:《对立与统一:刑法中伦理因素的考量——从"亲亲相隐"和"亲亲相犯"切入》,载《巢湖学院学报》2022年第1期。

④ 参见瞿同祖:《中国法律与中国社会》,商务印书馆1947年版,第58页。

⑤ 刘俊文:《唐律疏议笺解》(上),中华书局1996年版,第2063页。

⑥ (唐)孔颖达等:《尚书·周书·吕刑》,中华书局1998年版,第446-447页。

分为“显性比附”与“隐性比附”。[①]

其一，“显性比附”。如前所述，自魏晋后，民众对于比附带来的不良效用仍然心有余悸，因此整体上对这一制度依旧持相对排斥态度。故唐律中，明确出现比附的律文并不多见。据学者统计，《唐律疏议》中共有六处明确提到“比附”。[②] 但这一统计仅针对“比附”二字连用的情形，并不包括“比”或“附”单独应用的情形。《贼盗律》中规定有，“奴婢、部曲，身系于主。主被人杀，侵害极深。其有受财私和，知杀不告，金科虽无节制，亦须比附论刑”[③]。此处即为比附连用之情形。具体而言，“显性比附”又可分为如下四类。[④] 第一，律条之比，这也是最常见的比附情形，即若对于某一行为没有明确的法律规定，则比照最相似的律条定罪量刑。第二，事类之比，即在不同性质的犯罪或事类间互通比附。第三，身份之比，即身份不同而地位类似的人之间互通比附。第四，刑罚之比。即不同性质的刑罚及加减之间互通比附。

其二，“隐性比附”。《唐律疏议》中的“隐性比附”主要表现在“以”“准”二字上，也就是说，“以……论”和“准……论”是比附的隐性形态。[⑤] 唐律中“以”“准”式比附出现的概率并不少见。据学者统计，在《唐律疏议》的律文及疏文中，“以……论”出现了 114 次，“准……论”出现了 34 次。[⑥] 而之所以将其划分为“隐性比附”，原因在于这些条文的适用原理与比附相同，都是采用类似的情形类似处理之原则。

（2）类推制度

唐律在《名例律》中明确规定有，“诸断罪而无正条，其应出罪者，则举重以明轻；其应入罪者，则举轻以明重。”[⑦]此处的“无正条”是指“一部律内，犯无罪名”。也就是说，当律中没有正面明确规定某一罪行如何处刑的条文时，可以采用类推的方式定罪量刑，具体操作如下。[⑧]

“其应出罪者，则举重以明轻”。即司法官员在判案时，如果遇到了并无律文明确规定的罪行，且认为该种罪行理应减免的，即可比对律文中相近但罪行更为严重的处罚方式，从而推断出无明文规定之罪理应从轻处罚。如疏文有，“‘盗缌麻以上财物，节级减凡盗之罪’。若犯诈欺及坐赃之类，在律虽无减文，盗罪尚得减科，余犯明从减

---

① 参见黄春燕：《唐朝比附制度研究》，载《法学论坛》2015 年第 5 期。

② 参见陈锐：《〈唐律疏议〉中的“比附”探究》，载《华东政法大学学报》2020 年第 3 期。

③ 刘俊文：《唐律疏议笺解》（上），中华书局 1996 年版，第 1289 页。

④ 参见陈锐：《〈唐律疏议〉中的“比附”探究》，载《华东政法大学学报》2020 年第 3 期。

⑤ 参见黄源盛：《汉唐法制与儒家传统》，台北，元照出版有限公司 2009 年版，第 306、307 页。

⑥ 参见霍存福、丁相顺：《〈唐律疏议〉“以”、“准”字例析》，载《吉林大学社会科学学报》1994 年第 5 期。

⑦ （唐）长孙无忌等：《唐律疏议》，中国政法大学出版社 2013 年版，第 86 页。

⑧ 参见程骋：《〈唐律〉类推制度探析》，载《湖北警官学院学报》2014 年第 5 期。

法”[①]。也就是说，盗罪重于欺诈、坐赃，而亲属相盗时可依常人减等，故亲属欺诈、坐赃时，自然亦可依常人减等处罚。[②] 又如，有人无故夜入人家，主人折伤其肢体。如何处置？律无明文，而类举则可判其无罪。“诸夜无故入人家者，笞四十。主人登时杀者，勿论”。[③] 可见，主人若将其杀死都可勿论，现只是折伤肢体，情节明显轻于死亡，自然可以类推适用“勿论”。故《贼盗律》载：“夜无故入人家者，主人登时杀者，勿论。假有折伤，灼然不坐。”[④]

“其应入罪者，则举轻以明重”。也就是说，司法官员在判案时，如果遇到了并无律文明确规定的罪行，且认为该种罪行理应加重处罚的，即可比对律文中相近但罪行更为轻微的处罚方式，从而推断出无明文规定之罪理应从重处罚。如《贼盗律》有“诸谋杀期亲尊长、外祖父母、夫、夫之祖父母、父母者，皆斩”[⑤]。《名例律》有“案贼盗律：‘谋杀期亲尊长，皆斩。’无已杀、已伤之文，如有杀、伤者，举始谋是轻，尚得死罪；杀及谋而已伤是重，明从皆斩之坐”[⑥]。

（3）老、幼、废、疾减免

唐律在断案判刑时遵循自周已有的矜恤老幼、残疾的原则，并将之规范化、具体化。[⑦] 唐律将老、幼、残疾人分为三等，第一等为，年 70 以上、15 岁以下及废疾，犯流罪以下，收赎。第二等为，年 80 以上、10 岁以下及笃疾，犯反、逆、杀人应死者，上请皇帝裁决；盗及伤人，亦收赎；其他犯罪勿论。第三等为，年 90 以上、7 岁以下，虽有死罪，亦不加刑。如有人教令，处罚教令者。也就是说，唐律规定，15 岁至 70 岁者，为完全刑事责任能力人；7 岁以上至 15 岁以下、70 岁以上至 90 岁以下者，为部分刑事责任能力人；7 岁以下和 90 岁以上者，为无刑事责任能力人。

唐律不仅按年龄将刑事责任能力人划分为三个层次，还根据犯罪者的身体状况将之分为残疾、废疾、笃疾三等，按唐《户令》：“诸一目盲、两耳聋、手无二指、足无大拇指、秃疮无发、久漏下重、大瘿瘇之类，皆为残疾。痴症、侏儒、腰脊折、一肢废，如此之类，皆为废疾。恶疾、癫狂、二肢废、两目盲，如此之类，皆为笃疾。”[⑧]残疾者，为完全刑事责任能力人；废疾者，为不完全刑事责任能力人；笃疾者，除重大犯罪外，不承担刑事责任。在年龄的计算以及疾病的确定时间上，唐律规定，犯罪时没有达到老、疾，而事发时老、疾的，以老、疾论处；犯罪时幼小，而事发时已大者，按幼小论处。唐代统治

① （唐）长孙无忌等：《唐律疏议》，中国政法大学出版社 2013 年版，第 86 页。
② 参见张晋藩：《中国法律的传统与近代转型》，法律出版社 1997 年版，第 257 页。
③ （唐）长孙无忌等：《唐律疏议》，中国政法大学出版社 2013 年版，第 239 页。
④ （唐）长孙无忌等：《唐律疏议》，中国政法大学出版社 2013 年版，第 86 页。
⑤ （唐）长孙无忌等：《唐律疏议》，中国政法大学出版社 2013 年版，第 226 页。
⑥ （唐）长孙无忌等：《唐律疏议》，中国政法大学出版社 2013 年版，第 86 页。
⑦ 参见曾宪义：《中国法制史》，中国人民大学出版社 2013 年版，第 161 页。
⑧ （清）薛允升：《唐明律合编》，怀效锋、李鸣点校，法律出版社 1999 年版，第 152 页。

者认为,老幼废疾“皆少智力”,不堪受刑,因而要从轻处罚,但若有赃物则必须全部偿还。同时,对于教唆老幼废疾犯罪者,亦要施以惩处。这些规定都充分体现了儒家仁政思想与唐律条文的融合,具有极其重要的进步意义。①

(4)累科加重

唐律中规定的累科与当代刑法中的累犯概念并不相同。唐律将累科称为更犯,指的是犯罪人在罪行被告发后,在审判和刑罚执行期间再次犯罪。唐律中规定的累科以犯罪被告发和判处徒刑已发配作为要件。因此,其社会危害性更大,故《名例律》中规定,“诸犯罪已发及已配而更为罪者,各重其事”②。“已发者,谓已被告言;……及已配者,谓犯徒已配。而更为笞罪以上者,各重其后犯之事而累科之。”③唐律针对累科的处罚,采取既注重后犯之罪,又兼顾前犯之罪的原则,反映了中国古代累犯加重原则的固有特点。④

(5)自首减免

唐代承继历代自首减免刑罚的原则,并对其作出了更加严格的界定,使之更为完善。对于自首者,除侵害封建皇权的重罪以外,唐律一概采取原其罪的原则,即不再追究刑事责任,充分体现了儒家“知错能改,善莫大焉”的仁政思想。首先,唐律明确规定了构成自首的法定条件,使之区别于自新;其次,唐律规定,自首必须是在案件未被官府或他人发觉以前,犯罪人主动向官府投案的行为。若犯罪已被他人揭发,或被官府查知后,再去投案认罪,则只能构成“自新”,自新者可减轻刑事处罚,但并不同于自首。⑤

唐律虽然规定自首者可以免罪,但同时也设置了诸多明确而详细的适用条件。其一,审讯时,若犯罪者额外了交代其他罪行,则无论别罪之轻重,皆可免其别罪。其二,凡官吏犯赃或盗取公私财物者自首,可以不追究其刑事责任,但前提是赃物得悉数偿还原主。其三,唐律规定,“自首不实及不尽者,以不实不尽之罪罪之。至死者,听减一等”⑥。所谓自首不实,指的是罪犯在自首时对于其实施的犯罪性质交代不彻底;自首不尽指的是罪犯在自首时对于其实施的犯罪情节交代不彻底。对于这种情况,唐律规定如实交代的罪行可不追究,但不如实或不彻底的部分,则依法处刑,若为应处死刑者,可减刑一等。其四,原则上自首应当为本人亲自向官府交代罪行,但若是容隐范围内的亲属代其自首或犯罪者本人委托他人自首,与本人自首具有相同的

① 参见张先昌、刘新媛:《中国传统法中老龄犯罪宽宥的考察》,载《法学》2011年第11期。
② (唐)长孙无忌等:《唐律疏议》,中国政法大学出版社2013年版,第47页。
③ (唐)长孙无忌等:《唐律疏议》,中国政法大学出版社2013年版,第47页。
④ 参见张晋藩:《解读中华法系的本土性》,载《政法论坛》2010年第5期。
⑤ 参见文哲:《试析唐律自首制度》,载《时代法学》2016年第2期。
⑥ (唐)长孙无忌等:《唐律疏议》,中国政法大学出版社2013年版,第63页。

法律效力。若亲属或他人代为自首后，犯罪者本人拒不接受官府传唤，则无法享受自首优待。其五，对于某些特定种类的犯罪，即便犯罪者主动自首，也无法适用自首减免的刑罚原则。因为诸如私自研习天文、奸淫良人、毁坏特定物品等犯罪均具有无法挽回不良后果的共同特征，即便犯罪者主动投案也不能按自首处理。因此这些特定种类的犯罪都无法适用自首减免原则。[①] 不仅如此，唐律中还根据自首的不同情形，将之分为“自首”“捕首”“自觉举”“露首”等四大类别。可以说，唐代全面系统地发展了封建刑法的自首原则，此后宋元明清各朝的自首制度几乎都是以唐代的自首制度为蓝本稍加修订而成，影响后世良多。[②]

（6）共犯区分首从

唐律规定，二人以上故意犯罪为共同犯罪。唐代共犯理论的核心在于区分主犯与从犯，“诸共犯罪者，以造意为首，随从者减一等。若家人共犯，止坐尊长；侵损于人者，以凡人首从论。即共监临主守为犯，虽造意，仍以监主为首，凡人以常从论”[③]。也就是说，在犯罪活动中出谋划策的“造意者”作为首犯处理。

唐律对共犯处理原则是，首犯处刑重，从犯减一等。但存在如下例外情形：第一，若为家人共犯，不论何人造意，以尊长为首，卑幼不坐。如此设置的原因在于，封建社会中家族内的尊长为一家之主，享有更多的特权保障，同时也天然地负有管理家族成员的义务，制止家庭成员实施违法犯罪等危害社会的行径，是其职责所在。因此家人共犯时将尊长视为主犯制裁，亦在情理之中。第二，将家族共犯之原理推及社会，则长官如同百姓之父母，亦负有管理百姓、下属，制止下属犯罪的义务。如不履行，则将长官视为主犯惩治。因此，若常人与官员共同犯罪，无论何人造意，均以官员为首。第三，若发生聚众斗殴，以下手重者为首，下手轻者为从。若实在难以分清孰轻孰重时，则以造意者为首。

对于从犯，唐律规定对其处刑可比首犯减轻一等。但若具体条文特别规定不分首从者，则皆处重刑。《名例律》规定：“若本条言‘皆’者，罪无首从；不言‘皆’者，依首从法。”[④]并进一步规定：“即强盗及奸，略人为奴婢，犯阑入，若逃亡及私度，越度关栈垣篱者，亦无首从。”[⑤]如《贼盗律》规定：“诸谋反及大逆者，皆斩。”[⑥]即指谋反、大逆罪，不分首犯、从犯一律处斩。又如同律规定：“诸谋杀人者，徒三年。”[⑦]这里未用“皆”字，则依首从法，从犯减首犯一等处刑。从唐律规定来看，不分首从的犯罪大多

---

① 参见付传军：《我国古代刑法中的自首制度初探》，载《中州大学学报》2014 年第 6 期。

② 参见宋庆阁：《略论唐朝自首制度的特点与影响》，载《兰台世界》2014 年第 21 期。

③ （唐）长孙无忌等：《唐律疏议》，中国政法大学出版社 2013 年版，第 73－74 页。

④ （唐）长孙无忌等：《唐律疏议》，中国政法大学出版社 2013 年版，第 74 页。

⑤ （唐）长孙无忌等：《唐律疏议》，中国政法大学出版社 2013 年版，第 74 页。

⑥ （唐）长孙无忌等：《唐律疏议》，中国政法大学出版社 2013 年版，第 221 页。

⑦ （唐）长孙无忌等：《唐律疏议》，中国政法大学出版社 2013 年版，第 228 页。

是一些性质严重的犯罪以及一些区分首从会造成鼓励从犯的情况。①

(7)胁从免罪

唐律一般对罪犯只区分首从,而无“胁从”之名。但在具体犯罪条文中事实上涉及胁从犯之规定。具体称谓有两种:一是“被逼”。《户婚律》“嫁娶违律”罪规定:“其男女被逼,若男年十八以下及在室之女,亦主婚独坐。”②疏文解释云:“‘男女被逼’,谓主婚以威若力,男女理不自由,虽是长男及寡女,亦不合得罪。”③二是“被驱率者”。《贼盗律》“谋叛罪”之注文云:“被驱率者非”。④ 即指“谓元本不共同情,临时而被驱率者,不坐”⑤。也属于胁从犯。对胁从犯的处置是免罪,即不构成犯罪。《户婚律》规定嫁娶违律“独坐主婚”,被逼者“不合得罪”。《贼盗律》也规定谋叛罪中被驱率者“不坐”。不仅如此,唐律还将胁从免罪作为一般原则推广运用。又因为胁从免罪,所以唐律有关共犯的律文,仅规定对首犯及从犯的处罚,而不再具体规定对胁从犯的处罚。这些规定都体现了唐律着重惩治犯意,扼杀犯罪于谋划阶段的特点。

(8)数罪并罚

对于犯有数罪者,唐律根据不同的犯罪情形,设定有两大处置原则,一是“二罪俱发”,二是“更犯”。所谓“二罪俱发”,指的是罪行揭露前便犯有数罪者,而所谓“更犯”,则指的是罪犯被告发或处罚后又犯新罪者。⑥ 唐律采取“以重者论”的原则。具体而言,就是合并论罪,重罪吸收轻罪。若数罪相等,以一罪论处;若一罪先发,判决执行后发现余罪的,余罪轻者不再追加,余罪重者,以重罪为准;若为官吏犯赃罪,则不得适用合并论罪,重罪吸收轻罪的原则,而应当“重赃并满轻赃,各倍论”。这体现了唐律从严治吏,官员犯赃罪从严惩处的态度。⑦ 从整体上看,唐代数罪并罚的理论较为轻缓,反映了唐初统治者恤刑慎罚、宽仁慎刑的统治思想与执政理念。

(二)刑罚体系

中国古代的五刑制度经历了奴隶制和封建制两个发展阶段。奴隶制五刑,形成于夏,发展于商,确立于周。《周礼·秋官·司刑》云:“司刑:掌五刑之法,以丽万民之

---

① 参见张芳英:《唐律中的共同犯罪探析》,载《湖北师范学院学报(哲学社会科学版)》2005 年第 2 期。

② (唐)长孙无忌等:《唐律疏议》,中国政法大学出版社 2013 年版,第 187 页。

③ (唐)长孙无忌等:《唐律疏议》,中国政法大学出版社 2013 年版,第 187 页。

④ (唐)长孙无忌等:《唐律疏议》,中国政法大学出版社 2013 年版,第 224 页。

⑤ (唐)长孙无忌等:《唐律疏议》,中国政法大学出版社 2013 年版,第 224 页。

⑥ 参见张耀文:《唐朝数罪并罚制度的概述与借鉴——以〈唐律疏议〉为研究视角》,载《枣庄学院学报》2016 年第 4 期。

⑦ 参见明廷强:《唐律数罪并罚制度探析》,载《齐鲁学刊》1996 年第 2 期。

罪。墨罪五百，劓罪五百，宫罪五百，刖罪五百，杀罪五百。”[①]“昔周之法……五刑，墨罪五百，劓罪五百，宫罪五百，刖罪五百，杀罪五百。”[②]《名例律》亦言《周礼》，“司刑掌五刑，其属二千五百。穆王度时制法，五刑之属三千”[③]。墨、劓、刖、宫、大辟作为主要刑种一直持续到汉朝文帝初年。西汉以降，文景二帝实施的刑制改革，基本上废除了墨、劓、刖、宫等肉刑，适应了自战国以来的以徒刑、罚金、赎金取代奴隶制五刑的发展潮流，确立了笞刑、徒刑和死刑的法定刑刑种，为封建制五刑的创立奠定了基础。魏晋南北朝，又增设了鞭刑与杖刑，并正式将流刑作为法定刑使用。隋《开皇律》在损益历代刑制的基础上，正式确立了死、流、徒、杖、笞的封建制五刑，是中国古代刑罚制度的一次重大变革。

唐律确立的五刑制度基本承袭隋制而又有所发展，由于《开皇律》中确定的五刑体系不尽合理，刑名排列由重至轻，而每一刑名内的等级又由轻到重。唐律一改其弊，且以其宽平适中的特征成为中国封建刑律的代表。[④]

1. 主刑

(1)笞刑，是五种主刑中最轻的一种。通过笞打进行羞辱，适用于罪行轻微者，带有耻辱刑和教育刑的含义。笞刑共分为五等，由轻及重分别为笞十、笞二十、笞三十、笞四十、笞五十。疏议曰：“笞者，击也，又训为耻。言人有小愆，法须惩诫，故加捶挞以耻之。”[⑤]执行所用之刑具是两股荆条拧成的楚，名为“笞杖”。据《狱官令》记载，笞杖粗的一端为二分，细的一端为一分半，受刑部位是腿部和臀部。原先规定是背、臀、腿三个部位，贞观初年，唐太宗从针灸人体穴位模型上看到，人的重要脏腑都在胸背之间，于是下令不得拷打背部。此后，笞刑只在臀部和腿部分受。

(2)杖刑，是重于笞刑的次轻刑种。与笞刑一样，同为身体刑，仍属于薄刑范畴。杖刑共分为五等，由轻及重分别为杖六十、杖七十、杖八十、杖九十、杖一百，共五等。执行所用之刑具称为“常行杖”，由大荆条或大木板制成，长三尺五寸，粗的一端为二分七厘，细的一端为一分七厘，中间不得有“节目”，受刑部位分别为腿部、臀部和背部。杖刑稍重于笞刑，一是因为杖刑所用之刑具常行杖虽然长短同笞杖一样，但比笞杖粗，大头二分七厘，小头一分七厘；二是笞刑只打臀部和腿部，而杖刑还必须包括背部分摊受刑；三是杖刑拷打数目从六十起到一百为止；四是笞刑犯人候审不监禁，而杖刑犯人候审要监禁。

---

① 《周礼·秋官·司刑》，吕友仁、李正辉注译，中州古籍出版社 2010 年版，第 324 页。
② （汉）班固：《汉书·卷二十三·刑法志第三》，（唐）颜师古注，中华书局 2000 年版，第 925 页。
③ （唐）长孙无忌等：《唐律疏议》，中国政法大学出版社 2013 年版，第 2 页。
④ 参见张晋藩：《中国法制史》，中国政法大学出版社 2011 年版，第 159 页。
⑤ （唐）长孙无忌等：《唐律疏议》，中国政法大学出版社 2013 年版，第 3 页。

(3)徒刑,是限制人身自由,强制服苦役的羞辱刑与自由刑。“徒者,奴也,盖奴辱之。”①徒刑服役年限分为徒一年、徒一年半、徒二年、徒二年半、徒三年,共五等。男犯人通常主要从事修庙、修仓库等户外重体力劳动,女犯人则从事缝纫、舂米等相对较轻的室内劳动。《断狱律》规定,徒刑犯人劳作时,必须身带钳或枷等刑具,以限制其行动自由。若徒罪不禁或应带枷锁而不带,则主管官吏要受罚。因病请假,则病愈后补齐,若“应役而不役,及徒囚病愈不计日令陪役者”,主管官吏也要受罚。

(4)流刑,是仅次于死刑的重刑,与徒刑一样属于自由刑,是死刑的宽宥形式。流刑将犯人强制远迁异地,并在一定期限内强制其服劳役。流刑分为流二千里、流二千五百里、流三千里,共三等,三等流刑的服役期限均为一年。期满后非经特赦、大赦,不得擅自迁回原籍。唐高祖时曾将一部分死刑改为断右趾,太宗时又以“加役流”来替代断右趾。但加役流并非流刑,而是死刑的减刑,即流三千里,服苦役三年,是唐太宗创制的一种特殊流刑。流刑犯人被发配异地后,妻妾要跟随,不得以流放为理由休弃妻妾。父亲、祖父、儿子和孙子是否随从可以自愿。犯人及其随行家眷在服役期满或赦免后,就在流放地入户安置,除下列两种情况外,不得返回原籍。一是,遇有对流配的赦令;二是,流配人死亡后,家属即使已在当地入籍,但三年内愿意返回原籍的,允许返回。

(5)死刑,是唐律中最为严厉的刑罚,分为绞、斩,共二等。相较于历代残酷而丰富的生命刑种类而言,唐代的死刑执行方式显得固定而和缓,是刑罚方式趋于文明的表现。从适用对象上看,唐律中的死刑虽然主要适用于罪大恶极的犯罪,其犯罪性质也多为侵害皇权的政治性犯罪,以及卑幼侵犯尊长、奴犯主、贱犯良等违背封建伦常性质的罪行,一般刑事犯罪中少有死刑,这在一定程度上反映了唐律着重打击的犯罪类型。② 唐律共502条,规定有死刑的共计113条,其中绞刑99条,斩刑60条,约占总数的五分之一。从篇目来看,《贼盗律》《斗讼律》《卫禁律》中规定的死罪较多,《贼盗律》共54条,死刑条目达30条,《斗讼律》共60条,有死罪30条;《卫禁律》33条,涉及死罪12条。而《户婚律》共46条,无一死罪。③

2. 赎刑与经济处罚

赎刑最早出现在夏朝,《尚书·吕刑》云:“穆王训夏赎刑作吕刑。”④设置这一刑种的目的在于使犯罪者能够用财物或其他形式的惩处来代替其刑罚,因施用效果良好,故为后代所沿用。如《尚书》有“金作赎刑”,秦律中有关赎刑的规定更是种类丰富,并规定有货赎、役赎等以劳役充抵赎金的方式。隋亦有“以铜代绢”,其赎之方法

---

① (唐)长孙无忌等:《唐律疏议》,中国政法大学出版社2013年版,第4页。
② 参见钱泳宏:《封建制五刑的源变》,载《河南工程学院学报(社会科学版)》2019年第1期。
③ 参见张晋藩主编:《中国法制通史》(第4卷·隋唐),法律出版社1999年版,第157页。
④ (唐)孔颖达等:《尚书·周书·吕刑》,中华书局1998年版,第440页。

主要是以金、绢、铜等财物来抵销相应的主刑，并形成定制，为唐所沿用。唐律规定的二十等刑罚，均规定有明确的应赎铜之数。天宝六年（747 年），玄宗下敕："其赎铜，如情愿纳钱，每斤一百二十文。"①此后，赎刑不再局限于赎铜，而可以纳钱替之。

（1）赎刑

由于赎刑本质上属于主刑的替代刑或曰主刑的优待形式，因此其刑罚幅度完全取决于主刑的轻重程度。唐律中有关赎刑的规定体现于《名例律》中，《名例律》一一注明了各等主刑的赎铜数目。笞刑五等，赎铜一斤至五斤；杖刑五等，赎铜六斤至十斤；徒刑五等，赎铜二十斤至六十斤；流刑三等，赎铜八十斤到一百斤；死刑二等，赎铜各一百二十斤。②

唐律中的赎刑主要适用于以下情形：第一，因官爵而享受特权者，犯流以下之罪，可以铜赎罪。具体主要是指享有"议、请、减"特权的官员、九品以上官员及有"减"权官员的"祖父母、父母、妻子、孙"。第二，老幼残疾等弱势群体犯某些罪名时可赎。具体是指，"诸年七十以上，十五以下及废疾"者犯普通流刑及流刑以下罪，"八十以上，十岁以下及笃疾"者犯"反、逆、杀人应死者，上请"。③ 第三，过失犯罪者可赎。如《斗讼律》规定："过失杀伤人者，各依其状，以赎论。"④第四，疑罪从赎。也就是说，当无法确认犯罪嫌疑人罪名是否属实时，可以采用以铜赎罪的方式，即"诸疑罪，各依所犯，以赎论"⑤。

从整体上看，赎刑可以被视为封建制五刑具体实施时的一种宽大处理方式。为了避免任意以铜赎罪状况的出现，唐律对其适用作出了严格的限制，若有如下情形则无法适用。第一，凡犯十恶，反逆，缘坐，杀人，监守内奸、盗、略人，受财枉法等罪，不用赎刑。《名例律》疏议云："上述犯罪，死罪不合上请，流罪以下不合减罪。"⑥既然不能请、减，当然也不能赎。第二，五流不得减赎。所谓五流，是指加役流、反逆缘坐流、子孙过失杀祖父母父母流、不孝流和会赦犹流五种流刑。《名例律》规定，上述五流"各不得减赎，除名、配流如法"⑦。第三，子孙过失杀伤期亲尊长及外祖父母、夫、夫之祖父母、父母，应处徒刑的，故意殴人至废疾应处流刑的，男人犯盗罪应处徒刑的，以及妇人犯奸罪的，也不用赎刑。

（2）刑事处罚中的经济财产处罚

第一，盗罪除处主刑外，还责令加倍征赃。唐律对盗罪（包括强盗与窃盗）处刑的

---

① （宋）王溥：《唐会要・卷四十》（中），中华书局 1960 年版，第 727 页。

② 参见刘广安：《古代"赎刑"考略》，载《政法论坛》1985 年第 6 期。

③ （唐）长孙无忌等：《唐律疏议》，中国政法大学出版社 2013 年版，第 48 – 49 页。

④ （唐）长孙无忌等：《唐律疏议》，中国政法大学出版社 2013 年版，第 297 页。

⑤ （唐）长孙无忌等：《唐律疏议》，中国政法大学出版社 2013 年版，第 405 页。

⑥ （唐）长孙无忌等：《唐律疏议》，中国政法大学出版社 2013 年版，第 17 页。

⑦ （唐）长孙无忌等：《唐律疏议》，中国政法大学出版社 2013 年版，第 18 页。

标准是得财多少、退赃加倍。如《贼盗律》规定，窃盗不得财“笞五十”；如得财，依赃值处罚，“一尺徒三年，二匹加一等；十匹及伤人者，绞”①。因此，《名例律》规定：“诸以赃入罪，正赃见在者，还官、主。”②注文特别规定，盗罪在退赃时，要加倍“盗者，倍备”。对盗罪的加倍征赃，均归被盗者所有。

第二，不因侵犯财产构成犯罪，除受刑罚外，还判令赔偿因犯罪而造成的经济损失。如《杂律》规定了“于城内街巷及人众中无故走车马”罪、“向城及官私宅若道径射”罪、“施机枪，作坑阱”罪等应受之罚。并于注文中规定了杀伤畜产者“偿所减价”，也就是赔偿牲畜伤亡后损失之差价。又如，《杂律》中还规定，毁坏他人墓地的碑碣、石兽，毁坏寺庙的神位等，都要处徒刑，同时，还要“各令修立”，也就是赔偿其经济损失，即使因过失而毁损的，刑罚可免，但经济损失一定要赔偿。

第三，毁坏或丢失官私器物以赔偿为原则，如果不能赔偿，则处刑罚。《杂律》规定，不论是过失毁弃还是故意弃毁仓库里的东西，都要“备偿”“征偿如法”。但“其非可偿者，坐而不备”，即如属谶书、门钥、符印等就不赔偿，只处刑。

(3)法外刑及其适用

唐律中规定的刑罚制度构成了唐代刑制的主体，终唐之世基本不改。但是，由于政治、经济和社会形势的变化，也曾使用过法外刑。如武则天时，周兴、来俊臣等酷吏为了陷害忠良，置刑罚体系而不顾，特制“大枷凡十”。尤其是安史之乱后，随着政治、经济形势的急转直下，社会关系的各个方面都发生了深刻的变化，因此，使用各种法外刑来代替法定的五刑，成为中唐以后刑罚制度发展的一个明显趋势。一些早已被废除的法外酷刑在实践中也多有显现，如鞭背、决杖、腰斩、枭首、车裂和族诛等。

(三)具体罪名

唐律作为一部刑法典，共502条，除《名例律》57条之外，其余445条都是关于各种犯罪行为及其处罚的规定，涉及唐代政治、经济、文化和社会生活的各个方面。

1. 十恶

所谓十恶，指的是十种直接危害封建统治的严重犯罪行为。隋于北齐刑制的基础上稍加损益，将“十恶”罪名正式定于法典中。此后，经唐至清，除元代改为诸恶外，相沿不改，均对这十种犯罪予以严厉的惩治，并特列于篇首。③ 具体内容如下：(1)谋反，即企图推翻现行政权、谋危社稷的犯罪行为。(2)谋大逆，即企图毁坏皇帝的宗庙、皇陵和皇宫。(3)谋叛，即企图背国投敌。(4)恶逆，即殴及谋杀祖父母、父母，杀伯叔父母、姑、兄姊、外祖父母、夫、夫之祖父母、父母。(5)不道，即杀死一家非死罪三

---

① (唐)长孙无忌等：《唐律疏议》，中国政法大学出版社2013年版，第253页。
② (唐)长孙无忌等：《唐律疏议》，中国政法大学出版社2013年版，第54页。
③ 参见王敬松：《论元代法律中没有“十恶”体系》，载《民族研究》2013年第5期。

人,或肢解人,造畜蛊毒、厌魅。(6)大不敬,即盗窃御用物品、因失误而致皇帝的人身安全受到威胁、不尊重皇帝及钦差大臣等。(7)不孝,即控告、咒骂祖父母父母;祖父母父母在,另立门户、分割财产、供养有缺;为父母服丧期间,谈婚论嫁、寻欢作乐、不穿孝服;知祖父母、父母丧,隐瞒不办丧事;以及谎称祖父母父母丧。(8)不睦,即谋杀及卖缌麻以上亲,殴告夫及夫大功以上尊长、小功尊属。(9)不义,即杀本属府主、刺史、县令、见受业师,吏、卒杀本部五品以上官长;及闻夫丧,匿不举哀,若作乐,释服从吉及改嫁。(10)内乱,即与小功以上亲,父、祖妾通奸者。①

十恶大体上可分为三类,其一是可能会直接损害皇权、危及社稷的谋反、谋大逆、谋叛和大不敬等,强调犯罪者的主观恶性。其二是破坏封建伦常关系的犯罪,如恶逆、不孝、不睦、不义和内乱,严惩这类犯罪是为了加强对尊长地位的保障。其三是严重危害封建社会秩序的犯罪,如不道。这十种犯罪直接关系到封建政权的生死存亡和三纲五常的封建社会秩序,因此唐律采取了重惩的处罚方式。对十恶罪犯的重惩主要表现在如下几个方面:②

第一,凡预谋者,即构成犯罪。如谋反、谋大逆、谋叛、谋杀祖父母、父母等,只要预谋,就构成犯罪。第二,罪犯本人,一律处以重刑。凡构成前三种罪名的,或死刑,或流刑的。如谋反、大逆者,皆斩;谋叛者,首犯处绞,从犯处流;如已着手实施,则不分首从皆斩。其他如谋杀期亲尊长、外祖父母、夫之祖父母、父母者,皆斩。第三,株连亲属和知情不告、知情不追者,即使情节相对轻微的,父子、母女、妻妾也要流三千里。知谋反大逆而不密告者,绞;知谋大逆、谋叛不告者,流二千里。得到密告的官司,半日内如不立即进行追捕,与不告者同罪。第四,不可恕免,死刑必须立即执行。即使是在法律上享有优待特权的贵族、官僚,触犯十恶,亦不准适用议、请、减、赎等优待政策,而必须按常法定罪量刑。

2. 侵犯人身安全罪

主要包括杀害、伤害和强奸等其他侵犯人身权利的犯罪。

(1)杀害罪。唐律以行为人的主观动机为根据,发展了张斐在《律表》中将谋杀罪称为"二人对议谓之谋"的观点,将杀人罪分为谋杀、故杀、斗杀、戏杀、误杀、过失杀,共六种情形,确定了"六杀"的概念,现也有学者认为将杀人罪分为谋杀、故杀、劫杀、斗杀、戏杀、误杀、过失杀的"七杀"之说更符合立法之原意。③ 事实上,两种观点在传统律学之语境下,长期并存。

其一,谋杀。《唐律疏议·贼盗律》规定:"诸谋杀人者,徒三年;已伤者,绞;已杀

---

① 参见刘海年、杨一凡:《中国封建法律中的"八议"和"十恶"》,载《人民司法》1983年第6期。

② 参见岳纯之:《论唐五代法律中的十恶与五逆》,载《史学月刊》2012年第10期。

③ 参见刘晓林:《唐律"七杀"研究》,商务印书馆2012年版,第14页。

者，斩。”[①]若有谋杀官员，卑幼谋杀尊长、卑贱谋杀尊贵的情形，则以“十恶”论处。其二，故杀，是指没有预谋的，临时起意的带有主观故意性质的杀人行为，是相对于斗杀而言的。唐律规定故杀的处罚为斩或绞，杀而未死者，则以故伤论。[②] 其三，劫杀。唐律中并无“劫杀”的表述，而广泛见于唐宋传世文献中。所谓“劫杀”实质上指的是唐律中的“劫囚杀人”，与唐律中规定的谋杀、故杀具有相同的属性。[③] 其四，斗杀，是指没有杀人意图，因斗殴致使他人死亡的。区别于故杀，处以绞刑。其五，戏杀，是指双方在相互嬉戏的过程中造成一方死亡的行为。因行为人主观上并无杀人动机，因此减斗杀二等，即徒三年，并且允许以铜赎罪。其六，误杀，是指在斗杀过程中，错杀旁人的行为。减斗杀一等，即流三千里。其七，过失杀，是指因当事人的过失而导致他人死亡的行为。过失杀要求行为人在主观上不具备杀人故意，而是因“耳目所不及，思虑所不到”，即因疏忽大意或过于自信的过失所造成的死亡后果，过失杀人允许以铜赎罪。[④]

（2）伤害罪。唐律中的伤害大多是由斗殴引起的。相争为斗，相击为殴，即使斗殴没有造成伤害的后果，也要处以笞四十的处罚。同时，唐律还对斗殴行为作出了详细的分类。根据主观动机的不同，斗殴可分为故意斗殴、共谋斗殴、以威势使人斗殴和聚众斗殴；根据斗殴双方身份的不同，可分为凡人斗殴、亲属间斗殴、良贱斗殴、以民殴官或官殴民、学生殴受业教师等；根据斗殴方式的不同，可分为徒手的手足殴、他物殴、兵刃殴等；根据伤害程度的不同，分为轻伤和重伤，轻伤是伤及表皮以及一般的口、鼻、耳出血，重伤是折伤人的肢体或眼睛，折伤两处以上及断舌、损坏生殖器官等严重的伤害。伤害罪的量刑从杖八十至流三千里不等。若伤害致死，则“各以杀人论”。

为了区分伤害罪和伤害致死的杀人罪，唐律规定了保辜制度。中国古代历史上有关保辜制度的内容最早出现于《唐律疏议》中，设置这一制度的目的在于更好地确定伤害案件中的因果关系。所谓保辜，指的是在伤害结果造成后的一定期限内，依照被害人的伤情来确定加害人应承担的刑事责任。[⑤]《唐律疏议》中明确规定，在保辜期限内，施害人可以通过积极帮助受害人、努力治疗挽救被害人生命的方式，来减轻罪责。“手足殴伤人限十日，以他物殴伤人者二十日，以刃及汤火伤人者三十日，折跌

---

① (唐)长孙无忌等:《唐律疏议》,中国政法大学出版社2013年版,第228页。

② 参见刘晓林:《立法语言抑或学理解释?——注释律学中的“六杀”与“七杀”》,载《清华法学》2018年第6期。

③ 参见刘晓林:《唐律“劫杀”考》,载《华东政法大学学报》2011年第4期。

④ 参见吕琳:《唐律杀人罪的结构与特征——读〈唐律“七杀”研究〉》,载《法律史评论》2020年第2期。

⑤ 参见侯飞:《中国古代保辜制度的发展及其影响》,载《兰台世界》2014年第6期。

支体及破骨者五十日"。[①] 可见,保辜期限也依伤害程度而定,伤情越重,辜限越长;伤情越轻,辜限越短。辜限内,被害人死亡的,以杀人罪论处,即"不限尊卑、良贱及罪轻重,各从本条杀罪科断";在辜限结束后死亡的,或虽然在辜限内,但因为其他原因死亡的,以伤害罪论处。保辜制度不仅有助于刑案判刑时的罪刑相应,同时对减轻犯罪后果、缓和社会矛盾起到了良好的调解作用。[②]

(3)强奸罪。唐律中关于强奸罪的规定,尤其注重加害人与被害人的身份。亲属间的强奸行为,贱民强奸良人,奴婢强奸主人,属于"十恶"犯罪,应当加重处罚。但相反的是,如主人强奸自己的奴婢或奴婢、部曲的妻女,则不承担刑事责任。

3. 侵犯公私财产罪

(1)侵犯私人财产。唐律将侵犯财产的罪行称作"盗",又根据盗窃方式的不同将之分为公取和窃取。公取是指"行盗之人,公然而取",窃取是指"窃盗人财,谓潜形隐面而取"。[③] 据此,唐律将"盗罪"分为强盗、窃盗两种。《唐律疏议·贼盗律》称强盗为:"谓以威若力而取其财,先强后盗、先盗后强等。若与人药酒及食,使狂乱取财,亦是。"[④]

可见,唐律中所规定的强盗罪是指以暴力手段公开非法取得他人财物,窃盗则是指以隐秘的手段非法取人财物。相比之下,强盗的社会危害性更大,所以对强盗罪的处罚更加严厉。"诸强盗,不得财徒二年;一尺徒三年,二匹加一等;十匹及伤人者,绞;杀人者,斩。"[⑤]凡犯此罪者,不分首从,不减等处罚。但对窃盗则规定:"不得财,笞五十;一尺杖六十,一疋加一等,五疋徒一年,每五疋加一等,五十疋加役流。"[⑥]可见,强盗最高可处死刑,但窃盗最高也不至死。

(2)侵犯公共财产。盗罪中,区别于强盗和窃盗这两种侵犯私人财产的行为,"监临主守盗"具体是指直接掌管国家财物的官员,利用职务之便,盗取其所掌管的财物的行为。《唐律疏议》举例说:"假如左藏库物,则太府卿、丞为监临,左藏令、丞为监事,见守库者为主守,而自盗库物者,为'监临主守盗'。又如,州、县官人盗部内人财物,是为'盗所监临'。"[⑦]其惩处为:加普通窃盗罪二等,三十匹绞。[⑧]

4. 官吏职务犯罪

"治国必先治吏",唐代极其重视吏治。尽管在律文中赋予官吏八议、官当、请、

---

① (唐)长孙无忌等:《唐律疏议》,中国政法大学出版社2013年版,第270页。

② 参见王林平:《古代保辜制度与当代刑事和解》,载《中国司法》2014年第1期。

③ (唐)长孙无忌等:《唐律疏议》,中国政法大学出版社2013年版,第249页。

④ (唐)长孙无忌等:《唐律疏议》,中国政法大学出版社2013年版,第247页。

⑤ (唐)长孙无忌等:《唐律疏议》,中国政法大学出版社2013年版,第248页。

⑥ (唐)长孙无忌等:《唐律疏议》,中国政法大学出版社2013年版,第249页。

⑦ (唐)长孙无忌等:《唐律疏议》,中国政法大学出版社2013年版,第249页。

⑧ 参见刘太祥:《试论唐代经济审计监督制度》,载《南都学坛》1989年第1期。

减、赎等特权，但同时也极其重视严惩官员贪赃枉法、违制违纪、守职有阙等犯罪行为，对于各级官的行政职权规定十分严密。据学者统计，502 条唐律中与官吏犯罪有关的规定多达 155 条，可见唐代统治者对于吏治的重视。①

（1）官吏守职有阙。对于各级官吏的具体职责主要规定于《职制律》中，要求官吏恪尽职守，若有泄露机密、玩忽职守、田畴荒芜、不修堤防、谎报灾情等渎职行为，则会受到严厉处罚。同时，《职制律》规定官吏上任也须严格如期执行，否则一日笞十、十日加一等，罪止徒一年。地方州县官到任后，非因公事不得离开辖区，否则构成"私出界"罪。各地方州县官对其辖区内发生的杀人、强盗、窃盗等重大刑事案件负有失察之责。如本县内有人行窃，或发生强盗、杀人等严重案件，主管官员均难逃其咎。如有官吏弄虚作假，谎报吏绩，则以枉法论罪，加重处罚。②

（2）官吏违制违纪。对于官府机构的设置、职能与行政管理细则，《唐六典》中均有明确规定。不仅对于官吏履职时应遵守的行政规制规定明确，对于中央及地方各行政机关的员额、机构设置亦十分明确，随意增设人员则触犯"署置过限及不应置而置"罪。各种文书的上传下达有专门的人员负责处理，若其他人经手，虽无误亦处杖或徒刑。若耽误了公文传递，则构成"稽缓制书官文书罪"。此外还有举荐不合格人才的"贡举非其人"罪，耽误或妨碍有关军需物资征调、发遣的"乏军兴罪"，以及上书奏事有误、事应奏不奏、主司脱漏户口、部内田畴荒芜、不言或妄言灾害、不修堤防桥梁等罪名。③

（3）官吏贪赃枉法。严惩官吏贪污是吏治中的一大重要内容，唐律不仅严惩此类犯罪，还首次将六种官吏非法攫取公私财物的行为进行了归纳分类，即"六赃"。"六赃"一词最早出现于《唐律疏议》中，具体是指强盗、窃盗、枉法、不枉法、受所监临、坐赃的六种经济犯罪。这些经济犯罪不仅都带有赃的属性，并且赃物的多寡成了确定罪刑轻重的主要依据。强盗、窃盗，主要针对的是一般犯罪主体；而枉法、不枉法、受所监临针对的是官吏；坐赃则针对的是非监临主司。赃物不仅可指钱财，还包括劳役等其他等价物。④

其中，"受财枉法"指官吏收受当事人贿赂而为其曲法枉断，开脱罪责。依《职制律》规定，赃一尺杖一百，一匹加一等，十五匹处绞刑。"受财不枉法"，指"虽受有事人财，判断不为曲法"的行为，犯者一尺杖九十，二匹加一等，三十匹加役流。"受所监临财物"，指主事官员私受所部吏员及百姓的财物，即使与公事无关，也构成犯罪，一

---

① 参见王立民：《唐律与〈贞观政要〉的吏治——一个以吏治为结合点的视角》，载《政法论坛》2011 年第 5 期。

② 参见唐鸿儒：《论〈唐律〉与吏治》，载《山西大学学报（哲学社会科学版）》1992 年第 2 期。

③ 参见程天权：《从唐六赃到明六赃》，载《复旦学报（社会科学版）》1984 年第 6 期。

④ 参见李雪涛：《略论唐律中的"六赃"与"七杀"》，载《濮阳职业技术学院学报》2018 年第 3 期。

尺笞四十,一匹加一等,五十匹流二千里。① 唐律规定,赃物若为他人主动送出,可减刑五等;如为官吏主动索取,则罪加一等;若为官吏强取,则按受财枉法罪论处。

5. 破坏家庭秩序罪

唐律极其注重维护尊长在家庭生活中的地位和权力,并且致力于将道德领域的孝亲思想贯彻于法律领域,强调父权与夫权是封建家庭伦理的核心。"十恶"中的恶逆、不孝、不睦、不义、内乱等罪名的设定,都是出于这一目的。

除上述极其严重的罪名外,唐律中还设置有"违反教令""供养有阙""匿丧""居丧嫁娶"等罪名。目的在于要求子孙服从家中尊长的教令,并好好供养祖父母、父母。家中父母或祖父母如去世,子女必须辞官回家,服丧守制,以表孝心。唐律对于家中尊长权益的保障极其全面,实际上,除"供养有阙"外,其他行为并不会给尊亲属带来实际利益上的损失。如"冒荣居官"罪,指的是子孙任职于和祖父母、父母名讳相同的官职。因其触犯了封建伦理道德规范,影响到社会风气、思想意识,所以也要受到刑罚处罚。这种以强制手段保证礼仪道德规范的推行,是封建法制礼法融合的一种表现。②

对家庭秩序的保护,还表现在对家庭、家族内部的奸淫乱伦行为的严惩。唐律对普通男女之间的通奸行为,各处徒一年半的刑罚。但如果男女之间有五服亲属关系,加重处罚;亲属关系越近,处罚越重,最重的可判处绞刑。

6. 破坏公共秩序罪

为了维持稳定的社会秩序,唐律要求人们在日常生活中必须遵守一系列行为规范。唐律从社会治安的角度,设立不同的罪名,保证公共秩序的正常、稳定。如禁止在城内街巷道上及人众中奔驰车马;禁止向城内有人处和官私住址任意射击、放弹、投瓦石等。以免侵害正常的交通和生活秩序;甚至在城市内和人口聚集比较多的地方,禁止散布流言,惊扰民众。

对于水火等可能严重危害公共安全的重要隐患,唐律中亦作出了明确规定。如《水部式》中就针对水利事项有诸多明确要求。如禁止偷决堤防盗水供用;严惩盗水汛溢以害人家及漂失财物者;因故意决堤防而造成死伤人者,以故杀伤罪论;官吏不及时修筑堤坝的以"不修堤防"和"修堤失时"罪论处;为用水、为报仇或为自家利益而盗决堤防,以"盗决堤防""故决堤防"罪论处等。唐律中还规定有"非时烧田野罪",指的是犯罪者在庄稼生长或收获的时节私自于田野中放火;"见火不告不救"罪,则指的是发现火灾后,发现者及附近的居民不告不救,置他人生死与公共安全于不管不顾之境地,也会受到法律惩罚。此外,唐律还严禁私人拥有、盗取和制造武器,严禁

---

① 参见程干远、吴书寒:《吏治:唐律研究的新拓展——评钱大群 郭成伟新著〈唐律与唐代吏〉》,载《南京大学法律评论》1995 年第 2 期。

② 参见任映艳:《从〈唐律疏议〉看中国古代的孝亲思想》,载《兰州交通大学学报》2007 年第 2 期。

一切可能危害社会治安的活动。①

三、行政法律制度

唐代是中国古代高度中央集权行政体制形成的重要时期，唐代统治者通过律、令、格、式、典等法律形式，逐步建立起较为完备的行政法律体系，为各级官吏依法行政创造了前提。开元十年（722年），唐玄宗下令效仿《周礼》制六典，定理典、教典、礼典、政典、刑典、事典为六典。这部唐玄宗年间编纂的官制文书，汇集了唐代大量的行政立法内容，并依照唐代的官制设置，详细规定了中央及地方各行政机构的组织规模、官员编制与职权范围。② 历经十年，到开元二十六年（738年）编纂完毕。虽未正式颁行，但因其本身由现行令、式汇编而成，且成文后即下发至各州县，与律令并行不悖，被视为约束官吏行政活动的重要法律依据之一，故被时人视为法典。③《唐六典》开启了中国古代行政立法法典化的先河，宋编制条法事类，明清制定会典，均渊源于此。《唐六典》正文部分详细记载了有唐一代的官制，而注文部分则详细描述了各官制的源流与演变历程，卷帙浩繁，涉及政治、经济、文化、军事等诸多方面。④ 而唐代行政法律则主要包括政权体制、监察体制、职官管理三大部分。⑤

（一）加强中央集权的政权体制

唐代在确定中央政府的体制时沿用了隋朝的三省六部制。起初，设置这一体制的初衷在于节制相权并提高行政效率，因为三公体制下的相权过大以至于可能威胁到皇权。故唐时所设的三师、三公仅为虚衔，中央政府实际权力掌握在三省六部手中。所谓三省分别指的是中书省、尚书省、门下省。三省之长官集体出任宰相，可与皇帝共商军国大事，甚至有权决定皇位继承的人选。皇帝的诏、敕等，均须经与三省长官共同商议后，方可决定是否颁布。颁布时还需宰相副署，盖上“中书、门下之印”才能生效。若不合规则属违制，各级部门可不予执行。⑥

在宰相集体负责制的基础上，唐代对于三省的权限作出了明确划分，中书、尚书、门下之间互相牵制，各有侧重。具体而言，中书、门下两省为中枢决策机关。中书省专门负责批答各机关的公文、奏章，起草诏命、颁发制书。门下省负责审核奏章、文书

---

① 参见杨廷福、钱元凯：《〈唐律〉关于社会预防犯罪和社会治安的规定》，载《社会科学战线》1985年第2期。

② 参见关保英：《〈唐六典〉的行政法文化研究》，载《社会科学战线》2009年第5期。

③ 参见宁志新：《〈唐六典〉仅仅是一般的官修典籍吗？》，载《中国社会科学》1994年第2期。

④ 参见钟兴龙：《〈唐六典〉注文撰修研究》，载《古籍整理研究学刊》2016年第4期。

⑤ 参见钟兴龙：《〈唐六典〉撰修始末考》，载《古籍整理研究学刊》2006年第3期。

⑥ 参见赵冬云、张晓芳、牛素珍：《隋唐时期三省六部制的设置及其发展》，载《兰台世界》2014年第18期。

以及诏旨。各级机构上报皇帝奏章、公文,首先经门下省审阅,然后才能送达中书省。门下省还拥有重要的封驳权,以皇帝名义发出的诏令由中书起草后,送至门下省审阅,如果门下省认为内容有不妥之处,即可封还中书省,由其重新拟定。尚书省为最高行政执行机关。凡圣旨以及中书省、门下省议定的各类事项均由尚书省负责组织实施,中书省起草的皇帝诏令经门下省审核后,亦由尚书省下发中央各机构及地方各级政府。

同时,尚书省又依照行政事务的属性,下设六部二十四司。吏部主掌对全国各级文职官员的管理,包括官员的荐选、任免、考核、升降、赏罚、勋封等;户部主掌对全国户婚田土的管理,包括对户口、土地、财政、赋税、钱粮、赈灾等方面的管理;礼部主掌对全国的礼仪教育的管理,包括礼仪、祭祀、科举、学校等;兵部为全国的最高军事行政管理部门,主管武官的荐选、任免、考核、升降、赏罚及军事;刑部为全国的司法行政管理部门,掌管全国的司法行政,并参与重大案件的审理;工部主管全国的农林水利、工程营建及对各类工匠的管理。①

在地方体制中,唐沿袭隋制,设州、县两级建制。州设刺史,掌管全州的事务;县设县令,掌管全县的事务;并分别配置属官。另外唐还设有一些临时性的地方行政机构,如贞观十年(636 年)在全国设置的十"道",本是作为相对独立的监察区,但后来逐渐演变为高于州的一级地方行政机关。还有唐初在边疆地区设立的军区,统辖数州军事防务。后来演变为都督府,主官称都督。高宗以后部分都督改称"节度使",独揽军政大权,不仅成为州以上的一级行政机构,还威胁到中央政权和皇权统治。②

(二)监察体制

自秦首创独立的监察机关以来,历代沿用不废。唐代亦建立了比较完善的监察体制和监察法律。③ 御史监察是唐代监察体系的重要组成部分,御史台作为专门的监察机关,其主要职责为弹劾百官、参与重要案件的审理、监督府库的开支、纠察朝廷的重大活动等。御史台以御史大夫为长官,内设台院、殿院、察院。三者中,台院承担主要职责,包括纠弹百官、参与大理寺的案件审判以及处理皇帝交办的案件等;殿院主要负责监察朝仪,包括朝廷礼仪、皇帝郊祀及出巡的礼仪等;察院主要负责监察以及纠弹尚书省六部,同时负责监察各地方州县官吏。察院所派监察御史,对地方官吏行

---

① 参见刘宝恒:《唐代三省六部制改革的成败及其启示——读〈资治通鉴·唐纪〉》,载《机构与行政》2013 年第 9 期。

② 参见林英男:《唐宋时代地方行政体制和强干弱枝传统的形成》,载《深圳大学学报(人文社会科学版)》1988 年第 3 期。

③ 参见陈凯健、蔡宝刚:《中国古代御史监察制度的运行机制及其功效》,载《南京社会科学》2021 年第 7 期。

使监察权的依据,是开元年间确定的“六察法”。监察内容包括官吏的善恶行为,所管区域内户口是否增减,赋税是否公平,农业生产的好坏,地方治安状况如何等。①

(三)职官制度

中国古代的职官制度源远流长,早在夏时已初见雏形。唐代依照法定的程序将职官的任用、考课制度化,并对职官进行严格的管理。唐代科举考试及第者,只是取得做官的资格,尚不能直接得到官职,他们还须通过吏部的考试,才能被授予官职。可以说,严格的职官制度极大地促进了唐代职官素质与提高了行政办事效率。② 吏部考试时间通常为当年十月以后,次年夏季以前。考察标准主要有身、言、书、判四个方面,即“其择人有四事:一曰身,取其体貌丰伟。二曰言,取其词论辩正。三曰书,取其楷法遒美。四曰判,取其文理优长。四事可取,则先乎德行;德均以才,才均以劳”③。针对六品以下官员的任用,吏部依“三注三唱”之程序,公布录取人员之官职,并经尚书、门下两省与皇帝批准后,再以皇帝之名义颁发委任文书——“告身”。④

(四)官吏选任制度

科举考试是隋唐时期选拔官吏步入仕途的主要方法之一。科举,指分科取士。隋初,开皇七年(587 年)废除魏晋以来的“九品中正制”,隋炀帝时“改置明(经)、进士二科”。自此,分科取士的科举制正式施行。唐沿隋制,进一步发展了科举制度。唐代科举由国家设立科目,定期进行统一考试,考试时要综合考量考生的才学、出身、社会声誉等多方面因素,带有一定的荐举性质。

与隋朝科举制相比,唐代的科举不仅扩大了考生来源,亦增设了考试科目。考试科目主要有秀才、明经、进士、明法、明字、明算、道举、童子,共八科。内容除经义、律令、诗赋以外,还按不同科目,进行专门考试。考试及格称“及第”。唐初考生由吏部录取,后归礼部录取。考生中应明经、进士二科者最多,尤其进士科,更属热门,当时一些重要官员多出身进士,所以夺取进士,又被称为“登龙门”。⑤

隋朝科举结束考中后可直接任官,而唐代考中后只能取得任官资格,仍须通过吏部考试后才能任职。若不能通过吏部考核,则空有出身而无官职。吏部考试又称“释褐试”,合格者可脱去粗布衣,换上官服。尽管唐代科举制带有一定的荐举成分,至宋

---

① 参见茆巍:《试论唐代行政权之规制》,载《政法学刊》2010 年第 6 期。

② 参见张洪、冯永泰:《唐代基层行政与司法制度探索》,载《兰台世界》2015 年第 18 期。

③ (唐)杜佑:《通典·选举三》,中华书局 1988 年版,第 360 页。

④ 参见龚延明:《职官制度学养与出土文献整理——以新出土唐、宋两方墓志释读为例》,载《浙江大学学报(人文社会科学版)》2011 年第 5 期。

⑤ 参见袁建勇:《论唐律对封建官吏选任考核制度的维护》,载《法学评论》1993 年第 1 期。

时才发展成为纯粹考试性质的科举制度。但唐时对于科举制度的发展仍然具有相当程度的积极意义，为出身低微的知识分子突破门第界限提供了可能，一定程度上改善了世家大族垄断仕途的“上品无寒门”现象。①

（五）考课制度

考课制度是按一定标准考核官吏政绩优劣的制度。为了使各级官吏都努力工作，除选任时具有严格标准外，平时的考核也十分重视。唐代对官吏的考核，主要由尚书省吏部考功司负责。依照考核规模与主持机构的不同，可分为岁课与定课。岁课每年一次，由各地方长官负责。中央机关由各司自行主持考核，地方机关由各州县主持考核。定课则更为隆重，每四年一次，属于全国性的统一考核，由吏部考功司统一组织，全国四品以下的官员由吏部负责，三品以上的官员则由皇帝亲自考核。考课的标准是“四善二十七最”。“凡考课之法，有四善：一曰德义有闻，二曰清慎明著，三曰公平可称，四曰恪勤匪懈。”②二十七最，“善状之外，有二十七最：其一曰献可替否，拾遗补阙，为近侍之最。其二曰铨衡人物，擢尽才良，为选司之最。其三曰扬清激浊，褒贬必当，为考校之最。其四曰礼制仪式，动合经典，为礼官之最。其五曰音律克谐，不失节奏，为乐官之最。其六曰决断不滞，与夺合理，为判事之最。其七曰都统有方，警守无失，为宿卫之最。其八曰兵士调习，戎装充备，为督领之最。其九曰推鞫得情，处断平允，为法官之最。其十曰雠校精审，明为刊定，为校正之最。……其二十七曰边境肃清，城隍修理，为镇防之最”③。

在定课考核结束后，会将考核对象分为上、中、下三等，每等之下又分三级，共三等九级。按等级给予奖赏或处罚。表现优异者会得到晋升机会，不合格者则会被降职。岁课的奖惩是增减俸禄，定课则是以升、降官职甚至免官作为奖惩。

（六）致仕制度

唐宋之际是封建致仕制度的完善期，唐代时更是形成了年老即致仕的风气，成为政治制度文明发展的标志之一。唐代官吏七十致仕、父母双亡时丁忧、因病或其他理由亦致仕，当然也存在年过七十并未致仕的特例。致仕以后的官员或安心休养，或著书立说，心萦朝政者在特殊情况下还可复出任职。若未满70岁但身体有病者可提前退休。致仕的程序是先由致仕官提出申请即所谓“乞骸骨”，凡年届70岁或体弱有病者均可提出申请。但因官品高低，批准程序不同。五品以上官致仕，须直接奏请皇帝

---

① 参见卓进、蔡春：《论唐宋科举考试性质变迁——从荐举性质的科举考试到纯粹科举考试》，载《教育史研究》2019年第2期。

② （后晋）刘昫等：《旧唐书·职官二》（第6册），中华书局2013年版，第1823页。

③ （后晋）刘昫等：《旧唐书·职官二》（第6册），中华书局2013年版，第1823－1824页。

批准。六品以下，则经由尚书省再上奏皇帝批准。①

官员致仕以后，能够享受的朝廷待遇也因致仕前的官品高低与贡献多寡而不尽相同。文武致仕官朝参之班位，“宜在本品见任之上”。表示对致仕官在政治上的优待。三品以上的高级官员还可参加朝廷的例会。在经济生活方面，因官吏品阶高低、贡献多少不同，退休后享受的物质生活待遇也不同。五品以上官致仕后给半禄，而且“终其余年”，即一直到死。对有特殊贡献的官吏，蒙皇帝恩典，可得全禄。例如唐玄宗时，“三入冢司”的宋璟致仕后，仍令全给禄俸。②

四、民事法律制度

唐前期是封建民事法律的确立期，与其他朝代相比，唐代因经济制度的繁荣与社会的稳定，民事交往相对更为频繁。经济活动的频繁与财产关系的复杂化催生了民事法律规范的完备与制度化。③

（一）权利主体与行为能力

唐时发生的侵权行为并不少见，与权利侵害相关的民事法律规范散见于律、令、格、式中，制、敕中与民事法律相关的规范也并不鲜见，民间的习惯传统与封建礼的规范等也都是司法机构处理民事纠纷的依据。④ 唐律中规定的权利主体有“良”“贱”之分。“良”指的是享有完全民事权利能力的百姓，具体又依其所从事职业的不同而分为士、农、工、商四大类，不同类别的人群所享有的社会地位与政治权利均不相同。但良人在进行单纯的民事活动行为时，享有同等的法律地位，均为平等的民事主体。“贱”指的是贱民，贱民不具备独立的民事主体身份，也无法享有完全民事权利能力。具体又依其所属而分为官贱民与私贱民两类。“官贱民”包括官奴婢、官户、工乐户、杂户、太常音人等；“私贱民”包括奴婢、部曲、客女等。《唐律疏议·贼盗律》规定：“部曲不同资财，奴婢同资财。”⑤可见，贱民在唐代的法律中并不被视为具有独立人格的百姓，而是被视为主人的一种特殊资产，从属于其主。值得注意的是，良、贱之身份并非固定不变的，良人可以因犯罪或缘坐而沦为贱民，贱民也可能因为大赦、主人“放良”或“自赎”等而成为良人。⑥

---

① 参见郑春生：《论唐朝官员致仕的形式和致仕后的活动》，载《吉林师范学院学报》1999 年第 6 期。

② 参见郑春生：《论唐朝官员致仕的形式和致仕后的活动》，载《吉林师范学院学报》1999 年第 6 期。

③ 参见王志刚：《唐代民事法规发展缀要》，载《西北政法学院学报》1987 年第 4 期。

④ 参见韩毓杰：《从现行民法观点论唐律上之侵权行为法》，载戴东雄教授六秩华诞祝寿论文集编辑委员会编：《固有法制与当代民事法学》，三民书局 1997 年版。

⑤ （唐）长孙无忌等：《唐律疏议》，中国政法大学出版社 2013 年版，第 255 页。

⑥ 参见刘成安：《试论唐代侵权责任制度》，载叶孝信、郭建主编：《中国法律史研究》，学林出版社 2003 年版。

对于民事行为能力的规定，唐律中并不具备统一的年龄标准，但大致与成丁之年相当。所谓成丁，指的是唐律规定的需要缴纳法定赋税或服兵役的年纪，即15岁至56岁。高祖七年(624年)四月定令，“男女始生者为黄，四岁为小，十六为中，二十一为丁，六十为老”。[①] 此后又曾改为22岁、23岁为丁，58岁为老。[②]

(二)所有权

唐律中对于所有权的保护侧重在保护不动产，同时有保护动产的规定。唐代均田制的施行要求法律严格保护依据该制度而取得的土地所有权，在严禁占田过限的同时，也严禁除官僚贵族的永业田和赐田以外的一般性土地买卖。如，唐律中规定有“盗卖口分田”罪与“盗耕种公私田”罪，任何盗卖他人土地、盗耕、妄认等行为都构成对土地所有权的不法侵害。唐律对于“盗”的构成作出了明确的规定，即“器物之属须移徙，栏圈紧闭之属须绝离常处。放逸飞走之属须专制，乃成盗”[③]。但“田地不可移徙。所以不同真盗”[④]。所以，针对盗耕盗种公私田、妄认和盗买盗卖公私田、官吏侵夺公私田、盗耕他人墓地的行为，分别处以笞、杖或徒刑。[⑤]

唐律对于动产所有权的保护规定亦十分具体，如唐律规定有“诸于官私田园，辄食瓜果之类，坐赃论；弃毁者，亦如之；即持去者，准盗论”[⑥]，也就是禁止他人随意采摘官私田园中的瓜果蔬菜。禁止私自动用他人“受寄财物”，违者，按坐赃论减一等；但如寄存牲畜死亡或物品被强盗者，则不承担责任。[⑦]

对于地下埋藏物、阑遗物、江河漂流物、生产孳息物等所有权的归属，法律也有明确的规定。唐令规定，官有土地和私有土地的地下埋藏物，各归土地的所有人；如系他人发现私有土地的埋藏物，则发现人与所有人共同所有该物。但如果埋藏物具有文物价值，则必须上交官府，官府给付报酬。所谓阑遗物，也就是寻不到失主的遗失物，唐律规定，路上捡到的阑遗物品，所有权仍属于原主。故捡到者不可据为己有，应上交官府，由官府公开招领。若无人认领则充公。与处理阑遗物所不同的是，江河漂流物品的所有权虽然属于原主，但捞得人付出了劳动，可以得到一部分物品的所有权；无人认领时，则可得到全部的所有权。生产孳息指的是马、牛等家畜繁殖带来的所有权问题。家畜被盗后的孳息当然归原主；但是家畜被盗后又被转卖他人，如不知情而购买者，孳息归新主；知情购买者则归原主。奴婢所生子女亦同样处理。

---

① (后晋)刘昫等:《旧唐书·食货志》(第6册)，中华书局2013年版，第2089页。
② 参见吴欣:《强权与弱势:中国古代老人的双重身份研究》，载《西北人口》2010年第3期。
③ (唐)长孙无忌等:《唐律疏议》，中国政法大学出版社2013年版，第263页。
④ (唐)长孙无忌等:《唐律疏议》，中国政法大学出版社2013年版，第166页。
⑤ 参见王志刚:《唐代民事法规发展缀要》，载《西北政法学院学报》1987年第4期。
⑥ (唐)长孙无忌等:《唐律疏议》，中国政法大学出版社2013年版，第363页。
⑦ 参见岳纯之、邹超:《唐代的权利侵害及其法律责任》，载《南开学报》2006年第2期。

（三）契约

契约文书在唐代的经济交往活动中并不鲜见。契约的广泛使用与普遍出现使契约文书的种类大为增多，并且呈现比较正规化与相对固定化的趋势。尽管唐律中并未对契约的格式作出严格的强制性规定，只是要求订立契约的前提是双方当事人形成合意，即“两情相同”。至于其具体的格式内容，则遵从民间习惯。从敦煌和吐鲁番出土的唐代文书中，我们发现唐代时已经存在许多供百姓立契参考用的契约“样文”，契约中主要包含标的、价金、交割方式、期限、违约处罚、担保等必要条款，还有一批专业撰写契书的书契职业团体。[①]

1. 买卖契约

唐代最普遍存在的即为买卖契约，具体可分为不动产与动产买卖两大类。[②]

（1）不动产买卖契约。由于唐代对不动产土地的买卖作出了严格的限制，唐律规定：“田无文牒，辄卖买者，财没不追。苗子及买地之财并入地主。”[③]也就是说，凡土地买卖，必须依照法定程序进行，即先向官府提出申请，获批并拿到官府颁发的文牒后才能进行土地买卖交易。唐律中允许买卖交易的土地类型极少，仅包括五品以上官员的官勋田、永业田以及贵族官僚获得的赐田，而普通百姓的永业田与口分田仅在迁居或供丧葬费用等特殊情况下才能买卖交易。在这种情况下，民间多通过地下交易或变相买卖的方式进行土地买卖。[④]

“两税法”实施以后，唐代对于土地买卖的限制更加严格，不仅严格限制土地买卖的种类，还要求向官府“过割”，即申请转移该项土地所负担的赋税。凡订立土地买卖契约者，必须写明土地的四至（指标的土地的四个方位与相邻土地之间的交界线），明确土地上附着物的转让情况，以及“车行水道依旧通”等涉及地役权的惯语。

（2）动产买卖契约。对于大部分动产买卖，如奴婢、马、牛、驴、骡等，唐律规定须于三日内订立契券，交纳税金，才能正式生效。为了保护买卖双方的合法权益，唐律还设置有瑕疵担保条款。“立券之后，有旧病者三日内听悔；无病欺者市如法，违者笞四十”[⑤]。也就是说，若买卖之动产存有弊病，则三日内买家可退还原物。这既有利于官府对动产买卖的管理和控制，又避免让买方利益受损。这一条款在唐代的适用性很强，大量的文书实物与历史记载中都存在相关实证，如吐鲁番出土的咸亨四年（673

① 参见顾凌云：《从敦煌吐鲁番出土契约看唐代民间土地买卖禁令的实效》，载《敦煌研究》2016 年第 3 期。

② 参见张传玺主编：《中国历代契约汇编考释》，北京大学出版社 1995 年版。

③ （唐）长孙无忌等：《唐律疏议》，中国政法大学出版社 2013 年版，第 167 页。

④ 参见薛妮、叶新发：《唐代律令中的“奴婢买卖契约”考证》，载《兰台世界》2015 年第 3 期。

⑤ （唐）长孙无忌等：《唐律疏议·杂令》，中国政法大学出版社 2013 年版，第 352 页。

年)买卖骆驼的契约上就写明有“叁日不食水草,得还本主”①。

2. 借贷契约

依据利息之有无,唐代的借贷契约可分为两种,一是“出举”,即约定有利息的借贷;二是“负债”,即约定无利息的借贷。对于借贷双方当事人基于合意自愿订立的“出举”契约,唐律规定“诸公私以财物出举者,任依私契,官不为理”②。“每月取利,不得过六分。积日虽多,不得过一倍”③,也就是说,为了防止高利贷危害民生,官方规定了公私借贷的利息上限,违者之违法所得将没入官府。

而对于负债契约,唐律要求在签订时必须为此类契约设立担保,唐代司法实践中的担保人往往是债务人之近亲属。若债务人到期无法偿还,则由担保人代为清偿。债务人到期不还者,依其拖延时间的长短可能被处以不同程度的刑罚,并且债务仍须偿还。债权人有权在合法权限内催还账款,但是唐律严禁债权人做出私自扣押债务人财物等行为。吐鲁番出土的文书中有不少记载债权人请求官府协助,采取扣押等强制手段代为追偿的案例。

(四)婚姻、家庭与继承

婚姻、家庭和继承制度是唐律中极其重要的内容,不仅占据的条文数目众多,且集中体现了唐律中的尊亲观念以及封建法的礼法结合之精神。④ 唐律中的婚姻及家庭制度与自西汉起即形成的宗法思想一脉相承,体现出浓厚的维护封建等级特权和重视家庭伦理观念的特点。同时,唐律中婚姻及家庭制度在五胡文化与民族大融合的影响下,表现出极具开放性的特点,成为我国封建法律制度史上乃至当时世界上最为先进的制度之一。⑤

1. 婚姻家庭制度

唐律规定,建立婚姻关系需要遵守几大原则。其一,婚姻的成立需要经过双方父母同意并立定“婚书”;其二,一夫一妻多妾和禁止重婚原则;其三,禁止贵贱为婚、良贱为婚的原则;其四,“同姓、同宗、亲属不为婚”原则。同时,还需经过传统的六礼程序才算正式建立起婚姻关系。在婚姻关系的建立上,唐律极其注重维护传统礼制规范所形成的尊长主婚制以及以父权、夫权为主导的家庭伦理关系,如户婚律中就明确

---

① 国家文物事业管理局古文献研究室:《吐鲁番出土文书》(第7册),文物出版社1981年版,第389页。

② (唐)长孙无忌等:《唐律疏议·杂令》,中国政法大学出版社2013年版,第789页。

③ (唐)长孙无忌等:《唐律疏议·杂令》,中国政法大学出版社2013年版,第789页。

④ 参见马霞:《唐代婚姻家庭制度的法律文化意义及其当代启示》,载《宁夏社会科学》2006年第2期。

⑤ 参见张文胜:《唐代婚姻法律制度评析》,载《安徽史学》2010年第6期。

规定："诸嫁娶违律，祖父母、父母主婚者，独坐主婚。"①传统俗语中也广泛存在诸如"男女无媒不交""父母之命，媒妁之言"等表述。

唐律中婚姻及家庭制度中的开放性又体现在允许寡妇自愿再婚以及婚姻解除的制度设定上。唐律规定，婚姻关系的解除有协议离婚与强制离婚两种。协议离婚，又称和离，即双方自愿离婚。而强制离婚则分为官府强制与丈夫强制两种情形。官府强制主要是因为在婚姻关系的存续期间存在违法以及"义绝"等特殊情况，不离者当处徒刑一年。② 丈夫强制离婚的理由即为传统的"七出"。只要女方不存在"三不去"的特殊情况，且符合"七出"中的任何一种状况，男方即可提出强制离婚的要求。值得注意的是，唐律规定，以无子为由休妻者，其妻须年满五十以上且无子；若妻子身犯恶疾及奸罪者，虽符合"三不去"的特殊情况，也可强制离婚。同时，唐律规定，若妻子并不符合"七出"中的任何情形，而丈夫任意休弃者，徒一年半；若妻子存在"三不去"中的特殊理由，丈夫依旧任意休弃者，杖一百。③

唐律中关于家庭制度的法律规范，体现出了如下几个特征。其一，尊长卑幼；其二，夫主妻从；其三，嫡贵庶贱；其四，亲亲疏疏。唐律还赋予家长极其广泛的权利，如对子孙的教令权、对家庭财产的处分权、对子孙婚姻的决定权等。卑幼作为被约束与管制的对象，必须无条件服从尊长的支配，听从尊长教令，否则构成"违反教令"罪。同时，由于封建大家庭的家族共财制，卑幼不得未经家长允许私自挪用家族资产。若祖父母、父母在，子孙不得分异财产，更不得别立户籍，违者处以"别籍异财"罪。值得注意的是，唐律在赋予家长更多权利的同时，也要求家长承担家庭对国家应尽的义务。如家庭成员共同犯罪时，一般不依共同犯罪区别首从的原则处理，而由家长独立承担刑事责任。④

2. 继承制度

唐律中规定的继承主要有宗祧继承和财产继承两大类。宗祧继承是中国古代继承制度的典型代表，这一继承制度建立在立嫡制度与嫡长子继承制的基础上，强调祖宗血脉在继承关系中的重要性，通常由嫡长子继承。⑤ 对于没有嫡长子的家庭，唐律规定"无嫡子及有罪疾，立嫡孙；无嫡孙，以次立嫡子同母弟；无母弟，立庶子；无庶子，立嫡孙同母弟，无母弟，立庶孙。曾、玄以下准此"⑥。如在上述范围内仍无宗祧继承

---

① (唐)长孙无忌等：《唐律疏议》，中国政法大学出版社 2013 年版，第 183 页。

② 参见张文胜：《唐代婚姻法律制度评析》，载《安徽史学》2010 年第 6 期。

③ 参见潘祐周、皮纯协：《中国婚姻家庭制度与立法的历史发展》，载《湘潭大学社会科学学报》1982 年第 1 期。

④ 参见高明士：《唐律中的家长责任》，载《中西法律传统》2008 年第 00 期。

⑤ 参见张淑雯：《唐宋继承制度与古罗马继承制度的比较研究》，载《暨南学报(哲学社会科学版)》2019 年第 2 期。

⑥ (唐)长孙无忌等：《唐律疏议》，中国政法大学出版社 2013 年版，第 162 页。

人,允许收养同宗辈分相当之人,以保证宗统后继有人。对于财产的继承,唐律主要采取诸子均分制。开元七年(719 年)定令:“诸应分田宅及财物者,兄弟均分。”[①]若兄弟早死,则由其子代为继承。出嫁女不能享有继承权,但在室女可以享有部分继承权,只是数额少于男性。无子的户绝之家,出嫁女儿享有财产继承权。[②]

五、经济法律制度

唐代的经济法律制度主要集中在赋役立法、农业与手工业法规、商业法律规范三大方面。几乎涵盖了当时商业经济往来中的所有方面,对于唐代的经济法律关系作出了比较全面的规定,成为唐律的一大特色。唐律中的许多经济法规与同时期的西方法律相比并不落后,如唐律中的中外贸易制度、物价调控制度、商品计量制度、质量管理制度、市场秩序制度等。[③]

(一)赋役立法

赋役是封建国家赖以生存的物质基础。唐代前期的赋役制度是租庸调制,在这种制度规定下,百姓的整体税务负担较轻,对于唐前期小农经济的恢复与发展起到了一定的促进作用。唐律中不仅对于租庸调征收的方法、数额、日期作出了详细规定,而且为了保障赋役的严格执行,对执行官吏与户主也作出了严格要求。唐律规定主管官吏州县皆以长官为首,佐职以下节级连坐。尽管租庸调制下百姓的赋役负担并不沉重,但这一税制本身的不公平性使农户与工商户之间、纳税人户与有纳税蠲免权的人户之间的税收差异十分显著。因此,唐后期时这一制度为两税法所取代。两税法统一征收各类赋税,使唐后期的税制趋向于简化。

与赋役制度直接相关的还有唐代的户籍制度,户籍是政府征收赋役的首要依据,故唐律对户籍制度作出了许多严格的规定,如严禁虚报年龄、脱漏户口等,凡有脱漏虚报者,无论是因疏忽大意还是有意为之,里正、州县长官均要负刑事责任,“诸里正及官司,妄脱漏增减以出人课役,一口徒一年,二口加一等。赃重,入己者以枉法论,至死者加役流”[④]。对于户主“漏有课口,罪止徒三年;漏无课口,罪止徒一年半。脱口及增减年状,谓疾、老、中、小之类。以免课役者,一口徒一年,二口加一等,罪止徒三年”[⑤]。

---

① (唐)长孙无忌等:《唐律疏议》,中国政法大学出版社 2013 年版,第 157 页。
② 参见黄志萍:《唐代女性财产继承制度评析》,载《兰台世界》2013 年第 30 期。
③ 参见蒋铁初:《唐代市场管理制度探析》,载《唐都学刊》2005 年第 6 期。
④ (唐)长孙无忌等:《唐律疏议》,中国政法大学出版社 2013 年版,第 159 页。
⑤ (唐)长孙无忌等:《唐律疏议》,中国政法大学出版社 2013 年版,第 157 页。

(二)农业与手工业法规

唐代时期,江南地区的农业与手工业发展繁盛,为宋时经济重心的南移奠定了强大的基础。唐代统治者积极将保护农业与手工业生产的规定确立于法律中,并严格要求地方官吏依法授民田土,督责地方官吏认真管理农业,及时向上级汇报灾荒收成等情况。如因管理不善,主管官吏要承担法律责任。如唐律规定:“诸部内田畴荒芜者,以十分论,一分笞三十,一分加一等,罪止徒一年。州县各以长官为首,佐职为从,户主犯者,亦计所荒芜五分论,一分笞三十,一分加一等。”①若其“不言及妄言部内旱涝霜虫”,也要“杖七十”。②

手工业制度在唐代时也得到了长足发展,官办手工业更是发展形成了一定的规模。唐代加强了对工匠的管理,据统计,少府监有工匠近两万人,将作监则有一万五千人,并且以地域为单位将工匠组织在一起,要求他们按时服役。同时要求管理人员根据工匠的技能,量力任用,还要保护工匠的身体、生产安全,及时治疗疾病,及时改善危险的工作环境。避免因工匠死亡引起某些特殊技能的失传。③ 对于生产产品,如锦、罗、纱、布等宽窄、样式、规格、质量也有明确的规定。为了保证质量,要求在产品上刻下生产者的姓名。不合格产品的生产者甚至销售者都负有法律责任,“诸造器用之物及绢布之属,有行滥、短狭而卖者,各杖六十;不牢谓之行,不真谓之滥”④。行滥是指物品不结实、不是真材实料所造,短狭是不合规格。出售不合格产品,“得利赃重者,计利,准盗论。贩卖者,亦如之。市及州、县官司知情,各与同罪;不觉者,减二等”⑤。

(三)商业法规

为了促进商业发展,维持良好的商业秩序,唐代制定的商业法规十分详尽,主要包括市场秩序、物价管理和度量衡器管理等。如唐律规定,“诸卖买不和,而较固取者;及更出开闭,共限一价;若参市,而规自入者,杖八十。已得赃重者,计利,准盗论”⑥。此处详举的一系列行为,如强买强卖、强执其市、买卖双方共设奸计、欺行霸市、哄抬物价等破坏市场价格与市场秩序的行为均为唐律所不容。

同时,为了使当时已经具备相当规模的唐代商业经济更加规范,唐代还设置有官

---

① (唐)长孙无忌等:《唐律疏议》,中国政法大学出版社2013年版,第169页。

② 参见孙彩红:《试析唐前期租庸调制下纳税人的税收负担水平——对“轻徭薄赋”政策的补充论证》,载《西北师大学报(社会科学版)》2005年第2期。

③ 参见于海平:《唐宋时期江南手工业发展的原因探析》,载《东南文化》2008年第2期。

④ (唐)长孙无忌等:《唐律疏议》,中国政法大学出版社2013年版,第350页。

⑤ (唐)长孙无忌等:《唐律疏议》,中国政法大学出版社2013年版,第350页。

⑥ (唐)长孙无忌等:《唐律疏议》,中国政法大学出版社2013年版,第351-352页。

方的市场管理机构，以便加强对度量衡的统一管理和对物价的统一控制。尚书省户部中的金部掌管全国度量衡的标准，私人所制的度量衡必须经政府核校，盖印后方能使用，违者治罪。市场物价也在政府控制之下，政府专门派官员根据生产和消费的情况，以及产品的质量，“遣评”商品价格，遣评不公要负法律责任。《唐律疏议·杂律》规定：“诸市司评物价不平者，计所贵贱，坐赃论；人己者，以盗论。其为罪人评赃不实，致罪有出入者，以出入人罪论。”[①]同时政府还赋予他们监督商品质量的职权，对出售不合格商品的商人依法治罪。[②]

六、唐代司法制度

同立法工作一样，唐代的司法工作，特别是诉讼审判工作，无论是在原则上，还是在具体执行上，与前朝相比都显得更加完善。封建司法制度至唐时达到了一个高峰，既反映了司法技术的不断进步，也体现了社会道德观念对司法制度的渗透和影响。主要表现在诉讼、审判制度的完善化，上诉、复审以及死刑复核程序的严格化等方面。[③]

（一）刑事诉讼制度

唐代的刑事审判制度已趋向于完备，唐代的诉讼制度、审判程序之规定明确具体，内容丰富，对刑事诉讼过程中的证据搜集、审讯程序、审判程序、复审流程等都作出了十分科学详尽的规定。

1. 起诉与受理

唐代刑事起诉制度已逐步发展形成体系，其结构之严密，内容之丰富，堪称前代法制的又一集大成者。唐代刑事起诉的形式可分为告诉、告发、诬告、自首、纠弹、纠问等。[④]

（1）告诉

告诉，又称自诉，指的是由被害人主动向官府提出控告，陈述犯罪人和犯罪事实，并要求依法追究犯罪人的刑事责任，是唐代最主要的刑事诉讼来源之一。对于告诉的刑事案件，唐律规定：“诸强盗及杀人贼发，被害之家及同伍即告其主司。若家人、同伍单弱，比伍为告。当告而不告，一日杖六十。主司不即言上，一日杖八十，三日杖

---

① （唐）长孙无忌等：《唐律疏议》，中国政法大学出版社2013年版，第350页。

② 参见赵亚荣：《唐宋时期的商业思想与政策探析》，载《河北经贸大学学报（综合版）》2015年第1期。

③ 参见李勤通：《论礼法融合对唐宋司法制度的影响》，载《江苏社会科学》2018年第4期。

④ 参见王立民：《唐律与唐朝的刑事司法制度》，载《社会科学》2008年第11期。

一百。官司不即检校、捕逐及有所推避者,一日徒一年。窃盗,各减二等。”①

也就是说,强盗及凶杀案件发生以后,被害人及其家属,以及同伍之人应当立即向主管部门告诉,被害人应当告诉而不告诉,或者被害人告诉后主管部门并未立案上报者,都会受到唐律处置。值得注意的是,被害人之家的同伍之人也负有告诉义务。在唐律中,五家为一“伍”,同伍之人要“共相保伍”,如家人及同伍之人势单力薄,不能告诉者,则邻伍亦应迅速出面告诉。若告诉后,相关部门不立即检校、捕逐,附近的州县等衙门互相推诿,推辞耽误受理者,耽误一日,徒一年。可见,告诉既是被害人的权利,也是被害人及其家属、邻居的法定义务。刑杀案件中,若被害人及其近亲属拒绝履行此项法定义务或企图私和者,亦为唐律所不容。“诸祖父母、父母及夫为人所杀,私和者,流二千里;期亲,徒二年半;大功以下,递减一等。受财重者,各准盗论。虽不私和,知杀期以上亲,经三十日不告者,各减二等。”②

(2)告发

告发,又被称为“告密”,指的是被害人一方以外的知情人士针对犯罪分子提出的控告,唐律中又将之称为“告言人罪”,是刑事审判的重要程序之一。唐律并不鼓励人们对一般的刑事案件进行举报,故对告发有较严格的限制。《唐律疏议·斗讼律》规定:“诸告人罪,皆须明注年月,指陈实事,不得称疑。违者,笞五十。官司受而为理者,减所告罪一等。即被杀、被盗及水火损败者,亦不得称疑,虽虚,皆不反坐。其军府之官,不得辄受告事辞牒,若告谋叛以上及盗者,依上条。”③即告发必须实名,严禁以投递匿名信等方式进行匿名举报。而对于重大刑事案件,以及谋反、谋大逆、谋叛等直接危害皇权的严重犯罪,知情不举也是违法行为。

对于被告发之罪的受理,《通典·刑三·刑制下》中记载有详细的“三审”程序。“诸言告人罪,非叛以上者,皆令三审。应受辞牒,官司并具晓示,并得叛(当为反)坐之情。每审皆别日受辞。若使人在路,不得留待别日受辞者,听当日三审。官人于审后判记审讫,然后付司。若事有切害者,不在此例。切害,谓杀人、贼盗、逃亡若强奸良人,并及更有急速之类。不解书者,典为书之。前人合禁,告人亦禁,辨定放之。”④为了防止诬告的发生,除危害皇权的“事有切害者”以外,受理词讼的司法机关在经过“三审”程序后认为案情基本属实的,才能受理。同时,司法机关必须在正式立案前,向告发者讲明“诬告反坐”所要承担的刑事责任。告发者在明确责任的情况下依旧选择告发的,官府须如实记录下来,以备不时之需。而对于谋反、谋大逆、谋叛的知情人,若不及时告官,其性质等同于同案犯,最高可判死刑。“诸知谋反及大逆者,密告

① (唐)长孙无忌等:《唐律疏议》,中国政法大学出版社2013年版,第483页。
② (唐)长孙无忌等:《唐律疏议》,中国政法大学出版社2013年版,第361页。
③ (唐)长孙无忌等:《唐律疏议》,中国政法大学出版社2013年版,第478页。
④ (唐)杜佑:《通典·卷一六五·刑三·刑制下》,中华书局1988年版,第4243页。

随近官司,不告者,绞。知谋大逆、谋叛不告者,流二千里。知指斥乘舆及妖言不告者,各减本罪五等。官司承告,不即掩捕,经半日者,各与不告罪同;若事须经略,而违时限者,不坐。”①

(3)诬告

诬告,指的是以蓄意陷害他人为目的,捏造犯罪情节向官府进行虚假告发的行为。由于诬告不仅会给被诬陷者带来严重危害,更会扰乱统治秩序,干扰正常的公务活动,破坏司法机关的威信。故《唐律疏议·斗讼律》中明确规定有“诬告反坐”的原则,即以诬陷他人之罪罪之,又被称为“反坐致罪”。若诬告他人之罪达死刑者,而被诬者并未执行死刑的,可减一等,即流三千里。被诬告者本应处杖刑,或可用赎者,诬告者即只依法适用杖刑或赎刑。值得注意的是,唐律中设置有专门的纠弹之官,即负有纠察、弹劾职权的官员,如御史等官员。若御史因“若有憎恶前人,或朋党亲戚,挟私饰诈,妄作纠弹者,并同诬告之律”②,也要按照“诬告反坐”的原则处置,但可因其特殊情况适当加减。

(4)自首

自首,又被称为“自告”,指的是犯罪行为发生以后,当事人在未被他人察觉的情况下,主动投案并如实交代犯罪事实的行为。唐律继承了历代自首减免的原则,对自首的概念、成立条件、形式、分类、例外规则等内容都作出了比较详尽具体的规定。如《唐律疏议·名例律》中就首先明确了自首的法定概念,强调行为人必须在官府或他人未发觉以前,主动向法定机关投案。若经他人告发,或已有文牒告入官府,此案已进入司法审判程序;或犯罪事实已经败露,再去官府投案者,只能称为“自新”,不能作为自首处理。唐律以案情发作前后为分界线,表示其刑事立法技术的进一步成熟。③

自首及其具体适用方式前文已有详述,此处不赘。对于自首者,一般来说在结案前仍须监禁。由此可见,唐律关于自首原则的规定已十分详尽完备,充分体现出唐代刑事立法技术的发展,对于预防和减少犯罪具有一定的作用。④

(5)官告

官告,指的是官方提起的诉讼,具体又可分为纠问与纠弹。所谓纠问,指的是司法机关未经起诉程序,对犯罪嫌疑者进行捉拿、纠察、讯问,直接开始审判程序。京城的纠问一般由金吾卫执掌,金吾卫负责对朝官及民间的犯罪或治安进行纠察。可以说,朝官及京城内的大小事件,金吾卫都有责任直接向圣上禀报,即“掌宫中及京城昼

---

① (唐)长孙无忌等:《唐律疏议》,中国政法大学出版社2013年版,第460－461页。

② (唐)长孙无忌等:《唐律疏议》,中国政法大学出版社2013年版,第462页。

③ 参见李中和:《〈唐律疏议〉自首制度立法探析——以上官兴醉酒杀人自首案为例》,载《新疆大学学报(哲学·人文社会科学版)》2010年第5期。

④ 参见文哲:《试析唐律自首制度》,载《时代法学》2016年第2期。

夜巡警之法，以执御非违”①。而在各地方区域，对于无人告发或纠弹的案件，州县官吏往往径行使用纠问权。各地方长官亦可当场搜查、讯问，将罪犯绳之以法。

所谓纠弹，指的是由专职的检察部门提起的诉讼。唐律中将负责职司监察的官员统称为“纠弹之官”。御史台是唐代主要的专职检察部门，负责纠弹官员的违法行为，并向有关部门及时提出弹劾。御史台在唐代初期并不具备司法审判权，也没有受理词讼的义务，若侍御史、监察御史在访察活动中得知有官员违法时，可直接向皇帝弹劾；若有人到御史台告状，而御史听后认为值得弹劾者，可以隐去告状者之姓名，依据其所述内容进行弹劾。这种做法被称为“风闻访知”，又叫“风闻弹奏”。② 因御史纠弹在唐代较为常见，且御史纠弹的范围十分广泛，不仅可以弹劾百官，甚至可以弹劾宰相，所以难免会遭受打击报复，故唐律中也对其权益作出了特殊的保护。

2. 对起诉与受理的限制

唐代对于刑事案件的起诉与受理，也存在诸多限制，主要包括形式上、内容上、身份上以及年龄和能力上的限制。

(1) 形式上的限制

形式上的限制主要体现在唐律对于诉状作出的明确的形式上的要求。诉状，又被称为“辞牒”，唐律要求其中必须标明案发时间，明确陈诉案情，不可含糊其词。违者，告一事笞五十；即使其诉状未被官府受理，罪名也成立。对于杀害、盗窃、决水、纵火等重大犯罪行为，更应明确标注案发时间，不可称疑；若审理为虚，告者可不反坐。官府受理，亦应免罪。这样的规定，既保证了诉讼制度的严肃性，防止枉及无辜，又具有一定的灵活性，以便于及时打击犯罪，以保护当事人及国家的正当权益。

(2) 内容上的限制

内容上的限制主要体现在对所告内容的约束，其目的在于要求状告之内容必须真实，不得在诉状中随意诬告。唐律中明确规定：“诸为人作辞牒，加增其状，不如所告者，笞五十；若加增罪重，减诬告一等。即受雇诬告人罪者，与自诬告同；赃重者坐赃论加二等，雇者从教令法。”③严禁受雇为他人“加增其状”。同时，唐律还规定有“诸教令人告，事虚应反坐，得实应赏；皆以告者为首，教令为从。即教令人告缌麻以上亲，及部曲、奴婢告主者，各减告者罪一等；被教者论如律。若教人告子孙者，各减所告罪一等。”④即禁止教唆他人控告亲属或教唆部曲、奴婢控告主人，否则以告者为首，教令者为从。同时，唐律中还规定，凡事若经赦免后，不得再告，犯者依“反坐”原则惩处，官府依“故入人罪”惩处。

---

① (唐)李林甫等：《唐六典》，陈仲夫点校，中华书局2014年版，第638页。

② 参见刘晓林：《唐代监察官员的职务犯罪行为及其处罚》，载《甘肃社会科学》2018年第5期。

③ 《唐律疏议·斗讼·诸为人作辞牒》，刘俊文点校，法律出版社1998年版，第479页。

④ 《唐律疏议·斗讼·教令人告事虚》，刘俊文点校，法律出版社1998年版，第480页。

（3）身份上的限制

身份上的限制主要体现在禁止亲属之间的告诉，禁止或限制卑幼告尊长，禁止或限制部曲、奴婢告主人，以及禁止狱囚告举他人之事。除谋反、谋逆及谋叛之类直接威胁封建皇权的犯罪之外，唐律严禁部曲、奴婢告主，凡告主者皆绞，被告则以自首论。

（4）年龄和能力上的限制

唐律对于刑事责任年龄和刑事责任能力的规定较前朝更为规范。对于刑事责任能力的确定，不以年龄为唯一的参考要素。如前所述，唐律对未成年人、老年人、残疾人三类又依年龄及残疾程度的不同分为四等。在对未成年人、老年人、残疾人采取优待措施、免除部分责任的同时，亦对其权利能力作出了相关限制，规定年龄 80 岁以上、10 岁以下及笃疾者，只能“告谋反、逆、叛、子孙不孝及同居之内为人侵犯者”，除上述犯罪类型之外，其余的犯罪行为均不得告。疏议中也规定：“老、小及笃疾之辈，犯法既得勿论。唯知谋反、大逆、谋叛，子孙不孝及阙供养，及同居之内为人侵犯，如此等事，并听告举。自余他事，不得告言。如有告发，不合为受。”①

（二）刑事审判制度

唐代时期的地方行政分为州、县二级，地方的诉讼审判级别也与之对应，最基层的行政单位与最基层的司法机关均为县级，凡地方大小诉讼皆由县级直接受理，自下而上，严禁越诉。

1. 审级与管辖

唐律中对刑事案件的审级与管辖有专门的规定，基层司法机关可以自行处理地方范围内的小型案件，而对于影响严重的大型案件案情，必须逐级上报，确保断案的公平公正。

（1）审级

从整体上看，唐代的审级可分为县司、州府、尚书省、大理寺、中书门下，共五级。其中，中书门下属于申诉机关，只进行法律审。唐代的一般刑事案件为三审终审制，所以唐代的刑事案件实际上是五级三审制。② 值得注意的是，唐代严禁越诉，将越诉行为视为违令行为。如有越诉行为发生，无论是越诉者，还是受理者，均会受到笞四十的处罚；但若案件并未被官府受理，则越诉不成立，故诉者无罪。唐律在严厉禁止越诉行为的同时，也严格要求各地方官员认真受理地方狱讼，若各级官吏存在应当受理案件却拒绝受理的，笞五十。并通过加强御史、巡察使、采访使等的监督职责，督促

---

① 《唐律疏议·斗讼·诸皆幼麻、小幼卑幼条》，刘俊文点校，法律出版社 1998 年版，第 475 页。

② 参见洪婷：《唐律中刑事诉讼审判制度的基本原则——兼与当代中国刑事诉讼法之比较与借鉴》，载《新学术》2007 年第 3 期。

各地方官恪尽职守。①

(2)管辖

从级别管辖的角度上看，唐律是这样规定的，“诸犯罪在市，杖以下，市决之，应合荫赎及徒以上，送县。其在京市，非京兆府，并送大理寺”②。也就是说，对于一般的犯罪行为，无论其犯罪行为之轻重，都属于县级司法机关的管辖权范围内。故县级可直接对案件进行审理。但县级机关只能执行笞、杖刑，凡徒以上的刑罚县级机关无权私自执行，而须上报州府复审。唐代时期，在两京辖县以及各州县置市，“市令、丞掌市廛交易，禁斥非违之事”③。市令可以受理市场上发生的笞杖罪的轻微刑事案件，但有门荫及有罪当赎者，须送县，若在京则送大理寺审理。实际上不仅市令，即便是县一级也不能直接处治犯罪官员，可见，官员不仅在量刑上享有特权，审级也是官员及其家属可享有的一种重要特权。④

2. 审讯

审讯，在唐律中又被称为“鞫狱”，其依据为起诉书，唐律中将之称为“状”。凡审讯必有状，唐律中审讯及审判的首要原则都是“不告不理”，即“凡有犯，皆据其本状以正刑名”⑤。事实上，无论是判罪，还是雪冤，司法官都要据状断案，不得审理状告之外的行为。主持审讯的官吏，至少得是判官，如在大理寺是大理寺丞，州府为法曹参军事，县为县尉等。审讯地点，一般在官府内庭或厅中。对于是否公开审理，并无严格的法律规定，故秘密审讯在唐代司法实践中也屡见不鲜。另外，对于涉密或涉及隐私的案件，也可采取不公开的方式审讯。

对于审讯过程中的刑讯行为，唐律中也存在相关的程序规定。“诸拷囚不得过三度，数总不得过二百，杖罪以下不得过所犯之数。拷满不承，取保放之。诸拷囚限满而不首者，反拷告人。”⑥对于刑具的尺寸与大小，唐代也作出了相关的规定。“其杖皆削去节目，长三尺五寸。讯囚杖，大头径三分二厘，小头二分二厘；常行杖，大头二分七厘，小头一分七厘。笞杖，大头二分，小头一分半。其决笞者，腿分受。决杖者，背、腿、臀分受。及须数等拷讯者，亦同。”⑦这种将刑讯法律化、制度化的规定，在一定程度上限制了司法官滥用酷刑逼供的行为。当然，这种限制的效力往往极其有限。

---

① 参见马晨光：《唐代刑事诉讼立案过程探讨》，载《西北民族大学学报(哲学社会科学版)》2011 年第 4 期。

② (唐)杜佑：《通典·卷一六八·刑六·考讯》，中华书局 1988 年版，第 4332 页。

③ (唐)李林甫等：《唐六典》，陈仲夫点校，中华书局 2014 年版，第 750 页。

④ 参见郑禄：《唐代刑事审判制度》，载《政法论坛》1985 年第 6 期。

⑤ (唐)李林甫等：《唐六典》，陈仲夫点校，中华书局 2014 年版，第 503 页。

⑥ 《唐律疏议·断狱律·拷囚不得过三度》，刘俊文点校，法律出版社 1998 年版，第 593 页。

⑦ (后晋)刘昫等：《旧唐书·刑法志》(第 6 册)，中华书局 2013 年版，第 2139 页。

3. 判决

对于判决,《断狱律》中有明确规定:“诸断罪皆须具引律、令、格、式正文,违者,笞三十。若数事共条,止引所犯罪者,听。”①“诸制敕断罪,临时处分,不为永格者,不得引为后比。若辄引,致罪有出入者,以故失论。”②不得不说,上述规定具有一定的罪刑法定主义倾向,但若断罪前法律发生了变动,则遵循从新、从轻原则。③ 对于法无明文规定的内容,唐律作出了允许类推的规定,即“诸断罪而无正条,其应出罪者,则举重以明轻;其应入罪者,则举轻以明重”④。也就是说,对于律文中并无直接规定的行为,在定罪量刑时可以比照最相类似的条文。而对于人所共知的、按道理不应该做的事,“诸不应得为而为之者,笞四十;事理重者,杖八十”⑤。

4. 上诉、复审与复核

唐律规定,当一审判决结束以后,凡徒罪以上的判决,必须当面判决,“各呼囚及其家属,具告罪名”。当场宣读以后,若被告人认罪,则签下“服辩”;若当事人不服,则听其自理,当事人可自行上诉。

(1)上诉

若当事人提出上诉请求,一般由原审机关“更为审详”⑥。原审机关据其所诉,重新审理后,如认为原判有误,可以改判;如认为其诉无理,可以驳回,维持原判,但须上报备案。唐代一共有四级上诉申诉机关,分别为州县(本司本贯)、尚书省、三司、皇帝,上诉需逐级进行,不得越诉。这里的本司,指的是原审司法机关,这里的本贯,指的是当事人户籍所在地的司法机关。但是如果存在路途较远交通不便的特殊情况,可向附近官府申诉。官府受理后,可发牒传唤有关当事人,即“直牒追摄”,又被称为“追身”。“牒”俗称“帖子”,相当于今天法院发出的传票。若为本县不能决之事,可向邻县申诉。县不能决,可向州申诉;州不能决,可向尚书省申诉。中唐以后,观察使府逐渐成为州上一级的申诉机关,这样一来,在原有的申诉层级中又多了一个层级。⑦

(2)复审

唐代法定的申诉机构是尚书省与三司,此外还可向皇帝直诉。对于各地方州县审判的上诉案件由尚书省复审。尚书省对不服地方州县审判的上诉案件拥有复审权,由左右丞为之审详;若仍不服者,可再上诉至“三司”。所谓“三司”,指的是大理寺、刑部及御史台。大理寺,负责审判中央官吏及京城内发生的徒刑以上案件,并负

---

① 《唐律疏议·断狱律·断罪不具引律令格式》,刘俊文点校,法律出版社1998年版,第602页。
② 《唐律疏议·断狱律·辄引制敕断罪》,中华书局1983年版,第603页。
③ 参见童光政:《唐宋“四等官”审判制度初探》,载《法学研究》2001年第1期。
④ 《唐律疏议·名例律·断罪无正条》,刘俊文点校,法律出版社1998年版,第145页。
⑤ 《唐律疏议·杂律·不应得为》,刘俊文点校,法律出版社1998年版,第561页。
⑥ 《唐律疏议·断狱律·狱结竟取服辩条》,刘俊文点校,法律出版社1998年版,第609页。
⑦ 参见吴静梅:《浅析唐代刑事诉讼审判制度》,载《兰州教育学院学报》2015年第12期。

责复审全国各州县上报的死刑案件,判处死刑者报皇帝批准,判处徒刑、流刑案件报刑部复核。刑部,负责复核全国各州县上报的徒刑以上案件。御史台,负责监督大理寺、刑部审理的案件。

若直接向皇帝提出的申诉,则被称为直诉,唐代法定的直诉方式有邀车驾、挝登闻鼓、立肺石等。邀车驾,指的是有冤者在皇帝出行时,在路边以拦车称冤的方式进行申诉;挝登闻鼓,指的是有冤者在宫门登闻鼓前通过击鼓的方式进行申诉;立肺石,指的是有冤者通过站立在宫门赤色大石上的方式进行申诉。

(3)复核

唐代统治者非常强调慎用刑罚。贞观五年(631 年),唐太宗盛怒下,一时冲动赐死大臣张蕴古后,十分后悔,因此下诏曰:"凡有死刑,虽令即决,皆须五复五奏。"①后该诏令被编入《唐令》中。开元二十五年(737 年),"古者断狱,必讯于三槐、九棘之官,今三公、九卿即其职也。自今以后,大辟罪皆令中书、门下四品已上及尚书九卿议之,如此,庶免冤滥"②。可见,这一时期对死刑复核的过程是非常慎重的,③但到中唐以后,死刑复核的规定逐渐形同虚设。④

对于非死刑案件的复核,唐代规定:"凡天下诸州断罪应审复者,每年正月与吏部择使,取历任清勤、明识法理者,仍过中书门下定讫以闻,乃令分道巡复。"⑤也就是说,地方审复的案件,由吏部巡察复核,复核无误后将结果送刑部再复。如州司错判,被告人无罪者,应当即判决释放;如从重改轻者,应降等入流、徒刑者,即从流、徒罪定刑。若各地方州府有疑狱不能决者,应主动上报大理寺详谳;大理寺仍不能决疑,则报尚书省。"今后凡有百姓诉论及言灾沴,先诉于县;县如不治,即诉于州;州治不平,诉于观察使;观察使断遣不当,即可诣台省申诉。"⑥中唐以后,观察使成为常设的地方受理申诉的中央派出机关。唐代统治者通过上诉、复审及复核制度,将司法权完全控制在中央手中,实现了中央集权在司法领域的强化。

5. 判决的执行

对于笞、杖、徒、流刑的执行,唐律强调判决执行的及时性,即判决后应当及时笞、杖,或及时将案犯递解至配所,强制其服苦役。如有稽留不送者,延误一日笞三十,三日加一等。对于复核后确认执行死刑的判决,唐律承袭了秋冬行刑制度,要求死刑的执行应当在天有肃杀之气的秋分时节,如有违犯者,官吏处一年徒刑。若有孕妇应执

---

① (唐)吴兢:《贞观政要》,骈宇骞译注,中华书局 2016 年版,第 270 页。
② (唐)李林甫等:《唐六典》,陈仲夫点校,中华书局 2014 年版,第 180 页。
③ 参见王谋寅:《唐玄宗废死刑新论》,载《广东社会科学》2018 年第 3 期。
④ 参见石冬梅:《略论唐中后期死刑立法的特点》,载《兰台世界》2014 年第 3 期。
⑤ (唐)李林甫等:《唐六典》,陈仲夫点校,中华书局 2014 年版,第 178 页。
⑥ (宋)王溥:《五代会要·卷一七·御史台》,中华书局 1998 年版,第 222 页。

行死刑者，可待其产后百日再执行死刑，如有违犯者，官吏处一至二年徒刑。但犯谋反等重罪及部曲、奴婢杀主的，不拘此令，实行立斩。[①] 上述规定都是为了能更准确地打击危害封建国家的犯罪，以维护皇权在司法领域的至上权威。

（三）民事诉讼制度

随着封建集权政治制度以及行政与司法合一管理体制的确立，唐律在重视保障刑事权益的同时也附带规定了相关的民事责任。唐代民事诉讼制度一定程度上依附于刑事诉讼制度。与现代诉讼法中刑事附带民事诉讼有着诸多相似的地方，如民刑事案件都由同一审判机构审理并作出判决，适用同一诉讼程序等。[②]

1. 务限

所谓“务限”，是为避免诉讼双方当事人因为司法诉讼影响到正常的农业生产活动，故唐律对民事诉讼案件的受理和审判作出了时间上的限定。据唐《杂令》载：“诸诉田宅、婚姻、债负，起十月一日，至三月三十日检校，以外不合。若先有文案，交相侵夺者，不在此例。”[③]也就是说，依据唐律规定，每年的十月一日至次年的正月三十日为“务开”，这段时间内可以正常受理有关土地、房宅、婚姻、债权债务的诉讼案件；每年的三月三十日为“入务”，即本年不再审理这类案子。这一规定是在不影响农时的情况下，保证土地所有权人的利益和百姓的基本生活来源。[④]

2. 时效

唐律中并未对诉讼时效作出明确的规定，但在某些法律条文中已经出现了专门针对具体行为之时效性质的规定。如唐律中有“诸许嫁女，已报婚书及有私约，而辄悔者，杖六十。虽无许婚之书，但受聘财，亦是。若更许他人者，杖一百；已成者，徒一年半。后娶者知情，减一等。女追归前夫，前夫不娶，还聘财，后夫婚如法”[⑤]。尽管条文中并未写明诉讼的时效限制，但在唐代的司法实践中存在三年订婚保护期的判例。

中唐以后，唐律中还出现了针对土地所有权诉讼的时效限制。唐初的均田制瓦解后，统治者为了发展经济，恢复农业生产，大力支持无地农民积极开垦荒地，并采取颁敕的形式对农民自行开垦形成的土地所有权作出了保障。会昌元年（841 年）诏令中有，“自今以后，应州县开成五年（840 年）以前逃户，并委观察使、刺史，差强明官就村乡诣实，简勘桑田、屋宇等，仍勒长令切加简较，租佃与人，勿令荒废。据所得与纳

---

① 参见郑海珍：《由〈唐律〉所折射出的唐代刑事诉讼制度》，载《兰台世界》2015 年第 16 期。

② 参见汪世荣：《汉唐民事诉讼制度》，载《法律科学西北政法学院学报》1996 年第 4 期。

③ ［日］仁井田陞：《唐令拾遗·杂令第三十三》，栗劲、霍存福、王占通、郭延德编译，长春出版社 1989 年版，第 788 页。

④ 参见曾维冰：《明朝民事诉讼变革初探——以唐宋“务限”为参照系》，载《琼州学院学报》2007 年第 4 期。

⑤ 《唐律疏议·户婚律·许嫁女辄悔》，刘俊文点校，法律出版社 1998 年版，第 276 页。

户内征税，有余即官为收贮，待归还给付。如欠少即与收贮，至归日不须征理。自今年以后，二年不归复者，即仰县司召人给付承佃。仍给公验，任为永业。”[①]此处之规定并非法定时效，但可见当时规定的时效为两年。到宣宗大中二年（848 年）时，又颁制将之改为五年。不仅将对逃户的追诉权延长到五年，同时要求临时占有逃户产业的“权佃人”在五年的限期内不得毁坏原产权人的财产。

对于典卖物业的时效则长得多，对于土地、房产等不动产交易的时效通常规定为 20 年。如有特殊情况，例如因故滞留在外者，则可暂停法定时效的进行，相当于现代“停止时效”，外出前的时效暂停并保持有效，当事人返回后，重新开始计算时效。对于负债违契的时效，唐律中原本并无直接规定。长庆四年（824 年），颁制书中将有关债权债务纠纷的诉讼时效限定在 30 年，即“契不分明，争端斯起，况年岁寖远，案验无由，莫能辩明，祇取烦弊。百姓所经台、府、州、县论理远年债负，事在三十年以前，而主保经逃亡无证据，空有契书者，一切不须为理”[②]。此后，有关债权债务纠纷的诉讼时效基本上沿用此规定。

（四）民事审判制度

唐代时期并未发展形成单独的民事诉讼程序，唐律中的民事审判与刑事审判也基本没有差别，对于一些针对诉讼当事人的条件限制以及特殊情况的规定也基本与刑事审判一致。如子孙不得起诉父母、祖父母，奴婢不得诉主人，80 岁以上、10 岁以下及笃疾者，不得提起民事诉讼等，故相似之处此处不赘述。

唐代的民事诉讼案件一般都能在县或州级解决，对民事案件的处罚也多以笞、杖为主。若判决结果为杖以上罪，则须上报尚书省。唐代的民事司法实践中，判决准据除律令格式外，也多以民间风俗习惯为参考，在不违背制定法的前提下，高度认可民间之“乡法”与“私契”。同时，判词在唐代民事司法实践中具有十分重要的意义，唐代的判词一般都很简单明确，针对性极强。[③] 判词的书写在唐代极受重视，能够拟写出“文理优长”判词是当时文人入仕的重要原因之一，吏部选拔官员也将判词的书写作为重要的考试项目。一些流传至今的经典判词为今人研究唐代的司法审判活动留下了十分珍贵的史料，如张鷟的《龙筋凤髓判》，白居易的《甲乙判》，《文苑英华》与敦煌吐鲁番文书中的大量判词，以及文人判集的残卷。对于生效的民事判决，一般由当事人自觉执行，若拒不执行的，官府可以强制执行，主要是以拘禁的方式要求债务人履行义务。[④]

---

① （宋）王溥：《唐会要》，中华书局 1955 年版，第 1566 页。

② 《宋刑统·杂律·受寄财物辄费用》，薛梅卿点校，法律出版社 1999 年版，第 470 页。

③ 参见王宏治：《唐代民事审判制度初探》，载《江苏警官学院学报》2006 年第 5 期。

④ 参见王志刚：《唐代民事法规发展缀要》，载《西北政法学院学报》1987 年第 4 期。

（五）调解

汉唐时期，调解息讼渐成风气，对于一般的民事纠纷，许多官员都善于采用调解的方式解决，并因而获得“良吏”“循吏”的声誉，这体现出我国传统社会中注重调解息讼的司法传统，反映了中华民族重和谐和睦的民族精神。调解可以在改善人际关系的同时稳固经济发展，减少内耗，可以节约司法资源，从而能够重点打击危害国家政权稳固的刑事犯罪。“调解止讼”主要表现为官方调解和民间调解两种形式，[①]里正、坊正、村正、乡里老人调解纠纷是当时常用的调解方式。[②] 同时，随着农业、手工业等的发展，市场经济贸易的繁荣促进了行会的形成，行会调解在解决工商业者之间的矛盾纠纷时也起到了一定的作用。可以说，对于调解的积极适用与大力提倡，使息讼成了中国古代社会中一种理想的政治目标，并成了百姓处理日常生活纠纷时的一种思维定式。

七、唐代涉外法律制度

唐代在立国之初就确立了十分开明的对外政策，以开放包容的姿态对待其他国家。武德五年（622 年），唐高祖明确提出了“绥柔万国”的睦邻方针，唐太宗李世民也认为，无须穷兵黩武、征讨四夷，只要国家繁荣，自然会四裔宾服。开放的对外政策再加上唐代三省六部制的成熟，与九寺二十四司的分工协作，可以说，各方蕃客从步入唐朝国境起，就进入了唐代各级机构的视野。根据《新唐书·地理志》的记载，唐时有七条“入四夷之路与关戍”，一曰营州入安东道，二曰登州海行入高丽渤海道，三曰夏州塞外通大同云中道，四曰中受降城入回鹘道，五曰安西入西域道，六曰安南通天竺道，七曰广州通海夷道。各方蕃客在抵达京师之前须先经过边境州县，通过重重关卡。

（一）涉外民事法律制度

由于唐代经济水平的高度发展与民事法律关系的日益复杂，且留居京城的蕃客数量众多，涉外民事法律制度取得了长足的进展。唐代对于涉外案件的处理以属人主义原则为主，且这一属人主义以种族为区别。[③]

1. 涉外户籍管理制度

唐代最基础且广泛的民事法律关系主体为士、农、工、商，如何确定士、农、工、商的身份是官府的一大任务，唐代时通过“三年一造户籍”的方式来确立四民之户籍。

① 参见邓健鹏：《健讼与息讼——中国传统诉讼文化的矛盾解析》，载《清华法学》2004 年第 1 期。

② 参见马晨光：《唐代多元司法解决纠纷机制探微》，载《人民司法》2010 年第 1 期。

③ 参见肖梅花：《中国古代法律涉外原则初探》，载《河南大学学报（社会科学版）》1991 年第 4 期。

对于旅居、留居的外来蕃胡，唐律也认可其为民事权利主体，为其设立了相关的户籍管理法律，并依据其身份之不同，规定了不同的管理方式。

其一为来朝降户，地方政府要供给衣食，并将其情况上报，安置于地广人稀之地，即"化外人归朝者，所在州镇给衣食，具状送省奏闻。化外人于宽乡附贯安置"①，而且"诸蕃胡内附者，亦定为九等，四等已上为上户，七等已上为次户，八等已下为下户"②，承认他们为唐朝编民，并将之作为征收赋税的依据。其二为道士、僧尼，此类由祠部管理。由于佛教的广泛传播，唐代时外来求法的僧侣数量颇多，僧侣不仅可以自由居住、活动、游历，且能享受官府衣食供应等诸多优待。其三为化外奴婢，若为自行投归唐朝者，可释放为良民并入良民户籍。长庆元年（821 年），穆宗还下旨禁止掠卖新罗人口，并于长庆三年（823 年）再次下敕令："所言如有漂寄，固合任归，宜委所在州县，切加勘会，责审是本国百姓情愿归者，方得放回。"③

2. 涉外质权及债权制度

中唐以后，很多在唐蕃胡以举质取利为业。"举者，举贷以取倍称之利也；质者，以物质钱计月而取其利也。"④"举"类似于高利贷，而"质"类似于抵押贷款。蕃胡经营此业，则唐人就有向其贷款者，其中不乏显贵子弟。唐代的《禁与蕃客交关诏》中就有禁止唐朝国民向蕃胡举质的相关记载："如闻顷来京城内衣冠子弟及诸军使并商人百姓等，多有举诸蕃客本钱，岁月稍深，徵索不得，致蕃客停滞市易，不获及时。方务抚安，须除旧弊。免令受屈，要与改更。自今已后，应诸色人，宜除准敕互市外，并不得辄与蕃客钱物交关。委御史台及京兆府切加捉搦，仍即作条件闻奏。其今日已前所欠负，委府县速与徵理处分。"⑤这一诏令的主要目的是在保障唐朝财富不会外流的同时尽可能地保护在唐蕃商的利益。但这一诏令并未得到良好的践行，实践中还是存在大量蕃胡举质的事例，因此在开成元年（836 年），京兆府奏："又准令式，中国人不合私与外国人交通、买卖、婚娶、来往。又举取蕃客钱，以产业奴婢为质者，重请禁之。"⑥可见直至唐末，仍存在蕃胡营质举业的现象。

3. 涉外婚姻法律

异族通婚现象自古有之，史不绝书，但这一行为在唐代为律所禁止。《唐律疏议》中规定，"（私与化外人）共为婚姻者，流二千里。未成者，减三等。疏议曰：共为婚姻

---

① ［日］仁井田陞：《唐令拾遗·户令第九》，栗劲、霍存福、王占通、郭延德编译，长春出版社 1989 年版，第 146 页。

② ［日］仁井田陞：《唐令拾遗·赋役令第二十三》，栗劲、霍存福、王占通、郭延德编译，长春出版社 1989 年版，第 600 页。

③ （宋）王溥：《唐会要》，中华书局 1960 年版，第 1571 页。

④ （北宋）司马光：《资治通鉴·卷二三二·德宗贞元三年六月》，中华书局 1956 年版，第 7493 页。

⑤ （清）董诰等：《全唐文·卷七十二·文宗·禁与蕃客交关诏》，中华书局 1983 年版，第 755 页。

⑥ （北宋）王钦若等：《册府元龟》卷九九九《外臣部·互市》，中华书局 1960 年版，第 11237 页。

者,流二千里。未成者,谓婚姻未成,减流三等,得徒二年。"①也就是说,唐代居民与异族通婚者,会遭受流二千里的处罚,未遂者减三等处罚。但是,与蕃胡营质举业现象类似,这一规定的执行并不十分严格,居住在唐朝境内娶汉女为妻妾的蕃人不占少数。贞观二年(628 年)又有敕令曰,"诸蕃使人所娶得汉妇女为妾者,并不得将还蕃"②。可见,唐律真正禁止的核心在于蕃人不得将汉女妻妾带回其蕃内。安史之乱以后,异族通婚现象更加普遍,建中元年(780 年),德宗再下敕令,限制异族婚姻。但是,异族通婚现象仍屡禁不止,尤其是胡客娶汉女为妻现象仍然存在。另外,值得关注的是,唐律并未将涉外婚姻的相关规定放置于《户婚律》中,而是将其放置于《卫禁律》中。可见,唐律对于涉外婚姻的禁止并非出于民族偏见或婚姻事项的考虑,而是出于对国家边防安全的考虑。③

4. 涉外继承制度

海外贸易与商品经济的繁荣,促进了唐代对于蕃胡行商遗产内容规定的完善。对于海外行商的在唐遗产,唐律规定,只要有人认领,均悉数奉还,且不拘于三个月的有效期限,这体现了对于在唐死亡的海外蕃商的财产的特殊保护。大和八年(834 年),唐律对之作出了更加详细具体的规定。若海外商贾客死于唐,有父母、嫡妻、男、亲侄男、在室未出嫁女认领者,资财货物全部交还;有未嫁姐妹认领者,三分给一分;若无亲属认领,则收为官有。从整体上看,唐律中对于涉外继承人可继承的亲属范围,小于唐人可继承的亲属范围。因为涉外继承人只包括父母、嫡妻、子女、亲兄弟,而并不包括亲侄男与在室姐妹,但增加了在室女的继承权。

(二)涉外经济法律制度

唐代对于经济管理的加强,使唐代的经济法律相关制度逐渐趋于规范化,对于蕃胡在唐的赋役征收、海外贸易、互市等也不例外。

1. 涉外赋役制度

武德七年(624 年),租庸调法正式颁行,对于唐朝国民,按田口进行统一征税,而对于归附唐朝的蕃胡,则按照户等进行征税。所谓户等,指的是唐律根据归附蕃胡的资产多寡将其分为九等,四等以上为上户,五等至七等为次户,八等以下为下户。开元七年(719 年)赋役令规定,"上户丁税钱十文,次户五文,下户免之。附经二年者,上户丁输羊二口,次户一口,下三户共一口(无羊之处,准白羊估折纳轻货。若有征

---

① 《唐律疏议·卫禁·越度缘边关塞》,刘俊文点校,法律出版社 1998 年版,第 192 页。

② (宋)王溥:《唐会要》,中华书局 1960 年版,第 1796 页。

③ 参见周宁:《〈唐律疏议〉中的涉外法律规定》,载《辽宁教育行政学院学报》2008 年第 5 期。

行,令自备鞍马,过三十日已上者,免当年输羊)"①。

不仅如此,唐律中对于蕃胡赋役的具体规定亦十分实用且灵活。由于蕃胡通常十分善于经营畜牧业,因此唐律规定,蕃胡不仅可以纳税钱,且归附两年后可以交纳羊。同时,对边缘地区的在唐蕃胡,如岭南夷獠之户,田赋可减半,若高丽、百济降户应征当差,则可免除赋税。战争时期,归附蕃胡也要服兵役,即"诸岭南诸州税米,上户一石二斗,次户八斗,下户六斗。若夷獠之户,皆从半输。诸州高丽、百济应差征镇者,并令免课役"②。开元七年(719 年)还规定,对于新归附的蕃胡,纳入唐朝户籍后的前三年可免除赋役。③

2. 外商来华贸易管理法律

唐时发达的经济制度与开放的对外政策,促成了唐代海外贸易的繁荣,西北诸国主要通过陆上丝绸之路与唐朝进行贸易活动。从整体上看,唐朝对西北蕃胡来华贸易持开放与鼓励的态度,并为之制定了详尽的法律规定。

(1)互市法律

安史之乱以后,出于对国家安全的考虑,商胡来唐贸易曾一度被禁止。与唐初规定蕃胡只能于内地兴贩而不得入蕃的原因一致,主要是担心蕃胡以贸易为由,供敌物资。但政权危机结束以后,国内经济的衰退引起了统治者对于贸易的高度重视,因此唐后期时,仍然对蕃胡来华贸易持鼓励态度。

唐律规定,蕃胡来唐贸易,只能在官方准许开放的互市点进行。唐代的互市一般设在边境地区,市有墙、门,诸市的交易时间也有法令统一划定:"诸市,以日午击鼓三百声,而众以会,日入前七刻,击钲三百声,而众以散。"④交易物品也由官方严格管理,蕃汉双方交易前,交易物品要先经过官司检查。检查通过后,市易日卯时之后,由官司订好物价,才能正式进行交易。交易后,蕃汉双方要当即立下市券,不立买卖契约的,延迟三天笞三十。官司也要及时过券,延迟一天笞三十,一日加一等,最高杖一百,即"诸买奴婢、马牛驼骡驴,已过价,不立市券,过三日笞三十;卖者,减一等。立券之后,有旧病者三日内听悔;无病欺者市如法,违者笞四十"⑤。

市场管理方面,唐律严格禁止私作的度量衡器在市场上使用,要求度量衡器必须使用官作的且经过官方校对、加印后的。若未经官方程序校正斛、斗、秤、尺的,校正

---

① [日]仁井田陞:《唐令拾遗·赋役令第二十三》,栗劲、霍存福、王占通、郭延德编译,长春出版社1989 年版,第 600 页。

② [日]仁井田陞:《唐令拾遗·赋役令第二十三》,栗劲、霍存福、王占通、郭延德编译,长春出版社1989 年版,第 601 页。

③ 参见唐辉:《从〈唐律疏议〉看唐代的涉外经济》,载《兰台世界》2013 年第 27 期。

④ [日]仁井田陞:《唐令拾遗·关市令第二十六》,栗劲、霍存福、王占通、郭延德编译,长春出版社1989 年版,第 644 页。

⑤ 《唐律疏议·杂律·买奴婢牛马不立券》,刘俊文点校,法律出版社 1998 年版,第 538 页。

人杖七十；私自制作度量衡不公平且在市场使用的，笞五十；称量有出入的，计算其增减之数额，以盗窃论处；度量衡虽平，但未加官司印者，笞四十。杂律中的“校斛斗秤度不平”“私作斛斗秤度”法条中有详细的规定。[①] 对于出售器具绢布质量低劣、尺寸短缺的，贩卖假冒伪劣商品的，强迫收购、垄断价格、扰乱市场等诸多不法行为，唐律中都规定了相应的处罚措施，以保障市场交易的公平进行。[②]

由于唐律已经对互市及市场管理制度作出了全面且具体的规定，那么，若仍有不经互市而私自交易者，则对蕃汉双方的惩罚都十分严格。《唐律疏议》规定：“共化外人私相交易，若取与者，一尺徒二年半，三匹加一等，十五匹加役流。”[③]对于越度交易，惩处则更加严厉。[④] 计价制满一尺绢，处两年半徒刑；满三匹绢，加一等；十五匹，处加役流；非法给外蕃人禁兵器的，处绞刑。对于丝绸制品和具有军事意义的贵金属物品，更为律所严格禁止。之所以限制对于丝绸制品的供应，主要是为了维持和强化蕃胡对唐政府的依赖；而对金属的制品的限制则是为遏制蕃胡的经济和军事能力，均是出于国防安全的考虑。

《唐律疏议》中的“赍禁物私度关”条规定“诸贵禁物私度关者，坐赃论；赃轻者，从私造、私有法。若私家之物禁约不合度关而私度者，减三等”[⑤]。此处所指的禁物，主要包括除刀、箭、弓、盾、短矛之外的甲、弩、矛、槊及旌旗、幡帐等。若私自携带禁物度关的，以赃罪论处。若计赃处罚较轻的，可以私造、私有禁物法论处。携带可私有但禁止过关之物，私自过关的，计值减坐赃罪三等处罚。未遂者，其物没官；已度关或越度被纠获者，则三分其物，二分赏捉人，一分入官。

除对与蕃胡进行的交易进行严格管理之外，唐政府还对蕃胡“行商”征收商税，对蕃胡“坐贾”征收市税。建中元年（780 年）九月户部侍郎赵赞所请：“诸道津要，都会之所，皆置吏，阅商人财货，计钱每千税二十文”[⑥]，可知税率大概为百分之二。两税法施行以后，“商贾税三十之一，与居者均役”[⑦]，税率大概为百分之三点三。虽略有波动，但唐代的商税率大致维持在百分之二到百分之三之间。虽然税率不重，但由于繁荣的对外贸易，唐政府的外税收益十分可观。

（2）海外贸易管理法律

唐代时期海上贸易的繁荣，促使管理蕃舶的海外贸易立法的兴起。唐中期以后，

---

① 《唐律疏议·杂律·校斛斗秤度不平》《唐律疏议·杂律·私作斛斗秤度》，刘俊文点校，法律出版社 1998 年版，第 535、537 页。

② 参见张中秋：《唐代商业法律叙论》，载《南京大学法律评论》1994 年第 2 期。

③ 《唐律疏议·卫禁·越度缘边关塞》，刘俊文点校，法律出版社 1998 年版，第 192 - 193 页。

④ 参见程清坡：《唐代越度关津行为的罪与罚》，载《山西青年报》2016 年第 1 期。

⑤ 张中秋：《唐代对外贸易的法律调整述论》，载《江海学刊》1996 年第 1 期。

⑥ （宋）王溥：《唐会要》，中华书局 1960 年版，第 1545 页。

⑦ （宋）欧阳修、宋祁：《新唐书·卷四十二·食货二》（第 5 册），中华书局 2013 年版，第 1351 页。

贡赋皆仰东南，广州作为水陆都会，更是因其优越的地理位置，获得了“天子之南库”的美称。开元二年（714 年），唐政府已经在广州设立了市舶使，专门用于管理海上互市。为了繁荣商贸，市舶使在开元以后成常设官员，专门检查蕃货并收税。据《唐国史补》载，“开元已前，有事于外，则命使臣，否则止。自置八节度、十采访，始有坐而为使，其后名号益广。大抵生于置兵，盛于兴利，普于衔命，于是为使则重，为官则轻。故天宝末，佩印有至四十者。大历中，请俸有至千贯者”①。

同时，市舶使还要负责设宴款待蕃商。由于利益所驱，南海大吏中贪暴者甚多，为此，唐律专门规定不得对蕃商另征苛税。大和八年（834 年）文宗下诏：“南海蕃舶，本以慕化而来，固在接以恩仁，使其感悦。如闻比年长吏，多务征求，嗟怨之声，达于殊俗。况朕方宝勤俭，岂爱遐琛？虑远人未安，率税犹重，思有矜恤，以示绥怀。其岭南福建及扬州蕃客，宜委节度观察使，除舶脚收市进奉外，任其来往，自为交易，不得重加率税。”②诏文不仅说明了舶脚、收市是唐政府向蕃舶征收的正税，而且表明，对于在华的蕃商贸易，唐律总体上仍以保护外商权益为主。

（三）涉外刑事与诉讼法律制度

唐代时期，境内留居有大量的外国人。故唐律对于外国、外国人、外国罪犯等概念都作出了明确的法律规定。对于涉外犯罪也不例外。唐律对涉及外国人的案件，根据不同情况，相关规定分布于《名例律》《卫禁律》《职制律》《擅兴律》《诈伪律》中。③

1. 刑法原则

对于涉外刑法原则，唐律规定为“化外人相犯”原则，首开国际私法先河。“诸化外人，同类自相犯者，各依本俗法；异类相犯者，以法律论。疏议曰：‘化外人’，谓蕃夷之国，别立君长者，各有风俗，制法不同。其有同类自相犯者，须问本国之制，依其俗法断之。异类相犯者，若高丽之与百济相犯之类，皆以国家法律，论定刑名。”④

该原则的主要内容是指，若为同一外国人之间的诉讼，则依其本国法律处理；不同国家人之间的诉讼或外国人同中国人之间的诉讼，则依唐律裁决。概以言之，同类相犯者，采属人主义，异类相犯者，采属地主义。这样一来，既尊重外国人所属国家的法律，又从审判的角度维护了唐朝独立的司法权，十分科学周密。⑤

---

① （唐）李肇：《唐国史补》（卷下），中华书局 1992 年版，第 133 页。

② （北宋）宋敏求编：《唐大诏令集 · 卷十 · 帝王 · 大和三年疾愈德音》，中华书局 2008 年版，第 65 页。

③ 参见王立民：《唐律涉外犯罪之研究》，载《政治与法律》2016 年第 3 期。

④ 《唐律疏议 · 名例律 · 化外人相犯》，刘俊文点校，法律出版社 1998 年版，第 144 页。

⑤ 参见肖梅花：《中国古代法律涉外原则初探》，载《河南大学学报（社会科学版）》1991 年第 4 期。

此外,唐律还专门针对涉外犯罪的情况设定了相关的刑法罪名。如私度关津与私授外国人武器,就属于危害国家统治罪,而泄露军事机密、联系外国间谍或知情不举,则属于违反军律罪。唐律中对于泄露国家机密与外国人、外国人来华充当间谍等罪的惩罚,针对的仍是国内人民,并未对当事的外国人做出惩罚规定。

据《条制蕃夷事宜诏》载,"又诸道军城,例管夷落。旧户久应淳熟,新降更柠绥怀。如闻颇失于宜,蕃情不得其所;若非共行割剥,何乃相继离散。既往者理宜招讨,见在者须加安全,熟户既是王人,章程须依国法。比来表奏,多附汉官,或鸿其事宜,不为闻达,或换其文状,乖违本情。自今已后,蕃臣应有表奏,并令自差蕃使,不须更附汉官,虽复化染淳风,终是情因本性。刑罚不中,心固不安,其有犯法应科,不得便行决罚。具状奏闻,然后科绳"①。可见,若蕃夷触犯唐律,并不能简单地定罪并施加处罚,而应奏报上级或由皇帝决定,才能行刑。可见,唐律对化外人犯法的处理整体上较为宽松。②

2. 涉外诉讼

在涉外诉讼方面,唐朝拥有涉外司法主权,且主要由蕃长处理涉外诉讼事务。对于散居于坊里或来唐游历的蕃胡,一般的民事案件由地方司法机关如县令、司法佐、史以及乡官里正、坊正、村正等进行一定的调解与审判,轻微的刑事案件直接由县审判。对于涉外案件的审理,唐律规定,必须专设译人如实翻译,若译人在翻译过程中作伪,亦须承担刑事责任。

八、唐代法制的主要特点

唐代政治、经济和文化等方面的高度发达为法律制度的发展提供了良好的社会环境,以《唐律疏议》为核心的唐朝法律更是登上了中国古代法律发展的顶峰,成为中国古代法律的典范。唐律承继了汉律融礼入法的特征,"律""经"互用,"礼仪"与"法律"共贯,"明经"和"善律"并举。国家许可经义断狱,也说明儒家学说已经法典化以及礼和法的一致性。《唐律疏议·名例》开宗即表明:"德礼为政教之本,刑罚为政教之用,犹昏晓阳秋相须而成者也。"③清人纪昀在主持编纂《四库全书》时称,唐律"一准乎礼",意即唐律以儒家礼教纲常作为法律的指导思想。儒家的思想原则、礼仪规范得到了法律上的认可,使法律制度与儒家思想水乳交融般地合二为一,从而成为中国古代法律制度独树一帜的标志之一。

---

① (清)董诰等:《全唐文·卷二十八·玄宗·条制蕃夷事宜诏》,中华书局1983年版,第320页。

② 参见王立民:《唐律中的涉外犯罪与反思》,载《检察风云》2021年第20期。

③ (唐)长孙无忌等:《唐律疏议》,中国政法大学出版社2013年版,第2页。

（一）尊君

唐律以“君为臣纲、父为子纲、夫为妻纲”为立法的主导思想，把维护君权、父权、夫权作为法律的根本任务。《唐律疏议》所规定的“十恶”重罪，都是针对危害君权、父权、夫权统治的行为。唐律的指导思想，首先就是尊君。在以皇权为核心的封建政权中，礼乐征伐均自天子出。唐律以尊君为出发点和归宿，其颁布是为了“禁暴惩奸，弘风阐化”①，为制止和镇压“十恶”中的三大恶“谋反”“谋大逆”“谋叛”，对其科以最严厉的刑罚，凡有触犯皇帝的行为，一律视为“大不敬”，并加以严惩。

（二）孝亲

在个体小农生产的经济结构与父权家长制的社会背景下，“孝”与“忠”相辅相成，在家国相通、治国必先齐家的儒家理论指导下，保障家长在封建家庭中的统治地位和伦常道德是唐律的又一重要任务。唐律甚至将“供养有阙”“冒哀求仕”“丧期作乐”等违礼的行为，列入“不孝”罪的范畴，真正做到了将礼的规范上升为法律规范。唐律为了维持家长的统治地位和尊卑的名分，不仅在议、请、减、赎等特殊待遇的适用上区分亲疏尊卑，在对亲属间的侵犯行为论处上，也以亲疏尊卑来区别对待。通过法律规范的强制性要求建立起了主从、亲疏、尊卑的森严等级，使女性完全置身于父权与夫权的控制之下，进而实现稳固社会秩序与国家统治秩序的目的。夫为妻纲、君为臣纲、父为子纲，三者相提并论，夫权成了父权的延续，而父权、夫权是从属于君权的，于是家族关系也被当作政治关系来处理了。

（三）崇官

严格区分尊卑、贵贱、良贱，依社会身份、地位、职业等将人分成权利与义务极不平等的集团，从法律上确认亲贵、品官的特殊地位，各个阶级不得僭越，其理论根据是儒家的“正名”，因此也成了制礼和订律的依据。崇官也就是为了吏治，品官具有特殊的社会地位和职权，所以唐律对其作出的要求也更加严格。唐律严惩官吏的贪污和违法乱纪的渎职行为，首次设定了“六赃”，还有《职制律》《厩库律》《杂律》等条文规定，并且设置了长官负责制的规定。唐律优礼臣下，无微不至，官员与良民之间的诉讼，不能适用一般的律文。即便是无官无爵的平民百姓，也有良贱、尊卑身份的差别，这种差别直接影响罪名的成立和量刑的轻重。唐律以国家强制方式确认并推行“礼”的规范，反之又以礼教的伦理作为基础，并以其对精神的统治力量，来加强法制的镇压作用。由此可见，唐律完全是一部身份法，是“亲亲尊尊”原则的法律化和条文化。

---

① （后晋）刘昫等：《旧唐书·刑法志》（第6册），中华书局2013年版，第2134页。

唐代，经过华夏大地各个时代、各个民族的共同努力，因法律知识和法律智慧的日积月累，终于使法律文化的发展达到了鼎盛之阶段，其具体表现以及累积过程已如上述。那么，唐代中华法律文化辉煌之历史遗产有哪些？其学术价值和历史经验是什么？对我们当下建设中国特色社会主义法律文化有哪些启迪和借鉴？我们认为，唐代中华法律文化的精华，或者说历史遗产，呈现为如下五个方面的内容和三个方面的特征。

第一，至唐代，形成了中华法系和中华法律文化的核心理念，这就是儒法合一（外儒内法）的法律世界观。汉初统治者和思想家在吸取秦亡教训的基础上，因袭秦制，同时又融入儒家观点，将儒法理念冶于一炉，为专制统治留下了广阔的空间。从理论上看，董仲舒援法入儒，将儒家理论改造为兼容儒法阴阳学说的“新儒学”；从实践上看，汉武帝恩威并施，宽猛兼济，既建立了一套完整严格的法律典章制度，又广泛推行教化，形成了中国古代儒法合一的法律世界观与法律理念，确立了中国封建社会内法外儒的政治格局。① 事实上，所谓儒法之争并非二者在目的上的对立，而是方法上的不同，两家意欲实现的政治理想（维护封建统治秩序）和认可的国家政治伦理（以宗法等级制度和父权家长制度为中心）不仅没有根本冲突，从长远看来更是近乎一致。正是在这种一致性的指引下，汉以后各朝各代大多遵循“外儒内法”的法律理念与指导思想。②

第二，至唐代，形成一个共同的法律话语体系。在华夏大地上，不管是由哪一民族创建的哪个政权，其确立的法律体系，其表述和宣示的法律术语，基本上都是一样的，都能为全体立法、执法、司法人员以及民众所理解，如十恶，如八议，如五刑，如亲亲相容隐，如犯罪之存留养亲等。共同话语体系成了国家、民族与社会最鲜活的联系纽带，其所承载的中华民族特有的法律文化观念，构成了民族软实力的重要组成部分，成为中国法律发展道路上的、在意识形态与价值观领域上的维护者。中华民族上下五千年文明，人口规模逐渐增加，地域疆土不断扩大，文化传统弥久积淀，凭借的就是这种不断内化于人民的独特话语体系的整合功能，从而实现了孔子所说的“近悦远来”的具有强大生命的民族凝聚力。

第三，至唐代，也铸造起了共同的法律制度，如故意和过失，共同犯罪，数罪并罚，自首减免等。法律制度的不断完善和逐步定型、律令格式等各种法律形式的明确区分、律典篇章体例和逻辑结构的简约优化，为封建法律的切实施行提供了前提。在广袤的中华大地上，无数君王纵横捭阖，书写下了经世治民、治乱兴衰的历史故事。法律制度作为文物典章的重要组成部分，在五千年文明史上亦是大放异彩。从公元前

---

① 参见朱仁显：《早期儒法治国思想融合的轨迹与影响》，载《政治学研究》2003 年第 1 期。

② 参见范中信：《中国古代德刑轻重之争的真实涵义》，载《比较法研究》1991 年第 1 期。

21世纪的夏代产生的习惯法，到殷商发展形成的奴隶制法律制度，至西周臻于完善。夏商周三代法制的发展，尤其是西周礼乐刑罚制度的创立，为统一的中国封建法制的繁盛奠定了基础。战国初期李悝的《法经》创封建法典之体制，开成文法典之先河，至秦始皇宏大其规模，汉唐诸代君臣儒生又引礼入律，使统一完善的封建法律制度得以延续。①

第四，至唐代，发展起了共同的律疏的方法和体系，如在《唐律疏议》中，就有限制解释、扩张解释、类推解释、举例解释、律意解释、逐句解释、辨析解释、答疑解释、创新解释等。中国古代，随着成文法典的出现，统治阶级为了贯彻实施法典而对其进行注释诠解，并在这一过程中逐步形成了我国所特有的律疏学。② 律学经过春秋战国时期的萌芽，秦汉时期的诞生，在魏晋南北朝初期遭受轻视以及经一批律学家奋起推动，到隋唐时逐步走向成熟。律学的缓慢形成和曲折演变支撑了中华法系的发展、繁荣和延续。以一种共通的律疏解释方法对律令等进行注释解读，能够保障法律体系的良好运行，也能为封建法典的发展提供厚实、高水平和精细化的法律学术支撑。③

第五，形成了一支职业的律家队伍。中国古代从秦汉至清末，主持和参与制订律令，并解释、研究、运用和实施律（令）文的法律工作者，在从事法律事务的过程中逐渐形成的职业的律家队伍，至隋唐为中华法系的诞生作出了不可磨灭的贡献。正是在他们前仆后继的努力下，才使完整而庞大的法律体系构建成为可能。律家在对法律进行注释解读、对律令中的法理精神作出阐述、汇编总结判例、记载法律重大事件、发展法医学、发展监狱学、从事律学教育、培养为国家服务的法律人才等诸多方面作出的贡献，形成了律学教育的悠久传统和生生不息的中华法律文化，为近代法学家的养育与成长模式提供了丰厚的历史遗产。④

唐代辉煌的中华法律文化之历史遗产的特征，主要表现为如下三个方面。

一是长期性，唐代法律文化的兴盛，是长期智识积累的结果。从公元前5世纪的《法经》，到公元7世纪的《唐律疏议》，经历了1200年的法理智识和司法实践经验的积累，才产生这一辉煌的成果。可以说，唐代法律文化的形成是一个长期的、连续的传承与革新过程，它不是简单的重复与遗传，而是持续的创新与超越，并且能够因时制宜，充满了法家的理智思维与儒家的道德色彩。历代更新的法律文化不仅表现为法典编纂技术的革新与进步、法律制度的充实与完善、立法与司法机关的稳定化与制

---

① 参见夏锦文：《中国法律文化的传统及其转型》，载《南京社会科学》1997年第9期。

② 参加武树臣：《中华法系的原生形态、发展轨迹和基本特征》，载《法学杂志》2012年第1期。

③ 参见何勤华：《中华法系之法律学术考——以古代中国的律学与日本的明法道为中心》，载《中外法学》2018年第1期。

④ 参见何勤华：《以古代中国与日本为中心的中华法系之律家考》，载《中国法学》2017年第5期。

度化,更反映了中华民族的整体精神状态。①

二是多元性、开放性和包容性,唐代法律文化是对我国多民族的法律文化精华的吸收与集大成。我国是一个统一的多民族国家,中华文明史,包括的中国法制史,正是由各个民族所共同创造、共同书写的。在中华法系和中华法律文化共同话语体系的创造过程中,不仅有汉族同胞创造的诸多果实,各少数民族勇于引进、善于发展、积极传播汉族成果的贡献同样功不可没。同时,我国少数民族大多处于版图边缘地带,也意味着处于中华民族与世界其他民族交流接触的前沿。因而,少数民族法律文化自身的创举及其为世界各民族、世界法律文化的交流融合作出的卓越贡献,在中华法系的形成发展过程中发挥了举足轻重的作用。② 正是在这种多元、开放、包容的大一统文化氛围下,华夏大地上各民族政权及其法律体系都能为民众所接受。这是中华文化的伟大之处,也是中华各民族团结奋斗、屹立世界东方的五千年文化成果之一。

三是选择性,唐代法律文化的形成是法律比较的产物。孔子在《论语·述而》中提出的"择其善者而从之,不善者而改之"的思想,即可理解为唐代法律文化发展过程中对前朝法律文化进行比较研究,然后有选择性地予以继承的阐述与表达。这种有选择性地继承,过滤掉了前朝不合时宜的法律制度与指导思想,使法律文化之精髓能够代代相传,从而形成了蔚为大观的法律发展局面,唐代法律成为世界上首屈一指的封建法律制度之典范。③

唐代中华法律文化的历史遗产,对当下建设中国特色社会主义法律文化,具有巨大的现实意义,它体现为:(1)必须要有一个共同的社会主义法治建设的核心理念;(2)必须要有一套中国特色社会主义法治建设的话语体系;(3)必须要有系统完整的法治建设的制度构建;(4)必须要发展起科学发达的法律教育和法学研究的体系和方法;(5)必须培养起一批职业的法学工作者,他们应当是具有共同的理念、人生价值和专业背景的法律精英。

---

① 参见张晋藩:《弘扬中华法文化,构建新时代的中华法系》,载《当代法学》2020年第3期。

② 参见张紫葛、温晓莉:《简论我国少数民族与中国古代法制的发展》,载《西南民族学院学报(社会科学版)》1986年第2期。

③ 参见何勤华、张顺:《民族智慧的叠加:唐代中华法律文化的辉煌》,载《法学论坛》2022年第1期。

第三章 隋唐法律设施

导 论

也许是受文献资料所限,在中国法律制度史的传统研究成果中,司法研究在规模、广度和深度上远不如立法研究。而在司法研究中,对司法机构的研究又常局限于今人所理解的受理刑民案件、具备审判职能的相关专门机构。比如在中国法律制度史的传统编纂结构中,司法机构虽常独立为一部分,但这部分不仅篇幅较少,而且关注的机构不外乎廷尉、刑部、大理寺、御史台等,一些研究中还将御史台分出来,作为监察机构独立行文。取此类研究路径的好处在于可以更集中、更便利地探寻中国古代符合今人标准的司法制度和司法机构,但如果把视野放在整个中国古代传统治理结构层面上,会发现这样的研究路径似乎有盲人摸象的意味。诚然,后来的研究者不能完全脱离自身所处的时代,也不能超脱出现代学术体系讨论历史现象和问题,但至少应以一种同情的理解心态去观察研究对象,尽量少采用现代学术系统中的标准和概念去裁剪历史文献而得出一些碎片化的符合体系标准的结论。

在观察中国古代,尤其是隋唐时代以法律为治理依据的组织行动时,也许可选择一个尽量能够弱化体系色彩的概念——法律设施——来作为切入口。此概念的外延当然包括已经引起足够关注的、主要集中于中央的那些司法机构,如刑部、大理寺、御史台等,也包括较少引起关注的地方和基层司法机构,如司法参军、法曹参军、县尉、司法佐、典狱等;除这些日常处理司法事务的机构外,法律设施的外延还包括参与一些重大案件(如诏狱)审理的非常设机构和人员,如中书门下,以及那些参与律令制度的制定、修订、编撰的机构和人员;在以上这些之外,法律设施还关注那些历史上曾存在的相关机构、人员所处的空间维度情况,包括各机构具体所在的位置,立法、刑罚等活动常发生的处所等。

关注这些具体的法律设施,当然也不仅是关注其静止的、亘古不变的状态。在历史的无情长河中,这些设施当然也不能免于变动和消长。探寻法律设施的动态发展过程,显然不能满足于一朝一代一机构一制度的静态呈现,也不应满足于一种最具代表性和理想色彩的典型状态,而应该基于现有的文献,尽可能地梳理该设施产生、发展和消亡的过程。比如，在探讨唐代中央专门审判设施时，不能仅仅依据《唐六典》这部只能代表一时之理想状态的文献，来得出中央专门审判设施是由大理寺、刑部、御史台组成的各司其职、分工明确、互相制约从而有利于君主专制的完美组织架构；至少应该基于《唐六典》与其他传世文献及近年来大量整理出来的碑志文献、敦煌吐鲁番等出土文献，来对唐前期、唐中后期等不同阶段法律设施发展变化的情况予以关注，如大理寺、刑部、御史台等职事官的使职化，安史之乱后藩镇割据情况下中央和地方法律设施的变化，等等。

注意法律设施在时间维度上前后关联的同时，还不能忽略法律设施在空间维度上，彼此之间以及与当时当地其他机构、人员等之间的联系。这种联系可能是一种程序上的运作关系，如在唐代中央政务机构体系中，刑部、大理寺、御史台等法律设施是如何运转（比如如何处理上下公文）的；也可以是一种以人员流动为视角的动态关系，如一位唐代大理寺的专职法律工作人员是如何进入法律工作系统的，其出身、迁转有什么规律可供挖掘；等等。这种关联式的研究，不仅关注似乎固定的、冷冰冰的设施本身，而且对组成这些设施的具体的人予以充分关注。这些理论构想当然十分宏大，如能在下文中完成一二，当能以此探寻更加丰富多彩、具体生动的中华传统法律世界。

第一节　隋代法律设施

隋代是魏晋南北朝近300年大分裂之后的大一统朝代，虽短短38年，[①]但其在制度建设层面上承上启下，继承、发展和创立了一系列影响深远的制度设计。在中央机构设置上，三省六部制度体系的成型对唐及之后的各个朝代都很有影响；在地方机构设置上，隋唐时代在行政级别划分和机构设置上也有一脉相承的关系（见表3－1）。

表3－1　隋代官制

机构	职官	品阶
中央机构		
三师 三公	太师、太傅、太保 太尉、司徒、司空	正一品 正一品

① 隋文帝杨坚581年称帝建国改元，但到开皇十年，即590年才灭掉南陈，完成统一。

续表

机构	职官	品阶
尚书省	尚书令 左、右仆射 六部尚书 六部侍郎 尚书左丞 尚书右丞 诸曹侍郎	正二品 正二品 正三品 正四品上 从四品上 从四品下 正六品上
门下省	纳言(侍中) 给事黄门侍郎 散骑常侍 谏议大夫 奉朝请	正三品 正四品上 从三品 正五品上 从七品下
内史省(中书省)	内史监 内史令(中书令) 内史侍郎(中书侍郎) 舍人 通事舍人	正三品 正三品 正四品下 正六品上 从六品上
秘书省	秘书监 秘书丞 秘书郎 校书郎	正三品 正五品上 正七品下 正九品上
行台省	行台尚书令 行台尚书仆射 行台兵部尚书 行台度支尚书 行台尚书丞	正二品 从二品 正三品 正三品 从四品
内侍省	内侍 内常侍	从四品上 正五品上
御史台	御史大夫 治书侍御史 侍御史 殿内侍御史 监察御史	从三品 从五品下 从七品下 正八品下 从八品上
谒者台	谒者大夫	从三品
司隶台	司隶大夫	从三品

续表

机构	职官	品阶
大理寺	大理卿 大理少卿 大理司直 大理正、监、评 大理丞 大理寺律博士	正三品 正四品上 从五品下 正六品下 正七品下 正九品上
地方机构		
州	刺史 长史 司马 录事参军事 各曹参军事 行参军 典签	上州刺史正三品 中州刺史从三品 下州刺史正四品 五品至六品 五品至六品 七品至八品 七品至八品 八品至九品 九品
郡	太守 郡丞 郡尉 通守 六曹书佐	上郡太守从三品 中郡太守正四品 下郡太守从四品 九品 从七品至从八品 从八品至正九品
县	县令 丞 尉 功曹 主簿	上县县令从六品上 中县县令从七品上 下县县令正八品上 从八品至从九品 从九品

注:本表根据《隋书·百官志》编制。官员品级据隋文帝时之制。

一、隋代立法设施

隋代立法设施,包括负责起草、制定、修订、编纂律令制度的设施及其组成人员。在立法活动中,首先被研究者关注的是隋代的几次主要修律活动,参与这几次修律的大臣理所当然是立法者,而皇帝作为立法者的角色往往被忽视。须知,皇帝才是修律的发起者和最终决定者。

(一)隋代历次修律活动及参与人员

据《隋书·刑法志》记载,隋代先后进行了三次大规模的修律活动。

第一次修律是在政权初建之时:

高祖既受周禅,开皇元年,乃诏尚书左仆射、渤海公高颎,上柱国、沛公郑译,上柱国、清河郡公杨素,大理前少卿、平源县公常明,刑部侍郎、保城县公韩浚,比部侍郎李谔,兼考功侍郎柳雄亮等,更定新律,奏上之。①

第二次修律是在开皇三年(583 年):

帝又每季亲录囚徒。常以秋分之前,省阅诸州申奏罪状。三年,因览刑部奏,断狱数犹至万条。以为律尚严密,故人多陷罪。又敕苏威、牛弘等,更定新律。②

第三次修律是在隋炀帝即位后:

炀帝即位,以高祖禁网深刻,又敕修律令,除十恶之条。

三年,新律成。凡五百条,为十八篇。诏施行之,谓之大业律……③

以上文献所提及的三次修律,点出的参与人员有高颎、郑译、杨素、常明、韩浚、李谔、柳雄亮以及苏威、牛弘 9 人。而根据《隋书·裴政传》的记载,参与过修律的不止这 9 人:

开皇元年,转率更令,加位上仪同三司。诏与苏威等修定律令。政采魏、晋刑典,下至齐、梁,沿革轻重,取其折衷。同撰著者十有余人,凡凝滞不通,皆取决于政。④

假设裴政、苏威参与的这次修订律令就是上文提到的开皇元年(581 年)"更定新律",那么可以肯定,除了高颎、郑译、杨素、常明、韩浚、李谔、柳雄亮 7 人,至少还有苏威和裴政参与了此次修律,而且应该还有其他几人也参与了此次修律,因为"同撰著者十有余人"。遍搜《隋书》,至少还可以发现以下人等可能参与了历次修律:

元谐:"及高祖受禅,上顾谐笑曰:'水间墙竟何如也?'于是赐宴极欢。进位大将军,封乐安郡公,邑千户。奉诏参修律令。"⑤

李德林、于翼:"开皇元年,敕令与太尉任国公于翼、高颎等同修律令。"⑥

赵芬、王谊:"开皇初,罢东京官,拜尚书左仆射,与郢国公王谊修律令。"⑦

赵轨:"高祖受禅,转齐州别驾,有能名……在州四年,考绩连最……征轨入

① (唐)魏徵等:《隋书》卷二五,中华书局 1973 年版,第 710 页。
② (唐)魏徵等:《隋书》卷二五,中华书局 1973 年版,第 712 页。
③ (唐)魏徵等:《隋书》卷二五,中华书局 1973 年版,第 716 页。
④ (唐)魏徵等:《隋书》卷六六,中华书局 1973 年版,第 1549 页。
⑤ (唐)魏徵等:《隋书》卷四〇,中华书局 1973 年版,第 1170 页。
⑥ (唐)魏徵等:《隋书》卷四二,中华书局 1973 年版,第 1200 页。
⑦ (唐)魏徵等:《隋书》卷四六,中华书局 1973 年版,第 1251 页。

朝……既至京师,诏与奇章公牛弘撰定律令格式。”①

刘炫:“炀帝即位,牛弘引炫修律令。”②

又据《旧唐书·李百药传》,李德林之子李百药可能也参与过修律:

(开皇)十九年,追赴仁寿宫,令袭父爵。左仆射杨素、吏部尚书牛弘雅爱其才,奏授礼部员外郎,皇太子勇又召为东宫学士。诏令修五礼,定律令,撰阴阳书。台内奏议文表,多百药所撰。时炀帝出镇扬州,尝召之,百药辞疾不赴,炀帝大怒,及即位,出为桂州司马。③

由此做一个简单的统计,隋代参与过修律的人员至少有18位:高颎、郑译、杨素、常明、韩浚、李谔、柳雄亮、苏威、牛弘、裴政、元谐、李德林、于翼、赵芬、王谊、赵轨、李百药、刘炫。接下来分析这18位参与修律人员的履历,考察他们的经历和任职机构。

1. 高颎,渤海郡人。父在北周官至刺史,其本人习兵事、多计略,在北周时便因军功拜开府。在杨坚称帝之前,就在杨坚相府中任职,军功卓著,颇受器重。杨坚称帝后,任尚书左仆射兼纳言,进封渤海郡公,实为宰相,恩宠无人能比。开皇元年(581年)时,高颎身兼尚书省左仆射与门下省纳言等要职,可以想见其权势之盛。

2. 郑译,荥阳开封人。累世公卿之家,自幼成长于北周宫廷之中,北周宣帝时期的权臣,与杨坚有同学之旧,对杨坚攫取朝政贡献很大。但因“不亲职务”“赃货狼藉”而被高祖疏远,私下命人将其架空(阴敕官属不得白事于译)。后又因与母别居,被人弹劾除官。开皇元年受命修律,是郑译被复授官职(开府、隆州刺史)之时。④

3. 杨素,弘农华阴人。父祖曾任谏议大夫、刺史等职,杨素本人在周武帝时已因平齐军功,被封成安县公、上开府。在杨坚为丞相时,杨素就与之结交,深受器重,迁徐州总管,进位柱国,封清河郡公。开皇元年(581年),加上柱国。开皇四年(584年),拜御史大夫。后因伐陈有功,拜纳言,转内史令,封越国公。

4. 苏威,京兆武功人。父曾任度支尚书,苏威在周太祖时袭爵美阳县公,被高颎举荐给杨坚。杨坚准备禅代之时,苏威闻风而遁。杨坚称帝后,依然对其礼遇有加,拜其为太子少保,又兼门下省纳言及尚书省民部尚书。苏威上任后,直言敢谏,后又让其兼任大理卿、京兆尹、御史大夫等职,一时五职在身。后又曾任刑部尚书、吏部尚书兼国子祭酒等职。开皇三年(583年)修律时,苏威时任官应该就是吏部尚书兼国子祭酒。史载:“后二载,迁吏部尚书。岁余,兼领国子祭酒。隋承战争之后,宪章踳驳,上令朝臣釐改旧法,为一代通典。律令格式,多威所定,世以为能。”⑤可以说,苏威

---

① (唐)魏徵等:《隋书》卷七三,中华书局1973年版,第1678页。
② (唐)魏徵等:《隋书》卷七五,中华书局1973年版,第1721页。
③ (后晋)刘昫等:《旧唐书》卷七二,中华书局1975年版,第2571页。
④ 参见(唐)魏徵等:《隋书》卷三八,中华书局1973年版,第1136-1137页。
⑤ (唐)魏徵等:《隋书》卷四一,中华书局1973年版,第1186页。

在文帝、炀帝两朝均身居高位、颇受重用。

5. 牛弘，安定人。父曾任侍中、工部尚书，牛弘自小好学博闻，在北周时已任内史下大夫，进位使持节、大将军、仪同三司。隋初，先是任散骑常侍、秘书监。开皇三年(583 年)时，拜礼部尚书。厘定一代礼乐典章，可谓大雅君子。后又拜太常卿、吏部尚书等要职。隋炀帝对牛弘大加推崇，即位后授予其上大将军、右光禄大夫等，礼遇甚隆，并让其组织修定律令。

6. 裴政，河东闻喜人。祖、父皆是南梁高官。裴政从王府法曹参军事做起，在梁任县令、通直散骑侍郎、给事黄门侍郎、镇南府长史。后战中被北周所俘，被周文帝任为刑部下大夫、转少司宪，用法宽平。曾参与修订《周律》。杨坚称帝后，转率更令，加位上仪同三司，参修律令时，裴政应该是任此职。

7. 元谐，河南洛阳人，“家代贵盛”，与杨坚曾是国子监同学。在北周时，就已是大将军。杨坚称帝后，进位上大将军，封乐安郡公。开皇元年(581 年)，西出反击吐谷浑，军功显著。后因被人告发谋反而被杀。

根据《隋书·元谐传》记载，杨坚命元谐参修律令后，又令其为行军元帅反击吐谷浑；[①]而据《隋书·高祖帝纪》记载，元谐任行军元帅击吐谷浑之事发生在开皇元年八月。[②] 因此，元谐“奉诏参修律令”之事当发生在开皇元年且因为开皇元年修律的时间不早于开皇元年二月杨坚登基后，也不晚于“行新律”的开皇元年十月，元谐在短短几个月间还西去青海击吐谷浑，可推知其参与的程度并不深。

8. 李德林，博陵安平人。祖曾任湖州户曹从事，父曾任太学博士。德林少时文章学识俱为一时之选，尚未出仕，其父早逝，后经刺史举秀才方于北齐入仕。历任员外散骑侍郎、给事中、中书舍人、中书侍郎，授仪同三司，参掌机密。北周时期，任内史上士、御正下大夫，仍于内省参与起草诏诰格式。在杨坚为相夺权时期，曾为其出谋划策，得授相府长史、内史上大夫；在杨坚准备称帝时，还为其准备九锡殊礼诏策玺书等。之后，得授内史令。开皇元年，李德林作为内史令与于翼、高颎等同修律令。

修律完成以后，苏威对第一次修律所定律令颇有意见，欲修改，被李德林多次驳回。后因高颎与苏威达成共识，在杨坚面前称李德林狠戾、多所固执，杨坚才同意了苏威的修律要求。[③] 从苏威、李德林的传记以及刑法志的记载综合来看，苏威应该没有参与第一次修律：一则，在杨坚准备禅代之时，苏威远遁、置身事外，且受禅之后没多久就修律，杨坚所选人员不是高颎、杨素这样的相府旧属，就是郑译这样的旧识，苏威此时应尚未获得足够信任；二则，根据苏威传的叙事时间线，开皇元年之后，苏威曾先后任(包括兼任)太子少保、门下省纳言、尚书省民部尚书、大理卿、京兆尹、御史大

---

① 参见(唐)魏徵等：《隋书》卷四〇，中华书局 1973 年版，第 1171 页。

② 参见(唐)魏徵等：《隋书》卷一，中华书局 1973 年版，第 19 页。

③ 参见(唐)魏徵等：《隋书》卷四二，中华书局 1973 年版，第 1200 页。

夫、刑部尚书、吏部尚书兼国子祭酒等职，且任刑部尚书两年后才任吏部尚书，过了1年多才兼领国子祭酒，这之后才是釐改旧法，所以其参与的当是开皇三年的这次修律。

9. 于翼，父于谨是北周太师、燕公，于翼年少时便成为驸马，拜官封爵。曾任刺史、司会中大夫、小司徒、大司徒及安州、宜阳、豫州、幽州总管等职。曾上表杨坚劝进，开皇初年，拜太尉，后遭人告发，下狱被鞫，后无罪复官，不久在开皇二年（582年）五月去世。①

10. 赵芬，天水西人。父曾为北周秦州刺史。赵芬在北周历任相府铠曹参军、熊州刺史、吏部下大夫、内史下大夫、少卿正、东京小宗伯等职。在杨坚为相时，曾私下告密结交，升官为东京左仆射。开皇元年（581年）八月，罢东京官，拜尚书左仆射，与郢国公王谊修律令。后又兼任内史令，不久就因老病出拜蒲州刺史。

11. 王谊，河南洛阳人，父曾任北周凤州刺史。少时文武皆通，与杨坚是同学。在北周历任御正大夫、雍州别驾、内史大夫，后因救驾北周武帝，授相州刺史、大内史。杨坚为丞相时，与其结为儿女亲家，拜其为大司徒。杨坚称帝后，又进封郢国公。后因事被御史大夫杨素弹劾，被杨坚疏远，屡有怨言。终在开皇五年（585年）四月，因被人告发谋反，赐死于家。

从上文可知，王谊与赵芬一同参与了开皇初的一次修律。根据记载，修律时，王谊的爵位是郢国公，从王谊传上下文的时间线来看，这个爵位是在王谊出使突厥之后封的，而出使之事又是发生在王谊谏止杨坚岐州之行之后，岐州之行发生在开皇元年十月新律颁行之后。② 综合以上时间线可以推知，王谊、赵芬参与的这次修律不是开皇元年的修律，极可能是开皇三年（583年）的那次修律。同时，根据王谊后来被御史大夫杨素参劾一事也可以推测出，王谊可能只参与了开皇三年的修律。因为杨素是开皇四年（584年）拜御史大夫，不久就被免官。弹劾之事只可能是发生在开皇四年或开皇五年之后。而王谊被弹劾之后，虽未被治罪，但已恩宠难再，不太可能再次参加其他修律活动。

12. 赵轨，河南洛阳人，父亲曾任廷尉卿。赵轨在北周任王府记室、卫州治中等职。杨坚称帝后，任齐州别驾，“考绩连最”，被征入朝。入京师后，与牛弘等人撰定律令格式。

13. 刘炫，河间景城人。少即有大才，精研诗书，后被刺史辟为户曹从事，后奉敕

---

① 参见（唐）魏徵等：《隋书》卷一，中华书局1973年版，第17页。《周书·于翼传》中记载于翼薨于开皇三年（583年）五月，“开皇初，拜太尉。或有告翼，云往在幽州欲同尉迟迥者，隋文召致清室，遣理官按验。寻以无实见原，仍复本位。三年五月，薨。赠本官、加蒲晋怀绛邵汾六州诸军事、蒲州刺史，谥曰穆”。（唐）令狐德棻：《周书》卷三〇，中华书局1971年版，第526页。

② 参见（唐）魏徵等：《隋书》卷一四〇，中华书局1973年版，第16、1169页。

修国史,修定五礼,终以才学授殿内将军、旅骑尉等。隋炀帝即位后,被牛弘引荐修律令。但其恃才傲物、自矜其学,官途不顺,后竟至于穷苦无依,冻死于外。有经义著述多种传世。

14. 柳雄亮,纳言柳机之从弟,父曾任华阳太守。北周时,曾任县令、内史中大夫。杨坚称帝后,拜尚书考功侍郎,后升为给事黄门侍郎。在尚书省中颇有发言权,后来出为秦州总管府司马、山南道行台左丞。开皇元年(581 年)修律时,柳雄亮任尚书考功侍郎。

15. 常明、韩浚、李谔,3 人《隋书》无传,头衔分别为:大理前少卿、平源县公常明,刑部侍郎、保城县公韩浚,比部侍郎李谔。

16. 李百药,定州安平人,内史令李德林之子。幼时聪慧好学,20 岁左右入仕,授东宫通事舍人、太子舍人。为杨素、牛弘等人看重,奉诏修五礼,定律令。但其参与的"定律令"比较特殊,显然不属于以上三次修律活动,因为其入仕之时,前两次修律早已完成。从史书记载中推测,此次修律的时间,当在其开皇十九年(599 年)袭爵之后,且在隋炀帝即位之前,因此可能是《隋书·刑法志》未记载的另外一次修律活动。

通过以上的简单梳理,可以对史载的隋代修律情况有一个大致了解。

首先,历次修律的参与人员基本可以确定。

(1)开皇元年(581 年)修律:高颎、李德林、于翼、元谐、郑译、杨素、常明、韩浚、李谔、柳雄亮;

(2)开皇三年(583 年)修律:苏威、牛弘、王谊、赵芬、裴政、赵轨;

(3)大业元年(605 年)修律:牛弘、刘炫;

(4)《隋书·刑法志》未载的一次修律:李百药。

其次,可以对参与人员的身份和在修律中的作用有大致的归类:

(1)第一类参与人员多是位高勋贵,参与修律似乎更像是种荣誉。这类人员有开皇元年修律时的郑译、杨素、于翼、元谐,开皇三年修律时的王谊、赵芬。郑译、元谐、王谊、于翼都是杨坚的旧识,且在杨坚摄政时期就已经位极人臣,其中,郑译、元谐是杨坚旧同学,王谊还是杨坚的儿女亲家。赵芬也是对杨坚上位有过重大贡献的老臣,原先在东京,开皇元年废东京官之后,被授予尚书左仆射的高位,不久又让其兼内史令这个重要的职位,没多久,因老病出拜蒲州刺史。① 任刺史之后几年,赵芬又上表乞骸骨,征还京师,皇帝和太子俱礼遇有加。开皇三年命其修律,可能就发生在其回京之后,当是给予老臣的一种荣誉。在王朝甫定之时让曾经的政治盟友参与新律修定,更多的是一种犒赏式的荣誉。在这其中比较特殊的是杨素,杨素在周末隋初长期为

---

① 这一记载颇具意味,因为当时同为尚书左仆射的高颎也是正当红,也兼了门下省纳言数职,赵芬在开皇元年(581 年)加官至隆却不久就出拜刺史,虽说可能是老病的原因,但为何老病就需要出为蒲州刺史,颇可揣摩。

杨坚征战在外,开皇元年时,杨素应该主要还在徐州活动,直到开皇四年(584 年)才拜御史大夫入京。可以推测,杨素在修律中的角色应该也是带有荣誉性的。

(2)第二类参与人员是当时的权臣,他们在修律中是总揽全局的角色。如开皇元年时的高颎、李德林,开皇三年时的苏威、牛弘。高颎在开皇初权倾一时,身兼尚书省左仆射与门下省纳言等重要职位,由其组织协调修律这件大事,理所当然。李德林是杨坚相府时期的旧属,修律时是内史令,朝夕在隋文帝身边起草诏令等,其参与修律应当是杨坚用以掌控整个修律活动的重要抓手。苏威在迭代之际的表现并不合格,但凭借其才学与胆识,在开皇初迅速崛起,身兼数职,且历任大理寺、御史台、刑部等直接相关部门,使其更有动力和资格对当时繁杂的律令进行修订整理(这在《李德林传》记载的李德林与苏威关于修律的争议中可见一斑)。开皇三年(583 年)时,他虽已不任刑部尚书,却是吏部尚书兼国子祭酒,依然是主导人物。开皇三年修律的另一位主导人物是牛弘,时任礼部尚书,从董仲舒开始的法律儒家化、引礼入律大势,使得儒学大师牛弘在修律中的地位不可忽视。牛弘的经历、身份和学识,在大业初年受到隋炀帝器重并令其修律时,更转化为一种主导修律的优势和经验。

(3)第三类参与人员是品位较低、资历较浅的官员,他们在修律中主要从事具体工作。包括开皇元年(581 年)修律时的常明、韩浚、李谔、柳雄亮,开皇三年(583 年)修律时的裴政、赵轨,以及大业初的刘炫。常明的曾任官在正四品上,韩浚、李谔、柳雄亮三人的官品只有正六品上,而同时参与修律的高颎、郑译、杨素都是三品以上的高官。常、韩、李三人都曾或正在相关的法律机构任职,品位相较于高颎等人虽低,但大理少卿和刑部、比部侍郎其实都是在各部门中负责实际工作的重要职位。裴政在开皇三年修律时任率更令,不过是从四品,但其初仕就是王府法曹参军事,后历任刑部下大夫、少司宪等职位,还曾参与修定《北周律》,以用法宽平、无有冤滥闻名。因此,史载开皇三年修律时,有凝滞不通的,“皆取决于政”,可见其在修律中的重要作用。同时参与修律的赵轨不过是齐州别驾,官品在五六品间,因有能名、考绩连最,才被征召入朝,辅助牛弘撰定律令格式。大业初的刘炫是以博学通儒闻名,其官品一直很低,曾被授予殿内将军、旅骑尉等低级官品,牛弘引其修律,当是看重其在儒学上的名望和学识。

最后,基于上述分析,可以对隋代修律的状况大致总结如下:

(1)由于隋代前后不过 38 年,且是由分裂而至一统,所以修律人员基本上有前朝的仕宦经历,绝大多数在北周朝廷做过官,个别的还有在北齐(李德林)、南梁(裴政)的做官经历。这意味着在起草人员层面上,隋律就不可能摆脱其他朝代律令的影响。

(2)修律人员来源的机构并不固定,但基本上是由一两位当时职掌中枢的关键人物主导,辅以有相关法律机构工作经历的较低级别官员。在主导人物方面,主要是尚书省长官(左右仆射和六部尚书,当时合称“八座”)。其中值得注意的是,修律中对儒学和礼律越来越重视。开皇三年修律时，苏威身兼国子祭酒，牛弘为礼部尚书，都是儒林礼学上非常重要的职位。推测参与开皇末年修律的李百药，也是以颇识五礼著称。大业初修律时的刘炫更是当世通儒。这与隋文帝杨坚在登基之后对儒家传统伦理体系的重视和建设是密切相关的。在辅助人员方面，多有相关法律工作经历或时任法律设施官吏，如开皇元年（581 年）时的常明、韩浚、李谔，开皇三年（583 年）时的裴政。

（3）修律的缘起和过程都与当时的政治形势紧密联系。开皇元年的修律，从其参与人员中数位位极人臣的勋贵和功臣就可看出，这是一次政权初建时对统治正当性的宣示和对有功之臣的犒赏及优抚。正因如此，此次修律前后不过几个月，且是在政权迭代之际十分仓促进行的。故而开皇三年时，应苏威等人的要求，又不得不重新修定，删除了很多自相抵牾和冗余、繁苛的条文："除死罪八十一条，流罪一百五十四条，徒仗等千余条，定留唯五百条。凡十二卷。"如此方奠定之后唐律的结构和规模。大业初的修律，也是隋炀帝登基之初，鉴于隋文帝时"禁网深刻"、多法外施刑且臣民喜刑宽的形势，做出的一种争取民心、安抚天下的举动。当然，其后炀帝并未遵行新律，反而变本加厉、更为残暴。

（二）皇帝的立法活动

在传统的专制中国政治体系中，皇帝是最高立法者，前述隋代的几次主要修律活动，也需要皇帝的批准和统筹安排。在某种意义上，安排臣下进行系统修律，也是皇帝进行立法活动的形式。当然，在更直接的层面上，隋代皇帝还常常通过发布敕、制、诏等方式进行立法和修法活动。[①] 粗检《隋书》，仅择其中之一二，列举如下：

（开皇四年）夏四月己亥，敕总管、刺史父母及子年十五已上，不得将之官。[②]

（开皇十二年）八月甲戌，制天下死罪，诸州不得便决，皆令大理覆治。[③]

（开皇十三年二月）己丑，制坐事去官者，配流一年。[④]

（开皇十五年）十二月戊子，敕盗边粮一升已上皆斩，并籍没其家。[⑤]

（开皇十八年九月）庚寅，敕舍客无公验者，坐及刺史、县令。[⑥]

（大业）三年春正月癸亥，敕并州逆党已流配而逃亡者，所获之处，即宜斩决。[⑦]

---

① 关于隋代敕、制、诏的发布情况，曾有学者做过统计。参见高珣：《隋朝法制与统一秩序研究》，法律出版社 2008 年版，第 185－201 页。

② （唐）魏徵等：《隋书》卷一，中华书局 1973 年版，第 21 页。

③ （唐）魏徵等：《隋书》卷二，中华书局 1973 年版，第 37 页。

④ （唐）魏徵等：《隋书》卷二，中华书局 1973 年版，第 38 页。

⑤ （唐）魏徵等：《隋书》卷二，中华书局 1973 年版，第 40 页。

⑥ （唐）魏徵等：《隋书》卷二，中华书局 1973 年版，第 43－44 页。

⑦ （唐）魏徵等：《隋书》卷三，中华书局 1973 年版，第 67 页。

(大业三年四月)戊戌,敕百司不得践暴禾稼,其有须开为路者,有司计地所收,即以近仓酬赐,务从优厚。①

(大业五年春正月)己丑,制民间铁叉、搭钩、𫓧刃之类,皆禁绝之。②

(大业七年十二月)甲子,敕都尉、鹰扬与郡县相知追捕,随获斩决之。③

(大业九年八月)戊申,制盗贼籍没其家。④

炀帝即位,以高祖禁网深刻,又敕修律令,除十恶之条。⑤

帝乃更立严刑,敕天下窃盗已上,罪无轻重,不待闻奏,皆斩。⑥

隋代虽短短38年,实际统治的皇帝也仅两位,但发布的敕令着实不少。这其中,虽不乏对法律正常补充的敕令,但大部分的敕令是针对特定事件、特定人群发布的规范,尤其是隋炀帝时期,大部分敕、制、诏是针对当时危机四伏的统治局势发布的。所以,敕令发布的日益频繁也从另一个侧面见证了隋代的迅速衰亡。

二、隋代司法设施

上文说到皇帝常直接进行立法活动,其实在具体的司法实践中,隋代皇帝也常通过“亲录囚徒”“降囚徒”“赦”等形式直接行使司法权。《隋书·刑法志》记载:

(隋文)帝又每季亲录囚徒。常以秋分之前,省阅诸州申奏罪状。⑦

在《隋书》高祖帝纪中,也有许多录囚、降囚、赦囚的记录,仅列一二如下:

(开皇元年二月甲子)是日,告庙,大赦,改元。⑧

(开皇二年十二月)丁亥,亲录囚徒。⑨

(开皇四年)六月庚子,降囚徒。⑩

(开皇四年九月)己巳,上亲录囚徒。⑪

(开皇五年)十二月丁未,降囚徒。⑫

(开皇七年)冬十月庚申,行幸同州,以先帝所居,降囚徒。⑬

---

① (唐)魏徵等:《隋书》卷三,中华书局1973年版,第68页。
② (唐)魏徵等:《隋书》卷三,中华书局1973年版,第72页。
③ (唐)魏徵等:《隋书》卷三,中华书局1973年版,第76页。
④ (唐)魏徵等:《隋书》卷四,中华书局1973年版,第85页。
⑤ (唐)魏徵等:《隋书》卷二五,中华书局1973年版,第716页。
⑥ (唐)魏徵等:《隋书》卷二五,中华书局1973年版,第717页。
⑦ (唐)魏徵等:《隋书》卷二五,中华书局1973年版,第712页。
⑧ (唐)魏徵等:《隋书》卷一,中华书局1973年版,第13页。
⑨ (唐)魏徵等:《隋书》卷一,中华书局1973年版,第18页。
⑩ (唐)魏徵等:《隋书》卷一,中华书局1973年版,第21页。
⑪ (唐)魏徵等:《隋书》卷一,中华书局1973年版,第22页。
⑫ (唐)魏徵等:《隋书》卷一,中华书局1973年版,第23页。
⑬ (唐)魏徵等:《隋书》卷一,中华书局1973年版,第25页。

(开皇九年冬十一月)甲寅,降囚徒。①

(开皇十年秋七月)庚戌,上亲录囚徒。②

(开皇十二年八月)戊戌,上亲录囚徒。③

(开皇十三年)九月丙辰,降囚徒。④

(开皇十七年三月)辛酉,上亲录囚徒。⑤

(开皇十八年)冬十一月甲戌,上亲录囚徒。⑥

从这些记录可以得知,皇帝(尤其是隋文帝)行使司法权是十分频繁的,但具体到事务性工作,则需要专门的司法机构来负责。这些司法机构主要集中在中央,在地方主要是由地方行政主官的属官承担司法功能。

(一)中央司法机构

隋代中央专门的司法机构主要有尚书省刑部/都官、大理寺与御史台。

1. 刑部/都官⑦

在隋代中央机构中,尚书省"事无不总""总吏部、礼部、兵部、都官、度支、工部等六曹事",在这之中,都官/刑部长官是都官/刑部尚书,"统都官侍郎二人,刑部、比部侍郎各一人,司门侍郎二人"。⑧根据比较有限的史料,隋代历任都官/刑部尚书如图3－1所示。也由于史料相对匮乏,图中所列出人物很可能不能穷尽所有,所列的顺序也只是大致的顺序。因为可能存在摄官、检校官等情况,也许此诸人并不都曾实际主管都官/刑部,这种特殊情形可以从他们的任官经历中一窥究竟。

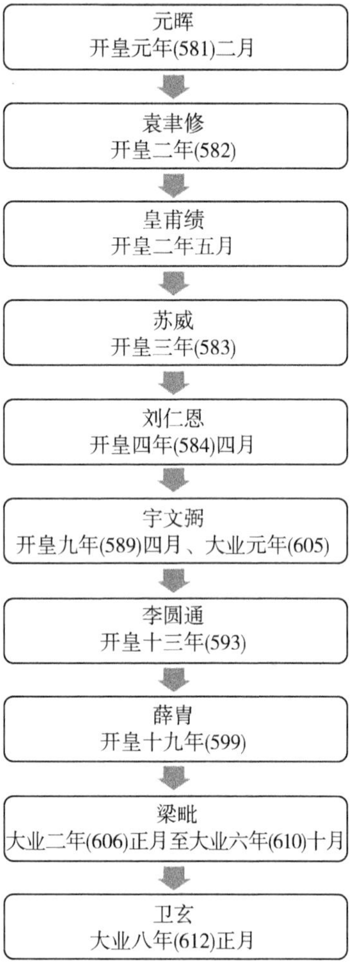

图3－1　隋代都官/刑部尚书

---

① (唐)魏徵等:《隋书》卷二,中华书局1973年版,第34页。

② (唐)魏徵等:《隋书》卷二,中华书局1973年版,第35页。

③ (唐)魏徵等:《隋书》卷二,中华书局1973年版,第37页。

④ (唐)魏徵等:《隋书》卷二,中华书局1973年版,第38页。

⑤ (唐)魏徵等:《隋书》卷二,中华书局1973年版,第41页。

⑥ (唐)魏徵等:《隋书》卷二,中华书局1973年版,第44页。

⑦ 开皇三年(583年)四月,改都官尚书为刑部尚书。参见(唐)魏徵等:《隋书》卷二八,中华书局1973年版,第792页。

⑧ 参见(唐)魏徵等:《隋书》卷二八,中华书局1973年版,第774页。

(1)元晖和袁聿修。此二位任都官尚书时间均较短暂。元晖出身官宦世家,其在北周也做过司宪大夫,开皇元年拜都官尚书兼领太仆卿。其任官时间大约持续到第2年,“明年,转左武侯将军,太仆卿如故”①。袁聿修任隋朝都官尚书的时间可能更短,其在北齐时就曾任都官尚书,历北齐、北周,到开皇初时,已年届古稀,大约卒于开皇二年(582年)。一种说法为,袁聿修是开皇三年(583年)十二月任都官尚书,②然袁聿修在《隋书》无传、无记载,据《北齐书》“隋开皇初,加上仪同,迁东京都官尚书。东京废,入朝,又除都官尚书。二年,出为熊州刺史。寻卒,年七十二”③的记载可知,袁聿修任都官尚书的时间在开皇元年(581年)八月废东京官④之后,且在开皇二年出任熊州刺史之前。加上皇甫绩任都官尚书是在开皇二年五月,可知袁聿修任都官尚书的时间不早于开皇元年八月,且不晚于开皇二年五月。

(2)皇甫绩、苏威、刘仁恩。据《隋书》记载,开皇二年五月庚申,以豫州刺史皇甫绩为都官尚书;⑤苏威,上文已有所论述,在开皇初年,一度身兼门下省纳言、民部尚书、大理卿、京兆尹、御史大夫五职,后又拜刑部尚书,但仍兼任京兆尹、门下省纳言等职;刘仁恩,信息颇少,仅载其在开皇四年(584年)夏四月庚子由毛州刺史被任命为刑部尚书。⑥ 此三人的任官时间相近,且似乎有重合的现象。苏威任刑部尚书的时间——从开皇三年四月都官改刑部一事可推知——当不早于开皇三年四月,刘仁恩任官是开皇四年四月。而皇甫绩的任官时间比较复杂,史载其在开皇二年五月拜都官尚书数载之后,转晋州刺史,赴任之前向隋文帝进言南陈可灭的三个理由,其中提及了南陈纳叛臣萧岩一事。⑦ 而萧岩奔陈一事发生在开皇七年(587年)九月,⑧可知皇甫绩进言的时间当在开皇七年九月之后,故其到开皇七年时可能一直任尚书一职。这样,皇甫绩的任官时间和苏威、刘仁恩的任官时间似乎发生了重合,个中原因,有待进一步分析。以上史料和分析可能并不完备,但开皇初年都官/刑部尚书一职任官情况的复杂多变可见一斑。

(3)宇文弼,在北周时即以军功封县公,颇有谋略,历任南司州、黄州、南定州等州刺史。开皇初年,入朝为尚书右丞、尚书左丞、太仆少卿、吏部侍郎等职,同时也常持节节度诸军。开皇九年(589年)四月,擢拜刑部尚书,领太子虞候率。⑨ 可见其深受

---

① (唐)魏徵等:《隋书》卷四六,中华书局1973年版,第1256页。
② 参见高珣:《隋朝法制与统一秩序研究》,法律出版社2008年版,第62页。
③ 参见(唐)李百药:《北齐书》卷四二,中华书局1972年版,第566页。
④ 参见(唐)魏徵等:《隋书》卷一,中华书局1973年版,第15页。
⑤ 参见(唐)魏徵等:《隋书》卷一,中华书局1973年版,第17页。
⑥ 参见(唐)魏徵等:《隋书》卷一,中华书局1973年版,第21页。
⑦ 参见(唐)魏徵等:《隋书》卷三八,中华书局1973年版,第1140页。
⑧ 参见(唐)魏徵等:《隋书》卷一,中华书局1973年版,第25页。
⑨ 参见(唐)魏徵等:《隋书》卷五六,中华书局1973年版,第1389－1390页。

隋文帝信任。宇文弼的这一任刑部尚书任期，应至少持续到开皇十二年(592 年)，因为《隋书》记载，其在开皇十二年还作为刑部尚书抚慰吐谷浑。① 在此之后，又出为并州长史，历任朔、代、吴三州总管。宇文弼的第二任刑部尚书就是从吴州总管任上调任的，时值隋炀帝即位，大业元年(605 年)正月，他又被派出持节巡省河北，回来后又被任命为泉州刺史。宇文弼的第三任刑部尚书是在泉州刺史任上一年左右，复拜刑部尚书，然而不久又转为礼部尚书。可见，后两任刑部尚书任期均颇短。②

(4)李圆通、薛胄。在宇文弼的刑部尚书第一任任期和第二任任期之间，李圆通、薛胄曾任此职。李圆通私生子出身，身份低微，本是杨坚府中家奴，因"有器干"③见重，常护卫杨坚于左右。开皇初年，历任内史侍郎、左右庶子、给事黄门侍郎，后以尚书左丞摄刑部尚书。此次暂代刑部尚书职务，当在伐陈之役，即开皇八年(588 年)十月之前。伐陈之役后，李圆通又以军功进位大将军，拜杨州总管长史、并州总管长史等。后入朝司农卿、治粟内史，迁刑部尚书。此任刑部尚书任期很可能开始于开皇十三年(593 年)，因为宇文弼一直到开皇十二年(592 年)时尚以刑部尚书身份抚慰吐谷浑。几年后，李圆通出为并州长史。后因事免官，很快又"检校刑部尚书事"，此处的刑部尚书是检校，可能是虚衔，并未实际视事。④ 继李圆通任刑部尚书的是薛胄。薛胄出身官宦之家，父曾在北周任刺史。开皇年间，薛胄历任鲁州刺史、庐州总管事、兖州刺史、郢州刺史等职，有神断之名。后入朝任卫尉卿、大理卿，持法宽平，其任刑部尚书的起始时间无从得知。⑤ 但据《资治通鉴》记载：

开皇十九年……及王世积诛，推覆之际，有宫禁中事，云于颎处得之。上大惊，有司又奏颎及左右卫大将军元旻、元胄并与世积交通，受其名马之赠。旻、胄坐免官。上柱国贺若弼、吴州总管宇文弼、刑部尚书薛胄、民部尚书斛律孝卿、兵部尚书柳述等明颎无罪，上愈怒，皆以属吏。自是朝臣莫敢言者。秋八月癸卯，颎坐免上柱国、左仆射，以齐公就第。⑥

可知至少在开皇十九年(599 年)，薛胄尚任刑部尚书，只是因受高颎之事牵连，后被贬到相州。而据《隋愿力寺舍利宝塔函铭》"右隋愿力寺舍利宝塔函铭。仁寿三年，相州刺史薛胄建"，可知仁寿三年(603 年)时，薛胄的官职已是相州刺史。

(5)梁毗、卫玄。隋炀帝大业年间任刑部尚书的主要是梁毗、卫玄。梁毗出身官宦之家，父祖都曾任刺史，其在北周时任过行军总管长史、别驾等官，也已封爵。开皇

---

① 参见(唐)魏徵等：《隋书》卷八三，中华书局 1973 年版，第 1844 页。
② 参见(唐)魏徵等：《隋书》卷三五六，中华书局 1973 年版，第 63、1390－1391 页。
③ (宋)司马光：《资治通鉴》卷一七七，中华书局 2011 年版，第 5632 页。
④ 参见(唐)魏徵等：《隋书》卷六四，中华书局 1973 年版，第 1508 页。
⑤ 参见(唐)魏徵等：《隋书》卷五六，中华书局 1973 年版，第 1387－1388 页。
⑥ (宋)司马光：《资治通鉴》卷一七八，中华书局 2011 年版，第 5672 页。

初年,“以毗鲠正,拜治书侍御史”,不久转大兴令、雍州赞治等职。因其性情耿直,得罪了不少权贵,后出为西宁州刺史。在州 11 年,政绩卓著,被征为大理卿。以处法平允、刚正敢言著称。隋炀帝即位后,即大业二年(606 年)正月,迁刑部尚书,并摄御史大夫事。[1] 不久后,“奏劾宇文述私役部兵,帝议免述罪,毗固诤,因忤旨,遂令张衡代为大夫。毗忧愤,数月而卒”。[2] 其卒时是大业六年(610 年)十月。卫玄任刑部尚书是在大业八年(612 年)正月。卫玄也是世家出身,在北周时便历任益州总管长史、京兆尹等职;开皇年间,做过淮州总管、岚州刺史、朔州总管、卫尉少卿、资州刺史、遂州总管等;炀帝即位后,曾任卫尉卿、工部尚书、魏郡太守、右侯卫大将军。大业八年转刑部尚书时,卫玄的任官经历已经相当丰富了。卫玄任刑部尚书的时间似乎一直持续到大业十三年(617 年)李渊入长安。同时,从大业九年(613 年)隋炀帝东征辽东之后,卫玄作为刑部尚书兼京兆内史,与代王杨侑留守京师,许以便宜从事,并在杨玄感之乱中,表现卓著,被隋炀帝称为“社稷之臣”,担负镇守京师、关右之任。[3]

除以上诸人外,《隋书》还记载了 1 人曾任刑部尚书,此人是杨异:

> 及践阼,拜宗正少卿,加上开府。蜀王秀之镇益州也,朝廷盛选纲纪,以异方直,拜益州总管长史,赐钱二十万,缣三百匹,马五十匹而遣之。寻迁西南道行台兵部尚书。数载,复为宗正少卿。未几,擢拜刑部尚书。岁余,出除吴州总管,甚有能名。[4]

图 3-2　杨异仕隋宦历

杨异,出身官宦世家,北周时做过宁都太守,以军功封侯。开皇时,曾任宗正少卿、益州总管长史、西南道行台兵部尚书,后在开皇二十年(600 年)九月卒于吴州总管任上。杨异在开皇年间的任官经历如图 3-2 所示,其时间线大约是:初任宗正少卿是开皇元年(581 年),任益州总管长史也是开皇元年,因为西南道行台尚书设于开皇二年(582 年)正月,故杨异任西南道行台兵部尚书当在开皇二年,西南道行台“岁余而罢”,杨异数载后复为宗正少卿,不久擢拜刑部尚书,岁余,出为吴州总管。但在《隋书》高祖本纪中,仅记载其在开皇九年(589 年)四月,由宗正少卿为工部尚书;又在开皇十二年(592 年)九月,由工部尚书为吴州总管。[5] 又由于宇文弼在开皇九年至开皇十二年曾任刑部尚书,那么,杨异任刑部尚书的时间便是个疑问,有待将来进一

① 参见(唐)魏徵等:《隋书》卷六二,中华书局 1973 年版,第 1479－1480 页。
② 参见(唐)魏徵等:《隋书》卷六二,中华书局 1973 年版,第 1480 页。
③ 参见(唐)魏徵等:《隋书》卷六三,中华书局 1973 年版,第 1501－1503 页。
④ (唐)魏徵等:《隋书》卷四六,中华书局 1973 年版,第 1258 页。
⑤ 参见(唐)魏徵等:《隋书》卷二,中华书局 1973 年版,第 37 页。

步探究。

都官/刑部尚书还有副手,即侍郎。侍郎一职在隋代不断发生着变化。先是开皇初,都官尚书统都官侍郎 2 人,刑部、比部侍郎各 1 人,司门侍郎 2 人。当时尚书诸曹侍郎都只是正六品上,与都官尚书的正三品之间相差足有 10 阶,官阶设置十分不合理。故开皇三年(583 年)都官改刑部之时,诸曹侍郎加为从五品。开皇六年(586 年),尚书省二十四司各置员外郎 1 人,作为侍郎的副手。① 隋炀帝大业三年(607 年)的官制改革中,又在六部中单独设一侍郎"以贰尚书之职",与尚书左右丞,并为正四品。原本的诸曹侍郎,都改为郎,如吏部为选部郎,户部为人部郎,礼部为仪曹郎,兵部为兵曹郎,刑部为宪部郎,工部为起部郎。② 做过都官/刑部侍郎的有赵绰(大约开皇三年开始任职)③、辛亶(大约和赵绰同时)、皇甫诞(开皇中任此职)及其子皇甫无逸④、源师(大业年间)⑤。做过都官/刑部员外郎以及其他官职的还有辛凯卿⑥及士燮、东方举、皇甫聿道等。⑦

2. 大理寺

大理寺是"决正刑狱"的机构。在开皇初,置卿、少卿各 1 人,各置丞(2 人),主簿(2 人),录事(2 人)。又有正、监、评各 1 人,司直 10 人,律博士 8 人,明法 20 人,狱掾 8 人。⑧ 后在开皇三年,"罢大理寺监、评及律博士员,加置正为四人"。⑨ 隋炀帝大业三年,又将"大理寺丞改为勾检官,增正员为六人,分判狱事。置司直十六人,降为从六品,后加至二十人。又置评事四十八人,掌颇同司直,正九品"。⑩

虽然大理卿和刑部尚书同为正三品,但其地位应该低于刑部尚书。一则,可能如严耕望先生所论的唐代尚书省与诸寺的关系那般,尚书省六部是主政务的机关,"掌政令"以"行制命",大理等诸寺是掌事务的机关,"掌诸事"以"行政令",在政务运行上是"下行上承"的关系。⑪ 二则,曾任大理卿的薛胄、梁毗,由大理卿而任刑部尚书,《隋书》用的是"后迁刑部尚书"⑫"炀帝即位,迁刑部尚书"⑬。迁之一字,可见是由低

---

① 参见(唐)魏徵等:《隋书》卷二八,中华书局 1973 年版,第 792 页。

② 参见(唐)魏徵等:《隋书》卷二八,中华书局 1973 年版,第 794 页。

③ 参见(唐)魏徵等:《隋书》卷六二,中华书局 1973 年版,第 1485 页。

④ 参见(唐)魏徵等:《隋书》卷七一,中华书局 1973 年版,第 1641 页。

⑤ 参见(唐)魏徵等:《隋书》卷六六,中华书局 1973 年版,第 1553 页。

⑥ 参见(唐)魏徵等:《隋书》卷四〇,中华书局 1973 年版,第 1173 页。

⑦ 参见(唐)魏徵等:《隋书》卷六六,中华书局 1973 年版,第 1557 页。

⑧ 参见(唐)魏徵等:《隋书》卷二八,中华书局 1973 年版,第 775 - 777 页。

⑨ 参见(唐)魏徵等:《隋书》卷二八,中华书局 1973 年版,第 792 页。

⑩ 参见(唐)魏徵等:《隋书》卷二八,中华书局 1973 年版,第 798 页。

⑪ 参见严耕望:《论唐代尚书省之职权与地位》,载严耕望:《严耕望史学论文集》,上海古籍出版社 2009 年版,第 262 - 263 页。

⑫ (唐)魏徵等:《隋书》卷五六,中华书局 1973 年版,第 1388 页。

⑬ (唐)魏徵等:《隋书》卷五六,中华书局 1973 年版,第 1480 页。

向高。

也许正因地位低于刑部尚书,《隋书》所记载的曾任大理卿的人数明显较都官/刑部尚书少。开皇初,苏威曾兼任大理卿,但时间应该较短。以持法宽平闻名的薛胄,任大理卿的期间也是在开皇年间。出身御史台的梁毗,任大理卿前曾在地方任官 11 年,故其任大理卿应是开皇后期。梁毗在大业初转任刑部尚书,继任的应是长孙炽,其任大理卿至大业四年(608 年)正月迁民部尚书。长孙炽任大理卿时,又曾为西南道大使,可能长期不在京师,所以隋炀帝令尚书左丞杨汪守大理卿。[①] 到大业后期,能够确定曾任大理卿的是郑善果。其在杨玄感败后,曾受命审理虞绰一案。可知郑善果在大业九年(613 年)左右,曾任大理卿。[②]

大理卿的副手是大理少卿,官品是正四品上。据《隋书》记载,任过大理少卿的,有后来任刑部侍郎的源师,[③]有历任大理丞、大理正、都官侍郎、刑部侍郎(正六品上)的赵绰,[④]有历任刑部侍郎、治书侍御史的皇甫诞,[⑤]有上柱国、楚国公豆卢之子豆卢贤,[⑥]有杨素异母弟杨约,[⑦]有内史侍郎李孝贞之弟李孝威,[⑧]等等。

3. 御史台

御史台是"掌察纠弹劾"的机构,有"大夫一人,治书侍御史二人,侍御史八人,殿内侍御史、监察御史,各十二人,录事二人"[⑨]。炀帝大业年间,御史台官制有如下改革:

> 御史台增治书侍御史为正五品。省殿内御史员,增监察御史员十六人,加阶为从七品。开皇中,御史直宿禁中,至是罢其制。又置主簿、录事员各二人。五年,又降大夫阶为正四品,减治书侍御史为从五品;增侍御史为正七品,唯掌侍从纠察,其台中簿领,皆治书侍御史主之。后又增置御史,从九品,寻又省。[⑩]

遍搜《隋书》,曾任(含摄、兼)御史大夫一职的有苏威、杨素、梁毗、张衡、元文都、裴蕴。其中,苏威是在开皇初兼任御史大夫;之后是杨素在开皇四年(584 年)拜御史大夫,杨素此职也不久被免;梁毗摄御史大夫事是在炀帝即位后的大业二年(606 年)正月,不久因忤旨被张衡代为御史大夫;裴蕴任御史大夫应是大业中后期,炀帝征高

---

① 参见(唐)魏徵等:《隋书》卷五六,中华书局 1973 年版,第 1394 页。
② 参见(唐)魏徵等:《隋书》卷七六,中华书局 1973 年版,第 1740 页。
③ 参见(唐)魏徵等:《隋书》卷六六,中华书局 1973 年版,第 1553 页。
④ 参见(唐)魏徵等:《隋书》卷六二,中华书局 1973 年版,第 1485 页。
⑤ 参见(唐)魏徵等:《隋书》卷七一,中华书局 1973 年版,第 1641 页。
⑥ 参见(唐)魏徵等:《隋书》卷三九,中华书局 1973 年版,第 1157 页。
⑦ 参见(唐)魏徵等:《隋书》卷四八,中华书局 1973 年版,第 1293 页。
⑧ 参见(唐)魏徵等:《隋书》卷五七,中华书局 1973 年版,第 1405 页。
⑨ 参见(唐)魏徵等:《隋书》卷二八,中华书局 1973 年版,第 775 页。
⑩ (唐)魏徵等:《隋书》卷二八,中华书局 1973 年版,第 796 页。

丽期间[大业八年(612年)至大业十年(614年)]时,裴蕴曾奏弹苏威,[①]且大业十一年(615年)裴蕴还受命杂治李浑一案;[②]在李浑一案中,元文都也作为尚书左丞参与其中,而大业十二年(616年)七月,李浑已为太府卿,从元文都的任官经历来看(见图3-3),其任御史大夫的时间只能是在大业十一年到大业十二年七月之间,时间较短。[③]

图3-3 元文都仕隋宦历

御史台主管纠弹,其任职官员的品级并不高。长官御史大夫只有从三品,御史大夫下的属官中,最高的是治书侍御史,一开始仅从五品下,后曾短暂提升为正五品,其次是从七品下的侍御史,再次是正八品下的殿内御史,更次的监察御史不过从八品上。但御史台官又因有直言上书之权,较容易接触最高权力,因此成为晋升的捷径。参与过修律的李谔,[④]敢于面斥当朝宰相杨素、持节巡省河北五十二州的柳彧,[⑤]后来官至刑部尚书的梁毗,[⑥]以及大理少卿、尚书右丞皇甫诞,[⑦]都曾任过治书侍御史。

(二)地方司法机构

除以上这些中央专门司法机构外,在都城和地方还设有一些从事司法事务的职官。在都城内,拱卫皇权的各军卫府以及东宫、各王府、柱国府、将军府中,均设有掌刑法、辞讼的官员。在地方,如行台省、各州郡也设置了负责刑罚事务的官吏。

1.都城里的其他司法机构

都城是一国的政治中心,为了拱卫皇权,隋代统治者设置了左右卫、左右武卫、左右武侯以及左右领军府等军事组织和设施。而同样拱卫皇权的皇亲国戚、功勋大臣等也各自组成了一个个小的组织,包括东宫、各王府、各柱国府、各将军府、各公主府等,也同样设置了一些官吏用以服务、监督与制约这些小组织中的成员。

左右卫、左右武卫、左右武侯以及左右领军府等军事组织,一般设有长史、司马、掾属和录事参军,功曹、仓曹、兵曹、骑曹等曹参军。除了这些之外,还设置了法曹行

---

① 参见(唐)魏徵等:《隋书》卷六七,中华书局1973年版,第1576页。
② 参见(唐)魏徵等:《隋书》卷三七,中华书局1973年版,第1121页。
③ 参见(唐)魏徵等:《隋书》卷七一,中华书局1973年版,第1649页。
④ 参见(唐)魏徵等:《隋书》卷四〇,中华书局1973年版,第345页。
⑤ 参见(唐)魏徵等:《隋书》卷六二,中华书局1973年版,第1481-1484页。
⑥ 参见(唐)魏徵等:《隋书》卷六二,中华书局1973年版,第1480页。
⑦ 参见(唐)魏徵等:《隋书》卷七一,中华书局1973年版,第1641页。

参军。据《隋书》记载，左右卫、左右武卫、左右武侯以及左右领军府都设置了法曹行参军各一人。[①] 其中，左右领军府作为“各掌十二军籍帐、差科、辞讼之事”的机构，还在内部设置了“明法（四人），隶于法司，掌律令轻重”。[②]

在皇亲国戚、功勋大臣府中，也设置有管理诸事的属吏。其中，东宫中的太子家令，是个品阶着实不低（从四品上）的职官，掌刑法、食膳、仓库、什物、奴婢等事。[③] 在亲王府中，法曹行参军是个从七品下的官职。此外，在上柱国、嗣王、郡王、柱国、上大将军、大将军之下均有法曹行参军，只是品阶不一。[④]

2. 各级地方司法机构

隋代地方常设的政府机构有州/郡与县两级。在此之上，开皇二年（582 年），隋文帝鉴于前朝“诸侯微弱，以亡天下”，分封诸子，设立行台专制一方。[⑤] 行台省作为专制一方的机构，其内部也和中央的尚书省一般，设“有尚书令、仆射，以及兵部、度支、尚书及丞各一人，都事四人。有考功、礼部、膳部、兵部、驾部、库部、刑部（兼都官、司门）、度支、户部、金部、工部、屯田侍郎，各一人。各置丞、录事等员”。[⑥] 但是，即使在隋代短暂的统治时期，行台也并未常设。

在州/郡一级，都城所在的雍州、京兆郡以及大兴、长安两县，地方各州/郡，都设置有法曹。[⑦] 各地方法曹的品阶，当然也各有不同。上州的法曹行参军为正八品上；中州的法曹行参军为从八品上；下州的法曹行参军便只有正九品上了。

在县一级，负责刑罚事宜的主要是县尉以及其下的法曹佐。县尉属于最基层的官吏，上县县尉为从九品上，中县县尉为从九品下。一般是士人释褐的初任官。至于更低级的法曹佐，则不入流，属于吏。[⑧]

三、其他法律设施

除上述法律设施之外，隋代还有一个非常设的法律设施值得关注，即明法。此一设施曾于开皇初年［开皇三年（583 年）至开皇五年（585 年）］在中央和地方广泛设立，旋即又被废止。详情见《隋书》记载：

帝又每季亲录囚徒。常以秋分之前，省阅诸州申奏罪状。三年，因览刑部奏，断狱数犹至万条。以为律尚严密，故人多陷罪。又敕苏威、牛弘等，更定新律。除死罪

---

① 参见（唐）魏徵等：《隋书》卷二八，中华书局 1973 年版，第 777、779 页。
② 参见（唐）魏徵等：《隋书》卷二八，中华书局 1973 年版，第 779 页。
③ 参见（唐）魏徵等：《隋书》卷二八，中华书局 1973 年版，第 780 页。
④ 参见（唐）魏徵等：《隋书》卷二八，中华书局 1973 年版，第 781 页。
⑤ 参见（唐）魏徵等：《隋书》卷二三，中华书局 1973 年版，第 660 页。
⑥ 参见（唐）魏徵等：《隋书》卷二八，中华书局 1973 年版，第 779 页。
⑦ 参见（唐）魏徵等：《隋书》卷二八，中华书局 1973 年版，第 783－784 页。
⑧ 参见（唐）魏徵等：《隋书》卷二八，中华书局 1973 年版，第 788－789 页。

八十一条,流罪一百五十四条,徒仗等千余条,定留唯五百条。凡十二卷。一曰名例,二曰卫禁,三曰职制,四曰户婚,五曰厩库,六曰擅兴,七曰贼盗,八曰斗讼,九曰诈伪,十曰杂律,十一曰捕亡,十二曰断狱。自是刑网简要,疏而不失。于是置律博士弟子员。断决大狱,皆先牒明法,定其罪名,然后依断。五年,侍官慕容天远,纠都督田元,冒请义仓,事实而始平县律生辅恩,舞文陷天远,遂更反坐。帝闻之,乃下诏曰:"人命之重,悬在律文,刊定科条,俾令易晓。分官命职,恒选循吏,小大之狱,理无疑舛。而因袭往代,别置律官,报判之人,推其为首。杀生之柄,常委小人,刑罚所以未清,威福所以妄作。为政之失,莫大于斯。其大理律博士、尚书刑部曹明法、州县律生,并可停废。"自是诸曹决事,皆令具写律文断之。六年,敕诸州长史已下,行参军已上,并令习律,集京之日,试其通不。①

从这段文字可以看出:开皇初年更定新律使"刑网简要,疏而不失"之后,为了进一步防止出现"律尚严密""人多陷罪"的局面,专门设立"律博士弟子员",在断决大狱之时,都得先让"明法"定其罪名,然后据此裁断。

据此及其后文可知,"明法"应该是"律博士弟子员"之一种。首先,大理寺中就有明法一职。"大理寺,不统署。又有正、监、评(各一人)、司直(十人)、律博士(八人)、明法(二十人)、狱掾(八人)。"②同时,上文提到尚书省的刑部曹也设有明法。其次,在左右领军府这个军事机构中,也设有明法4人,"隶于法司,掌律令轻重"。而在"明法"之外,"州县律生"应该也是"律博士弟子员"之一种。所以在隋文帝下诏废除"律官"之时,律博士、明法、律生均被停废。因此,"明法"可能也可以泛指"律博士"以及"律生"。

"明法"一职的归属既已廓清,其功能就容易推知。首先,"明法"需要专门习律,因为其被停废之后,诸曹需要自己习律,可知其被设置的初衷就在于此。其次,"明法"习律是为了定罪名,"断决大狱,皆先牒明法,定其罪名,然后依断","报判之人,推其为首"等表述都表明"明法"是裁判中至关重要的一环——是确定罪名的主导者。因为在更定新律之后,"明法"可能是准确掌握律令内容的权威,甚至可能只有他们才有权作出权威解释,因此,裁判者裁判时不得不求助于他们,才能作出有效力的裁判。

而如此重要的司法权柄,掌握在一群品阶并不高的"小人"③手中,威福妄作也就难免了。

① (唐)魏徵等:《隋书》卷二五,中华书局1973年版,第712-713页。

② (唐)魏徵等:《隋书》卷二八,中华书局1973年版,第776-777页。

③ 大理寺律博士不过正九品上,明法和律生甚至没有品阶。

第二节　唐代法律设施

在法律制度的延续性上，中国法律史研究中常提到“汉承秦制”，而在隋唐之际，这种法律制度的承继现象更是无处不在，且似乎润物细无声，并没有得到一个“唐承隋制”的概括。在法律设施方面，隋唐之间的这种延续性，不仅体现在机构的名称、组成人员等方面，而且体现在机构或者设施所处的地理位置和场所上。就如唐长安城与隋大兴城，在很大程度上就是名称的区别，作为后来者的唐代统治者和建设者，更多是在隋大兴城的基础上添砖加瓦，最后成就了中古时代在亚欧大陆东部那个独一无二的国际大都市——长安。同样，唐代法律设施是在隋代总结南北朝法律设施经验基础上的继续探索。

一、唐代官制演变概况

唐代跨越了4个世纪，共历21帝，享国289年，在这么长的时间段中，即使再具有强大生命力的制度和设施，也不太可能以固定不变的状态一直有效运行。故在考察这一大段历史时，尤其需要关注一种动态的演变过程，因为几乎每一个制度、设施甚至词语的状态和意义都发生了变化。这种变化不仅表现为某个法律设施，如刑部，在这个长时段中名称、职能、人员都发生了变化，还表现为在这整个法律设施的框架体系中，某个法律设施本身的地位、作用及与其他设施的关系都发生了改变，甚至有些时候表现为法律设施整体在整个国家控制结构中，都处于动态的进程中。

唐代职官的设置，很大程度上承袭了隋代旧制，尤其是在朝代初创时期，“官名称位，皆依隋旧”[①]。直到太宗贞观年间，职官制度才渐渐改易。到高宗以后，官名品秩，屡有改易。其中比较大规模的变动有三次：(1)唐高宗龙朔二年(662年)至咸亨元年(670年)。“龙朔二年二月甲子，改百司及官名。”从改尚书省为中台、中书门下为东西台、秘书省为兰台、御史台为宪台，到各省、部、司、寺、率府等的长官、属官，并皆改名。其中，刑部改称司刑，刑部尚书改称司刑太常伯，刑部侍郎改称司刑少常伯，刑部郎中改称司刑大夫；大理寺改称详刑寺，大理寺卿改称详刑正卿，大理寺正改称详刑大夫；御史台改称宪台，御史大夫为大司宪，御史中丞为司宪大夫。[②] 9年后的咸亨元年十二月，诏：“龙朔二年新改尚书省百司及仆射已下官名，并依旧。”(2)武后光宅元年(684年)至神龙元年(705年)。光宅元年九月，改尚书省为文昌台、门下省为鸾台、

① (后晋)刘昫等：《旧唐书》卷四二，中华书局1975年版，第1783页。

② 参见(后晋)刘昫等：《旧唐书》卷四二，中华书局1975年版，第1786－1788页。

中书省为凤阁，改吏部为天官、户部为地官、礼部为春官、兵部为夏官、刑部为秋官、工部为冬官，改大理为司刑，又改御史台为左肃政台，“专知京百官及监诸军旅，并承诏出使。更置右肃政台，专知诸州案察”。垂拱三年(687年)，又加秋官侍郎一员。神龙元年二月，“台阁官名，并依永淳已前故事”。永淳已前故事，即咸亨元年诏改回的旧例。① (3)唐玄宗开元元年(713年)至至德二载(757年)。唐玄宗开元天宝年间，官制与官职称谓又发生了较大的改易。先是“开元元年十二月，改尚书左右仆射为左右丞相，中书省为紫薇省，门下省为黄门省，侍中为监”。然而，开元五年(717年)九月，紫薇省又改回为中书省，黄门省改回为门下省。再是天宝元年(742年)二月，“侍中改为左相，中书令改为右相，左右丞相依旧为仆射”。十一载正月，又改“吏部为文部，兵部为武部，刑部为宪部。其行内诸司有部者并改”。到至德二载(757)十一月，敕：“今日所改百司额及郡名并官名，一切依故事。”(见表3-2)②

表3-2 唐代官制

品阶	尚书省	中书省	门下省	御史台	大理寺	其他
正一品						三师、三公
从一品						太子三师
正二品	尚书令					特进
从二品	尚书左右仆射					大都督、大都护
正三品	六部尚书	中书令	侍中			太常卿，中都督
从三品				御史大夫	大理卿	下都督，上州刺史，银青光禄大夫
正四品上	尚书左丞、礼部侍郎	中书侍郎	门下侍郎			太常少卿、中州刺史
正四品下						
从四品上					大理少卿	上州别驾
从四品下						中州别驾
正五品上		中书舍人	给事中	御史中丞		京县县令
正五品下						
从五品上	尚书左右诸司郎中					上州长史

① 参见(后晋)刘昫等：《旧唐书》卷四二，中华书局1975年版，第1788-1789页。
② (后晋)刘昫等：《旧唐书》卷四二，中华书局1975年版，第1790页。

续表

品阶	尚书省	中书省	门下省	御史台	大理寺	其他
从五品下					大理正	太常丞、上州司马
正六品上						太学博士、畿县县令
正六品下						下州长史、中州司马
从六品上	尚书诸司员外郎	通事舍人			大理寺直	上州县令、下州司马
从六品下				侍御史		
正七品上						四门博士、诸州中县令
正七品下						京兆、河南、太原府法曹参军事，大都督府、大都护府法曹参军事
从七品上	尚书都事	中书省主书	门下省录事	殿中侍御史	大理寺主簿	诸州中下县令，中都督府法曹参军事
从七品下				御史台主簿		诸州下县令，下都督府法曹参军事，上州司法参军事
正八品上				监察御史		
正八品下						中州司法参军事
从八品上						
从八品下					大理评事	律学博士、下州司法参军事、京县尉
正九品上						
正九品下						畿县尉
从九品上	尚书诸司主事			御史台主事		上县尉
从九品下						中县、中下县、下县尉

注：本表主要根据《旧唐书·职官志》《新唐书·百官志》编制。

《旧唐书·职官志》主要交代了唐前期官名品秩的变化情况，表 3－2 中所录的官品也以永泰二年（766 年）时的情况为主，[①]对安史之乱后的情况，则鲜少提及。唐中后

① 参见（后晋）刘昫等：《旧唐书》卷四二，中华书局 1975 年版，第 1786 页。

期职官制度的变化其实更大，甚至从某种程度上颠覆了魏晋南北朝以来发展演变到唐前期已经成熟的三省六部制度，这就是使职差遣制的全面流行。渐渐地，管实事的不是传统的有品有秩的职事官，而是没有品秩的使职差遣官；职事官靠兼使职差遣官获得权力，使职差遣官靠加职事官获得俸禄。这种官与职分离、禄与权分离的制度，有利于国家对官僚阶层的控制。① 唐代中后期开始，这种使职差遣制的全面流行表现为六个方面，即宰相制度的使职化、翰林学士为使职侵夺中书省的权力、财经部门的使职化、宦官通过掌握大量使职擅权、地方官制的使职化、其他临时设置的使职泛滥。②

使职差遣制在唐中后期的全面流行，带来的另一后果就是原有的官僚体系被重构。严耕望先生曾就尚书省地位职权坠失分析道：

前期制度的好处是上下层权责分明，不易发生弊端。但上层政务机关对下层的事务机关，并无绝对的指挥权，所以行政效率差。在平时还可应付，一旦进入乱世，便应付不了，迫得改取纵的联系与纵的控制的原则，俾可收到如臂使指之效。所以这种演变也是政治局势演变的必然结果。③

尚书省尚如此，作为尚书省一部的刑部以及御史台、大理寺，在使职化潮流中也都不同程度地受到冲击。比如，每逢大狱，常由中书舍人、御史中丞和给事中组成三司使，承君命专办案件。这种专案专班专办的常态化，对日常司法活动的冲击是巨大的。

二、唐代立法设施

唐代立法设施的情况与唐代立法活动是紧密联系的。虽然纵观有唐一代，立法活动的规律性难寻，也很难说有纵贯整个朝代的专门的立法机构，但整体上立法活动集中于安史之乱前，在安史之乱前参与立法的机构较为齐整，参与立法的官员也较多。安史之乱后，敕作为一种法律渊源的地位大为提升，历次立法活动逐渐转为编敕，参与机构也不那么齐整，参与立法的人员也较少。

（一）唐代立法活动概要

唐代的立法，从高祖起兵太原布宽大之令始。终唐高祖一代，立法活动较为频繁。从“约法十二条”(617)到“五十三条格”(618)，再到损益《开皇律》而成的《武德律》《武德令》《武德式》(624)。前后不到10年，立法活动至少有三次。④

---

① 参见陈仲安、王素：《汉唐职官制度研究》(增订本)，中西书局2018年版，第6页。

② 参见陈仲安、王素：《汉唐职官制度研究》(增订本)，中西书局2018年版，第107－118页。

③ 严耕望：《唐代行政制度论略》，载严耕望：《严耕望史学论文集》，上海古籍出版社2009年版，第853－854页。

④ 参见(后晋)刘昫等：《旧唐书》卷五〇，中华书局1975年版，第2133－2134页；(宋)王溥：《唐会要》卷三九，中华书局1955年版，第701页。

唐太宗时期，立法活动也较为活跃。作为一世明君，太宗对官员的进谏十分重视，因此在官员提出对立法的建议时，他也基本上能够从善如流。《旧唐书·刑法志》就记载了两次因官员建议进行修法的事件。一次是戴胄和魏徵进言说旧律刑罚较重，太宗于是将50条绞刑之罪免死改断右趾。另一次是蜀王法曹参军裴弘献提出"律令中不便于时者四十余事"，太宗于是令其参掌删改律令，裴弘献与房玄龄及八座定议奏闻，请改断趾为加役流3000里、居作2年。[①] 从贞观元年到贞观十一年（627—637年），房玄龄等修成《贞观律》12卷、《贞观令》30卷、《贞观格》18卷、《贞观式》14卷。[②]

唐高宗时期是唐代立法较为系统和集大成的一个时期，诞生了《永徽律》及《律疏》这样比较成熟和具有代表性的法律，其中，《律疏》是中国古代传统律学发展的重要成果。从秦汉时期引经注律开始，律学到魏晋南北朝时期已经渐成系统，并从经学中独立出来，成为一门独立的学问，出现了刘劭、刘颂、张斐等律学家。[③] 到隋唐时，私家注律的情况和成果也比较多见，这虽然有助于律学的昌盛和法律的进一步发展，但客观上也难免会造成法律适用的混乱。对统治阶层来说，控制法律的权威诠释权，更事关统治稳定。因此，未经最高统治者首肯，即使是主管官吏对法律适用作的一些适用性发挥，也会被禁止。[④] 因此，永徽初年制定了《永徽律》之后，在永徽三年（652年）又由几乎同一套人马撰定《律疏》，从而把握对法律的权威解释权。为科举考试中的明法科考试提供官方的教材，[⑤]成为理所当然之举。高宗时期立法修改还出现了一个特殊情况，即因为官号、曹局名称的修改，不得不对与此密切相关的格式进行修改。先是龙朔二年（662年）改官号后，相应地进行了一轮修定格式；接着是仪凤年间，因官号复旧，又进行了一轮格式的删缉。[⑥]

武后临朝及称帝时期，在立法、司法等多方面都进行了去唐化的变革。在立法方面，命令内史裴居道、夏官尚书岑长倩、凤阁侍郎韦方质与删定官袁智弘等10余人，删改律令格式，成《垂拱律》《垂拱留司格》。中宗及睿宗时期，为了反正武后时期的去唐化倾向，先后进行了数次删缉格式的活动，神龙年间删定的《散颁格》，景云年间删缉、太极元年奏上的《太极格》，都是其中的代表。

到玄宗时期，立法活动更为系统，也较为频繁。其中，史籍可查的就有：开元初删定格式令，编成《开元格》；开元六年（718年）删定律令格式，成《开元七年律》和《开元后格》；开元十九年（731年）删撰《格后长行敕》；开元二十二年（734年）删缉旧格式

① 参见（后晋）刘昫等：《旧唐书》卷五〇，中华书局1975年版，第2136－2138页。

② 参见（后晋）刘昫等：《旧唐书》卷五〇，中华书局1975年版，第2136－2138页。

③ 参见何勤华：《中国法学史纲》，商务印书馆2012年版，第103页。

④ 参见《旧唐书·刑法志》："详刑少卿赵仁本撰《法例》三卷，引以断狱，时议亦为折衷。高宗览之，以为烦文不便，遂废不用。"（后晋）刘昫等：《旧唐书》卷五〇，中华书局1975年版，第2142页。

⑤ 参见（宋）王溥：《唐会要》卷三九，中华书局1955年版，第702页。

⑥ 参见（后晋）刘昫等：《旧唐书》卷五〇，中华书局1975年版，第2140－2143页。

律令及敕,总成律12卷,律疏30卷,令30卷,式20卷,《开元新格》10卷。① 天宝年间,又命人对《开元格》《开元新格》《开元后格》"稍复增损"。②

安史之乱后,政治局势已经大异于前,然删定格式令的活动并未停止。大历十四年(779年),德宗大赦,赦书中提道:"律令格式条目有未折衷者,委中书门下简择理识通明官共删定。自至德已来制敕,或因人奏请,或临事颁行,差互不同,使人疑惑。中书门下与删定官详决,取堪久长行用者,编入格条。"③宪宗时期,至少进行了三次修律活动,分别是:元和二年(807年),删定《开元格后敕》;元和十年(815年),批准刑部尚书权德舆删定格后敕的奏请;元和十三年(818年),由凤翔节度使郑余庆、右司郎中崔郾等、刑部侍郎许孟容与蒋乂、刘伯刍等参与删定格后敕30卷。④ 文宗时期,命尚书省郎官各删本司敕,为《大和格后敕》。⑤ 开成三年(838年),刑部侍郎狄兼谟删定成《开成详定格》。⑥ 穆宗时期,由刑部和户部、大理寺详正敕格。宣宗时期,对贞观以来的敕重新作了整理,分门别类,修成《大中刑法总要格后敕》60卷;并将律与格敕统合在一起,也分门别类,修成《大中刑法统类》12卷。⑦

纵览唐代近300年立法史,可以将修律活动的主要情况总结如表3-3所示。

表3-3　唐代修律活动及参与人员

立法时间	立法活动及成果	参与人员	人员官职	官职品级
高祖时期	《五十三条格》,《武德律》	刘文静	纳言	正三品
		裴寂	尚书左仆射	从二品
		萧瑀	内史令、尚书右仆射[1]	正三品
		殷开山	吏部尚书	正三品
		李纲	礼部尚书	正三品
		崔善为	内史舍人[2]	正五品上
		郎楚之	大理卿	从三品
		王敬业	给事中	正五品上

① 参见(后晋)刘昫等:《旧唐书》卷五〇,中华书局1975年版,第2150页。
② 参见(宋)欧阳修、(宋)宋祁:《新唐书》卷五六,中华书局1975年版,第1413页。
③ (后晋)刘昫等:《旧唐书》卷五〇,中华书局1975年版,第2152-2153页。
④ 参见(后晋)刘昫等:《旧唐书》卷五〇,中华书局1975年版,第2154-2155页。
⑤ 参见(宋)欧阳修、(宋)宋祁:《新唐书》卷五六,中华书局1975年版,第1413-1414页。
⑥ 参见(宋)欧阳修、(宋)宋祁:《新唐书》卷五六,中华书局1975年版,第1414页。
⑦ 参见(后晋)刘昫等:《旧唐书》卷五〇,中华书局1975年版,第2156页。

续表

立法时间	立法活动及成果	参与人员	人员官职	官职品级
高祖时期	《五十三条格》,《武德律》	刘林甫 颜师古 王孝远	中书舍人	正五品上
		靖延	泾州别驾	从四品上
		沈叔安	司门郎中	从五品上
		丁孝乌	太常丞	从五品下
		房轴	隋大理丞	
		李桐客	上将府参军	正七品下
		徐上机	太常博士	从七品上
太宗时期	《贞观律》,令1546条,格700条,式33篇	长孙无忌[3]	尚书右仆射,司空、太师	从二品,正一品
		房玄龄[4]	中书令,司空、太傅	正三品,正一品
		裴弘献[5]	蜀王府法曹参军	正七品上
		八座	尚书省	正三品
		李百药[6]	中书舍人	正五品上
		王植[7]	武阳县令	从七品下
高宗时期	《永徽律》《律疏》,删改格式	长孙无忌	太尉	正一品
		李绩	司空	正一品
		于志宁	左仆射	从二品
		褚遂良	右仆射	从二品
		张行成	右仆射	从二品
		高季辅	侍中	正三品
		宇文节 柳奭[8]	黄门侍郎	正四品上
		段宝玄	右丞,大理卿[9]	正四品下,从三品
		韩瑗	太中大夫守黄门侍郎	从四品上
		来济	太中大夫守中书侍郎	从四品上
		辛茂将	朝议大夫守中书侍郎	正五品下
		令狐德棻	太常少卿	正四品上
		高敬言	吏部侍郎	正四品下
		刘燕客	刑部侍郎,尚书右丞[10]	正四品下

续表

立法时间	立法活动及成果	参与人员	人员官职	官职品级
高宗时期	《永徽律》《律疏》，删改格式	裴弘献	朝请大夫守颍州刺史，轻车都尉	从四品上
		赵文恪	给事中	正五品上
		李有益	中书舍人	正五品上
		张行实	少府丞	从六品下
		元绍	大理丞	从六品上
		王文端	太府丞	从六品上
		贾敏行	刑部郎中，御史中丞	从五品上，正五品上
		王怀恪	朝议郎守刑部郎中	正六品上
		董雄	云骑尉	正七品上
		路立	朝议郎行大理丞	正六品上
		石士逵	承奉郎守雍州始平县丞	从八品上
		曹惠果	大理评事	从八品下
		司马锐	儒林郎守律学博士	正九品上
		唐临	刑部尚书	正三品
		源直心	司刑太常伯	正三品
		李敬玄[11]	司刑少常伯，中书令	正四品下，正三品
		李文礼	司刑大夫	从五品上
		刘仁轨	左仆射	从二品
		戴至德	右仆射	从二品
		张文瓘	侍中	正三品
		郝处俊	右庶子	正四品下
		来恒	黄门侍郎	正四品上
		高智周	左庶子	正四品上
		李义琰	右庶子	正四品下
		裴行俭 马载	吏部侍郎	正四品上

续表

立法时间	立法活动及成果	参与人员	人员官职	官职品级
高宗时期	《永徽律》《律疏》,删改格式	萧德昭	兵部侍郎	正四品下
		李义琛	工部侍郎	正四品下
		张楚金	刑部侍郎	正四品下
		卢律师	金部郎中	从五品上
武后时期	《垂拱律》《垂拱留司格》	裴居道	内史	正三品
		岑长倩	夏官尚书	正三品
		韦方质	凤阁侍郎	正四品下
		袁智弘	删定官	
		王守慎	咸阳尉	正九品下
		周思茂 范履冰 卫敬业[12]	文学之士	
中宗时期	《散颁格》七卷、式二十卷	韦安石	中书令	正三品
		祝钦明	礼部侍郎	正四品下
		苏环	尚书右丞	正四品下
		狄光嗣	兵部郎中/户部郎中[13]	正四品下
		唐休璟[14]	尚书左仆射	从二品
		李怀远	左散骑常侍、兵部尚书、同中书门下三品[15]	正三品
		姜师度	兵部郎中	从五品上
		张锡[16]	刑部尚书	正三品
睿宗时期	《太极格》	岑羲	户部尚书	正三品
		陆象先	中书侍郎	正四品上
		徐坚	右散骑常侍[17]	从三品
		唐绍	右司郎中	从五品上
		邵知与	刑部员外郎	从六品上
		陈义海	大理寺丞	从六品上
		张处斌	右卫长史	从五品上
		张名播	大理评事	从八品下
		罗思贞	左卫率府仓曹参军	从八品下
		阎义颛	刑部主事	从九品上

续表

立法时间	立法活动及成果	参与人员	人员官职	官职品级
玄宗时期	《开元令》《开元格》《开元后格》《格后长行敕》《开元新格》	姚崇	紫薇令(中书令)	正三品
		卢怀慎	黄门监	正三品
		李乂	紫薇侍郎兼刑部尚书	正三品
		苏颋	紫薇侍郎,中书侍郎[18]	正四品上
		吕延祚	紫薇舍人	正五品上
		魏奉古	给事中	正五品上
		高智静	大理评事,大理司直[19]	从八品下,从六品上
		侯郢琎	同州韩城县丞,幽州司功参军[20]	从八品下,从七品下
		阎义颛	瀛洲司法参军	从八品下
		宋璟	吏部尚书兼侍中[21]	正三品
		卢从愿	尚书左丞	从四品上
		裴漼 慕容珣	吏部侍郎	正四品下
		杨滔	户部侍郎	正四品下
		王丘[22]	礼部侍郎	正四品下
		刘令植 源光裕[23]	中书舍人	正五品上
		裴光庭	侍中	正三品
		萧嵩	中书令	正三品
		李林甫	中书令	正三品
		牛仙客	侍中	正三品
		王敬从	御史中丞	正五品上
		崔见	前左武卫胄曹参军	正八品下
		陈承信	卫州司户参军直中书	从七品下
		俞元杞	酸枣尉直刑部	从九品上
		萧炅	刑部尚书	正三品
德宗时期	删定格式		中书门下与删定官	

续表

立法时间	立法活动及成果	参与人员	人员官职	官职品级
宪宗时期	《开元格后敕》《元和格后敕》	许孟容	刑部侍郎	正四品下
		柳登	大理少卿	从四品上
		房式	吏部郎中	从五品上
		熊执易	兵部郎中	从五品上
		崔光	度支郎中	从五品上
		韦贯之	礼部员外郎	从六品上
		权德舆	刑部尚书	正三品
		郑余庆	凤翔节度使	从二品[24]
		崔郾	右司郎中	从五品上
		陈讽	吏部郎中	从五品上
		齐庚	礼部员外郎	从六品上
		敬休	礼部员外郎	从六品上
		王长文	著作郎	从九品下
		元从质	集贤校理	从八品下至从九品下
		林宝用	国学博士	正七品上
		蒋乂	刑部侍郎	正四品下
		刘伯刍	刑部侍郎	正四品下
穆宗时期	详正敕格	王正	户部郎中	从五品上
		齐推	司门员外郎	从六品上
		裴潾	刑部郎中	从五品上
		文格	司门郎中	从五品上
		孙革 王永	刑部员外郎	从六品上
		杨倞	大理司直	从六品上
		崔植	刑部尚书	正三品
		景重	刑部侍郎	正四品下
文宗时期	《大和格后敕》《开成详定格》	谢登	前大理丞	从六品上
		狄兼谟	刑部侍郎	正四品下

续表

立法时间	立法活动及成果	参与人员	人员官职	官职品级
宣宗时期	《大中刑法总要格后敕》《大中刑法统类》	刘瑑	刑部侍郎	正四品下
		张戣	左卫率仓曹参军	从八品下

[1]由于《武德律》修撰起自武德元年(618年)终至武德七年(624年),一些参与人员的官职也发生了变化,萧瑀就是这种情况。《旧唐书》卷五十《刑法志》载"尚书右仆射萧瑀",而《唐会要》卷三十九载"内史令萧瑀",查《旧唐书》卷六十三的《萧瑀传》,可知武德元年时,萧瑀为内史令,而拜尚书右仆射是在平王世充之后,当在武德四年(621年)五月以后。故开始修律时是内史令萧瑀,完成修律时是尚书右仆射萧瑀。参见(后晋)刘昫等:《旧唐书》卷五〇,中华书局1975年版,第2133－2134页;(宋)王溥:《唐会要》卷三九,中华书局1955年版,第701页;(后晋)刘昫等:《旧唐书》卷六三,中华书局1975年版,第2400－2401页。

[2]关于撰定《武德律》时崔善为的官职,《旧唐书》卷五十《刑法志》记载为大理卿,而《唐会要》卷三十九记载为内史舍人。结合《旧唐书》卷一百九十一的《崔善为传》,可知武德年间,崔善为历任内史舍人、尚书左丞,任大理卿的时间是贞观年间。可知《刑法志》称的大理卿崔善为并非其参与修律时的官职。参见(后晋)刘昫等:《旧唐书》卷五〇,中华书局1975年版,第2133－2134页;(宋)王溥:《唐会要》卷三九,中华书局1955年版,第701页;(后晋)刘昫等:《旧唐书》卷一九一,中华书局1975年版,第5088页。

[3]《贞观律》修订从贞观元年(627年)到贞观十一年(637年),前后10余年。长孙无忌因玄武门之变中有功及外戚关系,在玄武门之变后不断加官晋爵,从正四品上的太子左庶子到掌握实权的正三品吏部尚书。太宗即位后更加封齐国公(从一品爵位),之后不久又从吏部尚书升从二品尚书右仆射,成为宰相,又加开府仪同三司。贞观七年(633年),更进位正一品司空,位极人臣;贞观十七年(643年),又加封太子太师。

[4]房玄龄的情况与长孙无忌相似,也因是秦王府旧属及在玄武门之变中有大功,在之后不久就从正四品下的太子右庶子加官正三品的中书令。太宗即位后,也加封邢国公(从一品爵位),后在贞观三年(629年)为从二品的尚书左仆射,成为宰相。贞观九年(635年),加开府仪同三司。后又进位司空、太子太傅。

[5]裴弘献在贞观元年时为正七品上的蜀王府法曹参军,到永徽年间《唐律疏议》时,他已是从四品上的轻车都尉了。参见《唐律疏议·进律疏表》,上海古籍出版社2013年版,第3页。

[6]关于李百药参与修定律令的情况,两唐书本纪及刑法志均无载,仅见于《旧唐书·李百药传》中:"太宗重其才名,贞观元年,召拜中书舍人,赐爵安平县男。受诏修定五礼及律令,撰《齐书》。"参见(后晋)刘昫等:《旧唐书》卷七二,中华书局1975年版,第2572页。

[7]关于王植(王文端,后又参与修定永徽律令)参与贞观律令修定的记载,参见《大唐故司宗寺丞上骑都尉王君(植)墓志铭》,载吴钢主编:《全唐文补遗》第3辑,三秦出版社2007年版,第379页。

[8]据《旧唐书》记载,永徽初撰律令格式时,柳奭尚为正四品上的黄门侍郎,永徽三年(652年)又参与修《律疏》,到永徽四年(653年)上呈时,其官职已是银青光禄大夫守中书令监修国史上骑都尉,中书令是正三品,柳奭以从三品的银青光禄大夫任中书令,所以称"守"。参见(后晋)刘昫等:《旧唐书》卷五〇,中华书局1975年版,第2140－2143页。

[9]段宝玄参与了两次修律活动。

[10]刘燕客参与了两次修律活动。

[11]李敬玄参加了龙朔二年(662年)和仪凤年间的两次格式修订活动,龙朔二年时其任司刑少常伯,仪凤年间其任中书令。参见(后晋)刘昫等:《旧唐书》卷五○,中华书局1975年版,第2140－2143页。

[12]此三人参与修定律令的情况见于《旧唐书》卷六《则天皇后本纪》:"太后尝召文学之士周思茂、范履冰、卫敬业,令撰……《垂拱格》四卷,并文集一百二十卷,藏于秘阁。"参见(后晋)刘昫等:《旧唐书》卷六,中华书局1975年版,第133页。

[13]狄光嗣任职情况存疑,《旧唐书·刑法志》记载为兵部郎中,《唐会要》卷三十九记载为户部郎中。

[14]关于唐休璟、李怀远、姜师度三人参与删定《散颁格》的记载仅见于《唐会要》卷三十九(中华书局1960年版,第702－703页)。在三人各自的自传中,并未找到他们参与删定格式的记载,且唐休璟与李怀远当时已是位极人臣且年事已高,故存疑。

[15]李怀远在神龙初的官职情况来自《旧唐书》卷九十的《李怀远传》(中华书局1975年版,第2920页)。

[16]关于张锡参与景龙元年(707年)删定格式的记载也仅见于《唐会要》卷三十九(中华书局1960年版,第703页)。

[17]《唐会要》记载徐坚的官职为左散骑常侍,参见(宋)王溥:《唐会要》卷三九,中华书局1960年版,第703页。

[18]苏颋参加了《开元格》和《开元后格》的删缉,官职其实没有变,称谓不同是因为开元元年(713年)改官号,到开元五年(717年)时又改了回来。

[19]高智静参加《开元格》和《开元后格》的删缉,前后官职有变动。

[20]侯郢琎参加《开元格》和《开元后格》的删缉,前后官职有变动。

[21]据《旧唐书·刑法志》记载,开元六年(718年)时,宋璟官职为吏部侍郎兼侍中。但考察《旧唐书》卷九十六的《宋璟传》可知,开元四年(716年)时,宋璟就从刑部尚书迁吏部尚书兼黄门监了,到了开元五年,官名改易,宋璟又为侍中。开元六年,又降级做回吏部侍郎兼侍中了,殊为可疑。参见(后晋)刘昫等:《旧唐书》卷九六,中华书局1975年版,第3032页。又据《唐会要》卷三十九记载,修《开元后格》时,宋璟的官职也是吏部尚书。

[22]关于王丘参与修定律令的情况,两唐书的刑法志等均无记载,但《旧唐书·卢从愿传》载:"又与杨滔及吏部侍郎裴漼、礼部侍郎王丘、中书舍人刘令植删定《开元后格》。"参见(后晋)刘昫等:《旧唐书》卷一○○,中华书局1975年版,第3124页。

[23]关于源光裕参与修定律令的情况,两唐书的刑法志等均无记载,但《旧唐书》其本传载:"初为中书舍人,与杨滔、刘令植等同删定《开元新格》。"参见(后晋)刘昫等:《旧唐书》卷九八,中华书局1975年版,第3072页。

[24]郑余庆在修律时,应该就已官拜尚书左仆射,故为从二品。

(二)唐代立法人员分析

由于史料以及笔者考证功力所限,以上列表中对唐代立法活动以及参与人员的列举可能不完备且很可能有不确切之处。但即使在这样粗劣的列举中,纵观唐代这一系列立法活动的参与人员,也可以对其来源作以下分析。

1. 唐代立法人员的来源广泛,首先可以分京官和地方官,当然其中主要是京官。

地方官参与修律的情况比较罕见,如武德时期的泾州别驾(从四品上)靖延;参与撰《唐律疏议》的石士逵,当时的官衔是承奉郎守雍州始平县丞骁骑尉,是属京畿之地的地方官;武后时期参与删定格式的王守慎,时任咸阳尉,也是京畿之地的基层地方官;参与修订《开元格》的侯郢琎一开始是在关内道的同州任韩城县丞(从八品下),后来参与修《开元后格》时,升官任幽州司功参军(从七品下);同样参与过修订《开元格》的阎义颛,时任瀛洲司法参军(从八品下),但其之前参与修订《太极格》时任刑部主事(从九品上);参与修订《开元新格》的卫州司户参军(从七品下)直中书陈承信、酸枣尉(从九品上)直刑部俞元杞,修律就是在京中"直"职。可见,即使是参与修律的地方官,要么是如石士逵、侯郢琎一般,之前在京参与过修律,后来虽然京外任职,但因为有过修律经历而第二次参与;要么是虽然属地方官,却是在京畿之地任职,进京比较方便;还有就是当时正"直"在京的地方官。这些参与修律的地方官,大部分也是下级官员。

2. 京官之中,其来源机构也比较广泛,但主要来自中枢机构和当时所谓"法司"。来自中枢机构的官员,基本上每次立法都是领头负责之人。尚书省、中书省、门下省都曾有官员参与立法。比如,参与修《武德律》的就有尚书省的左仆射裴寂、右仆射萧瑀,门下省的给事中王敬业,中书省的中书舍人刘林甫、颜师古、王孝远;《唐律疏议》的参与修订人员中,在太尉长孙无忌、司空李绩之下,就是尚书省的左右仆射于志宁、褚遂良,中书省的守中书令柳奭,门下省的守黄门侍郎韩瑗。当时所谓"法司",指刑部、大理寺、御史台,其中又以刑部和大理寺为主。刑部尚书"掌天下刑法及徒隶勾覆、关禁之政令"①,大理卿"掌邦国折狱详刑之事"②,御史大夫"掌持邦国刑宪、典章之政令,以肃正朝列"③,他们及下属官员参与修律,理所应当。各法司参与人员的品级不一,刑部参与过立法的人员从上层的刑部尚书(正三品)、刑部侍郎(正四品下)到刑部郎中(从五品上)、刑部员外郎(从六品上)再到刑部主事(从九品上)都有;大理寺参与人员从大理卿(从三品)、少卿(从四品上)到大理丞(从六品上)、大理司直(从六品上)再到大理评事(从八品下)均有;御史台的参与人员相对较少,主要是御史中丞(正五品上)。

3. 需要注意的是,在前文提及的机构之外,还有一些立法人员来自其他部门。比如,在尚书省中,刑部外的其他各部也有人只参与立法,六部之首的吏部中就常有官员参与立法,户部和礼部二部也曾有官员参与,工部和兵部的官员偶有参与。

---

① (唐)李林甫等:《唐六典》,中华书局 2014 年版,第 179 页。此句中徒隶和勾覆之间似应加顿号,因为根据刑部下刑部司负责刑法、都官司负责徒隶、比部司负责勾覆、司门司负责关禁的分工来看,徒隶和勾覆应分开。那思陆:《中国审判制度史》,生活·新书·新知三联书店 2013 年版,第 105 页。

② (唐)李林甫等:《唐六典》,中华书局 2014 年版,第 502 页。

③ (唐)李林甫等:《唐六典》,中华书局 2014 年版,第 378 页。

通过以上梳理,我们应可一窥唐代立法人员的构成概况,即参与的主体是中枢机构以及“法司”,其他参与人员的参与带有一定随机性,或取决于皇帝的任命,或由于参与人员的个人素质。其中,基层官员参与国家立法活动,基本上是像裴弘献、王守慎、张戣等那样对律令熟悉且对修订律令体系颇有想法的人员。当然,他们最终能参与其中,根本上也是由于皇帝认可了他们的意见或想法。

三、唐代司法设施

唐代官制和法律体系在很大程度上承继了隋代的框架,传统史籍如两唐书、《通典》等文献中,对唐代某一职官、机构的考察往往是从两汉魏晋南北朝开始的,且在向下梳理到隋代情况时,唐代的相关情况也已经可以随之呈现。在司法设施上,唐代也很大程度上承继了隋代的框架,只是稍有变更。

(一)中央司法机构

在唐代文献中,刑部、大理寺、御史台均有“法司”之称。

大理寺是最常被称为“法司”的。如杜佑《通典》中记载:

其年,温州司户参军柳雄于隋资妄加阶级,人有言之者,上令其自首,不首与尔死罪。遂固言是真,竟不肯首,大理推得其伪,将处雄死罪。少卿戴胄奏:“公法止合徒。”上曰:“我已与其断当,但与死罪。”胄曰:“陛下既付臣法司,罪不至死,不可酷滥。”上作色遣杀,胄言之不已,至于四五,然后赦之。仍谓之曰:“胄但能为我如此守法,岂畏滥有诛夷也。”①

再如在出土的墓志中,也有类似表述,《唐故银青光禄大夫检校司空(下泐)分司东都上柱国乐安县开国侯食邑一千户□□□孙公墓志并序》有“征拜刑部侍郎,与御史府及法司同按萧本伪事,皆取决于公,欺妄立辨”②这样的表述,表明墓主孙公拜刑部侍郎后在与御史台、“法司”一同办案时的主导地位,这里的“法司”很容易推知就是大理寺。

刑部在唐代更常被称作“刑曹”。如白居易在给皇帝起草诏令时就提到“刑曹郎缺,朕诏执事,择可以善于其职者”③,这是《王镒可刑部员外郎制》中的一句,可见刑曹即刑部。再如,柳宗元在《祭外甥崔骈文》中也提到“刑曹继之,以病告余”④,这里的继之,即杨嗣的复字,其于元和十年(815 年)迁刑部员外郎,可见刑曹也代称刑部官员。刑部在当时也被称为“法司”,《大唐新语》记载:

---

① (唐)杜佑:《通典》刑法七,中华书局 2016 年版,第 4358 页。

② 周绍良、赵超编:《唐代墓志汇编续集》,上海古籍出版社 2001 年版,第 877 页。

③ 《白居易集》,岳麓书社 1992 年版,第 531 页。

④ 《柳河东全集》,世界书局 1935 年版,第 445 页。

明崇俨为正谏大夫,以奇术承恩。夜遇刺客,敕三司推鞫,其妄承引连坐者众。高宗怒,促法司行刑。刑部郎中赵仁恭奏曰:"此辈必死之囚,愿假数日之命。"高宗曰:"卿以为枉也?"仁恭曰:"臣识虑浅短,非的以为枉,恐万一非实,则怨气生焉。"缓之旬余,果获贼。高宗善之,迁刑部侍郎。①

此段叙事中,唐高宗"促法司行刑",刑部郎中赵仁恭请求皇帝缓几日行刑,可见这里的"法司"指刑部。

御史台在唐代更常被称为"宪司"。如《通典》中记载:

七年,贝州鄃县令裴仁轨私役门夫,上欲斩之。殿中侍御史李乾祐奏曰:"法令者,陛下制之于上,率士遵之于下,与天下共之,非陛下独有也。仁轨犯轻罪而致极刑,是乖画一之理。臣守职宪司,不敢奉制。"②

这里的殿中侍御史李乾祐称自己"守职宪司",可见御史台就是宪司。当然,也有被称作"法司"的情况。《东观奏记》中记载:

太常卿封敖于私第上事,御史台弹奏,左迁国子祭酒。故事:太常卿上日,庭设九部乐,尽一时之盛。敖拜太常卿,欲便于亲阅,遂就私第视事,法司举奏,遂薄责焉。③

此处,先是说太常卿封敖因事被御史台弹劾,之后又接着分析其弹劾之原因,如此,法司才举奏。可见,这里的"法司"就是御史台。

通过以上的简单列举,可以了解到在唐人的用语习惯中,"法司"一词可能指大理寺、刑部和御史台中的任何一个,也可能是统称,具体含义应该根据当时的语境推断。

1. 刑部

刑部一般被认为是唐代司法政务机关。《唐六典》记载:

刑部尚书、侍郎之职,掌天下刑法及徒隶勾覆、关禁之政令。其属有四:一曰刑部,二曰都官,三曰比部,四曰司门;尚书、侍郎总其职务而奉行其制命。凡中外百司之事,由于所属,咸质正焉。④

(1)刑部职官名称变化

前文已经提到,唐代职官制度在前中期曾经历了几次大变革,这种变革直观地体现在官名品秩上,刑部作为尚书省六部之一,其职官的名称也屡次改易。王建峰在其博士论文《唐代刑部尚书研究》中将这种变化进行了表格化的呈现⑤(见表3-4)。

---

① (唐)刘肃等:《大唐新语》卷四,上海古籍出版社2012年版,第35页。

② (唐)杜佑:《通典》刑法七,中华书局2016年版,第4358页。

③ 《东观奏记》(下),载陶敏主编:《全唐五代笔记》第3册,三秦出版社2012年版,第2447页。

④ (唐)李林甫等:《唐六典》,中华书局2014年版,第179-180页。

⑤ 参见王建峰:《唐代刑部尚书研究》,山东大学2007年博士学位论文,第11页。根据最新表格规范,对表格格式进行了调整。

表 3-4　唐代刑部官员名称演变

时间	正副长官		刑部司		都官司		比部司		司门司	
武德初	刑部尚书	刑部侍郎	宪部郎	宪部承务郎	都官郎	都官承务郎	比部郎	比部承务郎	司门郎	司门承务郎
武德三年(620)	—	—	刑部郎中	刑部员外郎	都官郎中	都官员外郎	比部郎中	比部员外郎	司门郎中	司门员外郎
龙朔二年(662)	司刑太常伯	司刑少常伯	司刑大夫	司刑员外郎	司仆大夫	司仆员外郎	司计大夫	司计员外郎	司门大夫	—
咸亨元年(670)	刑部尚书	刑部侍郎	刑部郎中	刑部员外郎	都官郎中	都官员外郎	比部郎中	比部员外郎	司门郎中	—
光宅元年(684)	秋官尚书	秋官侍郎	秋官郎中	秋官员外郎	—	—	—	—	—	—
神龙元年(705)	刑部尚书	刑部侍郎	刑部郎中	刑部员外郎	—	—	—	—	—	—
天宝十一载(752)	宪部尚书	宪部侍郎	司宪郎中	—	—	—	司计郎中	—	—	—
至德二载(757)	刑部尚书	刑部侍郎	刑部郎中	—	—	—	比部郎中	—	—	—

(2)刑部官员员额

《唐六典》记载刑部的官员员额如表 3-5 所示[①]。

① 参见(唐)李林甫等:《唐六典》,中华书局 2014 年版,第 178-179 页。

表 3－5　唐代刑部官员员额

刑部尚书 1 人(正三品) 刑部侍郎 1 人[1](正四品下)			
刑部司	都官司	比部司	司门司
郎中 2 人(从五品上) 员外郎 2 人(从六品上) 主事 4 人(从九品上) 令史 19 人 书令史 38 人 亭长 6 人 掌固 10 人	郎中 1 人 员外郎 1 人 主事 2 人 令史 9 人 书令史 12 人 掌固 4 人	郎中 1 人 员外郎 1 人 主事 4 人 令史 14 人 书令史 27 人 计史 1 人 掌固 4 人	郎中 1 人 员外郎 1 人 主事 2 人 令史 6 人 书令史 13 人 掌固 4 人

[1]有唐一代，刑部侍郎的员额调整了两次，一次是高祖武德七年(624 年)废除各部侍郎，4 年后，即太宗贞观二年(628 年)复置；另一次是武则天时期，垂拱四年(688 年)加刑部侍郎一员，到 17 年后的长安四年(704 年)，减一员。参见(宋)王溥：《唐会要》卷五八、五九，中华书局 1960 年版，第 1005、1033 页。

从表 3－5 可以看出，《唐六典》所记载的刑部官员员额共 191 人，其中流内九品三十阶的官员仅有 24 人，流外官吏 167 人。流内官中，刑部尚书和侍郎属于高级文官、政务官，郎中、员外郎属于中级文官、事务官，主事属于低级文官、办事官员。其中，主事一职“皇朝并用流外入流者补之”，也就是很多官员入品的初任官。在流外官中，令史、书令史的职责是抄写文书，亭长的职责是“主守部门、通传禁约”，掌固的职责是“主守当仓库及厅事铺设”。①

在这些员额之外，刑部还设直官 2 人。《唐六典》卷二《尚书吏部》载：

凡诸司置直，皆有定制。(诸司诸色有品直：吏部二人，兵部三人，考功、职方、库部、户部、度支、驾部、比部各一人，门下省明法一人、能书二人、装潢一人，刑部明法一人……大理寺明法二人……外官直考者，选同京官。其前官及常选任，每年任选。若散官、三卫、勋官直诸司者，每年与折一番。)

通过这段记载可以得知，直官一般是根据各司的职能，选取有所专长(如明法、能书、装潢、装书、造笔、金银作等)的其他部门、地方的官吏来任职。上文提及的玄宗时期参与修律的卫州司户参军直中书陈承信、酸枣尉直刑部俞元杞，就是直官。直官的来源也不一，外官、散官、三卫、勋官都是可能的来源。这些直官虽然品低位卑，一般从事校勘等事务性工作，但如果明习律令科条，也有可能参与修律这一重大政治活动。②

刑部四司的郎官员额也有区别，刑部司作为刑部的本部司，郎中、员外郎各 2 人，

① 参见(唐)李林甫等：《唐六典》，中华书局 2014 年版，第 12－13 页，此处引用的职责表述是对尚书省都省的人员配置介绍，由此推知刑部的相关辅助官吏职责。

② 参见王建峰：《唐代刑部尚书研究》，山东大学 2007 年博士学位论文，第 11 页。

其他三司都各1人。在主事与流外办事官吏的人数上,也是刑部司员额较多,其次是比部司,主事人数与刑部司相同,令史、书令史的人数都仅次于刑部司,还有计史一人,这是其他三司均无的。这应该是和比部司“掌勾诸司百僚俸料、公廨、脏赎、调敛、徒役、课程、逋悬数物,周知内外之经费,而总勾之……凡仓库、出内、营造、佣市、丁匠、功程、脏赎、赋敛、勋赏、赐与、军资、器仗、和糴、屯牧,亦勾覆之”[①]的繁要职能有关。

(3)刑部官员考证

关于唐代刑部尚书,陈灵海在其博士论文《唐代刑部》中,除在严耕望的《唐仆尚丞郎表》中考证出刑部尚书121人[②]、刑部侍郎145人外,又依据《旧唐书》将严耕望存疑的姚璹、赵隐2人列入。[③] 王建峰在其博士论文《唐代刑部尚书研究》中,根据墓志碑刻,又考证出尔朱杲和郑朗2人。因此,依据现存资料,唐代刑部尚书可考证出142任125人。陈灵海在《唐代刑部》中还对检校刑部尚书的46人进行了考证,指出检校刑部尚书虽然是荣誉性职位,一般不负实责,但也有像路嗣恭、蒋涣和王昂这样虽然是检校也实际管事的情况。

关于唐代刑部诸司郎中、员外郎的情况,张忱石先生花费约40年时间撰写出版的《唐尚书省右司郎官考》一书是最好的研究参考资料。该书从传世史籍、碑志等各种文献中,考证出了刑部四司郎中、员外郎的任职情况。其中,仅刑部郎中就考证出163人(见表3-6)。[④]

表3-6　唐代刑部尚书、侍郎的任职情况

皇帝及年号	尚书及任职时间	侍郎及任职时间
高祖李渊(武德618—626)	1. 萧造:武德元年五月至七月 2. 皇甫无逸:武德元年七月至当年或武德二年 3. 窦诞:武德二三年 4. 刘政会:约武德四年以后 5. 沈叔安:武德七年以前 6. 屈突通:武德七八年,以不习文法固辞,转工部尚书,因此可能并未实际任职 7. 郑善果:武德末至贞观元年	1. 李瑗:武德元年六月至七月 2. 李叔良:武德元年至四年 3. 刘德威:武德中,四年稍后

① (后晋)刘昫等:《旧唐书》卷四三,中华书局1975年版,第1839页。

② 《唐代刑部》中言此数为122人,核《唐仆尚丞郎表》,应为121人。

③ 参见陈灵海:《唐代刑部》,华东政法大学2004年博士学位论文,第87-92页。论文附录中对刑部官员包括尚书、侍郎、郎中、员外郎等官员的姓名和任职时间都进行了列举。

④ 参见张忱石:《唐尚书省右司郎官考》,中华书局2020年版,第589-694页。

续表

皇帝及年号	尚书及任职时间	侍郎及任职时间
太宗李世民（贞观 627—649）	1. 李靖：贞观元年 2. 韩仲良：贞观三年春夏起 3. 李道宗：贞观四年或稍后至十三年 4. 刘德威：贞观十三四年至十七年 5. 张亮：贞观十七年至二十年 6. 韦挺：贞观十八年九月，以太常卿摄刑部尚书	1. 张允济：贞观初 2. 韦义节：贞观初 3. 张行成：贞观中至十七年 4. 崔仁师：贞观二十年至二十二年 5. 李道裕：贞观二十二年 6. 采宣明：贞观末或高宗初
高宗李治（永徽 650—655，显庆 656—661，龙朔 661—663，麟德 664—665，乾封 666—668，总章 668—670，咸亨 670—674，上元 674—676，仪凤 676—679，调露 679—680，永隆 680—681，开耀 681—682，永淳 682—683，弘道 683）	1. 张行成：永徽元年正月至二年八月，侍中兼刑部尚书 2. 唐临：永徽二年秋冬至四五年 3. 长孙祥：永徽五年或六年至显庆二年 4. 长孙冲：显庆三年十一月左右，摄刑部尚书 5. 刘祥道：显庆四年至龙朔三年或麟德元年 6. 源直心：麟德二年 7. 李乾祐：总章元年或前一年至总章元年二月 8. 卢承庆：总章二年二月至咸亨元年	1. 段宝元：永徽元年或前一年至永徽二年初或前一年 2. 宋行质：永徽二年五月之前 3. 刘燕客：永徽二年至三年左右 4. 魏满行：盖高宗初叶 5. 侯善业：龙朔二年五月起 6. 李敬玄：麟德二年左右 7. 袁公瑜：龙朔、总章之间 8. 李叔睿：约高宗世 9. 崔守业：高宗世 10. 张楚金：仪凤二年左右 11. 李义琛：仪凤末、调露中至永隆二年 12. 赵仁恭：永隆开耀前后 13. 刘守悌：盖高宗末
中宗李显（嗣圣 684）		
睿宗李旦（文明 684）		
武后则天（光宅 684，垂拱 685—688，永昌 689，载初 689—690，天授 690—692，如意 692，长寿 692—694，延载 694，证圣 695，天册万岁 695，万岁登封 695—696，万岁通天 696—697，神功 697，圣历 698—700，久视 700—701，大足 701，长安 701—704）	1. 裴居道：垂拱元年二月至五月 2. 李崇晦：垂拱末至永昌元年二月 3. 张楚金：永昌元年 4. 袁智弘：长寿元年二月至九月 5. 娄师德：延载元年一月至万岁通天元年一月 6. 姚璹 7. 豆卢钦望：万岁通天元年或明年至圣历元年 8. 杜景俭：圣历元年七月起 9. 邓恽：武后世 10. 李怀远：长安元年七月至长安四年，中间长安三年闰四月，韦安石曾以神都留守判天官秋官二尚书事 11. 韦安石：第一任，长安三年闰四月起，曾以神都留守判天官秋官二尚书事；第二任，神龙元年二月至四月，再任刑部尚书	1. 张知默：垂拱中 2. 周兴：垂拱、永昌中至天授元年 3. 魏尚德：垂拱四年四月十一，秋官侍郎（刑部侍郎）增一人员，以尚德为之 4. 崔元综：天授中至长寿元年 5. 陆元方：长寿元年至二年九月 6. 刘如璿：万岁通天元年左右至神功元年 7. 皇甫文备：神功元年六月左右 8. 宋玄爽：圣历前后 9. 韦嗣立：长安元年或前一年至长安二年 10. 尹思贞：长安中 11. 崔绍业：武后世 12. 韦峤：武后世 13. 张柬之：长安四年左右

续表

皇帝及年号	尚书及任职时间	侍郎及任职时间
中宗李显(神龙705—707,景龙707—710)	1. 祝钦明:神龙元年四月至神龙二年二月 2. 韦巨源:神龙二年二月至七月 3. 裴谈:神龙二年秋冬或景龙元年至景云元年七月	1. 崔昇:盖中宗世 2. 徐坚:景龙元年或神龙二年五月以后至景龙二年或三年 3. 冉祖雍:景龙末 4. 薛谦光:盖景龙末
睿宗李旦(景云710—712,太极712,延和712)	1. 岑羲:第一任,景云元年七月起,不久出为陕州刺史;第二任,景云二年左右,又由陕州刺史入迁刑部尚书,至景云二年冬或三年正月,迁户部尚书 2. 杨元琰:景云二年左右 3. 萧至忠:先天元年二月至六月	齐景胄:盖中、睿之世
玄宗李隆基(先天712—713,开元713—741,天宝742—756)	1. 郭元振:先天元年六月至十月、十一月 2. 李日知:先天元年至开元元年 3. 赵彦昭:开元元年秋至开元二年三月 4. 薛谦光:开元二年 5. 李乂:开元二年冬,以紫微侍郎兼检校刑部尚书;开元三年,正拜刑部尚书;开元四年二月,卒官 6. 宋璟:开元四年十二月或此前起 7. 王志愔:开元五年七月以前至十年 8. 陆象先:开元十一年 9. 韦抗:开元十一年至十四年 10. 卢从愿:开元十四年八九月至十八年 11. 崔隐甫:第一任,开元十八年,由御史大夫换刑部尚书,十九年,丁母忧免;第二任,开元二十三年至二十四年左右,再任刑部尚书 12. 崔琳:开元二十六年前后 13. 李适之:开元二十八九年至天宝元年八月 14. 裴敦复:天宝三载 15. 韦坚:天宝四载九月至五载正月 16. 萧炅:天宝五载春至八载六月 17. 张均:天宝九载至十三载三月 18. 苗晋卿:天宝十四载左右	1. 程行谋:先天元年至开元元年春夏间 2. 马怀素:开元元年至二年 3. 崔玄袛:盖中宗、玄宗世 4. 源光裕:开元八九十年 5. 崔元同:开元十一年左右 6. 李林甫:开元十七八年至十九年或二十年 7. 严挺之:开元二十年至二十一年 8. 郑少微:开元二十五年左右 9. 宋鼎:天宝三载左右 10. 孙逖:天宝三载至五载 11. 李麟:天宝九载 12. 韦虚舟:天宝十载至十一载左右 13. 卢贞谅:盖玄宗世 14. 房琯:天宝十四载至至德元载

续表

皇帝及年号	尚书及任职时间	侍郎及任职时间
肃宗李亨(至德756—758,乾元758—760,上元760—761)	1. 李巨:至德元载 2. 李麟:第一任,至德元载冬,由户部侍郎兼左丞迁宪部尚书;第二任,至德二三载至乾元元年五月,再任刑部尚书 3. 颜真卿:第一任,至德二载四月至十一月;第二任,广德二年正月,由右丞迁检校刑部尚书,充朔方行营宣慰使,未行,留知省事,永泰元年,正拜刑部尚书,大历元年二月贬;第三任,大历十二年八月,由湖州刺史入迁刑部尚书,十三年二三月,迁吏部尚书 4. 李齐物:乾元元年十月起 5. 王玙:乾元二年三月至七月 6. 房琯:广德元年四月,由汉州刺史迁刑部尚书,八月四日,卒于道	1. 王缙:至德二载左右 2. 韩择木:至德二载左右 3. 李晔:乾元二年左右 4. 颜真卿:上元元年左右 5. 卢元裕:上元二年至宝应元年
代宗李豫(宝应762—763,广德763—764,永泰765—766,大历766—779)	1. 路嗣恭:大历元年,由朔方节度留后迁检校刑部尚书,知省事 2. 蒋涣:大历五年前后,检校刑部尚书,知省事 3. 王昂:大历十二年五月之前,检校刑部尚书,知省事	1. 高适:广德二年 2. 魏少游:永泰元年至大历二年 3. 黎幹:大历二年至五年五月 4. 阎伯玙:广德、永泰间,或大历五年至九年间 5. 李澥:盖大历中
德宗李适(建中780—783,兴元784,贞元785—805)	1. 关播:兴元元年正月至贞元五年 2. 李勉:贞元二年正月至十二月,判刑部 3. 刘滋:贞元八年正月至十年十月 4. 王锷:贞元十七年夏至十八年十月	1. 蒋沇:建中元年五月或大历十三四年 2. 关播:建中三年 3. 班宏:建中三年至四年 4. 刘从一:建中四年十月,由吏部郎中兼御史中丞、荆襄江西诸道元帅判官擢刑部侍郎、同中书门下平章事,至兴元元年六月,迁中书侍郎、同中书门下平章事 5. 杜亚:兴元元年 6. 包佶:贞元元年 7. 刘太真:贞元元年至二年 8. 韩洄:贞元二年至三年冬或四年 9. 马炫:贞元三年冬或四年至四年或五年 10. 杜黄裳:贞元六年至七年

续表

皇帝及年号	尚书及任职时间	侍郎及任职时间
		11. 奚陟：贞元十年前后至十二年 12. 张彧：贞元十三年至十四年 13. 郑云逵：贞元二十年至永贞元年
顺宗李诵（永贞805）	1. 高郢：永贞元年	1. 许孟容：永贞元年至元和三年
宪宗李纯（元和806—820）	1. 郑元：元和三年 2. 李鄘：元和四年六月至五年十二月 3. 赵宗儒：元和六年四月至七年正月 4. 张弘靖：元和九年六月至十二月 5. 权德舆：元和十年十月至十一年十月 6. 王播：第一任，元和十二年十一月，以礼部尚书摄刑部尚书；第二任，长庆元年二月至十月 7. 李愿：元和十三年七月至十四年四月 8. 郭钊：元和十五年三月至长庆元年正月	1. 杨湑：元和三年至四年 2. 崔枢：元和五年左右 3. 卢坦：元和五年至六年 4. 王播：元和六年至十年 5. 裴度：元和十年 6. 刘伯刍：元和十年 7. 马总：元和十一年至十二年 8. 韩愈：元和十二年至十四年 9. 柳公绰：元和十四年 10. 李建：元和十五年至长庆元年
穆宗李恒（长庆821—824）	1. 李逊：长庆二年正月 2. 崔植：长庆二年二月至三年 3. 段文昌：长庆三年冬至宝历元年闰七月	1. 薛放：长庆元年 2. 庾承宣：长庆二年 3. 韦弘景：长庆二年至四年 4. 于敖：长庆四年至宝历元年
敬宗李湛（宝历825—827）	1. 柳公绰：第一任，宝历二年十二月至太和元年八月；第二任，太和二年七月至太和四年三月，以检校尚书左仆射兼刑部尚书	1. 刘栖楚：宝历元年 2. 卢元辅：宝历元年十一月至太和二年二月
文宗李昂（太和827—835，开成836—840）	1. 崔弘礼：太和四年四月，由检校尚书左仆射、东都留守迁刑部尚书，以疾未至 2. 韦弘景：太和四年十二月至五年五月 3. 殷侑：第一任，太和六年正月（未到任）；第二任，太和九年正月至七月；第三任，太和九年十二月左右至开成元年七月 4. 高瑀：太和七年正月至六月 5. 郑覃：太和九年八月至十月 6. 王源中：太和九年十月至十二月 7. 郑浣：开成二年正月至十一月 8. 崔珙：开成四年至开成五年九月	1. 白居易：太和二年二月至三年 2. 高曙：太和三年七月至四年冬 3. 宇文鼎：太和五年至六年七月 4. 冯宿：太和六年秋冬至八年四月以后 5. 裴潾：第一任，太和八年四月以后至十二月；第二任，太和九年冬末至开成元年 6. 李翺：太和八年十二月至九年春夏 7. 萧澣：太和九年左右 8. 郑肃：太和九年 9. 舒元舆：太和九年九月，以御史中丞兼判刑部侍郎，同月，正

续表

皇帝及年号	尚书及任职时间	侍郎及任职时间
		拜刑部侍郎、同中书门下平章事,十一月为宦官所杀 10. 郭承嘏:开成元年至二年 11. 狄兼谟:开成二年六月至三年夏秋 12. 高铢:开成四年闰正月至七月 13. 孙简:开成四年七八月至五年
武宗李炎(会昌 841—846)	1. 杨汝士:会昌四年左右	1. 卢商:会昌初 2. 卢弘宣:会昌初 3. 李回:会昌三年至四年 4. 刘三复:会昌四年 5. 卢简辞:会昌中后期
宣宗李忱(大中 847—860)	1. 崔元式:会昌六年,刑部尚书判度支,大中元年三月,迁门下侍郎兼刑部尚书、同中书门下平章事,大中二年正月,迁兼户部尚书,仍门下侍郎、平章事 2. 白敏中:大中二年正月,以中书侍郎、同中书门下平章事兼刑部尚书,大中三年三月,迁尚书右仆射,仍兼中书侍郎、平章事 3. 周墀:大中三年三月,以中书侍郎、同中书门下平章事兼刑部尚书,四月,出为检校刑部尚书、剑南东川节度使 4. 李玭:大中三年夏,迁刑部尚书兼宗正卿,五六月,检校刑部尚书,出为凤翔节度使 5. 韦损:大中六年至七年 6. 崔璪:大中七年 7. 蒋系:大中十一年十月至十二月 8. 柳仲郢:大中十二年二月至十三年 9. 夏侯孜:大中十三年八月,中书侍郎兼刑部尚书、同中书门下平章事	1. 马植:大中元年二月至二年五月 2. 李廓:大中二年或三年左右 3. 韦有翼:大中三年左右 4. 敬敏:大中四年左右 5. 裴休:大中四年至五年 6. 刘瑑:大中五年 7. 毕諴:大中六年 8. 郑鲁:大中中 9. 崔慎由:大中八年或七年 10. 孙景商:大中八年至九年 11. 李邺:大中十年 12. 夏侯孜:大中十年 13. 郑颢:约大中十一年 14. 杜审权:大中十二年 15. 郑处诲:大中十二年
懿宗李漼(咸通 860—874)	1. 蒋伸:咸通元年九月,中书侍郎兼刑部尚书、同中书门下平章事,三年正月,出为检校兵部尚书、平章事、河中节度使 2. 徐商:第一任,咸通三年,刑部尚书充诸道盐铁转运使;第二任,咸通八年十月,中书侍郎兼刑部尚书、同中书门下平章事,十年六月,出为检校尚书右仆射、同中书门下平章事、荆南节度使	1. 李福:咸通二年至三年 2. 郑从谠:咸通三年至四年或五年 3. 于琮:咸通五年九月至六年四月 4. 严祁:咸通中叶 5. 赵隐:咸通十三年二月之前 6. 韦蟾:咸通十三年

续表

皇帝及年号	尚书及任职时间	侍郎及任职时间
懿宗李漼(咸通860—874)	3. 李福:咸通四年冬,刑部尚书充诸道盐铁转运使,五年二月,加同平章事,出为剑南西川节度使 4. 杨收:咸通五年八月,门下侍郎兼刑部尚书、同中书门下平章事,六年六月,迁尚书右仆射,仍兼门下侍郎、同中书门下平章事 5. 路严:咸通七年十一月,以中书侍郎、同中书门下平章事兼刑部尚书,八年十月,迁门下侍郎兼户部尚书,仍同中书门下平章事 6. 刘瞻:第一任,咸通十一年正月,以中书侍郎、同中书门下平章事兼刑部尚书,九月,出为检校刑部尚书、同中书门下平章事、荆南节度使;第二任,乾符元年二月,由虢州刺史入迁刑部尚书,五月,迁中书侍郎、同中书门下平章事 7. 王铎:咸通十二年四月,中书侍郎兼刑部尚书、同中书门下平章事,十月,迁门下侍郎兼吏部尚书、同中书门下平章事	
僖宗李儇(乾符874—879,广明880—881,中和881—885,光启885—888,文德888)	1. 郑从谠:乾符元年五月,由检校刑部尚书、岭南东道节度使入迁刑部尚书 2. 崔彦昭:乾符二年,门下侍郎兼刑部尚书、同中书门下平章事、判度支,三年六月,迁尚书右仆射兼门下侍郎、同中书门下平章事、判度支 3. 卢携:乾符四年正月,以中书侍郎兼刑部尚书、同中书门下平章事,九月,迁中书侍郎兼户部尚书、同中书门下平章事 4. 牛蔚:乾符中 5. 李当:乾符中或稍后 6. 孔纬:第一任,中和元年,以刑部尚书判户部事;第二任,光启二年正月,以刑部尚书兼御史大夫,三月,迁兵部侍郎、同中书门下平章事 7. 裴瓒:僖昭世或中和前后	1. 刘承雍:乾符三年之前 2. 李景庄:乾符五年左右 3. 李溥:广明元年之前 4. 李燠:中和四年 5. 韦庾:中和四年至光启元年二月 6. 魏簹:盖僖宗世 7. 孙揆:盖文德元年至龙纪元年

续表

皇帝及年号	尚书及任职时间	侍郎及任职时间
昭宗李晔（龙纪889，大顺890—891，景福892—893，乾宁894—898，光化898—901，天复901—904，天祐904）	1. 郑延昌：景福二年六月，以中书侍郎、同中书门下平章事兼刑部尚书，乾宁元年二月，迁尚书左仆射兼门下侍郎、同尚书门下平章事 2. 崔凝：乾宁二年 3. 张祎：第一任，乾宁四年四月之前；第二任，天佑元年；第三任，天祐四年 4. 杨授：乾宁末 5. 裴贽：光化三年正月，由礼部尚书换刑部尚书，九月，迁中书侍郎、同中书门下平章事兼刑部尚书，天复元年五月，迁中书侍郎、同中书门下平章事兼户部尚书 6. 郑元规：天祐元年正月之前	1. 郑凝绩：景福中 2. 牛徽：乾宁中 3. 杨涉：乾宁四年九月之前 4. 薛廷珪：盖天复中
哀帝李柷（天祐904—907）	1. 裴迪：天佑二年	1. 卢膺：天祐二年冬或稍前

注：本表根据陈灵海《唐代刑部》、王建峰《唐代刑部尚书研究》、严耕望《唐仆尚丞郎表》与张忱石《唐尚书省右司郎官考》相关内容编制而成。表中所标数字序号仅为阅读方便，并无严格顺序意义。

（4）刑部所在

刑部作为尚书省的一部，在长安城里的位置是在“承天门街之东，第四横街之北。从西第一”①。大约是在现今西安钟楼以西的西大街钟鼓楼广场一带，现在西安妇幼保健院门前立有隋唐尚书省遗址碑。（见图3－4）

图3－4　隋唐尚书省遗址碑（江小夏摄）

2. 大理寺

在唐人的语境中，大理寺是最常被称作“法司”的机构。关于大理寺的性质和定位，传统上认为其是唐代“中央的最高审判机关”②，或者认为“大理寺是最高审判机关，负责审理朝廷文武百官犯罪以及京城徒刑以上案件”③。这种表述很大程度上来自《唐六典》中的记载：

大理卿之职，掌邦国折狱详刑之事。以五听察其情：一曰气听，二曰色听，三曰视听，四曰声听，五曰词

① （清）徐松：《增订唐两京城坊考》（修订版），三秦出版社2006年版，第12－13页。

② 张晋藩总主编：《中国法制通史》（第4卷），法律出版社1999年版，第615页。

③ 张晋藩主编：《中国法律史》，法律出版社1995年版，第248页。

听。以三虑尽其理:一曰明慎以谳疑狱,二曰哀矜以雪冤狱,三曰公平以鞫庶狱。少卿为之贰。凡诸司百官所送犯徒刑已上,九品已上犯除、免、官当,庶人犯流、死已上者,详而质之,以上刑部,仍于中书门下详覆。①

曹鹏程在其硕士论文《唐代大理寺研究》中,通过分析最高审判机关应当具备的上诉管辖权、审判监督权、死刑核准权、司法解释权并不或者并不完全由大理寺掌握,指出大理寺并不是唐代国家最高审判机关,而是唐代唯一的中央专门审判机关。② 张雨也在《大理寺与唐代司法政务运行机制转型》一文中,从司法政务运行机制角度,指出唐代前后两期大理寺的定位并不相同,至少在前期,大理寺只是在京"法司"之一,与京兆、河南府共享了两京地区司法政务的处理权,只有到后期,大理寺才逐渐成为天下刑狱的具体审断机关;只有到北宋,大理寺才比较符合"中央最高审判机关"这个概念。③ 所以,唐代大理寺的具体定位,还是一个有待进一步研究的问题。

(1)大理寺及其职官名称的变化

大理寺及其职官名称也因为龙朔和光宅初的两次大规模官制变革而有变化,具体详情见表3-7。

表3-7　唐代大理寺及职官名称演变

机构和职官	龙朔二年(662年)	咸亨元年(670年)	光宅元年(684年)	神龙元年(705年)
大理寺	详刑寺	大理寺	司刑寺[1]	大理寺
大理卿	详刑寺正卿	大理卿	司刑寺卿	大理卿
大理少卿	详刑寺少卿	大理少卿	司刑寺少卿	大理少卿
大理正	详刑大夫	大理正	司刑正	大理正
大理丞	详刑寺丞	大理丞	司刑丞	大理丞

[1]《旧唐书》卷四十四载"龙朔改为详刑寺,光宅为司刑,神龙复改"。《新唐书》卷四十八载"龙朔二年,改曰详刑寺;武后光宅元年,改曰司刑寺"。《唐六典》卷十八载"龙朔二年改为详刑寺正卿,咸亨元年复为大理。光宅元年改为司刑寺,神龙元年复改"。《旧唐书》疑省"寺"字,故采"司刑寺"。

(2)大理寺的官员员额

关于大理寺的官员员额,据《唐六典》记载,有卿1人、少卿2人,正2人,丞6人,主簿2人,录事2人,府28人、史56人,狱丞4人、狱史6人、亭长4人、掌固18人、问

① (唐)李林甫等:《唐六典》,中华书局2014年版,第502页。

② 参见曹鹏程:《唐代大理寺研究》,福建师范大学2008年硕士学位论文,第21-22页。

③ 参见张雨:《大理寺与唐代司法政务运行机制转型》,载《中国史研究》2016年第4期。

事100人,司直6人、史12人,评事12人、史24人。[①]

其中,流内品官是卿(从三品)、少卿(从四品上)、正(从五品下)、丞(从六品上)、主簿(从七品上)、录事(从九品上)、狱丞(从九品下)、司直(从六品上)、评事(从八品下),合计37人。其他辅助性官吏,即府、史、亭长、掌固、问事共248人。大理寺官员员额合计285人。

在以上职官之外,唐代也曾在大理寺下设律学助教、掌教及律学生:"武德初,隶国子监,寻废;贞观六年复置,显庆三年又废,以博士以下隶大理寺;龙朔三年复置。"[②]但时间非常短。唐代主要在国子监设律学。

《唐六典》:律学博士1人,从八品下;助教1人,从九品上。[③]

《旧唐书》:律学博士1人,从八品下;助教1人,从九品上;学生50人。[④]

《新唐书》:律学博士3人,从八品下;助教1人,从九品下;学生20人,典学2人;元和初,东都置学生5人。[⑤]

(3)大理寺官员考证

关于唐代大理寺官员的考证,郁贤皓、胡可先在《唐九卿考》中对大理卿、大理少卿的任职官员进行了考证,其中,共考证出大理卿111任、105人。[⑥] 此后,学界在此基础上又不断搜罗、增补、订正:曹鹏程在《唐代大理寺研究》一文中,根据《唐代墓志汇编》中的一方墓志,又增补了大理卿皇甫文备1人;[⑦]胡可先、咸晓婷在《〈唐九卿考〉订补》一文中,又增补了崔世枢、尔朱杲2人;[⑧]牛红广在《〈唐九卿考〉辑补》一文中,又增补了姜保安、柴令将2人;[⑨]曾涧在《〈唐九卿考〉订正》一文中,对《唐九卿考》中的尹思贞、李朝隐、赵昌、武少仪4人的情况进行了订正;[⑩]2018年,胡可先又在《〈唐九卿考〉增订》一文中,增补了韦虚心、李奉仙、韦应3人。[⑪] 2022年,胡可先在20年不断搜集资料的基础上,对《唐九卿考》又进行了增订。(见表3-8)[⑫]

---

① 参见(唐)李林甫等:《唐六典》,中华书局2014年版,第500-501页。《旧唐书》此处稍有差别,其中掌固8人、问事148人、评事史14人,且无司直史的记载。《新唐书》的记载与《唐六典》相同。参见(宋)欧阳修、(宋)宋祁:《新唐书》卷四八,中华书局1975年版,第1256页。

② (宋)欧阳修、(宋)宋祁:《新唐书》卷四八,中华书局1975年版,第1267页。

③ 参见(唐)李林甫等:《唐六典》,中华书局2014年版,第561-562页。

④ 参见(后晋)刘昫等:《旧唐书》卷四四,中华书局1975年版,第1892页。

⑤ 参见(宋)欧阳修、(宋)宋祁:《新唐书》卷四八,中华书局1975年版,第1267页。

⑥ 参见郁贤皓、胡可先:《唐九卿考》,中国社会科学出版社2003年版,第348-387页。

⑦ 参见曹鹏程:《唐代大理寺研究》,福建师范大学2008年硕士学位论文,第64-75页。

⑧ 参见胡可先、咸晓婷:《〈唐九卿考〉订补》,载《湖南大学学报(社会科学版)》2009年第2期。

⑨ 参见牛红广:《〈唐九卿考〉辑补》,载《山东图书馆学刊》2013年第4期。

⑩ 参见曾涧:《〈唐九卿考〉订正》,载《淮北职业技术学院学报》2015年第6期。

⑪ 参见胡可先:《〈唐九卿考〉增订》,载裴建平主编、西安碑林博物馆编:《纪念西安碑林930周年华诞学术研讨会论文集》,三秦出版社2018年版,第389-391页。

⑫ 参见郁贤皓、胡可先:《唐九卿考》(增订本),凤凰出版社2022年版。

表 3-8　唐代大理寺卿、少卿任职情况

皇帝及年号	大理卿	大理少卿
高祖李渊（武德 618—626）	1. 郎颖（楚之）：武德元年至二年 2. 郑善果：约武德三年 3. 张道源：武德五年 4. 崔善为：武德五年至九年 5. 崔世枢：武德中	1. 韩仲良：武德元年 2. 刘德威：约武德四年
太宗李世民（贞观 627—649）	1. 李道宗：贞观二年 2. 刘德威：第一任，贞观初期；第二任，贞观十一年至十三四年 3. 窦诞：贞观四年至八年 4. 孙伏伽：贞观十四年至二十二年 5. 唐临：贞观二十三年 6. 姜保安：贞观中	1. 戴胄：贞观元年 2. 孙伏伽：第一任，贞观元年至五年；第二任，贞观中 3. 胡演：贞观二年 4. 李弘节：贞观七年 5. 郑植：贞观中
高宗李治（永徽 650—655，显庆 656—661，龙朔 661—663，麟德 664—665，乾封 666—668，总章 668—670，咸亨 670—674，上元 674—676，仪凤 676—679，调露 679—680，永隆 680—681，开耀 681—682，永淳 682—683，弘道 683）	1. 李道裕：永徽二年至三年 2. 段宝玄：永徽三年至显庆元年 3. 袁公瑜：显庆初 4. 辛茂将：显庆三年 5. 侯善业：龙朔二年 6. 尔朱义琛：龙朔三年 7. 张文瓘：咸亨三年至上元二年 8. 张楚金：高宗时 9. 柴令将：约高宗时	1. 张叡册：永徽元年 2. 辛茂将：永徽二年 3. 李文礼：龙朔二年 4. 元大士：龙朔中 5. 来公敏：总章二年 6. 赵仁本：仪凤二年前 7. 崔庆复：约高宗时 8. 独孤元恺：约高宗时 9. 骞基：约高宗时 10. 郑肃：高宗时
中宗李显（嗣圣 684）		
睿宗李旦（文明 684）		
武后则天（光宅 684，垂拱 685—688，永昌 689，载初 689—690，天授 690—692，如意 692，长寿 692—694，延载 694，证圣 695，天册万岁 695，万岁登封 695，万岁通天 696—697，神功 697，圣历 698—700，久视 700，大足 701，长安 701—704）	1. 袁某：永昌元年 2. 李游道：长寿元年 3. 皇甫文备：长寿二年 4. 杜景俭：神功元年 5. 崔神庆：长安四年 6. 尔朱杲：则天初	1. 周兴：垂拱、永昌中 2. 郭奉一：载初元年 3. 胡元礼：天授元年 4. 张德裕：长寿元年 5. 徐有功：证圣元年 6. 皇甫文备：天册万岁元年 7. 杜景佺：约大足元年 8. 张柬之：长安三年左右 9. 桓彦范：长安四年 10. 崔昇：长安四年 11. 高士训：约武后时

续表

皇帝及年号	大理卿	大理少卿
中宗李显(神龙 705—707,景龙 707—710)	1. 尹思贞:神龙元年至二年 2. 裴谈:神龙二年 3. 郑惟忠:神龙三年 4. 崔神基:中宗初	1. 袁恕己:神龙元年 2. 侯善业[1]:神龙元年 3. 李元恭:景龙二年 4. 卢怀镇:景龙三年 5. 侯令德:景龙三年
睿宗李旦(景云 710—712,太极 712,延和 712)	1. 姜师度:景云元年	1. 王志愔:景云元年至二年 2. 马怀素:约景云末 3. 韦凑:太极元年
玄宗李隆基(先天 712—713,开元 713—741,天宝 742—756)	1. 韩思复:约先天元年 2. 张𬀩:开元元年 3. 陆余庆:开元二年 4. 崔昇:开元三年或五年 5. 姚异:开元四年 6. 崔沔:开元五年至六年 7. 元行冲:开元六年 8. 李朝隐:第一任,开元十年;第二任,开元十七年 9. 韦抗:开元十一年 10. 源光裕:开元十三年 11. 蒋钦绪:开元十七、十八年 12. 杨瑒:约开元十八年 13. 袁仁敬:开元二十一年 14. 李尚隐:开元二十三年 15. 韦虚心:约开元二十八年 16. 崔翘:开元二十九年 17. 强循:开元时 18. 高悊:开元中,两任 19. 李道邃:天宝六载 20. 韦虚舟:约天宝十一载 21. 张均:天宝十三载至十五载 22. 王璿:天宝中	1. 李子廉:先天元年 2. 陈宪:第一任,约开元元年;第二任,开元五、六年 3. 陆景初:开元二年 4. 班景倩:开元四年 5. 封全祯:开元八、九年 6. 张景昇:开元十二年 7. 袁仁敬:开元十三年 8. 胡珪:开元十三年至十四年 9. 宋楚璧:开元十九年 10. 徐峤:开元二十四年至二十五年 11. 杨璹:天宝六载 12. 李稹:天宝十载 13. 崔器:天宝末 14. 崔涛:玄宗时
肃宗李亨(至德 756—758,乾元 758—760,上元 760—761)	1. 严向:至德二载 2. 权献:乾元二年 3. 崔涣:上元元年 4. 卢正己:上元元年	1. 庾光烈:至德中 2. 张守一:乾元中

续表

皇帝及年号	大理卿	大理少卿
代宗李豫（宝应 762—763，广德 763—764，永泰 765—766，大历 766—779）	1. 裴某：代宗初 2. 敬括：大历元年 3. 卢某：大历八年	1. 李勉：宝应元年 2. 阳济：大历元年 3. 景延之：大历初期 4. 韦损：大历初期 5. 卢幼平：大历八年 6. 独孤屿：大历九年 7. 乔琳：大历十年、十一年 8. 裴翼：大历十二年 9. 马炫：大历十四年 10. 韦光弼：大历中 11. 韦光辅：大历中 12. 崔同：约大历、建中间
德宗李适（建中 780—783，兴元 784，贞元 785—805）	1. 蒋沇：第一任，建中元年；第二任，建中四年至兴元元年 2. 严郢：建中二年 3. 王翃：第一任，兴元元年；第二任，贞元八年 4. 崔论：约贞元初 5. 于颀：贞元四年 6. 崔儆：贞元八年至十一年 7. 于頔：贞元十三年 8. 郑云逵：贞元十三年 9. 李正臣：贞元十八年 10. 韦渐：贞元中 11. 裴儆：贞元中	1. 崔纵：建中三年 2. 谢某：约贞元初 3. 李速：贞元四年至五年 4. 王颜：贞元八年 5. 郑利用：贞元中 6. 孟迪：贞元中 7. 李直方：约贞元中
顺宗李诵（永贞 805）		
宪宗李纯（元和 806—820）	1. 潘孟阳：元和元年至三年 2. 赵昌：元和四年至五年 3. 武少仪：元和五年至八年 4. 裴棠棣：元和九年 5. 孔戣：元和十年至十二年 6. 裴向：第一任，元和十三年；第二任，宝历二年 7. 张正甫：元和十三年 8. 孔戢：元和十五年 9. 许季同：元和十五年 10. 李奉仙：元和中	1. 崔锐：约元和初 2. 柳登：元和二年 3. 胡珦：元和四年至七年 4. 韩重华：元和十五年 5. 王遂：元和中 6. 李诚：元和中 7. 裴坰：约元和中
穆宗李恒（长庆 821—824）	1. 刘元鼎：长庆元年至二年 2. 崔元略：长庆四年	1. 韦顗：长庆初 2. 吴丹：长庆四年

续表

皇帝及年号	大理卿	大理少卿
敬宗李湛(宝历 825—827)	1. 裴向:宝历二年	1. 李繁:宝历二年
文宗李昂(太和 827—835,开成 836—840)	1. 李谅:太和三年 2. 裴谊:太和四年 3. 王正雅:太和五年 4. 刘遵古:太和八年 5. 罗让:太和九年 6. 郭行余:太和九年 7. 卢商:太和九年至开成元年 8. 卢贞:开成三年至四年 9. 崔郇:开成四年 10. 韦应:开成初	1. 崔杞:太和四年 2. 郑某:太和七年 3. 裴充:太和八年至九年 4. 王茂元:开成元年(?)至二年(?) 5. 李武:开成二年 6. 韦纾:开成二年 7. 李衢:开成四年
武宗李炎(会昌 841—846)	1. 武翊黄:约会昌二年 2. 杨敬之:会昌五年 3. 孙公乂:会昌六年 4. 马植:会昌六年至大中元年	1. 裴识:会昌元年
宣宗李忱(大中 847—860)	1. 卢言:大中二年 2. 裴俦:大中三年 3. 刘濛:大中四年 4. 温璋:大中五年 5. 裴识:大中六年 6. 马曙:大中六年至九年 7. 杨师复:大中中 8. 裴思谦:约大中末	1. 李言:约大中元年 2. 杜牧(?):大中四年 3. 卢籍:大中五六年 4. 吕让:大中七八年 5. 韦宙:大中十二年
懿宗李漼(咸通 860—874)		1. 董赓:咸通六年至七年 2. 康璙:咸通八年至九年 3. 刘庆初:咸通十年
僖宗李儇(乾符 874—879,广明 880—881,中和 881—885, 光启 885—888,文德 888)	1. 蔡行:乾符二年 2. 张彦远:乾符二年至三年 3. 殷僧辩:乾符四年	1. 张彦远:乾符二年 2. 王承颜:乾符四年 3. 徐焕:乾符五年 4. 薛赡:中和四年
昭宗李晔(龙纪 889,大顺 890—891, 景福 892—893, 乾宁 894—898,光化 898—901,天复 901—904,天祐 904)	1. 李埛:乾宁二年 2. 李克勤:乾宁三年 3. 李逊:昭宗时 4. 殷盈孙:昭宗时 5. 王彦昌:昭宗时	1. 孙乘:昭宗时 2. 徐某:昭宗时
哀帝李柷(天祐 904)		

续表

皇帝及年号	大理卿	大理少卿
待考证	1. 李稹 2. 崔审 3. 李诲	

注：本表主要根据《唐九卿考》(增订本)相关内容编制而成。表中所标数字序号仅为阅读方便，并无严格顺序意义。

[1]《唐九卿考》提出此条据《唐会要》卷六六，但侯善业龙朔二年(662 年)已为大理卿，此处可能有误。参见郁贤皓、胡可先：《唐九卿考》，中国社会科学出版社 2003 年版，第 401 页。

随着传世文献的不断数据化、文献检索技术的不断进步以及碑刻、墓志等文献的不断涌现，相信未来对大理卿等唐代大理寺官员的考证将不断更新和增补。

(4)大理寺的位置

大理寺在长安城的位置是"承天门街之西，第四横街之北。从东第一，司农寺。寺西，含光门街，街西第一，尚舍局。次西，尚辇局。次西，卫尉寺。次西，大理寺。寺西有南北街"①。现今西安安定门门内附近西大街的北侧，立有唐大理寺遗址碑。(见图 3－5)

图 3－5　唐大理寺遗址碑
(江小夏摄)

3. 御史台

传统上，对唐代御史台的定位是"中央监察机关"，主要职责是负责监察全国的各级官吏，也参加一些重大、疑难案件的审判。②《唐六典》记载：

御史大夫之职，掌邦国刑宪、典章之政令，以肃正朝列；中丞为之贰。凡天下之人有称冤而无告者，与三司诘之。凡中外百僚之事应弹劾者，御史言于大夫，大事则方幅奏弹，小事则署名而已。若有制使覆囚徒，则与刑部尚书参择之。凡国有大礼，则乘辂车以为之导。③

(1)御史台设置的变化

御史台作为唐代中央机关的一部分，也经历了唐前中期几次大的官制改易。先是在高宗龙朔二年(662 年)的官制大改中，御史台改称宪台，御史大夫改称大司宪，御史中丞改称司宪大夫，咸亨二年(671 年)复旧。后在武则天光宅元年(684 年)又改御史台为左肃政台，并增设右肃政台，以分察京内外。中宗神龙元年(705 年)，改为

① (清)徐松：《增订唐两京城坊考》(修订版)，三秦出版社 2006 年版，第 16 页。
② 参见张晋藩总主编：《中国法制通史》(第 4 卷)，法律出版社 1998 年版，第 622 页。
③ (唐)李林甫等：《唐六典》，中华书局 2014 年版，第 378－379 页。

左、右御史台。睿宗延和元年废右台，玄宗先天二年（713 年）九月又置右台，十月又废（见表 3－9）。相应地，御史台的官员名称也随之更易，如宪台的长官是大司宪，司宪大夫为之副手。除此之外，也因避讳等原因，对官职名称有过个别调整，如贞观二十三年（649 年）为避太子李治的名讳，以御史中丞代治书侍御史。①

表 3－9　唐代御史台设置沿革

时间	御史台设置		
太宗贞观二十三年（649 年）前	御史台	御史大夫	治书侍御史
太宗贞观二十三年（649 年）	御史台	御史大夫	御史中丞
高宗龙朔二年（662 年）	宪台	大司宪	司宪大夫
高宗咸亨元年（670 年）	御史台	御史大夫	御史中丞
武则天光宅元年（684 年）	左肃政台 右肃政台	左肃政大夫 右肃政大夫	左台御史中丞 右台御史中丞
中宗神龙元年（705 年）	左御史台 右御史台	左御史大夫 右御史大夫	左台御史中丞 右台御史中丞
睿宗延和元年（712 年）	御史台	御史大夫	御史中丞
玄宗先天二年（713 年）九月	左御史台 右御史台	左御史大夫 右御史大夫	左台御史中丞 右台御史中丞
玄宗先天二年（713 年）十月	御史台	御史大夫	御史中丞

（2）御史台官员员额

关于御史台官员的员额，据《唐六典》载，御史台设：御史大夫 1 人（正三品），御史中丞 2 人（正四品下）；侍御史（从六品下）4 人；主簿 1 人（从七品下），录事（从九品下）2 人，令史 15 人②，书令史 25 人③，亭长 6 人，掌固 12 人；殿中侍御史 6 人（从七品上），令史 8 人，书令史 10 人④；监察御史（正八品上）10 人，令史 34 人⑤。⑥ 另两唐书

① 参见（唐）李林甫等：《唐六典》，中华书局 2014 年版，第 377－378 页；（唐）杜佑：《通典》，中华书局 2016 年版，第 654 页。

② 《旧唐书・职官志》记载为 17 人。参见（后晋）刘昫等：《旧唐书》卷四四，中华书局 1975 年版，第 1862 页。

③ 《旧唐书・职官志》记载为 23 人。参见（后晋）刘昫等：《旧唐书》卷四四，中华书局 1975 年版，第 1862 页。

④ 两唐书所载均为 18 人。参见（后晋）刘昫等：《旧唐书》卷四四，中华书局 1975 年版，第 1863 页；（宋）欧阳修、（宋）宋祁：《新唐书》卷四八，中华书局 1975 年版，第 1239 页。

⑤ 《新唐书・百官志》载“察院有计史三十四人，令史十人，掌固十二人”。参见（宋）欧阳修、（宋）宋祁：《新唐书》卷四八，中华书局 1975 年版，第 1239 页。

⑥ 参见（唐）李林甫等：《唐六典》，中华书局 2014 年版，第 377－381 页。

中载录事2人后还有主事2人。[1] 关于官吏的具体数额,品内的职官26人基本没有异议,辅助性官吏如令史、书令史、亭长、掌固等的数额,各类史料中所载有所出入。

(3)御史台官员考证

关于御史台官员的考证,胡沧泽在《唐代御史制度研究》一书中根据《旧唐书》《新唐书》《唐会要》《资治通鉴》《贞观政要》《册府元龟》等史料考证了唐代曾任职御史台的主要官员,其中曾任御史大夫的130人,曾任御史中丞的167人,这些统计包括检校、兼、摄等情况在内(见表3-10)。[2] 当然,由于史料的局限,曾任御史大夫和御史中丞的人数当远不止此。

表3-10 唐代御史大夫、御史中丞任职情况

年代	御史大夫	御史中丞
高祖李渊(武德618—626)	1. 皇甫无逸:武德二年至三年 2. 冯长命:武德九年 3. 杜淹:武德九年至贞观二年	1. 孙伏伽:武德元年至九年
太宗李世民(贞观627—649)	1. 温彦博:贞观二年至四年 2. 肖瑀:贞观四年 3. 张亮:贞观五年 4. 韦挺:贞观六年至八年 5. 马周:贞观十七年 6. 李乾祐:贞观二十二年至永徽元年	1. 权万纪:贞观三年至贞观十年 2. 刘洎:贞观十年至十一年 3. 马周:贞观十五年 4. 唐临:贞观十七年 5. 李乾祐:贞观二十年至二十一年
高宗李治(永徽650—655,显庆656—661,龙朔661—663,麟德664—665,乾封666—668,总章668—670,咸亨670—674,上元674—676,仪凤676—679,调露679—680,永隆680—681,开耀681—682,永淳682—683,弘道683)	1. 唐临:永徽元年至二年 2. 崔义玄:永徽四年至六年 3. 李义府(检校):显庆二年 4. 窦德玄:麟德元年 5. 刘仁轨:麟德二年至乾封元年 6. 乐彦玮:乾封元年至仪凤元年 7. 高智周:调露元年至二年 8. 韦思谦:永淳元年至弘道元年、光宅元年至垂拱二年	1. 刘祥道:永徽元年 2. 贾敏行:永徽三年至四年 3. 袁公瑜:永徽六年 4. 郎余庆:龙朔二年 5. 杨德裔:龙朔二年至三年

---

① 参见(后晋)刘昫等:《旧唐书》卷四四,中华书局1975年版,第1861-1863页;(宋)欧阳修、(宋)宋祁:《新唐书》卷四八,中华书局1975年版,第1239页。

② 参见胡沧泽:《唐代御史制度研究》,福建教育出版社2000年版,第162-213页。

续表

年代	御史大夫	御史中丞
武后则天（光宅684，垂拱685—688，永昌689，载初690，天授690—692，如意692，长寿692—694，延载694，证圣695，天册万岁695，万岁登封695，万岁通天696—697，神功697，圣历698—700，久视700，大足701，长安701—704）	1. 骞味道：光宅元年、垂拱四年 2. 王本立：载初元年至天授元年 3. 格辅元：天授二年 4. 杨再思：延载元年、圣历二年、长安四年 5. 娄思德：万岁登封元年至万岁通天二年 6. 狄仁杰：万岁通天二年 7. 唐休璟（兼）：圣历二年 8. 魏元忠：久视元年至长安三年 9. 李承嘉：长安四年、神龙二年	1. 来俊臣：垂拱二年、长寿元年 2. 魏元忠：永昌元年、长寿元年、神功元年、圣历二年 3. 李嗣真：永昌元年至天授二年 4. 周允元：长寿三年 5. 霍献可：万岁通天元年 6. 吉顼：神功元年至圣历二年 7. 崔献：圣历元年 8. 宋璟：长安元年至四年 9. 桓彦范：长安三年至四年 10. 袁恕己：长安四年
中宗李显（神龙705—707，景龙707—710）	1. 苏珦：神龙元年至二年 2. 张知泰：神龙元年 3. 窦怀贞：神龙二年至景龙二年、景云元年至二年 4. 解琬：景龙三年 5. 郑惟忠：景龙三年	1. 萧至忠：神龙元年至二年 2. 周利贞：神龙二年 3. 姚廷筠：景龙元年至二年 4. 冯嘉宾：景龙二年 5. 卢怀镇：景龙二年
睿宗李旦（景云710—712，太极712，延和712）	1. 毕构：景云元年 2. 李日知：景云元年 3. 薛谦光：景云二年 4. 萧至忠：景云二年 5. 宋璟：景云二年、开元三年	1. 王志愔：景云元年 2. 张暐：景云元年 3. 杨茂谦：景云二年 4. 韦抗：景云二年 5. 和逢尧：景云二年
玄宗李隆基（先天712—713，开元713—741，天宝742—756）	1. 尹思贞：开元元年 2. 赵彦昭：开元元年 3. 王琚：开元元年 4. 郭虔瓘（摄）：开元二年 5. 李杰：开元三年至四年 6. 王晙：开元三年至八年 7. 张说（摄）：开元七年 8. 韦抗：开元八年至开元十年 9. 裴漼：开元十年至十一年 10. 韩思复：开元十一年至十二年 11. 程行谌：开元十三年 12. 崔隐甫：开元十四年至十五年 13. 李朝隐：开元十五年至十八年、开元二十一年（兼）、开元二十二年（摄）	1. 姜师度（摄）：开元元年 2. 强循（摄）：开元元年 3. 姜晦：开元元年至四年 4. 李谨度：开元八年 5. 张洽：开元十年 6. 韦虚心：开元十年 7. 宇文融：开元十二年至十五年 8. 蒋钦绪：开元十三年 9. 崔宽：开元十三年 10. 李林甫：开元十四年、开元十六年 11. 王君㚟（摄）：开元十六年 12. 卢怡：开元二十二年 13. 卢绚：开元二十二年 14. 王敬从：开元二十二年至二十五年

续表

年代	御史大夫	御史中丞
玄宗李隆基（先天712—713，开元713—741，天宝742—756）	14. 裴光庭（兼）：开元十七年至十八年 15. 崔琳：开元十九年二十一年 16. 王丘：开元二十一年 17. 李尚隐：开元二十一年 18. 李适之：开元二十四年至二十五年、开元二十七年、天宝元年 19. 李通：开元二十五年 20. 裴宽：天宝二年、天宝三载（兼） 21. 王忠嗣（兼）：天宝四载 22. 郭虚已（兼）：天宝五载 23. 安禄山（兼）：天宝六载 24. 哥舒翰：天宝八载（加摄）；天宝十三载（兼） 25. 王鉷：天宝九载至十一载 26. 宋浑：天宝九载 27. 杨国忠：天宝十一载 28. 高仙芝（兼）：天宝十四载 29. 郭子仪（加）：天宝十四载	15. 张倚：开元二十八年至天宝二年 16. 张利贞：开元二十九年 17. 肖谅：天宝二年、天宝六载 18. 杨慎矜：天宝三载、六载 19. 韦坚（兼）：天宝三载 20. 王鉷：天宝四载至六载、八载 21. 杨钊：天宝七载（兼）、八载 22. 宋浑：天宝九载 23. 吉温：天宝十一载至十三载 24. 卢奕：天宝十一载至十四载 25. 田良丘：天宝十四载
肃宗李亨（至德756—758，乾元758—760，上元760—761）	1. 魏方进：至德元载 2. 韦陟：至德元载 3. 房琯（兼）：至德元载 4. 颜真卿：至德元载 5. 崔光远：至德元载至二载 6. 贺兰进明：至德二载（兼）、乾元二年 7. 许叔冀（兼）：至德二载 8. 崔器：至德二载、乾元三年 9. 李峘：至德二载 10. 李岘：至德二载至乾元二年 11. 王玙（兼）：上元二年	1. 韦谔：至德元载 2. 宋若思：至德元载 3. 裴冕：至德元载 4. 苏震：至德元载 5. 崔器：至德元载至二载 6. 吕湮：至德元载 7. 第五琦（兼）：至德三载 8. 崔伯阳：乾元二年 9. 毛若虚：乾元二年 10. 李铣：上元元年 11. 敬羽：上元二年 12. 元载：上元二年

续表

年代	御史大夫	御史中丞
代宗李豫（宝应762—763，广德763—764，永泰765—766，大历766—779）	1. 尚衡：宝应元年 2. 严武：广德元年 3. 王仲昇（兼）：广德元年 4. 王翊：广德元年至大历二年 5. 崔涣：大历三年 6. 敬括：大历四年至六年 7. 张延赏：大历六年 8. 李栖筠：大历六年至十一年 9. 李涵：大历十一年至十四年 10. 乔琳：大历十四年	1. 李涵（兼）：宝应元年 2. 张延赏：宝应二年 3. 王延昌：广德二年 4. 源休：广德二年 5. 李进：大历元年 6. 崔宽：大历二年 7. 归崇敬（兼）：大历三年 8. 陈少游（兼）：大历五年 9. 刘希暹（加）：大历五年 10. 王驾鹤（加）：大历五年 11. 李怀光（兼）：大历六年 12. 何运：大历十年 13. 蒋沇：大历十年 14. 董晋（兼）：大历十四年 15. 房宗偃：大历十四年
德宗李适（建中780—783，兴元784，贞元785—805）	1. 崔宁：大历十四年至建中二年 2. 卢杞：建中二年 3. 严郢：建中二年至三年 4. 于颀：建中四年至兴元元年 5. 李齐运：兴元元年 6. 崔纵：贞元元年至二年	1. 元全柔：建中元年 2. 严郢：建中元年 3. 李芃（兼）：建中元年 4. 郑叔则：建中二年 5. 袁高：建中二年 6. 卫晏：建中二年 7. 杜佑（兼）：建中二年 8. 杨真：建中三年 9. 齐映：建中四年至兴元元年 10. 刘从一：建中四年 11. 田希鉴（检校）：兴元元年 12. 窦参：贞元二年至五年 13. 徐粲：贞元五年 14. 姚南仲：贞元五年 15. 卢绍：贞元六年 16. 韩皋：贞元七年 17. 穆赞：贞元八年、十年 18. 韦贞伯：贞元九年 19. 袁滋（兼）：贞元十年 20. 王颜：贞元十二年 21. 宇文邈：贞元十三年 22. 于頔（兼）：贞元十四年至十五年 23. 姚齐梧：贞元十六年

续表

年代	御史大夫	御史中丞
顺宗李诵（永贞805）	1. 潘孟阳（兼）：永贞元年	1. 武元衡：贞元二十年、永贞元年、元和元年至二年 2. 李鄘：永贞元年
宪宗李纯（元和806—820）	1. 李元素：元和二年 2. 高郢：元和三年至四年 3. 赵宗儒：元和九年 4. 程异（兼）：元和十二年 5. 李夷简（兼）：元和十三年 6. 崔群：元和十五年 7. 李绛：元和十五年	1. 卢坦：元和二年至三年 2. 窦群：元和三年 3. 李夷简：元和四年至五年 4. 王播：元和五年 5. 吕元膺：元和五年 6. 柳公绰：元和五年至六年 7. 窦易直：元和六年 8. 薛存诚：元和八年 9. 胡证：元和九年 10. 裴度：元和九年至十年 11. 崔从：元和十年至十一年 12. 崔元略：元和十二年至十三年 13. 崔植：元和十二年、十五年 14. 孟简：元和十三年 15. 萧俛：元和十三年至十五年
穆宗李恒（长庆821—824）	1. 柳公绰：长庆二年 2. 王涯：长庆三年至四年	1. 牛僧孺：长庆元年至三年 2. 李德裕：长庆二年 3. 李绅：长庆三年 4. 郑覃：长庆四年 5. 韦颤：长庆四年
敬宗李湛（宝历825—827）		1. 王璠：宝历元年 2. 独孤朗：宝历元年至二年
文宗李昂（太和827—835，开成836—840）	1. 段文昌：大和元年 2. 郑细：大和二年 3. 郑覃：大和七年至八年 4. 温造：大和八年至九年 5. 李固言：大和九年	1. 温造：大和元年至三年 2. 宇文鼎：大和三年至六年 3. 李汉：大和六年至七年 4. 舒元舆：大和九年 5. 李孝本：大和九年 6. 李翊：大和九年、开成元年 7. 归融：开成元年 8. 狄兼谟：开成元年至三年 9. 丁居晦：开成三年至四年 10. 高元裕：开成四年 11. 黎植：开成五年 12. 裴夷直：开成五年

续表

年代	御史大夫	御史中丞
武宗李炎（会昌841—846）	1. 陈夷行：会昌元年	1. 李师稷：会昌元年 2. 苗镇（兼）：会昌元年 3. 李回：会昌二年、会昌三年（兼）、会昌四年至五年 4. 李璟（兼）：会昌二年
宣宗李忱（大中847—860）	1. 崔铉：大中三年 2. 郑朗：大中十年 3. 李景让：大中十一年	1. 封敖：大中元年 2. 魏谟：大中二年至四年 3. 令狐绹：大中三年 4. 韦有翼：大中三年 5. 夏侯孜：大中十年（兼）、大中十一年
懿宗李漼（咸通860—874）	1. 郑涯：咸通二年 2. 徐商：咸通六年 3. 张玄稔（兼）：咸通十年 4. 张直方：咸通十三年	1. 徐商：咸通六年 2. 赵骘：咸通七年 3. 孙瑝：咸通十一年 4. 赵隐：咸通十三年 5. 韦蟾：咸通十四年
僖宗李儇（乾符874—879，广明880—881，中和881—885，光启885—888，文德888）	1. 裴瓒（检校）：乾符元年 2. 窦浣（检校）：乾符元年 3. 李蔚：乾符二年 4. 李琢（兼）：广明元年 5. 朱温（兼）：中和三年 6. 王徽：中和四年 7. 孔纬：光启二年 8. 李茂贞（兼）：光启三年 9. 柳玭：文德元年	1. 李迢：乾符三年 2. 刘崇龟：广明元年 3. 赵濛：广明元年 4. 李焕：中和元年 5. 卢渥：中和三年
昭宗李晔（龙纪889，大顺890—891，景福892—893，乾宁894—898，光化898—901，天复901—904，天祐904）	1. 卢彦威（兼）：大顺元年 2. 王师范（兼）：大顺二年 3. 徐彦若：景福二年至乾宁元年 4. 王珂（兼）：乾宁二年 5. 赵崇（兼）：光化三年	1. 徐彦若：龙纪元年、大顺二年 2. 杜彦林：景福二年 3. 崔胤：景福二年、乾宁元年 4. 赵光逢：乾宁三年 5. 狄归昌：乾宁四年
哀帝李柷（天祐904）	1. 葛从周（兼）：天祐二年 2. 刘仁遇（兼）：天祐二年 3. 薛贻矩：天祐四年	1. 韩仪：天祐元年

（4）御史台所在

御史台在长安城的位置是："承天门街之西，第六横街之北。从东第一，宗正寺。

次西,御史台。”[①]大明宫里也有御史台所在,位置是“月华门外为中书省。省南为御史台”[②]。

(二)地方司法机构

原先,唐代地方正式的行政级别是州(郡)、县两级。中宗神龙二年(706 年),分天下为十道,置巡察使 20 人,按察郡(州)县。后巡察使改称按察使、采访处置使、观察使领都团练使等,又有防御使、节度使等使职出现,道一级渐渐成为一级行政级别。[③] 编成于唐宪宗元和八年(813 年)的《元和郡县图志》中载有关内道、河南道、河东道、河北道、山南道、淮南道、江南道、剑南道、岭南道、陇右道十道。[④] 州(郡)全国大约 300 个。在州(郡)一级,还有府这种特殊的行政区,一般是皇帝驻过的州改称为府,如雍州为京兆府、洛州为河南府、并州为太原府、蒲州为河中府、岐州为凤翔府、梁州为兴元府、益州为成都府、荆州为江陵府。[⑤] 在道、州(府)、县体制之外,曾在边境地区还设置了安东、安西、安南、安北、北庭、单于等都护府,也与州同级;在军事要冲之地,设都督府,开元时期就有并州、益州、荆州、扬州、潞州五个大都督府。

道之长官有节度使、观察使、团练使、防御使、经略使等,府、大都督府、大都护的长官称牧、大都督、大都护[⑥],州的长官称刺史,县的长官是县令,这些都是当然的地方司法官员。在中国传统政治体制中,地方长官行政、司法诸事兼理,正因如此,唐代正式授官的吏部考试要考身、言、书、判,其中的判就是断案。流传后世的白居易《百道判》、张鷟《龙筋凤髓判》其实都是当时供考生参考的辅导材料。但各级政府的长官毕竟只是一人,难以面对诸多杂务,故其下属的官佐是负责更具体相关事务的人。在司法方面,各级地方政府均设置了相关的官佐(见表 3 - 11)。

表 3 - 11　《唐六典》所载的地方司法官员

机构	长官	司法属官与佐吏
京兆、河南、太原等府	牧(从二品)	法曹参军事(正七品下)2 人;府 7 人,史 14 人
大都督府	大都督(从二品)	法曹参军事(正七品下)2 人;府 4 人,史 8 人

---

① (清)徐松:《增订唐两京城坊考》(修订版),三秦出版社 2006 年版,第 16 - 17 页。

② (清)徐松:《增订唐两京城坊考》(修订版),三秦出版社 2006 年版,第 21 - 22 页。

③ 参见(唐)杜佑:《通典》职官十四,中华书局 2016 年版,第 883 页。

④ 参见(唐)李吉甫:《元和郡县图志》,中华书局 1983 年版。

⑤ 参见(后晋)刘昫等:《旧唐书》卷四九下,中华书局 1975 年版,第 1311 页。

⑥ 京兆、河南牧以及大都督、大都护一般由亲王遥领,实际主持的是府尹、长史、副大都护。参见(后晋)刘昫等:《旧唐书》卷四九下,中华书局 1975 年版,第 1310 页。

续表

机构	长官	司法属官与佐吏
中都督府	都督(正三品)	法曹参军事(从七品上)1人;府4人,史8人
下都督府	都督(从三品)	法曹参军事(从七品下)1人;府3人,史6人
大都护府	大都护(从二品)	法曹参军事(正七品下)1人;府3人,史4人
上州	刺史(从三品)	司法参军事(从七品下)2人;佐4人,史8人
中州	刺史(正四品上)	司法参军事(正八品下)1人;佐3人,史6人
下州	刺史(正四品下)	司法参军事(从八品下)1人;佐2人,史4人
京县①	令(正五品上)	尉(从八品下)6人;司法佐5人,史10人
畿县②	令(正六品上)	尉(正九品下)2人;司法佐4人,史8人(万户已上增置佐1人、史2人)
上县	令(从六品上)	尉(从九品上)2人;司法佐4人,史8人(万户已上增置佐1人、史2人)
中县	令(正七品上)	尉(从九品下)1人;司法佐3人,史6人(四千户增置佐1人、史2人)
中下县	令(从七品上)	尉(从九品下)1人;司法佐2人,史4人
下县	令(从七品下)	尉(从九品下)1人;司法佐2人,史4人

注:根据《唐六典·三府都护州县官吏》编制。

在《唐六典》编成之后,唐代地方行政体制发生了不少变化,其中使职的普遍是最显著的变化。节度使、观察使、团练使、防御使、经略使等掌握地方实权,并拥有自辟幕僚的用人权,其下有判官、推官、巡官等幕僚。这些地方节度使的幕僚,由其自己征召任命,然后由节度使等向朝廷"上闻"③,朝廷会授予幕僚一定的官阶,此正所谓"守臣奏荐,朝廷选除"④。如大文豪韩愈在贞元八年(792年)中进士后到贞元十七年(801年)通过吏部铨选。这10年间,就曾两度入幕,其中第一次是在宣武节度使董晋幕中任观察推官。这些幕僚中,就有负责"推鞫狱讼"的,如"盐铁推官姚勗按大狱,帝以为能,擢职方员外郎,将趋省,温使户止,即上言:'郎官清选,不可赏能吏。'"⑤这说的就是推官因治狱有能名而受到皇帝关注之事。

---

① 京县:万年、长安、河南、洛阳、奉先、太原、晋阳等。

② 畿县:京兆、河南、太原等府诸县。

③ (唐)杜佑:《通典》职官十四,中华书局2016年版,第884页。

④ 《定节度使奏荐属官敕》,载栾贵明等主编:《全唐文新编》卷一二一,吉林文史出版社2000年版,第1364页。

⑤ (宋)欧阳修、(宋)宋祁:《新唐书》卷一六九,中华书局1975年版,第5159页。

关于州府一级的司法属官，即法曹参军事、司法参军事，黄正建曾根据《千唐志斋新藏专辑》《旧唐书》《新唐书》《全唐文》《全唐文补遗》等传统史籍，考证出唐代法曹、司法参军事343人，并对他们的出身、迁转、职掌等进行了统计和考察。[①] 唐代任过这一级司法属官的名人也有不少，上文提到的韩愈，在贞元二十一年（805年）左右任江陵府法曹参军事。当然，其任此职是因在监察御史任上《论天旱人饥状》疏，被权臣谗害贬谪出京。后来，好不容易遇新帝即位大赦天下，但韩愈依然没有被召回京任职，加上其本人对狱讼等事不甚感兴趣，所以有"判司卑官不堪说"（《八月十五夜赠张功曹》）[②]、"棲棲法曹掾，何处事卑陬？生平企仁义，所学皆孔周。早知大理官，不列三后俦。何况亲犴狱，敲榜发奸偷"（《赴江陵途中寄赠王二十补缺李十一拾遗李二十六员外三学士》）[③]之类的吐槽之语。

在县一级，具体负责司法事务的主要是县尉。《唐六典》载："县尉亲理庶务，分判众曹，割断追催，收率课调。"[④]在地方行政中，州县的行政体制设置对应了中央的吏户礼兵刑工六部制，也分六曹，州一级就是司功参军事、司仓参军事、司户参军事、司兵参军事、司法参军事、司士参军事，县一级也有功（掌官吏考课、礼乐、学校等）、仓（掌租赋、仓库、市肆等）、户（掌户籍、婚嫁等）、兵（掌武官、军防、传驿等）、法（掌刑法、盗贼等）、士（掌桥梁、舟车、舍宅等）六曹。[⑤] 正如表3-11所示，县也分大小等级，最高级的京县县尉有6人，正好分判六曹。而畿县和上县县尉都只有2人，就会有分工，一人负责功、户、仓三曹等文书类行政事务，另一人负责兵、法等曹事务，需要从事缉捕贼盗、审理案件等剧务，所以又被称为捕贼尉。此二县尉就有了高下之分，前者要清要些，后者处理的事务繁杂急剧，还时有被追责的风险，所以地位要低些。至于其他等级县的县尉，只能诸曹兼理，缉捕贼盗、审理案件等司法事务更是逃脱不掉的。

关于县尉处理司法事务的具体情况，传统史料很少涉及，幸运的是在吐鲁番出土文书中，留存下了一些案卷，通过其中的寥寥数语，可以一窥县尉处理司法实务的琐细。其中，《唐宝应元年（762年）六月康失芬行车伤人案卷》较为详细地展现了这些细节。案件情况大致是：行客靳嗔奴雇工康失芬驾车辗伤坐在店门前的史拂那之子金儿、曹没冒之女想子，造成两人腰胯损伤，史、曹二人控告靳嗔奴，县司经审查，准了康失芬保辜，积极医治伤者，根据伤者后续情况承担相应罪责的请求。此案有三位官员判案，分别是县令铮、县丞曾和县尉诚。[⑥] 案卷中三位官员留下的都是只言片语，但

---

① 参见黄正建：《唐代司法参军的若干问题》，载黄正建：《唐代法典、司法与〈天圣令〉诸问题研究》，中国社会科学出版社2018年版，第151页。

② 参见《韩愈选集》，上海古籍出版社2013年版，第36页。

③ 参见《韩愈选集》，上海古籍出版社2013年版，第44页。

④ （唐）李林甫等：《唐六典》，中华书局2014年版，第753页。

⑤ 参见赖瑞和：《唐代基层文官》，中华书局2008年版，第138－139页。

⑥ 可能由于需要面对诸多案卷，官员签字均只潦草写一个字。

作为案件审理人的县尉诚留下的只言片语是最多的："靳嗔奴并作人责保到，随案引过，谘取处分讫。各牒所由，谘，诚白。"他在留下的只言片语中简单介绍了案件怎么处理，而县丞曾只留下了"依判，谘，曾示"，县令铮也只有"放出勒保辜，仍随牙。余依判"的指示。可见，县尉是基层司法案件的主要经办人，由其拟就处理意见，再由其上司县丞、县令定夺。①

唐代担任过县尉的名人也不少，白居易、李商隐这两位大诗人都曾任过县尉，其中李商隐做的正是吃力不讨好的捕贼尉，为此他还写诗请辞，"黄昏封印点刑徒，愧负荆山入座隅。却羡卞和双刖足，一生无复没阶趋"。(《任弘农尉献州刺史乞假归京》)②可见，在唐代，从事基层司法工作也是十分艰苦辛酸的。

---

① 参见国家文物局古文献研究室等编：《吐鲁番出土文书》(第9册)，文物出版社1990年版，第128－134页。

② 参见《李商隐诗集》，(清)朱鹤龄笺注，上海古籍出版社2015年版，第192页。

第四章　隋唐法律艺术

隋唐时期的法律艺术，旨在讨论隋唐时期如何创造性地解决法律问题。该时期的法律艺术一方面继承了秦汉魏晋南北朝的法律实践经验，另一方面又为中华法系的后续发展带来了专业性及学理性等因素，其中尤以立法制定艺术与诉讼运作艺术为核心。

第一节　隋唐法律艺术既有研究分析

在展开本节的具体论述之前，务须澄清的问题是：何为法律艺术？或者说法律艺术具备什么样的含义，法律艺术的意义是什么？而对于中华法系中的法律艺术，既有研究又得出了怎样的观点，提供了何种贡献？

一、法律的艺术性分析

以理性主义的视角观之，法律作为一种科学似乎与艺术并无联系。前者受理性所控制，是对客观世界所发生的事实进行整理；后者受感性控制，是对外在世界的素材进行主观的创造。

然而从经验主义的角度却得出相反的看法，正如奥地利法社会学家欧根·埃利希（Eugen Ehrlich，1862—1922）在其《法社会学原理》（Grundlegung der Soziologie des Rechts）中所指出的那样，“对于正义的追求”和“对于艺术的探索”是共通的，他认为：“尽管正义以社会潮流为基础，但它要变成现实，仍需要个人的亲身行为。在这一点上，它与艺术最为相似。一如我们今天所知，艺术家创造其艺术作品不是出自其内在的自我，他只能够将社会所提供给他的东西塑造成形；但正如艺术作品一样，尽管它是社会之力的结果，也必须由艺术家为之穿戴上某种形体，同样，正义也需要一个先知来宣告它；再者，同艺术作品一样，尽管它形成于社会的素材，但从艺术家那里获得其整个个性标识，正义仅仅从社会那里获得其未经加工的内容，相反，正义的个别形态却更应归因于创造它的正义艺术家。”[①]埃利希站在法律史的角度上,否定科学与艺术间的隔阂,指出没有艺术感受力、想象力和造型力,科学将无法完成其使命:“科学和艺术之间不存在对立。任何一种真正的科学作品就是一件艺术作品,不是艺术家的人,将是一个贫乏的科学人。”[②]

无独有偶,中国近代著名法学家吴经熊也指出法律与艺术间的联系,认为二者的共同点是以对称的、有序的、和谐的排列方式对材料进行有机组合,艺术的组合方式可以是音乐、绘画及诗歌等;与此相对的,法律的排列组合是制定法、法官判决与文献整理之类的内容。而吴经熊根据法律与艺术均包含的实践属性指出,法律要么是艺术,要么什么都不是。

结合上述两位法学家的观点,对于什么是法律艺术可以产生一定的认识。

首先,法律具有艺术属性。[③]诚然,感性与理性存在相当大的隔阂,但这仅仅是就这两种思维方式本身而言的。一种科学本身兼具这两种思维并非不可能。众所周知,法律科学是一种为人们设定规则、行为指南,提供断然性理由并对人们的行为进行评价的技艺。名之为“技艺”而非“技术”,就暗含了这样一种含义:法律不能仅仅是法律实证主义所主张的那样“自动售货机”式的“规则—适用”程序,即不能仅仅是一种机械运作,而是需要创造力的,无论是古罗马时期的裁判官规则,还是英国法上的判例制度、抑或是当代民法中的类推适用,都是这种创造力的体现。既然法律呼唤“创造力”的降临,那么一种带有激情色彩的感性思维进入法律的逻辑,赋予法律运作创造性,并作为法律本质中的一部分存在,即为必然的。

其次,法律的运作过程应当具备艺术性。胡平仁认为,在法律的运作工程中存在两个层次的法律艺术:低层次的法律艺术是具有一定独创性的立法、执法、侦查、诉讼、审判、调解和仲裁技巧,高层次的法律艺术则是那些可以学习但不能模仿或重复的、体现人类高超的法律智慧、出人意料而又合乎情理及法律精神的解决法律问题的方式方法。[④] 结合上一点中所讨论的关于法律“技术”与法律“技艺”的区分,可知法律的运作中有艺术性与非艺术性之划分,后者指那些严格法定的权限或程序性内容,

---

① 该书另有多处对于“法律艺术”及“法律与艺术”的论述,在此不一一列举。作者埃利希还将包括福蒂斯丘、布莱克斯通在内的一些法学家称为艺术家。[奥]欧根·埃利希:《法社会学原理》,舒国滢译,中国大百科全书出版社2009年版,第222页。

② 为了证明这一点,埃利希以罗马裁判官法、英国判例法制度的形成为例,证明法律科学的形成尤其是一种能够解决社会世纪问题的法律制度的形成,离不开一种“艺术性”的创造与“法律艺术家”。[奥]欧根·埃利希:《法社会学原理》,舒国滢译,中国大百科全书出版社2009年版,第522页。

③ 根据《辞海》的表达,艺术是指:“人类以情感和想象为特性的把握世界的一种特殊方式。即通过审美创造活动再现现实和表现情感理想,在想象中实现审美主体和审美客体的相互对象化。”参见夏征农主编:《辞海》,上海辞书出版社2000年版,第674页。

④ 参见胡平仁:《中国传统诉讼艺术》,北京大学出版社2017年版,第4页。

没有任何容纳创造性的空间。在这样的区分之后,反观胡平仁的两层次划分,是将一种实质性的内容(创造性的法律精神),凌驾在形式性的内容(创造性的法律实践)之上了。是故,法律运作过程中的艺术性应该被划分为:程序性层面的立法、司法与文献整理;实质性层面的与法律实践互为辅助、互相发展、互相促进的有机的法律精神。在本部分的研究中,前者体现为立法艺术与案例汇编艺术,后者则体现为诉讼运作艺术中的勘验艺术与判词写作艺术。

最后,艺术的法方为一种"活法"。将一种有机的与创造性的法律精神纳入法律之中,是法律成为"活法"的关键。① 法律在社会中不能是只讲求逻辑的"硬性"存在,而应是有人文关怀、感性温度的"软性"存在。一种仅仅追求内在逻辑滴水不漏,外在适用完全精确的法律科学将是一种自我封闭的科学,也将是脱离社会生活的"死法"。

二、既有文献综述分析

在对法律的艺术属性进行一定的认识之后,接下来需要讨论的是:中华法系的法律是否具有这种艺术性,或者说该种艺术性于何处体现? 对于该种体现又有哪些研究成果? 又有哪些研究成果专门论述了隋唐时期的法律艺术?

吴经熊所著的《法律的艺术》一书是我国学者对于"法律与艺术"相结合、类比的第一部学术意义上的研究,前述已经言及,吴经熊在该书中明确提出了"法律与司法"是一门艺术的论断。② 瞿同祖(1910—2008)的《中国法律与中国社会》、美籍华裔学者黄宗智的《清代的法律、社会与文化:民法的表达与实践》分别就中国古代法律的主要特征、家族主义理念和阶级概念与清代法律、社会与文化间的复杂关系现象进行了研究。同吴经熊一样,上述学者均是在中国传统法律与社会的大背景下,在"活法"理念指导中探讨法律的艺术之维。

对该问题进行专门式研究的论文与著作,在我国学界兴起于20世纪90年代,而这种专门式研究的起点,正是隋唐宋时期的中国法律(尤其以宋时为重)。顾元在《中国传统衡平司法与英国衡平法之比较》中用比较的方法,将"衡平"的概念从英国法律史的语境中代入关于中国法律史的分析里,并以中国古代的衡平司法是传统人治社会中维持稳定与和谐的有效润滑剂为主要观点,指出采用衡平司法的模式对于中国传统社会基本法律秩序的建构与维护具有特别重要的意义,也由此同英国社会的传

---

① 本文所称之"活法",是指埃利希所谓的"不是在法条中确定的法,而是支配生活本身的法"。对于该种法的观察,并不来自制定法的规范性内容,而是对生活、商业、习惯和惯例以及所有联合体的切身观察。埃利希指出,该种活法"既可能是法律所认可的,也可能是法律所忽视和疏忽的,甚至是法律所反对的"。这样一种观察方式对于中国法律史是非常有裨益的。参见[奥]欧根·埃利希:《法社会学原理》,舒国滢译,中国大百科全书出版社2009年版,第545页。

② See John C. H. Wu, *The Art of Law, and other Essays Juridical and Literary*, The Commercial Press, Limited Shanghai, 1936, p. 3.

统形成鲜明的对照。

顾元认为中国古代衡平司法与英国法上由王室法庭裁判逐步形成的衡平法传统，具有形式意义上的诸多类似之处。具体而言，两者都表现为一种因解决法律与现实相脱节的矛盾而发展出来的救济途径；都是与司法官的自由裁量权密切相关的裁判形式；都试图结合法律规则与社会伦理习惯而产生符合事实本质的"平等"裁判。可以这样说，"衡平"在英国法的语境中固然是专指一种法律司法制度，但结合中英两国法律史的实例，则可以认为，所谓"衡平"本身也是一种法律艺术的具体表现手法。①

我国古代法律运作过程中的判决书，即判词，是观察法律艺术的重要资料和文献来源。判词历来也是研究我国古代诉讼运作艺术的重要素材。以近年发表的重要论文为例：周秀萍、胡平仁的《中国古代判词的表达艺术》是一篇专门分析我国古代判词艺术的重要论文，作者引用大量实例，从古代判词的劝导与说服艺术、古代判词对常见修辞格的运用、古代判词的诗化表现及判词言词的简练与对事实的剪裁等多个方面进行研究，认为中国古代判词极具表达力和艺术魅力，其劝导和说服策略体现在以礼法和经义为据、引用典故或史实说理、从社会正义和生存伦理角度说理以及基于具体案情析理四个方面，其修辞艺术主要表现为修辞格的运用、判词诗化、言辞和事实的润饰与剪裁等。②

李德嘉所著的《传统司法裁判中的法律发现与道德话语——以唐代判词为中心的考察》一文揭示了唐代判词所具有的"发现"法律的功能，该文认为判词的写作者虽然不直接引用唐律正文，但是其并不违反制定法的规则，相反是用华丽的辞藻对制定

---

① 参见顾元：《中国传统衡平司法与英国衡平法之比较——从"同途殊归"到"殊途同归"》，载《比较法研究》2004 年第 4 期。关于"衡平"本身也是一种法律艺术的评价可见于胡平仁：《中国传统诉讼艺术》，北京大学出版社 2017 年版，第 16 页。此外，分析中国古代法律衡平思维的还有（但不限于）张本顺、陈景良：《宋代亲属财产诉讼中的"利益衡平"艺术及其当代借鉴》，载《兰州学刊》2015 年第 6 期。同样运用中外比较模式的还有胡旭晟的《试论中国传统诉讼文化的特质》，该文以古今中外之材料，指出中国古代诉讼文化包含五个特质：第一，诉讼的道德化；第二，司法的行政化与诉讼的非专门化和非职业化；第三，诉讼的人情化与艺术化；第四，诉讼的低程序化；第五，司法的个别化和非逻辑化。诉讼文化的罗列除其本身的含义之外，也是一种作为实质层面法律艺术的存在。胡旭晟：《试论中国传统诉讼文化的特质》，载《南京大学法律评论》1999 年第 1 期。

② 参见周秀萍、胡平仁：《中国古代判词的表达艺术》，载《湖南师范大学社会科学学报》2009 年第 6 期。此外，胡平仁另有多篇文章讨论中国古代法律运行过程中的判词与当事人诉权等方面的内容，胡平仁：《中国古代判词艺术的形态学分析》，载《湘潭大学学报（哲学社会科学版）》2013 年第 1 期；胡平仁：《中国古代诉讼当事人的主体地位与诉权》，载《湘潭大学学报（哲学社会科学版）》2008 年第 5 期；《中国古代诉权运作艺术》，载《湘江法律评论》（第 8 卷），湘潭大学出版社 2009 年版。关于中国古代判词艺术的研究还可参考任海涛：《中国古代司法修辞的合理性及启示》，载《兰州大学学报（社会科学版）》2016 年第 1 期。

法的含义与精神进行了恰当的解释。[①]

关于中华法系法律艺术的研究,近年来最重要的作品,也是该主题自进入研究者视野以来最全面广泛的作品,是胡平仁所著的《中国传统诉讼艺术》一书。[②] 该书从中国传统诉讼当事人的主体地位和诉权这一研究方向出发,分别阐述了诉前攻防策略、诉权启动艺术、案情声辩艺术和诉权推进策略等内容,尤其是对当事人及其背后的讼师及第三方的传统诉权运作艺术作出了开创性研究。胡平仁指出,中国传统诉讼艺术对于传统司法实践而言,虽然并未对程序正义有如现代法治体系那般强调,并确实为此带来一定的负面影响,但总体上为维护当事人的合法权益、为实现社会的实质正义发挥了不可低估的积极作用,也较大限度地满足了普通民众对于法律的期待及设置了他们对于正义能够兑现的期许。胡平仁该书的出版可以说是这一领域研究最权威最重要的"填补空白"性成果,也是本章节研究得以展开的重要起点与根据。

三、本章主要研究对象

本部分所要分析的隋唐时期的法律艺术,是锚定中华法系形成阶段之法律艺术发展基本方向的重要时期,也是我国传统法律中法律艺术发展最为繁盛的时期。

在这将近400余年的发展时间中,本部分将着重从以下方面进行研究,[③]即律法制定艺术,其中以《唐律疏议》为代表体现了修辞、注释与分类三方面的唐代律法制定艺术的重心,并依次展开。

第二节　隋唐的律典制定艺术

隋唐时期是中国古代社会在政治、社会与文化层面的顶峰。法律制度历经长期的发展也进入了成熟与完备阶段,这在立法层面得到了显著的体现。

隋朝之《开皇律》《大业律》以《北齐律》为蓝本,一方面继承了秦汉魏晋立法实践的经验,如确立五刑、规定十恶及肯定八议等;另一方面直接影响后世唐宋明清的法

---

① 参见李德嘉:《传统司法裁判中的法律发现与道德话语——以唐代判词为中心的考察》,载《学习与探索》2021年第1期。

② 参见胡平仁:《中国传统诉讼艺术》,北京大学出版社2017年版。胡平仁收集的关于传统诉讼的大量案例亦可参考《中国传统诉讼艺术案例》,湘潭大学出版社2009年版。

③ 本章节的划分参考了武树臣的划分,他在《中国传统法律文化》一书中专题论述了中国古代法律艺术中的立法艺术、司法艺术、法律文书制作与管理艺术。结合隋唐宋史料与相关材料,本文将立法与司法两个方面作为研究对象,旨在突出隋唐宋时期法律艺术的精华和特色。参见武树臣等:《中国传统法律文化》,北京大学出版社1994年版,第五、六、七章。

律制度，如隋律所设置的12篇为唐律所直接继承。①

然而隋享国仅两帝38年，政局的动荡难以给法律进一步发展提供良好的环境，是故本节将不对隋律所体现的制定艺术进行具体的探讨，而将以唐代最具有代表性的立法成果——《唐律疏议》中体现出的法律艺术展开分析。

一、修辞艺术——避讳与术语

法典固然以其所规制的内容为核心，然而如果没有从修辞学层面确定具体语句的铺陈，没有从语义学层面明确法律条文的内容，没有在体系上做到归纳与整合，那么法典将仅仅成为一种法律制度或规定的聚合，形成不了一种"典"或者体系。

作为一种通行性法典，《唐律疏议》不仅有其规则性要求，还有其传播性功用，正所谓"言之无文行之不远"。法典修辞不但要使条文内容明晰，还要使其具备准确性。

（一）避讳

所谓避讳，是指为维护等级制度的庄严，在行文时不得出现君主或尊亲的名字。这样一种要求是儒家"亲亲尊尊"思想在立法过程中的形式性展现，②而如何在维护法条内容准确与逻辑性的同时，又做到避讳，便是《唐律疏议》制定过程中修辞艺术的展现，其中主要的包括国讳与圣讳。③

国讳是对统治者的姓名进行避讳。这种做法并非唐代始创，周人就有对于"神名"进行避讳的做法。汉时避吕后讳改"雉"为"野鸡"，汉明帝改《庄子》为《严子》以避讳，到了唐代，最显著的例子是李世民改"民部"为"户部"，并沿用至清末。无独有偶，《唐律疏议》也需要对"李""世""民"三字进行避讳。

"李"字。作为一种姓氏，"李"字在法典中一般不太会出现，然而《唐律疏议》序疏部分中对前代各王朝的立法经验、法律理论及其司法实践进行的总结与研究，在此之间，春秋时期法家思想的代表人物李悝经常被《唐律疏议》提及。从某种程度上讲，《唐律疏议》避"李"讳基本就是避"李悝"于"李世民"。其中，有改"李悝"为"里悝"者："魏文侯师于'里'悝，集诸国刑典。"④有直接删去李姓只写"悝"者："汉相萧何，更

---

① 《开皇律》设名例、卫禁、职制、户婚、厩库、擅兴、盗贼、斗讼、诈伪、杂律、捕亡、断狱12篇，为《唐律疏议》直接采用。《开皇律》以其对后世法制提纲挈领之影响被倪正茂评价为"中国古代法制史上的里程碑"。参见倪正茂：《隋律研究》，法律出版社1987年版，第25页。

② "春秋为尊者讳，为亲者讳，为贤者讳。"参见《春秋公羊传》，黄铭、曾亦译注，中华书局2016年版，第234页。

③ 此处需要强调的是，传世《唐律疏议》中的避讳并不完全如下文将述的那样被展现，有的仍采用本字，但主要是后人修改所致。参见（唐）长孙无忌等：《唐律疏议》，上海古籍出版社2013年版，第5页。

④ （唐）长孙无忌等：《唐律疏议》，上海古籍出版社2013年版，第2页。

加‘悝’所造户、兴、厩三篇，谓九章之律。”[①]

“世”字。作名词时，“世”字主要具有时间含义。同样地，在考察之前的法律制度中，往往会使用到“世”字。[②] 故此，《唐律疏议》要么改“世”为“代”，如“近‘代’以来，兼经注而明之，则谓之为义疏”[③]。或者以“时”替“世”，如“魏文侯之‘时’，里悝制法经六篇”[④]。

“民”字。即便《唐律疏议》以刑为主，但是对于“民”的规定仍不在少数，前述已言及李世民改“民部”为“户部”，在《唐律疏议》中则一般用“人”替代“民”字，如“君为神主，食乃‘人’天”[⑤]。

圣讳则指对于儒家圣人、古时贤者名字的避讳，往往用“圣人”二字指代孔子等人，这是法律儒家化在《唐律疏议》行文中最直接的体现，如“昔者，‘圣人’制作，谓之为经”[⑥]。

避国讳与圣讳的修辞艺术并非简单的“换字”而已，其可反映出中国古代法律发展的两种内涵：

第一，避讳的修辞艺术体现出“一准乎礼”的儒家立法原则。通过改变字词搭配以避讳，说明《唐律疏议》格外强调对于统治者及统治思想的维护，通过这种维护以证明政权获得的正当性及不可侵犯性，如詹姆斯·乔治·弗雷泽（James George Frazer，1854－1941）在其名著《金枝：巫术与宗教之研究》中认为，在原始民族中，“姓名”往往被视作是生命的组成部分，而在文明时代中，姓名又是权威的代名词。[⑦]

第二，避讳的修辞艺术也是《唐律疏议》中法律与宗教相结合的表现。正如西格蒙德·弗洛伊德（Sigmund Freud，1856—1939）所指出的那样，统治者的名称往往作为一种“禁忌”展现，触犯统治者的名称往往意味着对于其所掌握权力的侵犯。[⑧] 避讳的做法表明无论是统治者还是古代贤哲，其姓名都是具有“神圣属性”的，这种由礼教思想发展出来的“准宗教”思维，将统治者与古代贤哲“神格化”，并借由这种神圣性附加给法典权威地位。

（二）术语

法典本身也是“文章”。如何对其中所固定的律、条、句、词、语进行有效与连贯的

---

① （唐）长孙无忌等：《唐律疏议》，上海古籍出版社 2013 年版，第 3 页。

② 参见钱大群：《唐律疏义新注》，南京师范大学出版社 2007 年版，第 1 页。

③ （唐）长孙无忌等：《唐律疏议》，上海古籍出版社 2013 年版，第 2 页。

④ （唐）长孙无忌等：《唐律疏议》，上海古籍出版社 2013 年版，第 2 页。

⑤ （唐）长孙无忌等：《唐律疏议》，上海古籍出版社 2013 年版，第 7 页。

⑥ （唐）长孙无忌等：《唐律疏议》，上海古籍出版社 2013 年版，第 2 页。

⑦ 参见［英］詹姆斯·乔治·弗雷泽：《金枝：巫术与宗教之研究》，徐育新等译，大众文艺出版社 1998 年版，第 234 页。

⑧ 参见［奥］西格蒙德·弗洛伊德：《图腾与禁忌》，赵立玮译，上海人民出版社 2005 年版，第 17 页。

组织,是《唐律疏议》立法中术语修辞艺术的重要体现,其中最主要的有"韵律音节词"与"情态词"两个方面。

修辞学立法艺术法典常用语的语言风格词艺术,是指《唐律疏议》立法艺术,用语言风格词,对法典、法条语言风格,进行修饰的立法艺术。《唐律疏议》立法艺术体系中,法典常用语的语言风格词,多为典雅的文言书面语,使《唐律疏议》的艺术,借语言风格词之力,赋予《唐律疏议》法条严肃、厚重、权威的风格特征,其中韵律词主要体现为:单音词、双音词与"者"字句式。

单音词立法艺术,是指《唐律疏议》修辞学立法艺术,使用语言风格词的单音词,修饰法律条款的立法艺术。例如,"其有同类自相犯者,须问本国之制,依其俗法断之"①。此处"其",即作为一种单音词出现,简单明确地表达了对于"化外人"这一种类的概括,引出其法律适用的情况。

双音节句型立法艺术,指《唐律疏议》修辞学立法艺术,使用语言风格词的双音节句型,进行修饰的立法艺术。再以"化外人相反"为例:"疏异类相犯者,以法律论。"②此处的双音节句型"以……论"意味"依照……处理",在整部《唐律疏议》中,其为常用句型,简洁地表示诸化外人应当适用的法律。

"者"字表达式立法艺术,是指使用"者"字的表达形式,进行语词修饰的立法艺术,该种表达形式往往兼具排比与对仗色彩。例如,"诸佐职及所统属官,殴伤官长'者',各减吏卒殴伤官长二等;减罪轻'者',加凡斗一等;死'者',斩"③。在该法条中,连续用三个"者"字,充分体现了《唐律疏议》排比、循序、有力的立法艺术风格。该法条中,"者"字表达式立法艺术,其用法类似现代汉语"的"字结构式。"者"字表达式运用非常灵活,可以与名词、动词甚至是形容词连用,以表达行为主体、情节程度等内容。

二、注释艺术——疏议与双注

《唐律疏议》注释学立法技术,是指利用法典注释学技术,对法律疑难问题进行释明的立法技术。《唐律疏议》并非法典注释学之首创,两晋时期张斐、杜预对《晋律》作出注释就标志着我国法典注释学的诞生。《唐律疏议》中体现的注释艺术与张斐、杜预所注《晋律》中的注释艺术具有类似的功能取向,即通过注释法典,实现统一理解、弥补缺陷。王立民认为,中国古代的法典注释艺术与当代的法律解释学并无本质的区别。④ 本处所要讨论的《唐律疏议》之注释艺术,主要包括两个方面:疏议艺术与

① (唐)长孙无忌等:《唐律疏议》,上海古籍出版社2013年版,第107页。
② (唐)长孙无忌等:《唐律疏议》,上海古籍出版社2013年版,第107页。
③ (唐)长孙无忌等:《唐律疏议》,上海古籍出版社2013年版,第341页。
④ 参见王立民:《中国法制史》,北京大学出版社2008年版。第113页。

双注艺术。

（一）疏议

《唐律疏议》注释学疏议立法艺术，是指利用“疏议”，作为注释工具，对《唐律疏议》十二律起源、内容、宗旨进行释明的立法艺术，就具体法条内容而言，共有三个方面，即法理论、历史沿革与法律问答。

首先，法理论疏议立法艺术，是指《唐律疏议》立法艺术背景下的相关艺术，用法理学理念，阐明法条法理作用，对法律疑难问题进行注释的立法艺术。例如，“诸预谋杀人者，徒三年”注释为：“疏议曰：谋杀人者，谓两人以上。若事已彰露，欲杀不虚，虽独一人，亦同二人谋法，徒三年。”[①]在此，《唐律疏议》注释学法理疏议立法艺术，通过法理学理念，解释法律条文，阐明该法条法理，对该法条中法律当事人需承担法律责任的疑难问题进行解释，得出了犯罪当事人应承担法律责任的“虽独一人，亦同二人谋法，徒三年”的法律判决。根据法理学法律类比推理，如果谋杀预谋犯罪事实成立，那么，即使是一个犯罪当事人，预谋进行谋杀，该犯罪当事人也要按照两个犯罪当事人预谋谋杀犯罪情节，承担被判处 3 年徒刑的法律责任。[②]

其次，历史沿革立法艺术，是指在《唐律疏议》立法艺术中，通过疏议说明历史沿革，对《唐律疏议》相关法律条文进行注释的立法艺术。该种方式可陈述立法指导思想、核心内容、区分此罪与彼罪之区别等。[③] 例如在对于死刑的解释中，《唐律疏议》注释道：“故知，斩自轩辕，绞兴周代。二者法阴数也。阴主杀罚，因而则之，即古大辟之刑是也。”[④]在此，《唐律疏议》的历史沿革疏议立法艺术，通过阐述法条历史沿革、叙述时代源流的艺术风格，对《唐律疏议·名例律》第 5 条“死刑二：绞、斩”的历史沿革、时代源流的法律疑难问题，作出简明、清晰、纵贯的系统化历史注释，具体体现了它阐述历史沿革、叙述时代源流的立法艺术效果。

最后，法律问答的立法艺术。高珣认为，法律问答的注释体例起源于西周时期的《说律之书》，[⑤]发展于秦代的《法律答问》，但在《唐律疏议》之前都仅仅是对简单与个别的法律问题的解答，而不具有系统化的特征。而《唐律疏议》则以 12 篇体系为依托，以法律答问的手法，系统性地构成一种法典辅助解释方法。

（二）双注

所谓《唐律疏议》的双注艺术，是指运用法条之注和疏议之注对法律中存在的疑

---

① （唐）长孙无忌等：《唐律疏议》，上海古籍出版社 2013 年版，第 278 页。
② 参见钱大群：《唐律疏义新注》，南京师范大学出版社 2007 年版，第 568 页。
③ 参见高珣主编：《中国法制史：案例与图表》，法律出版社 2012 年版，第 149 页。
④ （唐）长孙无忌等：《唐律疏议》，上海古籍出版社 2013 年版，第 6 页。
⑤ 参见高珣主编：《中国法制史：案例与图表》，法律出版社 2012 年版，第 148 页。

难问题进行解释。事实上，古今中外的法律，都需要对法律条文进行解释以提供适用和理解上的便利。就唐以前而言，对于法条的注解是局部与小规模的，《唐律疏议》则是第一次系统性地运用法律解释的手段。

《唐律疏议》采双注法的根本原因在于《唐律疏议》本身由条文与疏议组成，故对于条文如何理解，疏议所含之意如何明确，均需要解释。以关于“八议”的双注为例。其款条文为“诸八议者犯死罪，皆条所坐及应议之状，先奏请议，议定奏裁”，法条之注首先对条文所载不明确之处进行补充与“重写”，即“此名议章。八议人犯死罪者，皆条录所犯应死之坐，及录亲、故、贤、能、功、勤、宾、贵等应议之状，先奏请议。依令，都堂集议，议定奏裁”。随后再运用疏议之注对疏议进行解释，如对于“议”应如何理解：“原情议罪者，谓原其本情，议其犯罪”；该条的适用范围是什么：“其犯十恶者，不用此律”；等等。①

可以这样认为，法条之注和疏议之注是《唐律疏议》所包含的法律规定的一部分，也是对于后者的一种解释。双注通过对法律名词与术语进行诠释、对法律适用范围进行明确及对法律执行机构进行确定等方式，在创造性地解决了制定法常出现的种种晦暗不明或漏洞的同时，完善了《唐律疏议》的法律体系。

三、分类艺术——比附与综合

《唐律疏议》的分类艺术可概括为一种总分总的体系，首先，以“名例律”概括性的基本纲要为基础，是“总类”；其次，以“名例律”为基础的其后诸律分类的逐渐具体化内容是“具体分类”；再次，以相对居后的综合类“杂律”为兜底基础，是“综合类”；最后，以程序法分类的“捕亡律”“断狱律”为分类“附属”部分。以此体现出从总括、区分到综合；从抽象、具体到概括；从一般、特殊到合并的总分综合式法典立法艺术分类学体系的框架。具言之，《唐律疏议》中体现的分类艺术，包括比附艺术与综合艺术。

（一）比附

《唐律疏议》立法艺术体系分类学比附艺术，是指在《唐律疏议》现有法条没有具体明确的法律规定，但是，又需要必须解决某种或某类法律疑难问题时，如果在《唐律疏议》该现有同一法条中，找到此种能解决针对法律疑难问题的已有法律情节时，就将它作为法律裁决依据的分类学立法艺术。如《唐律疏议·名例律》第24条第6款疏议中注：“即造畜虫毒家口，不在听还之例子。下条准此”。② 所谓“下条准此”，意

---

① 参见（唐）长孙无忌等：《唐律疏议》，上海古籍出版社2013年版，第19页。

② （唐）长孙无忌等：《唐律疏议》，上海古籍出版社2013年版，第52页。“下条准此”为《唐律疏议》中常见的参见词。

指第 52 条参照第 24 条,以此两项法条互为对应。再如《唐律疏议 · 卫禁律》第 73 条第 4 款疏曰:“但举宿卫人为例者,明余人在御所亦不得误拔刀子。其有误拔及旁人不即执捉,‘一准’宿卫人罪。”①此处“一准”也作比附语,与“下条准此”不同的是,“一准”所涵盖的范围更广,其要求在出现这一类情况而法条又无相对应的明确规定时,准用此条。②

《唐律疏议》中的比附艺术往往还成为确定罪名、量刑的手段。③ 如《唐律疏议 · 卫禁律》第 73 条第 4 款中的“即宿卫人,于御在所误拔刀子者,绞;左右并立人不即执捉者,流三千里”④。按照该条规定,如果出现“非宿卫人”拔刀,但其他人不上千擒拿的情况,该如何处理呢? 对此《唐律疏议》并未明言,于此比附艺术可发挥功用:《唐律疏议 · 卫禁律》第 73 条第 4 款疏曰:“明余人在御所亦不得误拔刀子。其有误拔即旁人不即执捉,一准宿卫人罪。”⑤可见,通过“一准”,《唐律疏议》将与第 73 条第 4 款具有类似犯罪情节比附纳入其间。又如《唐律疏议 · 斗讼律》第 302 条中的“诸斗殴人者,笞四十。谓以手足击人者”。⑥ 则如用其他器械攻击他人,将如何量刑呢?《唐律疏议 · 斗讼律》第 302 条疏曰:“谓以手足击人者,举手足为例;用头击之类,亦是。”⑦此处用“类”进行比附,说明了以其他方式攻击他人的量刑方式。

(二)综合

前述已经指出,《唐律疏议》采取总分总的分类形式,其中“杂律”作为一种综合式兜底立法艺术,居于“捕亡律”“断狱律”之前的相对居后位置,其作用是:如出现超出法典分类学体系外延的新法律条款类目子项时,这种法条类目子项,可归入《唐律疏议》立法艺术综合类的在法典中相对居后位置的“杂律”中,以符合立法艺术分类学标准要求,达到兜底处理的立法艺术实施目的。

在此,出于“杂律”类目“拾遗补缺”立法艺术功能,所以,把“错综成文,班杂不同”,⑧难以归纳到“杂律”前九律的额外法律条文,归纳到“杂律”。例如,买卖不和、共限一价、坐赃、军器弃毁、军器亡失、得他人之失隐而不送等额外法条,这些既涉及民法、刑法,又触及经济法、军事法的其他相关诸律,《唐律疏议 · 杂律》律目,均将其

---

① (唐)长孙无忌等:《唐律疏议》,上海古籍出版社 2013 年版,第 142 页。“一准”也是《唐律疏议》中常见的参见词。

② 某种角度上讲,“一准”构成了现在法律意义上的“准用性规则”。

③ 参见王立民:《中国法制史》,北京大学出版社 2008 年版。第 140 页。

④ (唐)长孙无忌等:《唐律疏议》,上海古籍出版社 2013 年版,第 142 页。

⑤ (唐)长孙无忌等:《唐律疏议》,上海古籍出版社 2013 年版,第 142 页。

⑥ (唐)长孙无忌等:《唐律疏议》,上海古籍出版社 2013 年版,第 328 页。

⑦ (唐)长孙无忌等:《唐律疏议》,上海古籍出版社 2013 年版,第 328 页。

⑧ 参见(唐)长孙无忌等:《唐律疏议》,上海古籍出版社 2013 年版,第 409 页。

囊括其中。其“杂”，显示出综合性含义，是从《唐律疏议》立法艺术法典分类学艺术角度，对游离于《唐律疏议》各律分类学框架外法律条款子项的吸收、汇总。《唐律疏议》通过这种法典分类学的综合类居后艺术，为诸多“杂”条，找到合适安排之处。

第三节　隋唐判词艺术的兴起

处理案件过程中包含着诉讼艺术，其中对于案件的判决并非只是由裁判官口述，而是将司法裁判的结果予以记录，以供查察并为其他类似案件的审判提供参照。记录司法裁判结果的文件，即为判词。

判词始称“读鞫”，唐代之前早已有之。秦判多为散体，而汉代受春秋决狱之影响，判词的写作更受重视——其不仅负责描述案情、判决结果，更为重要的是论述判决如何展开经义断狱，依据经文的何种要求出罪入罪。可以说，在春秋决狱思想下产生的判词中关于“判决理由”的论述，极大促进了我国古代判词艺术的发展。

一、以《龙筋凤髓判》为代表的唐代骈体风格的形成

遗憾的是，唐之前的判词至今大多散佚，[①]故今人对中国古代判词研究的起点大多在唐代。而唐代本身法律发展的兴盛，也促使判词艺术在这一时期发端，诞生了诸如《龙筋凤髓判》和《甲乙判》等作品，这些作品风格各异，以行文来看，《龙筋凤髓判》之骈体风格尤具特色。

张鷟所著的《龙筋凤髓判》一书，按照《唐六典》“官领其属，事归于职”的原则编排，共分四卷，每卷按照不同政府职能部门分类编选判例。其中，第一卷收录中书省、门下省、公主、御史台等12个中央部门的22条判例；第二卷共收录礼部、祠部、主客、兵部等11个中央部门的21条判例；第三卷收录修史馆、金吾卫、左右羽林卫、左右千牛卫等10个中央与地方部门的18条判例；第四卷收录左右卫率府、太庙、郊社、太乐等17个中央与地方部门的18条判例。在判例类型上，绝大部分为涉及公职犯罪的刑事案由，极小部分为处理经贸纠纷的民事案由。在判词编写体例上，每条判文均由两部分构成：一是判目，主要交代该案的简要案情，部分判例中亦给出初审裁断结果；二

---

① 根据胡平仁的考证，目前所见最早的判词是1975年在陕西省岐山县所发现的西周晚期青铜器上所刻的铭文，唐代以前，判词保留下来的极少，清人严可均所辑《全上古三代秦汉三国六朝文》一书中，仅收3篇判词，都是实判。此外，《国语 · 晋语三》《左传 · 鲁昭公元年》《昭公十四年》各载有一篇判词。参见胡平仁：《中国传统诉讼艺术》，北京大学出版社2017年版，第50页。

是判词,即判决意见评述部分。①

二、《龙筋凤髓判》之行文特征

关于《龙筋凤髓判》所载的判例是实判抑或拟判,学界尚存争议,但多数研究者认为其应为张鷟所撰拟判。② 所谓拟判,主要是作者在吏部试判之前的练笔之作,即模拟案例撰写的判词。《龙筋凤髓判》之行文与对判例的总结形式可概括出以下三个特征。

第一,行文俱为骈体,词藻华丽、文字优美,为时所尚。《龙筋凤髓判》对于案例的记录包括判目与判词两个部分,判目是对于案件经过进行简单论述,并非用骈体,判词则体现具体的法律规范适用、法律原则解释或者法律价值取向的发展。例如:

中书舍人王秀漏泄机密断绞,秀不伏,款于掌事张会处传得语,秀合是从,会款所传是实,亦非大事,不伏科。

凤池清切,鸡树深严,敷奏帝俞,对扬休命。召为内史,流雅誉于周年,荀作令君,振芳尘于魏阙。张会掌机右掖,务在便蕃,王秀负版中书,情惟密切。理宜克清克慎,慕金人以缄口,一德一心,仰星街而卷舌。温树之号,问且无言,恶木之阴,过而不息。岂得漏秦相之车骑,故犯疏罗,盗魏将之兵符,自轻刑典。张会过言出口,驷马无追,王秀转泄于人,三章莫舍。若潜谋讨袭,理实不容,漏彼诸蕃,情更难恕,非密既非大事,法许准法勿论,待得指归,方可裁决。③

该案大意是,中书舍人王秀从掌事张会处得知机密,并转传蕃国使节,法司遂判处绞刑。王秀不服,认为自己是转述机密,是从犯,且所传并非大事,不应处绞。根据《唐律·职制律》规定,"诸漏泄大事应密者,绞。非大事应密者,徒一年半。漏泄于蕃国使者,加一等。仍以初传者为首,传至者为从。即转传大事者,杖八十;非大事者,勿论"。可见,针对泄露机密罪,唐律规定了"两类多等"处罚方式。张鷟在分析该案时,指出了原判在法律适用上的错误,即王秀仅是转传涉密信息于他人,应为从犯,且未查清其漏泄之机密是否属于"应密大事",故判处绞刑应属不当。判词行文句句对仗,基本采四六骈体。张鷟在该判中能辨析初传、转传、转传大事与转传非大事等法律概念,足见其律学功底深厚,司法经验丰富,同时也能侧面反映判词所渗透的法律解释功能。④

---

① 参见肖明明:《从〈龙筋凤髓判〉看唐代判词的功能与特征》,载《人民法院报》2019 年 6 月 14 日,第 5 版。

② 参见肖明明:《从〈龙筋凤髓判〉看唐代判词的功能与特征》,载《人民法院报》2019 年 6 月 14 日,第 5 版。

③ 《龙筋凤髓判》卷一《中书省二条》。

④ 参见霍存福:《〈龙筋凤髓判〉判目破译——张鷟判词问目源自真实案例、奏章、史事考》,载《吉林大学社会科学学报》1998 年第 2 期。

第二，善于用典，借用与案件事实相关联的典故辅助或渲染该案相关行为或事实的重要性或严重性，以达到增强判词说理的效果。再以前案为例，判词中几乎一句一引：

“凤池清切，鸡树深严”中的“凤池”“鸡树”采杜佑《通典》与《世说新语》中对于中书省的代称。“敷奏帝俞，对扬休命”出自《左传》。“召为内史，流雅誉于周年，荀作令君，振芳尘于魏阙”引用《史记》召公与东汉荀彧之故事。“张会掌机右掖，务在便蕃，王秀负版中书，情惟密切”前句“右掖”指中书省在宣政殿之右，后句“负版”语出孔安国注《论语》，谓“负版者，持邦国之图籍也”以表明该案所涉官员的职位。“理宜克清克慎，慕金人以缄口，一德一心，仰星街而卷舌”中前句指孔子入后稷庙见金人上书三缄其口铭，后句则语出《尚书》《晋书·天文志》。“温树之号，问且无言，恶木之阴，过而不息”引用《汉书》“孔逛典枢机或问温室省中树光不应”与陆机过恶木之阴典故。“岂得漏秦相之车骑，故犯疏罗，盗魏将之兵符，自轻刑典”出自《史记》“漏秦相之车骑”与魏无忌假符救赵的典故以说明王秀泄露机密的严重性。“张会过言出口，驷马无追，王秀转泄于人，三章莫舍”前句用邓析“一言而急驷马不能及”名言，后句以汉高祖约法三章之故事说明王秀触犯国法的事实无可挽回。最后几句则结合《唐律》规定说明王秀虽然泄密但只是从犯，并且所泄露之机密是否属于“重大”尚待判断，故此不应该被处以绞刑。①

第三，运用类比推理手法。《龙筋凤髓判》中的类比包含类推与比附两种方式，类推确定罪名，比附进行量刑。仍以前案为例：

“岂得漏秦相之车骑，故犯疏罗，盗魏将之兵符，自轻刑典”说明王秀所犯是泄密之罪，并且所泄露的为事关国家的机密，已经触犯《唐律》。“张会过言出口，驷马无追，王秀转泄于人，三章莫舍”说明王秀的泄密已经“既遂”，造成国家机密为番邦所知晓，故此应当受到惩罚。“潜谋讨袭，理实不容，漏彼诸蕃，情更难恕”说明入罪依据，而“非密既非大事，法许准法勿论，待得指归，方可裁决”则运用比附说明量刑的依据。

三、《龙筋凤髓判》的缺陷

通过对《龙筋凤髓判》中一个案例的分析，一方面显示出其用典之多，在引经据典以增强论证力的同时，也直接显示出该种法律辞书写作的弊端——判词本身的功用是说明何以定罪，何以量刑，而《龙筋凤髓判》的做法直接使得判词与司法实践之间存在极大的距离感，这是自汉代以春秋决狱方法为主张在判决中体现伦理思维的延伸，另一方面也是唐代文人喜用“炫技”式写作方法的体现，但这并不是法律辞书所要求的，尤其是频繁用典架空了《唐律》本身规则的准确性，以前案为例，如果王秀所犯之

① 上述解读来源于（明）刘允鹏注《龙筋凤髓判》卷一《中书省二条》。

泄密罪并非严重，那么列举"漏秦相之车骑""假符救赵"的例子，反倒给读者一种错觉，而混淆了真实的案情。就整个判词而言，真正涉及法律部分的讨论，仅最后两句而已，其余均是对于案件发生地点与人物的赘述。是故，宋人洪迈评价道："纯是当时文格，全类俳体，但知堆垛故事，而于蔽罪议法处不能深切，殆是无一篇可读，一聊可味。"①明人徐师曾也指出："其文堆垛故事，不切于蔽罪；拈弄辞华，不归于律格。"②徐师曾"拈弄辞华，不归于律格"的评价可谓鞭辟入里，今人亦认为《龙筋凤髓判》与其说是司法判决汇编，不如说是应对科举考试的一种文采练习。③

正是建立在对于《龙筋凤髓判》的扬弃之上，宋代判词，经过一段努力，革除了骈体用典的陋习，恢复并发展了秦代的散体，《名公书判清明集》是其中之集大成者。④对此，本书第六章第四节将会详细论述。

结语：隋唐法律艺术的价值与意义

唐代何以能够铸就中国古代法律艺术之高峰，或可从以下三个方面进行解释。

首先，和合观念派生出息讼思想。和合观念一直是中国文化的主流，老子曰："万物负阴而抱阳，冲气以为和。"⑤孔子弟子有子强调："礼之用，和为贵。先王之道，斯为美。"⑥同样地，墨子也将和合视作处理人与社会关系的基本准绳，认为如果天下要安定，那么就必须摒弃人的"离散之心"，所谓"离散不能相和合"。⑦ 然而合和不必然推导出无讼，诚如清人崔述所言："自有生民以来，莫不有讼。讼也者，事势之所必趋，人情之所断不能免者也。"⑧无讼的前提是在一个个人觉悟无比高尚的空想性社会。同时，息讼并非无讼，息讼意味着处理好人与人之间的摩擦与纠纷，最大限度地息事宁人，故此对于官府如何维护统治秩序，民间如何处理体面生活与内心安宁之间的平衡提出更高的要求。

诚然，法官的智慧需要长期的司法审判经验，中国古代的地方官虽然未受过系统法律教育，但经过任职之后的长期实践运用和被动学习，其司法审判技巧与经验与日

---

① （宋）洪迈：《容斋随笔》卷一〇《唐书判》、《容斋续笔》卷一二"龙筋凤髓判"。参见（宋）洪迈：《容斋随笔》，上海古籍出版社1978年版，第127、358页。

② （明）徐师曾：《文体明辨序说·判》，载（明）吴纳：《文章辨体序说　文体明辨序说》，人民文学出版社1998年版，第127页。

③ 参见郭成伟：《〈龙筋凤髓判〉初步研究》，载（唐）张鷟：《〈龙筋凤髓判〉校注》，中国政法大学出版社1996年版，第188－202页。

④ 参见胡平仁：《中国传统诉讼艺术》，北京大学出版社2017年版，第52页。

⑤ 朱谦之：《老子校释》，中华书局2000年版，第175页。

⑥ 程树德：《论语集释》卷二"学而下"（第1册），中华书局1990年版，第46页。

⑦ （清）孙诒让撰：《墨子闲诂》卷三"尚同上第十一"，中华书局2001年版，第74页。

⑧ （清）崔述：《无闻集》卷二《讼论》，载顾颉刚编订：《崔东壁遗书》，上海古籍出版社1983年版，第701页。

俱增，但这种经验本身并不完全仅仅是同纯粹的司法实践相关的，人的心理世界非常复杂，其受多种因素所左右，尤其受文化与社会伦理的通行观念影响。在中国传统社会中，对人们的价值观和心理因素影响最为深远的就是儒家的德礼思想。古代审判官员的心理活动也难免受到他们的经验理论和基本知识结构的影响，从而映射到审理案件的过程中。[①] 事实上这也是古代中国处理诉讼的指导原则，寺田浩明指出，中国古代诉讼的理论模式为：基于共存伦理，需要有衡量是否越轨、谴责偏邪不正的基准，于是人们设想出一种"至公无私"者之间达成的状态，在那里，"人人皆圣贤"，自然是不会有讼争。但"民生有欲，不能无争"。对普通人一开始就不能也不该有这样的期待。于是诉讼和听讼都不可避免。[②] 而唐宋之际，正是该种思想最为风靡之时。[③]

其次，科举取士提供制度土壤。隋朝开科举的先河，当时只有进士、明经两科。唐朝扩大取士范围，除进士、明经之外，又设明法、明字、明算、俊士、秀才诸科。进士科重诗赋，明经科重经术（主要试其经义的记诵），明法科重律令（着重考察对国家律令的掌握程度），明字科主要试书法字义、文学知识与能力，明算科测试考生的数学知识与计算能力。[④] 此外，在吏部举办的科目选试中，还有拔萃一科，"选人有格限未至而能试文三篇，谓之宏词；试判三条，谓之拔萃，亦曰超绝，词美者得不拘限而授职"[⑤]。

最后，律学发展辅助法律研究。唐代官、私律学著作比以往各个时期都丰富，仅就流传下来的而言就有《唐律疏议》《龙筋凤髓判》《百道判》等。唐代律学既有对法律精神、法律原则与法律术语的规范性解释，也有对实际操作中可能发生问题的预见

---

① 参见柴荣、李竹：《传统中国民事诉讼的价值取向与实现路径："息讼"与"教化"》，载《政法论丛》2018 年第 2 期。

② 参见［日］滋贺秀三等：《明清时期的民事审判与民间契约》，王亚新等译，法律出版社 1998 年版，第 214－226 页。［日］高见泽磨：《现代中国的纠纷与法》，何勤华等译，法律出版社 2003 年版，第 1 页。

③ 有学者甚至称此时民众有好讼之风俗。袁州之民，"锥刀必争，引条指例而自陈，讦私发隐以相报，至有讼一起而百夫系狱，辞两疑而连岁不决"；宜春之民，公庭之上能够"从容应辩"；广南"海丰民，刚悍嚣讼，五尺之童庭白是非无端恐"；浙江仙居之民，"乃相扇炽，构讼成狱，自以为能"；淳安则是"吏奸民隐，百出无穷。文书讼牒，牵连纷纠，日惟不暇"；新昌民也是"健讼轻生""投官司者不可禁"；福建邵武百姓则"健讼而耻不胜"；龙溪百姓更是"巧避法网""讼牒充庭"；会昌之民"善匿情成状"；宁国之民"尤轻犯法"。参见郭东旭：《宋代的诉讼之学》，载《河北学刊》1988 年第 2 期。转引自胡平仁：《中国传统诉讼艺术》，北京大学出版社 2017 年版，第 45 页。

④ 值得强调的是，科举取士中设明法科并非专门为了选拔司法官员，更多的是为了培养律令技能以担任普通官吏。学者指出："在以明法入仕且在其仕途担任过法官的人中，除了个别在司法机关任职时间较长外，绝大多数任法官的时间都很短。因此，从明法出身者的实际任职情况看，唐代明法选拔人才的主要目的并不是专门选拔司法官员，而在于吸收研习律令之士担任普通文官。"参见叶炜：《论魏晋至宋律学的兴衰及其社会政治原因》，载《史学月刊》2006 年第 5 期。

⑤ （唐）杜佑：《通典》卷一五"选举三"，中华书局 1988 年版，第 362 页。

和处理。在注释方法上,熔文理史于一炉,在文字上符合明白晓畅的要求。唐代律学的发展不仅使科举明法有依据,而且为断狱者提供了准绳,代表着中国律学的最高成就。①

① 参见周少元:《传统律学的回眸与探析——张晋藩先生传统律学论著读后》,载《现代法学》2001年第1期。

第五章　中华法律文化的鼎盛与中华法系的诞生

中华法系诞生的前提，是中国的法律向周边国家传播，并为周边国家所接受，成为其立法、执法和司法的楷模。这种结果的前提是中国的法律文化必须高度发达、先进和繁荣，成为周边国家所崇拜、仰慕、学习的对象。而如上所述，中华法律文化发展至隋唐时期，法律、法学（律学）和法律文化达到了鼎盛的阶段，真正具备了这种前提。正是在此基础上，形成了一个以中国法为母法，以日本、朝鲜和越南等国家的法为成员国法的庞大的法律体系：中华法系。

第一节　中华法系和中华法律文化的一些基础性概念

要了解中华法系的形成和发展，必须了解一些与此相关的基础性概念。这些概念有法系、中华法系、文化、法律文化、中华法律文化。下面，我们就此作一些解释和阐述。

一、法系

对于法系这一概念，不同学者有不同的看法，解释也不尽相同。一般而言，法系（law system，legal system），有时也称法族（legal family），是指由若干个国家的法律所组成的，具有共同历史渊源、共同制度内容、共同风貌特征以及共同话语体系的法律体系。①

自公元前 2100 年前后，在古代两河流域，即美索不达米亚（Mesopotamia）形成人类历史上第一个法系——苏美尔（Sumer）法系以来，世界上已经出现了古代埃及法系、印度法系、中华法系、希腊法系、罗马法系、斯拉夫法系、凯尔特法系、海事法系、基督教会法系、伊斯兰法系、英美法系和大陆法系等众多的法律体系。关于这些法律体系（法系）的详细描述以及评价，美国学者威格摩尔（John H. Wigmore，1863—1943）早

① 参见何勤华主编：《法律文明史》（第 7 卷），商务印书馆 2019 年版，第 12 页。

在100年前就已经作出了重要阐述。①

二、中华法系

那么,什么是中华法系,其内涵是什么?我们认为,中华法系就是指以礼法结合为根本特征,以成文刑法典为核心内容,以《唐律疏议》为典型代表,诞生于公元6—7世纪隋唐时期,一直延续至中国封建社会末期,并由中国以及仿效中国之法而制定的日本、朝鲜、越南和琉球等东亚诸国法律制度组成的一个法律体系的统称。

从中华法系的上述概念表述中,我们可以得知其内涵包含了五个重要元素。

第一,中华法系不是一个国家的法律,而是要有若干个国家的法律,才能构成。法系概念的提出,其核心是若干个国家的法律组成一个系统。②

第二,这些若干个国家的法律,必须具有共同历史渊源,如中华法系的历史渊源,就是中国隋唐时期的法律,尤其是以《唐律疏议》为代表的律令法体系。

第三,法律制度必须拥有共同的内容,如在中华法系的各个国家中,儒家思想是其共同的法律指导思想,德主刑辅、宽严相济、刑罚世轻世重以及重视家庭法律伦理秩序等是其共同的法律原则和制度内容。

第四,必须具有共同的风貌特征,如中华法系的风貌特征就是以成文的刑法典为主要形式,以及国家的成文大法律主要适用于刑事案件,而民事关系,主要由不成文的礼或者习惯等民间法来处理,甚至人情、天理等也是处理民事纠纷的依据。

第五,具有共同的话语体系,如中华法系中的指导思想(外儒内法的思想)、法典条文、法律解释、名词概念等非常相近,甚至几乎等同,从而在法律的运作中,具有相当的共同性。

从中华法系的上述内涵中,我们可以得知,中华法系在表现法系的特征方面是非常典型的,各成员国在法律思想、法律原则、法律制度等方面都比较一致。在涉及范围方面也十分稳定,在其存续的1300余年中,地理范围一直在东亚,包括中国、日本、朝鲜、越南和琉球等。从中华法系的内涵中,我们也可以明白,以往有些中国学者的论著中所说的中华法系,不是严格意义上的中华法系,因为其论述的范围,就是中国一个国家的法律制度,或者秦汉,或者隋唐。而中国一个国家的法律不能构成一个法系(虽然中国古代国内的法律中,也包含了各个民族的不同法律的融合,但这和现代法系的概念不是同一回事),论述中华法系,必须要超出中国一国之范围。虽然限于

① 参见[美]威格摩尔:《世界法系概览》,何勤华、李秀清、郭光东等译,上海人民出版社2022年版。

② 张晋藩在《中国法律的传统与近代转型》一书中表达了同样的观点:“作为一个独立的法系,不仅本身需要有独特的特点,而且还需要被一些国家与地区接受和采用,否则不足以称为独立的法系。”[参见张晋藩:《中国法律的传统与近代转型》(第3版),法律出版社2009年版]

语言和资料，不能包括所有成员国，但至少应该是两个国家（或者中日，或者中韩，或者中越）。①

三、文化

“文化”一词，在中国，最早出现于西汉刘向的《说苑·指武》中：“圣人之治天下也，先文德而后武力。凡武之兴，为不服也，文化不改，然后加诛。”此时，“文化”一词的含义主要指文治教化。这种对“文化”的理解，在我国一直保持到近代。②

至现代，“文化”一词的内涵越来越丰富，学术界关于“文化”已有260余种解释，至今尚无统一的定义。而一些权威辞典，在解释“文化”一词时，也是有很大的差异。如《现代汉语词典》对“文化”的解释为：“人类在社会历史发展过程中所创造的物质财富和精神财富的总和，特指精神财富，如文学、艺术、教育、科学等。”③而《辞海》的解释则是：“文化，广义指人类社会的生存方式以及建立在此基础上的价值体系，是人类在社会历史发展过程中所创造的物质财富和精神财富的总和。”④这一定义和《现代汉语词典》的释义相比，突出了“人类社会的生存方式”，以及建立在人类生存方式之上的“价值体系”，内容更为厚重。正是由于文化的内涵非常广泛，几乎无所不包，所以它又被分为物质文化、制度文化和精神文化三个层面。

而在西方，“文化”一词最早出现在古罗马，当时的拉丁文是“Cultura”，本义表达的是耕作。⑤ 从18世纪中叶开始，“文化”一词就被使用于生活艺术、习俗、能力和科学等方面。摩西·门德尔松（Moses Mendelssohn）、约翰·克里斯托弗·阿德隆（Johann Christian Adelung）等人在其作品中，都对“Culture”（文化）进行了阐释。之后，在德国、法国等欧洲大陆，关于文化的研究和解释就成为与文明研究同等重要的领域。就整体而言，西方学术界对“文化”的论述源远流长，从爱德华·伯内特·泰勒（Edward Burnett Tulor）1871年的《原始文化》（*Primitive Culture*）算起，已有1.5个世纪了，它成了人类学的关键术语。而在英国文化人类学者马林诺夫斯基（1884—1942）那里，文化被阐释为四大要素：物质设备（物质文化）；精神文化（包括种种知识，道德上、精神上以及经济上的价值体系等）；语言；社会组织。⑥

四、法律文化

在《辞海》对“文化”的释义中，文化被分为三个层面：物质文化、制度文化和精神

① 参见何勤华主编：《法律文明史》（第7卷），商务印书馆2019年版，第13页。

② 参见于语和：《中西法律文化散论》，河北人民出版社2001年版，第1－2页。

③ 中国社会科学院语言研究所词典编辑室编：《现代汉语词典》，商务印书馆2002年版，第1318页。

④ 辞海编辑委员会：《辞海》，上海辞书出版社2020年版，第4577页。

⑤ 参见于语和：《中西法律文化散论》，河北人民出版社2001年版，第2页。

⑥ 参见［英］马林诺夫斯基：《文化论》，费孝通等译，中国民间文艺出版社1987年版，第4－9页。

文化。而“制度文化”就包括了法律法规。在学者的论著中，对法律文化则有多种理解。如孙国华、朱景文等认为：“法律文化一词可以在不同意义上使用。有时它泛指一定国家、地区或民族的全部法律活动的产物和结晶，既包括法律意识，也包括法律制度、法律实践，是法的制定、法的实施、法律教育和法学研究等活动中所积累起来的经验、智慧和知识，是人们从事各种法律活动的行为模式、传统、习惯。”①

而张文显认为：“法律文化是指在一定社会物质生活条件起决定作用的基础上，国家政权所创制的法律规范、法律制度，以及人们关于法律现象的态度、价值、信念、心理、感情、习惯及理论学说的复合有机体。”②“作为一种文化现象的法律，是人类活动的对象性成果，凝结着人们在活动中所表现出来的主观力量和才能。”③之前，公丕祥在《东方法律文化的历史逻辑》一书中，也下了一个内涵大体与此相同的定义。④

此外，武树臣主编的《中国传统法律文化辞典》对“法律文化”的解释是：“法律文化是人类法律实践活动及其成果的总称。作为一种文化成果，它包括法律思想、法律规范、法律设施、法律技术等方面。简而言之，法律文化是支配法律实践活动的价值基础和该价值基础社会化的过程或方式。前者称为‘法统’，后者称为‘法体’。”⑤同时，马小红、刘作翔、梁治平、张中秋、付子堂等学者也对法律文化作出了各自不同的解释。⑥

吸收上述中外学者对法律文化的认识和研究成果，本书以为，对法律文化可以下一个这样比较概括的定义：法律文化是文化的重要组成部分，是人类在长期的生产和生活活动中所创造的与法律的产生、运作、传授相关的思想、理念、制度、设施和艺术的总和。

五、中华法律文化

中华法律文化，就是在中国这块土地上形成的法律文化，它是中国传统文化中涉及法律的部分。其内涵也因观察、论述角度的不同，可以分为三个层次。第一个层次的中华法律文化，是指自古至今整个中华民族（包括已经融入之少数民族）的法律文化。第二个层次的中华法律文化，是一个中等概念的理解，即中华法律文化等同于中

① 孙国华、朱景文主编：《法理学》，中国人民大学出版社 2010 年版，第 169 页。

② 张文显主编：《法理学》（第 3 版），高等教育出版社、北京大学出版社 2007 年版，第 391 页。姚建宗主编的《法理学》沿用了这一定义。姚建宗主编：《法理学》，科学出版社 2010 年版，第 342 页。

③ 张文显主编：《法理学》，高等教育出版社 2003 年版，第 463－464 页。

④ 公丕祥认为：“法律文化是在一定社会物质生活条件的作用下，由掌握国家政权的统治阶级所创制的法律规范、法律制度以及人们关于法律现象的态度、价值、信念、心理、感情、习惯及学说理论共同构成的复合有机体。”参见公丕祥：《东方法律文化的历史逻辑》，法律出版社 2002 年版，第 4 页。

⑤ 武树臣主编：《中国传统法律文化辞典》，北京大学出版社 1999 年版，第 2 页。

⑥ 参见刘作翔：《法律文化理论》，商务印书馆 1999 年版，第 36－65、81 页；梁治平：《比较法与比较文化》，载《读书》1985 年第 9 期；付子堂、时显群：《法理学》，重庆大学出版社 2011 年版，第 314－315 页。

华(中国)传统法律文化,不包括近代以后,尤其是不包括新中国的法律文化。第三个层次的中华法律文化,是最为狭窄的理解,即认为中华法律文化不是指中国历史上的、中国古代整体的法律文化(中国传统法律文化),而是仅指中国古代法律文化中精华的部分。

自从20世纪80年代中国兴起法律文化研究以来,在中华法律文化研究领域,也涌现出了一批很努力、很认真的学者,其中,武树臣是我国最早开始研究中华法律文化的学者。从20世纪90年代起,武树臣开始陆续推出自己的研究成果。其发表和出版了专题论文和著作,其中《中国传统法律文化》①和《中国传统法律文化辞典》②两书最为著名。前者对法律文化的基本理论,"神本位·任意法"时代的法律文化,"家本位·判例法"时代的法律文化,"国本位·成文法"时代的法律文化,"国、家本位·混合法"时代的法律文化,"中西交错"时代的法律文化,"国、社本位·混合法"时代的法律文化,中国传统法律文化的文化构成、哲学基础、社会成因、历史遗产等,都作出了详细的论述。而后者则是近代以来中国第一部以法律文化为专题的辞典,分中国传统法律文化总论、法律思想、法律规范、法律制度、法律设施、法律人物、法律事件、司法判例、法律文体、官箴判牍、礼俗禁忌、法律文献(含文字、考古、原著、专著四种)十二类,解释专有名词2000余条,以及附录:中国传统法律文化文献目录、中国传统法律文化研究成果目录和中国传统法律文化图表等,具有重要的学术价值和工具使用价值。

同时,梁治平在《"法"辨》(载《中国社会科学》1986年第4期)一文,《寻求自然秩序中的和谐:中国传统法律文化研究》(上海人民出版社1991年版)一书中,在近代以来中国人对于中国传统文化的批判思想和情感的基础上,进一步采取一种西方的视角,对中国传统法律文化进行了比较深刻、系统的检讨。他对礼法文化的学术观点和学术思想尤其重视。如同徐忠明所概括指出的那样,《寻求自然秩序中的和谐:中国传统法律文化研究》一书旨在揭示:中国传统法律文化的最高境界是寻求"和谐"秩序,手段是教化、息讼与刑罚;基本价值趋向是"礼义"道德,核心是"忠孝"两字;主要表现形式是刑法与官法的"公法"体系,特征是缺乏严格意义的"私法"制度,缺陷是个人"权利"没有保障。"梁治平的中国传统法律文化研究的基本意图大致有二:一是旨在揭示中国传统法律文化的独特性格和精神趋向;二是意在驳斥对于中西法律文化的简单类比,以及由此获得的某些似是而非的结论。"徐忠明认为,作者的目的在基本达到的

---

① 参见武树臣等:《中国传统法律文化》,北京大学出版社1994年版。

② 参见武树臣主编:《中国传统法律文化辞典》,北京大学出版社1999年版。

同时,书中还存在一些有待进一步提升和完善的问题。① 这样的梳理和解读虽属徐忠明一家之言,但我们以为还是比较中肯和恰当的。

在20世纪90年代研究中国传统法律文化的学者中,还必须提及的有张中秋。他于1991年在南京大学出版社出版的《中西法律文化比较研究》,是我国法学界第一部最为系统地开展中西方法律文化比较研究的力作。它不仅是中国学界这一方面研究的首部专著,而且也是迄今为止同类研究当中非常出色的学术专著。② 该书虽涉及中国和西方两个方面,但由于作者是中国法制史专业出身,因此,其论述更加侧重于中国故事,它是从中西方法律文化比较的角度出发,分八个方面对中国传统法律文化进行了较为全面细致的梳理和分析,其内容具体包括,法的形成:部族征战与氏族斗争;法的本位:集团本位与个人本位;法的文化属性:公法文化与私法文化;法与宗教伦理:伦理化与宗教性;法的体系:封闭性与开放性;法的学术:律学与法学;法的精神:人治与法治;法律文化的价值取向:无讼与正义。在这八个关系中,前面(如部族征战、集团本位、公法等)表达的是中国的情况,后面(如氏族斗争、个人本位、私法等)讲述的是西方的故事。按照作者自己的说法,这八个方面的差异比较,是一个静态的比较,是原来计划完成的书稿的第一部分,后面还要写第二部分"变迁"和第三部分"融合",只是由于种种原因,后面两个部分没有能够完成。③ 即使如此,我们认为,这八个方面的中西方法律文化的差异,已经反映出了中西方法律文化的不一样的一个大概图景,且作者的梳理和分析非常细致,因此该书是一本认识中国法律文化特征与内涵的重要作品。④

而曾宪义、马小红和俞荣根等学者,则从中国古代法律文化、法律传统和法律精神之最为核心的"礼"和"法"之关系切入,以礼法文化为特征,深入梳理和研究了中国传统法律文化的内涵与特征。

在中华法律文化研究领域,除了上述老一辈的学者以及其成果外,最近法学界的一批新秀,也发表了不少研究或者翻译的力作。这方面,需要关注的学者有北京大学法学院的李启成,复旦大学法学院的王志强和赖俊楠,清华大学法学院的陈新宇,中国

---

① 参见徐忠明:《辨异与解释:中国传统法律文化的类型研究及其局限——〈寻求自然秩序中的和谐〉读后》,载《南京大学法律评论》1998年第2期。该文是对梁治平这一著作比较全面的评论,在评论的后面,徐忠明还就梁治平此书中的一些缺失做出了点评,如分析方法中类型研究的局限性,法律文化的动态变化与法律研究的静态方法的悖论,法律观念解释与法律功能研究的悖论,中国传统法律文化没有"权利"观念的商榷(中国古代的类似"权利"的"分"的观念),"法"字的中西方之含义的如何理解,以及"自然法"和"法自然"的如何解释,等等。

② 参见徐忠明:《比较视野中的中国传统法律文化之特点——张中秋〈中西法律文化比较研究〉读后》,载《比较法研究》2000年第2期。

③ 参见张中秋:《中西法律文化比较研究》,南京大学出版社1999年版。

④ 参见张中秋:《中西法律文化比较研究》,南京大学出版社1991年版。

人民大学法学院的尤陈俊，华东政法大学的王沛、于明和王捷，吉林大学法学院的刘晓林，西北政法大学的闫晓君和陈玺，上海师范大学文法学院的陈灵海，同济大学法学院的陈颐，中国政法大学的赵晶，中山大学法学院的杜金，等等。他们在其作品中，从各个角度对中华法律文化进行了比较系统的研究，有力地提升了该领域的整体研究水平。

第二节　中华法系的形成、发展及其特点

中华法系立足于中国传统法律文化的丰厚土壤，无论其思想、理念，还是制度、体系，都与夏商周春秋战国以及秦汉以来的法律文化发展密切相关，但其正式形成是在中国古代法律为周边其他国家所继受，成为他们国家法律的主要内容和形式，从而出现了以中国法律为核心、若干个国家接受中国法律从而使其成为中华法系成员国之法律格局的过程之中。

一、中华法系的形成

如果把法系理解成由若干个国家的大体相同的法律所组成的一个国际性或区域性体系，则中华法系是由中国及其周边国家的法律所组成的一个法系。从现有的资料来看，中华法系形成的时间就是公元 6 世纪末 7 世纪初，即隋唐法律成熟并向朝鲜、日本和越南等周边国家输出时期。公元 589 年，杨坚（541—604）灭掉了南朝陈，又一次统一了中国。隋王朝的法制建设，在杨坚的主持下成果丰硕，从而为中华法系的形成奠定了基础。唐王朝崛起后，在继承隋《开皇律》的基础上，先后完成了《武德律》《贞观律》《永徽律》，以及对《永徽律》详尽注释的、现存我国古代最早、最完整的封建法典《唐律疏议》（永徽四年，653 年。共 12 篇，30 卷，500 条）。除律之外，隋唐时期还颁布了众多的令。从《唐六典》卷六，“尚书刑部”记载可知，当时令有 27 种，分为 30 卷。①

除了律、令以外，在唐代，格和式也是重要的法律渊源。大体来说，格是皇帝诏令的删辑，而式是国家各级行政组织活动的规则以及上下级之间公文程式的法律规定。关于式的性质，学界众说纷纭，传统观点是，式是国家机关的办事细则及公文程式。

① （唐）李林甫等撰：《唐六典》卷六“尚书刑部”，中华书局 2014 年版，第 183 页。唐代的令，在中国本土虽然基本上已经佚失，但所幸的是，通过公元 8 世纪日本学者编纂的《令义解》和《令集解》两部作品，唐令在日本得到了比较好的保存。日本东京大学教授仁井田陞（1904—1966）对其进行了爬梳整理，复原了 715 条唐令，这大体相当于唐令总数的一半（据《旧唐书》卷五十“刑法志”，以及《唐六典》卷六“尚书刑部”等文献记载，唐贞观令有 1590 条，开元令有 1546 条），出版了《唐令拾遗》（1933 年）一书，从而使我们可以大体得知唐令的基本面貌。《唐令拾遗》已经翻译成中文。参见［日］仁井田陞：《唐令拾遗》，栗劲、霍存福、王占通、郭延德编译，长春出版社 1989 年版。

但有学者认为式是律、令、格的实施细则;①也有学者认为式不是公文程式,令、式都是行政法性质的规范,两者在总体上不存在纲领与细则的区别。本书持式是令的细则性规定的观点。其内容是国家机关进行行政管理和司法活动的办事细则,不包括公文程式。在唐代,除律、令、格、式之外,还于开元十年(722年)至开元二十六年(738年),编纂完成了《唐六典》。关于《唐六典》是否为行政法典,近代以来一直分歧很大,至今还有争议。②

隋唐时期确立了以律、令、格、式为法律渊源的法律体系,以及以律学教育、研究为主的法律教育和法律学术之后,其影响迅速向朝鲜、日本和越南等周边国家扩散,从而形成了一个以中国法为核心,朝鲜、日本和越南等周边国家继受中国法律,将其作为该国法律基础的法律体系——中华法系。在中华法系中,除母国中国的基本大法以及律学经典《唐律疏议》之外,日本制定了《大宝律令》(701)和《养老律令》(718),创办了以明法科的律学教育为中心的法律教育体系。在朝鲜,除制定《经国大典》等一批法律外,也设置了律令博士,发展起了中国模式的律学教育。越南的情况也大体相同。③

二、中华法系的发展

进入两宋,中华法系继续发展。就法律观念而言,隋唐时期形成的以民为本、教化为先、德主刑辅、宽猛相济、约法省禁、慎刑轻罚、刑赏公平、依法治吏,以及法因时而变等基本思想,到宋代以后,继续得以发展。就法律的形式而言,至宋代,在继承唐朝的律、令、格、式,唐末及五代的刑律统类(刑统)、编敕、制、敕、宣等的基础上,还发展出御笔、断例、申明、条例、条法事类等法律形式。④ 至元代,统治者在立法中奉行"古今异宜,不必相沿。但取宜于今者"⑤的指导思想。在这一思想下,元代没有出现系统的大的法典的制定活动,而是继承了唐宋的律、令、格、断例等法律形式,先后推

---

① 参见冯卓慧:《从几件敦煌吐鲁番文书看唐代法律形式——式》,载《法学研究》1992年第3期。

② 对于《唐六典》性质问题的不同观点的简要概括,参见徐忠明:《关于唐代法律体系研究的述评及其他》,载《法制与社会发展》1998年第5期;钱大群、李玉生:《〈唐六典〉性质论》,载《中国社会科学》1989年第6期。钱大群:《〈唐六典〉不是行政法典——答宁志新先生》,载《中国社会科学》1996年第6期;钱大群:《再论唐代法律体系与〈唐六典〉的性质》,载钱大群:《唐律与唐代法律体系研究》,南京大学出版社1996年版,第157页以下;李玉生:《唐代法律体系研究》,载《法学家》2004年第5期。李玉生:《唐代法律形式综论》,载杨一凡主编:《中国古代法律体系研究》,社会科学文献出版社2011年版,第177－178页。

③ 参见何勤华主编:《法律文明史》(第7卷),商务印书馆2019年版,第20页。

④ 元丰二年(1079年)六月二十四日,神宗皇帝对(编)敕、令、格、式作了新的界定,即"设于此以逆彼之至曰格,设于此而使彼效之曰式,禁其未然之谓令,治其已然之谓敕。修书者要当知此,有典有则,贻厥子孙"。参见《宋会要辑稿》(第14册),上海古籍出版社2014年版,第8223页。戴建国:《宋代编敕初考》,载杨一凡总主编、尤韶华主编:《中国法制史考证·甲编第五卷·历代法制考·宋辽金元法制考》,中国社会科学出版社2003年版,第83－87页。

⑤ (明)宋濂等撰:《元史》卷二〇"成宗三",中华书局1976年版,第430页。

出了《至元新格》①、《风宪宏纲》②、《大元圣政国朝典章》(1320—1323)和《大元通制》(1323)等法律汇编。至明清，法律形式又有新的变化，除律、令、典等外，还出现了诰，以及例。

与此同时，在中华法系的成员国朝鲜、越南和日本，法律也在继续发展变化。比如，在朝鲜，王建(877—943)创建的高丽王朝，无论法律制度还是律学研究，大体上模仿了唐王朝，且《唐律疏议》在高丽王朝得以适用。③ 在越南，1428 年由黎利(1385—1433)建立了黎王朝，仍然受到《唐律疏议》的重大影响。④而在日本，虽然 1192 年镰仓幕府建立后制定了《御成败式目》(1232)等幕府法，但由《大宝律令》《养老律令》确立的律令体系未被废除。至江户时代(1603—1868)，日本又在继受中国《大明律》《大清律例》的基础上，发展起了自己的幕藩法体系，出台了《公事方御定书》(1742)等一批法典。⑤ 因此，中世纪以后，日本在法律形式以及法律教育和法律学术方面，同样是全盘吸收借鉴了中国的模式。

三、中华法系的特点及其在世界各法系中的地位

在中世纪，除中华法系之外，在中东、近东以及西方，也形成了伊斯兰法系、基督教会法系，在吸收古代希腊、罗马航海法的基础上形成了海事法系，以日耳曼部落创建的蛮族国家习惯法和制定法为基础形成了日耳曼法系，以及在英国英吉利法系开始崛起等。与这些同时代的法系比较，中华法系具有如下七个特点，正是这些特点，使其在中世纪法律文明中占据着重要的地位。

第一，适应地域广袤、人口众多。除中国本土以外，中华法系还包含了越南、朝

---

① 世祖至元二十八年(1291 年)颁行的《至元新格》，是元朝统一以后颁布的第一部法典，也是诸法合体的元朝基本法。“大致取一时所行事例，编为条格而已，不比附旧律。”《至元新格》全文已佚，只是在《通制条格》和《元典章》中保留了 96 条内容。此外，可以从元人徐元瑞所撰《吏学指南》中，窥见《至元新格》“十事”(包括公规、选格、治民、理财、赋役、课程、仓库、造作、防盗、察狱等)的基本内容：“公规，谓官府常守之制也；选格，谓铨量人才之限也；治民，谓抚养兆民，平理诉讼也；理财，谓关防钱谷，主平物价也；赋役，谓征催钱粮，均当差役也；课程，谓整治盐酒曲税之类是也；仓库，谨于出纳，收贮如法也；造作，谓监督工程，确其物料也；防盗，谓禁弭奸宄也；察狱，谓推鞫囚徒也。”参见(元)徐元瑞：《吏学指南》，载杨一凡主编：《历代珍稀司法文献》(第 1 册)，社会科学文献出版社 2012 年版，第 199 页。

② 仁宗(1312—1320)在位时编辑的《风宪宏纲》，这是一部关于纲纪吏治方面的封建监察法。“风宪”原指风纪法度，中国古代常指监察官员整肃吏治。延祐二年(1315 年)，曾参照元朝历代条格编纂法律，包括诏制、条格、断例三部分。次年纂成，但未颁行。后将现行格例、条画中有关风纪的内容汇辑成《风宪宏纲》，作为专门的监察条令予以颁行。

③ 《高丽史·刑法志》(中册)，第 833 页。转引自张春海：《唐律、高丽律比较研究：以法典及其适用为中心》，法律出版社 2016 年版，第 43 页。

④ 杨鸿烈：《中国法律对东亚诸国之影响》，第 418 页。

⑤ [日]浅古弘、伊藤孝夫、植田信广、神保文夫编：《日本法制史》，青林书院 2010 年版，第 108、212、290 - 291 页。

鲜、日本和琉球等,整个东亚地区全部被覆盖。除伊斯兰法系极盛时代之外,中华法系是当时世界上管辖地区最大、适用人口最多的法系。

第二,以外儒内法的中国古代正统法律思想为指导,具有世俗化、集权化、一元化的特征。在公元前3世纪秦帝国建立之前,中国法律的理念以及指导思想,是以礼(德治思想)为核心的包括了儒家、法家、道家、墨家乃至阴阳家等思想在内的多元化的法学世界观。秦帝国建立以后,法家思想上升为国家的意识形态,以及国家法制运作的指导思想。但秦14年短暂的"二世而亡"的"恶法之治",宣告了单纯的、苛刻的法家思想治理国家的失败。继之而起的汉王朝,吸取秦的教训,在经过短暂的"无为而治"的黄老思想的实验后,毫不犹豫地采用了以儒家思想为门面、以法家思想为底子的"外儒内法"作为指导思想,并迅速传至周边国家。

第三,以隋唐成文法典为核心,具有法律制度的体系化、成熟发达的特点。中华法系的核心,是隋唐法律制度;隋唐法制的基础,是以《唐律疏议》为核心的成文法典体系。这一成文法典体系,由律、令、格、式等成文法律组成。在中国,有唐律、唐令、唐格、唐式;在日本,有《大宝律令》、《养老律令》、《弘仁格式》(701—819)和《延喜格式》(869—927)等;在朝鲜,有《高丽律》(10世纪末)、《经国大典》(1470)等;在越南,有《刑书》(1042)、《国朝通制》(1230)、《公文格式》(1290)、《皇朝大典》(1341)、《国朝刑律》(1483)等。这些律、令、格、式等成文法律,标志着中华法系的法律制度已完成了组织化和体系化,达到了一个非常高的水准。虽然日本、朝鲜和越南的法制基础原来并不是很成熟,但由于以当时东方世界发达成熟的隋唐法律为模范,拉齐了中华法系成员国与母法国法制发展的水平,因此使整个中华法系具有了体系化和成熟发达的特点。

第四,法律注释学的高度发达。在中华法系中,中国有发展成熟的法律注释学,《唐律疏议》是其经典著作。在日本,也有较为发达的律令注释学,如佚名律学家对《大宝律令》《养老律令》进行注释的《律释》(787—795),由律学家惟宗直本私撰的《养老令》的注释书《令集解》(868),天皇敕令由官方(具体由兴原敏久等)所撰的《令义解》(834),都是其代表作。日本不仅在律令制时代,仿照中国律令注释书,撰写了许多注释作品,而且把注释律令传统和方法也用在了幕府法的解释中,如为了帮助实施13世纪由镰仓幕府制定颁布的法典《御成败式目》,就出现了大量对其进行注释的作品,共有10种之多。[①] 在朝鲜,15世纪的李朝统治者不仅引入了《大明律》,而且还引入了《大明律》的各种注释书,如《大明律讲解》《律解辨疑》《律条疏议》《大明律读法》《明律直引》《律学解颐》等。这些明律注释书不仅成为法官审案的法律依据,而且还成为《经国大典》明确规定的律学考试中的内容,因而在此基础上,形成了古代朝

---

① 参见[日]池内义资编:《中世法制史料集》,岩波书店1978年版。

鲜的律学教育和律学研究。① 在越南，由于中国的《唐律疏议》等法典和法律注释书也传了过去，因此其在此基础上也发展起了自己的注释律学。

第五，法医学等学科的诞生和进步。在中华法系发展之鼎盛时期的宋代，还诞生了以宋慈所著的《洗冤集录》（至元代又出版了王与的《无冤录》）为中心的法医学著作。这标志着世界上最早的法医学诞生，并传入了朝鲜等国。早在李朝太祖李成桂灭高丽建国号为朝鲜（1392）之初，便引入了王与的《无冤录》，加以音注以后，以《新注无冤录》之名出版。该书在朝鲜一直适用了300余年。到英祖二十年（1744年），在对《新注无冤录》进行增删、训注和考订后，于正祖二十年（1796年）出版了《增修无冤录》。与此同时，还于1792年出版了《增修无冤录》的朝鲜语版《增修无冤录谚解》，从而由宋慈开创的中国古代法医学在朝鲜获得了更加广泛的应用。②

第六，律学研究和教育发达。中华法系是人类文明史上重要的法律体系之一，它能够在东亚这块土地上生存发展1300余年，不仅是因为有一批著名法典和一批著名律学家，而且因为有《唐律疏议》《律附音义》《令集解》《令义解》《律集解》《律例笺释》《类聚三代格考》《大明律例详解》《读律琐言》《读律佩觿》《刑法叙略》《政事要略》《大清律辑注》等一大批作品构成的法律学术（律学，就是古代中国、日本、朝鲜和越南的律令注释学），它们支撑着中华法系的发展、繁荣和延续。而古代中日两国的律学（日本称明法道）则是中华法系法律学术的主体。在中国，律学虽然诞生于秦汉时期，但在当时的文献中，并无关于律学的概念和研究状况的记载。严格意义上的律学，即作为学术形态和学科的律学，是到了魏晋南北朝时期才开始得到官方记录并日益成熟的。③

经过500多年的曲折发展与演变，至中华法系形成之时的隋唐时期，律学已经非常成熟，成了一门专门的学术。与此同时，在日本，公元592年推古天皇（592—628）即位，推行政治与法律改革，派遣隋使、遣唐使学习中国的律令及律学。并于神龟五年（728年）成立了作为法律教育的律学。到了8世纪中叶，又将律学改为明法道。

中华法系的律学研究（法律学术），是中华法律文化中的精华，其特点具体表现为：（1）周密严谨精致的律令注释学是律学的基本特征，也是它最为主要的传世价值。（2）丰富、多元的研究方法。在律学研究中，不仅有归纳、演绎、训诂、扩张解释、限制

① 参见何勤华主编：《法律文明史》，商务印书馆2019年版，第585页。

② 参见何勤华：《中国法学史》（第2卷），法律出版社2006年版，第466－467页。

③ 由于本文的格局限定于中华法系内中日两国的法律学术，而中华法系形成于6世纪末7世纪初，所以在中华法系诞生之前秦汉以及魏晋南北朝时期的律学作品，如1975年出土的湖北睡虎地秦简《法律答问》、《岳麓书院藏秦简（壹）》公布的《为吏治官及黔首》（2010年由上海辞书出版社出版）等，这里就不再展开。

解释、字义解释、文句解释等法律方法，还有历史的方法，即阐述各项法律规定时，必定将其起源、发展、演变的历史说得清清楚楚。(3)更为重要的是律学对法的正义的追求。中国古代的法律学术，虽然大量的是逐条、逐句、逐词地解释律令的含义，阐述律令在实施中遇到的问题，但也不乏对立法与司法之正义的追求。

律学研究发达的同时，中华法系定型时期的公元7世纪，中国律学教育也进入了一个新的发展时期。7世纪初，隋文帝杨坚(541—604)废除了九品中正制，①随后隋炀帝杨广(569—618)创设了分科举人，以策问取士的制度，②并在中央设立了专门管理教育的行政机构国子监。隶属于国子监的中央学校有国子学、太学、四门学、书学和算学。而律学则属于大理寺，设律博士、律博士弟子员，并沿用魏晋南北朝以来律学由司法部门主管的体制。③ 唐王朝建立后，进一步建立了进士科，从而正式创立了以考试来选拔官员的科举制度。当时，分常科和制举两种，其中常科中就设置有明法一科(源自晋时在百官中设立"明法"之官职)，形成了独立成熟的官方律学教育。④宋代开国之初，没有设律学，只设有律博士掌授法律。宋神宗熙宁六年(1073年)，才在国子监设立律学，设律学教授4人。元丰年间(1078—1085)，设律学博士、学正各1人。宋哲宗绍圣二年(1095年)，又设置律学博士。

中华法系的主要成员国日本的法律教育，其起步和发展与中华法系的形成和发展几乎是同步的。为了学习先进发达的隋唐法律制度和文化，日本派遣了多批遣隋使和遣唐使来中国学习。这一活动，可以视为日本最早的律学教育，即把中国的官府和律学家当作老师，学习中国的隋律、唐律，并将其学习的成果带回日本。因此，日本最早的律学教育，是一种通过留学方式开展的法律教育。这在人类历史上也是不多见的。⑤ 日本国内的律学教育，大体始于奈良(710—794)、平安(794—1192)两个时代，在这之前，元明天皇的和铜年间(708—715)，依据格在大学寮中创立了明法科(律

---

① 《辞海》："东汉末，曹操当政，提倡唯才是举。献帝延康元年(220年)，曹丕采吏部尚书陈群的建议，推选各郡有声望的人出任中正，将当地士人按才能分别评定为九等(九品)，政府按等选用。谓之'九品官人法'，仍保持曹操用人'不计门第'的原则。"晋、六朝时沿用此制。隋文帝时废除此制，改行科举制。参见《辞海》，上海辞书出版社2010年版，第2023页。

② 俞大纲、唐长孺、何忠礼、金铮等学者认为隋朝废除了九品中正制，又开始了分科举人的做法，但性质上仍然是一种察举制，是唐朝开创了以进士为主要取士科目，士人定期赴试，国家从中选拔人才的科举制。

③ 参见徐道邻：《中国法制史论集》，台北，志文出版社1975年版，第182页。

④ 参见《通典》卷十五"选举"记载："其常贡之科，有秀才，有明经，有进士，有明法，有书，有算。自京师郡县皆有学焉。"(唐)杜佑撰：《通典》卷一五"选举"，中华书局1988年版，第353页。

⑤ 公元11世纪，在罗马法复兴的浪潮中，在意大利形成了以讲授、注释罗马法为使命的博洛尼亚(Bologna)大学，吸引了欧洲各国的年轻人前来学习法律，其人数最多时达到1万余人。[日]碧海纯一、伊藤正己、村上淳一等编：《法学史》，东京大学出版会1976年版，第85页。应该说这也是世界历史上为数不多的以留学教育为中心的法律教育。

学科），开始了律学教育。① 至天长三年（826 年），明法科经过 100 余年的发展，已经达到相当发达的程度。

中华法系之比较发达的律学教育，在推动国家的法律运作方面发挥出巨大作用，并为中华法系的发展、延续和传承作出了贡献。具体而言，（1）中华法系的法律教育，为中华法系的成长和延续培养了人才。（2）推动了立法和司法事业的进步。（3）传承了法律学术。中国隋唐以后一批重要的法典注释作品如《唐律疏议》《律附音义》《宋刑统》《律解辨疑》《读律佩觿》《大清律辑注》等，都是法科教育的成果，并因律学家的努力而使水准达到极致。日本的情况也一样，在日本明法科教育刚刚开始时，日本律学的水平不仅无法与中国相比，就是与新罗（朝鲜）也是无法相比的。然而，经过 120 多年严格的明法教育，至 9 世纪时日本的律学水准已经到达了一个相当的高度。《三代实录》贞观四年（862 年）八月十七日条记载：承和年间（834—848），大判事兴原敏久和明法博士额田今足，将在平时审判时积累下来的十道刑法难题摘抄出来，准备赴唐向中国律学专家请教。日本明法博士讃岐永直自告奋勇，说他可以来回答这些难题。结果，原来准备去唐朝咨询的法律难题，就为讃岐永直所圆满回答了。②

第七，有一个职业的律家（律学家）阶层。美国著名比较法学家威格摩尔在《世界法系概览》一书中曾说："法系的产生和存续取决于一个训练有素的法律职业阶层的存续和发展。"③中华法系虽然由于各种原因，没有形成如近代以后大陆法系、英美法系中那样纯粹的职业法学家阶层，但也形成了一个律家群体，这一群体包括政治家、行政与司法官吏以及士大夫阶层。由于他们围绕着立法、执法、司法和法律解释所付出的辛勤劳动，才使中华法系不断成长、壮大，并生存、延续了 1300 多年。这既是中华法系的鲜明特点，也是其突出的优点。我们所说的律家，在中国是指隋唐（中华法系诞生）以后的律、令、格、式、例等的制定、阐释与实施者，在日本是指公元 645 年"大化革新"以后从事律、令（包括格、式）编纂、解释、执行、实施的法律工作者（明法博士等）这一群体。④ 这些律家，在汉代，有萧何，杜氏父子（杜周、杜延年），郭氏家族（郭弘、郭躬、郭晊、郭镇、郭贺、郭桢、郭禧等），陈氏家族（陈咸、陈躬、陈宠、陈忠等），以及经学大师马融和郑玄等。到了魏晋时期，又有张斐、杜预、刘颂、钟繇、刘邵等。到了隋唐，有长孙无忌、李勣、于志宁、褚遂良、柳奭、唐临、段宝玄、韩瑗、来济、辛茂将、刘

---

① 日本学术界的通说，认为日本设置明法科，是圣武天皇神龟五年（728 年）。但利光三津夫根据早在和铜年间（708—715）的史籍中，就散见有"明法博士"，以及表达"明法博士"的"令师""律师"等用语，主张明法科的设置可以从圣武天皇神龟五年往前上溯至元明天皇和铜年间。参见［日］利光三津夫：《律令制とその周边》，庆应通信 1967 年版，第 117 页。

② 参见［日］利光三津夫：《律令制とその周边》，庆应通信 1967 年版，第 154－155 页。

③ ［美］约翰·H. 威格摩尔：《世界法系概览》，何勤华、李秀清、郭光东等译，上海人民出版社 2021 年版，第 668 页。

④ 何勤华：《以古代中国与日本为中心的中华法系之律家考》，载《中国法学》2017 年第 5 期。

燕客、裴弘献、贾敏行、王怀恪、董雄、路立、石士逵、曹惠果、司马锐、李文博、邯郸绰、李敬玄、刘仁轨、崔知悌、赵仁本、裴光庭、宋璟、刘瑑、张戣、李崇、王行先、元泳、卢纾、李保殷、王朴、卢质等。在宋代,有和凝、和㠓、范质、窦仪、剧可久、刘筠、李觏、宋绶、宋敏求、孙奭、桂万荣、宋慈、蔡杭、刘克庄、范应铃、傅霖等。在明清,有宋濂、李善长、刘惟谦、况钟、丘濬、李贽、王樵、王肯堂、雷梦麟、舒化、李清、刚林、朱栻、沈之奇、蓝鼎元、万维翰、吴坛、全士潮、刘衡、许梿、祝庆祺、鲍书芸、薛允升、刚毅等。

在日本,由藤原不比(659—720,《大宝律令》和《养老律令》的编纂者和解释者)等开创律令制建设与注释传授并行的律学(8 世纪后改为明法道)传统之后,律家(8 世纪后称明法博士)也是人才辈出,绵延不绝。从参与《大宝律令》《养老律令》编纂、解释之奈良时代(710—794)的大和长冈、盐屋吉麻吕等,到平安时代(794—1192)的山田白金、穴太内人、讃岐永直、惟宗直本、坂上明兼、中原明基等,到 15 世纪以后的榊原篁洲、荻生徂徕、高濑喜朴、荷田在满等。

律家的作用,主要表现为:(1)参与立法活动,起草修订律令。(2)注释阐述律令,解答法律疑难。(3)传授律令知识,培养法律专门人才。其观点和思想,主要有:(1)提倡法律之平等与司法之公正。这成为律家的奏疏和律典解释中的重要内容。(2)阐释罪名、刑种及定罪量刑的具体含义,做"律义之较名"。(3)强调立法之简约、便民利民。(4)律学研究中比较法的运用。律家活动的特征,表现为群体成分的多元化;人数多,持续时间长;法律世家众多。律家为中华法系的传承作出的重要贡献:(1)阐述律令等法律体系中的法理与精神,拓宽律学的理论基础。(2)充任政府的法律顾问,为政府的法制建设出谋划策。(3)从事律学教育,培养为国家服务的法律人才。(4)严格执法,确立一种追求法律平等适用、公平正义的传统。

律家的上述贡献,为中华法系的传承奠定了基础。一方面,他们为中华法系的法律学术塑造了一个灵魂,这就是儒家的思想以及由其演化出来的一系列律学的基本原则。另一方面,律家为中华法系锻造了一个法律躯体,建筑了一座法律大厦,中国的《唐律》《宋刑统》《大明律》《大清律例》,日本的《大宝律令》《养老律令》《弘仁格式》等就是这躯体的基本部分。

第三节　中华法系与中华法律文化之关系

中华法系是中华法律文化发展到鼎盛时期的文化结晶。中华者,中国也。如前所述,中国意识自三代即已形成,西周何尊铭文有曰:"唯武王既克大邑商,则廷告于天,曰:'余其宅兹中国,自兹乂民。……'。""中国"就是"土中",意为天下的中心。①文化可以从社会进路的角度出发,将其宽泛理解为特定时期特定社会的生活方式的整体称谓;也可以从观念进路的角度出发,将其狭义理解为由某种知识、规范、行为准则、价值观等人们精神或观念中的存在所构成。② 法律是形,文化是魂,中华法律是中华法律文化的外在表现。中华法律文化是一个地域性的概念,是在中华大地的土壤上孕育的文化,是中国法律之魂。

法系是一种民族文化的积淀,③是指由若干个国家的法律所组成的,具有共同历史渊源、共同制度内容、共同风貌特征以及共同话语体系的法律体系。④ 中华法系的形成渊源是夏商周三代即已萌芽的中华法律文化,成型于周边国家对中国法的吸收借鉴。中华法系是以传统中国法为母法的东亚法律体系,包括近代以前的中国法,日本法、朝鲜法、越南法以及周边其他一些少数民族地区的法。⑤ 中华法系是一个国际性的,或区域性的概念,是包括中国法律以及各成员国法律的法律体系。

一、中华法系的世界观源自中华法律文化的主流思想

中华法系的世界观,包括以君主集权为国家建构形式的政治观,以等级制、德主刑辅为主的社会治理观,以三纲五常、尊老爱幼为基础的家庭伦理观,最后一统于天人合一的和谐观。

(一)君主集权的政治观

有德之君集天下之权,君主集权是中国古代政治的基本基调,是一切政治活动的核心理念。中国的君主专制制度,是中央集权下的专制,历经2000多年,每一王朝通过破坏上一王朝的封建等级制度,而后重建本朝的封建等级制度,如此往复。⑥

在封建专制主义中央集权的体制下,皇帝拥有最高的立法、司法、行政、军事、财政、人事等方面的权力。"天下之事,无大小皆决于上。"⑦而这些权力又是不受任何限制的,皇帝接受臣民的建议改变自己主意的例子是存在的,这只说明他有善于纳谏

① 参见李学勤:《何尊新释》,载《中原文物》1981年第1期。

② 参见韦森:《文化与制序》,上海三联书店2020年版,第14-17页。

③ 参见郝铁川:《中华法系研究》,商务印书馆2021年版,第12页。

④ 参见何勤华主编:《法律文明史》(第7卷),商务印书馆2019年版,第12-14页。

⑤ 参见马小红、刘婷婷主编:《法律文化研究》(第7辑),社会科学文献出版社2014年版,第147页。

⑥ 参见白钢主编:《中国政治制度通史》(第1卷),社会科学文献出版社2011年版,第83-85页。

⑦ (汉)司马迁撰、(宋)裴骃集解、(唐)司马贞索隐、(唐)张守节正义:《史记》(第1册),中华书局2013年版,第258页。

的品格和气度，却丝毫不能证明他拥有的是一个被限制的权力。①

在立法方面，凡法律的制定和颁行都是以君主的名义由君主进行组织的。皇帝制定颁布并随意更定法律，他的话也就是法律，“前主所是著为律……后主所是疏为令……何古之法乎”②？在司法方面，皇帝拥有死刑的最后批准权。《新唐书》卷二《太宗纪》记太宗时规定：“决死刑，京师五复奏，诸州三复奏。”对于不执行复奏制度的官员，要处以刑罚。《唐律疏议》卷三十规定：“诸死罪囚，不待复奏报下而决者，流二千里。即奏报应决者，听三日乃行刑。若限未满而行刑者，徒一年。即过限违一日杖一百，二日加一等。”

在行政方面，皇帝是国家的行政首脑，中枢机构中书、门下、尚书三省长官均对皇帝负责，宰相的决策只有经过皇帝的认可，以皇帝制敕的名义颁行，才能发生效力。③在军事方面，皇帝是全国武装部队的最高统帅。从太尉、将军到每个士卒都听命于他的调度。

在财政方面，对于国家的土地和其他财产，皇帝既可以任意挥霍，又可以任意封赏臣下，在他眼里，国家是他的私产，从臣子到百姓，都可以任意处置。在人事方面，皇帝是国家元首，以丞相为首的百官既受其任免又一切听命于他。④

在古代日本，中央集权制表现为天皇制，其启动于圣德太子改革，初步形成于孝德天皇（645—654）与天智天皇（668—671）的大化改新时期，制度化于大化改新矛盾积累导致的“壬申之乱”后的天武天皇（673—686）及其继任者持统天皇（690—697）、文武天皇（697—707）、元明天皇（707—715）时期，中间走过百年左右的曲折历程。⑤

公元604年圣德太子制定了中央集权国家的政治原则，即《宪法十七条》。其中明确提出“国非二君，民无二主，率土兆民，以王为主，所任官司，皆是王臣”⑥“承诏必谨，君则天之，臣则地之”⑦的观点。从大化改新到奈良时代，以天武天皇、元明天皇等为代表的皇室与朝廷实施了一系列加强皇权、建立中央集权制度的改革，并颁布律令，确立了律令国家体制。⑧ 公元645年，日本进行了全面模仿唐制的大化改新，在政治上确立了以天皇为中心的中央集权制度。孝德天皇即位后，马上确定了建立以天皇为中心的中央集权国家的政治目标。646年，孝德天皇发布《改新之诏》，进行全

---

① 参见白钢主编：《中国政治制度通史》（第1卷），社会科学文献出版社2011年版，第150-154页。

② （汉）班固撰、（唐）颜师古注：《汉书》（第9册），中华书局2013年版，第2659页。

③ 参见俞鹿年：《中国政治制度通史》（第5卷），社会科学文献出版社2011年版，第38-41页。

④ 参见白钢主编：《中国政治制度通史》（第1卷），社会科学文献出版社2011年版，第150-154页。

⑤ 参见解晓东、刘洋：《传统与变革：日本政治史专题研究》，东北大学出版社2014年版，第6页。

⑥ 《日本书纪》卷二二。［日］舍人亲王：《日本书纪》，四川人民出版社2019年版，第304页。

⑦ 徐建新：《从律令制度看奈良时代的社会等级结构》，载《台大历史学报》第30期。

⑧ 参见李卓：《日本社会史论》，江苏人民出版社2019年版，第33页。

面的政治经济改革,在政治上废除世袭氏姓贵族制度,确立中央集权的官僚政治体制。[①]

在古代朝鲜,公元4世纪,在朝鲜半岛形成了高句丽、新罗、百济三国鼎立的局面。这三国都建立了封建统治机构,其中,高句丽比较强大,成为朝鲜半岛的霸主,其奉行中央集权制,以干族和贵族为统治阶级,包括奴婢的下户为被统治阶级。公元668年,新罗联合中国唐朝消灭了高句丽。公元670—676年,新罗统一朝鲜半岛平壤以南地区,效仿唐朝的封建制度进行统治。[②]

在古代越南,最早的独立国家是公元544年李贲领导建立的万春国。解放龙编之后,李贲自称南越帝,建元为天德,建国号为万春,同时组织了封建国家机器。朝廷中,分文官和武官两支官员队伍。[③]

古代越南建立比较稳定的独立国家是在968年丁部领建立大瞿越国后,其自称"大胜明皇帝",之后历代王朝皆称帝纪元,并以先秦以来的政治文化塑造了以大越皇帝为中心的区域朝贡体系,戴可来称之为"亚宗藩"关系。[④] 越南在国家地位上采取"内帝外臣"政策,历代对内使用"大越"国号称帝,对中国则使用"安南"国号称王。内外双重政策对应双重国号,且传承千载,这在东亚历史中则极为罕见。中国并未因越南历代称帝而大动干戈,安南亦未因称帝而对中国失"事大"之礼,越南历代以"内帝外臣"政策配合双重国号拓展国家发展空间,取得了很大的成功。[⑤] 李朝和陈朝皆以"大越"为国号,行皇帝之制,以华夏政治思想为基础,逐步完善帝制的政治文化内涵。[⑥]

(二)等级之分的尊卑观

中华法系的等级尊卑观,是指不同等级的社会集团在社会地位和法律地位上有尊卑之别的观念,其表现为宗法等级、礼仪制度,再加上后来君君臣臣父父子子、三纲五常的儒家教义,从天子一直延伸到普通民众的氏族、宗族之中,形成了中国社会严密完整的社会控制系统,即等级次序系统。[⑦]

秦汉时代只有"奴婢"才是贱民,但经过魏晋南北朝这一复杂的历史过程后,出现了一些官贱民"杂户""官户"和私贱民"部曲""客女"等新身份。到唐代,则完成了由这些贱民层和与之相对的"良民"两大身份构成的所谓"良贱制"。主人对自己家的

---

① 参见解晓东、刘洋:《传统与变革:日本政治史专题研究》,东北大学出版社2014年版,第8-9页。

② 参见李宝奇:《韩国修宪历史及其政治制度变迁研究》,中国政法大学出版社2013年版,第5页。

③ 参见[越]明峥:《越南史略》,范宏科、吕谷译,生活·读书·新知三联书店1960年版,第28页。

④ 参见戴可来:《略论古代中国和越南之间的宗藩关系》,载《中国边疆史地研究》2004年第2期。

⑤ 参见叶少飞:《越南古代"内帝外臣"政策与双重国号的演变》,载《形象史学研究》2016年第1期。

⑥ 参见叶少飞:《越南古代"内帝外臣"政策与双重国号的演变》,载《形象史学研究》2016年第1期。

⑦ 参见梁劲泰:《中国传统哲学中的等级思想研究》,陕西人民出版社2009年版,第9页。

贱民拥有同物一样的买卖、抵押、分配等处置权。并全部剥夺他们的劳动成果，对他们任意驱使。所有这些，都受到法律的保障。[①]

等级尊卑在法律条文上也有体现，《唐律》中，对杀人罪的规定，根据社会良贱身份等级的不同，处罚也不同。良人杀奴、丈夫杀妾，虽都有罪，但罪不至死。如良人殴伤杀他人之部曲奴婢（《斗讼律》卷二十二总第320条），主人杀奴婢部曲（同卷总第321条、第322条），丈夫杀妾（同卷总第326条）。但反过来，贱人杀良人，则是必死无疑。如部曲奴婢谋杀主及主之期亲（《贼盗律》第254条），妻妾谋杀故夫之父祖及部曲奴婢谋杀旧主（《贼盗律》第255条）。

观各成员国法律，也都有等级尊卑的相关条文规定。日本的《大宝律令》亦如唐制一样区分人民身份为"良民"与"贱民"二阶级，良民包括昔日氏族阶级及品部之后身与公民，贱民包括"私奴婢""官奴""家人""陵户""官户"等，《养老律令》中"私奴婢"之地位亦如《唐律》所规定之"奴比畜产"，可买卖交易也。[②] 高丽亦有奴婢，《刑法二·奴婢》有云：昔箕子封朝鲜，设禁《八条》"相盗者没入为其家奴婢"，东国奴婢，盖始于此。士族之家，世传而使者曰"私奴婢"，官衙州郡所使者曰"公奴婢"。[③] 安南仍有阶级制度，但奴婢可解放为良人。卷三十五《户婚》《田产》之律云："诸放奴婢为民，已给放书而压为贱者，笞五十，贬一资，乃还正之。"[④]

（三）德主刑辅的治理观

"德主刑辅"，是杨鸿烈在《中国法律思想史》一书中总结得出的汉至清正统的法律思想。秦亡汉兴时，陆贾向高祖进言道"儴道者众归之，恃刑者民畏之"。贾谊上书文帝道"凡人之智能见已然，不能见将然，夫礼者禁于将然之前，而法者禁于已然之后，是故法之所用易见，而礼之所为至难知也。……以礼义治之者，积礼义；以刑罚治之者，积刑罚。刑罚积而民怨背，礼义积而民和亲。……道之以德教者，德教洽而民气乐；驱之以法令者，法令极而民风衰"[⑤]。这些都是"德主刑辅"思想的表述。《大戴礼记·盛德》在论及刑罚的起源时说道"刑罚之源，生于嗜欲好恶不节。故明堂，天法也；礼度，德法也。……刑法者，所以威不行德法者也"[⑥]。

可以看出，德主刑辅的"德"，绝不是指道德，而是指的礼，是以礼作为社会秩序的主要维护方法，是先礼后刑、出礼入刑；而德主刑辅的"刑"指的是法律、法令等我们所

---

① 参见［日］尾形勇：《中国古代的"家"与国家》，张鹤泉译，中华书局2010年版，第233－237页。

② 参见杨鸿烈：《中国法律在东亚诸国之影响》，商务印书馆2017年版，第274页。

③ 参见杨鸿烈：《中国法律在东亚诸国之影响》，商务印书馆2017年版，第71页。

④ 杨鸿烈：《中国法律在东亚诸国之影响》，商务印书馆2017年版，第523页。

⑤ 杨鸿烈：《中国法律思想史》，商务印书馆2020年版，第143－145页。

⑥ （清）孔广森撰：《大戴礼记补注：附校正孔氏大戴礼记补注》，中华书局2013年版，第155页。

说的法的规范。古语中的“法”不是指今天的法律,而是泛指一切规则、法则。在运用刑的时候,要做到恤刑,不得采取重刑治天下。这就是德主刑辅的含义,德与刑是相辅相成的关系。

德主刑辅,是汉代确立的正统法哲学的核心观点。董仲舒用“天人感应”的思想和阴阳五行相辅相成的学说来论证德刑互补符合天道运行的规律:“天道之大者在阴阳,阳为德,阴为刑,刑主杀而德主生。是故阳常居大夏而以生育养长为事,阴常居大冬而积于空虚不用之处,以此见天之任德不任刑也。……王者承天意以从事,故任德教而不任刑。刑者不可任以治世,犹阴之宵可任以成岁也。为政而任刑,不顺于天,故先王莫之肯为也。”①这恰恰表明,德刑之间是互补关系,而不是主次关系,阴阳互补,才能生和谐。只不过德与刑的运用,有一个先后顺序,先通过礼的方式,确立社会秩序,希望大家都按照礼的秩序来生活,这是“德主”的含义;如果有人破坏封建礼制,那么就要用刑来惩治,来维护封建礼制秩序,这是“刑辅”的含义。

古代越南和中国一样采取德主刑辅的统治思想,“知有身而不知有子,好杀而不好生,好刑而不好德,身既亡而国随减,由不仁之积也”②,“宰相则择宗室贤能,朝典则定礼仪刑律……陈家制度由此而兴”③,陈朝统治者认为,国家衰亡的原因是不仁之积累,上天有好生之德,如果好杀不好生,好刑不好德,国家就会渐亡。立国须选择贤能来担任管理国家的职责,德主所以朝典定礼仪,刑辅所以朝典定刑律,以上完成,则制度可兴。

(四)三纲五常的伦理观

三纲为“君为臣纲,父为子纲,夫为妻纲”,“三纲”自汉代《春秋繁露》《白虎通义》时出现。五常为“仁、义、礼、智、信”,三纲五常合称最早见于马融注解《论语·为政》:“子曰:殷因于夏礼,所损益可知也;周因于殷礼,所损益可知也。”其提出“所因,谓三纲五常;所损益,谓文质三统”。④

中华法系之法哲学的主要原理,其贯彻的中心思想是中国法律的伦理化,有学者将其归纳为“儒家伦理”或“宗法伦理”,简称为“礼教”,⑤核心就是“三纲五常”。这是中国法律文明所特有的,是区别于世界上其他法律文明的本质属性。形成中国法哲学这种本质属性的经济基础和思想基础就是中国古代长期延续的以小农经济为特征的农耕社会,以及由此演化出来的一系列具有中国特色的思想、政治、法律之生态

---

① (汉)班固撰、(唐)颜师古注:《汉书》(第8册),中华书局2013年版,第2502页。
② 孙晓主编:《大越史记全书》(第1册),西南师范大学出版社、人民出版社2015年版,第21页。
③ 孙晓主编:《大越史记全书》(第1册),西南师范大学出版社、人民出版社2015年版,第23页。
④ 参见肖铮主编:《朱子百题》,厦门大学出版社2019年版,第50页。
⑤ 参见张中秋:《原理及其意义:探索中国法律文化之道》,中国政法大学出版社2015年版,第2页。

场景。[1]

在长期稳定且几乎不变的采用精耕细作的生产方式的农耕社会里，在为了获得更多的食物以便养活日益增多的人口的生存压力下，中国古代社会非常需要生产经验和家内团结，这样家族中的长辈和拥有强壮体力的男子，成为稳定和推动社会进步发展的主要力量，而家内团结又进一步强化了原有的宗法关系。[2] 这一现实背景，为耕地、祭祀和战争等国家主要活动被成熟男子垄断提供了合法性；又为家庭、家族中的权力等级和阶位序列提供了基础，形成了父权、夫权、家长权和宗族权，中华法系的儒家伦理或者宗法伦理"三纲五常"中的后二纲"父为子纲""夫为妻纲"即从这里发展而来。

按照《说文解字》的解释："伦，辈也。……一曰：道也。"段玉裁注释："伦，道也，理也。"[3]因此，有学者理解为，在中国古代语境中，伦理就是辈分之理，亦是人们怎样按辈分来相处这样一种做人的道理，简称人道、人理、人义，即通常所说的人伦道德。[4]古代中国长期稳定且几乎不变的农耕社会就是这一人伦道德产生并长期发挥作用的经济基础，而这一人伦道德又成为中国古代法哲学的根基之一。[5]

在中国古代，"德"是儒家伦理和宗法伦理"三纲五常"中"五常"的主线。"五常"之仁、义、礼、智、信，都是德的具体内容，即五德。常，带有不变的意思，所以这五德也是不变的。而在这不变的五德中，仁表示仁慈博爱，义表示适宜恰当，礼表示有序合理，智表示明智通达，信表示诚实信用。[6]

日本进入幕府时代以后，随着父权家长制家族的确立，中国儒家的伦理纲常也日渐深入日本社会。幕府将军也特别重视讲习《孝经》，武家子弟一般在六七岁时，从读《孝经》开始进行启蒙教育。镰仓幕府的法律《贞永式目》制定的宗旨就是吸收儒家"君为臣纲、父为子纲、夫为妻纲"这一伦理教化的根本，实现"臣对君要忠，子对亲要孝，妻对夫要顺"的目的，孝敬父母开始被作为武士的道德准则。[7]

古代越南受中国影响，也奉行三纲五常之道。黎嵩在撰写《越鉴通考》时献论道："臣闻《周易》曰：'有天地然后有万物，有万物然后有夫妇，有夫妇然后有父子，有父子然后有君臣。'此纲常之道所由著也。《大学》曰：'心正而后身修，身修而后家齐，家齐而后国治，国治而后天下平。'此治平之道所由行也。然则天地之道不能外纲常

---

① 参见何勤华主编：《法律文明史》（第7卷），商务印书馆2019年版，第56页。

② 张中秋：《原理及其意义：探索中国法律文化之道》，中国政法大学出版社2015年版，第29页。

③ （汉）许慎、（清）段玉裁注：《说文解字注》，上海古籍出版社1981年版，第371页。

④ 李钟声：《中华法系》（上册），台北，台湾华欣文化事业中心1985年版，第211页。

⑤ 参见何勤华主编：《法律文明史》（第7卷），商务印书馆2019年版，第57页。

⑥ 参见张中秋：《原理及其意义：探索中国法律文化之道》，中国政法大学出版社2015年版，第53页。

⑦ 参见李卓：《日本社会史论》，江苏人民出版社2019年版，第345页。

以立极，帝王之道岂能外纲常以为治哉。”①

三纲五常在中华法系中的地位甚是重要，“三纲五常，人之大伦”②，“三纲之道，万世常经，不可一日紊”③。而国家或政权衰亡的原因，是没有贯彻三纲五常，“盖丁氏之兴，虽出于天数。及其衰也，由三纲不正焉”④。或君臣之道丧，“先皇废嫡立少，而父子之恩睽；五后并立，而夫妇之伦紊；宠任杜释，以成篡弑之祸，而君臣之道丧”⑤。或夫妇之道、父子之恩及君臣之义丧，“盖（黎）大行之兴，虽出于众心，及其亡也，亦由三纲之不正焉。大行废丁皇之子，而降为卫王，则无君臣之义；生子有九，而不早定皇储，则无父子之恩；立后有五，而上蒸丁后，则无夫妇之道”⑥。

（五）尊老爱幼的人伦观

中华民族一直被认为是古代东方的礼仪之邦，最为注重家庭团结、亲子和睦，也非常怜惜患病之人和体恤残疾之人，在人伦道德的思想和实践方面是古代各个民族的表率。不仅如此，我们的古人还将这种人伦思想贯彻于法律之中，中国古代历朝法典中都有关于尊老爱幼、恤废怜疾的法律规定，明确老、幼、病、残者可以免除或减轻刑罚，这就是这种人伦思想在法律上的典型表述。据史籍记载，尊老爱幼、恤废怜疾的规定，最早源自《周礼·秋官·司厉》，至汉代，法律有了明确规定。至唐代，则进一步发展完善了关于尊老爱幼、恤废怜疾的法律规定，明确了老、幼、病、残者犯罪可以免除或减轻刑罚的原则。

尊老爱幼、恤废怜疾的法律关怀，其思想基础和法理精神，就是中国古代思想家（主要是儒家）所主张的伦理精神，这种伦理精神将维护宗法社会中以血缘家族为基础的人伦尊卑等级秩序，视为人伦之常道，乃至宇宙万物的生存规则，以此铺就一条修身、齐家、治国、平天下的道路。因此，法典通过规定老、幼、病、残者可以免除或减轻刑罚，一方面，（按照《唐律疏议》的解释）是“矜老小及疾”“爱老养幼之义也”，体现一种人道主义的关怀，张扬中国古代伦理的道德价值；另一方面，讲清楚这些人与正常人不同，即老人以其年老，小儿以其年幼，废疾之人以其精神错乱或处于其他病患

---

① 参见孙晓主编：《大越史记全书》（第1册），西南师范大学出版社、人民出版社2015年版，第16页。

② 《大越史记·本纪全书》卷四《李纪》，载孙晓主编：《大越史记全书》（第1册），西南师范大学出版社、人民出版社2015年版，第261页。

③ 《大越史记·本纪全书》卷一《黎纪》，载孙晓主编：《大越史记全书》（第1册），西南师范大学出版社、人民出版社2015年版，第130页。

④ 《越鉴通考总论》，载孙晓主编：《大越史记全书》（第1册），西南师范大学出版社、人民出版社2015年版，第20页。

⑤ 《越鉴通考总论》，载孙晓主编：《大越史记全书》（第1册），西南师范大学出版社、人民出版社2015年版，第20页。

⑥ 《越鉴通考总论》，载孙晓主编：《大越史记全书》（第1册），西南师范大学出版社、人民出版社2015年版，第21页。

(如断肢、少腿、瞎眼等)之中,"皆少智力""不堪受刑",所以对他们的刑事处罚应当宽免,是符合自然界万物生长、生存的基本规律的。①

古代日本、朝鲜和越南同样吸收了中国尊老爱幼的人伦观,日本的《律疏残篇·名例律》规定:"凡年七十以上,十六以下,及废疾犯流罪以下,又八十以上,十岁以下,及笃疾……盗及伤人收赎。"②朝鲜的《恤刑》云:"文宗三十三年,江阴县有一盲,谋奸人妻,因杀人当死,依律文八十以上十岁以下及笃疾例论减死配岛。另条:仁宗十六年判八十以上及笃疾人虽犯杀人,除杖刑配岛。此则为老弱减等之例。"③越南的《历朝宪章类志》卷三十四记载道:"诸年七十以上,十五以下及废疾犯流罪以下赎。"④

(六)天人合一的和谐观

关于"和"的思想,早在《诗经》中就有体现。《诗经·商颂·列祖》云:"亦有和羹,既戒既平。"《左传》中也出现了"和羹"的比喻:"和如羹焉,水火醯醢盐梅以烹鱼肉,燀之以薪,宰夫和之,齐之以味;济其不及,以泄其过。"⑤《尚书·尧典》云:"克明俊德,以亲九族。九族既睦,平章百姓。百姓昭明,协和万邦。黎民于变时雍。"⑥"和为贵"一词最早在《论语》中作为整体出现,有子曰:"礼之用,和为贵。"⑦这些都是中国文化追求"和"的价值取向的体现。

"和"在中国古代哲学里具有极高的境界,其内涵丰富,涵盖社会生活的方方面面。⑧ "和"的思想在指导中国古代的法律运作方面,主要有两个层面:第一,在天人关系的问题上,主张天人合一,由此衍生出诸如秋冬行刑等顺应时节变化的制度。天人合一是中国古代和谐思想的最高境界。天人合一的法律思想萌芽于夏商,在汉代成熟,在唐代发展完备。⑨ 从夏商开始,人们就关注到人与天之间的和谐相处,他们认为,必然存在一个超自然的神秘力量,主宰着世间万物的运行变幻。夏商时期的立法主张神判、天罚;西周灭商,为了解释为何上天任命的统治者商朝会被灭绝,得出了以

---

① 参见何勤华主编:《法律文明史》(第7卷),商务印书馆2019年版,第780页。

② 杨鸿烈:《中国法律在东亚诸国之影响》,商务印书馆2017年版,第227页。

③ 杨鸿烈:《中国法律在东亚诸国之影响》,商务印书馆2017年版,第57页。

④ 《历朝宪章类志·刑律志》卷三十四,藏于日本东洋文库,编号X-2-38。

⑤ 《左传·昭公二十年》。(战国)左丘明:《左传》,(晋)杜预注,上海古籍出版社2015年版,第847页。

⑥ 《尚书·尧典》。(汉)孔安国:《尚书正义》,(唐)孔颖达正义,上海古籍出版社2007年版,第36页。

⑦ 《论语·学而》。杨伯峻:《论语译注》,中华书局2015年版,第10页。

⑧ 《说文解字》中,"和"有3个字,一为和(hè),相应也(口部);二为龢(hé),调也(龠部);三为盉(hé),调味也(皿部)。和(hè)可以理解为应声相和,如夫唱妇和;龢为器乐、音律相和;盉为味道相和,如《诗经》以及《左传》中的和羹之喻。

⑨ 参见高明士:《律令法与天下法》,上海古籍出版社2013年版,第314页。

德配天的结论，即上天祖佑有德之君，商君无德，故西周得以灭之。

《汉书·刑法志》记载道："（圣人）必通天地之心，制礼作教，立法设刑，动缘民情，而则天象地。故曰先王立礼，'则天之明，因地之性'也。刑罚威狱，以类天之震曜杀戮也；温慈惠和，以效天之生殖长育也。书云'天秩有礼''天讨有罪'。故圣人因天秩而制五礼，因天讨而作五刑。"①

《唐律疏议·名例律》明确宣示："德礼为政教之本，刑罚为政教之用，两者犹昏晓阳秋相须而成者也。"②这一段话经典地还原了中华法系受中国古代宇宙观（天道观）所影响的情景，即从中国古人的自然宇宙观来看，我们人类所生活的这个世界是一个有生命的系统，是一个天、地、人和谐相处的生命体，它由明与暗、昼与夜、阳与阴、生与死等两个相对、彼此依存的矛盾体所组成，并且井然有序，生生不息。而在这一生命体的运行中，一直在发挥调节功能的，则是道（规律）。合乎道者，就生存发展，不合乎者，就衰落、消亡。而这个道，在人与物（外部世界）之关系的相处上，就是必须顺应自然界的发展变化而生产、生活，懂得和掌握这种道（自然规律）的，就是长者、贤者、智者、能者，这为中华法系中的尊长、尊贤、尊智、尊权提供了哲学基础；在人与人相处之关系上，就是要有德，而有德的衡量标准，就是"君为臣纲""父为子纲""夫为妻纲"之三纲，以及仁、义、礼、智、信之五常。③

天人合一的法律思想融入具体的法律条文，则可见《唐律疏议·断狱律》"立春以后、秋分以前决死刑"条（总第496条）规定："诸立春以后、秋分以前决死刑者，徒一年。其所犯虽不待时，若于断屠月及禁杀日而决者，各杖六十。待时而违者，加二等。"这是顺应节气而行刑的规定，"四时之行亦有其序。春以生之，夏以长之，秋以肃之，冬以藏之"④。因为春天是万物复苏的季节，是主"生"而不主"杀"，所以立春之后不得决死刑。自从唐代天人合一的法律思想入律后，此后历朝历代的法典均有类似规定。

古代越南同样信奉天人合一的和谐之道，如《大越史记全书》记载李纪英宗道："然憸邪莫辨，刑罚不明，所以天灾示警，寇盗并兴，纪纲紊舛，可胜言哉。"⑤当人世间不安和谐，上天就会对应作出警示。同样，黎皇朝纪的仁宗宣皇帝下诏曰："比岁以来，旱蝗将仍，灾沴荐至。今年方春，雨雹又作。抑政事缺失，而未能修举与？将调燮失宜，而致伤和气与？或刑狱冤滥，而未能伸雪欤？将赋役繁重，而下民咨怨与？静

① （汉）班固撰、（唐）颜师古注：《汉书》（第4册），中华书局2013年版，第1079页。

② 刘俊文：《唐律疏议笺解》（上），中华书局1996年版，第3页。

③ 参见张中秋：《原理及其意义：探索中国法律文化之道》，中国政法大学出版社2015年版，第47、53页。

④ （明）万明英：《三命通会》（上），陈明注，中医古籍出版社2008年版，第2页。

⑤ 《大越史记·本纪全书》卷四《李纪》，载孙晓主编：《大越史记全书》（第1册），西南师范大学出版社、人民出版社2015年版，第221页。

思厥咎，盖有其由。苟不施实惠以慰民心，将何以答上天而弭灾变？其宥条有饶诸税，逃从征、逃军、逃民许出首，在狱诸讼沉滞，听具由奏呈等事。”①这是将天灾视为上天对人间的警示，面对一系列的自然灾害，仁宗宣皇帝不禁反省是否政事缺失、刑狱冤滥等原因。

第二，在人人关系的问题上，主张以和为贵。以和为贵可以从三个方面来进行理解。

一是国家在律法的制定上本着以和为贵的理念，这体现在礼的规范进入律中，“礼之用，和为贵。先王之道，斯为美”，先王之道就是“礼”。礼制是一种等级制度，但正是这种等级有差的规范，把社会上每一个人的位置都安排得妥妥当当，君君臣臣父父子子，每个人都在他所处的位置，做着其分内的事情，这样可以形成和谐稳定的社会。

二是国家在社会治理方面，同样遵循以和为贵的原则，《论语·颜渊》有曰：“听讼，吾犹人也，必也使无讼乎！”官员以其所治理区域的和谐，即无讼状态为理想，即使遇有讼案，也是调解先行。乡里的里老长辈也经常充当纠纷的调解员，由此衍生出中国古代极为发达的调解制度。

三是个体之间的交往，须秉持以和为贵的态度，这强调适可而止，由此衍生出中国古代极为普遍的和解现象。

越南的黎皇朝时期，玄宗穆皇帝颁布的《申明教化》第47条特别强调了以和为贵的理念：“为臣尽忠，为子止孝。兄弟相和睦，夫妻相爱敬，朋友止信以辅仁。父母修身以教子，师生以道相待，家长以礼立教，子弟恪敬父兄。妇人无违夫子，妇人夫亡无子，不得私运货财。”其也强调了家庭内部的和谐共处。“居乡党者长幼相敬爱，便害相与除，毋以强而凌弱，毋唱讼而行私。豪强不得勘讼事，男女不得肆淫风，证讼者以实而无徇货财，旅次者防奸而勿拒投宿，勿占道路为园圃，勿侵溪港为沼池。山林川浑之便，与聚共之”。其还强调了邻里和谐。“坊社村庄之长，择人为之。生业务勤，乡饮从简。毋倚恃权势而寄托词讼，毋故将老弱而嫁祸善人，毋托僧尼以避役，毋唆人讼以取财。事争讼者毋为罗织以诬人，业商买者毋聚徒党而为盗。”②申明不得投机取巧，要形成善良正气的风俗。

后黎朝于洪德十四年（1483年）颁布《洪德法典》，又名《国朝刑律》，这是一部以唐律为底本，兼采大明律及为数颇多的越南固有法的条文而编纂的法典，共6卷12章721条。《洪德法典》的编排，分为名例、卫禁、职制、军政、户婚、田产、奸通、盗贼、斗讼、诈伪、杂律、捕亡、断狱等章别。

---

① 《大越史记·本纪实录》卷一一《黎皇朝纪》，载孙晓主编：《大越史记全书》（第2册），西南师范大学出版社、人民出版社2015年版，第583页。

② 孙晓主编：《大越史记全书》（第4册），西南师范大学出版社、人民出版社2015年版，第954页。

相比唐律，《洪德法典》另外规定了调解前置程序，其明确将纠纷划分为最小事、小事、中事、大事。其中，最小事必须先经过社官调解，调解不成才可提起诉讼："诸路、县人有争讼者，最小事就社官，小事就路官，中事就府官，勘平如法，大事赴京。即社官不为理，则告县官。县官不为理，则告路官。路官不为理，然后赴京申奏。违者，以杖、贬论。告谋反、叛逆事，不在此律。"①

在古朝鲜高丽王朝，《宋史·列传·外国三》中是这样总结的："高丽刑无惨酷之科，惟恶逆及骂父母者斩，余皆杖肋。"②另外，高丽强调晚辈对长辈的绝对服从，如果有殴杀父母等尊亲属的不孝行为，会遭到严厉的惩罚。但是反过来，如果长辈殴杀晚辈，则处罚比较轻。据《高丽史·刑法志》记载，"谋杀周亲尊长外祖父母，夫妇之父母虽未伤，斩。……谋杀周亲卑幼，徒二年半；已伤，三年；已杀，流三千里"③。对于殴伤和骂詈尊亲属亦有相似规定。而且法律明文规定，即使父母有罪，子女也不许状告父母，"告周亲尊长，外祖父母，夫妇之祖父母，虽得实，徒二年；流罪，徒三年；死罪，流三千里；诬告，加所诬罪二等"④。"祖父母、父母在子孙别籍异财，供养有阙，徒二年；服内别籍，徒一年。"⑤若父母年老得不到赡养，子女亦会受到法律的制裁。⑥ 另外，高丽律还规定了子女的治丧假，"诸犯死罪在禁，非恶逆以上，遭父母丧、夫丧、祖父母丧，承重者给暇七日委哀"⑦，"若祖父母、父母丧者，给暇十五日。家口有死者，七日"⑧。

日本圣德太子制定的《宪法十七条》第1条就是强调以和为贵："夏四月丙寅朔戊辰，皇太子亲启作宪法十七条，一曰，以和为贵，无忤为宗。人皆有党，亦少达者。是以或不顺君父，乍违于邻里。然上下和睦，皆于论事，则事理自通，何事不成?"⑨其意为要将人与人之间的和谐相处看作最重要的事情，这样才不会有违祖上之道。该条以"以和为贵，无忤为宗"开始，前半句的出处是《论语》的"有子曰：礼之用和为贵"和《礼记》的"礼之用，和为贵"，这被视为揭示了儒教的原理，在这里，"和"是为礼而说

---

① 《黎朝刑律·断狱章》第669条。《黎朝刑律》，藏于越南汉喃研究院，编号A.2669。

② 《宋史·列传·外国三》。(元)脱脱等撰：《宋史》(第40册)，中华书局2013年版，第14055页。

③ 《高丽史·刑法志一》卷八四，载孙晓主编：《高丽史》(六)，西南师范大学出版社、人民出版社2014年版，第2685页。

④ 《高丽史·刑法志一》卷八四，载孙晓主编：《高丽史》(六)，西南师范大学出版社、人民出版社2014年版，第2686页。

⑤ 《高丽史·刑法志一》卷八四，载孙晓主编：《高丽史》(六)，西南师范大学出版社、人民出版社2014年版，第2683页。

⑥ 李明珠、杨蓉：《继承与超越：儒家文化对韩国法律的影响及其现代启示》，载《长春大学学报》2018年第11期。

⑦ 《高丽史·刑法志二》卷八五，载孙晓主编：《高丽史》(六)，西南师范大学出版社、人民出版社2013年版，第2708页。

⑧ 《高丽史·刑法志二》卷八五，载孙晓主编：《高丽史》(六)，西南师范大学出版社、人民出版社2013年版，第2709页。

⑨ ［日］舍人亲王：《日本书纪》卷二二，四川人民出版社2019年版，第303页。

的。但是后半句却不同,它是规定第2条"笃敬三宝"的前提,所以正是以佛教意义上的"和合"为主要目的。村岗典嗣又补充说:"无忤是为了'和合'的慈悲矜哀的无诤。即含有老子的不争之德之意。"①

《沙汰未律书》中甚至提出聪明人不打官司,而选择和解,君子之交和为贵的观点。但与"内济"不同,选择"和解"还是审判由当事人决定。早在中世纪,镰仓幕府就在审判中强调调解的作用,鼓励有关领地等的诉讼案用"和解"来结案。江户幕府时代盛行的"内济"制度典型地体现了日本传统法律文化回避审判的特征。在日文中,"内济"原为私下解决纠纷、私了之意。在江户幕府时期,"内济"成为一种由"町役人"或"村役人"等地方官员或有势力的第三者介入纠纷,对纠纷进行调解的制度。②

二、中华法系的制度设计源自中华法律文化的制度成果

中华法系的制度多元,其中以"五刑""十恶""八议"为核心的刑法制度、以"六礼""七出三不去"为核心的婚姻制度、以户主为权威的家庭制度以及以宗祧继承为核心的继承制度最具特色。

(一)刑法制度

在中华法系的刑法制度中,以"五刑""十恶""八议"等最具特色。

1. 五刑

五刑是中国古代最基本的刑制,体现了中国深厚的文化底蕴以及哲学内涵。中国的主刑从古到今,其稳定形态无不是五种,从苗民"五虐之刑"与象刑,到奴隶制五刑与封建制五刑,莫不如此。

五刑最早起源于苗民五刑,《尚书·吕刑》载:"苗民弗用灵,制以刑,惟作五虐之刑曰法,杀戮无辜。"③《尚书正义》孔颖达疏:"三苗之国君,习蚩尤之恶,不用善化民,而更制重法,惟作五虐之刑。"④"苗民"指三苗之国君,由于其顽凶若民,故《尚书》斥其为苗民。三苗之君不敬重神灵,以酷刑统治三苗部落的民众,皇帝颛顼怜惜无辜民众,就以重刑惩罚苗民,并将其除尽。

据《尚书》记载,"五虐之刑"具体为劓、刵、椓、黥和越兹丽刑并制。劓为割鼻;刵

---

① [日]村岗典嗣:《日本思想史概说》,1961年版,第190页。转引自[日]大木雅夫:《东西方的法观念比较》,华夏、战宪斌译,北京大学出版社2004年版,第100页。

② 参见华夏、赵立新、[日]真田芳宪:《日本的法律继受与法律文化变迁》,中国政法大学出版社2005年版,第235页。

③ (汉)孔安国传、(唐)孔颖达正义、黄怀信整理:《尚书正义》,上海古籍出版社2007年版,第771页。

④ (汉)孔安国传、(唐)孔颖达正义、黄怀信整理:《尚书正义》,上海古籍出版社2007年版,第771页。

为割耳；椓为宫刑；黥为墨刑；越兹丽刑并制指的是超出以上四种肉刑限度的大辟。唐尧七十六年，出现了以苗民五刑为模型的刑罚体系，是为远古象刑。后来，诸夏族皆采纳象刑，形成了奴隶制五刑。奴隶制五刑的发展线索大致为：苗民五刑→唐尧象刑→夏五刑（大辟、膑、宫、劓、墨）→商五刑（墨、劓、宫、膑、大辟）→周初五刑（墨、劓、宫、刖、杀）→穆王五刑（墨、劓、剕、宫、大辟）。故五刑起源于苗民，成熟于西周穆王时期。①

相比于奴隶制五刑，封建制五刑是以限制人身自由为主要执行方式的，这是中国古代刑法制度从野蛮向文明过渡的体现。隋《开皇律》首次确立五刑制度，《唐律》沿袭《开皇律》，将五刑从轻到重排列为笞、杖、徒、流、死。犯人被判五刑，除因“十恶”不赦之重罪，皆可以铜赎罪。

日本《养老律·名例律》同样确立了以笞、杖、徒、流、死为内容的五刑制度；朝鲜《高丽律》同样仿照唐律制定了五刑以及赎铜制度，其还参考同时代的中原王朝——宋朝的立法设计，采纳了折杖法的制度；越南方面，吴甲豆《中学越史撮要》有云：“黎朝刑律参仿明、清。五刑：笞刑五，自一十至五十；杖刑五，自六十至一百；徒刑三，徒役丁、徒象坊兵、徒屯田兵；流刑三：流近州、流外州、留远州。死刑三：绞、斩枭、凌迟。”②

2. 十恶

中国古代刑法中的十恶制度，可追溯至汉代。《唐律》“十恶”条议曰：“汉制九章，虽并湮灭，其‘不道’‘不敬’之目见存，原夫厥出，盖起诸汉。”③根据程树德《九朝律考》中的考证，汉代时就有“不道”“大不敬”“不敬”“不孝”的记载。《史记·杜延年传》曰：“时御史大夫桑弘羊子迁亡，过父故吏侯史吴，会赦，侯史吴自出系狱，议者知大将军指，皆执吴为不道。延年乃奏记（霍）光，以为吏纵罪人有常法，今更诋吴为不道，恐于法深。”此外，在《杜钦传》《盖宽饶传》《朱博传》《王商传》《两龚传》《李寻传》《夏侯胜传》《严延年传》《鲍宣传》《韩延寿传》《丙吉传》《陈汤传》《匈奴传下》《王子侯表》《功臣表》中有“不道”的记载。

关于“大不敬”和“不敬”，《陈汤传》曰：“汤称诈虚，设不然之事，非所宜言，大不敬。”《赵充国传》曰：“充国劾安国奉使不敬。”此外，在《薛宣传》《师丹传》《功臣表》《御览》三百四十七引谢承《后汉书》《赵充国传》《冯野王传》《萧望之传》《灌夫传》《外戚恩泽侯表》中有“大不敬”和“不敬”的记录。而“不孝”的记录则是在《衡山王传》中：“太子爽，坐告王父，不孝弃市。”④

① 参见胡旭晟：《五刑溯源》，载《民族论坛》1988年第3期。

② ［越］吴甲豆：《中学越史撮要·秋集》。藏于越南国家图书馆，编号R.1348。

③ （唐）长孙无忌等撰：《唐律疏议》，中华书局1983年版，第6页。

④ 程树德：《九朝律考》，商务印书馆2017年版，第118－121页。

北周律、北齐律中开始有“重罪十条”的规定,但没有“十恶”之名称。直到隋朝《开皇律》才开始有十恶之名。《唐律》中的十恶有:一曰谋反,二曰谋大逆,三曰谋叛,四曰恶逆,五曰不道,六曰大不敬,七曰不孝,八曰不睦,九曰不义,十曰内乱。

十恶制度传到日本,变为八虐,八虐有:谋反、谋大逆、谋叛、恶逆、不道、大不敬、不孝和不义,日本没有采用不睦和内乱两个罪名;朝鲜照搬全收了十恶制度,郑道传在其《宪典总序》中就说:“所谓十恶,曰谋反、谋大逆、谋叛、大不敬,所以中君臣之分也;曰恶逆、不孝、不睦,所以重亲亲之恩也;曰不道,所以重人命也;曰不义、内乱,所以重官民、师友之义、夫妇男女之别也。是十者,皆人道之大伦,苟有犯者,谓之大恶,而王法所必诛者也。”①越南也是全盘吸收了十恶制度,黎朝最重之犯罪为“十恶”,盖全同《唐律》卷第一《名例律》。②

3. 八议

唐律中的八议制度起源于西周的八辟丽邦法。《唐律》“八议”条议曰:“周礼云:‘八辟丽邦法。’今之‘八议’,周之‘八辟’也。礼云:‘刑不上大夫。’犯法则在八议,轻重不在刑书也。”③八议的内容为议亲、议故、议贤、议能、议功、议贵、议勤、议宾。日本将“八议”变为“六议”,即议亲、议故、议贤、议能、议功、议贵;古朝鲜没有吸收八议的规定;越南方面,黎朝的刑法制度有八议的规定,阮朝的《皇越律例》也借鉴了八议制度,只是顺序有变化。《皇越律例》中的八议顺序为议亲、议故、议功、议贤、议能、议勤、议贵、议宾,把功臣以及恪守职务的官员顺序往前移。《皇越律例》中对议功的解释相较于《唐律》还多了“开拓疆域”的描述。

(二)婚姻制度

在中华法系的婚姻制度中,以“六礼”“七出三不去”最具特色。

1. 六礼

六礼是中国古代婚姻合法化的必然要件。六礼确立于西周时期,《礼记·昏义》有云:“昏礼者,将合二姓之好,上以事宗庙,而下以继后世也,故君子重之。是以昏礼纳采、问名、纳吉、纳征、请期,皆主人筵几于庙,而拜迎于门外。”④《仪礼·士昏礼》云:“昏有六礼,纳采、问名、纳吉、纳征、请期、亲迎。”⑤西周确立婚礼之六礼之后,后朝历代皆遵循,只是在不同阶层、时期的六礼有些许差别。

---

① [高丽]郑道传:《三峰集》卷八《宪典总序》,载《韩国文集丛刊》,第437页。转引自张春海:《唐律、高丽律比较研究:以法典及其适用为中心》,法律出版社2016年版,第104页。

② 参见杨鸿烈:《中国法律在东亚诸国之影响》,商务印书馆2017年版,第498页。

③ (唐)长孙无忌等撰:《唐律疏议》,中华书局1983年版,第16页。

④ 王锷汇校:《礼记郑注汇校》(下册),中华书局2020年版,第871-872页。

⑤ 《仪礼》,(汉)郑玄注、(清)张尔岐句读、郎文行校点、方向东审订,上海古籍出版社2016年版,第24-25页。

六礼之中,“纳征”对婚姻的成立至为重要,纳征是收受聘财的意思。《礼记·内则》云:“聘则为妻,奔则为妾。”①《唐律》“许嫁女已报婚书辄悔及更许他人”条规定:“诸许嫁女,已报婚书及有私约,而辄悔者,杖六十。虽无许婚之书,但受聘财,亦是。”②由此可见,收受男方家聘财之后,即已许婚,应受法律之约束。“已报婚书”或“已受聘财”是古代婚姻关系成立的标准,而后只是完成婚嫁的仪式,类似于现代领取了结婚证但还没有办婚礼,这样丝毫不影响婚姻的效力。日本的《法曹至要抄》及《刑法沿革志》引《户婚律》云:“许嫁女,已受聘财,而辄悔者,笞五十。”③越南《皇越律例·户律婚姻》云:“若许嫁女已报婚书及有私约,而辄悔者,笞五十。”④

2. 七出三不去

七出三不去是中国古代离婚制度的核心条款,根据程树德《九朝律考》的考证,其最早在汉朝的律令中就有记载,汉时称“七弃三不去”。李慈铭《越缦堂日记》论之曰:“七出之条,自汉律至今,沿之不改。”⑤《公羊传·庄公·二十七年》记载道:“妇人有七弃三不去,无子弃,绝世也,淫泆弃,乱类也,不事舅姑弃,悖德也,口舌弃,离亲也,盗窃弃,反义也,嫉妒弃,乱家也,恶疾弃,不可奉宗庙也。尝更三年丧不去,不忘恩也,贱取贵不去,不背德也,有所受无所归,不去,不穷穷也。”⑥《大戴礼记·本命篇》曰:“妇有七去:不顺父母去;无子去;淫去;妒去;有恶疾去;多言去;窃盗去。不顺父母去,为其逆德也;无子,为其绝世也;淫,为其乱族也;妒,为其乱家也;有恶疾,不可与共粢盛也;口多言,为其离亲;窃盗,为其反义也。妇有三不去:有所取、无所归,不去;与更三年丧,不去;前贫贱,后富贵不去。”⑦

《唐律·户婚》“妻无七出义绝及有三不去而出之”条规定:“诸妻无七出及义绝之状,而出之者,徒一年半;虽犯七出,有三不去,而出之者,杖一百。”⑧日本的《户令》有云:“弃妻须有七出之状:一、无子;二、淫佚;三、不事舅姑;四、口舌;五、盗窃;六、妒忌;七、恶疾。”⑨越南《皇越律例·户律出妻》有云:“凡妻无应出之条及义绝之状而擅出之者,杖八十;虽犯七出,有三不去,而出之者,减二等,追回团聚。”⑩朝鲜李朝的《刑法大全》第二节《妻妾失序及夫妇离异律》第578条记载道:“妻妾所犯无下列诸

① 王锷汇校:《礼记郑注汇校》(上册),中华书局2020年版,第427页。
② (唐)长孙无忌等撰:《唐律疏议》,中华书局1983年版,第253页。
③ 杨鸿烈:《中国法律在东亚诸国之影响》,商务印书馆2017年版,第274页。
④ 《皇越律例·户律婚姻》卷七,藏于越南国家图书馆,编号R.719。
⑤ 程树德:《九朝律考》,商务印书馆2017年版,第148页。
⑥ 程树德:《九朝律考》,商务印书馆2017年版,第148页。
⑦ 黄怀信译注:《大戴礼记译注》,上海古籍出版社2019年版,第333页。
⑧ (唐)长孙无忌等撰:《唐律疏议》,中华书局1983年版,第267页。
⑨ 杨鸿烈:《中国法律在东亚诸国之影响》,商务印书馆2017年版,第275页。
⑩ 《皇越律例·户律出妻》卷七,藏于越南国家图书馆,编号R.719。

项而夫出之者，笞八十；虽犯诸项，而与持父母丧，更有子女及娶时贫贱，娶后富贵无所归而犹出之者，处笞四十，并令完聚：一、不顺夫之祖父母、父母者；二、多言与族戚失和者；三、有淫行者；四、窃盗者；五、有可传染之恶疾者。”朝鲜对中国的“七出三不去”条款进行了变化，没有采纳“七出”中的“无子”和“妒忌”；“三不去”增加了一个“更有子女”，由此形成朝鲜的“五出四不去”。

（三）家庭与继承制度

中国古代所指的家，可以定义为在现实中维持着同居共财关系的同宗者的小集团，并且所谓同居共财指的是家产在经济的功能上为共同的东西。[①] 唐律根据儒家“父为子纲”“夫为妻纲”的原则确定家庭制度。“凡是同居之内，必有尊长”，一律由男性家长充任。

1. 户主的权威

家庭之中，父为子纲。父母子女之间的法律地位是不平等的。家长拥有对财产的绝对占有权和处置权，“尊长既在，子孙无所自专”。父母对子女的婚姻拥有主婚权，公婆有强迫儿子休弃公婆不喜欢的儿媳妇的权力。父母对子女有教诫权，子女不得违反教令，否则属不孝重罪。子孙预谋杀害或殴打祖父母、父母，以恶逆罪处死；而祖父母、父母擅杀子孙，仅处徒刑。子孙不得控告祖父母、父母，否则亦属不孝。家庭之中，夫为妻纲。《唐律》有云：“夫者，妻之天也。”[②]《仪礼·丧服》云：“夫，至尊也。”《礼记·丧服》曰：“夫妻一体也。”然而这种“夫妻一体”实则为“妻合于夫体”，父子兄弟是“天合”，夫妻是“人合”“义合”，妻的人格完全为夫的人格所吸收。以家长制大家庭为基础、以身份等级为核心的中国传统社会，最基本的等级差别就是“男尊女卑”。男尊女卑的等级差别和社会观念在夫妻关系中的表现，就是所谓夫为妻纲、夫尊妻卑。[③]

唐律以法律的形式肯定了封建家长制家庭制度。《通典》卷七“食货·丁中”记载唐开元二十五年（737 年）《户令》规定：“诸户主皆以家长为之。”这个规定，恐怕是唐代的通制。据此，从法的观点而言，家长就是户主，在大家族通常指年辈最高者，在小家庭则通常指的是父。[④] 在家长制度下，家长拥有家庭的财产权、对子女的教令权、自行责罚权和送惩权及主婚权，子女的正当权利和利益，均须听从家长支配，子女必须服从，否则为不孝，而不孝是被列为“十恶”的重罪。

---

① 参见［日］滋贺秀三：《中国家族法原理》，张建国、李力译，商务印书馆 2017 年版，第 156 页。

② （唐）长孙无忌等：《唐律疏议》，中华书局 1983 年版，第 16 页。

③ 参见何勤华主编：《法律文明史》（第 7 卷），商务印书馆 2019 年版，第 341－346 页。

④ 参见高明士主编：《唐代身分法制研究：以唐律名例律为中心》，台北，五南图书出版股份有限公司 2003 年版，第 33 页。

2. 嫡庶分明的继承制度

中国古代的继承制度分为身份继承和财产继承，身份继承主要是宗祧继承。宗法组织的承袭原则，是嫡嫡相承。凡有嫡长子的，就不能由其他儿子做宗子。没有嫡长子的，由嫡长孙承袭。既无嫡长子又无嫡长孙的，由嫡次子、嫡三子依次承袭。如果连嫡次子、嫡三子也没有，才能由庶子承袭。如果连庶子也没有，则由庶孙承袭。宗子权中最重要的是主祭权。在宗法社会里，不是所有的子孙都有主祭权的。《礼记·大传》记载曰："庶子不祭。明其宗也。"[①]《礼记·王制》曰："支子不祭。"[②]只有宗子才享有神圣的主祭权。继高祖的宗子祭高祖，继曾祖的宗子祭曾祖，继祖的宗子祭祖；各有所继，各有所祭，其余非所继者皆不得主祭。凡是没有主祭权的宗子之弟，在祭祀时只能分别敬侍各自宗子左右。[③]

《唐令拾遗》中记载了立嫡的顺序："诸王公侯伯子男，皆子孙承嫡者传袭，若无嫡子及有罪疾，立嫡孙；无嫡孙，以次立嫡子同母弟，无母弟，立庶子；无庶子，立嫡孙同母弟；无母弟，立庶孙。曾、玄以下准此。无后者国除。"[④]《大宝律令》及《养老律令》中之《继嗣令》盖模仿唐之《封爵令》，其承继之顺位为：（1）嫡长子；（2）嫡（长）孙；（3）嫡长子同母弟；（4）庶子；（5）嫡长孙同母弟；（6）庶孙。[⑤] 越南方面，《增补香火令》关于宗祧承继之次序有黎圣宗光顺三年（明英宗天顺六年，1462年）令云："一、大臣官员百姓等，凡子孙奉祀，不问年甲之长幼，不拘品秩之崇卑，宜守常，委之嫡子；如嫡子先没，即以长孙；或无长孙，方用次子；其嫡妻又无众子，方择妾子之贤；若长子长孙或有废疾、不肖之行，不堪奉祀，即当经告所在官司，择别子孙奉祀。"[⑥]古朝鲜高丽《户婚》有条云："靖宗十二年制：诸田丁连立无嫡子，则嫡孙；无嫡孙，则同母弟；无同母弟，则庶孙；无男孙，则女孙。"此条规定与《唐律》卷十二《户婚上》之注所引《令》文盖相同，唯《高丽律》容许"无男孙则女孙"，较唐之"男性中心主义"尚能更进一步耳。[⑦]

如果不按规矩立嫡，就会受到法律制裁。《唐律》"立嫡违法"条云："诸立嫡违法者，徒一年。"[⑧]日本《户婚律》与《唐律》规定相同。越南《皇越律例》卷六《户律·户役》"立嫡子违法"条云："凡立嫡子违法者，杖八十；其嫡妻年五十以上无子，方得立

---

① 王锷汇校：《礼记郑注汇校》（下册），中华书局2020年版，第493页。
② 王锷汇校：《礼记郑注汇校》（上册），中华书局2020年版，第188页。
③ 参见史凤仪：《中国古代的家族与身分》，社会科学文献出版社1999年版，第31、33页。
④ ［日］仁井田陞：《唐令拾遗》，栗劲、霍存福、王占通、郭延德编译，长春出版社1989年版，第219页。
⑤ 参见杨鸿烈：《中国法律在东亚诸国之影响》，商务印书馆2017年版，第276－277页。
⑥ 《黎朝刑律·增补香火令》。《黎朝刑律》，藏于越南汉喃研究院，编号A.2669。
⑦ 参见杨鸿烈：《中国法律在东亚诸国之影响》，商务印书馆2017年版，第73－74页。
⑧ （唐）长孙无忌等撰：《唐律疏议》，中华书局1983年版，第238页。

庶长子,不立长子者,罪亦同。”①

三、中华法系的狱讼机制源自中华法律文化的纠纷解决机制成果

中华法系的纠纷解决方式具有多元性,不仅有我们现代意义上的诉讼,即“狱”与“讼”,也有非诉纠纷解决机制,如调解。除此之外,中国古代还有一种特殊的纠纷解决方式,即家族内部依据家法族规,把争议问题在家内解决,这种方式称为家族司法。

(一)狱与讼

在中国古代,没有与“民事案件”“民事诉讼”确切一致的词汇,但这并不代表古代就没有类似的概念。郑玄(127—200)在《周礼注》中多次提到与“狱”有别的“讼”。例如在对《大司徒·地官》“凡万民之不服教而有狱讼者”作注时,郑玄说:“争罪曰狱,争财曰讼。”②在注解《秋官·大司寇》“以两造禁民讼”“以两剂禁民狱”时说“讼谓以财货相告者”“狱谓相告以罪名者”③。此外,在解释《夏官》“若有马讼则听之”时,郑玄强调了讼和交易违约有关:“讼,谓卖买之言相负。”④据此,财产和契约纠纷与犯罪性质不同,并且表述它们的法律术语也不同:前者称为“讼”,后者称为“狱”。这非常接近当代的民事诉讼与刑事诉讼的区分。⑤

在中国古代,一般而言,狱和讼具有不同的含义,除了以上郑玄的注疏,还有如《诗·行露》疏:“此章言狱,下章言讼。”⑥但在有些情况下,狱和讼的含义相同,如《左传》僖二十八年注:“狱讼皆争罪之事也。”《淮南·氾论》:“有狱讼者。”注:“狱亦讼。”⑦有学者据此认为,至迟到战国时期,诉讼已无区别,无论民事、刑事诉讼都适用同样的程序、同样的制度。⑧ 但如果我们仔细推敲,在狱与讼的用法上,其实还是有区别的。

就笔者目前所看到的文献而言,至少可以得出古代狱与讼的两大区别:第一,“狱”不可私和,而“讼”可以私和。从唐律中可以看出,民事诉讼和刑事诉讼有个最

---

① 《皇越律例·户律户役》卷六,藏于越南国家图书馆,编号 R.716。

② (汉)郑玄注、(唐)贾公彦疏、彭林整理:《周礼注疏》(上册),上海古籍出版社 2010 年版,第 373 页。

③ (汉)郑玄注、(唐)贾公彦疏、彭林整理:《周礼注疏》(下册),上海古籍出版社 2010 年版,第 1322 页。

④ (汉)郑玄注、(唐)贾公彦疏、彭林整理:《周礼注疏》(中册),上海古籍出版社 2010 年版,第 1150 页。

⑤ 参见张朝阳:《中国早期民法的建构》,中国政法大学出版社 2014 年版,第 45 页。

⑥ 沈家本:《历代刑法考》(刑事卷),商务印书馆 2017 年版,第 905 页。

⑦ 沈家本:《历代刑法考》(刑事卷),商务印书馆 2017 年版,第 905 页。

⑧ 参见中华文化通志编委会编:《中华文化通志—第 4 典　制度文化—法律志》,上海人民出版社 1998 年版,第 328 页。

大的区别，就是是否可以私和。一般来讲，民事诉讼案件是秉持以和为贵的态度，鼓励调解结案的，但是对于刑事诉讼，法律规定了许多“私和”的法律责任。一些严重的刑事案件，不仅要求不能“私和”，而且要在既定的期限内告知官府，否则也要承担法律责任。

如《唐律》“父祖或夫及主为人杀私和”条规定：“诸祖父母、父母及夫为人所杀，私和者，流二千里；期亲，徒二年半。大功以下，递减一等。受财重者，各准盗论。虽不私和，知杀期以上亲，经三十日不告者，各减二等。”除此之外，监临官之亲属被部下人杀害，私下和解要负法律责任；主人被人杀害，部曲、奴婢私下和解接受对方财物，不去官府告发，罪罚与子孙私和不告皆相同。

日本古代的法律也有禁止私和的规定，《养老律·贼盗律》云：“凡祖父母外祖父母及夫为人所煞（杀）私和者，徒三年。二等亲徒二年。三等以下亲，递减一等。受财重者，各准盗论。虽不私和，知煞（杀）二等以上亲，经卅日不告者，各减二等。”①根据杨鸿烈的梳理和考证，《德川氏刑法》第五章规定了私和人命罪“祖父母、父母为人杀死而子孙私和者，处流刑”“子孙为人杀死而祖父母、父母私和者，处‘逐籍’之刑”。《假刑律·人命》“人命内济”条云：“凡祖父母、父母及夫为人所杀，忘仇不告官而内济（私和）者，笞六十，徒一年。外祖父母、伯叔父、姑、兄、姊，笞八十。若卑幼被杀，尊长内济者，笞五十。常人人命内济者，笞三十。”《新律纲领》卷四《人命律》“私和人命”条：“凡祖父母、父母及夫，若家长为人所杀，子孙、妻妾、奴婢私和者，徒三年。”《改定律例》卷二《人命律》“私和人命条例”第200条：“凡家长为人所杀，雇人私和者，惩役百日。若雇人为人所杀，家长私和者，惩役七十日。”②

古代朝鲜的《刑典》“私贱”条云：“凡买卖奴婢，告官。私和买卖者，其奴婢及价物并没官。”③越南《历朝宪章类志·刑律志》记载后黎朝刑律的“盗贼奸淫之律”条云：“诸祖父母、父母及夫为人所杀而私和者，流外州。”④《皇越律例》卷十四、《会典事例》卷一九六《刑律·人命》“尊长为人杀私和”条云：“凡祖父母、父母及夫若家长为人所杀而子孙、妻妾、奴婢、雇工人私和者，杖一百，徒三年；期亲尊长被杀而卑幼私和者，杖八十，徒二年；大功以下，各递减一等。”⑤

第二，“狱”鲜有讼师干预，而“讼”多有讼师参与。在一些民事案件中，秉持着和谐息讼的观念，当事人很多会采取调解息案的方法，这时，讼师就很大可能会被委托

---

① ［日］黑板胜美、国史大系编修会编辑：《新订增补国史大系》（第22卷）（律·令义解），吉川弘文馆1966年版，第60－61页。

② 杨鸿烈：《中国法律在东亚诸国之影响》，商务印书馆2017年版，第297、316页。

③ 杨鸿烈：《中国法律在东亚诸国之影响》，商务印书馆2017年版，第180页。

④ 《历朝宪章类志·刑律志》，藏于日本东洋文库，编号X－2－38。

⑤ 《皇越律例·刑律人命》卷十四，藏于越南国家图书馆，编号R.741。

为中间调解人。例如,清朝著名讼师吴墨谦就经常为纠纷当事人调解,使在讼前结束争端,“雍正时,松江有吴墨谦者,通晓律例,人请作呈牍,必先叩实情,理曲即为和解之,若理直,虽上官不能抑也”[①]。

(二)调解

在中国古代,通过调解来解决纠纷是中华法律文化的一个特点,调解始终是统治阶级推行礼治和德化教育的工具。在这个漫长的历史时期,虽然法律对社会各方面的关系都作了明确的规定,但调解仍在民间延续不衰,且为官方所重视。

调解思想在三代以前就已存在,战国法家经典著作《韩非子》记载了一件舜调解纠纷的事迹:历山之农者侵畔,舜往耕焉,期年,甽亩正。河滨之渔者争坻,舜往渔焉,期年而让长。东夷之陶者苦窳,舜往陶焉,期年而器牢。仲尼叹曰:“耕、渔与陶,非舜官也,而舜往为之者,所以救败也。舜其信仁乎！乃耕藉处苦而民从之。故曰:圣人之德化乎!”[②]

历山的农民互相侵占田界,舜便到历山与农人一起耕地,一年后,没有人再侵占田界。在河滨打鱼的渔民互相争夺水中高地,舜便到河滨与渔民一起打渔,一年后渔民主动将高地让给长者。东夷制陶器的陶工制作的陶器品质低劣不结实,舜便到东夷与他们一起制陶,一年后陶工制出的陶器十分结实。孔子评叹道:农耕、打鱼和制陶,都不是舜的职责,而舜却亲自前往做了这些事情,只是为了去拯救败坏的风气。舜确实称得上仁啊！能亲自吃苦操劳而使民众都信从他。所以说,圣人的道德能感化人啊!

舜调解这三桩纠纷,还是尧在做天子的时候。在这里,面对历山农民、河滨渔者和东夷陶者的各种矛盾,舜采取的化解纠纷方式是以身作则、躬体力行,是无声的调解,将自己内心崇高的道德推及他人身上,以仁爱感化人,解开纠纷之结。

西周时期有“调人”一职,《周礼》的“地方司徒”属下有“调人”,“调人掌司万民之难,而谐和之”[③],可见其是专做调解工作的。[④] 秦朝时期,县以下的基层组织有乡,乡设有秩、啬夫和“三老”,即农老、工老、商老,掌管封建道德“教化”,调处民间争讼。汉朝时期,调解已被作为一项诉讼制度,普遍应用到处理民事纠纷上。《汉书·百官公卿表》:“乡有三老、有秩、啬夫、游缴……啬夫职听讼。”[⑤]这说明乡啬夫是乡级机构中民事诉讼的主管人。但“乡啬夫只调解争讼,不具有初审性质”。

---

① 党江舟:《中国讼师文化》,北京大学出版社 2005 年版,第 138 页。

② 高华平、王齐洲、张三夕译:《韩非子·难一》,中华书局 2014 年版,第 428 页。

③ 《周礼译注》,杨天宇译注,上海古籍出版社 2016 年版,第 178 页。

④ 参见俞荣根:《儒家法思想通论》,商务印书馆 2018 年版,第 20 页。

⑤ (汉)班固撰、(唐)颜师古注:《汉书》(第 3 册),中华书局 2013 年版,第 742 页。

唐朝乡里讼事，则先由里正、村正、坊正调解。宋代的陆九渊做官时，对争议“酌情决之”“而多所劝释……惟不可训者，始置之法”。元朝时，乡里设社，社长负有调解职责。明朝的乡里调解，更具有特色。每个里都定有乡约。每当会日，里长甲首与里老集合里民，讲谕法令约规。有的里设有申明亭，里长有不孝不悌或犯奸盗者，将其姓名写在亭上，以示警戒，当其改过自新后就去掉。里老对于婚户、田土等一般纠纷，有权在申明亭劝导解决，即“凡民间应有词状，许耆老里长准受于本亭剖理”。正因为调解有利于减少诉讼和稳定封建统治秩序，故历代封建统治者一直很重视，直到清末制定的《大清民事诉讼律草案》，仍有以调解结案的规定。

调解的第一步是受理纠纷。受理纠纷的途径有两种，一是纠纷当事人主动申请调解，二是调解人主动介入纠纷的解决。当事人主动申请调解的，申请时，当事人可口头陈述，也可递交书面材料；调解人主动介入的案子通常是影响较大，危及四邻，或者是当事人出于面子不好意思请外人来化解的案件，在这种情况下，调解人主动前去调解，有利于纠纷的解决。如东汉人仇览作亭长时，“亭人陈元之母告元不孝，览以为教化未至，亲到元家与其母子对饮，为陈说人伦孝行，与《孝经》一卷，使诵读之。元深自痛悔，母子相向泣，元于是改行为孝子”。又如清嘉庆年间，顺天府宝坻县孀妇孙张氏诉故夫堂兄孙文降霸占其土地，投状县衙。知县尚未来得及升堂问理，原被告双方的6名亲友就主动出面调停，表示“不忍坐视”宗族因讼损及族望。于是他们先邀双方到一起评理，经过查看地契，弄清了原委，最后一切纠纷得以和解。

官府调解是在行政长官的主持下对民事案件或轻微刑事案件的调解，是诉讼内的调解。主持调解的主体主要是州县官和司法机关，自唐以来，官府调解就已产生良好的社会效果，如唐开元年间，贵乡县令韦景骏在审理一母子相讼的案件时，对当事人反复开导，并痛哭流涕地自责“教之不孚，令之罪也”，还送给他们《孝经》，于是“母子感悟，请自新，遂称慈孝”。①

日本传统法文化继受中国“刑惩于已然之后，礼禁于将然之前”“出礼而入刑”的法律观念，将纠纷视为非正常状态，当纠纷发生时，彼此克制，极力回避审判程序，选择非正式的协商或调停方式实现妥协性的解决结果。《沙汰未律书》中甚至提出聪明人不打官司的观点，江户幕府时代，将“内济”，即由“田丁役人”或“村役人”等地方官员或有势力的第三者介入，对纠纷进行调解的制度列入审判制度中。②

---

① 参见曾宪义总主编：《中华传统法律文化研究》（第5卷），中国人民大学出版社2010年版，第882－886页。

② 参见李青：《中华法系为何成为东亚各国的母法》，中华法系国际学术研讨会2006年。

（三）家族司法

家族司法，即家族内部依据其祖训家规等家族法审断家族纠纷，维护家族稳定秩序的一种惩罚犯罪族人的活动。家族就是有共同的祖先，以父系血缘为主，在宗法等级制度下形成的血缘社会群体。家族法，是指家族内部由祖先遗留或族人共同制定的要求族人遵循的规训，它往往载录在族谱中，具有家族成文法的效力。① 家族司法萌芽于夏商周三代，停滞于秦代，再生于汉代，发展于唐代，成型于宋元。

家族司法产生于家族内部不平等的关系，是从有明确的等级划分和地位差别时开始的。春秋以前，生产力水平相对比较低下，族人必须依赖家族的力量进行生产，家族不但是政治共同体，经济上也具有一定的实体性。因此，家族内部约束族人的规范，一种统管全族的意识形态已然存在，甚至在家族发展过程中，如何惩治违规族人以增强家族凝聚力，共同对付外敌，成为家族发展壮大必须考虑的问题。

在秦代，家长处罚家族成员的权力有限，战国后期的秦国直至秦帝国，国法森严，家长对家人、奴婢都不能为所欲为，族长对族人的权威必然更加式微。在这样的时势下，家族司法显然难以得到发展。在经历了商鞅变法的秦国，民众所有的行为都受国家法律的监督制裁，因此汉代人不得不总结为“秦法繁于秋荼，而网密于凝脂”。在这种厉行法家政策的社会氛围中，家族长都不敢对违规族人施加惩罚。

直到汉朝建立后，政治环境相对好转，在汉代，忠孝的伦理原则是政治原则。家族内部受儒家思想的影响，尊卑观念根深蒂固，这顺应国家法律维护封建等级秩序的原则，家族司法再次萌发且塑造了中国封建法律独特的家族伦理法性格。

到了隋唐，三纲入律，忠孝成为法律规范，②家族内部有了矛盾，第一时间就是通过家族内部调解，内部调解的法律依据便是家法族规，家族司法开始有了后续的发展。到宋元时期，宋代人不仅在理论上提出重建家族制度的种种设想，而且以家族司法为典型，进行了丰富的实践活动。③

四、中华法系的律家源自中华法律文化的法律职业者

人类法律文明的成果，一般体现在立法、司法、法律教育和法学研究等方面，各个时代的法学家在其中起着不可替代的作用。④ 德国学者马克斯·韦伯（Max Weber，1864—1920）曾断言：“古代的中国，在氏族团体与行会牢不可破的势力之下，有少数

---

① 参见原美林：《中国传统家族司法研究》，法律出版社 2014 年版，第 26－29 页。

② 参见何柏生主编：《中国传统法律文化与法律价值》，法律出版社 2017 年版，第 496－497 页。

③ 参见原美林：《中国传统家族司法研究》，法律出版社 2014 年版，第 33－35 页。

④ 参见［英］约翰·麦克唐奈、［英］爱德华·曼森编：《世界上伟大的法学家》，何勤华、屈文生、陈融等译，上海人民出版社 2017 年版，译者序。

的‘士大夫’。士大夫是受过古典人文教育的文人，他们接受俸禄，但没有任何行政与法律的知识，只能吟诗挥毫，诠释经典文献，有无政治业绩，对他们而言并不重要。”① 然而，这样的认识是有失偏颇的，中国古代法律文化的传承离不开中国的法学家阶层。中华法系的形成，得益于中华法律文化的法律职业者在立法、司法、律学研究以及法律教育方面作出的卓越贡献。这些中国的法律职业者活跃于社会的各个领域，或从事立法、司法等法律实务工作，或从事著书立说、教书育人的律学教育事业，还有一些活跃在民间的通晓法律的人士，从事传授诉讼相关知识的活动。中华法系的“律家”（律学家），在此处界定为中国古代以及中华法系的成员国里，一切参与法律运行、律学研究及法律教育活动的人员。

（一）法律运行

法律运行包括立法、司法和诉讼活动，参与其中的人员包括立法官、司法官以及讼师，其中尤以司法官为主。

参与立法活动、起草修订律令，这是身居要职的律学家如房玄龄、长孙无忌、窦仪等人的一项重要任务。他们通过参加立法实践，贯彻自己的法律主张，并以此影响皇帝的立法指导思想和安邦治国的总政策。这些人既是律学家，又是皇帝身边辅佐之臣，善于运用历史的、比较的方法总结各朝法制利弊得失，因而使本朝立法能在前朝的基础上有所发展。

中华法系成型时期的隋唐两朝，统治者为了巩固其长治久安的统治地位，频繁地进行法律修订，以求实现最佳的法律统治效能。而在此过程中，律学家就发挥了重要作用，特别是隋朝的《开皇律》和唐朝的《武德律》《贞观律》《永徽律》等律典的修订对后世影响和贡献很大。隋初高颖、杨素、苏威、牛弘等人，在总结南北朝“用法深重”“诛杀无度”之教训的基础上，制定了《开皇律》，“尽除苛惨之法”，在一定程度上克服了前朝刑罚的野蛮性。而唐初的房玄龄、长孙无忌、李勣、宋璟、于志宁等人，又在隋末《开皇律》和唐初《武德律》的基础上，制定了《贞观律》和《永徽律》，对之前的法典作了重大修改，使之更加简约，更加成熟，如减少大辟罪 92 条，“削烦去蠹、变重为轻者，不可胜纪”②。

越南方面，黎朝的司法行政机关有廷尉、御史台和刑部。黎初洪德年间，廷尉司属锦衣卫，凡犯重情疑狱，奉鞫勘问。嘉宗（黎维祫）阳德三年（康熙十三年，1674）训戒百官职司令曰：“御史耳目之官，所以振纪纲，警用采，凡宰有过执，百司违法，时政有阙，并许纠劾。”显宗景兴十二年（乾隆十六年，1751）校定《百官职掌》…… 十三道

---

① ［德］马克思·韦伯：《经济与历史：支配的类型》，康乐等译，广西师范大学出版社 2010 年版，第 164 页。

② 参见（后晋）刘昫等：《旧唐书》卷五〇“刑法”，中华书局 1975 年版，第六册，第 2138 页。

监察御史职掌审咱(听)御史台勘断翻覆诸讼,具呈本官论断。圣宗洪德二年(1471年)校定《官制谕》曰:“刑部审谳之乖宜。”黎朝的地方司法行政机关设置较多,有府尹、镇守、承司、宪司、知府、知县和社官。

在法律运行中,除立法、司法的官员之外,还有活跃在民间参与各类法律实务的讼师。讼师完全可以看作是古代的律师,他们左右法律,有些讼师上下其手。“一枝笔,一条舌,能抵三千毛瑟枪”,时而仗义出生,时而为利入死,在德主刑辅、和争息讼的礼治大环境中,傲立寒秋。① 讼师的主要工作是帮助当事人写诉状、提供法律咨询服务、教习讼学以及做民间调解的调解人。

缺乏专门法律知识和诉讼经验的一般老百姓,在遇到狱讼事件时,是很需要帮助的。于是那些具备一定法律知识和辩才的人,便应运而出,以帮助他人应付狱讼、代为书写诉状并获得报酬。这类人员中的部分素质差的人,为了谋取报酬,甚至不惜挑词构讼,成为官民皆嫌的讼棍。

中国春秋时代就已出现这类人物。如郑国邓析,人们常常就法律问题、民间纠纷向他请教。类似邓析那样收取报酬教人诉讼对策的人物,南宋时称为“讼师官鬼”。因为他们中的许多人往往与官府胥吏勾结,把持诉讼,故又被称为“把持人”;还因为他们常常在公堂下聚众起哄以影响审判而被称为“哗徒”“哗鬼讼师”。讼师们“招诱四具投词人户,停泊在家,撰造公事”“行赇公吏,请嘱官员”,这是说他们招揽诉讼当事人寄宿在家,为他们出谋划策、打点关节,充当诉讼投诉人的诉讼向导。

对春秋时代的邓析和后世的讼师,中国社会的传统评价不高,认为邓析教唆辞讼,“以非为是、以是为非,是非无度。而可与不可日变。所欲胜因胜,所欲罪因罪,郑国大乱,民口喧哗”,最后他被当时的掌权者处死。当时的讼师不能像“书铺”那样取得合法地位,不能作为诉讼代理或被告辩护人出庭参与诉讼。

然而,这种传统观念到了唐代发生了变化。即至迟到唐代,中国法律已承认诉状代书人的存在,只是强调不得对案情添油加醋。代书诉状在南宋时是特许职业,称为“写状抄书铺户”,简称“书铺”,从业者须经官府审查核准,领取准许营业的凭证“小木印”“朱记”等。

日本江户时代有所谓“公事师”制度。公事师经营旅馆,供诉讼关系人住宿。幕府规定他们的职责是送达传票、监视住宿者等;不允许其作为诉讼代理人或被告辩护人出庭参与诉讼。但公事师实际上接受诉讼关系人的咨询,充当他们的诉讼向导,为他们出谋划策,并以宿食费的名义收受咨询费,被社会视为令人反感的讼棍,与中国古代的“哗鬼讼师”一样,社会评价很低。②

---

① 参见党江舟:《中国讼师文化》,北京大学出版社2005年版,第6页。

② 参见刘俊文、[日]池田温主编:《中日文化交流史大系[2]》(法制卷),浙江人民出版社1996年版,第285-287页。

(二)律学研究

注释阐述律令、解答法律疑难是中国古代律学家的一项主要工作和重要职责。律学家作出的注释、阐述、解答等,无论是正式的,还是学理的,在我国古代司法实践中均发挥着巨大的效力。如长孙无忌等人编纂的《唐律疏议》、窦仪等人编撰的《宋刑统》,就是对唐朝的《永徽律》和宋代法律所作的官方注释,他们对律文进行逐句解释,阐明文义,剖析内涵,并设置问答,通过互相辩难,解释、回答法律疑义,以补充律文之不足。这种解释作为官方的正式解释,与律、令等具有同等效力。《宋刑统》还(通过"准"和"臣等参详"的方式)附上了相应的敕。而明代雷梦麟著《读律琐言》、王肯堂著《律例笺释》、陆柬云著《读律管见》和清代王明德的《读律佩觿》、沈之奇的《大清律辑注》、夏敬一的《读律示掌》等,虽然只是学理解释,但在司法实务中,也同样具有重要的指导意义。[①]

两汉是律学家辈出、研究律学之风盛行的时代。作为西汉开国元勋之一的萧何,本就出身于"刀笔吏"(法律官吏),由于其对法律的热爱和极高的法律素养,在刘邦领兵打下秦朝首都咸阳时,其他人都关注金银财宝,唯有萧何专心致志地收集秦的法律文献。仅从这一点,就可以明白称萧何为中国古代"律学家"的鼻祖应是当之无愧的。继萧何之后,两汉著名律学家还有南阳杜氏父子(杜周、杜延年),泰山郑氏兄弟(郑弘、郑昌),颍川郭氏家族(郭弘、郭躬、郭晊、郭镇、郭贺、郭桢、郭禧等),沛国陈氏家族(陈咸、陈躬、陈宠、陈忠等),[②]以及经学大师马融和郑玄等。到了魏晋时期,又有张斐、杜预、刘颂、钟繇、刘邵等一批律学名家涌现。此时律学和经学的地位同等重要,成为并立的学府。而从魏开始在官府设立"律博士"(律学博士),专门传授律学,开创了学律有专门学府的先例。

隋唐是中华法系形成之时期,也是我国古代律学发展到极盛的时期。隋朝律学之设,在于隋初统治者重视修定刑律,如《隋书·刑法志》记载,隋文帝开皇元年(581年)诏尚书左仆射高颎等更定新律,三年又敕苏威、牛弘更定新律,"自是刑网简要,速而不失"。但这所谓新律,也是吸取前代法制之长,如《隋书·裴政列传》载,裴政曾与苏威等修定律令,"政采魏晋刑典,下至齐梁,沿革轻重,取其折衷"。律学就是在这个基础上成立的。开皇三年(583年)置律博士弟子员,州县并置律生。开皇六年(586年),又"敕诸州长史已下,行参已上,并令习律,集京之日,试其通否"。[③]

---

① 参见何勤华主编:《法律文明史》(第7卷),商务印书馆2019年版,第106－107页。

② 参见(宋)范晔撰、(唐)李贤注:《后汉书》(第6册),中华书局2012年版,第1543－1547页。史家还记载说:"郭氏自弘后,数世皆传法律,子孙至公者一人,廷尉七人……。"(宋)范晔撰、(唐)李贤注:《后汉书》(第6册),中华书局2012年版,第1546页。

③ 参见高时良:《中国古代教育史纲》,人民教育出版社2003年版,第231页。

经过之前近700多年的学术积累,律学发展到唐代已经完全成熟,从而支撑起了中华法系之学术的大厦。统治者为了适应中央集权的官僚制度高度发展的需要,特别注重修订和研究律令,隋确定了取士设有明法新科。唐律之所以成为后世各代法律的楷模,与当时的律学研究、教育和律学家的活动关系密切。虽然,由于年代久远,关于唐代律学家的事迹我们已经知悉不多。就官方注律而言,我们主要是从《唐律疏议》所提供的信息中获得唐代律学家的一些情况,如编纂《唐律疏议》的就是唐代一批对法律有研究的社会精英,如长孙无忌、李勣、于志宁、褚遂良、柳奭、唐临、段宝玄、韩瑗、来济、辛茂将、刘燕客、裴弘献、贾敏行、王怀恪、董雄、路立、石士逵、曹惠果、司马锐等,①这些人可以说是有官员背景的律学家。此外,唐代民间的律学家,根据孙祖基等学者的考证,有李文博、邯郸绰、李敬玄、刘仁轨、崔知悌、赵仁本、裴光庭、宋璟、狄无謩、刘瑑、张戣、李崇、王行先、元泳、卢纾、李保殷、王朴、卢质等。②

中国隋唐时期,日本积极向中国学习法律制度,包括律学,在当时有许多遣隋使和遣唐使曾不断购买隋唐时期,尤其是唐代的法律作品和律学著作运回日本,这些中国的律学著作为日本学者所广泛引用,从而在日本所保留至今的法律文献如《律集解》《令义解》《令集解》等中,可以看到一些唐代民间律学专家的活动印记。根据日本庆应大学教授利光三津夫的梳理和研究,日本法律注释书中引用的唐代私家法律注释作品共有15种,其中可以确认的作者(律学家)大体为张氏、宋氏、简氏、杨氏、曹氏、栗氏等10余家,数10人。③ 虽然,这些线索还都比较模糊,不甚清晰,但我们已经可以大体做出这样的判断:唐代中国的律学家人数已经不少,而且非常活跃。不仅有官方的,也有民间的。正是在他们的辛勤努力下,才能推出如《唐律疏议》这样伟大的律学经典作品。

(三)法律教育活动

中国历史上法律教育的第一个大普及的时代或许可以追溯到战国时期。战国时期,秦孝公用商鞅,以刑法为教,于是秦人妇孺皆言商君之法。由于法律这门学问适应了当时地主阶级巩固刚建立起来的封建政权的需要,因此法律教育受到封建统治阶级的普遍重视,法律教育借助政治势力的支持,空前普及起来。④

中国历史上法律教育的第一个大普及的时代,随着秦始皇统一中国后急于加强封建专制统治而结束。我国台湾地区的学者高明士认为,自秦至唐的明法或律学教

---

① 参见(唐)长孙无忌等撰:《唐律疏议》,中华书局1983年版,第578－579页。

② 参见何勤华主编:《法律文明史》(第7卷),商务印书馆2019年版,第102页。

③ 参见[日]利光三津夫:《律令および令制の研究》,明治书院1959年版,第71页。转引自何勤华主编:《法律文明史》(第7卷),商务印书馆2019年版,第103页。

④ 参见沈天水:《中国古代法律教育初探》,载《法学》1984年第2期。

育，可分为秦汉的吏学教育和魏晋至隋唐的律学教育两个阶段。

秦始皇在其统治的第三十四年(前213年)，采用李斯的建议，发布焚书令，“非博士官所职，天下敢有藏《诗》《书》百家语者，悉诣守、尉杂烧之。有敢偶语《诗》《书》者弃市。若欲有学法令，以吏为师”①。以吏为师之事，本为周以来的所谓王官之学，只是秦朝此时将王官之学的内容，狭隘地规定为“学法令”，或可说为明法教育。《商君书·定分》云：“聖人必为法令置官也，置吏也，为天下师。”又曰：“圣人为法，必使之明白易知……法令明白易知，为置法官吏为之师，以道之知。”《韩非子·五蠹》亦云：“明主之国，无书简之文，以法为教；无先王之语，以吏为师。”

湖北云梦睡虎地秦墓竹简的《秦律十八种》，有“内史杂”，称学习的地方为“学室”，在“除弟子律”称学习法令者为“弟子”。从秦简的法律文书看来，所谓学法令，当包含司法业务教育、司法道德教育以及法律宣传等方面。司法业务教育，是指明法律令为良吏的必备条件；司法道德教育，是指《秦简·语书》区分良吏与恶吏的标准，不仅在于明法律令，而且在于法官的品德，如廉洁、公心等；法律宣传，是指秦在各地基层行政组设有“三老”，以掌教化，使“黔首改化，远迩同度。”所以从秦国到秦朝时期的“以吏为师”的法令教育，看来颇局制度化。②

汉承秦制，仍“以吏为师”。汉代的明法教育，基本上仍是沿袭秦以来的吏师教育。但汉代与秦朝不同的地方在于，秦朝有私学之禁，汉以后解禁，所以私学在汉代大兴。汉代的私学，是以传授经学为多，但也有传授律令学者。以吏为师之实例，有如贾谊似从河南守吴公习得刑律，严延从丞相府习得法律等。③ 汉朝统治阶级深知明法律在维护封建统治中的作用，因此汉朝统治阶级在选拔官吏的时候仍把明习法令作为一个重要条件。汉武帝元光元年(前134)，令郡国举孝廉各一人，“限以四科”，其中有就“明习法令”一条。由于统治阶级的提倡，两汉法律教育仍绵绵不绝，或父传其子，或师传其弟，或诣京师，求学于丞相府。《汉书·于定国传》记载“定国少学法于父，父死，后定国亦为狱吏，郡决曹，补廷尉史”。这就是通过家传的方式传授法律的例子，也是汉代法律教育的一种方式。另一种方式是由官府，主要是由丞相府传授法律。《汉书·循吏传》中说“景帝末，文翁为蜀郡守，仁爱好教化，见蜀地辟陋有蛮夷风，公翁欲诱进之，乃选郡县小吏开敏有材者张叔等十余人亲自伤厉，遣诣京师，受业博士，或学律令”。汉代依靠这两种方式来进行法律教育。④

魏明帝时，大臣卫凯上奏“刑法者，国家之所贵重，而私议之所轻践，狱吏者，百姓

① (汉)司马迁撰、(宋)裴骃集解、(唐)司马贞索隐、(唐)张守节正义：《史记》(第1册)，中华书局2013年版，第255页。

② 参见高明士：《东亚传统教育与法文化》，台北，国立台湾大学出版中心2007年版，第239－240页。

③ 参见高明士：《东亚传统教育与法文化》，台北，国立台湾大学出版中心2007年版，第240页。

④ 参见沈天水：《中国古代法律教育初探》，载《法学》1984年第2期。

之所悬命,而选用者之所卑下。王政之弊,未必不由此也”。因此,他建议置律博士,转相教授。魏明帝采纳了卫凯的建议,这是律博士设置之始。从卫凯上奏中能看出,魏之设律博士是为了对在职狱吏加强法律知识的教育,还不是唐之后为了培养法律人才的官学。一直到隋朝仍设律博士8人,明法椽20人。至此为止,律博士仅是执法机关廷尉或大理寺的属官,主要教授法律和作为顾问。[①]

隋朝律学直隶于大理寺。[②] 唐代是中国封建教育发展的鼎盛时期。自唐武德初始,律博士隶国子监,国家正式把律学设为国子监的六学之一。[③] 官学,尤其是中央官学是唐封建教育之主干,亦是唐封建教育兴旺发达的重要标志。唐代的中央官学,分正系、旁系两类:正系的学校,有国子学、太学、四门学、广文馆、律学、书学、算学,时称七学。其中,前四学属于大学性质,后三学属于专科学校性质。律学成立于贞观六年(632年)。[④] 以上七学统属于礼部下的国子监,律学方面的教师设置为:律学博士1人,从八品下;助教1人,从九品上。[⑤] 根据《国子律学直讲仇道朗墓志铭》云:仇道朗曾在咸亨三年(672年)前“授宣德郎、国子监律学直讲”。[⑥] 龙朔三年(663年)律学改隶详刑寺。律学学生入学年龄大致为18—25岁。在学6年期满后,考试合格者,可参加科举考试,担任各种官职,[⑦]“律生六年不任贡举者,并解退”[⑧]。

除国子监外,中书省下的内文学馆也有律学教育的内容,其有博士2人,“掌教习宫人书、算、众艺”,所谓“宫教”。武后如意元年(692年)改为习艺馆,后又改为万林内教坊,不久复旧名。有内教博士18人,包括经学5人,史、子、集缀文3人,楷书2人,庄、老、太一、篆书、律令、吟咏、飞白书、算碁各1人。开元末馆废。内教博士尚存。[⑨]

在中华法系的律学家中,大凡有名望者都有各自不同数量的门生。这一传统,继承于两汉及魏晋南北朝,兴盛发达于隋唐之间,如魏明帝时代的刘劭(著有《法论》等),晋时的嵇康(224—263)、傅玄(217—278)、杜预(222—285)、张斐(著有《律注表》等),南朝的孔稚珪(447—501)、蔡法度(《梁律》的编纂者),北朝封述(《北齐律》的编纂者),以及隋唐之际的王通(584—617)、杨汪、孔颖达(574—648)、颜师古

① 参见沈天水:《中国古代法律教育初探》,载《法学》1984年第2期。

② 参见高时良:《中国古代教育史纲》,人民教育出版社2003年版,第230页。

③ 参见沈天水:《中国古代法律教育初探》,载《法学》1984年第2期。

④ 参见高时良:《中国古代教育史纲》,人民教育出版社2001年版,第243页。

⑤ 《旧唐书》卷四四,《职官志三》,(后晋)刘昫等:《旧唐书》(六),中华书局2013年版,第1892页。

⑥ 参见(清)毛凤枝:《关中金石文字存逸考》卷三《国子律学直讲仇道朗慕志铭》,光绪辛未年会稽顾氏江西萍乡县署刻本,上海古籍出版社1995年影印版,第26页。

⑦ 参见杨昭全:《中国—朝鲜·韩国文化交流史》(第1册),昆仑出版社2004年版,第105页。

⑧ 高时良:《中国古代教育史纲》,人民教育出版社2001年版,第246页。

⑨ 参见高时良:《中国古代教育史纲》,人民教育出版社2001年版,第251页。

（581—645）等。至宋以后，有宋代的孙奭（962—1033）和傅霖（北宋初人），元代的沈仲纬（元末活跃之人）等人。明代的律学家唐枢（1497—1574）和李贽（1527—1602），虽然也曾是司法官员阶层之中坚，但在得罪权贵、遭贬免职之后，两人就长期从事讲学、传授学生律学的工作。而清代著名律学家、律学教育家汪辉祖（1731—1807），对中国的法律教育更是作出了巨大贡献。他的三部作品（三部曲，《佐治药言》《续佐治药言》《学治臆说》），就是他长期从事幕府律学教育的心得经验总结，也是当时最受人欢迎的律学教科书。他无论是亲自带学徒，还是阐述其任刑幕的经验，对当时民间的法律教育均产生了巨大的影响。[①] 应该说，我国古代之所以有律学教育的悠久历史传统，同律学家是分不开的。[②]

在科举考试方面，《唐六典·尚书礼部》载："凡举试之制，每岁仲冬，率与计谐。其科有六：一曰秀才，二曰明经，三曰进士，四曰明法，五曰书，六曰算。"《通典·选举》记唐贡士之法，也说"其常贡（即常年贡举）之科，有秀才，有明经，有进士，有明法，有书，有算"。《新唐书·选举志》说得更为详尽："唐制，取士之科，多因隋旧。然其大要有三：由学馆者曰生徒，由州县者曰乡贡，皆升于有司而进退之。其科之目有秀才、有明经……"明法科的考试方式是：试律 7 条，令 3 条。全通为甲第，通八为乙第。[③] 另外，唐代制科也有明法科。

明法这个科目是测验考生对唐朝法律知识的掌握。在所有考生必须精熟的法律知识当中，著名的《唐律》是一切的根本。不过，考试内容也包括与刑律、令、格、式等相关的事务。这个科目的考生主要是乡贡与律学的生徒。

王安石在 1073 年于国子监辖下正式成立一所律学（教育机构）。由法律博士从事法律教学，原本主要是大理寺的职责。随着律学的成立，"博士"的头衔也改为"教授"。现任官员与考生都可申请入学，政府尤其鼓励考生学习法律。[④] 法律学校在 12 世纪初废止，大理寺重新职掌法律学生的训练。南宋期间，政府仍然偶尔举行刑法考试。这类活动必然由大理寺负责。法律学生必须遵守大学的校规，唯一差别是他们如果考试成绪不佳，惩罚是罚款而不是退学。[⑤]

中国古代的法律教育还包括讼师教育。讼师的职业特点之一就是设立专门场所教人诉讼，教的内容不但包括诉讼的一般知识和技术，而且教涉讼人员如何去针对个案去打官司、行事。早在讼师出现的春秋时期，已经有了专门教授别人诉讼的邓析，

① 此外，明代的雷梦麟和清代的王明德，也不仅是著名的律学家，同样还是非常有成效的律学教育家。

② 参见何勤华主编：《法律文明史》（第 7 卷），商务印书馆 2019 年版，第 107 - 108 页。

③ 参见高时良：《中国古代教育史纲》，人民教育出版社 2003 年版，第 260 页。

④ 参见李弘祺：《学以为己：传统中国的教育》（下），华东师范大学出版社 2017 年版，第 446 页。

⑤ 参见李弘祺：《学以为己：传统中国的教育》（下），华东师范大学出版社 2017 年版，第 447 页。

他与人民约好学讼的规定,“大狱一衣,小狱襦绔”,邓析聚坛讲学,“民之献衣襦绔而学讼者,不可胜数”。邓析的讼学大体说来在北宋仁宗时期被发扬光大,当时学校学讼不亚于四书五经。《袁州府志》卷十三称:江西一带,“编户之内,学讼成风;乡校之中,校律为业”。民间专门教人讼学的学校叫“讼学业嘴社”,而且当时也有人专门编撰教人打官司的书籍。①

第四节　隋唐法律思想向周边国家的传播

日本古代国家的建立与文化的形成均受到中国的影响,日本派遣隋使与遣唐使到中国学习国家制度与文化,其律令国家的成立跟遣唐使有着直接的关系。日本的遣唐使为四等官以下所构成的一种类似官司的职位。首先上层部为大使、副使、判官、录事的四等官,而后为史生、杂使、谦从的下级官人。其次为译语等专门职员,除负责翻译中文的译语之外,也有新罗等语言的译语。再次有管理船以及运航事务的知乘船事等负责船只的人员以及音声生等技能者。最后为属于留学者的留学生(长期留学生)、学问僧(长期留学僧)、请益生(短期留学生)、还学僧(短期留学僧),学习唐朝的国家制度和文化主要为留学生和留学僧的任务。②

朝鲜半岛最先接触唐文化的是三国时期的新罗。新罗最初向唐朝派遣外交使节(朝贡使)是在真平王四十三年(621 年)。新罗没有“遣唐使”这种正式说法,一般称为“朝贡使”“贺正使”和“宿卫”等。宿卫原则上是作为朝贡使入唐的,肩负着外交使节的公务性任务。他们在入唐时带去新罗的特产,回国时带回史书、文集、儒教经典、佛教经典、历法等,成了两国间文物交流的窗口。除此之外,他们还学习唐朝的政治制度、律令、服饰制度等,为新罗政治改革提供了契机。③

至于越南,先秦儒学在传入越南之前,越南是已经有了自己特色文化的国家,为文朗—瓯骆国家,创造了越南国家的文明,称红河文明。秦汉时期,中原儒学发展兴盛,越南也在汉朝时被吞并,成为中国的一部分,此后,尽管越南处于中国的边缘地带,远离中原的政治中心,但还是处在中原文化的滋养中。越南独立建国后,虽仍受儒学的影响,但是对儒学的接受方式完全不同。传播方式如与使团接触,又如在李朝与宋朝、陈朝与元朝、胡朝与明朝的交战过程中,一些从中国来的避难知识分子等,是

① 参见党江舟:《中国讼师文化》,北京大学出版社 2005 年版,第 24－25、136－137 页。

② 参见王勇主编:《东亚视域与遣隋唐使》,光明日报出版社 2010 年版,第 65 页。

③ 参见王勇主编:《东亚视域与遣隋唐使》,光明日报出版社 2010 年版,第 13－18 页。

独立时期儒学传播和接受的主要方式。[①] 越南仿照中国的制度，建立起自己的统治体系，观其法律典籍，可以看出其受唐影响颇深。

一、儒家法文化——宗法等级与仁爱和谐

越南独立建国后，李朝采“儒道佛”三教合一的政治思想，陈朝时期儒家思想取得主导地位，在后黎朝发展到鼎盛。后黎诸帝均崇奉儒学，以儒学作为建国治民的指导思想，作为制定各种典章制度的理论依据，作为全国上下共同遵守的金科玉律。从后黎朝开始，孔子一再被神化，儒学具有某种程度的宗教色彩，实际上几乎被推尊为国教。这一时期的越南儒学，主要是宋明理学。理学富于思辨性，体系严整，论证细密，将封建社会的伦理纲常，提到哲学本体论的高度来认识，是强化封建专制制度最有力的武器，因而受到黎朝统治者的欢迎。[②]

（一）尊卑有别的伦理观

日本古代法律强调家内伦理，据日本《政事要略》中“纠弹杂事，议请减赎”条引《养老律·八虐·谋大逆》称：“《古答》云，问：八虐何色得赎、何色不得赎？答：……其谋大逆、谋叛及伪造内印、若杀本主（自己主人）及见受业师（老师）本国守（本地方长官）本部五位以上官长，式（此）等从坐。……诅詈祖父母父母，及祖父母父母在别籍异财，居父母丧身自嫁娶，若作乐，释服从吉，闻父母丧、匿不举哀，诈称祖父母父母死，奸父母祖妾，及闻夫丧，匿不举哀，若作乐，释服从吉，及改嫁，此等合赎；其殴祖父母父母夫，及谋杀曾祖父母伯叔父姑始（妈）史姊者，为重于过失伤应徒，故不合赎。”[③]上述内容，基本上是《唐律·名例律》卷二相关内容的照搬。虽然日本在制定律令时，对中国的制度进行了有的放矢的借鉴，但基本内容和原则未变，其中包含的儒家的宗族、伦理法观念也没有变。

朝鲜方面，有如高丽太祖《十训要》第3条曰：“传国以嫡，虽日常礼，然丹朱不肖，尧禅于舜实为公心，若元子不肖，与其次子又不肖，与其兄弟之众所推戴者，俾承大统。”[④]该条揭示了王位继承的次序和原则，即以长子继承大统为原则，在长子不肖时，推戴次子或兄弟之中贤能者。长子继承法是中国周代以来的传统儒家宗法思想。太

① 参见［越］阮金山：《从起始到二十世纪初：越南接受儒教的几个特点》，载《台湾东亚文明研究学刊》2017年第2期。

② 参见何成轩：《儒学南传史》，北京大学出版社2000年版，第347页。

③ ［日］利光三津夫：《律的研究》，明治书院1961年版，第33页。转引自何勤华：《试论儒学对日本古代法文化的影响》，载《齐鲁学刊》1996年第3期。

④ 《高丽史二·世家》卷二《太祖二》，载孙晓主编：《高丽史》（一），西南师范大学出版社、人民出版社2013年版，第43页。

祖在此特别举尧因子丹朱不肖而将王位禅让给舜的例子，并称誉尧的公正无私。①

越南方面，1663年，黎玄宗（1663—1671在位）刚登基，立即申明教化《四十七条》，其略曰："为臣尽忠，为子止孝，兄弟相和睦，夫妻相爱敬，朋友止信以辅仁，父母修身以教子，师生以道相待，家长以礼立教，子弟恪敬父兄，妇人无违夫子。妇人亡夫无子，不得私运货财。居乡党者，长幼相敬爱，便害相兴除。毋以强而凌弱，毋唱讼而行私。豪强不得勘讼事，男女不得肆淫风。……凡若干条，颁布天下。各处承宪府县州等衙门，各抄一本，排于视事堂。仍转送所属各社民，各书于匾，留排亭中。许官员、监生、生徒、社长，以乡饮日，会集男女长幼，讲解晓示，使之耳濡目染，知所劝惩。"②四十七条教化所定，详细全面，儒家的伦理观念和道德规范，以皇帝的诏令强制推行，并化为全国遵奉的乡规民约。据记载，教化的效果是显著的，自是人心渐归善俗矣。③

（二）仁孝治国的统治观

儒家思想的核心，一言以蔽之，是"仁道"，而"孝"是仁道的基础，其源自人内心最真切的情感。中国古代是宗法社会，其一大特征是家国同构，"孝"由此成为古代政治运行的重要道德品质。

在日本，圣德太子制定的《宪法十七条》体现了日本统治者的治国思想。关于《宪法十七条》，日本学界对其体现的思想进行过探讨，井上光贞指出："宪法十七条，虽然也吸收了佛教，但不能忽视它是一部把儒教和法家思想作为两根支柱藉以对政府官员们进行训诫的法典，是希望将律令作为法律的同时也作为儒教式劝诫的法典，二者精神合二为一。"④

《宪法十七条》第4条曰："群僚百卿，以礼为本。其治民之本，要在乎礼。上不礼而下不齐。下无礼以必有罪。是以群臣有礼，位次不乱。百姓有礼，国家自治。"其阐述了臣与民的关系不是"私的支配"，而是"礼的支配"。换句话说就是"以礼治民"。⑤这是儒家仁政思想的体现。

孝道方面，日本于5世纪初汉字和儒家经典传入之前，并不存在中国古代儒家"孝"的观念。日语汉字"孝"，只有音读而没有训读，即是明证。它表明"孝"是由中

---

① 参见李甦平：《韩国儒学史》，人民出版社2009年版，第109页。

② 《大越史记·本纪续编》卷一九《黎皇朝纪》，载孙晓主编：《大越史记全书》（第4册），西南师范大学出版社、人民出版社2015年版，第954页。

③ 参见何成轩：《儒学南传史》，北京大学出版社2000年版，第352页。

④ ［日］井上光贞：《日本律令的成立及其注释书》，《日本思想大系·律令》1979年版，第749页。转引自［日］大木雅夫：《东西方的法观念比较》，华夏、战宪斌译，北京大学出版社2004年版，第100页。

⑤ 华夏、赵立新、［日］真田芳宪：《日本的法律继受与法律文化变迁》，中国政法大学出版社2005年版，第15页。

国传入的，在此之前日本并无相当“孝”之意义的固有语言和由此表述的道德观念。日本统治者倡导“孝”道，主要是进入奈良时代以后的事。《大宝律令》和《养老律令》中有许多倡导“孝道”的条文。《学令》第5条规定，在国家的最高学府“大学寮”中，“孝经、论语，学者兼习之”①，这是作为官吏后备军的大学生的必读书，而其他儒家经典，如周易、尚书、周礼、仪礼、礼记等则可选读。

《选叙令》规定官吏侍病双亲可请假，假期超过200天仍须侍奉双亲时可解官。《假宁令》规定官居京城的文武百官，若父母住于外乡，第3年可给假一次回乡省亲；有职之官吏遭父母之丧应解官。还有一些条文积极劝讲一般民众奉行“孝”道。如《赋役令》规定，凡孝子、顺孙、义夫、节妇志行闻于国郡者，申太政官奏闻，表其门闾，同籍悉免课役。②

朝鲜方面，高丽太祖拟出的《十训要》第7条的规定是对儒家民本思想的继承，强调要推行仁政，以民为本。《十训要》第7条说人君收拾民心之要在从谏言，远谗言，使民以时、减赋税、轻徭役、知农民之艰，“垂仁之下必有良民”。人君只有“自得民心”，才能“国富民安”。显然，太祖治理国家的统治原理是依据儒家的“民本主义”思想和仁爱思想。③

越南方面，后黎朝时期，黎圣宗大力提倡礼义，嘉奖“忠信孝悌之人”。他在位期间，参照隋唐律例，编《洪德法典》，颁《二十四训条》，将儒家的伦理道德，封建的等级观念、尊卑秩序，具体化为法律法令条文，予以严格规范，并且固定下来。凭借这种强制性的法律法规，儒家思想迅速而有效地推广到人际关系与社会生活的一切方面。这些法律法令条文，内容广泛，规定具体而详细，有很大的可操作性。而总的要求是按“忠信孝悌节义”的原则去行事，如有违反，则处以相应的惩罚。例如，黎圣宗遵照孔子关于“三年之丧”的遗训，实行3年丧礼之制。1470年，黎圣宗特颁诏谕：“子居父母丧，妻居夫丧，当遵三年通制，不得徇情直行，悖礼逆法。子居父母丧，而妻妾怀孕，以流罪罪之。妻居夫丧，而肆行淫乱，或丧未满，释服从吉。并先通嫁信及娶之者，并以死罪罪之。若居丧服，出现戏场，纵观不避，以流罪论。如有贪财好色，而娶恶逆之妻妾，及蛮人烝亡兄弟妻妾，并为官吏而受赂，抵罪。”④圣宗朝对于违反3年之丧礼制的人，惩罚是极其严厉的。整个后黎朝时代，都强调“三年之丧”，以重孝道。⑤

① 王家骅：《儒家思想与古代日本人的“孝”道》，载《日本学刊》1992年第2期。

② 参见《日本思想大系3律令》，岩波书店1970年版，第255、430页。转引自王家骅：《儒家思想与古代日本人的“孝”道》，载《日本学刊》1992年第2期。

③ 参见李甦平：《韩国儒学史》，人民出版社2009年版，第110页。

④ 《大越史记·本纪实录》卷一二《黎皇朝纪》，载孙晓主编：《大越史记全书》(第3册)，西南师范大学出版社、人民出版社2015年版，第637页。

⑤ 参见何成轩：《儒学南传史》，北京大学出版社2000年版，第350－351页。

二、法家法文化——君主专制与缘法而治

先秦法家最突出的思想就是君主专制和缘法而治。法家强调君主要手握国家大权，不能将权力分散，所以法家不推崇分封制。中国自秦始皇统一六国后，都是采取君主集权的统治观念，由君主掌握国家核心权力，对立法、司法、行政、军事等都有最终的决策权。周边国家也效仿唐朝的做法，日本的中央集权制表现为天皇制，其始于圣德太子改制；朝鲜半岛在统一新罗时代就开始了君主专制的统治模式；越南在968年建立了比较稳定的独立国家大瞿越国，丁部领自称“大胜明皇帝”，之后历代王朝皆称帝纪元。

法家的缘法而治，并不区分法是良法还是恶法，颇似法理学理论上的分析实证法学派的观点。而且还强调严刑峻法。法家提倡缘法而治，由此推动了封建的法典化运动，从战国时期李悝编纂的《法经》到唐代的《唐律》，中国古代的法典化运动颇有成效。随着隋唐法律文化的传播，周边国家也汲取了中国古代法家的缘法而治的观念，大兴编纂法典的活动，如日本的《大宝律令》《养老律令》，朝鲜的《高丽律》《经国大典》，越南的《国朝刑律》《皇越律例》，这些法典化的成果都是法家缘法而治思想落实到实践的体现。

另外，日本早在《宪法十七条》中，就明确司法实践要明辨诉讼、依法裁判的观点。《宪法十七条》第5条规定了裁判的公正性和诉讼的迅速性，在首句规定“绝餮弃欲，明辨诉讼”，进而详述“其百姓之讼，一日千事。一日尚尔，况乎累岁。须治讼者，得利为常。见贿听谳，便有财之讼，如石投水，乏者之诉，似水投石。是以贫民则不知所由，臣道亦于焉阙”①。在这里强调了应依法裁判和处罚的宽容。② 第11条也规定：“明察功过，赏罚必当。日者赏不在功，罚不在罪与。执事群卿，宜明赏罚。”③

在越南，后黎朝的太祖高皇帝黎利在还是平定王的时候，就通过制定法律来治理军民。首先，平定王谕禁左道：以邪术假话骗人者罪之。至于战乱流散各地的人民，听还原籍耕种如故。那些降敌任伪官者之妻子家眷，可以依例拿钱赎罪。投降的明军士兵则送往天长、建昌、莅仁、新兴等地安置收养。另外，平定王用3条告诫文武百官：一为，勿无情；二为，勿欺慢；三为，勿奸贪。此外，在治军方面还向将士提出军宪10条，违军宪者斩。④ 开国后，即命令将校百官说道：“自古至今，治国必有其法，人无法则乱。是以师古立法，以教列校庶官、下民百姓，使知善恶所在。善则为之，不善则

---

① 《日本书纪》卷二二。［日］舍人亲王：《日本书纪》，四川人民出版社2019年版，第303页。

② 参见华夏、赵立新、［日］真田芳宪：《日本的法律继受与法律文化变迁》，中国政法大学出版社2005年版，第15页。

③ 《日本书纪》卷二二。［日］舍人亲王：《日本书纪》，四川人民出版社2019年版，第304页。

④ 参见［越］陈重金：《越南通史》，戴可来译，商务印书馆2020年版，第176－177页。

避之，勿至犯法。”[①]这些都是法家思想在法律上的体现。

三、诸子百家法文化之合流

先秦诸子百家的学说对中国历史产生了深远的影响，不同时期、不同地方的统治者对百家学说的采纳程度各不相同。可以说，没有一个统治者会独采一家学说、排斥别家学说来作为统治的思想，即在统治者维持专制集权之意识下没有唯一的思想，只有主流的思想。

日本方面，就如圣德太子的《宪法十七条》也是儒、法、释三家思想合流的成果。比如不同于上述井上光贞的观点，石井良助认为《宪法十七条》主要基于佛教思想，同时也包含着法家思想。[②] 村岗典嗣也特别强调《宪法十七条》主要把佛教思想而不是儒教作为它的根本思想。《宪法十七条》的第1条从“以和为贵，以无忤为宗”开始。第1条前半句的出处是《论语》的“有子曰：礼之用和为贵”和《礼记》的“礼之用，和为贵”，这被视为揭示了儒教的原理，在这里，“和”是为礼而说的。但是《宪法十七条》却不同，第1条是规定第2条“笃敬三宝”的前提，所以正是以佛教意义上的“和合”为主要目的。村岗又补充说：“无忤是源于为了‘和合’的慈悲矜哀的无诤，即含有老子的不争之德之意。”[③]

故对于日本大化改新时期的理论来源，家永三郎评价道：“毫无疑问，作为日本大化革新以及律令制度的理论支柱，新传来的中国的思想——儒教的政治哲学在其观念上发挥了主要作用，另外，由于朝廷热衷于佛教信仰，结果使佛教人道主义的道德精神渗透到为政者思想中的事实也难以否认。”[④]

而在高丽，其在建国初就将佛教定位为国教，同时将道教也看作是可信奉的对象，儒、佛、道三教并存是众所周知的事实。但到了11世纪末叶，反对风水地理说的声音出现了。12世纪，林椿将目光投向了佛教，他排斥佛教，而非老庄。林椿并不认为佛教和儒学是没有共同点的。但他认为比起相同点，二者间的不同点更多。在他看来，那个时期的儒者们的确有不当的行为，但僧人们的不当行为比儒者们的更严重。他批判说脱离夫妇和父子这种关系而生活，这本身就是个问题，僧侣们还十分放荡，肆意作假，为了一己私利而蒙骗百姓，这些不当行为都是很大的问题。在他看来，

---

① 《大越史记·本纪全书》卷一〇《黎皇朝纪》，载孙晓主编：《大越史记全书》（第2册），西南师范大学出版社、人民出版社2015年版，第499页。

② 参见[日]石井良助：《日本法制史概说》，1948年版，第70－71页。转引自[日]大木雅夫：《东西方的法观念比较》，华夏、战宪斌译，北京大学出版社2004年版，第100页。

③ [日]村岗典嗣：《日本思想史概说》，1961年版，第190页。转引自[日]大木雅夫：《东西方的法观念比较》，华夏、战宪斌译，北京大学出版社2004年版，第100页。

④ [日]家永三郎：《日本道德思想史》，1977修订版，第29页。转引自[日]大木雅夫：《东西方的法观念比较》，华夏、战宪斌译，北京大学出版社2004年版，第103页。

不知“仁义”的佛教思想只会让人变得野蛮。因此他认为，要想维护孔子的儒学思想和道统就不得不排斥佛教。①

越南同样在各家学说中寻求一种理想的治国理念。李朝开国皇帝李公蕴(974—1028)幼时在六祖寺跟万行禅师学习，长大后涉猎经史，精通三教。那时并无专授儒学的官办或私立学校，因此六祖寺是他学到佛学及儒学知识的地方，万行禅师正是给他传授三教之人。

李公蕴称帝后，广度人民为僧，大造佛寺，重用僧官。其后诸帝竞相效法，奉佛为有国常典，几乎尊佛教为国教。当然，道教也受到尊重和鼓励。但李朝统治者从政治生活中认识到，佛、道理论虽然高超，但往往不能解决巩固和发展封建专制制度的实际问题。而儒家的思想学说，特别是其中的三纲五常理论，对维护皇权更为切实有效。同时，奉行积极用世精神的儒士，比佛僧和道士更符合封建人才的标准；任命他们为各级官吏，更有利于巩固国家政权，推行各项典章制度。因此，李朝逐步抬高儒士的地位，鼓励发展和传播儒学。他们积极兴办学校，推行科举，越来越重视使用儒生。②

第五节　隋唐法律制度向周边国家的传播③

近些年，中国学者在关于中华法系成员国法律制度的研究上，产出不少成果。何勤华等著《中华法系》(《法律文明史》第7卷，商务印书馆2019年版)对中华法系子国法(日本、朝鲜和越南)的法律制度作了梳理。除此书以外，尚有不少著述从不同角度、不同范围对中华法系子国法的法律制度作了研究。

在日本方面，河北师范大学的赵立新所著的《日本法制史》(知识产权出版社2010年版)按时间顺序，分3编12章，述及了日本的古代法、近代法和现代法，由古及今，体系完整。国际日本文化研究中心的官文娜所著的《日本家族结构研究》(社会科学文献出版社2017年版)在10余年前已在日本出版了日文版。该书共有9章，分别为“日本古代的血缘集团”“文化人类学的‘继嗣’理论及其意义”“日中社会的婚姻形态和血缘结构比较”“日本氏姓集团‘非继嗣系谱’的特征”“日中王位继承制之差异

① 参见[韩]尹丝淳：《韩国儒学史：韩国儒学的特殊性》，邢丽菊、唐艳译，人民出版社2017年版，第67－68页。

② 参见何成轩：《儒学南传史》，北京大学出版社2000年版，第336－337页。

③ 本节所引唐律原文皆引自(唐)长孙无忌等：《唐律疏议》，中华书局1985年版。条文名称参见钱大群撰：《唐律疏义新注》，南京师范大学出版社2007年版；《养老律令》原文皆引自黑板胜美、国史大系编修会编辑：《国史大系》(第22卷)(律・令义解)，吉川弘文馆昭和四十一年1966年版；《国朝刑律》原文皆引自《黎朝刑律》，藏于越南汉喃研究院，编号A.2669；《高丽律》原文皆引自张春海：《唐律、高丽律比较研究：以法典及其适用为中心》，法律出版社2016年版。

与血缘集团结构之特征”“平安时代的养子制度和荫位制”“近世日中养子文书之比较”“中国史上的‘皇考’之争与日本‘尊号议’之比较”“王位继承、收养养子和解除养子关系”，作者对这些专题进行了系统研究。这些研究都展示了日本既继受了中华法系的基本制度，又保留了自己的特色，即它是一个不同于中国的非纯粹之儒家文化的社会，以男性血统为核心的、长幼尊卑、上下辈分分明的以“父家长”为“一体主义”的传统儒家文化，无法在不注重血统、宗法的日本社会成为主流。①

在朝鲜方面，南京大学的张春海和黔南民族师范学院的张钧波分别对高丽王朝和朝鲜王朝的法律进行研究，填补了国内古代朝鲜法的空白。张春海著《唐律、高丽律比较研究：以法典及其适用为中心》（法律出版社 2016 年版）对唐律与高丽律的法条进行了较为详细的比较研究，从法律适用的视角对两大法典的关系进行观照，指出高丽律的适用较之唐律有以下四大明显的不同：高丽律的适用轻而唐律重、高丽律的适用标准松而唐律严、高丽律在适用上对唐律多变通且与本国之固有刑罚同时适用、高丽律的适用有一套律外的耻辱刑。最后，该书还对高丽法律移植的道路和过程进行了综合探讨。②

张钧波著《朝鲜王朝法律史研究》（中国社会科学出版社 2021 年版）对韩国学界的研究现状作了学术综述，该书分 7 篇 15 章，内容包括“律令”“职制”“刑狱”“家族与阶级”“诉讼”“文学与人物”，考察了从朝鲜王朝立国到甲午更张之前，共 500 余年的法律史。该书为我国首部全面介绍朝鲜王朝法律史的学术专著。

在越南方面，广西民族大学伍光红著的《越南法律史》（商务印书馆 2022 年版）为国内第一本专门论述从古至今越南法律制度的专著。国外学者对越南古代法律制度研究较早，从杨鸿烈的论述中（杨鸿烈著《中国法律对东亚诸国之影响》）可见法国学者早在 19 世纪末就开始了对越南古代法的研究。

日本学者也在 20 世纪初开始了对越南古代法的研究，第一代学者有仁井田陞（1904—1966）、牧野巽（1905—1974）、山本达郎（1910—2001）等，仁井田陞著有《元明清及黎氏安南的保证制》以及《黎氏安南的财产继承法和中国法》。牧野巽的《支那家族研究》（生活社 1944 年版）中对越南后黎朝的家族制度进行了总括性的研究，向日本学界介绍了越南后黎朝的《洪德法典》的存在以及研究意义。

第二代学者有片仓穰（1934—）、樱井由躬雄（1945—2012）等，片仓穰是越南后黎朝法律制度的研究者，其博士论文（后来出版为专著）《越南前现代史的基础研究：以越南法律的形成和内容为核心》（大阪大学 1983 年博士学位论文）系统研究了越南后黎朝的《洪德法典》，此外还有诸多相关的论文。山本达郎评价片仓穰的《越南前现代

① 参见官文娜：《日本家族结构研究》，社会科学文献出版社 2017 年版，第 7 页。
② 参见张春海：《唐律、高丽律比较研究：以法典及其适用为中心》，法律出版社 2016 年版，第 2 页。

法的基础研究:“国朝刑律”及其相关》(前述博士论文修改出版的专著),称其是日本对越南法律史研究的第一部重要著作,其中收录了片仓穰在1972—1986年发表的13篇文章,并对其进行了修订、补充和增补。樱井由躬雄是山本达郎的学生,其专注于越南陈朝的研究。

第三代学者有桃木至朗(1955—)、八尾隆生(1960—)等。桃木至朗是樱井由躬雄的学生,八尾隆生则是继片仓穰后专门研究越南后黎朝法律的学者,其博士学位论文为《黎朝的第一个百年——15世纪的越南》(2008),2020年,他主编了《大越黎朝国朝刑律》(汲古书院2020年版)一书。该书除了收录了越南《洪德法典》的原文,还收录了八尾隆生对《洪德法典》的研究成果,文末还附带了《天南余暇集》的条律部分、《洪德善政》、国朝洪德年间例诸供体式。

不同的大学有出版各自的法律史教科书,名称皆为《越南国家与法律史教科书》(*Giáo trình Lịch sử Nhà nước và Pháp luật Việt Nam*),如2009年,由越南河内法律大学黎明心(Lê Minh Tâm)、武氏娥(Võ Thị Nga)等编写的版本中,述及自远古至越南社会主义共和国革新开放的各个时期越南国家与法律产生与发展演变过程。该书内容包括“越南最早国家的形成过程——文郎国与瓯雒国”、“反中国封建同化阶段的国家与法律”、“大越封建国家与法律”、“法国殖民时期的政权与律例”和“1945年八月革命至今的国家与法律”五部分。① 2020年由阮明俊(Nguyễn Minh Tuấn)等编写的版本由4部分组成:第一部分为越南国家和法律历史入门;第二部分为中古时期越南国家和法律;第三部分为近代越南国家和法律;第四部分为现代越南国家和法律。

在美国和朝鲜方面,美国哈佛大学的博士谢文才(Tạ Văn Tài)是第一个在哈佛大学法学院毕业的越南人,他和阮玉辉(Nguyễn Ngọc Huy)一起出版了3卷本的关于《黎朝刑律》的研究著作 *The Lê Code:Law in Traditional Vietnam*(*1987*)。朝鲜学者方面则有刘仁善的《越南17—18世纪的法律和社会》(Insun Yu:*Luật và xã hội Việt Nam thệ kỷ XVII - XVIII*,1994)。

一、仿唐制律典

隋唐时期所取得的伟大的法典(律典)化成果,迅速为周边国家所吸收借鉴,由此拉开了绵延数百年的中国周边国家仿制隋唐律典的活动。

(一)日本

日本古无刑法。上古有罪,去爪发、诵禊词而已。神武已平东国,使天种子命祓

① 参见李力、程维荣、任海涛等:《古代远东法》,何勤华主编:《法律文明史》(第3卷),商务印书馆2015年版,第619页。

除人民所犯罪。害稼穑污斋殿，谓之天罪；奸淫蛊毒，谓之国罪，皆从其轻重征赎物，使请神祇而解除之。至应神时，有探汤听讼之法。以泥置釜中煮沸，令讼者手探之。直者不伤手，曲则手烂。雄略时，有焚杀黥面之刑，而武烈帝用刑峻酷，遂至刳孕妇之胎，射杀人于树。自古刑无专官，用刑则令物部司其事，物部，古为掌兵之官，盖是时兵刑不分职。亦无律法。及推古时，圣德太子摄政，始作《宪法十七条》，后世以为造律之祖。然法中仅为禁饬语，尚非刑名律也。迨孝德朝，依仿唐制，始设刑部省。省中分二司，曰赃赎司，曰囚狱司。于是始有刑律。律分十二：一曰名例、二曰卫禁，三曰职制，四曰户婚，五曰厩库，六曰擅兴，七曰贼盗，八曰斗讼，九曰诈伪，十曰杂律，十一曰捕亡，十二曰断狱。亦用五刑。别有八虐，即后世律所谓十恶，常教所不原者。六议即议亲、议故诸条，大概同唐律。其时遣唐学生颇有习律者，归以教人，而法制颇详明矣。①

1.《近江令》

天智天皇（中大兄皇子）年间颁布了第一部以令为名的法典，即《近江令》，又名《近江朝廷之令》（因都城已迁至近江大津宫），它是日本历史上第一部正式颁布的法典，其编纂标志着日本继受中国法律的正式开始。不过，由于《近江令》在奈良时代就全部烧毁，而对其的记载仅出现在后世编撰的《藤氏家传》和《弘仁格式序》的序中，在被视为当世正史的《日本书纪》中并未提及，所以关于它的存在，有肯定说和否定说两种见解，并且就其编纂时间也有不同说法。

第一说认为是天智天皇元年（662 年），此说从《弘仁格式序》中“至天智天皇元年制令二十二卷”而来；第二说认为是天智天皇七年（668 年），《大织冠传》“天智天皇七年”条中写道：“先此帝令大臣撰述礼仪，刊定律令，通天人之性，作朝廷之训，大臣与时贤人，损益旧章，略为条例，一崇敬爱之道，同止奸邪之路，理慎折狱，德洽好生，至于周之三典，汉之九篇，无以加焉。”不过《弘仁格式序》是自天智天皇即位之年计算，所以此处的元年为 668 年，而《大织冠传》是自称制之年起算，因此天智天皇七年亦为 668 年。此二说实际无异。至于第三说认为是天智天皇四年，《皇年代略记》中言道：“四年制令二十二卷，谓之世人近江朝廷令也。”而此说多不为学者所采纳。

天智天皇即位之后，以唐《武德令》《贞观令》为蓝本，制成《近江令》22 卷。天智朝编纂的法典《近江令》存在无疑，但对于是否存在《近江律》，目前日本学术界分歧很大，分歧的焦点是《大织冠传》“天智天皇七年”的记述：“先此帝令大臣撰述礼仪，刊定律令，通天人之性，作朝廷之训。大臣与时贤人，损益旧章，略为条例。崇敬爱之道，同止奸邪之路，理慎折狱，德洽好生。至于周之三典，汉之九篇，无以加焉。”佐藤诚实根据日本《官位令集解》中“上宫太子并近江朝廷唯制令而不制律”的记载，否定

① 参见（清）黄遵宪：《日本国志》（中），岳麓书社 2016 年版，第 916 页。

了《近江律》的存在。而宫崎道三郎等人在《法制史进义案》中则力主《近江律》的存在,宫崎氏的根据就是《弘仁格式序》《本朝法家书籍目录》中的"《近江令》二十二卷"。而后面的《大宝律令》6 卷、令 11 卷,共 17 卷;《养老律令》10 卷、《养老令》10 卷,两者共 20 卷。所以《弘仁格式序》中所云的《近江令》22 卷,应为《近江律令》22 卷较为合理。加上前引《大织冠传》的记述,《近江律》应该存在无疑。①

与此相反,佐藤诚实博士的《律令考》中据《官位令集解》中的"上宫太子并近江朝廷唯制'令'不制'律'"而认为《近江律》并不存在。另三浦周行博士、中田熏博士和泷川政次郎博士亦认为日本历史上没有制定过《近江律》。②

2.《天武律令》

673 年,天武天皇即位后,在大化革新的基础上,进一步模仿唐代政治制度,实行新改革,而"定律令、改法式"是改革的一项重要内容,681 年开始新律令的编算,次年完成,定名为《飞鸟净御原律令》,又称《天武律令》,这部法律在 689 年施行。《天武律令》在官制、税制等方面进行了卓有成效的改革,建立了近似身份制度的良贱制度,它成为后来《大宝律令》的基础。在此基础上,还"更改诸氏之族姓",施行了新的"八色之姓",同时宣布"更改爵位之号",增加阶位,进一步完善了官职秩序。天武天皇在位 15 年,以果断的方式建立了中央集权的国家,最终完成了"大化革新"的历史使命。③

《日本书纪》中记载有,十年(唐高宗弘道年,683)二月天皇诏曰:"朕令更欲定律令,改法式。"又据《类聚国史》云:"(天武天皇十一年八月)丙寅,造法令。"其参与编纂者有粟田真人、伊吉博德、中臣大岛诸人,伊吉博德则是唐之留学生,其时唐之《永徽律令》必随之而东渡,盖意中事。故泷川博士曰:"《天武律令》之蓝本必《武德》《贞观》《永徽》三律令中之一。"其内容尚可于《日本书纪》《续日本纪》等书,得窥见一斑。④

3.《大宝律令》

《大宝律令》取法于中国,不知是日本羡慕当时中国制度之完整从而模仿之?还是有其他原因。盖当时日本之种种制度,皆有改良之必要,尤以"世职"及"兵制"为甚。此外,则唐代武力日盛,朝鲜之日本势力减退,形势亦甚迫切,加以中国文化又陆续输入,故日本人心大受刺激,留学中国的学者又主张移植唐制于日本,《推古纪》31

---

① 参见中国政法大学法律史学研究院编:《比较法律文化论集》,中国政法大学出版社 2007 年版,第 253 页。

② [日]三浦周行:《続法制史の研究》,岩波书店 1973 年版。[日]中田熏:《日本法制史講義》,创文社 1983 年版。[日]泷川政次郎:《律令の研究》,名誉普及会 1966 年版。转引自何勤华主编:《法律文明史》(第 7 卷),商务印书馆 2019 年版,第 479 页。

③ 参见赵立新:《日本法制史》,知识产权出版社 2010 年版,第 15 页。

④ 参见杨鸿烈:《中国法律在东亚诸国之影响》,商务印书馆 2017 年版,第 202 页。

年条有云:“大唐学问者僧惠齐、惠光及医惠日、福因等并从智洗尔等来之,于是惠日等共奏闻曰:留于唐国学者,皆学以成业,应唤,且其大唐国者法式备定,珍国也,常须达。”于是遂决意编纂法典。①

公元700年,文武天皇命刑部亲王和藤原不比等19人以《天武律令》为基础编纂新的律令,并于701年完成,次年实施,即《大宝律令》,在757年施行《养老律令》以前,它是日本的基本法典。《大宝律令》现已全部佚失,但根据平安时代初期编纂的《令集解》等引用的条文可知道其部分内容,而不久后颁布实施的《养老律令》与《大宝律令》的大部分内容相似,我们由此可对它有大致的了解。《大宝律令》由律6卷和令11卷组成,律主要是以刑法为主的综合法规,令则规定了天皇、官阶、冠服、礼制、田地、租税等各项制度。《大宝律令》是日本古代法律史上划时代的法典,其颁布标志着日本古代以律令为主的法律体系的建立。②

按《大宝律令》之由来,考之《续日本纪》云,“文武天皇四年(唐中宗嗣圣十七年,700年)六月甲午条诏净大参刑部亲王、直广藤原、朝臣不比等(十九人)撰定律令”,至翌年大宝元年(唐武后长安元年,701)而成。③

4.《养老律令》

《本朝文粹弘仁格式序》有云:“养老二年(唐玄宗开元六年)复同大臣不比等奉敕更撰律令,各为十卷。……”④据《令义解》及《令集解》二书,《养老令》共有10卷,30篇,932条。

《养老律令》是元正天皇统治时期718年颁布的,被誉为日本历史上最为完备的法典。《养老律令》的编纂蓝本是学术界未决的一个问题,通说观点认为其与先前颁布的《大宝律令》一脉相承,内容并无大的变动,而《大宝律令》的编纂蓝本是《永徽律疏》,故《养老律令》的编纂蓝本亦为《永徽律疏》。

《养老律令》之后,还有称德天皇的《删定令条》、桓武天皇的《删定令格》,《类聚国史》中有桓武天皇延历十六年(唐德宗贞元十三年,797)施行《删定令格》之记载。以上两次删定之动机盖如《日本后纪》所云:“故右大臣从二位吉备,朝臣真备,大和国造正四位下大和宿称长冈等删定律令条辨轻重之舛错,矫首尾之差违。”嵯峨天皇时有《弘仁格》和《弘仁式》,清和天皇时有《贞观格》和《贞观式》,醍醐天皇时有《延喜式》和《延喜格》。

目前,学术界对《唐律疏义》的制作年代以及《养老律令》的编纂蓝本问题存有争议。对于《唐律疏义》的制作年代问题,有“《永徽律疏》说”和“《开元律疏》说”两派

---

① 参见杨鸿烈:《中国法律在东亚诸国之影响》,商务印书馆2017年版,第196页。
② 参见赵立新:《日本法制史》,知识产权出版社2010年版,第15－16页。
③ 参见杨鸿烈:《中国法律在东亚诸国之影响》,商务印书馆2017年版,第202页。
④ 杨鸿烈:《中国法律在东亚诸国之影响》,商务印书馆2017年版,第203页。

观点，在王立民、洪佳期、高珣主编的《中国法制史研究70年》①一书中对这两派观点的提出及发展有较为全面的总结，在此不再赘述。

《养老律令》10卷中，只有律卷第一、律卷第三、律卷第七，即名例律、卫禁律、职制律和贼盗律，共3卷4编被完整保留下来，另有残余的斗讼律条文被保留下来，其余的内容均不存在了。从保留下来的文献可见，唐律的结构为律中有注，律疏是单独列出，而《养老律令》中则是律中有注，注中有疏，疏义的部分是和律融合在一起的，所以《养老律令》文本有三种不同大小的字号，最大字号的为律，中号的为注解，最小号的为疏。

《养老律令》以唐律为蓝本，从残留下来的《养老律令》来看，两者在主体上是相同的。但在许多细节方面，体现了日本根据其国情进行了法律移植的本土化。日本在移植唐律的过程中，视乎国情，对法律条文进行了部分的舍弃。

5. 格与式

在律令的实施过程中，为适应社会变化，天皇先后颁布了大量的诏敕，太政官也发布了大量的指令，这些修改律令的诏敕和指令即为格，而一些实施细则即为式。在中国，每次编纂律令都要编纂格式，但在日本，格式的法典化是在律令编纂结束之后的平安时代初期。在这一时期，日本模仿中国于820年汇编完成的《弘仁格》和《弘仁式》，后合为一部新的法典，即《弘仁格式》，它是第一部格式法典。其内容是收集自701年到819年的单行法，篇名等与唐朝的相同。其中《弘仁仪式》和《内里式》对宫中礼仪作了比较明确的规定。《弘仁格式》在840年全面施行。与此同时，819年，嵯峨天皇下诏积极推动学习唐代文化，天下礼仪、男女服饰都要一仿唐制。嵯峨时代是继天平时代之后出现的又一个"唐化"高潮时代。清和天皇贞观年间又编成《贞观格式》，但《弘仁格式》并未废止，后法与前法均有效。最后进行系统编纂的格式是《延喜格式》。《延喜格》是《贞观格》的继承，汇集了从贞观到延喜年间的格。《延喜式》综合了弘仁、贞观二式，还加入了延喜以前的式条，文体也改成了律令风格的条文体。《延喜格式》也是"脱胎于唐代的格和式的"。上述格式许多已经散失，目前保存下来的只有作为《弘仁格》目录的《弘仁格抄》、按事项内容编辑的《类聚三代格》以及《延喜式》的大半。另有汇编延喜以后诏敕、官符、宣命的《类骤符宜抄》10卷。②

（二）朝鲜

《三国史记·新罗本纪》"法兴王"条有云："七年春正月，颁示律令。"③

---

① 参见王立民、洪佳期、高珣主编：《中国法制史研究70年》，上海人民出版社2019年版。

② 参见赵立新：《日本法制史》，知识产权出版社2010年版，第17－18页。

③ 《三国史记》卷四《新罗本纪》第4"法兴王"条。转引自杨鸿烈：《中国法律在东亚诸国之影响》，商务印书馆2017年版，第37页。

在小兽林王三年制定《高句丽律》之前，一直延续古代的习惯。据中国《魏志·高句丽传》的记载，高句丽的法律十分严酷。虽然没有监狱，但一旦有罪犯，重罪由诸家集合进行商议后处死，并使其妻与子成为奴婢。另据《周书·异域传》记载，凡叛徒一律绑在大柱子上用火烤烧后斩首，并没收其房子；凡降服者、战败者、杀人者和强盗，一律处以斩刑；偷盗者要偿还 10 倍的钱物，如果无产偿还时，其子女沦为奴婢。据《唐书》记载，除了上述刑罚外，凡杀牛马者，除没收犯人财产外，还要将其变为奴仆。[①]

在刑事法律方面，朝鲜北部夫余的法制与中国一样，民刑不分。三国时期，高句丽、百济和新罗都受到中国律令的影响。高句丽的律令是以公元 267 年中国晋武帝时代集大成的泰始律令为母法。高句丽小兽林王最大的功绩是颁布了律令，《三国史记·高句丽本纪》谓小兽林王三年（晋孝武帝宁康元年，373）始颁律令。[②] 百济因离中国近，所以三国中，百济是最早完善律令制度的国家。受唐律影响的百济，其刑事制度与高句丽颇为相似。新罗方面，凤坪新罗碑（524）中指出，“前时王大教法”传递了律令颁布的信息，同时，还有杖刑事例，从中可以看出，当时的律令具备了比较完备的形式。[③] 高丽王朝统一朝鲜半岛后，在法制方面“大抵皆仿乎唐，至於刑法赤采唐律参酌时宣而用之”。

张春海认为，从半岛的三国时期开始，中国法律文化对朝鲜半岛的影响开始逐步扩大，但这时两国的法律文化基本上还是两种异质的文化。“土俗”远远超越于“华化”。[④] 从高丽时期开始，半岛国家才开始逐步摒弃其固有法制，较大规模地移植中国法制。[⑤]

1.《高丽律》

“高丽一代之制，大抵皆仿乎唐。至于刑法，亦采《唐律》，参酌时宜而用之。”[⑥]

高丽律制定于成宗初年，高丽成宗初期有“新定五服给暇式”“详定中外奏状及行移公文式”等的创法立制举措，在成宗四年(985 年)（左右），大兴制作，仿照唐朝的三省六部制初步建立起了自己的一套政治制度。在成宗五年(986 年)三月，“始以诏称教”[⑦]，说明高丽王朝已经比较自觉地将自身融入了以中原王朝为中心的政治、礼仪秩序之中，到此其制度上的制作应该已经告一段落，法律制度也不应例外。

---

① 参见李宝奇：《韩国修宪历史及其政治制度变迁研究》，中国政法大学出版社 2013 年版，第 4 页。

② 参见杨鸿烈《中国法律在东亚诸国之影响》，商务印书馆 2017 年版，第 40 页。

③ 参见［韩］李镐秀：《论中国古代法对韩国法制史之影响》，载《法制与社会》2010 年第 28 期。

④ 张春海：《唐律、高丽律比较研究：以法典及其适用为中心》，法律出版社 2016 年版，第 32 页。

⑤ 参见张春海：《唐律、高丽律比较研究：以法典及其适用为中心》，法律出版社 2016 年版，第 231 页。

⑥ 《高丽史八十四·志》卷三八《刑法一》，载孙晓主编：《高丽史》（六），西南师范大学出版社、人民出版社 2013 年版，第 2655 页。

⑦ 《高丽史三·世家》卷三，载孙晓主编：《高丽史》（一），西南师范大学出版社、人民出版社 2013 年版，第 65 页。

通读《高丽史》,我们发现从显宗时期开始,“依律断罪”“依律科罪”“律有正条”“依律文”等用语开始较为频繁地出现,在显宗之前则不存在这种情况。因此我们认为,至迟在显宗时期已经出现了法典形式的“律”。

在高丽末期的恭让王四年(1392 年)二月,“守侍中郑梦周进所撰《新定律》,王命知申事李詹进讲,凡六日,屡叹其美……”。郑梦周所撰的《新定律》只用 6 天时间就被恭让王讲解完毕,可见此《新定律》的内容不会太多,以每天进讲 10 条计,总共也只有 60 多条,如每天进讲 20 条,也不过 120 多条而已,即《新定律》大概只有 100 条,这与《高丽史・刑法志》中记载《高丽律》共有 71 条的说法大致相符。郑梦周的《圃隐集・圃隐先生本传》说:“(恭让王)四年,梦周取《大明律》《至正条格》本朝法令,参酌删定,撰《新律》以进。”

成石璘(1338—1423)在其《哭唐府尹(诚)》一诗中称赞唐诚:“学兼文吏两精强,有益东方孰可方。都统律文先后语,一生难报死难忘。”唐诚在《高丽史》中无传,但是成石璘在这首诗的注释中记述了唐诚的一则逸事:“公于戊午年,罹谗在缧绁。唐公荷西平府评事,都统使崔莹使评事照律,唐公考案,核实从轻。崔公大怒,使之改照律。唐公投《律》于前曰:‘以罪案律,律既如此,今乃改律,律先于公欤,公先于律欤?’遂不从。”唐诚“案律”之时已是高丽末期,从他“投《律》于前”的举动以及“以罪案律,律既如此,今乃改律,律先于公欤,公先于律欤”的话来看,当时显然存在一部完整的刑律,这部刑律应该就是郑梦周著《新定律》时所参照的高丽律。

2.《经国大典》

《经国大典》颁行于睿宗二年(1107 年),作为朝鲜半岛现存最早的综合性法典,其在朝鲜法制史上具有里程碑式的意义。法典的条文多源自朝鲜各代国王的王命,《经国大典》的编纂大多是对各衙门辑录受教的整理和删定。

《经国大典》的体例与《大明律》相同,分为吏、户、礼、兵、刑、工六典,其中,吏典有内命妇、外命妇、京官职等 29 项,主要规定了朝鲜的官制等中央和地方的各级行政组织;户典有经费、户籍、量田等 30 项,规定了与经济和财政有关的事项;礼典有诸科、仪章、生徒等 37 项,规定了朝鲜的文教和外交等事项;兵典有京官职、杂职等 51 项,规定了朝鲜的军事法制;刑典有用律、决狱日限等 29 项,规定了朝鲜的刑事法规和奴婢制度;工典有桥路、营缮等 14 项,规定了朝鲜的道路、桥梁、度衡量、铁场、工匠等。[①]

(三)越南

越南,古时称安南,位于中国之南端。安南于秦、汉时接受中国文化,迨后汉马援之远征,遂完全成为中国之领土,直至唐末犹然,故此时代,安南所行之法律,恐即以

---

① 参见张钧波:《朝鲜王朝法律史研究》,中国社会科学出版社 2021 年版,第 60－63 页。

唐之律令为主。①

越南古代制律活动繁多,其中,后黎朝是模仿唐制最彻底的朝代,其传世的法律典籍有:《洪德善政》,内容是洪德时代的76条律例;《洪德年例体式》,内容为契约、遗嘱等文书格式;《国朝洪德年间诸供体式》,内容为洪德时代的勘验、判决等刑事方法;《景兴条律》,内容为黎朝景兴时代的条律;《词讼调例》,又名《词讼律例》《国朝堪讼调例》,内容为黎朝衙门规定的刑事条例;《断词体式》,内容为黎朝审判方法和其他事务的文件。②

兹列举古代越南模仿唐律最著名的两部法典。

1.《洪德法典》(BỘ LUẬT HỒNG ĐỨC)

《洪德法典》,又称《国朝刑律》(QUỐC TRIỀU HÌNH LUẬT)、《黎朝刑律》(LÊ TRIỀU HÌNH LUẬT)或《洪德律》(LUẬT HỒNG ĐỨC),是越南后黎朝洪德年间颁行的法典,由黎圣宗于1483年(洪德十四年)正式颁行。其正式名称为《国朝刑律》,因为越南封建王朝的法典的正式名称皆为《国朝刑律》,故此处使用《洪德法典》作为标题,以表明此为后黎朝洪德年间的法律典籍。《洪德法典》是黎朝时代(1428—1789)官撰,6卷12章721条,是越南现存最古老的法典。《洪德法典》的编排,分为名例、卫禁、职制、军政、户婚、田产、奸通、盗贼、斗讼、诈伪、杂律、捕亡、断狱等章别。其内容以唐律为基本,加上明律及为数颇多的越南固有法的条文而成,充分反映出越南本身的社会习惯,这与1812年制定的、直接输入清法典的阮朝《皇越律例》22卷大为不同。③

2.《皇越律例》(HOÀNG VIỆT LUẬT LỆ)

《皇越律例》,又称《嘉隆法典》(Bộ luật Gia Long),是越南阮朝时期的法典,共22卷398条,其体例与《大清律例》相同,分为名例、吏律、户律、礼律、兵律、刑律、工律,由嘉隆帝阮福映(阮世祖)于嘉隆十四年(1815年)编成及颁行。该律由嘉隆帝亲自"裁正",并由官员阮文诚等从越南历代刑书的基础上,参考后黎朝《洪德法典》,以及仿效中国清朝法律而成。后来在明命帝(阮圣祖)、绍治帝(阮宪祖)、嗣德帝(阮翼宗)在位期间加以增补。法典中提到其立法原意是要整顿西山朝动乱以来"纲沦法斁"的越南社会,"使知禁防",当中亦包含若干残酷的刑法。后世史家认为《嘉隆法典》详尽而便于阮朝统治,亦有认为是"保卫皇帝的绝对威信"。④

---

① 参见[日]牧野巽:《安南黎朝刑律中之家族制度》,载氏:《支那家族研究》,生活社1944年版,第687页。

② 参见刘春银等主编:《越南汉喃文献目录提要》,"中研院"中国文哲研究所编印2002年版。

③ 参见周佳荣:《越南汉喃史籍解题》,http://www.douban.com/group/topic/15362406/,2021年3月9日访问。

④ 参见何勤华主编:《法律文明史》(第7卷),商务印书馆2019年版,第618页。

二、刑法制度

隋唐刑法制度对越南、朝鲜、日本产生影响，最典型的体现就是这三个国家都在很大程度上吸纳了隋唐以五刑为中心的刑法体系、以十恶为核心的罪名体系以及以八议为核心的特权阶层的制度设计。

（一）以五刑为中心的刑罚体系（见表5－1）

表5－1　《唐律疏议》《养老律令》《国朝刑律》《高丽律》五刑条目对照

《唐律疏议》	《养老律令》	《国朝刑律》	《高丽律》
笞刑五：笞一十。赎铜一斤。笞二十。赎铜二斤。笞三十。赎铜三斤。笞四十。赎铜四斤。笞五十。赎铜五斤	笞罪五：笞十赎铜一斤；笞廿赎铜二斤；笞卅赎铜三斤；笞卌赎铜四斤；笞五十赎铜五斤	笞刑五：自一十至五十下，为五等加减。罚、贬用，或单用，男女，同。徒、流，惟女用。一十；二十；三十；四十；五十	笞刑五：一十，折杖七，赎铜一斤；二十，折杖七，赎铜二斤；三十，折杖八，赎铜三斤；四十，折杖九，赎铜四斤；五十，折杖十，赎铜五斤
杖刑五：杖六十。赎铜六斤。杖七十。赎铜七斤。杖八十。赎铜八斤。杖九十。赎铜九斤。杖一百。赎铜十斤	杖罪五：杖六十赎铜六斤；杖七十赎铜七斤；杖八十赎铜八斤；杖九十赎铜九斤；杖一百赎铜十斤	杖刑五：自六十至一百下，为五等加减。贬、徒、流用，或单用，惟男用。六十；七十；八十；九十；一百	杖刑五：六十，折杖十三，赎铜六斤；七十，折杖十五，赎铜七斤；八十，折杖十七，赎铜八斤；九十，折杖十八，赎铜九斤；一百，折杖二十，赎铜十斤
徒刑五：一年。赎铜二十斤。一年半。赎铜三十斤。徒二年。赎铜四十斤。二年半。赎铜五十斤。三年。赎铜六十斤	徒罪五：徒一年赎铜廿斤；徒一年半赎铜卅斤；徒二年赎铜卌斤；徒二年半赎铜五十斤；徒三年赎铜六十斤	徒刑三：自属丁至犒丁，庶妇至桑室妇，一等。象坊兵、炊室婢，为一等。种田兵、舂室婢，为一等加减。役丁（属丁、军丁、社丁、犒丁）、役妇（庶妇、园妇、桑室婢）、男犯，情轻，杖八十。官属，徒本省、院、局丁。军，徒本军丁。民，徒本社丁。情重，杖八十、徒犒丁役作。女犯，情轻，笞五十。民，徒庶妇还本籍。有色，徒园妇。情重，笞五十、徒桑室妇役作。象坊兵、炊室婢（男犯，杖八十、刺项字、徒象坊兵居作。女犯，笞五十、刺项二字、徒炊室婢居作。）种田兵、舂室婢（男犯，杖八十、刺项四字、徒种田兵、带镣一重、演州居作。女犯，笞五十、刺项四字、徒舂室婢居作）	徒刑五：一年，折杖十三，赎铜二十斤。一年半，折杖十五，赎铜三十斤。徒二年，折杖十七，赎铜四十斤。二年半，折杖十八，赎铜五十斤。三年，折杖二十，赎铜六十斤

续表

《唐律疏议》	《养老律令》	《国朝刑律》	《高丽律》
流刑三:二千里。赎铜八十斤。二千五百里。赎铜九十斤。三千里。赎铜一百斤	流罪三:近流赎铜一百斤;中流赎铜一百廿斤;远流赎铜一百卌斤	流刑三:自近州至远州,为三等加减、近州(男犯,杖九十、刺面六字、带镣一重,乂安、河华等处监守配役。女犯,笞五十、刺面六字、无镣,居作。下倣此。)外州(杖九十、刺面八字,带镣二重,布政等处监守配役。远州(杖一百、刺面十字,带镣三重,从平等处监守配役)	流刑三:二千里,折杖十七,赎铜八十斤。二千五百里,折杖十八,赎铜九十斤。三千里,折杖二十,赎铜一百斤
死刑二:绞。斩。赎铜一百二十斤	死罪二:绞斩二死　赎铜各二百斤	死刑三:(自绞、斩至陵迟,为三等。绞、斩为一等。枭、陵迟,各为一等加减。)绞、斩、枭、陵迟	死刑二:绞,赎铜一百二十斤。斩,赎铜一百二十斤

越南《国朝刑律》中记载的五刑,在刑罚类型上与唐律一致,都是封建制五刑的"笞、杖、徒、流、死",但在具体内涵上,与唐律有显著不同。其一,《国朝刑律》明确区分了男、女适用刑罚的不同,如笞刑是男女相同适用,而杖刑却仅适用于男性,徒刑与流刑更是区别了男女的适用刑罚类别;其二,《国朝刑律》的徒刑设置异常繁杂,不仅区分男女,而且各分 3 个等级,这在日本、朝鲜都是没有的。

高丽律制定的历史背景有其独特之处,即在高丽统治集团模仿唐律制定自己的刑律时,唐王朝早已灭亡,唐律本身也已经成为一部"死"的法律,新兴的中原王朝宋制定了中华法系体系中的另一部重要法律——《宋刑统》,因而处于同一时代的高丽律就不能不受到宋代法制的影响。因此,我们看到高丽律关于"五刑"的规定实际上就是唐、宋制度的结合,既依照唐律规定了五刑及其赎铜数,又规定了折杖法。①

(二)以十恶为核心的罪名体系(见表 5-2)

表 5-2 《唐律疏议》《养老律令》《国朝刑律》《高丽律》十恶条目对照

《唐律疏议》	《养老律令》[1]	《国朝刑律》	《高丽律》
一曰谋反。谓谋危社稷	一曰谋反。谓谋危社稷	一曰谋反。谓谋危社稷	十恶
二曰谋大逆。谓谋毁宗庙、山陵及宫阙	二曰谋大逆。谓谋毁宗庙、山陵及宫阙	二曰谋大逆。谓谋毁宗庙、山陵及宫阙	
三曰谋叛。谓谋背国从伪	三曰谋叛。谓谋背国从伪	三曰谋叛。谓谋背国从伪	

① 张春海:《唐律、高丽律比较研究:以法典及其适用为中心》,法律出版社 2016 年版,第 103 页。

续表

《唐律疏议》	《养老律令》	《国朝刑律》	《高丽律》
四曰恶逆。谓殴及谋杀祖父母、父母,杀伯叔父母、姑、兄姊、外祖父母、夫、夫之祖父母、父母者	四曰恶逆。谓殴及谋杀祖父母、父母,杀伯叔父母、姑、兄妹、外祖父母、夫、夫之祖父母、父母者	四曰恶逆。谓殴及谋杀祖父母、父母,杀伯叔父母、姑、兄妹、外祖父母、夫之祖父母、父母者	十恶
五曰不道。谓杀一家非死罪三人,支解人,造畜蛊毒、厌魅	五曰不道。谓杀一家非死罪三人,支解人,造畜蛊毒、厌魅。杀四等以上尊长及妻。殴告及谋杀伯叔父母、姑、兄姊、外祖父母、夫、夫之父母	五曰不道。谓杀一家非死罪三人,及支解人,造畜蛊毒、厌魅	
六曰大不敬。谓盗陵庙神御之物,乘舆服御物;盗及伪造御宝;合和御药,误不如本方及封题误;若造御膳,误犯食禁;御幸舟船,误不牢固;指斥乘舆,情理切害及对捍制使,而无人臣之礼	六曰大不敬。谓盗陵庙神御之物,乘舆服御物;盗及伪造御宝;合和御药,误不如本方及封题误;若造御膳,误犯食禁;御幸舟船,误不牢固;指斥乘舆,情理切害及对捍制使,而无人臣之礼	六曰大不敬。谓盗陵庙神御之物、大祀同,乘舆服御物,及伪造御宝,合和御药,不如本方,及封题误若造御膳,误犯食禁,御幸舟船,误不牢固,指斥乘舆,情理切害,及对掉制使,而无臣之礼	
七曰不孝。谓告言、诅詈祖父母父母,及祖父母父母在,别籍、异财,若供养有阙;居父母丧,身自嫁娶,若作乐,释服从吉;闻祖父母、父母丧,匿不举哀,诈称祖父母父母死	七曰不孝。谓告言、诅詈祖父母父母,及祖父母父母在,别籍、异财;居父母丧,身自嫁娶,若作乐,释服从吉;闻祖父母、父母丧,匿不举哀,诈称祖父母父母死。奸父祖妾	七曰不孝。谓告言、诅、骂祖父母、父母,及违背教训,亏缺供养。居父母丧,身自嫁娶,若作乐释服从吉,闻祖父母、父母丧,匿不举哀,诈称祖父母、父母死	
八曰不睦。谓谋杀及卖缌麻以上亲,殴告夫及大功以上尊长、小功尊属	—	八曰不睦。谓谋杀及卖缌麻以上亲,殴、告夫及大功以上尊长、小功尊属	
九曰不义。谓杀本属府主、刺史、县令、见受业师,吏、卒杀本部五品以上官长,及闻夫丧,匿不举哀,若作乐,释服从吉及改嫁	八曰不义。谓杀本属府主、刺史、县令、见受业师,吏、卒杀本部五品以上官长,及闻夫丧,匿不举哀,若作乐,释服从吉及改嫁	九曰不义。谓杀本属府主、在任官司、见受业师,缘卒杀本部官长,及闻夫丧,匿不举哀,作乐,释服从吉,及改嫁	

续表

《唐律疏议》	《养老律令》	《国朝刑律》	《高丽律》
十曰内乱。谓奸小功以上亲、父祖妾及与和者	—	十曰内乱。谓奸小功以上亲、家父妻及与和者	十恶

[1]参见桑原骘藏：《王朝之律令与唐之律令》，转引自杨鸿烈：《中国法律在东亚诸国之影响》，商务印书馆2017年版，第230页。

日本没有采用不睦和内乱两个罪名，所以十恶制度到了日本变为“八虐”，《养老律令》将《唐律》“十恶”中之“不睦”合并于“不道”，故除与唐律同而后尚有二项，删除“内乱”是因为日本近亲结婚甚多，而奸父祖妾又可并于“不孝”条中。杨鸿烈认为：盖因前朝“十恶”之科而除其二也。按持统天皇六年（唐武后天授时，692年）及文武天皇三年、文武天皇四年大赦，并云十恶盗人不在赦限，是则当初律条有十恶之科及庆云二年（文武天皇年号，705年）八月赦令：“八虐常赦所不免者，不在赦限。”无明帝祀以下皆云“八虐”，而不云“十恶”，盖大宝制律时改十恶为八虐也。①

越南李、陈、胡朝沿袭了十恶制度，但具体内容已不可考，后黎朝延续了十恶的规定，其内容几乎与唐律相同。

高丽王朝吸纳了十恶的制度设定，但没有具体的条文流传于世，但可见郑道传在其《宪典总序》中说：所谓十恶，曰谋反、谋大逆、谋叛、大不敬，所以重君臣之分也；曰恶逆、不孝、不睦，所以重亲亲之恩也；曰不道，所以重人命也；曰不义、内乱，所以重官民、师友之义、夫妇男女之别也。是十者，皆人道之大伦，苟有犯者，谓之大恶，而王法所必诛者也。② 由此可见，高丽的十恶大抵与唐律相同。

（三）以八议为核心的特权阶层（见表5－3）

表5－3 《唐律疏议》《养老律令》《国朝刑律》《高丽律》八议条目对照

《唐律疏议》	《养老律令》[1]	《国朝刑律》	《高丽律》
一曰议亲。谓皇帝袒免以上亲及太皇太后、皇太后缌麻以上亲、皇后小功以上亲	一曰议亲谓皇亲及皇帝五等以上亲，及太皇太后、皇太后、皇太后四等以上亲，（原注：“太皇太后者，皇帝祖母也。皇太后者，皇帝母也。”）皇后三等以上亲	一曰议亲。谓皇帝袒免以上亲、皇太后缌麻以上亲、皇后小功以上亲	无

① 参见杨鸿烈：《中国法律在东亚诸国之影响》，商务印书馆2017年版，第230页。

② 参见［高丽］郑道传：《三峰集》卷八《宪典总序》，载《韩国文集丛刊》［5］，第437页。转引自张春海：《唐律、高丽律比较研究：以法典及其适用为中心》，法律出版社2016年版，第104页。

续表

《唐律疏议》	《养老律令》	《国朝刑律》	《高丽律》
二曰议故。谓故旧	二曰议故。谓故旧	二曰议故。谓故旧	无
三曰议贤。谓有大德行	三曰议贤。谓有大德行	三曰议贤。谓有大德行	
四曰议能。谓有大才艺	四曰议能。谓有大才艺	四曰议能。谓有大才业	
五曰议功。谓有大功勋	五曰议功。谓有大功勋	五曰议功。谓有大功勋	
六曰议贵。谓职事官三品以上,散官二品以上及爵一品者	六曰议贵。谓三位以上	六曰议贵。谓职事官三品以上、散官及爵二品以上者	
七曰议勤。谓有大勤劳	—	七曰议勤。谓有大勤劳	
八曰议宾。谓承先代之后为国宾者	—	八曰议宾。谓承先代之后为国宾者	

[1]参见杨鸿烈:《中国法律在东亚诸国之影响》,商务印书馆2017年版,第225页。

日本将“八议”变为“六议”,越南的《国朝刑律》吸收了唐律中的对于贵族官吏施予特权的八议制度,其内容大抵与唐律相同。

至于高丽律,张春海认为,高丽律除官当条以外,其他制度基本上弃而不用,由于史料缺略,难知其故。不过,从社会结构来看,高丽是一个比较典型的贵族社会;在高丽初期,豪族势力十分强大,同样为豪族出身的太祖王建不得不尽力对他们进行拉拢和妥协才能勉强维持自己的统治。

尽管光宗对这一势力进行了残酷的打击,可是到了成宗时期他们还是和原新罗“六头品”贵族势力合流,形成了一股强大的新兴贵族势力。从他们在国家和社会生活中所起的作用来看,其势力要比唐朝前期的门阀贵族强大得多,从而对高丽王权形成了有力的牵制。尽管高丽王朝采用了唐代的三省六部这样一套官僚体制,但是贵族势力通过荫叙制以及对科举制的把持,使科举制度沦为了贵族维持其特权的一种排他性工具。这样,贵族和官僚几乎就是一个铜钱的两面,可他们的强势和特权却基本没有体现为成文的法律,仅有官当这一易刑之法。

之所以如此当是成宗在主持制定刑律之时,继承光宗压制贵族勋臣势力的政策,有意抬高专制王权、压制贵族特权的结果。因而在规定“十恶”制度的同时,却将“八议”等一系列优遇贵族和官僚的制度尽大限度地删减或取消了。①

三、婚姻制度

唐律传到日本、朝鲜、越南三国,其婚姻制度对这三个国家产生了不同程度的影

① 参见张春海:《唐律、高丽律比较研究:以法典及其适用为中心》,法律出版社2016年版,第106页。

响(见表5－4)。日本在大化改新之后,其政治制度、经济生活较过去发生了巨大变化,家庭在夫妻生活中的地位越来越重要,婚姻形态也由过去的夫妻生活不固定的“访妻”发展为招婿上门,实现了男到女家落户的固定的从妇居,这就意味着日本从此进入了比较正式的对偶婚阶段。① 但日本古代仍是双系制社会,直到8世纪末之后的“氏姓集团”才是“父系继嗣集团”。②

古朝鲜的高丽统治集团对唐律的吸收借鉴是经过精挑细选的,婚姻制度是唐朝和高丽朝相差最远的部分之一。高丽吸收唐律的婚姻制度较少,对关涉婚姻关系犯罪的处罚较唐律为轻。③

越南方面,由于传统的越南社会是一个“双系社会”,女性一般具有与男性同等的地位,在越南习俗中,女性在父母家庭中的权利和地位受到保障。④ 所以从《国朝刑律》中关于婚姻制度的一些设计,也可以看出当时越南社会对待女性的态度是和对待男性较为相同的。由于越南制定《国朝刑律》的时候唐朝已经覆灭,故该律是参酌唐律、大明律而制定的。

表5－4 《唐律疏议》《养老律令》《国朝刑律》《高丽律》有关婚姻的律文比较

条文	《唐律疏议》	《养老律令》	《国朝刑律》	《高丽律》
许嫁女已报婚书辄悔及更许他人	诸许嫁女,已报婚书及有私约,谓先知夫身老、幼、疾、残、养、庶之类。而辄悔者,杖六十。男家自悔者,不坐,不追聘财。虽无许婚之书,但受聘财,亦是。聘财无多少之限,酒食非。以财物为酒食者,亦同聘财。若更许他人者,杖一百;已成者,徒一年半。后娶者知情,减一等。女追归前夫,前夫不娶,还聘财,后夫婚如法	许嫁女,已受聘财,而辄悔者,笞五十[1]	诸嫁女已受聘财(谓钱、绢、金、银、猪、酒等物),而辄止者,杖八十。更嫁他人已成婚者,徒犒丁。后娶知情,以徒论。不知者,不坐。女并归前夫。前夫不咱,倍还聘财,女从后夫。即男家已聘而不娶者,杖八十,失其聘财	—
有妻更娶妻	诸有妻更娶妻者,徒一年;女家,减一等。若欺妄而娶者,徒一年半;女家不坐。各离之	凡有妻更娶者,徒一年	—	—

① 参见李卓:《中日家族制度比较研究》,人民出版社2004年版,第23页。

② 参见官文娜:《日本家族结构研究》,社会科学文献出版社2017年版,第57页。

③ 参见张春海:《唐律、高丽律比较研究:以法典及其适用为中心》,法律出版社2016年版,第119页。

④ 参见吴云霞:《文化传承的隐形力量:越南的妇女生活与女神信仰》,暨南大学出版社2012年版,第60－61页。

续表

条文	《唐律疏议》	《养老律令》	《国朝刑律》	《高丽律》
妻媵妾乱位及以婢为妻妾	诸以妻为妾,以婢为妻者,徒二年。以妾及客女为妻,以婢为妾者,徒一年半。各还正之。若婢有子及经放为良者,听为妾	—	诸以妾为妻者,以罚论。溺爱而疏放其妻者,以贬论	—
居父母夫及期亲丧而嫁娶	诸居父母及夫丧而嫁娶者,徒三年;妾减三等。各离之。知而共为婚姻者,各减五等;不知者,不坐。若居期丧而嫁娶者杖一百,卑幼减二等;妾不坐	居父母及夫丧而嫁娶者,徒二年;妾减三等,各离之	诸居父母及夫丧而嫁娶者,以徒论。知而共为婚姻者,贬三资,分异	—
父祖被囚禁而嫁娶	诸祖父母、父母被禁囚而嫁娶者:死罪,徒一年半;流罪,减一等;徒罪,杖一百。祖父母、父母命者,勿论	祖父母父母被囚禁而嫁娶者,死罪,徒一年;流罪减一等;徒罪又减一等[2]	诸祖父母、父母被禁囚而嫁娶者,并贬三资,分异。若祖父母、父母有命,止成婚礼,不得筵席。违者,贬一资	祖父母、父母被囚而嫁娶者,徒罪,杖一百;死罪,徒一年;祖父母、父母命者勿论,妾减三等
同姓为婚及外姻有服亲尊卑为婚	诸同姓为婚者,各徒二年。缌麻以上以奸论。若外姻有服属而尊卑共为婚姻,及娶同母异父姐妹,若妻前夫之女者,谓妻所生者。余条称前夫之女者,准此。亦各以奸论。 其父母之姑舅两姨姐妹及姨若堂姨,母之姑、堂姑,己之堂姨及再从姨、堂外甥女,女婿姐妹,并不得为婚姻。违者各杖一百。并离之	—	诸娶姑姨、姐妹、继女及亲戚非类者,并仿以奸论	—
尝为祖免以上亲之妻妾而嫁娶	诸尝为祖免亲之妻,而嫁娶者,各杖一百;缌麻及舅、甥妻,徒一年;小功以上,以奸论。妾,各减二等。并离之	—	诸兄弟若师死,而兄弟、弟子娶其妻者,并以流论。女,减一等,各分异	—
夫丧服除非父祖而强嫁	诸夫丧服除而欲守志,非女之祖父母、父母而强嫁之者,徒一年;期亲嫁者,减二等。各离之。女追归前家,娶者不坐	—	诸夫丧服除而欲守志,非女之祖父母、父母,而强嫁之者,贬三资,分异。女归前家,娶者,不坐	—

续表

条文	《唐律疏议》	《养老律令》	《国朝刑律》	《高丽律》
娶逃亡妇女为妻妾	诸娶逃亡女为妻妾,知情者与同罪,至死者减一等。离之。即无夫,会恩免死者,不离	娶逃亡妇女为妻妾,知情者与同罪	—	—
监临官娶所监临女为妾及枉法娶人妻妾	诸监临之官,娶所监临女为妾者,杖一百;若为亲属娶者,亦如之。其在官非监临者,减一等。女家不坐。 即枉法娶人妻妾及女者,以奸论加二等;为亲属娶者,亦同。行求者,各减二等。各离之	监临之官,娶所监临女为妻者,杖八十[3]	诸外任官司娶部内妇女者,杖七十,贬三资,罢职	—
和娶人妻妾及自嫁妻妾	诸和娶人妻及嫁之者,各徒二年;妾,减二等。各离之。即夫自嫁者,亦同。仍两离之	私娶人妻及嫁之者,徒一年半;妾减一等,各离之。即夫自嫁者亦同,仍两离之	—	—
犯义绝不离及妻妾擅去并改嫁	诸犯义绝者离之,违者,徒一年。若夫妻不相安谐而和离者,不坐。 即妻妾擅去者,徒二年;因而改嫁者,加二等	犯义绝者,离之;违者,杖一百[4]	诸妻、妾已有义绝,谓七出,而其夫隐忍不去者,以贬论,依轻重。 诸妻、妾擅去者,徒炊室婢。因而别嫁者,徒舂室婢。身及家产还夫。娶者知情,以徒论。不知,不坐	妻擅去,徒二年;改嫁,流二千里。妾擅去,徒一年半;改嫁,二年半;娶者同罪;不知有夫,不坐
与奴娶良人女为妻及妄与良人为夫妻	诸与奴娶良人女为妻者,徒一年半;女家,减一等。离之。其奴自娶者,亦如之。主知情者,杖一百;因而上籍为婢者,流三千里。 即妄以奴婢为良人,而与良人为夫妻者,徒二年。奴婢自妄者,亦同。各还正之	—	—	奴娶良女,主知情,杖一百,女家徒一年;奴自娶,一年半;诈称良人,二年
(唐)杂户官户与良人为婚及奴婢私嫁女与良人				
(唐)违律为婚恐喝娶与强娶及应为婚强娶或故违				

续表

条文	《唐律疏议》	《养老律令》	《国朝刑律》	《高丽律》
(唐)违律为婚当条称离正者会赦犹离正				
(唐)嫁娶违律父祖等为主婚				
(唐)为婚而妄冒				
(唐)居父母夫丧与人主婚或为媒				
(唐)卑幼在外自娶妻违制				
(唐)妻无七出义绝及有三不去而出之				
(越南)结婚不具聘礼				
(越南)女嫁未成婚而男女婴恶疾及犯刑:诸女嫁未成婚,而男婴恶疾及犯刑、破荡家产者,听告官司还其聘财。若女婴恶疾、犯刑者,不追。违者,杖八十				
(越南)夫疏妻而失其妻:诸夫疏妻,五月不亲往来者,听告所在官司及社官为准,失其妻。有子息者,听一年。公差远行,不用此律。若已放妻,而再捕后娶者,以贬论				
(越南)(仿大明律)官掾娶倡优为妻妾:诸官、掾娶倡优妇女为妻、妾者,杖七十、贬三资。官员子孙娶者,杖六十,各分异				

[1]参见杨鸿烈:《中国法律在东亚诸国之影响》,商务印书馆 2017 年版,第 274 页。
[2]参见杨鸿烈:《中国法律在东亚诸国之影响》,商务印书馆 2017 年版,第 275 页。
[3]参见杨鸿烈:《中国法律在东亚诸国之影响》,商务印书馆 2017 年版,第 274 页。
[4]参见杨鸿烈:《中国法律在东亚诸国之影响》,商务印书馆 2017 年版,第 275 页。

(一)周边国家对唐婚姻制度之因袭

从表 5 -4 可以看出,古代日本和越南的婚姻制度在很大程度上是模仿唐律而成,越南还有借鉴大明律的部分。高丽律由于复原条文不多,关于婚姻制度的仅有 3 条,不能将古代朝鲜的婚姻制度一览无遗,但是从复原的条文可以看出,其也是模仿唐律的成果。

就因袭部分来看,日本和越南都将接受聘财作为婚姻成立之标志。在唐律中,已报婚书、已有私约、已受聘财都具有相同的法律效果,即标志婚姻之成立,婚姻当事人双方即受婚姻关系之约束。日本和越南也采取相同的确认婚姻关系成立的标准,但没有规定已报婚书或有私约的情况。越南《历朝宪章类志》卷三十八《勘讼事例》之律《婚娶讼例》还记载道:“一、凡婚娶已经问名及曾受聘礼未成婚而女家别嫁他人者,方许告。……若止有媒妁通言及受些小芙榔鸡酒等物未定嫁者，不得概以辄止发告。”①

日本继受了唐律中的一夫一妻的观念与制度，规定了有妻更娶妻的刑事责任。越南继受了唐律中的妻妾等级分明的观念，规定了妻媵妾乱位及以婢为妻妾的法律责任。

在对婚姻的限制上，日本、越南和朝鲜都规定了犯义绝不离的规定，日本和越南规定，有义绝的情形发生，必须离婚，越南还增加了丈夫不忍心离婚的法律责任。但是日本虽有“七出”的弃妻之制，可是在奈良、平安时代的日本，被赶出家门的大都是男方。可见法律条文并没有什么实际意义。在古代日本社会，男女的地位是比较平等的，婚姻自主是婚姻关系中的主流。②

日本和越南借鉴了唐律中的居父母夫及期亲丧而嫁娶、父祖被囚禁而嫁娶、监临官娶所监临女为妾及枉法娶人妻妾须负法律责任的条文，《历朝宪章类志》的《婚娶讼例》有规定云：“士庶之家如有遭丧不发衰服，婚男嫁女，苟成家室，许见知人诉告，勘官照律论行，不得推托擅许供和，以革薄俗。”

日本和朝鲜吸纳了与奴娶良人女为妻及妾与良人为夫妻的制度，日本《政事要略》引：《户婚律》“奴娶良人女”条，疏曰：“人各有偶，色类须同，良贱既殊，何宜配合？”③强调婚姻的门当户对，不同等级不婚。

最后，越南还吸收了同姓为婚及外姻有服亲尊卑为婚、尝为袒免以上亲之妻妾而嫁娶、夫丧服除非父祖而强嫁的规定；日本接受了娶逃亡妇女为妻妾、和娶人妻妾及自嫁妻妾的规定。

（二）周边国家对唐婚姻制度之革新

制度革新方面，越南和朝鲜规定了妻妾擅去的法律后果，并且增加了后娶者的责任，朝鲜还区分了妻擅去和妾擅去的不同，韩国学者辛虎雄则认为《高丽律》“妻擅去”条系截取唐律义绝离之条的一段并借鉴《宋刑统》卷十四和娶人妻门注释中的“妾（擅去）各减一等”的法意④而成。古代是等级社会，妻妾地位分别有序，故妻擅去的社会危害性当然大于妾擅去，“妾（擅去）各减一等”在当时是更加科学的立法。

越南在婚姻成立的条文中还规定了男方聘而不娶的责任。“男家已聘而不娶者，

---

① 《历朝宪章类志》卷三八《勘讼事例》之律《婚娶讼例》。［越］潘辉注：《历朝宪章类志》，藏于日本东洋文库，编号 X－2－38。

② 参见李卓：《中日家族制度比较研究》，人民出版社 2004 年版，第 26 页。

③ 杨鸿烈：《中国法律在东亚诸国之影响》，商务印书馆 2017 年版，第 275 页。

④ 参见［韩］辛虎雄：《高丽法制史研究》，第 120 页。转引自张春海：《唐律、高丽律比较研究：以法典及其适用为中心》，法律出版社 2016 年版，第 123 页。

杖八十,失其聘财”,这和完全保护男方、对女方设置诸多限制的唐律大有不同,这和越南古代是双系制社会有很大的关系。另外,越南还创设了一条夫疏妻而失其妻的制度,一般情况下,若丈夫疏远、疏离妻子,则有可能会使婚姻破裂,失去其妻子(不适用于公差远行的情况)。

越南的妻媵妾乱位及以婢为妻妾条,不仅规定了妻妾地位不能乱序,还规定了丈夫不能因沉溺于爱(与媵妾之爱)而疏远、疏放妻子,如果有这样的情况也要负法律责任。

另外,在父祖被囚禁而嫁娶的情况下,越南规定了强制离婚的法律后果;在监临官娶所监临女为妾及枉法娶人妻妾的情况下,越南规定了监临官要罢免官职的后果。

(三)周边国家对唐婚姻制度之损益

越南方面,根据本国国情,增加了一些独具特色的条文。其一,设置了没有聘礼而男女私自结婚的法律后果。结婚不具聘礼:“诸结婚姻,不具聘礼就父母家,(父母俱亡,则就宗人若乡正)以成婚而苟合者,贬一资。追谢钱,以贵贱论,还父母。(亡,则宗人若乡正)女,笞五十。”这一条是说,男女结婚,如果男方没有带聘礼到女方父母家(父母皆亡则到户主或村长家),而女方就与男方结婚并发生关系,他们的人格权就会贬一资,之后还得将聘礼钱还给女方父母,并向其道歉,女方另外还会受到笞五十的刑罚。从该条文的设置可以看出,当时安南社会对贞节观念的不重视,男女之间未成婚而发生关系是常有的事情,而这在儒家文化下是“非礼”的表现,所以需要立法加以规制。

其二,设置了悔婚的规定。女嫁未成婚而男女因恶疾及犯刑:“诸女嫁未成婚,而男婴恶疾及犯刑、破荡家产者,听告官司还其聘财。若女因恶疾、犯刑者,不追。违者,杖八十。”这一条是说,凡是女方已经答应嫁给男方了,后来发现男方有严重疾病、犯罪或毁坏家产的情况的,可以起诉退婚,将聘礼退给男方。如果发现是女方有严重疾病或犯罪,男方可以不追加聘礼。

越南、朝鲜和日本都没有接受唐律中的杂户官户与良人为婚及奴婢私嫁女与良人、违律为婚恐喝娶与强娶及应为婚强娶或故违、违律为婚当条称离正者会赦犹离正、嫁娶违律父祖等为主婚、为婚而妄冒、居父母夫丧与人主婚或为媒、卑幼在外自娶妻违制、妻无七出义绝及有三不去而出之的规定。越南没有吸收唐律中的有妻更娶妻、娶逃亡妇女为妻妾、和娶人妻妾及自嫁妻妾、与奴娶良人女为妻及妾与良人为夫妻这4项规定。

日本、高丽没有接受同姓为婚及外姻有服亲尊卑为婚、尝为祖免以上亲之妻妾而嫁娶的规定。因为在日本、高丽社会,同姓结婚是很平常的事情。高丽实行的是同姓为婚之制,兄妹为婚、近亲为婚的现象极为普遍,而这却被唐人视为“内乱”。[①] 朝鲜

---

① 参见张春海:《唐律、高丽律比较研究:以法典及其适用为中心》,法律出版社2016年版,第119页。

崔溥(1454—1504)云:“新罗之初,习俗鄙野,娶堂从之亲,恬不知耻。……高丽家法,非特堂从,虽姊妹,亦不避。……不别同姓,不分亲疏,弃礼乱正如高丽者,又何足责哉?”①李种徽(1731—1797)也说:“高丽之兴,历五王六十五年,而成宗始有制作之意,显宗继之于仪文度数之间,颇遵华制。而至于所谓礼乐之本,则盖蔑如也。如婚姻男女之际,丧葬祭祀之间,人之大伦大节所系。而同姓之婚不避,朞功三年之丧,举世不行,此与夷狄何异哉?”②

第六节 周边国家法律对中国隋唐法律设施的继受与变革

一、日本

安藤知冬氏所著《日本大典》有云:本朝官司之别曰宫、有省、有台、曰府、曰职、曰坊……大抵皆沿唐制。③ 封建初期,法院不是独立的组织,而是由一般行政官吏兼行司法权,法院有管辖一般人的普通法院和管辖官吏、僧尼的特别法院,普通法院又有中央法院与地方法院之别,法院系统的最高权力掌控者是天皇。④

日本的司法机关与唐大体相同,日本的中央司法机关为刑部省和弹正台。地方司法机关有:左京职和右京职、摄津职、太宰府、按察使府、大国。

中央审判机构由太政官组织,负责审理大国及刑部省移送的判流以上罪的案件、地方官违法的案件,判决没有疑问的最后上奏天皇裁决,有疑问的发回重审。同时其对刑部省判决有疑问的案件及关于六议的案件有决定权。对于太政官上奏的判决结果,由天皇最终批准生效。⑤ 孝德初置太政官,以皇子司之,称曰知太政官事。废帝孝谦始任以大臣,曰太政大臣。⑥ 太政官总揽全国政务,是中央政治组织的核心。“八省之政统诸太政官。太政官有三局:少纳言,左、右辨是也。”⑦其中,右辨掌管刑部。

(一)刑部省

中央设刑部省,为中央司法行政机关和审判机关,刑部省下设赃赎司正、囚狱司正和大判事,兼有唐刑部与大理寺的职能。日本在孝德朝,依仿唐制,“始设刑部省。

---

① [朝鲜]崔溥:《锦南先生集》卷二《东国通鉴论》,民族文化推进会本。

② [朝鲜]李种徽:《修山集》卷一三《高丽史志·礼志》,民族文化推进会本。

③ 参见杨鸿烈:《中国法律在东亚诸国之影响》,商务印书馆2017年版,第210页。

④ 参见何勤华等:《日本法律发达史》,上海人民出版社1999年版,第13-14页。

⑤ 赵立新:《日本法制史》,知识产权出版社2010年版,第33页。

⑥ 钟叔河、曾德明、杨云辉主编:《黄遵宪日本国志》(中),岳麓书社2016年版,第458页。

⑦ 钟叔河、曾德明、杨云辉主编:《黄遵宪日本国志》(中),岳麓书社2016年版,第457页。

省中分二司,曰赃赎司,曰囚狱司”[①]。《日本大典·刑部省》云:刑部省“置卿一人,四品,正四位下,掌鞫狱,定刑名,决疑狱。良贱名籍,囚禁负债事;其属司二,曰赃赎、四狱”。刑部省卿相当于唐刑部尚书。《令义解》云,“赃赎司正一人,正六位,掌簿敛配没、赃赎、阑遗杂物事”,略同于唐刑部比部郎中、员外郎之职。“囚狱司正一人,正六位上,掌囚禁罪人、徒役功程、配流决杖事”,略同于唐刑部都官郎中、员外郎之职。“大判事二人。正五位下,掌案覆鞫状、断定刑名、判诸争讼。中判事四人,正六位下,少判事四人,从六位下”,略同于唐大理寺之职。

(二)弹正台

弹正台是日本古代的监察机构,负责纠察官纪。《大日本史·职官志四》云:“弹正台尹一人,从四位上,掌肃清风俗、弹奏内外非违。”[②]弹正台官分四等,曰尹、弼、忠、疏。[③]

地方审判机构又分为诸国的审判机构和京师的审判机构。诸国审判机构分郡司和国司两级,一般来说,郡司负责审理本郡内发生的所有事件,但只对笞罪和决赎有处理权限,杖罪以上必须移送到国司处理。国司有权处理判杖刑和徒刑的案件,流罪以上的判决要上报中央,等候处理。[④]

国司是诸国的实际统治者。国司的长官叫守,有时亦叫总领或大宰。如果一般的国司长官叫作守的话,那么较重要的国司就叫总领或大宰。如果一般的国司只管辖一国军政,那么总领或大宰则管辖中央直辖国或数国的事务。据史料记载,起初,大宰或总领只设在筑紫、周防、吉备、伊予、坂东等国,而在其他诸国并没有设置此官的迹象。总领有时亦叫大宰,二者只是名异实同。国司的职权范围很广,它包括祠社、户口、簿账、字养百姓、劝课农桑、纠察所部、贡举、孝义、田宅、良贱、诉讼、租调、仓禀、徭役、兵士、器仗、鼓吹、邮驿、传马、烽候、城牧、过所、公私牛马、阑遗杂物等行政、军事和司法大权。国司长官之下,还有介、掾、目、史生等官,他们辅助长官具体管理该地区行政、司法、赋税和军警等项事务。[⑤]

京师审判机构又分为京职审判所和在京诸司审判所,前者可以处理辖区内判徒以下罪的案件,后者可以处理诸司官人及诸国人在诸司中判杖以下罪的案件。刑部省负责在京诸司移送的可以判徒以上的案件和卫府移送的判答以上的案件,徒以下

---

① 钟叔河、曾德明、杨云辉主编:《黄遵宪日本国志》(中),岳麓书社2016年版,第916页。

② 刘俊文、[日]池田温主编:《中日文化交流史大系[2]》(法制卷),浙江人民出版社1996年版,第28页。

③ 钟叔河、曾德明、杨云辉主编:《黄遵宪日本国志》(中),岳麓书社2016年版,第457页。

④ 参见赵立新:《日本法制史》,知识产权出版社2010年版,第32－33页。

⑤ 参见朴文一、金龟春主编:《中国古代文化对朝鲜和日本的影响》,黑龙江朝鲜民族出版社1999年版,第47页。

自己决定，流以上罪与国一样要上报中央审判机构处理，但刑部省还可以对国中的疑案作出判断。①

1. 左京职和右京职。“国都分为左右两京职置大夫一人，纠察所部田宅、良贱之诉讼。”其相当于唐京兆尹。

2. 摄津职。据有贺长雄《日本古代法释义》：“摄津即古来于辐辏之地置大夫一人，掌田宅、良贱之诉讼。”

3. 太宰府。《日本大典·太宰府》：“帅一人，从三位，唐之都督府都督也。”“大宰帅之职掌……纠察所部……田宅、良贱诉讼。……”“大判事一人，从六位下。少判事一人，正七位上。大少判事掌案覆犯状，断定刑名，判诸争讼”。这相当于唐都督府之都督。

4. 按察使府。“按察使从四位下……唐时置十道按擦使，道各一人。……养老三年始置按察使十一人。……”“按察使之职掌巡历管国，以十条访察国郡官司：……二日割断合理，狱讼无冤……又以八条举罚百姓……”。

5. 国守。《日本大典》云“国守一人，从五位上，唐之刺史也”“介一人，正六位下，唐之别驾也，掌纠察所部及田宅、良贱之诉讼。郡设司一人”，相当于唐的县令。②

二、朝鲜

古朝鲜从新罗时期就开始学习唐朝的司法机构设置，许多机构是在唐王朝的经验之基础上做出的制度设计。

（一）对唐代刑部的制度借鉴

新罗的司法机构为理方府，与唐刑部和大理寺不无关联。

唐大理寺里有一个叫评事的官职，而新罗景德王时也曾在理方府里设过评事一职，说明新罗的理方府借鉴了唐大理寺的一些模式。不过，新罗没有单独设立相当于唐刑部的机构，而把理方府分为左右两个：“新罗置左理方府，右理方府，掌律令，后改议方府。”③

这样看来，理方府的职权范围很广，也许既管理全国的审判，又负责全国的刑法和立法事务。《三国史记·新罗本纪》载：“五月，命理方府令良首等，详酌律令，修定

① 参见赵立新：《日本法制史》，知识产权出版社2010年版，第32-33页。

② 参见刘俊文、[日]池田温主编：《中日文化交流史大系[2]》（法制卷），浙江人民出版社1996年版，第29页。

③ 朝鲜《增补文献备考》卷二一八《职官考五》。转引自杨鸿烈：《中国法律在东亚诸国之影响》，商务印书馆2017年版，第38页。

理方府格六十余条。”①由此可知，理方府还有权制定令和格等法律，它的职权范围的确很广。② 除此之外，朝鲜《增补文献备考》载：“新罗置司正府，又置内司正典，掌纠百僚。”③

（二）对唐代司法官制的全面借鉴

但是，系统地学习唐代的官制是在高丽一统朝鲜半岛之后才完成的，而后延续于朝鲜王朝。据《高丽史》礼志、百官志、刑法志等记载，高丽前期法制上的最高官职是太师、太傅、太保这三师和太尉、司徒、司空这三公。国家任命三师和三公各1人，授正一品官职。④ 而后出现了典狱署、司宪府、刑曹和都官这4个中央司法机构，其中，典狱署为仿照唐代的大理寺而设，司宪府为仿照唐代的御史台而设，刑曹为仿照唐代的刑部而设，都官与刑曹职能相近，是为了分担刑部审案压力而设。（见表5－5）

表5－5　高丽中央司法机构名称流变情况

年份/名称	典狱署	司宪府	刑曹	都官
国初	典狱署	司宪台	义刑台、刑官	
成宗十四年(995年)	大理寺	御史台	尚书刑部	
显宗五年(1014年)		金吾台		
显宗六年(1015年)		司宪台		
显宗十四年(1023年)		御史台		
文宗(1046—1083)	典狱署			尚书都官
忠烈王元年(1275年)		监察司	典法司	
忠烈王二十四年(1298年)		司宪府	刑曹	
忠烈王三十四年(1308年)			谳部	与谳部合并
忠宣王二年(1310年)	罢典狱署			都官
忠宣王三年(1311年)		监察司		
恭愍王五年(1356年)		御史台	刑部	

① 《三国史记》卷五《新罗本纪第五》。[朝鲜]金富轼：《三国史记》，吉林大学出版社2015年版，第68页。

② 参见朴文一、金龟春主编：《中国古代文化对朝鲜和日本的影响》，黑龙江朝鲜民族出版社1999年版，第18页。

③ 朝鲜《增补文献备考》《职官考六》。转引自杨昭全：《中国——朝鲜·韩国文化交流史》（第1册），昆仑出版社2004年版，第61页。

④ 参见李宝奇：《韩国修宪历史及其政治制度变迁研究》，中国政法大学出版社2013年版，第6－7页。

续表

年份/名称	典狱署	司宪府	刑曹	都官
恭愍王十一年(1362 年)	典狱署	监察司	典法司	
恭愍王十八年(1369 年)		司宪府	理部	
恭愍王二十一年(1372 年)			典法司	
恭让王元年(1389 年)			刑曹	

注:本表根据《高丽史》编制。

高丽的监狱管理机关是典狱署(见表 5－6)。“典狱署掌狱囚,国初始置‘典狱置’,成宗十四年(宋太宗淳化五年,994 年)改为‘大理寺’,有评事。文宗复改为‘典狱署’,置令一人,秩正八品;丞二人,正九品。忠宣王罢,恭愍王十一年元顺帝至正二十二年,1362 年复置令从八品、从九品。吏属文宗置史二人,记官三人。”①

表 5－6 典狱署名称及官阶流变情况

年份	名称	官名及位阶	
国初	典狱署		
成宗十四年(995 年)	大理寺	评事	
文宗(1046—1083)	典狱署	令 1 人	丞 2 人
		秩正八品	正九品
恭愍王十一年(1362 年)	典狱署	令 1 人	丞 2 人
		正八品	正九品

注:本表根据《高丽史》编制。

高丽的最高监察机关为司宪府。“司宪府掌论执时政,矫正风俗,纠察弹劾之任,国初称司宪台,成宗十四年改御史台。有大夫、中丞、侍御史、殿中侍御史、监察御史。显宗五年,武臣金训等请罢御史台,置金吾台使、副使、录事,并无常员。六年罢金吾台使,复以御史台为司宪台,置大夫、中丞、杂端、侍御、司宪、监察司宪。十四年复改御史台。靖宗十一年升权知监察御史班在阁门祗候上。文宗定判事一人、大夫一人,秩正三品;知事一人、中丞一人,从四品;杂端一人、侍御史二人,并从五品;殿中侍御史二人,正六品;监察侍御史十人,从六品(文吏各五人)。睿宗十一年诏知事、杂端立本品行头。神宗五年御史二人升为参秩。忠烈王元年改监察司,仍改大夫为提宪,中

① 《高丽史七十七·志》卷三一《百官二》,载孙晓主编:《高丽史》(六),西南师范大学出版社、人民出版社 2013 年版,第 2442 页。

丞为侍丞，侍丞侍御史为侍史，监察御史为监察史。”①（见表5－7）

表5－7 司宪府名称及官阶流变情况

年份	名称	官名及阶位							
国初	司宪台								
成宗十四年（995年）	御史台	大夫	中丞	侍御史	殿中侍御史	监察御史			
显宗五年（1014年）	金吾台								金吾台使、副使
显宗六年（1015年）	司宪台	大夫	中丞	杂端	侍御司宪	殿中侍御司宪			
显宗十四年（1023年）	御史台								
文宗（1046—1083年）	御史台	判事1人	大夫1人	知事1人	中丞1人	杂端1人	侍御史2人	殿中侍御史2人	监察侍御史10人
		秩正三品	秩正三品	从四品	从四品	从五品	从五品	正六品	从六品
忠烈王元年（1275年）	监察司	提宪	侍丞	侍史	监察史				
忠烈王二十四年（1298年）	监察司	大夫	中丞	侍御史	殿中侍御史	监察侍御司6人	注簿		
		从二品	从三品				正七品		
忠烈王三十四年（1308年）	司宪府	大司宪	执义	掌令	持平	纠正			
		正二品	正三品	从四品	正五品				

① 《高丽史七十六·志》卷三〇《百官一》，载孙晓主编：《高丽史》（六），西南师范大学出版社、人民出版社2013年版，第2416－2418页。

续表

年份	名称	官名及阶位							
忠宣王三年(1310年)	监察司	大夫	执义						
		正三品	从三品						
恭愍王五年(1356年)	御史台	大夫	中丞	侍御史	殿中侍御史	监察侍御司			
					从五品				
恭愍王十一年(1362年)	监察司		执义	掌令	持平	纠正			
					正五品				
恭愍王十八年(1369年)	司宪府	大司宪	知事、兼知事	侍史	杂端	兼纠正			
			从三品		从五品				
恭愍王二十一年(1372年)	司宪府		执义	掌令	持平				

注：本表根据《高丽史》编制。

高丽的专门司法机关为刑曹。“刑曹掌法律词讼详谳之政，太祖仍泰封之制，置义刑台，后改刑官，有御事、侍郎、郎中、员外郎。成宗十四年，改尚书刑部。文宗定判事一人，宰臣兼之，尚书一人，秩正三品；知部事一人，他官兼之。侍郎二人，正四品；郎中二人，正五品；员外郎二人，正六品。又别置律学博士一人，从八品；助教二人，从九品。忠烈王元年改为典法司，仍改尚书为判书，侍郎为总郎，郎中为正郎，员外郎为佐郎。”①(见表5－8)

表5－8　刑曹名称及官阶流变情况

年份	名称	官名及阶位							
国初	义刑台、刑官	御事	侍郎	郎中	员外郎				
成宗十四年(995年)	尚书刑部								

① 《高丽史七十六·志》卷三〇《百官一》，载孙晓主编：《高丽史》(六)，西南师范大学出版社、人民出版社2013年版，第2414页。

续表

年份	名称	官名及阶位							
文宗（1046—1083年）	尚书刑部	判事1人，宰相兼任	尚书1人	知部事1人，他官兼任	侍郎2人	郎中2人	员外郎2人	律学博士1人	律学助教2人
			秩正三品		正四品	正五品	正六品	从八品	从九品
忠烈王元年（1275年）	典法司	判书	总郎	正郎	佐郎				
忠烈王二十四年（1298年）	刑曹	尚书	侍郎	郎中	员外郎				
忠烈王三十四年（1308年）	谳部、典法司	典书	议郎	直郎	散郎				
恭愍王五年（1356年）	刑部	尚书	侍郎	郎中	员外郎				
恭愍王十一年（1362年）	典法司	判书	总郎	正郎	佐郎				
恭愍王十八年（1369年）	理部	尚书	议郎	直郎	散郎				
恭愍王二十一年（1372年）	典法司	判书	总郎	正郎	佐郎				
恭让王元年（1389年）	刑曹	判书	总郎	正郎	佐郎				

注：本表根据《高丽史》编制。

都官，掌奴婢簿籍决讼。“文宗定尚书都官郎中二人，正五品；员外郎二人，正六品。忠烈王元年，改郎中为正郎，员外郎为佐郎。二十四年，忠宣复改郎中、员外郎。三十四年，忠宣并于谳部。忠宣王二年，以诉良者多而谳部不能辨，复设都官，置正郎、佐郎。恭愍王五年，改郎中、员外郎。九年，加员外郎二人。十一年，加置总郎，正四品；改郎中为正郎，员外郎为佐郎。十八年，革总郎，改正郎为直郎，佐郎为散郎。

二十一年，复称正郎、佐郎。"[①]（见表5－9）

表5－9 都官名称及官阶流变情况

年份	名称	官名及位阶		
文宗（1046—1083年）	尚书都官	郎中2人	员外郎2人	
		正五品	正六品	
忠烈王元年（1275年）	尚书都官	正郎	佐郎	
忠烈王二十四年（1298年）	尚书都官	郎中	员外郎	
忠烈王三十四年（1308年）	与谳部合并			
忠宣王二年（1310年）	都官	正郎	佐郎	
恭愍王五年（1356年）	都官	郎中	员外郎	
恭愍王十一年（1362年）	都官	正郎	佐郎	总郎
		正五品	正六品	正四品
恭愍王十八年（1369年）	都官	直郎	散郎	
恭愍王二十一年（1372年）	都官	正郎	佐郎	

（三）古代朝鲜律家群体

与中华法系的成员国日本一样，古代朝鲜也形成了一个以刑部官员为主体的庞大的律家群体。

经过对《高丽史》的检索与统计，其中记载担任过刑部官员的共有238人次，职务名称分别有：典法判事、典法判书、典法正郎、典法总郎、都官郎中、都官侍郎、都官员外郎、都官正郎、都官佐郎、理部尚书、律学博士、律学助教、刑部郎中、刑部尚书、刑部侍郎、刑部员外郎、刑曹判书、刑曹侍郎、刑曹正郎、刑曹佐郎、刑官御事、义刑台令。这些名称差异的原因在于不同时期的王对其进行修改，义刑台是最早的名称，之后"刑部"这个机构的名称变化无外乎就是在刑部、典法司、刑曹、谳部、理部里面循环。

担任过典法判书的人有：安得禧、安辅、安轴、白汉龙、崔文度、崔云海、崔准、郭汝弼、洪仲元、金安利、金先致、金延寿、金乙鼎、金頲、金慆、孔愉、李济、李献、李瑱、李子松、李㦤、柳蕃、柳继祖、柳曼殊、柳桷、朴晖、朴元桂、权和、权季容、许佺、元贞、赵浚、赵仁沃、朱悦和闵宗儒。

担任过典法总郎的人有：安宗源、崔有渰、郭预、李仁任、柳冲、朴仁澍、权铸、严守

---

① 《高丽史七十六·志》卷三○《百官一》，载孙晓主编：《高丽史》（六），西南师范大学出版社、人民出版社2013年版，第2415页。

安、杨允发、郑云敬、赵云仡和李攸绩。曹淑卿、金南贵和李贵担任过典法判事；崔宰和安宗源担任过典法正郎；沈愉担任过典法佐郎。

闵玹担任过都官侍郎；金崇义、李国瓊、玄德秀和尹宗元担任过都官郎中；陈淑、卢戬、卢元崇、鲁璋、谢横宣和赵惟阜担任过都官员外郎；安光载、李君侅、李岩、李养中和金希祖担任过都官正郎；金希祖、坚思济、李舜臣和郑世忠担任过都官佐郎；韩修担任过理部尚书；韩忠愈担任过律学博士，全子公担任过律学助教。

担任过刑部尚书的人有：安保、陈頔、仇胜、崔甫延、崔弘宰、崔仁、崔堧、崔士威、崔惟善、崔贽、崔翥、高义和、郭尚、韩安仁、韩莹、洪宝、金方庆、金富仪、金缙、金琟、金连、金良镜、金良秀、金仁镜、金商祐、金先锡、金玄涉、金缘、金至和、康拯、李公升、李龚、李峤、李挺、李纬、李羲汶、李颜、李英搢、李预、李载、李之蕆、李仲敏、李周佐、李资谦、林概、林景清、柳彦琛、柳渊、柳子维、罗俊、罗裕、闵昌寿、闵可举、闵湜、朴景仁、朴暄、朴扬旦、权正钧、任景肃、任申幸、邵台辅、宋有仁、文公裕、文正、吴寿增、吴延龙、许庆、异惟忠、尹倩、尹惟志、于邦宰、庾方、郑旌淑、郑世裕、郑惟产、郑文、崔迪、金悌、崔冲、白任至和郭元。安正修和金泽担任过刑部尚书。

担任过刑部侍郎的人有：蔡硕、崔奭、崔纬、高令臣、郭忠秀、韩去华、洪德威、黄周亮、金义元、金殷傅、李宝椿、李昉、李继庸、李俊昌、李凝、李资德、李资谅、李子威、闵令谟、朴晋材、权迪、任懿、田拱之、田元均、徐讷、许纯、许之奇、尹瓘、尹宗諹、于述儒、李文中、李周衍、白任至、郭元和李仁靖。

担任过刑部郎中的人有：崔禄与、崔坪、崔资庆、韩柱、金丁梦、金畯、金周鼎、李公老、柳德文、朴仁泽、王胡刘、杨规。

担任过刑部员外郎的人有：陈瓘、韩皦如、黄周瞻、金臣琏、金敦中、金禄延、金温中、井润民、李日肃、李韶永、朴纯冲、朴仁硕、朴育、朴正明、谢横赐、赵闻识、赵云仡和李攸绩。

担任过刑曹判书的人有：安瑗、韩尚质、金希善、金子粹、李稷、李士颢、柳亮、全五伦、赵勉、具成祐和闵宗儒。崔昆担任过刑曹尚书；赵简担任过刑曹侍郎；李蟠担任过刑曹正郎；申孝昌和田时担任过刑曹佐郎；薛神祐和李谦宜担任过刑官御事；斡槊和阎苌担任过义刑台令。

(四)古代朝鲜律家群体之代表人物评述

高丽史中记载有一些官员的法律事迹，兹列举如下。

1. 安宗源

宗源，字嗣清，典法判书安轴之子，福州兴宁县人。年十七登第，忠穆时，选补史翰。秩满當迁，同僚沈东老年高位下，宗源让之，轴闻而喜曰：“让，德之先也。我让于人，人谁舍我？我家有人，殆益昌乎？”后一年，始调三司都事。恭愍初，授典法正郎。

时田民刑讼皆聚典法,裁决平允,人称其明。累迁侍御史,出按杨广道。王避红贼南幸,宗源来谒于道,先往忠州备供御,左右谮曰:“按廉到忠州,已逾岭而遁矣。”王信之,遣中使执以来。使者至忠州,见宗源在馆辦供顿,执与俱来,王知其诬,释不问。王次阴竹,吏民皆逃匿,以宗源不能供张,下巡军,贬知清风郡事,后为典法总郎。①

2. 白任至

白任至,蓝浦县人。业农,初以骁勇被选至京,赁屋居,卖薪自给。毅宗选充内巡检军,扈驾出入,不离仗侧,以劳补队正。郑仲夫之乱,武人得志,遂贵显。明宗朝,累迁刑部侍郎。妻具酒馔,盛驺从,访旧赁家妪,媪惊叹曰:“汝之福也。”转大将军、兵马副使。

有养贤库记官尝借库银器数事,寄郎将李允平家。过数日,记官取器不返,其妻候之,闻有笼尸在路旁,往视之,即其夫也。妻意必为允平所杀,诉有司治之,允平不服,久系狱,以赂免榜掠。允平家人及记官亲友被讯死者数人,国人皆曰:“允平实杀记官,法官故缓之。”允平闻而告曰:“予实无罪,国人皆指予为言,势不可逭,清纳家赎之。”公议久未决。

时中军阅战马,有注簿同正赵英仁者,鞍马服饰极鲜华,求籍神骑班,任至曰:“英仁家素贫,今暴富有由。”执送法司,英仁恃其无显迹,略无惧色。俄有一僮来告曰:“我英仁家僮也。主与记官素亲,一日,记官赍银器到家,主贪其物,毒杀之。吾母适在前,主恐事泄,并杀瘗后园,以减口。银器亦埋某地。我欲告法司复雠,恐见害,未敢耳。”有司往掘之,皆得。任至后拜刑部尚书,迁知枢密院事。尝以私事谒王,引入内殿,优礼以遣。旧制:大臣非国家大事不诣君门,台谏不劾任至。时议讥之。二十一年,以知门下省事卒。②

3. 赵闻识

赵闻识任刑部员外郎时,曾遇过一案件。时人郑国俭,为明宗时属内侍,为太府少卿。国俭家在水精峰下,峰路幽僻高险,恶少五六人常聚其峰,见妇人有姿色者,必劫乱之,至夺其衣物。一日,国俭见一妇人盛饰著袈裟,由峰路下。袈裟、妇人盛饰以缁帛为之,所以蒙头掩面者。贼邀而劫执,从婢皆散。国俭不能忍视,遣女婿内侍李维城、令同正崔谦率家僮捕之,获3人,囚大理,乃大将军李富甥侄及权势武官子侄也。请谒交午,法官欲不治,刑部员外郎赵闻识独抗议,讯鞫杖杀,时议快之。③

---

① 《高丽史一百九 · 列传》卷二二,载孙晓主编:《高丽史》(八),西南师范大学出版社、人民出版社2013年版,第3337页。

② 参见《高丽史一百 · 列传》卷一三,载孙晓主编:《高丽史》(八),西南师范大学出版社、人民出版社2013年版,第3098页。

③ 参见《高丽史一百 · 列传》卷一三,载孙晓主编:《高丽史》(八),西南师范大学出版社、人民出版社2013年版,第3102页。

三、越南

后黎朝初期的中央司法机构为五刑院，即审刑、左刑、右刑、祥刑、司刑。[①] 五刑院的成立是为了审理朝中的刑事案件。黎圣宗改制后，辅助皇帝掌管司法权力的机构主要是刑部和大理寺。光顺六年(1465 年)冬十月，黎圣宗改制，《大越史记全书》记载道“改左刑为清刑司郎中大夫，右刑为慎刑司郎中大夫，司刑为明祥刑，停审刑官，并置郎中”[②]。《钦定越史通鉴纲目》记载道“改置刑部司属，旧制左刑右刑审刑祥刑司刑五刑院各置大夫，至是分设刑部，改左刑院为清刑司，右刑院为慎刑司，审刑祥刑司刑三院分为明刑、祥刑二司，各置郎中，五刑院大夫立罢”[③]。

(一)审刑院

审刑院，是后黎朝初期中央司法机构之五刑院中的一院。根据《大越史记全书》的记载，太祖高皇帝时期，黎景光担任审刑院使，黎德辉、邓孝禄、阮文绚担任审刑院副使；太宗文皇帝时期，陶孟珙、阮宗仁、杜时晔担任佥知审刑院事，陶公僎担任审刑院使，阮廷历、程子昱担任审刑院副使，何甫、裴汝领、范时中、陶公僎担任同知审刑院事；仁宗宣皇帝时期，程旻、陶孟珙、杜时晔担任审刑院副使，黎少颖担任审刑院佥知，冯文达、丁蘭、冯文达、潘仁、程真担任同知审刑院事，范瑜、阮文杰、黎伯远也是审刑院的官员。黎圣宗改革后，取消了审刑院。

(二)左刑院、右刑院、祥刑院、司刑院、五道官

与审刑院一起，古时越南的司法机构，还有四个刑院，五个道官。

1. 左刑院，后黎朝初期中央司法机构之五刑院中的一院。根据《大越史记全书》的记载，担任过左刑院大夫一职的人有太宗文皇帝时期的陶孟珙、朱三省、阮文典、丁蘭。黎圣宗改革后，左刑院更名为清刑司。

2. 右刑院，后黎朝初期中央司法机构之五刑院中的一院。根据《大越史记全书》的记载，担任过右刑院大夫一职的人有太宗文皇帝时期的阮长、陈封、何栗、阮日昇，仁宗宣皇帝时期的武期；担任过右刑院郎中一职的人有太宗文皇帝时期的阮允恭、范时中、潘公益，以及仁宗宣皇帝时期的阮子宴。黎圣宗改革后，右刑院更名为慎刑司。

3. 祥刑院，后黎朝初期中央司法机构之五刑院中的一院。根据《大越史记全书》的记载，担任过祥刑院大夫一职的人有太宗文皇帝时期的阮长、阮日新，仁宗宣皇帝

---

① [越]潘辉注:《历朝宪章类志·官职志》卷十三，藏于日本东洋文库，编号 X－2－38。

② 《大越史记·本纪实录》卷一二《黎皇朝纪》，载孙晓主编:《大越史记全书》(第 3 册)，西南师范大学出版社、人民出版社 2015 年版，第 614 页。

③ 《钦定越史通鉴纲目》(正编·卷一九)，藏于越南国家图书馆，编号 R.1176。

时期的黎伯远、程璟和阮贤。

4. 司刑院，后黎朝初期中央司法机构之五刑院中的一院。根据《大越史记全书》的记载，担任过司刑院大夫一职的人有太宗文皇帝时期的武廷彦以及仁宗宣皇帝时期的符世豪。

5. 五道官，“分国中为五道。道置卫军，卫置总管，大小相维，上下相系。又置各道行遣，分掌军民簿籍。”①“五道行遣等官，则建明便害，甄别善恶，民命政事，簿书狱讼，要处置得宜，不得徇私灭公，以伤治体。”②

（三）刑部

圣宗即位之后，完善刑部职责，并学习中国的模式，始设尚书。因此，刑部与刑部尚书成为古代越南的重要司法机构。刑部是“覆视之官”，其职责为“如见重囚，付下覆议，合公同审谳，务以得情为本，不得稽滞逾期”③。

圣宗淳皇帝（1460—1497）时期，黎伯筹、陈封、郭廷宝、黎能让担任过刑部尚书，阮茂担任过刑部左侍郎，杜宗南也在刑部任职；宪宗睿皇帝（1498—1504）时期，丁逋刚担任过刑部尚书，裴原道、杨直源、阮观贤担任过刑部右侍郎，阮克恭、阮维贞、阮观贤担任过刑部左侍郎；襄翼帝（1510—1516）时期谭慎徽担任过刑部尚书；庄宗（1533—1548）时期岳缙担任过刑部尚书；敬宗惠皇帝（1599—1619）时期，阮礼担任过刑部尚书，阮克宽担任过刑部左侍郎；玄宗穆皇帝（1662—1671）时期，文允绩、潘兼全、郑时济、黎敩担任过刑部尚书，阮国櫾、阮公璧担任过刑部右侍郎，阮润、黎仕澈担任过刑部左侍郎；嘉宗美皇帝（1671—1675）时期，阮茂才担任过刑部尚书，武良、陶公正、裴廷员担任过刑部右侍郎，潘兼全、范质担任过刑部左侍郎；熙宗章皇帝（1675—1705）时期，邓公瓒、黎僖、胡士扬、阮曰庶担任过刑部尚书，武公道、阮名儒担任过刑部右侍郎，陶公正担任过刑部左侍郎；裕宗和皇帝（1705—1729）时期，张公僧、汝廷贤、阮世播担任过刑部尚书，陈廷谏、阮当褒、阮传担任过刑部右侍郎，黄公置、阮辉润担任过刑部左侍郎；昏德公（1729—1732）时期，阮贵恩担任过刑部右侍郎；纯宗简皇帝（1732—1735）时期，阮担任过刑部尚书，阮公案担任过刑部右侍郎；懿宗徽皇帝（1735—1740）时期，段伯容、郑穗担任过刑部尚书，阮口 和阮照担任过刑部右侍郎，阮明坚润担任过刑部左侍郎；显宗永皇帝（1740—1786）时期，黎仲庶、陈辉泌、阮当湖

---

① 《大越史记·本纪全书》卷一〇《黎皇朝纪》，载孙晓主编：《大越史记全书》（第2册），西南师范大学出版社、人民出版社2015年版，第500页。

② 《大越史记·本纪实录》卷一一《黎皇朝纪》，载孙晓主编：《大越史记全书》（第2册），西南师范大学出版社、人民出版社2015年版，第586页。

③ 《大越史记·本纪续编》卷一九《黎皇朝纪》，载孙晓主编：《大越史记全书》（第4册），西南师范大学出版社、人民出版社2015年版，第981页。

担任过刑部尚书。

刑部的任务和权限为:就过重或过轻或者不合理的律法上奏皇帝进行修改;审判重要刑事案件或再次审理地方衙门已经审理过的严重案件时,审理完须向皇帝上奏等待诏旨;与御史台共同检查地方衙门审理的案件;管理和检查牢狱;追捕逃犯,对于在逃嫌犯,审判此案的各地衙门须作详细文件呈交刑部。[①]

(四)刑科

为了制约刑部的违法乱纪,古代越南设置了刑科。“刑科亦缴驳之任,如见刑部审谳不公,亦论驳封还。”[②]圣宗淳皇帝时期,陈棨担任刑科给事中;宪宗睿皇帝时期,阮宝珪担任刑科给事中;敬宗惠皇帝时期,阮有作担任刑科都给事中;神宗渊皇帝时期,梁谊担任刑科给事中;玄穆宗皇帝时期,阮名实、范质、同存泽、黎仁杰、陈春榜担任刑科给事中。刑科可参与到刑部审判的案件,起到监察和检查的作用。[③]

(五)提刑监察御史和御史台

1. 提刑监察御史。黎圣宗淳皇帝八月,定提刑职掌。提刑御史朝参立班,必如该道御史。若提察刑部大理寺检诸五刑狱,如顺天大宝事例,非是新设。刑部尚书以下及大理寺并狱官不法,出入人罪,量宜纠劾。罪人冤枉,亦宜伸雪。[④]“提刑监察御史职专诤论审谳、案问纠劾、察録照刷等事。监察御史弹劾之责,如见时政有阙,百官有过,当陈言纠劾。”[⑤]

圣宗淳皇帝时期,褚豊、阮资辅担任提刑监察御史;威穆帝时期,阮贵雅、阮仲达担任提刑监察御史;襄翼帝时期,阮允文、阮德光、阮贵雅担任提刑监察御史;真宗顺皇帝时期张论道担任提刑监察御史;玄穆宗皇帝时期,阮荣盛武弼担任提刑监察御史;裕宗和皇帝时期,阮公沆担任提刑。

2. 御史台。御史台的职责是检查、监督全国刑事案件的审理工作,得到皇帝的准

---

① [越]Trường Đại học Luát Hà Nội, *Giáo trình Lịch sử Nhà nước và Pháp luật Việt Nam*, NXB Công an Nhân dân, năm 2009, Tr 144 – 155.

② 《大越史记·本纪续编》卷一九《黎皇朝纪》,载孙晓主编:《大越史记全书》(第4册),西南师范大学出版社、人民出版社2015年版,第981页。

③ [越]Trường Đại học Luát Hà Nội, *Giáo trình Lịch sử Nhà nước và Pháp luật Việt Nam*, NXB Công an Nhân dân, năm 2009, Tr 144 – 155.

④ 参见《大越史记·本纪实录》卷一二《黎皇朝纪》,载孙晓主编:《大越史记全书》(第3册),西南师范大学出版社、人民出版社2015年版,第647页。

⑤ 《大越史记·本纪续编》卷一九《黎皇朝纪》,载孙晓主编:《大越史记全书》(第4册),西南师范大学出版社、人民出版社2015年版,第981页。

奏时可以直接处理一些重大刑事案件。① 根据《历朝宪章类志》记载，御史台在圣宗改制之前称台官，圣宗定官之后才称御史台。“黎初太祖开国，因陈旧制，仍置台职，有侍御史、中丞、副中丞、监察御史、主簿等职官，复始置都御史、副都使、御金都御史与御史大夫为台官，凡宪一司，职名颇重。圣宗定官，唯置都御史副都御史、金都御史、监察御史、十三道监察御史，余皆革罢，中兴以后，遵依而不改云。”②

圣宗淳皇帝时期，阮居道、阮茂担任过御史台都御史，陈鷟、陶雋、郭廷宝、郭有严、覃文礼担任过御史台副都御史，阮德輶、杨宗海担任过御史台佥都督御史，黎仕澈在玄穆宗皇帝时期担任御史台都御史，杨浩在嘉宗美皇帝时期担任御史台都御史。

（六）大理寺

与中国的情况相似，大理寺也是古代越南重要的司法审判机关。

大理寺的主要职责是重审严重刑事案件如判死罪案件或流放罪案件，然后把调查结果呈交给刑部以上奏皇帝做决定。③ 圣宗之后，始见大理寺之设置。圣宗淳皇帝时期，杨执中、阮宁、黎伯远担任大理寺卿；世宗毅皇帝时期，陈福祐担任大理寺卿；玄穆宗皇帝时期，黄荣担任大理寺卿；熙宗章皇帝时期，陈世荣担任大理寺卿；嘉宗美皇帝时期，范质担任大理寺卿。

（七）古代越南的代表性司法官员

《大越史记全书》中记载有一些司法官员的法律事迹，兹列举如下。

1.程惟一辨滞讼。台官何栗、同亨发等劾奏：“讼多沉滞，事在有司，非臣等所知。”审刑郎中大夫程旻、阮文杰、黎伯远等皆叩头谢罪，独监察五刑程惟一释词强解不已。上不报，即命何栗等就五刑院，检得壬子至丁卯共125案。诸大臣议，分滞讼与五道官、台官、五刑作急对理，勿致久滞害民。且狱狱繁多，刑官用力不敷，论减其罪。贬郎中阮文杰、大夫黎伯远、阮允忠各一资，笞各五十。郎中程公德、大夫范福，滞讼不甚多，笞各五十。

何栗等劾监察五刑程惟一，不检察狱讼，多致沉滞。惟一虽谢罪，心不服。乃奏曰：“臣若任以纠劾之司，必能振肃朝纲，而激濁扬清也。臣等待罪法官，恐狱案速易，或致冤滥。故每迟回，详审熟虑，非敢故淹滞也。”因历数台官过失，谓彼徒能擿人之

---

① ［越］Trường Đại học Luật Hà Nội, *Giáo trình Lịch sử Nhà nước và Pháp luật Việt Nam*, NXB Công an Nhân dân, năm 2009, Tr 144 - 155.

② ［越］潘辉注：《历朝宪章类志》卷一三《官职志》，藏于日本东洋文库，编号 X - 2 - 38。

③ ［越］Trường Đại học Luật Hà Nội, *Giáo trình Lịch sử Nhà nước và Pháp luật Việt Nam*, NXB Công an Nhân dân, năm 2009, Tr 144 - 155.

疵,而不能正己之非。抗言七辨,久之,帝以惟一廷斥言官,令杖八十,贬二资。①

2. 何栗弹劾刑官。罢祥刑司二院大夫黎伯远、范福等。初伯远鞫讼,常讯及御史中丞何栗。伯远累诘之,由是栗含怒。至是,栗掇拾诸讼家浮言,上章劾伯远、范福、阮允中等鞫讼狱,屡入人罪,过于惨刻,请汰外任,勾置法司。命五道官鞫问其事,伯远、福等心不能平,上章具栗罪过,论栗已经罪犯,玷居风宪,不惬众心,乞与栗对理。上留内不下。栗等闻之大怒,奏曰:"臣闻自三代以来,未有被言官弹劾而反讼言官也。今伯远等与臣争讼,是蔑视陛下之耳目。臣等因之罢免,固不足惜。但恐后之任是职者,将缄默不敢言耳。"太尉可、司寇克复等因奏伯远敢与台官争讼,宜罢,从之。②

第七节 隋唐法律教育与律学研究对周边国家法律的影响

近些年,中国学者在中华法系成员国的法律教育与律学研究上,产出成果还不多,兹列举如下。

《越南科举制度研究》为暨南大学的陈文所著,2015 年由商务印书馆出版。该书以中越关系史和中越文化交流为背景,以丰富的中国文献和鲜为国内学界所知的越南汉喃文献为基础,以越南的历史朝代为脉络,从缘起、发展和本土化等角度对越南科举制度进行了深入解读。可惜的是,该书论及的科举制度甚少提及关于法律科目的情况。

在论文方面有华东政法大学的何勤华、袁也发表的《中华法系之法律教育考——以古代中国的律学教育与日本的明法科为中心》,该文于 2018 年发表在《法律科学(西北政法大学学报)》上,探讨了中华法系法律教育的形成与发展、中华法系法律教育的内容与特点以及法律教育与中华法系之兴衰、传承,展现了中日古代法律教育的情况。

还有何勤华发表的《中华法系之法律学术考——以古代中国的律学与日本的明法道为中心》(《中外法学》2018 年第 1 期),文章详细梳理、阐述了古代中日之法律学术的起源与发展、主要内容和基本特征、律学发展的内在逻辑以及其历史文化遗产,对中华法系的母法国和子法国日本的法律学术发展作了深入的梳理和研究。

---

① 参见《大越史记·本纪实录》卷一一《黎皇朝纪》,载孙晓主编:《大越史记全书》(第 2 册),西南师范大学出版社、人民出版社 2015 年版,第 566、568 页。

② 参见《大越史记·本纪实录》卷一一《黎皇朝纪》,载孙晓主编:《大越史记全书》(第 2 册),西南师范大学出版社、人民出版社 2015 年版,第 569 – 570 页。

一、日本

日本到8世纪，颁行《大宝律令》，设置律学（后称明法），贡举也有明法科，直至10世纪尤见其制。① 日本的律家，是指公元645年“大化革新”以后从事律、令（包括格、式）的编纂、解释、执行、实施的法律工作者（明法博士等）这一群体。

日本律家参与律令的编纂。在日本，最早的律、令都是在律家的鼎力参与之下推出的。比如，前述藤原不比等主持了《大宝律令》和《养老律令》的编纂，守部连大隅、越智直广江则参与编纂了《大宝律令》，大和长冈（689—769）、盐屋吉麻吕（生卒不详）、山田白金（生卒不详）、锻冶大隅等也都是《养老律令》的主要编纂者，大和长冈和吉备真备还是著名的遣唐使成员。虽然这两部大的法典大范围地学习、参考和借鉴了中国隋唐的法律，但还是具有许多日本的特色。比如，将中国的“十恶”改为“八虐”，“八议”改为“六议”，就是日本律学家的创造。

一方面，在中国，谋反、谋大逆、谋叛、恶逆、不道、大不敬、不孝、不睦、不义和内乱是十恶不赦之重罪，不睦和内乱两个罪因危害不大，未被日本采纳。

另一方面，中国的议亲、议故、议贤、议能、议功、议贵、议勤、议宾之八议，由于最后两个议勤、议宾，在日本也不是非常突出，也未被日本采纳。此后，782年至923年在制定《延历交替式》《弘仁格式》《贞观格式》《延喜格式》等立法活动中，律学家讃岐千继、藤原时平、藤原忠平、物部敏久、藤原道明、惟宗善经等也都是主要的编纂者，发挥了积极和重要的作用。②

自藤原不比等（659—720，《大宝律令》和《养老律令》的编纂者和解释者）开创了律令制建设与注释传授并行的律学（8世纪后改为明法道）传统之后，律学家人才辈出，绵延不绝。从参与《大宝律令》《养老律令》编纂、解释之奈良时代（710—794）的大和长冈、盐屋吉麻吕等，到平安时代（794—1192）的山田白金、穴太内人、讃岐永直、惟宗直本、惟宗允亮、越智直广江、坂上定成、坂上明兼、中原明基等，③到15世纪以后，在吸收中国大明律、大清律例之基础上形成的近世日本律学家群体，如榊原篁洲、荻生徂徕、高濑喜朴、荷田在满等，都说明律学之所以能在日本中世以及近世，一直延绵不绝、持续发展，就是因为一批律学家（明法博士）的辛勤劳动，从而使日本古代的律学（明法道）走向成熟，并促使日本古代法律文明的逐步形成。

---

① 参见高明士：《东亚传统教育与法文化》，台北，台湾大学出版中心2007年版，第269页。

② 关于《延历交替式》《弘仁格式》《贞观格式》《延喜格式》的编纂情况以及详细内容，参见《新订增补国史大系26・交替式弘仁式延喜式》，吉川弘文馆1965年版；《新订增补国史大系・类聚三代格前篇后篇》，吉川弘文馆1972年版。转引自何勤华主编：《法律文明史》（第7卷），商务印书馆2019年版，第106页。

③ 参见［日］布施弥平治：《明法道の研究》，新生社1966年版，第168-301页。转引自何勤华主编：《法律文明史》（第7卷），商务印书馆2019年版，第71页。

(一)律学(明法道)的进步

在日本,注释阐述律令、解答法律疑难是明法博士的主要职责。他们的活动以及由这活动所构建的学问称为“明法道”。《大宝律令》和《养老律令》制定颁布后,兴原敏久、讃岐永直等一批明法博士就受朝廷委任,经过多年努力,于 834 年编纂完成了《令义解》一书,作为日本令的官方注释书。过了 30 余年,惟宗直本于 868 年前后编纂完成了《律集解》《令集解》二书,对《大宝律令》和《养老律令》进行了系统完整的注释和阐述,引领日本的律令注释和研究达到了一个新的高度。

大和长冈为养老元年出发的遣唐留学生,在唐学习刑名学,归国后,以删定律令20 条而扬名。秦大麻吕则推测为天平五年出发的遣唐请益生,归国后,献上《问答》6卷。此《问答》关于律令的内容,青木和夫氏推测秦大麻吕为《大宝律令》的注释书《古记》的作者。① 与此同时,日本又先后推出了大和长冈的《古答》,贞江连继的《贞记》,物部敏久的《物私记》,春日户足的《春记》,额田国造今足的《额记》,阿刀氏的《跡记》,穴太内人的《穴记》,惟宗允亮的《政事要略》,讃岐永直的《讃记》,以及作者已经无法考证的《律书残篇》《新令私记》《律释》《令释》《五记》《新删定明法述义》等一大批律令注释书,有力地推动了律令的贯彻实施,促进了律令制国家的建设。

日本明法学家清原夏野、菅原清公、藤原雄敏、藤原卫、兴原敏久、讃岐永直等在《令义解》序中,就明确宣称:“春生秋收,刑名与天地俱兴;阴惨阳舒,法令共风霜并用。……昔寝绳以往,不严之教易从,画服而来,有耻之心难格。隆周三典,渐增其流。大汉九章,愈分其派。虽复盈车溢阁,半市之奸不胜。铸鼎铭钟,满山之弊已甚;降及浇季,烦滥益彰。上任喜怒,下用爱憎,朝成夕毁,章条费刀笔之辞;富轻贫重,宪法归贿赂之家。……故令出不行,不如无法。教之不明,是为乐刑。伏惟皇帝陛下,道高五让,勤剧三握。类金玉而垂法,布甲乙而施令。芟春竹于齐刑,销秋荼于秦律。……犹虑法令制作,文约旨广。……”②这里的主旨思想很明确,同样也是批判了法律的烦琐,强调了立法的简约。

(二)法律教育与科举考试促进律家发展

在日本,自公元 649 年开始,确立了日本中央政府的机构式部省,下面设置了专门从事教育的大学寮。之后,在大学寮中开始了律学,即明法教育,而日本的律学家,即明法博士,绝大多数是大学寮出身。他们不仅毕业于大学寮,并且也从事着明法教育、传授弟子的工作。

---

① 参见王勇主编:《东亚视域与遣隋唐使》,光明日报出版社 2010 年版,第 69 页。

② 《新订增补国史大系 22 · 律 令义解》,吉川弘文馆 1966 年版,“令义解序”第 1 页。

律学家中最著名的就是讃岐永直和惟宗直本。讃岐永直,是平安时代初期著名明法学家。延历二年(783 年)出生,入大学寮学习律令,成绩优秀。天长七年(830 年)获得明法博士职位,此时,他已经 48 岁了。天长十年(833 年)开始编纂《令义解》,此时其官阶是从六位下行左少史兼明法博士、勘解由判官。齐衡三年(856 年),永直以自己年事已高为由,请求辞官。上谕同意了其他事项,但否定了明法博士的辞呈。天安二年(858 年),获敕令同意,在自己家中讲授律令。①

惟宗直本,生卒年月不详,平安前期的著名律学家。元庆元年(877 年)时就出任检非违使右卫门尉、勘解由次官等司法官职,与此同时,在大学寮兼任明法博士。延喜元年(901 年)以后,作为德高望重之律学家而被恩赐在自己家中讲授律令。这一做法,被称为"延喜讲书",和上述讃岐永直的讲学"贞观讲书"并列,开创了日本明法博士私家讲学的先例,对中世纪日本律学的发展具有重要的意义。②

二、朝鲜

新罗在 7 世纪后半叶的文武王时期,已建立律令制,7 世纪末进而有律令学教育制度的建立,到 8 世纪中叶的景德王时期依唐制实施。③

高丽的学校有"国子、太学、四门,又有九斋学堂,而律、书、算学皆肆国子"④。公元 992 年,高丽成宗创建国子监。⑤ 国子监既是高丽最高学府,亦是王廷直辖的教育行政机构。高丽之国子监,亦借鉴唐宋之国子监下辖国子学、太学、四门学、律学、书学、算学等。教学内容主要为中国儒家经典著作和法律、书法、算学等专业知识。至此,高丽之封建教育制度基本完备建立。⑥

新罗景德王十七年(758 年),新罗"置律令博士二员"⑦。高丽文宗十七年(1063 年),进一步整顿国子监学风,"国子监诸生近多废业,责在学官。自今精加勉励,至年终较臧否,定去留"⑧,确定学制:"儒生在监九年,律生六年,荒昧无成者,并令屏

---

① 贞观四年(862 年)八月十七日,讃岐永直以 80 岁高龄去世。

② 参见日本国史大辞典编集委员会编:《国史大辞典》(第 12 卷),吉川弘文馆 1993 年版,第 651 页。

③ 参见高明士:《东亚传统教育与法文化》,台北,台湾大学出版中心 2007 年版,第 269 页。

④ 《高丽史七十三·志》卷二七《选举一》,载孙晓主编:《高丽史》(六),西南师范大学出版社、人民出版社 2013 年版,第 2303 页。

⑤ 参见《高丽史七十四·志》卷二八《选举二》,载孙晓主编:《高丽史》(六),西南师范大学出版社、人民出版社 2013 年版,第 2359 页。

⑥ 参见杨昭全:《中国——朝鲜·韩国文化交流史》(第 1 册),昆仑出版社 2004 年版,第 116 页。

⑦ [朝鲜]《三国史记》卷九,新罗本纪九,景德王十七年条。转引自杨昭全:《中国——朝鲜·韩国文化交流史》(第 1 册),昆仑出版社 2004 年版,第 114 页。

⑧ 《高丽史七十四·志》卷二八《选举二》,载孙晓主编:《高丽史》(六),西南师范大学出版社、人民出版社 2013 年版,第 2359 页。

黜。"[①]高丽科举制度中，有制述、明经二业，另外还有杂科。杂科，共计有九："医、卜、地理、律、书、算、三礼、三传、何论。"[②]

伴随着唐罗文化交流的深入发展，唐朝的文物典制源源东传，特别是统一新罗数以百计的留唐学生，不少以宾贡科进士及第。高丽人崔瀣曾说："进士取人，本盛于唐。长庆初，有金云卿者始以新罗宾贡，题名杜师礼榜，由此以至于天祐终，凡登宾贡科者五十有八人。"[③]可见，从唐穆宗长庆元年（821 年）起，至唐昭宗天祐末年（907年）80 多年间，新罗士子在唐进士及第者就有 58 人之多。其中在唐末宾贡科及第的如崔致远、崔彦㧑等人，在唐仕宦多年、东归后国人都刮目相看，或仕新罗，或仕高丽，身居要职，他们对传播唐的科举制度必然起了推动作用。所以说唐的科举制已为新罗所熟谙，到了高丽建国初期已经瓜熟蒂落、水到渠成了。[④]

在科举考试中设置律学考试为高丽律家的发展提供了一个契机。

在古朝鲜，最早在新罗时期就有了专门掌管律令事宜的机构，"新罗置左理方府，右理方府，掌律令，后改议方府"[⑤]。《郑梦周列传》记载郑梦周参酌以往的律文制定新律："（恭让王）四年，梦周取《大明律》《至正条格》、本朝法令，参酌删定，撰新律以进。《恭让王传》亦有云：四年二月甲寅，守侍中郑梦周进所撰新定律，王命知申事李詹进讲凡六日，屡叹其美，谓侍臣曰：'此律须要熟究删定，然后可行于世也'。"[⑥]

高丽第四代之王光宗（949—975 在位）于公元 958 年推行科举制度，该科举制度的目的是起用有以忠诚君主为本分的儒教思想的人才，将王权的支配贯彻到全国。在光宗一代，实施了 8 次科举考试，共有 39 人及第。高丽的科举制度是对新罗时代的"读书三品科"的进一步发展，分为制述科、明经科、杂科、僧科四科，而选拔法律人才的明法业，则包含在杂科里面。[⑦]

在科举考试中设置律学考试为高丽律家的发展提供了一个契机。高丽的学校，是培养参加科举考试人才的，其设置与考试科目的设置基本上是一一对应，其设置一如唐制。在京城的有国子学、太学、四门学、律学、书学、算学等。国子学、太学是全国

---

① 《高丽史七十四·志》卷二八《选举二》，载孙晓主编：《高丽史》（六），西南师范大学出版社、人民出版社 2013 年版，第 2359 页。

② 《高丽史七十三·志》卷二七《选举一》，载孙晓主编：《高丽史》（六），西南师范大学出版社、人民出版社 2013 年版，第 2303 页。

③ ［日］释尾春编：《东文选》卷八四，载崔瀣：《送奉使李中父还朝序》，朝鲜古书刊行会 1914 年版，第 346 页。

④ 参见田廷柱：《高丽与唐选举制度比较研究》，载北京大学韩国学研究中心编：《韩国学论文集》第 8 辑，民族出版社 2000 年版，第 62－63 页。

⑤ 《增补文献备考》卷二一八《职官考五》。转引自杨鸿烈：《中国法律在东亚诸国之影响》，商务印书馆 2017 年版，第 38 页。

⑥ 杨鸿烈：《中国法律在东亚诸国之影响》，商务印书馆 2017 年版，第 46 页。

⑦ 参见［日］水野俊平：《韩国的故事》，于雷译，中国友谊出版社 2015 年版，第 45－46 页。

的高等学府，四门学是设在京城四门以经学为主的初等学校，律学、书学、算学则是各类专业学校。国学、太学、四门学皆置博士、助教，而律、书、算学等学校则只设博士。①

崔钟库认为，律学存在于古代朝鲜各个时期，但并没有形成自己的理论体系，其被认为是一种科技或杂学的分支，与医学、建筑学等类似，在层次上要低于正统的儒教经学。律学并不在官学中被讲授，但从事法律事务的官吏有时候在小范围内传授其专业知识。刑法理论被探讨得比较深入，而现在民法、商法范畴内的知识，基本上没有上升到进行学术探讨的层次。②

古代朝鲜的律家是推动法律教育与律学研究的重要动力，高丽王朝最著名的律家为崔承老和郑梦周。

崔承老(927—989)是新罗王朝的重要官员。他在 12 岁的时候就到唐朝学习。874 年，他通过了吏部考试，被授予官职。在 28 岁的时候，他想返回自己的故国。通过努力，他获得被派往新罗的机会，回到了家乡。在新罗干朝，他获得了很高的尊崇，占据高位。他也努力把在中国学习到的知识用于为政之中。他试图把一些中国的制度模式移植到新罗加以实施，但最终未获成功。

崔承老最有名的著作是《桂苑笔耕》，其中有丰富的法律思想。他写道："遵循正义和法律就是道，在敌对的状态下，掌握法律就称为权力。智慧的人依靠理性达到目标，而愚蠢的人由于荒谬而遭殃。上天佑护理性的人而摧毁邪恶的人。太阳和星辰增进人们的智慧，而狂风和雷鸣使法律和管制更显严厉。风、雾、雨，所有这些都是天地力量的显示。而春夏秋冬的变化有助于仁和义的实现。上天不但存在于人们的头顶，也存在于人们的内心。"可以清楚地看到，他的这些思想杂糅了儒、道、佛诸家的思想。

郑梦周(1338—1392)可以说是高丽王朝中新儒家学派的王家代言人。其出生于高丽王朝末期的上层官宦之家。1367 年，郑梦周通过了文官考试，成为成均馆的一名新儒家学派的经师。在这里，他与一些当时很有名望的学者一起承担学馆的教学工作，同时，他还担任了一些宫廷的其他职务。郑梦周与其他学者一起，将中国古典学术作为讲授的中心内容。而他对朱嘉的学说有独到的见解，他的学术成就使他获得了很高的赞誉。

其时，明朝刚刚在抗击元朝统治的背景下建立，高丽王朝在外交上处于两难的境地。一些敌对的举措使得高丽与明朝之间产生了严重的隔阂。郑梦周作为修补双边关系的使者，很成功地完成了外交使命，获得了明朝的谅解。他还曾出使日本，也不

---

① 参见田廷柱：《高丽与唐选举制度比较研究》，载北京大学韩国学研究中心编：《韩国学论文集》第 8 辑，民族出版社 2000 年版，第 66 页。

② 参见 Chongko Choi，*law and justice in korea*，seoul university press 2005。转引自马小红、史彤彪主编：《输出与反应：中国传统法律文化的域外影响》，中国人民大学出版社 2011 年版，第 106 页。

辱使命。高丽朝被李氏朝鲜取代后,郑梦周曾在新朝廷中供职,但不久遭到暗杀。

在法律建树方面,郑梦周曾主持起草了新刑典,并在高丽朝末年予以颁布。但不幸的是,由于高丽王朝的迅速崩溃,这部法律未来得及生效。①

三、越南

隋建立后,在安南所推行的文教制度和选拔人才的政策与内地相同,实施文教制度,在岭南山区开办学校,培养当地儒生,推行科举制度,选拔人才,使安南成为"北属"历史上文化最灿烂的时期。唐承隋制,通过进士、明经等科举考试,广泛网罗人才,安南亦不例外。如会昌五年(845 年)明确规定,安南和岭南、桂府、福建等地一样,每年可选送进士和明经入仕中央,同时在安南开办学校,发展文化教育;为遴选人才,专设南选使,遴选安南人在当地或入朝做官。②

丁先皇是越正统之君,但是国立而未兴,国家多难,制度未立,更没有设立负责教育的学校。到黎纪黎大行时,开始选用贤亮,创立学校,但还未有科举之制。直到李纪李仁宗时,才开始有进士之科,"我国考试,始于李仁宗,然或试儒学士人,或试吏员、僧道、诗书、文艺、书算、刑律、簿头、三教之类,试法不一,科名亦未闻"③。李朝参照唐朝的明书科、明算科、明法科等考试,开设试吏员考试,"吏之有科,自李朝始,书算刑律,为闻艺场"④,试刑律只是试吏员考试内容的一部分。

令司空、司徒、司马、少尉、行遣等官议定治军民法令,使为将者知所以治军,为路官者知所以治民。且令教戒军民,亦知有法,凡所该事物,各有攸司以遣。⑤

古代越南非常重视狱讼官员的素质教育,须有较好法律知识的官员,才能担任刑官的职务。圣宗淳皇帝庚子十一年秋八月,敕谕云:"刑官(部)重任,宜择所长。刑部各司官不问儒吏,如才识浅陋,不谙刑名者,本部堂上官揀汰备奏,送吏部改除别职。仍选内外官任满二考以上,中科场有才识及由吏员出身,曾历刑名者代除之。"⑥

古代越南的律学著作主要有以下内容:

(1)《五刑律·六赃图·八字例略抄》,其内容为六部刑律及有关解释,其前有刑

---

① 参见马小红、史彤彪主编:《输出与反应:中国传统法律文化的域外影响》,中国人民大学出版社 2011 年版,第 108 – 109 页。

② 参见陈玉龙等:《汉文化论纲:兼述中朝中日中越文化交流》,北京大学出版社 1993 年版,第 362 页。

③ [越]《古今科试通考》卷二,阮朝嗣德二十六年刻,拙轩藏板,越南汉喃研究院藏本,编号 VHv. 1297。转引自陈文:《越南科举制度研究》,商务印书馆 2015 年版,第 35 页。

④ [越]吴甲豆:《中学越史撮要》(夏集),第 30 页。藏于越南国家图书馆,编号 R. 1345。

⑤ 参见《大越史记·本纪全书》卷一〇《黎皇朝纪》,载孙晓主编:《大越史记全书》(第 2 册),西南师范大学出版社、人民出版社 2015 年版,第 499 页。

⑥ 《大越史记·本纪实录》卷一三《黎皇朝纪》,载孙晓主编:《大越史记全书》(第 3 册),西南师范大学出版社、人民出版社 2015 年版,第 674 页。

部奏文,写于嗣德八年(1855年),正文部分为刑律,写于嗣德十六年(1863年);

(2)阮德著编辑的《刑部小册》,又名《新刊刑部小册全集》,内容为对阮朝嗣德十二年(1859年)之前的刑律、议定、条例的简要介绍;

(3)邓辉撰的《辞受要规》是关于处理贿赂罪的论述,于嗣德戊辰年(1868年)印于邓季族祠堂,主要内容是通过对109个事例的分析,指出受贿与受礼的区别;

(4)何宗权等编辑的《上谕训条》,内容为明命十则圣谕以及其喃文释义;

(5)阮克炜审定的《新刊刑部则例》,内容为自嘉隆至成泰时代的五部条例,里面有目录,有单篇按语,正文中每一条例皆注明律名及其处分办法;

(6)武范启编撰的《历代政刑通考》,内容为黎大行至后黎朝期间的礼仪和刑律考证,附载阮朝的刑律及吴氏的评论。

另外还有许多律典律文的缩略版著作,兹列举如下:(1)《国朝律例撮要》;(2)张瑜、杜光庭编辑,范文樹校订,杜文心审定并序的《国朝律学拣要》,本书有专用术语的释义;(3)《明命律大略》,内容是明命时期吏、户、礼、兵、刑部的律例简介;(4)阮科明、潘辉湜、张登桂编撰、吏部堂抄写、裴廷欢校定的《皇越会典撮要》,内容为明命时代诸会典的简编;(5)《律例约编》,内容为阮朝户、礼、兵、刑、工五部律例的略抄;(6)谢玉、黄瑞芝编辑的《国朝体例摘略》,内容为阮朝体例制度的摘编。①

① 参见刘春银等主编:《越南汉喃文献目录提要》,中央研究院中国文哲研究所编印2002年版。

第六章　宋辽夏金法律文化的融合与发展

宋代分为北宋和南宋。其中，北宋始于公元 960 年，终于公元 1126 年靖难之役，享国祚 166 年。南宋始于公元 1127 年，终于 1279 年崖山之役，享国祚 152 年。在华夏大地上，与宋同时存在有另外三个强势政权，即辽（契丹）、西夏和金。① 这些政权的法律文化与宋的法律文化的交汇融合，使中世纪华夏法律文化特别丰富多彩，中国、日本、朝鲜和越南等国家的法律所组成的中华法系与世界上其他法系的碰撞与交流，同时在华夏大地上也上演了宋、辽、夏和金四大法律文化的交流与融合的大剧。

第一节　宋的法律思想

宋代吸取唐末五代藩镇割据、兵变频出的教训，加强中央集权，削弱地方势力。将军权收归中央，重文抑武，是宋王朝一大特点。由于地方势力被削弱，宋朝没有出现严重的军阀割据、朝臣擅权或者全国性的大规模农民起义。② 但宋朝各地武备空虚，州府的厢军主要从事劳役，几乎无军事训练也无作战任务，以至于中小型农民起义频繁发生，历数千里无人镇压。

---

① 元虽然也和南宋、金、西夏相交共处过一段时间，但它对华夏大地法律文化的影响，主要是在灭金、灭西夏、灭宋、建立元王朝以后的事情，所以对元的法律思想，将由本书之第三卷论述，本卷不予涉及。

② 丁明明：《宋代农民起义研究——基于社会学的分析视角》，安徽大学 2019 年硕士学位论文。转引自何竹淇编：《两宋农民战争史料汇编》，中华书局 1976 年版。其中，宋代前后 300 余年时间经历了 433 次农民起义的数据，源于丁明明硕士学位论文摘要部分。宋史学者吴钩在儒家网“钩沉考据”栏目表示，何竹淇的《两宋农民战争史料汇编》“哪怕几个人落草为寇、拦路抢劫，都会被何著当成农民战争史料收录进来”。参见吴钩：《宋朝为什么“农民起义次数最多”?》，载儒家网 2022 年 1 月 17 日，https://www.rujiazg.com/article/22399。其他研究两宋农民战争的论文有：王育济：《宋代社会的基本经济矛盾和农民战争的规模》，载《东岳论丛》1983 年第 5 期；竺培升、吴建华：《探讨两宋始终未形成全国规模农民起义的主要原因——与王育济同志商榷》，载《湖北师范学院学报（哲学社会科学版）》1991 年第 4 期；关履权：《论两宋农民战争》，载《历史研究》1962 年第 2 期；王斌：《宋朝农民起义新探》，载《和田师范专科学校学报》2015 年第 6 期；阎邦本：《宋统治者对农民起义的镇压》，载《四川师范学院学报（哲学社会科学版）》1996 年第 2 期；何忠礼：《论宋朝政府对民变的非军事对抗性策略》，载《浙江大学学报（人文社会科学版）预印本》2014 年第 3 期；李秀才、刘诚：《两宋时期农民起义的领袖——方腊、钟相、杨幺》，载《贵阳师院学报》1975 年第 3 期；阎邦本：《宋代农民起义的高涨》，载《南充师院学报（哲学社会科学版）》1982 年第 3 期；陈守忠：《试论北宋初年四川地区的士兵暴动和农民起义》，载《西北师大学报（社会科学版）》1978 年第 3 期；等等。

经唐末五代的动乱,门阀贵族受到重创,宋代朝廷以通过科举考试的庶族占据主导。宋代文人士大夫群体多来自平民,通过科举考试入朝为官。在法律思想上,他们天然地抵制武将、外戚和宗室贵族的身份特权。此外,由于受程朱理学的影响,他们主张儒法结合,德为根本,刑为辅弼。

宋代文教和科技高度繁荣,儒家思想进一步发展。王安石的新学,张载的关学[①],周敦颐、邵雍、二程子[②]、朱熹的理学,陆象山的心学等构成后世民族精神和民族性格的重要内核。宋词作为宋朝代表性文学体裁,或婉约或雄浑,具有极高审美价值。宋代书画呈现的文化精神与人生意趣亦是一绝。而苏洵、苏轼、苏辙、曾巩、欧阳修等,将唐代散文推到极盛,言之有物、情韵兼胜。宋代上层文人群体不仅创造了充满诗情画意的文化,还出入朝政参与国家治理,各抒己见提出治国方案,出现了庆历新政、熙丰变法以及新旧党争等。

宋代商品经济发展迅速,经济重心南移至江南地区。除辽、金等北方民族政权之外,当时与宋王朝并立的还有回鹘、吐蕃、大理等政权。陆上丝绸之路的商道已经被这些民族政权把持,宋代开辟了海上丝绸之路,海外贸易极为发达。宋代城市承载的经济功能超过了政治功能,商业氛围浓厚,与外洋通商的港口有 20 多个。商业的发展解决了政府财政危机和对外岁币压力,商人地位空前提升,社会上产生了功利主义思潮。在法律制度上。宋代产生了以《市舶条法》等为代表的管理海内外贸易活动的商业法规。

宋朝深受北方民族政权侵扰,与辽、金、西夏等北方政权皆发生过战争。真宗时期与辽国签订澶渊之盟,换得暂时安稳。靖难之役中,徽、钦二帝被金人掠到五国城,北宋灭亡。康王赵构在南京应天府即位,为宋高宗。面对金人南下侵略,宋高宗也只能入海躲避。尽管南宋有韩世忠、岳飞、虞允文等主战派良将,但朝廷在军事及对外关系上始终由主降派主导,并最终签订绍兴和议。军事上的节节败退刺激了宋朝富国、抵御外辱的需求,也让朝臣们有了的变法主张。

一、宋代立法思想

宋初立法继承和延续了唐五代的积累,并修改、删减一些不合时宜的部分。

宋之初兴,沿用后周刑统,史有明文,是唐律之势力显然延续至宋。建隆四年窦仪重定刑统,实亦全部为唐律也。[③]

我国封建社会第一部刊板摹印、颁行全国的法典,是宋太祖建隆四年(963 年)颁布的《宋建隆重详定刑统》,简称《宋刑统》。刑统这一立法体例始于唐宣宗大中年

---

① 张载长期讲学关中,弟子云集,其学派被称为“关学”。

② 二程,即程颢与程颐。

③ 陈顾远:《中国法制史概要》,商务印书馆 2011 年版,第 35 页。

间。唐《大中刑律统类》将《唐律疏议》中的每一条律文附上对应的令、格、式、敕，并且按律文的性质重新编排为121门，称为刑统。《宋刑统》沿用这一立法模式，分12篇、213门、502条，其律文与《唐律疏议》基本一致。

除本朝诏、令、敕以外，《宋刑统》还收录了唐开元年间至宋建隆年间的诏、敕、令、格、式等，以作断案参考。《宋刑统》自颁布后，历经宋太祖乾德四年(966年)、宋神宗熙宁四年(1071年)、宋哲宗绍圣元年(1094年)等数次修改。

尽管《宋刑统》是终宋一代最为根本的刑法典，但是随着当时政治、经济形势的不断变化，在实际断案中最常援引的是皇帝所颁布的敕令。编敕成为宋代常见的法令汇编活动。编敕的官方机构称敕令所，专门负责将皇帝颁布的敕令整理为法律汇编。宋太祖时期的《建隆编敕》、宋太宗时期的《太平兴国编敕》、宋真宗时期的《咸平编敕》都是在这一时期因时损益、编修而成的。到了宋神宗时期，根据《宋史·刑法志》记载，为排除变法阻碍，宋神宗认为律不足以周事情，凡律所不载者，一断以敕。后世发展成以敕代律。①

编例也是宋朝主要的法律形式。编例始于北宋中期，盛行于南宋。宋例分为断例和事例。断例是将已有的判例编纂成集，主要有宋神宗时期的《熙宁法寺断例》、宋哲宗时期的《元符刑名断例》、南宋高宗时期的《绍兴编修刑名疑难断例》等。事例则是皇帝特旨以及尚书省等发布给下级的指令。

宋代的格，主要指《元符格》。宋代的式，主要指《元丰式》等。此外，宋神宗时期出现了"申明"这一法律形式，它通常附在敕之后，起到参考、解释说明的作用。再者，条法事类是以事为类，敕、令、格、式等法规的统编，主要有《淳熙条法事类》《庆元条法事类》《淳祐条法事类》等。

(一)宋代立法思想综述

宋朝在立法上最主要的特征有三：一是吸取唐末地方割据与宦官专权的教训，加强中央集权，削弱地方势力；二是崇文抑武，儒法结合；三是顺应商品经济发展的同时受到程朱理学的影响，义利并举，重视民商事立法。②

---

① 参见王捷：《从"律令格式"到"敕令格式"——以宋代立法机构编敕所的专门化为中心观察唐宋之际法典体系变革》，华东政法大学2008年硕士学位论文；裴会涛：《敕与北宋立法关系研究》，河南大学2011年博士学位论文；等等。

② 关于宋代立法思想，参见范辉：《宋明理学思想下传统性别立法技术的完善》，载《政法论坛》2018年第6期；韩子博：《宋朝的立法指导思想和主要立法活动研究》，载《品牌》2015年第1期；赵晓耕：《两宋法律思想的变革及其特点》，载《河南省政法管理干部学院学报》2003年第2期；李敏昌：《论宋代法律制度的特点》，载《三峡大学学报(人文社会科学版)》2001年第2期；等等。

1. 加强中央集权，削弱地方势力

宋朝吸取唐末五代地方分裂割据的教训，在立法上力求杜绝地方势力崛起，威胁中央政权的可能性。据《续资治通鉴长编》记载，太宗得天下之后，询问赵普，天下自唐代以来，数十年间皇帝更迭数十姓，兵革不息，是什么原因。赵普回答说，是因为藩镇兵权重而君弱臣强。如果要治理藩镇，需要抑制其发展，夺其权，限制其经济，收其精兵。

根据赵普的建议，宋王朝始终对宰相、外戚、勋贵、地方长官、武夫悍将等充满警惕，在国家制度设计上采取了较多预防手段。

限制相权是历代皇帝在进行权力分配与制衡时首先考虑的重要事项。宋初将相权分割为政务、军事、财务三大部分，由中书、枢密、三司分领。宰相沿袭唐代的称谓，称中书门下平章事，设参知政事为副相。宋神宗元丰改制设置尚书左仆射、右仆射，由尚书右仆射兼中书侍郎，实际担任宰相的角色；参知政事被撤销，其职务由门下侍郎、中书侍郎、尚书左丞、尚书右丞分摊。如此一来，相权被进一步分割。

宋初留任了大批五代十国的旧官员。这些官员领取俸禄、保留官位，但不具备实权。宗室、外戚、勋旧等也皆授予虚衔，领取优厚俸禄，不予以实际职权。宋真宗时期，官阶和实际职权的分离正式制度化，拥有实际职权的职位被称为“差遣”，由朝廷根据官员的才干与实际需要进行指派。官位的升降依据年资，很多官员空有官位而无实职。由于皇帝可以随时指派差遣给他所看重的官员，官员实际的调动和升降由皇帝掌握。这一实际职权与官阶分离的制度等于财政同时负担了两套官僚体系，大量领取俸禄却不承担实际工作职责的官员给财政造成沉重负担。

宋朝的地方分为路、州、县三级。县长官称为知县，州长官称为知州。州县地方长官通常由文臣担任，任期不超过 3 年。通判被派至各州，名义上为知州的助手，地位低于知州，实为掣肘。处理一州事务的文书需要知州与通判联名签署才能生效。这样一来，地方州县长官的权力受到极大限制。《朱子语类》记载，朱熹曾表示宋朝鉴五代藩镇之弊，遂尽夺藩镇之权。

在御史台之外，宋朝设立谏院，负责监察、弹劾百官。宋朝对谏臣十分宽容，允许文官发表意见，形成了较为宽松的政治氛围。地方财政收入除留下必要的度支经费外，其他所有金帛统归于朝廷。各路设置转运使，负责将地方财赋转运至中央。在军事上，骁勇善战者收编入禁军，禁军主要镇守京师及其周边地区，其部队长官经常调动，防止军事将领拥兵自重。此外，军队驻扎的场地也经常移换，不使常在一处。禁军的日常管理与军事指挥权分离，三衙仅负责禁军的日常管理与军事训练事务，而受皇帝指挥的枢密院掌握禁军的军事行动调动权。

宋代地方军事实力较为薄弱。欧阳修在《原弊》中写道，一旦遇到凶年，州郡的官吏以尺度测量乡村民众，选其健壮者招之为禁兵；而那些不符合标准，体质怯弱的，以之为厢兵,可知各地的军事实力远弱于中央。厢兵、乡兵是地方上的主要军备。厢兵平日不进行军事训练,只服杂役。乡兵主要由当地壮丁组成,负责维护地方治安。

2. 谨遵祖宗之法,与士共治天下

宋太祖即位后,通过“杯酒释军权”将军事权力收归中央,并采取了一系列加强中央集权的措施。出于对武官的不信任,太祖时期开始强调与士大夫共治天下,文官地位日益膨胀,留下了日后党争的隐患。宋太祖认为他与诸位大臣所开创的法度,只要子孙能谨守,就算是百世之后仍然能够起作用。

除上述基础制度之外,募兵制度更是宋太祖引以为傲的可利百代之法。晁说之在《元符三年(公元1100年)应诏封事》一文中表示,他私下听说,太祖既得天下,使赵普等大臣讲述当今之大事可以为百代利者。赵普等人猜测了几次,太祖均要求其再思考。赵普等人思虑再三,没有答案,于是请太祖示下。太祖说,可以利百代者,唯有养兵。在凶年饥岁,有叛民而无叛兵;不幸乐岁而变生,有叛兵而无叛民。因此宋代但凡出现灾荒年份,就招募灾民参军入伍,使其得以生存,以免成为流民。宋代将逃荒农民编入士卒之中,此举看似消弭了治安隐患,维护了社会稳定,实则极大降低了军队人员的素质与作战能力,且增加了军费开销,成为国家沉重的财政负担。然而,宋太祖认为内部隐患对政权的威胁远大于军队对外作战能力下降所造成的恶果。宋太祖曾对侍臣表示:

国若无内患,必有外忧;若无外忧,必有内患。外忧不过边事,皆可预为之防。惟奸邪无状,若为内患,深可惧焉。帝王合当用心于此。①

法律制度之外,皇家的家法也一并被纳入祖宗之法的范畴。范仲淹曾经对宋仁宗提及:臣恐今日朝廷亦有张禹坏陛下家法。关于皇家家法的提法,还有范祖禹在《论立后上太皇太后》的上疏中表示,本朝自太祖皇帝以来,家道正而人伦明,历世有圣后内德之助,自三代以来,未有如本朝之家法也。关于祖宗之法的具体内容,多是根据礼制,对婚姻嫁娶、事亲、外戚、修身养德等规定的习惯性做法。这些习惯性做法成为调整皇族内部关系、与外戚宗室相处的规则,也成为宋代厚待文臣、不杀谏臣的惯例。

宋太祖时期订立的制度以及不断被纳入皇家家法的各种规则,经宋朝历代皇帝严格奉行,逐渐成为不可变动的祖宗之法。例如宋太宗在即位的诏书中表示:

先皇帝创业垂二十年,事为之防,曲为之制,纪律已定,物已有常,谨当遵承,不敢逾越。②

宋太宗认为太祖所制定的规则谨当遵守,不可逾越,并在其日常行为中体现出

① (宋)杨亿、陈师道撰:《杨文公谈苑:后山谈丛》,上海古籍出版社2012年版,第50页。

② 《续资治通鉴长编》卷一七。转引自邓广铭:《宋史十讲》,中华书局2008年版,第57－58页。

来。例如，在宋太宗立三子寿王为太子之时，将其改名为赵恒，寓意遵守常德，久于其道。当宋真宗赵恒即位之后，即以此事作为拒绝修改旧制的重要缘由。此后，宋代皇帝即位诏书中几乎都会提到坚守祖宗之法，不可失坠。例如宋仁宗乾兴元年(1022年)即位诏书表示，凡百机务，尽有成规，谨当奉行，不敢失坠。①

对祖宗之法的坚守，成为宋代几次变法中新旧党互相攻讦的重要争议点。庆历新政中，力主变革的士大夫抨击积弊，希望能够正本清源，再振纲纪。范仲淹在其《答手诏条陈十事》一文中明确表示，因为纲纪浸隳，制度日削，历代之政，久皆有弊，弊而不救，祸乱必生。范仲淹引用《易经》关于变通的思想，认为穷则变，变则通，通则久，变通之道，能成长久之业。在推行庆历新政的过程中，改革派尽量避免在祖宗之法上与反对派形成冲突，主动提出谨遵成宪，再振纲纪的口号。而反对派利用祖宗之法不可变的宗旨，抨击改革派更张纲纪、纷扰国经，并以改革派纠集朋党为由，反对其的主张。

在熙丰变法中，王安石更是直接提出天变不足畏，祖宗不足法，人言不足恤。但祖宗之法在宋代属于不可动摇的圭臬，王安石所主导的变革，也必然受到保守派的强烈反对。

南宋时期的陈亮表明了时人对法治和变法的看法：

本朝以儒道治天下，以格律守天下，而天下之人，知经义之为常程，科举为之正路，法不得自议其私，人不得自用其智，而二百年之太平，繇此而出也。②

陈亮认为，法律制定好以后，臣民只需遵照行事，不得妄议，不得采用个人的智识判断，也不需要贤智之士加以改动。而法网严密，却不一定能够有好的效果。法深无善治，法网严苛，不若温厚。

今日之法可谓密矣：举天下一听于法，而贤智不得以展布四体，奸宄亦不得以自肆其所欲为。然法令之密，而天下既已久行而习安之，一旦患贤智之不得以展布四体，而思不恃法以为治，吾恐奸宄得以肆其所欲为，而其尤反甚于今日也。③

“与皇帝‘同治’或者‘共治’天下是宋代儒家士大夫始终坚持的一项原则。熙宁三年神宗正式接受了‘共定国是’的观念，则象征着皇权方面对这一基本原则的认可。

---

① 关于宋代祖宗之法，参见邓小南：《宋代“祖宗之法”治国得失考》，载《人民论坛》2013年第16期；邓小南：《关于“道理最大”——兼谈宋人对于“祖宗”形象的塑造》，载《暨南学报(哲学社会科学版)》2003年第2期；刘婷：《试析北宋哲宗“绍述”之前的尊崇“祖宗之法”——以宋太祖“不杀士大夫”誓约为例》，载《赤峰学院学报(汉文哲学社会科学版)》2015年第11期；李生平：《试论宋代“祖宗之法”的内涵》，载《长江丛刊》2016年第32期；刁培俊、仝相卿：《典范与牵引——邓小南〈祖宗之法——北宋前期政治述略〉读后》，载《中华文史论丛》2016年第4期；常沁飞：《宋代“祖宗之法”形成原由探析——以士大夫阶层为中心》，载《西安航空学院学报》2018年第4期；等等。

② (宋)陈亮：《陈亮集》，中华书局1987年版，第20页。

③ (宋)陈亮：《陈亮集》，中华书局1987年版，第125页。

南宋高宗虽极力提高君权，也仍不能不在表面上尊重‘国是’的法度。”①

3. 义利并重、注重实际

宋代商品经济繁荣，商业税收成为主要的税收来源。官员及其亲属参与商业经营的现象较为常见。商人地位获得极大提高，能够参与科举考试，也能够与官员联姻。随着商品经济的发展，宋朝社会上出现了享乐之风，在一些文人中也出现了功利主义的思想。

宋代功利主义所提倡的功利，主要指国家的公利。宋代功利主义将救亡图存与富国爱民结合起来，强调富国强兵和治国安邦。由于要富国强兵，实干与发展生产就与知识的学习和积累同样重要。利人、利天下始终是功利主义追求的最高目标。此外，部分文人开始提倡经世致用，主张关注现实问题发展经济，反对道学家空谈性命。北宋被归入功利主义学派的文人主要有李觏、王安石，南宋则有陈亮、叶适。

在天理与人欲之辩上，宋朝理学思想认为应当尽力压制个人私欲，维持生存所需之外的其他欲望都应当予以压制。将利和义对立起来，重义轻利，或者几乎不谈论利益，是宋代理学家的主要主张。而功利主义思想肯定人欲的合理性，认为适当追求利是合理的，欲与礼并不对立，善为国者，务实而不务虚。功利主义思想在一定程度上在神宗朝获得认可。宋神宗曾下诏表示，政事之先，理财为急。

功利主义思想体现在商事法律上，使得政策制定者更加注重富民。王安石变法主要从保护中小地主阶层和农民的利益出发，提出青苗法、农田水利法等。同时，王安石主张国家放宽对禁榷的限制，以税收方式对市场进行调节和管理。王安石放宽了铜禁，允许民间自由鼓铸铁器。他允许百姓开采金银矿，国家收取二分，其余八分则自便货卖。欧阳修在《送朱职方提举运盐中》一诗中则认为工商业与农业一样重要，表示商业和农业互为表里，缺一不可。对于工商业应采用国营制度（禁榷制度）还是私营制度，欧阳修认为应当实事求是，不可一概而论。例如对于兵器制造，欧阳修认为应当设置都造院统一打造，以保证兵器规格和质量；而民间商业则应尽量允许私人经营。欧阳修建议朝廷重新允许百姓酿酒自卖，以存养人户，渐成生业。此外，欧阳修主张国家不应过分盘剥商人，最好的策略是与商人共利。倘若政府希望十分的利益全归于公家，则实际获得的往往不到十分之三；倘若选择与商人共利，反而能够得到十分之五左右的利益。与商贾共利，属于看起来索取少，实际收获多的模式。

功利主义思想体现在刑法上，即主张用刑宽缓，并且应当根据形势的变化以敕

① 余英时：《朱熹的历史世界：宋代士大夫政治文化的研究》，生活·读书·新知三联书店2004年版，第229页。

变通旧律。例如陈亮认为法深无善治。①

(二)儒家与宋代立法思想

自汉律开始儒法结合,到唐律一准乎礼,再到宋代程朱理学对法制进一步的渗透,儒家思想已经成为立法和司法的引领。封建王朝的法律思想必须符合儒家的主张。法律背后的价值伦理取向也就是儒家思想的价值伦理取向。儒家所重视的天理、人情、礼教都可以成为立法和司法的指导思想。“一切均系以中国文化为其园地而如此。因无宗教化法律,早即重视‘人情’,因有自然法灵魂,早即重视‘天理’,国人今日仍以天理人情国法并称,可知此种意念之深,而天理与人情则系与礼有关焉。”②

一些中华法系常见的法律思想通行于我国封建社会大多数朝代,这部分通行于封建社会大多数朝代的法律思想,实际上也就是中华法系整体所体现出的法律思想,宋代也不例外。据陈顾远在《中国法制史概要》中总结,主要有以礼教为中心,以义务为本位,注重家族观念、崇尚仁恕、减轻讼累、灵活其法、审断有责等。③

宋代儒家思想深入立法、司法各领域,相对独立于君王的个人意志,一定程度上成为当时价值判断的衡量标准。朱熹将儒门的传承归纳为道统与道学两个阶段,认为上古时期的伏羲、神农、黄帝、尧、舜、禹等,集道学与统治于一身,内圣而外王。孔子以后,只传道学,却不得其位,不属于君王。皇帝能够对国家进行统治,却不得道学的传承,只有统治权,因此道学与统治分离。正是因为道学与统治相分离,将君王重新引入道统,以儒家思想治理天下,成为历代儒生的责任。程颐在元祐元年(1086年)的《上太皇太后书》中表示,“‘臣窃内思,儒者得以道学辅人主,盖非常之遇,使臣自择所处亦无过于此矣。’为什么道学辅人主是儒者的最高的愿望呢?这当是因为道学的最大任务是通过‘治道’的整顿,使天下无道变为天下有道”④。

儒学发展到宋代,士大夫产生了一种经世致用的责任感。周敦颐认为,圣人可学。范仲淹认为,先天下之忧而忧,后天下之乐而乐。张载认为,士大夫应当为天地立心,为生民立命,为往圣继绝学,为万世开太平。这类心态以及皇帝与士大夫共治天下的政治现实,使得士大夫越发将儒家理念运用于现实政治之中,“换言之,经典不再只是一部与为政阶层的训诂和典则相关的教养或教义之书,而是被重新解读为能

---

① 关于宋代功利主义思想,参见蔡方鹿、邓洁:《南宋时期理学与功利学关系探讨》,载《社会科学战线》2016年第2期;林文勋:《商品经济:唐宋社会变革的根本力量》,载《文史哲》2005年第1期;张芸:《朱熹义利观及其时代价值》,载《武夷学院学报》2017年第7期;等等。

② 陈顾远:《中国法制史概要》,商务印书馆2011年版,第49页。

③ 参见陈顾远:《中国法制史概要》,商务印书馆2011年版,第54-59页。

④ 余英时:《朱熹的历史世界:宋代士大夫政治文化的研究》,生活·读书·新知三联书店2004年版,第120页。

够为展现社会政治的应有方式而进行理念创新时的典据”①。儒家思想成为法律制定和实施的指导标准，儒家伦理道德成为法律理念的价值判断标准。②

1. 德主刑辅、出礼入刑

宋代法律条文的规定本身体现了儒家伦理道德的要求。以礼为载体的伦理道德，被认为是解决纠纷的首选。礼教将人编排入一定的社会等级秩序中，赋予人社会的、家庭内部的身份，根据身份确定其权利义务，并且以这种身份权利以及身份义务为标准，判断是非曲直，解决纠纷。正如司马光在《资治通鉴》中指出：

臣光曰：臣闻天子之职莫大于礼，礼莫大于分，分莫大于名。何谓礼？纪纲是也；何谓分？君臣是也；何谓名？公、侯、卿、大夫是也。夫以四海之广，兆民之众，受制于一人，虽有绝伦之力，高世之智，莫敢不奔走而服役者，岂非以礼为之纲纪哉！是故天子统三公，三公率诸侯，诸侯制卿大夫，卿大夫治士庶人。贵以临贱，贱以承贵。上之使下，犹心腹之运手足，根本之制支叶；下之事上，犹手足之卫心腹，支叶之庇本根。然后能上下相保而国家治安。③

儒家意识到法治不是万能的，也有其不足，奖赏与刑罚都有其作用的边界，而诉讼所导致的后遗症更是在所难免。根据法律的规定以诉讼形式解决纠纷，是以礼的方式无法解决问题时采取的次一等解决方案。所谓出礼入刑，在儒家看来，刑罚的方式并非最高明的选择。儒家强调教化与息讼，倘若能在纷争发生之前通过亲亲尊尊、兄友弟恭等规则内部调和，是最为明智的纠纷解决之道。《名公书判清明集》中对诉讼的评价也极为清晰地反映了时人对诉讼的看法：

词讼之兴，初非美事，荒废本业，破坏家财，胥吏诛求，卒徒斥辱，道涂奔走，犴狱拘囚。与宗族讼，则伤宗族之恩，与乡党讼，则损乡党之谊。幸而获胜，所损已多；不幸而输，虽悔何极。故必须果抱冤抑，或贫而为富所兼，或弱而为强所害，或愚而为智所败，横逆之来，逼人已甚，不容不一鸣其不平，如此而后与之为讼，则曲不在我矣。④

① [日]沟口雄三：《中国思想史：宋代至近代》，龚颖、赵士林等译，生活·读书·新知三联书店2014年版，第15页。

② 关于儒家思想与宋代立法，参见霍廷菊：《从汉宋立法思想看儒家法律化》，载《江西社会科学》2003年第1期；张嘉琦：《天理与法律的交汇——宋明理学对中国古代法的影响》，载《法制与社会》2016年第30期；徐公喜、万爱玲：《宋明理学皇权法权两平论——以杨时为中心》，载《江南大学学报（人文社会科学版）》2015年第1期；张岱年：《论宋明理学的基本性质》，载《哲学研究》1981年第9期；张立文：《宋明理学研究》，中国人民大学出版社1985年版；徐公喜主编：《理学家法律思想研究》，吉林人民出版社2006年版；武树臣：《儒家法律传统》，法律出版社2003年版；陈成国：《〈宋刑统〉其书与宋代礼法》，载《湖南大学学报（社会科学版）》2001年第2期等。

③ （宋）司马光编著：《资治通鉴》（第1册），中华书局1956年版，第2页。

④ 中国社会科学院历史研究所宋辽金元史研究室点校：《名公书判清明集》，中华书局1987年版，第123页。

2. 春秋决狱，以德代刑

儒家认为，法律条文本身并非解决纠纷的第一位参考资料，也不是判断对错的首要标准。在儒家看来，判断是非对错应当采用春秋决狱的方式，引用《春秋》的微言大义作为断案根据。

《礼记·曲礼》表示，夫礼者，所以定亲疏、决嫌疑、别同异、明是非也。也即是说，礼是用于确定人际关系的亲疏远近，判断正误，明确是非对错的规范。对于民商事纠纷，尽量通过礼的方式调解；对于非民商事纠纷，也可以援引《春秋》大义。苏轼在《春秋定天下之邪正论》一文中明确表示，《春秋》体现了礼的明确邪正的作用，认为天下之邪正，君子之所疑而不能决者，皆至于《春秋》而定。

儒家的许多法律观念，并不以公平正义为首要法律价值，而是更多地考量了伦理、道德、天理、人情。春秋决狱所引用的儒家经典，提倡亲亲得相首匿、原心定罪、维护纲常礼教、功过相抵等司法原则。某种程度上说，这些原则体现了以德代刑的倾向。

3. 重农抑商、重义轻利

儒家强调寡欲、均平，认为奢靡之风会造成社会的失序和混乱。中国封建社会立法历来维护小农经济，抑制工商业，防止土地兼并，防止贫富差距过大。到了宋代，重义轻利的儒家思想与整个社会商品经济的发展产生矛盾。在宋代，商人地位大为提高，甚至可以科举入仕，但宋明理学的发展压制了这种实用主义的倾向。

儒家重义轻利，王安石变法的实用主义倾向触发了宋王朝的义利之辩。儒家主张不患寡而患不均，对土地兼并及工商业的扩大再生产持警惕、排斥态度。提倡义利并重的王安石变法被儒家正统认为是宋代中后期出现党争的根源。

4. 刑罚世轻世重、讲究权变

儒家将法律视为维护统治秩序的手段之一。徒法不能自行，执法之人的重要性不言而喻。执法之人对法律的理解、对时局和政策的理解不同，法律实施的效果也不同。在执法过程中有所权变，在儒家看来，属于许可的范围之内。司马迁在《太史公自序》中表示，为人臣者不可以不知《春秋》，守经事而不知其宜，遭变事而不知其权。能够在执法过程中灵活权变，是儒家司法官员贤能的表现。

通常，朝代初创时多采取道家无为理念或儒家仁政学说，法尚宽厚。到统治中后期，随着贪腐现象的加深、对外用兵、自然灾害等不稳定因素增多，统治秩序受到挑战。

5. 提倡息讼，奖励忠孝

儒家主张和睦，重教化而轻诉讼。孔子曰："听讼吾犹人也，必也使无讼乎。"[①]儒家并不掩饰对诉讼的厌恶，认为以争讼解决纠纷将导致人们好讼的性情，违背了孝悌

---

① 杨伯峻译注：《论语译注》，中华书局1980年版，第128页。

之道。《大戴礼》盛德篇表示,刑法者所以威不行德法者也。法律是治国的技巧,属于“术”的方面而非根本。

息讼思想贯穿我国封建社会始终。宋代的王安石认为,刑名法制非治之本,是为吏事,非王道也。宋代官员治理州县,倘若能够使得监狱没有关押犯人,属于应当予以嘉奖的政绩。

凡诸州狱空,旧制皆降诏敕奖谕。若州司、司理院狱空及三日以上者,随处起建道场,所用赍供之物并给官钱,节镇五贯,诸州三贯,不得辄扰民吏。[①]

儒家首重忠孝。孝是忠的基础,忠是孝的移情。《论语》记载,有子[②]曾经说,其为人也孝悌,而好犯上者,鲜矣。孝顺父母、尊敬兄长的人,很少有冒犯顶撞尊长的。《孝经》认为,君子事亲至孝,这一品质可以移情于君王,也即忠实于君王;君子事兄悌,则这种品质同样可以用以对待尊长。在此基础上形成的支配与服从关系,能够缓解人与人之间的冲突,使整个社会平稳运行。

孝悌是仁的根本,本立而道生。大儒程颐认为,仁是性,而孝悌是用,倘若要践行仁,就自孝悌开始。宋代考绩官员很重要的一条,是看其辖区内民风是否淳化,民心是否孝悌。在官员选择上实行举孝廉制度,整个社会风气上提倡尊老,对一定年龄以上的老人免予征税等法律措施,其源头也是儒家重视忠孝的思想。

中国古代以家族为社会基本单位,单个人的行为不仅影响他自身,还影响其家族。礼教注重人伦,君臣之间、父子之间的人伦关系非比寻常,在法律上也有特殊的规定。在惩处单个人的罪行时,往往会同时考虑其在家族中的身份地位。婚姻、继承法律观念更是以家庭为重,忽略当事人的个人意志。涉及户婚、继承等民间纠纷,宗族长老可予以调解,乡村里长也有一定的裁量权。裁断的根据主要是当地人情风俗以及儒家伦理。

6. 敬天畏天、法天用刑

天人感应的观念基本贯穿我国封建社会司法理念的始终。例如春日天气和蔼,将犯人长期关押幽系,监狱壅滞,就不符合春日气象。据《宋会要辑稿·刑法》记载,五年正月十三日,春和在候,闵其幽系,御崇政殿录在京诸司系囚,流已下悉从原宥。

宋朝皇帝在盛夏暑气最胜时,通常会录囚,在冬季天寒地冻时也会录囚。在出现干旱、涝灾等异常天气时,同样会试图通过审理案件来消弭民间的怨气,以恢复正常气候。例如端拱二年(989 年)五月,天气干旱,宋太宗亲自录囚,多所宽宥。淳化元年(990 年)四月,春天一直没有下雨,太宗遣近臣分往诸处处决刑狱。隆兴二年(1164 年)八月,宋孝宗考虑到久雨未晴,深虑刑狱淹延,有伤和气,下诏命令侍御史

---

① 刘琳、刁忠民、舒大刚、尹波等校点:《宋会要辑稿》卷一四《刑法四·狱空》,上海古籍出版社 2014 年版,第 8492 页。

② 有子,孔子晚年的学生,姓有,名若。

尹穑往大理寺、临安府决遣。

帝以久愆时雨，忧形于色，谓宰相曰：而犹未获膏泽者，岂非四方刑狱冤滥，郡县吏不称职，朝廷政理有所缺乎？是夕降雨尺余。翌日，宰相以时雨应期，相率拜贺，帝曰：朕孜孜求理，视民如伤，内省于心，无所负矣，久愆时雨。①

宋孝宗时期雨水异常，乾道元年（1165 年）二月至乾道六年（1170 年）闰五月，宋孝宗接连下诏八次，皆是虑及久雨未晴，危害禾麦，认为是因为刑狱淹延，伤及天和，要求大理寺、临安府以及各州县官员躬亲就狱，迅速审结案件。

二、宋代司法思想

宋代司法主要以刑事司法为主，行政、民商事性质的司法实践并存。宋代的司法实践主要有两个特点：一是官商结合、法令松弛；二是法随时变，因时立法。

宋代官吏热衷于经商。"官商们贪欲的扩大，已不满足于贱买贵卖的传统经营手段，进而直接进入生产领域。前举王伯瑜在家中置有织机数部，更自织造匹帛出卖。前述真宗时曾任权知开封府的慎从吉，专门制作商用器具，并以出租此类物品赢利……至于面向社会的商店宋代更多。南宋时，知台州唐仲友即开办有彩帛铺、鱼鳖铺、书坊等，出售布帛、鱼产品和书籍。"②

两宋的法律对官员的约束，多集中于禁止收受、禁止利用公家财物经商、强化对财务官员的管理与监督等。根据宋哲宗元祐四年（1089 年）左谏议大夫刘安世的一封奏折，宋代祖制是不允许从官以上的官员广营产业，与民争利。倘若不是货殖太甚，则法所不禁。也即是说，首先宋代法律对从官以下的官员经商并不禁止；其次从官以上的官员经商，只要不是商业规模太大，也不予以禁止。此外，对宗室、官员亲属、前任官员等私下经商的行为并未禁止。

由于商品经济的发展，宋代民商事立法多有创新，而涉及市舶司的法律也远超前代。"宋代民事立法中因时立法极为突出，如随着宋代私有制的发展，土地买卖盛行，有关土地买卖、典当、租佃相关法律规范不断增加。同时关于民事权利主体的法律地位、物权、债券、婚姻、家庭、财产继承等方面的法律规范也不断出台。"③《宋刑统》的户婚部分增加了关于户绝财产的继承、死商财物的处理等条款。在继承法领域，先后颁布有《天圣户绝条贯》以及《嘉祐遗嘱法》。在婚姻法领域，颁布有《元符户婚敕》。在对市场管理、社会治安管理方面，更是根据经济形势，随时调整。

---

① 刘琳、刁忠民、舒大刚、尹波等校点：《宋会要辑稿》卷一四《刑法五·省狱》，上海古籍出版社 2014 年版，第 8512 页。

② 赵晓耕：《宋代官商及其法律调整》，中国人民大学出版社 2001 年版，第 193 页。

③ 王晓龙、郭东旭等：《宋代法律文明研究》，人民出版社 2016 年版，第 72 页。

（一）宋代刑事司法的指导思想

《宋刑统》是唐律的翻版，它收集了唐开元二年（714 年）至宋建隆三年（962 年）间的敕、令、格、式中的刑法规范。这些诏、敕等大多针对司法实践中出现的问题，提供解决方案。因此，宋代刑事司法较为灵活，贴合实际。此外，由于宋代文人在朝为官形成势力团体，其法律上的主张得以在实践中体现，更多采用春秋决狱的审案模式，相较前朝更为注重儒家的伦理道德。①

1. 追求公平，洗涤怨滞

据《元丰类稿》记载，既下诸国，必先已逋欠，涤烦苛，周乏绝，雪冤滞。对于疑狱、冤狱的审理昭雪，宋代刑事司法极为关注。宋代将洗刷冤情、活人性命，称为雪活。宋代官吏若有雪活得人命者，属于重要劳绩，应当予以酬奖。宋太祖于建隆二年（961 年）九月下诏曰：

幕职、州县官、检法官因引问检法雪活得人命乞酬奖者，自今须躬亲覆推，方得叙为功劳。余准唐长兴四年、晋开运二年 施行。若引问检法雪活者，不在叙劳之限。自后凡雪活者，须元推勘官枉死已结案，除知州、系书官驳正本职不为雪活外，若检法官或转运，但他司经历官举驳别勘，因此驳议，从死得生，既理为雪活。②

例如《宋史·乔执中传》记载，执中宽厚有仁心，屡典刑狱，雪活以百数。天圣四年（1026 年）八月，前权知石州判官冯元吉，通过对案件的再次审理，百姓李海等两人的冤案得以昭雪，不需要承受极刑，宋仁宗特赐予绯章服。景祐二年（1035 年）十二月，审刑院认为太常博士陈希亮雪活，应得酬奖，诏赐绯。宝元元年（1038 年）二月，刑部认为虞部员外郎郑知白，雪活得徐德性命，合该酬奖，宋仁宗因此诏赐金紫。雪活人命有利于官员的政绩，同时也符合儒家仁政思想。因此在司法办案中，宋代官员大多倾向于上书朝廷，陈述犯罪嫌疑人可悲可悯之处，祈求轻减刑罚。

为避免徇情办案，宋代司法官吏上书朝廷表示，大理寺的案件审理多取决于大臣，州县的案件审理多取决于当地的太守，而官员多以上级私人的偏好为重，就不可

---

① 关于宋代刑事司法思想，参见袁泉、徐磊：《〈宋刑统〉中刑罚思想的体现》，载《兰台世界》2013 年第 17 期；华志强：《宋代刑讯规制及其启示》，载《皖西学院学报》2015 年第 3 期；孙秀华：《从〈宋刑统〉看宋代司法官责任追究与司法公正》，载《兰台世界》2015 年第 24 期；谢伟帆：《从〈宋刑统〉剖析我国宋代司法审判制》，载《语文建设》2016 年第 15 期；谢波：《唐宋刑讯制度传承演变考论》，载《南昌大学学报（人文社会科学版）》2014 年第 2 期；陈晓光：《唐代以后刑法原则的变革及其原因》，载《辽宁师专学报（社会科学版）》2005 年第 6 期；李晓婧：《从〈宋史·刑法志〉看宋代的司法制度》，载《甘肃联合大学学报（社会科学版）》2009 年第 2 期；唐璇：《宋代刑事错案防范制度研究》，烟台大学 2018 年硕士学位论文；李小美：《宋代狱政管理制度及实施状况》，山东大学 2011 年硕士学位论文等。

② 刘琳、刁忠民、舒大刚、尹波等校点：《宋会要辑稿》卷一四《刑法四·冤狱》，上海古籍出版社 2014 年版，第 8500 页。

能不制造冤案，因此，对于那些徇私枉法的司法官员应当予以严惩。朝廷采纳了这一建议。

十二月二日，臣寮言：窃见近岁以来，大理狱多取决于大臣，州县狱多取决于太守。狱官不循三尺，专以上官私喜怒为轻重，求民无冤，不可得矣。欲望明敕中外，自今有忘公循私、阿意为狱者，重作行遣，庶几冤抑获伸，而刑罚不至滥及。从之。①

宋代诉讼程序要求纤悉委曲，无所不至，也设立了清理滞狱、平反冤狱的相关制度。例如鞫谳分司制、翻异别勘制度、疑狱奏谳制度、录囚制度等。宋代皇帝相较于前代，更加注重亲自录囚，查明案件隐情。

在机构设置上，提点刑狱司负责复查地方案件，最大程度防止冤假错案发生，慎捕、慎审，以防冤及无辜。此外，宋代法律规定了案件审理期限，对于翻异别勘的次数也设置了限制。

郑克所著《折狱龟鉴》卷首即是释冤卷，而宋慈所著《洗冤集录》以及民间百姓对青天老爷的向往，无不说明时人对公平正义的追求。

2. 临下以简，哀矜折狱

矜恤思想是宋代刑事司法的主要指导思想，宋代刑事立法以及诸多司法制度皆体现出哀矜折狱的思想。宋太宗曾感叹道：我认为所有的政务之中，狱讼是最让人关切的，从来不曾忘怀应当予以钦恤。

强调恻隐，体恤民情，推不忍之心，勿为苛酷，是宋朝统治者在立法、司法过程中始终强调的重点。

在哀矜折狱思想的影响下，宋代设立起诸多保障司法公正的法律制度。例如翻异别勘制度，当犯罪嫌疑人推翻原口供，否认此前供认的案件重要事实，应当更换主审人员重新予以审理。再如鞫谳分司制度，案件的审理与判决分别交由不同的官员负责，两者各司其职，有利于遏制官员的擅权枉法。

出于哀矜折狱思想的考量，宋代对刑讯设置了很多限制条件。《宋刑统》规定，在刑讯之前应当审查辞理，反复参验。对于符合议、请、减条件的犯罪嫌疑人，或者年满七十以上、十五以下，或者废疾者，不采用刑讯手段。此外，对于被发配的犯人，应当给其口粮，倘若在路途中生病，应当予以医治。

十二月三日，诏：诸州部讼罪人赴阙及他州者，并所在为券，给以口粮，仍令依程而行，不得非理縶朴，倍道起发。有疾，牒所至州县医治，死者虽检视无他故，即给公凭赴部送人。违者，所载官司劾罪以闻。②

① 刘琳、刁忠民、舒大刚、尹波等校点：《宋会要辑稿》卷一四《刑法三 · 勘狱》，上海古籍出版社 2014 年版，第 8439 页。

② 刘琳、刁忠民、舒大刚、尹波等校点：《宋会要辑稿》卷一四《刑法四 · 配隶》，上海古籍出版社 2014 年版，第 8449 页。

宋代司法实践中，凡是皇帝亲自录囚的场合，对罪犯多予以宽宥。《宋会要辑稿》刑法五记录了宋代皇帝亲自录囚的事例。例如端拱二年(989 年)五月十九日，宋太宗录在京诸司系囚，多所宽宥。淳化三年(992 年)六月，宋太宗录囚，流罪以下悉与原赦。咸平元年(998 年)二月，宋真宗录囚，并减等，情理可恕者并释之。天禧元年(1017 年)，宋真宗录囚，应当判处死罪但情理轻者流海岛；应当判处徒刑和流刑的，刑罚递减一等；应当判处杖刑的具释放。景祐二年(1035 年)五月，宋仁宗录囚，应当判处死罪的，判处其流刑；应当判处流刑以下的，全部原谅并释放。宋神宗熙宁九年(1076 年)六月十五日录囚，除了个别谋杀、十恶重罪等特例，其他犯死罪的降为流刑，流降从徒，徒降从杖，杖以下并放。

宋代司法实践中，对于官吏职务犯罪的审判也逐渐放宽。例如，仪鸾司专职看管官物的石安、王进两人，某次值宿期间因为积油衣物起火，依照宋律当死，但实际司法中免予死罪。再如，淳熙八年(1181 年)，平江府司法时亨祖，同时负责当地常平库的管理，时亨祖多次将常平库存放的钱财挪作私用，也免予死刑。信州铅山县的前任知县蒋亿，侵盗官钱入己，仍然免除其死罪。绍熙元年(1190 年)，秀州华亭县的前任知县刘璧，在任期间盗县库钱入己并且还收受部下以及所辖民众的贿赂，免予死罪。

宋太祖时期，曾下令各州抓获盗贼后，必须先状验清楚才能够刑讯。官吏私下刑讯，属于犯罪行为。对于罪证清楚而悍拒不伏的囚犯才可以刑讯，但也不能拷掠。但这一规定后世未能继续奉行，到了宋真宗时期，法官再次被授予拷问囚犯的责任。

北宋初期对于讯囚的规定较为严格，采取的措施与前朝相比更为人性化，限制挟私拷问。宋真宗大中祥符年间下诏表示：

今后案鞫罪人，不得妄加逼迫，致有冤诬。①

但到了南宋，对州县讯囚的约束日渐松弛，宋末更是出现了种种新的讯囚手段。

根据《宋刑统》所规定，死刑唯有绞刑和斩刑而已，但仁宗时期开始采用凌迟刑，之后凌迟、腰斩、枭首之刑偶尔得以适用。北宋中后期，《重法地法》颁行，凌迟、醢刑等又予以适用，刺配更成为刑罚的常用手段。到了北宋后期，司法上再次陷入乱世用重典的怪圈。

3. 设重法地法，打击盗贼

由于北宋维持着一个庞大的文官士大夫阶层，且长期对外输送岁币，底层百姓需要缴纳极高的赋税。常年对外用兵所需的军费，官僚、世家对土地的兼并以及官员的贪腐更是使底层百姓面临沉重的压迫。为了避免重税、逃避灾荒与战乱，宋代逃户现

---

① 刘琳、刁忠民、舒大刚、尹波等校点：《宋会要辑稿》卷一四《刑法三・勘狱》，上海古籍出版社 2014 年版，第 8423 页。

象非常明显。这些逃亡农民脱离原户籍地，或依附于富人成为佃农，或从事工商业，或参军、或落草为寇，他们集结于山林坡泽，形成严重的治安问题。针对盗贼猖獗的现象，宋代出现了“重法地法”。

重法地法是指在常法之外，在盗贼横行的某些特殊地区，所犯的特定罪行加重处罚的规定。它通常以皇帝诏敕的形式出现，对于在某些州县所犯下的强盗、盗窃等罪加重处罚。早在宋仁宗景祐二年（1035 年），就已经有了根据地理位置的特殊性，加重对盗贼犯罪惩罚的规定。

熙宁四年，立《盗贼重法》。凡劫盗罪当死者，籍其家赀以赏告人，妻子编置千里；遇赦若灾伤减等者，配远恶地。罪当徒、流者，配岭表；流罪会降者，配三千里，籍其家赀之半为赏，妻子递降等有差。①

仁宗嘉祐年间，将开封诸县设置为重法地。英宗时推广至曹、濮、澶、滑州，认为这些地区累有凶恶之人结集，强劫人户财物，需要别立重法。宋神宗熙宁四年，开封府东明、考城、长垣、滑州、宿州、澶州、应天府、濮、齐、徐、济、单、兖、郓、沂州等，都设为重法地，立《盗贼重法》，规定凡是盗罪当死者，籍其家赀以赏告人，妻子编置千里。而囊橐之家，劫盗死罪，情重者斩，余皆配远恶地。情节特别恶劣的，例如具有杀害官吏，或者累计杀死三人，或者焚烧房舍上百间等情节的，即便不是在重法地犯下了罪行，也予以加重处罚。

对于刑罚轻重的量刑标准，曾布②曾经提出异议，认为现在衡量刑罚的轻重，都是根据赃款的多少，以赃论罪。如果盗贼入于贫寒之家，获得的赃款自然就少；如果偷窃富裕人家，获得的赃款就多。这样一来，盗贼的生死就系于受害人的富裕程度。以手脚打人，和持械伤人虽然有区别，但都属于人身伤害，对此朝廷允许奏裁，但各州郡是否奏裁则不一定，犯罪人的生死实际上取决于运气。这些状况皆导致量刑的轻重失当。曾布担任宰相时，宋徽宗按照其意见，要求有司改法。

未几，侍御史陈次升③表示：

祖宗仁政，加于天下者甚广。刑法之重，改而从轻者甚多。惟是强盗之法，特加重者，盖以禁奸宄而惠良民也。近朝廷改法，诏以强盗计赃应绞者，并增一倍；赃满不伤人，及虽伤人而情轻者奏裁。法行之后，民受其弊，被害之家，以盗无必死之理，不敢告官，而邻里亦不为之擒捕，恐怨仇报复。④

---

① 许嘉璐主编：《二十四史全译 · 宋史》（第 7 册），汉语大词典出版社 2004 年版，第 4107 页。

② 曾布（1036—1107），江西南丰人，字子宣，太常博士曾易占之子，曾巩之弟，宋徽宗时期官至宰相。宋神宗与宋哲宗时期卷入新旧党争。

③ 陈次升（1044—1119），福建仙游人，字当时，宋神宗熙宁六年进士。徽宗时期侍御史，迁右谏议大夫。性情刚直，曾因屡次弹劾蔡京受到排挤。

④ 许嘉璐主编：《二十四史全译 · 宋史》（第 7 册），汉语大词典出版社 2004 年版，第 4108 页。

因此,随着曾布不再担任宰相,又恢复到旧有的法律规定。

神宗时期,一些军人逃走集结,成为强盗。《宋会要辑稿·兵一二·捕贼二》记载,祁州地界有军贼刘亨等人在此结集,自称"在暗强人",朝廷要求转运司和附近捕盗官员会合捉杀。宋徽宗时期,盗贼现象更加严重。地方官员可以根据盗贼的人数和规模,领兵甲军马予以逮捕镇压。①

(1)加重处罚包庇犯罪

宋代断狱律针对社会治安的维护,增加了许多加重处罚的规定。例如《宋刑统》规定,知情人藏匿罪人,令得隐避者,各减罪一等。但是到了宋神宗时期别立《盗贼重法》,规定凡是所窝藏包庇的罪犯犯罪情节严重的,包庇人应当判处斩刑,其余家人发配至远恶地,籍其家赀之半赏给告发举报的人。

(2)鼓励盗贼间相互告发

神宗时期为了减少盗贼作乱,减轻官府捕盗的压力,鼓励盗贼之间相互告发和捉拿。如能自相并杀赴官,每杀到首领一名,赏钞五百贯文;三名以上予以赏钞外,更优与安排。而在庆州做过兵士的盗贼,只要不是盗贼首领或参与过杀死朝廷官员的,余并许归首,更不问罪,后又更进一步采取宽容政策。据《宋会要辑稿》记载,强盗头目虽曾杀人,若能斩捕到本团伙或者其他犯罪团伙犯死罪者两人以上;或者是曾经为从犯,虽曾下手杀人,亦能斩捕到本团伙或者其他犯罪团伙死罪劫贼一名以上,并许陈首。

(3)任用强健之吏

在官吏的任命上,重法地的知县皆选择强健之吏,或者任用武臣为县尉。此前对于逮捕盗贼,宋太祖时期的规定是"过三限不获,尉罚一月俸,令半之"。但是到了宋神宗时期,根据《盗贼重法》,倘若出现了十人以上的盗贼而在规定期限内没有逮捕过半数。

盗发十人以上,限内捕不获半,劾罪取旨。②

4. 积极发展刑侦技术,严格治吏

宋代刑事司法检验制度发达。《宋刑统》专门规定了检验病死伤不实门;《庆元条法事类》收录了有关检验的敕令;《洗冤集录》记载了关于检验的法令和司法检验技术,对尸检的外观与结论作出了详细分析;《折狱龟鉴》和《棠阴比事》记载了当时大量的法医学知识。

宋律规定,除非一些死因明确的死亡可以免除尸检,其他杀、伤行为致人死伤、非

---

① 关于宋代重法地法,参见王晓勇:《略论北宋的"盗贼重法"制度》,载《中州学刊》2002 年第 6 期;赵琳:《宋代重法地法研究》,山东大学 2011 年硕士学位论文;申静:《宋代惩治盗贼的法律规范研究》,载《兰台世界》2013 年第 12 期;等等。

② 许嘉璐主编:《二十四史全译·宋史》(第 7 册),汉语大词典出版社 2004 年版,第 4107 页。

正常死伤等,均向官府报案,请求检验。检验需经过初检和复检,由官府派检验官前往。检验情况应详细记录,填写验尸格目,写明去世原因。

由于法医学的发展,证据的重要性逐渐超过了口供。案件现场遗留下的各种痕迹、物证需要与情理互相参照、仔细辨认,才能确定案情,实现公正办案。

宋代已经有专门的书铺,负责对书证字迹进行鉴定。在宋代刑事案件的侦查与审判中,司法官员多进行实地调查,重视证据的收集以及对证人的询问。由于鞫谳分司制度,调查人员具备极高的业务素质,整个社会环境对案件的昭雪极为关注。

在对司法官员的管理上,宋代严格要求执法官吏承担职务责任。宋太宗时,倘若罪不至死但断狱失入,判人死刑,审判官不得以官当减免其应当受到的惩罚。到了宋仁宗时期,

凡集断急按,法官与议者并书姓名,议刑有失,则皆坐之;且对于尝失入人罪者,不得迁官,有举之者罚以金,皆其例也。①

(二)宋代行政司法的指导思想

宋代并没有今天法学意义上对部门法的严格区分,也并非遵照部门法的门类进行立法。《宋刑统》是一部以刑事法律为主要内容的刑法典。而宋代的行政立法、民商事立法等,散见于《宋刑统》以及宋代的敕、令、格、式、断例、指挥、申明等不同法律形式中。

宋代行政司法主要包含了户籍制度与保甲制度的实施、社会良贱等级制度的维护、科举制度的实施、土地和税收制度的实施等。

1. 严格户籍制度与保甲制度

户籍制度配合保甲制度,是中国封建统治者将百姓束缚于土地上,保证兵员和税赋的重要手段。通过户籍制度,地方官府能够准确掌握所辖区域人口状况和土地情况。

宋朝的保甲制度以 5 户为一小保,五小保(25 户)为一大保,十大保(250 户)为一都。保甲簿需要写清人户家中老、中、青三代各自的人数、姓名、户籍,严禁脱户。凡是有脱户的人家,家长徒三年。脱口或通过增减年龄以避免徭役的,一口徒一年,二口加一等。同时,里正也需要负职务上的连带责任。倘若里正没有发觉本地存在脱漏户籍或增减年龄现象,出现一人笞四十,三人加一等。州县官吏倘若失察,没发现上述情况,县内出现十口笞三十,三十口加一等。

通过户籍制度与保甲制度,农民被束缚在固定的土地上,统治者据此摊派赋税和徭役,人口流动与商品经济的发展皆受到了限制。

① 陈顾远:《中国法制史概要》,商务印书馆 2011 年版,第 160 页。

2. 适当提高贱民身份，维护良人身份优越性

宋代奴婢的身份地位普遍提高。原本属于贱民的奴婢、官户等在人数上大为减少。除了少部分贱口奴婢、私奴婢外，其他奴婢与主人或者是典卖关系，或者是雇佣关系，其人身权利受到一定的保护。宋仁宗时期，将佃农、奴婢、商人等均列为编户齐民，使其拥有了自己的户籍。到了南宋，大部分奴婢的来源已经是良人。①

宋代法律注重对奴仆人身权利的保护。宋太祖曾下令不得专杀奴仆，也不得私自对那些偷盗主家财产者施以黥刑。奴仆的称呼变为"人力""女使"，与主家是雇佣关系。根据《文献通考》记载，宋朝雇佣佣人需要签订契约。此时奴仆在身份上已经属于良人。主家雇佣奴仆时需签订契约，写明雇佣期限及报酬，不可随意杀害奴仆。一些在合约中规避雇佣期限的做法，受到法律追究。

八月十八日，知临安府赵子潚言：近来品官之家典雇女使，避免立定年限，将来父母取认，多是文约内妄作奶婆或养娘房下养女，其实为主家作奴婢役使，终身为妾，永无出期，情实可悯，望有司立法。户部看详：欲将品官之家典雇女使妄作养女立契，如有违犯，其雇主并引领牙保人，并依律不应为从杖八十科罪，钱不追，人还主，仍许被雇之家陈首。②

在雇佣期限内，主家可以将奴仆转给他人雇佣。倘若奴仆去世，应当对其遗体进行检视。官员动用私刑处罚家中人力、女使的，会被弹劾并承担相应刑事责任。南宋时期，已经禁止将奴婢当作私人财产进行质押或典当。这一系列措施极大提高了奴婢地位。良贱制度在宋朝也开始瓦解，不再像唐代那样不同阶层之间森严壁垒、等级分明。

宋代的佃户拥有自己的户籍，不再是地主的私产，需承担丁税和徭役。但是许多依附于豪族的佃户却仍然如同奴隶，受到剥削，法律地位低下。佃客犯主，罪加一等，而地主打死佃客，减罪一等发配。一些买卖土地的契约，在条文中约定佃客随田，将佃客与土地、耕牛、农具等一并买卖。

唐宋两代均倾向于维护良人在法律上的优势地位，禁止压良为贱，禁止将良人质举为奴隶。对于那些因贫困而将子女抵充为奴婢的情况，倘若到约定期限无钱赎身，这些贫民子女非常容易由良人沦为贱民。"政府通过皇帝的诏令，强制返还这些良人

---

① 关于宋代奴婢法律地位问题，参见李天石：《试论唐宋时期奴婢的雇佣化趋势》，中国唐史学会1993年论文集；郭尚武：《论宋代保护奴婢人身权的划时代特征——据两宋民法看奴婢的人身权》，载《晋阳学刊》2004年第3期；戴建国：《"主仆名分"与宋代奴婢的法律地位——唐宋变革时期阶级结构研究之一》，载《历史研究》2004年第4期；郭尚武：《论两宋监督机制的创新与废除奴婢制度的关系》，载《晋阳学刊》2011年第4期；潘萍：《〈天圣·狱官令〉与唐宋司法理念之变——以官员、奴婢的司法待遇为视点》，载《法制与社会发展》2017年第6期等。

② 刘琳、刁忠民、舒大刚、尹波等校点：《宋会要辑稿》卷一四《刑法二·禁约四》，上海古籍出版社2014年版，第8384页。

子女，对于抑制贱民奴隶的生成转化，起到了积极作用。"①

3. 清查厘定土地，设立税收账簿

封建社会涉及土地的法律规定，主要是为了稳定税收以及保证兵员的供应。宋代战乱频繁，国土面积随着北方少数民族政权的入侵不断缩小，人民流离失所，多有耕地变为荒地的现象发生。土地对应的土地所有者由于战乱或自然灾害时常发生变动。因此，清查土地的生产状况，厘清附着于土地之上的所有权、使用权归属状况，就成为反复进行的政府常规工作。

唐末租庸调制瓦解，两税法以土地为计税依据，而大量脱户人口使得两者之间难以对应。宋代允许土地买卖以后，税赋徭役与户籍制度更是逐渐脱钩。为适应新情况，宋仁宗嘉祐年间设置了五等丁产簿，根据男丁和财产的情况将人户分为五个等级，每三年重新进行推排，以升降等第。在五等丁产簿之外，另有户帖。"进入北宋以后，户帖的使用已经很常见，其性质仍大致继承晚唐，作为定税文书使用。"②理论上来说，户帖应随时反映人户的财产变动。

宋神宗时期，王安石提出方田均税法。方田法通过丈量土地面积，评判土地属于肥沃或是贫瘠，按照肥力的高低将土地分为五等，以确定其税率。土地梳理丈量、确定好等级之后，结果应当公示。一个季度内没有异议的，颁发土地证书并在土地四角设立地界。在方田法的基础上建立了对应的各类账簿，土地的买卖、典当、割让、分家析产等都以此为基准。

随着土地买卖的频繁，户帖逐渐无法体现土地买卖的实际情况，田与户之间不匹配，田与税之间也不匹配。南宋时期又出现了经界法。实际上，这些新手段的推出皆是为了重新丈量农田面积、确定田地质量和对应的权属关系。

光尧皇帝绍兴十二年十一月五日，两浙转运副使李椿年言：臣闻孟子曰：仁政必自经界始。井田之法坏，而兼并之弊生，其来远矣。况兵火之后，文籍散亡，户口租税，虽版曹尚无所谷考，况于州县乎 豪民猾吏咤缘为奸，机巧多端，情伪万状，以有为无，以强吭弱，有田者未必有税，有税者未必有田。富者日以兼并，贫者日以困弱，皆由经界之不正耳。③

李椿年提出了正经界的十个理由，认为经界明晰以后，乡政府收税时有凭可查，姓名数目都可确定，税收亦可确定。于是朝廷将此事委托李椿年置办。经界法需要制作砧基簿，砧基簿最大的特点是它以作图的方式，将涉及的田产画出。据李椿年的要求，

① 戴建国：《唐宋变革时期的法律与社会》，上海古籍出版社2010年版，第305页。

② 尚平：《宋代户帖的性质及其使用》，载《广西社会科学》2007年第5期，第95页。

③ 刘琳、刁忠民、舒大刚、尹波等校点：《宋会要辑稿》卷一三《食货七零·经界杂录》，上海古籍出版社2014年版，第8170页。

今欲乞令官、民户各据画图了当,以本户诸乡管田产数目,从寔自行置造砧基簿,一面画田形坵段,声说亩步四至、元典卖或系祖产,赴本县投纳点检,印押类聚。限一月数足,缴赴措置经界所,以凭照对画到图子审寔,发下给付人户,永为照应。①

南宋末年,宋理宗宝祐年间再次对土地进行清查,根据原本的砧基簿对土地面积、对应人户进行核对,有变动的加以厘正。②

4. 采取救荒安抚政策,优待逃荒农民

对逃荒民众,宋代一贯采取救荒安抚以及轻减刑罚的策略。赈灾、赈贷、劝其重拾旧业,均是当时常见的措施。例如,宋神宗四年诏判永兴军郭达:

如本路州县有饥荒处,并以官廪赈济,仍体访田税。其逃亡人户,亦仰设法招诱还业以闻。③

通常来说,逃亡原籍的流民仍劝其回归本籍,并且给予路上所需口粮。因自然灾害欠下的赋税予以免除,或者部分免除。例如,宋太宗太平兴国七年(982 年)二月下诏:

开封府近年蝗旱,流民甚重,委本府许法招诱,并令复业,只计每岁所垦田亩、桑枣输税,至五年复旧。旧所遗欠,悉从除免。④

宋真宗景德三年(1006 年)下诏表示,

缘边长吏招携逃民,如有复业者,特免三年税租、差徭。⑤

宋太祖认为,招募逃荒流民为兵士可以最大程度上预防农民起义。这一政策是贯穿整个宋朝的基本国策,王安石变法时出于节约政府军费考虑,建议改革,遭到从皇帝到大臣的反对。到了南宋,君臣仍然认为遇到饥岁需要防盗,而防盗莫先于募民为兵。“不论是北宋的皇帝或史官,在论述募兵的用意时,全都十分强调把各地‘失职犷悍之徒’收编在军队当中的重要意义。所谓‘失职犷悍之徒’,即专指被从土地上排斥出来的破产失业农民。把他们 招募入伍,豢养起来。”⑥

---

① 刘琳、刁忠民、舒大刚、尹波等校点:《宋会要辑稿》卷一三《食货七零 · 经界杂录》,上海古籍出版社 2014 年版,第 8172 页。

② 参见孙毓棠:《关于北宋赋役制度的几个问题》,载《历史研究》1964 年第 2 期;杭宏秋:《宋代土地兼并与丈田均赋及其思考》,载《中国农史》1997 年第 2 期;李志贤:《“宋承五代之弊,两税遂呈变态”——论宋代赋役变革与两税法精神的传承》,载中国宋史研究会 2003 年《宋史研究论丛》(第 5 辑);宋宏飞:《宋朝田赋制度探微》,西南政法大学 2005 年硕士学位论文;田晓忠:《宋代田赋制度研究》,中国社会科学出版社 2016 年版等。

③ 刘琳、刁忠民、舒大刚、尹波等校点:《宋会要辑稿》卷一三《食货六八 · 恤灾》,上海古籍出版社 2014 年版,第 8013 页。

④ 刘琳、刁忠民、舒大刚、尹波等校点:《宋会要辑稿》卷一三《食货六九 · 逃移》,上海古籍出版社 2014 年版,第 8065 页。

⑤ 刘琳、刁忠民、舒大刚、尹波等校点:《宋会要辑稿》卷一三《食货六九 · 逃移》,上海古籍出版社 2014 年版,第 8066 页。

⑥ 邓广铭:《宋史十讲》,中华书局 2008 年版,第 77 页。

欧阳修在其著名的《原弊》一文中批判此种现象，他认为自古以来农民中高大健壮者都在田亩耕作，农闲时候练兵，宋朝却是一遇到灾荒年，郡县的官吏就将健壮者招为禁军，身材不够高大且稍微怯懦者招为厢兵。官吏招募兵员越多则受到赏赐，而灾荒年间大部分农民都去参军，田间只剩下老弱病残。官吏认为，不收为兵，则恐为盗。欧阳修批判道，尽管这些人一时不为盗，但也是骄惰而窃食的无用之人。

宋代在刑事司法上对逃荒流民网开一面，尽量给予较轻的处罚。倘若民众因为饥荒，为活命而盗取粮食，一般情况下能够得到宽宥。例如淳化五年（994 年）蔡州的饥民暴动，到富裕户家抢夺粮食，根据法律当判处 300 多人死刑，知州张荣与判官江嗣宗商议，首犯判处脊杖，其余递减。此事上报朝廷后，太宗非常赞同，认为：

彼皆平民，因饥取糇粮，以图活命尔。若其情非巨蠹，悉为末减，不可从强盗之科。其凶狠难制为患闾里者，可便宜从事。①

宋真宗、宋仁宗时期多有类似的情形。南宋时期，除了对流亡农民采取救荒安抚政策之外，宽减刑罚，减轻阶级对立情绪仍是常见的统治策略。例如淳熙二年（1175 年）八月，大理寺奏报了当时一桩强盗案，按照法律，该案有八名罪犯应当处以斩刑，另外三名罪犯应当重杖处死。南宋孝宗表示，后三名罪犯的罪过稍微轻一些，目前时值大暑，不适合处决犯人，可以免其死罪。②

5. 田制不立、不抑兼并

唐代由国家授予土地的均田制到了宋代已经完全崩溃，国家无力主导土地的分配，土地完全私有化，而土地买卖也开始流行起来。土地买卖需要遵守一定的流程，但是土地买卖必然导致土地兼并。

盖自于今，授田之制亡矣。民自以私相贸易，而官反为之司契券而取其直。而民又有于法不得占田者，谓之户绝而没官；其出以与民者，谓之官自卖田，其价与私卖等，或反贵之。③

由于自然灾害以及北方少数民族南侵，逃移人户逐渐多了起来。唐代对于逃户的管理十分严格，到了宋代，政府已经无力采取严格的管控措施大规模搜捕逃户，只能尽量采取优厚的抚慰手段。宋太祖时期颁布了减免租税的诏令，号召符合一定条件的逃户返乡归业。宋仁宗时期，对那些荒闲 10 年以上无人归业的土地，出榜告示，

---

① （宋）陈均编：《皇朝编年纲目备要》，中华书局 2006 年版，第 96 页。

② 关于宋代救荒政策，参见卜风贤、王向辉、冯利兵：《宋元时期的减灾政策与救荒制度》，载《中国减灾》2007 年第 10 期；叶珊：《从两宋之际灾荒状况看其救荒及荒政思想》，载《文教资料》2011 年第 28 期；金勇强：《宋元时期政府救荒应对与区域关系研究》，陕西师范大学 2013 年博士学位论文；韦双龙：《两宋仓储与救荒探析》，载《农业考古》2013 年第 4 期；薛政超：《唐宋"劝富济贫"救荒政策研究》，载《江西社会科学》2016 年第 2 期；马卓：《宋代士大夫社会保障思想及实践——围绕灾害救济、贫困救助、医疗保障方面》，青岛大学 2019 年硕士学位论文等。

③ （宋）叶适：《叶适集》（第 3 册 · 水心别集 · 卷之二 · 民事上），中华书局 2010 年版，第 652 页。

倘若百日期限内不归业，许人请射耕佃，其归业并请射人户并不得立定税额及令应副差摇，后及5年，于旧额税赋上特减八分，永为定额。

宋代不抑兼并，导致富豪大户广占良田，引起了当时部分士大夫的强烈反对。例如，张载主张恢复井田制，认为井田制平均分配土地的方式能够消除贫富分化，能够最大限度保证人人有地耕作。苏洵、朱熹等皆表达过对井田制的赞赏。李觏更是作《平土书》一文以阐明其主张平土，恢复井田制的观点。宋代功利主义学派的代表人物叶适却认为井田制已经失去当初执行的环境，而官吏希望借由均田地以损抑富人，并非治理的良方。①

井田既然矣。今俗吏欲抑兼并，破富人以扶贫弱者，意则善亦。此可随时施之于其所治耳，非上之所恃以为治也。夫人主既未能自养小民，而吏先以破坏富人为事，徒使其客主相怨，有不安之心，此非善为治者也。②

6. 设置救济机构，矜老扶幼

为救济逃荒流民，减少农民暴动，宋代元符元年（1098年）开始设立政府救济机构，收留鳏寡孤独贫困者，给予口粮和医药。

《宋史·食货志》记载，北宋时期京师旧制是设置东、西福田院，由政府拨给经费安置老、疾、孤、穷。宋英宗时期京师增设南、北福田院。哲宗时期下诏鳏寡孤独乏不能自存者，以官屋居之，月给米豆，疾病者给医药。这一诏令后被称为居养法，官屋被称为居养院。随着时间的推移，设置居养院的福利制度推广到地方州县。徽宗时期，蔡京在全国各地广设居养院和安济坊，供给常平米。非鳏寡孤独但癃老废疾贫乏不能自存者皆可进入居养院。居养院也可以收容乞丐；倘若乞丐生病，可以前往安济坊救治；倘若乞丐去世，在漏泽园能够得到较为体面的安葬。所谓安济坊，是崇宁年间开始设置的救治贫苦病人的官办医疗机构。漏泽园是北宋的官办福利性公墓，通常选择高匡不毛之地，对那些出于各类原因不能安葬者由政府出面安葬。政府助葬的福利于宋真宗时已经出现，在宋徽宗时形成全国性制度。南宋时期，安济坊被养济院所取代。除了政府出资修建养济院外，当时也有官员、宗室私人出钱修建养济院的事例。

此外，宋朝延续前代做法，设置常平仓，在常平仓之外还设置广惠仓。广惠仓设

---

① 关于宋代土地制度，参见杨际平：《唐宋土地制度的承继与变化》，载《文史哲》2005年第1期；熊燕军：《从公平优先到效率优先："不抑兼并"与唐宋变革》，载《学术探索》2006年第6期；于干千：《基于博弈论的"不抑兼并"土地制度分析——以唐宋农地制度的演进为视角》，载《中国经济史研究》2007年第1期；尼安木：《宋朝土地交易研究》，西南大学2008年硕士学位论文；耿元骊：《"土地兼并"与唐宋间地权的流变》，载《辽宁大学学报（哲学社会科学版）》2008年第4期；薛政超：《也谈宋代的"田制不立"与"不抑兼并"——与〈宋代"田制不立"、"不抑兼并"说驳议〉一文商榷》，载《中国农史》2009年第2期；杨际平：《〈宋代"田制不立"、"不抑兼并"说〉再商榷——兼答薛政超同志》，载《中国农史》2010年第2期；等等。

② （宋）叶适：《叶适集》（第3册·水心别集·卷之二·民事下），中华书局2010年版，第657页。

置于宋仁宗嘉祐二年(1057 年)。政府出面将绝户田产招募人耕种,收成存储于广惠仓,专门用于救济老幼病贫者。广惠仓田的面积根据当地人口计算,户数越多,则绝户田产中应当留存为广惠仓田的亩数越多。

对那些鳏寡孤独无以自存者,当地若有户绝者的房屋,可以由其居住。户绝财产也可以用作此类人员的饮食费用。

宋代法律鼓励生育。南宋绍兴八年(1138 年),宋高宗下诏禁止贫民不生产养育,对于那些因为贫困无法养育的,官府给予补贴。这种生育补贴从免役宽剩钱中支出,每户四贯,之后又免除了妻子有身孕者一年的徭役。绍兴十五年(1145 年),官方补贴由每户发放四贯钱改为发放常平仓或当地义仓的粮食。此外,设置举子仓,储存粮食以补贴贫民。家贫无力抚育子女的,可以在怀孕 5 个月后前去登记申领补助。①

7. 以礼制监督官员,强调官员素养

宋朝非常注重官员的仪态风度。宋太宗淳化三年(992 年),诏有司列举了 15 条涉及官员失仪的情况,例如待漏行立失序、谈笑喧哗、入衙门执笏不端、行步迟缓、至班列行立不正、趋拜失仪、语言微喧、穿班、仗出閤门不即就班、无故离位等。

强调朝堂纪律的严肃性有助于树立君权威严。宋初宋太宗、宋真宗、宋仁宗、宋英宗时期对官员仪表均有要求,多次强调内殿起居臣僚出入殿门应当端谨,不得喧哗。而御史台监察朝臣也多从朝臣笑语喧哗,或不依照官职秩序列队等入手弹劾。南宋时期,宋孝宗乾道七年(1171 年)再次要求御史台对官员仪容进行整肃。

除了仪容风度和殿前举止,御史台通常弹劾朝臣的内容还包括:不尊敬皇帝,到国都不先朝见而先拜访宰相;不孝;不符合礼教的规定,例如总管、通判以下用妓乐;朝会赐酒食不如法;州县官贪污而监司不按治;用刑惨酷或入己赃等。总体来说,对官员的监察范围从职务的履行到私人生活方式、道德操守,形成全方位的监督。

宋代非常注重司法官员的道德品行及法律素养。宋太祖认为,应当仔细审查、选择负责司法审判的官员。宋太宗则强调朝臣应当学习法律,法律知识的学习有利于积累治理国家的技能。宋太宗曾告诫臣下:法律之书,甚资治理。人臣若不知法,举动是过,苟能读之,益人智识。宋真宗则认为,对于狱讼之官,若官非其人,宁无枉滥。

宋代科举考试扩大了明法科的招收人数,要求明法科的学生通晓经义,要求经生兼读律令。神宗时期,为配合变法,设置新明法科,以《宋刑统》为学习的教案。这一时期新明法科的地位获得显著提高,考试及第后由吏部授予官职。但随着宋神宗去世,司马光等保守派上台,认为礼教学习的缺失只会培养浅陋刻害之人。由此,新明法科仍需考四书五经,最终经义与律文兼习。这一变动体现了儒家官吏德主刑辅的

① 参见杨小敏:《盛世情结与宋徽宗时代的社会救济》,载《兰州学刊》2012 年第 2 期;陈璐、温磊:《从两宋时期族田义庄看当今社会救济》,载《科教文汇(中旬刊)》2012 年第 23 期;董小路:《宋朝贫民日常救济研究》,辽宁大学 2016 年硕士学位论文等。

主张,德礼为政教之本,刑法为政教之用。

宋代各级官员都需要学习律令。据《宋史·刑法志》记载,仕出选官,皆习律令。除选官时对官员通晓律令的强调,倘若官员专任司法职务,还需参加法律考试。宋真宗时期,法律考试需要阐释十道律令的意义,还需要审断10个判处徒刑以上的案例。倘若题目全部答对,具状奏闻,将之安排到刑狱重要处任使。倘若答对的题目较多,也予以奖擢。

在刑事审判中,宋代法律要求司法官员听讼惟凭干照,审结必给断由。对于诉讼案件的审理,司法官员应当严格依法判决,并且提供断案理由。

8. 设立官方助学机构,科举取士

宋代贫苦士子进京参加科举考试,在当时属于很大一笔花销。相当部分士子难以负担路途食宿费用,由此出现了资助士子参加科考的贡士庄。

贡士庄通常由地方政府划拨土地和钱款设立,也有地方官员或者私人捐献土地或钱财。此外,也有官府罚没收入被划拨给贡士庄的例子。例如咸淳年间,浙江昌国县的县令针对邑民张氏就立嗣问题进行诉讼一案,县政府罚没其五分之一的家产设立贡士庄,专门资助贡选士人的相关费用。贡士庄将田地租赁给佃户耕作,收取地租。也有贡士庄将其资产用于民间借贷等商业性经营,收取的钱财补助当地的贡士。

乾兴元年(1022年),朝廷赐予兖州州学10顷学田,此后各地纷纷效仿,赐予学田给州学和县学,形成宋代的学田制度。官方名下的田产、绝户田、产权不明的田产、没收的土地、富户捐献的土地、学校自筹资金购买的土地等都可能被划拨给学校,成为学田。通过对学田的租赁和经营,教育经费得到了较为充分的补充,社会中下层贫民子弟能够以较低成本完成学业。

经历了唐末至五代十国的战乱,原本的士族门阀逐渐衰落,丧失干涉朝政的实力。到了宋代,诸多庶族平民子弟通过科举考试入朝为官,整个官僚集团主要由平民子弟构成。宋代科举考试取消了门第限制,商人甚至可以参加科考。为了防止皇族贵族与民争利,宋徽宗时期,规定皇族不得被录取为状元。

为了防止士大夫之间结成朋党派系,宋太祖时期不允许考官提前和考生接触。与唐代座主与门生之间往往形成稳定师生关系不同,宋代禁止称呼知举官为恩门。宋太祖曾下诏表示,及第举人,不得呼知举官为恩门、师门,及自称门生。

为防止考场舞弊,皇帝亲自担任殿试主持。殿试制度的确立,使考生成为天子门生。宋代科举考试设置为期约两个月的锁院制度。从受命之日起到放榜日止,考官需要至贡院居住,不得离开。试卷上考生的姓名需要予以遮盖,即糊名制度。为防止考官从试卷笔迹辨认出考生的身份,还需要进行誊录。考生在考试中照考官排定的座次就座,不得携书,不得替考。

宋代科举考试侧重于对经义的理解诠释以及对时政的策论。王安石变法改革了旧制，仅保留进士科，同时设立明法科，法律教育一时兴盛发达。宋哲宗元祐年间，进士科的考试内容又重新变回诗赋和经义。实际上，我国封建社会科举考试所考察的内容始终难以跳出词赋或经义两项，以至于明清时期八股取士，束缚了思想自由。

恩荫制度是除科举考试之外入仕最主要的方式，指的是朝廷官员或功臣的子弟拥有特权能够入学任官。宋代恩荫范围甚至扩展至亲友，极大挤占了科举取士的空间。

在科举取士和恩荫制度之外，还有荐举制度。但时人都倾向于科考途径，很难在民间寻访到合适的人才。荐举仍需要文试。“故其结果，或则试不通达，或则滥为举荐，科举盛而荐举衰，实自然之理也。”①

地方书院制度萌芽于唐朝，普及于宋代。应天府书院、白鹿洞书院、岳麓书院、嵩阳书院、石鼓书院等都是当时极为有名的书院。北宋名臣与书院形成较为紧密的关系。例如，范仲淹曾在应天府书院讲学，朱熹曾到白鹿洞书院视察，程颐、程颢曾在嵩阳书院讲学等。这些举动都极大提高了书院的知名度与影响力。除了地方书院之外，县学也获得一定程度的发展。熙宁、元丰时期州县学规模扩大，地方办学极为兴盛。②

9. 设置检校制度，保护孤幼和女性继承权

在宋代，与男性相比，通常情况下女性只享有顺位在后的、不完整的继承权。根据宋朝《户绝条贯》，在没有男性继承人的情况下，在室女、归宗女、立继子与命继子的继承权利相同，皆为第一顺位继承人。

在继承制度上，宋代形成了专门保护孤幼财产安全的检校制度。检校制度最早出现于宋太宗时期，具体是指倘若继承人年龄幼小，官方派专人负责清查该继承人所继承的财产并予以妥善保管，待其成年后返还；或是被继承人户绝时，年龄尚小的继子所继承的财产由官方保管，待其成年后返还的制度。寄存遗产的仓库称为常平库。倘若官员违法侵占遗产，以盗论处。

尽管检校制度主要为了防备宗族亲戚欺凌孤幼，但类似事件仍然层出不穷。尤其因为立继制度的存在，逼迫被继承人去世前立继，就可夺去其寡妻和女儿的继承份

① 陈顾远：《中国法制史概要》，商务印书馆 2011 年版，第 139 页。

② 关于宋代官学制度，参见李强：《简论宋元时期的书院教育及启示》，厦门大学 2008 年硕士学位论文；邓涛：《宋代书院的发展及其与官学的关系》，载《黑龙江史志》2014 年第 1 期；左斌：《论宋代科举对官学教育的影响》，西北民族大学 2016 年硕士学位论文；黄书光：《宋代地方官学考析》，载《华东师范大学学报（教育科学版）》1986 年第 4 期；贾灿灿：《两宋时期学田的起源与发展》，载《商丘师范学院学报》2013 年第 10 期等。

额。《名公书判清明集》中记载了多起欺凌孤幼的案件。①

10. 民商事法律制度创新,促进经济发展

在民商事司法方面,宋代的民商事制度出现了许多形式上的创新和完善。宋代商品经济发达,出现了契约制度和担保制度。法律对商业信誉的保障,进一步促进了商品的流通交易和商品经济的发展。

在唐代,通过牙人作为中介促成交易的情况十分普遍。牙人游走于买卖双方之间,穿针引线介绍交易并收取中介费。一些需要专业知识、价格较高、数量较大的交易通常由牙人介绍交易。此外,也有保证债务人依照约定履行契约的保人。唐代保人又称口承人,可以由立契者的家人或另外第三人担当。在债务人不履行债务时,保人代为偿付。到了宋代,社会中介业务发达,通常情况下的交易双方变为加上中间人在内的三面评议。"所谓三面评议,除了买卖双方外,还包括中介方在内。从唐代的两共平章到宋代的三面评议,反映了商品经济的活跃和发展。"②

宋代民事案件随着商品经济的发展而大量增加。庶民乃至贱民的身份获得极大提高,私权得到更完善的保护。民间借贷契约出现了担保人。土地私有化导致私权观念迅速深化,涉及住宅、土地、婚姻等的争议非常普遍。③

(三)宋代民间诉讼观念的变化

宋代商品经济发达,社会成员之间商业联系增多,法律关系复杂。此外,宋代统治阶级思想较为开明,放松了对民间争讼的限制,专门教授诉讼知识和技巧的讼学也开始兴起,出现了代写诉状、指导诉讼的讼师群体。这一切都导致宋代民间法律意识增强,出现了好讼的风气。许多州县讼牒堆积、滞讼如山。一些地方志中甚至直接记载当地百姓好讼、健讼、喜斗讼等情形。

三十日,峡路转运使崔迈言:川峡之民好讼,皆称被本州抑屈。④

---

① 参见徐东泽:《宋代的检校制度研究——以〈名公书判清明集〉为中心》,甘肃政法学院2016年硕士学位论文;刘云:《北宋孤幼、户绝财产检校制度辨析》,载《广东农工商职业技术学院学报》2017年第1期;闫萍萍:《宋代孤幼财产检校制度研究》,南京大学2019年硕士学位论文;郑春晶:《宋代检校制度性质及历史沿革考辨》,载《青海社会科学》2022年第2期;等等。

② 戴建国:《唐宋变革时期的法律与社会》,上海古籍出版社2010年版,第420页。

③ 关于宋代民商事立法,参见郑颖慧:《宋代商业立法论略》,载《江西科技师范学院学报》2009年第5期;马王君:《浅论唐宋时期的商业立法》,载《濮阳教育学院学报》2002年第4期;陈景良:《两宋海外贸易立法演变论略》,载《南京社会科学》1992年第5期;赵晓耕:《两宋商事立法述略》,载《法学家》1997年第4期;高楠、宋燕鹏、吴克燕:《宋初的嫁妆立法——以〈宋刑统〉为中心》,载《社会科学论坛(学术研究卷)》2009年第4期;杨军、刘金:《试析两宋经济立法的专门化对两宋社会及后世的影响》,载《西昌学院学报(社会科学版)》2015年第2期;等等。

④ 刘琳、刁忠民、舒大刚、尹波等校点:《宋会要辑稿》卷一四《刑法三·勘狱》,上海古籍出版社2014年版,第8419页。

宋代法律从禁止越诉,发展为允许个别案件的越诉。宋代民事案件需先经过乡村里正的审理,这类审理属于调解仲裁的性质,倘若不服,可上诉至县令,理论上也可诉至州刺史处。刑事案件由县令初审,二审在州的司理参军,三审在路一级的提点刑狱司,最后可诉至大理寺。到了南宋时期,"随着土地兼并日益盛行,地主、官吏违法科民严重,农民暴动规模越来越大,迫使统治者有条件放宽越诉之禁,设立越诉法,使弱势群体的不满情绪得到释放,缓和阶级矛盾。如政和三年(1113年),朝廷下御笔:'官司辄紊常宪,置杖不如法,决罚多过数伤肌肤,害钦恤之政者,许赴尚书省越诉'"①。

南宋时期,一些官吏索贿、科税不如法等问题,也可以越诉。《名公书判清明集》中记载了司法官员星渚对越诉的看法。星渚认为:

讼公吏取受,多因县官好恶之偏,所以经府,岂可罪其越诉。主簿所断具当,从申行下。②

宋代延续了前代的登闻鼓制度。北宋初期设置鼓司,后更名为登闻鼓院。登闻鼓院受理案件的范围非常广泛,据《宋会要·职官》记载,登闻鼓院掌诸上封,受理案件以达万人之情状。倘若在登闻鼓院得不到救济,可上诉至登闻检院。登闻检院受理案件范围包括言朝政得失、公私利害、军期机密、陈乞恩赏、理雪冤滥及奇方异术、改换问资、改正过名等。南宋时期,登闻检院倾向于接收军事机要、朝政阙失、官员不法行为等的相关信息,其工作内容实际是收集重大舆情以及民间的上书言事。《宋会要辑稿·职官三》记载,远近士庶,小有诉讼,即诣鼓进状。登闻鼓制度在当时对平反冤案,缓和民间舆情起到重要作用。科举考生挝登闻鼓投诉科考舞弊现象,最终形成试卷糊名制度。一些民间冤案也因此得以昭雪。官场上则多了一条揭发官吏腐败擅权的途径。

从百姓挝登闻鼓要求平反或上书言事的事迹来看,宋代百姓对官员的畏惧感有所减轻。例如"布衣翟马周击登闻鼓,批评宰相李昉当北方有事之时不加强边防,只知赋诗宴乐;开封女子阿李击登闻鼓,自陈身体病弱,没有子息,担心将来去世后家产无所托付。比较常见的击鼓事由还有官员求休致或恩典的,或是不满行政处分请求纠正的,以及为国事集体请愿的"③。

宋代平民冒犯皇室仍得以赦免,根据《宋会要》记载,绍圣元年(1094年)十一月十六日,开封府民吕安坐斥乘舆,大理寺论当处斩,宋哲宗却表示免予死刑,因为这是醉狂语,与情理之悖逆者不同,故免予死刑。

---

① 王晓龙、郭东旭等:《宋代法律文明研究》,人民出版社2016年版,第75页。

② 中国社会科学院历史研究所宋辽金元史研究室点校:《名公书判清明集》,中华书局1987年版,第436页。

③ 赵进华:《不平则鸣:宋代的登闻鼓制度及实践》,载《人民法院报》2019年6月7日,第5版。

宋代民告官的情况也时有发生。普通民众不畏惧与官贵发生争讼,曾有官员因为经济纠纷被庶民告上开封府,也有官员因边防有事依然赋诗宴乐,被告至登闻鼓院。据《名公书判清明集》记载,南宋司法官员吴雨岩表示,天下未曾听闻有因诉吏而坐罪者。明知其带虚不坐,明知其健讼亦不坐。起诉官吏的罪行,类似于起诉贼人盗窃失物,没有反坐的道理。这与宋代经济发展,百姓社会地位有所提高分不开。宋代文人、士大夫等更是获得了历史上不曾有过的宽松环境,逐渐敢于向政府表达自己的诉求。

我国封建社会传统司法实践普遍认为民事纠纷属于民间细故。地方族长、村官里正等具备一定社会身份的人物,依据天理人情或者礼教的规定,对不同身份地位者按各自应当遵循的权利义务进行调解,就足以解决问题。地方官员负责宣传礼教教化群众、淳化风气,以减少此类民间纠纷的发生。整体来说,封建社会对民事案件的重视程度不如对刑事案件的重视程度。但是到了宋代,士大夫对民间细故的态度为之一变。据《名公书判清明集》记载,宋代司法官员认为民事纠纷也事关重大,不可忽视。对于欺压百姓的酷吏,在司法上则予以谴责并要求其承担法律责任。在"禁约狱卒毒虐平人"一篇中,司法官员吴雨岩写道:

近阅诸郡狱案,有因追证取乞不满而杀人者,有因押下争讨支俵而杀人者,有讨断杖兜驰钱而杀人者,又有因追捕妄捉平人吊打致死者。呜呼!斯民何辜,而罹此吏卒之毒,为官人者何尝觉察,直待因此杀人。民之受害,偶未至死,而不能伸诉者何限,况又饿杀、冻杀及困苦疾疫而杀,官司又以无痕伤,而俾得漏网,苟有仁心者,宁不为之痛心疾首。合遍牒诸州县,各各禁约关防,痛革此弊,如或不悛,定将官吏一并从坐,毋但谓罪。①

《名公书判清明集》记载了宋代法律约束官吏,不许违法用刑、不许县官寨官擅自押人、禁戢巡检带寨兵下乡催科等判词。从这些判词可以看出,宋代在司法上体现出对百姓的怜悯,对人的尊严的尊重和保护。

宋代士大夫群体具有强烈的参政意识和忧患意识,并多工于吏事,通晓法律。"在宋代士大夫中间,通法晓律、争言法令成为一种时尚。史称,宋神宗时,彭汝励说:'异时士人未尝知法律也,及陛下以法令进之而无不言法令。'苏辙也有'天下争诵法令'之语。"②

宋代民间好讼的风气逐渐向妄讼、诬告的方向发展。南宋时期,司法官员对健讼之民已经产生了不良印象,认为这些人属于奸猾之徒,影响社会稳定。"南宋法官方秋崖把袁州之民的喜讼,归于不事生业的教讼之辈教唆所至;胡太初在《昼帘诸论·

① 中国社会科学院历史研究所宋辽金元史研究室点校:《名公书判清明集》,中华书局1987年版,第36-37页。

② 陈景良:《试论宋代士大夫的法律观念》,载《法学研究》1998年第4期。

听讼篇第六》中称‘县道每有奸狡顽嚣之人,专以教唆词讼把持公事为业’。”①

南宋高宗绍兴年间,礼部上书表示江西州县的百姓好讼,教育儿童的书籍例如《四言杂字》之类,其内容为诉讼所用的词汇,要求有司禁止此类书籍的流通。国子监查明表示,以往法律规定聚集学生教授词讼文书的,杖一百,跟随学习的,杖八十。《四言杂字》属于教授诉讼词汇的书籍,应当比照此条法律断罪。到了南宋中后期,民间健讼的风气已经引起中央朝廷的重视。宋孝宗乾道六年,刑部侍郎王秬建议中央:

近日诉讼滋繁,其弊有二:一曰妄诉之弊,二曰改正之弊。夫讼有当决于州县、监司者,有当决于省部、朝廷者。州县顽民狃于健讼,例皆投牒省部,紊烦朝廷。乞自今除身负冤抑、事系利害方许陈诉,其余琐屑并不许受理,则妄诉之弊可以少革。刑部讼雪过犯,前后非一,其间亡辜坐累固不为无人,然巨奸积恶,有不可不正典刑者。小人粉饰事情,百端伸诉,盖未尝治其诞妄之罪。乞自今遇有讼雪过犯之人,令别勘官司精加覆治,果有冤抑,即与洗涤。如妄有陈列,更与重作行遣,则改正之弊可以少革。②

王秬认为,一些健讼的顽民将本应由州县解决的案件诉至省部级别,导致诉讼繁多,应当只允许确实身负冤抑的人进行诉讼。朝廷采纳了他的建议。③

三、宋代统治阶级的法律思想

封建社会统治阶级的法律观念,直接决定当时的立法、司法观念。宋代皇帝个人的法律思想,对宋代法治观念的塑造和形成起到决定性作用。而宋代士大夫一并推动宋代法治观念的进一步儒家化。余英时评价这些士大夫不但在思想上推陈出新,而且通过政治实践将若干重要的儒家观念纳入法度与习惯,使其成为结构性的存在。这一时期,在立法和司法上体现出庶族地主的思想倾向以及官商结合的法律理念。

(一)宋代皇帝的法律思想

与其他朝代君主相比,宋代君主更为开明,重文轻武,农商并重。相较之下,宋代的党争也较为温和,朝臣能够发表个人观点,舆论环境相对宽松。在整体社会氛围上,宋代基本打破了良贱制度,市井文化欣欣向荣。

---

① 刘昕:《宋代政府对讼师教唆诬告行为的法律规制》,载《湖南社会科学》2012 年第 3 期。

② 刘琳、刁忠民、舒大刚、尹波等校点:《宋会要辑稿》卷一四《刑法三·诉讼》,上海古籍出版社 2014 年版,第 8410 页。

③ 关于宋代民间诉讼,参见王静雯:《宋代“健讼”原因研究》,郑州大学 2009 年硕士学位论文;吕志兴、汤东澍:《宋代“特许越诉法”:中华法系行政诉讼之独例》,载《学术界》2023 年第 2 期;周祖继:《中国传统诉讼文化的内在矛盾及其合理性探析——以宋以后诉讼史料为中心》,中国政法大学 2009 年硕士学位论文;赵旭:《论宋代民间诉讼的保障与局限》,载《史学月刊》2005 年第 5 期等。

1. 严格执法的思想

宋太祖认为法律的作用主要在于预防和禁止犯罪，维护统治秩序，所谓王者禁人为非，莫先法令。宋太祖统治期间进行了一系列立法活动，包含窦仪等人参照《唐律疏议》制定的《宋刑统》及其陆续颁行的各种编敕。另外，宋太祖设立了一系列祖宗家法，这些家法与太祖时期设置的制度一并称为祖宗之法，不可轻易更改。

宋太宗延续了太祖的治理思想，兴文抑武，提倡文治。他开放禁榷，允许百姓经营；鼓励垦荒，大力发展农业生产；用刑平缓，哀矜折狱，建立起一系列清理冤狱的制度。宋太宗认为，只要刑法轻重适当，遇到任何问题都不会迷惑。据《宋会要・选举》记载，宋太宗曾在雍熙三年(986 年)下诏表示，刑法是理国之准绳，御世之衔勒；倘若不失去重轻，则遇到任何四时之风雨也不会迷惑。

严格执法为宋朝历代皇帝所强调。《宋会要辑稿》记载，绍兴十四年(1144 年)，宋高宗表示，立法不贵太重，而贵必行。法必行，则人不敢犯。绍兴二十四年(1154 年)，宋高宗再次强调，即便有了法令，如果官吏不虔行依法办事，虽然申令严格执行，也最终无益。宋高宗要求担任知州的官员应当熟悉民情，通晓相关的利害关系与弊病，并要求监察人员应当随时关注，倘若发现有不依照法令办事的官员，应当加以弹劾。宋孝宗也强调严格执法，表示：

卿等当谨法令，无创例以害法。①

再如，宋孝宗多次表扬严格守法的朝臣，认为法度须是上下坚守。对于祖宗之法，孝宗认为不可轻易改变。一是因为新法属于一时之言，看起来似乎可行，实际司法效果难以预测；二是上言改法的大臣未必尽知厉害，便欲更张。法律在制定之时经过充分而详细的讨论，待法律制定之后，守之贵乎坚。《宋会要辑稿》记载，大理寺办理案件，涉及外戚潘永思。南宋高宗认为，

永思虽戚里，即有过，安可废法?②

再如，南宋高宗就监御厨潘缜再任一事表示，如果降旨再任，不符合法律规定，倘若再任，别人得以援用这一事例，则废法矣。

2. 法贵中正的思想

《宋史・刑法志》记载，宋代汲取五代之乱的教训，太祖、太宗颇用重典。此外，刑罚严苛与否与当权者本人的性情也有很大关联。例如“真宗性宽慈，尤慎刑辟”③。宋真宗时常叮嘱部下，谨慎选择执法官员，他曾经对宰相说：

---

① 刘琳、刁忠民、舒大刚、尹波等校点：《宋会要辑稿》(第 1 册・帝系一一・守法・谕执政毋创例以害法)，上海古籍出版社 2014 年版，第 240 页。

② 刘琳、刁忠民、舒大刚、尹波等校点：《宋会要辑稿》(第 1 册・帝系一一・守法・不以戚里有过而废法)，上海古籍出版社 2014 年版，第 237 页。

③ 许嘉璐主编：《二十四史全译・宋史》(第 7 册)，汉语大词典出版社 2004 年版，第 4101 页。

执法之吏，不可轻授。有不称职者，当责举主，以惩其滥。①

景德四年（1007年），宋真宗昭示他亲笔写的六事：

先是，帝出笔记六事，其一曰：勤恤民隐，遴柬庶官，朕无日不念也。所虑四方刑狱官吏，未尽得人，一夫受冤，即召灾沴。②

宋真宗对杨守珍请示的对强盗采用凌迟刑也直接表示不同意，诏曰：

捕贼送所属，依法论决，毋用凌迟。③

南宋高宗绍兴三年（1133年），宋高宗对吕颐浩说：

为法不可过有轻重，然后可以必行，而人不能犯。太重则法不行，太轻则不禁奸。④

3. 慎重行刑的思想

宋朝对于地方判处死刑的案件日渐重视。宋真宗曾考虑恢复唐朝的死刑三复奏制度，但朝臣虑及死刑复奏制度会导致案件久拖不决。到了宋仁宗时期，刑部侍郎燕肃再次奏请恢复唐朝的死刑复奏制度。天圣四年（1026年），宋仁宗为此下诏曰：

法有高下，情有轻重，而有司巧避微文，一切致之重辟，岂称朕好生之志哉？其令天下死罪情理可矜及刑名疑虑者，具案以闻。⑤

此后，

虽法不应奏、吏当坐罪者，审刑院贴奏，率以恩释为例，名曰“贴放”。吏始无所牵制，请谳者多得减死矣。⑥

庆历年间，宋仁宗考虑到被判处死刑的人有年迈的父母、祖父母的，要求遇到这类情况需要将其罪行上报再定夺。

庆历五年，诏罪殊死者，若祖父母、父母年八十及笃疾无期亲者，列所犯以闻。⑦

（二）宋代官员的法律思想

“宋以后，中国政治社会发生极大的变化，已无世袭封建，亦无大世家门第的观念，社会已经走向平等，只有一些地方性的世家。因此，儒家学者必须靠科举考试才能参政。天下只有皇帝一家是世袭，宗室已无重要性，宋代宗室中人多落魄，有的还

① 许嘉璐主编：《二十四史全译·宋史》（第7册），汉语大词典出版社2004年版，第4101页。

② 许嘉璐主编：《二十四史全译·宋史》（第7册），汉语大词典出版社2004年版，第4101页。

③ 许嘉璐主编：《二十四史全译·宋史》（第7册），汉语大词典出版社2004年版，第4102页。

④ 刘琳、刁忠民、舒大刚、尹波等校点：《宋会要辑稿》（第1册·帝系一一·守法·以中制法则法行），上海古籍出版社2014年版，第237页。

⑤ 许嘉璐主编：《二十四史全译·宋史》（第7册），汉语大词典出版社2004年版，第4104页。

⑥ 许嘉璐主编：《二十四史全译·宋史》（第7册），汉语大词典出版社2004年版，第4104页。

⑦ 许嘉璐主编：《二十四史全译·宋史》（第7册），汉语大词典出版社2004年版，第4106页。

需要考试才能做官,因此产生了士大夫阶级。”①

宋代士大夫身份地位较高,“宋代的‘士’不但以文化主体自居,而且发展了高度的政治主体意识,‘以天下为己任’便是其最显著的标志”②。据《宋会要》记载,在宋神宗与群臣商讨变法之事时,文彦博甚至表示,宋朝皇帝是与士大夫治天下,非与百姓治天下。由于宋代士大夫对立法的推进,庶族地主的价值观体现在了当时一些立法和执法上。

1. 王安石的法律思想

王安石(1021—1086),字介甫,号半山,抚州临川人。北宋著名政治家、文学家、改革家。

王安石最为引人注目的事迹,是其在宋神宗时期主持了熙丰变法。熙丰变法的内容可分为三大类,分别是:(1)富国之法,包含:农田水利法、青苗法、募役法、市易法、均输法、方田均税法;(2)育才之法,包含:改革科举制度,罢明经诸科改经义论策,兴学校等;(3)强兵之法,包含:将兵法、保甲法、军器建造、民户代为养马制度等。

与传统重农抑商理念相异的是,王安石提倡富国理财,甚至认为财富与儒家伦理道义是统一的,而政事就是理财,理财就是义。在上宋仁宗的奏折中,王安石表示一部《周礼》理财居其半。而之所以理财,是供应天下的花费、消耗。王安石理财思想目的在于,因天下之力生天下之财,取天下之财供天下之费。也即是说,通过百姓的经营生产积累起财富,又用这一积累起的财富进行再分配,惠及民生,舒缓社会矛盾,以达到民不加赋而国用饶的目标。在论证财与法的关系上,王安石认为,理财的同时要加强守法与吏治的建设。倘若法不善,则无法理财,从而导致以下犯上的严重后果。在《度支副使厅壁题名记》中,王安石表示,

夫合天下之众者财,理天下之财者法,守天下之法者吏也。吏不良则有法而莫守,法不善则有财而莫理。有财而莫理,则阡陌闾巷之贱人,皆能私取予之势,擅万物之利,以与人主争黔首,而放其无穷之欲,非必贵强桀大而后能。③

王安石主张允许百姓参与各类商业经营,以促进工商业发展,同时保障国家税收收入。除金银矿允许百姓开采之外,王安石还主张茶叶私营。

国家罢榷茶之法,而使民得自贩,于方今实为便,于古义实为宜。④

在《议茶法》中,王安石表示,国家允许百姓贩茶原本是一件有益于民的事。但是,

---

① 余英时:《现代儒学的回顾与展望》,生活·读书·新知三联书店2004年版,第66页。

② 余英时:《文史传统与文化重建》,生活·读书·新知三联书店2004年版,第3页。

③ (宋)王安石撰:《临川先生文集》(卷第八十二·记·度支副使厅壁题名记),中华书局1959年版,第861页。

④ (宋)王安石撰:《临川先生文集》(卷第七十·议论·议茶法),中华书局1959年版,第743页。

而有非之者,盖聚敛之臣,将尽财利于毫末之间,而不知与之为取之过也。[①]

在保障百姓生活和生产经营的同时防止官吏与民争利,防止豪商巨贾的产生,是王安石秉持的商法理念。王安石的商法思想以维持百姓生产生活和国家税收为主,并不主张商业的集中和垄断形成过于富裕的阶层。对于当时出现的垄断性的茶叶商人,王安石通过《茶商十二说》,悉数国家仰仗个别巨商的十二种危害,认为垄断性经营于国于民皆有巨大危害。

尽管王安石提倡富国理财,但受限于当时社会环境不能直接提倡鼓励工商业,尤其不能表达为私人享乐而赚取钱财。功利主义不符合崇尚俭朴、克己、克制欲望的儒家传统道德,非常容易受到儒家的排斥和攻击。为避免其主张遭受过大的社会阻力,王安石同时强调应当知法度,法先王之政。但王安石也特意指出,法先王之政,主要是法其意。这一解释为变风俗、立法度,实施新法留出了空间。

王安石认同"徒法不足以自行"的观点,认为和戎、青苗、免役、保甲、市易之法,

得其人而行之,则为大利,非其人而行之,则为大害。[②]

法律由适合的人去实施,才能够取得法治的效益,但什么人适合执法,却并无统一的标准。王安石在变法中启用的官员并未得到普遍认同。其变法为人攻讦之处就有引用凶邪、排摒忠直。

维护皇帝个人权威的倾向,在王安石的法律思想中表现得极为明确。在登州阿云案中,依据《宋刑统》规定,谋杀人者,徒三年,已伤者绞,已杀者斩。阿云砍韦阿大数十刀并断其一指,按照《宋刑统》的规定,阿云已经造成被害人受伤,应当被判处绞刑。然而宋神宗在熙宁元年(1068 年)曾颁布过敕令,规定谋杀已伤,但有自首情节的,减二等论罪。阿云主动承认自己是凶手,有自首情节,应当免除死刑,减二等判处流刑。王安石认为,应当按照神宗的敕令,减轻处罚,理由是应当予以罪犯改过自新的机会,并且鼓励犯罪人自首。与之相对应的是,司马光也就此案发表看法,认为既然已经使受害者受伤,就不能再适用自首减刑的规定,倘若自首就能减刑,犯罪人有可能伤人后即自首。王安石的主张实际上认定宋神宗颁布的敕令优先于《宋刑统》的规定。此后,神宗朝以敕代律的现象越来越普遍。

封建社会法治的实施始终无法摆脱政治的影响。在与反对变法的保守派的斗争中,王安石的一些主张逐渐脱离探讨刑事案件本身的法律意义,演变为政治斗争。可以肯定的是,王安石变法的目的无疑是要强化皇帝的中央集权。

由于制度上难以解决的弊病以及用人不当,王安石变法激起了以宣仁太后为首的司马光、文彦博等保守派大臣的激烈反对,神宗朝之后,变法措施被废除,但此后长

① (宋)王安石撰:《临川先生文集》(卷第七十·议论·议茶法),中华书局 1959 年版,第 743 页。

② (宋)王安石撰:《临川先生文集》(卷第四十一·劄子·上五事劄子),中华书局 1959 年版,第 440 页。

期持续的党争和朝政不稳被认为是王安石变法所导致。元代宰相脱脱所修《宋史》对王安石变法的态度是负面的，认为其兴害除利，名为爱民，实为病民。《宋史》的主要资料来源于《神宗实录》，然而《神宗实录》前后重修了五次，可见时人对此次变法的矛盾态度。南宋以后至清末以前，对王安石变法的评价也多为负面，例如明代人杨慎在《司马温公墓铭》中就表示，宋之祸乱本于王介甫。近现代史家陈顾远对王安石变法的评价持正面肯定的态度。①

使中国之法制再留奇绩也。青苗法系防贫者举息于豪门，并补常平法之缺，使官薄其息而民救其乏。募役法系防止民时有夺，失其稼穑，故以免役钱代，解除向日困敝；且凡有产业物力，而旧无役者，当出钱以助役，其乡村朴德之穷氓，则宽优之。均输法、市易法系权制兼并，均济贫乏，抑豪商之垄断，通天下之财货，在昔毁其与民争利，值今无异节制资本。至于整理土地，则有方田均税之法，籍以杜民之巧，绝吏之奸；助民生产，则有浚河清汴之事，籍以治水兴利，赐惠农田。②

保甲法系始于邻里守望相助，除盗为旨，而终于民渐习兵，并以免税而代正军上番，则民兵成而募兵减，显然寓兵于农耳。③

2. 司马光的法律思想

司马光（1019—1086），字君实，号迂叟，山西夏县人。司马光经仁宗、英宗、神宗、哲宗四朝，官至尚书左仆射兼门下侍郎。

司马光编撰的《资治通鉴》是资于治道的皇家统治参考书，书中体现出司马光本人的政治思想与法律思想。在《资治通鉴》中，司马光评价汉文帝的统治表示：

文帝除肉刑，外有轻刑之名，内实杀人。④

司马光认为，法者天下之公器。善持法者，亲疏如一，不因与他人关系的亲疏远

---

① 关于王安石法律思想及其变法，参见景芳芳：《尊儒重法：王安石法律思想研究》，西南政法大学2015年硕士学位论文；肖永奎：《王安石变法对儒家均平经济的新探索》，载《儒学评论》2020年第00期；钱申：《王安石变法与制置三司条例司置罢问题再分析》，载《南昌大学学报（人文社会科学版）》2021年第2期；王春华：《再论王安石变法的思想渊源》，载《惠州学院学报》2021年第2期；魏钰洁：《王安石经济政策思想及其执行异化原因探析——以青苗法、市易法为核心》，山东大学2022年硕士学位论文；缪书豪：《王安石的天道思想及其变法精神》，载《苏州科技大学学报（社会科学版）》2022年第5期；俞菁慧：《王安石变法中国家经济与财政行为的货币化导向——基于青苗、免役二法的考察》，载《首都师范大学学报（社会科学版）》2022年第5期；陈景良：《“文学法理，咸精其能”（上）——试论两宋士大夫的法律素养》，载《南京大学法律评论》1996年第2期；苗苗、赵晓耕：《从“阿云之狱”看宋代刑法中的自首制度》，载《河南省政法管理干部学院学报》2005年第3期；陈立军：《刑政、婚姻身份与按问自首法：关于北宋阿云案的几个问题》，载《北大法律评论》2019年第2期；沈茗遥：《“登州阿云案”与北宋法律运行》，载《西南法学》2021年第00期；等等。

② 陈顾远：《中国法制史概要》，商务印书馆2011年版，第27页。

③ 陈顾远：《中国法制史概要》，商务印书馆2011年版，第27页。

④ （宋）司马光编著：《资治通鉴》（第一册 · 卷一五 · 汉纪七 · 景帝前元年），中华书局1956年版，第511页。

近而区别对待。只有这样,才能使权贵不因有所恃而犯法。司马光认为,虽然有必要采用法律,设纲布纪,但礼治无疑是协调人际关系的最优解决方案。通过礼教事先设立好人的权利义务,各自遵循位分而行,就不会产生纠纷。出礼入刑,对那些礼教无法调和的矛盾,才适用刑罚解决。

礼之为物大矣!用之于身,则动静有法而百行备焉;用之于家,则内外有别而九族睦焉;用之于乡,则长幼有伦而俗化美焉;用之于国,则君臣有序而政治成焉;用之于天下,则诸侯顺服而纲纪正焉。①

司马光在政治上属于保守派,维护祖制,强调祖宗之法不可变,反对王安石变法,同时也激烈反对永嘉学派功利主义所称富国理财的做法。司马光认为,古之天地与今无异,古之万物与今无异,古之性情与今无异,既然天地不异,日月无变,万物性情如故,所以道不变,祖宗的法度也不应当变化。凡是为国家制礼立法,需要思考长远,按照制作万世都能适用的法律来定,不能只局限于眼前。

对于王安石变法采取的旨在富国的措施,司马光斥之名为益国,其实伤国,请求斥退聚敛之臣,启用循良之吏。司马光排斥商业经营,认为应当变更这种刻薄的风气,以恢复敦朴,教化人民。司马光也不相信通过理财可以扩大财政收入,在《传家集》中,司马光表示,天地所生货财百物,止有此数,不在民间则在公家。

宋代贱民制度废弛,租田耕作的佃农等地位有所提高。司马光认为这些依靠租种大地主田地的佃农,作为客户,其与主户皆是编户齐民,不存在地位上下之分。②

3. 欧阳修的法律思想

欧阳修(1007—1072),字永叔,号醉翁,晚号六一居士。欧阳修历仁宗、英宗、神宗三朝,官至翰林学士、枢密副使、参知政事。

欧阳修早期支持范仲淹所推行的庆历新政,改革失败加上多次被政敌诬陷,其政治主张由激进转变为温和。庆历新政的失败,使得欧阳修对法治改革有了更深入的思考。欧阳修认为,创立新的制度容易,但要顺利落实则很难;要去除冗政冗员很容易,但要长期坚持还无怨谤,也很难。用改革的形式谋划甚大,却难以立竿见影收到

---

① (宋)司马光编著:《资治通鉴》(第一册·卷一一·汉纪三·高皇帝七年),中华书局1956年版,第375-376页。

② 关于司马光的法律思想,参见王光荣:《简析司马光的法律思想》,载《晋阳学刊》1987年第2期;王显非:《论司马光与北宋青苗法》,载《兰台世界》2013年第3期;关素华:《治法与治人:论王安石与司马光法度思想之异同》,载《理论界》2018年第5期;李克武:《王安石与司马光法律思想比较分析》,载《华中师范大学学报(哲学社会科学版)》1989年第5期;王威宣:《论司马光的政治法律思想》,载《山西大学师范学院学报(哲学社会科学版)》1996年第1期;季平:《论司马光反对青苗法》,载《西南师范大学学报(人文社会科学版)》1985年第4期;邓卓海:《司马光祖宗之法不可变浅析》,载《晋阳学刊》1986年第1期;华翔宇:《司马光法律思想研究》,山东大学2021年硕士学位论文;张伟:《浅议北宋熙宁年间的役法改革——兼评王安石与司马光在役法问题上的论争》,载《宁波师院学报(社会科学版)》1991年第3期;等等。

成效,且容易徒劳无功。到了王安石变法时期,欧阳修已经成为保守派,主张政策的缓和推行而非激烈的变革。

欧阳修同情贫困百姓,认为冗兵过多导致耗费巨大,政府征派过重,主张政府应当改良对官员的考绩制度并且减少扰民。

在法律思想上,欧阳修敢于反思,能够从新颖的角度进行思考。在《纵囚论》中,欧阳修评价了唐太宗与死囚的约定。太宗同意放死囚暂时回家,众死囚也都遵守约定回到京城受刑,最终被太宗赦免。欧阳修认为,从容就死是连君子都很难做到的事,罪犯却能够做到,这非常不近人情。欧阳修认为,这或者是由于太宗求名,或者是死囚已经提前猜到了太宗的心思,不能简单理解为施恩泽于小人,就使小人变为了君子。欧阳修维护法治,认为统治者不应当出于沽名钓誉的心态或者个人好恶,操弄法度,他指出自古乱亡之国,必先坏其法制而后乱从之,此势之然也。

欧阳修认为,德不可以独行,需要由刑法辅之,主张德法并行。他主张法治应当稳定。欧阳修在《准诏言事上书》中表示,言多变则不信,令频改则难从。如果法律朝令夕改,就失去了威信,无法戒厉群臣,也无法取信于民。法令在制定之初应当仔细考虑,但是当法令颁行天下之后,就应当保持一定的稳定性,不能任意改动。

欧阳修主张为人君者应当赏罚分明,赏其有功,罚其有罪。需要注意的是,欧阳修所主张的赏罚分明,其主要目的并不是追求公平公正,而是让皇帝立威。通过赏罚分明的手段,建立皇帝个人威信,以获得人才的归附。《易童子问》一文中,司马光解释了君主与百姓的关系。欧阳修认为损君益民是有益的,倘若损民益君,则损矣。

欧阳修具有我国传统的悯农、爱农思想,在制定财税政策时强调应当轻徭薄赋,量入为出,减轻农民负担。在《原弊》一文中,欧阳修感叹道,耕者不复督其力,用者不复计其出入,一岁之耕,供公仅足,而民食不过数月。倘若不幸遇到水旱,则相枕为饿殍,其甚可叹也!在税赋制度的设计上,欧阳修认为井田什一之法不可复用于今,而应当依据农民的实际收入制定税收政策,体谅农民的辛苦以及产出有限,实现收支平衡。在《论乞止绝河北伐民桑柘札子》中,欧阳修呼吁应当赶紧停止澶州地区为缴纳国家摊派的,制作防城器具的木材,不得已而砍伐桑树的行为,并应当查验此次砍伐桑树的数量,以预估来年丝绸产出的减少并减免丝绵绸绢之税。

方田均税法最早是欧阳修在庆历新政时提出,意在清查、丈量土地,根据土地情况厘定应缴税赋。嘉祐五年,欧阳修上书《论均税札子》,又亲自否定了此前的建言。在《论均税札子》中,欧阳修表示,近来听到传言,说实施方田均税法导致岁俭民饥,并引起河北人户千百人,聚诉于三司。经过调查发现,负责均税的工作人员别生立税数配之,甚至将多年前的旧税予以摊派,又将无法种植庄稼的盐碱地均摊与税数,表示这些地可以煎盐。在允许煎盐的地方,这些老百姓本已经缴纳盐税,现在又需要再缴纳盐碱地的田税;在不允许煎盐的地方,也向老百姓收纳盐碱地的田税。欧阳修请求朝廷能够将生立税数以及远年虚数等，都予以取缔。[①]

4. 苏轼的法律思想

苏轼(1037—1101)，字子瞻，号东坡居士，四川眉山人。北宋著名文学家。

早在嘉祐八年(1063 年)，苏轼在其所作《思治论》中就已经表达了对改革的疑虑。苏轼认为，国家为了改革弊患，变政易令而求丰财，而财终不可丰。任何改革应当先考虑清楚，并且始终坚持，不能以尝试的态度姑且试行之。在《思治论》中，苏轼表示，凡今之所谓新政者，刚听其议论，感觉非常有道理，但等到政令布出于天下，就很难收到好的效果，因为一开始就没有谋划好。

苏轼认为，治国之政策应当专一且深思熟虑之后予以坚持。这些新政措施不能出于私人好恶，也不能根据支持者的多寡来决定是否采取，也不能以有微小的不便，或是贪图小利而废除当下已经发挥作用的方法。这样随意变动或者因事立法，只会导致百姓疲于应对，是无法去除弊病的。倘若制定了法律，则应当落实，有法不行，与无法同。

熙宁三年(1070 年)，宋神宗在策问进士的考题中表达出欲变法的倾向，苏轼特意就此写了一篇应答文章予以劝诫，认为立法应当慎重，深思熟虑。慎重则必成，轻发则多败。立法应当循理，而不是依靠人主之势和赏罚进行强行推进。"理所不在则不成可必也。"

《省试刑赏忠厚之至论》一文中，苏轼表示，在可以赏赐、可以不赏赐之际，应当予以赏赐；可以罚、可以不罚之际，应当不予以惩罚。苏轼清楚意识到刑罚作用的有限，表示刑罚类似于刀锯，是刑的威力，但尽管刑罚有此威力，也有其力所不及之处。在刑罚所不及之处，苏轼认为最好是采取忠厚之道，教化引导。以君子长者之道待天下，使天下相率而归于君子长者之道。苏轼认为，立法贵严，但是责罚贵宽。

在《春秋定天下之邪正论》一文中，苏轼表达了赞同春秋决狱的思想，认为凡天下之邪正，君子之所疑而不能决者，皆至于《春秋》而定。苏轼进一步解释道，非定于《春秋》，定于礼也。因为凡《春秋》之所褒者，礼之所与也，其所贬者，礼之所否也。[②]

---

① 关于欧阳修的法律思想，参见陈金全：《简议欧阳修"立制"与"任人"相为用的法律思想》，载《江西社会科学》1994 年第 9 期；王晓玲：《欧阳修的赋税思想》，载《草原税务》1999 年第 5 期；铁爱花：《试论欧阳修的农业改革思想与实践》，载《宋史研究论丛》2005 年第 0 期；陈金全、李进一：《简议欧阳修的经济立法思想》，载《现代法学》1997 年第 3 期；等等。

② 关于苏轼的法律思想，参见张娟：《苏轼民本法律思想探析》，湘潭大学 2021 年硕士学位论文；杨胜宽：《论苏轼入仕前对法家的态度》，载《太原理工大学学报(社会科学版)》2019 年第 6 期；周泉伶：《苏轼法律思想研究》，重庆大学 2019 年硕士学位论文；谢智飞：《论苏轼对青苗法的认识》，载《农业考古》2017 年第 1 期；周奇仕：《论苏轼的法律思想》，西南政法大学 2013 年硕士学位论文；刘清泉：《谈苏轼的赋税观》，载《乐山师范学院学报》2018 年第 9 期；等等。

5. 包拯的法律思想

包拯(999—1062),字希仁,安徽合肥人,官至从二品枢密副使、朝散大夫。宋仁宗嘉祐元年(1056 年),包拯以龙图阁直学士知开封府,清正廉明、不惧权贵,被誉为包青天。

包拯担任监察御史时,上书《乞不用赃吏》,劝说宋仁宗依法严惩贪官,不要轻易减免惩处,即便遇到大赦也不能再次叙用。包拯性情刚直,弹劾了诸如王魁、郭承祐等佞臣。在《请法外断魏兼》这一奏折中,包拯认为前任淮南转运使工部郎中魏兼在任时本当竭节奉公,但暗中置办物业,请求不要予以减免刑罚。

包拯主张明德慎罚。在《请不用苛虐之人充监司》的奏章中,包拯表示,治平之世明盛之君,必务德泽,罕用刑法。包拯引用了董仲舒关于天人感应的理念,表示王者应当上体天道,下为民极。天道任德不任刑,因此不宜过度用重典,以免伤及德化。

对于官员的品行,包拯认为,倘若任用刻薄好进之吏,则民不聊生,非国家之福;倘若能够选用廉干中正之人,天下幸甚。对于北宋最常见的冗官冗兵问题,包拯认为,冗吏耗于上,冗兵耗于下,都是需要革除的弊病。而最根本的办法,应当是减少冗杂,节约用度;澄汰冗官,罢黜老弱兵员。①

6. 朱熹的法律思想

朱熹(1130—1200),字元晦,号晦庵,南宋时期理学家、哲学家。

朱熹曾在《约束榜》中详细阐述了其对诉讼过程中要点的总结。主要有:状词应当直述事情,不得繁词带论;陈述案情不超过两百字;如果有契据应当粘在诉状前;替人书写诉状的书铺需要遵守相关规定等。强化原告以及书铺遵守诉讼程序规则。

在知南康军时,朱熹为解决案件壅塞问题,将属官召集至厅上,将案牍进行分配。倘若案情简单就各自处断,案情复杂就集众考虑。

朱熹主张钦恤,认为所谓钦恤者,欲其详审曲直,令有罪者不得免,而无罪者不得滥刑也。朱熹认为,狱讼系人性命处,需要仔细思量,不能有误。当情况存疑难以决断时,罪之疑者从轻,功之疑者从重。

7. 程颐的法律思想

程颐(1033—1107),字正叔,世称伊川先生,河南洛阳人,北宋理学家,教育家。

程颐认为,立法和执法应当出于公心,不考虑亲疏远近或对方的身份地位。在解释泰卦九二爻时,程颐表示自古立法制事因为牵于人情,卒不能行者多矣。倘若禁奢侈则害于近戚,限田产则妨于贵家,如此之类,受困于朋比。程颐认为,倘若要依法处

---

① 关于包拯的法律思想,参见史爱君、张远灵:《包拯法律思想述略》,载《开封教育学院学报》2002 年第 2 期;栾爽:《论包拯的法律思想及其现代意义》,载《安徽教育学院学报》2005 年第 2 期;赵绍星:《包拯情理法思想研究》,河南财经政法大学 2022 年硕士学位论文;韩婷:《释古与鉴今:包拯的财税思想及其历史实践》,载《皖西学院学报》2023 年第 1 期;等等。

断，达到泰宁之世，需要避免朋比之私。这一观念与当今司法审判回避制度暗合。

对于实施改革或变法，程颐认为应当启用类似凭河一类果断勇毅的人物。因为平常人习惯于安定、守常，而治世会逐渐衰替，此时就应当启用凭河这类永毅和敢于开拓的人，能够奋发以革其弊。

8. 叶适的法律思想

叶适（1150—1223），字正则，号水心居士，温州永嘉人，南宋思想家、文学家、政论家。①

叶适是永嘉学派功利主义的代表。在对商人的态度上，叶适的思想角度非常特别。他认为，古之人未有不善理财而为圣君贤臣者也。他推崇富人的能力，认为县官的养民之权，世异时移长期积累之后，转移到了富人身上。

在《水心别集》中，叶适认为，立法是以法抑天下。

天下之患，莫甚于纵；救患之术，不过于抑。盖世所谓刚毅无私，能为人主守法，而天下通以为贤人君子者，不过曰能抑天下而已。②

叶适认为，臣民听命于上级，是利益的缘故。

夫天下所以听命于上而上所以能制其命者，以利之所在，非我则无以得焉耳。③

9. 陆九渊的法律思想

陆九渊（1139—1193），字子静，抚州金溪人，陆王学派代表人物，主张心即理。

在刑法理念上，陆九渊从古代经典中寻求法理依据。例如，在《政之宽猛孰先论》中，陆九渊就先回顾了舜命皋陶作法官的历史，并且提及御众以宽，罚弗及嗣，罪疑惟轻，与其杀不辜，宁失不经等，可见陆九渊的刑法理念直接来源于《尚书》中提及的尧舜禹时期的法律思想。

陆九渊曾经引用《尚书》中的法律观念，评价西汉的张释之审理县人犯跸罪一案。关于该案，张释之反对斩杀渭桥下惊乘舆马者，仅处以罚金。张释之的办案理由是天子与天下臣民都需要共尊法律，天下用法应当一样轻重。在《张释之谓今法如是》一文中，陆九渊指出，张释之并没有向汉文帝解释清楚为何不杀县人。照陆九渊的解释，该县人先是隐匿在桥下很久，以为乘舆已经经过，于是出来，导致马匹受惊。根据《尚书·康诰》，乃有大罪，非终，乃为眚灾，适尔，既道及厥辜，时乃不可杀。也就是说，即便有大罪，但是属于偶犯，并且是过失犯罪，可以不杀。

---

① 关于叶适的法律思想，参见张玉霞：《叶适法律思想诠释》，载《温州职业技术学院学报》2009年第2期；刘冬梅：《叶适事功法律思想研究》，重庆大学2014年硕士学位论文；李文兰：《叶适政法思想研究》，青岛大学2014年硕士学位论文；陆凤观：《南宋叶适法律思想探析》，上海师范大学2015年硕士学位论文等。

② （宋）叶适：《叶适集》（第三册·水心别集·卷之三·法官下），刘公纯、王孝鱼、李哲夫点校，中华书局2010年版，第671页。

③ （宋）叶适：《叶适集》（第三册·水心别集·卷之三·法官下），刘公纯、王孝鱼、李哲夫点校，中华书局2010年版，第671页。

在宋代中后期的义利之辩上，陆九渊在《与王顺伯书》中表示，义利就是公私，儒家惟义惟公，所以应当经世致用。

南宋绍熙二年（1191 年），陆九渊赴任荆门。在荆门期间，为改善社会治安，陆九渊亲自听诉，定期审案。①

第二节　两宋法律制度的发展

公元 960 年，赵匡胤在陈桥驿（今河南封丘）发动兵变，夺取政权，建立赵宋王朝，定都汴梁（今河南开封），结束了五代十国漫长的分裂割据局面，重新统一了中国，史称北宋。1127 年，金兵入侵，宋王朝南迁临安（今浙江杭州），史称南宋。偏安一隅 100 余年后，于 1279 年亡国于蒙古（元），两宋共历时 320 年。

宋上承汉唐，下启明清，阶级矛盾与民族矛盾空前激化，是中国古代社会由盛而衰的重要转折点。相较于前代，宋代统治者更加重视法制建设，注重发挥法律在加强中央集权、维护统治秩序方面的重要工具作用，以适应这一时期社会发展的需要。在立法方面，大兴编敕是两宋立法最突出的特征之一，在原有律令格式基础上，朝廷成立了专门机关（详定编敕所）进行编敕活动，律的地位急剧下降。此外，为适应商品经济空前发展的社会，宋朝的民商事及经济立法逐渐完善，国家对经济活动的干预进一步加强。在司法方面，宋代统治者经常直接参与司法活动，并且在中央设置审刑院，加强皇帝对司法权的控制。总的来说，宋代法律制度呈现出的诸多特点均体现了宋统治者加强中央集权，防止割据分裂的意图。

一、文献综述

在所谓“宋承唐制”的影响下，宋代法律制度一直以来被视为唐代法律制度的延续而未受到学界的重视，直至 20 世纪初西学东渐，梁启超首次注意到宋代法制异于前代之特色。纵观现代法史研究史，可以发现关于宋代的法律制度的研究大致可分为以下几个阶段。

20 世纪上半叶，该时期由于史料的局限性以及时局的动荡性，宋代法律制度的研究发展较为缓慢，多为宋代立法考证。以梁启超 1904 年所撰《论中国成文法编制之

---

① 关于陆九渊的法律思想，参见喻中：《祛苛法而求典宪：陆九渊的法理憧憬》，载《学术界》2021 年第 10 期；孙华：《陆九渊民本思想研究》，载《前沿》2010 年第 8 期；聂亮：《陆九渊对吏治腐败的批判与治理实践》，载《今古文创》2022 年第 28 期；段知壮：《从宋明理学角度看中国传统法律思想》，载《十堰职业技术学院学报》2011 年第 3 期。

沿革得失》[①]一文为开端,首次提出宋代法律制度的独特地位,他认为相较于前代的普通法,宋代多有特殊法;相较于前代的偏重刑法,宋则多有刑法以外之法。但这在当时并未引起学界广泛认同。随后杨鸿烈的《宋代的法律》、任启珊的《宋建隆重详定〈刑统〉考略》分别对宋代的立法特点及《宋刑统》的编纂等问题做了考证。此外,邓广铭 1949 年发表的《宋史刑法志考正》为学者研究和利用《宋史·刑法志》提供了极大的便利。为此戴建国认为,邓广铭是 20 世纪上半叶研究宋代法律制度成果最大的学者。[②]

20 世纪 70 年代后,经历了十余年的沉寂期,随着徐道邻提出"中国的传统法律,到了宋朝,才发达到最高峰"[③]的论断,学者对宋代法律制度的地位进行了全新的评价,宋代法律制度的研究迎来了新的春天。20 世纪 80 年代末 90 年代初,日本大兴唐宋法制研究,受此影响,国内亦掀起研究热潮,如 1989 年陈景良发表《两宋法制历史地位新论》、1992 年王云海发表《论宋代法制》,以及戴建国、郭东旭等一大批宋代法制史研究者的涌现,表明宋代在中国法律史上的重要地位被越来越多的人认识和重视。

20 世纪 90 年代后,宋代法制史的研究成果如雨后春笋般冒出。美国学者马伯良(BrianE. Mcknight)《宋代法律与秩序》(剑桥大学出版社 1992 年版)、赵晓耕《宋代法制研究》(中国政法大学出版社 1994 年版)、郭东旭《宋代法制研究》(河北大学出版社 1997 年版)、戴建国《宋代法制初探》(黑龙江人民出版社 2000 年版)等著作,均对宋代法制的概况做了梳理。此外,还有朱瑞熙《中国政治制度通史》(第 6 卷　宋代)(人民出版社 1996 年版)、张晋藩总主编《中国法制通史》(法律出版社 1999 年版)、何勤华《中国法学史》(三卷本,法律出版社 2006 年版)等通论性著作中的宋代篇目也对宋代法制进行了综合的研究。对宋代立法(令、敕、例等)、刑事法律(刺配、折杖及官吏犯罪等)、民事法律(继承、家法族规等)、司法制度(审判、证据及司法检验等)等方面的研究也取得了丰硕的成果。经过众多学者的努力,宋代法律制度的基本内容和特点已经被揭示。[④]

直至 21 世纪,宋代法制史的研究仍是方兴未艾,其研究特点也非常突出,主要可以概括为以下几个方面。

首先,对宋代民事法律的研究空前发展。如赵晓耕《两宋法律中的田宅细故》(《法学研究》2001 年第 2 期)、柳立言《宋代的家庭和法律》(上海古籍出版社 2008 年版)、张晓宇《奁中物:宋代在室女"财产权"之形态与意义》(凤凰出版传媒集团、江苏

---

① 收录于梁启超:《饮冰室合集》,中华书局 1989 年版。

② 参见戴建国:《20 世纪宋代法律制度史研究的回顾与反思》,载《史学月刊》2002 年第 8 期。

③ 徐道邻:《中国法制史论集》,台北,志文出版社 1975 年版,第 88 页。转引自贾文龙:《宋朝鞫谳分司制度的历史浮沉》,载《宋史研究论丛》2015 年第 1 期。

④ 参见戴建国:《20 世纪宋代法律制度史研究的回顾与反思》,载《史学月刊》2002 年第 8 期。

教育出版社 2008 年版)、郭东旭、高楠、王晓薇、张利《宋代民间法律生活研究》(人民出版社 2012 年版)、杨卉青《宋代契约法律制度研究》(人民出版社 2015 年版)、陈景良《何种之私:宋代法律及司法对私有财产权的保护》(《华东政法大学学报》2017 年第 3 期)等对宋代的土地田宅、家庭继承等民事法律方面的研究作出重要贡献。

其次,对宋代法律的各专题研究趋于成熟,且更为深入,著作频出。如立法方面:戴建国《宋代刑法史研究》(上海人民出版社 2008 年版)、胡兴东《宋朝立法通考》(中国社会科学出版社 2018 年版)、王文涛《宋例与宋代法律体系研究》(中国政法大学出版社 2019 年版)对宋代立法进行了全面且深入的梳理;法律制度方面:张希清等《宋朝典章制度》(吉林文史出版社 2001 年版)、戴建国《宋代法制研究丛稿》(中西书局 2019 年版)、贾文龙《宋代地方法治问题研究》(人民出版社 2021 年版)深入研究了宋代法制的发展。

最后,对宋代法律的研究角度与研究方法多样化。如屈超立《论宋代法律在中华法系中的地位》(载张中秋编:《中华法系国际学术研讨会文集》,中国政法大学出版社 2007 年版)、何勤华《论宋代中国古代法学的成熟及其贡献》(《法律科学》2000 年第 1 期)、王晓龙、郭东旭等《宋代法律文明研究》(人民出版社 2016 年版)等均于整个中国法律文明史的高度上讨论宋代法律的地位。还有从社会学角度切入研究的,如张德英《宋代法律在民间的传播》[《济南大学学报(社会科学版)》2003 年第 6 期]、郭东旭《宋代法律与社会》(人民出版社 2008 年版)等从基层的社会民众入手来考察宋代法律的实践效果。[①] 另外,王扬《宋代女性法律地位研究》(法律出版社 2015 年版)、李节《礼法视野下宋代妇女的家庭地位研究》(中国书籍出版社 2020 年版)、陈义和《佛教与宋代法律》(中国政法大学出版社 2015 年版)、柳立言《人鬼之间:宋代的巫术审判》(中西书局 2020 年版)等均从某一特定的视角展现了宋代法律的独特之处。

综上所述,可以发现学界对宋代法律制度的研究旨趣各异,成绩斐然,大到宋代法制在中华法系中的定位,小到某一具体权利的实施,均有成果涉及。虽研究成果喜人,但永远不能停止前进的脚步。本文旨在将宋代法律制度置于整个法律文明史中,探索宋代法制的独特之处,站在前人的肩膀上眺向更远方。

二、两宋主要立法活动

自汉至唐绵亘一千多年的律,其权威在入宋以后急剧地动摇起来。究其原因,主要是社会发生了巨大的变化。汉代产生的新豪门大族在唐代发生分裂,出现了小家

---

① 参见田志光:《21 世纪初(2001—2008 年)宋代法律史研究趋向述评》,载《研究生法学》2009 年第 4 期。

族倾向，入宋后，个人本位主义大大地兴盛起来。不难理解，在这种情况下，包裹着中世之律外衣的古礼，已与新时代不相适应。

（一）法典编纂——《宋刑统》

《宋建隆重详定刑统》简称《宋刑统》，成书于宋太祖建隆四年（963 年）。据史料记载，宋初援用前朝《大周刑统》，直至建隆三年（962 年）十二月大臣张自牧提议驳刑统之不便者五条后，宋太祖才下诏重修刑统，由判大理寺窦仪参与主持。经过窦仪等人"夙宵不怠"地努力，仅用了短短数月时间，《宋建隆重详定刑统》便隆重问世，谓之"参酌轻重，时称详允"[①]。一国大法的编修为何如此迅速？薛梅卿认为原因主要有二：一是负责修律的窦仪是后周和北宋的两朝重臣，对《大周刑统》以及宋代时局十分了解，自然编修起来得心应手；二是政治形势所迫，宋建国伊始，亟须建立新的法统以巩固社会稳定。[②]《宋刑统》是宋代建国之后第一部系统的成文法典，也是宋一代最具代表性的立法成果，自宋初至宋亡，终用之不改，在宋代法制乃至中华法系持续发展进程中起着重要作用。

（二）编敕

编敕是宋代重要的立法活动。宋初法律形式沿用唐制，以律令格式为主，而后"随时损益则有编敕"[③]。敕是指皇帝对特定的人或者案件所发布的诏令，因其直接来源于皇帝，故具有极高的效力。由于敕具有灵活性，并可补充、修正律文的不足，因而调整的范围也不断扩大，涵盖了国家的基本活动。[④] 随着敕的数量逐渐增多，官方将众多散敕进行汇编的立法活动应运而生，该立法活动称为编敕，编敕活动使敕上升为特定的成文的法律形式。

1. 编敕的发展

建隆初年，宋太祖赵匡胤命判大理寺事（大理寺长官）窦仪等人编敕，是为《建隆编敕》。《建隆编敕》共 4 卷，凡 106 条，与新定《宋刑统》30 卷并颁天下，可见编敕地位之高。后每有增订，至咸平年中已多达 8555 条，相比建隆初年翻了 80 倍有余。宋真宗曾诏给事中柴成务等人对《建隆编敕》进行删订，去其繁乱，以便于民，定为 286 条。虽规定为定制，但随着社会的发展，后代统治者仍不断以诏敕的形式修正完善前朝的法律。神宗以前，敕的编撰均以编敕为名，如《建隆编敕》《太平兴国编敕》《重删定淳化编敕》《咸平编敕》《大中祥符编敕》《天圣编敕》《庆历编敕》《嘉祐编敕》《熙宁

---

① （南宋）李焘：《续资治通鉴长编》卷四，中华书局 2004 年版，第 99 页。

② 参见薛梅卿：《宋刑统研究》，法律出版社 1997 年版，第 8、9 页。

③ （元）脱脱等撰：《宋史》卷一九九《刑法志一》，中华书局 1985 年版，第 4962 页。

④ 参见张晋藩：《中国法制史》，商务印书馆 2010 年版，第 245 页。

编敕》等,一共9部。自熙宁后期始,出现一种全新的法典命名方式,曰《敕令格式》,包括《元丰敕令格式》《元祐详定敕令格式》《元符敕令格式》《政和重修敕令格式》《绍兴重修敕令格式》《乾道重修敕令格式》《淳熙重修敕令格式》《庆元敕令格式》《淳祐重修敕令格式》等,一共也是9部。编敕条目的爆炸式增长反映出宋代社会的繁荣发展,不断变化的社会关系致使作为调整社会关系的法律必须不断发展,以适应新的社会需求。

2.“敕”与“律”

敕作为律的一种重要补充形式,以其灵活性以及其直接来源于皇帝的特性,逐渐获得宋代统治者的青睐。北宋初期,敕律并行,敕作为补充附于律后,典型如《建隆编敕》之于《宋建隆重详定刑统》。正如《宋史·职官志》所云:“凡断狱本于律,律所不该,以敕令格式定之。”①只有当律文没有规定时,才援以敕。

但是随着“终世不改”之《宋刑统》越来越难以跟上社会发展的脚步,律之使用渐置于后,而敕的数量越来越多以及涵盖范围也越来越大,至宋神宗时期,敕的地位更是进一步提高。神宗出于变法之需要,甚至直接提出“以律不足以周事情,凡律不载者,一断以敕,乃更其目,曰敕、令、格、式,而律恒存乎敕之外”②。并对敕令格式均作出相应的解释:“禁于已然之谓敕,禁于未然之谓令,设于此以待彼之谓格,使彼效之之谓式。”③至南宋高宗时期,根据《绍兴重修敕令格式》中的《名例敕》规定:“诸律与敕兼行,文意相妨,从敕。”④敕之地位甚至高于律。正如大学者朱熹所言:“今世断狱只是敕,敕中无,方用律。”⑤但是这并不意味着律就置之不用。清末沈家本认为:“《刑统》为有宋一代之法制,其后虽用《编敕》之时多,而终以《刑统》为本。”⑥

综上,以敕代律原因主要有以下几点:其一,祖宗之法不可轻变。《宋刑统》作为宋代基本法典,不便轻易更改。其二,加强皇帝对立法的控制。诏敕更便于君主临时处断,灵活运用,更能反映君王的意志。其三,适应社会经济发展。随着社会经济的发展,必须有与之相适应的法律,如经济领域的编敕明显增多。⑦

(三)编例

1.编例的性质

例作为中国古代重要的法律形式之一,历朝多为采用。从秦汉的“比事”(决事

---

① (元)脱脱等撰:《宋史》卷一六三《职官志三》,中华书局1985年版,第3857页。

② 邱汉平编著:《历代刑法志》,商务印书馆2017年版,第365页。

③ (元)脱脱等撰:《宋史》卷一九九《刑法志一》,中华书局1985年版,第4964页。

④ 《宋会要·茶法杂录中》,中州古籍出版社2015年版,第2355页。

⑤ (宋)黎靖德编:《朱子语类》卷一二八《本朝二·法制》,中华书局1986年版,第3080页。

⑥ (清)沈家本撰:《历代刑法考》卷四九《律令六》,中华书局1985年版,第969页。

⑦ 参见申亚平:《简析宋代编敕制度的消极影响》,载《长江丛刊》2017年第24期。

比、廷行事等），到魏晋及唐的“法例”、宋元的“断例”等，经历了上千年的演变，例逐渐上升成为国家认可并支持的补充法。尤其在宋代，兴起的编例活动使得例的法律地位进一步提高，逐渐出现以例辅律，乃至于律例并行的现象。宋代的例分目繁多，主要可分为行政例和司法例。[①] 行政例主要包括条例（律外的特定立法，如王安石变法时的暂行立法）、格例（行政过程中产生的有关官吏选举及管理的立法）、则例（概括性行为规则，如驿券则例、推恩则例等）。司法例主要是指判例，而判例一词最早出现于晚清[②]，“断例”是宋代判例法的主要载体[③]，分为刑名断例、法寺断例和特旨断例。

“编例”一词未曾见于古籍，由今人所创，张晋藩在1982年主编的《中国法制史》中提到“编例为立法活动，成例为法律形式”[④]。关于编例是指立法活动还是仅指一种特殊的法律形式，学界历来颇有争议。[⑤] 目前学界比较经典且一致的观点是：将对审判有指导意义的断例（判例）编纂成集的立法活动，叫作编例，因此而产生的案例集亦泛称编例。[⑥] 故编例中的例仅指司法例，并不包括则例、格例等行政例。宋代编例产生的案例集称为断例，如《熙宁法寺断例》《元丰刑名断例》等。而著名的判例汇编《名公书判清明集》《折狱龟鉴》《棠阴比事》等并不属于编例，因为这些判例汇编都只是简单的判例汇编，而非经由官方取旨颁行。

2. 编例的发展

随着宋代社会的快速发展，各阶层的矛盾日益突出，出现了大量无法律明文规定的疑难案件，而例的典范性与指导性恰好可以解决这一问题，于是对例的援用开始盛行。为了避免前例与后例自相矛盾，朝廷开始编修例册、编纂断例，由刑部、大理寺等司法机构对具有指导性意义的特定疑难案件的司法裁决进行汇编，使得零碎的断例不断系统化。宋代编例在体例上采用《宋刑统》12篇的结构，通常将例附于律法之后。

不同于编敕，编例出现的时间较晚。现存史料表明，宋代编例始于宋仁宗庆历年

---

① 参见胡兴东：《宋代判例问题考辨》，载《云南师范大学学报（哲学社会科学版）》2016年第1期。

② 参见（晋）葛洪《抱朴子》卷三一《省烦》：“考校判例，尝有穷年，竟不豁了。”参见杨一凡、刘笃才：《历代例考》，社会科学文献出版社2009年版，第114页。

③ 关于宋代有无判例法存在，学界大多持肯定观点，如张晋藩、杨一凡、武树臣、戴建国、何勤华等都认为宋朝存在判例法，甚至认为宋朝是中国古代判例法发展的重要期。

④ 张晋藩主编：《中国法制史》，群众出版社1982年版，第243页。

⑤ 对宋代编例性质之争论，学界主要有以下几种观点：（1）认为宋代编例是立法活动而非法律形式，持该观点的主要是张晋藩；（2）认为宋代编例是法律形式而非立法活动，持该观点的主要有王立民、吕志兴。王立民认为“编例是将原本临时性的具体的案例经过编修程序，上升为具有普遍效力的法律形式”。吕志兴认为：“编例是典型案例，而不是制定法，是位阶最低的法律形式。”（3）认为宋代编例既是立法活动又是法律形式，该观点目前获得学界广泛认同。

⑥ 参见李交发、唐自斌：《中国法制史》，湖南大学出版社、湖南人民出版社2008年版，第174页。

间①，第一部编例应是《庆历断例》，附于《庆历编敕》之后。宋朝“断例”编纂主要集中在北宋仁宗朝至南宋孝宗朝之间。② 除了《庆历断例》，仁宗时期还编有《嘉祐刑房断例》，神宗时期编有《熙宁法寺断例》《元丰刑名断例》，后历代皆有独立编修断例的活动。哲宗时期编有《元祐法寺断例》《绍圣断例》《元符刑名断例》，徽宗时期编有《宣和刑名断例》《崇宁刑名疑难断例》。南宋时期，编例之风亦盛，编例成果主要包括《绍兴刑名断例》《乾道新编特旨断例》《淳熙新编特旨断例》《开禧刑名断例》等。宋代编例这一立法活动使例逐渐上升为判决依据，成为特定的法律形式之一。

3.“例”与“律”

宋初，由于宣敕丰富，例尚未受到立法者的重视。但在司法实践中，由于例具有具体形象、灵活等特点，官吏为了方便行事，常以例断案，是谓“法所不载，然后用例”③。随着例的使用越来越广泛，用例不但没能起到良好的指导作用，反而使得贪官污吏随性引用，严重损害了宋代法律制度。为改变这种刑制紊乱的局面，北宋中期开始编例。④ 至南宋孝宗时期，国家已然形成了“法令虽具，然吏一切以例从事”的局面。有宋人不由感慨：“三省六曹，所守者法，法所不载然后用例。今顾引例而破法，此何理哉？”⑤据此可以看出，此时司法实践中例的地位已然高于律。孝宗察其危害，于乾道年间删定断例，删去与法令相抵触的内容，重新编成《乾道新编特旨断例》。

（四）条法事类

淳熙三年，南宋孝宗发现“敕令格式”合编的形式使得书目庞大，难以快速查阅，即“其书散漫，用法之际，官不暇遍阅，吏因得以容奸”⑥。于是从孝宗淳熙七年（1180年）始以“事”为类，将敕、令、格、式分门别类，该体例称为条法事类。孝宗曾指示曰：“朕欲将见行条法，令敕令所分门编类如律。与《刑统》敕令格式及续降指挥，每事皆聚于一处，开卷则尽见之，庶使胥吏不得舞文。”⑦南宋共编有 3 部“条法事类”，除孝宗淳熙七年所编《淳熙条法事类》之外，宁宗嘉泰二年（1202 年）编有《庆元条法事

① “庆历三年三月戊辰朔，诏刑部、大理寺以前后所断狱及定夺公事编为例。”参见（宋）李焘：《续资治通鉴长编》，中华书局 2004 年版，第 3358 页。

② 参见胡兴东：《宋代判例问题考辨》，载《云南师范大学学报（哲学社会科学版）》2016 年第 1 期。

③ （元）脱脱等撰：《宋史》卷一九九《刑法志一》，中华书局 1985 年版，第 4964 页。

④ 关于编例评价，学界主要有两种观点：（1）编例造成法律制度的紊乱，持该观点的主要有薛梅卿。“由于编例地位日益上升，刑制紊乱的问题已十分严重。”（2）例造成法律制度的紊乱，而编例则是为了纠正例的破坏，持该观点的主要有张晋藩。“编例的做法是为了保持法与例、常法与变法之间的平衡关系，显示了中国古代可变与不变的法学思想。”西北政法大学王旭杰认为持第一种观点的学者在评价编例时，未将例与编例加以区分，导致将使用散例的不良后果加诸编例上。

⑤ （元）马端临：《文献通考》卷一六七《刑考六 · 刑制》，中华书局 2011 年版，第 5008 页。

⑥ （元）脱脱等撰：《宋史》卷一九九《刑法志一》，中华书局 1985 年版，第 4966 页。

⑦ （清）毕沅编著：《续资治通鉴》卷一四六《淳熙六年》，中华书局 1957 年版，第 3913 页。

类》，理宗淳祐年间编有《淳祐条法事类》。现除《庆元条法事类》有残卷外，余皆散佚。条法事类作为有宋一代又一创新，具有条目清晰、便于检索等优点，为法典编纂体例作出巨大贡献。[①] 此外，宋史学者戴建国认为："《庆元条法事类》是宋代的一部综合性法规汇编，包括了刑法、民事法、行政法、经济法方面的规定，内容极为丰富。两宋典章制度多赖其记载而得以保存，是研究宋代法律乃至中国法律制度史的重要典籍。"[②]

三、两宋法制的主要内容

两宋时期立法内容丰富且形式多样，除《宋刑统》这一终世不改之基本法典外，还涌现了许多为弥补该基本法的"新制"律典，如天圣年间制定的《天圣令》以及嘉泰年间制定的《庆元条法事类》，其共同构成两宋法制重要组成部分。

（一）《宋刑统》

1.《宋刑统》之主要内容

《宋刑统》共12篇、31卷、502条，篇目与唐律同，分别为《名例》《卫禁》《职制》《户婚》《厩库》《擅兴》《贼盗》《斗讼》《诈伪》《杂例》《捕亡》《断狱》。12篇又细分为213门，每门收录同一性质的条文，一篇之下少则如捕亡律，有5门，多则如斗讼律，有26门。[③] 并且律文之后附有敕、令、格、式等法律条文，开古代刑法典新体例之先河，为后世《大元通制》《大明律》及《大清律例》的制定奠定了基础。

2.《宋刑统》之于唐律

(1)沿袭于唐律

据《玉海》记载："建隆四年二月五日，工部尚书、判大理寺窦仪言'《周刑统》科条繁浩，或有未明，请别加详定。'"由此可以看出《宋刑统》沿后周之《大周刑统》而制。而《大周刑统》则是仿照唐宣宗大中七年(853年)的《大中刑律统类》编撰，再往前追溯可以发现《大中刑律统类》内容与《唐律疏议》相同，只不过是将唐律中条件类型相似的敕、令、格、式附于律后。另外通过对比《宋刑统》与唐律的篇目(同为12篇，502条)以及法条内容(五刑制度及议请减赎等)，可以发现《宋刑统》本质上无出唐律范畴。刘承幹在《宋重详定刑统校勘记》中写道，"律条所列，从首至尾，初无异文"，仅

---

① 关于条法事类是否属于宋代首创，学者孔学在其《〈庆元条法事类〉研究》一文中提到"事类体"的法书并非宋人所首创。早在唐代开元年间就已出现了把"格式律令"混编，便于省览的"事类体"法书，如《新唐书》卷五八《艺文志》录有的《格式律令事类》。南宋孝宗仅是借鉴该做法。

② 戴建国：《20世纪宋代法律制度史研究的回顾与反思》，载《史学月刊》2002年第8期。

③ 参见张晋藩主编：《中国法制史》(第2版)，高等教育出版社2007年版，第172页。

"小有不符"①。这更加明确了《宋刑统》大体上沿袭于唐律。

(2)有别于唐律

虽说篇目上基本上沿袭于唐律,但《宋刑统》作为有宋一代的大法能够沿用不改,自然有其独特之处。首先,在编撰体例方面,每篇之下"分门立目",不同于唐律的"逐条为目"。"门"的创设,既有利于统治阶级对该社会生产关系的调整,也方便了司法官员在实践中的运用查找,并使我国封建法典的编纂体例朝着科学的方向大大前进了一步,是对唐律的一个重要发展。② 其次,也是最为突出的区别,即附于律后的敕令格式,如《户婚律》中的《户绝资产》门、《典卖指当论竞物业》门、《婚田入务》门等,皆据令敕编入,为唐律所无。③ 在敕令格式之后,还有"起请条",代表修律者的建议。《宋刑统》编撰者窦仪言:"凡削出令或(式)宣敕一百九条,增入制十五条,又录律内'余条准行'者凡四十四条,附于《名例》之次,并目录成三十卷。"④这表明《宋刑统》502 条条文中至少有 100 条是唐律中所没有的,这些条文的加入无疑大大增加了该法典的灵活性以及其在宋代的适用性。再次,《宋刑统》删去了《唐律疏议》中每篇篇首的疏议文,使律典更为简约明了。最后,在法律内容方面,《宋刑统》创定了"折杖之制"以及物权制度等民事方面的规定,具有宋代鲜明的时代特色。

(二)《天圣令》

北宋前期,宋代的立法主要以修纂编敕为主,用敕对律令等常法进行补充修正。从北宋建国到仁宗天圣七年(1029 年),在前后长达 70 年的时间里,仅修纂了一部作为普通法而适用于全国的《天圣令》。⑤《天圣令》制成于天圣七年,颁行于天圣十年(1032 年)。其以《唐开元二十五年令》为蓝本,选取唐令中可用的部分进行相应的修改以适用于当时社会,并列为前篇,而将原本附在后篇。据《玉海》记载,"《天圣令》文三十卷,时令文尚依唐制,夷简等据唐旧文斟酌众条,益以新制,天圣十年行之"⑥。如此看来,与其说《天圣令》属于宋代令典,不如说其是唐令在宋代的一个翻版。

1998 年,戴建国于宁波天一阁中偶然发现明抄本《官品令》并着手研究,于 1999 年发表论文证明该书实为佚失已久的北宋《天圣令》后 10 卷,引起学界震动。残 10 卷一共包含 12 篇令,分别是:田令、赋役令、仓库令、厩牧令、关市令、捕亡令、医疾令、

---

① 刘承幹:《宋重详定刑统校勘记》,引自《宋刑统》,中华书局 1984 年版,第 513、549 页。

② 参见陈景良:《两宋法制历史地位新论》,载《史学月刊》1989 年第 3 期。

③ 参见王云海主编:《宋代司法制度》,河南大学出版社 1992 年版,第 3 页。

④ (宋)窦仪等:《进刑统表》,载(明)黄淮、杨士奇编《历代名臣奏议》卷二一〇《法令》,上海古籍出版社 1989 年版。

⑤ 参见戴建国:《〈天圣令〉研究两题》,载《上海师范大学学报(哲学社会科学版)》2010 年第 2 期。

⑥ (清)沈家本撰:《历代刑法考》卷四九《律令六・天圣新修令》,中华书局 1985 年版,第 982 页。

假宁令、狱官令、营缮令、丧葬令、杂令。[①]《天圣令》与《天圣编敕》几乎是同时修纂的，因此立法官必须考虑两者的关系，否则便会发生内容重复现象。编敕多由皇帝诏敕编修而成，通常在法律效力上高于令，因此，法律的修纂首先保证编敕。[②]

（三）《庆元条法事类》

《庆元条法事类》始修于嘉泰元年（1201年），成书于嘉泰二年（1202年），颁行于嘉泰三年（1203年），所以也称《嘉泰条法事类》。该书由南宋谢深甫在《庆元重修敕令格式》的基础上改编而成，该书全书共437卷，清刻本80卷，而现存残本更是只有48卷。[③] 现存残本分职制、选举、文书、榷禁、财用、库务、赋役、农桑、道释、公吏、刑狱、当赎、服制、蛮夷、蓄产、杂门16门。

虽于今仅存少量残本，但《庆元条法事类》收录了从南宋初年至庆元年间共60余年的敕、令、格、式及随敕申明，其"事类"体例更是汇集了包括行政法、经济法、民族法等在内的各类法规，可谓南宋法律的集大成者，具有很高的史料价值。[④] 其中值得注意的是《庆元条法事类》保留了大量的行政法资料，虽然宋代没有唐代《唐六典》那样编纂成典的行政法律汇编，但《庆元条法事类》也称得上是有宋一代行政法律的总汇。[⑤]

四、刑事法律制度

两宋的刑事法律制度相较于前代有诸多创新，包括刑罚制度中折杖法、刺配刑、凌迟刑等。此外，两宋的刑事法律制度也独具特色，在士大夫高度参与法制和政治的情况下，立法和司法实践中均体现出兼顾情理的人文精神。而宋代本身作为篡夺旧政权而建立的新政权，其统治者对于危害国家安全的盗贼犯罪格外重视，甚至为此进行了专门立法。

---

① 参见黄正建主编：《〈天圣令〉与唐宋制度研究》，中国社会科学出版社2011年版，第1页。

② 参见戴建国：《〈天圣令〉研究两题》，载《上海师范大学学报（哲学社会科学版）》2010第2期。

③ 关于《庆元条法事类》的卷数，《玉海》卷六六中有两种说法：一为437卷，一为《书目》所记载的80卷。而《宋史·艺文志》记载："《庆元条法事类》八十七卷，嘉泰元年，敕令所修。"清末沈家本在《历代刑法考》一书中提到"此书卷数，三处不同，《玉海》与两书多寡悬绝，未详何故"。而武树臣在其1999年主编的《中国传统法律文化词典》中偏向于认为《庆元条法事类》凡437卷。无独有偶，孔学在其2000年发表的《〈庆元条法事类〉研究》一文中，以条法事类的编纂依据为切入点，分析了《庆元条法事类》共437卷的原因。孔学认为《淳熙条法事类》在《淳熙重修敕令格式》248卷基础上修成，达420卷；《淳祐条法事类》在《重修淳祐敕令格式》430卷基础上修成，达430卷，那么以《庆元敕令格式》256卷为基础修成的《庆元条法事类》绝不仅有80卷。

④ 参见孔学：《〈庆元条法事类〉研究》，载《史学月刊》2000年第2期。

⑤ 参见张晋藩：《中国法制史》，商务印书馆2010年版，第249页。

(一)刑罚制度的变化

两宋的刑罚制度,相较于唐代,呈现畸轻畸重的特点。折杖法的创设使得除死刑外的刑罚过轻,而刺配刑的广泛适用和凌迟刑成为常用刑又使得刑罚过重。此外,宋王朝刑罚制度的相关创新可以说对传统刑罚制度提出了重大挑战。其中,折杖法的创设基本打破了原有的五刑刑种分类;刺配刑的出现标志着肉刑的复活,以及更深层次的司法刑罚倒退;原作为法外刑的凌迟,其适用范围的不断扩大更是挑战法定刑罚的权威。

1. 折杖法

所谓折杖法,是指除死刑外的笞、杖、徒、流刑均用杖刑折抵。宋初,为缓解社会矛盾,削除苛峻,宋太祖于建隆四年(963 年)颁行《折杖法》,“徒、流皆背受,笞、杖皆臀受”①,即以臀杖折抵笞杖刑,以脊杖折抵徒流刑,具体规定如下。

凡流刑四:加役流,脊杖二十,配役三年。流三千里,脊杖二十;二千五百里,脊杖十八;二千里,脊杖十七,并配役一年。凡徒刑五:徒三年,脊杖二十;徒二年半,脊杖十八;二年,脊杖十七;一年半,脊杖十五;一年,脊杖十三。凡杖刑五:杖一百,臀杖二十;九十,臀杖十八;八十,臀杖十七;七十,臀杖十五;六十,臀杖十三。凡笞刑五:笞五十,臀杖十下;四十、三十,臀杖八下;二十、十,臀杖七下。常行官杖如周显德五年制,长三尺五寸,大头阔不过二寸,厚及小头径不得过九分。徒、流、笞通用常行杖,徒罪决而不役。②

除死刑外的刑罚均可用臀杖或脊杖折抵,看似大大降低了刑罚力度,实际上致使两宋刑罚种类急剧减少,从而导致刑种配置不合理,死刑之下即为脊杖,刑罚轻重严重失衡。虽经历朝统治者几度修改,仍解决不了刑罚畸轻畸重的问题,并且宋代“盗贼”等重大犯罪多发,折杖后的刑罚不能有效地遏制重大犯罪,反而出现“刑轻不能止恶,故犯法日益众,其终必至于杀戮,是欲轻反重”③的局面,这恐怕也是制定《折杖法》的宋初统治者始料不及的。④

2. 刺配刑

刺配,指在罪犯面部刺字后再发配至指定地点服兵役的刑罚方式。刺配刑属于混合刑,对罪犯同时处以决杖、刺面及流配。自汉代文景废除传统肉刑,后世偶有用黥刑。至五代时期,由于连年战乱,社会人口急剧下降,为保留足够的劳动力和军队力,后晋采用刺配这一刑罚来代替死刑。宋代则在此基础上继续发展刺配刑,并将其

---

① (宋)李焘撰:《续资治通鉴长编》卷四,中华书局 2004 年版,第 88 页。
② (元)脱脱等撰:《宋史》卷一九九《刑法志一》,中华书局 1985 年版,第 4967 页。
③ (宋)马端临:《文献通考》卷一六八《刑考七》,中华书局 2011 年版,第 4999 页。
④ 参见吕志兴:《〈折杖法〉对宋代刑罚重刑化的影响》,载《现代法学》2007 年第 5 期。

作为宋代刑罚制度中极具代表性的刑罚方式。根据犯罪情节的轻重，刺配刑亦有等级之分。《宋史·刑法志》记载："刺配之法二百余条，其间情理轻者，亦可复古徒流移乡之法，俟其再犯，然后决刺充军。《政和编配格》又有情重、稍重、稍轻最轻四等。若依仿旧格，稍加参订，如入情重，则仿旧刺面，用不移不放之格；其次稍重，则止刺额角，用配及十年之格；其次稍轻，则与免黥刺，用不刺面、役满放还之格；其次最轻，则降为居役，别立年限纵免之格。"①《宋会要辑稿》中也有相关记载，除了刺面与不刺面之分，还根据犯罪情节轻重区分所刺部位、流配的距离及地点。②

宋初刺配刑运用不多，但随着社会矛盾日益突出，刺配刑的适用范围逐渐扩大，几乎涵盖所有官民犯罪，包括斗殴杀伤、偷盗劫贼、贪赃枉法等，只要性质恶劣或情节严重，均可适用。有关刺配的诏令也日益增多，并被记录在《编敕》之中，刺配刑由此上升为法定刑。③ 据史料记载："刺配之法，始于晋天福间。国初加杖，用贷死罪。其后科禁浸密，刺配日增。考之《祥符编敕》，止四十六条。至于庆历，已一百七十余条。今淳熙配法，凡五百七十条。配法既多，犯者自众，黥隶之人，所至充斥。"

时人对如此严酷的刺配刑也多持否定态度，如仁宗时大臣张方平指出："刺配之法，比前代绝重，前代加役流即不加杖，又役满即放，或会赦即免。今刺配者，先具徒流杖之刑，而更黥刑，服役终身，其配远恶州军者，无复地里之限。"④马端临也有过相关评述："舜之九刑，始并用其三，黥为墨，配即流，杖为鞭，三者始萃於一夫之身。盖其制将以宥死罪，合三为一，犹为生刑，端未为过。"⑤他指出刺配原作为宥死罪之刑，却集三种刑罚为一身，处罚未免过重。为何宋王朝要如此重用刺配这一刑罚呢？究其原因，除了上文提到的宋代需要通过让死刑犯改为刺配，发配到边疆充实军队，以增强军队的战斗力外，还有一大原因是弥补《折杖法》给刑罚体系带来的刑罚不均衡的缺陷，而刺配刑作为肉刑，对严重犯罪有着非常大的震慑作用，故宋统治者这样做也只是为了更好地巩固政权罢了。

3. 凌迟刑

凌迟，中国古代酷刑之罪，也称"脔割"，指将人身上的肉一刀刀割尽，从而使人痛苦且缓慢死去的刑罚。凌迟始于五代，据宋人陆游记载："五季多故，以常法为不足，于是始于法外特置凌迟一条。肌肉已尽而气息未绝，肝心联络而视听犹存。"⑥而后在

---

① （元）脱脱等撰：《宋史》卷二〇一《刑法志三》，中华书局 1985 年版，第 5020 页。

② （清）徐松：《宋会要辑稿》卷三八二《刑法四》："国朝凡犯罪，流罪决讫配役如旧条，杖以上情重者有刺面、不刺面配本州牢城，仍各分地里近远，五百里、千里以上及广南、福建、荆湖之别。"

③ 参见林洋：《宋代刺配制度考析——兼论肉刑复活的原因》，载《长江大学学报（社会科学版）》2015 年第 11 期。

④ （清）沈家本撰：《历代刑法考》刑法分考八《充军》，中华书局 1985 年版，第 236 页。

⑤ （宋）马端临：《文献通考》卷一六八《刑考七》，中华书局 2011 年版，第 5043 页。

⑥ （宋）陆游：《渭南文集校注》卷五《条对状》，浙江古籍出版社 2015 年版，第 148 页。

辽朝,凌迟最早作为死刑之一出现在《辽史·刑法志》:"死刑有绞、斩、凌迟之属。"① 此时已将凌迟与绞、斩并列。宋建国之初,尚未有案件适用凌迟刑,直至天圣六年(1028 年),仁宗下诏:"如闻荆湖杀人祭鬼,自今首谋若加功者,凌迟、斩。"②此后,凌迟刑的适用范围不断扩大,适用频率逐渐上升,从一开始的"凶强杀人之盗"等重罪"亦未尝轻用",到熙宁、元丰年间"以口语狂悖者皆丽此刑"③,凌迟刑的适用门槛逐渐降低。南宋嘉泰二年(1202 年),《庆元条法事类》中正式规定了凌迟若干,至此凌迟成为法定刑。④

为何以仁政著称的宋代反而是凌迟刑的兴盛期?这与两宋所处的社会背景息息相关。宋太祖赵匡胤通过发动兵变,结束五代十国的混乱局面。事实上,社会的动荡并不能随着新政权的建立就马上消失,而是蛰伏在暗处随时等待反扑。一方面,宋承五代,不可避免地承袭其部分规范及习惯,其中便包括酷刑凌迟。另一方面,从宋代脔割或凌迟适用范围来看,惩治盗贼和兵变占绝大部分。终宋一代,国内阶级矛盾都非常尖锐,大小农民起义、兵变不断,朝廷需要严刑峻法以镇压"盗贼",严酷至极的凌迟之刑从而成为宋统治者处罚危害封建秩序犯罪的不二选择。故可以说,乱世酷刑的延续以及宋代盗贼和兵变的频繁为宋代凌迟刑兴起提供了合适的土壤。⑤

(二)刑法制度的特点

两宋时期,刑法制度整体偏于宽容。由于儒学在两宋非常发达,大量儒家知识分子通过科举考试进入统治集团,统治阶层都尊崇儒家仁政思想,恤刑慎罚。据《宋史·刑法志》记载:"祖宗仁政,加于天下者甚广。刑法之重,改而从轻者至多。"⑥但对于严重危害政权的犯罪行为,宋代采取的则是"重法"处置:"惟是强盗之法,特加重者,盖以禁奸宄而惠良民也。"⑦

---

① (元)脱脱等撰:《辽史》卷六一《刑法志》,中华书局 1974 年版,第 936 页。

② (宋)马端临:《文献通考》卷一六七《刑考六》,中华书局 2011 年版,第 4995 页。

③ (宋)马端临:《文献通考》卷一六七《刑考六》,中华书局 2011 年版,第 5001 页。

④ 关于凌迟在宋代是否为法定刑,学界大多持肯定观点。占茂华 2010 年主编的《中国法制史》指出:"凌迟刑被引入编敕,上升为带有普遍性与经常性的刑罚,逐渐成为法定刑。"郭建 2006 年所著《中国法制史》承认凌迟在宋代作为法定刑之一,但对入刑时间不明确,"宋朝的凌迟之刑是何时写进法典,作为法定刑的,目前尚不清楚"。孔学 2004 年发表在《史学月刊》上的《论凌迟之刑的起源及在宋代的发展》一文指出:"凌迟之刑在宋代并没有入律,所以直到南宋理宗时赵与时仍说是'俗称法外',但凌迟之刑已进入敕令之中,且适用范围在不断扩大。"综上,笔者认为凌迟刑虽然未被《宋刑统》所规定,但在南宋《庆元条法事类》中正式作为刑罚之一,而《庆元条法事类》属于宋代立法,故可以理解为凌迟刑成为法定刑,但并未入律。

⑤ 参见孔学:《论凌迟之刑的起源及在宋代的发展》,载《史学月刊》2004 年第 6 期。

⑥ (元)脱脱等撰:《宋史》卷一九九《刑法志一》,中华书局 1985 年版,第 4979 页。

⑦ (元)脱脱等撰:《宋史》卷一九九《刑法志一》,中华书局 1985 年版,第 4979 页。

1. 恤刑慎罚

在君主与士大夫共治天下的宋代,士大夫提倡的人文精神融于司法实践之中,恤刑慎罚的刑法原则成为该时代一大亮点,上至皇帝,下至司法官吏均对人命持非常谨慎的态度,在判决时兼顾情理法。在两宋司法实践中,判处死刑的不少,但执行死刑的却少之又少,据史料记载,宋徽宗"政和六年、七年坐杀人而死者才十有二人,刑几措矣。然计二年之狱,盖一百三十二人,而独此十二人者死。问之有司,则曰:'不死者,有情理者也。'自五帝、三代至於汉、唐,未有杀人不死之法"①。可见,宋代统治者对死刑的慎用,以及情理在司法实践中的重用。《名公书判清明集》中也存有大量司法官员在"准律""依敕"之外"参酌人情"作出符合天理人情的判决。名公范西堂指出法不应拂情,"祖宗立法,参之情、理,无不曲尽。倘拂乎情,违乎理,不可以为法于后世矣"②。真宗时期,蔡州有300多人依律有罪当死,但当时的知州张荣及推官江嗣宗出于恤刑考虑,决议仅取为首者杖脊,起余悉论杖罪,此举还被真宗下诏予以褒扬。除司法官吏外,皇帝本人也常行恤刑慎罚之意,据《宋史·刑法志》载:"凡岁饥,强民相率持杖劫人仓廪,法应弃市,每具狱上闻,辄贷其死。遣使巡抚诸道,因谕之曰'平民艰食,强取根粮以图活命尔,可从盗法科之'。天圣初,有司尝奏盗劫米伤主,仁宗曰'饥劫米可哀,盗伤主可疾。虽然,无知迫于食不足耳'。命贷之。"③足见宋统治者对刑罚的审慎。

2. 盗贼重法

"盗贼"一词在古代法律中有着独特的语境,不同于现代的偷盗、强盗等行为,不仅指侵害人民的人身权和财产权,还包括危害国家政权。而后者正是统治者最难以容忍的,故历代统治者都非常重视对盗贼犯罪的打击。早在李悝《法经》六篇中,"以为王者之政,莫急于盗贼,故其律始于《盗贼》"④,足见其重要性。而后,盗贼罪在各代法典中均有所发展,至宋代,盗贼罪所涉范围急剧扩张。徽宗朝侍御史陈次升言:"近朝廷改法,诏以强盗计赃应绞者,并增一倍。"⑤据相关学者统计,自宋太祖乾德元年(963年)朗州汪端领导"数千人聚山泽为盗"⑥始,至宋钦宗靖康二年(1127年)北宋灭亡,在164年间,共发生大小规模不同的"盗贼"事件200多起,几乎历年都有"盗贼"发生,因此,宋代刑律对"盗贼"的重视是必然的。⑦

---

① (宋)马端临:《文献通考》卷一六七《刑考六》,中华书局2011年版,第5010页。

② 中国社会科学院历史研究所宋辽金元史研究室点校:《名公书判清明集》卷一二《惩恶门》,中华书局1987年版,第448页。

③ (元)脱脱等撰:《宋史》卷二〇〇《刑法志二》,中华书局1985年版,第4987页。

④ (唐)房玄龄等撰:《晋书》卷三〇《刑法志》,中华书局1974年版,第922页。

⑤ (元)脱脱等撰:《宋史》卷一九九《刑法志一》,中华书局1985年版,第4987页。

⑥ (元)脱脱等撰:《宋史》卷二六四《薛居正传》,中华书局1985年版,第9110页。

⑦ 参见申静:《宋代惩治盗贼的法律规范研究》,载《兰台世界》2013年第12期。

宋代的“盗贼重法”体现在常规立法和特殊立法上。在常规立法中，首先《宋刑统》有关盗贼罪的条文规定在全盘接收唐律的基础上，又增加了相关敕令数条以加重对“盗贼”的处罚。如“造妖书妖言”条，唐律中规定：“诸造妖书及妖言者，绞。造，谓自造休咎及鬼神之言，妄说吉凶，涉于不顺者。传用以惑众者，亦如之；传，谓传言。用，谓用书。其不满众者，流三千里。言理无害者，杖一百。即私有妖书，虽不行用，徒二年；言理无害者，杖六十。”①《宋刑统》则在该条文后面补充了其他严重情形，“或僧俗不辩，或男女混居，合党连群，夜聚明散，托宣传于法会，潜恣纵于淫风，若不去除，实为弊恶。此后委所在州府县镇及地界所由巡司，节级严加壁刺，有此色之人，便仰收捉勘寻，据关连徒党，并决重杖处死”，扩大了该罪的适用范围并处以极刑。《宋史·刑法志》中也提道：“左道乱法，妖言惑众，先王之所不赦，至宋尤重其禁。凡传习妖教，夜聚晓散，与夫杀人祭祀之类，皆著于法，诃察甚严。”②此外还有“强盗罪”，《宋刑统》规定：“今后应持杖行劫，不问有赃无赃，并处死。其同行窃贼，内有不持杖者，亦与同罪。”将持杖行劫定义为不问结果的行为犯，相比于唐律的“其持杖者，虽不得财，流三千里；五疋，绞；伤人者，斩”，宋代的刑罚更为严厉。

同时，宋代针对“盗贼”犯罪进行了特殊立法。仁宗嘉祐年间，划分了部分对盗贼犯罪从重处罚的地区，是为“重法地”。重法地“始于开封府诸县，后稍及诸州”③。一开始仅在开封府诸县设立，后逐渐扩大到其他州县，直至元丰时，河北、京东、淮南、福建等路皆用重法，以致“郡县浸益广矣”④。神宗熙宁四年（1071 年），制定《盗贼重法》，规定：“凡劫盗罪当死者，籍其家赀以赏告人，妻子编置千里；遇赦若灾伤减等者，配远恶地。罪当徒、流者，配岭表；流罪会降者，配三千里，籍其家赀之半为赏，妻子递降等有差。应编配者，虽会赦，不移不释。凡囊橐之家，劫盗死罪，情重者斩，余皆配远恶地，籍其家赀之半为赏。盗罪当徒、流者，配五百里，籍其家赀三之一为赏。窃盗三犯，杖配五百里或邻州。虽非重法之地，而囊橐重法之人，以重法论。其知县、捕盗官皆用举者，或武臣为尉。盗发十人以上，限内捕半不获，劾罪取旨。若复杀官吏，及累杀三人，焚舍屋百间，或群行州县之内，劫掠江海船栰之中，非重地，亦以重论。”于常法之外设立特殊法以加重对特定区域、特定犯罪行为的处罚，这在中国古代是史无前例的，《盗贼重法》的颁布也标志着统治者对人民镇压的加强。⑤ 但终宋一代，对盗贼的严厉镇压并没有缓和社会矛盾，反而激起民众更多的反抗，足见一味地严刑峻法、“重典”治国是没用的，必须要真正地从源头上解决老百姓的困难，这对于当今国

① （宋）窦仪等撰：《宋刑统》卷一九《贼盗律》，中华书局 1984 年版，第 289 页。
② （元）脱脱等撰：《宋史》卷一九九《刑法志一》，中华书局 1985 年版，第 4981 页。
③ （元）脱脱等撰：《宋史》卷一九九《刑法志一》，中华书局 1985 年版，第 4978 页。
④ （元）脱脱等撰：《宋史》卷一九九《刑法志一》，中华书局 1985 年版，第 4978 页。
⑤ 参见占茂华主编：《中国法制史》，中国政法大学出版社 2010 年版，第 226 – 227 页。

家治理也有参考意义。

五、民事法律制度

两宋时期,商品经济空前发达,现实生活中的财产法律关系也因此复杂异常,除了传统的商品买卖繁荣,借贷、租佃、典当等财产契约关系也非常活跃,从而进一步推动了调整财产关系的民事法律的发展,《宋刑统·户婚律》特设典卖指当论竞物业一门。此外,随着宋代商品经济的发展和繁荣,宋代女性有了更多的就业机会,社会地位也有所提高,由此便对传统的以父权为中心的亲族法律提出新的挑战,女性权益在婚姻及继承等法律制度中逐渐被关注。

(一)财产制度

1. 所有权

宋时,所有权已经区分为不动产所有权和动产所有权。称动产所有权为物主权、物或财物;不动产所有权,则谓之业主权、产、业或产业。在不动产所有权中,土地是所有权的核心。[①] 不论是动产所有权还是不动产所有权,宋代法律都予以保护。

在不动产保护方面,虽说《宋刑统》完全承袭了《唐律疏议》中关于均田制的内容,但实际上,由于两宋时期社会生产力的提高和商品经济的发展,土地兼并盛行,土地私有制已占据支配地位。[②] 但这个"私有"的意义不等同于现代的个人意义上的私有,而是指以家族为单位的私。并且宋代法律对该私有制的保护建立在法律认可的基础之上。宋代对私有土地的保护主要体现在以下几个方面:首先,鼓励开荒种植,并承诺其对该荒地的所有权。如乾德四年(966 年),太祖下诏曰:"所在长吏告谕百姓,有能广植桑枣,开垦荒田者,并只纳旧租,永不通检。"[③]诸如此类诏令在两宋数不胜数,《宋大诏令集》卷一八二《政事三十五》"农田"一目中所载之宋初诏令有 17 种之多,皆是鼓励农垦,惩罚游手好闲,奖励辛勤,承认土地私有的法令。[④] 其次,通过法律规范土地所有权的转移,保护私人所有权与土地交易的秩序。宋代与唐代相比,官府对土地转让的限制很少,完全根据当事人双方自由意志进行,并不横加干涉。但是在转移的程序上有所规定,或典、或卖、或租,均有相关程序要求,具体将在下文阐述。

在动产保护方面,对于一般财物,"任依私契,官不为理"[⑤]。对于拾遗物、漂流

---

① 参见张晋藩主编:《中国法律史》,法律出版社 1995 年版,第 285 页。

② 该观点由漆侠提出,他在 2009 年中华书局出版的《宋代经济史》一书中指出:"北宋垦田在宋神宗熙宁元丰之际最高达七百万顷,可能在七百五十万顷左右。由此可见私有土地居于绝对的优势地位。"

③ (元)脱脱等撰:《宋史》卷一七三《食货一》,中华书局 1985 年版,第 4158 页。

④ 参见陈景良:《何种之私:宋代法律及司法对私有财产权的保护》,载《华东政法大学学报》2017 年第 3 期。

⑤ (宋)窦仪等撰:《宋刑统》卷二六《杂律》,中华书局 1984 年版,第 413 页。

物、宿藏物等，两宋则注重国家、原物主及拾得人三方权利的平衡。① 关于拾得物的所有权，《庆元条法事类》规定："诸得阑遗物者，送所在官司封记籍定，牓谕召人识认。有人认者，先责隐细状，验同，取保给付。满百日无人认者，没官。"②其中对于有人认领时隐瞒失物细节的规定体现了对原主人权利的保护。

关于漂流物的所有权，《宋刑统》规定："诸公私竹木为暴水漂失，有能接得者，并积于岸上，明立标榜，于随近官司申牍，有主识认者，江河，五分赏二分，余水，五分赏一分。限三十日，无主认者，入所得人。"③由于漂流物于江河中取得，相较于陆上拾得物更为危险，所以法律对拾得者倾斜保护，即使在规定时限内失主来寻，拾得者也享有部分权利。关于宿藏物(地下埋藏物)的所有权，宋朝法律视发现地情况处理：若是在官地上所得，则归发现人所有；若是在私人土地上所得，依令应与田主平分。如不送还田主，则按律坐赃论减三等，"诸于他人地内得宿藏物，隐而不送者，计合还主之分坐赃论减三等"④。

2. 买卖

两宋时期，商品经济发达，商品买卖活动非常频繁。官府为了规制买卖双方合法交易，制定了非常多的民商事法律，尤其是土地买卖。合法的买卖程序包括"先问亲邻""契要如格式""输钱印契"等。

首先，"先问亲邻"，指的是土地转让时，转卖者的亲邻具有优先购买权。这不是宋代独有的制度，而是民间很早就流传的习俗。《宋刑统 · 户婚律》规定："典卖、倚当物业，先问房亲。房亲不要，次问四邻。四邻不要，他人并得交易。房亲着价不尽，亦任就得价高处交易。"⑤若房亲、四邻给价低于他人，则以价高处交易，保护了转让人的权利。其次，"契要如格式"，指契约要符合法定格式，详细记载标的物的基本情况，价格，支付方式等。绍兴年间，户部员外郎马骐言："窃谓典卖田宅，条令所载契要格式备矣，或不如式，在法，未尝不许执用。所有执用者准条明言违法，如私辄典卖之类，是诚不可以执用么。然则契要不如格式，非违法明矣，乌可不使之执用乎！"⑥订立好契约之后，还要"牙保"及写契人亲书押字，然后送官"输钱印契"，"令民典卖田宅，输钱印契，税契限两月"⑦。"输钱"指的是向官府缴税，"印契"是指在契约上加盖官府

---

① 参见陈景良：《何种之私：宋代法律及司法对私有财产权的保护》，载《华东政法大学学报》2017 年第 3 期。

② 天一阁博物馆、中国社会科学院历史研究所天圣令整理课题组校证：《天一阁藏明钞本天圣令校证：附唐令复原研究》，中华书局 2006 年版，第 312 页。

③ (宋)窦仪等撰：《宋刑统》卷二七《杂律》，中华书局 1984 年版，第 446 页。

④ (宋)窦仪等撰：《宋刑统》卷二七《杂律》，中华书局 1984 年版，第 445 页。

⑤ (宋)窦仪等撰：《宋刑统》卷一三《户婚律》，中华书局 1984 年版，第 207 页。

⑥ (清)徐松：《宋会要辑稿》卷二一四《食货六一》，上海古籍出版社 2014 年版，第 7462 - 7474 页。

⑦ (宋)马端临：《文献通考》卷一九《征榷考六》，中华书局 2011 年版，第 545 页。

的官印。经过印契之后的契约叫作“红契”，具有法律效力；而未经官府印契的叫作“白契”，不受法律保护。只有经过“印契输税”的契约才算真正生效。但两宋时期由于税率高，老百姓不愿意缴税，于是宁愿承担法律风险而普遍使用白契。

3. 租佃

两宋时，农民的地位得到了很大的提升，田主将土地租给农民，农民承佃土地，是为佃农。此种田主和佃农双方是基于契约而形成的较为平等的民事关系，已不再是极不平等的私人依附关系。宋统治者根据产业的有无将全国居民分为“主户”与“客户”两大类，佃农被编入客户，成为国家的编户齐民，具有正式的法律地位，不再是地主豪强的私属户口。于是，两宋时期，以契约形式为基础的租佃关系得到了宋朝法律的承认与保护，开始迅速发展起来。①

宋太宗太平兴国七年(982 年)闰十二月，诏曰：“具述土地所宜及其家见有种子、某户见有阙丁、某人见有剩牛，然后分给旷土，召集余夫，明立要契，举借粮种，及时种莳。俟收成，依契约分，无致争讼。”②租佃双方是互惠合作的关系。但事实上，双方仍处于不平等的关系。宋哲宗元祐五年(1090 年)刑部规定：“佃客犯主，加凡人一等。主犯之，杖以下勿论，徒以上减凡人一等；谋杀盗诈、有所规求避免而犯者不减。”③

(二)亲族制度

1. 婚姻

虽说《宋刑统·户婚律》全盘保留了《唐律疏议·户婚律》的内容，但从宋代敕令等法律形式，以及时人的笔记中记载的婚姻制度上来看，宋代婚姻制度又呈现出诸多不同于前代的特点，甚至可以说，在中国古代婚姻史上，宋代是非常重要的历史转折期。首先，在婚姻限制方面，宋代破除了自汉唐以来的门阀婚姻制度，嫁娶时相比于门阀，人们往往更加重视才能，这主要得益于科举制的发展。据时人记载：“自隋唐而上，家之婚姻，必由于谱系。自五季以来，取士不问家世，婚姻不问阀阅。”④沈括也指出士族、庶姓不通婚姻的习俗“至唐末方渐衰息”⑤。这是婚姻制度在唐宋之际发生的重大变革，对后世具有一定的积极影响。此外，宋代禁止族际婚。宋太宗至道元年(995 年)下诏曰：“禁西北缘边诸州民与内属戎人昏娶。”⑥不仅是普通老百姓，皇族宗室也不被允许族际婚，故有宋一代从未有过与异族的和亲之举，这一点与大力推行和

① 参见占茂华主编：《中国法制史》，中国政法大学出版社 2010 年版，第 232－233 页。

② 曾枣庄、刘琳主编：《全宋文》(第 4 册)卷六六《宋太宗四·置农师诏》，安徽教育出版社、上海辞书出版社 2006 年版，第 117 页。

③ (元)脱脱等撰：《宋史》卷一九九《刑法志一》，中华书局 1985 年版，第 4981 页。

④ (宋)郑樵撰：《通志》卷二五《氏族略一》，中华书局 1995 年版，第 1 页。

⑤ (宋)沈括：《梦溪笔谈》卷二四《杂志一》，中华书局 2016 年版，第 537 页。

⑥ (元)脱脱等撰：《宋史》卷四《太宗本纪》，中华书局 1985 年版，第 98 页。

亲的唐王朝截然相反。宋代明文规定禁族际通婚,是宋代民族矛盾突出在婚姻制度上的重要表现。

其次,宋代女性在婚姻关系中地位也有所改变。随着宋代商品经济高度发展,以家财论婚嫁成为一种普遍的社会现象,厚嫁之风逐渐盛行。司马光曾道:“将娶妇,先问资装之厚薄;将嫁女,先问聘财之多少。”[①]而这些嫁妆成了出嫁女子主要的财产基础,并且使她们在婆家获得一定的家庭地位。此外,嫁妆往往以“妻财”名义明确标示出来,陪嫁的奁田和奁具都要与婆家财产区分开来,分家时也不在财产分割范围以内,并得到法律保护。[②] 女性的地位提高还体现在离婚及再嫁的权利上。根据宋代法律规定,女性在以下情况下可以主动提出离婚或改嫁:(1)定婚后3年无故未成婚。“诸定婚无故三年不成婚者,听离”[③]。(2)丈夫3年不归。“夫出外三年不归者,其妻听改嫁。”[④]此外,宋有“夫亡六年改嫁之制”[⑤],妻子可在丈夫去世6年后另行改嫁。(3)丈夫携财致使妻子不能自给。“不逞之民娶妻绐取其财而亡,妻不能自给者,自今即许改适”[⑥]。(4)丈夫移乡服刑。“已成婚而移乡编管,其妻愿离者,听。”[⑦]虽然两宋王朝的离婚法律仍有它难以摆脱的历史局限性,但在一定程度上保护了弱势的妇女群体。[⑧]

2. 继承

宋朝的继承制度依然包括身份继承和财产继承。身份继承仅由嫡长子继承,财产则由诸子和女儿继承。宋朝关于嗣子、女儿及遗嘱继承的规定较有特色。

嗣子继承。嗣子,指无子者从近支兄弟或他人处过继而来的儿子。南宋以前,嗣子均被视为亲生子,拥有第一继承权。但到了南宋,嗣子根据过继时养父母在世与否被分为“立继子”和“命继子”,二者所得份额不同,立继子的财产继承等同于亲生子,而命继子最多继承遗产的三分之一,“检照淳熙指挥内臣僚奏请,谓:祖宗之法,立继者,谓夫亡而妻在,其绝,则其立也,当从其妻;命继者,谓夫妻俱亡,则其命也,当惟近亲尊长。立继者与子承父法同,当尽举其产以与之;命继者,于无在室、归宗诸女,止

---

① (清)李文炤撰:《家礼拾遗》卷三《昏礼·亲迎》,岳麓书社2012年版,第630页。

② 参见韩敏:《宋代婚姻重财之风初探——以厚嫁为中心》,载《湖北函授大学学报》2013年第12期。

③ 中国社会科学院历史研究所宋辽金元史研究室点校:《名公书判清明集》卷九《户婚门》,中华书局1987年版,第349页。

④ 中国社会科学院历史研究所宋辽金元史研究室点校:《名公书判清明集》卷一四《惩恶门》,中华书局1987年版,第353页。

⑤ (宋)李焘撰:《续资治通鉴长编》卷八二,中华书局2004年版,第1861页。

⑥ (宋)李焘撰:《续资治通鉴长编》卷八二,中华书局2004年版,第1861页。

⑦ 中国社会科学院历史研究所宋辽金元史研究室点校:《名公书判清明集》卷一四《惩恶门》,中华书局1987年版,第353页。

⑧ 参见刘雅琦:《宋代离婚制度探析》,新疆大学2018年硕士学位论文。

得家财三分之一"[①]。

女子继承。女子的继承权要视情况而定。古代根据女子的出嫁情况,将其分为三类:尚未出嫁的称为"在室女";已出嫁的称为"出嫁女";已经出嫁但由于种种原因又回到娘家的,称为"归宗女"。对于在室女,其所能分得的财产是最多的,且不要求户绝,能分得男聘财的一半,"其未娶妻者,别与聘财,姑姊妹在室者,减男聘财之半"[②],后在南宋实践中逐渐演变为可分得全部遗产的一半:"在法,父母已亡,儿女分产,女合得男之半。"[③]从一些判例中可以看出,这个新的遗产分配原则,在南宋时的江南地区是被广泛承认和执行的。[④] 此外,在户绝的情况下,"准令:户绝财产尽给在室诸女,而归宗女减半"[⑤]。对于出嫁女,按理来说已经分得嫁妆,则不参与继承。但有例外情况,"止有出嫁诸女者,即以全户三分为率,以二分与出嫁诸女均给,余一分没官"[⑥],即在户绝且仅有出嫁女而无在室女或归宗女的情况下,诸出嫁女可以分得三分之二的家产,剩余三分之一没官。

遗嘱继承。宋代关于遗嘱继承最早见于《宋刑统》:"若亡人在日,自有遗嘱处分,证验分明者,不用此令。"[⑦]这说明宋代的遗嘱继承效力优于法令规定。但是遗嘱继承也有着诸多限制。首先,遗嘱有效的前提是"诸财产无承分人",据《名公书判清明集》中记载,"在法,诸财产无承分人,愿遗嘱与内外缌麻以上亲者听自陈,官给公凭。有承分人不合遗嘱"[⑧],即仅在没有子女继承的情况下才可遗嘱继承。其次,遗嘱必须满足一定的程序要件,必须"经官印押"。南宋名公书判中曾有一案,缪氏母子持遗嘱至官府请求分配财产被驳回,法官道:"此皆何烈在日,作此妆点,不曾经官印押,岂可用私家之故纸,而乱公朝之明法乎!"[⑨]此外,关于遗嘱继承纠纷的诉讼时效为10年。

---

① 中国社会科学院历史研究所宋辽金元史研究室点校:《名公书判清明集》卷一四《惩恶门》,中华书局1987年版,第448页。

② (宋)窦仪等撰:《宋建隆详定刑统 宋刑统》卷一二《户婚律》,中华书局1984年版,第197页。

③ 中国社会科学院历史研究所宋辽金元史研究室点校:《名公书判清明集》卷八《户婚门》,中华书局1987年版,第277页。

④ 参见郭东旭:《宋代财产继承法初探》,载《河北大学学报(哲学社会科学版)》1986年第3期。

⑤ 中国社会科学院历史研究所宋辽金元史研究室点校:《名公书判清明集》卷九《户婚门》,中华书局1987年版,第316页。

⑥ 中国社会科学院历史研究所宋辽金元史研究室点校:《名公书判清明集》卷八《户婚门》,中华书局1987年版,第267页。

⑦ (宋)窦仪等撰:《宋建隆详定刑统 宋刑统》卷一二《户婚律》,中华书局1984年版,第198页。

⑧ 中国社会科学院历史研究所宋辽金元史研究室点校:《名公书判清明集》卷五《户婚门》,中华书局1987年版,第141页。

⑨ 中国社会科学院历史研究所宋辽金元史研究室点校:《名公书判清明集》卷五《户婚门》,中华书局1987年版,第139页。

"遗嘱满十年而诉者,不得受理。"①从以上有关规定可以看出,两宋时期遗嘱继承的相关法规已经非常详备。

六、司法制度

宋代的司法制度非常完善,不论是在司法机构的设置上、司法官员的选拔上,都可以反映出宋代统治者对司法的高度重视。宋代的司法体系设计周密,制度严明,彰显了程序正义,是中国古代法制史上的一座高峰,也领先于世界法制文明。②

(一)司法机关

宋代司法机关,大致承唐制,中央除大理寺、刑部、御史台三司以外,还建立了审刑院,以加强皇帝对中央司法权的控制。地方也设有专门的司法职务和司法人员,如提点刑狱司,以加强皇帝对地方司法权的控制。

1. 中央司法机关

(1)大理寺

宋承唐制,设大理寺为中央最高的审判机关,负责断决地方州县报请复核的狱案。但相比于唐代,宋初(神宗改制之前)对大理寺的职权有着诸多限制,主要体现在以下几个方面:首先,在机构设置上,宋初建立审刑院,使得大理寺的判决除经刑部复核外,还须经过审刑院的详议,最后才能报送皇帝决定执行与否;其次,在审理方式上,"凡狱讼之事,随官司决劾,本寺不复听讯"③,大理寺只负责书面审断,并不开庭审理;最后,在官吏设置上,大理寺不设专职长官,而由其他朝官兼任,以判寺事1人为首,兼少卿事1人为副;下设祥断官8人,法直官2人,分别由京官及幕府州县官充任。

直至宋神宗元丰改制,大理寺的职权才有所恢复。先是审刑院裁减并入刑部,狱案无须报审刑院备案。后大理寺正副长官始设专职,以大理卿1人为首,少卿2人为副,下设推丞4人、断丞6人、司直6人、评事12人、主簿2人。寺内审判事务分左右两部分:左为断刑,掌管全国官员、将校的犯罪案件、死罪及其他报请复审案件;右为治狱,掌管京师各机关职官犯罪案件。大理寺卿总管大理寺之公事,少卿则分领"左断刑"及"右治狱"两个系统。

(2)刑部、审刑院

刑部的主要职能为复核大理寺所评断的全国死刑案件,除此之外,刑部还负责官

---

① 中国社会科学院历史研究所宋辽金元史研究室点校:《名公书判清明集》卷五《户婚门》,中华书局1987年版,第135页。

② 参见游彪:《领先于世界的宋代司法制度》,载《人才资源开发》2019年第13期。

③ (元)脱脱等撰:《宋史》卷一六五《职官志五》,中华书局1985年版,第3899页。

员犯罪的除免、昭雪等。淳化年间审刑院之设立极大地限制了刑部的职权。至元丰改制之后,因审刑院并入刑部,刑部的职权有所扩大,“掌刑法、狱讼、奏谳、赦宥、叙复之事”①。此时,刑部设正长官尚书1人,“掌天下刑狱之政令”,副长官侍郎2人“为之贰”,辅助刑部尚书开展“制勘、体量、奏谳、纠察、录问”②等工作。另外设有属官都官郎中、员外郎、比部郎中、员外郎以及司门郎中、员外郎等。

审刑院于宋初太宗淳化二年(991年),因“惧刑部、大理寺用法之失”③而建立,设有知院及详议官6人,以加强皇帝对司法权的控制。“凡狱具上奏者,先由审刑院印讫,以付大理寺、刑部断复以闻,乃下审刑院祥议,中复裁决讫,以付中书,当者即下之,其未允者,宰相复以闻,始命论决。”④由此可以看出,审刑院是在刑部之上增设的一级复审机构,并且直接隶属于皇帝。淳化四年(993年),审刑院职权进一步扩大,乃至刑部几乎被架空,“诏大理寺所祥决案牍,即以送审刑院,勿复经刑部祥复”⑤。至神宗元丰三年(1080年),审刑院被并入刑部,刑部始专其官。

(3)御史台

御史台是宋代中央最高的监察机关,“掌纠察官邪,肃正纲纪”,但其除具有监察职能外,也具有一定的司法职能,“御史台应有刑狱公事,御史中丞以下,躬亲点检推鞠”⑥。其司法管辖范围主要包括以下两个方面:一是重大官员犯罪案件。据《宋史》载,“群臣犯法,体大者多下御史台,小则开封府、大理寺鞠治焉”⑦。二是州县不能解决的疑难案件。据《宋史》载,“天下疑狱,谳有不能决,则下两制与大臣若台谏杂议”⑧。凡是州县、监司、刑寺不能确当的案件,可诉至御史台处理。

(4)其他中央司法机关

宋代中央除上述三大司法机关外,还有诸多专门的审判机构。如军事方面,有专门受理军人犯罪案件的枢密院;财经方面,有专门审查经济案件的三司及元丰后的户部等;宗室犯罪方面,在京师者由大宗正司受理,在外地者由外宗正司受理。⑨ 此外,还有受理直诉的司法机关,如若遭遇审判不公,可以依次向登闻鼓院、登闻检院和理检院实封投状。

---

① (元)脱脱等撰:《宋史》卷一九九《刑法志一》,中华书局1985年版,第3857页。

② “曰制勘,掌凡根勘诸路公事;曰体量,掌凡体究之事。”参见(元)脱脱等撰:《宋史》卷一六三《职官志三》,中华书局1985年版,第3859页。

③ (元)脱脱等撰:《宋史》卷一九九《刑法志一》,中华书局1985年版,第4967页。

④ (宋)李焘撰:《续资治通鉴长编》卷三二,中华书局2004年版,第718、719页。

⑤ (宋)李焘撰:《续资治通鉴长编》卷三四,中华书局2004年版,第748页。

⑥ 曾枣庄、刘琳主编:《全宋文》(第4册)卷七五《宋太宗一三》,安徽教育出版社、上海辞书出版社2006年版,第327页。

⑦ (元)脱脱等撰:《宋史》卷二〇〇《刑法志二》,中华书局1985年版,第4997页。

⑧ (元)脱脱等撰:《宋史》卷二〇一《刑法志二》,中华书局1985年版,第5005页。

⑨ 参见王云海主编:《宋代司法制度》,河南大学出版社1992年版,第63页。

2. 地方司法机关

宋代地方司法机关主要分为四级：县，州、府，路，京畿。

（1）县。县级官府相当于基层司法机关，是诉讼的第一审级。县官，即知县或县令，是县一级的司法官，掌"总治民政、劝课农桑、平决狱讼"①。在管辖权限方面，据《庆元条法事类》的《断狱令》规定，县级仅有权管辖杖及以下的案件，徒以上的须报上级判决。②

（2）州、府。州、府作为第二审级，比县一级具有更多的管辖权限。各州长官称知州，全权管理一州军政，后增设通判及参军辅佐知州处理司法事务。州有权审理并判决徒刑以上的案件，但是死刑案件的判决必须上报提刑司复核；重大疑难案件报刑部，由大理寺审议，甚至经皇帝批准后，方可执行。③

（3）路。诸路设立提点刑狱司，简称提刑司。提刑司由中央派出，代表朝廷监督各地方州县的司法审判活动，除监察职能外，提刑司还可以就疑狱亲自进行审问，并且有权复审各州的死刑案件，体现其监察和司法的双重属性。

（4）京畿。北宋开封府及南宋临安府，作为京畿地区的司法机构，其地位高于普通州府。"掌正畿甸之事。中都之狱讼皆受而听焉，小事则裁决，大事则禀奏。若承旨已断者，刑部、御史台无辄纠察。"④

（二）审判制度

宋王朝作为一个封建王朝，其固有的专制属性使其制定的司法制度不可避免地带有中央集权思想，整体上形成以皇权为主，从地方司法机关初审，上级司法机关层层复审，到大理寺、御史台复核，以及刑部终审的司法审判制度。另外，宋代也创设了诸多审判制度，具有极高的借鉴价值，如务限法，理雪制度、鞫谳分司制度、翻异别勘制度。徐道邻先生曾提出："就制度来讲，这一段时期，确实举世无双。其中最值得称述的有两项：一是鞫谳分司，一是翻异别勘。"⑤

1. 务限法

宋代在唐代保护农业生产的务限制度的基础上，通过完备的立法规定和司法运作，制定了务限法，以适应商品经济的高速发展和农业生产的需要。"务"是指农务，"务限"也即根据农务进行的诉讼限制。《宋刑统》户婚律中规定："所有论竞田宅、婚

---

① （元）脱脱等撰：《宋史》卷一六七《职官志七》，中华书局 1985 年版，第 3977 页。

② 《庆元条法事类》卷七三《刑狱门三·检断》："杖以下，县决之。徒以上及应奏者，并追证勘结圆备，方得送州。"

③ 参见朱勇主编：《中国法制史》（第 2 版），中国政法大学出版社 2017 年版，第 185 页。

④ （宋）马端临：《文献通考》卷六三《职官一七》，中华书局 2011 年版，第 1891 页。

⑤ 徐道邻：《中国法制史论集》，台北，志文出版社 1975 年版，第 114 页。转引自贾文龙：《宋朝鞫谳分司制度的历史浮沉》，载《宋史研究论丛》2015 年第 1 期。

姻、债负之类，取十月一日以后，许官司受理，至正月三十日住接词状，三月三十日以前断遣须毕，如末毕，俱停滞刑狱事由闻奏。”①每年二月初一为“入务”，九月三十日“开务”，在此期间，为避免耽误生产，官府不受理田宅、婚姻、债负等案。需要注意的是宋律仅规定“诉田宅、婚姻、债负”等民事诉讼在务限之列，而不包括刑事诉讼。从另一个角度看，宋代已经开始区分民事诉讼与刑事诉讼案件。但并非宋代所有的民事诉讼都要遵照务限之期，《宋刑统》同时也规定：“如是交相侵夺及诸般词讼，但不干田农人户者，所在官司随时受理断遣，不拘上件月日之限。”②这一规定意为涉及财产侵夺且不影响农务生产的案件，官府可随时审理，不受务限期的限制。南宋时，由于江南气候温暖，农忙季节提前，法律也对务限期进行了相应修改，体现了法律的灵活性。“务限法”是宋朝诉讼审判制度的一个重大发展，也是一个以农业生产为主的国家的法律制度特色之所在。③

2. 理雪制度

理雪制度是宋代非常重要的一项司法申诉制度。“理雪”即使沉冤得以昭雪，指允许定案后的囚犯或其家人申诉另审，防止冤假错案。宋统治者非常重视民众的言路畅通，认为“下不能伸其理，上不为雪其冤，则下民抑郁之情皆无所而诉也”④，从而愈发凸显理雪制度的重要性。与此同时，对理雪也有诸多限制，首先在程序上，有严格的申诉顺序，禁止越级申诉。据《宋会要辑稿》记载，仁宗天圣七年（1029 年）时，因读《唐史》有感，乃谓之左右曰，“天下九州岛之大，岂无冤枉之人。若至京师检院、鼓院理雪者，必是州县官吏、提点刑狱、转运使不能理雪”⑤，即必须经由所属州县、提点刑狱司、转运司，仍不能理雪的，才允许到京师登闻鼓院、登闻检院申诉，逐级进行，不得越诉。此外，还有申诉时效的限制：“命官犯罪经断后，如有理雪者，在三年外更不施行。”⑥

针对官员对理雪制度的落实情况，宋统治者还规定了相应奖惩措施。太祖建隆二年（961 年）九月，诏曰：“若检法官或转运，但他司经历官举驳别勘，因此驳议，从死得生，即理为雪活。其雪活得人者，替罢日刑部给与优牒，许非时参选。若雪活一人者，幕职循一资；州县官、幕职二人以上加章服；已有章服，加检校官；检校至五品以上及合赐章服，并京朝官雪活，并许比附奏裁。或覆推官妄欲变移，希冀酬奖，却为元推

---

① （宋）窦仪等撰：《宋建隆详定刑统 宋刑统》卷一三《户婚律》，中华书局 1984 年版，第 207 页。

② （宋）窦仪等撰：《宋建隆详定刑统 宋刑统》卷一三《户婚律》，中华书局 1984 年版，第 207 页。

③ 参见占茂华主编：《中国法制史》，中国政法大学出版社 2010 年版，第 244 页。

④ （清）徐松：《宋会要辑稿》卷三八一《刑法三》，上海古籍出版社 2014 年版，第 8397 - 8415 页。

⑤ （清）徐松：《宋会要辑稿》卷一四六《职官三》，上海古籍出版社 2014 年版，第 3092 页。

⑥ 曾枣庄、刘琳主编：《全宋文》（第 41 册）卷八八五《乞依刑部定夺除落葛闳陆经罪名状》，安徽教育出版社、上海辞书出版社 2006 年版，第 215 页。

勘官对众凭者,其元驳议及覆推官各以出入人罪论。"①规定各级官员若"雪活"罪囚,使之"从死得生",则有所酬奖。反之,以"出入人罪"论处。真宗景德二年(1005年),更是规定"自今后雪活得人性命者理为劳绩"②,反映出理雪制度的重要性。

3. 鞫谳分司制度

"鞫",意为审理,即"听";"谳",意为判决,即"断"。早在唐代,其司法官吏就将"听"与"断"作为刑事审判的两个环节加以区分。而将"听"和"断"固定为两个独立程序,并且分属于两类机构、由两组官吏来进行,是宋朝独有的"鞫谳分司"制度。③鞫谳分司制度最初适用于地方州府,后逐渐扩展适用至中央司法机关,最典型的是大理寺"左断刑""右治狱"的两个系统。

以"审者不判,判者不审"为审判方式的鞫谳分司制度,在今天看来似乎违反了审判合一的司法基本原则,但在宋代不可谓不是一个合适的制度,宋臣周林上奏曰:"狱司推鞫,法司检断,各有司存,所以防奸也。"④同时,他也指出如果"推鞫之吏狱案未成,先与法吏议其曲折"⑤则容易出现"结案之时不无高下迁就非本情去处"⑥的情况,故当时许多大臣均建议立法严厉禁止推司公事在结案之前与法司商议。当今学界对此大多也持肯定态度。⑦ 其观点主要可概括为两个方面:一是鞫谳分司制度体现了对司法权的制衡,一定程度上制止了司法专权与枉法裁判;二是鞫谳分司制度"听讼惟明,持法惟平"⑧的价值取舍有利于排除情感因素对审判的干扰,使得审判结果更加公正和科学。

4. 翻异别勘制度

"翻异"意为翻供、有异议,分为审问中推翻供词的翻异、行刑时的称冤翻异以及上诉程序中的不服翻异等;"别勘"意为换个审理机关或法官重新审理,分为原审机关"移司别推"和上级机关"差官别勘"。"翻异别勘"制度即司法机关在遇到犯人推翻供词等"翻异"情况时有义务进行"别勘",是宋代刑事审判中必须遵循的法定程序,若相关审判人员未按照法律规定进行"别勘",则需追究其相应的责任。

---

① 曾枣庄、刘琳主编:《全宋文》(第1册)卷一《幕职州县官等雪活人命酬奖事诏》,安徽教育出版社、上海辞书出版社2006年版,第21-22页。

② (清)徐松:《宋会要辑稿》卷三八二《刑法四》,上海古籍出版社2014年版,第8500-8501页。

③ 参见霍存福:《给宋代"鞫谳分司"制度以定位——"听""断"从合一到分立的体制演化》,载《北方论丛》2017年第5期。

④ (清)沈家本撰:《历代刑法考》,中华书局1985年版,第2017页。

⑤ (清)沈家本撰:《历代刑法考》,中华书局1985年版,第2017页。

⑥ (清)沈家本撰:《历代刑法考》,中华书局1985年版,第2017页。

⑦ 如王云海在其《宋代司法制度》一书中提道:"宋代长期的审判实践证实鞫谳分司制度,能够在一定程度上起到提高审判质量,防止偏差的作用。"陈景良在2006年载于《中国法学》上的《宋代司法传统的现代解读》一文中提出:"鞫谳分司制是体现制衡理念的机制。"

⑧ (后晋)刘昫等撰:《旧唐书》列传卷三五《徐有功传》,中华书局1975年版,第2821页。

翻异别勘制度作为宋代极具特色的司法审判制度，一方面体现了宋代司法的恤狱的人文精神，另一方面，也体现了宋王朝为防止冤假错案，追求维护司法公正所作的努力。但不可避免地，对审判程序的要求愈严苛，则审判效率愈低下，故寻求公正和效率二者间的平衡是我们的课题所在。

5. 对证据制度更加重视

宋代的证据制度及科学技术远超前代。首先，不同于中国传统司法实践中重口供而轻实物的特点，宋代司法官非常注重物证、书证等实物证据。宋人郑克在其著作《折狱龟鉴》中即提到“证以人，或容伪焉，故前后令莫能决；证以物，必得实焉，故盗者始服其罪”①，说明他认为物证的效力要优于人证的效力，突破了中国传统的证据观念。甚至有时候没有一定的物证，是不允许定案的，“理断诉讼，必二竞俱至，券证齐备，详阅案牍，是非曲直，了然于胸次，然后剖决”②。但是反过来，如果只有物证，而没有口供，在“理不可疑”的情况下也可以定案，“若赃状露验，理不可疑，虽不承引，即状断之”③。其次，宋代的检验技术有了显著的提升，尤其体现在法医鉴定上。这一进步使得证据更加可靠、更加真实。宋慈所著的《洗冤集录》作为宋代法医学著作的代表，反映了当时超高的医学检验技术，对中国后世乃至世界各国都有着巨大的贡献。

（三）司法官员选任

宋代是我国封建社会中最重视法律的朝代，故宋代选拔司法官员的技术也是相对最成熟的，为培养和选拔合格的法律人才，宋代制定和完善了以“法律考试”为中心的一系列有效措施，其司法官员选拔制度在中国古代历史的长河中可以说独树一帜，主要包括选拔地方司法官吏的明法科和铨试，以及选拔中央司法官吏的试刑法。

1. 明法科

明法科是宋代科举考试中的一门独立科目，以律令为考察内容，用以选拔各州司判或县尉等专业法律人才。“初，礼部贡举，设进士、九经、五经、开元礼、三史、三礼、三传、学究、明经、明法等科。”④宋初，明法科作为“最下科”并未受到重视，考中“明法”的人屈指可数。直至神宗改制，“将旧科明法念诵无用之科，改为新科明法”⑤并提高明法科入官待遇，“新科明法中者，吏部即注司法，叙名在及第进士之上”⑥，以此大大提高了民众乃至官吏对法律的重视程度，使得明法科考试成为宋代司法官员选

---

① （南宋）郑克撰：《折狱龟鉴》卷六《证慝》，商务印书馆 1937 年版，第 95 页。

② （宋）陈襄撰：《州县提纲》卷二《详阅案牍》，中华书局 2019 年版，第 113 页。

③ （宋）窦仪等撰：《宋建隆详定刑统 宋刑统》卷二九《断狱律》，中华书局 1984 年版，第 475 页。

④ （元）脱脱等撰：《宋史》卷一五五《选举志一》，中华书局 1985 年版，第 3604 页。

⑤ 曾枣庄、刘琳主编：《全宋文》（第 119 册）卷二五七〇《乞复明法之科奏》，安徽教育出版社、上海辞书出版社 2006 年版，第 261 页。

⑥ （元）脱脱等撰：《宋史》卷一五五《选举志一》，中华书局 1985 年版，第 3620 页。

拔和任用的重要途径。

2. 铨试

宋代除通过明法科这一科考制度选拔法律人才外，还利用铨试在官员后代中进行选拔。宋代铨试的考试内容处于不断变化之中，但其总体呈现轻诗赋，重法律的趋势。神宗熙宁四年(1071年)正式确定铨试取消试诗，改试律令、断案，铨试不中的，不得担任司法官员，“任子年及二十，听赴铨试。其试不中或不能试，选人满三岁许注官，惟不得入县令、司理、司法”①。通过考察法律与时议，选拔真正的法律人才，“试之以刑统义，欲以观其知法律之意；试之以时议，欲以观其达古今之变，皆学以从政者所宜尽心，故以是待之，盖将求实用之才，非徒校工拙于文词之间也”②。因此，铨试也从最开始作为荫补入官的恩典形式转化为选拔优秀法律人才的有效途径。

3. 试刑法

除了选拔新司法官吏，宋代统治者还非常重视对现有官吏的法律水平考察，试刑法就是典型的用以选拔优秀法律人才的官吏升迁制度。不同于明法科和铨试偏重选拔基层官员，试刑法作为专门选拔司法官的考试，侧重选拔中央高级司法官吏，据史料记载，“京朝官有明于律令格式者，许上书自陈，当加试问，以补刑部、大理寺官属，三岁迁其秩”③，即通过考试者，可直接任职刑部、大理寺相关岗位。相反，若“知州、通判及幕职、州县官等”在试刑法考试中“全不知者”，则须“量加殿罚”，以此保证司法官员的法律素养。

七、监察制度

为加强皇权对各级官僚的控制，两宋在前朝的基础上建立了更为严密的监察体系，从中央到地方，从机构设置到官员选任，无不体现出宋代统治者希望通过监察网络实现中央皇权的直接渗透。

(一)监察机关

1. 中央监察机关

宋承唐制，仍以御史台为主要中央监察机关，并在唐代言谏制度的基础上设立了谏院。不同于唐代的是，宋代打破了御史与谏官互不往来的传统，二者互相兼职，逐

---

① (元)脱脱等撰:《宋史》卷一五八《选举志四》，中华书局1985年版，第3705页。

② 曾枣庄、刘琳主编:《全宋文》卷三八四四《刘才邵七·吏部郎官上殿论铨试札子》，安徽教育出版社、上海辞书出版社2006年版，第14页。

③ (宋)李焘撰:《续资治通鉴长编》，中华书局2004年版，第687页。

渐形成台谏合一监察体制。[1]

(1)御史台

宋代御史台的组织结构非定制,随着社会时局的发展多有变动。北宋元丰改制以前,御史台设御史中丞为"台长",侍御史知杂事为"副台长",而御史大夫"无正员,止为兼官"[2]。此外,御史台下设三院,即台院、殿院、察院。三院分别由侍御史、殿中侍御史和监察御史职掌,人数无定员。直至仁宗景祐年间,御史台定为22员,其中御史中丞、侍御史知杂事各1员,三院御史20员,相较于《通典》卷二四《职官六》中记载的唐御史23员,仅少1员。[3] 元丰改制以后,御史官名及人数均有了较大的变动。首先,将侍御史知杂事改为侍御史,去掉了知杂事,台院的长官侍御史升为副台长,台院名存实亡;其次,在人员编制上有所缩减,由原有20员削减至10员;最后,侍御史的地位明显提高,三院御史呈合一的趋势,这一变化开明清时期三院合一之端。[4]

宋御史台的官员人数虽不及唐,但其职能却远超之。首先,监察百官作为御史的主要职能之一,其监察范围大于唐。根据史料记载,唐朝的御史"虽职在抨弹,然进退从违皆出宰相"[5],只能弹劾宰相以外的官员,而宋代御史有权弹劾宰相,自仁宗始,御史弹劾宰相的现象屡见不鲜,真正发挥了御史肃正纲纪,纠劾不法的职能。其次,御史台也是宋代中央司法机关之一,负责审理其他机关所不能决断的重大疑难刑事案件,打破了唐代御史台不能独立审判重大案件的制度,御史在司法监察方面的职能进一步扩大。[6]

(2)谏院

谏院与御史台合称"台谏"。宋初谏院设编制6员,其中知谏院、同知谏院、左右司谏、左右正言均1员。元丰改制后,编制改至8员,包括左右散骑常侍、左右谏议大夫、左右司谏、左右正言各1员。

谏官的主要职能一直以来都是负责文武百官的谏正。但必须予以注意的是,宋代的谏官在政治上较以往之朝代更为突出,其职能已有了实质性的变化。首先,在地位上,自仁宗以后,谏官不再像唐代一样隶属于中书、门下省,而是独立的官职,地位大大提高了。其次,在职能上,宋代谏官的职能远大于唐朝时。除了传统的谏诤权外,宋代谏官还有对包括宰相在内的百官的弹劾权。其中非常有名的就是范仲淹因

---

① 参见张本顺:《宋代监察权运作的制衡法理及价值》,载《安徽师范大学学报(人文社会科学版)》2019年第5期。

② 龚延明:《宋史职官志补正》(增订本)卷四《御史台·御史大夫》,中华书局2009年版,第195页。

③ 参见贾玉英:《宋代监察制度》,河南大学出版社1996年版,第35页。

④ 参见贾玉英:《宋代监察制度》,河南大学出版社1996年版,第37页。

⑤ (宋)洪迈:《容斋随笔》卷一一《唐御史迁转定限》,中华书局2005年版,第768页。

⑥ 参见贾玉英:《宋代监察制度》,河南大学出版社1996年版,第56页。

被谏官钱明逸指责“更张纲纪，纷扰国经，凡所推荐，多挟朋党”①而被贬。此外，宋代的谏官还被赋予参议朝政的职能，是诸多国家大事的重要参议者。

2. 地方监察机关

宋代统治者非常重视地方监察，通过在路一级增设监司、州一级（包括府、军、监）增设通判等方式，加强对地方的控制。

（1）路级监察机构——监司

宋代的监司路是多元化的地方监察系统，其构成处于不断的变化之中，至宋神宗熙宁年间，监司机构分为三大类，即转运司、提点刑狱司和提举常平司。② 三大监司的监察职能侧重点各有不同：转运司，主要负责财政税赋及钱谷运输等方面的监察；提点刑狱司，主要负责其所派驻的路的司法工作的监察；提举常平司，主要负责救济抚恤、水利等方面的监察。除了上述各自侧重的监察职能，各监司均被赋予按察刺举贪赃枉法、失职官员的职权，并且独立行使职权，互不隶属，互相牵制。

（2）州级监察机构——通判

通判，也称“同判”，意为与州长官——知州共同执掌地方政务。宋初，为加强中央对地方官的控制和监察，宋太祖创设“通判”一职。通判由皇帝亲自委派，以共同管理、共同决策为名而行使监督之实。据《宋史》记载，通判的主要职能为：“职掌倅贰郡政，凡兵民、钱谷、户口、赋役、狱讼听断之事，可否裁决，与守臣通签书施行，所部官有善否及职事修废，得刺举以闻。”对于州内大大小小的事务，通判均有发言权，凡事州署的公文，必须由通判和知州联合署名方能生效，从而牵制知州的权力，有效防止地方割据。从这些规定以及通判所行使的职权来看，通判不是知州的佐贰，更不是知州的属吏，而是皇帝直接从中央下派、直接向皇帝汇报所察府（州、军、监）的管理情况的机构，是皇帝对府一级政府进行监察的职官。③

（二）监察官员选任

基于其“风宪之要”的监察身份与职能，监察官员的任职条件比普通官员更为严格。据《册府元龟·宪官部》记载：“夫宪官之职，大则佐三公统理之业，以宣导风化，小则正百官纪纲之事，以纠察是非。故汉魏以还，事任尤重，至于选用，必举贤才。”④

---

① （元）脱脱等撰：《宋史》卷三一七《钱惟演传附钱明逸传》，中华书局 1985 年版，第 10347 页。

② 参见张利兵：《宋朝地方监察制度及其现代借鉴研究》，西南大学 2018 年硕士学位论文。李明于 2013 年载《兰台世界》的《宋代的监察体系及其法律规范》一文中提出，“在路一级，宋代派出了四个监司官”，除了上述三个监司，他认为还存在帅司路（安抚司）。张利兵认为帅司路只在部分地区设置，不具普遍性，故不予考虑。

③ 参见李明：《宋代的监察体系及其法律规范》，载《兰台世界》2013 年第 36 期。

④ （宋）王钦若等编纂：《册府元龟》（校订本）卷五一二《宪官部·选任》，凤凰出版社 2006 年版，第 5817 页。

监察官作为“宪官”，其选任“必举贤才”。

从选任制度上看，宋代对监察官员的选任看似无异于普通官员，均为科举出身，换言之，并没有一套专门针对监察官员的考试制度。[①] 但在程序上，监察官员的选任程序更为严密，对于中央监察官员，如台谏官，因其为“朝廷大纲所在，故其人必出人主之亲擢”[②]。其任用程序为侍从荐举—宰执进拟—君主亲擢—给舍封驳。从中可以看出，虽然侍从荐举与宰执进拟仍是选任程序的必备环节，但是君主亲擢表明其在监察官的任用程序中起着主导性与决定性的作用。[③] 而对于地方监察官员，宋代统治者也表现出极高的重视。宋高宗统治期间特别强调，通判官员一律是由朝廷亲自选出的。从宋理宗时期往后，皇帝亲擢的比例开始下降。因此，大臣们的推举建议也便成了选择监察官员的主要方式之一。[④]

另外，从选任标准上看，宋代对监察官员的要求要高于普通官员，主要体现在三个方面：第一，学识才能。宋代选任监察官员时以学识渊博、明晓律例者为先，且多要求监察官员进士出身，根据学者统计，宋代自太祖至哲宗七朝充任御史中丞者共 94 人，其中进士出身者 77 人，占总人数的 82%。[⑤] 第二，品德素养。除了具有卓越的才能外，宋代还要求监察官员具备刚正不阿，清正廉洁的品德素养。《册府元龟》中记载了宋代评论监察官的标准，“夫风宪之任，抨弹攸属，所以察举不法，表正庶尹，震肃纲纪”[⑥]。第三，从政经历。唐代以前，基层任职经历作为选任标准已开始采用，唐玄宗时将其作为明确制度，唐制规定，未在州县为官者不可任命为台谏官，宋代以后将此标准进行细化。[⑦] 宋孝宗时诏曰：“自今非曾经两任县令，不得除监察御史。”[⑧]

八、两宋法制的主要特点

虽然从整体上来说，两宋法律制度基本符合“宋承唐制”这一说法，但不可否认的是中国古代法律制度发展至宋代呈现出许多极具特色、极为明显的特点。在高度的专制主义中央集权的强化以及统治者对法律的高度重视下，两宋时期立法频繁且法律形式丰富，不仅有“重惩盗贼”的刑事立法，在商品经济的推动下还制定有先进的民商事立法。此外，律学、讼师的兴起也是两宋时期法律制度的重要特征。正是这些具

---

① 参见于熠、吕晓鼎：《风宪之选：宋代科举制下监察官选任述略》，载《时代法学》2019 年第 5 期。

② （元）脱脱等撰：《宋史》卷四〇一《柴中行传》，中华书局 1985 年版，第 12175 页。

③ 参见常冰霞：《中国古代监察官员的选任制度及其当代启示》，载《贵州师范大学学报（社会科学版）》2020 年第 3 期。

④ 参见朱晓燕：《宋代地方监察制度及借鉴研究》，辽宁大学 2019 年硕士学位论文。

⑤ 参见贾玉英：《宋代监察制度》，河南大学出版社 1996 年版，第 89、93 页。

⑥ （北宋）王钦若等筹编：《册府元龟》卷五一四，中华书局 1960 年版，第 6148 页。

⑦ 参见李沛艺：《激励与约束：中国古代监察官管理机制探析》，烟台大学 2019 年硕士学位论文。

⑧ （元）脱脱等撰：《宋史》卷一六四《职官志四》，中华书局 1985 年版，第 3872 页。

有时代特色的特点，使得两宋法制逐渐从"唐宋法制"中分离出来。

（一）专制主义中央集权的强化

强化专制主义中央集权是宋朝法制的主要特征。加强中央集权的首要措施，在于行政体制的改革和建立。在中央，宋代统治者一改宋初沿袭于唐的"三省制"，改设"两府三司制"，以分割相权。所谓"两府"，是指中书门下与枢密院二府，新设的枢密院是中央最高军事机关，用以分割宰相的兵权，便于皇帝直接控制军队。"三司"是指盐铁司、度支司、户部司，总管国家财政，三司之间互不统属，均直接隶属于皇帝。

在地方，中央集权的强化主要表现为分散地方机关职权，加强中央对地方的监控。宋初，地方仅设州、县两级，后为强化中央集权，特在州以上设置路一级，并设置带有监察属性的"监司"一职。各监司除了各自侧重的专务职能，也是天子的耳目，被赋予按察刺举贪赃枉法、失职官员的职权，并且独立行使职权，互不隶属，互相牵制。此外，在州一级，增设由皇帝亲自委派的"通判"，以与知州共同管理、共同决策为名而行使监督之实。这种设置地方长官的制度，分散了地方的权力，加强了皇帝对地方的直接控制。恰如宋人范祖禹所说："收乡长、镇将之权悉归于县，收县之权悉归于州，收州之权悉归于监司，收监司之权悉归于朝廷。"①

（二）统治者对法律的高度重视

宋代历代统治者非常重视法律的作用，将法律视为加强中央集权的有力武器。宋太祖曾诏令曰："王者禁人为非，莫先于法令。"②宋仁宗也强调："法制定，然后万事有经，而治道可必。"③热衷变法的宋神宗更是强调法律于富国强兵之重要作用，他认为"法出于道，人能体道，则立法足以尽事。立法而不足以尽事，非事不可以立法也，盖立法者未善耳"④。因此，宋代统治者经常直接参与司法活动，通过干预司法达到进一步控制臣民的目的。对此，《宋史》中的相关记载也俯拾皆是：太祖"岁时躬自折狱虑囚，务底明慎，而以忠厚为本"⑤。"帝每亲录囚徒，专事钦恤。"⑥"太宗在御，常躬听断。在京狱有疑者，多临决之。每能烛见隐微。"⑦"孝宗究心庶狱，每岁临轩虑囚，率先数日令有司进款案批阅，然后决遣。法司更定律令，必亲为订正之。"⑧皇帝除了躬

---

① （宋）李焘撰：《续资治通鉴长编》卷四六八，中华书局 2004 年版，第 11177 页。
② 司义祖编：《宋大诏令集》，中华书局 1962 年版，第 739 页。
③ （宋）李焘撰：《续资治通鉴长编》卷一四三，中华书局 2004 年版，第 3455、4968 页。
④ （宋）李焘撰：《续资治通鉴长编》卷一四三，中华书局 2004 年版，第 8055 页。
⑤ （元）脱脱等撰：《宋史》卷一九九《刑法志一》，中华书局 1985 年版，第 4961 页。
⑥ （元）脱脱等撰：《宋史》卷一九九《刑法志一》，中华书局 1985 年版，第 4968 页。
⑦ （元）脱脱等撰：《宋史》卷一九九《刑法志一》，中华书局 1985 年版，第 4968 页。
⑧ （元）脱脱等撰：《宋史》卷二〇〇《刑法志二》，中华书局 1985 年版，第 4993 页。

亲断狱，还不断派出自己的耳目操纵司法，名为司法监察，如转运使、提点刑狱监司等。

（三）立法数量繁多、法律形式丰富

首先，有宋一代立法数量繁多。宋代的立法高峰期是宋神宗朝至南宋孝宗朝期间。[①] 据《长编》记载，元祐元年（1086 年）时的法律已达 4000 余册，“近据中书、门下后省修成《尚书六曹条贯》，共计三千六百九十四册，寺监在外；又据编修诸司敕式所，申修到敕令格式一千余卷册”。南宋的立法成果也十分显著，据《建炎以来朝野杂记》记载，高宗绍兴年间“通《海行法》为二千六百二十卷有奇”[②]，孝宗乾道年间“自乾道以后，新修之书又为三千一百二十卷”[③]。这也仅仅是中央记录在册的法律，不包括未登记的、地方性的立法，可想而知当时社会上法律之繁密。时人叶适也因此评论道，“今内外上下，一事之小，一罪之微，皆先有法以待之”[④]，以至于“摇手举足，辄有法禁”[⑤]。

其次，法律形式丰富。宋代法律形式异常丰富，除了把秦汉以来的律令格式等基本法律形式延续下来，还将敕、例两种法律形式发扬光大，通过编敕、编例的方式极大地提高了它们的地位，此外还有申明、看详、指挥、事类等创设，对后世影响巨大。但宋代法律形式的发展亦有缺点，即分类过细。宋朝在法律分类上继承唐朝的发展趋势，越分越细，而且把律、令、格、式、断例和申明发展到了极致，让中国古代法律分类体系陷入了细而繁的境地。[⑥] 由此南宋时期新出现了事类立法以改变其适用混乱的情况，该立法分类也奠定了后来明清时期会典的体例。

（四）“重惩盗贼”的刑事立法

贼盗作为中国古代刑法中一个古老的犯罪概念，不仅指侵犯封建法律所要保护的生命、财产关系，还包括直接危害封建政权的行为，故贼盗为历代封建刑法所重点打击的犯罪行为。[⑦] 即使是宋初实行“宽政待民”的政策，也仅针对一般刑事案件，而对贼盗犯罪则一律严惩不贷，“祖宗仁政，加于天下者甚广。刑法之重，改而从轻者至多。惟是强盗之法，特加重者。”[⑧]唐律规定：“强盗不得财者，徒二年；得财价值一尺

---

① 参见胡兴东：《宋朝立法通考》，中国社会科学出版社 2018 年版，第 813 页。

② （宋）李心传撰：《建炎以来朝野杂记》卷五《炎兴以来敕局废置》，中华书局 2000 年版，第 593 页。

③ （宋）李心传撰：《建炎以来朝野杂记》卷五《炎兴以来敕局废置》，中华书局 2000 年版，第 594 页。

④ （宋）叶适：《叶适集》卷一〇《外稾・实谋》，中华书局 2010 年版，第 767 页。

⑤ （宋）叶适：《叶适集》卷三《外稾・法度总论二》，中华书局 2010 年版，第 789 页。

⑥ 参见胡兴东：《宋朝立法通考》，中国社会科学出版社 2018 年版，第 817 页。

⑦ 参见占茂华主编：《中国法制史》，中国政法大学出版社 2010 年版，第 225 页。

⑧ （元）脱脱等撰：《宋史》卷一九九《刑法志一》，中华书局 1985 年版，第 4979 页。

者，徒三年；满五匹或伤人者，绞；杀人者，斩；持杖者，虽不得财，亦流三千里；得财五匹者，绞；伤人者，斩。”而《宋刑统》中关于强盗的处罚规定则重得多，《宋刑统·贼盗律》附敕则规定，“擒获强盗，不论有赃无赃，并集众决杀”，“持杖行劫，不问有赃无赃，并处死”①。

此外，为打击盗贼等严重犯罪行为，宋代再次恢复了肉刑，“刺配”“凌迟”逐渐成为法定刑。宋初，刺配之刑只适用于杂犯死罪者，作为减死之刑，后随着社会矛盾的激化，凡犯贼盗罪被流放的罪犯，都要决杖、刺面、流配，至宋真宗时期刺配刑被引入编敕，上升为法定的刑罚之一。刺配刑变为法定刑，再次将残损人的肢体作为处罚手段，显然这是历史的倒退。明朝丘濬批判宋刺配刑时提到：“宋人承五代为刺配之法，既杖其脊，又配其人，而且刺其面，是一人之身、一事之犯，而兼受三刑也。”②凌迟则更为残忍，是我国古代生命刑中最为残酷的 一种执行方法。其作为法外刑始于五代，但作为法定刑始于宋代：“凌迟者，先断其支体，乃抉其吭，当时之极法也。”③而作为宋代刑事立法的一大特色、恤刑慎罚代表的“折杖法”，也将死刑及反逆、强盗等严重犯罪排除在适用范围之外，体现了宋代“重惩盗贼”的刑事立法思想。

(五)承认“私有”的民商事立法

民法是宋代法律中内容最丰富、最能反映宋代法律特色的一个重要部分。④ 两宋时期，农耕技术的进步及民众义利观的转变带动商品经济空前发展，与此同时，法制作为调整社会关系的重要手段也取得了重大发展。宋朝统治者为了适应该新局面以及增加国家财政收入，通过制定相关法律来加强对民商事经济活动的控制和管理，虽然没有专门民法典，但在成文律典令典及单行法律规范中都有现代民事性质的规范。如《宋刑统》中的“户婚、杂”篇、《天圣令》中的“田令、赋役令、关市令、丧葬令、杂令”等都是民事法规。除律典、令典外，宋代还有以敕令形式颁布的单行民事法规或商事法规，著名者如宋仁宗天圣四年(1026 年)七月颁布的《户绝条贯》及其进行海外贸易的《市舶条法》等。

宋代民商事立法对人民私有权予以承认。宋统治者顺应土地私有化的历史潮流，实行“租佃制”土地政策，依法承认新垦荒田的所有权，“应州县旷土，并许民请佃为永业”⑤，并且允许土地在合法程序下自由买卖流转，动产亦如此。但需要注意的

---

① (宋)窦仪等撰：《宋建隆详定刑统 宋刑统》卷一九《贼盗律》，中华书局 1984 年版，第 301 页。

② (明)邱濬撰：《大学衍义补》卷一〇五《慎刑宪·明流赎之意》，上海书店出版社 2012 年版，第 177 页。

③ (元)脱脱等撰：《宋史》卷一九九《刑法志一》，中华书局 1985 年版，第 4973 页。

④ 参见郭东旭：《宋代法制建设的新特色》，载《宋史研究通讯》1989 年第 1 期。

⑤ (宋)马端临：《文献通考》卷四《田赋考四》，中华书局 2011 年版，第 92 页。

是,中国古代土地私有制并非绝对私有,而是一种特殊的土地私有制度。受儒家的价值追求以及由之而生的公私观念影响,个人"权利"及个人私产定会受到官府与社会某种程度上的压制。[①] 著名经济史学者杨国桢先生也说过:"中国封建社会的土地所有权,不是完全的、自由的土地所有权,它的内部结构是国家、乡族的两重共同体所有权与私人所有权的结合。中国封建土地所有权的运动,表现为这几种互相结合又处于互相排斥状态的所有权之间在同一结构内地位的更替与消长。在中国传统社会,土地私人所有权的发展,始终未能摆脱国家与乡族土地所有权的附着和制约。"[②]故不可避免的是,宋代经济立法存在封建小农经济的局限性,导致其一方面鼓励商品经济在许可的范围内发展,另一方面又阻碍商品经济向更深层次推进。[③]

(六)律学高度发达

宋代的律学高度发达,可谓是律学之顶峰。[④] 自魏晋到唐宋是中国古代律学发展的第一个上升期,其顶点应是宋代而非唐代,理由有二:第一,宋代的律学作品远超唐代。第二,宋代的律学水平较唐代为高。[⑤] 宋代律学代表作有黄懋的《刑法要例》、张员的《法鉴》、张履冰的《法例六赃图》、赵绪的《金科一览》、刘高夫的《金科玉律总括诗》、刘筠编著的《刑法叙略》、傅霖的《刑统赋》等。除律学作品数量远超唐代外,宋代的律学水平较唐代为高,法律注释学的进步也是一大亮点,主要表现为宋代律学研究的对象范围扩大,不局限于律文,还出现了新的律学形式,如法律歌诀(《刑统赋》《金科玉律总括诗》等)、法律图表(《法例六赃图》《九族五服图制》等),这些新律学形式的出现使得法律在民间的传播更广。

与此同时,宋代的律学教育非常发达,不仅中央重视律学教育,专门设有律博士,民间亦是如此。宋代史料中常见"珥笔之民""茶食人""哗鬼讼师"等词,实为宋代新兴职业——"讼师",专以为民众提供代写诉状服务、教人"打官司"为生。民间还出现了专门教习律学、讼学的机构,如"讼学业觜社"等。正是宋代自上而下对法律知识的重视,才使律学在宋代仍在向前发展。此外,何勤华认为唐代的律学(以《唐律疏议》为代表)确实达到了中国历史上的最高水平,但是律学只是法学的一个组成部分,

---

① 参见陈景良:《何种之私:宋代法律及司法对私有财产权的保护》,载《华东政法大学学报》2017年第3期。

② 杨国桢:《明清土地契约文书研究》(修订版),中国人民大学出版社2009年版。

③ 参见李诗扬:《论宋代经济法制特点》,黑龙江大学2019年硕士学位论文。

④ 关于律学的发展轨迹,大致有两种观点。一种观点认为,律学产生于战国时期,秦代开始衰落,因为"百家争鸣"的局面已然结束,私家学说被禁止,律学知识为官府所垄断,"欲学法令者,以吏为师"[(清)章学诚:《校雠通义》卷一《原道第一》]。第二种观点则认为,自汉晋时始到唐宋时止,中国古代律学进入盛世,元代废除了律博士之官,法学(或律学)自此而衰。后一观点得到了大多数法史学者的认同。

⑤ 参见陈锐:《中国传统律学新论》,载《政法论坛》2018年第6期。

而在法学的其他领域如法学世界观、判例法研究、法医学等方面,宋代都超过了唐代,由此得出“中国古代的法律,发展至唐代达到了最高水平,而中国古代的法学,则是发展至宋代才走上了历史的顶峰,为中华民族作出了巨大贡献”[①]的结论。

结 语

宋代在极度内忧外患的局面下是如何存续300年而有余?陈景良认为两宋的法制发挥了举足轻重的作用。[②] 在历朝统治者的重视下,宋代法律制度进一步健全和完善。经历过五代十国的割据分裂局面后,宋代政治的重心即巩固皇权。统治者的一系列举措均围绕着加强中央集权进行,体现在法律制度上即逐渐收回地方司法权,加强对地方司法的监督,实行“上下相维、内外相制”的司法监察制度,全面强化中央集权。一方面宋代上承唐代大成之法,基本继承和保持了唐代法制的传统,具有良好的法律基础;另一方面,也由于宋代历任统治者重视法制建设,形成了一套符合自身的法制系统,建立以律敕令格式为中心的法律体系,其中编敕作为宋代最重要的立法活动,贯穿两宋始终,成为宋代立法最具代表性的特点之一。此外,两宋商品经济高度发展,极大地带动了民商事立法的发展。在司法方面,宋代的务限法、理雪制度、鞫谳分司制、翻异别勘制、证据制度等司法制度都有其独到之处。就法律制度而言,宋代应该是中国古代社会法律制度最为完善的朝代,给我们留下了丰富的法律文化遗产。

中华法系持续发展到两宋,可谓内省而广大。宋代是中国古代社会发展的一个过渡时期,即中国封建社会继唐代这一成熟期之后,从宋代开始进入发展的后期,逐步趋于衰落,但并非处于停滞乃至后退的状态,而是仍在往前发展,并取得非常高的成就,正如何勤华所描述的:“进入过渡时期并非没有发展,逐步趋于衰落并非马上衰落。”[③]陈寅恪曾评价道,华夏民族之文化,历数千载之演进,造极于赵宋之世。在法律层面上,宋朝的法律制度不是处于保守滞后的状态,而是超越唐朝的,甚至与同时期的其他法系相比,也处于无可争议的领先地位。[④] 宋代法制是法律文明史上辉煌的一页,宋代的刑、民商事立法以及司法制度均有着独特且深刻的时代烙印,并对后世的法律制度产生了重要影响,完善和丰富了中华法系。

---

① 何勤华:《论宋代中国古代法学的成熟及其贡献》,载《法律科学·西北政法学院学报》2000年第1期。

② 参见陈景良:《两宋法制历史地位新论》,载《史学月刊》1989年第3期。

③ 何勤华:《中国法学史》(第2卷·修订本),法律出版社2006年版,第1-2页。

④ 参见屈超立:《宋代地方政府民事审判职能研究》,巴蜀书社2003年版,第194-199页。

第三节　宋的法律设施

有宋一代,给后来者留下的最深印象可能就是内忧外患了,内部的冗兵、冗员、冗费(简称三冗)问题一直贯穿始终,外部问题主要是北部、西部政权如辽、西夏、金、蒙古等的威胁长期存在。而在王朝创立初期,摆在宋太祖、宋太宗兄弟面前的主要问题还不是这些,卧榻之侧他人鼾睡的威胁始终困扰着他们。五代十国的乱世中成长、发迹的皇帝,采取了一系列措施,试图稳定初创的政权,防止政权受到自安史之乱以来一直存在的藩镇、禁军、宦官等势力的颠覆。“杯酒释兵权”的故事便是其中的代表,当然这个故事只是他们采取的一系列措施中的一环。为了改变唐末五代的不良政治风气,巩固中央集权,消除割据势力的威胁,他们奉行“事为之防,曲为之制”的精神,采取了文武相制、内外相维、上下相轧的原则。① 其中,提倡文治和强干弱枝这两大措施尤为显著。

提倡文治的具体措施很多,首要一条是大兴科举。科举制自隋代诞生以后,在唐代渐渐发展定型,但唐代科举取士数量很少,进士及第通常每次不过二三十人,其他科也不多。到宋代,自太宗朝定下隔年或三年一试,神宗朝“三年一大比”成为定制,每次录取人数仅进士科就有二三百人,多时可达五六百人,诸科总计可达七八百人。②皇权大兴科举不仅表现在取士数量上,更体现在对科举形式和内容的把控上。在科举形式上,宋代将唐代武则天时期开始实行的殿试制度化、常态化,由乡试、省试选拔而来的国之栋梁,经过皇帝亲自策问,摇身一变为天子门生,进一步打破了门阀贵族对官僚体系的垄断不说,还提升了那些“朝为田舍郎,暮登天子堂”的寒门子弟的地位和信心,“先天下之忧而忧,后天下之乐而乐”之类的使命感便渐渐养成。此外,糊名法、誊录法等防止营私舞弊的措施的发明和推广,更巩固了皇权对科举的控制。在科举内容上,宋代科举虽仍以诗赋和经义为主,但策论、明法等偏实务的科目也开始占据重要地位,可见皇权试图通过直接选拔各方面人才,直接参与各项事务的管理。

强干弱枝是宋代皇帝针对唐中期以后一直未彻底解决的藩镇问题而提出的对策。这一对策被赵普概括为“稍夺其权、制其钱谷、收其精兵”③三项方针,通俗些说,就是削弱藩镇的行政权、财权和兵权。在行政权方面,通过缩小藩镇辖区、由文臣出任地方官、在各州设通判、恢复刑部对案件的复核权等,层层递进地削减藩镇行政权

---

① 参见陶晋生:《宋辽金元史新编》,台北,稻乡出版社 2003 年版,第 8 页;邓小南:《祖宗之法:北宋前期政治述略》,生活·读书·新知三联书店 2006 年版,第 520 页。

② 参见郭东旭:《宋代法制研究》,河北大学出版社 1997 年版,第 88 页。

③ (宋)李焘撰:《续资治通鉴长编》卷二,中华书局 1995 年版,第 49 页。

力；在财权方面，主要是设转运使，将地方财赋收归中央；在兵权方面，通过一套筛选机制，充实中央的禁军，削弱地方的厢军，将这些禁军重兵驻开封，并频繁调换节度使，使得地方军事实力大减。

这一系列精神、原则、措施渐渐在宋太祖、宋太宗、宋真宗、宋仁宗四朝形成了“祖宗之法”，即遵守祖先家法，保持纲纪稳定，重在维系稳定的政治和社会局面。众多“祖宗之法”中，除了上文所说的国策，还有被后世称道的“祖宗以来未有杀士人事”，以及“祖宗以来，未有美人称教旨下府者”①，“祖宗以来，未有军伍之人在此位者”②，“祖宗以来，未有弟为宰相，兄为八座，而同居一省者”③，“祖宗以来，未有不历内任，直除卿监者”④，等等。⑤ 这些“祖宗之法”，一方面，取得了预期的成效，在稳定政局、消除掣肘之患方面取得了很明显的成效；另一方面，形成了强干弱枝、守内虚外的格局，但也导致三冗问题日益突出。

三冗问题是后世史家讨论宋代兴衰成败的热点问题之一，其被认为是北宋遭遇靖康之耻、南宋最后崖山之败的重要原因。当时宋代的统治者和官僚阶层当然也意识到这个问题，并曾不断地试图挽救，庆历新政、王安石变法就是其中的代表行动。在这些变革活动中，法律体系和司法体制一直是被关注的焦点之一，被大量地讨论和提及。

一、宋代官制演变概况

宋代政治史上，王安石变法（也称熙丰变法、熙宁变法）是一个绕不过去的节点，其影响之大，导致变法之前和变法之后的政治生活呈现出两种样态。在变法之前，士大夫阶层之间虽屡有争议，但大体还在就事论事的层面，是为了具体政治理念、政治措施的对错而争；到变法之后，党争愈演愈烈，变成了意气之争，拉帮结派，政治理念和政治措施的分歧反而成了党争的标志，认同或支持特定的政治理念和政治措施成为站边分派的路标。

王安石变法对宋代政治史的影响是多层面的，官制上的变革也是其中不容忽视的一环，此即“元丰改制”。正如前文所及，北宋前期，为了防止出现中央以及地方的

---

① (元)脱脱等撰：《宋史》卷三一一，中华书局1977年版，第10199页。

② (宋)李焘撰：《续资治通鉴长编》卷一九〇，中华书局1995年版，第4577页。此句指狄青罢枢密为使相不合祖宗之法。

③ (宋)李心传撰：《建炎以来系年要录》卷九，上海古籍出版社2020年版，第227页。此句指右仆射黄潜善之兄黄潜厚拟被擢为户部尚书。

④ (宋)李心传撰：《建炎以来系年要录》卷七五，上海古籍出版社2020年版，第57页。

⑤ 当然，“祖宗之法”这个范畴本身也具有不确定性，在不同时期、不同场合被不同群体以不同意义加以引述，很大程度上体现了官僚士大夫们争取自身“话语空间”的努力。参见邓小南：《祖宗之法：北宋前期政治述略》，生活·读书·新知三联书店2006年版，第531页。

权力集中现象，从上到下进行了一系列分权。当时的中央官制可以用《文献通考》里的这段话概括：

宋朝设官之制，名号品秩一切袭用唐旧，然三师、三公不常置，宰相不专用三省长官，台、省、寺、监无定员，无专职，悉皆出入分莅庶务。故三省六曹二十四司互以他官典领，虽有正官，非别敕不治本司事，事之所寄，十亡二三。故中书令、侍中、尚书令不与朝政，侍郎、给事不领省职，左右谏议无言责，而起居郎、起居舍人不执记事之笔，中书常阙舍人，门下罕除常侍，补阙、拾遗改为司谏、正言，而非特旨亦不任谏诤，至于仆射、尚书、丞、郎、郎中、员外郎居其官不知其职者十常七八。①

虽然延续前朝旧制，以“中书门下”为最高行政机构，宰相为同中书门下平章事与侍中，以侍中衔任宰相较少，一般宰相仅称同中书门下平章事，在这一最高行政机构中又设参知政事（副相）作为宰相的副手，其实是分宰相之权。在最高行政机构外，另有枢密院作为最高军事机构，不仅夺了兵部之权，更分了宰相的军事之权。枢密院与中书合称“二府”，枢密院内部也有枢密使和枢密副使之分。二府之外，还有三司，作为最高财政机构，分宰相的财权，侵夺原属户部、工部的职权，被称为计省。三司长官三司使也被称为计相，地位仅次于宰相，与参知政事、枢密使略同，也有三司副使作为其副手。如此一来，原三省六部虽还存在，但职权大多被侵夺，成为闲司，三省六部九监的官称也与职务分离，成为寄禄官，而以“差遣”（同中书门下平章事、参知政事、枢密使、三司使也都属差遣）任实职。在地方，鉴于唐末五代藩镇之患，宋初在地方设“路”，先后设置转运使司、提点刑狱司、提举常平司、安抚使司等分管原属节度使的财政、司法、军事等职权。而节度使这个官称则成为更低的地方行政机构——州的长官的称谓之一，州的长官还有防御使、团练使和刺史，在此之外，还出现了权知州（一开始的意思是在州长官暂缺时，代理长官职务，简称知州）这一官衔。到后来，知州作为州长官的情况越来越普遍，之后又设通判来分知州之权。以上这些情况都可以概括为使职化，这一趋势始于唐中叶，到宋初，这个转变过程已经完成了。这种官（寄禄官）、职（职名）、差遣（实际职务）分离的官制系统，当然在极大程度上分散了各级官僚的权力，加强了皇帝的中央集权，但这种叠床架屋的制度设计势必造成官无定员、禄无定制，皇帝为了中央集权，随意差派任务，而以寄禄官等来笼络人心，冗官、冗禄问题的愈演愈烈就不奇怪了。②

到宋神宗时期，问题越发严重，遂在元丰年间，仿照《唐六典》，对官制进行了一次比较全面的改革。先是元丰三年（1080 年），颁布《寄禄新格》；后在元丰五年（1082 年），颁布《三省枢密六曹御史台秘书省九寺五监之法》，同时修订了《官品令》，对三

---

① （元）马端临撰：《文献通考》卷四七，中华书局 1986 年版，第 437 - 438 页。

② 参见陈振：《宋史》，上海人民出版社 2016 年版，第 124 - 136 页。

省等中央机构的官制进行了详尽的改革，其主要包括四个大的方面：(1)减少官品等第，将原有的30阶官品减至18阶，并废除了散官阶、馆职等附加性官衔；(2)以阶易官寄禄，根据《寄禄新格》，京朝官寄禄官阶从42阶减少到25阶；(3)恢复三省地位和职权，撤销了同中书门下平章事、参知政事及中书门下，以尚书左仆射兼门下侍郎、右仆射兼中书侍郎为首相、次相，尚书左、右丞为副宰相，并规定中书省负责定策、门下省负责封驳、尚书省负责执行；(4)六部、九寺、五监等中央机构恢复实际地位与职权。通过改革，官僚机构的职责更分明，一些机构和冗职被裁撤，官员俸禄支出大为减省。①

元祐之后，元丰官制逐渐被更改。一开始是“二府不分班奏事，枢密加置签书”等；到徽宗朝蔡京当政时，更是“率意自用”，将开封府的“权知府”更改为牧、尹，以皇子领府牧，以文臣充府尹（须知宋太宗、宋真宗都曾任过府尹，之后开封府尹久不设置），又“更两省之长为左辅、右弼，易端揆之称为太宰、少宰”，造成“员既滥冗，名且紊杂”，大坏元丰之制。南宋高宗建炎之后，左右仆射并同中书门下平章事，改两省侍郎为参知政事，三省之政合一。孝宗乾道年间，又改左右仆射为左右丞相，精简中央官职。但南宋朝的官职设置更为权宜、多变，宰相、执政多侵夺财权、兵权。这种大趋势与南宋始终面临北方巨大的军事压力有关，宰臣“兵兴则兼枢密使，兵罢则免”，到宁宗开禧(1205—1207)初，“始以宰臣兼枢密为永制”，诸部长官和副手在多事之时也不并置。② 这些兵兴、多事之时的变通，以行政、军事方面的效率为上，而暂时摒弃太祖、太宗以来的“祖宗之法”，实在是不得已的选择。久而久之，变通成为常态，南宋权臣继起的局面也就无法避免了。

二、宋代立法设施

在宋代法律史上，熙丰变法也是一个分水岭。律、令、格、式的法律体系被更改为敕、令、格、式体系；编敕的大量出现，侵夺了《宋刑统》的实际功能；更严重的是，从神宗朝开始的党争，造成此后法制反复无常，祖宗法制的权威性大大降低。史载，“哲宗亲政，不专用元祐近例，稍复熙宁、元丰之制。自是用法以后冲前，改更纷然，而刑制紊矣”③，说的就是哲宗亲政之后，将元祐时期对王安石变法的否定又反过来，法律制度不停地“改更”，出现紊乱也就难免了。以至于到徽宗朝以后，御笔手诏、都堂批状、指挥行事等专制君主、权臣破坏祖宗成宪的情况屡见不鲜。

---

① 参见张邦炜：《两宋王朝史：赵宋王朝320年间的兴亡起伏》，郑州大学出版社2021年版，第169－170页。

② 参见(元)脱脱等撰：《宋史》卷一六一，中华书局1977年版，第3770页。

③ (元)脱脱等撰：《宋史》卷一五二，中华书局1977年版，第4964页。

(一)《宋刑统》与大理寺

在宋神宗时期之前，宋代法律制度还是以《宋刑统》为核心的律、令、格、式体系。因此可以说，宋代法制很大程度上沿袭了唐代法制。律在宋代即《宋刑统》。建隆初，应工部尚书兼判大理寺窦仪及乡贡明法张自牧等所请，窦仪等奉诏在后周《显德刑统》的基础上重定刑统，在乾德元年(963 年)秋七月将所编《重定刑统》30 卷并编敕 4 卷上呈皇帝。参与此次更定刑统的人员除窦仪外，还有大理少卿苏晓、大理正奚玙、大理丞张希逊与刑部大理法直官陈光乂、冯叔向等。[①] 从人员构成上来说，大理寺是此次修律的主要机构。此也正与《建炎以来朝野杂记》中所载"其删修但属大理寺"[②]相符。

前已提及，窦仪此时的官职是工部尚书兼判大理寺，从窦仪的《进刑统表》中也可知其他人的完整官职：朝议大夫、尚书屯田郎中、权大理少卿、柱国苏晓，朝散大夫、大理正奚玙，朝议大夫、大理丞、柱国张希逊。从窦仪由工部尚书兼判大理寺事、苏晓由尚书屯田郎中权大理少卿，可以知道大理寺当时的地位。大理寺正和丞这两个职位倒是正员，但在不久，"择他官明法令者，若常参官则兼正，未常参则兼丞，谓之详断官"，即也由其他明法令的官兼之。所以，其实在元丰官制改革前，大理寺更像个署名的慎刑机关，"凡狱讼之事，随官司决劾，本寺不复听讯，但掌天下奏狱，送审刑院详讫，同署以上于朝"[③]，即基本上是个上传下达的跑腿机构，审案裁判的主要是审刑院，大理寺此时的功能只是在审刑院已有判决上署个名送上去。这种情况发生是由于太宗淳化二年(991 年)设置了审刑院作为中央最高审判机构。在此之前的 30 年左右时间里，大理寺基本上延续了唐代的相关职能，但从《宋刑统》的立法官员配置中，可以看到即使在前 30 年，大理寺的官职设置也远不如前代。

(二)编敕与编敕所

《宋刑统》的内容和形式在很大程度上承袭了唐律，宋代立法比较有特色的是编敕，虽然唐代也有编敕，但宋代"随时损益则有编敕，一司、一路、一州、一县又别有敕"[④]。"随时损益"点出了宋代编敕的频繁性，编敕的频繁性也意味着编敕地位在宋代的极大提升。

1. 宋代编敕概况

据戴建国考证，两宋共编修过 18 部全国通行的具有普通法性质的编敕，即《建隆

---

① 参见(宋)李焘撰：《续资治通鉴长编》卷四，中华书局 1995 年版，第 99 页。

② (宋)李心传撰：《建炎以来朝野杂记》乙集卷五，中华书局 2000 年版，第 592 页。

③ (元)脱脱等撰：《宋史》卷一六五，中华书局 1977 年版，第 3899 页。

④ (元)脱脱等撰：《宋史》卷一五二，中华书局 1977 年版，第 4962 页。

编敕》[建隆四年(963年)]、《太平兴国编敕》[太平兴国三年(978年)]、《淳化编敕》[淳化五年(994年)]、《咸平编敕》[咸平元年(998年)]、《大中祥符编敕》[大中祥符九年(1016年)]、《天圣编敕》[天圣七年(1029年)]、《庆历编敕》[庆历七年(1047年)]、《嘉祐编敕》[嘉祐七年(1062年)]、《熙宁编敕》[熙宁六年(1073年)]、《元丰敕令格式》[元丰七年(1084年)]、《元祐敕令式》[元祐二年(1087年)]、《元符敕令格式》[元符二年(1099年)]、《政和敕令格式》[政和二年(1112年)]、《绍兴敕令格式》[绍兴元年(1131年)]、《乾道敕令格式》[乾道六年(1170年)]、《淳熙敕令格式》[淳熙四年(1177年)]、《庆元敕令格式》[庆元四年(1198年)]、《淳祐敕令格式》[淳祐二年(1242年)];编敕的性质和作用随着历史的发展和编敕本身修纂体系的变化而发展变化,以神宗元丰改制为界,可以分为两个时期。① 以历史发展为线索,宋代编敕情况大致又以在位统治者为标志,基本上每一朝会对敕令格式进行一次重新整理。

早在太祖建隆年间重定刑统之时,窦仪也奉诏编敕,上编敕4卷106条,与刑统一起颁行天下。太宗太平兴国时期,编敕达到50卷,淳化年间又翻了一倍。到真宗咸平时期,敕已达18,555条,诏给事中柴成务等删定可为敕者286条,准律分12门,总11卷。又为《仪制令》1卷。但到大中祥符年间,敕又增至30卷,1374条,还有《农田敕》5卷。②

宋仁宗在位40余年,编敕活动也较为频繁。先是在天圣年间,下诏朝内外讨论敕的得失之处,命官修定。将咸平《仪制令》及"制度约束之在敕者"500余条,加上《农田敕》,合成一书,最后在天圣七年编成敕1200余条。到庆历新政时期,又进行删定,增加500条为总例一卷。"又修一司敕二千三百一十七条,一路敕一千八百二十七条,一州、一县敕一千四百五十一条。"③到嘉祐年间,根据枢密使韩琦及三司的建议,制定了《禄令》《驿令》来分别规定内外吏兵的禄制以及驿制。到嘉祐二年(1057年),敕又增至4000余条,并且前后抵牾,所以又命删定,到嘉祐七年(1062年)编敕1834条。④

伴随着王安石变法,宋神宗时期成为宋代编敕最活跃的时期,据不完全统计,神宗一朝有编敕86种,约占全宋编敕总数的40%,单《元丰敕令格式》就达2006卷之巨。⑤ 神宗朝的编敕不仅量大,而且神宗认为"律不足以周事情,凡律所不载者一断以敕"⑥,所以将"律、令、格、式"的法律体系更改为"敕、令、格、式"的体系。并且阐明

---

① 参见戴建国:《宋代刑法史研究》,上海人民出版社2008年版,第73-77页。
② (元)脱脱等撰:《宋史》卷一五二,中华书局1977年版,第4962页。
③ (元)脱脱等撰:《宋史》卷一五二,中华书局1977年版,第4963页。
④ 参见(元)脱脱等撰:《宋史》卷一五二,中华书局1977年版,第4962-4963页。
⑤ 参见郭东旭:《宋代法制研究》,河北大学出版社1997年版,第27、28页。
⑥ (元)脱脱等撰:《宋史》卷一五二,中华书局1977年版,第4963页。

"禁于已然之谓敕，禁于未然之谓令，设于此以待彼之谓格，使彼效之之谓式"①，对四者的功用进行了交代。

哲宗元祐时期，高太后垂帘听政，对王安石新法多有废止。在此背景下，御史中丞刘挚、右谏议孙觉上书言元丰敕令烦细难以检用，刘挚言：

元丰编修敕令，旧载敕者多移之令，盖违敕法重，违令罪轻，此足以见神宗仁厚之德。而有司不能推广，增多条目，离析旧制，因一言一事，辄立一法，意苛文晦，不足以该事物之情。行之几时，盖已屡变。宜取庆历、嘉祐以来新旧敕参照，去取删正，以成一代之典。②

刘挚对神宗朝的立法进行了委婉的批评，但当然不能直接批评神宗，先扬后抑地对"神宗仁厚之德"进行了颂赞，而后将新法之弊归咎于"有司"，说有司不能推广"神宗仁厚之德"，只知道"增多条目，离析旧制"。这一大段言辞中，核心应是"离析旧制"四个字，指责新党与新法毁坏祖宗成宪的目的昭然若揭，且"因一言一事，辄立一法，意苛文晦"，批评的就是神宗朝包括编敕在内的立法过多过滥，实在应该改正。有了此等理由，刘挚等人自然就受召刊定敕令，但最后编成的《元祐敕令格式》也有1000卷。

哲宗亲政之后，又推翻了元祐时期的政策与立法，恢复熙宁、元丰时期的制度。由此，政治制度、法律制度都陷入混乱之中。到徽宗时，皇帝御笔手诏变乱旧章的情形又较为常见，法律制度的权威性和稳定性进一步下降。直到靖康之变时，制度混乱的问题一直未解决。

宋室南渡之后，典章制度大量散失，高宗建炎时期，制度运行很多出自"人吏省记"。何谓"省记"？"法无见籍，吏随事立文，号为'省记'，出入自如。"③官吏临时因某事某案而记下的处理办法，一般情况下并无反复适用的功能，到南渡之后，由于法律典籍实在难觅，临时性地采用省记这一临时性的备忘录来作为处理案件的依据。这种情况一直持续到《绍兴敕令格式》修成，方得以缓解。即使如此，编敕完成后一段时间，胥吏在办事时仍常引用省记。直到监察御史刘一止上书指出引用省记弊病太多，皇帝又下诏"左右司、敕令所刊定省记之文颁之"，此种乱象才得以结束。④但到秦桧专政时期，权相用"都堂批状""指挥行事"等形式肆意破坏法制，编成《盐法续降指挥》130卷、《茶法续降指挥》88卷。引例（包括指挥等）破法，即用这种原本效力等级较低的更具时效性和随意性的规范形式侵夺敕令格式的原本功能，以便其专权。一直到宋孝宗乾道年间，方对这些相互抵牾、难以考据的临时性法规进行清理，由大

① （元）脱脱等撰：《宋史》卷一五二，中华书局1977年版，第4964页。
② （元）脱脱等撰：《宋史》卷一五二，中华书局1977年版，第4964页。
③ （元）脱脱等撰：《宋史》卷三八一，中华书局1977年版，第11749页。
④ 参见（元）脱脱等撰：《宋史》卷一五二，中华书局1977年版，第4965页。

理寺、刑部及六部官员共同于乾道八年(1172 年)编成《乾道敕令格式》。

但南宋政治上的最大特点就是相权横行,从秦桧到韩侂胄再到贾似道,相权横行的时代,以例破法、以例代法的现象愈演愈烈,“一切以例从事,法当然而无例,则事皆泥而不行,甚至隐例以坏法,贿赂既行,乃为具例”①。虽后世光宗、宁宗、理宗历朝都通过整理成敕令格式或条法事类的形式,对例等规范形式进行了梳理,但以例破法、前后抵牾、法制紊乱等问题,终南宋一朝都未能得到解决。

纵观宋代立法史,可以发现法制发展与政治发展的关联十分紧密。从立法参与的主体来看,从最高层的皇帝到中央宰辅再到大理寺、刑部等,都曾参与其中,这点与唐代立法并无二致,但宋代的不同在于其有专门的立法机构。这些专门的立法机构中,又以编敕所为最要。

2. 编敕所的沿革

编敕所,又称敕令所、详定重修编敕所、重修编敕所、详定编敕所、重修敕令所、详定(一司)敕令所、编修(诸司)敕令所、详定敕令局。关于编敕所的设置源头,《建炎以来朝野杂记》载“逮天圣编敕,始有详定编敕所,别命官领之”②。但据《续资治通鉴长编》载,大中祥符七年(1014 年)三月,“诏:‘在京授差遣及外州移任文武官’从编敕所之请也”③,“(四月)丙寅,编敕所言:‘婺州、台州断持仗强盗宋德、叶逸,并坐强盗杀人,绞斩各异。准唐建中敕,恶逆以上四等罪,准律用刑,其余应当绞斩,并决重杖处死,以代极法。又景德元年诏处斩讫奏者即斩之。今二州同罪异罚,望申明旧制。’从之”④。六月,“编敕所请自今刑部举驳诸州误入人死罪劾断官吏讫,具事布告天下,俾其晓悟,从之”⑤。可见编敕所这一机构,最晚在宋真宗大中祥符七年(1014 年)三月⑥就出现了,并已参与立法、司法事宜。

关于编敕所的设置沿革,《宋史》中记载如下:“绍兴十二年罢。乾道六年,复置详定一司敕令所,以右丞相虞允文提举,参知政事梁克家同提举。淳熙十五年省罢,绍熙二年复置局。庆元二年置提举,以右丞相余端礼兼,同提举以参知政事京镗兼,仍以编修敕令所为名。”⑦又据《建炎以来朝野杂记》“炎兴以来敕局废置”条,天圣年间称详定编敕所;熙宁以后,诏修一司敕令,又以编修诸司敕令所为名;元祐改熙丰之法,又以重修敕令所为名;到徽钦二朝,敕令繁复更甚;高宗朝南渡之后,典章制度散

① (元)脱脱等撰:《宋史》卷一五二,中华书局 1977 年版,第 4965 – 4966 页。

② (宋)李心传撰:《建炎以来朝野杂记》乙集卷五,中华书局 2000 年版,第 592 页。

③ (宋)李焘撰:《续资治通鉴长编》卷八二,中华书局 1995 年版,第 1869 页。

④ (宋)李焘撰:《续资治通鉴长编》卷八二,中华书局 1995 年版,第 1872 页。

⑤ (宋)李焘撰:《续资治通鉴长编》卷八二,中华书局 1995 年版,第 1879 页。

⑥ 戴建国在《宋代编敕初探》一文中据《宋会要辑稿·刑法》之记载,推定“至迟大中祥符九年,宋已设有编敕所”,参见戴建国:《宋代编敕初探》,载戴建国:《宋代法制研究丛稿》,中西书局 2019 年版。

⑦ (元)脱脱等撰:《宋史》卷一一五,中华书局 1977 年版,第 3805 页。

失严重，故建炎四年（1130年），仍以详定重修敕令所为名，以宰臣范宗尹提举重修敕令、参知政事张守同提举，历30余年，到绍兴三十年（1160年），敕令所所修各类典章制度达5000余卷；绍兴三十一年（1161年），以官吏猥多、赏费亦滥为由，罢敕令所，然而第二年又复置；孝宗乾道四年（1168年），以重修敕令所为名删修"续旨"，乾道六年（1170年），又以详定一司敕令所为名；孝宗淳熙十五年（1188年），罢敕令所；光宗绍熙二年（1191年），复置详定敕令局；宁宗庆元二年（1196年），复置提举、同提举，仍以编修敕令所为名，删修续降指挥，成书702册。① 具体内容如表6－1所示。

表6－1　编敕所机构设置、名称变更一览

年代	机构设置、名称变更
真宗大中祥符年间	编敕所
仁宗天圣年间	详定编敕所
神宗熙宁年间	详定编敕所、编修诸司敕令所、详定一司敕令所
哲宗元祐年间	重修敕令所
高宗建炎四年（1130年）	详定重修敕令所
高宗绍兴五年（1135年）至三十一年（1161年）[1]	详定一司敕令所
高宗绍兴三十二年（1162年）九月	以敕令所为编类圣政所[2]
孝宗乾道六年（1170年）至淳熙十五年（1188年）	详定一司敕令所
光宗绍熙二年（1191年）	详定敕令局
宁宗庆元二年（1196年）	编修敕令所

注：此简表根据《建炎以来朝野杂记》、《续资治通鉴长编》、《宋史职官志考正》（邓广铭，载《历史语言研究所集刊》第10本，1948年）、《宋史职官志补正》（龚延明，中华书局2009年版）相关内容编制。

［1］绍兴三十一年（1161年）六月，"并敕令所归刑部"。参见（宋）李埴撰：《皇宋十朝纲要校正》，中华书局2013年版，第722页。

［2］参见（宋）李心传撰：《建炎以来朝野杂记》甲集卷四，中华书局2000年版，第112页。

3. 编敕所的人员配置

关于编敕所的人员配置，据《宋史》载，编敕所设有提举（宰相兼）、同提举（执政兼）、详定官（侍从官兼）、删定官（就职事官内差兼）。② 编敕人员均系临时差遣，一般非专职，也无定额。大中祥符编敕曾差详定官十员，天圣编敕差提举官二员、删定官

① 参见（宋）李心传撰：《建炎以来朝野杂记》乙集卷五，中华书局2000年版，第592－595页。

② 参见（元）脱脱等撰：《宋史》卷一一五，中华书局1977年版，第3805页。

三员、详定官一员、同详定官五员，庆历编敕差提举官二员、删定官七员、详定官四员。到神宗朝，由于变法的需要，差官数量更多，分工也更细，除了以王安石等宰相兼提举官外，差删定官十员、详定官七员，并增设了检详官二员、对点官一员、编排官一员。到哲宗绍圣元年（1094 年），依熙丰旧例，才增设了专职删定官六员。徽宗重和年间立法时，除了传统的提举官、详定官、删定官，还配置了辅助官吏 41 人，然而十羊九牧、效率奇低，宣和元年（1119 年）不得不规定一司敕令所的官员定额，即删定官十员、详定官三员，但对辅助官吏的员额并未加以规定，冗官冗费问题仍未解决。南渡之后，江山半壁，不得不精简人员，节省费用。建炎四年（1130 年）敕令所删定官及编修官均是兼任，绍兴初年指定由大理寺官兼详定重修敕令删定官；到孝宗乾道六年（1170 年）时，置提举官二（宰相兼）、同提举一（执政兼）、详定一（从官兼）、删定官五，同时对辅助官吏进行了减省；到光宗绍熙二年（1191 年）复置详定敕令局时，差详定官一员、删修官三员。①

编敕所的提举、删定、详定都是差遣，而立法完进呈之后，参与人员一般会被加官封赏，因此编敕所差遣通常是一门美差。从真宗朝开始，就有对编敕官员“加阶勋”的奖励，之后的历朝编敕完毕，参与编敕工作的各级各类官员会受到不同的奖励。北宋前期的奖励主要是“加阶勋”“赐器币”；到神宗朝，奖励是“升仕迁官，循资有差”及“减磨勘”，即为参与工作官员提供晋升机会或优惠；到徽宗朝，编敕活动更为宏大，奖励范围更广、更滥；南宋虽然只“半壁江山”，但在编敕奖励上沿袭了徽宗朝的旧例，“官吏猥多，赏费亦滥”，说的就是高宗绍兴年间的编敕情况；到孝宗乾道、淳熙年间，敕令所更被视为“宰执周旋亲故之地”，即成了宰相、执政“开后门”、安排亲故的方便之地。②

编敕所在宋代并非常设机构，但因编敕的立法性质，各朝都会将编敕作为建章立制的一个重要活动，编敕活动之频繁必然需要大量的编敕人员。因此，有宋一代的很多官员都曾做过编敕的工作，在编敕所盘桓过。比较著名的有：王安石，作为神宗朝变法的主导，王安石本人就曾任过编敕所提举，并将编敕所作为变法的重要阵地之一，③出台了大量新法；当然，能作为提举领导编敕的官员并不多，大量官员从事的是删定官的职务，大文豪陆游就曾在绍兴三十年（1160 年）五月至绍兴三十一年（1161 年）七月任过敕令所删定官，心学代表人物陆九渊也曾在淳熙十年（1183 年）十二月

---

① 参见刘琳、刁忠民、舒大刚、尹波等校点：《宋会要辑稿》，上海古籍出版社 2014 年版，第 3117－3120 页。

② 参见（宋）李心传撰：《建炎以来朝野杂记》乙集卷五，中华书局 2000 年版，第 594 页。

③ 当然，王安石变法的更重要阵地是一个新设的临时立法机构，即熙宁二年（1069 年）设的制置三司条例司，该机构是制定新法、发布各种法令的总枢纽。熙宁三年（1070 年），在守旧派的攻击下，制置三司条例司被罢，而由司农寺代其职能。

至淳熙十三年(1186年)十一月任过敕令所删定官,对于他们来说,敕令所删定官是初入官场的一段重要经历。

4. 编敕所之所在

也许由于编敕所并非常设机构,编敕所之所在也并不固定。北宋东京时的编敕所位置在传世文献中很难寻觅,但在南宋临安,关于编敕所位置的记载有以下几例。先是成书于南宋前期(孝宗淳熙年间)的陈骙《南宋馆阁录》载,"旧实录院初为敕令所,今为太常寺",此处所述之旧实录院在秘书省东,秘书省在油车巷东法慧寺。① 成书于南宋中期(宁宗嘉定年间至理宗宝庆年间)的王象之《舆地纪胜》载:"旧在天井巷,寻徙于朝天门之南。后因辛酉火,复徙于天井巷之南云。"②天井巷即现在杭州市上城区小井巷附近,巷内南端有一眼天井泉;朝天门即南宋皇城城门,现在杭州上城区鼓楼附近。《梦粱录》又载:"敕令所在侍郎桥南,专为详定编修诸司敕令。"③侍郎桥现在杭州定安路附近。文献中对这些地名方位交代不一,唯一可以肯定的是,编敕所的办公场所并不固定。

三、宋代司法设施

相较于唐代,宋代的司法设施设置更为复杂。《宋史·刑法志》里有这么一段不算太周延的概括:

凡内外所上刑狱,刑部、审刑院、大理寺参主之,又有纠察在京刑狱司以相审覆。官制既行,罢审刑、纠察,归其职于刑部。四方之狱,则提点刑狱统治之。官司之狱:在开封,有府司、左右军巡院;在诸司,有殿前、马步军司及四排岸;外则三京府司、左右军巡院,诸州军院、司理院,下至诸县皆有狱。诸狱皆置楼牖,设浆铺席,时具沐浴,食令温暖,寒则给薪炭、衣物,暑则五日一涤枷杻。郡县则所职之官躬行检视,狱敝则修之使固。④

这段话虽然概括,但也点出了有宋一代主要的司法机构,中央有刑部、审刑院、大理寺、纠察在京刑狱司,地方则有开封府司、左右军巡院、司理院、提点刑狱司以及诸县。

具体而言,北宋初期,中央设审刑院以分刑部之权,地方层面在路一级逐渐设置提点刑狱司,在州以上直到中央的司法中分为鞫、谳、议三个程序,将审讯、判决、详议

---

① 参见(宋)陈骙等撰:《南宋馆阁录》卷二,中华书局1998年版,第9页。

② (宋)王象之:《舆地纪胜》卷一,浙江古籍出版社2012年版,第25页。

③ (宋)吴自牧:《梦粱录》卷九,大象出版社2019年版,第289页。

④ (元)脱脱等撰:《宋史》卷二一〇,中华书局1977年版,第5021页。

分开,相互制衡,防止官员擅权;[①]到了神宗元丰改制之后,审刑院归并到刑部,大理寺和刑部的司法权大增,司法机构内部的分权也以另一种方式继续,如大理寺少卿2人,一人治狱、一人断刑,刑部郎官4人,分左右厅,分别负责详复、叙雪等职能。[②] 这些机构设置与变动,一直随着宋代政治大环境变化而在不断调整,也一直是诸如三冗等问题的一部分原因,但在司法上不厌其烦地分权制衡的理念也客观上产生了司法比较平稳、相对公允的效果。

从审判管辖上来说,宋代司法从地方到中央也有级别管辖上的分工。县一级的审判权限为杖以下罪(含杖罪),即只能对杖以下案件的判决发生法律效力;对徒以上的案件,县一级须将案情审理清楚,写出初步处理意见,送州一级作正式判决。州一级有权判决县一级报呈的徒以上案件,同时也受理诉状。在元丰改制之前,州可以对包括死刑在内的大小案件进行判决,并具有死刑执行权;在元丰改制之后,州判决的死刑案件须报提刑司核准才能执行。到路一级,设有转运司、提刑司审查下属州县的刑案并平反冤狱。元丰改制之前,路一级对州县案件的监督审查是执行后的覆审;元丰改制之后,提刑司对州一级死刑执行的审查是在执行前。[③]

在京师,又不同于在地方,单治狱机构就有开封府(临安府)、左右军巡院、御史台狱、大理寺狱、三司及各寺、监刑狱等,共约20余所。在大中祥符二年(1009年)之前,京师案件通常由上述刑狱机构审判,案件审判之后均须报大理寺审核,再送刑部覆审;大中祥符二年,设置纠察在京刑狱司,"凡在京刑禁,徒以上即时以报,若理有未尽或置淹恤,追覆其案,详正而驳奏之。凡大辟,皆录问"[④]。到元丰改制,纠察在京刑狱司被罢归刑部。元祐元年(1086年),根据三省建言,在京刑狱的申明纠举由御史台刑察兼领,御史台狱则由尚书省右司纠察。[⑤] 在北宋前期,尤其是神宗朝之前,"大理寺谳天下奏案而不治狱";熙宁九年(1076年),神宗诏:因"京师官寺,凡有狱皆系于开封府司录司及左右军巡三院,囚逮猥多,难于隔讯,又暑多瘐死,因缘流滞,动涉岁时",复置大理寺狱。

(一)中央司法机构

正如前文所述,中央各司法机构分工的一般情况是:大理寺负责京师诸司刑案,

---

① 戴建国指出:"州府的整个审判分成鞫、谳、议三个程序,形成完整的审判制度,这一鞫、谳、议程序与中央层面的鞫、谳、议制度设计,即地方鞫(地方奏案)、大理寺谳、再经审刑院议(审刑院撤销后,由刑部详议)之制是一致的。"参见戴建国:《宋代州府的法司与法司的驳正权》,载戴建国:《宋代法制研究丛稿》,中西书局2019年版。

② 参见王云海主编:《宋代司法制度》,河南大学出版社1992年版,第23-24页。

③ 参见戴建国:《宋代刑事审判制度研究》,载戴建国:《宋代法制研究丛稿》,中西书局2019年版。

④ (元)脱脱等撰:《宋史》卷一六三,中华书局1977年版,第3858页。

⑤ 参见(元)脱脱等撰:《宋史》卷一六三,中华书局1977年版,第3858-3859页。

可以专决流以下罪，死刑须报御史台审核；而刑部主要负责对已决案件的覆核。[①] 当然，宋代官制复杂且多有沿革，具体到各朝，各机构的情况又不能一概而论。

1. 大理寺

元丰改制前的大理寺，掌断天下奏狱，本身并不听讯案件，这从其在元丰改制之前的官吏设置可知一二：置判寺 1 人，兼少卿事 1 人，详断官 8 人[②]，法直官 2 人，府史、承阙35 人。如此精简的员额正对应着其职能的精简，即大理寺的职能仅限于对包括官员案件在内的天下上奏案件进行详断，然后交由刑部详覆。淳化二年（991年）设审刑院，故在详断、详覆之后，又加了个审刑院的详议程序。[③] 这种情况一直持续到元丰改制前。

元丰改制之后，大理寺的职能改变，其原本详断天下奏案的职能收归刑部，原本由三司、诸寺监等决劾的案件皆由大理寺结断。并且复置大理寺狱，而大理寺狱的设置，也是此次变革的主要成果：

（元丰元年）十二月十八日，中书言："奉诏，开封府司录司及左右军巡院刑狱皆本府公事，而三司、诸寺监等凡有禁系，并送三院，系囚猥多，难以隔讯。又盛暑疾气熏染，多致死亡。官司各执所见，吏属苦于谘禀，因缘留滞，动涉岁时，深为未便。参稽故事，宜属理官。今请复置大理狱，应三司及寺监等公事，除本司公人杖笞非追究者随处裁决，余并送大理狱结断。其应奏者并天下奏案，并令刑部、审刑院详断。大理寺置卿一人、少卿二人、丞四人专主推鞫，检法官二人，余悉罢。应合行事，委本寺详具以闻。"从之。[④]

当时京师刑狱机构杂乱，开封府、三司、诸寺监等都有各自的刑狱系统，关押的囚犯也比较多，监狱的条件也比较恶劣，到盛夏之时，恶疫横行，囚犯死亡的情况经常发生。而之所以出现这种情况，与当时京师刑狱事务管辖权分散有很大关系，分散的管辖权导致各司法机构忙于应付各种上下谘禀程序，司法程序大为滞延，如此案件久悬不决，囚犯积压在各监狱中。为了改变这种情况，决策者根据"故事"，认为应当将京师三司、寺监等官府管辖的刑案统一收归"理官"管辖，此"理官"即大理寺。大理寺要审判管辖这些刑狱案件，就必须有自己的监狱，因此复设大理寺狱。

但元丰官制改革也不是一蹴而就的，仅就大理寺而言，在元丰元年（1078 年）十二月置大理寺狱前，早在熙宁五年（1072 年）时，就在王安石变法的背景下，增置了两

---

① 参见戴建国：《宋代刑事审判制度研究》，载戴建国：《宋代法制研究丛稿》，中西书局 2019 年版。

② 初时，详断官仅有 6 人，后来渐渐加到 12 人，后在真宗咸平二年（999 年）八月，因判大理寺王钦若上言"本寺案牍简少，请罢详断官四员，止留八员"而减至 8 人。参见（宋）李焘撰：《续资治通鉴长编》卷四五，中华书局 2004 年版，第 960 页。

③ 参见戴建国：《大理寺、审刑院职权与宋代的鞫、谳、议审判机制》，载戴建国：《宋代法制研究丛稿》，中西书局 2019 年版。

④ 刘琳、刁忠民、舒大刚、尹波等校点：《宋会要辑稿》，上海古籍出版社 2014 年版，第 3658 页。

员详断官，总数达到十员，而这两员详断官还是来自“新法试中八人”①；熙宁六年（1073 年）三月，诏，“试中刑法莫君陈迁一官，为刑法官，次四人送法寺试断案，或充提刑司检法官；次五人各循二资，十一人各循一资；余各不依名次路分指射差遣一次；次止免试注官”②；到熙宁七年（1074 年），因又增置习学公事九员，这些官员没几年就改京官，有大臣认为这样不妥，故又规定了以后大理寺详断官及习学官加起来不超过十四员；③熙宁八年（1075 年）八月，又以详断官可以不用“亲书节案”为由，减详断官二员。到元丰元年十二月十八日诏置大理狱时，当时配置的官员也非常有限，即卿 1 人、少卿 2 人、丞 4 人专主推鞫，配以检法官 2 人辅佐，“余悉罢”，如此看来，似乎大理寺较之前更形同虚设了。其实不然，这道诏令只是变革过程中的一个节点。

大理寺此时配置官员的减少，首先是因为职权转变，大理寺原先详断天下奏案的职能转移给刑部，原先负责这一职能的大部分官吏也随之转移到了刑部。此即十二月二十二日诏“大理寺官吏并公案等，并归刑部”，并交代了大理寺接下来负责的职能——三司及寺监等应送大理寺结断的公事——“自来年正月后，依十八日诏施行”④。其次是在十二月底到正月之间，准确地说是元丰元年十二月二十八日（戊辰）到元丰二年（1079 年）正月十四（甲申），前后 17 日，由知大理寺事崔台符等负责，耗工 17000 建造大理寺。新建之大理寺位于驰道之西，占地面积颇广，“以楹计凡三百六十有三”⑤。楹是古代的计量单位，有说是一间即一楹，也有说一列为一楹，即使是一间为一楹，也有 363 间房，可见其广阔。再次，在元丰二年正月九日，又下一诏，进一步明确了大理寺新的职能范围：“旧隶三司、寺监承受断遣或送府司、军巡院禁勘公事，非提点仓场司、四排岸司徒以上罪及合追究公事旧送三司者，并送大理寺。”⑥

解决了办公场所和职权范围的问题之后，大理寺接下来开始了补充官吏的过程。

---

① 即所谓“刑法试”，“奏补人愿试刑法者，兼治两小经，如中选，即入大理评事，或提刑司检法官。次第可至刑部尚书”。参见（宋）赵升编：《朝野类要》卷二，中华书局 2007 年版，第 59 页。

② （宋）李焘撰：《续资治通鉴长编》卷二四三，中华书局 2004 年版，第 5925 页。

③ 参见刘琳、刁忠民、舒大刚、尹波等校点：《宋会要辑稿》，上海古籍出版社 2014 年版，第 3657 页。

④ 参见刘琳、刁忠民、舒大刚、尹波等校点：《宋会要辑稿》，上海古籍出版社 2014 年版，第 3658 页。

⑤ 刘琳、刁忠民、舒大刚、尹波等校点：《宋会要辑稿》，上海古籍出版社 2014 年版，第 3658 页。

⑥ 刘琳、刁忠民、舒大刚、尹波等校点：《宋会要辑稿》，上海古籍出版社 2014 年版，第 3658 页。《续资治通鉴长编》（卷二九六，中华书局 2004 年版，第 7196 页）中对此诏令的叙述稍有区别：“诏旧隶三司、寺监承受断遣或送府司、军巡院禁勘公事，并提点仓场司、四排岸司徒以下罪及合追究公事，旧送三司者送大理寺。”两者内容基本一致，所不同有二：一则关于提点仓场司、四排岸司徒以下罪划归大理寺管辖，《宋会要辑稿》是从反面表述即“非提点仓场司、四排岸司徒以上罪”；二则是断句问题，即“旧送三司者”指的是哪些案件原先送三司管辖后划归大理寺，《续资治通鉴长编》的断句似乎表示“提点仓场司、四排岸司徒以下罪及合追究公事”旧送三司者后送大理寺，《宋会要辑稿》的断句似乎指出的是“合追究公事”旧送三司者后送大理寺。具体细节如何，有待进一步研究。

先是元丰二年正月二十七日，“诏大理寺置干当公事官二员，以大小使臣充”[①]。然后是元丰五年(1082年)五月七日，“诏以朝奉郎莫君陈等九人为大理寺丞，宣德郎张仲颖等十二人为评事，朝奉郎程嗣先等四人为司直”[②]。从元丰元年十二月到元丰五年五月，大理寺的官员职位才差不多补全。

因为据《神宗正史·职官志》载，改制后，“大理寺置卿一人，少卿二人，正二人，推丞四人，断丞六人，司直六人，评事十有二人，主簿二人”，“凡职务分左右：奏劾命官、将校及大辟囚以下以疑请谳者，隶左断刑，则司直、评事详断，丞议而正审之。若在京百司事当推治，或特旨委勘及系官之物应追究者，隶右治狱，则丞专推鞫。少卿分领其事，而卿总焉”，“凡分案十有一，设吏六十有九”[③]。《宋史》载分案情况如下：

左断刑分案三：曰磨勘，掌批会吏部等处改官事；曰宣黄，掌凡断讫命官指挥[④]；曰分簿，掌行分探诸案文字。设司有四：曰表奏议，掌拘催详断案八房断议狱案，兼旬申月奏；曰开拆[⑤]；曰知杂[⑥]；曰法司[⑦]。又有详断案八房，专定断诸路申奏狱案等。又有敕库，掌收管驾阁文书。吏额：胥长一人，胥史三人，胥佐三十人[⑧]，贴书六人，楷书十四人。

右治狱分案有四：曰左右寺案，掌断讫公事案后收理追赃等；曰驱磨，掌驱磨两推官钱、官物、文书；曰检法，掌检断左右推狱案并供检应用条法；曰知杂[⑨]。又有开拆、表奏二司；有左右推，主鞫勘诸处送下公事及定夺等。吏额：前司胥史一人、胥佐九人，表奏司一人、贴书三人，左右推胥史二人、胥佐八人，般押推司四人、贴书四人。[⑩]

神宗朝因为王安石变法，推行新法，同时改革官制，所以是大理寺人员配置较为充足的时期。此后，大理寺的官员配置多有反复。哲宗元祐时期，太皇太后高氏起用

---

① 刘琳、刁忠民、舒大刚、尹波等校点：《宋会要辑稿》，上海古籍出版社2014年版，第3659页。“置大理寺勾当公事官二员，以大小使臣充。”参见(宋)李焘：《续资治通鉴长编》卷二九六，中华书局2004年版，第7203页。

② 刘琳、刁忠民、舒大刚、尹波等校点：《宋会要辑稿》，上海古籍出版社2014年版，第3659页。

③ 刘琳、刁忠民、舒大刚、尹波等校点：《宋会要辑稿》，上海古籍出版社2014年版，第3657页。

④ 《宋会要辑稿》的记载是“掌宣单应干断讫命官指挥”，参见刘琳、刁忠民、舒大刚、尹波等校点：《宋会要辑稿》，上海古籍出版社2014年版，第3655页。

⑤ 开拆司“掌收接应干投下文字”，参见刘琳、刁忠民、舒大刚、尹波等校点：《宋会要辑稿》，上海古籍出版社2014年版，第3655页。

⑥ 知杂司“掌本司诸杂务事”，参见刘琳、刁忠民、舒大刚、尹波等校点：《宋会要辑稿》，上海古籍出版社2014年版，第3655页。

⑦ 法司“掌诸处批下参详文字”，参见刘琳、刁忠民、舒大刚、尹波等校点：《宋会要辑稿》，上海古籍出版社2014年版，第3655页。

⑧ 《宋会要辑稿》此处是“胥佐二十人”，参见刘琳、刁忠民、舒大刚、尹波等校点：《宋会要辑稿》，上海古籍出版社2014年版，第3655页。

⑨ 知杂案“掌应干杂物之类”，参见刘琳、刁忠民、舒大刚、尹波等校点：《宋会要辑稿》，上海古籍出版社2014年版，第3655页。

⑩ (元)脱脱等撰：《宋史》卷一六五，中华书局1977年版，第3902页。

旧党,多有推翻新法的举措,在官制上也有所反复。元祐元年(1086 年)正月十日,大理寺右治狱因“近勘断公事全少”“虚糜廪禄”而被裁撤。元祐二年(1087 年)五月十六日,更进一步削减了员额,省去评事二员。元祐三年(1088 年)五月二日,更把大理寺右治狱原先负责的在京官司应干钱谷公事转给户部,由户部新设的推勘检法官负责;五月十六日,再下诏令,大理寺少卿减为一员。① 哲宗亲政之后,重新起用新党,故又绍述熙丰之法。先是在绍圣元年(1094 年)七月,重新采用熙丰之选试法选任法官,大力提拔任用新人;接着在绍圣二年(1095 年)七月二十三日,诏大理寺复置右治狱,仍根据元丰朝的旧例添置官属员数。② 从而,基本上恢复了神宗朝的大理寺配置。到徽宗朝,依然在延续这种绍述的趋势,政和五年(1115 年)四月三十日,应大理寺卿的请求,恢复了熙丰年间在大理寺内置习学公事四员的制度,由“长、贰立课程,正、丞同指教”;到宣和七年(1125 年)四月,更因大理寺“比岁选任非人,议法不中”,诏“大理寺官评事以上,并差试中刑法人”③。

到高宗偏安江南之后,战事频仍,和议等各方开支剧增,而管辖之境只半壁河山,收入和支出严重失衡,故为了节省开支,又对官僚体系进行了一番减省。就大理寺而言,建炎三年(1129 年)四月十三日,诏:“大理断刑治狱少卿、寺正各减一员,断刑寺正六员减三员,治狱寺丞减二员,断刑司直兼治狱司直,其寺簿并治狱司直并罢。吏人并三分减一。”④当然,南宋初年朝廷面临的更大问题还不是削减官吏额度,如同在立法上典章制度遗失日常工作只能倚仗省记等一般,当时更大的问题还是官员阙额严重,绍兴二年(1132 年)八月十二日,因“大理正、断刑、治狱丞共七员窠阙”,下诏“依旧堂除差人”⑤。减员后的大理正、断刑、治狱丞本就不超过十员,尚且还有七员“窠阙”,可见当时偏安朝廷的羸弱。这种局促的情况经过了较长的时间才得以缓解,这可以从绍兴二十年(1150 年)诏新建大理寺看出端倪,新造之大理寺不仅有官府办公场所,更在内一并建造了吏院,“自治狱都辖至推司家属,并令就院内居住”,以严格管束大理寺官吏及其家属的人际交往,防止内外交通、影响审判公正。⑥ 但人员紧张的情况似乎依旧,到绍兴三十年(1160 年)四月,才经大理少卿请求,大理寺治狱增置检法使臣一员。⑦ 孝宗即位后,要求进一步精简吏额,隆兴元年(1163 年),大理寺按要求对吏额进行了减省:

左断刑见管人吏:胥长一名,胥史三人,胥佐二十人,贴书六人,楷书一十三人。

---

① 参见刘琳、刁忠民、舒大刚、尹波等校点:《宋会要辑稿》,上海古籍出版社 2014 年版,第 3661 页。
② 参见刘琳、刁忠民、舒大刚、尹波等校点:《宋会要辑稿》,上海古籍出版社 2014 年版,第 3662 页。
③ 参见刘琳、刁忠民、舒大刚、尹波等校点:《宋会要辑稿》,上海古籍出版社 2014 年版,第 3663 页。
④ 刘琳、刁忠民、舒大刚、尹波等校点:《宋会要辑稿》,上海古籍出版社 2014 年版,第 3664 页。
⑤ 参见刘琳、刁忠民、舒大刚、尹波等校点:《宋会要辑稿》,上海古籍出版社 2014 年版,第 3664 页。
⑥ 参见刘琳、刁忠民、舒大刚、尹波等校点:《宋会要辑稿》,上海古籍出版社 2014 年版,第 3668 页。
⑦ 参见刘琳、刁忠民、舒大刚、尹波等校点:《宋会要辑稿》,上海古籍出版社 2014 年版,第 3669 页。

今乞减胥佐三人，贴书二人，楷书二人，已上共减七人。

右治狱见管吏额：前司胥史一名，胥佐并正贴书共十六名。今减胥佐二人，贴书一名。左右推胥史二人，并胥佐、贴书共十八人。今减贴书二人。已上共减五人。①

隆兴二年(1164 年)闰十一月，因为大理寺评事巩衍等上奏请求，才又诏大理评事八员为额。巩衍等的上书，反映出大理寺案多人少的窘况：

伏见评事之职，检断天下狱案，并系躬自节案，亲书断语，最为劳苦，与其他差遣不同。旧额评事十四员，后来节次减作五员；断刑寺丞旧额六员，又减作两员。虽各竭力尽心，画夜看详书断，实以官数累减，奏案益多，检断不办。今来冬至诏书之后，在寺合断案状二百余道，切虑有稽违之限，乞行量复员数。②

孝宗朝对大理寺人事的调整还有：乾道四年(1169 年)五月，应大理少卿周自强所请，减右治狱都辖一名；乾道五年(1170 年)四月，应起居舍人胡元质所请，诏大理寺复置主簿一员；淳熙六年(1179 年)四月九日，又将大理寺内部的般押推司"改充"承勘推司，因为承勘推司两推各四名推司实在难以应付繁多的案件事务，故将般押推司四名推司改作承勘推司；淳熙十三年(1186 年)九月，诏大理寺左断刑减胥佐 1 人、楷书 3 人、私名 2 人，右治狱减贴书 1 人。③

通观南宋大理寺吏额调整，可知南宋朝廷长期存在精简官吏、节省开支而削减员额与事务繁多、人手不足而需要增补员额之间无法调和的矛盾，正如高宗自己所感叹的："方今国削而迫，殊乏贤能干蛊之士。"④

2. 刑部及审刑院

关于刑部的职能，《宋会要辑稿》载其"主覆天下大辟已决公案、旬奏狱状，举驳其不当者，及官员犯罪除免、经赦叙用，定夺雪理给牒"⑤；《宋史》载其"掌刑法、狱讼、奏谳、赦宥、叙复之事"⑥。可知，刑部的主要职能有两部分，一是今天所称的司法审判事务，其中的详覆职能即全天下被判处大辟的案件经大理寺详断之后，都需要送至刑部进行详覆，有不当者，刑部当驳正之；二是负责部分行政事务，有关于司法的赦宥，也有立法等事务，甚至还有纯行政性的关禁等事务，其中叙复是针对犯罪官员，负责京朝官、三班、幕职州县官员犯解免、叙理出雪之事。

刑部详覆之职能在宋代开始于宋太祖建隆年间，鉴于五代诸侯枉法杀人而设置：

(太祖建隆三年三月丁卯)上谓宰臣曰："五代诸侯跋扈，多枉法杀人，朝廷置而不

---

① 刘琳、刁忠民、舒大刚、尹波等校点：《宋会要辑稿》，上海古籍出版社 2014 年版，第 3669 页。

② 参见刘琳、刁忠民、舒大刚、尹波等校点：《宋会要辑稿》，上海古籍出版社 2014 年版，第 3670 页。

③ 参见刘琳、刁忠民、舒大刚、尹波等校点：《宋会要辑稿》，上海古籍出版社 2014 年版，第 3674、3675 页。

④ (宋)李心传撰：《建炎以来系年要录》卷四八，中华书局 1956 年版，第 855 页。

⑤ 刘琳、刁忠民、舒大刚、尹波等校点：《宋会要辑稿》，上海古籍出版社 2014 年版，第 3407 页。

⑥ (元)脱脱等撰：《宋史》卷一六三，中华书局 1977 年版，第 3858 页。

问，刑部之职几废，且人命至重，姑息藩镇，当如此耶！”乃令诸州自今决大辟讫，录案闻奏，委刑部详覆之。①

但此种详覆职能，在当时也并不固定，宋太祖开宝八年（975年）秋，又令原本负责详断的大理寺与负责详覆的刑部参议同奏。为此，开宝九年（976年）时，当时判刑部的张佖和判大理寺的李符关系紧张，导致案牍稽滞，张佖请求恢复旧制，不准之后不得不请求外任。②

元丰改制之前，刑部的人员配置较为简单：“刑部判事二人，以御史知杂已上或朝官充”，“详覆官四人，法直官一人，并以选人充。令史十二人，驱使官一人”③。这种人员配置情况是和当时刑部的职能被不断侵夺直接相关的。

淳化元年（990年）五月，刑部置详覆官专阅天下所上案牍，而其原先遣员赴各地鞫狱的职能被转交给了御史台。为此，御史台专门设置推勘官20人，以京朝官担任，“若诸州有大狱，则乘传就鞫”④。紧接着在淳化二年（991年），宋太宗因“虑法吏舞文”，又设置审刑院，“掌详断大理寺系囚而奏之”，从此案牍先经大理寺断谳后，报审刑院再详断，⑤审刑院草成处理意见上奏。⑥ 在这套复杂的慎刑程序中，刑部实际上已经在其中没有位置了。

审刑院，以朝官1人或2人知院事，配置了详议官6人、书令史12人。其办公场所，原先在右掖门内、中书门之西、长庆门东，因审刑院设置之初便是由皇帝亲信近臣知审院事，所以设在禁中；到宋仁宗嘉祐六年（1061年）八月，审刑院才迁到了右掖门之西，因为迁出禁中，临街而设，别无关防，审刑院还请求专差皇城司亲事官2人把门，以免泄露公案等，并安排吏员看管屋宇、官物、公案等。⑦

接着是在宋真宗大中祥符二年（1009年），置纠察在京刑狱司，设纠察官2人。凡在京刑禁，徒以上罪的都需要报纠察刑狱司，“理有未禁或置淹恤”的，纠察司拥有详

---

① （宋）李焘撰：《续资治通鉴长编》卷三，中华书局2004年版，第63页。

② 参见（宋）李焘撰：《续资治通鉴长编》卷一六、一七，中华书局2004年版，第342、374页。

③ 淳化元年（990年）置详覆官六员，后减至三员。景德三年（1006年），别增一员“专举驳大辟公案”，共四员。参见刘琳、刁忠民、舒大刚、尹波等校点：《宋会要辑稿》，上海古籍出版社2014年版，第3407页。

④ 参见（宋）李焘撰：《续资治通鉴长编》卷三一，中华书局2004年版，第701页。

⑤ 据《续资治通鉴长编》载，淳化四年（993年）三月，“诏大理寺所详决案牍，即以送审刑院，勿复经刑部详覆”，可知在淳化二年（991年）设置审刑院到四年三月之间，大理寺所详决案牍应该还是需要先送刑部详覆，再送审刑院。参见（宋）李焘撰：《续资治通鉴长编》卷三四，中华书局2004年版，第748页。

⑥ 宋太宗对法吏失去信任，是因为一个案子，即“散骑常侍徐铉外族之女萧氏与姑为讼”一案，在此案中，负责议、覆等程序的法官“依违卤莽”，都被贬谪。因为此案，宋太宗设置了审刑院，并任命了亲信近臣枢密直学士李昌龄知审刑院。参见刘琳、刁忠民、舒大刚、尹波等校点：《宋会要辑稿》，上海古籍出版社2014年版，第3423页。

⑦ 参见刘琳、刁忠民、舒大刚、尹波等校点：《宋会要辑稿》，上海古籍出版社2014年版，第3424页。

正刑案并驳奏之权，并可以录问在京诸司大辟罪人。[①] 刑部的职权被进一步侵夺。

诸职能被削减之后，在元丰之前的很长一段时间，刑部的职能主要就是负责官员叙雪事宜，以及一些司法行政事务。如遇有朝廷颁布赦书、敕令等现在所谓的规范性文件，刑部要负责誊写勘读，这时候就可能需要从各部门借调书吏数百人誊写。一直到仁宗天圣二年（1024年），据判刑部燕肃进言，以雕版印造代替人工誊写，但仍须由刑部差详议、详断官勘读，确认无误后方雕版印造。[②]

元丰改制之后，刑部官吏配置大为完善：

元丰改官制，旧审刑院、纠察在京刑狱司并归刑部。尚书一人，侍郎一人，郎官一人，分左、右治事，左以详覆，右以叙雪。吏额：主事一人，令史四人，书令史九人，守当官八人，贴司十八人。都官、比部、司门皆无所掌，各以朝官一员主判。[③]

尚书掌天下刑狱之政令，而侍郎、郎中、员外郎分治其事。凡制勘、按劾、审录、奏谳、纠察、程督则隶左，检察、定夺、除雪、叙复、移放则隶右。格不载者，同尚书通领。其都官、比部、司门事亦如之。若御史台或诏狱录问辟囚及三品以上官以侍郎，余以郎官。大祀则尚书莅誓，荐熟则奉大牲，大礼肆赦，则侍郎授赦书，承旨释囚。分案八，设吏五十有二。[④]

这两段文字概括了元丰改制中的刑部官制变革及改革后的官吏职能，实际上刑部的官制改革也并非一步到位。先是在熙宁二年（1069年）十二月，恢复了刑部详覆诸处奏到大辟罪案的权力；熙宁三年（1070年）、四年（1071年），两次下诏，刑部如有驳正诸处断遣不当的徒以上刑名，给予展磨勘等酬奖；元丰元年（1078年）五月，诏刑部与大理寺奏举习学公事，补充官员。到元丰元年十二月，置大理狱，司法体制整个得以大调整，大理寺汇集了原先在京诸狱的刑案，原先大理寺负责的详断天下奏案的职能转交刑部、审刑院，大理寺旧官吏包括详断官、断案尽入刑部。刑部、审刑院遽受此责，不仅人员紧张，全赖大理寺旧官吏支撑，又不得不于元丰二年（1079年）四月增审刑院详议、详断官各一员；原先的办公场所也不敷用，故元丰二年二月，将原先的审官东院地改为审刑院、太常礼院地改为刑部详断司。[⑤]

因此，到元丰三年（1080年）八月，审刑院并归刑部之前，实际上刑部的职能早已改易，人员设置上也逐渐充实。审刑院并归刑部之后，刑部的人员配置大增，其司法职能又细分详议、详覆、详断三大部分。由原先的知审刑院官判刑部，掌详议、详覆司事；由原先刑部的主判官二员同判刑部，掌详断司事。下又有分案：

---

① 参见（元）脱脱等撰：《宋史》卷一六三，中华书局1977年版，第3858页。

② 参见刘琳、刁忠民、舒大刚、尹波等校点：《宋会要辑稿》，上海古籍出版社2014年版，第3409页。

③ 刘琳、刁忠民、舒大刚、尹波等校点：《宋会要辑稿》，上海古籍出版社2014年版，第3407页。

④ 刘琳、刁忠民、舒大刚、尹波等校点：《宋会要辑稿》，上海古籍出版社2014年版，第3410页。

⑤ 参见刘琳、刁忠民、舒大刚、尹波等校点：《宋会要辑稿》，上海古籍出版社2014年版，第3412页。

分案十二,置吏五十有二。南宋绍兴朝以后,分案十三:制勘,掌凡根勘诸路公事;体量,掌凡体究之事;定夺,掌诉雪除落过名;举叙,掌命官叙复;纠察,掌审问大辟;检法,掌供检条法;颁降,掌颁条法降赦;追毁,掌断罚追毁宣敕;会问,掌批会过犯;详覆,掌诸路大辟帐状;捕盗;帐籍,掌行在库务、理欠帐籍;进拟,掌进断案刑名文书。①

此十三案也并不是一开始就有的固定设置,常有增撤。元丰改制之时,三省六部的职官恢复前代的设置和实权,刑部下设都官、比部、司门,刑部本司郎中、员外郎各2人,都官、比部、司门郎中、员外郎各1人,分案八,设吏五十有二。② 哲宗元祐元年(1086年),刑部请求复置详覆案,言刑部原先有详覆司,元丰改制之后详覆案下放到提刑司,遂请求复置;元祐四年(1089年)五月,将配隶案、移放案并入刑部;元祐四年十二月,将制勘案、体量案并为一案,避免往复烦费。③

到南宋时期,在上文所提及的人员配置紧张与事务繁重的矛盾中,刑部官吏员额也在不断调整。高宗建炎三年(1129年)四月,刑部郎官以二员为额,吏人减半。④ 孝宗隆兴元年(1163年)七月,在六部尚书不常置的情况下,刑部置侍郎一员、郎官二员;八月,刑部在仅有主事1名、令史4人、书令史9人、守当官8人、正贴司18人的情况下,又减守当官2人、正贴司3人。⑤ 淳熙十三年(1186年)十二月,又减刑部书令史1人、贴司2人、私名1人、主事1人。⑥ 刑部人吏从最多时的50多人,减到了30人,"国削而迫"也体现在了刑部官制上。

3. 御史台及纠察在京刑狱司

御史台,"掌纠察官邪,肃正纲纪,大事则廷辨,小事则奏弹",其下属三院,即台院、殿院、察院。⑦ 这个大致情况似乎和唐代类似,但宋代御史台的具体人员配置及职能与唐代并不相同。

御史台的官员设置以元丰改制为界,也分为前后两个大时期。在前后两个时期,御史大夫都完全是一个虚衔,成为大臣加官、检校的一种荣誉。宋代御史台长官是御史中丞。元丰改制之前,御史中丞以下有侍御史知杂事、侍御史、殿中侍御史、监察御史,以及殿中侍御史里行、监察御史里行、主簿。另有推直官2人,专治狱事。推直官下又有四推:台一推、台二推、殿一推、殿二推。还有吏员:主事1人、令史16人、主推

---

① (元)脱脱等撰:《宋史》卷一六三,中华书局1977年版,第3859页。

② 参见刘琳、刁忠民、舒大刚、尹波等校点:《宋会要辑稿》,上海古籍出版社2014年版,第3410页。

③ 参见刘琳、刁忠民、舒大刚、尹波等校点:《宋会要辑稿》,上海古籍出版社2014年版,第3414-3415页。

④ 参见刘琳、刁忠民、舒大刚、尹波等校点:《宋会要辑稿》,上海古籍出版社2014年版,第3418页。

⑤ 参见刘琳、刁忠民、舒大刚、尹波等校点:《宋会要辑稿》,上海古籍出版社2014年版,第3419页。

⑥ 参见刘琳、刁忠民、舒大刚、尹波等校点:《宋会要辑稿》,上海古籍出版社2014年版,第3422页。

⑦ 参见(元)脱脱等撰:《宋史》卷一六四,中华书局1977年版,第3869页。

4 人、书吏 4 人、朝堂引赞官 1 人、副引赞官 1 人、知班 3 人、引事司 1 人、驱使官 6 人、四围驱使官 5 人。①

元丰改制之后，御史中丞（从三品）之下有侍御史 1 人（从六品）、殿中侍御史（从七品）2 人、监察御史 6 人（从七品）、检法官（从八品）1 人、主簿（从八品）1 人、检掌刑法与钱谷（从八品）各 1 人。吏员有：前司主管班次 3 人、引赞官兼令史 1 人、副引赞官兼令史 1 人、知班驱使官兼书令史 5 人、驱使官兼书令史 5 人、守阙驱使官 5 人、四推及主推各 1 人、书吏 3 人。监察御史 6 人分领有六察，有随事纠正之权，六察各自有吏员：户察，书吏 4 人，贴司 3 人；刑察，书吏 2 人，贴司 2 人；吏察，书吏 2 人，贴司 1 人；礼察，书吏 2 人，贴司 1 人；兵察，书吏 1 人，贴司 1 人；工察，书吏 1 人，贴司 1 人。②

和大理寺、刑部一样，御史台的官制改革也不是一蹴而就的。元丰二年（1079 年）十二月，置御史台吏、兵、户、刑、礼、工六案。元丰三年（1080 年）六月，增三院御史四员。元丰六年（1083 年）六月，御史台六察案各置御史一员。元丰七年（1084 年）二月，以侍御史知杂事为侍御史，以言事官为殿中侍御史，以六察官为监察御史。③ 可以说是一步一步、有序进行的改革。

南宋省吏额，御史台也未能幸免，且事多人少的矛盾依然尖锐。绍兴二十六年（1156 年），六察贴司被减，一共才 6 人，六察书吏也被减，一共才 8 人。即使如此，员额内也常缺员，尤其因监察御史常缺，常需要殿中侍御史兼领六察之一二。④

宋代御史台拥有监察弹劾、风闻弹奏之权，在司法领域，御史台主要以六察中的刑察介入司法；在一些重大疑难案件中，御史台官员也常被任以详议、详覆的职能；而且在地方出现疑难案件时，御史台常乘传鞫狱，对地方司法施加影响。但即使在这种全局性的监察之下，宋代统治者依然对京师重地的司法情况不甚满意。

真宗大中祥符二年（1009 年）七月四日，“差知制诰周起、侍御史赵湘纠察在京刑狱。其御史台、开封府应在京刑禁之处，并仰纠察”。真宗之所以下此诏，是由于大中祥符元年（1008 年）六月，开封府审理进士廖符一案时，被发现“械系庭中，暴烈其背，而鞫之无状。炎暑之时，罪未见情，横罹虐罚，良可嗟恻”⑤。为了体现其仁德恤刑之意，宋真宗特意在御史台之外别设纠察司，纠察一应在京刑狱。

紧接着，同月十九日，宋真宗又下诏明确纠察在京刑狱司的管辖范围与程序：

---

① 参见刘琳、刁忠民、舒大刚、尹波等校点：《宋会要辑稿》，上海古籍出版社 2014 年版，第 3449 页。

② 参见刘琳、刁忠民、舒大刚、尹波等校点：《宋会要辑稿》，上海古籍出版社 2014 年版，第 3449－3450 页。

③ 参见刘琳、刁忠民、舒大刚、尹波等校点：《宋会要辑稿》，上海古籍出版社 2014 年版，第 3452－3455 页。

④ 参见刘琳、刁忠民、舒大刚、尹波等校点：《宋会要辑稿》，上海古籍出版社 2014 年版，第 3466 页。

⑤ 参见刘琳、刁忠民、舒大刚、尹波等校点：《宋会要辑稿》，上海古籍出版社 2014 年版，第 3432 页。

应在京府刑狱司局，每日具已断见禁轻重罪人因由供纠察司。其殿前马步军司徒已上，亦依此供报。应外厢巡凡有编管寄留人，每日一申，及责保、门留、守辜、产限、知在者，十日一申。若三司、开封府逐日结绝不了公事，送军巡府院、厢界四排岸军禁者，皆须明上印历，于因由内别项开坐。若三司、御史台别无禁系，即十日一报纠察司。若有公事，亦报因由。

在京府刑狱司局，均要每日将已经裁断的大小案件具报纠察司，即使军事系统的殿前马步军司所管辖的徒罪以上案件也要供报；其他不甚紧要的日常事务，如责保、门留、守辜、产限、知在，甚至没什么案件和囚犯，也要十日一报纠察司，可见纠察司权限之大、监察之严。但这样的纠察力度，哪是一个新成立的机构能够胜任的，没过半个月，即八月三日，纠察在京刑狱司的负责人周起等就上奏，要求“未经本司陈诉，不得辄诣检鼓进状”，即案件得先按普通程序，向负责管辖各类案件的机构陈诉；然后如果“实屈抑及官吏非理拷掠，情状灼然冤枉”，即如果真是冤枉难诉或者被非法拷打情节严重，才可以向纠察司陈状。

然而即使这样，纠察在京刑狱司也依然是专制王朝中的一种极端专制的制度设置，最终也未能长久存续。这一设施主要是专制君主一厢情愿式的创意，也主要在真宗一朝受到重视并被赋予重权，这从纠察司在大中祥符年间受到的优待可见一二：二年八月四日，“诏纠察官每日依审官院例，御厨给食”；二年十月，“诏纠察刑狱官如有公事上殿，即赴内殿起居，仍免常朝”。真宗之后，纠察司的地位就逐渐下降，仁宗天圣八年（1030年），御史台的“刑狱文字”，便已不供报纠察司了。① 神宗朝元丰改制，元丰三年（1080年），纠察在京刑狱司与审刑院一起并归刑部，其纠察职事由御史台刑察兼领。

（二）地方司法机构

宋代地方行政体制是一个路、州、县的三级体制。其中路一级的设置，是宋代独有创意的设计，路级的权力多元分离，有转运司、提点刑狱司、提举常平司和经略安抚使等，互不隶属，地位相当，治所常不在一个地方，管辖范围也不尽相同，以防止地方形成藩镇割据局面。州一级设置也非常复杂，包括府、州、军、监四种形式，州是比较常见的行政区划，府是军事上或经济上比较重要的城市，军是军队驻扎的地方，监是国营的矿冶、铸钱、牧马、制盐等所在地。在地方各级机构中，路级的提点刑狱司是专门负责司法事务的机构；下面的州、县两级都没有专门的机构负责司法，知州、知县分别是州、县的最高行政兼司法官，但各自有属官主要负责司法治安事务。县一级的司法属官主要是县尉，州一级的司法属官主要是判官、推官与录事参军、司理参军、司法

① 参见刘琳、刁忠民、舒大刚、尹波等校点：《宋会要辑稿》，上海古籍出版社2014年版，第3432页。

参军。在地方司法机构中,作为首都的开封府与临安府,又有不同于一般地方的司法机构和设置。①

1. 开封府(临安府)

开封府与临安府作为北宋和南宋的都城(行在),不仅是一级地方区划,更要肩负起首都的特殊职责。《宋史》载开封府"中都之狱讼皆受而听焉,小事则专决,大事则禀奏,若承旨已断者,刑部、御史台无辄纠察"②,可见其司法权力之大。

在元丰改制设置大理寺狱之前,开封府是拥有判大辟罪的权力的,只是在断讫之后,需要闻奏或者报纠察在京刑狱司等机构详覆,真宗、仁宗朝均有开封府勘大辟罪的制度:

(真宗)景德三年八月,诏:"开封府今后内降及中书、枢密院送下公事罪至徒以上者,并须闻奏。"先是,御史台言:"开封府前勘天清寺僧契如及故在承吕余庆孙男归政,止节略札子闻奏,致不绝词讼。乞自今应干分割田地及僧人还俗事,并令结案录问方得闻奏。"真宗曰:"岂止僧归俗与私家分财邪?"因有是诏。③

(仁宗)至和元年九月,诏:"开封府自今凡决大辟囚,并覆奏之。"初,开封府言:得枢密院札子,军人犯大辟无可疑者更不以闻,其百姓即未有明条,仁宗重人命,至是,军人亦令覆奏。④

开封作为首都,人口冠天下,纠纷诉讼也多,因此开封府不仅是京师也可能是天下最忙的衙门,就连开封府所用的印章也折损最快。⑤ 在置大理寺狱之前,开封府(包括其下属之左右军巡院)曾有自己的刑狱系统。左右军巡院,最早在后梁开平三年(909年)就有设置,原由军方的牙校担任左右军巡使,宋太祖后改用士人担任,以示对刑狱和人命的重视。⑥ 左右军巡院的地位显著,也有勘大辟罪之权,甚至曾被包拯上劄子要求此机构如勘大辟罪人,非公事不得出入请谒,所贵阅实狱情,不至冤滥。⑦ 此外,为了应对纠纷案件太多的困境,神宗朝熙宁三年(1070年),针对民间一般纠纷,专门设置了左右厢公事所,"以京朝官曾历通判知县者四人分治京城四厢","凡民有斗讼事,轻者得以决遣"⑧。

---

① 参见贾文龙:《宋代地方法治问题研究》,人民出版社2021年版,第30-78页。

② (元)脱脱等撰:《宋史》卷一六六,中华书局1977年版,第3941页。

③ 刘琳、刁忠民、舒大刚、尹波等校点:《宋会要辑稿》,上海古籍出版社2014年版,第3964页。

④ 刘琳、刁忠民、舒大刚、尹波等校点:《宋会要辑稿》,上海古籍出版社2014年版,第3965页。

⑤ "唐印文如丝发,今印文如筯,开封府三司印文尤粗,犹且岁易,以此可见事之繁简也。"参见(宋)张舜民:《画墁录》卷一,明万历稗海本。

⑥ 参见(宋)高承撰:《事物纪原》卷六,中华书局1989年版,第319页。

⑦ 参见(宋)张田编:《包拯集》,中华书局1963年版,第59页。

⑧ 刘琳、刁忠民、舒大刚、尹波等校点:《宋会要辑稿》,上海古籍出版社2014年版,第3966页。

2. 提点刑狱司

提点刑狱司,其长官称“提点某路刑狱公事”,简称“提点刑狱”或“提刑”,也被称作“宪司”。宋代初期,曾赋予转运使司司法监察职能,但转运使司事务繁忙,难以兼顾。故在宋太宗淳化二年(991年)开始设置提点刑狱司:

淳化初,始置诸路提点刑狱司,凡管内州府十日一报囚帐,有疑狱未决,即驰传往视之。州县稽留不决,按谳不实,长吏则劾奏,佐史、小吏许便宜按劾从事。①

设置之初,提点刑狱司就拥有了提审案件直接审理和监察官员办案不力的权力,其甚至被赋予便宜按劾之权。然而,这一机构的设置,也是历经周折方才稳定下来的。

在设置仅仅两年后,淳化四年(993年)十月,太宗认为提点刑狱司并未发挥其应有的平反功能,反而“徒增烦扰,罔助哀矜”,遂罢之,将其事归于转运司。到了景德四年(1007年)七月,真宗又认为地方刑狱官员“未尽得人”,故又在河北、陕西等路复置提点刑狱官。② 仁宗即位后,又于天圣、明道、景祐、至和、嘉祐年间,数度罢复提点刑狱。这种时撤时复的情况,一直持续到宋神宗熙宁年间。熙宁十年(1077年),以馆阁校勘丁执礼权发遣河北西路提点刑狱,为表重视和器重,神宗特地宣谕:“朕惟河朔地重,慎选监司,故以旧御史为之。”又特地叮嘱丁执礼:“卿职在刑狱,盗贼最急,宜用心督捕。”③也正是从熙宁时期开始,提点刑狱司的设置终于稳定下来,成为各路的固定司法机构。

提点刑狱司负责一路的司法监察,时不时还需要亲自过问下级所审案件,并需要定时上报地方司法情况,故也设有属官辅佐。史载提刑司的属官主要有检法官、干办公事官:如熙宁六年(1073年),令诸路提刑司设置检法官一员;再如熙宁八年(1075年),诏“检法官今后得随长官出巡”;到宋高宗建炎四年(1130年),诏“诸路提刑司除武臣提刑添置干办公事官,许存留文臣一员”④。

第四节　宋的法律艺术

在唐代法律艺术的基础上,宋代的法律艺术,旨在讨论宋时期如何创造性地解决法律的实施和运作问题。该时期的法律艺术一方面继承了隋唐的法律艺术实践经验,另一方面又为中华法系在中国的进一步发展带来了专业性及学理性等因素,其中

---

① (元)脱脱等撰:《宋史》卷一九九,中华书局1977年版,第4971－4972页。

② 参见(宋)潘自牧编纂:《记纂渊海》卷三四《职官部·提点刑狱公事》,清文渊阁四库全书本。

③ (宋)孙逢吉撰:《职官分纪》卷四二《诸路提点刑狱》,清文渊阁四库全书本。

④ (宋)潘自牧编纂:《记纂渊海》卷三四《职官部·提点刑狱公事》,清文渊阁四库全书本。

尤以侦查破案、司法审判和诉讼运作艺术等为鲜明特色。

一、宋代法律艺术的既有研究分析

如前所述，吴经熊所著《法律的艺术》一书是我国学者对“法律与艺术”相结合、类比的第一部学术意义上的研究，吴经熊在该书中明确提出了“法律与司法”是一门艺术的论断。[①] 瞿同祖（1910—2008）的《中国法律与中国社会》、美籍华裔学者黄宗智的《清代的法律、社会与文化：民法的表达与实践》，同吴经熊一样，也在中国传统法律与社会的大背景下，探讨了中国古代法律的艺术之维。

陈景良的《试论宋代士大夫司法活动中的德性原则与审判艺术》提出了宋代士大夫在司法活动进行中所具有的“创新意识”及“审判技艺”，是当代学界对我国古代司法人员创造性解决法律问题的第一个具备学理性和系统性的分析。该文认为古代法官并非仅仅对案件事实进行裁决，而是要在天理、国法与人情之间进行处理与权衡，陈景良归纳了三个方面的内容：首先，宋时士大夫都具有融儒家思想入审判实践的观念，且在审判中体现出深切的忧患意识、批判精神和对于普罗大众的同情；其次，宋时士大夫并非仅负责案件审理，还承担着今日所谓的检察官及法医等司法人员的职责，他们都需要亲临现场，调查案情，根据社会的一般公理或物理学、生物学及毒物学等知识，对事实进行分析；最后，宋时士大夫本身的文人身份复合上审判的德化功能，使得结案的判词具有极高的艺术价值。[②]

二、以《宋刑统》为重点的宋代立法艺术

《宋刑统》篇目与内容受《唐律疏议》影响较大，基本采用与《唐律疏议》相同的内容与篇目结构，较大的不同为《宋刑统》删去了《唐律疏议》中关于法律制度历史沿革的论述。总体而言，宋代立法艺术的重点在于一种以“刑统”为重点，普通法及特别法并立，辅助法律渊源贯穿其间的法律体系的建构。[③]

（一）通行法与特别法：律法效力划分艺术

在我国学者胡兴东看来，宋代修纂的法典法规，依其作用范围区分为三种：全国通行的通行法（宋称“海行法”）、全国通行的特别法、中央各部门通用及各部门专用

---

① See John C. H. Wu, *The Art of Law, and other Essays Juridical and Literary*, The Commercial Press, Limited Shanghai, 1936, p. 3.

② 参见陈景良：《试论宋代士大夫司法活动中的德性原则与审判艺术——中国传统法律文化研究之二》，载《法学》1997 年第 6 期。

③ 下文所提出的四种宋代立法艺术来源于戴建国所著《宋代刑法史研究》中对宋代刑法体系的总结。参见戴建国：《宋代刑法史研究》，上海人民出版社 2008 年版，第 40－49 页。

的特别法。元祐八年(1093年),门下、中书后省奏言:

准朝旨,编修《在京通用条贯》,取到在京诸司条件,修为一书。除系海行一路、一州、一县及省、曹、寺、监、库、务法皆析出关送所属,内一时指挥,不可为永法者,且合存留依旧外,共修成《敕令格式》若干册,所有元祐三年十月终以前条贯,已经删修收藏者,更不施行。其十一月一日以后续降,自为后敕,及虽在上件月日以前,若不经本省去取,并已行关送者,并合依旧施行。①

其中可见,"海行法"作为通用的法律存在,适用范围涵盖一路、一州及一县,而诸如《在京通用条贯》则是适用于中央各部或具体部门和省、曹、寺、监、库、务的特别法。通行法与特别法的区分作为一种法律适用及效力的区分艺术,反映出宋代立法者为适应不同地区与不同法律调整对象的努力,有利于社会关系的调整,前代诸王朝虽对法律种类有过类似的划分,但有宋一代对特别法的专门设置与立法工作是较为罕见的。②

与此同时,通行法与特别法的区分势必引发通行法与特别法法律效力与新法旧法时效间的种种紧张关系。对此,宋代立法者亦有其独到的处理艺术。

就前者而言,元丰元年(1078年),神宗批曰:"重修编敕所修海行敕令未成书,又将委官删定一司敕,不惟次序失伦,二书交举,亦广占官吏。可令且并力修海行敕令,俟成书,以一司敕相继照会编修。"③由此可以明确,特别法的效力优先于通行法,通行法的制定必须首先考虑到特别法可能存在的规则,以此避免法律内容间的矛盾与不协调,与此同时,通行法因其适用范围的广大又必须先行制定,以此为特别法之参照。

对于时效问题,元祐二年(1087年)苏颂在进《元祐编敕》的奏表中就当时的新旧法时间效力的处理提出的建议,颇能反映宋代的立法艺术:

如得允当,即望降敕雕印颁行,仍乞以《元祐详定令式》为名,所有《元丰敕令格式》并元祐二年终以前海行续降条贯,及前来详定重修编敕,所关出《熙宁敕》《天圣令》《附令敕》并熙宁元丰《申明敕》、前后申明散敕,及一时指挥等,已降新书收载者,更不行用,不系收载者,各合依旧法。其元祐三年正月一日以后海行续降条贯,自为后敕施行。④

苏颂的建议与门下、中书后省的建议结合起来可以归纳为三个策略:首先,删修旧敕定有截止期,截止期之后颁布的敕自为后敕施用。其次,截止期前经删定过的旧敕以及原系"一时指挥,不可为永法者",停止使用。最后,虽系截止期前的旧敕,但归属其他特别法而未经删修者,依然有效。

---

① 《长编》卷四八四元祐八年六月壬戌。

② 参见戴建国:《宋代刑法史研究》,上海人民出版社2008年版,第41页。

③ 《长编》卷二九四元丰元年十一月戊子。

④ (宋)苏颂撰:《苏魏公文集》卷四四《表·进〈元祐编敕〉》,中华书局1988年版。

(二)《看详卷》的编纂:立法活动准备艺术

无论古今中外,一部法律的出台并非一朝一夕之功,即便是急就章也仍有对于具体条文的反复琢磨定夺,近现代法典的制定往往有立法会议记录或者立法理由可供依凭。有宋一代对于法律制定过程所进行的讨论,删去的、未录入法律的条文也均有记载,其反映出一种立法活动的准备艺术。这些内容均集中记载于《看详卷》之中。

大中祥符九年(1016 年),陈彭年等上所修《大中祥符编敕》,真宗对宰相曰:"彭年等删去繁文,甚为简便,然有本因起请,更相难诘,冲改前后,特留一敕者,今既删去,恐异日或须证验,即无从得之。宜令录所删敕一本,别付馆阁以备检详。"①真宗所谓之"录所删敕"即是《看详卷》的滥觞,真宗认为出台的法律往往只是"立法讨论"的一个结果,而不能完整体现具体条文的"去留",是故需要专门载明何以采用一条,又何以不采用一条,以为后世立法活动及司法实践所参考。

南宋楼钥谓《看详卷》:"明言去取之因,而例不以颁降。"②这可以说是对《看详卷》功用的精确概括,《看详卷》虽不直接颁布,但是其可以起到在立法与司法过程中,指导官员"裁决可否,考其意义所归"的作用。③

据李心传统计,绍兴十年(1140 年)《绍兴重修在京通用敕令格式》48 卷,《申明》12 卷,另尚有《看详》360 卷。④ 可见作为立法过程记录的《看详卷》其数量远远超过法律正文,《看详卷》的编纂本身成为立法过程的重要一环。

(三)《随敕申明》的编纂:立法保存与参考艺术

《随敕申明》与《看详卷》相类似,后者旨在保存法律制定过程中所不录用之条文,而前者则用来保存并不具有永续效力的诏敕。这些诏敕本身可能只是"一时之法",往往因时事之变迁不再具有法律效力,但是宋代立法者特别关注到了其对于立法活动及司法实践的参考价值,是故采取编录《随敕申明》的方式予以保存,留作备考。史载:

> 靖康元年六月二十四日敕,奉圣旨,今后立功所该赏典,并限一季了毕。如出限,许逐人陈诉。其经由官司曲意阻难及迁延时日者,并重置典宪。本所看详上件指挥,难以著为永法,如有合该推赏者,自合依上件指挥施行。⑤

同时,部分难以冲改旧法的诏敕也被编纂为《随敕申明》。史载:

---

① 《长编》卷八七大中祥符九年八月己卯。

② (宋)楼钥撰:《攻媿集》卷八八《汪大猷行状》。

③ 参见《长编》卷三四七元丰七年七月壬戌。

④ 参见(宋)李心传撰:《建炎以来系年要录》卷一三八绍兴十年十月戊寅。

⑤ 《庆元条法事类》卷一三《理赏·随敕申明》。

淳熙三年三月十五日敕，福建之官，除程限，依余路作三十日。本所看详上件指挥，系为日，今行在去福建不为远地，难以冲改旧法，止合编节存留为《申明》照用。①

从某种程度上讲，《随敕申明》本身也构成一种临时法（或特别法），除《随敕申明》外，宋还有一种《存留照用指挥》，乃以存留照用诏敕编纂而成。这些留作参考的临时法，宋代曾编纂过好几部，如高宗时敕令所在修纂《绍兴敕令格式》的同时，修纂有《随敕申明》3卷，孝宗时修纂《乾道敕令格式》，编有《存留照用指挥》两卷，宁宗时修《庆元敕令格式》，也有《（随敕）申明》12卷。②

宋代立法艺术贯穿法律制定、适用与总结三个环节。出于经济发展重心的南移，政局动荡不安等外部因素，宋代立法者深谙法律"经权之道"，以《宋刑统》为核心，环环相扣地建立起一套法律体系。

如果说有唐一代，以《唐律疏议》为代表的立法艺术，是一种"语言艺术"的话，那么宋代立法者给后世留下的即是一种"体系艺术"。如何解决不同地区、部门处理不同法律关系的问题，如何解决新法与旧法时效的问题，如何解决立法素材的来源问题，如何解决社会发展总是快于法制发展的问题等，这些问题是政局相对平稳，国家基本保持大一统的唐代立法者所不常面对的，却使宋代立法艺术得以绝佳体现。

通过以上论述，我们可以知道，以《宋刑统》为重点，宋代的律法制定艺术主要体现在法律效力的区分、立法活动的准备及立法保存与参考方面。

三、宋的诉讼运作艺术

在隋唐立法、法律解释等达到繁盛之际，宋代，成为中华法系诉讼运作艺术之巅峰——无论从诉讼运作成果的产出，还是从诉讼运作成果对后世发展的指引作用，还是从宋代对前代各朝诉讼运作成果的总结而言。③胡平仁指出，在隋唐宋时期，法医勘验艺术、判词写作艺术与判例收集和汇编的艺术是最突出的。④ 笔者对此观点完全赞同。

（一）勘验艺术

案情勘验艺术，包括案情勘察与检验。在我国古代的法律技术之中，尤以法医检验技术独树一帜，《礼记・月令》载"命理（治狱官）瞻伤、察创、视折、审断、决狱讼，必端平"，汉人蔡邕也进一步认为："皮曰伤，骨曰折，骨肉皆绝曰断。"⑤上述两端论述说

① 《庆元条法事类》卷五《到罢・随敕申明》。

② 参见戴建国：《宋代刑法史研究》，上海人民出版社2008年版，第47页。

③ 参见胡平仁：《中国传统诉讼艺术》，北京大学出版社2017年版，第182页。

④ 参见胡平仁：《中国传统诉讼艺术》，北京大学出版社2017年版，第55页。

⑤ （清）孙希旦：《十三经清人注疏・礼记集解》卷一七，中华书局1989年版，第468－469页。

明，在我国古代法律发展的早期阶段，已经有较为完备的检查、判断及定罪的刑事案件审理程序。

进入官府视野的案件，特别是刑事案件，有关部门有依其职权和程序勘验破案的义务。明文规定的勘验制度现始见于《唐律》，如“诸诈病及死伤，受使检验不实者，各依所欺，减一等。若实病死及伤，不以实验者，以故入人罪论”①。宋代法律更是规定州县长官和其他行政官员须亲自勘验查验。如宋朝第三代皇帝宋真宗咸平三年（1000年）规定：“今后杀伤公事，在县委尉，在州委司理参军。”②在长期的实践中，传统中国的官府衙门创造和积累了大量的法医检验技术艺术。

其一，声色破案。早在西周时期，我国便已产生了“辞听、色听、气听、耳听、目听”的五声听讼，经秦汉魏晋之发展，在唐宋之际亦广为应用。如《折狱龟鉴》中记载一个唐代“辞听”断“铁钉杀人案”：“庄遵为扬州刺史，曾巡行部内，忽闻哭声，惧而不哀。驻车问之，答曰：‘夫遭火烧死。’遵令吏守其尸，乃有蝇集于首，披髻视之，得铁钉焉。因知此妇与人共杀其夫也。”③夫死不哀，有违常理；哭声有惧，必有隐情，执法者通过对于妇人哭声的判断结合生活的一般经验，将犯罪嫌疑锁定于妇人之上，并最终获得真相。《折狱龟鉴》中又有“察色辨奸”一案：“（魏胡质）为常山太守，迁任东莞。士卢显为人所杀，质曰：‘此士无仇而有少妻，所以死乎？’悉集其比居年少。书吏李若见问而色动，遂穷诘情状，若即自首，罪人斯得。”④

其二，心理破案。西汉董仲舒力主“春秋决狱”，讲求“原心定罪”，心理活动与精神想法，不仅仅成为定罪量刑的根据，也为通过观察心理活动侦破案情开辟进路，使用该种手法往往能够巧妙地在缺少证据的情况下锁定犯罪嫌疑人、破获犯罪动机，甚至防患于未然。《折狱龟鉴》中载唐相裴度破“失印案”一事：“唐裴度在中书时，堂吏忽报亡失省印，同列惊愕，皆欲究治，度略不顾问。良久，复报印在故处。度笑谓同列曰：‘此必吏人盗印驿券也。向若急之，则投诸水火矣。’同列乃服。”⑤再如《北史》中记录的一个声东击西“诈”囚之术：“有人囊盛瓦砾，指作钱物，诈市人马，因而逃去。诏令追捕，必得以闻。谦之乃伪枷一囚，立于马市，宣言是前诈市马贼，今欲刑之。密

---

① （唐）长孙无忌等撰：《唐律疏议》卷二五“诈伪”“诈病死伤检验不实”条，中华书局1985年版，第473页。

② （清）徐松撰：《宋会要》（第170册）刑法六之一“检验”，中华书局1957年版，第6694页。

③ （南宋）郑克：《折狱龟鉴》卷五《察奸》，载杨一凡、徐立志主编：《历代判例判牍》第1册，中国社会科学出版社2005年版。

④ （南宋）郑克：《折狱龟鉴》卷七《察盗》，载杨一凡、徐立志主编：《历代判例判牍》第1册，中国社会科学出版社2005年版。

⑤ （南宋）郑克：《折狱龟鉴》卷七《察盗》，载杨一凡、徐立志主编：《历代判例判牍》第1册，中国社会科学出版社2005年版。

遗腹心，察市中私议者。有二人相见欣然曰：'无复忧矣！'执送案问，悉获其党。"[①]从现代刑侦角度来看，所谓心理破案似乎存在极大的主观因素，然而在古代特殊的情况之下，往往会遭遇难以取证等问题，在犯罪嫌疑人范围相对确定的情况下，使用心理破案的艺术，更能快速准确地识破犯罪者。

其三，事理破案。所谓事理破案，是指运用一般的生活常识、规律、常态对不符合上述内容的"反常"行为进行警惕或以此为线索进行破案的艺术。《折狱龟鉴》记载了一个在歉收之年靡费安葬死者，引起执法者警惕并最终破案的故事："柳公绰为襄阳节度使。岁歉，邻境尤甚。有齐衰者哭且献状曰：'迁三世十二丧于武昌，为津吏所遏，不得出。'公绰览之，即命军候擒其人，破其柩，皆实以稻米。盖葬于歉岁，不应并三世十二丧，故知其诈耳。"[②]民谚谓"事有反常必为妖"，事理破案往往具备一种防患于未然的特殊功用，不待案发，不需报案，但是只要有一些违反常规的动作与行为，就能够被有经验的执法者所捕捉，并发现犯罪者的阴谋。

（二）《洗冤录》的法医勘验艺术

如果说上述三种断案手法或多或少有些许主观成分的话，那么南宋提点刑狱宋慈所著《洗冤录》就是真正开创了现代意义上的法医学，这部法医学著作比之意大利人图纳图·菲德利 1602 年写出的西方最早的法医学著作《医生的报告》早了 355 年，[③]也正是在这一意义上，案情勘验技术作为一种精确化的科学，作为一种法律艺术，诞生在中国。

《洗冤集录》除了载有宋代关于检验尸伤的法令外，在法医学和司法勘验艺术领域也有着重大的贡献。举其体现勘验艺术之要者，可有以下几个方面。

第一，搜罗和总结出了一整套比较合理的验尸方法和注意事项，具有相当的医学水平和艺术技巧，例如，

凡到检所，未要自向前，且于上风处坐定。略唤死人骨属，或地主，（湖南有地主他处无）竞主，审问事因了，点数干系人及邻保，应是合于检状着字人齐足。先令札下硬四至，始同人吏向前看验。若是自缢，切要看吊处及项上痕；更看系处尘土，曾与不曾移动？及系吊处高下，原踏甚处？是甚物上得去系处？更看垂下长短，项下绳带大小，对痕宽狭；细看是活套头、死套头？有单挂十字系，有缠绕系，各要看详。若是临高扑死，要看失脚处土痕踪迹高下。若是落水淹死，亦要看失脚处土痕高下，及量水

---

① （唐）李延寿撰：《北史》卷五〇《高恭之传》，中华书局 2000 年版，第 1211 页。

② （南宋）郑克：《折狱龟鉴》卷七《察贼》，载杨一凡、徐立志主编：《历代判例判牍》第 1 册，中国社会科学出版社 2005 年版。

③ 参见胡平仁：《中国传统诉讼艺术》，北京大学出版社 2017 年版，第 48 页。

浅深。[①]

此段对上吊的死者、落水的死者如何检验，分几个步骤检验进行了细致的论述，其中甚至对上吊者打结的方式进行列举，极尽翔实，再如，

然后用温水洗了，先使酒醋蘸纸，搭头面上、胸胁、两乳、脐腹、两肋间，更用衣服盖罨了，浇上酒醋，用荐席罨一时久，方检。不得信令行人只将酒醋泼过，痕损不出也。

此段被认为是人类历史上第一次有记载的使纤维蛋白（血渍中最主要的成分）显现以判明伤口的检验方式，其原理就是酸可以溶解血液中的蛋白质，乙醇又起到了浸出液的作用。[②] 又如，

验尸并骨伤损处，痕迹未见，用糟醋泼罨尸首；于露天，以新油绢或明油雨伞覆欲见处，迎日隔伞看，痕即见。若阴雨，以热炭隔照，此良法也。或更隐而难见，以白梅捣烂，摊在欲见处，再拥罨看。犹未全见，再以白梅取肉，加葱、椒、盐、糟一处研，拍作饼子，火上煨，令极热，烙损处，下先用纸衬之，即见其损。[③]

此段是第一次记载利用光学原理来查验骨骼上微小伤痕的记录，骨骼上有损伤出血后，血液渗透进入小的缝隙中，用纸伞滤掉一些波长的光线后，可以更清楚地发现这些细小的损伤。这一方法的原理同今日的紫外线照射检验如出一辙。

第二，详细罗列的各种死因及其检验技巧，如受杖死、针灸死、塌压死、外物压塞口鼻死、牛马踏死、雷震死、虎咬死、男子作过死等：

若尖刃斧痕，上阔长，内必狭。大刀痕，浅必狭，深必阔。刀伤处，其痕两头尖小，无起手、收手轻重。枪刺痕，浅则狭，深必透竿，其痕带圆。或只用竹枪、尖竹担斡着要害处，疮口多不齐整，其痕方圆不等。[④]

此段为检验刀杀的方式，列举了不同刀具杀人所留下的伤口，及其力道大小所产生伤口的区别。同时，此书中还明确区分"手足他物伤"（钝器伤）与"刃伤"两大类机械性损伤，并详细论述了皮下出血的形状、大小与凶器性状的关系以及根据损伤位置判断凶手与被害者的位置关系等。书中还对中暑死、冻死、汤泼死与烧死等高低温所致的死亡征象作了描述，这些鉴别至今仍有现场指导意义。[⑤]

第三，适用滴血法作为检验直系亲属之方式，必须承认的是，随着科学技术的发展，该种方式判断血亲的真实性已经被推翻，然而宋慈所记载的滴血法可以被视作现代血清检验法的雏形。

《洗冤集录》涉及内科、外科、妇科、儿科等众多领域，与现代法医学的范畴大致相

---

① 《洗冤集录》卷二《检复总说上》。

② 参见《洗冤集录》卷二《检复总说上》。

③ 《洗冤集录》卷二《验尸》。

④ 《洗冤集录》卷四《杀伤》。

⑤ 参见胡平仁：《中国传统诉讼艺术》，北京大学出版社 2017 年版，第 48 页。

同。正因为其检验技术和艺术达到了前所未有的高度，该书自13世纪问世以来，成为历代官府尸伤检验的蓝本，曾被定为宋、元、明、清各代刑事检验的准则。

（三）以《名公书判清明集》为大成的宋代散体风格

唐代基本上是骈判的时代，留下来的散判不多。而散判则在宋代成为主流，宋代的散判不仅把判词从唐代的骈判桎梏中解放出来，而且增添了判词对案情，甚至当事人观点的叙述，并大大强化了对作为判决依据的律文的援引与解释，下文以《名公书判清明集》中乡邻之争劝以和睦案为例：

大凡乡曲邻里，务要和睦。才自和睦，则有无可以相通，缓急可以相助，疾病可以相扶持，彼此皆受其利。才自不和睦，则有无不复相通，缓急不复相助，疾病不复相扶持，彼此皆受其害。今世之人，识此道理者甚少，只争眼前强弱，不计长远利害。才有些小言语，便去要打官司，不以乡曲为念。且道打官司有甚得便宜处，使了盘缠，废了本业，公人面前陪了下情，着了钱物，官人厅下受了惊吓，吃了打捆，而或输或赢，又在官员笔下，何可必也。便做赢了一番，冤冤相报，何时是了。人生在世，如何保得一生无横逆之事，若是平日有人情在乡里，他自众共相与遮盖，大事也成小事，既是与乡邻仇隙，他便来寻针觅线，兴风作浪，小事也成大事矣。如此，则是今日之胜，乃为他日之大不胜也。当职在乡里，常常以此语教人，皆以为至当之论。今兹假守于此，每日受词，多是因闲唇舌，遂至兴讼。入词之初，说得十分可畏，及至供对，原来却自无一些事。此等皆是不守本分，不知义理，专要争强争弱之人，当职之所深恶，正要惩一戒百。今观唐六一诉颜细八、颜十一之由，只是因杨四唆使之故。杨四处乡邻之间，不能劝谏以息其争，而乃斗喋以激其争，遂使两家当此农务正急之时，抛家失业，妄兴词诉，紊烦官司，其罪何可逃也。杨四杖六十，唐六一、颜细八、颜十一当厅责罪赏状，不许归乡生事，并放。仍各人给判语一本，令将归家，遗示乡里，亦兴教化之一端。①

此案在南宋书判中有一定的代表性，较之于唐代判词，宋代判词文风朴实，尤其是用语并不“做作”与“掉书袋”，甚至颇有些试图使文字更为通俗易懂的尝试，但这样的通俗化并非对法律规则本身的模糊化，事实上，宋代判词比唐代判词记录案情更为准确，列举证据更为精细，解读法律更为纯熟，从而使判词更贴近生活现实与司法实践，变得更类似于今日的司法判决书。

第一，判词体现的劝导与说服艺术。判词首先说明邻里相居的基本原则是“大凡乡曲邻里，务要和睦”，继而说明遵循该种规则的好处是“无可以相通，缓急可以相助，疾病可以相扶持”，最后再言明案情，区分是非，使得对于民间纠纷的处理并不仅仅停

---

① 中国社会科学院历史研究所宋辽金元史研究室点校：《名公书判清明集》卷一〇，“人伦门·乡里”，中华书局1987年版，第393－394页。

留在评价孰对孰错，而是要将之归于“邻里和睦”的价值取向内。同时还要将判词“仍各人给判语一本，令将归家，遗示乡里，亦兴教化之一端”，表现出判词本身具备的一种教化作用，类似于今日的指导性判例。①

第二，判词体现的高超修辞艺术。该案判词一用比喻：“若是平日有人情在乡里，他自众共相与遮盖，大事也成小事，既是与乡邻仇隙，他便来寻针觅线，兴风作浪，小事也成大事矣。”以此劝解邻里之间大事化小、小事化了，避免过多计较长短是为“化小事”，避免终成仇雠则为“避大事”。二用夸张，“遂使两家当此农务正急之时，抛家失业，妄兴词诉，紊烦官司”说明因为邻里间一些琐碎的小事而起争执、大动干戈并无必要，这样下去甚至要到抛家失业的地步，以此警告两造息事宁人。三用反问，“何可必也”“何时是了”“其罪何可逃也”等反问句式，在增强说理的雄辩性的同时，更是明确何种行为当为及何种行为毋为。此外，判词中比较常见的修辞格还有借代、双关和暗喻等。

第三，判词体现的诗化表达艺术。诗化的表达艺术在某种程度上是对唐代骈体文风的一种发展，为此，当代学者往往对其持批评态度。然而这种看法或许片面，一方面写作判词者本身即是文人，是使用“诗歌语言的专家”②；另一方面，古代汉语的措辞本身就具备“诗”的属性。上引判词中，“冤冤相报，何时是了”“寻针觅线，兴风作浪，小事也成大事矣”等合辙押韵，是诗的语言，也更容易增加受教者的印象与感触。又如《名公书判清明集》中叶岩峰化用杜甫名句“安得广厦千万间，大庇天下寒士俱欢颜”为“何时眼前突兀见此屋，宁令吾庐独破受冻死亦足”以说明强占他人房屋之不义，坐视他人受冻于外之不仁，言深意切，也良好地起到了说明是非曲直，作出案件裁判，指明法律所倡导的社会风俗的作用。③

总结地说，以《名公书判清明集》为代表的宋代散体判词，起承转折了唐代判词文风，语言质朴，适用性强，引法律条文的同时兼顾说理教化，对后世明、清两代的判词写作起到了指引功能。

（四）宋代判例汇编艺术的发展

中国古代虽不同于英美法系那样赋予判例造法功能，但也注意到了判例在整个司法运作过程中的重要作用。不过，在五代年间和凝父子作《疑狱集》之前，系统性及有选择性的判例汇编工作并未开展，而正是在《疑狱集》之后，记录疑难案件、慎刑善

---

① 参见赵静：《语体的融合与转换——以古代判词为基本依据》，载《四川师范大学学报（社会科学版）》2006 年第 3 期。

② 《名公书判清明集》的作者朱熹、真德秀、吴毅夫、陈子华、徐清叟、王伯大、蔡抗、赵汝腾本身不是大儒就是士人、诗人与词人。

③ 参见《名公书判清明集》卷六《户婚门》。

断的历代折狱故事汇编开始大量出现。古代判例之数量虽不能说浩如烟海，至少也存有极大的数量，故此写作判例汇编并不能没有选择与取舍。一种创造性的记录判例的方式——汇编艺术由此产生。

1. 首开先河：《疑狱集》的辑录艺术

作为中国古代第一部判例汇编，选择何种案例，借由这些案例传达出何种对司法进程的认识以及如何通过案例指导裁判均是和凝父子所必须考虑与处理的问题。而《疑狱集》的问世，正体现了和凝父子出色的判例辑录艺术。

胡平仁认为，《疑狱集》所辑录的历代各种疑难案例可以归纳为四个方面的内容：有的是称赞法官善于审断，有的是褒扬采证取供去伪存真，有的是强调侦勘检验必须深入，有的是告诫辨析疑狱须敏敬细致。① 这四个方面同时也反映出和凝父子辑录判例的标准与取向。

第一，着重记录法官创造性的判案方式。出于技术落后等时代局限性，古时之案件审理往往面临取证困难的问题以至于难以辨明案情，寻获真凶。以《疑狱集》所载“李崇还儿”案为例：苟泰报案称其三岁的儿子失踪，后在赵奉伯家发现。而赵奉伯则称这是他家的儿子。在孩子尚不存在辨识能力又不具有现代亲子鉴定手段的情况下，当时的法官李崇先将孩子收监，后谎称孩子已死。听到消息后，苟泰“悲不自胜”，赵奉伯仅“嗟叹而已”。孩子暴死，做家长的岂能仅仅感叹一句就作罢，于是孩子究竟是谁的便一目了然。②

第二，记载创造性的取证方式。如前述所云，古代案件的审理往往会遇到取证困难的问题，而出于犯罪认定的时代特殊性，很多案件在一开始仅是“捕风捉影”，如果没有创造性的取证手段，甚至无法知晓犯罪或不轨行为是否发生。以《疑狱集》所载“王璥听秘”案为例：李行詮的儿子与其父亲的小妾内乱，俗话说“捉奸要成双”，这样的隐私之事除非是在现行的过程中被发现，否则难以得到证明。于是王璥设计躲于内乱者的床下，待时机成熟后再出现予以揭露。③

第三，记录创造性的侦勘检验方式。在《洗冤录》发行之前，刑事案件的取证并没有得到广泛认可的方式，而关于死亡的报案又往往以报案人的口述为“第一事实”，以至于掩盖了诸多真相，故如何合理地侦勘检验成为判断案情、侦破犯罪的重要一环。以“张举烧猪”案为例：报案的妇人称其夫因失火而亡，此时就涉及判断死因的问题，死者在火灾发生时是否存活，成为判断本案是意外还是故意杀人的关键。于是张举

---

① 参见胡平仁：《中国传统诉讼艺术》，北京大学出版社 2017 年版，第 65 页。

② 参见杨一凡、徐立志主编：《历代判例判牍》，中国社会科学出版社 2005 年版，第 134 页。这个故事与西方传说“所罗门的判决”有着异曲同工之妙，这也可见东西方古代司法运作的艺术与智慧或许是相通的。

③ 参见杨一凡、徐立志主编：《历代判例判牍》，中国社会科学出版社 2005 年版，第 135 页。

用死猪与活猪各一头放火进行试验,发现死猪口中无灰,而活猪因为在火场中呼吸与挣扎,口中有灰。而本案死者口中未发现有灰,故张举判断死者在失火前就已经死亡,继而找到真凶。①

第四,借案例传播审案需谨慎的观念。出于法律儒家化等因素的影响,古代审案往往讲求"原心定罪",这就要求法官不能仅仅根据犯罪后果进行判决,还需要判断犯罪者的动机和缘由,如果是无心之失,或类似于今日刑法所说的"认识错误"等因素,就应予以宽宥。以"承天情断"案为例:孙满射箭中行军参军何承天,按律当弃市。何承天通过审理发现,孙满并非旨在向自己射箭,而只是想要射鸟,不幸误中。故此,何承天说"狱贵情断,疑则从轻",改孙满弃市的处罚为徒三年。②

2. 承上启下:《折狱龟鉴》的评价艺术

较之于和凝父子所著《疑狱集》,南宋郑克的《折狱龟鉴》不仅收录判例的数量更多,涵盖的年代更广,而且在判例之后详设按语。郑克按语的最大价值即是较为系统地总结了前人在案件的侦破、检验、审讯、判决和平反等方面积累的正反两方面的历史经验。③

《折狱龟鉴》,顾名思义,就是要为断狱者提供借鉴。全书分"释冤""辨诬""鞫情""议罪""宥过""惩恶""察奸""核奸""摅奸""察慝""证慝""钩慝""察盗""迹盗""谲盗""察贼""迹贼""谲贼""严明""矜谨"20门,辑录了上起春秋战国,下至北宋大观(1107—1110)、政和(1111—1117)年间历代有关平反冤狱、匡扶正义的案例故事270余条、390余事,并以按语的形式对其中大部分案例故事进行了分析和考辨,《折狱龟鉴》的评价艺术即于按语中体现。

首先,按语体现出郑克对司法过程中"矜恕"及"明德慎刑"思想内涵的强调。郑克认为,"矜恕"及"明德慎刑"贯穿于定罪量刑的整个过程,他指出,法官的功劳并不在于破获多少案件,而在于能够辨明事实的真相,为冤屈之人伸张正义,所谓"君子所贵者,不在核奸而在释冤也"④。

其次,郑克第一次在"五听"之外开拓出"情迹"断案的方法。自西周始,中国古代断案的主要方法即是五听,然而这种方法具有很大的主观色彩,如用今天的话语来评价经由五听取得的证据,也往往是间接的。而所谓"情迹"断案,则是通过痕迹、物证等客观的、直接的证据来了解案情真相,或者通过常识、物、化学及生物知识进行案情分析。如"强至"一案:大内失火,守卫按律当处死,但是强至指出此次失火并非因守卫之失,而是因为"制幕必杂他药,相因既久,得湿则燔"。换言之,失火并非守卫看

① 参见杨一凡、徐立志主编:《历代判例判牍》,中国社会科学出版社2005年版,第136页。
② 参见杨一凡、徐立志主编:《历代判例判牍》,中国社会科学出版社2005年版,第146页。
③ 参见何勤华:《中国法学史纲》,商务印书馆2012年版,第168页。
④ 杨一凡、徐立志主编:《历代判例判牍》,中国社会科学出版社2005年版,第358页。

管不严，实则是一场因为存放货物的物理属性引发火灾的意外事件，所谓“此殆天灾，不可罪人”。不过应当指出的是，《折狱龟鉴》对勘验方法的提出是损益相合的，一方面其说明可以通过“情迹”断案，为后世之《洗冤录》提供前鉴；另一方面，其又多次出现卜卦断案甚至缘梦断案等完全不具有客观真实的方法。[①]

最后，郑克的按语体现出他编书的“良知”与“胆识”。郑克对案件的记录并非仅仅着重于描写查案官如何“断案如神”，还以宋代文人独有的胆识，记下系列司法官员失职失误的案例，如包拯司法的失误及政和年间里胥滥杀之事例，[②]这样的做法犹如司马迁著《史记》而载汉武得失一样，体现了一位作者的公正之心，并且更加直接与强烈地警示后人在办案中应该避免什么。

3. 完善体系：《棠阴比事》的编排艺术

南宋鄞县桂万荣所著《棠阴比事》是建立在《疑狱集》《折狱龟鉴》所收录案件基础上的又一部判例汇编作品，虽然在材料的丰富程度上不超过《折狱龟鉴》，但是在标题、行文及评价的修辞艺术上，均胜过前者。这也可以从书名中看出，所谓“比事”，有“比事属词”之意，具备排比对仗，合辙押韵之要求。

原书包括“向相访贼”“钱推求奴”“曹摅明妇”“裴均释夫”“程颢诘翁”“丙吉验子”“李崇还泰”“黄霸叱姒”等144例，统以四字一句标题，[③]这样编排的意义除体现在修辞上之外，还具有“类案比较”的功能，将相似的案件一并列出，分析不同人、不同时间对于相同事的处理及其损益。

《棠阴比事》基本可以看作有宋一代案例汇编体系的完成之作，经过桂万荣筛选，具有指导性意义的疑难案件在《棠阴比事》中得到了完整的收录和更为翔实的评价。

结语：宋代法律艺术的价值与意义

宋代何以能够铸就中国古代法律艺术之高峰，或可从以下三个方面进行解释。

首先，和合观念派生出息讼思想。如上所述，和合观念一直是中国文化的主流，道家、儒家和墨家对此都有深入的阐述。[④] 然而和合并不必然推导出无讼，而是需要立法技术的高度发达和法官智慧的长期影响。而宋代，正是这两个因素持续进行并

---

① 如“符融案”。参见杨一凡、徐立志主编：《历代判例判牍》，中国社会科学出版社2005年版，第352页。

② 参见胡平仁：《中国传统诉讼艺术》，北京大学出版社2017年版，第66-67页。

③ 参见胡平仁：《中国传统诉讼艺术》，北京大学出版社2017年版，第65页。

④ 参见朱谦之撰：《老子校释》，中华书局1984年版，第175页；程树德撰：《论语集释》（第1册）卷二“学而下”，中华书局1990年版，第46页；（清）孙诒让撰：《墨子闲诂》卷三“尚同上第十一”，中华书局2001年版，第74页。

达到了开花结果的时期。①

其次，科举取士提供制度土壤。隋朝开科举的先河，当时只有进士、明经两科。唐朝扩大取士范围，进士、明经之外，又设明法、明字、明算、俊士、秀才诸科。宋代科举基本上沿袭唐制。北宋初期，科举“自诸科之外，又有律科、明法科，其后罢明法科而置律学”②。简言之，科举考试与中国传统诉讼艺术至少存在三点关联：其一，科举考试各科，除了武科外，都要考经文和试帖诗，这两者是考生的基本功与必修课。由此奠定了由文人和士子出身的各级官员的文学素养，为传统诉讼艺术提供了丰厚的养分与良好的生态环境。其二，在科举考试制度延续的绝大多数时期，不仅律科要试律和试判，其他科目的考生也必须具备有关法律的基本知识和观念。其三，重诗文和创新的艺术气质，的确使士子们从内心深处不喜欢枯燥的法律条文，这为文风绮丽的判词写作艺术的兴盛埋下伏笔。③

最后，律学发展辅助法律研究。唐代官、私律学著作比以往各个时期更为丰富。④宋代律学发展虽缺少了官方机构的支持，但是据学者统计，有宋一代官私法律著作达到60部，这个数字为中国古代王朝之最，不仅如此，律学在宋代的发展几乎直接推动了案例研究与汇编及法医学、刑侦学的发展，产生了包括《折狱龟鉴》《洗冤录》《棠阴比事》《名公书判清明集》等不仅推动中华法系形成还将法医学刑侦学技术传播至西方的重要作品。

第五节　辽西夏金法律文化

中国历史上王朝政权更迭，但因其历史记述完整，文化风俗传承至今。这对研究统一国家的法制，乃至为今天国家的法治治理提供经验都有着极大便利。然而，中国

---

① 参见［日］滋贺秀三等：《明清时期的民事审判与民间契约》，王亚新等编译，法律出版社1998年版，第214－226页。相似观点还可参见［日］高见泽磨：《现代中国的纠纷与法》，何勤华等译，法律出版社2003年版，第1页。有学者甚至称此时民众有好讼之风俗。袁州之民，“锥刀必争，引条指例而自陈，讦私发隐以相报，至有讼一起而百夫系狱，辞两疑而连岁不决”；宜春之民，公庭之上能够“从容应辩”；广南“海丰民，刚悍嚣讼，五尺之童庭白是非无端恐”；浙江仙居之民，“乃相扇炽，构讼成狱，自以为能”；淳安则是“吏奸民隐，百出无穷。文书讼牒，牵连纷纠，日惟不暇”；新昌民也是“健讼轻生”“投官司者不可禁”；福建邵武百姓则“健讼而耻不胜”；龙溪百姓更是“巧避法网”“讼牒充庭”；会昌之民“善匿情成状”；宁国之民“尤轻犯法”。参见郭东旭：《宋代的诉讼之学》，载《河北学刊》1988年第2期。转引自胡平仁：《中国传统诉讼艺术》，北京大学出版社2017年版，第45页。

② （明）沈德符：《万历野获编》“补遗卷二”，中华书局1997年版，第861页。

③ 参见胡平仁：《中国传统诉讼艺术》，北京大学出版社2017年版，第281页。

④ 参见周少元：《传统律学的回眸与探析——张晋藩先生传统律学论读后》，载《现代法学》2001年第1期。

文化之所以能够数千年绵延不绝，更与其文化的多元包容有着密切关联。中国历史上很多非汉族为主导的区域政权法制，同样为我们提供了宝贵的地方治理经验。这些地方区域政权受民族战争、民族融合、民族文字（语言）的影响，保留至今的材料十分有限，客观上为了解其法制带来了一定的困难。如何更好地对其进行研究，是一个值得探讨的问题。

10—13 世纪中华大地上出现了多民族政权并存的情形。各个民族政权的法律建设都出现以唐律为宗，但又呈现各自民族特色的法律发展现象。辽朝契丹族人在法制建设上，吸收唐律时依然以本民族习惯为宗，法制建设以"一国两法制"为特色，构成了中国历史上法律建设较具特色的一个政权下二元法律形式结构。西夏党项族人在法制建设上，以唐律为宗时，融合了本民族传统习惯和佛教因素，建立起自成体系的法典结构，并存有传世的《天盛改旧新定律令》。金朝女真族人在法制建设上，继承唐朝法律形式体系——律令结构时，吸收唐中后期及五代以来的格式敕，形成律令格式敕为主体的法典体系，构成了中国古代法律形式变迁史上的重要内容。这个时期的少数民族政权在法制建设上，在以本民族风俗习惯为基础的同时，呈现出对其他成熟民族与政权的法律制度成果进行主动吸收的现象，体现出人类法律发展中的基本规律。

一、辽代法制

辽是契丹贵族在辽东、渤海一带创立的少数民族政权，与北宋对峙。辽朝在南北异质文化下设立北、南面官制，并区分为蕃制和汉制。辽代的法律，起源于《唐律疏议》与《宋刑统》。辽代初年，辽太祖耶律阿保机曾"诏大臣定治契丹及诸夷之法，汉人则断以律令"①。辽最初的律令是以南京析津府（今北京西南）地区的汉律为基准。到了辽圣宗耶律隆绪统和元年（983 年），"枢密请诏北府司徒颇德译南京所进律文，从之"②。之后又"诏汉儿公事皆须体问南朝（宋朝）法度行事，不得造次举止，其钦重宋朝百余事，皆此类也"③。因《唐律疏议》与《宋刑统》一脉相承，自此，辽之汉律与唐、宋律皆存前后相继的关系。

（一）法律表现形式

辽最早的一部法典，是辽太祖时编成的《决狱法》，其时奉行"以国法治契丹，以汉制待汉人"的分治制度，直到圣宗时，才规定契丹人和汉人犯罪，"一等科刑"。辽代自兴宗时期开始修纂法典。《重熙新定条例》，又称《重熙条例》，共 547 条，是朝廷于重

---

① （元）脱脱等撰：《辽史》卷六一《刑法志上》，中华书局 1974 年版，第 937 页。
② （元）脱脱等撰：《辽史》卷一〇《圣宗一》，中华书局 1974 年版，第 110 页。
③ （宋）叶隆礼撰：《契丹国志》卷七《圣宗纪》，中华书局 2014 年版，第 82 页。

熙五年(1036年)参照《唐律》开始修订,之后颁行全国,奠定了辽代的基本法典。道宗咸雍六年(1070年)朝廷再次对《重熙条例》的内容进行增补删修,因"契丹、汉族人风俗不同,国法不可异施",修订后的《咸雍重定条例》,又称《咸雍条制》,共计789条,对契丹、汉族人同样适用,这是契丹族在法制上的进步。

1.《重熙新定条例》

辽在建国前,处理相关司法事务的方式主要是部落中的长老自行商议决定。辽太祖于920年设立负责司法的"夷离毕"职位,之后随着相关事务增多,逐渐扩大为"夷离毕院"。该部门的性质与刑部相似,主要负责部族法令、刑狱等事务。设有夷离毕,左、右夷离毕,知左、知右夷离毕事等官。耶律阿保机(872—926)在建立契丹国之后,为适应其政治、经济、文化,以及社会生活各个方面的需要,一方面着手创制契丹文字,另一方面又命人制定成文法。到辽太宗耶律德光时,又对居住其境内的不同民族采用"以国制治契丹,以汉制待汉人"的分治原则。即对"渔猎以食,车船为家"的契丹人适用契丹族原有的习惯法,而对"耕稼以食,城郭以居"的汉人,则适用以《唐律》为代表的汉法,强调"因俗而治"的原则。

辽太祖执政之初,各项法律制度处于草创阶段,除继续沿用原契丹部落时期的习惯法外,对一般刑事犯罪者"量轻重决之",而对重大犯罪则采取"权宜立法"的方式,临时处断。后来诸弟造反,引起了他对法制的重视,开始在契丹人习惯法的基础上作出了一定的令式:"亲王从逆,不磬诸甸人,或投高崖杀之;淫乱不轨者,五车轘杀之;逆父母者视此,讪詈犯上者,以熟铁锥舂其口杀之。从坐者,量罪轻重杖决。"①

重熙五年(1036年),诏令北院枢密副使萧德、枢密直学士耶律庶成等,纂修太祖以来诸朝法令。参照"古制",即唐代法制,"审度轻重,从宜修定",编成《重熙新定条例》,共547条,颁行诸道,成为辽国的正式成文法典。史称"(耶律)庶成定法令,治民者不容高下其手"②,可见该法之严谨。从内容上《重熙新定条例》抄袭《唐律》达88条。

2.《咸雍重修条制》

辽道宗耶律洪基(1032—1101)咸雍六年(1070年),又以"契丹、汉人风俗不同,国法不可异施"③为由,又命耶律苏、耶律乙辛等更定《条制》。凡合于汉人《律令》者皆载入,其不合者,另行存列。因此,校订官员开始对《重熙新定条例》进行相关增补,对其中一些不适应的内容进行了删修,最终编成《咸雍重修条制》,共计789条。增收《唐律》173条、新创71条、删除旧律2条,这是一部对契丹人和汉人同样适用的法典,也是辽国法律制度与中原法律结合的标志,表明辽国的法学发展已趋于成熟。《咸雍

① (元)脱脱等撰:《辽史》卷六一《刑法志上》,中华书局1974年版,第936-937页。
② (元)脱脱等撰:《辽史》卷八九《耶律庶成传》,中华书局1974年版,第1354页。
③ (元)脱脱等撰:《辽史》卷六二《刑法志下》,中华书局1974年版,第945页。

重修条制》是按类分编，律例并行，可以说是后世《元典章》及明、清《律例》的雏形，但其"条约既繁，典者不能遍习，愚民莫知所避，犯法者众，吏得因缘为奸"[①]。故道宗又在大安五年（1089年）"以新定法令太烦，复行旧法"[②]。但因过于琐碎，只行用了十九年就被明令禁止，之后重新适用《重熙新定条例》。几部辽法典已经失传，后人在研究辽法时只能通过《辽史》等相关史料推知大致内容。

（二）法制主要内容

1. 因俗而治

辽朝对内部各民族奉行"因俗而治"的方针。辽建立后，极力向外扩张，东灭渤海国，南取燕云十六州之地。辽王朝内部社会发展极不平衡。为了有效地统治不同社会经济状况的地区和不同的民族，辽朝实行北、南面官制。"北面治宫帐、部族、属国之政，南面治汉人州县租赋、军马之事"[③]。设北面官，以契丹制度管理契丹、奚族人；设南面官，以汉制管理汉人和旧渤海国人。相关官吏所在机构分别为北枢密院和南枢密院。一般来说，汉人不允许进入北院，也不得干预军国大政，而南枢密院以前称为汉儿司，其中的汉族官员由契丹人领导。辽圣宗太平六年（1026年）下诏："朕以国家有契丹、汉人，故以南北二院分治之。"[④]太平十年（1030年）又下诏："汉儿公事皆须体问南朝法度行事，不得造次举止。"而南朝法度是指以唐朝法律为主导的汉族法律体系，标志着唐朝法律在汉区的采用。

2. 撰决狱法

辽代刑罚制度的变迁过程，是从原始酷刑逐渐规范化。原始酷刑主要体现了兵法特色，而后形成了系统的刑律，承继了《后魏律》和隋唐律的相关刑名。主要体现为死、流、徒、杖，"其刑有死、流、杖及三等之徒，而五凡，共547条"。"五凡"即"五刑"，死刑确定为绞、斩、凌迟三种，同时附加以"籍没"之法，广泛适用于辽代统治阶级内部，其首恶家属没入瓦里（宫帐部落所设官府奴婢的服役场所）。"籍没"之法通过没收财产，为统治者正当地削弱威胁政权的皇族势力提供了依据。流刑按照所犯罪刑轻重适用不同的流放距离，轻者"置至边域部族之地"，较重者"投诸境外"，最重者"罚使绝域"不得生还。徒刑分终身、五年、一年半三等，分别附加决杖500、400、300，并配有黥刺之法。杖刑最低50，最高300，以50递增。平民和低级官僚采用皮制沙袋击打受刑，高级官僚则采用木剑或铁骨朵执行，皮肉受苦轻，以羞辱为主。辽代刑制在继承唐律的基础上作出了一些改变，吸收了部分古代刑制。兴宗元年时，萧浞卜与

---

① （元）脱脱等撰：《辽史》卷六二《刑法志下》，中华书局1974年版，第945页。
② （元）脱脱等撰：《辽史》卷二五《道宗志五》，中华书局1974年版，第298页。
③ （元）脱脱等撰：《辽史》卷四五《百官志一》，中华书局1974年版，第685页。
④ （元）脱脱等撰：《辽史》卷六一《刑法志上》，中华书局1974年版，第940页。

其余40人连坐，最终都被处以大辟，同时籍没其家。穆宗应历十二年（962年）时，海里强陵拽剌秃里年未及之女，因为没有法律的禁止，此行为被施以宫刑。而流刑区别于以道里为标准，改为以地点位置认定，颇具有辽法特色。除了这些刑制，其余也有参照契丹原始的刑制，例如决沙袋，铁骨朵等。

（三）法制主要特点

"南北分治"是辽代法制的重要创举。对中原组织管理模式吸收借鉴的同时，将其与本民族的传统文化精髓相结合，创制了适合各地区和部族发展的特色国家管理制度，即"以国制待契丹，以汉制待汉人"。辽朝在不同区域内，不同民族间建立了不同的司法管理制度，设立了不同的司法管理机构，采取了不同的刑罚处罚方法。

1. 以国制治契丹

除了法律上的辽代治理南北统一外，在民事生活方式上，辽也进行了制度上的统一，打破南北二元生产方式的藩篱。受传统地理特征的影响，契丹人多以畜牧业为主，少事农桑，将田亩多交给汉人打理或任其荒废，使得农业生产效率低下。为了适应新的政权发展，会同（938—947）初年，辽太宗耶律德光下令，"以乌古之地水草丰美，命瓯昆石烈居之，益以海勒水之善地为农田"①，要求契丹人务农。契丹人好饮酒，但为防止耽误农时，辽统治者还颁布诏令"禁农时饮酒"。在生活规则上，已与中原汉族差别不大。

契丹蕃律即国法，是随着契丹社会的发展而逐渐形成的。"太祖初年，庶事草创，犯罪者量轻重者决之"，直至神册六年（921年），"克定诸夷，乃诏大臣定拾契丹及诸夷之法，汉人则断以律令，仍置钟院以达民冤"。自此契丹才有了成文法。当时契丹社会处于奴隶制阶段，其法律必然是保护奴隶主权益的刑制。"凡有四日死，日流，日徙，日仗"，但很多不成文的酷刑如"射鬼箭""支解""弃尸于野"等还在沿用。"其余非常用而无定式者，不可禅记"。最大的奴隶主代表者还有任意用刑的特权。如辽穆宗，凡是"在告蹦期，召不时至就，或以奏对少不如意，或以饮食细故，或因犯者迁怒无辜，辄加炮烙铁梳之刑，甚者无算"。此外，还有"籍没之法"，犯罪者"没入瓦里"成为奴隶。"契丹及诸夷之法"显然具有奴隶制的法规性质。对汉人，在耶律阿保机时期，即"断以律令"，依汉法制汉人其主要依据的是《唐律》。治渤海人，初依蕃律，"至太宗时，治渤海人一依汉法，余无改焉"。辽朝采取蕃汉二律并行的法制，也是"因俗而治"的一个方面。

2. 以汉制待汉人

因辽代官分南、北，以国制治契丹，以汉制待汉人，南面朝官即汉制的变通。辽代

---

① （元）脱脱等撰：《辽史》卷五九《食货志上》，中华书局1974年版，第924页。

南面朝官主要管理从事农耕的汉族，多由汉族上层担任，其机构与官职名称沿袭唐、宋。在燕云十六州地区“置百官，皆依中国，参用中国之人”。这里中国之人指汉人。我们从《辽史·百官志》中记载的辽太宗时南面朝官的任用情况，可略知一二。

三师府太傅，冯道，辽太宗会同元年(938年)命。

三师府太保，刘昫，会同元年(938年)命。

三公府太尉，赵思温，天显十一年(937年)。

汉人枢密院枢密使，李崧，大同元年(947年)。

中书省政事令，赵延寿，会同五年(942年)。

中书省大垂相，赵延寿，大同元年(947年)。

中书省同中书门下平章事，张砺，大同元年(947年)。

门下省侍中，赵思忠，会同中。

尚书省右供射，烈束，会同元年(938年)。

御史台御史大夫，耶律解里，会同九年(946年)。

翰林院翰林学士，和凝，大同元年(947年)。

翰林院知制诰，室昉，太宗入汴，诏知制诰。

综上所述，史料中所记载的太宗时期南面朝官主要由汉人组成，也存在少数契丹族人，如烈束、室昉。依汉治汉适合当时的社会环境，符合当时历史需要，更利于辽人的政权巩固。

3. 参以古制

据《辽史》载：“辽之先，出自炎帝，世为审吉国。”[①]《辽史·世表》进一步明确：“庖牺氏降，炎帝氏、黄帝氏子孙众多，王畿之封建有限，王政之布濩无穷，故君四方者，多二帝子孙，而自服土中者本同出也。”因《辽史》为元朝官修正史，编纂者为原辽朝汉臣史官李俨以及金臣陈大任，以此来证明辽人对汉人先祖的认同似有偏颇。然而，辽圣宗耶律隆绪(972—1931)在《赐园空国师诏》中同样认为轩辕皇帝为自己的先祖：“上从轩皇，下逮周发，皆资师保，用福邦家。斯所以累德象贤。”[②]可见契丹民族将炎、黄二帝视为自己的祖先，为其兴建祠堂以祭祀表达敬意，这同样是在历史发展过程中，除汉族外，其他各民族共同的历史观。

二、西夏法制

西夏王朝是中国历史上由党项人在中国西北部建立的民族政权，其前期和辽、北宋，后期与金、南宋并立，西夏王朝在中国历史上创造了灿烂的文明。西夏王朝以党

---

① (元)脱脱等撰：《辽史》卷二《太祖纪下》，中华书局1974年版，第24页。

② 陈述辑校：《全辽文》卷一《圆空国师胜妙塔碑》，中华书局1982年版，第15页。

项族为主体,同时包含汉族和其他少数民族建立的地方性封建政权。西夏文化深受汉族封建文化的强烈影响,同时党项族的政治、经济也发生了深刻的变化,氏族酋长制的社会形态也迅速向封建地主制转变,在此背景下,基于保护封建贵族利益的需要,不断继承、借鉴、吸收其统治区域先进法文化,西夏制定和颁布了具有民族特色的、内容相当丰富的法律制度,构成中华法系的有机组成部分。

(一)法律表现形式

欲进行法律史的研究,就必须先进行相关史料的爬梳,力求客观翔实。为了避免无的放矢,在前人的研究成果基础上提出自己的观点和看法,也必须掌握大量学者的已有成果。

从史料的分布看,目前西夏学研究的重镇主要集中在:俄罗斯、日本、法国、英国,以及中国的北京、内蒙古、甘肃、宁夏等地区。这种学术研究地域分布使得“西夏学”成了标准的“国际化”学科。

位于今内蒙古自治区境内的黑水城,在历史上曾经是水草丰美的绿洲,因发源于祁连山的黑水流经此地而得名。西夏建国后,黑水城作为重要的军事重镇,因被设立黑水监军司而方便了西夏对之进行有效的治理。蒙古人于西夏宝义元年(1226 年)攻破黑水城后,元世祖曾在这里设立“亦集乃”路总管府。直到元朝灭亡,由于黑水改道,黑水城变为沙丘而渐被遗弃。尽管土地沙化令这里的地表发生重大变化,黑水城不再适宜人类居住,但气候干燥反而使得大量文献被保存了下来。公元 1908 年至 1909 年,科兹洛夫以沙俄皇家地理学会名义在偶然的机会下两次对黑水城进行了挖掘,获得了大量的第一手西夏文献。六年后(1914),英国人奥莱尔·斯坦因(Aurel Stein)也来到这里,窃走西夏文文献约 7000 余件。等到 1923 年,美国人兰登·华尔纳(Landon Warner)来到此处寻宝时,收获寥寥。1927 年,中国考古学家黄文弼与瑞典探险家斯文·赫定(Sven Hedin)对该地区进行了全面挖掘,获得大量社会文书。[①]

西夏主体民族党项。羌在形成臣居于中原王朝的地方政权或称霸一方的割据势力时,兼行中原王朝的法律制度和本民族原有的内部习惯法。公元 1038 年建立西夏王朝后,开国皇帝景宗元昊非常重视成文法的建设,对西夏法制建设作出了重要贡献。其建国多项措施多与法律建设有关,制定有《律令》、西夏法典《天盛改旧新定律令》,后期又有《新法》《法则》,还有军事法典《贞观玉镜统》等。

1.《天盛改旧新定律令》

《天盛改旧新定律令》简称《天盛律令》,是西夏仁宗天盛年间修订的一部系统、

---

① 这里需要注意的是:黑水城出土的文献并非完全是记录西夏时期的,它也包括蒙元在这里设立“亦集乃”路总管府时期的文字记录。但这并非说蒙元时期的记录对于研究西夏就没有意义了,因为在黑水城地区人们的生活习惯并未因蒙元占领而立刻进行了改变。

完备反映西夏民族特点的王朝法典,是在中国中古时期的唯一基本完整保存的法典,也是继《宋刑统》以后,中国历史上第二次公开刻印颁行的王朝法典,同时也是第一部用少数民族文字印行的法典。它成书于12世纪中期,以西夏文和汉文两种文字刊印、传行。全书共20卷,蝴蝶装,刻本,形式上为统一格式的律令条目,条款分层次书写,纲目分明,更近似于现代法律条文形式。《天盛律令》的编撰集中了政界、文化界的权威人物,法典编订后,进呈仁宗皇帝后批准刊布施行,使这一法典更具权威性。

西夏《天盛律令》在内容上涵盖了刑法、诉讼法、民法、行政法、军事法等方面,具有极其丰富的内容,在很多方面拓展了中国王朝法典的范围。《天盛律令》称得上是真正诸法合体的法典。《天盛律令》不仅借鉴前朝法典的优点,同时勇于创新,为中国成文法的建设作出了自己的贡献,于中古时期开创了中华法系的崭新局面,在中国法制史上占有重要地位。

透过《天盛律令》法典的丰富内容,能够真实而深刻地了解到西夏社会生活,深入研究西夏的政治制度、阶级关系、社会构成、经济生活、军队管理、民族关系等,它的发现和解读为西夏社会的研究开创了一个全新的局面。《天盛律令》上承唐律,下接《宋刑统》,中纳党项人特色习惯法,成为融合贯通中原文明和党项文明的经典之作。

2.《新法》和《亥年新法》

黑水城出土的西夏文《亥年新法》为西夏晚期的法典。西夏晚期统治阶级的内部矛盾不断加深,在襄宗篡位以后,改变了长期与金结盟友好的外交政策。西夏依附强大的蒙古,与金进行了十多年的战事,西夏和金双方的经济实力、军事力量遭到了严重损失,致使国内阶级矛盾变得异常尖锐。为了应对逐渐加深的危机,西夏统治阶级企图通过立法来缓和危机,《新法》和《亥年新法》就是在矛盾不断加深的这种背景下颁布的。尽管西夏颁布了新的法律,但由于国内日益激烈的阶级矛盾,同时西夏统治阶级忙于应付战争,根本无暇转移政治注意力,新法效果甚微,甚至统治阶级也由于政治军事的需要而带头不遵守法律的规定。因此,尽管在立法方面取得了阶段性成果——形式上颁布了法典,但这一阶段的法制建设成就的确不足以应付当时王朝的需要,也没有取得很好的实效。

3.《贞观玉镜统》

《贞观玉镜统》是一部军事典籍,在崇宗贞观年间(1102—1114)时期颁行,残卷尚存留,主要内容包括序言、政令、赏功、罚罪、进胜5篇,它涉及西夏军事制度的各方面。

在《贞观玉镜统》的第一篇出现"共命将职"等语,说明西夏将领是经选拔共同任命,同时履行隆重的仪式。"有将信,行文字",向受命者颁发军印、符牌和任命等文书,同时按照不同职衔授予旗、鼓、金等指挥用具。根据记载,西夏军队中不仅有正式军卒和负赡兵,还包括名为"私人""役人""虞人""刑徒""苦役"的人,这些人大都是在军中服劳役，来供将领和正军驱使。

《贞观玉镜统》现存篇幅主要是对军将官吏的赏功与罚罪部分，赏罚规定十分详尽，军中以15个官阶为区分等级。西夏军法赏罚严明，勇者、胜者加官晋爵，获得丰厚奖赏；懦者、败者丢官受罚，甚至法办被斩。这种规定对将士在战场的行为有相当明确的规定，这能刺激将士拼命，像这样规定得十分具体的军法在古代王朝的法典中相当少见。尽管《贞观玉镜统》没有被完整地保存下来，但我们可以从发掘的残片中找到其所蕴含的逻辑并同宋朝的军法进行比较。通过比对，不难发现西夏军事法典远比宋朝军法详细得多。《贞观玉镜统》严格地规定了关于赏与罚的相关事宜，对应当进行奖赏的行为归纳了很多的类型。这一点可以在第二章的目录索引中获得印证，它在赏罚行为前面总是先从高到低归纳军官职级。相比之下，宋朝的军事法规对此是以概括的形式进行处理的。另外一个重要的差别是，西夏的《贞观玉镜统》是一部具有普遍法律效力的军事法规，它对西夏所有军队普遍适用。相比之下，宋朝的军法规定仅在特定时期和事态情况下适用，并将适用时间严格限制在前线作战之时。从史实来看，西夏军事法典中所指的敌人，既包括宋朝人，也包括契丹人（也就是后来的辽国人）。

在中国，军事著作可谓相当丰富，但大多都是兵书和兵制，如《贞观玉镜统》这样的专门并且详细的军法文献相当罕见。《贞观玉镜统》可以说是中国历史上出现最早的一部专门的军事法律类著作。

（二）法制主要内容

1. 维护皇权的集权制度

西夏党项羌族是一个十分善于学习的民族，一向注意吸收先进民族的经验，以完善自己的典章制度。西夏就向中原学习各方面的先进文化，为西夏的富强寻求道路。唐、宋的法律制度对西夏的影响是深远的。

首先，西夏法制的基本精神仍然体现在维护专制皇权统治，捍卫王权是西夏法制的首要任务，主要体现在十恶罪行的范围上。对于谋危社稷，背国降敌，危害君主安全，有损君主尊严以及图谋毁坏宫殿、皇陵、祖庙等行为，科以重刑，同时还连坐亲属，其罪不得容隐，不在八议论赎之限。不但如此，西夏秉承中原法律“王者之政，莫急于盗贼”的宗旨，明确规定打击威胁王朝统治秩序的“盗贼”“群盗”和匿武器等行为。此外，等级身份森严也同样出现在西夏，其在法制上公开宣扬贵（贵族、官僚、僧道）、良（农、匠、商）、贱（使军、奴仆）的法律地位。头监（主人）可以任意处分贱民，禁止卑幼举告尊长，良贱不通婚，良贱同罪异罚。同是伤人，若庶民伤官人则处斩，而官人伤庶民仅服徒刑。最重要的是立法权和司法权都集中于中央。中国自古以来“法自君出”，君主掌握最高立法权，可以任意对法律立兴改废，而且司法与行政不分，“狱由君断”,皇帝亦是最高审判官。西夏法制延续此一传统,建国之初就将立法权收归朝廷,并且皇帝执掌案件终审权。西夏仿唐宋法律实行死刑复奏制度,牢固中央对司法权的控制。判处死刑、无期徒刑的要案、疑案,必须上报朝廷直至皇帝对案情复审,并且反复奏请三次,经核准后方可行刑。

2. 保留民族特性的社会规则

西北自古以来就是各族人民错居杂处的地区,匈奴、突厥、回鹘、吐蕃等对中国历史甚至世界历史产生重大影响的民族均在此生活繁衍。受历史和自然地理环境等多方面的影响,西夏建立的地方性政权是一个多民族的联合体,其境内居住着党项、回鹘、吐蕃和汉等民族,他们虽共同生息,朝夕相处,但在生活习惯、宗教信仰等方面又有不同的文化背景和源流,西夏统治者在加强政权、军事统治的同时,采取了兼容并蓄的文化政策,以适应各民族的文化生活需要。这种社会环境为西夏法律制度民族性特征的产生奠定了深厚的社会文化基础。西夏法律典籍的民族性特征主要体现在法律语言、法律内容等方面。在法律语言方面,西夏法律典籍使用自己本民族创制的文字——西夏文。语言文字是最能体现一个民族共同心态的标志,对加强民族内部的团结具有很大作用。党项族立国之前没有文字。元昊建国后,为了继承本民族的文化传统和提高本民族的文化素质,特命野利仁荣模仿汉字,参照党项族语言的特点创置西夏文。西夏文字的创制对西夏法律典籍的形成产生了重大影响,打上了民族的深深烙印。在法律内容方面,西夏法律典籍既体现并记载了西夏党项族的利益,也保护西夏境内其他各民族的利益。西夏的法律典籍在反映社会生活的内容上处处渗透散发着民族气息。

自西夏法典《天盛改旧新定律令》颁布,这部法律为西夏政权带来了长久稳定,带领党项人民走向了新的历史征程。这部具有里程碑意义的西夏法典,不仅因为其是中国历史上第一部保存完整的少数民族法典而熠熠生辉,还因其独特的民族性而与世长存,价值影响很大。这部法典中的婚姻家庭法律制度在保留自身文化的基础上,积极吸收对西夏发展有利的汉族文化。我们可以把西夏婚姻家庭法律制度的民族性概括为“羌主汉辅”,即在婚姻家庭的主要方向上虽然吸收汉民族的制度但还是以保留党项民族的民族特色为主,以便更好地实施西夏统治者的法律规定,维护统治者的绝对权威。

(1)“大人”在党项社会初期议事制度中的特殊地位

弗里德将“游团”“部落”归为平等主义的社会阶段,而将“酋邦”归入了等级社会组织阶段。① 在“部落”阶段中,发挥社会调节作用的人被称为“大人”,他们是通过

① See Fried, M. H., *The Evolution of Political Society: An Essay in Political Anthropology*. New York: Random House, 1967, p. 157.

“影响力”（influence）来履行管理职能的。[①] 当一种个人权力的形式最终确立并制度化，届时便出现了各类附属职位，并形成某种等级。在所有酋邦中，这种职位的等级在继承方面是世袭的，于是就形成了永久的社会阶层。[②] 影响从萌芽状态下的酋邦演变为真正的酋邦的关键在于人们相信，父亲的优良品质会通过血缘传递到儿子的身上（尤其是长子）。长子对于“职务”的继承几乎成就了整个酋邦制的普遍性特征。在塞维斯看来：长子继承一旦作为一种制度稳定下来，这种“大人”集团的领导权力也会逐步稳定并日趋增强，且集团的规模也会不断发展壮大。[③] 从出土的西夏文献中，我们发现了许多记载“大人”一词的资料，如《番汉合时掌中珠》中的“大人嗔怒”[④]“大人指挥”[⑤]，再如《天盛改旧新定律令》中“诸司大人、承旨、监军、习判等高低，当依所定派遣，不许超遣”[⑥]。根据史料，“大人”一词始见于匈奴，曾为北方少数民族社会组织的核心。根据聂鸿音的考证，党项的酋长于“大”字前后出现。[⑦] 这与塞维斯考察美洲印第安人部落有着惊人的相似。

根据《番汉合时掌中珠》记载：

小人失道，失其道故？朝夕趋利，与人得争；不敬尊长，恶言伤人；恃强凌弱，伤害他人。诸司告状，大人嗔怒。指挥局分，接状只关，都案判凭，司吏行遣，医人看验，踪迹见有，知证分白，追干连人。不说实话，事物参差，枷在狱里，出与头子，令追知证，立便到来，仔细取问，与告者同，□□招承。凌持□□，大人指挥，愚蒙小人，听我之言：孝经中说，父母发身，不敢毁伤也，如此打拷，心不思惟，可谓孝心，彼人分析，我乃愚人，不□世事，心下思惟，我闻此告，罪在我身，谋智请人，此后不为。伏罪入状，立便断止。[⑧]

由此可见“大人”的职责为：管理氏族内的日常公共事务，解决成员间的矛盾纠纷，受理民众的诉讼案件，且行使社会教育之责。

另据《天盛改旧新定律令》“司序行文门”：

中书：大人六：智足、业全、义观、习能、副、同。

---

① 参见［美］埃尔曼．塞维斯：《国家与文明的起源：文化演进的过程》，龚辛、郭璐莎、陈力子译，上海古籍出版社2019年版，第70页。

② 参见［美］埃尔曼．塞维斯：《国家与文明的起源：文化演进的过程》，龚辛、郭璐莎、陈力子译，上海古籍出版社2019年版，第70页。

③ 参见［美］埃尔曼．塞维斯：《国家与文明的起源：文化演进的过程》，龚辛、郭璐莎、陈力子译，上海古籍出版社2019年版，第72－73页。

④ （西夏）骨勒茂才：《番汉合时掌中珠》，宁夏人民出版社1989年版，第133页。

⑤ （西夏）骨勒茂才：《番汉合时掌中珠》，宁夏人民出版社1989年版，第135页。

⑥ 史金波、聂鸿音、白滨译注：《天盛改旧新定律令》，法律出版社2000年版，第366页。

⑦ 聂鸿音：《西夏文献论稿》，上海古籍出版社2012年版，第140页。

⑧ （西夏）骨勒茂才：《番汉合时掌中珠》，宁夏人民出版社1989年版，第133－137页。

枢密：大人六：南柱、北座、西摄、东拒、副、名人。[①]

末等司：六种依事设职，大人数不定：造房司、制药司、铁工院、做首饰院、番乐人院、汉乐人院。[②]

由此可见，即便西夏向中原学习官制到了封建化近乎完成之时，这种自酋邦之时惯用的称呼仍得以保留，虽然此时的“大人”已非部落时期平权主义下利用自身影响力的原有角色，但“大人”的称呼却在等级制下仍然发挥着作用。

（2）婚嫁礼仪所体现的党项习惯法特征

客观地讲，西夏时期的党项民族与同时期的汉族相较，无论是经济、文化，抑或社会生活方面都比公认的“中原文明”“落后”一些。如史书记载党项人：妻其庶母及伯叔母、嫂、子弟之妇，其俗淫秽蒸亵，于诸夷中最为甚，然不婚同姓。[③] 人年八十以上死者，以为令终，亲戚不哭。少而死者，则云大枉，共悲哭之。有琵琶、横吹，击缶为节。[④]这种落后的印象是建筑在共识性的“中心论”和“正统论”的基础之上的。

西夏文《圣立义海》中“人为婚姻则女平男等相觅。间讯男女之龄相觅，女遣媒人，易神行聘”[⑤]的记载指出了党项人结为婚姻的形式。但“女平男等”的说法很可能是指男女双方家庭的“门当户对”，同样体现的是西夏社会中的婚姻之不平等，但这种不平等是存在于不同阶层之间的。而关于男女双方的婚姻地位，因为是“女遣媒人”，显而易见，西夏的女性地位与中原地区女性的家庭地位低下有着显著的不同。此外，《圣立义海》还记载了“人之亲戚成婚者，前世姻缘和合，此为亲戚婚姻也”。“男女为夫妇者先昔礼已定，依天地日月阴阳和合顺而成就，不能依自力。”[⑥]党项人认为婚姻皆是由前世注定。这与《礼记》中视婚姻为“将合二姓之好，上以事宗庙，而下以继后世”[⑦]有着明显的区别。

然而，在对待至亲关系上，党项与汉民族又有着相似性。在儒家观念中本宗至亲都是以“骨肉”相比的，《颜氏家训》中就认为“凡人不能教其子女者，亦非欲陷其罪恶，但重于诃怒伤其颜色，不忍楚挞惨其肌肤耳。当以疾病为谕，安得不用汤药针艾救之哉又宜思勤督训者可愿苛虐于骨肉呼，诚不得已也”[⑧]，即主张子女为父母之骨

---

① 参见史金波、聂鸿音、白滨译注：《天盛改旧新定律令》，法律出版社 2000 年版，第 366 页。

② 参见史金波、聂鸿音、白滨译注：《天盛改旧新定律令》，法律出版社 2000 年版，第 372 页。

③ 参见（后晋）刘昫等撰：《旧唐书》卷一九八《党项羌》，中华书局 1975 年版，第 5291 页。参见（唐）杜佑撰：《通典》卷一九〇《边防六》，中华书局 1988 年版，第 5169 页；（宋）王溥撰：《唐会要》（上册）卷九八《党项羌》，中华书局 1955 年版，第 1756 页。

④ 参见（宋）王钦若等编纂：《册府元龟》卷九六一，凤凰出版社 2006 年版，第 11132 页。

⑤ ［俄］E. N. 克恰诺夫、李范文、罗矛昆：《圣立义海研究》，宁夏人民出版社 1995 年版，第 83 页。

⑥ ［俄］E. N. 克恰诺夫、李范文、罗矛昆：《圣立义海研究》，宁夏人民出版社 1995 年版，第 83 页、第 85 页。

⑦ 《礼记》昏义，载（战国）孟子：《四书五经》，中华书局 2009 年版。

⑧ 檀作文译注：《颜氏家训》《教子篇》，中华书局 2007 年版，第 9－10 页。

肉。但“骨肉”仅指同父母有血缘关系的亲人,而不能以之形容外亲。东晋庚亮就曾上书明帝“臣于陛下,后之兄也,与骨肉、中表不同”①。具有不同民族文化传统的党项人,对于父系和母系的亲疏远近,虽然同样是“重父系轻母系”,“重本宗轻外亲”,但于宗法理念方面仍有着较大不同。党项人把父与母置于同等地位上进行看待。此外,党项人对外亲的地位与汉族相比明显偏高,因为《圣立义海》记载了“人亲戚婚姻者,前世姻缘合和为世世亲戚婚姻”②的内容。西夏的第二代君主嵬名谅祚为元昊与没藏氏所生,由于谅祚被母族没藏氏养大,故当谅祚继承皇位后,母舅没藏讹庞凭借这种关系得以专权。为了“世世亲戚”,嵬名谅祚仍然娶没藏氏女子为妻,后因“梁氏密告讹庞将叛”,嵬名谅祚才“举兵诛讹庞,灭其族”同时诛杀了妻子没藏氏,“以梁氏为妻”。但“世世亲戚”的传统依然保留,嵬名谅祚之子嵬名秉常仍然娶梁氏子女,后因为嵬名秉常希望“行汉礼”,与梁太后的理念相悖,而被囚禁。从“汉礼”本身分析,其对后族专权有着明显的束缚,故不被梁太后接受。从“世世相戚”的实际效果来看,由于党项的传统将母系与父系地位平等看待,这对外戚地位的提高,强化专权起到了意外的效果,为“汉礼”所不容。外戚专权的最大之害在于对父系正统的挑战,但对婚姻本身的平等却起着积极的作用。在法律的制定上,对女子在婚姻中的权利方面的规定较中原地区的多。

黑水城出土的汉夏字典《番汉合时掌中珠》中也明确记载了有关男女婚配的具体内容,“室女长大,嫁与他人”,“男女长大,遗将媒人,诸处为婚,索与妻眷”,“见女了毕,方得心定”③。西夏文类书《圣立义海》除记载与上述情况相类似的“男女订婚”“吉日迎送”等内容,更注重在婚姻中男女双方的“前缘神定”以及“平等相求”的理念。具体来说就是婚姻为人生之大事,这种缘分依靠“前世因缘的和合”所缔造,媒人的穿针引线以及父母之命只不过是顺因这种“前缘神定”的要求而已。

(3)“抢亲纳礼”的党项习惯法

根据《隋书》卷八三“党项传”的记载,党项人“俗尚武力,无法令,各为生业,有战阵则相屯聚。无徭赋,不相往来。牧养牦牛、羊、猪以供食,不知稼穑。其俗淫秽蒸报,于诸夷中最为盛”④。此外在北宋曾巩《隆平集》、《辽史》“西夏外纪”以及《金史》“西夏传”的叙述中都不约而同地总结了党项人“长于骑射”“强梗尚气”以及“勇悍”的尚武好斗的民族特点。党项人不仅身体强健、战斗力强,而且风俗纯厚、质朴。吴天墀的《西夏史稿》中说党项羌是以长寿和身体强健著称的民族,因为他们早期生活在青藏高原上,地理条件让他们经受着艰苦的磨炼,因而体魄强健,人多长寿。因为

① (唐)房玄龄等撰:《晋书》列传四三《庾亮传》,中华书局 1974 年版,第 1916 页。
② [俄]E. N. 克恰诺夫、李范文、罗矛昆:《圣立义海研究》,宁夏人民出版社 1995 年版,第 83 页。
③ (西夏)骨勒茂才:《番汉合时掌中珠》,宁夏人民出版社 1989 年版,第 69 - 70 页。
④ (唐)魏徵等撰:《隋书》卷八三《党项传》,中华书局 1973 年版,第 1845 页。

党项人具有这种生理特点，故在党项部族内流行“抢婚”的习俗。

党项人的这种“抢亲”风俗在一定侧面反映其仍处于一种较为“落后”（与中原婚配相比）的状态。“凡育女稍长，靡由媒妁，暗有期会，家不之问”①，体现了党项人允许自由恋爱的社会现实，这在前文所列《圣立义海》的内容中也有所反映。随着自西夏初期积极向中原学习，吸收儒家立法的相关内容，原始的“抢亲”制度逐渐被“明媒正娶”的礼法制度所消解。同时《番汉合时掌中珠》中记载“男女长大，遣将媒人，诸处为婚，索与妻眷”，《圣立义海》中也有“遣媒行聘”“依礼往来”②的字样，西夏谚语中也说“婚姻争执怨媒人”③。

3. 因地制宜的专门法令

西夏特殊的地理位置和党项族人的特有民族传统，促成了西夏文明典型的地域特色。西夏地形、气候等自然条件相对复杂，同时拥有黄河冲积平原和肥沃的河西走廊，也有贺兰山、祁连山等著名的高山，还有贫瘠的高原和广袤的大漠。西夏境内自然资源相当不均衡，导致西夏王朝的经济生产方式具备了多样性。西夏不仅有畜牧业经济，也有新开疆土肥沃平原的农耕生产。因此，在经济发展方式上，西夏王朝的农牧业同步发展，并且，西夏控制丝绸之路中的交通要道，商业贸易发展繁荣。

一是独特的畜牧法。由于西夏位于农耕和游牧的过渡地带，畜牧经济远远比中原地区发达。党项人出于游牧民族，因此西夏王朝以军马立国，重视传统的畜牧业。在《天盛律令》中可以明显观察到涉及畜牧业生产的法律条文超出《唐律》数倍，并且内容相当丰富。例如《牧场官地水井门》《牧盈能职事管门》《校畜磨勘门》《贫牧逃避无续门》《畜利限门》等法律中界定官牧场地、组织管理机构、畜产品的交纳标准，并且也对畜产品的生产、使用和交易给出明确的规范。这些措施与有着典型农耕文明特点的中原王朝法典有着显著区别。自从党项族占据宁夏平原和河西走廊，西夏就逐渐开始了农业立国的历史时期，“以农为本”的立国思想和儒家治国思想在西夏逐渐占据主导。西夏特别重视农田水利建设，《天盛律令》中的《春开渠事门》《园地苗圃灌溉法门》《灌渠门》《桥道门》《地水杂罪门》等都详细规定农田、水渠、灌溉、水利工程建设管理，农业的发达促使西夏繁荣昌盛。二是较为独特的边贸规范。在西夏的法制中，经济法占比较大，只要涉及农牧、酿酒、池盐、租税、库储、市易都有详细规范。由于西夏边境商业比较活跃，关于边境贸易的法律比较发达，其中大概包含税收规定、查缉违禁走私等。三是独特的军事法。党项民族骠勇尚武，西夏又以武立国，险恶的战争环境使统治者十分重视军事法规建设，律令之外颁行专门军律《贞观玉镜统》，规定了军事责任、边防、军需、赏罚、以功折罪及全民皆兵的兵役制度，其完备程

---

① （清）张鉴：《白话精评：西夏纪事本末》卷一〇，辽海出版社 2011 年版，第 78 页。

② ［俄］E. N. 克恰诺夫、李范文、罗矛昆：《圣立义海研究》，宁夏人民出版社 1995 年版，第 83 页。

③ 陈炳应译：《西夏谚语：新集锦成对谚语》，山西人民出版社 1993 年版，第 10 页。

度在中原律典之上。四是拥有特别的宗教法。西夏宗教尤其繁荣,同时以佛、道为盛行,因此在律令中制定了完备的宗教规范。律令中规定了维护寺院、道观、僧道的义务和其享有的特权的制度,并且还规定了宗教管理制度,其中包括僧人封号、赐衣、试经度僧和度牒等制度。

(三)法制主要特点

西夏的法律制度无论是编纂体例、规范内容,还是价值选择都打上了多元法律文化的深深烙印。西夏的法律制度是由西夏各民族生存的物质生活环境条件决定的,是其民族性格、民族精神和民族气质的表现,民族文化、民族观念展现于其法律制度的发展过程之中。其具体特点主要体现在以下几个方面。

1. 规范的统一法典

《天盛律令》是西夏王朝遗留的重要文献,是我国第一部用少数民族文字印行的法典,也是我国历史上少数民族政权所修律书幸存下来的一部法典。《天盛律令》在编纂结构上是诸法合用,包括民事、刑事、经济、政治、军事等条律的内容,是一部综合性法典,是参考宋代政书体例而编修的一部政治制度和法令的汇编。

西夏建国前处于氏族制时期,没有成文的法律。元昊称帝后,通过遣使购买宋仁宗放出的200余宫人,并频繁地向宋朝派遣使节,逐渐熟习宋朝的典章制度。随着封建政治经济的发展,西夏建国中后期屡次修律,并且在此基础上制定了日趋完备的西夏法律。仁孝"尚文重法",对于西夏的法律建设十分重视,为了使律令在新的历史条件下便于贯彻执行,组织19名专门官员重新修订完善,最后完成了一部比较系统和完善的法典,即《天盛改旧新定律令》,标志着西夏封建法律制度臻于成熟与完备。它吸收了唐、宋中原王朝法典的一些基本内容,而且结合了本国实际,法典更加充实切合实际。

《天盛改旧新定律令》将律、令、格、式统一编入其中,没有注释,没有案例,全部是律令条文。书首有《颁律表》八行,论述了有关法典修订、定名、雕印、敕准颁行的经过。《颁律表》中明确指出旧律有"不明疑凝"处,故而要加以修订。可知西夏此次修订律令是为了使律令更加明晰,便于贯彻实行。

公元1909年,俄国人科兹洛夫率领的探险队在西夏故地黑水城遗址(今属内蒙古自治区额济纳旗)发现了大批西夏文献,后运到圣彼得堡,现藏于俄罗斯科学院圣彼得堡东方学研究所。这批文献除大量佛经外,有相当数量的文学、辞书、法律和汉文经典译著,《天盛改旧新定律令》就是其中最重要的一种。

2. 鲜明的宗教色彩

宗教是阶级社会出现后的必然产物,通过宗教的影响从被统治阶级的内心深处建立起迫使他们驯服的震慑力量,大大有利于统治阶级进行压迫和剥削。西夏的宗教信仰经历了由崇拜鬼神和自然的原始宗教到以信仰佛教为主的多神信仰的过程，这是西夏社会政治、文化和社会共同作用的结果。从政治上看，佛教所倡导的理念适应了西夏社会由氏族部落向封建统一并建立国家的需要。提倡佛教，将自己神化为拥有最大权威的护法者，使其已获得的内部公共权力合法化，便于垄断人心，达到统治的目的。同时，西夏以佛教为工具展开了与北宋的政治角逐。从文化上看，党项族主要居住于河西、陇右地区，自凉、魏至隋唐，佛经在该地已流行了六七百年，有深厚的文化底蕴。此外，西夏立国于西北地区，其东、南、西三方邻接的宋、吐蕃和回鹘地区，这些地区都有深厚的佛教文化基础。为了确保佛教在世俗政权发挥积极作用，规范管理佛教等宗教，西夏统治者采用各种措施支持宗教事业发展。在法律上对宗教的管理机构、管理制度作了详细的规定，同时关于佛教寺院、僧人的法律规定贯穿于整个立法和司法实践的过程中。《天盛改旧新定律令》中有大量关于宗教的法条，在僧人管理上，对僧人案件的受理时间、受理机构都作了详细的规定。同时，对道观、神像的保护修缮都作了规定。

3. 强烈的儒学价值

西夏的统治中心如甘州、瓜州、兴庆府、沙州等历史上都是儒家思想的盛行地，儒家文化底蕴深厚，因此以儒家文化为中心的汉族文化对西夏的政权产生了深刻的影响。党项族吸收汉族文化在党项立国前的唐早期和中期便已开始，优秀文化的吸收与学习加速了党项族政治、经济、文化和社会的快速发展，加快了党项族封建化的历史进程，而且对党项族建立西夏政权起到了直接的促进作用。富弼说西夏“得中国土地，役中国人力，称中国位号，仿中国官属，任中国贤才，读中国书籍，用中国车属，行中国法令”①。可见西夏党项族的社会生活的方方面面都深受汉族先进文化的影响。因此，西夏政权在制定法律的过程中不自觉地接受了汉族文化，其表现在诸多方面。如元昊即位后以中原的“五服”制度为基础，结合党项的民族特色，创设了中原与西夏相融合的适应西夏统治的制度。《天盛改旧新定律令》的立法形式也采用了《宋刑统》中“门”的体例。西夏统治阶级努力汉化的原因：一是西夏政权面临的生存压力；二是汉文化本身的先进和发达。党项选择汉文化是基于自身需要的选择，毕竟汉文化适合封建社会的统治。党项族只有不断地吸取汉文化的经验，才能更加有效地对汉族地区进行统治，才能将狂野彪悍的游牧武装和高度融合的汉文化相结合，割据称霸抗衡中原。

党项社会风貌是其建立政权之后需要解决的问题。关于应当如何实现其社会风貌的转变，党项族所采取的措施是通过对传统儒家思想进行制度化，进而对其社会的方方面面产生影响。有学者指出，以儒学为基础构建出来的汉文化，在社会发展中呈

---

① （宋）李焘撰：《续资治通鉴长编》卷一五〇，“庆历四年六月”条，中华书局 1995 年版，第 3641 页。

现出稳定和整体化的趋势，“它对于从单纯牧业向农牧业经济过渡的党项羌族来说，是格外富有诱惑力的”①。在党项西夏的社会变迁中，需要选择一种制度促进其社会在变迁中的稳定，通过设定维持相互关系的制约的方式，围绕政治、社会、经济等方面对制度提出要求。而这一制度又恰好是改变党项社会面貌的核心，通过对其风俗习惯、行为方式、行为准则、行为规范到法律规范以及人们之间的合约进行规定，减少其发展的不确定性。一般情况下，规范性、规制性和文化认知性是某一制度的关键要素，而儒家文化的制度化，恰好满足了以上三种要素的需求。儒家制度的这种包容性是党项西夏社会确实需要的，符合了党项西夏政治格局之下的意识形态的一致性和多样性的结合，强调构建起政统之内等级秩序的合理性和权威的正确性。党项族首领面对境内多元的民族文化和不同的风俗秩序，形成统一的社会认识需要采取外在的手段，并辅之以强制力，而不能允许其自发地发展。

西夏选择以儒学作为其社会引导，与当时儒学的发展密切相关。首先，在河西地区形成了良好的儒学基础。西夏所占据的汉文化区域，自汉武帝时期通河西走廊，便与汉族的文化核心区保持着密切联系，深受儒家学说的影响，其后虽然被少数民族政权治理，但是在其区域内，仍然“多是华人子孙，例会汉言，颇识文字”②。这也是党项西夏选择通过儒学来改造其社会风貌的重要原因之一。其次，辽宋两地的儒学发展兴盛，为党项西夏采纳儒学提供了便利。“西夏之盛，礼事孔子，极其尊亲，以帝庙祀。乃有儒臣，早究典谟，通经同文，教其国都，遂相其君，作服施采，顾瞻学宫。”③

从党项西夏对儒学的发展来看，在继迁、德明时期尚未有明显的官方引导，其更多的是在同宋辽的交往中、学习礼仪，而在元昊时期，奠定了儒学在西夏的重要地位。从儒家制度化发展的三个核心来看，首先在儒家文本的经典化这一层次上，元昊将汉文典籍《孝经》《尔雅》《四言杂字》等书籍翻译成蕃文，在蕃学中使用，实际上仍然是以儒家经典教义为核心，文字的呈现只是在形式上有所变化，符合了儒家文本经典化的要求。其次是建立蕃学、选拔人才，并使之法律化，元昊时期的人才选拔机制已经开始注重系统培养，比之其父祖时期的幕府擢升或由部落世袭有了很大的进步，符合了选举制度化这一要素。最后是尊孔这一要素，尊孔形式上是在推崇孔子，但是实际上在尊孔的所有形式中，仍然是围绕儒家的礼法核心进行，元昊时期祀神西凉府的仪典活动已经表明，在对宗庙社稷的祭祀这一问题上，元昊已经开始在某种程度上体现尊孔的态度。虽然未直接遵奉孔子，但实际上以上三项要素，已经使得儒学在西夏的发展具备了潜在的优势，而儒学在党项西夏的社会中发挥越来越大的作用，加速了西

---

①　张迎胜：《儒学与西夏文化刍议》，载《宁夏大学学报（社会科学版）》1995年第2期。

②　（宋）李焘撰：《续资治通鉴长编》，中华书局1995年版，第1122页。

③　（宋）虞集：《道园学古录》卷四《西夏斡公画像赞》。转引自韩荫晟编：《党项与西夏资料汇编》，宁夏人民出版社2000年版，第394页。

夏社会风貌的转变。儒家的观念通过一系列措施渗入西夏的社会中,进而改变西夏社会民众的思想观念,形成儒家的伦理道德观念;在官员阶层则由礼乐制度予以规范,包括宗庙礼乐、服制、朝仪等。同时又对西夏的法令产生引导作用,其中儒家所倡导的宗法制度、孝亲伦理以及差序格局都在西夏的法律制度中有所体现。

4. 浓厚的习惯印记

习惯法是一个民族在其长期的生产、生活过程中形成的习俗的规范化,是习俗力量通过国家强制力被强化,被一个部落或民族等社会群体遵循。习惯法在民族法律制度中占有重要地位,奴隶制国家建立的初期,法主要是对习惯的记载和改编。中国最早的法也是习惯法,后来才逐渐出现成文法。卢梭对习惯法的历史作用有精彩深刻的表述,"这种法律既不是铭刻在大理石上,也不是铭刻在铜表上,而是铭刻在公民们的内心里;它形成了国家的真正宪法;它每天都在获得新的力量;当其他的法律衰老或消亡的时候,它可以复活那些法律或代替那些法律;它可以保持一个民族的创新精神,而且可以不知不觉地以习惯的力量代替权威的力量"①。

西夏法制在发展的过程中也具有浓厚的习惯印记,为了更好地分析这一特性,就要深入分析西夏建立封建割据政权后的社会经济状况。关于西夏是否是由氏族部落社会进入奴隶制社会再转入封建社会的问题,目前学界存争议,笔者赞同陈炳应先生"西夏社会是封建制的社会"的主张,由于西夏的社会形态快速地经历了氏族部落—奴隶制—封建制的转变,社会中难免存在氏族部落及奴隶制的残余,这也符合社会发展的基本规律。社会作为一个整体,从来不是我们想象的那样以纯而又纯的方式出现,总是因复杂的社会因素而变得杂乱。这主要是因为当时的社会发展与生产力的发展水平之间的不平衡,反映在西夏法制进程中那便是封建成文法和民族习惯法的并存。例如在西夏建立政权后,党项内部发生纠纷依旧采用"和断"的方式。"官择舌辩气直之人为和断,官听其屈直,杀人者纳命价钱二十千。"②这种赔命价制度,正是"起源于氏族制度的血亲复仇的一种普遍较缓和的形式"③。在"误殴打争斗门"中,法律规定:"沿诸市场,不许诸人于殴打争斗中高声呼喊汉语'我要□□□□□诛官家'。倘若违律说前述语时,徒六个月。其中酒已醉,未解所说之语者,三个月,有人则市场树上缚三日。"史料中所记载的在市场树上绑三天示众,是一种带有侮辱人格性质的习惯法。此外,西夏法典"誓盟"对古代盟誓的习惯进行专门的规定,这些规定都是西夏古老的民族习惯在法典中的体现。

---

① [法]卢梭:《社会契约论:一名:政治权利的原理》,何兆武译,商务印书馆1980年版,第61页。

② (元)脱脱等撰:《辽史》,中华书局1974年版,第1524页。

③ 中共中央马克思恩格斯列宁斯大林著作编译局译:《恩格斯:家庭、私有制和国家的起源》,人民出版社1999年版,第145页。

三、金代法制

金是女真族在蓟辽一带建立的封建王朝,1125 年灭辽,两年后灭北宋,进占黄河流域,与南宋对峙。女真人在进入中原以前仍处于奴隶制阶段,按习惯法处理杀人和盗窃案件。在进入中原、建立金国后才逐步完成封建化的过程。金初,仍杂用习惯法。金太宗时兼用古律,制定条敕。金熙宗时,金朝统治范围达到黄河流域,国家制度逐渐完备,在法制上以女真旧制为基础,兼采隋、唐之制,参辽、宋之法,编成金朝第一部成文法典《皇统制》。金世宗时又编制《大定重新制条》,金章宗时采前代刑书编律,并以《宋刑统》的疏义为官方解释,编成《明昌律义》。此后,又编有《泰和律义》《泰和律令》《泰和新定敕条》等,金代法律由不完备到完备,反映金代法制的中原化的过程。

(一)法律表现形式

金太祖在初入中原的相当一段时间内仍然使用本民族的习惯法,主要原因是整个社会还处于奴隶制阶段,法令也需要一个过渡的阶段。《金史·刑法志》载:"金初,法制简易,无轻重贵贱之别,刑、赎并行。"随着疆域的不断扩展和对辽、宋的吞并,在法制上也呈现辽、宋、金法三足鼎立的局面。然而长此以往也不是办法,金朝的统治者开始励精图治,进行法制变革,这其中以金太宗为首。到了熙宗时期,为了改变多法混存的状况,他决心参照汉制,以女真旧制为基石,以隋唐之制为参照,遂《皇统制》得以问世。世宗和章宗时期是金法汉化最为重要的阶段,这一阶段成果颇丰:明昌年间的祥定所主管法律修订工作,首先集历代刑律条文为一体编纂《明昌律义》,又于泰和年间以《唐律疏议》为蓝本制成闻名于世的《泰和律义》。此外,金还有令、敕、格、式等立法形式。总体来讲,金吸取唐宋之精华,制定了具有自己民族特色的较为完备的法律制度,在很多方面都超越了辽,但令人哀叹的是由于金常年战乱,许多法律制度并没有真正得到实施。

1.《皇统制》和《正隆续降制书》

《皇统制》又称《皇统旧制》。熙宗皇统年间(1141—1149),诏诸臣以本朝旧制兼采隋、唐、辽、宋古今律制,类以成书,颁行内外,这是金国第一部成文法律,金朝至此开始有统一法制。该律共 1000 余条,现已散佚。自《皇统制》颁行之后,金国又先后颁布了《续降制书》《军前权宜条例》等,造成了多种法令并行的局面,"或同罪异罚,或轻重不论,或共条重出,或虚文赘意,吏不知适从,夤缘舞法"①。为此,于金世宗大定十七年(1177 年)设立了专门机构,由大理卿移剌慥负责,召集精通法律的人士共

① (元)脱脱等撰:《金史》卷八九《移剌慥传》,中华书局 1975 年版,第 1987 页。

同参与，以《皇统制》和《续降制书》《军前权宜条例》等为基础进行修订。基本原则是：凡是《皇统制》及《续降制书》中没有规定的，参照唐宋律的律文予以补充；《皇统制》《续降制书》及律文都没有规定的，以及疑而不能决的，取旨定夺；《军前权宜条例》中可以作为常行制度的，也予以保留。共定为 1190 条法律，编为 12 卷，并于大定二十二年（1182 年）正式颁布，史称《大定重修条制》。① 经过这次法律修订，金国的法律基本上实现了汉化。

2.《明昌律义》和《敕条》

金章宗明昌元年（1190 年），即金章宗即位的第二年，以《大定重修条例》中制、律混淆，不便适用为由，下令重新审定律令，并设置详定所，作为专门的修订法律的机构。明昌三年（1192 年）七月，"右司郎中孙铎先以详定所校《名例篇》，既而诸篇皆成，复命中都路转运使王寂、大理卿董师中等重校之"；明昌五年（1194 年）一月，"复令钩校制、律，即付详定所"，结果修定了两部法典《明昌律义》和《敕条》。《明昌律义》的修订原则为："用今制条，参酌时宜，准律文修定，历来前代刑书宜于今者，以补遗阙，取《刑统》疏文以释之，若为常法。"由修订原则可以看出《明昌律义》实质上就是一部完整的刑事法典，而《敕条》则是融政治、经济、军事于一体的综合性法典。但根据"先所定令文尚有未完，候皆通定，然后颁行"可以印证该两部法律并未得到实践。即使未正式实施，但两部法典的意义影响深远：在法律表现形式上开辟了金单独编纂律法的道路，在法典编纂体例上为《泰和律义》和《新定律令敕条格式》提供了先例，在法律内容上被后世承继。

3.《泰和律义》和《泰和律令敕条格式》

由于《明昌律义》的内容与《大定重修条例》差异较大，一旦颁布，可能会造成适用上的困难，在大臣们的建议下，以知大兴府事尼庞古鉴、御史中丞董师中等为校定官，大理卿阎公贞、户部侍郎李敬义等为复定官，重新修订法律。这项工作于泰和元年（1201 年）完成，共有 12 篇 30 卷，篇目与《唐律》相同，内容基本上也是沿袭《唐律》，并"附注以明其事，疏议以释其疑"，既沿袭了《唐律疏议》的内容，故称为《泰和律义》。此外，还修成《泰和令》《新定敕条》《六部格式》，从而形成了与宋朝一样的律、令、格、式、敕条并行的法律体系。

泰和元年（1201 年）十二月丁酉，"司空襄等进《新定律令敕条格式》五十二卷，辛丑，诏颁行之"②，后《泰和律义》于泰和二年（1202 年）五月正式颁行。从《新定律令敕条格式》的卷数来看，他们主要调整的是民事、行政、经济、军事等法律关系，而《泰和律义》共 30 卷 12 篇，"实唐律也"③，调整的只是刑事法律关系。因此，这两部法典

① 参见（元）脱脱等撰：《金史》卷四五《刑志》，中华书局 1975 年版，第 1026 页。

② （元）脱脱等撰：《金史》卷一一《章宗纪三》，中华书局 1975 年版，第 258 页。

③ （元）脱脱等撰：《金史》卷四五《刑志》，中华书局 1975 年版，第 1024 页。

分别调整社会生活的不同领域，所起的作用也不尽相同。至此，金朝法制日趋完善，组成了律、令、敕条、格式的完备的法律体系，一直为后世所保留。

由于以唐、宋法律为蓝本，《泰和律义》在篇章体例上与《唐律疏议》完全相同，但是在论罪定刑上结合本朝实际而有所不同："但加赎铜皆倍之，增徒至四年、五年为七，削不宜于时者四十七条，增时用之制百四十九条，因而略有所损益者二百八十有二条，余百二十六条皆从其旧；又加以分其一为二、分其一为四者六条，凡五百六十三条。"[①]令人遗憾的是因战乱影响，金的封建统治开始衰落，经济实力也节节衰退，金王朝再也没有进行重大的立法活动，基本上一直在沿用这两部法典。

（二）法制主要内容

1."本朝旧制"与"赎奴""释奴"

金建国初，以"一依本朝旧制"为其立法的指导思想，其目的是确立女真族的统治。所谓"本朝旧制"，就是以女真人为基础的"猛安谋克"军事编户制度，女真人编为猛安谋克户，汉人、渤海人及其他族的人民不能编入，只能另行编户，或充当猛安谋克之奴婢。同时，女真族之平民或因负债，卖妻子为奴婢；或因无法生存，依附贵族成为奴婢；或因犯罪而无能自赎，折身为奴。金太祖在建国前就下令，对贫而不能自活，须卖妻子以抵债务者，三年内不得催督，缓其债务，以巩固猛安谋克制，不使女真平民迅速分化。建国后，金太祖又在收国二年（1116 年）下诏，对各种情况沦为奴者，"并听以两人赎为良，元约以一人赎者从便"[②]。金太宗天会二年（1124 年）又颁诏，禁止内外官、宗室等权势之家"私役百姓"，"买贫民为奴"[③]。这些措施都是为了保护女真猛安谋克户和维护奴隶使用的正常秩序。

金在攻陷汴京，迫使宋朝南迁后，进入中原，开始迅速汉化。尤其是金熙宗的改革，实行汉化政策，"猛安谋克"南迁，计口授田，其性质也开始发生变化。故从太宗后期，对奴婢的政策也发生转化，国家多次颁令，允许沦为奴婢的良人赎身，甚至官府为其赎身，如太宗天会七年（1129 年）诏曰："军兴以来，良人被略为驱者，听其父母妻子赎之。"这里指的是宋金之战中被掠去的汉族百姓，其家属可为之赎身。其后，八年、九年又先后颁诏，"有典质其亲属奴婢者，官为赎之"[④]。熙宗皇统四年（1144 年）诏，对"百姓流落典雇为驱者，官以绢赎为良，丁男三匹，妇人、幼小二匹"[⑤]。这是对因贫困沦为奴者，官为之赎。

---

① （元）脱脱等撰：《金史》，中华书局 1975 年版，第 1024 页。

② （元）脱脱等撰：《金史》，中华书局 1975 年版，第 1032 页。

③ （元）脱脱等撰：《金史》，中华书局 1975 年版，第 1033 页。

④ （元）脱脱等撰：《金史》，中华书局 1975 年版，第 63 页。

⑤ （元）脱脱等撰：《金史》，中华书局 1975 年版，第 1033 页。

在赎放奴婢的同时，对原为辽国的“二税户”，以及寺院占有的奴婢，又多次颁诏，释免为良民。总之，金在汉化的过程中，以法律为手段，改变奴婢的身份，使之成为国家的编户，成为国家赋税、服兵役的对象。

2. 女真贵族的法律特权

《金史・刑志》说：“金初，法制简易，无轻重贵贱之别。”到金太宗时，大臣还可以“违誓罪”将皇帝扶下金殿行杖罚。“八议”是中国封建法律中维护贵族官僚特权的规定，辽代统治者很快将其吸收到自己的法律制度中。但在金国，对“八议”的接受却并不那么顺利。海陵王时，皇族阿鲁补因“取官舍材木构私第”，于法可以“议勋”“议亲”而免死罪，但海陵王说：国家立法，贵贱一也，岂以亲贵而有异也?”否决了“八议”特权，遂论死(《金史・阿鲁补传》)。章宗时，镐王永中犯罪，“诏以永中罪状宣示百官杂议”，除一人“乞贷其死外”，全都“请论如律”，结果诏赐永中死(《金史・世宗诸子列传》)。在此，并不排除皇帝个人的好恶，但金代百官，稍犯条法，即行杖决，似乎已成家常便饭。海陵王曾对大臣说：古者大臣有罪，贬谪数千里外，往来疲于奔走，有死道路者，朕则不然，有过则杖之，已杖则任之如初。如有不可恕，或处之死，亦未可知(《金史・太宗诸子列传》)。

随着皇权的加强，维护皇权统治的法律也不断加强，同时保护皇族、官僚权益的法律也逐步完善。金熙宗天眷元年(1138 年)，定禁卫之法，“始禁亲王以下佩刀入宫”(《金史・熙宗纪》)。世宗大定七年(1167 年)，有亲军百人长带刀入宫，杀都监，盗取金珠，为此“诏自今护卫亲军百人长、五十人长，非直日不得带刀入宫”(《金史・移剌道传》)。在罪名方面，金完全继承了唐、宋律关于“十恶”的规定，对“谋反”“谋叛”“大逆”等严惩不贷，又沿用“怨望”“谤讪朝政”“语涉不道”“语不逊”“诅祝”等有关思想文字的罪名，以维护皇权统治的神圣尊严。

对于贵族、官僚犯罪，只要不威胁皇帝的自身利益，皇帝可任意为其开脱。如世宗时，宗室子阿琐“坐赃一万四千余用”，世宗召见他说“今汝在法当死，朕以亲亲之故，曲为全贷”，结果以“村八十、削两阶，解职”了事，未几又改“平凉、济南尹”(《金史・太祖诸子传》)。又如宗翰之孙斜哥，三次犯赃枉法，当死，皆以除名了之，世宗说“斜哥祖父秦王宗翰有大功，特免死，杖一百五十，除名”(《金史・宗翰附孙斜哥传》)。这说明“八议”已悄悄回到法律中来。世宗时，后族有犯罪者，尚书省即正式引“八议”为奏。世宗说：“法者，公天下持平之器，若亲者犯面从减，是使之恃此而横恣也。”又说：“夫有功于国，议勋可也。至若议贤，既曰贤矣，肯犯法乎?”故在大定二十六年(1186 年)定：“太子妃大功以上亲，及与皇家无服者、及贤而犯私罪者，皆不人议。”到宣宗兴定元年(1217 年)时，宣宗问宰臣：“律有八议，今言者或谓应议之人即当减等，何如?”宰臣回答说，凡犯罪人八议者，都要先将其所犯的罪行及应议的条文写出，奏请，议定后是否减等要由皇帝奏裁。宣宗对这一规定表示赞同，说：“若不论轻重而辄减之,则贵戚将恃此虐民,民何以堪。"(《金史·刑志》)可见,"八议"已正式入金律,但其适用范围小于唐、宋律。这在一定程度上抑制了封建特权,具有一定的历史进步意义。

3. 加强对"盗贼"的惩治

女真统治者十分重视对"盗贼"的惩治。"金国旧俗"就有"杀人及盗劫者,击其脑杀之,没其家资"[①]的规定。在建国前康宗七年(1109 年)时,正值饥荒,民多为盗,"欢都等欲重其法,为盗者皆杀之",太祖不同意,认为"以财杀人,不可",于是"减盗贼征偿法为征三倍"[②]。曾有人对此评说:"'以财杀人不可',此千古名言,向未有表而出之者。金之征偿法不传,减之而犹征三倍,旧法之重可知矣。"[③]金初,用其旧俗"杀人偿马牛三十",盗则征偿 3 倍,这主要适用于女真族人,对汉人、渤海人则要严厉得多。

金统治者发动对宋的战争,掠夺汉人的土地、财富,甚至劫掠汉人为奴,这对女真人来说完全不是犯罪行为,相反,汉人的反抗斗争则被视为"盗贼"加以捕捉、镇压。金太宗在攻占汴京后,即加强了对"盗贼"罪的刑事立法。天会七年(1129 年),发布新的《窃盗制》:"凡窃盗,但得物徒三年;十贯以上徒五年,刺字充下军;三十贯以上徒终身,仍以赃满尽命刺字于面;五十贯以上死;征偿如旧制。"[④]对窃盗不仅仍要征以 3 倍的赔偿,还要加以徒刑、刺字,乃至死刑,在汉人地区则惩治更为严峻。天会九年(1131 年)宗翰采用高庆裔的建议,"禁窃,盗及一钱者罪死"。史称:"此高庆裔劝以重刑止盗也。为盗者知劫窃均于一死,故窃盗息而劫盗盛。"[⑤]"云中有人拾遗钱于市,高庆裔立即将其斩首。萧庆知平阳府,有行人因在菜圃中拔葱,亦被处以斩刑。"[⑥]海陵王于正隆五年(1160 年),遣人"分道监视所获盗贼,并凌迟处死,或锯灼、去皮、截手足"[⑦],对盗贼的镇压日趋残酷。章宗时,民族矛盾仍旧激烈,汉人、渤海人的起义、反抗斗争不断发生。大定二十九年(1189 年),"制诸盗贼聚集至十人,或骑五人以上,所属移捕盗官捕之,仍递言省部,三十人以上闻奏,违者杖百"[⑧],加强了对"群盗"的缉捕。其后又陆续颁布了一系列这类法规,对捕盗有功者赏,不力者罚。承安三年(1198 年)又发敕:"随处盗贼,毋以强为窃,以多为少,以有为无。啸聚三十人以

① (元)脱脱等撰:《金史》,中华书局 1975 年版,第 1014 页。
② (元)脱脱等撰:《金史》,中华书局 1975 年版,第 22 页。
③ (清)沈家本:《历代刑法考》(下册),商务印书馆 2011 年版,第 259 页。
④ (元)脱脱等撰:《金史》,中华书局 1975 年版,第 1014 – 1015 页。
⑤ (宋)宇文懋昭撰:《大金国志校证》(上册),中华书局 1986 年版,第 113 页。
⑥ (宋)李心传编撰:《建炎以来系年要录》,中华书局 2013 年版,第 999 页。
⑦ (元)脱脱等撰:《金史》,中华书局 1975 年版,第 111 页。
⑧ (元)脱脱等撰:《金史》,中华书局 1975 年版,第 211 页。

上奏闻。违者杖百。"①这说明当时"盗贼"已成为严重的社会问题。

（三）法制主要特点

1. 惯以本朝旧制

金在立国之初以"祖宗旧俗法度"为本，即沿袭习惯法之旧制。在先后征服的原辽、宋地区，则基本上是按照当地原有的契丹法律或者宋朝法律进行治理。史载：天辅五年（1121 年），太祖征辽前，立其弟吴乞买辅政时，赐诏曰：汝惟朕之母弟，义均一体，是用汝贰我国政。凡军事违者，阅实其罪，从宜处之。其余事无大小，一依本朝旧制。由此可知，太祖之所以要沿袭旧制，根本目的是维护统治阶层的利益，维护奴隶主的利益，而过去的习惯法恰恰是化解社会矛盾的妥协之法，是社会相对稳定的保障。

女真旧法也并非原封不动地被写进法典，而是随着社会经济的发展、社会生活的变化而发展变化，如《皇统制》中的"殴妻至死，非用器刃者，不加刑""僧尼犯奸及强盗，不论得财不得财，并处死"②等规定，表现了浓厚的父家长制男子的特权，并与女真法的精神相符合。到了《泰和律》，对强盗规定一贯徒 2 年，三贯徒 4 年，十贯及伤人者绞，而杀人者斩。同时，金允许以赎代刑，这是对女真法的保留，体现奴隶制社会重赎的法精神。

在婚姻制度方面，沿袭本朝旧制的特点则更为突出。虽然金入主中原后有些婚姻陋习逐渐被社会摒弃，但在整个社会层面，从制度构建到细节表现仍然以旧制为主体，太祖、太宗时期更是如此。婚姻制度的主要特点可以概括为以下几个方面。

第一，同姓不婚与同姓相婚并行。女真族在长期的社会生产生活中逐渐意识到同姓结婚繁衍的后代存活率较低且质量不高，因此，有些部落很早便明确了同姓不婚的原则。但是部落外婚制形成后，仍然存在大量同姓间缔结婚姻的状况，其原因在于部落迁徙的过程中同一氏族的成员可能会被分配到不同的地方，所以即使他们之间结婚，彼此也很清楚地知道没有实质上的血缘关系。但是随着金朝的建立，不同部落的界限便渐渐模糊，人口流动愈加频繁，金人对同姓之间是否具有血缘关系也辨别不清，在这样的背景下，太祖、太宗决定彻底以律法的形式禁止同姓间通婚，从根本上提升人口素质。

第二，一夫一妻制与一夫多妻制并行。《金史》载，完颜部先代自始祖函普至献祖绥可都只有一妻，但自第五代昭祖石鲁以后大都有数妻。"金人旧俗亦多妻，多少之数，视其官品列班次，以聘之先后为序。庶人惟得一妻。"这表明一夫一妻制和一夫多

---

① （元）脱脱等撰：《金史》，中华书局 1975 年版，第 248 页。

② （宋）宇文懋昭撰：《大金国志》（上册），中华书局 1986 年版，第 174 页。

妻制的现象都存在过，即使是在达官贵族内部，但是相比平民，贵族往往采一夫多妻制。令人不解的是进入文明时代的金朝同时并行这两种婚姻制度，这与中原王朝迥然不同，其原因值得深究。

第三，存在放偷习俗。据《松漠纪闻》载："金国治盗甚严。每捕获，论罪外，皆七倍责偿，唯正月十六日纵偷一日以为戏，妻女、宝货、车马为人所窃，皆不加刑。亦有先与室女私约至期而窃去者，女愿留则听之，自契丹以来皆然，今燕亦如此。"放偷即一种野蛮的婚约方式，是群婚制度的残余，但是这种思想在人们脑海里根深蒂固，很难立即被清除。金朝的创立者为了顺应社会风俗，并没有明令废除，但是这种行为不加约束，一定程度上影响着社会安定，因此世宗时期终于决心全面禁止。

第四，接续婚。对婚姻关系，女真有接续婚，而且"制汉人、渤海兄弟之妻，服阕归宗，以礼续婚者，听"①。到《泰和律》则纠正为"汉儿、渤海不在接续有服兄弟之限"，而在女真人接续婚仍继续生效。

2. 兼隋、唐之制

金法上承《唐律》，下仿辽、宋，而辽宋之法又与隋、唐之制一脉相承，因此，在法律的制定过程中，受唐律影响较为深切。熙宗更是中原文化的热衷者，对唐律颇有研究，天眷三年重收河南地时乃下诏曰"约所用刑法，皆从律文"，这确立了律的中心地位。此外，世宗也曾多次强调审理案件要"以律文为准，以情求之"②。

章宗时期的《泰和律》以律、令、格、式为编纂体系，受《唐律》影响不可谓不深远，不仅在篇名上全同于《唐律》，在条文的内容上也有很多相似：其中对《唐律》略有损益的 282 条，从《唐律》之旧的 126 条，分其为二和分其为六的有 6 条。总体来看，金律之法律条文七成以上与《唐律》密不可分，在律条和法律原则的渊源上皆可在《唐律》中找到出处，难怪后人称为"实唐律也"。

3. 参辽、宋之法

金朝法制参用了辽法。《唐律》和《宋刑统》规定徒刑最高为 3 年，辽代徒刑分为一年半、5 年和终身。金熙宗《皇统制》规定"徒自一年至五年"，5 年系参照辽制 5 年而定。《皇统制》杖刑的数额为"杖自百二十至二百"，最高值 200 则是取唐、宋（最高值 100）与辽（最高值 300）之中值。同时，太宗在刑罚上吸取了辽朝的沙袋之制。据《大金国志·科条》载："当其有国之初，刑法并依辽制。常刑之外，又有一物曰沙袋，以革为囊，实以沙石，系于杖头。人有罪者，持以决其背。大率似脊杖之属，惟数多焉。"辽朝的沙袋之决实为杖刑的一种，"杖刑自五十至三百，凡杖五十以上者，以沙袋决之"。

---

① （元）脱脱等撰：《金史》，中华书局 1975 年版，第 144 页。

② （元）脱脱等撰：《金史》，中华书局 1975 年版，第 1016 页。

金代法制同样参用了宋法。《大金国志》卷一二谓熙宗“新律之行,大抵依效大宋”。而《金史·刑志》则谓“以本国旧制,兼采隋、唐之制,参辽、宋之法,类以成书”。此外,对法律的解释竟然也来源于《宋刑统》释文,典型者如《新定敕条》三卷。

结　语

中国无论在历史上还是今天,都是一个多民族国家,受地理条件的制约,更有十里不同风,百里不同俗的说法。商鞅早在两千年前就提出“为国也,观俗立法则治”(《商君书·算地》),处理好区域自治(民族自治)问题最重要的是准确把握民族风俗和地理特征。辽、西夏、金是中国10至13世纪在中国北方存在的三个少数民族政权,研究辽、西夏、金法律制度对中华法系具有重大意义,既是对中华法系的丰富,也是对中华法系的继承,丰富的是中华法系中的民族文化意识和民族文化组成,继承的是儒家法律思想和家族本位思想。这些法律文化成果都为中华法系的发展提供源源不断的生命力,是中华法系的有机组成部分。

(一)中国传统法律文化基本版图的奠定

建造“长城”这一伟大工程肇始于春秋、战国之时,而秦始皇统一“中国”之后不断地修缮、连缀和增广战国时期燕、赵、秦北部用以抵御匈奴南下的防御工事,使得带给后世千年影响的长城形成了西起临洮(甘肃省中部,定西市西部),北跨阴山南麓(横亘于内蒙古自治区中部,东段进入河北省西北部)以及西辽河(内蒙古自治区通辽市开鲁县台河南支)等地区,东到东北辽东(辽宁省的东部和南部及吉林省的东南部地区),延袤万里的格局。从秦始皇“筑长城而守藩篱,却匈奴七百余里,使胡人不敢南下而牧马”,而汉“建塞徼、起亭燧、筑外城,然后边境得用少安,设屯戍以守之”①的史料叙述来看,这种确保供给,互相援助的严密防御体系——长城的修筑用以防御北方的骑兵的长驱直入,在当时确实是最佳防御选择。而这种凝结了整体思想架构的防御工事不仅抵挡了攻势,有效保护了长城内居民的农业生产和财产安全,更有助于“农耕文明”与“游牧文明”在长城内外得以同时发展。

从长城的地理位置上看,就像《辽史》所记述的:“长城以南,多雨多暑,其人耕稼以食,桑麻以衣,宫室以居,城郭以治。大漠之间,多寒多风,畜牧畋鱼以食,皮毛以衣,转徙随时,车马为家。此天时地利所以限南北也。”②“十五英寸等雨线”的说法恰恰是长城同地理气候界线完美重合,这从另一层面同样体现了长城的地理意义。

首先,处于漠北的少数民族如果要南下攻城就势必要远涉沙渍,劳师已远,待到

---

① (汉)班固:《汉书》卷九四《匈奴传》,中华书局1962年版,第3803页。
② (元)脱脱等撰:《辽史》卷三二《营卫志中》,中华书局1974年版,第373页。

站在长城下时已经形同强弩之末,无形中增加了攻城的难度。其次,那些位于荒漠之中的游牧民族因其传统的畜牧经济很难越过长城同精耕细作的农耕经济和陌生的生产资料相结合,依然要凭借畜牧业支撑整个社会发展,因此,即便短期地攻陷长城,其经济结构也断不会稳定,要想形成一个强大且持久的新型政权,无异于站在陆地仰望天空的梦想。

中国每一次政治重心的转移,都是综合若干方面历史发展的结果。但从少数民族与汉族之间的战争来看,这个时期是一个"边患"的时期,先是渐渐激烈,然后又渐渐消退。这一现象的背后,隐示着中国新社会秩序的成熟。它的基础是一个逐渐熟练、逐渐专门化并广泛实施的农业经济。

从五代时期石敬瑭将燕云十六州割让给契丹之后,这种传统的长城体系即被辽所打破。尽管北宋建立后多次向辽出兵,但终宋一世之功也再没有恢复。过去长城的防御体系不复存在,才使得前后两次"三足鼎立"的局面得以出现,而宋的统治也难以长治久安,只得在东北部与辽共享平原,而在西北却要时刻防备丝绸之路上西夏的劫掠。"北族以骑胜,宋非不知。故北宋防辽,常开塘泺以限马足",阵地防御的功效与同气连枝的整体防御体系——长城——相比要弱得多。尽管自"澶渊之盟"以后,宋辽之间有120年的安定,但马背民族的骑兵犹如一柄悬在北宋头上的利剑,眨眼间就能兵临城下,使得宋太祖"卧榻之侧岂容他人酣睡"的豪言壮语成了自我宽慰式的一丝苦笑,且辽的这种羁绊使得北宋根本无法专注迎击西北的西夏。在这种局面下,辽、西夏、金均得以横跨长城内外,享受畜牧与农耕的多元经济文化成果。正是宋、辽、西夏、金等政权对"中国"的认可,各自"正统"的论述,使得原本中原地区的"大一统"在地理和文化上基本奠定了元、明、清乃至今天的法律文化版图。

(二)中华法系内容的丰富

十世纪以前,受国家政权、中央精英和地方文人士绅的共同推动,儒学思想日益制度化、世俗化、常识化。安史之乱后,藩镇虽表面上得以平复,但拥兵自重、自立之心在地方势力中蔓延。宋、辽、夏政权的建立均是唐中期后地方割据势力的一种延续,在长达一个世纪的政治演进历史中,中原和华北等地区受传统"逐鹿中原,问鼎天下"观念的影响,沦为各地方政权的角逐场。同为唐地方势力的延续,军事实力决定政治地位成为这一时期的主要态势。

唐灭亡后的天下政治走向,各地方政权论证自身沿革正统合法性的诉求,在以弱侍强的状况下,谁能够实现"中国"真正的内部统一,就当然具有执政合法性。然而,中原与南方各汉族政权均无压倒性优势,此时北方的游牧政权最早以雇佣军的形式介入长城以南汉族地区的政治斗争,最终寻求建立自己的政权。(辽、西夏均为此形式。)至宋、辽、夏对峙之时,可称之为中国历史上最后一个大分裂时期,之所以元、明、清再无分裂,概因伴随华夏正统论的中国社会深度统一。关于这一时期的重大变化,日本学者内藤湖南所提出的"唐宋变革"论可谓影响深远,其核心观点可大致概括为:(1)政治上,国家体制和社会结构突破了贵族与平民群体的二元身份制对立,转向君主集权、科层官制为特征的治理模式,以科举选官的方式冲破社会阶层垄断的束缚,平民的私权得到国家的充分认可,"民本"思想成为执政者的共识。(2)经济上,"千年田换八百主",突破了传统封闭的土地流转约束,货币经济和商品经济取代了不易流通的实物经济和庄园经济。(3)思想上,儒学(理学)的研究日趋平民化,古文运动和词曲的盛行取代了体现传统贵族文化的骈体文学。围绕"唐宋变革"论的讨论,有助于我们对制度发展全貌的认知,避免了长久以来孤立谈某一朝一制带来的割裂历史发展的误区,学界像刘后滨、邓小南、刘锦绣等人就从文官选任、中枢制度、政务运行等方面对唐宋之际的演进发展进行了深入讨论。但是,这些学者也有清醒地看到唯"唐宋变革"论研究存在的不足。如邓小南就提出应当注意对这一时期中政治主体的特质、政治思维的特有方式和政治行动的特殊风格进行"再认识"和"再发现"①。虽然对"唐宋变革"论研究也存在先行设定结论,呈现浮泛的问题,以及"内藤湖南等笔下的隋唐五代,不是我国历史上真实存在过的隋唐五代"②等质疑,但不可否认,"唐宋变革"论固然是一种主观的学术看法,但客观的"唐宋变革"事实却是存在的。如政治上客观使平民通过科举制度跻身上层社会;经济上实质上则彰显了国家承认并保护个体商业经营的政府决心,③重农但不再一味抑商;思想上市民生活日益受到关注;且宋辽夏金后也再无大的分裂时期。这些都是不容争辩的事实。所以,重新回到史料,小心探讨背后变化的脉络仍是有必要的。

"唐宋变革"论将争论聚焦到了宋朝,但这明显忽略了辽、夏、金的存在,他们也与两宋一道进入全新的发展阶段。由于长期的势均力敌,面对如此多的"异邦"的存在,要想存续下去,就必须想方设法完成各自国家的合法性论述,以凸显自身文化和政权的合理性意义,期待获得更多的拥护和支持。

(三)中国治理形式的多元

陈景良教授曾经讲过:中国古代地方法制假如客观存在,应当以何种视角进行切入,研究的范围如何确定,仍是一个值得深入研讨的问题。中国古代各民族不仅有自己的传统、风俗、法律习惯,且文字也不相同,把他们纳入研究的范围,固然丰富了研究视野,但同时也会带来巨大的问题。这些少数民族法制无论是法律表现形式,还是司法的运行等问题都无法完全纳入统一的分析框架,这便会在一定程度上消解该成

① 邓小南:《宋代政治史研究的"再出发"》,载《历史研究》2009 年第 6 期。

② 杨际平:《走出"唐宋变革论"的误区》,载《文史哲》2019 年第 4 期。

③ 参见于熠:《论唐宋商事法律制度变迁及其历史意义》,载《求索》2013 年第 3 期。

果的理论解释力，也使该成果虽具有系统专题之名，实缺独到之实。

费孝通先生的“中华民族多元一体论”是从民族学的角度提出的。其中，含义有三：第一，中华民族这个概念是指包括了在中国境内56个民族的民族实体，而不是将56个民族简单叠加的总称。费先生认为这主要是由于56个民族已然形成了互相依存、统一的不可分割的整体。第二，多元一体格局的形成有一个从分散的“多元”到逐步结合为“一体”的过程，在这个逐步结合的过程中必须有一个起凝聚作用的核心，那就是汉族。在费先生的论述中，汉族就是在民族结合过程中起到核心凝聚作用的“一元”，是它将各个“少数民族”的多元进行融合，升华为高层次认同的国族（nation）。费先生同时指出汉族与其他“少数民族”在“民族”的属性上同样属于“基层一元”。第三，对高层次（国族）的认同并不妨碍或者取代、排斥对低层次的“少数民族”的认同，甚至可以通过不同层次的民族认同来发展基层民族自己的原有特点，从而促进整个国族的多语言、多文化。“多元一体”是指中华民族既一体，又多元的复合性，在这个整体的生存发展过程中存在消长互现的差异性特征。① 本章所讲的“多元”指的是在宋、辽、西夏、金这些政权内部以各自的主体民族汉族、契丹族、党项族、女真族而形成的风格迥异、别具特色的，但共同在“中国”国家治理模式探索中贡献自己智慧的文化之元。

“多元”文化组合后的法律内容所蕴含的法律精神却是宋、辽、西夏、金之后的“中国”法律制度在继承《唐律疏议》文本和精神的基础上进一步从内涵上进行的发展，以区别于其他政权法律的本质特征。这种法律精神与两个因素密切联系，即“民族”与“地理”。任何一种法律文化都是建构在特定的时间和空间基础之上的。一方面，在时间之维上，这种“多元”体现了特定民族的习俗流变。“在不违背整体原则情况下，立法者应当遵从民族精神。因为在我们自由地并按照我们的天性处理事物时，就是做得最好的时候了。”②另一方面，在空间之维上，受地理环境的影响所体现的法律精神和品质也不尽相同。“如果精神特征和内心情感在不同气候中差别极大是客观事实的话，那么法律就应当与这些情感和特征的差异有所关联。”③“土地贫瘠使人勤劳自制、惯于工作、勇敢而且适合战争，他们必须获取土地拒绝给予他们的东西。军事法可以经由更严格的纪律来弥补这一天然的不足。”④亚里士多德说过：“法治就是已经成立的法律获得普遍的服从，而大家所服从的法律本身应为制订良好的法律。”⑤法社会学和法律现实主义学派认为社会时效是法治的首要因素，自然法学派则强调法

① 参见费孝通主编：《中华民族多元一体格局》，中央民族大学出版社1999年版，第13页。
② ［法］孟德斯鸠：《论法的精神》（上册），张雁深译，商务印书馆1961年版，第305页。
③ ［法］孟德斯鸠：《论法的精神》（上册），张雁深译，商务印书馆1961年版，第227页。
④ ［法］孟德斯鸠：《论法的精神》（上册），张雁深译，商务印书馆1961年版，第282页。
⑤ ［古希腊］亚里士多德：《政治学》，吴寿彭译，商务印书馆1965年版，第217页。

律内容正确应当作为法律的唯一标准。阿列克西在分析了实证主义法学派和自然法学派的观点后提出了第三条道路，认为社会时效、权威制定和内容正确必须兼备。在具体的操作层面，良法和普遍服从对于实现法治缺一不可。法律普遍服从的核心即为“守法”，此处的守法绝不是单纯依靠外力而能达成(秦朝的短命即是最好的例证)，这其中包括法律本身的因素——良法、强制力保障，更主要的还是来自每一个受法律调整的个人主观上是否愿意接受这种法律的束缚。在具体的纷繁世界中所呈现的多样性以及不同文化价值体系的“多元化”的共同作用下，多元的法律图景成了人类社会的一道靓丽风景线。通过哲学反思和道德想象等诸多文化总结，人类具体生活被赋予完全不同的意义。对于一个国家的法律制度而言，其特殊性也在多元现象背后的价值中得以体现。

儒家尊崇“尊尊”(忠)，“亲亲”(孝)，“长长”(义)，“男女有别”(节)的道德规范。这种规范从表象上看似乎与西方在法律之外所倡导的道德为同一范畴，然而在两千多年的社会运转中，这种礼的“道德规范”又与王朝所颁布的法律共同约束着老百姓的生活。在百姓的心目中，这些内容甚至比王朝法典更具有“适用性”，这点绝非完全意义上的西方所倡导的道德范畴，也远非道德的力量所能达到的。在西方，法制是在其自身文化基础之上衍生的产物(脱胎于宗教)，因此在人们的心目中，宗教的分量一刻也没有减轻。每一门哲学不一定是一种宗教，但每一种宗教必定是一门哲学。宗教、礼等文化内容代表着不同国度、不同时期人的情感、思想和信仰，同时也体现了那段时期其治理地区的政治和文化理念。由于中国社会有自己的一套逻辑，重实在经验而不尚抽象概念，深度挖掘自己的资源，才是标本兼治的法治之道。

(四)中国统一政权认同的加强

随着从“天下一家”到“中华一体”观念的“微转”，“贵中华，贱夷狄”的传统华夷观念越来越受到“华夷融合”政治与文化结构的影响。一个“国家”在面对“内忧外患”时，本能地会回忆起曾经的“辉煌”时代，但这种“留恋”必然会使得其对现有“境遇”“顾影自怜”，为了维持政权，则必须对原来的“正统性”予以合理的解释以及明确的定位。

在古代的观念中，“四夷”与“诸夏”存在一个切实的区分标准，然而这个标准的确立，绝不是“血统”的，而是“文化的”，即“诸侯用夷礼则夷之，夷狄进于中国则中国之”，具体而言为“生活习惯与政治方式”的“中国”与否。[1] 然而，“四夷”的崛起使得中原政权的中心地位风光不再。一方面必须面对政治上的对等地位，另一方面固有的“汉文化先进论”使得“中原”对于“四夷”的文化观念并没有产生根本的转变，传统

---

① 参见钱穆:《中国文化史导论》，商务印书馆1994年版，第41页。

的“先进”文化支配“落后”的文化的思想使人难以自拔。但我们如果“经典式”地保持如一的延续这种思考方式,可能会忽略很多细节性的问题。有些革新是从外部引进的——通过外部生活条件的变化,外部变化引起的反映可能就是生活的毁灭以及重新选择取向,这种选择也许没有任何征兆可言,韦伯将这种变化称为“灵感”和“移情”①。但是,这种外部变化绝不是革新的必要前提条件。因为任何悖逆惯例情形的出现,都会促使周围的人使用“强力”而使悖逆惯例者陷入不利的境地。

从历史的发展来看,任何一种知识、思维以及信仰得以定型之后,都要经历一段稳定时期,而这种文化在没有“异质文明”冲击、融入的情况下,向更高文明进阶的过程将会十分缓慢。然而,这种文明一旦受到“外来文明”的冲击和影响,其原本的文明框架将会重新整合、排列,达到新的知识增量的积累,知识的边界也会进一步膨胀和重新界定;抑或,固有文明随着自然环境、社会环境变迁而变化,甚至会产生那些原本处于文化边缘的固有传统资源重新占领文化高地的文化现象。如果原有文明不重新开放其边界,那么,这种“不变”就会动摇其权威和经典。因此,试图主导文化走向的力量将不得不改变固有的传统的预设和路径,主动回应这种冲击和影响。在这种“冲击”和“响应”相互交织的互动过程中,“冲击者”也罢,“响应者”也罢,双方往往都会发生改变,使外来的文化资源被“吸收”和“内化”于本土思想体系之中。同样,本土思想会因受到外来文化的影响而逐渐转型,这种“文化惯性”和“吸收内化”的现象共同组成了社会发展的一种变化轨迹。费孝通先生也曾论证,“中华民族多元文化也在接触中出现了竞争机制,相互吸收比自己优秀的文化而不失其原有的个性”②。

尽管社会中法律文化各不相同,然而这些不同法律文化都共同理性地思考着那些相同或者相似的社会生活问题。对于那些看似呈竞争状态的文化逻辑而言,多元的文化体系背后又存在对不同文化彼此尊重以及理性借鉴、交流和沟通。任何一种可以称为法律文化模式的社会规则,无不是对生活以及人性本源的理性思考,进而得以建构出合理、和谐的具体社会制度。每一种“地方性叙事”都蕴含着千差万别的特殊的生活智慧,并以之为基础塑造出符合社会发展的价值意义。站在“文化价值论”的立场上,黑格尔指出:“但凡那些维系着人类生活的,且有着社会价值并行得通的内容,都是精神性的。倘若要使其获得现实的存在,则只有在精神的世界里通过真理和正义的检验,且依靠理性来具体掌握。”③原本沿着各自逻辑不断演进的不同文化,假如没有了文化之间的交相互动,则只能在其自身的文化疆界内按照自身的逻辑推进。然而,这种文化之间的交流一旦出现,又会自然地产生对比与竞争,最终导致那些处

① 参见[德]马克斯·韦伯:《经济与社会》(第1卷),阎克文译,上海人民出版社2010年版,第440页。

② 费孝通:《文化与文化自觉》,群言出版社2010年版,第56页。

③ [德]黑格尔:《小逻辑》,贺麟译,商务印书馆1980年版,第34页。

于弱势的文化的地位日趋衰微。

法律作为一个民族文化的表现形式，它来源于民族文化内部，尽管其外在表现形式（法典）很可能看起来与其他文化下法典形式、法律条文有着广泛的相似性，但并不意味着该法典就是抄袭了他国的法律内容。在文化的吸收方式上，殷海光提出了“文化对文化依赖”的概念[①]，在具体的操作方式上指出有以下几个层次：(1)一个文化对另一个文化有全盘或者局部的依赖。(2)在同一文化之中，后一个发展阶段由前一个发展阶段得来。[②] (3)在同一文化之中，这一个或者这一类的文化要件的出现或存立，常以另一个或另一类文化要件的出现或存立为必要条件或充足条件。[③]

一个民族的共同心理一旦形成，就会形成一个文化核心，而推动这个民族文化发展的动力主要来源于两个方面：一方面是依靠该民族自身传统的习惯，这其中既包括生活习惯，也包括心理习惯；另一方面则是来自对外来文化的吸收，（一种是主动地学习，另一种是被动地接受）。然而，无论主动学习还是被动接受，要使这种外来文化真正在这个民族当中发挥作用，就势必要与这个民族的文化核心融通。一旦外来文化被吸收内化，外来文化的作用就已经不再是单纯的对这个民族的直观影响，而是成为这个民族自身的特征了。因为一个民族在面对纷繁的文化现象时，所表现出的并不总是吸收，那些不适宜本民族机体的内容，也会被排斥、抛弃。即便有些内容可能暂时性地被使用，但之后也会在发展过程中面对新一轮的选择：要么因有更好的选择对象而主动抛弃，要么因自身不适而不得已抛弃。总的来说，当异质文化被一个民族吸收后，这种文化也就自然变成了这个民族文化的组成部分。辽、西夏、金原本是以游牧民族为主体，但在接受中原文化后，其自身法制朝着儒家法律文化方向发展，已经成为中华法系的有机组成部分。

---

① 参见殷海光：《中国文化的展望》，上海三联书店2002年版，第66页。

② 没有前一个发展阶段，就不能有后一个发展阶段。二者之间要么是衍生关系，要么是相承关系。

③ 例如，由于游猎的生产方式不够稳定，不足以养活较多人口，农耕生产方式随之出现，在生产过程中与惯于奔驰的游猎方式相反，注重安定，因此才能形成具有固定疆界的城邦、导致大规模的战争爆发。又如，“轮”这种圆形形态的出现才会产生交通系统。

尾章　中华法系对人类法律文明的贡献

第一节　儒法道释法思想的合流

秦汉是中国学术从百家争鸣走向合流的时期,不同学派的学说以及不同地域的文化不断地融合在一起,而这个融合的完成在魏晋南北朝时期。汉代经学衰落之后,思想界开始对传统观念进行了反思,并对当时社会进行了重新认识,出现了儒、法、道、释等多家学术流派并行的局面。

一、儒法道释法思想合流的社会历史背景

(一)国家长期处于分裂

魏晋南北朝是我国历史上政权更迭最频繁的时期,从东汉末期的"黄巾起义",到司马氏结束三足鼎立建立晋国,就经历了近一个世纪的时间。经历西晋短暂的大一统之后,长达16年的"八王之乱"爆发了。"八王之乱"让西晋元气大伤,北方少数民族趁势侵入中原,西晋被匈奴所灭,不得不南迁建立了东晋王朝,东晋灭亡后,南方接替出现了宋、齐、梁、陈四个政权。而在北方,陆续出现了北魏、东魏、西魏、北齐和北周政权。政权的更迭伴随着激烈的政治斗争和频繁的战乱,对社会生产力造成了严重的破坏。

除了国家的分裂,门阀政治的兴起也是魏晋南北朝时期的重要特征。东晋开国皇帝司马睿刚刚来到江东时,威名尚未树立起来,在北方大族琅琊王氏家族王导、王敦兄弟的扶持下才站稳脚跟,时人称"王与马,共天下"。世家大族掌握了与皇帝相匹敌的政治权力,门阀士族是东晋政权的支撑力量,门阀的特权也得到承认。门阀政治是中国传统皇权政治的变态,它对当时社会的影响是多面的,一方面,它反映了玄学中"君主无为"的理论,是汉末以来君臣危机的产物,对君臣伦理理念造成了冲击;[①]另一方面,门阀与皇权的斗争又加剧了社会动荡,最终导致了东晋王朝的崩溃。

---

① 参见夏毅辉:《东晋门阀政治存在的思想文化省察》,载《学术月刊》2001年第12期。

(二)“名教之治”的衰败

“名教”是儒家倡导的一系列伦理纲常,汉魏名士蔡邕认为“夫君臣父子,名教之本也”①。南朝宋郑鲜之认为“名教大极,忠孝而已”②。“名教”不仅是道德规范,和皇权结合后,成为政治制度。帝王掌握了“名教”的解释权后,其他人若违背了代表帝王意志的“名教”,就成了罪人。③ “名教”在政治上的巨大影响力,和两汉经学有密切关系。汉朝初期,统治者为恢复生产,奉行黄老无为而治,自汉武帝开始,为了适应各方面改革的需要,以董仲舒为代表的新儒家思想被奉为官方哲学,这就是“汉代经学思想”。而推行“名教之治”,则是经学在政治上的实践方式。④ 东汉尤其重视道德教化,光武帝“偃武修文,崇德报功,勤政治,养黎民,兴礼乐,宣教化,表行义,励风俗,继以明、章守而不失,于是东汉之风,忠信廉耻,几于三代矣”⑤。为了最大限度推行这些道德教化,统治者还匹配了相应的名目、名分、名节和功名。“名教”还和选官制度紧密相关,东汉的选举制度主要是察举征辟,被推选入仕的人要符合“名教”的道德内涵。这样的“名教”一度产生过积极作用,顾炎武对光武帝给予了赞美,认为他“尊崇节义,敦厉名实,所举用者莫非经明行修之人,而风俗为之一变”⑥。“名教之治”培养了众多道德典范,带来了良好的社会效果,但也没有避免走向腐朽、衰落的命运。

东汉末期,朝政昏浊,“名教”不但不能起到净化社会风气的作用,还成了沽名钓誉的工具,东汉蔡邕曾对当时盛行的假孝风气做出揭发:

臣闻孝文皇帝制丧服三十六日,虽继体之君,父子至亲,公卿列臣,受恩之重,皆屈情从制,不敢逾越。今虚伪小人,本非骨肉,既无幸私之恩,又无禄仕之实,恻隐思慕,情何缘生?而群聚山陵,假名称孝,行不隐心,义无所依,至有奸轨之人,通容其中。⑦

除了这种根本不符合“名教”标准的“伪名士”,东汉还出现了一批以极高的道德标准要求自己、极力践行儒家教条的儒生,对当时的政治风气也产生了不良的影响。在东汉末年的“党锢之祸”中,“党锢君子”们自恃道德高洁,对宦官不分是非地打击,这些儒生们虽然饱读圣贤书,但是亦被狭窄的伦理教条支配,并且强迫他人也要同自

① (晋)袁宏撰:《后汉纪》卷二六《孝献皇帝纪》,载(东汉)荀悦、(东晋)袁宏撰:《两汉纪》(下),中华书局2017年版。

② (梁)沈约撰:《宋书》卷六四《郑鲜之传》,中华书局1974年版,第2212页。

③ 参见刘康德:《魏晋名教与自然论笺》,载《孔子研究》1994年第2期。

④ 参见王晓毅:《儒释道与魏晋玄学形成》,中华书局2003年版,第5页。

⑤ (宋)司马光:《稽古录》,北京师范大学出版社1988年版,第91页。

⑥ (清)顾炎武:《日知录》,甘肃民族出版社1997年版,第591页。

⑦ (宋)范晔撰:《后汉书》(第7册),中华书局1965年版,第1997页。

己一般坚守道德教条，甚至希望这种道德能取代社会秩序。[①] 到了魏晋时期，“名教”彻底成为君主剪除异己的工具，“名教之治”破产，两汉确立起来的官方经学也不再是士人心中的绝对权威了。

二、儒法道释法思想合流的外在表现

（一）儒家思想与法律的进一步融合

魏晋南北朝时期最有特色的思想是玄学和佛学，而曾经被奉为学术正统的儒学式微，然而，儒家思想在法律中的影响进一步扩大，儒家思想的内容或被直接转化为法律制度，或成为法典的原则，这种影响一直持续到清朝。

法律儒家化就是将儒家思想纳入法律体系的过程，是中华法系最重要的特征之一。[②] 儒家经义和法律的结合开始于西汉的“春秋决狱”，西汉初期的法律沿袭自秦，汉武帝将儒学奉为官方思想后，法家化的法律和官方思想产生矛盾，以《春秋》来处理案件是儒学大师们解决这个矛盾的途径。从汉代“春秋决狱”的案例看来，大部分“疑狱”案件本身没有可疑之处，但是如果按照当时以法家化的法律来处理，和儒家精神有抵触之处，因此，董仲舒及之后的儒生以儒家经义为司法审判的准则，使儒家精神率先贯彻到司法中，为魏晋立法上的儒家化打下基础。[③]

三国时期最有代表性的法典是曹魏政权的《新律》，曹魏政权的奠基人曹操基本坚持了礼法并用的思想，魏明帝改革法制时，下诏，“但用郑氏章句，不得杂用余家”[④]，肯定了儒家注律的行为。曹魏之后，晋代的立法也取得了重大突破。《晋律》由儒生经手，这部法典“尤为儒家化”[⑤]，是魏晋南北朝时期推行时间最长的法典，不仅为南朝宋、齐沿用，还对唐律以及后世立法产生了深远的影响。

北魏政权由北方少数民族鲜卑族拓跋氏建立，为了改变以往落后的社会制度，并且巩固在中原的统治地位，北魏统治者积极推行汉化政策，汲取汉人用儒家思想治理国家的经验，与同时期玄学、佛教盛行的南方相比，儒家思想在北方扎根更深。北魏律的制定始于魏太祖拓跋珪时期，在孝文帝太和年间基本成型。崔浩、高允是北魏律编纂的主要人物，二人都是精通经学的汉律学家。北魏律之后的北齐律也是由儒生经手，北齐律的主持者之一是著名律学家冯述，数十位参议者中有经学大师李铉以及儒生马敬德、熊安生。

---

① 参见黄仁宇：《赫逊河畔谈中国历史》，生活·读书·新知三联书店 1992 年版，第 51 页。

② “法律儒家化”是学界的经典命题，杨素花、吴佩林总结了近百年来“法律儒家化”的研究成果，参见杨素花、吴佩林：《中国法律儒家化：一个学术史的考察》，载《法律史评论》2022 年第 1 期。

③ 参见马作武：《略论中国传统法律的儒家化》，载《中山大学学报（社会科学版）》1997 年第 2 期。

④ （唐）房玄龄等：《晋书》（第 3 册）卷三〇《刑法志》，中华书局 1974 年版，第 923 页。

⑤ 陈寅恪：《隋唐制度渊源略论稿》，河北教育出版社 2002 年版，第 102 页。

魏晋南北朝时期,玄学、佛学等思想在学术界流行,但是儒学在官方法律思想中仍然占据主要地位。这种现象的出现,和当时学术的包容性有关。例如,玄学倡导外王和内圣相结合,在政治上要求施行礼法之治,以成为“外王”,而在私人领域主张自由放任。玄学的这种双重性格,让之难以成为官方学术,但是玄学一方面调节了士族心中的文化平衡,[①]另一方面给了儒学发展和逐渐成熟的空间,中国传统法律的儒家化也在这段时间进入新的阶段。

在一代代儒生的努力下,儒家以“亲亲”“尊尊”为核心的伦理纲常与法律制度深度结合,为隋唐法律儒家化的正式完成打下了理论和实践的基础。尽管如此,儒学对法律的影响不可作绝对化影响,在司法实践中,法律儒家化会通过修改制定法的内涵来满足儒家的政治理想,代表君主权威的制定法有被架空的危险,例如,《魏书·刑法志》记载的费羊皮案中,在以礼断狱的原则下,该案出现了首犯轻于从犯的结果,[②]这和北魏律首犯重于从犯的原则是相悖的,统治者重点打击首犯的目的也不能达到。因此,法律文本虽然儒家化了,但是司法上保留了君主权力的绝对权威。《晋书·刑法志》中刘颂有云:

法欲必奉,故令主者守文;理有穷塞,故使大臣释滞;事有时宜,故人主权断。主者守文,若释之执犯跸之平也;大臣释滞,若公孙弘断郭解之狱也;人主权断,若汉祖戮丁公之为也。[③]

这就要求法官要严格遵守制定法的规定,司法权最终要回归君主。因此,法律文本上,儒家影响甚深,但司法制度却有靠拢法家的趋势,[④]因此“礼法融合”更能体现魏晋南北朝法律以及之后中华法系的特征。

(二)法家思想的复兴

先秦法家之后,刑名法家兴盛于汉晋时期,主要作品包括《晁氏新书》《崔氏政论》《刘氏法言》《刘氏正论》《阮氏正论》《桓氏世要论》《陈子要言》等,从这些作品来看,刑名法家虽然延续了先秦法家的风格,但是学术核心已经逐渐变化。先秦法家的核心思想是法治,[⑤]是从论证国家治理方式的角度出发,讨论法在治理中的作用,论证法治较其他治理方式的优越性。而汉魏刑名法家已经将法律看作一种存在,探讨法

---

① 参见林明:《多元思想背景下的伦理法制——兼议东晋南朝法律思想的时代特点》,载《法学论坛》2004 年第 1 期。

② 参见(北齐)魏收撰:《魏书》(第 8 册)卷一一一,中华书局 1974 年版,第 2880 – 2883 页。

③ (唐)房玄龄等撰:《晋书》(第 3 册)卷三〇,中华书局 1974 年版,第 936 页。

④ 参见李勤通:《法律儒家化及其解释力》,载《学术月刊》2020 年第 8 期。

⑤ 参见徐祥民:《亚里士多德的法治与先秦法家的法治》,载韩延龙主编:《法律史论集》第 2 卷,法律出版社 1999 年版。

律的应用问题，解决的是法律本身的问题，[①]并且广泛吸收了儒家理论。例如，东汉末年的崔寔在著作《政论》中主张“重赏深罚”，但不同于先秦法家“以刑去刑”的理论，而是主张德刑并用，正所谓“夫刑罚者，治乱之药石也；德教者，兴平之粱肉也”[②]，德刑都是治理国家的手段。此外，崔寔认为东汉末年政治衰败是朝廷腐败引起的，和是否推行法治没有直接关系。

在政治实践中，法治再次受到重视。“魏武好法术，而天下贵刑名”[③]，曹魏政权尤其重视法治的作用。曹操认为在乱世应该以刑为先，并且主张用法令来限制豪强地主的发展。曹操曾造“五色棒”悬挂在官府的门上，如果有人触犯禁令，无论贵贱，一律棒杀，这和先秦法家的“刑无等级”思想有所契合。除了严刑峻法，曹操也不忘礼治的作用，他不仅下令整齐风俗，还让郡国休整学校，重视教化。曹操对礼、法的态度和董仲舒“德主刑辅”的思想一脉相承，只是根据当时的政治环境有所取舍，并以法为先。

（三）玄学法律思想的形成和发展

汉魏之际是中国历史上的文化转型期，在“名教”和今文经学衰落后，以往被视为非正统的思想重新受到重视，各家学说活跃起来，在这种相对多元的文化环境下，融合了黄老、老庄、古文儒学的玄学就诞生了。将玄学赋予一个定义是非常困难的，在研究魏晋南北朝时期的玄学群体时，甚至会质疑是否存在这样一个学派。只有如王弼、何晏等极少数玄学家能进行有无抽象思辨，广大追随玄学的士人，他们的思想难以对号入座，这些人物的思想时而儒、时而玄、时而法，这同时也体现了魏晋南北朝时期的文化特征。[④]

玄学理论本于道家，是用道家理论改造儒家思想的产物，[⑤]源自对传统儒学的批判。东汉后期，学术思想流变成政治斗争的工具，儒学被不断神化，产生了以周易象数来宣扬福瑞与灾异的谶纬之学，远远违背了正统儒学的精神内核。因此，一部分士大夫开始反思儒家学说，并且摆脱了传统思想的局限，开辟了玄学这种新的世界观。玄学是魏晋时期影响最大的学术思潮，尽管它从未像儒学那样被奉为官方正统学术，但是它一度向官学渗透，与传统经学并列，在名士和士大夫中产生了广泛的影响。玄学思想冲击了传统法学观，对当时的法律思想和制定法产生了重要的影响。

---

① 参见徐祥民：《秦后法家及其发展变迁》，载《社会科学战线》2002年第6期。
② 《政论校注》，中华书局2012年版，第66页。
③ （唐）房玄龄等撰：《晋书》（第5册）卷四七，中华书局1974年版，第1317－1318页。
④ 参见王晓毅：《魏晋玄学当代研究略论》，载《东岳论丛》1992年第3期。
⑤ 参见何勤华：《中国法学史纲》，商务印书馆2012年版，第87页。

1. 反思传统的礼法观念

东汉政权瓦解之后，士人对名教之治感到失望，并且质疑传统“礼法”思想。根据对传统“礼法”思想的态度，玄学家可以分别为“温和派”和“激烈派”，前者研习周易、老子，并不主张公开废弃“礼法”，表现出一种庄子学精神，而后者彻底地反对“名教”[①]。二者立场、身份不同，因此对“礼教”的态度不同，前者站在世家大族的角度，试图构建新的社会秩序，后者是不得意的士人，通过激烈的言辞抨击统治者固守的“名教”。

“温和派”以王弼、何晏为代表，这类玄学家更像是道家化的儒家，他们不要求完全推翻现有的“礼法”秩序，试图用“无为”的手段维护“名教”，主张以“无措”应对礼义，试图通过节制君主权力来避免社会矛盾的激化。[②]

“激烈派”的代表人物有阮籍、嵇康，他们对现实政治充满愤懑。嵇康认为他处的社会本是个“礼法”混乱的时代，他在《太师篇》中把他所置身的社会称为“季世陵迟”。季世是“继体承资，凭尊恃势，不友不师，宰割天下，以奉其私”的世界，在这个世界中“君位益侈，臣路生心，竭智谋国，不吝灰沉，赏罚虽存，莫劝莫禁”，君主奢侈无度，放任自我，因此引起臣下对君位的垂涎，于是“下疾其上，君猜其臣”。篡位成功的臣子也没有想好好治理国家，而是“骄盈肆志，阻兵擅权，矜威纵虐，祸崇丘山”，并以“惩暴”的刑罚来“胁贤”[③]。相比嵇康，阮籍对“礼法”的批判更甚，阮籍认为所谓“君子”不过是“假廉以成贪，内险而外仁”，统治者“惧民之知其然，故重赏以喜之，严刑以威之”，因此“礼法”不过是驭民的工具，在赏罚和刑罚的手段用尽之后，就出现了“财匮而赏不供，刑尽而罚不行”的局面，因此亡国、杀君的现象也屡见不鲜。在看尽世间乱象之后，阮籍认为世间的一切罪恶来自君主统治。[④] 阮籍、嵇康对当时的社会风气产生了重要的影响，但是由于他们的理论几乎不具有可操作性，对推动社会变革的作用十分有限。

2. 倡导君主无为

三国时期的著名玄学家王弼多次在他的作品中提到“崇本息末”，“本”是宇宙本体之“无”，“末”是天地万物之“有”，后者轻于前者，对应到国家治理上，就是无为是本，有为是末。王弼认为，父慈子孝、家庭和睦是人的本性，统治者要顺应人的这种本性，自然而然地就能治理好天下，如果统治者积极有为，那么人们就会滋生罪恶。例如，仁孝本是人的天性，但是如果统治者倡导仁孝，人们就会竞相追捧，伪仁就会层出

---

① 参见汤用彤：《魏晋思想的发展》，载汤用彤：《魏晋玄学论稿》，人民出版社 1957 年版。

② 参见李磊：《东汉魏晋南北朝士风研究》，华东师范大学 2006 年博士学位论文，第 61 页。

③ 参见鲁迅辑校：《嵇康集》卷一〇《太师箴》，载鲁迅：《鲁迅全集》第 9 卷，人民文学出版社 1973 年版。

④ 参见阮籍：《大人先生传》，载（三国）阮籍：《阮籍集校注》，中华书局 1987 年版。

不穷，王弼在《老子指略》中阐述道：

《老子》之书，其几乎可一言而蔽之。噫！崇本息末而已矣，故竭圣智以治巧伪，未若见质来以静民欲；兴仁义以敦薄俗，未若抱朴以全笃实；多巧利以兴事用，未若寡私欲以息华竞。故绝司察，潜聪明，去劝进，剪华誉，弃巧用，贱宝货。唯在使民爱欲不生，不在攻其为邪也。故见素朴以绝圣智，赛私欲以弃巧利，皆崇本以息末之谓也。①

王弼认为，定分止争、消除犯罪的手段不是依靠高超的审判，也不在于制定多少规章制度，而是要消除人们争讼的目标。也就是，要从源头上消灭邪恶的欲望，不要创造引起人们欲望的财物或声色，人们没有贪念就不会纷争了。

这种"无为"的观点还要求节制君主权力，对君主制度的反思以及对君主权威的质疑产生于当时特殊的历史环境。司马氏在掌控曹魏政权之后，利用"名教"打击士人，党同伐异，这引起了士大夫的反感，名士嵇康就因反对司马氏的"名教"而遭到杀害。加上汉末以来君主滥用权力导致一大批士大夫被杀害，君主的地位在士大夫心中一再滑落。魏晋南北朝时期，效忠"故主"甚过效忠君主，门阀世族形成了较为封闭的"国中之国"，因此效忠"故主"就是"忠"②。在这种个人与君主相对疏离的时代背景下，玄学倡导的"无为而治"就盛行了。

3. 引导法律法典体例的变化

玄学对当时的律学研究也有贡献，玄学家追求"以简御繁"，在这种思维方式下，律典的篇目大大减少。经《晋书·刑法志》的统计，《汉律》统共 60 篇，《令甲》有 300 多篇，而曹魏《新律》减少到 18 篇，晋《泰始律》增加两篇，但是在律条数目和总字数上都有减少，而《北齐律》仅有 12 篇，共 949 条。除了篇目、条数、字数的减少，《北齐律》律文更加简明扼要，篇章结构也更加合理。律典体例的变化，虽然主要来自当时律学的进步，但是无疑也受到了玄学学风的影响。③

除了篇目的变化，具有刑法总则性质的《刑名律》《法例律》的出现也和当时的玄学学风有关。玄学以追求宇宙万物的本源为主旨，以"本""末""有""无"即一般和特殊的关系为主要内容，这种思辨的学术风气影响了西晋的律学家，张斐的《注律表》就是一份玄学色彩浓厚的作品。张斐称《刑名律》《法例律》为"理"，是统率全篇的原则性规定，法律无法穷尽所有的犯罪，法律条文没有涵盖的犯罪，可以依照"理"来处理，也就是"明发众篇之义补其章条不足，较举上下纲领"。这正是采用了玄学家的方法，可见《注律表》受到了玄学的直接影响。④

---

① 参见王弼：《老子指略》，载（魏）王弼：《王弼集校释》（上），中华书局 2009 年版。

② 参见李光灿、张国华总主编：《中国法律思想通史（二）》，山西人民出版社 2000 年版，第 77 页。

③ 参见何勤华：《中国法学史纲》，商务印书馆 2012 年版，第 86 页。

④ 参见韩树峰：《魏晋法律体例的变化与学术风气之关系》，载《中国人民大学学报》2007 年第 4 期。

（四）佛教法思想对传统法思想的冲击

佛教大概在公元一世纪传入中国，经过100多年的传播后，散播到中国相当广的地区，[①]在魏晋南北朝时期，佛教思想在当时中国的生活世界和思想世界已经较为普遍，甚至得到过君主的支持。佛教法律思想中的平等、慈悲、报应、忍辱等观念，对中国传统的法律思想史产生了重大的影响。

1. 佛教平等观对等级观念的冲击

在中国传统法律中，无论是法家思想指导的法律还是儒家思想指导的法律，都深刻贯彻了身份不平等的观念，而佛教作为反抗种姓制度的产物，释迦牟尼时代就开始倡导平等，佛教东传之后，对中国的身份秩序造成了冲击。

佛教要求修行者要使个人从家庭、社会、国家的约束中解脱，拒绝身份因素对修行者的束缚，《杂阿含经》中有记载："我无有族本，亦无转生族，俱相属永断，解脱一切缚。"[②]佛教传入中国后，其中修行方式依然要求修行者脱离原初的社会单位，要求出世修行和僧团自治，[③]而背弃家庭、目无尊卑是中国传统伦理的大忌，东汉末期皇帝曾经下令"汉人不出家"[④]。但是到了十六国时期，这种情况发生转变，统治者允许汉人出家，佛教被纳入了国家的保护之下。[⑤]

摆脱身份、等级秩序之后，佛教信徒得以追求自我，因此男女、父子、夫妻、主仆都可以是平等的个体。[⑥]《梵网经》中说："国王、王子、百官、宰相、比丘、比丘尼、十八梵天、六欲天子、庶民、黄门、淫男、淫女、奴婢、八部鬼神、金刚神、畜生乃至变化人，但解法师语，尽受得戒。"[⑦]不同身份的人犯戒受到的惩罚是相同的，不会因为身份不同而区别对待。

佛教的众生平等观冲击了中国传统等级秩序，对皇权统治的根基造成了威胁。晋咸康六年（340年），大臣庾冰提出"沙门应敬王者"，要求佛教僧侣对皇帝行跪拜之礼，对这个问题的看法朝廷中形成两派，庾冰认为佛教修行者也应该遵循儒家礼法，

---

① 参见葛兆光：《中国思想史：七世纪前中国的知识、思想与信仰世界》，复旦大学出版社1998年版，第378页。

② 恒强校注：《阿含经校注·杂阿含经》，线装书局2012年版，第480页。

③ 参见谢重光、白文固：《中国僧官制度史》，青海人民出版社1990年版，第6页。

④ （唐）房玄龄等撰：《晋书》（第8册）卷九五《艺文志》，中华书局1974年版，第2487页。李力考证此处应该是"汉人不得出家"，认为该诏令大概颁布于汉献帝时期，并且类似诏令西晋也有，参见李力：《出家、犯罪、立契——1-6世纪僧人与法律问题的初步考察》，载《法制史研究》2010年第6期。

⑤ 参见任继愈主编：《中国佛教史》（第2卷），中国社会科学出版社1985年版，第146-147页。

⑥ 但是，早期佛教仍然保留了性别不平等的思想，妇女仍然被视为卑贱，参见杜继文主编：《佛教史》，江苏人民出版社2008年版，第25页。

⑦ （后秦）鸠摩罗什：《梵网经》。转引自彭瑞花：《浅议佛教对中国传统法律思想的影响》，载《太原师范学院学报（社会科学版）》2014年第5期。

不得例外；反对者以尚书令何充为首，何充等人以佛教本身的法律为论证，认为佛教的种种戒律有利于君主统治，并且也尚未对社会造成不良后果。[①] 这场讨论没有分出胜负，可见佛教的平等观对东晋上层官僚群体的影响甚为深入。这样的讨论一直持续到唐朝初期，统治者不得不屡下诏令要求沙门礼拜王者、父母。中国传统法律最主要的功能是保护君权和父权，这使得佛教平等观对法思想的影响是有限度的，因此“沙门应敬王者”最终获得胜利。

魏晋南北朝时期，佛教的平等观曾被部分接受，中国的传统法律思想有限地接受了佛教的平等伦理，例如，佛教强调众生平等，希望拔除天下所有人的苦难并给予快乐。南北朝时期，信奉佛教的帝王在重大的佛事活动中会大赦天下，将佛教的甘霖普及众生。[②] 然而，唐宋之后，随着儒学的强势，佛教的平等伦理在传统法律中就难寻踪迹了。

2. 佛教罪观对传统罪观的影响

“罪”是佛教和中国古代刑法重要的讨论对象，“罪”是违反了“善”的内容的结果，在不同社会文化背景下，“罪”的内容就会不同。佛教的“罪”以平等性为前提，“罪”的轻重和行为人的身份无关，目的是督促佛教修行者的修行，而中国传统刑法中的“罪”和身份密切相关，主要目的是保护等级秩序。对于“罪”的惩罚，佛教强调内心的忏悔，中国传统法律中的刑罚要求有现实性。佛教的罪观和中国传统法律罪观有冲突之处，但是二者并非水火不容，随着佛教在中国的传播，佛教的罪观对中国传统法思想以及刑法制度也产生了影响，其中最有代表性的是罪与刑的分离和罪责自负。

在佛教罪的观念中，罪是一种业，业是违反伦理或者禁条的行为，会给本人造成一定的后果，这种结果称为“业报”，如果作简单对应，“罪”和“业报”这组概念类似中国传统法律中的“罪”与“刑”。在中国传统刑法中，罪刑不分的思想影响深远，北周以前的刑律，“刑”和“罪”的概念经常混淆不清，[③]而《唐律疏议》明确了两者的区别，并且强调“罪”是“刑”的前提，这种转变可能受到了佛教的某些影响。[④]

佛教对罪的处理都只涉及个人，业报是对个人所犯之罪的专门反应，和中国传统法律中刑罚的家族主义有鲜明区别。中国的传统社会以家庭为基本单位，因此法律上有亲属缘坐的规定。魏晋南北朝的缘坐范围有缩小的趋势，为唐朝的缘坐制度奠定了基础。晋律规定涉及“枭斩族诛从坐”的处罚，出嫁女可以在一定情况不随父母

---

① 参见鲁楠：《正法与礼法——慧远〈沙门不敬王者论〉对佛教法文化的移植》，载《清华法学》2020年第1期。

② 参见张海峰：《唐代佛教与法律》，华东政法大学2012年博士学位论文，第106－107页。

③ 参见叶炜：《北魏〈大律〉新探》，载中华书局编辑部编：《文史》，中华书局2001年版，第130页。

④ 参见周东平、李勤通：《论佛教对中国传统法律思想的影响》，载《清华法学》2022年第1期。

缘坐弃市，南朝梁律扩大了缘坐可免死罪女性的范围。到了唐朝，缘坐的范围继续收缩，《唐律疏议》规定："伯叔父、兄弟之子，皆流三千里，不限籍之同异。"①这样一来，原本应当缘坐处斩的兄弟、叔伯得免死罪。缘坐范围的收缩既有儒家轻刑思想的引导，也有佛教罪责自负观念的影响。

3. 佛教慈悲观对恤刑思想的影响

慈悲观是佛教伦理的主要内容之一，"慈"是爱护众生，给予欢乐，"悲"是怜悯众生，拔除苦难。大乘佛教认为，佛陀的根本目的是怜悯众生，与众生一同解脱，在这种观念的影响下，慈悲最终成为中国佛教最主要的道德观。②

中国古代法律的恤刑观起源于西周的"明德慎罚"，并和儒家"仁"的观念相结合，是中华法系的核心价值观之一。与佛教寻求众生脱离苦难的目的不同，儒家提倡恤刑的主要目的是展示君主的德行，教化民众要顺从君主。尽管二者出发点不同，但是结果都是要求不滥杀无辜，慎重用刑。佛教慈悲观对魏晋南北朝的法律思想以及司法实践的影响常见于史书，例如，南朝梁武帝深受佛教影响，天监五年（506 年），为了避免冤案，审慎用刑，下诏在街亭置肺石，百姓可以直接告诉；大同十一年（545 年），受儒家仁义和佛经慈悲思想影响，梁武帝恢复了以财买刑式的赎刑，赎刑重新成为国家制度。在北方，少数民族统治者虽然已经经过汉化，但是好淫好杀的风气一时难以革除，佛教的传入有效缓解了这种情况，故而"五胡君主于佛法所尝虽浅，而敬信自深"③。隋文帝在开皇三年（583 年）下敕云"好生恶杀王政，佛教垂教善业可凭，并气含灵唯命为重，宜劝励天下同心救护"④。可见隋文帝已将儒家的仁爱和佛教的慈悲融为一体，在这种"好生""唯命为重"思想的影响下，《开皇律》除前代苛法，废除了死罪 81 条，流罪 154 条，徒刑、杖刑等千余条。

三、儒法道释法思想合流以及对中华法系的影响

（一）儒法道释法思想合流的原因

尽管儒法道释四家理论各有特色，在一些理论上甚至针锋相对，但是四者最终走向合流，那么，儒法道释四派为什么会走向一致呢？从内部因素来讲，儒法道释的理论具有包容性，并且容易吸收外来文化。儒家经典《中庸》有云，"万物并育而不相害，道并行而不相悖"，这正是体现了儒学的宽广胸怀。战国时期著名的儒学大师荀子的理论吸收了道、法、名等多家思想；提出了影响深远的"礼法"思想；汉武帝时期的董仲

① 刘俊文撰：《唐律疏议笺解》（下），中华书局 1996 年版，第 1237 页。

② 参见夏清瑕：《佛教伦理对传统法律影响三题》，载《江淮论坛》2010 年第 4 期。

③ 钱穆：《国史大纲》（修订本）（上册），商务印书馆 1996 年版，第 263 页。

④ （隋）费长房撰：《历代三宝纪》卷一二，大藏经刊行会编：《大正新修法宝总目录》，台北，新文丰出版有限公司 1983 年版，第 108 页上。

舒结合阴阳五行、黄老等思想充实了儒家学说。法家学派随着儒学的独大逐渐消失，《汉书·艺文志》列出的法家有10家，但是除了先秦法家以外，其他的法家只是具有先秦法家的某些特点或者风格，基本不存在纯粹的法家学者，上文所言法家思想的复兴只是某个时段的“法治”受到了较高的重视，可以说先秦之后的法家只是作为一种学说而存在，并且和儒家是密不可分的。先秦道家虽以道家思想最高，但是并未排斥其他学派，魏晋玄学在道家的基础上融合了儒家、刑名家的思想，为人们如何对待法律提供了新的角度。佛教最初传入中国时先依附于道术，后寄托于玄学，作为外来思想的佛教为了适应华夏文化，需要具备包容、调和的气度。魏晋南北朝期间的士人认为儒法道释是可以调和的，多以三教“均善”，奉孔、老、释皆为圣人，①

从外部因素来讲，儒法道释合流受到了皇权的影响。中国古代的君主很少只用一种思想治理国家，汉宣帝反对只用儒家，认为治国应当“霸王道杂用之”②。南朝梁武帝虽然痴迷于佛教，但是仍说：“朕思阐治纲，每敦儒术。”③从帝王的角度看，儒法道释各有擅长的领域，儒的主要功能是“治世”，确定了社会根本的礼仪规范；法的功能主要是“治乱”，以赏罚为二柄能快速帮助君主推行政策；道的主要功能是“治身”，其主张的“无为而治”可以与民休息、缓和矛盾；佛的主要功能是“治心”，配合儒家思想有利于实现儒家的伦理规范。因此，魏晋南北朝以及之后的君主多以儒家为主，礼法并用，并奉行儒、道、释三教论衡，④隋文帝在开皇元年（581年）闰三月的诏书中表明：“法无内外，万善同归；教有浅深，殊途共致。”⑤而在四家的理论中，以王权政治为中心，“三纲五常”的世俗伦理道德观，是儒法道释四家的共同的核心内容，⑥因此在治理国家中发挥四家的优点，是有利于皇权统治的。

（二）儒法道释法思想合流对中华法系的影响

儒法道释合流的魏晋南北朝时期，也是我国法制发生重大变革的时代，各朝法典推陈出新，最终的成果体现在《唐律疏议》上，而《唐律疏议》的形式和内容，受到了儒法道释四家的共同影响。

首先，从形式和结构上来看，《唐律疏议》的“义疏”体既沿袭了传统经学的研究

---

① 参见汤一介：《论儒、释、道“三教归一”问题》，载《中国哲学史》2012年第3期。

② （汉）班固撰：《汉书》（第1册）卷八《宣帝纪》，中华书局1962年版，第277页。

③ （唐）姚思廉撰：《梁书》卷二《武帝纪》，中华书局1973年版，第49页。

④ 参见李四龙：《论儒释道“三教合流”的类型》，载《北京大学学报（哲学社会科学版）》2011年第2期。

⑤ （隋）费长房撰：《历代三宝纪》卷一二，大藏经刊行会编：《大正新修法宝总目录》，台北，新文丰出版有限公司1983年版，第107页下。

⑥ 参见鲁湘子：《略论儒释道三教合一的内在因素》，载《社会科学研究》2000年第6期。鲁湘子在此文中并未讨论法家。

方法，也受到了佛教、玄学思想的影响。从经学的研究方法来看，汉代经学以训诂、章句为中心，晋代经学以“经义之学”为主，唐代则是以“义疏”之学为主。[①] 同时，有学者认为，“义疏”最早被佛教使用，儒家则紧随其后，[②]《唐律疏议》以“德礼”为本，因此也采用了“义疏”的形式。《唐律疏议》采用的义疏形式根源于中国传统的经典解释模式，但是这种经典解释模式后来又受到佛教律疏的影响，因此《唐律疏议》之律疏也受到了佛教的影响。[③] 自曹魏《新律》始，律典的篇目、结构与玄学的思潮密切相关，《名例》放在全篇之首受到了玄学抽象思想的影响，故而需要用抽象的原则统领全律。《唐律疏议》共 12 篇，这是魏晋以来诸立法者对篇目调整的成果，这种对法律分类的认识也受到了玄学“推类辨物”思想的影响。[④]

其次，从内容上来看，《唐律疏议》在有所损益的基础上吸收了自秦汉以来立法的成果，在调和礼法关系的过程中确定了“德礼为政教之本，刑罚为政教之用”的指导思想，唐律的条文处处可见对礼的维护，甚至将礼的内容直接转换为律文。[⑤]《唐律疏议》中的许多规定也受到了佛、道的影响，如《断狱律》“立春后秋分前不决死刑”条规定：“诸立春以后、秋分以前决死刑者，徒一年。其所犯虽不待时，若于断屠月及禁杀日而决者，各杖六十。”[⑥]其中“断屠月”源自佛教，“禁杀日”源自道教，[⑦]这也契合了自董仲舒以来儒家“秋冬行刑”观念。除此之外，“十恶”“五逆”等用语也受到了佛教的影响。[⑧]《贼道律》“缘坐非同居”的疏议指出“入道”的范围是“道士、女官，若僧、尼”，并且“自道士以下，若犯谋反、大逆，并无缘坐”[⑨]，将“入道”者排除出连坐的范围，既凸显了恤刑思想，也体现了法律对“入道”者身份的认可。

总的来说，唐初统治者奉行“三教平衡”“德主刑辅”的治国策略，这正是对魏晋以来儒法道释思想合流的政策回应，在这种社会背景下形成的《唐律疏议》自然也受到了四家的影响，儒法道释法思想的合流，也成了中国传统法文化的重要特征之一。

---

① 参见姜广辉主编：《中国经学思想史》（第 2 卷），中国社会科学出版社 2003 年版，第 731 页。

② 参见洪湛侯：《诗经学史》，中华书局 2002 年版，第 234－235 页。

③ 参见周东平、李勤通：《论佛教对中国传统法律形式的若干影响》，载《北方法学》2018 年第 4 期。

④ 参见韩树峰：《魏晋法律体例的变化与学术风气之关系》，载《中国人民大学学报》2007 年第 4 期。

⑤ 刘俊文梳理了《唐律疏议》中对礼的运用情况，参见刘俊文：《唐代法制研究》，文津出版社 1999 年版，第 81－84 页。

⑥ 刘俊文点校：《唐律疏议》，法律出版社 1999 年版，第 613 页。

⑦ 参见刘俊文撰：《唐律疏议笺解》，中华书局 1996 年版，第 2102 页。

⑧ 谢山对唐代法治与佛教的关系有所研究，参见谢山：《唐代佛教兴衰研究——以佛教发展与政治社会关系为视角》，河南大学 2014 年博士学位论文，第 113－140 页。

⑨ 刘俊文点校：《唐律疏议》，法律出版社 1999 年版，第 351 页。

第二节　法律形式的完备

根据《唐六典》所载,唐代的法律形式有律、令、格、式 4 种:“凡文法之名有四:一曰律,二曰令,三曰格,四曰式。”①这四种法律形式分工协作,相互协调,下文就对这四种法律形式进行详细介绍。

一、法律形式完备的表现

(一)律

唐律是唐代最主要法典,律“譬权衡之知轻重,若规律之得方圆”②。唐代前后颁行的律主要有《武德律》《贞观律》《永徽律》《永徽律疏》《开元律》等,《贞观律》之后,律的体例、内容变动较少,现存的《唐律疏议》是《永徽律疏》的翻本。③

唐律为固定的 12 篇,《名例律》包括罪名和刑法原则,《卫禁律》是关于保护宫殿、城镇、关津的法律,《职制律》是关于官吏犯罪的法律,《户婚律》是关于户口、婚姻、田土等方面的法律,《厩库律》是关于畜牧业和仓库管理的法律,《擅兴律》是关于军防和工程建造管理的法律,《贼盗律》是惩治贼盗犯罪的法律,《斗讼律》是关于处理斗殴和诉讼的法律,《诈伪律》是处置诈骗和伪造文书类犯罪的法律,《杂律》汇集了不能归类于以上篇目的法律,《捕亡律》是关于犯罪逃亡、兵役逃亡的法律,《断狱律》是关于断狱和监狱管理的法律。

(二)令

“令”在唐代之前就已经十分发达,令是“设范立制”、规定等级尊卑的法律。在令和律的关系上,律注重惩治犯罪,令主要是正向的规定,令对律中涉及的制度、标准等内容进行补充,违令的行为一般由律来惩罚,但是处罚较轻微。

唐令以隋代《开皇令》为基础,其篇目也大概沿用隋《开皇令》,经过武德、贞观、永徽、乾封、垂拱、景云、开元诸朝的修补,逐渐形成 27 篇,《唐六典》卷六记录有具体篇目为:

凡令二十有七(分为三十卷):一曰官品(分为上、下),二曰三师三公台省职员,三曰寺监职员,四曰卫府职员,五曰东宫王府职员,六曰州县镇戍岳渎关津职员,七曰

① (唐)李林甫等撰:《唐六典》卷六《刑部郎中员外郎》,中华书局 1992 年版,第 180 页。
② 刘俊文点校:《唐律疏议》,法律出版社 1999 年版,第 3 页。
③ 参见王立民:《唐律新探》(第 5 版),北京大学出版社 2016 年版,第 31 页。

内外命妇职员,八曰祠,九曰户,十曰选举,十一曰考课,十二曰宫卫,十三曰军防,十四曰衣服,十五曰仪制,十六曰卤簿(分为上、下),十七曰公式(分为上、下),十八曰田,十九曰赋役,二十曰仓库,二十一曰厩牧,二十二曰关市,二十三曰医疾,二十四曰狱官,二十五曰营缮,二十六曰丧葬,二十七曰杂令,而大凡一千五百四十有六条焉。①

日本学者仁井田陞在其著作《唐令拾遗》考证,唐令的篇目应该还有《学令》《封爵令》《禄令》《乐令》《捕亡令》《假宁令》。令是律的补充,是规定国家制度的单行条例。

唐令规定了国家的根本制度,具体体现为四个方面。第一,唐令确定了皇帝至高无上的地位。《选举令》规定五品以上官员的选任由皇帝定夺,《军防令》规定一般情况发兵10人以上需要经过皇帝同意,《狱官令》规定死刑的最终核准权在皇帝,《仪制令》规定了皇帝享有的尊贵礼仪和在吃穿用度上的最高规格,《宫卫令》规定了保障皇帝人身安全的制度。第二,唐令规定了国家机构组织与官吏选拔、管理制度。《三师三公台省职员令》《寺监职员令》《卫府职员令》《东宫王府职员令》《州县镇戍岳渎关津职员令》《官品令》《公式令》《厩库令》《杂令》中规定了中央与地方国家机构的组织与公务制度,明确了唐代的中央机构有三师三公、三省六部、御史台、九寺五监以及十二卫等,地方实施州县二级制,其中《公式令》《厩库令》《杂令》规定了执行公务的各项制度,包括官文书的格式,公务办理的时限等,《官品令》《选举令》《封爵令》《禄令》《考课令》《假宁令》《杂令》等规定了官吏的选任、待遇、考核、退休等具体实施办法,《考试课令》规定了科举考试每科的开始内容和成绩评定标准。第三,唐令规定了户籍、土地、赋役,制度。《田令》根据授田对象的身份确定了不同的分配标准,《赋役令》《户令》是租庸调制的实施细则,规定了税赋的征收方法,《户令》规定了全国人口的管理制度,把全国人口分为"黄""小""中""丁""老",其中"丁"是征收赋税的对象。第四,唐令规定了礼仪尊卑制度。唐令的多个篇目都有关于等级的规定,总的来说唐令将社会分为四个等级,依高低顺序排列为皇帝、贵族与官吏、主要由广大编户农民组成的庶人、不具有独立人格的贱民。②

令的作用主要有两个方面。一方面是对社会引导和教化的作用,③唐令规定了国家制度,明确了应当和不应当做的标准,令规定了国家各级官员的执掌、任免、考核等行政制度,也规定了民众的衣食住行、婚丧嫁娶、市场交易等社会事务,维护着唐代国家的行政秩序和社会生活。另一方面令还对社会有惩戒和奖励作用,一般情况下,令只作正面规定,违反令的情况由律来处置,《唐律疏议·杂律》"违令"条中规定了"诸

---

① (唐)李林甫等撰:《唐六典》卷六《刑部郎中员外郎》,中华书局1992年版,第183-184页。

② 唐令具体内容的论述参见李玉生:《唐令与中华法系研究》,南京师范大学出版社2005年版,第97-123页。

③ 参见刘广安:《令在中国古代的作用》,载《中外法学》2012年第2期。

违令者，笞五十”[①]。违反令的行为被视作轻微犯罪，因此处罚较轻。令还规定了奖赏激励规则，如官员的《考课令》中规定官员考课的四种“善”和二十七种“最”的标准，[②]以及检验州县官员治理户口、农桑的标准，《捕亡令》中规定了“诸纠捉盗贼者，所征倍脏，[③]皆赏纠捉之人”。唐令对能追拿盗贼的人施以奖赏，也是警告人们不要犯罪。

（三）格

格主要规定“百官有司之所常行之事”。北魏末年以格代科之后，格成了重要的法律形式。格的来源是皇帝的制敕，部分“制敕”经过编录之后，成为稳定的法律形式，就可以推行到州县。格分为两种，“曹司常务为留司格，天下所共者为散颁格”[④]。留司格制度是唐太宗创立的，唐朝以前“以格定罪”大大破坏了法令的统一性，唐太宗一改前朝作风，限制了格的使用场景，将格改造为单一的国家程式。唐高宗永徽之后，格正式分为留司格和散颁格，留司格是皇帝的意志通过立法成为法律，散颁格是武德格和麟趾格的发展，“散颁刑部格”主要以定罪正刑为主要内容，其他散颁格还有令以及其他制度的作用，如《屯田格》规定了军屯的方式、《仓部格》规定了申请使用兵赐及军粮的方式、《户部格》规定了“官荫”的方式等。因此，唐格中只有刑格是刑法。[⑤]

根据《旧唐书·刑法志》记载，格的篇目以尚书省二十四司命名，[⑥]吏部之下有《吏部》《司封》《司勋》《考功》，户部之下有《户部》《度支》《金部》《仓部》，礼部之下有《礼部》《祠部》《膳部》《主客》，兵部之下有《兵部》《职方》《驾部》《库部》，刑部之下有《刑部》《都官》《比部》《司门》，工部之下有《工部》《屯田》《虞部》《水部》。格是对律令的补充，在不破坏律令的前提下，格可以避免现行的法律僵化。格具有特别法的性质，因此在律令格式这四种法律形式中，格最为优先。[⑦]

（四）式

式是更具体的公务管理制度，包括公务往来的时限与规格等，《唐六典》定义式为“轨物程事”。式以尚书省二十四司加秘书、太常等部门和监门宿卫等事项为篇目，唐式以尚书省二十四司命名的篇目有《吏部式》《司封式》《司勋式》《考功式》《户部式》

① 刘俊文点校：《唐律疏议》，法律出版社1999年版，第561页。

② 参见[日]仁井田陞：《唐令拾遗》，栗劲、霍存福、王占通、郭延德编译，长春出版社1989年版，第245－247页。

③ [日]仁井田陞：《唐令拾遗》，栗劲、霍存福、王占通、郭延德编译，长春出版社1989年版，第658页。

④ （唐）杜佑撰：《通典》（第10册）卷一六五《刑法三》，中华书局2016年版，第4232页。

⑤ 参见钱大群：《唐律研究》，法律出版社2000年版，第11页。

⑥ 参见（后晋）刘昫等撰：《旧唐书》（第6册）卷五〇《刑法》，中华书局1975年版，第2138页。

⑦ 参见戴建国：《唐格条文体例考》，载《文史》2009年第2期。

《度支式》《金部式》《仓部式》《礼部式》《祠部式》《膳部式》《主客式》《兵部式》《职方式》《驾部式》《库部式》《刑部式》《都官式》《比部式》《司门式》《工部式》《屯田式》《虞部式》《水部式》,此外还有《秘书式》《太常式》《司农式》《光禄式》《太仆式》《太府式》《少府式》《监门式》《宿卫式》《计账式》,共34篇,而《唐六典》计为33篇,可能有两篇合为了一篇。①

式也是补充律令的方式,如天圣《杂令》附唐令中有船运配置匠、丁的规定:“诸舡运粟一千五百斛以下,给水匠一人;一千五百斛以上,匠二人。率五十斛给丁一人。”②敦煌文书《水部式残卷》规定了沧、瀛、贝等十州船运匠、丁的具体人数:“共差水手五千四百人,三千四百人海运,二千人平河。”③这是对令的补充。同时《水部式残卷》有“诸水碾磑,至令水溢渠坏,于公私有妨者”④的规定,是对《杂律》“占山野陂湖利”条“诸占固山野陂湖之利者,杖六十”⑤的补充。

(五)格后敕

唐朝中晚期,政治局面发生了巨大变化,为了加快立法的速度,唐玄宗于开元十九年(731年)颁布《格后长行敕》,此时的“格后敕”仅是对敕的分类汇编,朝廷主要的立法互动仍然是律令格式。中唐以后,唐代的法律体例和法律形式发生了巨大的变化,朝廷基本不再修订律令格式,而是大量进行“格后敕”的修订。“格后敕”规模庞大,前后共编定了7次,具有代表性的《大中刑法总要格后敕》共60卷,646门,2165条。长庆三年(823年)十二月二十三日敕节文曰:“御史台奏:伏缘后敕,合破前格。自今以后,两司检详文法,一切取最向后敕为定。”⑥至此以后,“格后敕”成为了效力最高的法律形式,宋代还出现了“敕律并行”以及“以敕代律”的现象。

二、法律形式完备的原因

(一)魏晋南北朝法制的发展

魏晋南北朝是中国传统法制发展和转型的重要时期,从曹魏《新律》开始,统治者就在有意识地整合律令以及其他法律形式的关系。《新律》完善了律的形态,但是令仍然可以补充律的内容,律令的边界仍然不清,到了西晋泰始立法,令的调整范围得

---

① 参见钱大群:《唐律研究》,法律出版社2000年版,第12页。

② 天一阁博物馆、中国社会科学院历史研究所天圣令整理课题组校证:《天一阁藏明钞本天圣令校证:附唐令复原研究》,中华书局2006年版,第241页。

③ 刘俊文:《敦煌吐鲁番唐代法制文书考释》,中华书局1989年版,第330页。

④ 刘俊文:《敦煌吐鲁番唐代法制文书考释》,中华书局1989年版,第219页。

⑤ 刘俊文点校:《唐律疏议》,法律出版社1999年版,第527页。

⑥ (宋)窦仪等撰:《宋刑统》卷三〇《断狱律》,中华书局1984年版,第486页。

到了规范，律令的分野也始于此。[①] 除了律令之外，西晋还编撰了故事，故事是一种新型敕例集，对“敕”进行了编订和整理。“敕”是皇帝日常颁布的书面命令，往往优先于律令，如果任由“敕”发展，法律体系就可能遭到破坏。故事与律令并行，是当时的法律形式之一。南朝法制沿袭自晋，同时也维持了晋律令、故事并行的体系。北魏基本延续了魏晋的法典化进程，在法律形式上，律令仍是重要的法律形式，并且结合改革措施丰富了律令的内容；与此同时，北魏的敕例编撰活跃，早期的律令都是敕例的汇编，到宣武帝时，律令的法典化已经完成，敕例不再编入律令，而是另编成集。而北朝的齐、周形成了律、令与基于敕例而编纂的几部法书或法典相辅而行的局面。[②]

这段持续了数百年的立法活动强化了法典的重要性，改变了秦汉以来以敕例为中心的法律体系，使得律令内容不断丰富，最终促成了唐代律令格式诸法的形成。

（二）经济社会发展的需要

东汉末期，法律滋繁，并且法章句盛行，律令内容不断膨胀的同时判例又层出不穷，对司法造成了极大的困难，因此自曹魏律始，法典趋向简约。但是随着社会的发展，法律过于简约无法规制新的社会现象，《盐铁论》中就有关于法律的繁简之争，而律令格式局面形成之后，这种繁简矛盾可以得到暂时的缓解。律注重打击犯罪，是底线性规则，令确定规范，主要进行正面的导向，而新出现的法律现象在遵从既有律令的前提下由格、式来调整，如格的颁布可以对令的内容进行修改，唐开元二十五年（737 年）《杂令》：“诸公私以财物出举者，任依私契，官不为理。每月取利不得过六分积日虽多，不得过一倍。”[③]但是《开元新格・户部格》规定：“户部格：敕，天下私举质，宜四分取利。”[④]自此，法定利率以格为准。这种变化反映了法律对社会经济的主动适应，唐代民间高利贷盛行，俨然已经成为民间惯例，如果过分打压利率，不仅不利于减轻债务人负担，还可能激化社会矛盾，因此作了如此调整。

这四种法律形式紧密相扣，尽可能涵盖社会生活和行政事务各个方面，避免了律令数量过多，也减小了“法疏则罪漏”的可能。

---

① 关于律令分野的时间传统看法认为开始于西晋，主要依据是《泰始令》，李玉生认为律令分野应该自曹魏始，参见李玉生：《魏晋律令分野的几个问题》，载《法学研究》2003 年第 5 期。

② 参见楼劲：《魏晋南北朝隋唐立法与法律体系：敕例、法典与唐法系源流》（下卷），中国社会科学出版社 2014 年版，第 634 – 643 页。

③ ［日］仁井田陞：《唐令拾遗》，栗劲、霍存福、王占通、郭延德编译，长春出版社 1989 年版，第 789 页。

④ （宋）窦仪等撰：《宋刑统》卷二六《杂律》，中华书局 1984 年版，第 413 页。

三、法律形式完备对中华法律文化发展的影响

（一）形成了独特的律令法体系

最早开始使用"律令制度""律令国家"等术语的是日本学者，仁井田陞《唐令的历史研究》就是以律令为核心的法源、法典研究。[①] 不过日本对此也没有统一的称呼，张建国将"律令法"的概念于1998年引入中国，并将其重新定义为"以律令为主体、包括众多的法形式和内容的法律体系"[②]。两晋至唐宋时期是律令法体系完善和定型的时期，律是国家唯一的综合性刑事法典，主要目的是惩治犯罪，令是日常事务的规范，主要目的是指导、教化；律是稳固、少变的法律，令是因时修订的法律，[③]格和式对律令进行补充，保证了律令体系的灵活性。

由于社会经济的变迁，宋代之后，律令法体系逐渐转变为律例法。[④] 令典在法律体系中的地位逐渐边缘化，宋代统治者为了适应社会发展的变化，不断进行编敕、条法事类等立法活动，不断充实令典，宋代的令典内容庞杂，宋高宗绍兴年间修订的《大宗正司敕令格式》中仅是分管皇族宗室支派的令文竟然就有40卷，[⑤]到了明代，令典的条文不及宋令的十分之一。令衰落的同时是例地位的提高，庆历新政前后，朝廷设置了专门的编例机关，明代律例开始合编，事例、条例、则例与律典构成了明清的法律体系，这种转变化解了法律形态的繁简矛盾，平衡了情法的冲突，发挥了司法实践对立法的启发，[⑥]是中国古代法律智慧的积累。

（二）体现了礼法结合的法律文化

礼和法的结合与渗透是中华法系最本质的特征，[⑦]也是中华法律文化的独特之处。从唐律的内容看，礼指导立法，如缘坐以血缘亲疏来划定范围、同姓不得为婚、"八议"等，礼还可以直接成为律文，如八议即是《周礼》"八辟"的演化，《户婚律》"七出三不去"来自《周礼》"七出三不去"；司法则以礼制为准则，实践中还有"弃律从礼"的案例，如长

---

① ［日］仁井田陞：《唐令拾遗》，栗劲、霍存福、王占通、郭延德编译，长春出版社1989年版，第801－851页。

② 张建国：《中国律令法体系概论》，载《北京大学学报（哲学社会科学版）》1998年第5期。

③ 参见范忠信：《律令关系、礼刑关系与律令制法律体系演进——中华法系特征的法律渊源角度考察》，载《法律科学（西北政法大学学报）》2014年第4期。

④ 律例法的概念由刘笃才提出，参见刘笃才：《律令法体系向律例法体系的转换》，载《法学研究》2012年第6期。

⑤ 参见（清）徐松：《宋会要辑稿》（第14册），"绍兴二十三年十一月九日"，上海古籍出版社2016年版，第8255－8256页。

⑥ 参见刘笃才：《律令法体系向律例法体系的转换》，载《法学研究》2012年第6期。

⑦ 参见张晋藩：《中国传统法律文化十二讲》，高等教育出版社2018年版，第77页。

庆年间某姑殴打儿媳致死,京兆府判姑死刑,但是刑部尚书柳公绰认为"尊殴卑,非斗也且其子在,以妻而戮其母,非教也"。最后柳公绰的意见得到采纳。[①] 从唐令的内容看,礼与令之间,礼是源,令是流,礼和令相交错,唐代的专门性礼典《开元礼》的《序例》引述了大量令文,综合性政书《通典》在《礼典》和《开元礼纂类》中有多处内容是令文与礼文相掺杂,[②]以及《唐令》的《仪制令》《祠令》《衣服令》《卤簿令》等按照礼制中的尊卑等级规定了各级官吏在礼制上的区别,礼令规范的互相照应,也代表着律令体系的成熟。至于格、式,二者既是律令的补充,自然和礼有密不可分的关系。

第三节 制定法、习惯法和判例法的共生

一、制定法的发展

(一)秦至魏晋南北朝制定法的发展

秦至汉初奉行"缘法而治",一方面,制定法已经较为完备,另一方面,司法实践中严格遵循制定法。商鞅对法吏的要求就是:"有敢剟定法令、损益一字以上,罪死不赦。"[③]张家山汉简《奏谳书》有一则秦始皇时期的文簿,原标题为:《南郡卒史盖庐、挚田,假卒史鸣复攸庳等狱簿》,其中记录的案件经过大概是苍梧县利乡出现叛乱,当地官兵征发民众镇压叛乱,两次都失败了,第三次才成功,按照秦律,临阵不战而逃要问斩,因此前两次战败中的败逃者要被追责,但是负责保管征发名籍的官员已经逃亡,名籍也混杂无法区分,此案搁置。庳到此巡查,知道此案后向朝廷上书,希望只惩处逃跑的民众而不惩治逃跑的官吏。朝廷知晓后,将庳撤职囚禁,援引法条处理该案:"令……吏所兴与群盗遇,去北,以儋乏不斗论;律:儋乏不斗,斩;篡遂纵囚,死罪囚,黥为城旦"。[④] 此案可见秦恪守法制,不纵容官吏。[⑤]

汉初对制定法的态度和秦一脉相承,秦至汉初的发达裁判风格冷峻,严格恪守制定法判决,制定法在司法中有着不可撼动的地位。到了西汉中期,制定法的地位受到挑战,春秋决狱盛行。法家倡导以君主利益至上,因此必须一丝不苟遵循代表君主意志的制定法,全然不顾人情事理,处理案件过于机械刻板,西汉儒生对此诟病已久,春

① 参见(宋)王钦若等筹编:《册府元龟》卷六一六《刑法部议谳三》,中华书局1960年版,第7408页。

② 参见霍存福:《论礼令关系与唐令的复原——〈唐令拾遗〉编译墨余录》,载《法学研究》1990年第4期。

③ 蒋礼鸿撰:《商君书锥指》,中华书局1986年版,第141页。

④ 张家山二四七号汉墓竹简整理小组编著:《张家山汉墓竹简:二四七号墓》,文物出版社2001年版,第145页。

⑤ 参见李学勤:《〈奏谳书〉解说(下)》,载《文物》1995年第3期。

秋决狱正是对法家治狱思想的批判。春秋决狱关注人的主观动机，关注亲情伦理，例如，甲父乙与人争斗，甲情急救父，反而误伤之，按律，殴父当枭首，①但是董仲舒认为甲之“殴父”不同律文涵盖的情形，不应受到处罚，力图调和客观事实和法律条文之间的矛盾，使结果更能被普罗大众接受。在这种司法推理的过程中，裁判依据不是单一的制定法，而是某种特殊取向引导下经过选择的制定法规则。②

春秋决狱是调和制定法和客观事实矛盾的大胆尝试，但是由于规则尚未统一，汉朝司法中的“春秋决狱”曾陷入混乱的局面，汉代之后，制定法的地位仍然面临挑战。在立法层面，汉律滋烦，经《晋书·刑法志》的统计，《汉律》统共 60 篇，《令甲》有 300 多篇，而且相同法律关系被不同篇目的律文重复规定，比如《盗律》有贼伤的规定，《贼律》又有盗章的规定。在法律运用层面，由于“春秋决狱”的兴起，儒家用儒家经典解释律法，故而律章句盛行，律章句学有十多家，断罪可以引用的有 26272 条，到了晋朝，“议断不依法律”风气盛行，皇帝个人也喜好“以权宜从事”。这种情况下，有法近于无法，法吏断案无从下手。与此同时，在汉魏之际到唐的 400 余年的时间里，出现了一场连绵不绝的制定法运动。③

曹魏整理秦汉以来的律、令，制定《新律》18 篇、州郡令 45 篇、尚书官令、军中令共 80 余篇。《新律》改变了汉以令补律、律分正律和旁章以及律令关系不明的混乱局面，构架了以律、令为主导的制定法体系，魏律将还《刑名》置于篇首，保证了整部法典的稳定性。

制定法形态的完善和律令关系、律令与敕例的关系密切相关。《新律》完善了律的形态，但是令仍然可以补充律的内容，律令的边界仍然不清，到了西晋泰始立法，令的调整范围得到了规范，律令的分野也始于此。④ 西晋武帝泰开四年(268 年)颁行《泰始令》40 篇，2306 条，《泰始令》的篇目根据《唐六典》卷六《刑部》可知为：

户、学、贡士、官品、吏员、俸廪、服制、祠、户调、佃、复除、关市、捕亡、狱官、鞭杖、医药疾病、丧葬、杂(上中下)、门下散骑中书、尚书、三台秘书、王公侯、军吏员、选吏、选将、选杂士、宫卫、赎、军战、军水战、军法(计六篇)、杂法(计二篇)。⑤

从这 40 篇的名字看，《泰始令》大概都是对事制的规定，《晋书·刑法志》这样形容律令关系，“若军事、田农、酤酒，未得皆从人心，权设其法，太平当除，故不入律，悉

---

① 参见程树德：《九朝律考》，中华书局 1963 年版，第 334 页。

② 参见王志强：《制定法在中国古代司法判决中的适用》，载《法学研究》2006 年第 5 期。

③ 楼劲将魏晋至唐在法制领域的一系列历史活动称为“制定法运动”，本文借用了这个概念，参见楼劲：《魏晋南北朝隋唐立法与法律体系：敕例、法典与唐法系源流》(下卷)，中国社会科学出版社 2014 年版，第 629 页。

④ 关于律令分野的时间传统看法认为开始于西晋，主要依据是《泰始令》，李玉生认为律令分野应该自曹魏始，参见李玉生：《魏晋律令分野的几个问题》，载《法学研究》2003 年第 5 期。

⑤ (唐)李林甫等撰：《唐六典》，中华书局 1992 年版，第 184 页。

以为令，施行制度，以此设教，违令有罪则入律”[①]，立法的主要参与人之一的杜预将律令关系明确为：“律以正罪名，令以存事制。”如此，令的地位从辅律变为律所服务的主体，二者各司其职，保持着相对稳定的状态。[②] 除了律令之外，西晋还编撰了故事，故事作为一种新型敕例集，“敕”是皇帝日常颁布的书面命令，往往会具有比同制定法的作用，“敕”的不稳定性会对制定法产生破坏作用。故事与律令并行，让律令不容易被敕例冲击，稳定了制定法的地位。[③]

在晋代，律令已经有意识区分开，但是仍然有一部分令有律的性质，如《晋令》有：“误举烽燧，罚金一斤八两，故不举者，弃市。”[④]编撰者认为一些法性质上与律相似，但是临时性的，故而“权设其法，太平当初”，暂时编入律中。因此，《晋令》中有单纯制度性质的“品式章程”，也有类似律的“法令”。到了梁代，《梁令》去掉了《晋令》中军法和杂法，律和令的区分更加清楚。[⑤] 南朝法制沿袭自晋，《泰始律》和《泰始令》在东晋、宋、齐仍被使用，梁、陈的法律体系也始终以晋的律、令、故事为范本，进一步巩固了制定法体系。

北魏基本延续了魏晋的法典化进程，但是由于社会和政治的变革，制定法进程一直跌宕起伏，具有相当的特色，体现为：第一，律令的内容随着政治发展变化较大，例如，孝文帝在立法上贯彻儒家思想，“巫蛊者，负羖羊抱犬沉诸渊”等规定消失，此外，为推行学制、婚丧嫁娶、田制等新规，令的内容也作了相应调整；第二，敕例编撰活跃，北魏早期律令皆是敕例的编集，到宣武帝时，律令的法典化已经完成，敕例不再编入律令，而是另编成集；第三，法的权威较高，君权的发展更多依靠法而非礼，北朝的齐、周形成了律、令与基于敕例而编纂的几部法书或法典相辅而行的局面。[⑥]

尽管立法层面成果显赫，但是魏晋南北朝时期，制定法在司法中的地位仍然飘摇不定。例如晋代三公尚书、律学家刘颂面对朝廷不遵守法制，对案件例外处理过多的情况，曾经上疏道：“每尽善故事求曲当，则例不得直，尽善，故法不得全。又律法断罪，皆得以法律令，若无正文，依附名例断之，其正文名例所不及，皆勿论。”[⑦]由于皇帝偏爱“以权宜从事”，并且经义、事理有时也同制定法发挥着同样的作用，司法具有相

---

① （唐）房玄龄等撰：《晋书》（第3册）卷三〇《刑法志》，中华书局1974年版，第927页。

② 参见戴建国：《唐〈开元二十五年令·田令〉研究》，载《历史研究》2000年第2期。

③ 参见楼劲：《魏晋南北朝隋唐立法与法律体系：敕例、法典与唐法系源流》（下卷），中国社会科学出版社2014年版，第633页。

④ （宋）李昉：《太平御览》卷三三五《兵部六六》，中华书局1960年版，第1540页。

⑤ 参见黄正建：《唐代法典、司法与〈天圣令〉诸问题研究》，中国社会科学出版社2018年版，第273－274页。

⑥ 参见楼劲：《魏晋南北朝隋唐立法与法律体系：敕例、法典与唐法系源流》（下卷），中国社会科学出版社2014年版，第634－643页。

⑦ （唐）房玄龄等撰：《晋书》（第3册）卷三〇《刑法志》，中华书局1974年版，第935－938页。

当的不稳定性，因此刘颂劝诫君主应该重视制定法。

（二）唐朝制定法体系的成熟

至永徽二年（651年），律、令、格、式的法律形式结构正式形成。律、令、格、式统称为“文法”，也就是修订成文的法律，①关于这四种法律形式的关系，《唐六典》总结为“凡律以正刑定罪，令以设范立制，格以禁违正邪，式以轨物程事”②。

唐初开元年间是制定法运动发展到顶峰的时期，最重要的表现是处理好了敕例和法典的关系：敕例一般不具有法律效力，一部分经过严格筛选、删减的敕例编入律令，其余具有不稳定因素的敕例编入“散颁格”“留司格”“式”。如此，敕例在司法中对律令的干预减少，保障了制定法的地位。唐朝最有代表性的法典是《唐律疏议》，它也彰显了唐朝制定法的成熟，主要表现有以下三点：

第一，《唐律疏议》是一部十分完整的法典，涉及了唐朝社会经济、政治、文化、社会风俗的方方面面，对国家的经济制度、土地税赋、徭役、农林牧渔的生产、交通运输、市场交易、官制、国家档案与文书的运作和管理、祭礼、丧葬、宗教作出了规定。

第二，它具有体系化的特征，共12篇、30卷、500条，其中类似当今刑法总则的“名例”总领全律，规定了定罪量刑的一般原则，其余11篇“卫禁”“职制”“户婚”“厩库”“擅兴”“贼盗”“斗讼”“诈伪”“杂律”“捕亡”“断狱”形成了“8－1－2”的“三分”结构，体现了统治者对被调整社会关系的总体评价：一是皇帝及国家利益，二是吏治，三是土地、婚姻、户籍等社会生产的基础因素，四是具有生产、战略重要意义的牛马和仓库，五是军事和国防建设，六是较为严重的盗贼犯罪，七是相较盗贼犯罪轻的犯罪，八是执法和司法的规范。③ 总12篇经过了系统排列，体现了唐人高超的立法水平。

第三，它提出具有普遍价值的概念、原则和制度。《唐律疏议》有190余个专用名词，如笞、杖、徒、流、死、十恶、八议、公罪、私罪、故杀、误杀等。在法律原则方面，《唐律疏议》发展出了“十恶”加重、皇亲和官僚减免、宗法伦理、德主刑辅、老幼废疾减免刑、罪刑相当、罪刑法定、比附和类推、本律优于“名例”、诬告反坐等重大原则。在法律制度方面，唐律疏议创造了一整套在当时较为先进的刑事法律制度，如故意和过失、共同犯罪、数罪并罚、累犯加重、自首减免等。④

二、习惯法的发展

什么是习惯法？从人类学视角来看，《当代西方文化研究新词典》认为“习惯法一

---

① 参见钱大群：《唐律研究》，法律出版社2000年版，第4页。

② （唐）李林甫等撰：《唐六典》，中华书局1992年版，第185页。

③ 参见钱大群：《唐律研究》，法律出版社2000年版，第61－62页。

④ 参见何勤华：《法典化的早期史》，载《东方法学》2021年第6期。

般是指民间自愿设定的习俗惯例。习惯法以‘习惯’名之，是因为其来自民间的自愿同意，历时积久便相沿而成了习惯法”[①]。从法学视角来看，《中国大百科全书·法学》认为习惯法是“指国家认可和由国家强制力保障实施的习惯”。《中华法学大辞典·法理学》认为习惯法是“由国家认可而具有法律效力的习惯或惯例。习惯法属于不成文法——法的形式渊源之一的重要内容。在表述方式上，习惯法起初都是非文字的，通过口耳相传的方式传播下来，之后逐渐出现了文字记载的形式”[②]。梁治平认为习惯法是一套地方性规范，是在乡民长期生活和劳作中逐渐形成的，目的是分配乡民之间的权利、义务，习惯法是不同于国家法的另一种知识传统，并且原本就是人民生活的一部分。[③] 习惯法很少有成文的规则，也很少有确定的组织或机构来负责其实施，习惯法甚至还随社会方向的变化而变化，如果某种做法占据上风，众人群起效尤，变成所谓“乡例”“俗例”，这些“乡例”“俗例”经过长期实践，可能在诉讼过程中被官府认可，甚至成为制定法的一部分。[④] 由于中国古代制定法的强势地位，笔者认为使用广义上习惯法的定义，即“习惯法一般是指民间自愿设定的习俗惯例”，更符合中国古代的实际情况。

学术界通常认为西方国家制定法与习惯法是同一连续体，但是习惯法在古代中国有特殊的发展情况。中国传统法的特征是“一统性”和“多层次”并存，“一统性”的法是中央王朝制定的法令，“多层次”的法是“一统性”法令的补充，包括地方法规、家族法规、村规民约等。[⑤] 而习惯法穿插于二者之中。

（一）习惯法纳入制定法的路径

习惯法纳入制定法主要有两种途径：一是总括式立法承认，通过制定法的形式规定何种条件下可以使用何种习惯法；二是把习惯作为立法的渊源，即把习惯直接制定为法律。隋唐时期习惯进入法律的途径主要是总括式立法承认。[⑥] 唐律中对习惯法总括式立法承认的典范是《唐律疏议·名例律》“化外人相犯”条：

诸化外人，同类自相犯者，各依本俗法；异类相犯者，以法律论。

【疏】议曰：“化外人”，谓蕃夷之国，别立君长者，各有风俗，制法不同。其有同类自相犯者，须问本国之制，依其俗法断之。异类相犯者，若高丽之与百济相犯之类，皆

---

① 李鹏程主编：《当代西方文化研究新词典》，吉林人民出版社2003年版，第327页。

② 孙国华主编：《中国法学大辞典·法理学卷》，中国检察出版社1997年版，第452页。

③ 参见梁治平：《清代习惯法：社会与国家》，中国政法大学出版社1996年版，第1、52页。

④ 参见韩伟：《习惯法视野下中国古代“亲邻之法”的源起》，载《法制与社会发展》2011年第3期。

⑤ 参见曾宪义、马小红：《中国传统法的“一统性”与“多层次”之分析——兼论中国传统法研究中应慎重使用“民间法”一词》，载《法学家》2004年第1期。

⑥ 参见胡兴东：《习惯，还是习惯法：习惯在法律体系中形态研究》，载《时代法学》2011年第3期。

以国家法律，论定刑名。[①]

在犯罪当事人皆为化外人的问题上，唐律对少数民族的"俗法"进行了概括性承认，并区分了"同类自相犯"和"异类相犯"两种情况。当然，不是所有少数民族的固有法律和习惯都是习惯法，中国古代对少数民族自有法律和习俗通常用"其刑法""其俗"来称呼，[②]唐律中的"俗法"应当包括少数民族的固有习惯。

（二）习惯在法律体系中的类型

正如前文所说，中国古代习惯进入制定法的途径是总括式立法承认，由于国家法律非常强势，国家法律处在一元结构中，基本不对习惯进行单独汇编，因此中国古代习惯长期处于一元法律结构中，制定法只对习惯法进行概括承认，甚至只需要让其处于默认的状态中，只有部分经过民众长期遵循的习惯法，可以通过一定的途径成为律令体系的一部分。

出土汉墓的杨绍买地砖，载有"民有私约如律令"的字样，[③]说明早在汉代，民间契约具有法律上的约束力，官府对一些民间私约的法律效力持认可态度。[④] 类似"民有私约如律令"的习语在隋唐的契约文书中也有发现，《未年安环清买地券》中有"官有政法，人从私契，两共平章，画指为记"[⑤]。五代后唐的《天成二年买地碑》则表述为"官有政法，下凭私契为据"[⑥]。"民有私约如律令"可以理解为立约人之间产生如同法令的效力，民间私约有官方"公法"那样的效力。[⑦]

"先问亲邻"是我国古代不动产交易的一项重要制度，是指在房屋、土地等不动产买卖中，房亲、邻人有优先购买权，这种优先购买权可以对抗亲邻之外的一般购买人。[⑧] 唐朝中后期，民间田土交易中"亲邻之法"以民间习惯的形式已经出现，[⑨]"亲邻之法"最初的形成可能和隋唐时期禁止"别籍异财"有关，为了维持"同居共财"的形式，民间和官方都要尽可能使田土等重要财产在家族内流转。五代后周时期，这种民间惯例被正式写入法典，后周广顺二年（952 年）令：

---

① 刘俊文点校：《唐律疏议》，法律出版社 1999 年版，第 144 页。

② 成书于唐朝的《北史·突厥传》记载突厥的法律是："其刑法：反叛、杀人，及奸人之妇、盗马绊者，皆死。"宋朝对少数民族的法律和习惯做了区分，《新唐书·吐蕃上》对吐蕃法律的记载有"其刑，虽小罪必抉目"，而对吐蕃风俗的记载为："其俗，重鬼右巫，事源羝为大神。"

③ 参见张晋藩：《论中国古代民法研究中的几个问题》，载《政法论坛》1985 年第 5 期。

④ 参见张晋藩：《中国法制历史简谈》，载《光明日报》1986 年第 3 期。

⑤ 沙知辑校：《敦煌契约文书辑校》，江苏古籍出版社 1998 年版，第 1 页。

⑥ 这段碑文是李显冬在洛阳龙门石窟研究院所发现，参见李显冬：《"民有私约如律令"考》，载《政法论坛》2007 年第 3 期。

⑦ 参见李显冬：《"民有私约如律令"考》，载《政法论坛》2007 年第 3 期。

⑧ 参见韩伟：《习惯法视野下中国古代"亲邻之法"的源起》，载《法制与社会发展》2011 年第 3 期。

⑨ 参见许尚豪、单明：《优先购买权制度研究》，中国法制出版社 2006 年版，第 296 页。

如有典卖庄宅,准例:房亲、邻人合得承当。若是亲人不要,及著价不及,方得别处商量。不得虚抬价例,蒙昧公私。有发觉,一任亲人论理。或亲邻人不收买,妄有遮吝,阻滞交易者,亦当深罪。①

在唐朝,成文法的主要来源是制、诏、敕等②,"亲邻之法"作为一种民间习惯,先在民众的法律生活中成为一种共识,再被"令"吸纳,最终成为制定法的内容,诸如此类的习惯民俗也是这样向成文法转变。习惯的成文法化尽管依靠强大国家制定法的主动回应,但是在被纳入制定法之前的习惯法,已经是被民众反复实践、官方默许的民间惯例,在制定法无暇顾及的领域发挥着重要的作用。

(三)"礼"与习惯法

中国古代的法和"礼"有着密不可分的关系,无论是制定法还是习惯法,无处不见"礼"的痕迹。同其他国家一样,中国最早的法是习惯法,而中国社会最主要的习惯法涵盖在"礼"中,③"礼"源于俗,涵盖范围十分广阔,《汉书·礼乐志》对礼的内容进行了这样的描述:

人性有男女之情,妒忌之别,为制婚姻之礼;有交接长幼之序,为制乡饮之礼;有哀死思远之情,为制丧祭之礼;有尊尊敬上之心,为制朝觐之礼。④

早期的"礼"是调整社会的一系列规范,几乎无所不包,习惯是"礼"的重要来源和组成部分。中国古代"礼"与制定法的关系经历过两次剧烈的变化,首先,周公制礼之后,礼和一般的社会风俗分离,经过了统治者的删选,形成了礼制,作为国家大经大法的礼拥有法治意识。⑤ 其次,随着礼与国家制定法的不断融合,以及绵延千年的"引礼入法"活动,"礼"的政治层面随着宗法制的崩溃也分崩离析,礼的规范在文化层面仍然具有支配作用,具体表现为习俗、道德等,代表"礼"的精神的"礼义"通过"引礼入法"活动进入了国家制定法,⑥一部分原本包含在"礼"范围内的、有习惯法性质的规定也囊括入律中。

引礼入法的过程、唐律中的礼的思想等已经有大量杰出的研究成果,本节只对带有习惯法性质的礼进入律后的表现做简单的探讨。"五服制罪"是社会风俗上升到法律规定的典例,"五服"本是死者亲属按照血缘亲疏确定丧服规格和服丧时期的制度,后成为定罪量刑的一般原则。唐律继承了"准五服以制罪"的原则,并做了灵活的调

---

① (宋)王溥编:《五代会要》卷二六《市》,上海古籍出版社1978年版,第416页。
② 参见郑显文:《唐代律令制研究》,北京大学出版社2004年版,第4页。
③ 参见高其才:《中国的习惯法初探》,载《政治与法律》1993年第2期。
④ (汉)班固:《汉书》卷二二《礼乐志》,中华书局1962年版,第1028-1029页。
⑤ 参见俞荣根:《儒家法思想通论》,广西人民出版社1998年版,第402页。
⑥ 参见张洪涛:《从"以礼入法"看中国古代习惯法的制度命运》,载《法商研究》2010年第6期。

整,适应了当时的社会风俗。《旧唐书·刑法志》记载唐太宗时期,同州人房强的弟弟谋反伏诛,就是否应当处死房强的问题上,大臣房玄龄等人这样认为:

案礼,孙为王父尸。案令,祖有荫孙之义。然则祖孙亲重而兄弟属轻,应重反流,合轻翻死,据礼论情,深为未惬。今定律,祖孙与兄弟缘坐,俱配没。其以恶言犯法不能为害者,情状稍轻,兄弟免死,配流为允。①

根据房玄龄等人的观点,按照礼制,祖孙与本人较兄弟关系更加密切,依据服制越近处罚越严格的原则,祖孙可以免死配没,谋反人的兄弟更不应该被处以较祖孙更严格的死刑,而应被处配流刑。北魏《正始律》规定反逆之人的兄弟、叔伯都要处以斩或者流,而唐律对兄弟、叔伯的处罚从处斩刑或流刑到了只处流刑,这背后反映了南北朝时期小家庭逐渐取代大家庭的社会风气,祖孙和兄弟与本人关系疏远,②这种调整反映了唐律对"礼"的灵活适用,以及对社会风俗的主动适应。

三、判例法的发展

(一)判例法在唐代的发展

睡虎地秦简《法律答问》所载 12 条"廷行式",是中央机关"廷尉"作出的生效判例,对郡县的审判实践具有指导意义,在判决中可被直接引用,"廷行式"可以被认为是判例法,③可见在律文之外,判例成了可援引的审判依据,自此判例在中国传统法律体系中的地位开始走向正式化。西汉时期,一种典型判例"决事比"可以在断案中被引用。东汉和两晋时期,"故事"成了与律令并行的成例,"故事"包括制书、诏诰、先例和司法审判的案例。《晋律》的"刑名""法例"是律典的原则性规范,尽管二者不是判例,但是是后来例产生的根据。④

唐朝的判例以"法例"的形式出现,"法例"是整个法律体系内用于调整社会关系或法律内容的单项或系列的有效法律规范,⑤分为《唐律疏议》内外的"法例",而作为判例法存在的,应该是《唐律疏议》体系之外的"法例",包括由制敕转变形成的《刑部格》和法官个人编撰的《法例》。《唐律疏议》体系之内的"法例"的作用类似刑法原则,仍是制定法的组成部分,本节讨论的主要是法典之外的"法例"。

《旧唐书·刑法志》有记载法官个人编订《法例》书的情况:"先是,详刑少卿赵仁本

① (后晋)刘昫等撰:《旧唐书》(第 6 册)卷五〇《刑法》,中华书局 1975 年版,第 2136 页。

② 参见楼劲:《魏晋南北朝隋唐立法与法律体系:敕例、法典与唐法系源流》(下卷),中国社会科学出版社 2014 年版,第 744 页。

③ 参见李力:《发现最初的混合法:从睡虎地秦简到张家山汉简》,载《河北法学》2010 年第 2 期。

④ 参见杨思斌:《中国古代判例制度的演变与基本特征》,载《法学杂志》2008 年第 2 期。

⑤ 参见钱大群:《唐律的使用及〈律疏〉体制内外"法例"的运作》,载《北方法学》2013 年第 1 期。

撰《法例》三卷,引以断狱,时议亦为折衷。”日本古文献《令集解》有两条《法例》内容:[1]

《法例》云:倲孩儿籍年十五,貌案年十六。据籍便当赎条,从貌乃合徒役。州司有疑,令谳请报。司刑判,以籍为定,本谓实年,年有隐欺,准令许貌案,[不]一定,刑役无依。未及改错之间,止得据案为定。

纏州申牒,称,郭当、苏卿,皆娶阿庞为妇。郭当于庞叔静边而娶,苏卿又于庞弟戚处娶之,两家有交竞者。叔之与侄,俱是期亲。依令,婚先由伯叔,伯叔若无,始及兄弟。州司据状判妇还郭当。苏卿不伏,请定何亲令为婚主。司刑判,嫁女节制,略载令文。叔若与戚同居,资产无别,须禀叔命,戚不合主婚。如其分析异财,虽弟得为婚主也。检《刑部式》,以弟为定,成婚已讫。

第一则法例的争议点是依籍书确认年龄还是依容貌确认年龄,《唐律疏议》“称日年及众谋”条的疏议中,认定年龄应该“称人年处,即须依籍为定。假使貌高年小,或貌小年高,悉依籍书,不合准貌”[2],即以籍书记载为准,但是本则法例最终以容貌判定,和《唐律疏议》不符。该案以容貌为判定年龄的依据是“以籍为定,本谓实年,年有隐欺”,犯罪人可能在籍书上有欺瞒,依籍书断罪可能会纵容犯罪者,不利于司法公正,因此以容貌判定更合实际。可见《法例》记载的案例是按照《唐律疏议》难以判定的疑难案件,在限定条件下,这些案件会根据实际情况作出不完全和制定法典一致的判决。

第二则法例争议的焦点是:伯叔和侄子的主婚权谁更优先,根据令文,伯叔优先。刑部复核后认为,伯叔和侄子同居共财,那么伯叔为尊长,伯叔有主婚权而侄子无,但是如果叔侄已经分家,那么侄子可以主婚,并且按照《刑部式》的规定,侄子的主婚权优先于伯叔。这则法例涉及的问题,制定法中没有明确的规定,因此法官运用法律原则,并结合实际情况作出了判决,这个案例具有典型意义,因此收入《法例》供人参考。

除了《法例》记载的判例,唐代的典型判例还有两则,均发生在武则天时期。第一则是韩纯孝反逆案,《通典》卷一六九《刑七》:

推事使顾仲琰奏称:“韩纯孝受逆贼徐敬业伪官同反,其身先死,家口合缘坐。”奉敕依曹断,家口籍没。有功议:“按《贼盗律》:‘谋反者(斩)。’处斩在为身存,身亡即无斩法。缘坐元因处斩,无斩岂合相缘?缘者是缘罪人,因者为因他犯。犯非己犯,例是因缘。所缘之人先亡,所因之罪合减。合减止于徒坐,徒坐频会鸿恩。今日却断没官,未知据何条例。若情状难舍,敕遣戮尸,除非此途,理绝言象。伏惟逆人独孤敬同柳明肃之辈,身先殒没,不许推寻。未敢比附敕文,但欲见其成例,勘当尚犹不许,家口宁容没官?”申复,依有功所议,断放。此后援例皆免没官者,三数百家。[3]

该案的争议是韩纯孝的家属是否应该缘坐,争议的难点是韩纯孝已经死亡,根据

---

① 参见戴建国:《唐宋时期判例的适用及其历史意义》,载《江西社会科学》2009年第2期。

② 刘俊文点校:《唐律疏议》,法律出版社1999年版,第152页。

③ (唐)杜佑撰:《通典》卷一六九《刑法七》,中华书局1988年版,第4379页。

《贼盗律》,只有本人逆反之罪成立,家属才能处缘坐,但是法典并没有说明本人先死应该如何判决。徐有功认为本人既死,家人的缘坐罪就无法成立。最终武则天采纳了徐有功的观点,并且"此后援例皆免没官者,三数百家"。说明该案得到了广泛援引。

第二则是李思顺妖言案:

汾州司马李思顺,临川公德懋之子也,被韦秀告称:"思顺共秀窃语云,汾州五万户,管十一府,多尚宿宵,好设斋。大云经上道:'理复思顺好,李三五年少。'思顺恰第三,兄弟五个者。"监察御史李恒等奏称:"据思顺潜谋逆节,苞藏祸心,研覈始引唐兴辩占,复承应鑯。请从极法。"奉敕依奏者。司直裴谈断:"处斩刑,家口籍没者。"主簿程任正批:"合从妖处线。只向韦秀一人道状,当不满众,合断三千里者。"裴谈又判:"请依前断录奏者。"焦元亶判:"退司寺官卻议者。"有功议曰:"谋危社稷,罪合反条。自述休徵,坐当妖例。反依斩法,妖从绞论。律著成文,犯标定状。状在事难越状,文存理无弃文。若违状以结刑,舍文而断狱,则乘马何俟衔勒,遏流岂用隄防?今判官处以反谋,勾司批从妖说;不耻下问,窃欲当仁。李思顺解大云经,韦秀称其窃语私解,明非众说。钩语不合人知,虚实唯出秀群,是非更无他证。纵解'三五年少',只是自述休徵。既异结谋之踪,元非背叛之事。即从叛逆,籍没其家,便是状外弃文,岂曰文中据状。请依程仁正批,妖不满众,处流三千里者正。"焦元亶判:"具申秋宜请议者。"右合中丞李嗣等二十人议称:"请依王行感例,流二千里,麻存画一者。"守司府卿于思言等六十三人议称:"依徐有功议者。"录奏,敕:"思顺志怀奸慝,妄说图鑯。唯其犯状,合寘严刑;为其已死,特免籍没者。"缘有功议,遂免破家。

关于如何处理李思顺,朝廷共有三种意见,分别是"处斩刑,家口籍没者"、流三千里、流二千里。李思顺涉及的是谋反罪,并且此处记载的应该是李思顺案在"八议"的场景。按照唐律规定,谋反罪有三种情况:第一种是满足构成谋反罪的所有要件,本人处斩,家人连坐;第二种是"词理不能动众,威力不足率人者",这种情况本人处斩,父子、母女、妻妾并流三千里;第三种是"陈欲反之言、心无真实之计,而无状可寻者",这种情况流本人二千里,不缘坐他人。从案情来看,李思顺并未着手,并且只对一人进行了犯意表达,如果严格比对案件事实和《唐律疏议》的规定,李思顺的行为处于第二种和第三种之间,但是考虑到当时的政治背景,如何评判这种口头表达的危害程度,存在极大自由裁判的空间。值得注意的是,其中李嗣等人认为李思顺应该流两千里,希望能够依照王行感案件的处理方式定罪,这里的"王行感例"可能是之前已经生效的某个判决。

(二)判例在唐代法律体系中的地位

赵仁本做的《法例》风靡一时,引起了唐高宗的注意,《旧唐书》卷五〇《刑法志》记载:

后高宗览之，以为烦文不便，因谓侍臣曰："律令格式，天下通规，非朕庸虚所能创制。并是武德之际，贞观已来，或取定宸衷，参详众议，条章备举，轨躅昭然，临事遵行，自不能尽。何为更须作例，致使触绪多疑。计此因循，非适今日，速宜改辙，不得更然。"自是，《法例》遂废不用。[①]

可见皇帝对《法例》持否定态度，认为祖宗之法已经尽善尽美，再做《法例》不仅多余，而且会对法典的权威造成挑战。整体来看，判例在唐代受到限制，从制度上看，第一，在律中规定断罪必须援引正文，违者笞三十，这样就保证了大部分案件按照制定法判案，大幅度避免了法官任意出入罪的可能；第二，法典规定了判例适用的范围和原则，只有"断罪无正条"时，才能适用类举；第三，限制皇帝敕令的效力，就算是皇帝特别批准的案件，没有经过特别的程序，法官不得援引，并且"制敕断罪"在舆论上处于被批判的状态。

四、制定法、习惯法和判例法共生的历史背景和内在逻辑

在魏晋南北朝至唐代的这段时期，国家的重心在修订法典，因此在制定法、习惯法和判例法三者中，制定法起主导作用，判例法和习惯法几乎没有得到国家的公开认可。司法实践中，当按照指定法难以作出判决的时候，就有了上文所引《法例》的出现，唐高宗以后也出现引用先例断案的情况，但是《法例》最终没有得到皇帝的认可，"用例破敕及令"[②]也被禁止。唐开元二十五年（737 年）之后，大规模修订律令格式的活动基本停止，为了弥补先行制定法的不足，朝廷一般采用修订格后敕的方式调整法律，格后敕是皇帝诏敕的制定法化，因此，习惯法、判例法的不受重视，和立法活动以皇帝为主导是密切相关的。

不过，再完备的制定法也无法顾及社会生活的每个方面，习惯法在民间交易中就发挥着重要的作用，在唐代敦煌地区，民间交易一般按照"乡原"计算利率，如《武周长安三年（703 年）曹保保举钱契》中的："月别依乡法生利入史，月满依数送利"[③]。这里的"乡法"即"乡原"，意为本乡惯例，到了唐代中晚期，民间惯用的借贷利率普遍高于法定利率。[④] 另外，唐律规定了对契约订立后无故悔约方处以笞刑，但是不见对民事处罚的规定，因此唐至五代民间违约处分主要以习惯法的方式存在，主要的方式为缴纳罚金，为了保证违约处分的顺利执行，习惯法中还有关于保人、见人的规定。[⑤] 当

---

① （后晋）刘昫等撰：《旧唐书》（第 6 册）卷五〇《刑法》，中华书局 1975 年版，第 2141 页。

② 玄宗开元十四年（726 年）九月三日敕文有云："如闻用例破敕及令式，深非道理，自今以后，不得更然。"参见（宋）王溥撰：《唐会要》卷三九《定格式》，上海古籍出版社 2006 年版，第 824 页。

③ 国家文物局古文物研究室等编：《吐鲁番出土文书》（第 7 册），文物出版社 1986 年版，第 453 页。

④ 参见霍存福：《论中国古代契约与国家法的关系——以唐代法律与借贷契约的关系为中心》，载《当代法学》2005 年第 1 期。

⑤ 参见韩伟：《唐五代买卖中的违约处分：一种习惯法的视角》，载《民间法》2012 年第 1 期。

契约内容和制定法可能发生冲突时，当事人会加入“官有政法，人从私契”表示对习惯法的优先遵从。① 敦煌放妻书规定了亲邻到场是离婚书生效的必要条件，②而开元二十五年（737 年）令规定“东邻西邻，及见人皆署”③，即双方亲邻只用签署离婚书即可，而习惯法进一步要求双方亲邻到场，这体现了婚姻中习惯法对制定法的补充。当一部分习惯通过司法途径进入官方视野后，可能转变为制定法，如写入《宋刑统》的“先问亲邻”制度最早以习惯法的形式出现在唐至五代的民间交易中，④这正是习惯法与制定法融合的一面。因此，在制定法无暇顾及的领域，习惯法发挥着重要的作用，这些领域通常是与人们生活息息相关的民事领域。

唐朝以前是中国儒家化法典的形成时期，判例的主要作用是推动和发展各项具体制度的改革，促进法典的儒家化改造；唐律之后，判例的主要功能是弥补法典的不足，并且解释法典的原则，增强法典的适应性。⑤ 习惯法主要在制定法的默许下活动，如《唐律疏议》“非时烧田野”条的疏议中有：“若乡土异宜者，依乡法。”⑥唐令中也有按照本乡惯例分田的规定。⑦ 因此，在律令格式等多种法律形式中，制定法起主导作用，习惯法和判例法必须根植于法典之中。

第四节　法律原则与法律制度的成熟

一、刑法原则的形成和发展

（一）刑法原则的内涵

现代所谓刑法原则，在中国古代称为“法例”“条例”，西晋律学家张斐对刑法原则做了深入探讨，他在《注律表》中阐述了《刑名》《法例》的作用：

《刑名》所以经略罪法之轻重，正加减之等差，明发众篇之义，补其章条不足，较举上下纲领。名例齐其制，自始及终，往而不穷，变动无常，周流四极，上下无方，不离于

---

① 如敦煌文书《未年（827?）上部落百姓安环清卖地契》中，由于存在“抵赦条款”和农耕地的买卖，当事人双方写入“官有政法，人从私契”来增强契约的有效性，相关的研究参见黄正建：《唐代契约中“官有政法，人从私契”用语再析》，载《魏晋南北朝隋唐史资料》2020 年第 2 期。

② 如“送归平家，对彼亲邻，给书离放”“如嫁女弃女，皆由父母，纵无恃怙，仍问近亲”。参见唐耕耦、陆宏基编：《敦煌社会经济文献真迹释录》（第 2 辑），全国图书馆文献缩微复制中心 1990 年版，第 608 页。

③ ［日］仁井田陞：《唐令拾遗》，栗劲、霍存福、王占通、郭延德编译，长春出版社 1989 年版，第 162 页。

④ 参见韩伟：《习惯法视野下中国古代“亲邻之法”的源起》，载《法制与社会发展》2011 年第 3 期。

⑤ 参见汪世荣：《判例在中国传统法中的功能》，载《法学研究》2006 年第 1 期。

⑥ 刘俊文点校：《唐律疏议》，中华书局 1983 年版，第 509 页。

⑦ “其给口分田者，易田则倍给（宽乡三易以上者，仍依乡法易给）。”参见［日］仁井田陞：《唐令拾遗》，栗劲、霍存福、王占通、郭延德编译，长春出版社 1989 年版，第 542 页。

法律之中也。①

也就是说，《刑名》及《法例》的作用主要有二，一方面是平衡各个罪名的轻重，统摄全篇；另一方面，就算制定法无法涵盖所有犯罪行为，但是司法官员仍然可以通过《刑名》《法例》来处理在法律条文之外的犯罪。

唐律中的刑法原则主要规定在《名例律》。《唐律疏议·名例》对“名例”的解释为“命诸篇之刑名，比诸篇之法例”，可看出“名例”是统帅全篇的原则性规定。《唐律疏议》的序文对“名例”的字义作出了解释：“名者，五刑之罪名；例者，五刑之体例。”钱大群注为：“名，是五刑的名称与等级；例，五刑适用的凡例。名因罪立，事由犯生，命名即刑应，比例即事表，故以名例为首篇。”②《名例律》的核心在于“五刑”，实则是“罪与刑”的对应关系、“罪与罚”的适用比例，是整部律典的共通法则。③

（二）刑法原则的发展

1. 刑法原则的沿革

刑法原则的发展主要分为三个阶段：第一个阶段，三皇五帝至周代，史书只有对刑的具体记载，无论是《禹刑》《汤刑》《九刑》都呈现出“以刑统罪”的特点；第二个阶段，战国至东汉末，刑法原则以《具律》的形式出现，具律是在篇章类型化的基础上形成的，④位于律典篇章之中，汉人恐未将之作统领全篇的刑法原则适用；第三个阶段，是魏律至《唐律疏议》修订的这段时期。

魏明帝时期的《新律》对刑法原则的概括具有突破性的意义，《新律》对汉代《九章律》的《具律》进行了调整：第一，将《具律》改名为《刑名律》；第二，将《刑名律》放在了律首；第三，删减《具律》内容，如将原“出卖呈”剔除，⑤将“罪条例”及 37 种罪名划入《刑名律》。⑥

西晋《泰始律》将《刑名》分为《刑名》和《法例》，共同构成了律典的总则。⑦《北齐律》又合《刑名》《法例》为《名例》，《隋律》继承了《北齐律》的刑法原则，进一步完善了“五刑”，《唐律疏议》直接继承了隋朝的立法成果，《名例》是刑律的总则，规定整部法典的刑名、法例，具体包括五刑、十恶、身份等级、法律适用等的规定。

---

① （唐）房玄龄等撰：《晋书》（第 3 册）卷三〇《刑法志》，中华书局 1974 年版，第 928 页。

② 钱大群：《唐律疏议新注》，南京师范大学出版社 2007 年版，第 3 页。

③ 参见张生：《中华法系的现代意义：以律典统编体系的演进为中心》，载《东方法学》2022 年第 1 期。

④ 参见张生：《中华法系的现代意义：以律典统编体系的演进为中心》，载《东方法学》2022 年第 1 期。

⑤ 参见（清）沈家本撰：《历代刑法考》，中华书局 1985 年版，第 1375 页。

⑥ 参见韩树峰：《魏晋法律体例的变化与学术风气之关系》，载《中国人民大学学报》2007 年第 4 期。

⑦ 用现代刑法的总则和分则的说法来类比中国古代法律《名例律》与其他篇目内容之间的关系不完全妥当，李栋、雷明波将西方刑法总则与《名例律》做了比较和区分，参见李栋、雷明波：《清律名例律与六律关系再探析》，载《广东社会科学》2022 年第 4 期。

2. 唐朝刑法原则的具体内容

(1)罪刑形式法定原则

①断罪需引刑律正文

《断狱律》"断罪不具引律令格式"条规定:"诸断罪皆须具引律、令、格、式正文,违者笞三十。若数事共条,止引所犯罪者,听。"[①]该条要求官员断罪必须引用法条原文,该条疏文中还进一步规定,如果断案遇到数罪从重的情况,不能仅用"二罪俱发以重者论"含糊其词,还需要完整说明涉及的罪名。"具引"是要求完整地引用,"正文"是要求法律法令的原始正文而不是其他。[②]

②皇帝制敕的特别效力

《断狱律》规定:"诸制敕断罪,临时处分,不为永格者,不得引为后比。若辄引,致罪有出入者,以故失论。"[③]唐律一方面要求罪刑法定,另一方面承认君主在断狱上的特权,根本原因是法律本身为皇权服务。该条也是对罪刑法定的优先保护,不是所有皇帝的权断制敕都可以在断罪中被引用,只有经过筛选修订后称为"永格"的才能变为常法,避免了敕对制定法体系的肆意破坏。

③适用类举和比附

《名例律》中规定"诸断罪而无正条,其应出罪者,则举重以明轻。其应入罪者,则举轻以明重"。这是唐律的类举原则,举轻明重是为"入罪",是无罪到重罪或有罪的变化,举重明轻是为"出罪",是从有罪到轻罪或者无罪。类举是一种法律解释方法,是在应处断现有法条未规定刑名的甲行为时,为了补充制定法的欠缺,把甲行为和与之类似的乙行为进行比较后,将本适用于乙行为的法条援用在甲行为上的技巧。[④]《唐律疏议》中"轻重相举"的运用,并非填补法律漏洞,而是要解决法条例举的有限性与社会生活的复杂性之间的矛盾,近似于法律方法中的当然解释。[⑤]

"比附"类似现代刑法中的类推原则,唐律中没有对"比附"的类似规定,但是在立法中用到了这个方法,《唐律疏议》中共有 5 例关于比附的记载。关于使用比附的原因如在《唐律疏议 · 贼盗》中有说明:

五刑之属,条有三千,犯状既多,故通比附。[⑥]

其有受财私和,知杀不告,金科虽无节制,亦须比附论刑。岂为在律无条,遂使独

① 刘俊文点校:《唐律疏议》,法律出版社 1999 年版,第 602 页。

② 参见钱大群:《唐律研究》,法律出版社 2000 年版,第 76 页。

③ 刘俊文点校:《唐律疏议》,法律出版社 1999 年版,第 602 页。

④ 参见[日]川村康:《举重明轻、举轻明重与比附(上)》,周东平、徐敬译,载《法律史译评》2020 年 8 月。

⑤ 参见卢勇:《论〈唐律疏议〉中"轻重相举"的解释方法》,载《法律方法》2019 年第 4 期。

⑥ 刘俊文撰:《唐律疏议笺解》"发冢",中华书局 1996 年版,第 1365 页。

为侥幸。①

因为律文无法穷尽所有的“犯况”,因此需要通过“比附”来打击恶行。为了避免滥用,只有在断罪无正条,具体案件中的行为和相关法律拟制的行为性质相同并且满足一定的程序要件时,才可使用“比附”②。

(2)区分公罪和私罪原则

汉朝就有公罪和私罪的区分,到了晋朝,这种划分成为正式的法律制度,张斐律注云:“及犯罪为公为私,皆随事轻重取法,以例求其名也。”《抱朴子·审举篇》记载:“诸居职其犯公坐者,以法律从事。”程树德注云:“据此,知晋时已有此律,疑当时多不依法处罚,故云以法律从事也。”③可知晋时制定法中已经对犯罪有公罪和私罪的区分。北魏律中也有相似规定,《魏书·安同传》记载:“太宗以同虽专命,而本为公,意无不善,释之。”④本例中可见官员在犯公罪时可获得宽免。

唐律对公罪和私罪的区分更为明晰。《唐律疏议·名例律》对公罪和私罪有这样的规定:

若犯公罪者。注云:公罪,谓缘公事致罪而无私曲者。疏议曰:私曲相须,公事与夺,情无私曲,虽违法式,是为公坐。⑤

诸犯私罪。注云:私罪,谓私自犯,及对制诈不以实,受情枉法之类。疏议曰:私罪,谓不缘公事私自犯者。虽缘公事,意涉阿曲,亦同私罪。对制诈不以实者,对制虽缘公事,方便不吐实情,心挟隐欺,故同私罪。受请枉法之类者,谓受人嘱请,屈法申情:织不得财,亦为枉法,此刻既多,故云之类也。⑥

公罪和私罪的犯罪主体都是官吏,都是职务犯罪的范畴。官吏在执行职务过程中,由于对法律的理解错误,或因行为上的过失,触犯刑律而构成的犯罪,即为公罪;而官吏非因职务而犯罪,或虽因职务,但事关私利、私心、私情而构成犯罪者,则为私罪。私罪的判定在于是否“阿曲”,“阿”是主观动机,是私心,表现为迎合皇帝、上级好恶,或者为了私情,“曲”是不讲真话、隐瞒真相、曲法断事。⑦ 因此私罪多是官员故意所犯,公罪多是官吏因过失所犯。如果在授情枉法的情况下,公私罪的判定不以官员是否得财为标准,只要谋取了私利,都是私罪。官员犯公罪和私罪分重,例如,以官当徒的,如系私罪,则五品以上,一官当徒刑二年,九品以上,一官当徒刑一年;公罪与私罪区别承担不同的法律责任,一般原则是公罪从轻、私罪从系公罪,则各加私罪一

---

① 刘俊文撰:《唐律疏议笺解》“亲属为人杀私和”,中华书局 1996 年版,第 1289 页。

② 参见黄春燕:《唐朝比附制度研究》,载《法学论坛》2015 年第 5 期。

③ 程树德:《九朝律考》,中华书局 2003 年版,第 263 页。

④ (北齐)魏收撰:《魏书》(第 3 册)卷三〇《安月传》,中华书局 1974 年版,第 713 页。

⑤ 刘俊文撰:《唐律疏议笺解》“官当”,中华书局 1996 年版,第 182 页。

⑥ 刘俊文撰:《唐律疏议笺解》“官当”,中华书局 1996 年版,第 182 页。

⑦ 参见王菲:《唐律职务犯罪分析》,载《北京行政学院学报》2013 年第 5 期。

年当，即五品以上，一官当徒刑三年，九品以上一官当徒刑二年。如此区分体现了唐律宽严相济的特点，一方面促进了吏治清明，另一方面维护了官吏在执行公务时的积极性。

(3)区分主犯和从犯的原则

唐律对共犯的规定是“谓二人以上共犯，以先造意者为首，余并为从”。

①亲属共犯

亲属共犯又分为必要共犯和任意共犯。必要共犯主要和人伦相关，任意共犯与人伦无关，是有亲属关系的二人以上共同侵害国家或个人法益。[①]

必要共犯有三种，第一，同姓为婚，《户婚律》中规定：“诸同姓为婚者，各徒二年。缌麻以上，以奸论。”娶同姓为妾者同罪。第二，亲属相奸，奸缌麻以上亲及妻、从姐母姑等、父祖妾等最高均可判绞，处罚远远高于普通奸罪。第三，异性相养，若养异姓男者，徒一年。

任意共犯有两种，第一，家人共犯侵害国家法利益，“家人共犯，止坐尊长”[②]。如果是祖、父、伯、叔、子、孙、弟、侄共同犯罪，不论何人造意，都处罚同居的尊长，卑幼无罪。在“部内田畴荒芜”“输课税物品违期”条，不言家人共犯，仅规定处罚户长。第二，侵犯个人法利益，此类亲属共犯和普通首从规定无异，如果父子同犯侵犯家外人财物、与外家人斗殴杀伤之类犯罪，依照普通首从规定处罚，不单单处罚尊长。

②外人和监临主守官吏共同犯罪

外人和监临主守官吏共同犯罪，即使是外人造意，仍认定监临官吏为首，外人以一般从犯论处。

③共犯有逃亡

如果共犯中有逃亡，被捕获者称逃亡者为首犯，如果没有证明，即使逃亡者为首犯，也以从犯处理。但是如果其他逃亡者也被捕获，后被捕获者称前被捕获者为首犯，并经查证为实，则前被捕获者仍为首犯。

④不分首从

谋杀期亲尊长外祖父、强盗及奸，略人为奴婢，犯阑入，若逃亡及私度、越度关栈垣篱等犯罪，都不区分首从。[③] 此类犯罪性质恶劣，是唐律认为最危险的一类犯罪，共犯者都应严惩。

(4)区分故意和过失的原则

唐律的立法者非常注重主观过错对定罪量刑的影响，过失犯罪的表达有“不觉”“过失”“失”“不知”“误”“迷误”“忘误”“误失”“错认”“亡失”，故意犯罪的表达有

---

① 参见戴炎辉编著：《唐律通论》，台北，元照出版有限公司2010年版，第57页。

② 刘俊文点校：《唐律疏议》，法律出版社1999年版，第125页。

③ 参见刘俊文点校：《唐律疏议》“共犯罪本罪别”，法律出版社1999年版，第126－127页。

“故”“知”“谋”。唐律中故意犯罪的含义是“知而犯之”[①][②]，强调犯罪人“明知”危害后果，不考虑犯罪人对危害后果的发生持肯定还是否定态度，唐律中的故意犯罪不仅包括了现代刑法中的故意犯罪，还包括现代刑法中的过于自信的过失犯罪。[③] 过失犯罪的含义是“不意误犯”[④]，唐律中出现过失的主观心理共18条，其中一类是表达官员失职犯罪的过失心理，[⑤]另一类是表达常人的过失心理，[⑥]包括现代刑法中的疏忽大意的过失和意外事件，[⑦]但是唐律中也出现了对主观上无过错的不可抗力造成的后果不处罚的规定，如在不及时修堤防而造成严重后果的犯罪中，如果“水雨过常，非人力所防”，就不予处罚。[⑧]

唐律对故意和过失的论罪总原则是故意加重，过失减轻，涉及官员过失犯罪的比故意犯罪减轻二至三等。[⑨] 常人犯罪由于受到服制、良贱的影响，过失较故犯处罚减轻的变化幅度较大，若尊长犯卑幼，减等幅度大，若卑幼犯尊长，减等幅度小，比如丈夫杀妻，故犯处斩，过失犯勿论，减十九等，[⑩]部曲、奴婢杀主故犯处斩，过失犯处绞，减一等。[⑪]

(5)更犯加重原则

唐律的更犯可以大致分为再犯和累犯。唐律中的再犯是“已发及已配而更为罪”[⑫]，即犯罪已被告发或已被决配而又再犯新罪的行为，其中再犯不要求已经判决。再犯者加重处罚，再犯流、徒罪者可加役至4年；再犯流徒及杖笞罪者可加笞杖至

---

① （唐）房玄龄等撰：《晋书》（第3册）卷三〇《刑法志》，中华书局1974年版，第928页。

② 在《唐律疏议》中，“故”指主观上的故意之律文有：总第73、203、206、230、253、263、284、286、306、320、、327、328、330、334、366、381、384、395、443、445、452、453、457、461、463、466、471、474、478、480、485、486、488、489、491、498、501条，共计37条；“知”表主观心理状态的律文常人相犯有：总第63、72、175、179、185、192、232、262、263、295、296、373、297、340、400、468条，官员职务犯罪有总第65、146、85、217、379、83、127、388、101、86、92、151、152、417、418、91、218、222、154、161、221、228、426条；“谋”表主观心理的律文中，涉及谋反的律文见总第248条，涉及谋叛的律文见总第251、353、355、367条，涉及谋杀的律文有总第252、253、254、255、256、264、308、489条。

③ 参见冯红：《唐代刑法原则考论——以〈唐律疏议〉为中心》，河北大学2010年博士学位论文，第151页。

④ （唐）房玄龄等撰：《晋书》（第3册）卷三〇《刑法志》，中华书局1974年版，第928页。

⑤ 总第92、112、499、171、230、485、494、495、474、478、486、487、488、491、498、501条。

⑥ 总第428、430条。

⑦ 参见冯红：《唐代刑法原则考论——以〈唐律疏议〉为中心》，河北大学2010年博士学位论文，第154页。

⑧ 参见刘俊文点校：《唐律疏议》“失时不修堤防”，法律出版社1999年版，第542页。

⑨ “亡失官有器物”“贡举非其人”“被制书施行有违”过失比故犯减三等，“妇人犯死罪怀孕处决违制”“断罪绞斩互错”“亡失符、节、印及城门等锁钥”“亡失制书、官文书”过失比故犯减二等。

⑩ 参见刘俊文点校：《唐律疏议》“殴伤妻妾”，法律出版社1999年版，第442页。

⑪ 参见刘俊文点校：《唐律疏议》“部曲奴婢过失杀伤主”，法律出版社1999年版，第440页。

⑫ 刘俊文点校：《唐律疏议》“更犯”，法律出版社1999年版，第87页。

200。

唐律中的累犯是经常性的犯罪行为，通常被加重处刑至死刑，而再犯流罪以下者不可加至死刑，如《贼盗律》中规定“诸盗经断后，仍更行盗，前后三犯徒者，流二千里；三犯流者，绞”①。累犯共有三个特点：第一，必须构成三次犯罪以上，二次犯罪仅可称作再犯；第二，累犯的每次犯罪必须经过官府经断，已被告发尚未断决的，不能算入累犯的次数中；第三，缌麻以上亲以及大功以上婚姻之家，以及于堂兄弟和堂兄弟男女婚姻之家，犯徒、流罪以上的，不按照“三犯”规定处理。②

(6)并合论罪原则

唐律对并合论罪的基本原则是重罪吸收轻罪，具体而言，主要有三种情况。

①数罪从重

“二罪以上俱发，以重者论”，如果一人犯数罪，不能累轻以加重，按照最重的罪判刑即可。如果一人所犯二罪所对应的刑罚相等，那么只能择一处罚，不得合计。在这种情况下，如果前罪已经依法折换成轻罪，并且已经执行，后罪事发，也不得再加罪。

②发现新罪

如果一罪已经被发现并判决，又发现了别的犯罪，如果后罪较前罪轻或相等，那么就维持原判，如果后罪重于前罪，就先按照二罪从重原则重新判决，再补足刑罚。

③累赃限制加重

在计算犯赃者的犯罪数额时，基本尊崇“即以赃致罪，频犯者并累科”③的方法，但也不完全采取累加的方式。如果一个官员一日之中三处收受绢 18 匹或者三人共出 18 匹同时送上，那么各倍为 9 匹计算。倍，即两尺按照一尺计算。如果同时触犯强盗、枉法、不枉法、窃盗、受所监临等罪，那么就重赃并满轻赃，并且使用限制加重原则。但是如果犯“监临因事受财”及“于监守频盗”，不适用累赃限制加重，即累而不倍。

(7)自首减免原则

①自首时间不同减免幅度不同

如果在犯罪未发时自首，那么不论罪。但是如果告发的文牒已经提交给官府，并且有关官署已令原告作三次慎告，即使案件尚未被官府受理，也不适用自首的规定。犯罪已发的标准就是“官司判令三审，牒虽未入曹局，即是其事已彰”④。

行为人在别人欲到官府告发时自首的，可以减罪二等处理，例如逃亡的人已经上道，事发之后还归本所，即使未主动自首，也可以减罪二等。

---

① 刘俊文点校：《唐律疏议》“盗经断后三犯”，法律出版社 1999 年版，第 408 页。

② 参见乔伟：《唐律研究》，山东人民出版社 1985 年版，第 137 页。

③ 刘俊文点校：《唐律疏议》“二罪从重”，法律出版社 1999 年版，第 136 页。

④ 刘俊文点校：《唐律疏议》“犯罪未发自首”，法律出版社 1999 年版，第 110 页。

②余罪自首

如果轻罪已被发觉,但是自首重罪,可以免除重罪的刑事责任。如果是在案件审理过程中主动交代别的犯罪,那么主动交代的余罪可以免除追究。

③他人代首

除了行为人本人主动自首的,唐律认可的自首方式还有遣人代首以及亲属代首与捕告。如果是行为人遣人代首,效果和犯罪者本人自首相同。如果是依法容隐的人代为自首,本人可以获得同本人自首的减刑,但是告发人要被追究刑事责任。如果是容隐之外的亲属,即小功、缌麻以上亲去替本人自首,本人可减罪三等。如果本人遣人代首或明知容隐内亲属告言之后,经官府追究仍不到案,不能适用自首的规定。

④共犯逃亡后自首

无论是否囚禁或者是否同案,在共同逃亡者中,轻罪者捕获重罪者并去自首的,犯轻罪者可以获得免刑,如果犯重罪者是当被处死者,即使犯重罪者未被宣判,犯轻罪者杀死犯重罪者并来自首的,也可以免罪,并且不追究杀人的刑事责任。如果共逃之人所犯罪相等,共逃者有能捕获在逃人数一半以上的犯人并自首的,可以免刑,捕获人数包括捕得者本人;如果捕获到的人数没有达到总数的一半,那么捕得者的原罪依法处置,逃亡罪可减二等。

⑤自首不实或不尽

"即自首不实及不尽者,以不实不尽之罪罪之,至死者,听减一等。自首赃数不尽者,止计不尽之数科之。"①自首不实,如强盗得赃,自首为盗窃得赃,尽管赃物已经首尽,仍以强盗不得财处置。自首不尽,如果是枉法取财15匹,自首14匹,这是不尽之罪,不在除、免、倍赃、监主加罪、加役流之列;如果是犯强盗罪20匹,自首10匹,本罪应判死刑,但罪状因首而发,因此死听减一等。

⑥不可自首的犯罪

如果是以下几种犯罪,不适用自首减刑:损害人身体;盗窃如宝印、符节、官文书、禁兵器之类不可备偿的犯罪;犯罪事发后逃亡、私度、越度关津;奸污良人;私习天文;造畜蛊毒。这类犯罪性质恶劣,一旦发生难以弥补,因此不可适用自首。

二、法律制度的成熟

(一)法律制度之指导思想的确立

1. 礼法并用的思想

唐代对礼和法的认识和运用已经较为成熟,成书于唐代的《晋书》就表明要维护国家秩序,就必须坚守德礼和刑罚,双管齐下。唐人颜师古在为《汉书·酷吏传》做注

---

① 刘俊文点校:《唐律疏议》"犯罪未发自首",法律出版社1999年版,第111页。

的时候道:“谓御以政刑,则人思苟免,不耻于恶;化以德礼,则下知愧辱,而至于治也。”①记录了唐太宗时期君臣政治活动的《贞观政要》展现了唐初统治者较为成熟的礼、法观:第一,不能用功利的态度对待礼或者法,即悠闲的时候高谈崇尚孔子和老子,愤怒的时候采用申、韩之道;第二,强调礼和法都可以对君主产生约束,君主要遵守法律,不骄奢淫逸,不法外开恩,并且要用礼乐来约束君主的私欲;第三,不管用礼还是用刑都要保持克制,滥刑不能杜绝犯罪的滋生,滥赏会损坏仁义的根本,君主要慎用恩典;第四,刑罚的最终目的是施行教化,要慎重用刑,尤其是对要判处死刑的案件。

唐人认为礼对法律的制定有重要的作用,唐太宗时期魏徵主编的《隋书·刑法志》中有“仁恩以为情性,礼义以为纲纪,养化以为本,明刑以为助”②的记载。但是光有礼和刑都不足以支撑国家的治理,要礼法结合,因此《唐律疏议·名例》开篇就点出:“德礼为政教之本,刑罚为政教之用。”礼法并用的思想在唐律的具体规定中得到了充分的体现:礼是唐律的指导思想,是用法的依据;法处处维护礼,维护礼的尊严和要求。③

2. 恤刑思想的发展

唐律的平允受到后世历代律学家的认可和赞扬,曾经担任过刑部尚书的律学家薛允升在所著《唐明律合编》的序言中点评唐律:“繁简得其中,宽严亦俱得平,无可再有增减者矣。”④清末曾任刑部侍郎以及修律大臣的沈家本在《重刻〈唐律疏议〉序》中说:“至由是书而深求乎古今异同之原,讲明乎世轻世重之故,晰奇阐微,律无遗蕴,庶几傅古亭疑,情罪相准,无铢黍毫发之爽,是又在善于读律者。”⑤

(1)刑罚大幅减轻

唐高祖李渊称帝时废除了《大业律》中烦琐严苛之法。唐太宗李世民在《贞观律》制定前后,进一步削减了刑罚,如在反逆罪的缘坐上,兄弟缘坐原要处绞,唐太宗改为与祖孙缘坐一样没官为奴;改唐高祖时期代替绞的五十条斩右趾为“加役流”;规定笞刑不得鞭打背部;改三复奏为五复奏。

(2)重罪处刑较轻

在“谋反”罪上,唐律中处以死罪的范围是谋反者以及谋反者的父子、母女、妻妾、子妻妾,不包括兄弟。唐代还在谋反罪下设置了两种减轻处罚的情况,第一种是“词理不能动众,威力不足率人者”,这种情况本人处斩,父子、母女、妻妾并流三千里,不

① (汉)班固撰:《汉书》(第11册)卷六〇《酷吏传》,中华书局1962年版,第3645页。
② (唐)魏徵等:《隋书》(第3册)卷二五《刑法志》,中华书局1973年版,第695页。
③ 参见王立民:《唐律新探》,北京大学出版社2016年版,第123页。
④ (清)薛允升:《唐明律合编》,怀效锋、李鸣总校,法律出版社1999年版,第1页。
⑤ (清)沈家本:《历代刑法考》(第4册),邓经元、骈宇骞点校,中华书局1985年版,第2208页。

没收资产；第二种是“陈欲反之言、心无真实之计，而无状可寻者”，这种情况流本人二千里，不缘坐他人。秦朝在“谋反”罪上的刑罚是“具五刑”“夷三族”，其中“具五刑”是“当三族者皆先黥、劓、斩左右趾，笞杀之。枭其首，菹其骨肉于市。其诽语晋诅者，又先断舌，故谓之具五刑”；“夷三族”的范围除父母、妻子儿女外，还包括兄弟。宋代还增加了死罪的处刑方式，在斩、绞之外，设置凌迟处罚大逆不道诸罪。《大清律》对谋反大逆的处罚是“正犯之祖父、父、子、孙、兄、弟及同居之人如本族无服亲属及外祖父、妻父、女婿之类，不分异姓及正犯之期亲、伯叔父、兄弟之子，不限已未析居、籍之同异，男年十六以上，不论笃疾、废疾，皆斩①”。相比唐律，缘坐处死的范围大幅扩大。

3. 严格治吏的思想

唐律在对官吏犯罪的规定上有了许多新的发展，尽管唐朝的官吏在法律上处于享有特权的地位，比如官吏和百姓互相侵犯，法律规定百姓要加重处罚，但是这些刑事处罚上的优惠特权，是缓和统治阶级内部矛盾的手段。随着统治集团内部矛盾的加剧，保护官吏的特权“八议”“官当”等制度实际上废而不用，而对官吏在法律上从严监督，比如，唐律把重惩对象放在掌握统领管辖权力的“监临”官的渎职犯罪上，如果监临主司盗窃自己直接掌管的国家财物或者自己管辖下民众的私有财物，对他的惩罚比一般的盗窃罪处罚要加重二等。②

严格治吏还体现在议、请、减、赎、当对官吏的保护是有限的。唐朝的司法实践中，未对应当享有特权的官员宽宥的例子屡屡出现。下面举出“裴景仙乞赃”一案进行说明：

武疆令裴景仙赃五千匹，亡命，帝怒，诏杀之。朝隐曰：“景仙，其先寂有国功，载初时，家为酷吏所破，诛夷略尽，而景仙独存，且承嫡，于法当请。又丐乞赃无死比，藉当死左，犹将宥之，使私庙之祀无馁魂可也。”帝不许，固请曰：“生杀之柄，人主专之；条别轻重，有司当守。且赃惟枉法抵死，今丐赃即斩，后有枉法，亦又何加？”有诏决杖百，流岭南。③

根据《唐律疏议·职制律》“受所监临财物”的规定，裴景仙应流二千五百里，但是裴景仙是开国元勋、故司空裴寂的曾孙，同时也是现任官员，依律可以减刑一等，再用官当减抵。从该案的处理结果来看，唐玄宗本来欲对裴景仙处以死刑，最后改为决杖配流，没有对裴景仙适用特权。唐朝的决杖分为两种，一种是针对官员的决杖，如如永徽五年(654 年)三月敕，“州胥吏犯赃一匹以上，先决一百，然后准法”④，《神龙散颁刑部格残卷》规定，“流外行署、州县杂任，于监主犯赃一匹以上，先决杖六十；满

① 张友渔、高潮主编：《中华律令集成：清卷》，吉林人民出版社 1991 年版，第 25 页。

② 参见钱大群：《论唐律对官吏罪责追究的制度》，载《江苏社会科学》1992 年第 3 期。

③ (宋)欧阳修、宋祁撰：《新唐书》(第 14 册)卷一二九《李朝隐传》，中华书局 1975 年版，第 4480 页。

④ (宋)王溥撰：《唐会要》，中华书局 1955 年版，第 983 页。

五匹以上，先决杖一百"[①]。另一种是变相死刑的决杖。决杖的适用，使犯罪的官员依律得到宽宥后，还会承担额外的决杖，无疑使议、请、减、赎、当等规定的功能大大减弱。[②]

4. 依法断狱的思想

唐律在法律条文中明确规定断罪须引律、令、格、式正文，并且尽管皇帝在司法中有至高无上的权力，但是官员也不可随便援引皇帝的敕令。如果司法官员任意出入罪，会受到法律的追究。《唐律疏议·断狱》"官司出入人罪"规定：

若入全罪，以全罪论；虽入罪，但本应收赎及加杖者，止从收赎、加杖之法。从轻入重，以所剩论；刑名易者：从笞入杖、从徒入流亦以所剩论，从徒入流者，三流同比徒一年为剩；即从近流而入远流者，同比徒半年为剩；若入加役流者，各计加役年为剩。从笞杖入徒流、从徒流入死罪亦以全罪论。其出罪者，各如之。[③]

唐朝司法官员定罪量刑必须"具引"相关法律条文成为司法传统，直至明清时期。保证判决至少在形式上"依法裁判"，一是可以安抚民众，避免社会舆论的压力；二是避免上级司法机构的驳案，或者案件当事人的"上诉"；三是由于法律代表了皇帝的最高意志，遵守法律就是向皇帝表示忠心。

依法断狱还要求立法应该公允，唐太宗就十分欣赏诸葛亮立法公平，认为立法要秉公而弃私，法不可因人而异，他说："故知君人者，以天下为公，不私于物。昔诸葛孔明，小国之相，尤曰'吾心如称，不能为人作轻重'，况我今理大国乎。"[④]不仅如此，唐太宗时期，更是把法律视作"天下之法"。贞观初年，当时鄃县令裴仁轨任意役使守门人，唐太宗想要将他斩首，李乾祐认为这不符合规定，关于皇权是否可以凌驾于法令之上，他说："法令者，陛下制于上，率土尊之于下，与天才共之，非陛下独有也。"裴仁轨罪不至死，如果皇帝对他处以极刑，就会破坏法的统一性，人们就会无所适从，因此唐太宗采纳了李乾祐的进言。[⑤] 唐初的这种"天下之法"观念，可以说让皇帝也成了守法的对象。

（二）各项法律制度的发展

隋唐时期是中国古代法制十分完善，并且承前启后的时期。在刑罚制度方面，五刑制度最终在隋代《开皇律》中确立，唐律沿用了隋代的五刑体系，再次肯定了"笞、

① 刘俊文：《敦煌吐鲁番唐代法制文书考释》，中华书局1989年版，第247页。

② 唐代对官员的限制保护，参见谢红星：《刑如何不上大夫——传统中国官员犯罪量刑的特权与实践》，载《理论月刊》2013年第6期。

③ 刘俊文点校：《唐律疏议》，法律出版社1999年版，第604－605页。

④ 骈宇骞译注：《贞观政要》，中华书局2011年版，第48页。

⑤ 参见（后晋）刘昫等撰：《旧唐书》（第9册）卷八七《李昭德传》，中华书局1975年版，第2893页。

杖、徒、流、死”这五种刑罚方式。在“十恶”罪方面，隋代《开皇律》正式确定了“十恶之目”：“一曰谋反，二曰谋大逆，三曰谋叛，四曰恶逆，五曰不道，六曰大不敬，七曰不孝，八曰不睦，九曰不义，十曰内乱。”①唐代则完全沿用了隋代关于“十恶”的规定。在特权法方面，“八议”在曹魏《新律》中首次入律，但是具体内容不可考，唐律对“八议”之人的范围和特权作了详细规定；“官当”作为法律制度大概出现在魏晋，完善于隋唐，②唐代官当的主要内容有以官抵刑、除名、免官、官当不尽听赎、叙用。③ 除此之外，唐律还对危害人身安全、侵犯官私财产、危害公共安全、职务等方面的犯罪以及抓捕和诉讼作了细致规范。④

除了历代统治者关注的贼盗、官吏犯罪等，唐代的法律制度涵盖了社会生活的方方面面，如《唐律疏议》总结了以往习惯法中关于“债”的内容，规定买卖奴隶、牲口要立契约，毁约者出绢五正，使古代的民事立法有了肇端；⑤《户令》规定了全国人口的管理制度，把全国人口分为“黄”“小”“中”“丁”“老”，其中“丁”是征收赋税的对象；开元时期的《户部格》规定“户部格：敕，天下私举质，宜四分取利”⑥。由此可见，唐代的法律制度涉及范围是十分广泛的。

（三）法律体系的完善

律、令、格、式是唐朝法律的基本构成，是一套分工明确、密切相关的法律体系，它形成于唐朝前期，于唐朝中后期发生变化，下文将从立法着手进行梳理。

1. 唐代前期的立法

唐高祖武德年间（618—626 年）至唐高宗永徽年间（650—655 年），是唐代法律体系建立和完善的时间。

唐高祖在武德年间的立法在《唐会要》卷三九《定格令》、《旧唐书》卷一《高祖本纪》及卷五十《刑法志》、《新唐书》卷五六《刑法志》中均有记载，除了立法时间有差异，这些记载内容大致相同，《唐会要》卷三九《定格令》记载为：

武德元年六月一日，语刘文静与当朝通识之士，因隋《开皇律》《令》而损益之，遂制为五十三条。务从宽简，取便于时，其年十一月四日颁下。仍令尚书左仆射裴寂、吏部尚书殷开山、大理卿即楚之、司门郎中沈叔安、内史舍人崔善为等，更撰定《律》《令》。十二月十二日，又加内史令萧瑀、礼部尚书李纲、国子博士丁孝乌等，同修之。

① （唐）魏徵等：《隋书》（第 3 册）卷二五《刑法志》，中华书局 1973 年版，第 711 页。

② 参见刘俊文撰：《唐律疏议笺解》（上册），中华书局 1996 年版，第 191 页。

③ 参见赵旭：《法律制度与唐宋社会秩序》，东北师范大学 2006 年博士学位论文，第 195 页。

④ 参见乔伟对唐律中的各项制度做了详细考察，参见乔伟：《唐律研究》，山东人民出版社 1985 年版。

⑤ 参见张晋藩：《中国法律的传统与近代转型》，法律出版社 2009 年版，第 323－327 页。

⑥ （宋）窦仪等撰：《宋刑统》卷二六《受寄财物辄费用》，中华书局 1984 年版，第 413 页。

至七年三月二十九日成,语颁于天下,大略以开皇为准,正五十三系。凡《律》五百条,格入于新《律》,他无所改正。①

武德年间先是在损益隋代开皇律令的基础上制定了53条格,②然后再制定了律、令。《武德新格》的性质类似于东魏修订的《麟趾格》,体现了唐初沿袭了北魏以来修订格的惯例,这53条格具有暂代隋法的功能,格修订完成后,高祖便令大臣继续修订律、令,在修订完成之前,隋代的法制仍在使用。由于国家草创,此次修格时间紧迫,要求仅是"务从宽简,取便于时",格之后便融入律、令法典,不再单独使用。值得注意的是,"五十三条格"属于临时性的刑罚,暂时履行着律的作用。③ 根据史料记载,在篇目数量方面,《武德律》共12卷(篇)500条,《武德令》31卷,《武德格》53条,《武德式》14卷;在具体篇目方面,《武德律》"一准隋开皇之律,刑名之制,又亦略同",则篇目应为"名例""卫禁""职制""户婚""厩库""擅兴""贼盗""斗讼""诈伪""杂律""捕亡""断狱",《武德令》篇目"大略以开皇为准",具体应该为"官品上""官品下""诸省台职员""诸寺职员""诸卫职员""东宫职员""行台诸监职员""诸州郡县镇戍职员""命妇职员""祠""户""学""选举""封爵俸廪""考课""宫卫军防""衣服""卤簿上""卤簿下""仪制""公式上""公式下""田""赋役""仓库厩牧""关市""假宁""狱官""丧葬""杂"④;格、式篇目记载均不详。

唐太宗继位之后,命中书令房玄龄对武德时期的立法进行修订。贞观十一年(637年)修成并颁布了《贞观律》12卷、《贞观令》30卷、《贞观格》18卷、《贞观式》卷。⑤《贞观律》的具体篇目当与《武德律》相同;《贞观令》将旧"诸省台职员"改为"三师三公台省职员",其余和《武德令》无异;格、式的具体篇目难考,但"皆以尚书省二十四司为篇目"⑥。

继贞观立法之后,唐高宗开启了一场大规模立法活动。永徽元年(650年)命长孙无忌等人"共撰定律令格式",修成了《永徽律》12卷、《永徽令》30卷、《永徽散颁天

---

① (宋)王溥撰:《唐会要》,中华书局1955年版,第701页。武德立法的史料记载还见于《新唐书》卷五六《刑法志》、《新唐书》卷一《高祖本纪》、《通典》卷一七〇《刑法典》等,这些史料对立法的时间、参与修法的人员记载略有不同,高明士对此进行了详细考证,参见高明士:《律令法与天下法》,上海古籍出版社2013年版,第83－99页。

② 有学者认为,《武德格》的制定分两次进行,详见高明士:《律令法与天下法》,上海古籍出版社2013年版,第86页。

③ 参见刘俊文:《〈新唐书·刑法志〉证误》,载《中华文史论丛》1986年第4辑。

④ 根据《唐六典》卷六所见《开皇令》篇目列出,参见(唐)李林甫等撰:《唐六典》卷六《尚书刑部》,中华书局1992年版,第183－184页。

⑤ 参见(后晋)刘昫等撰:《旧唐书》(第6册)卷五〇《刑法志》,中华书局1975年版,第2136－2138页。

⑥ 高明士:《律令法与天下法》,上海古籍出版社2013年版,第114、117页。

下格》7 卷、《永徽留本司行格》18 卷、《永徽式》14 卷，永徽二年(651 年)颁行。① 该次立法将格分为《散颁格》和《留司格》，“天下所共者”为《散颁格》，颁布下州县执行，“曹司常务”为《留司格》，供尚书省诸司遵用。自此，律、令、格、式的法律体系最终形成。永徽三年(652 年)，唐高宗又命长孙无忌等人撰成《永徽律疏》30 卷，于永徽四年(653 年)十月颁行。②

唐代的法律体系直接继承了隋代的法律成果，也是对北齐律、令、权格、权式法律格局，以及西晋、梁、陈之律、令、故事并行结构的继承和发展。同时唐代还学习了西周用法典来规范行政和改革的模式，将辅佐律、令的权格、权式、故事改造成了格和式，最终形成了律、令、格、式并行的局面。

2. 唐代后期律令格式体系的发展和变迁

唐朝前期重大的立法活动共计 16 次，唐朝中后期由于藩镇割据、宦官专权等问题，立法活动明显减少，唐后期比较重大的立法活动只有 7 次。③ 与唐朝前期对律令格式整体的修订不同，唐后期的立法活动主要在编集制敕和刑律类统上，将多年的制敕分类、整理，删去前后矛盾以及重复的条文后，编成“格后敕”。唐宣宗大中时期，格后敕的体例有了较大发展，宣宗大中五年(851 年)，刑部侍郎刘瑑等奉敕修《大中刑法总要格后敕》60 卷，把贞观二年(628 年)六月至大中五年间的 214 年的杂敕都分类汇编在一起，计 646 门，2165 条。④ 大中七年(853 年)五月，由左卫率府仓曹参军张戣把律文按性质分成门类，又把同性质的令、格、式附于相应门类之后，凡 12 卷，121 门，1250 条，名曰《刑法统类》。⑤

唐后期制敕的地位非常重要，不仅与律、令、格、式并行，法律效力还通常高于律、令、格、式。这种情况的出现主要有两方面的原因，一方面与唐后期社会变化有密切关系，安史之乱后，均田制、租庸调制等社会经济的根本制度受到严重破坏，中央宦官专权，地方藩镇割据，敕在程序上具有便捷性和灵活性，内容上具有针对性，因此成为了重要的法律形式。另一方面，唐德宗对初唐以来的立法体系进行了调整，规定“天下诸使及州府，有须改革处置事，一切先申尚书省”⑥，尚书省的地位得到了极大提高，

---

① 参见《唐会要》卷三九《定格令》、《旧唐书》卷四六《经籍志上》、《旧唐书》卷五〇《刑法志》、《册府元龟》卷六一二《刑法部·定律令四》。

② 楼劲认为唐朝的律、令、格、式在永徽二年(651 年)形成，主要的表现是“留司格”和“散颁格”的区分。参见楼劲：《魏晋南北朝隋唐立法与法律体系：敕例、法典与唐法系源流》(下卷)，中国社会科学出版社 2014 年版，第 373－415 页。

③ 参见张晋藩总主编：《中国法制通史》(第 4 卷)，法律出版社 1999 年版，第 142、144 页。

④ 参见(后晋)刘昫等撰：《旧唐书》(第 2 册)卷一八下《宣宗本纪》，中华书局 1975 年版，第 629 页。

⑤ 参见(后晋)刘昫等撰：《旧唐书》(第 2 册)卷一八下《宣宗本纪》，中华书局 1975 年版，第 631 页。

⑥ (北宋)王钦若等编：《册府元龟》(第 2 册)卷八九《帝王部·赦宥第八》，中华书局 1960 年版，第 1057 页。

所有的立法建议都要先经过尚书省的统一处理，敕例的两大形成程序合并为一，自永徽二年（651年）以格、式分别约束和归置两类形成程序不同的敕例的做法不再使用，律、令、格、式体系也不再牢固。

3. 唐代法律体系的特点

（1）只有刑法被单独分出

关于律的性质，一般认为唐律是“以刑为主、诸法合体”的综合性刑法典，但唐律应该是一部纯粹的刑法典，[①]《名例律》是诸如刑法原则的规定，其他篇目都是关于各种犯罪和如何处刑的规定。至于现代法律概念中的部门法规定，无法和唐代的法律形式建立一一对应的关系，如现代属于民法的调整对象在唐代有的属于律的内容，有的存在于令中，有的还和礼有密切的关系。如唐代的婚姻法规在律的《户婚律》、令的《户令》、格的《户部格》以及式的《户部式》中。

（2）各种法律形式相互协调

在律、令、格、式的法律体系中，律是刑法典，令、格、式主要规范国家机构的运作，但是违反令、格、式可能要凭借律来制裁，宋人是这样理解四者关系的：

> 律、令、格、式。令者，尊中贵贱之等数，国家之制度也；格者，百官有司之所常行之事也；式者，其所常守之法也。凡邦国之政，必从事于此三者。其有所违及人之为恶，而入于罪戾者，一断以律。[②]

由此可见律是惩治犯罪的法律；令是规范身份等级、国家制度的规范，是规定唐代国家基本制度的法典；[③]格是皇帝制敕的汇编，以诸曹司为篇目，是行政事务的基本规范；式是政务活动中具体工作的规格程限规定。令、格、式一方面和律在性质上有区别，另一方面三者的关系是紧密而又模糊的，令是最基本的，式是令的发展，格是对律、令、格、式的追加和补充，因此涉及方面十分广泛。[④] 晋代著名律学家张斐对《晋律》的布局安排有这样的解释：

> 律始于刑名者，所以定罪制也；终于诸侯者，所以毕其政也。王政布于上，诸侯奉于下，礼乐抚于中，故有三才之义焉，其相须而成，若一体焉。自始及终，往而不穷，变动无常，周流四极，上下无方，不离于法律之中也。[⑤]

这段解释虽然不是对唐代律、令、格、式体系的直接阐述，但是唐代法律体系也沿袭了这种法律思维方式，尽管诸法律形式各不相同，但是他们之间的同一性也不可忽视。

---

① 参见王立民：《唐律新探》（第5版），北京大学出版社2016年版，第28页。

② （宋）欧阳修、宋祁撰：《新唐书》（第5册）卷五六《刑法志》，中华书局1975年版，第1407页。

③ 参见李玉生：《唐令与中华法系研究》，南京师范大学出版社2005年版，第138页。

④ 参见徐忠明：《关于唐代法律体系研究的述评及其他》，载《法制与社会发展》1998年第5期。

⑤ （唐）房玄龄等撰：《晋书》（第3册）卷三〇《刑法志》，中华书局1974年版，第928页。

(3)令格式是不同位阶的法律

令、格、式是位阶、效力各不相同的法律。令、式是各种正面的典章制度,而式是为贯彻律、令而制定更细致的法律,如《丧葬令》中规定:"诸使人所在身丧,皆给殡殓调度,造舆、差夫递送至家。其爵一品、职事及散官五品以上马舆,余皆驴舆。有水路处给船,其物并所在公给,仍申报所遣之司。"①本令是关于因使身葬的规定,令只对运输工具作了具体规定,至于具体调度规定在《兵部式》中:"从行身死,折冲赙三十段,果毅二十段,别将十段,并造灵轝,递送还府。队副以上,各给绢两匹,卫士给绢一匹,充殓衣,仍并给棺,令递送还家。"②格的立法主体是皇帝,因此其他法律都应该和格符合,格实际是立法当局对律、令、格、式修正补充的手段。③

(4)法律根据国家政务职能分类和制定

对于唐代法律的基本划分方式,日本学者滋贺秀三认为,中国古代的法律一方面是刑法,一方面是官僚机构的组织法,由行政规则和其处罚组成,④因而把中国古代法律体系划为刑法和行政法两大体系。这种说法试图用现代部门法的划分标准来判断中国古代法,是脱离中国历史语境的,但是唐代法律以国家政务等方面来谋篇布局,和行政事务确有密不可分的关系。令有的按照中央及地方机构名称命名,如《三师三公台省职员令》《州县镇戍岳渎关津职员令》等,有的按照国家事务事项名称命名,如《户令》《学令》《选举令》等;格皆以尚书省二十四司为篇名;式以机关划分的有尚书列曹及秘书、太常、司农、光禄、太仆、太府、少府,以调整领域划分的有监门、宿卫、计账。

三、隋唐法律原则与法律制度对中华法律文化的影响

(一)对后世历代王朝的影响

唐律在中国古代法制上具有开创性的意义,唐律的条文依然存在于后世法典之中。《宋刑统》以《大周刑统》为蓝本,但是《宋刑统》基本全盘接受了唐律的结构,篇目名称和唐律完全相同,《宋刑统》还学习了唐代的"疏议"体例,甚至吸收了《唐律疏议》的全部内容。《唐律疏议》在宋代司法中仍可引用,因此《唐律疏议》对宋代的社会仍有影响力。与此同时,相对于南方的宋朝,北方的金朝尽管在政治上与宋朝对立,但是也沿用了《唐律疏议》,金章宗泰和元年(1201 年)修成的法典《泰和律义》规定:"凡十有二篇:一曰名例,二曰卫禁,三曰职制,四曰户婚,五曰厩库,六曰擅兴,七曰贼盗,八曰斗讼,九曰诈伪,十曰杂律,十一曰捕亡,十二曰断狱。实唐律也。附注

---

① 天一阁博物馆、中国社会科学院历史研究所天圣令整理课题组校证:《天一阁藏明钞本天圣令校证:附唐令复原研究》,中华书局 2006 年版,第 710 页。

② 刘俊文点校:《唐律疏议》"从征从行身死不送还乡",法律出版社 1999 年版,第 528 页。

③ 参见钱大群:《唐律研究》,法律出版社 2000 年版,第 27 页。

④ 参见[日]滋贺秀三:《中国法文化的考察——以诉讼的形态为素材》,载《比较法研究》1988 年第 3 期。

以明其事,疏议以释其疑。"[①]可见其篇目和唐律完全一致,并且也采用了疏议的形式,只是在内容上有所调整,故而称《泰和律义》"实唐律也"。明清时期的法制有了新的发展,因此《唐律疏议》不再有效力,但是《唐律疏议》仍是制律时的重要参考。《大明律》总篇目虽有 7 篇,但是唐律中的名例、职制、贼盗、诈伪、捕亡、断狱 6 个篇目仍被保留,《大清律例》的体例和《大明律》基本相同,《大明律》保留了唐律 60% 以上的内容,《大清律例》亦同。[②]

(二)对东亚邻国的影响

《唐律疏议》除了对后代诸王朝影响深远,对中华法系的其他成员国也有着巨大影响。日本是受中国法学影响最深远的国家,从公元 600 年开始,日本就派遣使者入隋朝学习佛教和制度文化,之后也相继派遣使者入唐学习。这些使者中的一部分潜心研究唐朝的法律制度,如"素好刑名之学"的大和长冈等。[③] 随着对唐朝法律制度的持续学习,日本逐渐全面继受了唐朝的律、令、格、式体系,[④]大宝元年(701 年),日本第一部律令合编的法典编纂完成,称《大宝律令》,有日本学者认为,《大宝律令》的蓝本是唐朝的永徽律令。[⑤] 在《大宝律令》基础上编纂的《养老律令》在篇目上更是和《永徽律》完全一致。

朝鲜作为中华法系的成员国之一,自进入国家时代以来,就开始了移植中国法制的进程。从高丽时期开始,朝鲜摒弃旧有的法制,较大规模移植中国的法律。《高丽史·刑罚志》中记载:"高丽一代之制,大抵皆仿乎唐;至于刑罚,亦采唐律,斟酌时宜而用之。"[⑥]高丽王朝成宗(981—997)时期制定了《高丽律》,《高丽律》除了《狱官令》之外的篇章体例和唐律完全一致,并且高丽还仿照唐朝建立刑部、大理寺、御史台等司法机构。

越南在历史上长期和中国保持着密切的文化交流,自秦汉至宋初,越南大部分时期都是中国封建王朝的属地,越南在隋唐时期作为中央王朝的辖地,直接适用隋唐的律、令、格、式。公元 968 年,丁朝建立,越南才开始脱离中国的直接统治。越南立国初期,其法律制度中保留了大量中华法系的特点,如立法形式也有律例、诏、令,以及君主和贵族享有大量法律特权。自越南李朝开始,越南封建王朝进入巩固和发展的阶段,在法制上,越南也开始了"模仿唐宋律时代"。

---

① (元)脱脱等撰:《金史》(第 3 册)卷二六《刑志》,中华书局 1975 年版,第 1024 页。

② 参见王立民:《唐律与中国传统法制论纲》,载《华东政法大学学报》2009 年第 5 期。

③ 参见(清)黄遵宪撰:《日本国志》,上海古籍出版社 2001 年版,第 55 页。

④ 参见何勤华,钱泳宏等:《法律文明史》(第 7 卷:中华法系),商务印书馆 2019 年版,第 480 – 481 页。

⑤ 参见[日]利光三津夫:《日本古代法制史》,庆应通信 1986 年版,第 39 页。

⑥ [朝]郑麟趾撰:《高丽史·刑罚志》,全国图书馆文献缩微中心 1993 年版,第 833 页。

第五节 法律教育（明法科）的鼎盛

一、唐代法律教育的发达

（一）唐代法学教育的发展

1. 唐代官方律学的设置

唐代的官方法律教育沿袭自隋，《隋书·刑法志》记载，隋文帝杨坚在订立律典之后于开皇三年（583年）："置律博士，弟子员断决大狱，皆先牒明法，定其罪名，然后依断。"[①]隋代的律博士共8人，隋初律学隶属于大理寺，设九品律博士8人和明法20人，到了隋朝末年，律学才正式归国子监管理，[②]但是直到唐初，律学仍然游走在司法机关与教育机构之间。唐武德初年（618年）设律学，隶属于国子监，与国子学、太学、四门学、书学和算学共同构成六学，但不久即被废除；唐太宗贞观六年（632年）又重设律学，唐高宗显庆三年（658年）再度被废，同时将律学博士及以下人员整体转隶大理寺；唐高宗龙朔二年（662年）第三次复办律学，将其设在国子监下，一年后又划拨大理寺管理；唐玄宗开元年间，律学重新被转隶国子监，此后未再变动。[③]

2. 唐代律学馆概况

（1）招生情况

律学在国子监六学中并不受重视，律学馆开馆招收学生50人，而此时国子学学生300名，太学学生500名，四门学学生1300名。[④] 到了龙朔二年，律学馆招生缩减为20人。[⑤] 关于律学的入学资格，《通志·选举》中有记载：

> 龙朔二年，西京国子监领六学。四曰律学，生徒五十人。取年十八以上，二十五以下，以八品九品子孙及庶人之习法令者为之。[⑥]

从以上文献可知，入律学馆有两个条件：一是八品九品子孙及庶人之习法令者，二是年龄在18岁以上25岁以下。在国子监诸学中，律学学生门槛相较于国子学和太

---

① （唐）魏徵等撰：《隋书》（第3册）卷二五《刑法》，中华书局1973年版，第712页。

② 参见徐道邻：《中国法制史论集》，台北，志文出版社1975年版，第182页。

③ 参见郑晓龙：《形式、内容与理念：从律学兴衰看传统法律教育之流变》载《法学教育研究》2020年第4期。

④ 参见（后晋）刘昫等撰：《旧唐书》（第6册）卷四四《职官三》，中华书局1975年版，第1891－1892页；（宋）欧阳修、宋祁撰：《新唐书》（第4册）卷四四《选举志上》，中华书局1975年版，第1159－1160页。

⑤ 参见（宋）欧阳修、宋祁撰：《新唐书》（第4册）卷四八《百官志三》，中华书局1975年版，第1267页。

⑥ （宋）郑樵撰：《通志》（第1册），中华书局1987年版，第723页。

学低。

律学馆招收的学生还包括留学生,这些留学生来自吐蕃、新罗、日本等国和地区。唐朝文化开放,广泛招收外国留学生,贞观年间国子监学员 3260 人,加上留学生有 8000 余人。[①] 唐朝的留学生由鸿胪寺负责管理,留学生与中土学子一同在国子监学习包括律学在内的六学,这些留学生完成学业后可参加科考,留在唐廷做官,也可以获得唐廷批准后归国。日本是中华法系的重要成员国之一,为学习唐朝的优秀文化和制度,日本向唐廷输入了大量包括留学生在内的遣唐使,这些日本留学生有明确的分工,留学生大和长冈就主修刑名之学,[②]其他留学生还涉猎经史、算数、天文等知识。延喜十四年(914 年),三善清行给醍醐天皇所上《意见封事十二箇条》中曾说吉备真备回国后为大学寮学生传授五经、三史、明法、算术、音韵、籀篆等知识。[③][④]

(2)学习内容

唐代法学教育"以律令为专业,格式法例亦兼习之"[⑤]。可知唐代的明法教育应该以律令和格式为主要内容。律、令、格、式是唐代重要的法律渊源,"法例"是指整个法律体系内用于调整社会关系或法律内容的单项或系列有效法律规范,包括律无明文规定时通过比附等法律方法形成的"法例"、《刑部格》、法官个人编写成的《法例》书。[⑥] 日本对唐朝的律学教育进行了移植,日本红叶山文库本《令义解》纸背后所引《弘仁式》逸文记载:"大学《弘仁式》云:凡应讲说者,《周礼》《仪礼》《毛诗》、律,各四百六十五日;《尚书》《论语》、令,二百日。"[⑦]照此计算,学生需要一天至少学习一条律文,五条令文,并加之儒家经书。

(二)唐代的明法科

唐代的法学教育和明法科密切相关,参加明法考试的学生是来自国子监下的律学馆馆生以及乡贡考生。法律是专门之学,必须经过系统的、专门的培训,因此律学

---

① 参见郭丽:《唐代留学生教育管理制度述论》,载《北京社会科学》2016 年第 10 期。

② 参见[日]藤原继绳撰:《续日本纪》,吉川弘文馆,明治十六年。转引自郭丽:《唐代留学生教育管理制度述论》,载《北京社会科学》2016 年第 10 期。

③ 参见[日]中村新太郎:《日中两千年——人物往来与文化交流》,张柏霞译,吉林人民出版社 1980 年版,第 107 页。

④ 参见郭丽:《唐代留学生教育管理制度述论》,载《北京社会科学》2016 年第 10 期。

⑤ (唐)李林甫等撰:《唐六典》卷二一《国子监》,中华书局 1992 年版,第 562 页。

⑥ 参见钱大群:《唐律的使用及〈律疏〉体制内外"法例"的运作》,载《北方法学》2013 年第 1 期。钱大群认为"法例"不属于"判例",唐朝重"法例"而抑制"判例"的运用,而何勤华、袁也认为唐朝的"法例"应该就是判例集,唐代的律学学生要学习判例,参见何勤华、袁也:《中华法系之法律教育考——以古代中国的律学教育与日本的明法科为中心》,载《法律科学(西北政法大学学报)》2018 年第 1 期。

⑦ 何勤华、袁也:《中华法系之法律教育考——以古代中国的律学教育与日本的明法科为中心》,载《法律科学(西北政法大学学报)》2018 年第 1 期。

馆的馆生是主要的参加明法考试者,律学馆的学生报考可以免去乡试,直接参加省试。

1. 明法科的设置

九品中正制被废除之后,隋炀帝采取分科举人,唐初承隋制,建立了进士科,正式建立了以考试选拔官吏的科举制度。科举制度分为常科和制举,明法就是制举的一科。根据《通典》记载:"其常贡之科,有秀才,有明经,有进士,有明法,有书,有算。自京师郡县皆有学焉。"①唐朝不仅在选官考试中设置明法科,明法还是官方法律教育的核心,这是唐王朝的首创,标志着中华法系法律教育的正式形成。②

《旧唐书·职官志一》记载了唐人获取官职的三种方式:

有唐以来,出身入仕者,著令有秀才、明经、进士、明法、书算。其次以流外入流。若以门资入仕,则先授亲勋翊卫,六番随文武简入选例。③

除了科举、流外入流和以门资入仕,唐人也可以通过向朝廷进献著作、举荐贤才、节镇招募等方式进入仕途。但是在初唐时期,受传统门阀观念的影响,通过科举考试入仕的人数远远不及门荫。④ 随着士族门阀势力的衰微,以及国家选官制度的完善,科举考试人才辈出,科举入仕后身居高位者越来越多。中唐之后,选官方面出现了重寒门,轻弟子的现象。

科举考试在选官中重要性的提高,直接带动了科举相关学科的发展。根据史料记载,唐代科举考试的科目有:

其科之目,有秀才,有明经,有俊士,有进士,有明法,有明字,有明算,有一史,有三史,有开元礼,有道举,有童子。此岁举之常选也。⑤

在众多科目中,进士科最为显贵,也最受人们重视,流传下来有关科举的文献资料也主要讲述进士科,至于明法科,相关资料较少。明法科的设置时间,可以根据传世文献和出土的唐代墓志考证,唐朝明法及第者的履历如表 7-1 所示。

---

① (唐)杜佑撰:《通典》卷一五《选举》,中华书局 1988 年版,第 353 页。

② 参见何勤华、袁也:《中华法系之法律教育考——以古代中国的律学教育与日本的明法科为中心》,载《法律科学(西北政法大学学报)》2018 年第 1 期。

③ (后晋)刘昫等撰:《旧唐书》(第 6 册)卷四二《职官志一》,中华书局 1974 年版,第 1804 页。

④ 参见曾宪义、王健、闫晓君编:《中华传统法律研究》(第 6 卷),中国人民大学出版社 2012 年版,第 182 页。

⑤ (宋)欧阳修、宋祁撰:《新唐书》(第 4 册)卷四四《选举志上》,中华书局 1975 年版,第 1159 页。

表 7-1　唐代明法出身及仕宦情况[1]

姓名	及第时间	官职	出处
李朝隐	高宗末	大理寺丞、御史大夫	《旧唐书》卷一〇〇
裴润、裴净、裴济			
程名则	龙朔三年(663 年)	监察御史里行、侍御史、殿中监、御史大夫	《全唐文》卷二五八
许枢	总章二年(669 年)	详刑评事、大理丞、嶲州刺史	《唐代墓志汇编》,第 970 页[2]
张鷟	武后时期	褐饶阳县尉	《张说之文集》[3]
卢医王	武德五年(622 年)	滑州匡城县丞	《全唐文补遗》第 8 辑,第 12 页[4]
王植	武德九年(626 年)	大理寺录事、长安县尉、武阳县令、尚书省都事、太府寺丞、宗正寺丞	《全唐文补遗》第 3 辑,第 379 页
张泚	景龙三年(709 年)	任南海郡参军、豫章郡兵曹参军、寿春郡安丰令、吴郡常熟令	《唐代墓志汇编》第 1591 页
潘智		郓州钜野主簿、潞州乡县尉	《全唐文补遗》第 8 辑,第 379 页
成几		雍州万年县尉、华州司户参军、绛州闻喜县令、大理司直、左骁尉长史、徐州长史	《全唐文补遗》第 3 辑,第 452 页
皇甫文备	文明元年(684 年)前	登仕郎、朝散大夫、右玉钤卫长史、司刑正、秋官郎中(刑部郎中)、司刑少卿(大理少卿)、营缮少匠、姚州都督府都督	《全唐文补遗》第 2 辑,第 387 页
李正本		慈州昌宁县主簿、陕州河北县尉、蒲州河东县尉、汾州孝义县尉、相州司士参军、洋州长史等	《全唐文补遗》第 4 辑,第 15 页
乔梦松		瀛州河间尉、同州冯翊尉、京兆三原主簿、监察御史、殿中侍御史、侍御史等	《全唐文补遗》第 7 辑,第 44 页
骞晏	长安二年(702 年)	补洋州司法参军、宜君县令	《全唐文补遗》第 2 辑,第 23 页
杨岌	开元初	仙州叶县尉、宋州法曹参军、河内郡武德县令	《唐代墓志汇编》第 1601 页

续表

姓名	及第时间	官职	出处
吉怀恽	垂拱二年(686年)		
房兴昌			《唐代墓志汇编》第940页
车孚			《千唐志斋藏志》第880页
薛敖前			《新唐书·宰相世系》
祖岳		历官州县,次任京僚,累迁朝秩	《千唐志斋藏志》第1252页[5]
陈承信			《河字十七号〈开元律疏〉卷第二名例残卷》,收于刘俊文的《敦煌吐鲁番唐代法制文书考释》
俞元祀			《唐会要》卷三九《定格令》、《河字十七号〈开元律疏〉卷第二名例残卷》,收于刘俊文的《敦煌吐鲁番唐代法制文书考释》
崔晃			《旧唐书》卷五〇《刑法志》、《河字十七号〈开元律疏〉卷第二名例残卷》,载于刘俊文的《敦煌吐鲁番唐代法制文书考释》

[1]本表参考了陈玺:《唐代律学教育与明法考试》,载《西南大学学报(社会科学版)》2008年第1期;金滢坤:《唐五代明法科与律学教育》,载《河北学刊》2016年第3期;以及李守良、时溪蔓:《唐代明法科管窥》,载《青海民族大学学报(社会科学版)》2019年第1期。

[2]参见周绍良主编:《唐代墓志汇编》,上海古籍出版社1992年版。

[3]参见(唐)张说编著:《张说之文集》,文物出版社1982年版。

[4]参见吴钢主编:《全唐文补遗》(第8辑),三秦出版社2005年版。

[5]参见张昉:《千唐志斋藏志》,文物出版社1983年版。

通过对出土墓志铭的研究,可以将唐代设置明法科的时间提前。① 尽管史料中没有说明明法科的开考时间,但是关于进士等科目设置的记载还是颇为丰富的。《唐摭言》卷一《统序科第》云:

始自武德辛巳岁四月一日,敕诸州学士及早有明经及秀才、俊士、进士,明于理

① 郑显文根据传世文献,考证唐代明法考试最早出现在唐贞观二十年(646年),参见郑显文:《唐代明法考试制度初探》,载《政法论坛》2000年第2期。从目前的出土资料来看,这一时间可以提前。

体,为乡里所称者,委本县考试,州长重覆,取其合格,每年十月随物入贡。斯我唐贡士之始也。①

《唐摭言》卷十五《杂记》云:

至(武德)五年十月,诸州共贡明经一百四十三人,秀才六人,俊士三十九人,进士三十人。十一月引见,敕付尚书省考试。②

《唐大诏令集》中记录的于武德五年(622 年)三月颁布的诏书中有:

宜令京官五品以上及诸州总管、刺史,各举一人;其有志行可录,才用未申,亦听自举,具陈艺能,当加显耀,授以不次。赏罚之科,并依别格。③

从这些传世史料可知在武德五年(622 年),除了传统的举荐之外,分科考试已经成为独立的一种选官方式。在武德四年(621 年)至五年的选官活动中,考试科目设置有明经、秀才、俊士、进士四科。结合出土的唐朝墓志铭,武德五年卢医王明法及第,可知在武德四年除了举行了秀才、进士两科的考试,还举行了明法科的乡贡考试,否则不会有卢医王在武德五年的及第。唐高祖于武德四年首开科举之时,明法科也随着进士科的确立而确立。

2. 明法科的考试内容及流程

尽管明法科作为常设的科举考试科目被确立下来,但是其社会地位始终不高,录取人员没有固定的数量,每年也只会录取三五名,和每年录取上千名的进士科形成鲜明对比。④ 因此,史书对明法科具体内容的记载只是数笔带过。《新唐书·选举志上》记载:"凡明法,试律七条、令三条,全通为甲第,通八为乙第。"⑤可知明法科的主要考试内容为唐律、令。至于阅卷标准,《唐六典·尚书吏部·考功员外郎条》有以下记载:"识达义理,问无疑滞者,为通;粗知纲例,未究指归者,为不通。"⑥本句也可知明法考试由吏部考功员外郎主持。仔细考察史料,还可发现明法科的考试内容应当包括律文对应的义疏。《唐律疏议》的修订的原因之一是"律学未有定疏,每年所举明法,遂无凭准"。可知永徽三年(652 年)以前虽有明法科,但是考试标准尚不规范,而永徽四年(653 年)《唐律疏议》颁布之后,判定考生答题水平可以《唐律疏议》为准,其考试内容也应当有律文对应的"义疏"⑦。

随着科举制度的持续运作,出于适应社会发展的需要,唐高宗永隆二年(681 年)

① (五代)王定保撰:《唐摭言校注》,上海社会科学院出版社 2003 年版,第 1 页。

② (五代)王定保撰:《唐摭言校注》,上海社会科学院出版社 2003 年版,第 293 页。

③ (宋)宋敏求编:《唐大诏令集》,学林出版社 1992 年版,第 471 页。

④ 参见蒋楠楠:《论唐宋法律考试与法官职业化趋向》,载《中山大学学报(社会科学版)》2019 年第 1 期。

⑤ (宋)欧阳修、宋祁撰:《新唐书》卷四四《选举志上》,中华书局 1975 年版,第 1162 页。

⑥ (唐)李林甫:《唐六典》,中华书局 1992 年版,第 45 页。

⑦ 参见陈飞:《唐代试策考述》,中华书局 2002 年版,第 105 页。

的《条流明经进士诏》对科举考试的科目进行了改革，其中规定：

今以后考功试人，明经每经帖试，录十帖得六以上者。进士试杂文两首，识文律者，然后并令试策。其明法并书算贡举人，亦量此例，即为恒式。①

该条诏文对科举内容的变动为：变明经与进士"止试策"为试经帖、策（明经）与试杂文、策（进士）两项，明经试十帖通六以上者、进士试杂文两首识律文者，再并令试策。明法科参照明经、进士的标准增加了试项，从仅一个试策变为先帖"经"，后试策。② 帖"经"类似于现代考试的填空题，"策"是唐代科举考试中运用最广泛的文体，策文由策问文和对策文两部分构成，③明法科中的试策就是把律、令的相关问题编写为策问文，考生根据题目撰写对策文，主要试杂文和时务策。④ 唐代初期明法科的考试内容为律令和试策。

到了唐德宗贞元二年（786 年），明经和明法的内容互相渗透，《策元龟府》记载：

其明经举人，有能习律一部以代《尔雅》者，如帖、义俱通，于本色减两选，令集日与官；明法举人，有能兼习一小经，⑤帖、义俱通即可按明经例处分，依明经例处分。⑥

明经和明法的融通和唐律的"一准乎礼"密切相关，培养律经兼通的人才也是唐代政府的诉求。

二、宋代法律教育的变革与成熟

（一）宋代的法学教育与科举制度

1. 宋代的法学教育

宋初置律博士授法律，未设置律学。律学博士的职责是传授法律及校试之事。宋神宗熙宁六年（1073 年）在国子监设律学，律学博士 4 人，宋徽宗时期也有置律学博士的记载。⑦ 律学博士不仅要精通律令，并且要拥有司法实践经验，宋徽宗政和年间，要求律学博士必须法科出身。

目前可知宋朝最早设置律学的时间是宋神宗熙宁六年二月二十七日，⑧宋神宗十

---

① （宋）宋敏求编：《唐大诏令集》卷一六〇《贡举》，学林出版社 1992 年版，第 502 页。

② 参见陈飞著：《唐代试策考述》，中华书局 2002 年版，第 106 页。

③ 唐代科举策文的形式与内容研究参见陈飞：《唐代试策的形式体制——以制举策文为例》，载《文学遗产》2006 年第 6 期。

④ 参见李守良、时溪蔓：《唐代明法科管窥》，载《青海民族大学学报（社会科学版）》2019 年第 1 期。

⑤ "小经"包括《周易》《尚书》《公羊春秋》《谷梁春秋》。

⑥ （宋）王钦若等编纂：《册府元龟》卷六四〇《条制第二》，凤凰出版社 2006 年版，第 13 册，第 7397 页。

⑦ 参见（元）脱脱等撰：《宋史》（第 2 册）卷一八《哲宗二》，中华书局 1977 年版，第 353 页。

⑧ 参见（宋）王应麟辑：《玉海》（第 3 册）卷一一二《学校下・熙宁律学》，广陵书社 2003 年版，第 2073 页。

分重视律学,给律学开辟了专门场所,并拨资金五千缗,以供律学日常开销。[①] 宋代律学设置的目的是提升官员的法律素养,即"看详律学之设,盖欲居官者知为政之方。其未出官及未有官人,且当专意经术,并令入太学,乃学古人官之义。今立法,到吏部人方许入学"[②]。因此宋代律学招生对象主要在在职官员和举人之中,而且入学条件十分严格。举人要入律学馆需要两位命官举荐,先听读,后补试,[③]学习律令者"试大义五道,委主判官同教授依考试刑法官格式考校";学习断案者考"试案一道,每道刑名五件至七件"[④],唯有考试合格才能成为律学学生。[⑤]

关于律学馆的学习内容,除刑统、编敕、律、令、格、式及案例以外,还会有朝廷遣刑部送来的新颁条令,熙宁年间就有规定:"凡朝廷新颁条令,刑部画日关送。"[⑥]这和宋神宗变法需要法律人才有密切的关系。由于神宗鼓励官员和举人进入律学馆学习,元丰年间"律学生无定员"[⑦]。

2. 宋代的"明法科"及"新科明法"

律学在宋朝地位很高,宋朝也是中国历史上法学教育和法律考试最完善的朝代。宋朝的法律考试共分为三种:第一种是科举考试中的明法科;第二种是国家律学学校内部的入学考试和结业考试;第三种是科举考试通过后吏部主持的专门的法律考试。[⑧]

宋初的明法考试沿袭自唐朝,宋太祖开宝二年(969 年)就设有该科。礼部主持科考,设"进士、九经、五经、开元礼、三史、三礼、三传、学究、明经、明法等科"[⑨]。进士科仍然是最重要的考试科目,明法科列于诸科之中,并不受重视,还一度被废除。宋太宗于太平兴国四年(979 年),诏废除明法科,然而"禁民为非者,莫大于法",入朝为官不可不知法,于是同时让进士、诸科"习律令等书"[⑩]。雍熙三年(986 年)明法科又复置。

具体而言,明法考试本六场,后增加至七场,"第一、第二场试律,第三场试令,第

---

① 参见(宋) 李焘:《续资治通鉴长编》卷二四四《神宗熙宁六年》,凤凰书局 2006 年版,第 5932 页。

② (宋)程颢、程颐:《二程集》,中华书局 1981 年版,第 562 页。

③ 参见(元)脱脱等撰:《宋史》(第 11 册)卷一五七《选举三》,中华书局 1977 年版,第 3673 页。

④ (清)徐松:《宋会要辑稿》(第 3 册)"律学",中华书局 2014 年版,第 2791 页上。

⑤ 参见郑晓龙:《形式、内容与理念:从律学兴衰看传统法律教育之流变》,载《法学教育研究》2020 年第 4 期。

⑥ (元)马端临撰:《文献通考》卷四二《学校考三》,中华书局 1986 年版,第 397 页下。

⑦ (元)脱脱等撰:《宋史》(第 11 册)卷一五七《选举三》,中华书局 1977 年版,第 3657 页。

⑧ 参见郑显文:《中国古代法学考试制度初探》,载《西南师范大学学报(人文社会科学版)》2002 年第 6 期。

⑨ (元)脱脱等撰:《宋史》卷一五五《选举一》,中华书局 1977 年版,第 11 册,第 3604 页。

⑩ (清)徐松:《宋会要辑稿》(第 9 册)"明经科",中华书局 2014 年版,第 5507 页上。

四、第五场试小经,第六场试令,第七场试律。仍于试律日杂问疏议六,经注四”①②。考试标准为“对律令四十条,兼经并同毛诗之制,通六为合格”③。可见儒家经典仍然是明法考试的重点,这和宋代法律礼法相融的特点是一致的。

宋仁宗时期,明法考试内容减少,天圣八年(1030年)六月,明法考试不考经书,保留经义,通七为合格。宋仁宗庆历四年(1044年)对科举考试做出了进一步调整,修改了考试内容和流程,强调考生的思辨能力,对于明法科,翰林学士宋祁等言:

明法科愿对大义者,并立甲乙罪犯,引律令断罪。每道所断与律令相合,文理可采者为通,五通为合格。其中深明律意,文理俱优者,仍为上等。④

“立甲乙犯罪”形式的拟制判文在唐朝科举中已有,模拟科举判词的私家判词汇编有白居易的《百道判》《文苑英华》中的唐代判词等。这些判文一般分为判目和判词两个部分,判目是根据经史典籍或现实案例编成的题目,判目中涉及的当事人无真实姓名,多以“甲乙”代替;判词需要考生在判目的基础上,引用律令、故事、情理等作答,不仅要“深明律意”,还要求具有一定的文学色彩。这种形式的考试相比单考考生对律令条文的记忆,更加强调实用性。然而,随着庆历新政的失败,明法科恢复了原来的考核方式。

宋神宗时期,明法科迎来了发展的高潮。熙宁三年(1070年),宋神宗深感办案官员不通律意,立刑法科,熙宁四年(1071年),王安石变法改革科举制度:

既罢明经诸科,乃用其法立新科明法,以待诸科之不能改试进士者,试以律令、《刑统》大义、断案,中格即取。惟尝应明经、诸科试在熙宁五年前者得试,非此类有司不受。⑤

新科明法和旧明法科的主要区别有三:第一,前者的取应对象是“曾诸科举人”,目的在于“以待诸科之不能改试进士者”;后者的取应对象是国子监下律学馆馆生以及乡贡考生。第二,内容不同,前者除律令之外还要试《刑统》大义、断案,但不考经义,侧重考查考生的实践能力;后者试律令帖经、墨义,除律令之外还要试小经,儒家经义是考试重点。第三,地位不同,前者在赐第、授官时有诸多优待,甚至在进士之上;后者被认为是“最为下科”。

在国家对新科明法的推崇下,明法一跃成为上科,“新科明法中者,吏部即注司

① (元)脱脱等撰:《宋史》(第11册)卷一五五《选举一》,中华书局1977年版,第3609页。

② 我国台湾地区学者徐道邻认为明法可能在淳化元年(990年)恢复,莫家齐认为有误,考证《宋会要辑稿》选举一二“可复五明法一科,亦附三小经”以及《续资治通鉴长编》卷二〇“(雍熙三年)夏四月丙子,复置明法科”,认为宋初恢复明法科的时间应该在雍熙三年。详情参见莫家齐:《宋朝“明法”“新科明法”及“试刑法”考》,载《中州学刊》1984年第6期。

③ (元)脱脱等撰:《宋史》(第11册)卷一五五《选举一》,中华书局1977年版,第3605页。

④ (清)徐松:《宋会要辑稿》(第9册)“贡举杂录一”,中华书局2014年版,第5299页下。

⑤ (元)马端临撰:《文献通考》(第2册)卷三一《选举考四》,中华书局1986年版,第293页下。

法，叙名在及第进士之上”[①]，就算是考生已经中了进士，也需要试“律令大义”或“断案”[②]。由于新科明法考试内容单一，考中后列于进士之上，因此出现了“务从朝廷之意而改应新科者，十有七八”的现象。[③]

然而，这种专注刑书的考试方法很快就受到诟病，[④]宋神宗去世之后，宋哲宗元祐元年（1086年），侍御史刘挚认为新科明法“专于刑书，则意若止欲得浅陋刻害之人、固滞深险之士而已”。他主张“并加《论语》《孝经》大义，登科之额，裁剪其半，及注官之日，并依科目资次”[⑤]。宰相司马光更甚，认为没有必要置明法科，因为“使为士者果能知道义，自与法律冥合，若其不知，但日诵徒流绞斩之书，习锻炼文致之事，为士已成刻薄”[⑥]。元祐二年（1087年）十一月庚申从三省奏，“新科明法依旧试断案三道、《论语》义二道、《孝经》义一道，分为五场。仍自元祐五年秋试施行”[⑦]。元祐三年（1088年）闰十二月宋哲宗下诏：

五路应新科明法者，今后许习《刑统》，仍于《易》《诗》《书》《春秋》《周礼》《礼记》内各专一经，兼《论语》《孝经》；解试及省试分为三场：第一场试《刑统》义五道，第二场试本经义五道，第三场《论语》《孝经》义各二道，以三场通定高下。[⑧]

在这样的规定下，明法考试回到了经义主导的状态，到了宋徽宗崇宁元年（1102年），由于旧应诸科举人的销尽，新科明法同其他诸科一样消亡，其解、省试名额尽归为进士科名额。[⑨]

宋室南迁之后，“法官阙人”，因此宋高宗建炎二年（1128年），新科明法复立，[⑩]然而“未及行”[⑪]。宋高宗绍兴十一年（1141年），新科明法解试每五人取一名，省试七人取一名，且无须兼试经义。[⑫] 绍兴十四年（1144年），新科明法在合格标准、考试内容上有变化：第一，在考试内容上，经义再度成为考试内容，并且考试难度增加，要求“所

---

① （元）脱脱等撰：《宋史》（第11册）卷一五五《选举一》，中华书局1977年版，第3620页。

② 参见卓帆：《宋朝法官的选拔和任用》，载《南昌大学学报（人文社会科学版）》1982年第1期。

③ 参见（清）徐松：《宋会要辑稿》（第9册）“新科明法”，上海古籍出版社2014年版，第5532页上。

④ 参见张希清：《中国科举制度通史：宋代卷》，上海人民出版社2015年版，第64页。

⑤ （宋）刘挚撰：《忠肃集》卷四《论取士并乞复贤良科疏》，中华书局2002年版，第95页。

⑥ （宋）司马光：《司马光奏议》，山西人民出版社1986年版，第403页。

⑦ （宋）李焘：《续资治通鉴长编》（第28册）卷四七〇《元祐二年十一月庚申》，中华书局1992年版，第9899页。

⑧ 参见（清）徐松辑：《宋会要辑稿》，中华书局1957年版，第4483页。

⑨ 参见（清）徐松辑：《宋会要辑稿》，中华书局1957年版，第4484页。

⑩ 参见（清）徐松：《宋会要辑稿》（第9册）“新科明法”，上海古籍出版社2014年版，第5532页下。

⑪ （宋）李心传编撰：《建炎以来系年要录》卷一二《建炎二年正月癸巳》，中华书局2013年版，第307页。

⑫ 参见（宋）李心传撰：《建炎以来朝野杂记（上）》卷一三《新科明法》，中华书局2000年版，第269页。

试断案、刑名粗通，以十分为率。断及五分，所试《刑统》义文理全通为合格”[①]。第二，减少了解额和省额，由5人取1名变为7人取1名，省试从7人取1名变为9人取1名。[②] 在这样的情况下，新科明法应举中第者人数很少，绍兴十二(1142年)、十五年(1145年)两榜仅记载黄子淳、张镏两人。[③]

绍兴十六年(1146年)，在存废和是否兼经争论中走过来的新科明法最终被废。[④]根据《宋代登科记考》和《宋人传记资料索引》记载，宋代明法科登科人员共26位。[⑤]尽管宋神宗时期明法科曾显耀一时，但是由于明法科一度强调刑名，颠倒了礼和法的关系，舆论对明法出身的官员多有歧视，称其为贱役、酷吏、庸才，就算是因为法律业绩被评价为“处心忠恕，用法详明”的王衣，也因为明法出身而不能获得宋高宗完全的信任。[⑥]

(二)宋代的法学教育与官吏选拔制度

1. 司法机构官员任职考试：“试刑法”

宋代的法律考试十分完善，举人考中“明法”抑或“新科明法”之后，仅仅是获得了做官资格，不一定派官，还需要参加吏部的考试才能进入仕途。即使为官之后，也要不定期参加法律考试，这类考试就是“试刑法”。关于宋代“试刑法”的开始年限，或认为神宗时期，或认为太宗时期。认为自神宗朝始的有宋人李心传，其《建炎以来朝野杂记》有“试刑法者，亦自(神宗)熙、丰始”[⑦]的记载，元人马端临说法与李心传相同；[⑧]《宋史》也有：“(熙宁三年三月)丙辰，立试刑法及详刑官。”[⑨]持自太宗朝始观点的有学者莫家齐、谢波等，[⑩]他们认为“试刑法”在宋太宗端拱二年(989年)就已设置，直接相关的史料是端拱二年的诏令：“应朝臣、京官，如有明于格法者，即许于阁门上表，当议明试，如或试中，即送刑部、大理寺只应三年，明无遗阙，即与转官。”[⑪]后者的说法更加严谨，太宗端拱二年之前的“试刑法”目的不在于选拔司法官员，而是考试官

---

① (清)徐松：《宋会要辑稿》(第9册)“新科明法”，上海古籍出版社2014年版，第5533页上。

② 参见(清)徐松：《宋会要辑稿》(第9册)“新科明法”，上海古籍出版社2014年版，第5533页上。

③ 参见张希清：《中国科举制度通史：宋代卷》，上海人民出版社2015年版，第66页。

④ 《宋会要辑稿·选举》卷一四之四《新科明法》记载新科明法被罢时间为绍兴十六年，《建炎以来系年要录》卷一五四则记载为绍兴十五年。

⑤ 参见赵晶：《宋代明法科登科人员综考》，载《华东政法大学学报》2011年第3期。

⑥ 参见(宋)綦崇礼：《中散大夫行大理少卿王依可除大理正卿制勅》，载曾枣庄、刘琳主编：《全宋文》(第167册)，上海辞书出版社、安徽教育出版社2006年版。

⑦ (宋)李心传撰：《建炎以来朝野杂记(上)》卷一三《试刑法》，中华书局2000年版，第268页。

⑧ (元)马端临撰：《文献通考》卷三二《选举五》，中华书局1986年版，第302页下。

⑨ (元)脱脱等撰：《宋史》(第2册)卷一五《神宗本纪二》，中华书局1977年版，第275页。

⑩ 参见莫家齐：《宋朝“明法”“新科明法”及“试刑法”考》，载《中州学刊》1984年第6期；谢波：《北宋“试刑法”考略》，载《云南大学学报(法学版)》2009年第3期。

⑪ (清)徐松：《宋会要辑稿》(第9册)“试法”，上海古籍出版社2014年版，第5520页。

员的法律知识水平，端拱二年后，这种法律考试成了选拔司法官员的重要手段，故而“试刑法”又可称为“试法官”“试刑法官”“试刑名”“试断案”“投状乞试”“乞试法律”“乞试法官”等。试刑法在作用和内容上和明法科有许多相似之处，但其独特性更加明显，具体体现在以下几个方面。

(1)考试组织机构

“试刑法”考试组织机构为刑部、大理寺、审刑院和御史台这样的中央司法机关，而非负责科举考试的礼部。此外，有宫阙的司法机构不能直接举行考试选拔需要的官员，而需要交互考试，宋真宗咸平二年(999 年)，审刑院举选拔详议官的“试刑法”，需要由大理寺主持“试断案”三十道；[①]景德二年(1005 年)，大理寺举断官由刑部主试，刑部举详覆官由大理寺主试。[②] 不仅如此，“试刑法”还可以由多个单位共同主持，如仁宗天圣元年(1023 年)规定：“令审刑院、大理寺知判官内轮差一员，与断官一员赴御史台同共考试。”[③]由此开始，试刑法的主要负责机关为御史台。

(2)应考对象

“试刑法”的应考对象主要是现任官员，而非举人。端拱二年(989 年)对应考对象的要求是朝臣、京官“有明于格法者”[④]，真宗景德年间对应试者的要求较为严格：“刑部、大理寺、三司法直官、副法直官，令吏部铨选流内官一任三考以上、谨干无过、工书判官具名引对、试断案五道，中格者授之。”[⑤]真宗大中祥符元年(1008 年)下诏要求考生需“无赃滥”[⑥]。到了宋神宗年间，为了适应变法的需要，“试刑法”应考者的条件放松，熙宁三年(1070 年)诏：

京朝官、选人历官二年以上无赃罪虽有余犯而情非重害者许两制、刑法寺主判官、诸路监司同罪举试刑名。如无人举试但历任有举主二人或监司以上止有一人，皆听乞试。[⑦]

如此，即使犯有赃罪，犯罪后两年仍可参加“试刑法”考试。熙宁七年(1074 年)几乎完全放开了参试者年资和举主应格条件：“京朝官、选人未满两考及非见任者，虽无举主，许试刑法。”[⑧]之后，还放宽了参试者无犯罪记录的限制。

---

① (清)徐松：《宋会要辑稿》(第 6 册)，上海古籍出版社 2014 年版，第 3425 页上。

② (清)徐松：《宋会要辑稿》(第 6 册)，上海古籍出版社 2014 年版，第 3426 页上。

③ (清)徐松：《宋会要辑稿》(第 6 册)，上海古籍出版社 2014 年版，第 3429 页上。

④ (清)徐松：《宋会要辑稿》(第 6 册)，上海古籍出版社 2014 年版，第 3425 页上。

⑤ (元)马端临撰：《文献通考》卷一六六《刑考五》，中华书局 1986 年版，第 1445 页中。

⑥ (宋)李焘撰：《续资治通鉴长编》(第 3 册)卷六八《大中祥符元年正月庚午条》，中华书局 1992 年版，第 1520 页。

⑦ (清)秦缃业、黄以周等辑：《续资治通鉴长编拾补》卷七《熙宁三年三月丙辰条》，上海古籍出版社 2006 年版，第 118 页下。

⑧ (宋)李焘撰：《续资治通鉴长编》(第 18 册)卷二五三《熙宁七年五月癸亥条》，中华书局 1985 年版，第 6199 页。

(3)考试内容

“试刑法”的考试内容更具有针对性，主要考查考生的法律应用能力，内容主要为《刑统》大义、律令及断案。宋神宗熙宁三年(1070年)对考试流程和内容有了较为全面的规定：

京朝官选人，历官二年以上，无赃罪，许试刑名。委两制、刑法寺主判官。诸路监司奏举历任有举主二人亦听。就试曰试断狱一道，刑名十事至十五事为一场，五场止。又问刑统、大义五道。断狱通八分已上，不失重罪。合格分三等。第一等：选人改，京朝官进一官，并补审刑、大理、刑部官。第二等：选人免循一资，京朝官减二年磨勘。第三等：选人免选，京朝官减一年磨勘，法官阙，亦听补。考试关防，如试诸科法。①

元丰八年(1085年)，宋神宗还对“通”“粗”“否”等评卷标准作了规定，进一步规范了考试。② 总的来说，北宋时期的“试刑法”注重考查考生对律令的熟悉程度、断案能力，目的是选拔具备优秀法律素养的司法官员。神宗之后，“试刑法”不复当年盛况，南宋宋高宗尽管推崇“试刑法”，但是要求考试内容要兼经，孝宗淳熙七年(1180年)更是“经义定去留，律义定高下”③。自此，宋代“试刑法”考试内容以儒家经义为主导。④

(4)考生出路

“试刑法”中成绩优异者可以优先授官，能够获得优先授任中央法司法官以及大州录事参军、司法参军等专职司法官吏的资格，具体而言，试中刑法人的任职岗位有：审刑院详议官[真宗咸平(999年)二年三月]；大理寺详断官[景德二年(1005年)三月二十四日]；刑部详覆官[景德二年(1005年)三月二十四日]；刑部、大理寺、三司法直官、副法直官[景德二年(1005年)六月]；大州倖多处司法参军和录事参军[仁宗天圣十年(1032年)二月]等。⑤

熙宁三年(1070年)将考试成绩分为三种等级，考中第一等可任审刑、大理、刑部官，考中第二等和第三等可以在第一等人数不足时参与选拔，并且可以获得循资、减少磨勘。熙宁六年(1073年)提高了“试中刑法人”的待遇：“试中刑法莫君陈迁一官，为刑法官；及四人送法寺试断案，或充提刑司检法官；次五人各循二资；十一人各循一资；余各不依名次路分指射差遣一次，及止免试注官，京朝官比类酬奖。”⑥

---

① (清)徐松：《宋会要辑稿》(第9册)“试法”，上海古籍出版社2014年版，第5521页下－5522页上。

② 参见(清)徐松：《宋会要辑稿》(第9册)“试法”，上海古籍出版社2014年版，第5526页。

③ (元)脱脱等撰：《宋史》(第11册)卷一五七《选举三》，中华书局1977年版，第3674页。

④ 参见莫家奇：《宋朝“明法”“新科明法”及“试刑法”考》，载《中州学刊》1984年第6期。

⑤ 参见蒋楠楠：《论唐宋法律考试与法官职业化趋向》，载《中山大学学报(社会科学版)》2019年第1期。

⑥ (宋)李焘撰：《续资治通鉴长编》(第10册)卷二四三《神宗熙宁六年三月己巳》，中华书局2004年版，第5925页；(清)徐松：《宋会要辑稿》(第9册)“试法”，上海古籍出版社2014年版，第5523页。

2. 法律教育与官吏选拔的关系

宋代的法律教育长期和朝廷选官需求密切相关，在科目设置上，律学馆分别设置了律令科和断案科，律令科侧重对律令大义的解读，而断案科侧重培养学生的办案能力；在律学馆内考试上，习律令者试义，习断案者考察试案；在学生来源上，宋代律学馆还招收在职官员，为了鼓励在职官员进入律学馆学习，规定了如果是命官入律学学习可以走读，无须住宿。元丰六年（1083 年）还针对命官推行了一项利好政策：命官学习成绩优秀者，还能获得升迁或减少磨勘年限。[①]

宋代律学馆的学生有机会越过科举考试直接授官，律学馆定期举行考试检验学生的学习水平，《文献通考》记载有："公试，习律令生员义三道，习断案生员一道，刑名五事至七事，私试，义二道，案一道，刑名五事至三事。"[②]"公试"是降敕差官试，每月举行 1 次，"私试"是学官自试，每月举行 3 次。如果律学学生在律义、断案考试中考得第一，可以不参加科考而直注官。如果考试结果太差，不仅会遭受"留级"，还要缴纳罚金。[③] 这样一来，律学馆的学生成为司法机构官员的直接来源，律学馆的学习内容趋向于为司法实践服务，正如上文所说，宋神宗年间，律学馆的学生需要学习新颁布的条令，为进入仕途后担任变法的实际执行者做好准备。

三、唐宋法律教育对中华法律文化的影响

（一）提高了官员的法律素养

唐代参加明法科的考生多是国子监下律学馆的馆生，相比普通考生，律学馆的馆生参加明法科考试可以免去乡试，直接参加省试。明法科和其他科目不同，具有专业性，开元十四年（726 年）十一月二十五日敕令有："宜令吏部每年先于选人内，精加简试，灼然明闲理法者。留拟其评事已上，仍令大理长官相加简择，并不授非其人。"[④]要求以"明闲理法"为选拔司法人员的标准，会昌五年（845 年）正月三日南郊赦文有："刑部、大理法直，并以明法出身人充。"[⑤]这也就是要求司法机构的"法直"从明法出身的人员中选拔。上文提及的王植、成几、许枢、皇甫文备、李朝隐、乔梦松都曾在唐代的最高审判机关大理寺任职，其中李朝隐官至正三品的御史大夫。不过，需要明确的是，唐代的明法科不是为了专门选拔法官，明法出身者不一定专任法官，律学馆的

---

① 参见曾宪义、王健、闫晓君主编：《律学与法学：中国法律教育与法律学术的传统及其现代发展》，曾宪义主编：《中国传统法律文化研究》（第 6 卷），中国人民大学出版社 2012 年版，第 31 页。

② （元）马端临撰：《文献通考》卷四二《学校考三》，中华书局 1986 年版。

③ 参见卓帆：《宋朝法官的选拔和任用》，载《南昌大学学报（人文社会科学版）》1982 年第 1 期。

④ （宋）王溥撰：《唐会要》卷七五《选部下》，中华书局 1955 年版，第 1360 页。

⑤ （宋）李昉等编：《文苑英华》卷四二九《翰林制诏十》，中华书局 1966 年版，第 2174 页。

馆生也可能在科举中报考其他科目，这与中国古代行政和司法不分是密切相关的。①

到了宋代，律学一度受到皇帝的重视，北宋设置律学的主要目的是培养官员的法律素养，因此律学的招生对象是官员和举人。北宋的律学学生除要学习律令知识外，还要学习“断案”，增强实践中的判案能力，目的是改变官员中“所习非学”的情况。② 因此，与唐代相比，北宋律学更注重对文官的法律培训。在学法和做官紧密结合的背景下，北宋出现了“天下官吏皆争诵律令”③的现象，官员的法律素质也得以提高。

（二）传承了中华法律文化

尽管有《唐律疏议》这样优秀的法典，有律令格式这样严密的法律体系，但是中国古代统治者普遍不重视法治，中华法系的运行动力是众多活跃在司法一线的律学家。律学馆、明法科培养的法律人才在国家的立法和司法中发挥着重要的作用，参与编撰《唐律疏议》的司马锐就是律学博士。④ 隋唐及宋的一批重要的法典注释作品如《唐律疏议》《律附音义》《宋刑统》等都是法科教育的成果。⑤

第六节　律学研究（明法道）的繁荣

律学是研究中国古代法典的篇章结构、体例、各种法律形式及其相互关系、法律的原则和制度的，并对法律的概念、名词、术语和法律条文含义进行注解与阐释的一门科学。⑥ 本节将梳理魏晋南北朝至宋律学的发展情况，并探讨传统律学是如何影响法制的。

一、魏晋南北朝律学至隋唐时期的变异

（一）律学与经学分离

魏晋时期，法律之学正式成为一门独立学科，在此之前，律学仅仅是经学的一部分。两汉律学主要是律章句学，其发展和经学的繁盛密切相关，这段时期的律学主要是以儒家经典解释律文，并且在司法实践中“经义决狱”。曹魏时期，十余家律章句归

---

① 参见叶炜：《论魏晋至宋律学的兴衰及其社会政治原因》，载《史学月刊》2006 年第 5 期。

② （明）陈邦瞻撰：《宋史纪事本末》，中华书局 1977 年版，第 374 页。

③ （宋）苏辙：《苏辙集》，中华书局 1990 年版，第 714 页。

④ 参见何勤华：《以古代中国与日本为中心的中华法系之律家考》，载《中国法学》2017 年第 5 期。

⑤ 参见何勤华、袁也：《中华法系之法律教育考——以古代中国的律学教育与日本的明法科为中心》，载《法律科学（西北政法大学学报）》2018 年第 1 期。

⑥ 参见俞荣根、龙大轩、吕志兴编著：《中国传统法学述论——基于国学视角》，北京大学出版社 2005 年版，第 143 页。

于郑玄一家,但是经学的式微动摇了郑氏章句的地位,表面上仍是经学对律学的干预,实际上为律学的发展解脱了桎梏,拓宽了律学的研究空间。[①] 由于经学对律学影响的减弱,律学家的研究内容也不仅仅是对法律的注释,而是研究法律的本质、概念、法典体例以及法律适用,这也和玄学的盛行有关。在方法上,魏晋律学家不只引经注律,而且参考各家学说,再抽丝剥茧简明扼要地注释法律;在研究内容上,魏晋律学的首要任务仍然是剖析律文的含义,[②]他们运用逻辑思维,对法的本质和法律适用的逻辑进行了深入研究。张斐的《注律表》是魏晋时期最著名的律学作品,张斐认为法律的本质和“理”有关,他针对两汉时期律文繁杂的情况,对法律的编排进行了理论上的修正,认为刑名篇“自始及终,往而不穷,变动无常,周流四极,上下无方,不离于法律之中也”。[③] 因此在法典中,《刑名》应当放在最首。为了让法律更好地适用,张斐还对《晋律》中 20 个法律术语作了辨析,如他用“故”“失”“过失”区分人的 3 种主观责任、对“谩”“诈”“不敬”“不道”“恶逆”等严重危害皇权的罪名作了定义等。

朝廷在五经之外设置律学博士,也是律学与经学分立的标志。经过东汉末年的战乱之后,律典消亡,官员不通律令,若要重构法典,就需要建立专门学习法律的机构,因此魏明帝在廷尉中设置律学博士,作用是向地方行政管理者和狱吏教授法律。之后,十六国时期的后秦在长安设置律学,这是史书记载中最早的专门性法律教育机构。律学博士的设立对律学的发展有着重要的意义,沈家本认为律学的兴衰和律学博士的存废有着密切的联系,他认为“律学博士一官,其所系甚重而不可无者也。法律为专门之学,非俗吏之所能通晓,必有专门之人,斯其析理也精而密,其创制也公而允。以至公至允之法律,而运至精密之心思,则法安有不善者。及其施行也,仍以至精至密之心思,用此至公至允之法律,则其论决又安有不善者”[④]。法律作为一门精细的专门学科,需要进行专门的学习,律学博士的设置体现了官方对律学的重视,也有利于律学的传承,因此宋代律学的衰落与律学博士人数和品质急剧下降有关。[⑤]

(二)律学家参与立法

汉代的律学家主要对法律进行解释,而魏晋时期著名的律学家多是立法者或司法官,如刘劭是曹魏《新律》的主要制定者,同时著有《律略论》;杜预是东晋《泰始律》的主要制定者,同时撰写了《律本》;明法掾张斐为《晋律》作注,著有《杂律解》《律解》

---

① 参见梁健:《魏晋法律文化述略》,载《理论月刊》2011 年第 3 期。

② 参见蒋集耀:《中国古代魏晋律学研究》,载《上海社会科学院学术季刊》1990 年第 3 期。

③ (唐)房玄龄等撰:《晋书》(第 3 册)卷三〇《刑法志》,中华书局 1974 年版,第 928 页。

④ (清)沈家本撰:《历代刑法考》,中华书局 1985 年版,第 2060 页。

⑤ 参见张中秋:《论传统中国的律学——兼论传统中国法学的难生》,载《河南省政法管理干部学院学报》2007 年第 1 期。另有学者认为,律学博士不是发展律学的主力,宋代律学的盛衰和律学博士的规模没有直接关联,参见陈锐:《中国传统律学新论》,载《政法论坛》2018 年第 6 期。

《汉晋律序注》;廷尉刘颂曾上书议论律令,广受人们赞美。如今这些律学作品已经散失,我们只能从留存下来的张斐《注律表》和刘颂的表文中窥见魏晋律学的一角。

律学家有机会参与立法,就可以在立法实践中对法典内容和结构进行改革。曹魏时期的律学家对秦汉以来的律令法典做了归纳,并进行新的建构,如《晋书·刑法志》记录了曹魏《新律》篇目上对《汉律》的取舍:"《盗律》有劫略、恐猲、和卖买人,科有持质,皆非盗事,故分以为《劫略律》。《贼律》有欺谩、诈伪、逾封、矫制,《囚律》有诈伪生死,《令丙》有诈自复免,事类众多,故分为《诈律》。"如此损益《汉律》并加入新的内容,形成了《新律》18 篇,晋代的律学家在《新律》的基础上继续整合律典,形成了《晋律》20 篇。其中最值得注意的是《具律》位置的调整,《具律》在李悝制《法经》时放在律典的最后一篇,到了汉代,《具律》"既不在始,又不在中",曹魏立法者改《具律》为《刑名》,放在篇首,西晋《泰始律》在《刑名》一篇后增《法例》一篇,北齐律合二者为《名例》,后世沿用不改。由此,表示刑法总则内容的《名例》放在了卷首,不仅发挥了总领全律、提纲挈领作用,还保证了律文的灵活性,有助于解决立法的繁简问题。

因此,立法问题是唐代之前律学家们关注的主要问题,[①]律学不仅是解释法律的学问,还是创制法律的学问。

二、隋唐宋律学研究的主要内容

(一)隋唐律学的主要内容

1. 隋唐律学的集大成之作:《唐律疏议》

随着法典的完善,律学在隋唐时期进入了兴盛的阶段,而隋唐律学家的主要任务从创制法典变成解释法律。唐代律学的集大成之作是《唐律疏议》,《唐律疏议》不仅是中国古代历史上保存下来的最早、最完整的法典,也是现存最早、最严谨的律学作品。

唐律是秦汉以来法典编纂的集大成之作,自贞观之后,唐律没有大的改动,《旧唐书·刑法志》记载,唐高宗时期"诏曰:'律学未有定疏,每年所举明法,遂无准凭。宜广召解律人条义疏奏闻,仍使中书门下监定。'成三十卷,四年十月十日奏之,颁于天下。自是断狱者皆引疏分析之。"[②]可见律疏为明法科提供"定疏",永徽年间所撰律疏即今本《唐律疏议》。《唐律疏议》以律文为经,依照唐律 12 篇的顺序,对 502 条律文进行了逐句诠解和疏释,并设置问答解决疑难问题。唐律原本的法条用语十分精简,律疏阐述了律文蕴藏的法理,丰富了律文的内容及其法理性。同时,由于《唐律疏议》是奉召修订的,其律疏具有法律效力,不仅仅是法律的注释,还是和律并行的国家

---

① 参见陈锐:《中国传统律学新论》,载《政法论坛》2018 年第 6 期。

② (后晋)刘昫等撰:《旧唐书》(第 6 册)卷五〇《刑法》,中华书局 1975 年版,第 2141 页。

法典之一。[①]

《唐律疏议》沿袭了汉代律章句学的注释方法，按照法典的篇目，对法条进行了逐条注释，这部分内容用“[疏]议曰”标示，除了对律文的关键字词进行了训诂，还阐明了法理。对于疑难问题，《唐律疏议》以“问曰”“答曰”的形式解答了律文适用的问题，除此之外，《唐律疏议》还对各篇的历史源流进行了梳理，阐述了各篇的来源和设置的原因，体现了法典编撰的一脉相承。[②]《唐律疏议》之“疏”是解释律文，《唐律疏议》之“义”是阐明律文的深意并且补足律文不周之处。这种注释方法对后世影响深远，直至明清也有体现。清代律学家薛允升在其作品《唐明律合编》的例言中对唐律及其律疏作出了高度评价：“（唐律）集众律之大成，又经诸名流裁酌损益，审慎周详而后成书，绝无偏倚踳驳之弊。”[③]他肯定了律疏对律义解释的贡献。

2. 隋唐时期的判例研究

现在已知的唐代判例汇编主要保存在《龙筋凤髓判》《白氏长庆集》《文苑英华》《文明判集残卷》中，不过现存的唐代判例都为拟制，并非形成于司法，这可能和唐代广泛使用法例而抑制判例有关。[④] 这些判文对疑难案件进行了深入探讨，涉及法律的运用、礼法关系以及法律之外的诸多问题，展现了隋唐律学的繁荣。

（1）《龙筋凤髓判》

唐代张鷟撰写的《龙筋凤髓判》大约成书于中唐开元年间，是迄今已知最早的传世官定判例，是一本拟制判词集。《龙筋凤髓判》传世诸本中，嘉靖刘允鹏刊本最为精良，也是《四库全书总目提要》所列底本。张鷟字文成，号浮休子，深州陆泽（今河北深县）人，是唐朝中期著名的法学家和文学家，大约出生于唐贞观年间，唐高宗调露年进士及第，曾授长安尉、迁鸿胪丞，开元初被弹劾，贬官至岭南，最后卒于司门员外任期中。[⑤]

中国古代的判词包括官方书写的裁判文书以及拟制判词，拟制判词分为科举考试的考生拟作的判词、为了准备科举考试而拟制的判词，以及文学作品中的拟制判词。[⑥] 现在保留下来的唐代判词大部分是拟制判词。唐代判词经历了三个不同的阶段，在第一个阶段，吏部选取州县的疑难案件作为科举考试的题目，考查考生书写判文的能力；到了第二个阶段，科举考试规模扩大，第一个阶段的题目显得过于浅显，不满足人才选拔的要求，于是吏部从经籍古义中截取片段并假设甲乙，编写成考判让考

---

① 参见刘俊文点校：《唐律疏议》，法律出版社 1999 年版，第 3 页。

② 参见胡旭晟、罗昶：《试论中国律学传统》，载《浙江社会科学》2000 年第 4 期。

③ （清）薛允升撰：《唐明律合编》，怀效锋、李鸣点校，法律出版社 1999 年版，例言第 1 页。

④ 参见钱大群：《唐律的使用及〈律疏〉体制内外“法例”的运作》，载《北方法学》2013 年第 1 期。

⑤ 参见（唐）张鷟撰：《〈龙筋凤髓判〉校注》，中国政法大学出版社 1996 年版，第 1 页。

⑥ 参见汪世荣：《中国古代判词研究》，载《法律科学（西北政法学院学报）》1995 年第 3 期。

生作答；到了第三个阶段，参加科举考试的人数越来越多，只考查流传甚广的通经正籍已经无法甄别考生优良，因此吏部选取僻书曲学中的内容编成判文，供考生作答。根据张鷟的人物生平和《龙筋凤髓判》的行文风格，《龙筋凤髓判》应该诞生于判词发展的第一个阶段，是供考生参考以应试。

《龙筋凤髓判》共 4 卷，体例结构似《唐六典》，以案件当事人的官职分类编排，如卷一分为中书省、门下省、公主、御史台、尚书都省、吏部、考功、司勋、主爵、户部、工部、仓部，每则书判的内容都和案件当事人的职务和身份密切相关。它涉及高宗、武周、中宗、睿宗朝，上至皇亲国戚、中央三省六部，下至地方州县官吏百姓的重要案件，书判内容的题材十分丰富，囊括了唐朝早期社会生活的方方面面。在该书收录的 79 则案件中，刑事类案件有 34 件，行政类案件有 22 件，其余为民事、军事或者违礼类案件。①

《四库全书总目提要》称该书“其文胪比官曹，条分件繁，组织颇工，盖唐制以身言书判诠试选人”。张鷟工于对偶骈句，文采斐然，在世时已经备受世人推崇，被世人称为“青钱学士”。该书以唐代骈文写成，大量引用旧典，其“情法两尽、文理优长”的制判标准，体现了张鷟较高的文学造诣。

按照《龙筋凤髓判》和《唐律疏议》律文的对应关系，可以将其收录的判词分为刑事犯罪类判词和行政类判词。该书的判文具有较强的规范性，每篇判文为固定的三段式结构：开头陈述案情，点明争议的要点，接下来大段征引与案情相关的历史典故支撑制判者的立场，最后引出判词结论，一般为肯定或者否定请求提出者的要求。

在《龙筋凤髓判》所处的历史时期，中华法系的代表作《唐律疏议》已经问世，“律、令、格、式”的成文法体系已经较为完善。唐朝司法判案的依据以唐律为主，但是唐律条文简要，给司法实践带来较大的困难，因此需要通过“类举”来处理法无明文规定的情况，判例也就有了生长的空间。然而实际上，唐朝对司法中判例的使用作了严格的限制，以防止官吏任意出入罪而对成文法体系造成破坏。唐律规定：“诸断罪皆须具引律、令、格、式正文，违者笞三十。”因此，现存的唐朝判例作品数量很少，即使有《龙筋凤髓判》这样的判例汇编，也只作特殊用途，《龙筋凤髓判》也并非严格意义上的判例法。

从该书判例的来源看，大多数观点认为该书的判词为拟造，也有学者考证该书的判词可能改编于真实案件。② 总的来说，《龙筋凤髓判》作为科举考试应试者备考的参考书目，不是为了解决实际纠纷问题，而是为了展现制判者写作能力和法律掌握能力。

---

① 参见夏婷婷：《唐代拟制判决中的法律发现——对唐代判词的另一种解读》，吉林大学 2010 年博士学位论文，第 142 页。

② 参见霍存福：《〈龙筋凤髓判〉判目破译——张鷟判词问目源自真实案例、奏章、史事考》，载《吉林大学社会科学学报》1998 年第 2 期。

尽管囿于时代和张鷟本人能力的局限,《龙筋凤髓判》依旧是一部珍贵的法律史和文学史的资料。首先,该书展现了唐代御史实用主义的法律思维,体现了中华法系"法理"与"情理"相互贯通,"国法"和"民意"相融合的精神。其次,虽然该书中案件当事人均难以和正史对照,但是可以考证到它的内容来源于当时官署的奏、状、法司的断例等,生动反映了唐朝初期社会存在的社会问题,尤其是政治弊病。最后,唐代科举及第的士人还需要通过吏部的考试,考试内容涉及"身、言、书、判",而"判"最考验考生处理事务的能力。《通典·选举志》中有这样的表述:"不习经史无以立身,不习法理无以效职。举人出身以后当宜习法,其判问请皆问以时事、疑狱,令约律文断绝。其有既依律文,又约经义,文理弘雅,超然出群,为第一等。"①《龙筋凤髓判》中的判文能够引经据典,适当地运用律文,并有精彩的说理,满足《通典》里一等判文的条件,因此是当时考生备考的"优秀范文",也向我们生动地展现了当时对官吏判文书写能力的要求。

(2)《白氏长庆集》

《白氏长庆集》的作者是我国著名诗人白居易。白居易(772—846),字乐天,自号香山居士。白居易出生在以文学著称的小官僚家庭中,他的祖父白锽、外祖父陈润都是诗人,父亲白季庚是明经出身,做过多地地方官,这样的家庭环境为白居易之后的文学创作和政治生涯打下了基础。

白居易生前十分重视保存自己的文章和诗歌,因此朱彝尊评价说:"诗家好名,未有过于唐白傅者。"②长庆四年(824 年),曾经和白居易同登科"才识兼茂明于体用"的元稹被罢相,来到越州任职浙东观察使。元稹向白居易索要其全部的文稿,之后整理编写成《白氏长庆集》。大和九年(835 年),白居易编订了一个总共 60 卷,收录了 2964 篇诗文的集子,也就是《白氏文集》。会昌五年(845 年),《白氏文集》经过重新编排和整理,最终定本为 75 卷。

《白氏长庆集》的文学价值是巨大的,对于中国传统法律来说,《白氏长庆集》还有两个相当独特的部分,那就是其中第 48 卷和第 75 篇《策林》,以及第 49、50 卷的《百道判》③。以上这些内容对我们研究唐朝的典章制度、法律规范、伦理道德以及白居易本人的思想有着重要意义。

《百道判》是白居易依据科举考试中试判的形式,创作的关于诉讼狱案、民事案件,以及科举考生对案件的追责量刑、解难解纷的 101 道拟制判词。同《龙筋凤髓判》一样,《百道判》和吏部以书判选人的关系密切。由于科举考试要求考生作答的试判

① (唐)杜佑撰:《通典》(第 1 册)卷一七《选举》,中华书局 1988 年版,第 425 页。

② 朱彝尊:《曝书亭集》,世界书局 1937 年版,第 443 页。

③ "百道判"为一〇一道判词,这一名词最早由元稹提出。《容斋随笔》及《文献通考》中称"甲乙判"。

"务为骈四俪六，援引必故事，而组织皆浮词"①，《百道判》正是由四六骈文这种华丽的文学语言写成，它句式整齐，对仗工整，平仄协调，用典贴切。《百道判》这种迎合科举考试的判词与后世真正的司法判例有着显著的不同，主要表现为三点：第一，判词中没有当事人的姓名，而以"甲乙"替代；第二，判词中的案件情节不具体，缺乏具体科罪量刑的记载；第三，文学色彩较强，辞藻华丽。②

尽管《百道判》的内容是虚拟的，但是我们不可否认其中涉及和反映了当时的真实问题，这些判词不仅提供了许多研究唐朝社会习俗和法律制度的材料，还体现了白居易本人对当时社会问题的思考，具有很强的时代特征。就《百道判》中体现的法律思想和法制观念，主要有以下几点。

第一，体现了"刑礼迭相为用"的礼法观。初唐统治者强调"德治"，在处理礼和法的关系上主张"德主刑辅"，强调要先推行教化，再施加刑罚。但是，安史之乱后，曾经强大的唐王朝元气大伤，皇权旁落，社会矛盾尖锐，面对这种时代特征，白居易提出："刑者，可以禁人之恶，不能防人之情；礼者，可以防人之情，不能率人之性；道者，可以率人之性，又不能禁人之恶。循环表里，跌相为用。"③这是对唐律中深受儒家观念影响的"德礼为政教之本，刑罚为政教之用"思想的改良，白居易将刑法放在了与礼同等的位置上，淡薄了伦理道德在法律中的作用。如在第36道判中有如下内容："得：甲妻于姑前叱狗，甲怒而出之。诉称非七出。甲云：不敬。"④唐律严格贯彻了"夫为妻纲"的原则，妻子在婚姻中的法律地位远远不如丈夫，《唐律疏议·户婚律》中规定了七种可以休妻的行为，以此保护丈夫的权利。但是白居易在此判中认为对丈夫的"七出"权的保护应该有所限制，"姑前叱狗"只是小的过错，不能构成甲休妻的理由，甲无疑是滥用了休妻权，不应该支持。

第二，反对地主豪强的法外特权，比如在《百道判》中有这样一则判文："得丁上言，豪富人畜奴婢过制，请据品秩为限约。或责其越职论事，不伏。"⑤按照唐律规定，"奴婢贱人，律比畜产"，奴婢地位极其低下，但是，由于当时私家大量蓄奴，大大影响了社会生产，并且地方藩镇势力蓄养的奴婢还可能成为他们进行武装割据的兵源，⑥

① （宋）马端临、贵兴：《文献通考》卷37《选举考》，浙江书馆光绪二十二年刻，第33页。

② 参见蹇长春：《"百道判"及其学术价值——兼论白居易的早期思想》，载《西北师大学报（社会科学版）》1984年第3期。

③ （唐）白居易：《白居易集笺校》（第6册），上海古籍出版社1988年版，第3515页。

④ 同上（唐）白居易：《白居易集笺校》（第6册），第3594页。

⑤ 同上（唐）白居易：《白居易集笺校》（第6册），第3609页。

⑥ "永昌元年九月，越王贞破，诸家僮滕衣甲者千余人。于是制王公以下奴婢有数。"参见（宋）王溥撰：《唐会要》卷八六《奴婢》，中华书局1955年版，第1569页。

唐代统治者严格限制地主豪强畜养奴婢的规模,[①]白居易的这道判词正是主张限制豪强富人的法外特权,禁止越制蓄奴。

第三,用法需张弛有度。白居易继承了先秦儒家重民、恤民的思想,认为用法应当平宽,认为平民百姓如果只是犯了小错,应该得到宽容,而对于犯了大错的豪强地主,绝不可放过。因此,白居易主张"理大罪,赦小过",统治者应当在仁政的基础上用刑得当、宽猛相济,如在第五道判词中有如下内容:"乙上封,请永不用赦。大理云:废赦何以使人自新?乙云:数赦则奸生,恐弊转甚。"[②]在古代中国,统治者为了彰显仁政,往往会对有罪者实行赦免。但是如果滥用赦免,就会破坏法制的稳定性,对于守法之人也是极大的不公。"赦"并非一无是处,"赦"一方面可以赢得民心,维护统治秩序,另一方面可以减轻百姓的刑戮之苦,因此白居易认为,如果滥用赦免就会造成"则起为奸之弊",但是如果废而不用,又"何作解之恩",他选择了折中的方案,认为"赦"不可过多,但是也不能彻底废除。

(3)《文苑英华》

《文苑英华》是宋太宗赵炅命李昉、徐铉、宋白及苏易简等二十余人共同编纂的官修文学总集,于太平兴国七年(982 年)开始编纂,雍熙三年(986 年)完成。本书共 1000 卷,收录了上起萧梁,下讫五代时期的文学作品,选录的作家近 2200 人,作品近 20000 篇,分"赋""诗"等 38 类,清代编纂《四库全书》《全唐诗》《等科记考》《唐尚书省郎官石柱题名考》等多以此书为参考,或汇集其中材料而成。[③] 全书卷帙浩繁,其中唐代作品最多,约占总数的 9/10,因此被称为"唐代文学作品之渊薮"。

《文苑英华》卷五零三至五五二的 50 卷中,共收集有唐代判文共约 1043 道,其中白居易判文 44 道、元稹判文 8 道属于文人练习之判,剩下的为科场之判。这些科场之判按照判目和判头划分,可以分为 540 种判题。这些判题中有大约 100 种出自经籍典故,而剩下的 440 种按照与《唐律疏议》的亲疏关系分为 4 种。[④]

第一种判题直接来源于《唐律疏议》条款,这样的判目有 20 种。如"诈假求官判"[⑤]的判目开头为"乙诈假求官。科其罪。诉云求而未得"。而唐律中《诈伪律》规定:"诸诈假官,假与人官及受假者,流二千里。"[⑥]而本则判词的批断是:

---

① "王公之家,不得过二十人。其职事官,一品不得过十二人,二品不得过十人,三品不得过八人,四品不得过六人,五品不得过四人,京文武清官,六品七品不得过二人,八品九品不得过一人。"参见(宋)王溥撰:《唐会要》卷八六《奴婢》,中华书局 1955 年版,第 1570 页。

② (唐)白居易:《白居易集笺校》(第 6 册),上海古籍出版社 1988 年版,第 3566 页。

③ 参见(宋)李昉等编:《文苑英华》(第 1 册),中华书局 1966 年版,第 1 页。

④ 参见谭淑娟:《从科判与唐律的关系看唐代铨选试判的社会作用——以〈文苑英华〉中判文为考察对象》,载《兰台世界》2008 年第 16 期。

⑤ (宋)李昉等编:《文苑英华》(第 4 册)卷五一四,中华书局 1966 年版,第 2636 页。

⑥ 刘俊文撰:《唐律疏议笺解》,中华书局 1996 年版,第 1712 页。

为官择人,聿求俊彦,强学干禄,必正科名。彼乙伊何,不求诸己。射宫明试,无闻六义之能;藻镜轮材,将乱九流之序。况今唐虞御极,才子在宫,王裴持衡,至公选士。方听得贤之颂,宁容诈假之辜?顾三面而斯宅,既称未得,须议减论。

其中“宁容诈假之辜”指出了案件的性质是“诈假官”,而对该案的处理结果“称未得,须议减论”符合《唐律疏议》中本罪“求而未得”的处理。本类判词基本都按照《唐律疏议》的条款书写,并且大多来自《职制律》《诈伪律》《杂律》。

第二种判题是在律条的基础上作出的,可能是对律条的具体解释,一共有约40道。如“损户茧丝判”的判目为:“甲宰邑,面损其户数,按察使纠按,曰不为茧丝。”①《户婚律》第153条规定:“诸里正及官司,妄脱漏增减以出入课役,一口徒一年,二口加一等。赃重,入己者以枉法论,至死者加役流;入官者坐赃论。”②判目中“甲宰邑,面损其户数”就是对本条“诸里正及官司,妄脱漏增减以出入课役”的具体化。这类判目对应的批断大多数符合《唐律疏议》的规定,但是其中有一部分以礼判决,或者没有给出明确处罚。

第三种判题仍出自《唐律疏议》,但是从表面上看不出有直接联系,需要进行法条分析,这类判题共140种。如“为吏私田不善判”③,唐律中没有直接的规定,但是符合《户婚律》“部内田畴荒芜”的规定,被告人是否犯了罪还需要具体分析。这类判文较前两种更加复杂,能在《唐律疏议》中找到相关条款的,基本是依法判决,不能在《唐律疏议》中找到明确依据的,依照礼、情、理、史判决。

第四种判题数量最多,有大约240道,根据判目内容很难确定适用哪款法律,很多涉及行政事务的管理问题。这类判文可能和唐代的令、格、式关系更密切,有的不涉及犯罪。

通过《文苑英华》,我们可以窥见唐朝的许多社会问题,其中涉及官吏犯罪的篇目极多,几乎每一卷都有收录,包括官吏职守有阙、违制违纪以及贪赃枉法等罪行,对这些案件具体分析之后可以发现唐朝对各级官吏的行为规范较严格,立法较健全,这与唐朝前期官治清明有着密切关系。

(二)宋律学的主要内容

1.对律令的整理和注释

宋代的官方注律当首推《宋刑统》,《宋刑统》沿袭了《唐律疏议》的体例,共12篇30卷。《宋刑统》的创新主要体现在注释方法上,除了保留了《唐律疏议》原有的注解、疏议,《宋刑统》还增加了相关令、格、式、敕、起请等条文,这种做法沿用到了明清。

---

① 刘俊文撰:《唐律疏议笺解》,中华书局1996年版,第2729页。

② 刘俊文撰:《唐律疏议笺解》,中华书局1996年版,第929页。

③ 刘俊文撰:《唐律疏议笺解》,中华书局1996年版,第2732页。

以《唐律疏议》为代表的单一型律文注释书,发展为明清时期的综合性律例注释书,《宋刑统》有着开创性的作用。①

宋代的律学作品数量众多,律学家们创作的律学作品也多于唐代。《宋史·艺文志》记载的刑法类书籍有"221 部,7955 卷"②,黄懋的《刑法要例》、张员的《法鉴》、张履冰的《法例六赃图》、孙奭的《律音义》、赵绪的《金科一览》、刘高夫的《金科玉律总括诗》、王键的《刑书释名》、刘筠编著的《刑法叙略》、傅霖的《刑统赋》等。其中,《刑统赋》比较具有代表性,③为宋代律学博士傅霖编制,他将《宋刑统》律文的要旨,用韵文体裁撰为律学读本,并作注解释韵文,以便阅读和记忆,全书共 8 韵,每韵少则 4 条,多则 22 条,共 119 条。《刑统赋》在结构上分为赋、解、歌、增注 4 个层次,对律文进行了详细且通俗的注解。不过这部作品在宋代并未获得广泛关注,反而在金、元受到极高的重视,而且还形成了丰富的注释版本。④

在律学研究方法上,宋代律学也取得了较大的进步。"八字例"是中国古代法典使用的一些专用字,也是古代律学家重要的读律方法,唐律中的八字例包括"以、准、皆、各、及、即、若、其","律疏"是这八字功能发挥的场所。明代律学家张楷提出:"隋唐立八字之义,至傅霖《刑统赋》始著,有王元长卿,用太史公诸表式,为唐律横图,乃有'例分八字'之目。我朝因之。"⑤张楷认为傅霖是"八字例"的最早提出者,而陈锐考证后认为"八字例"可能最早由北宋仁宗时期的范镇提出,⑥不过范镇未对此作详细解读,傅霖在其作品《刑统赋》中对"八字例"做了解说:

解曰:《名例》内有八字,以、准、各、皆、及、其、即、若也。以者,谓以盗论,同真犯,当除名,有倍赃。准者,止准其罪,当复职,无倍赃。皆者,罪无首从,其罪皆同,谓如强盗及私度关桥病军人逃亡者也。各者,各重其事,谓二人俱得加减也。及者,连于上也。其者,反后意也。谓文义与前不同也。即者,文虽同而义殊,谓九十曰耄,七岁曰悼,虽有死罪而不加刑,即有教令者,坐在教令之人。若者,会于上意也,再缴前文也。若于词状文归及一切公式文状,亦用此八字也。⑦

---

① 参见何勤华:《论宋代中国古代法学的成熟及其贡献》,载《法律科学·西北政法学院学报》2000 年第 1 期。

② (元)脱脱等撰:《宋史》卷二〇四《艺文志》,中华书局 2000 年版,第 3425 - 3429 页。

③ 《刑统赋》也称《刑统赋解》。参见杨一凡编:《中国律学文献》(第 1 辑·第 1 册),黑龙江人民出版社 2004 年版,第 145 页。

④ 根据《四库全书总目提要》记载,宋元时期为《刑统赋》作注的至少有 10 家,参见彭巍:《〈刑统赋〉注释本与宋元时期的律学转型》,载《法治现代化研究》2020 年第 2 期。

⑤ (明)张楷:《律条疏议》,明嘉靖二十三年重刊本,载杨一凡编:《中国律学文献》(第 1 辑·第 2 册),黑龙江人民出版社 2004 年版。

⑥ 陈锐认为"例分八字"萌芽于隋唐时期,形成于唐宋之间,在宋代被人们熟知,参见陈锐:《"例分八字"考释》,载《政法论坛》2015 年第 2 期。

⑦ (宋)傅霖:《刑统赋》,载沈家本编:《枕碧楼丛书》,知识产权出版社 2006 年版。

由此可见傅霖对“八字例”的认识已经较为全面,后代律学家研究八字例也以此为基础。宋代末期,“八字例”被编成歌诀,到了元代,律学家对“八字例”更广泛地关注,并且结合当时的律文对“八字例”有了更丰富的注解,如益州王亮对“八字例”进行了“增注”,邹仁孟奎进行了“粗解”①。“例分八字”在明代已经非常成熟,洪武二十一年(1388年)的《大明律》将“例分八字”与“五刑图”“狱具图”“丧制图”“服制图”一同列于诸律条之前,大臣为皇帝解读律文时也提及“八字例”,足见“八字例”已经是读律、定律与用刑的指南。②

2. 宋代的判例研究

(1)《折狱龟鉴》与《棠阴比事》

在唐代判例的基础上,北宋的判例开始出现新的形式,一些有司法经验的官员、士大夫把过往明敏断狱、平反冤案的记载汇总成书,为官员断案提供参考,这类判例集大多可以启迪心智、触类旁通,《折狱龟鉴》就是其中的代表作品。

《折狱龟鉴》也称《决狱龟鉴》,是为了给断狱者提供借鉴的案例合集。全书分为释冤、辨诬、鞫情、议罪、宥过、惩恶、察奸、覈奸、擿奸、察慝、证慝、钩慝、察盗、迹盗、谲盗、察贼、迹贼、谲贼、严明、矜谨20门,辑录了上起春秋、战国,下至北宋大观、政和年间历代有关平反冤滥、抉擿奸慝的案例故事270余条、390余事,并且在案例后以按语的形式进行了分析和考证。《折狱龟鉴》较为系统地总结了前代在案件的侦破、检验、审讯、判决和平反等方面积累的正反两方面的历史经验,至今仍然有借鉴和启发的意义。③《折狱龟鉴》中的案例多摘自正史和笔记,行文生动,展现了司法价值取向,阐明了法律规范的精神和原理,并展现了宋代高超的司法侦查和审判技巧,其中最能体现中国传统司法精神的是其中的释冤思想和恤刑思想。

其一,慎刑悯狱,哀矜仁恕的释冤思想。《折狱龟鉴》把“释冤”门放在最先,其中共收录案例71件,为20门中最多的。释冤案例共分为3类:一是司法官员严谨断狱,避免了冤案的案例,此类案例最多;二是司法官员纠正了已有的冤案;三是申冤类案例。④冤假错案的处理反映了一个时代的司法理念、司法文明程度和司法状况,《折狱龟鉴》展现了对释冤的高度重视,要求司法官员明察审谨,尽心察狱,司法官员因为故意或者过失造成冤案的,要严格追责。

---

① 参见沈家本编:《枕碧楼丛书》,知识产权出版社2006年版,第113、141页。

② 参见张田田:《律典“八字例”研究——以〈唐律疏议〉为中心》,吉林大学2014年博士学位论文,第31页。

③ 参见(宋)郑克编撰:《折狱龟鉴译注》,上海古籍出版社1988年版,第1页。

④ 参见姜保忠:《释冤法律思想及其对现代司法的启示——以〈折狱龟鉴〉为中心》,载《河南社会科学》2018年第2期。

其二,严明、矜谨的恤刑思想。中道、仁道和恕道是中国传统特色司法理念,①这种恤刑思想一是要求司法官员遵循法理,依法断案,罚当其罪,严格断案的同时深察人情,正如郑克按语:"治其末者,虽绳以峻法而终不能禁,徒为苛刻耳。治其本者,虽处以平法而奸盗自止,岂非严明乎?"②二是要情法两适,平衡天理、国法和人情的关系,这要求司法官在依法断案的基础上,对个案要有针对性、妥当性的处理。在"马亮贷死"案例中,乡人合谋杀死了四处为非作歹的逃亡士兵,依法应该判处死刑,但是马亮认为为民除害的人不当处以死罪,免除了乡人的死罪,郑克在按语中赞许了马亮的做法,并道出了该案中法与情的关系:"为民除害,其事有实,其情可矜,而必诛之,非法意也。"③

《棠阴比事》是作者桂万荣在《折狱龟鉴》基础上整理而成的,其中一部分内容来自《折狱龟鉴》和五代和凝父子的《疑狱集》。桂万荣在两书基础上把百余个案例做了分类、对比和评价,既有实例,又富有辨析。《棠阴比事》原书共2卷,144条,其特点是"使事必相比""引义比事,必得其偶",即选用两个近似或者相对的案例,将二者编成一对,用一组对偶短句作为题目,使其形成对比,便于读者触类旁通,对司法实务具有实用性。道光年间,金陵籍的鄞县寓贤朱绍曾经评价道:"《疑狱集》掎摭故实,乃法家之成案;《折狱龟鉴》辨论精审,乃成案之谳语;桂万荣《棠阴比事》依类连贯,乃成案、谳语之比例。三书不可缺一,皆仁人君子之用心也。"《棠阴比事》得到了宋理宗的肯定,夸赞它"知听讼决能审克",因此曾经风靡一时。

《棠阴比事》与《折狱龟鉴》之差异,主要表现为三点:一是内容选择上的差异,桂万荣选择的案例更加偏向于经济、财产类的争讼,相较《折狱龟鉴》,盗贼类的案例占比减少,同时郑克所撰故事取材单一,而桂万荣在综合多种史料的基础上进行了二次创作;二是语言上的差异,对于较长的故事,桂万荣做了压缩,因此《棠阴比事》较《折狱龟鉴》更加精简,但仍不失可读性;三是思想上的差异,由于桂万荣所处的时代,国内外政治稳定,经济繁荣,奢靡之风抬头,桂万荣在继承了郑克宽仁思想的基础上,更加严明,更具有原则性。④

(2)《名公书判清明集》

《名公书判清明集》(以下简称《清明集》)是一部诉讼判决书和官府公文的分类汇编,是研究宋代,特别是南宋中后期社会史、经济史、法制史的珍贵材料。《清明集》

---

① 参见吕丽、高晨:《严明与矜谨:〈折狱龟鉴〉的核心审断理念》,载《法制与社会发展》2015年第1期。

② (宋)郑克编撰:《折狱龟鉴译注》,上海古籍出版社1988年版,第490页。

③ (宋)郑克编撰:《折狱龟鉴译注》,上海古籍出版社1988年版,第205页。

④ 参见郝文轩:《〈折狱龟鉴〉和〈棠阴比事〉比较研究》,东北师范大学2016年硕士学位论文,第32、34、37页。

收录判词的作者是案件的主审官员或者案件的主要负责人，且大多为当时社会的知名人物，绝大多数人的生平都可以考证，其中为大众熟知的有宋慈、包拯、朱熹等。《清明集》包含的内容相当丰富，包括不同身份和职业的人，皇亲国戚、官僚、奴仆、赌场老板、卖卦人、艺人、军兵、僧道、娼妓、人贩等都在书中出现，将宋代市民生活展现得淋漓尽致。

《清明集》共收录案例470篇，全集分为官吏门、赋役门、户婚门、人伦门、人品门、惩恶门，这6门涉及宋代司法的各种问题，其中户婚门所占篇幅最多，共131道。中国古代的判词发展到宋朝已经达到相当高的水平，《清明集》在唐朝判词的基础上，发展出一套固定的判词风格，这种风格一直保持到明清时期，具有跨时代的意义。《清明集》是宋代最具代表性的判词，主要反映出宋代判词的以下特点。

第一，所录判词皆实判词，且多为名家创作。前文提到的诸如张鷟《龙筋凤髓判》、白居易《白氏长庆集》等唐代判词，都属于拟制判词，这些判词大多为应科举考试之需的练笔之作。这类判词共同的特点是：其一，案件情节多为虚构，案件中的人物皆为虚设；其二，案件情节简单，案件经过交代不明，因此批断表达含糊；其三，判词的受众是准备科举考试的考生，因此判词说理必引经据典，判词文采斐然且晦涩难懂，判文格式通常是固定的，张鷟、白居易的判词更是得到了广泛流传，成为"模范作文"。而《清明集》的判词都不具有上述特点，这些判词都是实判，实判也称案判，是在司法活动中，法官根据诉讼程序和实体法律要求进行审理后，对案件作出的裁判意见，具有法律效力。从结构上来看，这些判词不再采用拟制判词事实与判词分开书写的形式，而是把事实和判词融合，把情节叙述和说理结合，论证严密，严谨易懂。从内容上看，《清明集》中的判词包括当事人、当事人身份地位、案件事实、证据、判决理由、判决结果、执行方式、期限等。《清明集》的案件当事人不像《龙筋凤髓判》那样使用假名，也不同于《百道判》那样虚设甲乙，而是使用了真实姓名；案件情节清楚，叙述了事件发展的前因后果；在案件的处理上，《清明集》论述了判决的依据，如果不作裁判意见，也会特别说明。

第二，体现了高超的法律技巧。通过考察《清明集》中判词使用的司法技巧，可见诸位名公的判案技巧已经达到了很高的水平。其一，名公们论证时大量运用演绎推理、类比论证、比喻论证、价值衡量方法，因此论证的可靠性较高，说理充分，也容易被大众接受。[①] 其二，表现出高超的法律解释技巧，《清明集》中的判词对许多法条进行了恰当的解释，如在"契约不明钱主或业主亡者不应受理"[②]中与该案直接关联的法

---

① 参见陈锐：《宋代的法律方法论——以〈名公书判清明集〉为中心的考察》，载《现代法学》2011年第2期。

② 中国社会科学院历史研究所宋辽金元史研究室点校：《名公书判清明集》，中华书局1987年版，第132页。

条是“契要不明，过二十年，钱主或业主亡者，不得受理”，该法条有两层意思，即契要不明、时间超过20年，或者契要不明，钱主或业主亡，不得受理。①　而对于此案的处理是“今此之讼，虽未及二十年，而李孟傅者久已死，则契之真伪，谁实证之，是不应受理也”。该案契约不明，且立契之人已死，法官对原法条进行了扩张解释，从而适用“不得受理”，是符合立法原意的。

第三，反映了宋代繁荣的商品经济下，民事法律的繁荣。《清明集·户婚门》中共有20多类判词，大致可以分为4类：其一，财产纠纷类判词，包括争业、抵当、争田业、争屋业、取赎、违法交易、争财等事类，共计100道。其二，案件涉及财产纠纷，但关键是案件当事人身份的认定和变动类判词，包括立继、归宗、别宅子、遗腹子、义子等事类，这类判词共41道。其三，不仅涉及财产纠纷，还与当事人身份紧密相关的判词，包括检校、孤幼、孤寡、女受分、分析、户绝、坟墓、墓木、遗嘱等，这类判词共32道。其四，婚嫁纠纷类判词，包括婚嫁、离婚、接脚夫等事类，这类判词共12道。②　宋代商品经济高度繁荣，商品交易活跃，人们意识到了法律对于解决纠纷的重要作用，并且愿意诉至官府，甚至会出现叔侄之讼、舅甥之讼、兄弟之讼，出现“民风好讼”的社会现象。断案的名公们一方面斥责好讼之风，另一方面大量援引法律审判案件，并且进行了法理分析，比如，契约案件判词就契约的成立、履行、违反契约的责任、契约纠纷案件的受理等问题，从法理上进行了分析和论证。③　情、法二者的兼顾，和中国传统礼法结合的基本精神是一致的。

三、隋唐宋律学研究的基本特征

（一）官方律学走向衰落

魏晋时期，律学是一门显学，很多经学家都兼修律学，魏晋以来律学发展的高峰出现在唐代，具体表现为《唐律疏议》的问世，然而宋代之后，官方律学逐渐衰微。官方律学的衰落体现在律学博士数量的减少以及其品质的降低，士大夫阶层也不重视律学，甚至出现“读书万卷不读律”的极端风气。其实，官方律学曾经在宋代迎来过发展的高潮，为了适应变法的需求，宋神宗非常重视律学，还给律学开辟了专门的场所，经过改良后的新明法科也一跃成为上科，但是这种辉煌十分短暂，宋高宗绍兴十六年（1146年），新明法科最终被废，官方律学研究也陷入沉寂。宋代律学由盛转衰的原因主要有以下三个方面：第一，《唐律疏议》问世之后，律学的任务已经完成，官方对律

---

①　参见汪世荣：《中国古代判词研究》，中国政法大学出版社1997年版，第72页。

②　参见潘萍：《论宋代民事诉讼中的法律适用——以〈名公书判清明集·户婚门〉为中心》，载《江苏社会科学》2021年第3期。

③　参见汪世荣：《中国古代判词研究》，中国政法大学出版社1997年版，第65页。

学的支持变小,因此官方律学研究失去动力;①第二,唐代中后期律令格式体系发生巨大的变化,皇帝颁布的格和敕逐渐取代了律令的地位,因此律学缺少稳定的研究对象;第三,宋代的学术风气发生转变,名儒对律学充满鄙夷。

官方律学的衰落和明法科的衰落有密切关系,自曹魏设立律学博士起,官方律学就承担了培训法律专门人才和培养具备法律知识的普通文官两个使命。从史料来看,唐代通过明法科入仕的官员十分有限,大部分通过明法科入仕的官员担任法官的时间也很短暂,②从明法科出身者的仕途来看,唐代明法科并非专门选拔司法官员,而是选拔通晓律令知识的普通文官。③ 唐代后期,明法科越来越受到冷落,韩愈在《省试学生代斋郎议》中说道:"学生或以通经举或以能文称,其微者,至于习法律、知字书。"④可见律学只是边缘学科。到了宋代,尽管明法科地位有所起落,但其考试内容趋向与经义结合,"法吏通经"成了大势所趋。在明法科这样的遭遇下,官方律学发展缓慢,难以再出现如《唐律疏议》般的优秀作品了。

(二)律学在民间传播广泛

随着社会经济的发展,律学在民间的传播较为昌盛。宋代统治者不限制土地流转,土地买卖和兼并引起的诉讼案件越来越多,甚至出现了许多亲属间的争讼。与此同时,宋代商品经济繁荣,买卖、借贷、租赁、典当等契约形式大量涌现,因此出现了许多经济纠纷。诉讼的需要使得民间对学习法律的需求越来越大,有助于律学在民间的传播。宋代不仅中央设置了律学,有些村校、乡校也设置了法律、讼学,民间习法的风气属江西为甚,宋人周密在《癸辛杂识》中写道:"江西人好讼,是以有簪笔之讥,往往有开讼学以教人者,如金科之法,出甲乙对答及哗讦之语,盖专门于此,从之者常数百人,此亦可怪也。"⑤这是说由于江西诉讼成风,民间自发开设讼学课程,前来学习的人有数百人之多。此类记载还可见于沈括的《梦溪笔谈》:"世传江西人好讼,有一书名《邓思贤》,皆讼牒法也。其始则教人舞文,舞文不可得,则欺诬以取之,欺诬不可得,则求其罪劫之。盖思贤人名也,人始传其术遂以之名书。村校中往往以授生徒。"⑥可见民间有人撰专门之书教民众"讼牒"之法。宋代江西甚至出现了儿童习法的现象,《宋会要辑稿》中有记载:"江西州县有号为教书夫子者,聚集儿童授以非圣之

---

① 参见张中秋:《论传统中国的律学——兼论传统中国法学的难生》,载《河南省政法管理干部学院学报》2007 年第 1 期。

② 参见彭炳金:《论唐代明法考试制度的几个问题》,载《政法论坛》2002 年第 2 期。

③ 参见叶炜:《论魏晋至宋律学的兴衰及其社会政治原因》,载《史学月刊》2006 年第 5 期。

④ (唐)韩愈:《韩昌黎文集校注》,上海古籍出版社 1988 年版,第 117 页。

⑤ (宋)周密:《癸辛杂识》,中华书局 1988 年版,第 159 - 160 页。

⑥ (宋)沈括:《梦溪笔谈》,诸雨振译注,中华书局 2016 年版,第 565 页。

书，有如四言杂字，名类非一，方言俚鄙，皆词诉语。"①可见宋代民间不仅出现了专门教授讼学的学校，且学习人数众多，学习群体广至儿童。

律学在民间的广泛传播，得益于新的律学形式——法律歌诀的出现，上文提及的傅霖《刑统赋》大约是最早将律文编写成歌诀的作品，除此之外，包含法律歌诀的作品还有赵绪的《金科一览》、刘高夫的《金科玉律总括诗》以及无名氏的《金科玉律》等。除了法律歌诀，宋代民间还流传着其他通俗类的法律作品，如上文提到的《邓思贤》，桂万荣在《棠阴比事原编·虔校邓贤》中提及的《公理杂词》等。② 律学教育和律学作品在民间的发展和传播，使得宋代律学在官方律学衰落的情况下，仍能不断发展。

（三）律学作品丰富

根据史书记载，唐宋的律学作品十分丰富，在唐代，有官撰《唐律疏议》，以及律学家崔知悌等撰《法例》、裴光庭撰《唐开元格令科要》、宋璟撰《旁通开元格》、刘瑑等撰《大中刑法总要格后敕》60 卷、张戣撰《大中刑律统类》12 卷、李崇撰《法鉴》8 卷等，不过这些律学作品大多没有保存下来，但在日本有传播的《张氏注》《宋氏注》《简氏注》《曹氏注》《唐问答》《唐律释》《律疏骨梗录》等。在宋代，有官撰《宋刑统》，以及律家孙奭著《律附音义》、黄懋撰《刑法要例》8 卷、王行先撰《令律守鉴》2 卷、曾旼撰《刑名断例》3 卷、王键撰《刑书释名》、刘筠撰《刑法叙略》等。但在这些律学作品中，除了《唐律疏议》《宋刑统》《律附音义》《刑书释名》等少数作品，其他基本上都已经佚失。

除了丰富的律学作品，隋唐及宋还形成了众多的律学世家。律学世家在汉代已经形成，在隋唐获得了进一步发展，唐初有韩仲良、韩瑗父子，戴胄、戴至德叔侄，苏瓌、苏颋父子等，五代至宋初有和凝、和𡼖父子等。③

（四）宋代出现司法职业化趋势

随着律学知识的不断积累，宋代出现了司法职业化的趋势。宋代州一级司法，组织机构设置严密、分工明确，还创设了如"检法议刑"、判决给出"断由""千文架阁"等制度。司法职业化趋势的出现，是宋代司法公正的条件，更是国家政治清明的重要因素。经历了唐代安史之乱、中后期以及五代十国的战乱，宋代土地私有制深入人心，促使社会结构进一步变革。为了解决日益增多的田宅土地诉讼矛盾，宋代民事诉讼案件注重给出"断由"，以确保审理的公正性。唐中期后通晓法律的"法直官"借专业知识操纵法律，冤案屡屡发生，专职"检法官"在五代十国时期出现。这一改革正是宋

---

① （清）徐松：《宋会要辑稿》（第 14 册），上海古籍出版社 2016 年版，第 8378 页。

② 参见龚汝富：《江西古代"尚讼"习俗浅探》，载《南昌大学学报》2002 年第 2 期。

③ 何勤华对唐宋时期的律学作品、律学家以及律学家的社会活动做了详细考证，参见何勤华：《以古代中国与日本为中心的中华法系之律家考》，载《中国法学》2017 年第 5 期。

代“鞫谳分司”的前身。宋建国之初,以读书士子充当司法官员,在全国各州专门设置“检法议刑”官员——“司法参军”(议法断刑)和“司理参军”(讼狱勘鞫),“鞫谳分司”(审判分离)制度正式确立。判决徒以上惩罚等级的案件,县一级官员(行政兼理司法)可以拟判,但判决权在州而不在县,州一级司法权力不仅仅是复核,而是进一步专业化。通过《名公书判清明集》中的案例可见,宋代州一级地方审判中,侦讯、检法、判决职权三分,互相制约、监督。“千文架阁法”要求从中央到地方的各级机构建立起司法文书与法令的管理机构,明确档案管理各项制度,司法档案管理确保了宋代司法职业化顺利运行。

四、隋唐宋律学研究对中华法系的影响

(一)律学对立法的影响

正如上文中提到,魏晋至唐的律学家参与立法者众多,早在东汉末年,应劭、鲍昱、陈宠等律学家对改变法典体系开始了一系列探索,尽管他们从事的是对已有法律、判例、惯例等的整理工作,但这种整理工作本就是立法。到了魏晋时期,重要的法典直接出自律学家之手,如制定曹魏《新律》的刘劭、参与制定《泰始律》并为之作注的杜预都是著名的律学家。

律学的技巧也对创制法律有着重要的作用,律学家通过律学技巧完善律典,如《唐律疏议》中的“比附”,“比附”既是一种司法技巧,也是立法方式,《唐律疏议》中的“比附”既出现在律条正文中,也出现在律疏中,如“不应得为”条的疏议中有:“其有在律在令无有正条,若不轻重相明,无文可以比附。”①也就是说律令没有明确规定时,并且案件中的行为与法律规定的行为不能轻重相明时,可以进行比附定罪。再如《名例律》“除名比徒三年”条规定:“诸除名者,比徒三年;免官者,比徒二年;免所居官者,比徒一年。”②此处将“除名”“免官”与“徒刑”这种刑罚方式相比,是将两种性质不同的处罚方式进行了比附。③ 关于比附在立法中的作用,日本学者中村茂夫认为“比附在旧中国的法律制定方面发挥过作用”④,“比附”本是一种律学技巧,但是通过立法确认后本身也成了成文法的一部分。不过,唐律对“比附”的使用是十分审慎的,具体体现在只有“断罪无正条”时才能使用“比附”,并且要求比附的双方事类相同,同时唐律对“比附”的运用还有程序上的约束,⑤可见律学家在创制法律时的严谨性。

---

① 刘俊文点校:《唐律疏议》,法律出版社1999年版,第561页。

② 刘俊文点校:《唐律疏议》,法律出版社1999年版,第38页。

③ 参见陈锐:《中国传统律学新论》,载《政法论坛》2018年第6期。

④ [日]中村茂夫:《比附的功能》,载[日]寺田浩民主编:《中国法制史考证:日本学者考证中国法制史重要成果选择:明清卷》(丙编第4卷),中国社会科学出版社2003年版。

⑤ 参见黄春燕:《唐朝比附制度研究》,载《法学论坛》2015年第5期。

(二)律学对法律适用的影响

中国传统律学通过独特的解释方法揭示了法律条文的含义,避免司法陷入混乱,《唐律疏议》的制作目的即是避免在司法中出现同罪异罚的情况。《唐律疏议》对法律的解释方法主要分为释法性解释和造法性阐释,造法性阐释类似一种立法活动,如上文引用的"不应得为条",释法性解释是《唐律疏议》中最主要的解释方法,是对立法精神的解释和说明,包括对律文中的字词进行语义解释、对立法者的原意进行探究、对法律体系进行阐述等。[①] 这种细致的解释是十分必要的,《名例律》阐述了为唐律作解释的动机:"今之典宪,前圣规模,章程靡失,鸿纤备举,而刑宪之司执行殊异:大理当其死坐,刑部处以流刑;一州断以徒年,一县将为杖罚。不有解释,触涂睽误。"[②]可见在《唐律疏议》发布之前,司法官员的自由裁判权难受约束,因此出现了同罪异罚的情况,《唐律疏议》颁布之后,各级司法官员有了可靠的法律文本,法律的权威得到了维护。

---

① 参见郑显文:《〈唐律疏议〉的释法性解释和造法性阐释》,载《法学论坛》2022 年第 4 期。

② 刘俊文点校:《唐律疏议》,法律出版社 1999 年版,第 3 页。

参考文献

一、古籍

1. (西周)周公旦:《周礼》,吕友仁、李正辉注译,中州古籍出版社 2010 年版。
2. (战国)左丘明:《左传》,郭丹、程小青、李彬源译注,中华书局 2012 年版。
3. (战国)左丘明:《左传》,(晋)杜预注,上海古籍出版社 2015 年版。
4. (汉)董仲舒:《春秋繁露》,张世亮、钟肇鹏、周桂钿译注,中华书局 2012 年版。
5. (汉)班固撰:《汉书》,(唐)颜师古注,中华书局 2013 年版。
6. (汉)孔安国:《尚书正义》,(唐)孔颖达正义,黄怀信整理,上海古籍出版社 2007 年版。
7. (汉)司马迁撰:《史记》,(宋)裴骃集解,(唐)司马贞索隐,(唐)张守节正义,中华书局 2013 年版。
8. (汉)许慎:《说文解字》,段玉裁注,上海古籍出版社 1981 年版。
9. (汉)崔寔:《政论校注》,孙启治校注,中华书局 2012 年版。
10. (汉)郑玄注:《仪礼》,(清)张尔岐句读,郎文行校点,方向东审订,上海古籍出版社 2016 年版。
11. (汉)郑玄注:《周礼注疏》,(唐)贾公彦疏,彭林整理,上海古籍出版社 2010 年版。
12. (魏)曹操:《曹操集》,中华书局 2012 年版。
13. (魏)王弼注:《老子道德经注》,楼宇烈校,中华书局 2011 年版。
14. (魏)嵇康:《嵇康集校注》,戴明扬校注,中华书局 2015 年版。
15. (魏)阮籍:《大人先生传》,载陈伯君校注:《阮籍集校注》,中华书局 1987 年版。
16. (魏)王弼:《老子指略》,载楼宇烈:《王弼集校释》(上),中华书局 2009 年版。
17. (晋)陈寿:《三国志》,(宋)裴松之注,中华书局 1999 年版。
18. (晋)陈寿:《三国志》,许嘉璐主编,上海汉语大词典出版社 2004 年版。
19. (晋)常璩:《华阳国志》,商务印书馆 1939 年版。
20. (晋)郭象注:《庄子注疏》,(唐)成玄英疏、曹础基、黄兰发点校,中华书局 2011 年版。
21. (晋)袁宏:《后汉纪》,张烈点校,中华书局 2017 年版。
22. (南朝宋)刘义庆:《世说新语》,上海古籍出版社 1982 年版。
23. (南朝宋)范晔撰:(唐)李贤注,《后汉书》。
24. (南梁)沈约:《宋书》,中华书局 2012 年版。
25. (南梁)沈约:《宋书》,许嘉璐主编,上海汉语大词典出版社 2004 年版。
26. (南梁)萧子显:《南齐书》,中华书局 2012 年版。

27.（北齐）魏收撰：《魏书》，中华书局1997年版。
28.（隋）费长房：《历代三宝纪》，新文丰出版有限公司1983年版。
29.（唐）杜佑撰：《通典》，王文锦等点校，第一册，中华书局1988年版。
30.（唐）长孙无忌等：《唐律疏议》，刘俊文点校，中华书局1983年版。
31.（唐）李世民、武则天等：《帝范·臣轨·庭训格言》，王双怀、梁克敏、董海鹏译注，中华书局2021年版。
32.（唐）白居易：《白居易集》，喻岳衡点校，岳麓书社1992年版。
33.（唐）韩愈：《韩愈选集》，孙昌武选注，上海古籍出版社2013年版。
34.（唐）韩愈：《韩昌黎文集校注》，马其昶校注，马茂元整理，上海古籍出版社1988年版。
35.（唐）李商隐：《李商隐诗集》，（清）朱鹤龄笺注，田松青点校，上海古籍出版社2015年版。
36.（唐）刘肃等：《大唐新语（外五种）》，恒鹤等校点，上海古籍出版社2012年版。
37.（唐）柳宗元：《柳河东全集》，世界书局1935年版。
38.（唐）裴庭裕：《东观奏记》，载陶敏主编：《全唐五代笔记》第3册，三秦出版社2012年版。
39.（唐）吴兢：《贞观政要集校》，谢保成集校，中华书局2003年版。
40.（唐）张鷟：《〈龙筋凤髓判〉校注》，田涛、郭成伟校注，中国政法大学出版社1996年版。
41.（唐）姚思廉：《梁书》，中华书局2012年版。
42.（唐）李百药：《北齐书》，中华书局2012年版。
43.（唐）令狐德棻：《周书》，中华书局2012年版。
44.（唐）李大师，李延寿：《南史》，中华书局2012年版。
45.（唐）李延寿：《南史》，许嘉璐主编，上海汉语大词典出版社2004年版。
46.（唐）李大师，李延寿：《北史》，中华书局2012年版。
47.（唐）李吉甫：《元和郡孙图志》，贺次君点校，中华书局1983年版。
48.（唐）李林甫等：《唐六典》，陈仲夫点校，中华书局1992年版。
49.（唐）孔颖达：《礼记正义》，上海古籍出版社1997年版。
50.（唐）房玄龄：《晋书》，中华书局2012年版。
51.（唐）孔颖达等撰：《尚书》，中华书局1998年版。
52.（唐）李肇撰：《唐国史补（卷下）》，中华书局1992年版。
53.（唐）魏徵等：《隋书》，中华书局2011年版。
54.（唐）玄奘、辩机：《大唐西域记校注》，季羡林等校注，中华书局1985年版。
55.（唐）韦述、杜宝：《两京新记辑校·大业杂记辑校》，辛德勇辑校，三秦出版社2006年版。
56.（唐）吴兢：《贞观政要》，骈宇骞译注，中华书局2016年版。
57.（唐）长孙无忌等：《唐律疏议》，刘俊文点校，法律出版社1998年版。
58.（唐）张说：《张说之集》，北京文物出版社1982年版，据嘉业堂刻本重印本。
59.（后晋）刘昫等撰：《旧唐书》，中华书局2013年版。
60.（南汉）王定保：《唐摭言校注》，姜汉椿校注，上海社会科学出版社2003年版。
61.（宋）司马光：《资治通鉴》，中华书局1956年版。

62. (宋)司马光:《稽古录》,吉书时点校,北京师范大学出版社 1988 年版。
63. (宋)李焘:《续资治通鉴长编》,上海师范大学古籍整理研究所、华东师范大学古籍研究所点校,中华书局 1995 年版。
64. (宋)程颢、程颐:《二程集》,中华书局 1981 年版。
65. (宋)李昉:《文苑英华》,中华书局 1966 年版。
66. (宋)窦仪等:《宋刑统》,中华书局 1984 年版。
67. (宋)窦仪撰:《宋刑统》,薛梅卿点校,法律出版社 1999 年版。
68. (宋)窦仪等:《宋刑统校正》,岳纯之校证,北京大学出版社 2015 年版。
69. (宋)陆游:《渭南文集》,浙江古籍出版社 2015 年版。
70. (宋)黎靖德:《朱子语类》,中华书局 1986 年版。
71. (宋)宋敏求编:《唐大诏令集》,洪丕谟、张伯元、沈敖大点校,学林出版社 1992 年版。
72. (宋)杨亿:《杨文公谈苑》,上海古籍出版社 2021 年版。
73. (宋)陈亮:《陈亮集》,中华书局 1987 年版。
74. (宋)郑樵:《通志》,中华书局 1995 年版。
75. (宋)沈括:《梦溪笔谈》,中华书局 2016 年版。
76. (宋)沈括:《梦溪笔谈校证》,胡道静校,上海人民出版社 2012 年版。
77. (宋)陈襄:《州县提纲》,中华书局 2019 年版。
78. (北宋)宋敏求编:《宋大诏令集》,中华书局 1962 年版。
79. 天一阁博物馆、中国社会科学院历史研究所天圣令整理课题组校证:《天一阁藏明钞本天圣令校证》,中华书局 2006 年版。
80. (宋)幔亭曾孙编辑:《明公书判清明集》,中国社会科学院历史研究所宋辽金元史研究室点校,中华书局 1987 年版。
81. (南宋)郑克:《折狱龟鉴》,商务印书馆 1937 年版。
82. (宋)洪迈:《夷坚志》,中华书局 2006 年版。
83. (宋)洪迈:《容斋随笔》,中华书局 2005 年版。
84. (南宋)李心传:《建炎以来朝野杂记・乙集》,中华书局 2000 年版。
85. (宋)叶适:《叶适集》,刘公纯、王孝鱼、李哲夫点校,中华书局 2010 年版。
86. (宋)王钦若等编纂:《册府元龟》,凤凰出版社 2006 年版。
87. (宋)王溥:《唐会要》,上海古籍出版社 2006 年版。
88. (宋)王溥:《唐会要》,中华书局 1960 年版。
89. (宋)王溥:《五代会要》,中华书局 1998 年版。
90. (宋)王浦:《五代会要》,上海古籍出版社 2006 年版。
91. (宋)王钦若:《册府元龟》,中华书局 1960 年版。
92. (宋)薛居正:《旧五代史》,中华书局 1976 年版。
93. (宋)欧阳修:《新五代史》,中华书局 1974 年版。
94. (宋)李攸:《宋朝事实》,商务印书馆 1935 年版。

95. (宋)孟元老:《东京梦华录(外四种)》,上海古典文学出版社1956年版。
96. (宋)丁特起:《靖康纪闻》,广文书局1957年版。
97. (宋)李昉:《太平御览》,中华书局1960年版。
98. (宋)司马光:《资治通鉴》,中华书局1976年版。
99. (宋)陆游:《老学庵笔记》,中华书局1979年版。
100. (宋)徐梦莘:《三朝北盟会编》,上海古籍出版社1980年版。
101. (宋)江少虞:《宋朝事实类苑》,上海古籍出版社1981年版。
102. (宋)苏辙:《龙川略志 龙川别志》,中华书局1982年版。
103. (宋)苏辙:《苏辙集》,陈宏天、高秀芳点校,中华书局1990年版。
104. (宋)庄绰:《鸡肋编》,中华书局1983年版。
105. (宋)曾巩:《曾巩集》,中华书局1984年版。
106. (宋)苏轼:《苏轼文集》,中华书局1986年版。
107. (宋)司马光:《涑水纪闻》,中华书局1989年版。
108. (宋)彭百川:《太平治迹统类》,文物出版社1992年版。
109. (宋)张方平:《张方平集》,中州古籍出版社1992年版。
110. (宋)王偁:《东都事略》,天津古籍出版社1998年版。
111. (宋)赵汝愚:《宋朝诸臣奏议》,上海古籍出版社1999年版。
112. (宋)欧阳修《欧阳修全集》,中华书局2001年版。
113. (宋)钱若水:《宋太宗实录》,甘肃人民出版社2005年版。
114. (宋)杨仲良《皇宋通鉴长编纪事本末》,黑龙江人民出版社2006年版。
115. (宋)赵升:《朝野类要》,中华书局2007年版。
116. (宋)乐史:《太平寰宇记》,中华书局2007年版。
117. (宋)汪藻:《靖康要录笺注》,四川大学出版社2008年版。
118. (宋)田锡:《咸平集》,巴蜀书社2008年版。
119. (宋)李心传《建炎以来系年要录》,上海古籍出版社2008年版。
120. (宋)范祖禹:《唐鉴》,中华书局2008年版。
121. (宋)司马光:《司马光集》,四川大学出版社2010年版。
122. (宋)王安石:《王荆文公诗笺注》,上海古籍出版社2010年版。
123. (宋)王安石:《临川先生文集》,中华书局1959年版。
124. (宋)苏舜钦:《苏舜钦集》,上海古籍出版社2011年版。
125. (宋)邵雍:《邵雍集》,中华书局2011年版。
126. (宋)孙光宪:《北梦琐言》,中华书局2012年版。
127. (宋)郑樵:《通志》,中华书局1987年版。
128. (宋)周密:《癸辛杂识》,吴企明点校,中华书局1988年版。
129. (宋)张田编:《包拯集》,中华书局1967年版。
130. (宋)陈骙:《南宋馆阁录》,中华书局1998年版。

131.(宋)高承:《事物纪原》,金圆、许沛藻点校,中华书局 1989 年版。
132.(宋)李心传:《建炎以来系年要录》,辛更儒点校,上海古籍出版社 2020 年版。
133.(宋)李心传:《建炎以来朝野杂记》,徐规点校,中华书局 2000 年版。
134.(宋)李元弼等:《宋代官箴书五种》,闫建飞等点校,中华书局 2019 年版。
135.(宋)李埴:《皇宋十朝纲要校正》,中华书局 2013 年版。
136.(宋)孟元老:《东京梦华录》,江苏文艺出版社 2019 年版。
137.(宋)欧阳修、宋祁:《新唐书》,中华书局 1975 年版。
138.(宋)刘挚:《忠肃集》,中华书局 2002 年版。
139.(宋)司马光:《司马光奏议》,王根林点校,山西人民出版社 1986 年版。
140.(宋)司马光:《资治通鉴》,中华书局 2011 年版。
141.(宋)司马光编著,(元)胡三省音注:《资治通鉴》,中华书局 1956 年版。
142.(宋)孙逢吉:《职官分纪》,清文渊阁四库全书本。
143.(宋)王溥:《唐会要》,中华书局 1960 年版。
144.(宋)王象之:《舆地纪胜》,浙江古籍出版社 2013 年版。
145.(宋)吴自牧:《记纂渊海》,清文渊阁四库全书本。
146.(宋)吴自牧:《梦梁录》,大象出版社 2019 年版。
147.(宋)张舜民:《画墁录》,明万历稗海本。
148.(宋)赵升编:《朝野类要》,王瑞来点校,中华书局 2007 年版。
149.(宋)郑克:《折狱龟鉴译注》,刘俊文译注、点校,上海古籍出版社 1988 年版。
150.(宋)桂万荣编著:《棠阴比事》,张秀春校点,凤凰出版社 2021 年版。
151.(西夏)骨勒茂才:《蕃汉合时掌中珠》,黄振华等整理,宁夏人民出版社 1989 年版。
152.(西夏)嵬名地暴等:《天盛改旧新定律令》,史金波、聂鸿音、白滨译,法律出版社 2000 年版。
153.(元)脱脱等:《辽史》,中华书局 1974 年版。
154.(元)脱脱等:《宋史》,中华书局 1985 年版。
155.(元)脱脱等:《金史》,中华书局 1974 年版。
156.(元)叶隆礼:《契丹国志》,上海古籍出版社 1985 年版。
157.(元)朱德润:《存复斋文集》,上海书店出版社 1985 年版。
158.(元)宇文懋昭:《大金国志校证》,中华书局 1986 年版。
159.(元)许有壬:《许有壬集》,中州古籍出版社 1998 年版。
160.(元)虞集:《虞集全集》,天津古籍出版社 2007 年版。
161.(元)吴师道:《吴师道集》,吉林文史出版社 2008 年版。
162.(元)胡祗遹:《胡祗遹集》,吉林文史出版社 2008 年版。
163.(元)冯子振、王毅:《海粟集辑存 · 云阳集》,岳麓书社 2009 年版。
164.(元)余阙:《青阳先生文集》,国家图书馆 2010 年版。
165.(元)姚燧:《姚燧集》,人民文学出版社 2011 年版。

166. (明)陈邦瞻:《宋史纪事本末》,中华书局 2015 年版。
167. (明)管律:《嘉靖宁夏新志》,宁夏人民出版社 1982 年版。
168. (元)马端临撰:《文献通考》,中华书局 2011 年版。
169. (明)宋濂等撰:《元史》,中华书局 1976 年版。
170. (明)万明英:《三命通会》(上),陈明注,中医古籍出版社 2008 年版。
171. (明)张四维辑:《名公书判清明集》,中华书局 1987 年版。
172. (明)胡儒砺:《弘治宁夏新志》,上海书店 1990 年版。
173. (明)陶宗仪:《南村辍耕録》,中华书局 2004 年版。
174. (清)王夫之:《读通鉴论》,舒士彦点校,中华书局 2013 年版。
175. (明)徐一夔:《始丰稿校注》,浙江古籍出版社 2008 年版。
176. (明)黄淮、杨士奇编《历代名臣奏议》,上海古籍出版社 1989 年版。
177. (明)张四维辑:《名公书判清明集》,社科院历史所宋辽金元史研究室点校,中华书局 1987 年版。
178. (明)丘濬:《大学衍义补》,上海书店出版社 2012 年版。
179. (清)毕沅撰:《续资治通鉴》,中华书局 1957 年版。
180. (清)董诰等:《全唐文》,中华书局 1983 年版。
181. (清)顾炎武:《日知录》,甘肃民族出版社 1997 年版。
182. (清)李文炤撰:《家礼拾遗》,岳麓书社 2012 年版。
183. (清)屠寄、柯绍忞:《元史二种:新元史、蒙兀儿史记》,上海古籍出版社 1989 年版。
184. (清)吴广成:《西夏书事》,龚世俊等校证,甘肃文化出版社 1995 年版。
185. (清)黄以周、顾吉辰:《续资治通鉴长编拾补》,中华书局 2008 年版。
186. (清)张鉴:《西夏纪事本末》,辽海出版社 2011 年版。
187. (清)沈家本:《寄籍文存》,商务印书馆 2015 年版。
188. (清)沈家本编:《枕碧楼丛书》,知识产权出版社 2006 年版。
189. (清)徐松:《宋会要辑稿》,刘琳、刁忠民、舒大刚、尹波等校点,上海古籍出版社 2014 年版。
190. (清)徐松:《增订唐两京城坊考(修订版)》,李健超增订,三秦出版社 2006 年版。
191. (清)薛允升:《唐明律合编》,怀效锋、李鸣点校,法律出版社 1998 年版。
192. (清)杨晨:《三国会要》,中华书局 1956 年版。
193. (清)汪兆镛:《稿本晋会要》,国家图书馆出版社 1988 年版。
194. (清)朱铭盘:《南朝宋会要》,上海古籍出版社 1984 年版。
195. (清)朱铭盘:《南朝齐会要》,上海古籍出版社 1984 年版。
196. (清)朱铭盘:《南朝梁会要》,上海古籍出版社 1984 年版。
197. (清)朱铭盘:《南朝陈会要》,上海古籍出版社 1986 年版。
198. (清)孔广森撰:《大戴礼记补注:附校正孔氏大戴礼记补注》,王丰先点校,中华书局 2013 年版。
199. (清)毛凤枝;《关中金石文字存逸考》卷三《国子律学直讲仇道朗慕志铭》,光绪辛未年会稽顾氏江西萍乡县署刻本,上海古籍出版社 1995 年影印版。

二、文献整理

1. (唐)长孙无忌等:《唐律疏议笺解》,刘俊文笺解,中华书局 1996 年版。
2. (唐)长孙无忌等:《唐律疏义新注》,钱大群注,南京师范大学出版社 2007 年版。
3. 中国社会科学院民族研究所、俄罗斯科学院东方研究院、上海古籍出版社编:《俄藏黑水城文献》(汉文部分 1—6 册,西夏文世俗社会文书部分 12—14 册),上海古籍出版社(该丛书预计全部出齐共 30 册,从 1997 年至今已出版 14 册)。
4. 史金波、陈育宁主编:《中国藏西夏文献》,甘肃人民出版社、甘肃文艺出版社 2005 年版。西北第二民族学院、英国国家图书馆编:《英藏黑水城文献》(第 1—4 册),上海古籍出版社 2005 年版;
5. 西北第二民族学院、法国国家图书馆编:《法藏敦煌西夏文文献》,上海古籍出版社 2007 年版。
6. 北方民族大学、英国国家图书馆编:《英藏黑水城文献》第 5 册,上海古籍出版社 2010 年版。
7. 武宇林、[日]荒川慎太郎编:《日本藏西夏文文献》,中华书局 2011 年版。
8.《天一阁藏明抄本天圣令校证》,中华书局 2006 年版。
9. 鸠摩罗什等:《佛教十三经》,中华书局 2010 年版。
10. 沙知辑校:《敦煌契约文书辑校》,江苏古籍出版社 1997 年版。
11. 唐长孺编:《吐鲁番出土文书》,文物出版社 1986 年版。
12. 唐耕耦、陆宏基编:《敦煌社会经济文献真迹释录》(第 2 辑),全国图书馆文献缩微复制中心 1990 年版。
13. (清)陈梦雷:《古今图书集成》,中国社会科学出版社 2016 年版。
14. (清)黄本骥:《历代职官表》,上海古籍出版社 1980 年版。
15. (元)马端临:《文献通考》,中华书局 1986 年版。
16. (宋)孙逢吉:《职官分纪》,中华书局 1988 年版。
17. (宋)王应麟:《玉海》,凤凰出版社 2013 年版。
18. (明)解缙、姚广孝:《永乐大典》,中华书局 1986 年版。
19. (清)张英、王士禛、王掞:《渊鉴类函》,中国书店出版社 1985 年版。
20. 高华平、王齐洲、张三夕译:《韩非子·难一》,中华书局 2014 年版。
21. 黄怀信译注:《大戴礼记译注》,上海古籍出版社 2019 年版。
22. 蒋礼鸿:《商君书锥指》,中华书局 1986 年版。
23. 王锷汇校:《礼记郑注彙校》(下册),中华书局 2020 年版。
24. 杨伯峻:《论语译注》,中华书局 2015 年版。
25. 杨天宇译注:《周礼译注》,上海古籍出版社 2016 年版。
26. 周绍良:《唐代墓志汇编》,上海古籍出版社 1992 年版。
27. 张钫:《千唐志斋藏志》,文物出版社 1983 年版。

三、著作类

1.《吐鲁番出土文书》(第9册),文物出版社1990年版。
2. 白钢:《中国政治制度通史》(第1卷),社会科学文献出版社2011年版。
3. 白寿彝:《中国通史》(第7卷·五代辽宋夏金时期),上海人民出版社1999年版。
4. 蔡墩铭:《唐律与近代刑事立法之比较研究》,汉苑出版社1976年版。
5. 蔡美彪、朱瑞熙、李瑚等:《中国通史(第六册)》,人民出版社1979年版。
6. 岑仲勉:《隋唐史》,商务印书馆2015年版。
7. 陈炳应:《贞观玉镜将研究》,宁夏人民出版社1995年版。
8. 陈邦瞻:《宋史纪事本末》,中华书局1977年版。
9. 陈飞:《唐代试策考述》,中华书局2002年版。
10. 陈光中:《中国古代司法制度》,北京大学出版社2017年版。
11. 陈红太:《中国刑律儒家化的标准问题研究》,中国政法大学出版社2006年版。
12. 陈顾远:《中国国际法溯源》,上海书店出版社1991年版。
13. 陈顾远:《中国法制史摘要》,商务印书馆2011年版。
14. 陈均:《皇朝编年纲目备要》,中华书局2006年版。
15. 陈立夫:《四书道贯:陈立夫解读〈大学〉〈中庸〉〈论语〉〈孟子〉》,中国友谊出版公司2009年版。
16. 陈茂同:《历代职官沿革史》,华东师范大学出版社1988年版。
17. 陈鹏生主编:《中国法制通史》(第4卷·隋唐),载张晋藩总主编:《中国法制通史》,法律出版社1999年版。
18. 陈锐:《中国传统法律方法论》,中国社会科学出版社2020年版。
19. 陈文:《越南科举制度研究》,商务印书馆2015年版。
20. 陈玺:《唐代刑事诉讼惯例研究》,科学出版社2017年版。
21. 陈寅恪:《陈寅恪魏晋南北朝史讲演录》,黄山书社1987年版。
22. 陈寅恪:《陈寅恪集》,生活·读书·新知三联书店2001年版。
23. 陈寅恪:《隋唐制度渊源略论稿》,生活·读书·新知三联书店2004年版。
24. 陈永胜:《西夏法律制度研究》,民族出版社2006年版。
25. 陈寅恪:《唐代政治史述论稿》,上海古籍出版社1997年版。
26. 陈玉龙等:《汉文化论纲 兼述中朝中日中越文化交流》,北京大学出版社1993年版。
27. 陈玉忠:《宋代刑事审判权制约机制研究》,人民出版社2013年版。
28. 陈振:《宋史》,上海人民出版社2016年版。
29. 陈仲安、王素:《汉唐职官制度研究》,中华书局1993年版。
30. 陈仲夫、王素:《汉唐职官制度研究》,中西书局2018年版。
31. 程妮娜等:《金史》,中国社会科学出版社2019年版。
32. 程树德:《九朝律考》,商务印书馆2010年版。
33. 辞海编辑委员会:《辞海》,上海辞书出版社2020年版。

34. 戴建国：《宋代刑法史研究》，上海人民出版社2007年版。
35. 戴建国：《唐宋变革时期的法律与社会》，上海古籍出版社2010年版。
36. 戴建国：《宋代法制研究丛稿》，中西书局2019年版。
37. 戴建国：《秩序之间：唐宋法典与制度研究》，上海人民出版社2020年版。
38. 戴建国：《唐宋变革时期的法律与社会》，上海古籍出版社2010年版。
39. 戴建国、郭东旭：《南宋法制史》，人民出版社2011年版。
40. 杜继文主编：《佛教史》，江苏人民出版社2008年版。
41. 戴卫红：《北周考课制度研究》，中国社会科学出版社2010年版。
42. 党江舟：《中国讼师文化》，北京大学出版社2005年版。
43. 邓广铭：《宋史十讲》，中华书局2008年版。
44. 邓广铭：《北宋政治改革家王安石》，生活·读书·新知三联书店2017年版。
45. 邓小南：《祖宗之法——北宋前期政治述略》，生活·读书·新知三联书店2006年版。
46. 邓奕琦：《北朝法制研究》，中华书局2005年版。
47. 丁凌华：《中国丧服制度史》，上海人民出版社2000年版。
48. 杜建录：《西夏学论集》，上海古籍出版社2012年版。
49. 杜建录：《〈天盛改旧新定律令〉与西夏法制研究》，宁夏人民出版社2005年版。
50. 杜建录、史金波：《西夏社会文书研究》，上海古籍出版社2010年版。
51. 戴炎辉编著：《唐律通论》，元照出版公司2010年版。
52. 范忠信：《中国法律传统的基本精神》，山东人民出版社2001年版。
53. 冯卓慧：《唐代民事法律制度研究——帛书、敦煌文献及律令所见》，商务印书馆2014年版。
54. 复旦大学文史研究院：《从周边看中国》，中华书局2009年版。
55. 付子堂、时显群：《法理学》，重庆大学出版社2011年版。
56. 傅璇琮：《唐代科举与文学》，陕西人民出版社1986年版。
57. 傅璇琮：《李德裕年谱》，河北教育出版社2001年版。
58. 甘怀真：《皇权、礼仪与经典阐释：中国古代政治史研究》，华东师范大学出版社2008年版。
59. 高潮、马建石等主编：《中国历代刑法志注释》，吉林人民出版社1994年版。
60. 高道蕴、高鸿钧等主编：《美国学者论中国法律传统》，清华大学出版社2004年版。
61. 高明士：《东亚传统教育与法文化》，国立台湾大学出版中心2007年版。
62. 高明士：《律令法与天下法》，上海古籍出版社2013年版。
63. 高明士主编：《唐代身分法制研究：以唐律名例律为中心》，台北，五南图书出版股份有限公司2003年版。
64. 高时良：《中国古代教育史纲》，人民教育出版社2001年版。
65. 高珣：《隋朝法制与统一秩序研究》，法律出版社2008年版。
66. 葛承雍：《唐代国库制度》，三秦出版社1990年版。
67. 葛兆光：《屈服史及其他：六朝隋唐道教思想史研究》，生活·读书·新知三联书店2003年版。

68. 葛兆光:《中国思想史》,复旦大学出版社 2010 年版。
69. 葛兆光:《宅兹中国——重建有关“中国”的历史论述》,中华书局 2011 年版。
70. 葛兆光:《何为中国:疆域民族文化与历史》,牛津大学出版社 2014 年版。
71. 龚延明:《宋史职官志补正》,中华书局 2009 年版。
72. 公丕祥:《东方法律文化的历史逻辑》,法律出版社 2001 年版。
73. 谷霁光:《府兵制度考释》,上海人民出版社 1962 年版。
74. 官文娜:《日本家族结构研究》,社会科学文献出版社 2017 年版。
75. 杨一凡主编:《中国法制史考证续编》(第 8 册),社会科学文献出版社 2009 年版。
76. 郭成伟:《中华法系精神》,中国政法大学出版社 2001 年版。
77. 郭东旭:《宋代法制研究》,河北大学出版社 1997 年版。
78. 郭健、殷啸虎、王志强:《中华文化通志 · 法律志》,上海人民出版社 1998 年版。
79. 韩国磐:《中国古代法制史研究》,人民出版社 1993 年版。
80. 韩树峰:《汉魏法律与社会——以简牍、文书为中心的考察》,社会科学文献出版社 2011 年版。
81. 韩荫晟:《党项与西夏资料汇编》,宁夏人民出版社 2000 年版。
82. 郝铁川:《中华法系研究》,商务印书馆 2021 年版。
83. 何柏生主编:《中国传统法律文化与法律价值》,法律出版社 2017 年版。
84. 何成轩:《儒学南传史》,北京大学出版社 2000 年版。
85. 何勤华、田涛等:《法律文化三人谈》,北京大学出版社 2008 年版。
86. 何勤华、钱泳宏等:《中华法系》,何勤华主编:《法律文明史》,商务印书馆 2019 年版。
87. 何勤华:《中国法学史》(全三卷),法律出版社 2006 年版。
88. 何勤华等:《日本法律发达史》,上海人民出版社 1999 年版。
89. 何勤华:《法律文化史论》,法律出版社 1997 年版。
90. 何勤华主编:《法律文化史研究》,商务印书馆 2004—2008 年版。
91. 何勤华主编:《律学考》,商务印书馆 2004 年版。
92. 何勤华:《中国法学史纲》,商务印书馆 2012 年版。
93. 何竹淇:《两宋农民战争史料汇编》,中华书局 1976 年版。
94. 胡沧泽:《唐代御史制度研究》,福建教育出版社 2000 年版。
95. 恒强法师等校注:《阿含经校注 · 杂阿含经》,线装书局 2012 年版。
96. 胡兴东:《宋朝立法通考》,中国社会科学出版社 2018 年版。
97. 胡玉冰:《传统典籍中汉文西夏文献研究》,中国社会科学出版社 2007 年版。
98. 洪湛侯:《诗经学史》,中华书局 2002 年版。
99. 黄正建主编:《〈天圣令〉与唐宋制度研究》,中国社会科学出版社 2011 年版。
100. 黄正建:《唐代法典、司法与〈天圣令〉诸问题研究》,中国社会科学出版社 2018 年版。
101. 黄正建:《唐代契约中“官有政法,人从私契”用语再析》,载《魏晋南北朝隋唐史资料》2020 年第 2 期。

102. 黄遵宪:《日本国志》,上海古籍出版社 2001 年版。
103. 姜广辉:《中国经学思想史》,中国社会科学出版社 2003 年版。
104. 贾文龙:《卑职与高峰:宋朝州级属官司法职能研究》,人民出版社 2014 年版。
105. 贾文龙:《宋代地方法治问题研究》,人民出版社 2021 年版。
106. 贾玉英:《宋代监察制度》,河南大学出版社 1996 年版。
107. 姜歆:《西夏法律制度研究——〈天盛改旧新定律令〉初探》,兰州大学出版社 2005 年版。
108. 赖瑞和:《唐代基层文官》,中华书局 2008 年版。
109. 赖瑞和:《品味唐朝:唐人的文化、经济和官场生活》,中西书局 2022 年版。
110. 李昌宪:《中国行政区划通史(宋西夏卷)》,复旦大学出版社 2007 年版。
111. 李范文:《西夏通史》,人民出版社 2005 年版。
112. 李光灿、张国华总主编:《中国法律思想通史》(第 2 册),山西人民出版社 2000 年版。
113. 李华瑞:《宋夏关系史》,中国人民大学出版社 2010 年版。
114. 李交发、唐自斌:《中国法制史》,湖南大学出版社、湖南人民出版社 2001 年版。
115. 李俊芳:《晋朝法制研究》,人民出版社 2012 年版。
116. 李鸣:《羌族的法制历程》,中国政法大学出版社 2008 年版。
117. 李明晓:《两汉魏晋南北朝石刻法律文献整理与研究》,人民出版社 2016 年版。
118. 李鹏程:《当代西方文化研究新辞典》,吉林人民出版社 2003 年版。
119. 李小树:《秦汉魏晋南北朝监察史纲》,社会科学文献出版社 2000 年版。
120. 梁治平:《清代习惯法:社会与国家》,中国政法大学出版社 1996 年版。
121. 梁治平:《寻求自然秩序中的和谐》,中国政法大学出版社 2002 年版。
122. 梁漱溟:《东西文化及其哲学》,商务印书馆 2010 年版。
123. 梁漱溟:《中国文化要义》,上海人民出版社 2011 年版。
124. 林端:《儒家伦理与法律文化》,中国政法大学出版社 2002 年版。
125. 林旅芝:《西夏史》,香港大同印务有限公司 1975 年版。
126. 刘后滨:《唐代中书门下体制研究:公文形态、政务运行与制度变迁(增订版)》,中国人民大学出版社 2022 年版。
127. 刘俊文:《敦煌吐鲁番唐代法制文书考释》,上海古籍出版社 1989 年版。
128. 刘俊文:《唐律疏议笺解(上)》,中华书局 1996 年版。
129. 刘俊文:《唐代法制研究》,文津出版社 1999 年版。
130. 刘统:《唐代羁縻府州研究》,西北大学出版社 1998 年版。
131. 刘昕:《宋代讼师讼学和州县司法审判研究》,湖南人民出版社 2016 年版。
132. 陆扬:《清流文化与唐帝国》,北京大学出版社 2016 年版。
133. 罗丰:《胡汉之间——“丝绸之路”与西北历史考古》,文物出版社 2004 年版。
134. 罗福颐:《西夏官印汇考》,宁夏人民出版社 1982 年版。
135. 楼劲:《魏晋南北朝隋唐立法与法律体系:敕例、法典与唐法系源流》,中国社会科学出版社 2014 年版。

136. 陆侃怡:《中国古代司法行政化研究》,中国政法大学出版社 2020 年版。
137. 鲁迅辑校:《嵇康集》,载鲁迅:《鲁迅全集》(第 9 卷),人民文学出版社 1973 年版。
138. 陆心国:《晋书刑法志注释》,群众出版社 1986 年版。
139. 鹿谞慧、曲万法、孔令纪主编:《中国历代官制》(增订本),齐鲁书社 2013 年版。
140. 吕思勉:《隋唐五代史》(上下册),上海古籍出版社 1984 年版。
141. 吕思勉:《中国制度史》,上海教育出版社 1985 年版。
142. 马承源主编:《上海博物馆藏战国楚竹书(二)》,上海古籍出版社 2002 年版。
143. 马克垚:《中西封建社会比较研究》,学林出版社 1997 年版。
144. 马小红:《礼与法:法的历史连接:构建与解析中国传统法》,北京大学出版社 2004 年版。
145. 马小红、庞朝骥等:《守望和谐的法文明:图说中国法律史》,北京大学出版社 2009 年版。
146. 马小红、史彤彪:《输出与反应:中国传统法律文化的域外影响》,中国人民大学出版社 2012 年版。
147. 那思陆:《中国审判制度史》,上海三联书店 2013 年版。
148. 李玉生:《唐令与中华法系研究》,南京师范大学出版社 2005 年版。
149. 倪正茂:《隋律研究》,法律出版社 1987 年版。
150. 倪正茂:《中国法制史考证续编 第六册 隋代法制考》,载杨一凡主编:《中国法制史考证续编》,社会科学文献出版社 2009 年版。
151. 聂鸿音:《西夏文〈新集慈孝传〉研究》,宁夏人民出版社 2009 年版。
152. 宁志新:《隋唐使职制度研究(农牧工商编)》,中华书局 2005 年版。
153. 蒲坚:《中国法制史》,中央广播电视大学出版社 2003 年版。
154. 漆侠:《辽宋西夏金代通史》,人民出版社 2010 年版。
155. 钱大群:《唐律疏议新注》,南京师范大学出版社 2007 年版。
156. 钱大群:《唐律与唐代法制考辨》,社会科学文献出版社 2013 年版。
157. 钱穆:《国史大纲》(上下册),商务印书馆 1994 年版。
158. 乔伟:《唐律研究》,山东人民出版社 1985 年版。
159. 张晋藩总主编:《中国法制通史》,法律出版社 1998 年版。
160. 李光灿、张国华总主编:《中国法律思想通史》,山西人民出版社 2001 年版。
161. 丘汉平:《历代刑法志》,商务印书馆 2017 年版。
162. 邱永明:《中国监察制度史》,华东师范大学出版社 1992 年版。
163. 瞿同祖:《中国法律与中国社会》,中华书局 1981 年版。
164. 瞿同祖:《瞿同祖法学论著集》,中国政法大学出版社 2004 年版。
165. 瞿同祖:《中国法律与中国社会》,中华书局 2003 年版。
166. 任长义:《唐代御史台制度》,中华书局 2018 年版。
167. 任继愈主编:《中国佛教史》(第 2 卷),中国社会科学出版社 1985 年版。
168. 宋德金、史金波:《中国风俗通史》(辽金西夏卷),上海文艺出版社 2001 年版。
169. 邵方:《西夏法制研究》,人民出版社 2009 年版。

170. 孙国华：《中国法学大辞典·法理学卷》，中国检察出版社 1997 年版。
171. 沈家本撰：《历代刑法考》，邓经元、骈宇骞点校，中华书局 1985 年版。
172. 史金波：《史金波文集》，上海辞书出版社 2005 年版。
173. 司义祖整理：《宋大诏令集》，中华书局 1962 年版。
174. 沈志佳主编：《余英时文集》（第 3 卷·儒家伦理与商人精神），广西师范大学出版社 2004 年版。
175. 陶晋生：《宋辽金元史新编》，稻乡出版社 2013 年版。
176. 田晓忠：《宋代田赋制度研究》，中国社会科学出版社 2016 年版。
177. 田兆元：《盟誓史》，广西民族出版社、上海文艺出版社 2000 年版。
178. 王仲荦：《北周六典》，中华书局 1979 年版。
179. 王仲荦：《魏晋南北朝史》，上海人民出版社 2016 年版。
180. 王立民：《法律思想与法律制度》，中国政法大学出版社 2002 年版。
181. 王立民：《中国法律与社会》，北京大学出版社 2006 年版。
182. 王立民：《唐律新探》，北京大学出版社 2016 年版。
183. 王立民：《中国法制史》，上海人民出版社 2007 年版。
184. 王立民：《中国法制史论要》，商务印书馆 2022 年版。
185. 王美华：《礼制下移与唐宋社会变迁》，中国社会科学出版社 2015 年版。
186. 王美华：《唐宋时期的学校教育与学礼演变》，辽宁大学出版社 2016 年版。
187. 王天顺：《西夏天盛改旧新定律令研究》，甘肃人民出版社 1998 年版。
188. 王天顺：《西夏学概论》，甘肃文化出版社 1995 年版。
189. 王晓龙、郭东旭等：《宋代法律文明研究》，人民出版社 2016 年版。
190. 王晓天：《中国监察制度简史》，湖南人民出版社 1989 年版。
191. 王小甫：《唐、吐蕃、大食政治关系史》，北京大学出版社 1992 年版。
192. 王学辉：《从禁忌习惯到法起源运动》，法律出版社 1998 年版。
193. 王晓毅：《魏晋玄学当代研究略论》，载《东岳论丛》1992 年第 3 期。
194. 王晓毅：《儒释道与魏晋玄学形成》，中华书局 2003 年版。
195. 王云海主编：《宋代司法制度》，河南大学出版社 1999 年版。
196. 魏殿金：《宋代刑罚制度研究》，齐鲁书社 2009 年版。
197. 汪汉卿主编：《中国法律思想史》，中国科学技术大学出版社 1993 年版。
198. 汪潜编著：《唐代司法制度》，法律出版社 1985 年版。
199. 韦庆远、柏桦：《中国官制史》，东方出版中心 2001 年版。
200. 吴春雷：《中国古代法官制度研究》，中国政法大学出版社 2018 年版。
201. 武汉大学历史系、新疆维吾尔自治区博物馆、国家文物局古文献研究室：《吐鲁番出土文书》（第 7 册），文物出版社 1986 年版。
202. 吴钢：《全唐文补遗》，三秦出版社 2005 年版。
203. 吴天墀：《西夏史稿》，广西师范大学出版社 2006 年版。

204. 吴业国:《宋代县级行政与地方社会研究》,广东人民出版社 2021 年版。
205. 吴宗国:《唐代科举制度研究》,辽宁大学出版社 1992 年版。
206. 武树臣等:《中国传统法律文化》,北京大学出版社 1994 年版。
207. 武树臣等:《中国传统法律文化辞典》,北京大学出版社 1999 年版。
208. 武树臣:《儒家法律传统》,法律出版社 2003 年版。
209. 武树臣:《法家法律文化通论》,商务印书馆 2017 年版。
210. 汪世荣:《中国古代判词研究》,中国政法大学出版社 1997 年版。
211. 武玉环:《辽制研究》,吉林大学出版社 2001 年版。
212. 谢重光、白文固:《中国僧官制度史》,青海人民出版社 1990 年版。
213. 徐道邻:《中国法制史论集》,志文出版社 1975 年版。
214. 辛德勇:《隋唐两京丛考》,三秦出版社 2006 年版。
215. 萧公权:《中国政治思想史》,新星出版社 2010 年版。
216. 徐公喜:《理学家法律思想研究》,吉林人民出版社 2006 年版。
217. 徐式圭:《中国监察史略》,中国书籍出版社 2020 年版。
218. 谢元鲁:《唐代中央政权决策研究(增订本)》,北京师范大学出版社 2020 年版。
219. 徐忠明:《法学与文学之间》,中国政法大学出版社 2000 年版。
220. 徐忠明:《包公故事:一个考察中国法律文化的视角》,中国政法大学出版社 2002 年版。
221. 许嘉璐总主编:《二十四史全译:旧唐书》,汉语大词典出版社 2004 年版。
222. 许凌云:《中国儒学史(隋唐卷)》,广东教育出版社 1998 年版。
223. 薛菁:《魏晋南北朝刑法体制研究》,福建人民出版社 2006 年版。
224. 薛梅卿:《宋刑统研究》,法律出版社 1997 年版。
225. 许尚豪等:《优先购买权制度研究》,中国法制出版社 2007 年版。
226. 严耕望:《严耕望史学论文集》,上海古籍出版社 2009 年版。
227. 杨伯峻:《论语译注》,中华书局 1980 年版。
228. 杨国桢:《明清土地契约文书研究》(修订本),中国人民大学出版社 2009 年版。
229. 杨鹤皋:《宋元明清法律思想研究》,北京大学出版社 2001 年版。
230. 杨鹤皋:《中国法律思想通史(下)》,湘潭大学出版社 2011 年版。
231. 杨鸿烈:《中国法律发达史》,中国政法大学出版社 2009 年版。
232. 杨鸿烈:《中国法律思想史》,中国政法大学出版社 2004 年版。
233. 杨鸿年:《隋唐两京坊里谱》,上海古籍出版社 1999 年版。
234. 杨积堂:《法典中的西夏文化:西夏〈天盛改旧新定律令〉研究》,法律出版社 2003 年版。
235. 杨念群:《何处是“江南”?——清朝正统观的确立与士林精神世界的变异》,生活 · 读书 · 新知三联书店 2010 年版。
236. 杨念群:《儒学地域化的近代形态:三大知识群体互动的比较研究》,生活 · 读书 · 新知三联书店 2011 年版。
237. 杨一凡主编:《中国法制史考证》,中国社会科学出版社 2003 年版。

238. 杨一凡编：《中国律学文献》（第1辑·第2卷），黑龙江人民出版社2004年影印。
239. 杨一凡、刘笃才：《历代例考》，社会科学文献出版社2009年版。
240. 杨一凡、［日］寺田浩明：《日本学者中国法制史论著选·魏晋隋唐卷》，中华书局2016年版。
241. 杨蕤：《西夏地理研究》，人民出版社2008年版。
242. 姚中秋：《华夏治理制度史》（第2卷·封建），海南出版社2012年版。
243. 叶潜昭：《金律之研究》，台北，商务印书馆1972年版。
244. 叶坦：《大变法：宋神宗与十一世纪的改革运动》，生活·读书·新知三联书店1996年版。
245. 叶孝信、郭建主编：《中国法律史研究》，学林出版社2003年版。
246. 俞鹿年《北魏职官制度考》，社会科学文献出版社2008年版。
247. 俞荣根：《儒家法律思想通论》，广西人民出版社1992年版。
248. 俞荣根、龙大轩、吕志兴：《中国传统法学述论——基于国学视角》，北京大学出版社2005年版。
249. 于熠：《西夏法制的多元文化属性：地理和民族特性影响初探》，中国政法大学出版社2016年版。
250. 余英时：《现代儒学的回顾与展望》，生活·读书·新知三联书店2004年版。
251. 余英时：《文史传统与文化重建》，生活·读书·新知三联书店2004年版。
252. 余英时：《宋明理学与政治文化》，吉林出版集团有限责任公司2008年版。
253. 余英时：《朱熹的历史世界——宋代士大夫政治文化的研究》，生活·读书·新知三联书店2011年版。
254. 虞云国：《宋代台谏制度研究》，上海人民出版社2021年版。
255. 袁庭栋：《古代的职官》，中信出版社2019年版。
256. 郁贤皓、胡可先：《唐九卿考》，中国社会科学出版社2003年版。
257. 占茂华主编：《中国法制史》，中国政法大学出版社2010年版。
258. 曾代伟：《金律研究》，四川民族出版社1995年版。
259. 曾宪义主编：《百年回眸法律史研究在中国》，中国人民大学出版社2009年版。
260. 曾宪义总主编：《中国传统法律文化研究》，中国人民大学出版社2011年版。
261. 曾宪义、王健、闫晓君编：《中华传统法律研究》（第6卷），中国人民大学出版社2012年版。
262. 曾宪义、郑定、赵晓耕：《中国法制史》，中国人民大学出版社2000年版。
263. 曾枣庄、刘琳主编：《全宋文》，上海辞书出版社2006年版。
264. 张邦炜：《两宋王朝史》，郑州大学出版社2021年版。
265. 张传玺主编：《中国历代契约汇编考释》，北京大学出版社1995年版。
266. 张传玺：《契约史买地券研究》，中华书局2008年版。
267. 张忱石：《唐尚书省右司郎官考》，中华书局2020年版。
268. 张岱年、方克立：《中国文化概论》，北京师范大学出版社1994年版。
269. 张国刚：《唐代藩镇研究》，中国人民大学出版社2009年版。

270. 张国刚:《唐代官制》,三秦出版社 1987 年版。
271. 张晋藩:《中国法制史》,中国政法大学出版社 2011 年版。
272. 张晋藩:《中华法制文明的演进》,法律出版社 2010 年版。
273. 张晋藩:《中华法制文明史》,法律出版社 2013 年版。
274. 张晋藩:《中国法制史》,商务印书馆 2010 年版。
275. 张晋藩:《中国法律的传统与近代转型》,法律出版社 2019 年版。
276. 张晋藩:《中国传统法律文化十二讲》,高等教育出版社 2018 年版。
277. 张晋藩主编:《中国法律史》,法律出版社 1993 年版。
278. 张晋藩主编:《中国法制通史》,法律出版社 1999 年版。
279. 张晋藩主编:《中国司法制度史》,人民法院出版社 2004 年版。
280. 张晋藩总主编:《中国法制通史》(第 4 卷),法律出版社 1998 年版。
281. 张立文:《宋明理学研究》,中国人民大学出版社 1985 年版。
282. 张沛编著:《唐折冲府汇考》,三秦出版社 2003 年版。
283. 张小稳:《魏晋南北朝地方官等级管理制度研究》,九州出版社 2010 年版。
284. 张迎胜:《西夏人的精神世界》,宁夏人民出版社 2009 年版。
285. 郑显文:《唐代律令制研究》,北京大学出版社 2004 年版。
286. 郑显文:《出土文献与唐代法律史研究》,中国社会科学出版社 2012 年版。
287. 杨鸿烈:《中国法律发达史》,中国政法大学出版社 2009 年版。
288. 赵超:《汉魏南北朝墓志汇编》,人民出版社 2016 年版。
289. 赵冬梅:《法度与人心:帝制时期人与制度的互动》,中信出版集团 2021 年版。
290. 赵贵龙:《中国历代监察制度》,法律出版社 2010 年版。
291. 张家山二四七号汉墓竹简整理小组:《张家山汉墓竹简:二四七号墓》,文物出版社 2001 年版。
292. 赵九燕、杨一凡:《百年中国法律史学论文著作目录》,社会科学文献出版社 2014 年版。
293. 赵晓耕:《宋代法制研究》,中国政法大学出版社 1994 年版。
294. 赵晓耕:《宋代官商及其法律调整》,中国人民大学出版社 2001 年版。
295. 赵彦龙:《西夏文书档案研究》,宁夏人民出版社 2010 年版。
296. 中国社会科学院考古研究所编著:《唐长安城郊隋唐墓》,文物出版社 1980 年版。
297. 中国政法大学古籍整理研究所:《中国古代法律文献概论》,上海古籍出版社 2019 年版。
298. 周德伟:《自由哲学与中国圣学》,中国社会科学出版社 2004 年版。
299. 周密:《宋代刑法史》,法律出版社 2002 年版。
300. 周绍良主编:《全唐文新编》,吉林文史出版社 2000 年版。
301. 周绍良、赵超编:《唐代墓志汇编续集》,上海古籍出版社 2001 年版。
302. 朱瑞熙:《中国政治制度通史》,人民出版社 1996 年版。
303. 周伟洲:《唐代党项》,广西师范大学出版社 2006 年版。
304. 周勋初主编:《唐人轶事汇编》,上海古籍出版社 2015 年版。

305. 张希清：《中国科举制度通史・宋代卷》，上海人民出版社 2015 年版。
306. 张友渔、高潮编：《中华律令集成・清卷》，吉林人民出版社 1991 年版。
307. 朱彝尊：《曝书亭集》，世界书局 1937 年版。

四、论文

（一）期刊论文

1. 艾永明：《官当新论——回归法律史解释的考察》，载《比较法研究》2012 年第 6 期。
2. 白钢：《佚失西域的西夏法典：〈天盛改旧新定律令〉》，载《光明日报》1995 年 3 月 6 日。
3. 白丽云：《简论北魏法制建设》，载《山西大学师范学院学报》1999 年第 2 期。
4. 白薏：《谈宋璟的"持诚示信"》，载《社会科学》1985 年第 6 期。
5. 毕文斋：《论武则天的用人思想及其进步意义》，载《汉字文化》2020 年第 7 期。
6. 卜风贤、王向辉、冯利兵：《宋元时期的减灾政策与救荒制度》，载《中国减灾》2007 年第 1 期。
7. 蔡美彪：《〈西夏史稿〉读后》，载《历史研究》1982 年第 4 期。
8. 蔡相龙：《贤相宋璟》，载《人才资源开发》2019 年第 9 期。
9. 常冰霞：《中国古代监察官员的选任制度及其当代启示》，载《贵州师范大学学报（社会科学版）》2020 年第 3 期。
10. ［日］川村康：《举重明轻、举轻明重与比附（上）》，周东平、徐敬译，载《法律史译评》2020 年 8 月。
11. 常沁飞：《宋代"祖宗之法"形成原由探析——以士大夫阶层为中心》，载《西安航空学院学报》2018 年第 4 期。
12. 曹毅搏：《论魏晋玄学法律观的思想渊源、内涵及价值取向》，载《深圳大学学报》2015 年第 5 期。
13. 曹治怀：《隋文帝不悦儒学专尚刑名辨析》，载《安庆师范学院学报（社会科学版）》1996 年第 2 期。
14. 曹治怀：《隋代选官制度中的吏部职权》，载《安庆师范学院学报（社会科学版）》2004 年第 2 期。
15. 陈炳应：《西夏兵书〈贞观玉镜将〉》，载《宁夏社会科学》1993 年第 1 期。
16. 陈炳应：《西夏的丝路贸易与钱币法》，载《中国钱币》1991 年第 3 期。
17. 陈朝勇：《北魏留养制度初探》，载《池州学院学报》2009 年第 2 期。
18. 陈翠玉、孙宗龙：《魏晋南北朝时期法律形式的变迁》，载《中华文化论坛》2015 年第 4 期。
19. 陈飞：《唐代试策的形式体制》，载《文学遗产》2006 年第 6 期。
20. 陈纪、金潇：《魏晋南北朝与唐朝反贪立法制度的比较与启示》，载《广西政法管理干部学院学报》2016 年第 3 期。
21. 陈佳佳：《宋代录问制度考论》，载《政法论坛》2017 年第 2 期。
22. 陈金全：《简议欧阳修"立制"与"任人"相为用的法律思想》，载《江西社会科学》1994 年第 9 期。

23. 陈金全、李进一:《简议欧阳修的经济立法思想》,载《现代法学》1997 年第 3 期。
24. 陈景良:《两宋法制历史地位新论》,载《史学月刊》1989 年第 3 期。
25. 陈景良:《试论中西传统法文化的内在差异及其历史的借鉴》,载《法学评论》1992 年第 4 期。
26. 陈景良:《两宋海外贸易立法演变论略》,载《南京社会科学》1992 年第 5 期。
27. 陈景良:《"文学法理,咸精其能"(上)——试论两宋士大夫的法律素养》,载《南京大学法律评论》1996 年第 2 期。
28. 陈景良:《试论宋代士大夫的法律观念》,载《法学研究》1998 年第 4 期。
29. 陈景良:《宋代司法传统的现代解读》,载《中国法学》2006 年第 3 期。
30. 陈景良:《何种之私:宋代法律及司法对私有财产权的保护》,载《华东政法大学学报》2017 年第 3 期。
31. 陈井安、郭丹、瓮晓璐:《中国古代社会救助考察》,载《中华文化论坛》2016 年第 1 期。
32. 陈鲲:《北魏妇女法律地位探析》,载《法制与经济》2013 年 1 月。
33. 陈凯健、蔡宝刚;《中国古代御史监察制度的运行机制及其功效》,载《南京社会科学》2021 年第 7 期。
34. 陈立军:《刑政、婚姻身份与按问自首法:关于北宋阿云案的几个问题》,载《北大法律评论》2019 年第 2 期。
35. 陈琳国:《魏晋南朝监察制度的变迁》,载《北京大学学报》1988 年第 1 期。
36. 陈璐、温磊:《从两宋时期族田义庄看当今社会救济》,载《科教文汇》2012 年第 8 期。
37. 陈鹏生、程维荣:《魏晋南北朝法律历史地位》,载《法制史话》1986 年第 13 期。
38. 陈鹏玮:《对立与统一:刑法中伦理因素的考量——从"亲亲相隐"和"亲属相犯"切入》,载《巢湖学院学报》2022 年第 1 期。
39. 陈锐:《宋代的法律方法论——以〈名公书判清明集〉为中心的考察》,载《现代法学》2011 年第 2 期。
40. 陈锐:《〈晋书·刑法志〉中的法哲学》,载《政法论丛》2014 年第 2 期。
41. 陈锐:《"例分八字"考释》,载《政法论坛》2015 年第 2 期。
42. 陈锐:《中国传统律学新论》,载《政法论坛》2018 年第 6 期。
43. 陈锐:《〈唐律疏议〉中的"比附"探究》,载《华东政法大学学报》2020 年第 3 期。
44. 陈松:《试论杨坚法律思想的特点及其成因》,载《贵州民族学院学报(哲学社会科学版)》2009 年第 4 期。
45. 陈守忠:《试论北宋初年四川地区的士兵暴动和农民起义》,载《西北师大学报》1978 年第 3 期。
46. 陈戍国:《〈宋刑统〉其书与宋代礼法》,载《湖南大学学报》2001 年第 2 期。
47. 陈祎舒:《伦理与法律:作为方法的"家国同构"及其统合功能》,载《法律方法》2021 年第 4 期。
48. 陈玺:《唐代律学教育与明法考试》,载《西南大学学报(社会科学版)》2008 年第 1 期。

49. 陈曦：《法律儒家化对司法体系的重构——以两汉魏晋为视角》，载《山西财经大学学报》2019 年第 S2 期。
50. 陈晓枫、殷耀德：《魏晋南北朝法制的历史地位》，载《孝感师专学报》1995 年第 3 期。
51. 陈晓光：《唐代以后刑法原则的变革及其原因》，载《辽宁师专学报》2005 年第 6 期。
52. 陈晓林：《南北朝民族融合与中国封建法制》，载《娄底师专学报》1998 年第 3 期。
53. 陈永胜：《论西夏的立法》，载《甘肃理论学刊》2004 年第 4 期。
54. 陈玉：《唐太宗法律思想初探》，载《内蒙古电大学刊》1996 年第 5 期。
55. 陈姿桦：《儒家视域下的武则天礼制改革——以母亲服制为例》，载《天府新论》2021 年第 6 期。
56. 程干远、吴书寒：《吏治：唐律研究的新拓展——评钱大群 郭成伟新著〈唐律与唐代吏〉》，载《南京大学法律评论》1995 年第 2 期。
57. 程清坡：《唐代越度关津行为的罪与罚》，载《山西青年报》2016 年第 1 期。
58. 程天权：《从唐六赃到明六赃》，载《复旦学报（社会科学版）》1984 年第 6 期。
59. 褚天舒：《论魏晋南北朝时期封建法律儒家化》，载《唐山学院学报》2018 年第 4 期。
60. 崔红芬：《〈天盛改旧新定律令〉与西夏佛教》，载《宗教学研究》2005 年第 2 期。
61. 崔晓莉：《从唐代文献看唐代商人的商业道德观》，载《兰州教育学院学报》2017 年第 3 期。
62. 崔志敏：《浅析隋律与唐律的异同》，载《邯郸职业技术学院学报》2007 年第 4 期。
63. 戴建国：《唐〈开元二十五年令·田令〉研究》，载《历史研究》2000 年第 2 期。
64. 戴建国：《20 世纪宋代法律制度史研究的回顾与反思》，载《史学月刊》2002 年第 8 期。
65. 戴建国：《“主仆名分”与宋代奴婢的法律地位——唐宋变革时期阶级结构研究之一》，载《历史研究》2004 年第 4 期。
66. 戴建国：《唐宋时期判例的适用及其历史意义》，载《江西社会科学》2009 年第 2 期。
67. 戴建国：《〈天圣令〉研究两题》，载《上海师范大学学报》2010 年第 2 期。
68. 戴建国：《唐格条文体例考》，载《法律文化研究》2019 年第 2 期。
69. 邓长春：《论南朝律学之新发展》，载《西部法学评论》2008 年第 2 期。
70. 邓长春：《释“张杜律”》，载《中国古代法律文献研究》2017 年第 11 辑。
71. 邓健鹏：《健讼与息讼——中国传统诉讼文化的矛盾解析》，载《清华法学》2004 年第 1 期。
72. 邓涛：《宋代书院的发展及其与官学的关系》，载《黑龙江史志》2014 年第 1 期。
73. 邓小南：《宋代“祖宗之法”治国得失考》，载《人民论坛》2013 年第 16 期。
74. 邓小南：《关于“道理最大”——兼谈宋人对于“祖宗”形象的塑造》，载《暨南学报》2003 年第 2 期。
75. 邓奕琦：《论北魏孝文帝的法制改革》，载《法学家》1994 年第 2 期。
76. 邓卓海：《司马光祖宗之法不可变浅析》，载《晋阳学刊》1986 年第 1 期。
77. 刁培俊、仝相卿：《典范与牵引——邓小南〈祖宗之法——北宋前期政治述略〉读后》，载《中华文史论丛》2016 年第 4 期。
78. 丁建定：《唐代的社会救助制度及管理》，载《社会保障评论》2017 年第 2 期。

79. 丁俊:《从“文、吏之争”到“政事分途”——再论唐玄宗开元年间的用人择相问题》,载《乾陵文化研究》2019 年第 13 辑。
80. 丁巧林,孔毅:《苏绰经济思想探源与评述》,载《西南师范大学学报》1991 年第 3 期。
81. 董念清:《〈魏律〉略论》,载《敦煌学辑刊》1995 年第 2 期。
82. 杜建录:《〈天盛改旧新定律令〉所记的西夏手工业》,载《固原师范高等专科学校学报》2000 年第 1 期。
83. 杜建录:《论西夏的土地制度》,载《中国农业史》2000 年第 3 期。
84. 杜建录:《西夏官牧制度初探》,载《宁夏社会科学》1997 年第 3 期。
85. 杜建录:《西夏的审判制度》,载《宁夏社会科学》2003 年第 6 期。
86. 杜建录:《论西夏〈天盛改旧新定律令〉的特点》,载《宁夏社会科学》2005 年第 1 期。
87. 杜文玉:《唐代司法慎刑原则启示》,载《人民论坛》2015 年第 12 期。
88. 杜照钦:《魏晋玄学对正统法制思想的影响》,载《法制与社会》2017 年第 1 期。
89. 段亚利:《略论尚书郎对两晋南朝法制建设的贡献》,载《青海师范大学民族师范学院学报》2016 年第 1 期。
90. 段知壮:《从宋明理学角度看中国传统法律思想》,载《十堰职业技术学院学报》2011 年第 3 期。
91. 段知壮:《浅析魏晋玄学中所体现的法律思想》,载《安徽警官职业学院学报》2014 年第 2 期。
92. 段知壮:《韩愈法律思想中的罪责指向探析》,载《盛京法律评论》2017 年第 2 期。
93. 范辉:《宋明理学思想下传统性别立法技术的完善》,载《政法论坛》2018 年第 6 期。
94. 范中信:《中国古代德刑轻重之争的真实涵义》,载《比较法研究》1991 年第 1 期。
95. 范忠信:《“亲亲尊尊”与亲属相犯:中外刑法的暗合》,载《法学研究》1997 年第 3 期。
96. 范忠信:《律令关系、礼刑关系与律令制法律体系演进》,载《法律科学》2014 年第 4 期。
97. 冯婧:《魏晋南北朝律学博士考》,载《中国古代法律文献研究》2013 年第 2 期。
98. 奉晓政:《试论礼法相融视野下魏晋南北朝时期身份法的发展》,载《兰台世界》2013 年第 8 期。
99. 付传军:《我国古代刑法中的自首制度初探》,载《中州大学学报》2014 年第 6 期。
100. 付兴林:《论白居易对“天人感应说”的突破——以〈策林〉为中心》,载《社会科学家》2006 年第 1 期。
101. 傅日晶:《试论宋代司法制度的发展》,载《学术探索》2006 年第 3 期。
102. 高驰:《从唐代党争看早期科举制存在的弊端》,载《绵阳师范学院学报》2022 年第 12 期。
103. 高恒:《张斐的〈律注要略〉及其法律思想》,载《中国法学》1984 年第 3 期。
104. 高明士:《唐律中的家长责任》,载《中西法律传统》2008 年第 6 期。
105. 高楠、宋燕鹏、吴克燕:《宋初的嫁妆立法——以〈宋刑统〉为中心》,载《社会科学论坛》2009 年第 4 期。
106. 高珣:《隋朝中央机构的设置与隋朝统一秩序研究》,载《中国历史上的法律与社会发展》,

吉林人民出版社 2007 年版。
107. 葛金芳：《从宋朝集权政治看厢军制度的形成背景——宋代冗兵成因研究之二》，载《湖北大学学报》1988 年第 6 期。
108. 耿元骊：《“土地兼并”与唐宋间地权的流变》，载《辽宁大学学报》2008 年第 4 期。
109. 龚延明：《职官制度学养与出土文献整理——以新出土唐、宋两方墓志释读为例》，载《浙江大学学报（人文社会科学版）》2011 年第 5 期。
110. 勾利军：《唐宋分司机构与社会变迁》，载《河南师范大学学报》2006 年第 2 期。
111. 顾吉辰：《西夏货币制度演变及其流通渠道》，载《宁夏社会科学》1991 年第 3 期。
112. 顾凌云：《从敦煌吐鲁番出土契约看唐代民间土地买卖禁令的实效》，载《敦煌研究》2016 年第 3 期。
113. 谷景志：《魏晋南北朝时期八议制度的规定及应用》，载《兰台世界》2013 年第 13 期。
114. 关保英：《〈唐六典〉的行政法文化研究》，载《社会科学战线》2009 年第 5 期。
115. 关丹丹：《21 世纪魏晋南北朝法律史研究新发展》，载《中国史研究动态》2016 年第 3 期。
116. 关履权：《论两宋农民战争》，载《历史研究》1962 年第 2 期。
117. 关素华：《治法与治人：论王安石与司马光法度思想之异同》，载《理论界》2018 年第 5 期。
118. 郭东旭：《宋代财产继承法初探》，载《河北大学学报（哲学社会科学版）》1986 年第 3 期。
119. 郭东旭，申慧青：《渤海封氏——中国律学世家的绝响》，《燕赵历史文化研究之一·董仲舒与河北历史文化研究》。
120. 郭丽：《唐代留学生教育管理制度述论》，载《北京社会科学》2016 年第 10 期。
121. 郭亮，刘振宇：《晋刑法志所见“科考”析》，载《法制与社会》2010 年第 12 期。
122. 高其才：《中国的习惯法初探》，载《政治与法律》1993 年第 2 期。
123. 龚汝富：《江西古代“尚讼”习俗浅探》，载《南昌大学学报》2002 年第 2 期。
124. 郭尚武：《论宋代保护奴婢人身权的划时代特征——据两宋民法看奴婢的人身权》，载《晋阳学刊》2004 年第 3 期。
125. 郭尚武：《论两宋监督机制的创新与废除奴婢制度的关系》，载《晋阳学刊》2011 年第 4 期。
126. 郭旸、李华罡：《茶税研征——唐代税榷制下的茶政经济思想分析》，载《上海财经大学学报》2006 年第 4 期。
127. 韩敏霞：《三国两晋南北朝时期的西南少数民族刑法》，载《太平洋学报》2006 年第 12 期。
128. 韩树峰：《汉晋法律由“繁杂”到“清约”的变革之路》，载《中国人民大学学报》2014 年第 5 期。
129. 韩树峰：《魏晋法律体例的变化与学术风气之关系》，载《中国人民大学学报》2007 年第 4 期。
130. 韩婷：《释古与鉴今：包拯的财税思想及其历史实践》，载《皖西学院学报》2023 年第 1 期。
131. 韩伟：《习惯法视野下中国古代“亲邻之法”的源起》，载《法制与社会发展》2011 年第 3 期。
132. 韩伟：《刑不逾时：柳宗元的唯物主义法律观》，载《人民法院报》2018 年 2 月 2 日，第 5 版。
133. 韩小忙：《〈天盛改旧新定律令〉与西夏婚姻制度》，载《宁夏大学学报》（哲学社会科学版）

1999 年第 2 期。
134. 韩小忙:《从〈天盛改旧新定律令〉看西夏妇女的法律地位》,载《宁夏大学学报(哲学社会科学版)》1997 年第 3 期。
135. 韩小忙:《〈天盛改旧新定律令〉中所反映的西夏道教》,载《西北师范大学学报》1998 年第 3 期。
136. 韩小忙:《〈天盛改旧新定律令〉中所反映的西夏佛教》,载《世界宗教研究》1997 年第 4 期。
137. 韩毓杰:《从现行民法观点论唐律上之侵权行为法》,戴东雄教授六秩华诞祝寿论文集编辑委员会(编),《固有法制与当代民事法学》,台北,三民书局 1997 年版。
138. 韩梓昂:《唐代婚姻法律制度初探》,载《文化学刊》2021 年第 3 期。
139. 韩子博:《宋朝的立法指导思想和主要立法活动研究》,载《品牌》2015 年第 1 期。
140. 杭宏秋:《宋代土地兼并与丈田均赋及其思考》,载《中国农史》1997 年第 2 期。
141. 何勤华:《论宋代中国古代法学的成熟及其贡献》,载《法律科学》2000 年第 1 期。
142. 何勤华:《以古代中国与日本为中心的中华法系之律家考》,载《中国法学》2017 年第 5 期。
143. 何勤华:《中华法系之法律学术考——以古代中国的律学与日本的明法道为中心》,载《中外法学》2018 年第 1 期。
144. 何勤华:《魏晋时期多元化法学世界观论析》,载《西南政法大学学报》2000 年第 1 期。
145. 何勤华:《法典化的早期史》,载《东方法学》2021 年第 6 期。
146. 何勤华、张顺:《民族智慧的叠加:唐代中华法律文化的辉煌》,载《法学论坛》2022 年第 1 期。
147. 何勤华、袁也:《中华法系之法律教育考——以古代中国的律学教育与日本的明法科为中心》,载《法律科学(西北政法大学学报)》2018 年第 1 期。
148. 何忠礼:《论宋朝政府对民变的非军事对抗性策略》,载《浙江大学学报》2014 年第 3 期。
149. 禾茂:《赵绰执法不惜死》,载《学习月刊》2015 年第 13 期。
150. 贺润坤:《论武则天的法律思想》,载《陕西广播电视大学学报》2003 年第 3 期。
151. 洪婷:《唐律中刑事诉讼审判制度的基本原则——兼与当代中国刑事诉讼法之比较与借鉴》,载《新学术》2007 年第 3 期。
152. 侯飞:《中国古代保辜制度的发展及其影响》,载《兰台世界》2014 年第 6 期。
153. 胡可先:《〈唐九卿考〉增订》,载裴建平主编:《纪念西安碑林 930 周年华诞学术研讨会论文集》,三秦出版社 2018 年版。
154. 胡可先、咸晓婷:《〈唐九卿考〉订补》,载《湖南大学学报(社会科学版)》2009 年第 2 期。
155. 胡兴东:《习惯,还是习惯法:习惯在法律体系中形态研究》,载《时代法学》2011 年第 3 期。
156. 胡兴东:《宋代判例问题考辨》,载《云南师范大学学报(哲学社会科学版)》2016 年第 1 期。
157. 胡月、陈懿人:《"开元初年恶钱问题小论"——以宋璟为相时期的"恶钱"整治行动为中心》,载《黑龙江史志》2015 年第 13 期。
158. 胡子君:《窥探唐代"孝道"在其刑法中的地位》,载《兰台世界》2014 年第 15 期。
159. 华志强:《〈晋书·刑法志〉述评》,载《皖西学院学报》2006 年第 6 期。

160. 华志强:《宋代刑讯规制及其启示》,载《皖西学院学报》2015 年第 3 期。
161. 黄春燕:《唐朝比附制度研究》,载《法学论坛》2015 年第 5 期。
162. 黄建涛:《汉武帝、唐太宗法律思想及其现代法治价值》,载《法制博览》2018 年第 36 期。
163. 黄书光:《宋代地方官学考析》,载《华东师范大学学报》1986 年第 4 期。
164. 黄英:《中国古代亲亲相隐溯源及发展历程述论》,载《兰台世界》2013 年第 6 期。
165. 黄云鹤:《汉族士人在北魏封建化过程中的作用》,载《长春师院学报(社会科学版)》1998 年第 1 期。
166. 霍存福:《论礼令关系与唐令的复原》,载《法学研究》1990 年第 4 期。
167. 霍存福:《〈龙筋凤髓判〉判目破译——张鷟判词问目源自真实案例、奏章、史事考》,载《吉林大学社会科学学报》1998 年第 2 期。
168. 霍存福:《论中国古代契约与国家法的关系——以唐代法律与借贷契约的关系为中心》,载《当代法学》2005 年第 1 期。
169. 霍存福:《给宋代"鞫谳分司"制度以定位——"听""断"从合一到分立的体制演化》,载《北方论丛》2017 年第 5 期。
170. 霍廷菊:《从汉宋立法思想看儒家法律化》,载《江西社会科学》2003 年第 1 期。
171. 胡旭晟、罗昶:《试论中国律学传统》,载《浙江社会科学》2000 年第 4 期。
172. 姜保忠:《释冤法律思想及其对现代司法的启示——以〈折狱龟鉴〉为中心》,载《河南社会科学》2018 年第 2 期。
173. 季平:《论司马光反对青苗法》,载《西南师范大学学报》1985 年第 4 期。
174. 贾灿灿:《两宋时期学田的起源与发展》,载《商丘师范学院学报》2013 年第 10 期。
175. 贾发义、李旭杰:《武则天"建言十二事"实施及性质考论》,载《徐州工程学院学报》2020 年第 4 期。
176. 贾文龙:《宋朝鞫谳分司制度的历史浮沉》,载《宋史研究论丛》2015 年第 1 期。
177. 江隐龙:《女皇的匣子:铜匦里的盛唐直诉制度》,载《法治日报》2021 年 12 月 29 日。
178. 姜歆:《西夏〈天盛改旧新定律令〉厩牧律考》,载《宁夏社会科学》2005 年第 1 期。
179. 姜歆:《西夏法典〈天盛改旧新定律令〉佛道法考》,载《宁夏师范学院学报》2009 年第 4 期。
180. 姜歆:《西夏法律思想定型化初探》,载《固原师范高等专科学校学报》2004 年第 2 期。
181. 姜歆:《论西夏法典中的形式法律制度》,载《宁夏社会科学》2003 年第 6 期。
182. 姜歆:《论西夏法典中的狱政管理制度——兼与唐、宋律令的比较研究》,载《宁夏大学学报》2004 年第 5 期。
183. 姜歆:《论西夏法典结构及私法在其中的地位》,载《宁夏大学学报(哲学社会科学版)》2003 年第 1 期。
184. 蒋集耀:《中国古代魏普律学研究》,载《上海社会科学院学术季刊》1990 年第 3 期。
185. 蒋来用:《中国古代的特权法》,载《法制日报》2016 年 1 月 13 日,第 010 版。
186. 蒋楠楠:《论唐宋法律考试与法官职业化趋向》,载《中山大学学报(社会科学版)》2009 年第 1 期。

187. 蒋楠楠:《论唐宋法律考试与法官职业化趋向》,载《中山大学学报(社会科学版)》2019 年第 1 期。
188. 金霞、李传军:《魏晋南朝刑律中的妇女地位——兼谈魏晋南朝刑律的轻省化》,载《南都学坛》2004 年第 2 期。
189. 金滢坤:《唐五代明法科与律学教育》,载《河北学刊》2016 年第 3 期。
190. 景风华:《宗族与从属:魏晋南北朝时期缘坐范围的重构》,载《南京大学法律评论》2015 年秋季卷。
191. 阚可心:《东晋南朝血亲复仇案件中孝与法的冲突及解决方式——以南齐朱谦之案为例》,载《文化学刊》2018 年第 10 期。
192. 孔学:《〈庆元条法事类〉研究》,载《史学月刊》2000 年第 2 期。
193. 孔学:《论凌迟之刑的起源及在宋代的发展》,载《史学月刊》2004 年第 6 期。
194. 孔毅:《二十世纪八十年代以来中国大陆十六国北朝思想史研究的回顾与展望》,载李凭主编:《魏晋南北朝史研究:回顾与探索——中国魏晋南北朝史学会第九届年会论文集》,湖北教育出版社 2009 年版。
195. 雷宏谦、赵建坤:《宋璟廉政思想探析》,载《兰台世界》2015 年第 33 期。
196. 林明:《多元思想背景下的伦理法制》,载《法学论坛》2004 年第 1 期。
197. 雷天寿:《西夏行政管理探微》,载《宁夏大学学报》1995 年第 2 期。
198. 雷天寿:《西夏行政管理体制特点刍议》,载《天津师范大学学报》1997 年第 6 期。
199. 黎时:《武则天——唐代尊法反儒的女政治家》,载《中山大学学报》1974 年第 4 期。
200. 李范文:《西夏法典》,载《宁夏大学学报(哲学社会科学版)》1990 年第 1 期。
201. 李范文:《西夏官阶封号表考释》,载《社会科学战线》1991 年第 3 期。
202. 李海松:《浅谈曹魏统治集团的法律思想》,载《河南财政税务高等专科学校学报》2009 年第 4 期。
203. 李慧秋:《魏晋玄学法律思想及其现代反思》,载《江苏警官学院学报》2005 年第 3 期。
204. 李力:《出家、犯罪、立契——1—6 世纪僧人与法律问题的初步考察》,载《法制史研究》2010 年第 6 期。
205. 李力:《发现最初的混合法:从睡虎地秦简到张家山汉简》,载《河北法学》2010 年第 2 期。
206. 李建东:《宋朝鞫谳分司制度及其现代意义》,载《学术探索》2013 年第 7 期。
207. 李交发:《西晋初年的法制其及影响》,载《求索》1989 年第 6 期。
208. 李俊强:《魏晋令性质、地位及影响考论》,载《法律科学》2016 年第 1 期。
209. 李俊强:《魏晋南北朝律学与古罗马法学之比较》,载《湘潭大学学报》2005 年第 5 期。
210. 李军:《宋璟的用人之道及其借鉴意义》,载《领导科学》2006 年第 23 期。
211. 刘康德:《魏晋名教与自然论笺》,载《孔子研究》1994 年第 2 期。
212. 李克武:《王安石与司马光法律思想比较分析》,载《华中师范大学学报》1989 年第 5 期。
213. 李林泽:《从〈唐律疏议·户婚律〉探析唐初婚姻观念》,载《兰台世界》2021 年第 10 期。
214. 李梅:《论五服制的伦理基础和社会功能》,载《理论学刊》2005 年第 12 期。

215. 李敏昌:《论宋代法律制度的特点》,载《三峡大学学报》2001 年第 2 期。
216. 李鸣:《西夏司法制度述略》,载《西南民族大学学报(哲学社会科学版)》2003 年第 6 期。
217. 李明:《宋代的监察体系及其法律规范》,载《兰台世界》2013 年第 36 期。
218. 鲁楠:《正法与礼法——慧远〈沙门不敬王者论〉对佛教法文化的移植》,载《清华法学》2020 年第 1 期。
219. 李妮娜:《唐代婚姻关系订立的法律审视》,载《长江师范学院学报》2021 年第 1 期。
220. 李青:《唐宋监察制度初探》,载《现代法学》2004 年第 3 期。
221. 李勤通:《论礼法融合对唐宋司法制度的影响》,载《江苏社会科学》2018 年第 4 期。
222. 李勤通:《法律儒家化及其解释力》,载《学术月刊》2020 年第 8 期。
223. 李青峰:《獬豸之精徐有功》,载《文史天地》2006 年第 12 期。
224. 李青岭:《隋文帝德法兼施的行政管理思想》,载《平顶山工学院学报》2005 年第 6 期。
225. 李守良、时溪蔓:《唐代明法科管窥》,载《历史学研究》2019 年第 1 期。
226. 李生平:《试论宋代"祖宗之法"的内涵》,载《长江论丛》2016 年第 32 期。
227. 李曙光:《略论〈开皇律〉的历史渊源及其对〈唐律〉的影响》,载《法学》1985 年第 4 期。
228. 李书吉:《论〈太和律〉及北朝法系》,载《山西大学学报》2017 年第 3 期。
229. 李四龙:《论儒释道"三教合流"的类型》,载《北京大学学报》2011 年第 2 期。
230. 李天石:《试论唐宋时期奴婢的雇佣化趋势》,载 1993 年《中国唐史学会论文文集》。
231. 李天石:《试论南朝奴客的身份问题——以刘宋符伍问题的讨论为中心》,载《南京晓庄学院学报》2001 年第 3 期。
232. 李蔚:《略论〈贞观玉镜统〉》,载《宁夏社会科学》1997 年第 5 期。
233. 李蔚:《略论西夏的小农土地所有制》,载《中国经济史研究》2000 年第 2 期。
234. 李温:《〈西夏法典〉述评》,载《法律科学》1990 年第 2 期。
235. 李温:《〈西夏法典〉:研究西夏史的珍贵资料》,载《丝绸之路》1997 年第 6 期。
236. 李温、罗矛昆:《西夏法的特点》,载《宁夏法学》1994 年第 3 期。
237. 李温、罗矛昆:《一部罕见的中世纪法典》,载《宁夏法学》1994 年第 6 期。
238. 李秀才、刘诚:《两宋时期农民起义的领袖——方腊、钟相、杨幺》,载《贵阳师院学报》1975 年第 3 期。
239. 李学江:《从〈天盛改旧新定律令〉看仁孝时期的西夏货币》,载《固原师范高等专科学校学报》1998 年第 4 期。
240. 李晓婧:《从〈宋史·刑法志〉看宋代的司法制度》,载《甘肃联合大学学报》2009 年第 2 期。
241. 李学勤:《〈奏谳书〉解说(下)》,载《文物》1995 年第 3 期。
242. 李雪涛:《略论唐律中的"六赃"与"七杀"》,载《濮阳职业技术学院学报》2018 年第 3 期。
243. 李燕:《浅谈中国古代法制发展过程中〈开皇律〉的作用》,载《法制与社会》2018 年第 12 期。
244. 李玉生:《魏晋律令分野的几个问题》,载《法学研究》2003 年第 5 期。
245. 李志贤:《"宋承五代之弊,两税遂呈变态"——论宋代赋役变革与两税法精神的传承》,

2003 年《宋史研究论丛》(第 5 辑)。
246. 李中和:《〈唐律疏议〉自首制度立法探析——以上官兴醉酒杀人自首案为例》,载《新疆大学学报(哲学・人文社会科学版)》2010 年第 5 期。
247. 厉广雷:《儒家法律教化思想与唐代司法》,载《盐城师范学院学报》2021 年第 1 期。
248. 黎仁凯:《关于唐代的逃户》,载《文史哲》1982 年第 4 期。
249. 梁骄阳:《唐代社会保障体系的现代启示》,载《沈阳工业大学学报》2014 年第 6 期。
250. 梁满仓:《论魏晋南北朝“礼”与“法”的结合》,载《求是学刊》2016 年第 6 期。
251. 梁健:《魏晋法律文化述略》,载《学术论坛理论月刊》2011 年第 3 期。
252. 梁健:《魏晋谋反罪中的兄弟连坐——基于公孙渊案、钟会案、杨骏案的考察》,载《现代法学》2013 年第 2 期。
253. 梁中效:《西部时代的盛衰与唐书社会变迁》,载《成都大学学报》2010 年第 2 期。
254. 林鸿荣:《隋唐五代时期的林业法制》,载《北京林业大学学报》2006 年第 1 期。
255. 林明:《论魏晋南北朝时期儒家思想的地位及其法律化表现》,载《山东社会科学》1999 年第 2 期。
256. 林文勋:《商品经济:唐宋社会变革的根本力量》,载《文史哲》2005 年第 1 期。
257. 林洋:《宋代刺配制度考析——兼论肉刑复活的原因》,载《长江大学学报(社会科学版)》2015 年第 11 期。
258. 林英男:《唐宋时代地方行政体制和强干弱枝传统的形成》,载《深圳大学学报(人文社会科学版)》1988 年第 3 期。
259. 蔺熙民:《牛弘与杨隋文化制度建设》,载《大众文艺》2011 年第 9 期。
260. 刘宝恒:《唐代三省六部制改革的成败及其启示——读〈资治通鉴・唐纪〉》,载《机构与行政》2013 年第 9 期。
261. 刘春涛:《唐宋社会变迁视野下的学校教育》,载《曲靖师范学院学报》2011 年第 5 期。
262. 刘德福、朱文瑜:《论中华法系和谐社会思想与当代法律的发展》,载《求索》2006 年第 10 期。
263. 刘长江:《魏晋南北朝法政体制述论》,载《重庆师范大学学报(哲学社会科学版)》2006 年第 1 期。
264. 刘陈旭光:《简论魏晋南北朝妇女的法律地位》,载《法制博览》2017 年 10 月下期。
265. 刘登峰:《从民族学的角度看北魏孝文帝改革的作用》,载《内蒙古师范大学学报(教育科学版)》1998 年第 3 期。
266. 刘笃才:《论张斐的法律思想——兼及魏晋律学与玄学的关系》,载《法学研究》1996 年第 6 期。
267. 刘笃才:《论魏晋时期的立法改革》,载《辽宁大学学报》2011 年第 6 期。
268. 刘笃才:《律令法体系向律例法体系的转换》,载《法学研究》2012 年第 6 期。
269. 刘广安:《古代“赎刑”考略》,载《政法论坛》1985 年第 6 期。
270. 刘广安:《令在中国古代的作用》,载《中外法学》2012 年第 2 期。

271. 刘海年、杨一凡:《中国封建法律中的“八议”和“十恶”》,载《人民司法》1983 年第 6 期。
272. 刘敬者:《日本律令官制对隋唐官制的继承与创新》,载《河北法学》2000 年第 1 期。
273. 刘菊湘:《关于〈天盛改旧新定律令〉的成书年代》,载《固原师范高等专科学校学报(哲学社会科学版)》1998 年第 4 期。
274. 刘军:《北魏对宗室罪案的刑事处罚》,载《洛阳师范学院学报》2014 年第 10 期。
275. 刘军:《论北魏宗室阶层的法律特权》,载《云南社会科学》2011 年第 2 期。
276. 刘恩惠:《唐代科举制度对加强吏治的作用》,载《吉林师范大学学报》1981 年第 4 期。
277. 刘清泉:《谈苏轼的赋税观》,载《乐山师范学院学报》2018 年第 9 期。
278. 刘太祥:《试论唐代经济审计监督制度》,载《南都学坛》1989 年第 1 期。
279. 刘婷:《试析北宋哲宗“绍述”之前的尊崇“祖宗之法”——以宋太祖“不杀士大夫”誓约为例》,载《赤峰学院学报》2015 年第 11 期。
280. 刘晓冬:《魏晋律学研究》,载《法制博览》2015 年第 23 期。
281. 李显冬:《“民有私约如律令”考》,载《政法论坛(中国政法大学学报)》2007 年第 3 期。
282. 刘晓林:《立法语言抑或学理解释?——注释律学中的“六杀”与“七杀”》,载《清华法学》2018 年第 6 期。
283. 刘晓林:《唐代监察官员的职务犯罪行为及其处罚》,载《甘肃社会科学》2018 年第 5 期。
284. 刘晓林:《唐律“劫杀”考》,载《华东政法大学学报》2011 年第 4 期。
285. 刘昕:《宋代政府对讼师教唆诬告行为的法律规制》,载《湖南社会科学》2012 年第 3 期。
286. 刘云:《先秦至五代时期财产继承诉讼制度述略》,载《漳州师范学院学报》2009 年第 1 期。
287. 刘云:《北宋孤幼、户绝财产检校制度辨析》,载《广东农工商职业技术学院学报》2017 年第 1 期。
288. 刘智亭:《唐代科举制度及其流弊》,载《山西师大学报》1983 年第 2 期。
289. 龙大轩、邓长春:《论南朝礼义决狱》,载《厦门大学法律评论》总第 20 辑。
290. 龙大轩、秦涛:《〈晋书·刑法志〉作者考——以唐代辛骥墓志为新证》,载《河北法学》2014 年第 6 期。
291. 楼劲:《北魏天兴“律令”的性质和形态》,载《文史哲》2013 年第 2 期。
292. 楼劲:《“法律儒家化”与魏晋以来的“制定法运动”》,载《南京师大学报》2014 年第 6 期。
293. 楼劲:《隋无〈格〉、〈式〉考——关于隋代立法和法律体系的若干问题》,载《历史研究》2013 年第 3 期。
294. 陆庆夫:《隋朝法律改革述评》,载《兰州大学学报(社科版)》1985 年第 2 期。
295. 鲁家亮:《2012 年秦汉魏晋简牍研究概述》,载《简帛(第八辑)》。
296. 鲁家亮:《2013 年秦汉魏晋简牍研究概述》,载《简帛(第九辑)》。
297. 鲁家亮:《2014 年秦汉魏晋简牍研究概述》,载《简帛(第十一辑)》。
298. 鲁家亮:《2015 年秦汉魏晋简牍研究概述》,载《简帛(第十三辑)》。
299. 鲁家亮:《2017 年秦汉魏晋简牍研究概述》,载《简帛(第十八辑)》。
300. 逯子新,赵晓耕:《北魏卖女葬母案之再思索》,载《法律适用》2019 年第 10 期。

301. 栾爽:《论包拯的法律思想及其现代意义》,载《安徽教育学院学报》2005 年第 2 期。
302. 罗世琴:《魏晋复仇文学作品中的司法审判及其叙写》,载《西北师范大学学报》2016 年第 2 期。
303. 鲁湘子:《略论儒释道三教合一的内在因素》,载《社会科学研究》2000 年第 6 期。
304. 罗业恺,毛莉姝:《从〈华阳国志〉看先秦至汉晋间西南地区法律文化的特点》,载《成都工业学院学报》2013 年第 3 期。
305. 吕丽:《故事与汉魏晋的法律——兼谈对于〈唐六典〉注和〈晋书 · 刑法志〉中相关内容的理解》,载《当代法学》2004 年第 3 期。
306. 吕丽,王侃:《汉魏晋"比"辨析》,载《法学研究》2000 年第 4 期。
307. 吕丽:《汉魏晋的礼仪立法与礼仪故事》,载《法制与社会发展》2003 年第 3 期。
308. 吕丽、高晨:《严明与矜谨:〈折狱龟鉴〉的核心审断理念》,载《法制与社会发展》2015 年第 1 期。
309. 吕琳:《唐律杀人罪的结构与特征——读〈唐律"七杀"研究〉》,载《法律史评论》2020 年第 2 期。
310. 卢勇:《论〈唐律疏议〉中"轻重相举"的解释方法》,载《法学方法》2019 年第 4 期。
311. 吕志兴:《北周五刑制度研究》,载《西南政法大学学报》2020 年第 3 期。
312. 吕志兴:《南朝法制的创新及其影响——兼论"南北朝诸律,北优于南"说不能成立》,载《法学研究》2011 年第 4 期。
313. 吕志兴:《南朝律学的发展及其特点——兼论"中原律学,衰于南而盛于北"说不能成立》,载《政法论坛》2012 年第 1 期。
314. 吕志兴:《〈折杖法〉对宋代刑罚重刑化的影响》,载《现代法学》2007 年第 5 期。
315. 吕志兴、汤东澍:《宋代"特许越诉法":中华法系行政诉讼之独例》,载《学术界》2023 年第 2 期。
316. 马晨光:《唐代多元司法解决纠纷机制探微》,载《人民司法》2010 年第 1 期。
317. 马晨光:《唐代刑事诉讼立案过程探讨》,载《西北民族大学学报(哲学社会科学版)》2011 年第 4 期。
318. 莫家齐:《宋朝"明法""新科明法"及"试刑法"考》,载《中州学刊》1984 年第 6 期。
319. 马丽:《唐代科举制度与朋党之争》,载《河南科技大学学报》2001 年第 2 期。
320. 马丽丽:《魏晋南北朝时期官吏轻微犯罪的处罚制度研究》,载《兰台世界》2013 年第 4 期。
321. 马韶青:《晋令的内容及其在律令法体系中的作用》,载《大庆师范学院学报》2011 年第 5 期。
322. 马腾:《中国传统法思想形态新探——以晋〈律注表〉为中心》,载《法制与社会发展》2017 年第 1 期。
323. 马王君:《浅论唐宋时期的商业立法》,载《濮阳教育学院学报》2002 年第 4 期。
324. 马霞:《唐代婚姻家庭制度的法律文化意义及其当代启示》,载《宁夏社会科学》2006 第 2 期。

325. 马小红:《中华法系中“礼”“律”关系辩证——质疑中国法律史研究中的某些“定论”》,载《法学研究》2014 年第 1 期。
326. 马志冰:《从魏晋之际官僚贵族世袭特权的法律化制度化看士族门阀制度的确立与发展》,载《中国文化研究 2000 年春之卷》总第 27 期。
327. 马作武:《略论中国传统法律的儒家化》,载《中山大学学报》1997 年第 2 期。
328. 马作武:《引礼入法奠定中华法系基石”,载光明网,https://news. gmw. cn/2017 - 02/18/content_23758065. htm。
329. 茆巍:《试论唐代行政权之规制》,载《政法学刊》2010 年第 6 期。
330. 梅原郁、周东平:《隋唐书〈刑法志〉研究中的若干问题——〈译注续中国历代刑法志〉补记》,载《中西法律传统》(第 5 卷),中国政法大学出版社 2006 年版。
331. 孟令俊:《敢于犯颜诤谏的徐有功》,载《中州统战》1997 年第 8 期。
332. 苗苗、赵晓耕:《从“阿云之狱”看宋代刑法中的自首制度》,载《河南省政法管理干部学院学报》2005 年第 3 期。
333. 缪书豪:《王安石的天道思想及其变法精神》,载《苏州科技大学学报》2022 年第 5 期。
334. 明廷强:《唐律数罪并罚制度探析》,载《齐鲁学刊》1996 年第 2 期。
335. 穆宇:《张斐法律思想述评》,载《中外法学》1995 年第 5 期。
336. 倪俊:《科举制的历史作用》,载《华东师范大学学报》1997 年第 5 期。
337. 倪正茂:《集封建法典之大成,播深远影响于中外——隋、唐立法概况》,载《法学杂志》1984 年第 4 期。
338. 倪正茂:《〈隋律〉的正负效应》,载《(上海)社会科学报》1994 年 3 月 13 日。
339. 倪正茂:《论隋律对北周律之因袭》,载《中西法津传统》第二卷,中国政法大学出版社 2002 年版。
340. 倪正茂:《隋律源流若干问题考辨》,载《法学》2010 年第 10 期。
341. 聂飞:《家国同构视角下的传统国家治理及影响》,载《党政研究》2021 年第 6 期。
342. 聂鸿音:《俄藏 6965 号〈天盛改旧新定律令〉残卷考》,载《宁夏大学学报(哲学社会科学版)》1998 年第 3 期。
343. 聂鸿音:《西夏〈天盛改旧新定律令〉成书年代辨析》,载《寻根》1998 年第 6 期。
344. 聂亮:《陆九渊对吏治腐败的批判与治理实践》,载《今古文创》2022 年第 28 期。
345. 宁欣:《姚崇“十事疏”一探》,载《三门峡职业技术学院学报》2016 年第 2 期。
346. 宁志新:《〈唐六典〉仅仅是一般的官修典籍吗?》,载《中国社会科学》1994 年第 2 期。
347. 牛红广:《〈唐九卿考〉辑补》,载《山东图书馆学刊》2013 年第 4 期。
348. 彭炳金:《论唐代明法考试制度的几个问题》,载《政法论坛》2002 年第 2 期。
349. 潘祜周、皮纯协:《中国婚姻家庭制度与立法的历史发展》,载《湘潭大学社会科学学报》1982 年第 1 期。
350. 庞朝骥:《赵绰舍命守法度》,载《法制资讯》2011 年第 3 期。
351. 彭浩晟,邓长春:《论南朝司法之伦理性》,载《西南政法大学》2012 年第 1 期。

352. 潘萍:《〈天圣·狱官令〉与唐宋司法理念之变——以官员、奴婢的司法待遇为视点》,载《法制与社会发展》2017 年第 6 期。
353. 潘萍:《论宋代民事诉讼中的法律适用——以〈名公书判清明集·户婚门〉为中心》,载《江苏社会科学》2021 年第 3 期。
354. 蒲人:《徐有功公私分明》,载《政府法治》2004 年第 7 期。
355. 彭瑞花:《浅议佛教对中国传统法律思想的影响》,载《太原师范学院学报》2014 年第 5 期。
356. 钱大群:《论唐律对官吏罪责追究的制度》,载《江苏社会科学》1992 年第 3 期。
357. 钱大群:《唐律的适用及〈律疏〉体制内外"法例"的运作》,载《中外法史研究》2013 年第 1 期。
358. 钱申:《王安石变法与制置三司条例司置罢问题再分析》,载《南昌大学学报》2021 年第 2 期。
359. 钱泳宏:《封建制五刑的源变》,载《河南工程学院学报(社会科学版)》2019 年第 1 期。
360. 乔亨:《论三国两晋南北朝礼法结合及其当代思考》,载《法制与社会》2016 年第 24 期。
361. 乔伟:《论魏晋南北朝法律思想的沿革及其特点》,载《山东大学学报(哲学社会科学版)》1996 年第 4 期。
362. 乔延寿、赵云旗:《论隋文帝时期的吏治与廉政》,载《山西大学学报(哲学社会科学版)》1991 年第 4 期。
363. 任海涛:《魏晋南北朝对唐律的贡献》,载《兰州商学院学报》2006 年第 2 期。
364. 任映艳:《从〈唐律疏议〉看中国古代的孝亲思想》,载《兰州交通大学学报》2007 年第 2 期。
365. 赛长春:《"百道判"及其学术价值——兼论白居易的早期思想》,载《西北师大学报(社会科学版)》1984 年第 3 期。
366. 尚平:《宋代户帖的性质及其使用》,载《广西社会科学》2007 年第 5 期。
367. 尚衍斌:《关于晋唐时期西域法律制度的几个问题》,载《新疆大学学报》1994 年第 1 期。
368. 邵方:《〈晋书·刑法志〉与汉〈九章律〉》,载《法学评论》2007 年第 1 期。
369. 邵方:《试论西夏的婚姻制度:〈天盛改旧新定律令〉》,载《民族研究》1998 年第 4 期。
370. 邵方:《西夏亲属关系的法律效力及拟制》,载《固原师范高等专科学校学报(哲学社会科学版)》1999 年第 4 期。
371. 邵方:《西夏婚姻制度的特征——兼论女性在西夏婚姻中的地位》,载《宁夏社会科学》2003 年第 6 期。
372. 邵方:《西夏婚姻家庭法律制度研究》,载《河北法学》2003 年第 5 期。
373. 邵方:《略论西夏法律对党项社会婚姻制度的规定》,载《法学评论》2003 年第 1 期。
374. 邵方:《西夏服制与亲属等级制度研究》,载《法学评论》2004 年第 3 期。
375. 邵方:《西夏党项社会的族际婚》,载《西北民族研究》2004 年第 3 期。
376. 邵方:《西夏法制研究》,人民出版社 2009 年版。
377. 邵方:《西夏的宗教法》,载《现代法学》2008 年第 4 期。
378. 邵方:《唐宋法律中儒家孝道思想对西夏法典的影响》,载《法学研究》2007 年第 1 期。

379. 申静:《宋代惩治盗贼的法律规范研究》,载《兰台世界》2013 年第 12 期。
380. 申亚平:《简析宋代编敕制度的消极影响》,载《长江丛刊·理论研究》2017 年第 8 期。
381. 沈国峰:《略论隋王朝的封建法制和它的兴亡史》,载《北京政法学院学报》1979 年第 1 期。
382. 沈淦:《徐有功护法》,载《领导科学论坛》2014 年第 5 期。
383. 沈茗遥:《"登州阿云案"与北宋法律运行》,载《西南法学》2021 年第 00 期。
384. 沈世培:《唐代"两税"之辩》,载《经济史研究》1995 年第 1 期。
385. 沈世培:《试论唐代两税法以钱定税的由来》,载《中国农史》2000 年第 3 期。
386. 沈世培:《论唐代建中定税的因循性》,载《中国农史》2001 年第 2 期。
387. 沈寿文:《两晋南北朝时期北方游牧民族法律的变迁——以匈奴、鲜卑等"收继婚"的变迁为例》,载《学术探索》2007 年第 5 期。
388. 沈天鹰:《试论姚崇为政思想的现实意义》,载《三门峡职业技术学院学报》2016 年第 4 期。
389. 沈玮玮、赵晓耕:《论古代中国免官复叙法的实践与经验》,载《浙江社会科学》2010 年第 10 期。
390. 施建雄:《〈通典〉与〈晋书·志〉的比较研究》,载《三明师专学报》1992 年第 2 期。
391. 史爱君、张远灵:《包拯法律思想述略》,载《开封教育学院学报》2002 年第 2 期。
392. 史广全:《中国古代立法演进的多向度考察》,载《榆林学院学报》2005 年第 2 期。
393. 史金波:《西夏〈天盛改旧新定律令〉略论》,载《宁夏社会科学》1993 年第 1 期。
394. 史金波:《西夏党项人的亲属称谓和婚姻》,载《民族研究》1992 年第 1 期。
395. 史金波:《西夏的职官制度》,载《历史研究》1994 年第 2 期。
396. 史金波:《西夏农业租税考——西夏文农业租税文法译释》,载《历史研究》2005 年第 1 期。
397. 史源:《唐太宗求谏纳谏十法》,载《政策瞭望》2007 年第 5 期。
398. 石冬梅:《略论唐中后期死刑立法的特点》,载《兰台世界》2014 年第 3 期。
399. 石光:《试评宋璟》,载《固原师专学报》1982 年第 1 期。
400. 石涛、郜明钰:《理性选择视阈下唐代逃户与国家治理》,载《中国农史》2019 年第 1 期。
401. 宋洁:《浅谈魏晋南北朝时期法律特点》,载《吉林广播电视大学学报》2007 年第 3 期。
402. 宋庆阁:《略论唐朝自首制度的特点与影响》,载《兰台世界》2014 年第 21 期。
403. 宋宇轩:《初期宋学与韩愈思想》,载《洛阳理工学院学报》2023 年第 1 期。
404. 孙彩红:《试析唐前期租庸调制下纳税人的税收负担水平——对"轻徭薄赋"政策的补充论证》,载《西北师大学报(社会科学版)》2005 年第 2 期。
405. 孙华:《陆九渊民本思想研究》,载《前沿》2010 年第 8 期。
406. 孙文波:《隋朝法治建设得失及其历史启迪》,载《法律史论丛》(第 6 辑),山东大学出版社 1999 年版。
407. 孙秀华:《从〈宋刑统〉看宋代司法官责任追究与司法公正》,载《兰台世界》2015 年第 24 期。
408. 孙英伟:《刍议唐代商业立法》,载《商场现代化》2008 年第 12 期。
409. 孙毓棠:《关于北宋赋役制度的几个问题》,载《历史研究》1964 年第 2 期。

410. 所桂萍:《隋朝法制与隋朝兴亡的辩证统一——从〈开皇律〉修订及其实施谈起》,载《南阳师范学院学报》2004 年第 6 期。
411. 商兆奎、邵侃:《唐代乡村治理模式的演变——以'逃户'问题为中心的考察》,载《大连理工大学学报》2011 年第 4 期。
412. 邰相瑀:《刍议儒家孝道伦理与唐律之间的关系》,载《才智》2015 年第 24 期。
413. 唐鸿儒:《论〈唐律〉与吏治》,载《山西大学学报(哲学社会科学版)》1992 年第 2 期。
414. 唐辉:《从〈唐律疏议〉看唐代的涉外经济》,载《兰台世界》2013 年第 27 期。
415. 唐廷猷:《唐代药业用房建设与道德组织建设》,载《中国现代中药》2019 年第 7 期。
416. 汤开建:《关于西夏拓跋氏族源的几个问题》,载《中国史研究》1986 年第 4 期。
417. 汤同杰:《浅议魏晋北朝时期法律思想的演变方式》,载《内蒙古农业大学学报》2012 年第 1 期。
418. 陶新华:《魏晋南朝地方武职官的法律制度——以法律惩罚制度为内容》,载《杭州师范学院学报》1999 年第 5 期。
419. 陶广峰:《汉魏法简论》,载《兰州大学学报》1994 年第 2 期。
420. 田小梅:《南北朝法律的历史思考》,载《政法论坛》1996 年第 3 期。
421. 田野:《从孝亲相关拟判看唐代司法过程的观念冲突》,载《济南大学学报》2015 年第 3 期。
422. 田志光:《21 世纪初(2001—2008 年)宋代法律史研究趋向述评》,载《研究生法学》2009 年第 4 期。
423. 铁爱花:《试论欧阳修的农业改革思想与实践》,载《宋史研究论丛》2005 年第 00 期。
424. 佟春林:《小议隋朝的机构改革与整顿吏治的措施》,载《辽宁大学学报》1999 年第 3 期。
425. 童光政:《唐宋"四等官"审判制度初探》,载《法学研究》2001 年第 1 期。
426. 谭淑娟:《从科判与唐律的关系看唐代铨选试判的社会作用》,载《兰台世界》2008 年第 16 期。
427. 汤一介:《论儒、释、道"三教归一"问题》,载《中国哲学史》2012 年第 3 期。
428. 汤用彤:《魏晋思想的发展》,载《魏晋玄学论稿》,人民出版社 1957 年版。
429. 佟志:《姚崇对"开元盛世"的贡献》,载《西安教育学院学报》2000 年第 1 期。
430. 万芳:《隋唐初期统治者及其法制比较》,载《河北大学学报(哲社科版)》1988 年第 3 期。
431. 汪世荣:《中国古代判词研究》,载《法律科学(西北政法大学学报)》1995 年第 3 期。
432. 汪世荣:《汉唐民事诉讼制度》,载《西北政法学院学报》1996 年第 4 期。
433. 汪世荣、许光县:《北齐法制的异化及其当代启示》,载《陕西理工学院学报》2005 年第 4 期。
434. 汪世荣:《判例在中国传统法中的功能》,载《法学研究》2006 年第 1 期。
435. 王阿敏:《隋文帝杨坚统治初期"德刑兼备"的法律思想探源》,载《兰台世界》2014 年第 9 期。
436. 王斌:《宋朝农民起义新探》,载《和田师范专科学校学报》2015 年第 6 期。
437. 王彬、张沛:《从〈唐律〉看唐代对长安西市交易及市场的管理》,载《咸阳师范学院学报》

2014 年第 1 期。
438. 王灿:《论姚崇“救时”的精神特质和文化根由》,载《临沂大学学报》2019 年第 5 期。
439. 王春华:《再论王安石变法的思想渊源》,载《惠州学院学报》2021 年第 2 期。
440. 王聪:《浅论〈唐律疏议〉中的“十恶”》,载《天津市政法管理干部学院学报》2009 年第 5 期。
441. 王菲:《唐律职务犯罪分析》,载《北京行政学院学报》2013 年第 5 期。
442. 王光荣:《简析司马光的法律思想》,载《晋阳学刊》1987 年第 2 期。
443. 王光照:《隋〈开皇律〉及其立与毁》,载《学术月刊》1995 年第 5 期。
444. 王桂五:《从徐有功不行杖罚说起》,载《人民检察》1994 年第 5 期。
445. 王宏治:《唐代民事审判制度初探》,载《江苏警官学院学报》2006 年第 10 期。
446. 王敬松:《论元代法律中没有“十恶”体系》,载《民族研究》2013 年第 5 期。
447. 王娟:《〈九朝律考〉“北优于南”说献疑》,载《河北法学》2009 年第 5 期。
448. 王军:《〈臣轨〉一书中武则天的吏治思想及其历史镜鉴》,载《开封文化艺术职业学院学报》2020 年第 9 期。
449. 王立民:《唐律涉外犯罪之研究》,载《政治与法律》2016 年第 3 期。
450. 王立民:《唐律与〈贞观政要〉的吏治——一个以吏治为结合点的视角》,载《政法论坛》2011 年第 5 期。
451. 王立民:《唐律与唐朝的刑事司法制度》,载《社会科学》2008 年第 11 期。
452. 王立民:《唐律与中国传统法论纲》,载《华东政法大学学报》2009 年第 5 期。
453. 王立民:《唐律中的涉外犯罪与反思》,载《检察风云》2021 年第 20 期。
454. 王林平:《古代保辜制度与当代刑事和解》,载《中国司法》2014 年第 1 期。
455. 王谋寅:《唐玄宗废死刑新论》,载《广东社会科学》2018 年第 3 期。
456. 王绍坤:《西夏官制述略》,载《宁夏文史》1991 年第 9 辑。
457. 王天木、杨永华:《略论隋〈开皇律〉的地位与教训》,载《西北政法学院学术论文选》,西北政法学院 1981 年版。
458. 王天木、杨永华:《开皇律的历史地位》,载《法律史论丛》(第 2 辑),中国社会科学出版社 1982 年版。
459. 王威宣:《论司马光的政治法律思想》,载《山西大学师范学院学报》1996 年第 1 期。
460. 王显非:《论司马光与北宋青苗法》,载《兰台世界》2013 年第 3 期。
461. 王祥东:《韩愈、柳宗元、白居易法律思想之探究》,载《胜利油田师范专科学校学报》2000 年第 2 期。
462. 王霄燕:《论北朝法制之改创》,载《山西大学学报》2003 年第 5 期。
463. 王霄燕:《论北魏法律的特点》,载《晋阳学刊》1991 年第 3 期。
464. 王霄燕:《论北魏法制建设》,载《山西大学学报》1991 年第 3 期。
465. 王晓玲:《欧阳修的赋税思想》,载《草原税务》1999 年第 5 期。
466. 王晓勇:《略论北宋的“盗贼重法”制度》,载《中州学刊》2002 年第 6 期。

467. 王欣:《吐鲁番出土文书所涉及的晋唐法制》,载《西域研究》1992 年第 3 期。
468. 王鑫义:《曹魏时代的杰出法官——高柔》,载《兰州大学学报》1982 年第 1 期。
469. 王新元:《〈西夏天盛二十二年卖地契文〉研究》,载《西北第二民族学院学报》1994 年第 4 期。
470. 王燕芳:《唐代司法集体决断制度探析》,载《中北大学学报》2021 年第 3 期。
471. 王育济:《宋代社会的基本经济矛盾和农民战争的规模》,载《东岳论丛》1983 年第 5 期。
472. 王元林:《〈西夏光定未年借谷物契〉考释》,载《敦煌研究》2002 年第 2 期。
473. 王志刚:《唐代民事法规发展缀要》,载《西北政法学院学报》1987 年第 4 期。
474. 王治涛、公道:《毛泽东论武则天研究》,载《河南科技大学学报》2022 年第 5 期。
475. 韦双龙:《两宋仓储与救荒探析》,载《农业考古》2013 年第 4 期。
476. 魏俊杰:《〈晋朝法制研究〉评介》,载《绥化学院学报》2013 年第 12 期。
477. 魏威:《北魏法律的封建化进程》,载《文史杂志》2001 年第 3 期。
478. 魏志静:《北魏孝文帝法律改革述评》,载《保定师范专科学校学报》2015 年第 4 期。
479. 文哲:《试析唐律自首制度》,载《时代法学》2016 年第 2 期。
480. 王志强:《制定法在中国古代司法判决中的试用》,载《法学研究》2006 年第 5 期。
481. 文志勇:《〈西夏官阶封号表〉残卷新译及考释》,载《宁夏社会科学》2009 年第 1 期。
482. 温晓莉:《论北朝少数民族政权对中华法律文化的历史贡献》,载《民族研究》1992 年第 25 期。
483. 吴飞:《五服图与古代中国的亲属制度》,载《中国社会科学》2014 年第 12 期。
484. 吴静梅:《浅析唐代刑事诉讼审判制度》,载《兰州教育学院学报》2015 年第 12 期。
485. 吴鹏:《"持平守正"的唐代名臣徐有功》,载《人民法院报》2020 年 12 月 18 日,法律之声版。
486. 吴秋红:《晋代"引礼入律"论略》,载《玉林师范学院学报》2001 年第 4 期。
487. 吴天墀:《论拓跋氏族属及西夏国名》,载《西北史地》1986 年第 1 期。
488. 吴欣:《强权与弱势:中国古代老人的双重身份研究》,载《西北人口》2010 年第 5 期。
489. 吴铮强:《唐宋时期科举制度的变革与社会结构之演变》,载《社会学研究》2008 年第 2 期。
490. 武树臣:《中华法系的原生形态、发展轨迹和基本特征》,载《法学杂志》2012 年第 1 期。
491. 谢波:《唐宋刑讯制度传承演变考论》,载《南昌大学学报》2014 年第 2 期。
492. 谢波:《北宋"试刑法"考略》,载《云南大学学报法学版》2009 年第 5 期。
493. 谢红星:《刑如本不上大夫——传统中国官员犯罪量刑的特权与实践》,载《法政探索》2013 年第 6 期。
494. 夏锦文:《中国法律文化的传统及其转型》,载《南京社会科学》1997 年第 9 期。
495. 夏显泽:《从当代西方环境伦理学看韩愈的天人感应论》,载《曲靖师范学院学报》2005 年第 2 期。
496. 项晌:《略论〈魏律〉对封建法制的发展和创新》,载《贵州师大学报》1987 年第 2 期。
497. 肖梅花:《中国古代法律涉外原则初探》,载《河南大学学报(社会科学版)》1991 年第 4 期。

498. 肖永奎:《王安石变法对儒家均平经济的新探索》,载《儒学评论》2020 年第 00 期。
499. 谢建明、黄华强:《武则天——尊法反儒的女政治家》,载《政治大学学报》1974 年第 3 期。
500. 谢伟帆:《从〈宋刑统〉剖析我国宋代司法审判制》,载《语文建设》2016 年第 15 期。
501. 夏毅辉:《东晋门阀政治存在的思想文化省察》,载《学术月刊》2001 年第 12 期。
502. 谢元鲁:《对唐宋社会经济制度变迁的再思考》,载《中国经济史研究》2005 年第 2 期。
503. 谢元鲁:《武则天北门学士之北门再考释》,载《西南民族大学学报》2020 年第 9 期。
504. 谢智飞:《论苏轼对青苗法的认识》,载《农业考古》2017 年第 1 期。
505. 谢舟:《论南梁对佛教的内规式法律调控——以梁武帝制荤腥戒为例》,载《中华文化论坛》2012 年第 2 期。
506. 谢舟:《南北朝佛教调控方式研究——以南梁与北魏为中心》,载《中华文化论坛》2013 年 3 期。
507. 辛宇罡:《从费羊皮卖女案看北朝法律对礼教的屈从》,载《法制与社会》2009 年 3 月中期。
508. 辛宇鹤:《"孝"的观念在北魏法律制度中的反映》,载《运城学院学报》2006 年第 1 期。
509. 熊燕军:《从公平优先到效率优先:"不抑兼并"与唐宋变革》,载《学术探索》2006 年第 6 期。
510. 徐超:《晋书·刑法志中的肉刑废复之争》,载《沧桑》2014 年 6 月。
511. 徐道邻、莫家齐:《宋朝明法"新科明法"及"试刑法"考》,载《中州学刊》1984 年第 6 期。
512. 徐公喜、万爱玲:《宋明理学皇权法权两平论——以杨时为中心》,载《江西大学学报》2015 年第 1 期。
513. 徐唐棠:《略论我国古代的刑讯制度》,载《当代法学》2002 年第 9 期。
514. 徐详民:《亚里士多德的法治与先秦法家的法治》,载韩延龙主编:《法律史论集》(第 2 卷),法律出版社 1999 年版。
515. 徐祥民:《秦后法家及其发展变迁》,载《社会科学战线》2002 年第 6 期。
516. 徐燕斌:《试论唐代法律中的贱民》,载《河南教育学院学报》2009 年第 2 期。
517. 徐永康:《〈唐律〉"十恶"罪刑研究》,载《河南省政法管理干部学院学报》1999 年第 6 期。
518. 许敏:《从立法、司法与守法看唐太宗的法治思想》,载《云南师范大学学报》2000 年第 1 期。
519. 薛菁:《论魏晋南北朝刑法原则儒家化特征》,载《福建师范大学学报》2006 年第 1 期。
520. 薛菁:《论魏晋南北朝法律制度的特点》,载《福建师范大学学报》2003 年第 6 期。
521. 薛菁:《魏晋律学昌盛之原因探析》,载《东南学术》2007 年第 4 期。
522. 薛菁:《魏晋时期的特权法与士族门阀制度的形成》,载《福建论坛·人文社会科学版》2004 年第 9 期。
523. 薛梦洁:《两汉与魏晋律学对中华法系的形成之影响》,载《商业文化》2015 年第 3 期。
524. 薛妮、叶新发:《唐代律令中的"奴婢买卖契约"考证》,载《兰台世界》2015 第 3 期。
525. 夏清瑕:《佛教伦理对传统法律影响三题》,载《江淮论坛》2010 年第 4 期。
526. 薛思孝:《唐太宗以私乱法》,载《政府法制》2004 年第 5 期。

527. 薛政超:《也谈宋代的“田制不立”与“不抑兼并”——与〈宋代“田制不立”、“不抑兼并”说驳议〉一文商榷》,载《中国农史》2009 年第 2 期。
528. 薛政超:《唐宋“劝富济贫”救荒政策研究》,载《江西社会科学》2016 年第 2 期。
529. 徐忠明:《关于唐代法律体系研究的述评及其他》,载《法制与社会发展》1998 年第 5 期。
530. 阎邦本:《宋代农民起义的高涨》,载《南充师院学报》1982 年第 3 期。
531. 阎邦本:《宋统治者对农民起义的镇压》,载《四川师范大学学报》1996 年第 2 期。
532. 阎晓磊、黄红霞、杨兴香:《论北魏的婚姻法律制度》,载《山西大同大学学报》2016 年第 1 期。
533. 阎晓磊:《论北魏鲜卑族女性的家庭法律地位》,载《西安石油大学学报》第 25 卷第 2 期。
534. 要瑞芬:《北魏前期法律制度的特征及其实质》,载《中央民族大学学报》1997 年第 3 期。
535. 杨方泉:《魏晋玄学在中国封建法律思想史中的地位》,载《法制史话》。
536. 杨际平:《有关北朝隋唐均田制立法的几个问题》,载《厦门大学学报(哲社科版)》1989 年第 3 期。
537. 杨际平:《唐宋土地制度的承继与变化》,载《文史哲》2005 年第 1 期。
538. 杨际平:《〈宋代“田制不立”、“不抑兼并”说〉再商榷——兼答薛政超同志》,载《中国农史》2010 年第 2 期。
539. 杨际平:《论唐代手实、户籍、记账三者的关系》,载《中国经济史研究》2014 年第 3 期。
540. 杨积堂:《西夏刑罚体系初探》,载《宁夏大学学报(哲学社会科学版)》1999 年第 4 期。
541. 杨军、刘金:《试析两宋经济立法的专门化对两宋社会及后世的影响》,载《西昌学院学报》2015 年第 2 期。
542. 杨孟东:《直谏诤臣——赵绰》,载《先锋队》2017 年第 3 期。
543. 杨胜宽:《论苏轼入仕前对法家的态度》,载《太原理工大学学报》2019 年第 6 期。
544. 杨松:《中国古代两种对立的司法主张——魏晋时期刘颂、张斐法律思想的比较》,载《辽宁大学学报》1992 年第 5 期。
545. 杨素花、吴佩林:《中国法律儒家化:一个学术史的考察》,载《法律史评论》2022 年第 1 卷。
546. 杨廷福、钱元凯:《〈唐律〉关于社会预防犯罪和社会治安的规定》,载《社会科学战线》1985 年第 2 期。
547. 杨思斌:《中国古代判例制度的演变与基本特征》,载《法学杂志》2008 年第 2 期。
548. 杨希义、翟麦玲:《试论隋唐时期的考课与监察制度在反腐倡廉中的作用与流弊》,载《西北大学学报(哲社科版)》1997 年第 2 期。
549. 杨小敏:《盛世情结与宋徽宗时代的社会救济》,载《兰州学刊》2012 年第 2 期。
550. 杨一凡:《清律名例律与六律关系再探析》,载《广东社会科学》2022 年第 4 期。
551. 杨永胜:《试论西夏的刑罚》,载《甘肃理论学刊》2006 年第 1 期。
552. 羊思远:《以〈刘子新论〉为视角探析刘勰的法律思想》,载《江苏警官学院学报》2009 年第 4 期。
553. 叶珊:《从两宋之际灾荒状况看其救荒及荒政思想》,载《文教资料》2011 年第 28 期。

554. 叶书瑞：《家族主义对唐代法律及司法制度的影响》，载《兰台世界》2014 年第 15 期。
555. 叶炜：《北魏〈大律〉新探》，载中华书局编辑部编：《文史》，中华书局 2001 年版。
556. 叶炜：《论魏晋至宋律学的兴衰及其社会政治原因》，载《史学月刊》2006 年第 5 期。
557. 游彪：《领先于世界的宋代司法制度》，载《人才资源开发》2019 年第 13 期。
558. 尤韶华：《隋唐法制考证举要》，载《中国法制史考证》(甲编・第 4 卷)，中国社会科学出版社 2003 年版。
559. 于干千：《基于博弈论的"不抑兼并"土地制度分析——以唐宋农地制度的演进为视角》，载《中国经济史研究》2007 年第 1 期。
560. 于海平：《唐宋时期江南手工业发展的原因探析》，载《东南文化》2008 年第 2 期。
561. 于彦梅：《北魏孝文帝法制改革考析》，载《兰台世界》2014 年第 8 期。
562. 于熠、吕晓鼎：《风宪之选：宋代科举制下监察官选任述略》，载《时代法学》2019 年第 5 期。
563. 于越人：《隋唐的田制、税法与户籍统计》，载《统计研究》1995 年第 1 期。
564. 余梁：《由〈资治通鉴〉看魏晋之际正统法律思想所受挑战》，载《法制与社会》2016 年第 3 期。
565. 喻中：《祛苛法而求典宪：陆九渊的法理憧憬》，载《学术界》2021 年第 10 期。
566. 俞菁慧：《王安石变法中国家经济与财政行为的货币化导向——基于青苗、免役二法的考察》，载《首都师范大学学报》2022 年第 5 期。
567. 俞可平：《孝忠一体与家国同构——从丁忧看传统中国的政治形态》，载《天津社会科学》2021 年第 5 期。
568. 袁刚：《隋朝监察制度述论》，载《北京大学学报(哲社科版)》1999 年第 3 期。
569. 袁建勇：《论唐律对封建官吏选任考核制度的维护》，载《法学评论》1993 年第 1 期。
570. 袁景潮：《乱世良典——略论〈北齐律〉的传承》，载《法制博览》2016 年第 4 期。
571. 袁泉、徐磊：《〈宋刑统〉中刑罚思想的体现》，载《兰台世界》2013 年第 17 期。
572. 岳纯之《试论隋唐五代买卖合同制度》，载《天津市政法管理干部学院学报》2004 年第 2 期。
573. 岳纯之：《论隋唐五代借贷契约及其法律控制》，载《中国社会经济史研究》2004 年第 3 期。
574. 岳纯之：《隋唐五代合同法研究》，载《法律史论集》第 5 卷，法律出版社 2004 年版。
575. 岳纯之：《试论隋唐五代买卖活动及其法律控制》，载《中国社会经济史研究》2005 年第 1 期。
576. 岳纯之：《论隋唐五代不动产买卖及法律控制》，载《中国经济史研究》2007 年第 4 期。
577. 岳纯之、邹超：《唐代的权利侵害及其法律责任》，载《南开学报(哲学社会科学版)》2006 年第 2 期。
578. 岳纯之：《论唐五代法律中的十恶与五逆》，载《史学月刊》2012 年第 10 期。
579. 曾炳钧：《中国封建刑律中的八议》，载《法学研究》1981 年第 2 期。
580. 曾涧：《〈唐九卿考〉订正》，载《淮北职业技术学院学报》2015 年第 6 期。
581. 曾维冰：《明朝民事诉讼变革初探——以唐宋"务限"为参照系》，载《琼州学院学报》2007

年第 4 期。
582. 张伯元:《"爵戍"考》,载《华东政法学院学报》2004 年第 1 期。
583. 张本顺:《宋代监察权运作的制衡法理及价值》,载《安徽师范大学学报(人文社会科学版)》2019 年第 5 期。
584. 张承宗:《魏晋南北朝时期与妇女相关的法律问题及司法案件》,载《南京理工大学学报》2009 年第 2 期。
585. 张翅、许光县:《西夏监察制度探析》,载《宁夏社会科学》2007 年第 2 期。
586. 张朝阳:《汉晋民事司法变迁管测:基于甘肃临泽〈田产争讼爰书〉的探讨》,载《华东政法大学学报》2017 年第 1 期。
587. 张岱年:《论宋明理学的基本性质》,载《哲学研究》1981 年第 9 期。
588. 张芳英:《唐律中的共同犯罪探析》,载《湖北师范学院学报(哲学社会科学版)》2005 年第 2 期。
589. 张国刚:《中古士族文化的下移与唐宋之际的社会演变》,载《中华文史论丛》2014 年第 1 期。
590. 张浩逊:《关于唐代科举制度的几个问题》,载《浙江学刊》1998 年第 4 期。
591. 张洪、冯永泰:《唐代基层行政与司法制度探索》,载《兰台世界》2015 年第 18 期。
592. 张红方:《北魏政权法律思想变迁析》,载《琼州大学学报》2004 年第 1 期。
593. 张宏民、吴金卫:《浅析魏晋南北朝时期法律的维孝功能》,载《延安大学学报》2006 年第 2 期。
594. 张弘韬:《韩愈的民本思想——〈论变盐法事宜状〉解读》,载《周口师范学院学报》2008 年第 1 期。
595. 张辉:《中唐文人法律思想探析——以韩愈、柳宗元和白居易法律思想为代表》,载《黑龙江教育学院学报》2014 年第 12 期。
596. [日]滋贺秀三:《中国法文化的考察》,载《比较法研究》1988 年第 3 期。
597. 赵晶:《宋代明法科登科人员综考》,载《华东政法大学学报》2011 年第 3 期。
598. 张嘉琦:《天理与法律的交汇——宋明理学对中国古代法的影响》,载《法制与社会》2016 年第 10 期。
599. 张建国:《魏晋律令法典比较研究》,载《中外法学》1995 年第 1 期。
600. 张建国:《再析晋修泰始律时对两项重要法制的省减》,载《北京大学学报》1990 年第 6 期。
601. 张建国:《中国律令法体系概论》,载《北京大学学报》1998 年第 5 期。
602. 张金明:《宋辽西夏时期的反贪启示录(上、中、下)》,载《中国人事报》2000 年 10 月 24 日;2000 年 11 月 3 日;2000 年 11 月 24 日。
603. 张晋藩:《论中国古代民法研究中的几个问题》,载《政法论坛》1985 年第 5 期。
604. 张晋藩:《中国法制历史简谈》,载《光明日报》1986 年第 3 期。
605. 张晋藩:《解读中华法系的本土性》,载《政法论坛》2010 年第 5 期。
606. 张晋藩:《弘扬中华法文化,构建新时代的中华法系》,载《当代法学》2020 年第 3 期。

607. 张晋藩:《中华民族的法律传统与史鉴价值》,载中国共产党新闻网,http://theory.people.com.cn/n/2014/1212/c217905-26196151.html。
608. 张婧:《魏晋时期南疆妇女婚姻生活状况研究——以佉卢文书为据》,载《中华法律论坛》2014年第3期。
609. 张竞生:《伦理与法律融合的重要时期——从魏晋南北朝看封建法律的伦理法特点》,载《重庆教育学院学报》1999年第2期。
610. 张龙平:《法制生活中的"官当"、"八议"及防治:从隋唐"官当"、"八议"制度说起》,载《北京社会科学》1996年第3期。
611. 张仁善:《"魏晋风度"与礼法精神》,载《南京大学法学评论》2006年春季号。
612. 张帅、张娜:《唐代婚姻法律制度探析》,载《黑河学院学报》2021年第4期。
613. 张婷婷:《唐太宗的法律思想》,载《黑龙江史志》2014年第7期。
614. 张伟:《浅议北宋熙宁年间的役法改革——兼评王安石与司马光在役法问题上的论争》,载《宁波师院学报》1991年第3期。
615. 张星:《论中国古代法律和家族的关系——以汉魏晋时期的法律为例》,载《长春工业大学学报》2013年第1期。
616. 张先昌:《〈开皇律〉的修订及其在中国法制史上的地位》,载《法学研究》2002年第4期。
617. 张先昌:《隋朝监察制度述论》,载《法学研究》2005.2
618. 张先昌:《苏威与〈开皇律〉》,载《首都师范大学学报(哲学与社会科学版)》2009年第2期。
619. 张先昌:《隋代监察制度述论》,载《法学研究》2005年第2期。
620. 张先昌、刘伯兰:《隋朝监察官谏诤权的行使与社会政治关系》,载《南都学坛》2005年第6期。
621. 张先昌:《中国传统监察制度的现代省思:以隋朝为例》,载《河北法学》2009年第3期。
622. 张先昌、程柳:《从隋开皇〈田令〉的修订增补看诏制敕与制定法的关系》,载《郑州大学学报(哲社科版)》2009年第6期。
623. 张先昌:《诏制敕与制定法的关系——以隋开皇〈田令〉的修订增补为考察对象》,载《中国法律传统与法律精神——中国法律史学会成立30周年纪念大会暨2009年会论文集》,山东人民出版社2010年版。
624. 张先昌:《隋朝监察制度的现代省思》,载《中国历史上的法律与社会发展》,吉林人民出版社2007年版。
625. 曾宪义、马小红:《中国传统法的"一统性"与"多层次"之分析》,载《法学家》2004年第1期。
626. 张一民:《北魏"殴主伤胎"案中的司法适用问题探析》,载《法律适用》2020年第4期。
627. 张雨:《大理寺与唐代司法政务运行机制转型》,载《中国史研究》2016年第4期。
628. 张玉海:《从天盛改旧新定律令看西夏榷禁制度》,载《宁夏社会科学》2000年第1期。
629. 张玉霞:《叶适法律思想诠释》,载《温州职业技术学院学报》2009年第2期。

630. 张玉霞:《与酷吏斗法冒死护法的“法官”徐有功》,载《公民与法》2019 年第 11 期。
631. 张正印:《论宋代狱讼胥吏的地位》,载《法治论丛》2008 年第 5 期。
632. 张中秋:《传统中国法的精神及其哲学》,载《中国法学》2014 年第 2 期。
633. 张中秋:《论传统中国的律学———兼论传统中国法学的难生》,载《河南省政法管理干部学院学报》2007 年第 1 期。
634. 赵江水:《西夏的立法概况》,载《宁夏大学学报(哲学社会科学版)》1999 年第 4 期。
635. 赵立:《中国少数民族法律演变历程略考》,载《公民与法》2012 年第 2 期。
636. 赵彦龙:《论西夏土地税账册文书——西夏账籍文书研究之二》,载《宁夏师范学院学报》2008 年第 4 期。
637. 赵彦龙:《试论西夏谏官制度》,载《宁夏社会科学》2002 年第 2 期。
638. 赵彦龙:《西夏契约研究》,载《青海民族研究》2007 年第 4 期。
639. 赵彦龙:《西夏契约成立的要素》,载《宁夏师范学院学报》2007 年第 5 期。
640. 赵彦龙:《西夏契约再研究》,载《宁夏社会科学》2008 年第 5 期。
641. 赵彦龙:《西夏文书档案研究》,宁夏人民出版社 2010 年 3 月版。
642. 赵新萍、杜志强:《论清议之风与“魏晋时期”礼法文化的关系》,载《河北科技师范学院学报》2018 年第 1 期。
643. 张淑雯:《唐宋继承制度与古罗马继承制度的比较研究》,载《暨南学报(哲学社会科学版)》2019 年第 2 期。
644. 张文胜:《唐代婚姻法律制度评析》,载《安徽史学》2010 年第 6 期。
645. 张先昌、刘新媛:《中国传统法中老龄犯罪宽宥的考察》,载《法学》2011 年第 6 期。
646. 张耀文:《唐朝数罪并罚制度的概述与借鉴——以〈唐律疏议〉为研究视角》,载《枣庄学院学报》2016 年第 4 期。
647. 张中秋:《唐代对外贸易的法律调整述论》,载《江海学刊》1996 年第 1 期。
648. 张中秋:《唐代商业法律叙论》,载《南京大学法律评论》1994 年第 8 期。
649. 张紫葛、温晓莉:《简论我国少数民主与中国古代法制的发展》,载《西南民族学院学报(社会科学版)》1986 年第 2 期。
650. 赵春青:《〈禹贡〉五服的考古学观察》,载《中原文物》2006 年第 5 期。
651. 赵冬云、张晓芳、牛素珍:《隋唐时期三省六部制的设置及其发展》,载《兰台世界》2014 年第 18 期。
652. 卓帆:《宋朝法官的选拔和任用》,载《江西大学学报(社会科学版)》1982 年第 1 期。
653. 赵建坤、靳会敏:《宋璟民生思想探究》,载《邢台学院学报》2016 年第 3 期。
654. 赵进华:《不平则鸣:宋代的登闻鼓制度及实践》,载《人民法院报》2019 年 6 月 5 日,第 5 版。
655. 赵晓耕:《两宋商事立法述略》,载《法学家》1997 年第 4 期。
656. 赵晓耕:《两宋法律思想的变革及其特点》,载《河南省政法管理干部学院学报》2003 年第 2 期。

657. 赵旭:《论宋代民间诉讼的保障与局限》,载《史学月刊》2005 年第 5 期。
658. 赵亚荣:《唐宋时期的商业思想与政策探析》,载《河北经贸大学学报(综合版)》2015 年第 1 期。
659. 赵叶花:《论狄仁杰的谏诤风采》,载《江西电力职业技术学院学报》2020 年第 9 期。
660. 赵映林:《从姚崇的三次入相看'开元盛世'的奠基——兼析其个人品质的启示》,载《文史杂志》2019 年第 2 期。
661. 赵云旗:《论隋代均田令的形成——隋代均田令研究之一》,载《晋阳学刊》1989 年第 5 期。
662. 赵云旗:《论隋代均田令的诸问题》,载《中国史研究》1993 年第 4 期。
663. 赵贞:《唐代户籍研究的新进展——以孙宁〈唐代户籍编造史稿〉为中心》,载《史学理论与史学史学刊》2019 年第 2 期。
664. 赵壮道:《盛唐名相姚崇的治国思想》,载《邯郸职业技术学院学报》2016 年第 3 期。
665. 郑春晶:《宋代检校制度性质及历史沿革考辨》,载《青海社会科学》2022 年第 2 期。
666. 郑春生:《论唐朝官员致仕的形式和致仕后的活动》,载《吉林师范学院学报》1999 年第 6 期。
667. 郑定、马建兴:《略论唐律中的服制原则与亲属相犯》,载《法学家》2003 年第 5 期。
668. 郑定、闵冬芳:《"良贱之别"与社会演进——略论唐宋明清时期的贱民及其法律地位的演变》,载《金陵法律评论》2003 年第 2 期。
669. 郑海珍:《由〈唐律〉所折射出的唐代刑事诉讼制度》,载《兰台世界》2015 年第 16 期。
670. 郑禄:《唐代刑事审判制度》,载《政法论坛》1985 年第 6 期。
671. 张生:《中华法系的现代意义:以律典统编体系的演进为中心》,载《东方法学》2022 年第 1 期。
672. 郑显文:《唐代的明法考试制度初探》,载《政法论坛》2000 年第 2 期。
673. 郑显文:《中国古代法学考试制度初探》,载《西南师范大学学报(人文社会科学版)》2002 年第 6 期。
674. 郑显文:《审判中心主义视阈下的唐代司法》,载《华东政法大学学报》2018 年第 4 期。
675. 郑显文:《唐代司法自由裁量权的法律规制及其实践价值》,载《法治现代化研究》2020 年第 1 期。
676. 郑显文:《〈唐律疏议〉的释法性解释和造法性阐释》,载《法学论坛》2022 年第 4 期。
677. 郑颖慧:《宋代商业立法论略》,载《江西科技师范学院学报》2009 年第 5 期。
678. 钟莉:《论"孝"与北魏存留养亲制度》,载《近代法评论》2011 年卷总第 4 卷。
679. 钟兴龙:《〈唐六典〉注文撰修研究》,载《古籍整理研究学刊》2016 年第 4 期。
680. 钟兴龙:《〈唐六典〉撰修始末考》,载《古籍整理研究学刊》2006 年第 3 期。
681. 郑晓龙:《形式、内容与理念:从律学兴衰看传统法律教育之流变》,载《法学教育研究》2020 年第 4 期。
682. 周鑫薇:《官当制度定性论》,载《湖南工程学院学报》2020 年第 4 期。
683. 周东平:《隋〈开皇律〉十恶渊源新探》,载《法学研究》2005 年第 4 期。

684. 周东平:《隋〈开皇律〉与佛教的关系论析》,载《中国文化与法治》,社会科学文献出版社2007年版。
685. 周东平:《论佛教对中国传统法律形式的若干影响》,载《北方法学》2018年第4期。
686. 周东平、李勤通:《论佛教对中国传统法律思想的影响》,载《清华法学》2022年第1期。
687. 周国钧、巩富文:《我国古代死刑复核制度的特点及其借鉴》,载《中国法学》2005年第1期。
688. 周相卿:《隋唐时期佛教与法的关系》,载《贵州民族学院学报(哲社科版)》2002年第1期。
689. 朱仁显:《早期儒法治国思想融合的轨迹与影响》,载《政治学研究》2003年第1期。
690. 朱晓燕:《宋代地方监察制度及借鉴研究》,辽宁大学2019年硕士学位论文。
691. 祝尚书:《宋代制科制度考论》,载《中华文史论丛》2004年第1期。
692. 祝尚书:《唐宋制科盛衰及其历史教训》,载《北京大学学报》2010年第5期。
693. 竺培升、吴建华:《探讨两宋始终未形成全国规模农民起义的主要原因——与王育济同志商榷》,载《湖南师范学院学报》1991年第4期。
694. 卓进、蔡春:《论唐宋科举考试性质变迁——从荐举性质的科举考试到纯粹科举考试》,载《教育史研究》2019年第2期。

(二)学位论文

1. 安子昂:《十六国北朝佛教僧尼的俗化》,郑州大学2015年硕士学位论文。
2. 鲍舒婷:《魏晋南北朝时期的"禁锢"研究》,华东政法大学2015年硕士学位论文。
3. 曹鹏程:《唐代大理寺研究》,福建师范大学2008年硕士学位论文。
4. 蔡庆林:《唐代逃户的时空特征》,山西师范大学2011年硕士学位论文。
5. 曹淑芳:《〈北齐律〉研究》,山西大学2011年硕士学位论文。
6. 陈浩:《南朝的社会与法律》,中国政法大学2009年硕士学位论文。
7. 陈克标:《汉晋之际乡里秩序及其维持研究》,华中师范大学2017年博士学位论文。
8. 陈鲲:《论北魏法律的二元一体化》,海南大学2013年硕士学位论文。
9. 陈利娜:《两晋南朝婚姻状况研究》,延安大学2013年硕士学位论文。
10. 陈灵海:《唐代刑部》,华东政法大学2004年博士学位论文。
11. 陈延金:《基于〈汉语大词典〉的魏晋司法新同义词辨析》,海南师范大学2018年硕士学位论文。
12. 崔志勇:《〈北魏律〉伦理思想研究》,重庆师范大学2008年硕士学位论文。
13. 邓长春:《南朝会稽孔氏律学传习研究》,西南政法大学2008年硕士学位论文。
14. 戴咏灵:《南朝监察权的行使研究》,南京师范大学2016年硕士学位论文。
15. 丁明明:《宋代农民起义研究——基于社会学的分析视角》,安徽大学2019年硕士学位论文。
16. 董海洋:《唐代募兵制研究》,山东师范大学2014年硕士学位论文。
17. 董淑婷:《唐代和离制度法律实践研究》,青岛大学2022年硕士学位论文。
18. 董小路:《宋朝贫民日常救济研究》,辽宁大学2016年硕士学位论文。

19. 段红丽：《浅论唐代的逃户问题及其政府对策》，云南师范大学2010年硕士学位论文。
20. 冯红：《唐代刑法原则考论》，河北大学2010年博士学位论文。
21. 樊丽：《北朝家族法研究》，山西大学2007年硕士学位论文。
22. 甘霖：《宋朝科举制度的政治功能研究》，河北大学2015年硕士学位论文。
23. 高菲：《唐代法官责任制度研究》，郑州大学2018年硕士学位论文。
24. 耿晶晶：《北齐礼法之治研究》，西南政法大学2016年硕士学位论文。
25. 顾章慧：《南朝司法儒家化研究》，西南政法大学2012年硕士学位论文。
26. 关开华：《魏晋南北朝孝文化研究》，山东师范大学2012年硕士学位论文。
27. 郭会燕：《从宗族伦理视角看北魏法制儒家化》，西南政法大学2015年硕士学位论文。
28. 郭蓉：《东晋南朝妇女民事法律地位探析》，湘潭大学2016年硕士学位论文。
29. 华翔宇：《司马光法律思想研究》，山东大学2021年硕士学位论文。
30. 黄河：《北魏监察制度研究》，吉林大学古籍研究所2010年博士学位论文。
31. 黄洁玲：《官当制度初探》，西南政法大学2014年硕士学位论文。
32. 黄美：《论唐代社会救助问题》，安徽大学2013年硕士学位论文。
33. 淮建利：《宋朝厢军若干问题研究》，河北大学2007年博士学位论文。
34. 郝文轩：《〈折狱龟鉴〉和〈棠阴比事〉比较研究》，东北师范大学2016年硕士学位论文。
35. 季麟：《魏晋时期的两性关系》，安徽大学2019年硕士学位论文。
36. 纪长胜：《北朝渤海律学传习研究北朝渤海律学传习研究》，西南政法大学2014年硕士学位论文。
37. 颉薇：《魏晋南北朝时期司法制度的变化》，西南政法大学2019年硕士学位论。
38. 金勇强：《宋元时期政府救荒应对与区域关系研究》，陕西师范大学2013年博士学位论文。
39. 景芳芳：《尊儒重法：王安石法律思想研究》，西南政法大学2015年硕士学位论文。
40. 郦张杰：《魏晋南北朝官僚特权制度的发展》，西南政法大学2015年硕士学位论文。
41. 雷达：《唐宋天人思想转型研究》，华东师范大学2021年博士学位论文。
42. 李彬：《魏晋南北朝司法制度述论》，福建师范大学2006年硕士学位论文。
43. 李尔静：《唐代后期税茶与榷茶问题考论》，华中师范大学2017年硕士学位论文。
44. 李家男：《唐代折冲府府兵研究》，黑龙江大学2020年硕士学位论文。
45. 李洁：《魏晋南北朝时期的“孝行”》，首都师范大学2001年硕士学位论文。
46. 李静：《汉晋父系观念嬗变研究》，曲阜师范大学2014年硕士学位论文。
47. 李俊强：《魏晋令制研究》，吉林大学2014年博士学位论文。
48. 李磊：《东汉魏晋南北朝士风研究》，华东师范大学2006年博士学位论文。
49. 李敏：《唐代流动人口管理探析》，烟台大学2013年硕士学位论文。
50. 李沛艺：《激励与约束：中国古代监察官管理机制探析》，烟台大学2019年硕士学位论文。
51. 李强：《简论宋元时期的书院教育及启示》，厦门大学2008年硕士学位论文。
52. 李卿：《秦汉魏晋南北朝时期家族、宗族关系研究》，厦门大学2002年博士学位论文。
53. 李诗扬：《论宋代经济法制特点》，黑龙江大学2019年硕士学位论文。

54. 李文兰:《叶适政法思想研究》,青岛大学 2014 年硕士学位论文。
55. 李小美:《宋代狱政管理制度及实施状况》,山东大学 2011 年硕士学位论文。
56. 李毅婷:《魏晋礼法之士与晋律》,山东大学 2007 年硕士学位论文。
57. 梁健:《曹魏法制综考》,西南政法大学 2012 年博士学位论文。
58. 梁健:《曹魏律章句研究——以如淳〈汉书〉注为视角》,西南政法大学 2007 年硕士学位论文。
59. 梁克敏:《唐代城市管理研究》,陕西师范大学 2018 年博士学位论文。
60. 梁爽:《儒经背景下的唐代试策研究》,郑州大学 2018 年硕士学位论文。
61. 凌福星:《武则天时期宰相群体对北疆战事影响研究》,西南民族大学 2022 年硕士学位论文。
62. 刘冬梅:《叶适事功法律思想研究》,重庆大学 2014 年硕士学位论文。
63. 刘广平:《曹魏妇女连坐问题初探》,郑州大学 2003 年硕士学位论文。
64. 刘军:《北魏宗室阶层研究》,吉林大学 2009 年博士学位论文。
65. 刘雅琦:《宋代离婚制度探析》,新疆大学 2018 年硕士学位论文。
66. 陆凤观:《南宋叶适法律思想探析》,上海师范大学 2015 年硕士学位论文。
67. 罗操:《东汉至南北朝墓券研究》,华东师范大学 2015 年博士学位论文。
68. 罗韫哲:《隋代职官丛考》,陕西师范大学 2019 年硕士学位论文。
69. 马晨光:《唐代司法研究——以唐代司法管理及教化为观察点》,南京理工大学 2011 年博士学位论文;
70. 马越:《试论北魏法律儒家化的进程》,郑州大学 2013 年硕士学位论文。
71. 马卓:《宋代士大夫社会保障思想及实践——围绕灾害救济、贫困救助、医疗保障方面》,青岛大学 2019 年硕士学位论文。
72. 尼安木:《宋朝土地交易研究》,西南大学 2008 年硕士学位论文。
73. 裴会涛:《敕与北宋立法关系研究》,河南大学 2011 年博士学位论文。
74. 潘阳:《南朝的法制成就及历史影响》,西南政法大学 2011 年硕士学位论文。
75. 秦鸿亮:《唐代商税的几个问题》,陕西师范大学 2011 年硕士学位论文。
76. 邵正坤:《北朝家庭形态研究》,吉林大学 2006 年博士学位论文。
77. 宋宏飞:《宋朝田赋制度探微》,西南政法大学 2006 年硕士学位论文。
78. 宋洁:《魏晋南北朝法律的儒家化》,湖南师范大学 2006 年硕士学位论文。
79. 宋中选:《从唐代科举制度看其政治功能》,西北师范大学 2009 年硕士学位论文。
80. 苏伦:《晋朝经义决狱初探》,西南政法大学 2014 年硕士学位论文。
81. 苏亚:《试论唐律中的脱户漏口罪》,中国政法大学 2008 年硕士学位论文。
82. 苏阳:《武则天时期的直诉制度研究》,烟台大学 2016 年硕士学位论文。
83. 帅立为:《魏晋南北朝死刑制度研究》,福建师范大学 2010 年硕士学位论文。
84. 孙韬:《略论魏晋南北朝“八议”制度》,西南政法大学 2011 年硕士学位论文。
85. 谈冬兰:《法学视野下魏晋南北朝的坞壁组织研究》,苏州大学 2016 年硕士学位论文。

86. 谭燕:《思想史视野下的汉晋之际肉刑存废之争议》,重庆师范大学 2010 年硕士学位论文。
87. 唐小龙:《试论魏晋南北朝正统法律思想的发展演变》,郑州大学 2004 年硕士学位论文。
88. 唐璇:《宋代刑事错案防范制度研究》,烟台大学 2018 年硕士学位论文。
89. 陶新华:《魏晋南朝中央对地方军政官的管理制度研究》,北京大学 2000 年博士学位论文。
90. 王琛:《北朝晚期的社会与法制》,中国政法大学 2008 年硕士学位论文。
91. 王琛:《孝文帝改革以后的北魏社会与法制》,中国政法大学 2011 年博士学位论文。
92. 王德红:《从古代亲属身份看"家国同构"》,海南大学 2021 年硕士学位论文。
93. 王建峰:《唐代刑部尚书研究》,山东大学 2007 年博士学位论文。
94. 王捷:《从"律令格式"到"敕令格式"——以宋代立法机构编敕所的专门化为中心观察唐宋之际法典体系变革》,华东政法大学 2008 年硕士学位论文。
95. 王静雯:《宋代"健讼"原因研究》,郑州大学 2009 年硕士学位论文。
96. 王淋苏:《法律视域下的唐代户籍制度研究》,郑州大学 2016 年硕士学位论文。
97. 王明月:《北魏法制演进研究》,兰州大学 2016 年硕士学位论文。
98. 王颜:《论唐宋时期社会救助机制的变化及特点》,陕西师范大学 2007 年硕士学位论文。
99. 王祥:《北魏酷吏研究》,扬州大学 2013 年硕士学位论文。
100. 王雪:《〈晋书·刑法志〉与〈通典·刑典〉比较研究》,陕西师范大学 2015 年硕士学位论文。
101. 王振旦:《北朝律学研究》,西南政法大学 2018 年硕士学位论文。
102. 王忠:《北魏国家尊老养老政策研究》,吉林大学 2015 年硕士学位论文。
103. 魏钰洁:《王安石经济政策思想及其执行异化原因探析——以青苗法、市易法为核心》,山东大学 2022 年硕士学位论文。
104. 魏志静:《北魏刑事法律初探》,中国政法大学 2004 年硕士学位论文。
105. 温中华:《北魏孝文化研究》,西南民族大学 2013 年硕士学位论文。
106. 吴贝:《元魏品官丁忧制度研究》,吉林大学 2017 年硕士学位论文。
107. 郄楠楠:《武则天时期选官研究》,东北师范大学 2019 年硕士学位论文。
108. 谢焱平:《曹魏刑名政论文写作研究》,长春理工大学 2019 年硕士学位论文。
109. 谢艺:《儒家礼制对北魏皇权的建构与解构》,西南政法大学 2016 年硕士学位论文。
110. 熊伟:《府兵制政治过程论》,浙江大学 2008 年博士学位论文。
111. 徐东哲:《汉魏六朝阙里文献的思想与文学研究》,湖南师范大学 2017 年硕士学位论文。
112. 徐东泽:《宋代的检校制度研究——以〈名公书判清明集〉为中心》,甘肃政法大学 2016 年硕士学位论文。
113. 徐芬:《汉魏之际法家思想研究》,华东师范大学 2005 年硕士学位论文。
114. 徐笑:《魏晋南北朝妇女法律地位的演变》,西南政法大学 2010 年硕士学位论文。
115. 谢山:《唐代佛教兴衰研究——以佛教发展与政治社会关系为视角》,河南大学 2014 年博士学位论文。
116. 夏婷婷:《唐代拟制判决中的法律发现》,吉林大学 2010 年博士学位论文。

117. 徐珍珍:《北周刑法制度研究》,西南政法大学 2013 年硕士学位论文。
118. 薛静:《略论魏晋至北魏“八议”的应用——以“议亲”为中心》,山西大学 2015 年硕士学位论文。
119. 薛菁:《魏晋南北朝刑法研究》,福建师范大学 2005 年博士学位论文。
120. 闫萍萍:《宋代孤幼财产检校制度研究》,南京大学 2019 年硕士学位论文。
121. 阎艳:《论唐代“户”的法律主体地位》,西南政法大学 2015 年硕士学位论文。
122. 杨龙:《北魏政权中的汉族士人研究》,吉林大学 2010 年博士学位论文。
123. 杨茗:《试论唐代刑事诉讼审判制度》,西南政法大学 2011 年硕士学位论文。
124. 于利:《魏晋律学研究》,中国政法大学 2005 年硕士学位论文。
125. 余轩:《论晋朝的“故事”》,湖北大学 2011 年硕士学位论文。
126. 玉成林:《魏晋时期社会转型中的法律改革研究》,安徽大学 2017 年硕士学位论文。
127. 袁啸云:《中国唐代司法文化中的人文精神及其对当代刑事司法的影响》,山东大学 2016 年硕士学位论文。
128. 张琛:《唐代市场管理研究》,扬州大学 2012 年硕士学位论文。
129. 张迪炜:《武则天时期的酷吏政治研究》,厦门大学 2014 年硕士学位论文。
130. 张焕君:《魏晋南北朝丧服制度研究》,清华大学 2005 年博士学位论文。
131. 张建会:《唐代天人感应政治思想研究》,西北大学 2014 年硕士学位论文。
132. 张径真:《法律视角下的隋唐佛教管理研究》,中国社会科学院 2012 年硕士学位论文。
133. 张娟:《苏轼民本法律思想探析》,湘潭大学 2021 年硕士学位论文。
134. 张双双:《〈唐律疏议〉孝道法律化研究》,湖南师范大学 2017 年硕士学位论文。
135. 张武:《汉晋劳役刑考论》,华东政法大学 2016 年硕士学位论文。
136. 张忠义:《北魏司法制度儒家化研究》,西南政法大学 2011 年硕士学位论文。
137. 赵丹丹:《南朝妇女社会地位研究》,西北师范大学 2012 年硕士学位论文。
138. 赵建林:《魏晋“春秋决狱”研究》,清华大学 2004 年硕士学位论文。
139. 赵琳:《宋代重法地法研究》,山东大学 2011 年硕士学位论文。
140. 赵绍星:《包拯情理法思想研究》,河南财经政法大学 2022 年硕士学位论文。
141. 赵文犀:《魏晋南北朝时期的地方审判制度》,吉林大学 2011 年硕士学位论文。
142. 郑彦琴:《两汉魏晋南北朝因灾恩救观念初探》,南京大学 2012 年硕士学位论文。
143. 周泉伶:《苏轼法律思想研究》,重庆大学 2019 年硕士学位论文。
144. 周奇仕:《论苏轼的法律思想》,西南政法大学 2013 年硕士学位论文。
145. 周祖继:《中国传统诉讼文化的内在矛盾及其合理性探析——以宋以后诉讼史料为中心》,中国政法大学 2009 年硕士学位论文。
146. 朱伯洋:《武则天时期女性家庭地位变迁的法律考察》,苏州大学 2020 年硕士学位论文。
147. 邹霖:《佛教对魏晋南北朝法制的影响》,西南政法大学 2014 年硕士学位论文。
148. 左斌:《论宋代科举对官学教育的影响》,西北民族大学 2016 年硕士学位论文。
149. 张海峰:《唐代佛教与法律》,华东政法大学 2012 年博士学位论文。

150. 张田田:《律典“八字例”研究——以〈唐律疏议〉为中心》,吉林大学 2014 年博士学位论文。
151. 赵旭:《法律制度与唐宋社会秩序》,东北师范大学 2006 年博士学位论文。
152. 张利兵:《宋朝地方监察制度及其现代借鉴研究》,西南大学 2018 年硕士学位论文。

五、译著

1. [日]窪添庆文:《魏晋南北朝官僚制度研究》,赵立新、涂宗承、胡云薇等译,复旦大学出版社 2017 年版。
2. [日]宫崎市定:《宫崎市定说隋炀帝——传说的暴君与湮没的历史》,杨晓钟、孟简、魏海燕译,陕西人民出版社 2008 年版。
3. [日]宫崎市定:《九品官人法研究》,王丹译,大象出版社 2020 年版。
4. [日]利光三津夫:《日本古代法制史》,庆应通信 1986 年版。
5. [日]仁井田陞:《唐令拾遗》,长春出版社 1989 年版。
6. [日]仁井田陞:《中国法制史》,牟发松译,上海古籍出版社 2018 年版。
7. [朝]郑麟趾:《高丽史》,(韩)亚细亚文化社 1993 年版。
8. [奥]欧根·埃利希:《法社会学原理》,舒国滢译,中国大百科全书出版社 2009 年版。
9. [英]詹姆斯·乔治·弗雷泽:《金枝:巫术与宗教之研究》,徐育新等译,大众文艺出版社 1998 年版。
10. [奥]西格蒙德·弗洛伊德:《图腾与禁忌》,赵立玮译,上海人民出版社 2005 年版。
11. [日]滋贺秀三等:《明清时期的民事审判与民间契约》,王亚新等译,法律出版社 1998 年版。
12. [日]高见泽磨:《现代中国的纠纷与法》,何勤华等译,法律出版社 2003 年版。
13. [美]伯尔曼:《法律与宗教》,梁治平译,中国政法大学出版社 2003 年版。
14. [美]哈罗德·J. 伯尔曼:《法律与革命》(第 1 卷),高鸿钧、张志铭等译,法律出版社 2008 年版。
15. [美]哈罗德·J. 伯尔曼:《法律与革命》(第 2 卷),袁瑜琤、苗文龙译,法律出版社 2008 年版。
16. [美]伯尔曼:《信仰与秩序》,姚剑波译,中央编译出版社 2011 年版。
17. [美]罗斯科·庞德:《法律与道德》,陈林林译,中国政法大学出版社 2003 年版。
18. [美]罗斯科·庞德:《通过法律的社会控制》,沈宗灵译,商务印书馆 2010 年版。
19. [美]罗斯科·庞德:《普通法的精神》,唐前宏、高雪原、廖乡文译,法律出版社 2010 年版。
20. [美]罗纳德·德沃金:《认真对待权利》,信春鹰、吴玉章译,上海三联书店 2008 年版。
21. [美]埃里克·A. 波斯纳:《法律与社会规范》,沈明译,中国政法大学出版社 2004 年版。
22. 黄仁宇:《赫逊河畔谈中国历史》,生活·读书·新知三联书店 1992 年版。
23. [美]黄仁宇:《万历十五年》,生活·读书·新知三联书店 1997 年版。
24. [美]黄仁宇:《中国大历史》,生活·读书·新知三联书店 2007 年版。
25. [美]黄宗智:《过去和现在——中国民事法律实践的探索》,法律出版社 2009 年版。

26. [美]本杰明·史华兹:《古代中国的思想世界》,程钢译,江苏人民出版社 2004 年版。
27. [美]郝大维、安乐哲:《先贤的民主:杜威、孔子与中国民主之希望》,何刚强译,江苏人民出版社 2004 年版。
28. [美]D·布迪、C·莫里斯:《中华帝国的法律》,朱勇译,江苏人民出版社 2003 年版。
29. [美]韩森:《开放的帝国:1600 年前的中国历史(a history of China to 1600)》,梁侃、邹劲风译,江苏人民出版社 2009 年版。
30. [美]韩森:《传统中国日常生活中的协商:中古契约研究(How ordinary people used contracts,600—1400)》,鲁西奇译,江苏人民出版社 2008 年版。
31. [美]魏斐德:《洪业:清朝开国史》,陈苏镇、薄小莹等译,江苏人民出版社 2003 年版。
32. [美]艾恺:《最后的儒家:梁漱溟与中国现代化的两难》,王宗昱、冀建中译,江苏人民出版社 1993 年版。
33. [美]凯斯·R·孙斯坦:《法律推理与政治冲突》,金朝武、胡爱平、高建勋译,法律出版社 2004 年版。
34. [美]安·塞德曼、罗伯特·塞德曼:《发展进程中的国家与法律》,冯玉军、俞飞译,法律出版社 2006 年版。
35. [美]H. L. A. 哈特、托尼·奥诺尔:《法律中的因果关系》,张绍谦、孙战国译,中国政法大学出版社 2005 年版。
36. [美]H. L. A. 哈特:《法律的概念》,许家馨、李冠宜译,法律出版社 2011 年版。
37. [美]鲁思·本尼迪克特:《菊与刀》,吕万和、熊达云、王智新译,商务印书馆 2012 年版。
38. [美]海斯:《现代民族主义演进史》,华东师范大学出版社 2005 年版。
39. [英]大卫·休谟:《自然宗教对话录》,陈修斋、曹锦之译,商务印书馆 1962 年版。
40. [英]大卫·休谟:《人类理智研究》,周晓亮译,中国法制出版社 2011 年版。
41. [英]大卫·休谟:《道德原理研究》,周晓亮译,中国法制出版社 2011 年版。
42. [英]杰里米·边沁:《论道德与立法的原则》,程立显、宇文利译,陕西人民出版社 2009 年版。
43. [英]杰里米·边沁:《政府片论》,沈叔平等译,商务印书馆 1995 年版。
44. [英]梅因:《古代法》,沈景一译,商务印书馆 1984 年版。
45. [英]约翰·穆勒:《功利主义》,徐大健译,上海人民出版社 2008 年版。
46. [英]弗里德里希·奥古斯特·哈耶克:《通往奴役之路》,王明毅、冯兴元译,中国社会科学出版社 1997 年版。
47. [英]洛克:《政府论(上篇)》,瞿菊农、叶启芳译,商务印书馆 1982 年版。
48. [英]洛克:《政府论(下篇)》,叶启芳、瞿菊农译,商务印书馆 1964 年版。
49. [英]霍布豪斯:《自由主义》,朱曾汶译,商务印书馆 1996 年版。
50. [英]梅因:《古代法》,沈景一译,商务印书馆 1959 年版。
51. [英]休·希顿-沃森:《民族与国家——对民族起源与民族主义政治的探讨》,吴洪英、黄群译,中央民族大学出版社 2009 年版。

52. [德]马克斯·韦伯:《中国的宗教:儒教与道教》,康乐、简惠美译,广西师范大学出版社2010年版。
53. [德]马克斯·韦伯:《宗教社会学:宗教与世界》,康乐、简惠美译,广西师范大学出版社2011年版。
54. [德]马克斯·韦伯:《法律社会学:非正当性的支配》,康乐、简惠美译,广西师范大学出版社2011年版。
55. [德]马克斯·韦伯:《支配社会学》,康乐、简惠美译,广西师范大学出版社2010年版。
56. [德]马克斯·韦伯:《经济与社会》,阎克文译,上海人民出版社2010年版。
57. [德]哈贝马斯:《在事实与规范之间》,童世骏译,生活·读书·新知三联书店2011年版。
58. [德]阿图尔·考夫曼:《法律哲学》,刘幸义等译,法律出版社2011年版。
59. [德]弗里德里希·卡尔·冯·萨维尼:《论占有》,朱虎、刘智慧译,法律出版社2007年版。
60. [德]弗里德里希·卡尔·冯·萨维尼:《法律冲突与法律规则的地域和时间范围》,李双元等译,法律出版社1999年版。
61. [德]傅海波、[英]崔瑞德:《剑桥中国辽西夏金元史》,史卫民等译,中国社会科学出版社1998年版。
62. [德]费尔巴哈:《宗教的本质》,王太庆译,商务印书馆2010年版。
63. [德]黑格尔:《法哲学原理》,范扬、张企泰译,商务印书馆1961年版。
64. [澳]迈克尔·R·达顿:《中国的规制与惩罚:从父权本位到人民本位》,郝方昉、崔洁译,清华大学出版社2009年版。
65. [瑞士]卡尔·吉斯塔夫·荣格:《原型与集体无意识》,徐德林译,国际文化出版社公司2011年版。
66. [日]滋贺秀三:《中国家族法原理》,张建国、李力译,法律出版社2003年版。
67. [日]池田大作、[英]B. 威尔逊:《社会与宗教》,梁鸿飞、王建译,四川人民出版社1991年版。
68. [日]杉山正明:《疾驰的草原征服者:辽、西夏、金、元》,郭清华译,台北,商务印书馆2017年版。
69. [日]杉山正明:《游牧民的世界史》,黄美蓉译,中华工商联合出版社2014年版。
70. [意]戴维·奈尔肯、[德]约翰尼斯·菲斯特编:《法律移植与法律文化》,高鸿钧等译,清华大学出版社2006年版。
71. [俄]安纳多里·帕夫洛维奇·捷连吉耶夫-卡坦斯基:《西夏物质文化》,崔红芬、文志勇译,民族出版社2006年版。
72. [法]马克·布洛赫:《封建社会》,张绪山译,商务印书馆2004年版。
73. [法]谢和耐:《中国社会史》,黄建华、黄迅余译,江苏人民出版社2008年版。
74. [法]孟德斯鸠:《论法的精神》,许家星译,中国社会科学出版社2007年版。
75. [荷兰]斯宾诺莎:《神学政治论》,温锡增译,商务印书馆1963年版。
76. [奥]西格蒙德·弗洛伊德:《论宗教》,王献华、张敦福译,国际文化出版公司2001年版。

77. [越]吴甲豆:《中学越史撮要》(夏集),1911 年刻本。
78. [越]吴士连等:《大越史记全书》,西南师范大学出版社、人民出版社 2015 年版。
79. [朝鲜]金富轼:《三国史记》,吉林大学出版社 2015 年版。
80. [朝鲜]郑麟趾等著:《高丽史》,西南师范大学出版社、人民出版社 2013 年版。
81. [美]刘子健:《王安石及其新政》,张钰瀚译,上海人民出版社 2022 年版。
82. [日]久保田和男:《宋代开封研究》,郭万平译,上海古籍出版社 2010 年版。
83. [日]寺地遵:《南宋初期政治史研究》,复旦大学出版社 2016 年版。
84. [德]马克斯·韦伯:《经济与历史:支配的类型》,康乐等译,广西师范大学出版社 2010 年版。
85. [韩]尹丝淳:《韩国儒学史:韩国儒学的特殊性》,邢丽菊、唐艳译,人民出版社 2017 年版。
86. [美]威格摩尔:《世界法系概览》,何勤华、李秀清、郭光东等译,上海人民出版社 2021 年版。
87. [日]大木雅夫著:《东西方的法观念比较》,华夏、战宪斌译,北京大学出版社 2004 年版。
88. [日]仁井田陞:《唐令拾遗》,栗劲、霍存福、王占通、郭延德编译,长春出版社 1989 年版。
89. [日]水野俊平:《韩国的故事》,于雷译,中国友谊出版公司 2015 年版。
90. [日]尾形勇:《中国古代的"家"与国家》,张鹤泉译,中华书局 2010 年版。
91. [日]滋贺秀三:《中国家族法原理》,张建国、李立译,商务印书馆 2017 年版。
92. [英]马林诺夫斯基:《文化论》,费孝通等译,中国民间文艺出版社 1987 年版。
93. [英]约翰·麦克唐奈、[英]爱德华·曼森编:《世界上伟大的法学家》,何勤华等译,上海人民出版社 2017 年版。
94. [越]陈重金:《越南通史》,戴可来译,商务印书馆 2020 年版。
95. [越]明峥:《越南史略》,范宏科、吕谷译,生活·读书·新知三联书店 1960 年版。
96. [日]沟口雄三、小岛毅主编:《中国的思维世界》,孙歌等译,江苏人民出版社 2006 年版。
97. [日]岛田虔次:《中国思想史研究》,邓红译,上海古籍出版社 2009 年版。
98. [日]寺地遵:《南宋初期政治史研究》,刘静贞、李今芸译,复旦大学出版社 2016 年版。
99. [加]王贞平:《多极亚洲中的唐朝》,贾永会译,上海文化出版社 2020 年版。
100. [日]谷川道雄:《隋唐帝国形成史论》,李济沧译,上海古籍出版社 2004 年版。
101. [日]堀敏一:《隋唐帝国与东亚》,韩昇、刘建英译,云南人民出版社 2002 年版。
102. [日]砺波护:《隋唐佛教文化》,韩昇、刘建英译,上海古籍出版社 2004 年版。
103. [英]杜希德:《唐代财政》,丁俊译,中西书局 2016 年版。
104. [英]杜希德:《唐代官修史籍考》,黄宝华译,上海古籍出版社 2010 年版。
105. [美]陆威仪:《哈佛中国史:世界性的帝国(唐朝)》,张晓东、冯世明译,中信出版社 2016 年版。
106. [日]沟口雄三:《中国思想史:宋代至近代》,龚颖、赵士林等译,生活·读书·新知三联书店 2014 年版。

六、外文部分

1. 岡崎精郎:《中国西北史研究・五代時代夏州季氏を中心に——昭和21年度人文科学研究費補助による研究報告(要旨)》,《人文》3:1,1949年3月。
2. 岡崎精郎:《五代期における夏州政権の展開》,《東方學》9,1954年10月。
3. 岡崎精郎:《宋初における二三の禁令とタングート問題——李継遷の興起をめぐって》,《東洋史研究》18:1,1959年7月。
4. 岡崎精郎:《宋初における夏州政権の展開と貿易問題——西夏建国前史の一節として》,《追手門學院大學文學部紀要》1,1967年12月。
5. 岡崎精郎:《タングート慣習法と西夏法典》,《田村博士頌壽東洋史論叢》,京都大學文學部東洋史研究室,1968年。
6. 松沢博:《西夏文・穀物貸借文書私見(2)－天理図書館所蔵夏漢部璧文書斷片を中心として》,《東洋史苑》38(龍穀大學),1992年。
7. 岩崎力:《五代のタングートについて(上)西夏建国前史の再検討(4)》,《人文研紀要》64,2008年。
8. 岩崎力:《五代のタングートについて(下):西夏建国前史の再検討(4)》,《中央大学アジア史研究》33,2009年3月。
9. 島田正郎:《西夏法典初探－その1,正刑と付加刑他－》,《法律論叢》69－3,1997年。
10. 島田正郎:《西夏法典初探－その2,十悪》,《法律論叢》70－2,1997年。
11. 島田正郎:《西夏法典初探－その3,偸盗》,《法律論叢》70－5,1997年。
12. 島田正郎:《西夏法典初探－その4,犯姦と違律の婚》,《法律論叢》71－1,1998年。
13. 島田正郎:《西夏法典初探－その5,私畜》,《法律論叢》71－6,1998年;
14. 島田正郎:《西夏法典初探－その6,闘毆・誤殺傷》,《古代文化》51－2,1999年。
15. 植松正、滋賀秀三編:《元典章・通製條格－附,遼・金・西夏法》,《中國法製史－基本資料の研究－》,東京大學齣版會,1993年。
16. [日]黑板胜美、国史大系编修会编辑:(新订增补)《国史大系》(第二十二卷)(律・令义解),吉川弘文馆昭和41年7月30日发行。
17. Ruth. W. Dunnell, "Tanguts and the Tangut state Ta Hsia". Ph. D. diss, Princeton University 1983.
18. Elliot. Sperling, Lama to the King of Hsia, The Journal of the Tibet Society 7, 1987.
19. Fried, M. H., The Evolution of Political Society: An Essay in Political Anthropology, New York: Random House, 1967.
20. John C. H. Wu, *The Art of Law, and other Essays Juridical and Literary*, The Commercial Press, Limited Shanghai, 1936.

大事记

越　南

年份	事件
公元前214年	南越王越氏执政，交趾、九真二郡，首次接受汉文化和中原地区的先进生产工具
公元前111年	汉武帝平南越，设九郡
679年	隋唐，设置“安南都护府”
1010年	李公蕴建立李朝
1042年	李太宗颁行《刑书》
1225年	权臣陈守度篡位，胁迫李氏禅让帝位于其侄陈日煚
1230年	颁行《国朝通制》《国朝惯例》
1267年	颁行《皇朝玉牒》
1290年	颁行《公文格式》
1341年	颁行《皇朝大典》
1427年	颁行《平吴大诰》
1428年	黎利统一安南称帝，改国号为“大越” 议定《词讼律令》
1429年	定《围棋赌博律》
1483年	颁行《洪德法典》
1802年	阮福映称帝，改国号为“越南”
1815年	颁行《皇越律例》
1833年	颁行《会典撮要》
1855年	颁行《钦定大南会典事例》
1885年	签订《天津条约》，越南由中国藩属国变成法国殖民地

朝　鲜

年份	事件
公元前195年左右	卫满朝鲜时代
313年	高句丽、百济、新罗三国时代开启
372年	佛教传入高句丽
373年	小兽林王颁行《高句丽律》
612年	萨水之战，隋朝败
676年	新罗统一三国，开启新罗时代
788年	新罗设立读书三品科
918年	建立高丽
936年	高丽统一朝鲜半岛，开启高丽时代
958年	实施科举制度
约981年	成宗颁行《高丽律》
1145年	金富轼编纂《三国史记》
1377年	遵用《至元新格》
1392年	李成桂即王位，高丽王朝灭亡，开启朝鲜时代 郑梦周进所撰《新定律》
1394年	刊行《朝鲜经国典》
1395年	编成刊行《大明律直解》 刊行《经济文鉴》
1397年	刊行《经济六典》
1470年	颁行《经国大典》
1492年	颁行《大典续录》
1543年	颁行《大典后续录》
1571年	颁行《各司受教》
1585年	编纂《词讼类聚》
1649年	编纂《决讼类聚》
1706年	编纂《典律通考》
1746年	编纂《续大典》
1796年	编纂《增修无冤录》和《增修无冤录谚解》

续表

年份	事件
1799 年	编纂《审理录》
1839 年	签订《己亥条约》

日　　本

年份	事件
593 年	圣德太子摄政,《十七条宪法》
645 年	大化改新
653 年	开始派遣唐使
668 年	颁行《近江令》
701 年	颁行《大宝律令》
718 年	颁行《养老律令》
820 年	颁行《弘仁格式》
860 年	颁行《释奠式》
869 年	颁行《贞观格式》
894 年	停止派遣遣唐使
907 年	颁行《延喜格式》《令集解》
1232 年	颁行《御成败式目》,又称《贞永式目》
1336 年	颁行《建武式目》

魏晋南北朝法律大事记

年份	事件
213 年	魏武帝曹操定甲子科
230 年	魏明帝设律学博士
237 年	魏明帝颁行实施《新律》18 条
268 年	晋武帝颁行实施《泰始律》
439 年	太武帝拓跋焘命“司徒崔浩改定律令”,即神麚律
460 年	尚书左仆射刘秀之改定律令
479 年	北魏孝文帝修律

续表

年份	事件
486 年	孝文帝设立党、里邻的三长制
488 年	孝文帝确立“存留养亲”的法律原则
489—491 年	尚书删定郎王植修律
502—503 年	尚书删定郎蔡法度制定梁律
504 年	《北魏律》撰成
535 年	宇文泰命有司制二十四条之制
541 年	西魏新制十二条制;西魏度支尚书苏绰起草六条诏书、东魏齐文襄王制定《麟趾格》
544 年	西魏颁行《大统式》
563 年	北周完成《大律》的制定
564 年	《北齐律》最终完成
577 年	北周武帝颁行《刑书要制》

隋唐法律大事记

年份	事件
581 年	隋文帝命高颎等编撰隋代第一部成文法典《开皇律》
582 年	高颎等撰成《开皇令》
583 年	隋文帝命高颖、苏威、牛弘等人修订《开皇律》并颁行全国 隋文帝将州、郡、县三级行政制改为州、县二级行政制
585 年	隋文帝颁行《停废律官诏》,停止设置大理律学博士、尚书刑部曹明法、州县律生等职务
606 年	设立司隶台,负责巡查京畿内外
607 年	隋炀帝大业三年修订颁行律令,称《大业律》 颁行《大业令》 隋炀帝确定了郡、县二级行政制
618 年	颁行《武德新格》
624 年	唐高祖武德年间制定颁行《武德律》,为唐朝第一部律典 唐高祖颁行《均田法》
627 年	长孙无忌不解佩刀入阁门案

续表

年份	事件
637 年	唐太宗颁行《贞观律》 房玄龄根据武德、贞观以来颁行的敕格,编成《贞观格》 颁行《贞观令》
651 年	唐高宗永徽二年颁行《永徽律》 长孙无忌等编定《永徽格》
653 年	唐高宗命长孙无忌等撰写《律疏》完成,颁行《永徽律疏》
674 年	武则天上书“建言十二事”,唐高宗李治下诏颁行
675 年	武则天颁行《臣轨》,供朝臣修身自审
685 年	武则天颁行《垂拱格》《垂拱式》
705 年	唐中宗神龙年间,制定颁行《神龙散颁格》
712 年	睿宗颁行《太极格》
715 年	唐玄宗开元年间,制定颁行《开元格》
719 年	颁行《开元律》《开元令》《开元后格》《开元式》
731 年	颁行《格后长行剌》
737 年	开元 22 年,唐玄宗制定颁行《开元律疏》 颁行《户令》《开元令》《开元新格》《开元式》《格式律令事类》
738 年	唐玄宗制定颁行《唐六典》
801 年	唐代政治家杜佑撰成《通典》
818 年	郑余庆等详定《元和格后敕》
823 年	穆宗颁行《详正敕格》
833 年	文宗时期,命尚书省郎官各删本司敕,为《大和格后敕》
838 年	刑部侍郎狄兼谟编成《开成详定格》
851 年	宣宗时期,对贞观以来的敕重新做了整理,分门别类,修成《大中刑法总要格后敕》
853 年	刑部颁行《大中刑律统类》

宋朝法律大事记

年份	事件
963 年	宋太祖颁行《宋建隆重详定刑统》,简称《宋刑统》 颁行《建隆编敕》

续表

年份	事件
979 年	颁行《太平兴国编敕》
991 年	开始设置提点刑狱司
994 年	颁行《重删定淳化编敕》
998 年	颁行《咸平编敕》
1016 年	颁行《大中祥符编敕》
1026 年	颁行《天圣户绝条贯》 颁行《市舶条法》
1029 年	颁行《天圣编敕》
1029 年	颁行《天圣令》
1043 年	颁行《庆历断例》
1047 年	颁行《庆历编敕》
1062 年	颁行《嘉祐编敕》
约 1066 年	颁行《嘉祐刑房断例》
1069 年	王安石变法改革开始
1071 年	颁行《盗贼重法》
1073 年	颁行《熙宁编敕》
1079 年	元丰官制改革，司法机构职能变化
1079 年	颁行《元丰断例》
1080 年	颁行《寄禄新格》
1080 年	颁行《元丰刑名断例》
1082 年	颁行《三省枢密六曹御史台秘书省九寺五监之法》 修订《官品令》
1084 年	颁行《元丰敕令格式》
1086 年	颁行《元祐法寺断例》
1086 年	恢复《嘉祐遗嘱法》
1087 年	颁行《元祐敕令式》 首次颁行“权宜指挥”
1094 年	颁行《绍圣断例》，又称《拟特旨依断例册》
1095 年	颁行《元丰式》

续表

年份	事件
1098—1100 年	颁行《元符格》
1099 年	颁行《元符敕令格式》
1099 年	颁行《元符刑名断例》
1101 年	颁行《元符户婚敕》
1112 年	颁行《政和重修敕令格式》
1122 年	颁行《宣和刑名断例》
1131 年	颁行《绍兴重修敕令格式》
1133 年	郑克撰成《折狱龟鉴》
1140 年	颁行《绍兴刑名断例》
1160 年	颁行《绍兴编修刑名疑难断例》
1166 年	颁行《乾道新编特旨断例》
1168 年	颁行《乾道强盗断例》
1170 年	颁行《乾道重修敕令格式》
1180 年	颁行《淳熙重修敕令格式》
1177 年	颁行《淳熙新编特旨断例》
1179 年	颁行《断例》
1181 年	颁行《淳熙条法事类》
1195 年	颁行《开禧刑名断例》
1198 年	颁行《庆元敕令格式》
1203 年	颁行《庆元条法事类》,也称《嘉泰条法事类》
1213 年	桂万荣撰成《棠阴比事》
1242 年	颁行《淳祐重修敕令格式》
1247 年	宋慈撰《洗冤集录》刊行
1251 年	颁行《淳祐条法事类》
1261 年	《名公书判清明集》撰成

辽代法律大事记

年份	事件
920 年	设立负责司法的“夷离毕”职位

续表

年份	事件
921 年	契丹开始有第一部成文法——《决狱法》
1036 年	修订颁行《重熙新定条例》,又称《重熙条例》
1070 年	修订颁行《咸雍重定条例》,又称《咸雍条制》

西夏法律大事记

年份	事件
1101—1113 年	颁行《贞观玉镜统》
1149—1169 年	修订颁行《天盛改旧新定律令》,简称《天盛律令》
1215 年	颁行《亥年新法》

金代法律大事记

年份	事件
1145 年	颁行《皇统制》
1156 年	颁行《正隆续降制书》
1182 年	颁行《大定重修制条》
1194 年	颁行《明昌律义》和《敕条》
1201—1202 年	颁行泰和《新定律令敕条格式》,包括《泰和律义》《泰和令》《新定敕条》(又称《泰和敕条》)《六部格式》(亦称《泰和格式》)

索引

D

E

F

G

H

J

K

L

M

N

O

P

Q

R

S

T

W

X

Y

Z

后　记

本书是由何勤华教授担任首席专家的国家社科基金重大项目(委托)《中华法系与中华法律文化问题研究》(项目编号:20@ZH038)的第二个子课题"中华法律文化的成长与中华法系的诞生"的最终成果。自2020年7月本项目立项以来,经过我们12位老师和同学的4年辛勤努力终于顺利完成。非常开心。

这4年的项目撰稿过程,也是我们与新冠病毒斗争的过程。我们每一个撰稿人,虽然时间有先后,但最后没有一个能逃脱病魔之手。虽然现在都挺过来了,但多多少少都留下了一点后遗症:咳嗽、气喘、失眠、多汗、记忆力下降,以及腰酸背痛,等等。回想那段不堪回首的岁月,大家不仅要想方设法去多收集资料,以加快撰写书稿的进度,把住书稿的质量关,还要三天两头做检测,想着各种方式去找吃的,简直就像梦中发生的事情。好在近百万字可以提交出版社的书稿,却是真实的存在,看着令人欣慰。

由于本写作团队是由不同年龄、学术经历、知识储量和写作能力的老师和学生组成,水平不尽相同,所能够投入的时间和精力也不一样,因此本书一定会存在这样或那样的问题。对此,恳请读者诸君一定不吝指正。

在本书的立项写作过程中,国家社科基金办公室、上海市哲社办的领导,以及中国法学会的领导,法律出版社的解锟编辑,都给予了巨大的帮助。对此,也表示我们一片真挚的谢意。

本书的写作分工,因在总目中已经明确,故这里就不再重复。

希望本书能够获得学术界和广大读者的认可和喜欢。感谢各位撰稿人,感谢各位读者。

何佳馨

于上海财经大学法学院

2024年10月1日